Das aktuelle Lexikon für jedes Lohnbüro

Etwa 1.000 Stichwörter – in übersichtlicher ABC-Form mit zahlreichen Praxisbeispielen – bieten den schnellen Einstieg zu ausführlichen Erläuterungen rund um Lohnsteuer und Sozialversicherung sowie Arbeits- und Arbeitsförderungsrecht.

Alles auf einer CD

- Superschnell zugänglich durch optimierte Suchfunktion
- Alle Texte können in die eigene Textverarbeitun
- Der komplette T
- Wichtige Fundst
- Stotax PC-Steue die schnelle Gel

Jährlich aktualis

In der Neuauflage aktuelle Rechtsän 1.1.2009: u.a. Jahr Sozialversicherun

… die Ergänzung für „kleine" Löhne

BESONDERER TIPP

Die Software Stotax Gehalt und Lohn ist als komplettes Abr
Beachten Sie die vorteilhaften Kombinationsmöglichkeiten

Faxbestellung

BESTELLEN Sie jetzt

bei Ihrer Buchhandlung oder bei Stollfuß Medien
Fax: (0228) 72 49 11 81 | Kundenservice Tel.: (01805) 78 97 77*
E-Mail: bestellung@stollfuss.de
Versandkostenfrei im Internet unter www.stollfuss.de

Vorteilhafte Kombipreise

☐ **ABC des Lohnbüros 2010 Kombi 1**
bestehend aus dem **Print-Ratgeber ABC des Lohnbüros 2010** und der **CD-ROM ABC des Lohnbüros 2010**
ca. Preis € 76,80 • ISBN 978-3-08-017810-4

☐ **ABC des Lohnbüros 2010 Kombi 2**
bestehend aus dem **Print-Ratgeber ABC des Lohnbüros 2010,** der **CD-ROM ABC des Lohnbüros 2010** und **Stotax Gehalt und Lohn 2010 Plus**
ca. Preis € 139,80 • ISBN 978-3-08-027810-1

☐ **ABC des Lohnbüros 2010 Kombi 3**
bestehend aus dem **Print-Ratgeber ABC des Lohnbüros 2010** und **Stotax Gehalt und Lohn 2010 Plus**
ca. Preis € 119,80 • ISBN 978-3-08-037810-8

☐ **ABC des Lohnbüros 2010 Kombi 4**
bestehend aus der **CD-ROM ABC des Lohnbüros 2010** und **Stotax Gehalt und Lohn 2010 Plus**
ca. Preis € 98,– • ISBN 978-3-08-047810-5

Vorteilhafter Kombipreis

☐ **Aushilfslöhne 2010 Kombi**
bestehend aus dem **Ratgeber Aushilfslöhne** und der **CD-ROM Stotax Gehalt und Lohn**
ca. Preis € 106,– • ISBN 978-3-08-017610-0

☐ **Probeabonnement**
Zeitschrift für Betrieb und Personal
Testen Sie uns! Lesen Sie die nächsten **4 Ausgaben kostenlos.**
€ 0,-.

Name

Firma/Institution

Straße

PLZ Ort

Telefon

@

E-Mail

Uns übermittelte Daten werden maschinell zur Abwicklung Ihrer Bestellung und zur Information über weitere Produkte aus unserem Haus verarbeitet. Stollfuß Medien unterwirft sich insofern den Bestimmungen der entsprechenden Datenschutzgesetze. Wünschen Sie keine Information über weitere Stollfuß-Produkte, teilen Sie uns dies bitte kurz mit.

☐ Ich bin bereits Kunde eines Stotax-Expertensystems und habe die Kundennummer ____________ .

Datum Unterschrift WKN 00495

Bei schriftlicher oder telefonischer Bestellung haben Sie das Recht, die Ware innerhalb von 2 Wochen nach Lieferung ohne Begründung an Ihren Lieferanten (Verlagsauslieferung, Buchhändler) zurückzusenden, wobei die rechtzeitige Absendung genügt. Kosten und Gefahr der Rücksendung trägt der Lieferant. Ihre Stollfuß Medien GmbH & Co. KG, Dechenstraße 7, 53115 Bonn.

* Dieser Anruf kostet aus dem Festnetz der Deutschen Telekom 14 ct pro Minute. Bei Anrufen aus anderen Netzen, auch Mobilfunknetzen, gelten möglicherweise abweichende Preise.

Stand: März 2009, Änderungen und Irrtum vorbehalten.

Abzüge an Lohnsteuer, Solidaritätszuschlag (SolZ) und Kirchensteuer (8%, 9%) in den Steuerklassen

Lohn/ Gehalt bis €*	I – VI		ohne Kinder-freibeträge			I, II, III, IV		mit Zahl der Kinderfreibeträge . . . 0,5			1			1,5			2			2,5			3		
		LSt	SolZ	8%	9%		LSt	SolZ	8%	9%	SolZ	8%	9%	SolZ	8%	9%	SolZ	8%	9%	SolZ	8%	9%	SolZ	8%	9%
4 772,99	I,IV	1 174,83	64,61	93,98	105,73	I	1 174,83	58,89	85,66	96,37	53,36	77,62	87,32	48,03	69,86	78,59	42,88	62,38	70,17	37,93	55,17	62,06	33,16	48,24	54,27
	II	1 129,25	62,10	90,34	101,63	II	1 129,25	56,47	82,14	92,40	51,03	74,22	83,50	45,77	66,58	74,90	40,71	59,22	66,62	35,83	52,12	58,64	31,15	45,32	50,98
	III	725,50	39,90	58,04	65,29	III	725,50	35,85	52,14	58,66	31,90	46,40	52,20	28,04	40,78	45,88	24,27	35,30	39,71	20,60	29,97	33,71	17,03	24,77	27,86
	V	1 709,08	93,99	136,72	153,81	IV	1 174,83	61,73	89,79	101,01	58,89	85,66	96,37	56,10	81,61	91,81	53,36	77,62	87,32	50,67	73,71	82,92	48,03	69,86	78,59
	VI	1 741,25	95,76	139,30	156,71																				
4 775,99	I,IV	1 176,—	64,68	94,08	105,84	I	1 176,—	58,96	85,76	96,48	53,43	77,72	87,43	48,09	69,95	78,69	42,94	62,46	70,27	37,98	55,25	62,15	33,22	48,32	54,36
	II	1 130,41	62,17	90,43	101,73	II	1 130,41	56,53	82,23	92,51	51,09	74,31	83,60	45,83	66,67	75,—	40,76	59,30	66,71	35,89	52,21	58,73	31,20	45,39	51,06
	III	726,33	39,94	58,10	65,36	III	726,33	35,89	52,21	58,73	31,94	46,46	52,27	28,08	40,85	45,95	24,31	35,37	39,79	20,65	30,04	33,79	17,07	24,84	27,94
	V	1 710,33	94,06	136,82	153,92	IV	1 176,—	61,79	89,88	101,12	58,96	85,76	96,48	56,17	81,70	91,91	53,43	77,72	87,43	50,74	73,80	83,03	48,09	69,95	78,69
	VI	1 742,50	95,83	139,40	156,82																				
4 778,99	I,IV	1 177,25	64,74	94,18	105,95	I	1 177,25	59,02	85,85	96,58	53,49	77,81	87,53	48,15	70,04	78,79	43,—	62,55	70,37	38,04	55,33	62,24	33,27	48,40	54,45
	II	1 131,58	62,23	90,52	101,84	II	1 131,58	56,59	82,32	92,61	51,15	74,40	83,70	45,89	66,75	75,09	40,82	59,38	66,80	35,94	52,28	58,82	31,26	45,47	51,15
	III	727,16	39,99	58,17	65,44	III	727,16	35,94	52,28	58,81	31,99	46,53	52,34	28,13	40,92	46,03	24,36	35,44	39,87	20,68	30,09	33,85	17,11	24,89	28,—
	V	1 711,58	94,13	136,92	154,04	IV	1 177,25	61,86	89,98	101,22	59,02	85,85	96,58	56,23	81,80	92,02	53,49	77,81	87,53	50,80	73,89	83,12	48,15	70,04	78,79
	VI	1 743,75	95,90	139,50	156,93																				
4 781,99	I,IV	1 178,41	64,81	94,27	106,05	I	1 178,41	59,09	85,95	96,69	53,55	77,90	87,63	48,21	70,13	78,89	43,06	62,63	70,46	38,10	55,42	62,34	33,33	48,48	54,54
	II	1 132,83	62,30	90,62	101,95	II	1 132,83	56,66	82,42	92,72	51,21	74,49	83,80	45,95	66,84	75,19	40,88	59,46	66,89	36,—	52,36	58,91	31,31	45,54	51,23
	III	728,—	40,04	58,24	65,52	III	728,—	35,98	52,34	58,88	32,03	46,60	52,42	28,16	40,97	46,09	24,40	35,49	39,92	20,73	30,16	33,93	17,15	24,94	28,06
	V	1 712,83	94,20	137,02	154,15	IV	1 178,41	61,93	90,08	101,34	59,09	85,95	96,69	56,30	81,89	92,12	53,55	77,90	87,63	50,86	73,98	83,22	48,21	70,13	78,89
	VI	1 745,—	95,97	139,60	157,05																				
4 784,99	I,IV	1 179,66	64,88	94,37	106,16	I	1 179,66	59,15	86,04	96,80	53,62	77,99	87,74	48,27	70,22	78,99	43,12	62,72	70,56	38,15	55,50	62,43	33,38	48,55	54,62
	II	1 134,—	62,37	90,72	102,06	II	1 134,—	56,72	82,51	92,82	51,27	74,58	83,90	46,01	66,92	75,29	40,94	59,55	66,99	36,06	52,45	59,—	31,36	45,62	51,32
	III	729,—	40,09	58,32	65,61	III	729,—	36,04	52,42	58,97	32,08	46,66	52,49	28,21	41,04	46,17	24,44	35,56	40,—	20,77	30,21	33,98	17,19	25,01	28,13
	V	1 714,08	94,27	137,12	154,26	IV	1 179,66	61,99	90,17	101,44	59,15	86,04	96,80	56,36	81,98	92,23	53,62	77,99	87,74	50,92	74,07	83,33	48,27	70,22	78,99
	VI	1 746,33	96,04	139,70	157,16																				
4 787,99	I,IV	1 180,83	64,94	94,46	106,27	I	1 180,83	59,22	86,14	96,90	53,68	78,08	87,84	48,33	70,30	79,09	43,17	62,80	70,65	38,21	55,58	62,52	33,43	48,63	54,71
	II	1 135,25	62,43	90,82	102,17	II	1 135,25	56,79	82,60	92,93	51,33	74,67	84,—	46,07	67,01	75,38	40,99	59,63	67,08	36,11	52,52	59,09	31,41	45,70	51,41
	III	729,83	40,14	58,38	65,68	III	729,83	36,08	52,49	59,05	32,12	46,73	52,57	28,26	41,10	46,24	24,49	35,62	40,07	20,81	30,28	34,06	17,23	25,06	28,19
	V	1 715,33	94,34	137,22	154,37	IV	1 180,83	62,05	90,26	101,54	59,22	86,14	96,90	56,42	82,07	92,33	53,68	78,08	87,84	50,98	74,16	83,43	48,33	70,30	79,09
	VI	1 747,58	96,11	139,80	157,28																				
4 790,99	I,IV	1 182,08	65,01	94,56	106,38	I	1 182,08	59,28	86,23	97,01	53,74	78,17	87,94	48,39	70,39	79,19	43,23	62,89	70,75	38,26	55,66	62,61	33,49	48,71	54,80
	II	1 136,41	62,50	90,91	102,27	II	1 136,41	56,85	82,70	93,03	51,39	74,76	84,10	46,13	67,10	75,48	41,05	59,72	67,18	36,17	52,61	59,18	31,47	45,78	51,50
	III	730,66	40,18	58,45	65,75	III	730,66	36,12	52,54	59,11	32,16	46,78	52,63	28,30	41,17	46,31	24,53	35,68	40,14	20,85	30,33	34,12	17,27	25,13	28,27
	V	1 716,58	94,41	137,32	154,49	IV	1 182,08	62,12	90,36	101,66	59,28	86,23	97,01	56,48	82,16	92,43	53,74	78,17	87,94	51,04	74,25	83,53	48,39	70,39	79,19
	VI	1 748,83	96,18	139,90	157,39																				
4 793,99	I,IV	1 183,33	65,08	94,66	106,49	I	1 183,33	59,34	86,32	97,11	53,80	78,26	88,04	48,45	70,48	79,29	43,29	62,97	70,84	38,32	55,74	62,71	33,54	48,79	54,89
	II	1 137,66	62,57	91,01	102,38	II	1 137,66	56,92	82,79	93,14	51,46	74,85	84,20	46,19	67,18	75,58	41,11	59,80	67,27	36,22	52,69	59,27	31,52	45,86	51,59
	III	731,50	40,23	58,52	65,83	III	731,50	36,18	52,62	59,20	32,21	46,85	52,70	28,35	41,24	46,39	24,57	35,74	40,21	20,90	30,40	34,20	17,31	25,18	28,33
	V	1 717,91	94,48	137,43	154,61	IV	1 183,33	62,19	90,46	101,76	59,34	86,32	97,11	56,55	82,26	92,54	53,80	78,26	88,04	51,10	74,34	83,63	48,45	70,48	79,29
	VI	1 750,08	96,25	140,—	157,50																				
4 796,99	I,IV	1 184,50	65,14	94,76	106,60	I	1 184,50	59,41	86,42	97,22	53,87	78,36	88,15	48,51	70,57	79,39	43,35	63,06	70,94	38,38	55,82	62,80	33,60	48,87	54,98
	II	1 138,83	62,63	91,10	102,49	II	1 138,83	56,98	82,88	93,24	51,52	74,94	84,31	46,25	67,27	75,68	41,17	59,88	67,37	36,28	52,77	59,36	31,57	45,93	51,67
	III	732,33	40,27	58,58	65,90	III	732,33	36,22	52,69	59,27	32,25	46,92	52,78	28,38	41,29	46,45	24,62	35,81	40,28	20,94	30,46	34,27	17,36	25,25	28,40
	V	1 719,16	94,55	137,53	154,72	IV	1 184,50	62,26	90,56	101,88	59,41	86,42	97,22	56,62	82,36	92,65	53,87	78,36	88,15	51,17	74,43	83,73	48,51	70,57	79,39
	VI	1 751,33	96,32	140,10	157,61																				
4 799,99	I,IV	1 185,75	65,21	94,86	106,71	I	1 185,75	59,47	86,51	97,32	53,93	78,44	88,25	48,57	70,66	79,49	43,41	63,14	71,03	38,43	55,90	62,89	33,65	48,94	55,06
	II	1 140,—	62,70	91,20	102,60	II	1 140,—	57,04	82,98	93,35	51,58	75,03	84,41	46,31	67,36	75,78	41,22	59,96	67,46	36,33	52,85	59,45	31,63	46,01	51,76
	III	733,16	40,32	58,65	65,98	III	733,16	36,27	52,76	59,35	32,30	46,98	52,85	28,43	41,36	46,53	24,65	35,86	40,34	20,98	30,52	34,33	17,39	25,30	28,46
	V	1 720,41	94,62	137,63	154,83	IV	1 185,75	62,32	90,65	101,98	59,47	86,51	97,32	56,68	82,44	92,75	53,93	78,44	88,25	51,23	74,52	83,83	48,57	70,66	79,49
	VI	1 752,58	96,39	140,20	157,73																				
4 802,99	I,IV	1 186,91	65,28	94,95	106,82	I	1 186,91	59,54	86,61	97,43	53,99	78,54	88,35	48,63	70,74	79,58	43,47	63,23	71,13	38,49	55,99	62,99	33,70	49,02	55,15
	II	1 141,25	62,76	91,30	102,71	II	1 141,25	57,11	83,07	93,45	51,64	75,12	84,51	46,36	67,44	75,87	41,28	60,05	67,55	36,39	52,93	59,54	31,68	46,08	51,84
	III	734,16	40,37	58,73	66,07	III	734,16	36,31	52,82	59,42	32,34	47,05	52,93	28,48	41,42	46,60	24,70	35,93	40,42	21,02	30,58	34,40	17,44	25,37	28,54
	V	1 721,66	94,69	137,73	154,94	IV	1 186,91	62,39	90,75	102,09	59,54	86,61	97,43	56,74	82,54	92,85	53,99	78,54	88,35	51,29	74,60	83,93	48,63	70,74	79,58
	VI	1 753,83	96,46	140,30	157,84																				
4 805,99	I,IV	1 188,16	65,34	95,05	106,93	I	1 188,16	59,61	86,70	97,54	54,06	78,63	88,46	48,69	70,83	79,68	43,52	63,31	71,22	38,55	56,07	63,08	33,76	49,10	55,24
	II	1 142,50	62,83	91,40	102,82	II	1 142,50	57,17	83,16	93,56	51,70	75,21	84,61	46,43	67,54	75,98	41,34	60,14	67,65	36,44	53,01	59,63	31,73	46,16	51,93
	III	735,—	40,42	58,80	66,15	III	735,—	36,36	52,89	59,50	32,39	47,12	53,01	28,52	41,49	46,67	24,75	36,—	40,50	21,06	30,64	34,47	17,48	25,42	28,60
	V	1 722,91	94,76	137,83	155,06	IV	1 188,16	62,45	90,84	102,20	59,61	86,70	97,54	56,81	82,63	92,96	54,06	78,63	88,46	51,35	74,70	84,03	48,69	70,83	79,68
	VI	1 755,08	96,52	140,40	157,95																				
4 808,99	I,IV	1 189,33	65,41	95,14	107,03	I	1 189,33	59,67	86,80	97,65	54,12	78,72	88,56	48,75	70,92	79,78	43,58	63,40	71,32	38,60	56,15	63,17	33,81	49,18	55,32
	II	1 143,66	62,90	91,49	102,92	II	1 143,66	57,24	83,26	93,66	51,76	75,30	84,71	46,48	67,62	76,07	41,40	60,22	67,74	36,50	53,09	59,72	31,79	46,24	52,02
	III	735,83	40,47	58,86	66,22	III	735,83	36,41	52,96	59,58	32,44	47,18	53,08	28,56	41,54	46,73	24,78	36,05	40,55	21,11	30,70	34,54	17,51	25,48	28,66
	V	1 724,16	94,82	137,93	155,17	IV	1 189,33	62,52	90,94	102,30	59,67	86,80	97,65	56,87	82,72	93,06	54,12	78,72	88,56	51,41	74,78	84,13	48,75	70,92	79,78
	VI	1 756,41	96,60	140,51	158,07																				
4 811,99	I,IV	1 190,58	65,48	95,24	107,15	I	1 190,58	59,73	86,89	97,75	54,18	78,81	88,66	48,82	71,01	79,88	43,64	63,48	71,42	38,66	56,23	63,26	33,86	49,26	55,41
	II	1 144,83	62,96	91,58	103,03	II	1 144,83	57,30	83,35	93,77	51,83	75,39	84,81	46,54	67,70	76,16	41,45	60,30	67,83	36,55	53,17	59,81	31,84	46,32	52,11
	III	736,66	40,51	58,93	66,29	III	736,66	36,45	53,02	59,65	32,48	47,25	53,15	28,60	41,61	46,81	24,83	36,12	40,63	21,14	30,76	34,60	17,56	25,54	28,73
	V	1 725,41	94,89	138,03	155,28	IV	1 190,58	62,59	91,04	102,42	59,73	86,89	97,75	56,93	82,82	93,17	54,18	78,81	88,66	51,48	74,88	84,24	48,82	71,01	79,88
	VI	1 757,66	96,67	140,61	158,18																				
4 814,99	I,IV	1 191,83	65,55	95,34	107,26	I	1 191,83	59,80	86,99	97,86	54,24	78,90	88,76	48,88	71,10	79,98	43,70	63,57	71,51	38,72	56,32	63,36	33,92	49,34	55,50
	II	1 146,08	63,03	91,68	103,14	II	1 146,08	57,36	83,44	93,87	51,89	75,48	84,92	46,61	67,80	76,27	41,51	60,38	67,93	36,61	53,25	59,90	31,90	46,40	52,20
	III	737,50	40,56	59,—	66,37	III	737,50	36,50	53,09	59,72	32,53	47,32	53,23	28,65	41,68	46,89	24,87	36,18	40,70	21,19	30,82	34,67	17,60	25,60	28,80
	V	1 726,66	94,96	138,13	155,39	IV	1 191,83	62,65	91,13	102,52	59,80	86,99	97,86	57,—	82,91	93,27	54,24	78,90	88,76	51,53	74,96	84,33	48,88	71,10	79,98
	VI	1 758,91	96,74	140,71	158,30																				

* Die ausgewiesenen Tabellenwerte sind amtlich. Siehe Erläuterungen auf der Umschlaginnenseite (U2).

MONAT 4 815,–*

Abzüge an Lohnsteuer, Solidaritätszuschlag (SolZ) und Kirchensteuer (8%, 9%) in den Steuerklassen

Lohn/ Gehalt bis €*		I – VI					I, II, III, IV	mit Zahl der Kinderfreibeträge . . . 0,5			1			1,5			2			2,5			3		
		LSt	ohne Kinder-freibeträge SolZ	8%	9%		LSt	SolZ	8%	9%	SolZ	8%	9%	SolZ	8%	9%	SolZ	8%	9%	SolZ	8%	9%	SolZ	8%	9%
4 817,99	I,IV	1 193,–	65,61	95,44	107,37	I	1 193,–	59,87	87,08	97,97	54,31	79,–	88,87	48,94	71,19	80,09	43,76	63,66	71,61	38,77	56,40	63,45	33,97	49,42	55,59
	II	1 147,33	63,10	91,78	103,25	II	1 147,33	57,43	83,54	93,98	51,95	75,57	85,01	46,67	67,88	76,37	41,57	60,47	68,03	36,66	53,33	59,99	31,95	46,48	52,29
	III	738,50	40,61	59,08	66,46	III	738,50	36,54	53,16	59,80	32,57	47,38	53,30	28,70	41,74	46,96	24,92	36,25	40,78	21,23	30,89	34,75	17,64	25,66	28,87
	V	1 727,91	95,03	138,23	155,51	IV	1 193,–	62,72	91,23	102,63	59,87	87,08	97,97	57,06	83,–	93,38	54,31	79,–	88,87	51,60	75,06	84,44	48,94	71,19	80,09
	VI	1 760,16	96,80	140,81	158,41																				
4 820,99	I,IV	1 194,25	65,68	95,54	107,48	I	1 194,25	59,93	87,18	98,07	54,37	79,08	88,97	49,–	71,28	80,19	43,82	63,74	71,70	38,83	56,48	63,54	34,03	49,50	55,68
	II	1 148,50	63,16	91,88	103,36	II	1 148,50	57,49	83,63	94,08	52,01	75,66	85,11	46,73	67,97	76,46	41,63	60,55	68,12	36,72	53,41	60,08	32,–	46,55	52,37
	III	739,33	40,66	59,14	66,53	III	739,33	36,59	53,22	59,87	32,62	47,45	53,38	28,74	41,81	47,03	24,96	36,30	40,84	21,27	30,94	34,81	17,68	25,72	28,93
	V	1 729,25	95,10	138,34	155,63	IV	1 194,25	62,78	91,32	102,74	59,93	87,18	98,07	57,13	83,10	93,48	54,37	79,08	88,97	51,66	75,14	84,53	49,–	71,28	80,19
	VI	1 761,41	96,87	140,91	158,52																				
4 823,99	I,IV	1 195,41	65,74	95,63	107,58	I	1 195,41	60,–	87,27	98,18	54,43	79,18	89,07	49,06	71,36	80,28	43,88	63,82	71,80	38,88	56,56	63,63	34,08	49,58	55,77
	II	1 149,66	63,23	91,97	103,46	II	1 149,66	57,56	83,72	94,19	52,08	75,75	85,22	46,79	68,06	76,56	41,69	60,64	68,22	36,77	53,49	60,17	32,06	46,63	52,46
	III	740,16	40,70	59,21	66,61	III	740,16	36,63	53,29	59,95	32,67	47,52	53,46	28,79	41,88	47,11	25,–	36,37	40,91	21,32	31,01	34,88	17,72	25,78	29,–
	V	1 730,50	95,17	138,44	155,74	IV	1 195,41	62,85	91,42	102,85	60,–	87,27	98,18	57,19	83,19	93,59	54,43	79,18	89,07	51,72	75,24	84,64	49,06	71,36	80,28
	VI	1 762,66	96,94	141,01	158,63																				
4 826,99	I,IV	1 196,66	65,81	95,73	107,69	I	1 196,66	60,06	87,37	98,29	54,50	79,27	89,18	49,12	71,45	80,38	43,94	63,91	71,90	38,94	56,64	63,72	34,14	49,66	55,86
	II	1 150,91	63,30	92,07	103,58	II	1 150,91	57,62	83,82	94,29	52,14	75,84	85,32	46,85	68,14	76,66	41,74	60,72	68,31	36,83	53,58	60,27	32,11	46,70	52,54
	III	741,–	40,75	59,28	66,69	III	741,–	36,68	53,36	60,03	32,71	47,58	53,53	28,83	41,94	47,18	25,05	36,44	40,99	21,35	31,06	34,94	17,76	25,84	29,07
	V	1 731,75	95,24	138,54	155,85	IV	1 196,66	62,92	91,52	102,96	60,06	87,37	98,29	57,25	83,28	93,69	54,50	79,27	89,18	51,79	75,33	84,74	49,12	71,45	80,38
	VI	1 763,91	97,01	141,11	158,75																				
4 829,99	I,IV	1 197,83	65,88	95,82	107,80	I	1 197,83	60,12	87,46	98,39	54,56	79,36	89,28	49,18	71,54	80,48	43,99	63,99	71,99	38,99	56,72	63,81	34,19	49,73	55,94
	II	1 152,08	63,36	92,16	103,68	II	1 152,08	57,69	83,91	94,40	52,20	75,93	85,42	46,91	68,23	76,76	41,80	60,80	68,40	36,89	53,66	60,36	32,16	46,78	52,63
	III	741,83	40,80	59,34	66,76	III	741,83	36,73	53,42	60,10	32,76	47,65	53,60	28,87	42,–	47,25	25,08	36,49	41,05	21,40	31,13	35,02	17,81	25,90	29,14
	V	1 733,–	95,31	138,64	155,97	IV	1 197,83	62,98	91,61	103,06	60,12	87,46	98,39	57,32	83,38	93,80	54,56	79,36	89,28	51,85	75,42	84,84	49,18	71,54	80,48
	VI	1 765,16	97,08	141,21	158,86																				
4 832,99	I,IV	1 199,08	65,94	95,92	107,91	I	1 199,08	60,19	87,56	98,50	54,62	79,46	89,39	49,24	71,63	80,58	44,05	64,08	72,09	39,05	56,81	63,91	34,24	49,81	56,03
	II	1 153,33	63,43	92,26	103,79	II	1 153,33	57,75	84,–	94,50	52,26	76,02	85,52	46,97	68,32	76,86	41,86	60,89	68,50	36,94	53,74	60,45	32,21	46,86	52,71
	III	742,66	40,84	59,41	66,83	III	742,66	36,77	53,49	60,17	32,79	47,70	53,66	28,92	42,06	47,32	25,13	36,56	41,13	21,44	31,18	35,08	17,84	25,96	29,20
	V	1 734,25	95,38	138,74	156,08	IV	1 199,08	63,05	91,71	103,17	60,19	87,56	98,50	57,38	83,47	93,90	54,62	79,46	89,39	51,91	75,50	84,94	49,24	71,63	80,58
	VI	1 766,41	97,15	141,31	158,97																				
4 835,99	I,IV	1 200,33	66,01	96,02	108,02	I	1 200,33	60,26	87,65	98,60	54,68	79,54	89,48	49,30	71,72	80,68	44,11	64,16	72,18	39,11	56,89	64,–	34,30	49,89	56,12
	II	1 154,50	63,49	92,36	103,90	II	1 154,50	57,81	84,10	94,61	52,32	76,11	85,62	47,02	68,40	76,95	41,91	60,97	68,59	37,–	53,82	60,54	32,27	46,94	52,80
	III	743,66	40,90	59,49	66,92	III	743,66	36,82	53,56	60,25	32,84	47,77	53,74	28,96	42,13	47,39	25,18	36,62	41,20	21,48	31,25	35,15	17,89	26,02	29,27
	V	1 735,50	95,45	138,84	156,19	IV	1 200,33	63,12	91,81	103,28	60,26	87,65	98,60	57,45	83,56	94,01	54,68	79,54	89,48	51,97	75,60	85,05	49,30	71,72	80,68
	VI	1 767,75	97,22	141,42	159,09																				
4 838,99	I,IV	1 201,58	66,08	96,12	108,14	I	1 201,58	60,33	87,75	98,72	54,75	79,64	89,59	49,37	71,81	80,78	44,17	64,25	72,28	39,16	56,97	64,09	34,35	49,97	56,21
	II	1 155,75	63,56	92,46	104,01	II	1 155,75	57,88	84,19	94,71	52,39	76,20	85,73	47,08	68,49	77,05	41,97	61,06	68,69	37,05	53,90	60,63	32,32	47,02	52,89
	III	744,50	40,94	59,56	67,–	III	744,50	36,86	53,62	60,32	32,89	47,84	53,82	29,01	42,20	47,47	25,21	36,68	41,26	21,53	31,32	35,23	17,93	26,08	29,34
	V	1 736,75	95,52	138,94	156,30	IV	1 201,58	63,18	91,90	103,39	60,33	87,75	98,72	57,51	83,66	94,11	54,75	79,64	89,59	52,03	75,69	85,15	49,37	71,81	80,78
	VI	1 769,–	97,29	141,52	159,21																				
4 841,99	I,IV	1 202,75	66,15	96,22	108,24	I	1 202,75	60,39	87,84	98,82	54,81	79,73	89,69	49,43	71,90	80,88	44,23	64,34	72,38	39,22	57,06	64,19	34,41	50,05	56,30
	II	1 156,91	63,63	92,55	104,12	II	1 156,91	57,94	84,28	94,82	52,45	76,29	85,82	47,14	68,58	77,15	42,03	61,14	68,78	37,11	53,98	60,72	32,37	47,09	52,97
	III	745,33	40,99	59,62	67,07	III	745,33	36,91	53,69	60,40	32,93	47,90	53,89	29,04	42,25	47,53	25,26	36,74	41,33	21,56	31,37	35,29	17,96	26,13	29,39
	V	1 738,–	95,59	139,04	156,42	IV	1 202,75	63,25	92,–	103,50	60,39	87,84	98,82	57,58	83,75	94,22	54,81	79,73	89,69	52,09	75,78	85,25	49,43	71,90	80,88
	VI	1 770,25	97,36	141,62	159,32																				
4 844,99	I,IV	1 204,–	66,22	96,32	108,36	I	1 204,–	60,45	87,94	98,93	54,88	79,82	89,80	49,49	71,98	80,98	44,29	64,42	72,47	39,28	57,14	64,28	34,46	50,13	56,39
	II	1 158,16	63,69	92,65	104,23	II	1 158,16	58,01	84,38	94,92	52,51	76,38	85,93	47,20	68,66	77,24	42,09	61,22	68,87	37,16	54,06	60,81	32,43	47,17	53,06
	III	746,16	41,03	59,69	67,15	III	746,16	36,96	53,77	60,49	32,98	47,97	53,96	29,09	42,32	47,61	25,30	36,81	41,41	21,61	31,44	35,37	18,01	26,20	29,47
	V	1 739,33	95,66	139,14	156,53	IV	1 204,–	63,31	92,10	103,61	60,45	87,94	98,93	57,64	83,84	94,32	54,88	79,82	89,80	52,16	75,87	85,35	49,49	71,98	80,98
	VI	1 771,50	97,43	141,72	159,43																				
4 847,99	I,IV	1 205,16	66,28	96,41	108,46	I	1 205,16	60,52	88,03	99,03	54,94	79,92	89,91	49,55	72,07	81,08	44,35	64,51	72,57	39,33	57,22	64,37	34,52	50,21	56,48
	II	1 159,41	63,76	92,75	104,34	II	1 159,41	58,07	84,47	95,03	52,58	76,48	86,04	47,27	68,76	77,35	42,15	61,31	68,97	37,22	54,14	60,91	32,48	47,25	53,15
	III	747,–	41,08	59,76	67,23	III	747,–	37,01	53,84	60,57	33,02	48,04	54,04	29,14	42,38	47,68	25,35	36,88	41,49	21,65	31,49	35,42	18,04	26,25	29,53
	V	1 740,58	95,73	139,24	156,65	IV	1 205,16	63,38	92,20	103,72	60,52	88,03	99,03	57,70	83,94	94,43	54,94	79,92	89,91	52,22	75,96	85,45	49,55	72,07	81,08
	VI	1 772,75	97,50	141,82	159,54																				
4 850,99	I,IV	1 206,33	66,34	96,50	108,56	I	1 206,33	60,58	88,12	99,14	55,–	80,–	90,–	49,61	72,16	81,18	44,40	64,59	72,66	39,39	57,30	64,46	34,57	50,28	56,57
	II	1 160,58	63,83	92,84	104,45	II	1 160,58	58,13	84,56	95,13	52,63	76,56	86,13	47,32	68,84	77,44	42,20	61,39	69,06	37,28	54,22	61,–	32,53	47,32	53,24
	III	747,83	41,13	59,82	67,30	III	747,83	37,05	53,89	60,62	33,07	48,10	54,11	29,18	42,45	47,75	25,39	36,93	41,54	21,69	31,56	35,50	18,09	26,32	29,61
	V	1 741,83	95,80	139,34	156,76	IV	1 206,33	63,45	92,29	103,82	60,58	88,12	99,14	57,77	84,03	94,53	55,–	80,–	90,–	52,28	76,05	85,55	49,61	72,16	81,18
	VI	1 774,–	97,57	141,92	159,66																				
4 853,99	I,IV	1 207,58	66,41	96,60	108,68	I	1 207,58	60,65	88,22	99,25	55,06	80,10	90,11	49,67	72,25	81,28	44,46	64,68	72,76	39,45	57,38	64,55	34,62	50,36	56,66
	II	1 161,83	63,90	92,94	104,56	II	1 161,83	58,20	84,66	95,24	52,70	76,66	86,24	47,39	68,93	77,54	42,26	61,48	69,16	37,33	54,30	61,09	32,59	47,40	53,33
	III	748,83	41,18	59,90	67,39	III	748,83	37,10	53,97	60,71	33,11	48,17	54,19	29,23	42,52	47,83	25,43	37,–	41,62	21,74	31,62	35,57	18,13	26,37	29,66
	V	1 743,08	95,86	139,44	156,87	IV	1 207,58	63,52	92,39	103,94	60,65	88,22	99,25	57,83	84,12	94,64	55,06	80,10	90,11	52,34	76,14	85,65	49,67	72,25	81,28
	VI	1 775,25	97,63	142,02	159,77																				
4 856,99	I,IV	1 208,83	66,48	96,70	108,79	I	1 208,83	60,72	88,32	99,36	55,13	80,19	90,21	49,73	72,34	81,38	44,52	64,76	72,86	39,50	57,46	64,64	34,68	50,44	56,75
	II	1 163,–	63,96	93,04	104,67	II	1 163,–	58,27	84,76	95,35	52,76	76,74	86,33	47,45	69,02	77,64	42,32	61,56	69,26	37,39	54,38	61,18	32,64	47,48	53,42
	III	749,66	41,23	59,97	67,46	III	749,66	37,15	54,04	60,79	33,16	48,24	54,27	29,27	42,58	47,90	25,48	37,06	41,69	21,78	31,68	35,64	18,17	26,44	29,74
	V	1 744,33	95,93	139,54	156,98	IV	1 208,83	63,58	92,48	104,04	60,72	88,32	99,36	57,90	84,22	94,74	55,13	80,19	90,21	52,41	76,23	85,76	49,73	72,34	81,38
	VI	1 776,50	97,70	142,12	159,88																				
4 859,99	I,IV	1 210,–	66,55	96,80	108,90	I	1 210,–	60,78	88,41	99,46	55,19	80,28	90,31	49,79	72,42	81,47	44,58	64,85	72,95	39,56	57,55	64,74	34,73	50,52	56,84
	II	1 164,16	64,02	93,13	104,77	II	1 164,16	58,33	84,84	95,45	52,82	76,84	86,44	47,51	69,10	77,74	42,38	61,64	69,35	37,44	54,46	61,27	32,69	47,56	53,50
	III	750,50	41,27	60,04	67,54	III	750,50	37,19	54,10	60,86	33,21	48,30	54,34	29,32	42,64	47,97	25,52	37,12	41,76	21,82	31,74	35,71	18,21	26,49	29,80
	V	1 745,58	96,–	139,64	157,10	IV	1 210,–	63,64	92,58	104,15	60,78	88,41	99,46	57,96	84,31	94,85	55,19	80,28	90,31	52,47	76,32	85,86	49,79	72,42	81,47
	VI	1 777,83	97,78	142,22	160,–																				

* Die ausgewiesenen Tabellenwerte sind amtlich. Siehe Erläuterungen auf der Umschlaginnenseite (U2).

Abzüge an Lohnsteuer, Solidaritätszuschlag (SolZ) und Kirchensteuer (8%, 9%) in den Steuerklassen

Lohn/Gehalt bis €*	I – VI		ohne Kinderfreibeträge			I, II, III, IV		mit Zahl der Kinderfreibeträge . . . 0,5			1			1,5			2			2,5			3		
		LSt	SolZ	8%	9%		LSt	SolZ	8%	9%	SolZ	8%	9%	SolZ	8%	9%	SolZ	8%	9%	SolZ	8%	9%	SolZ	8%	9%
4 862,99	I,IV	1 211,25	66,61	96,90	109,01	I	1 211,25	60,85	88,51	99,57	55,25	80,37	90,41	49,85	72,52	81,58	44,64	64,94	73,05	39,62	57,63	64,83	34,79	50,60	56,93
	II	1 165,41	64,09	93,23	104,88	II	1 165,41	58,40	84,94	95,56	52,88	76,92	86,54	47,57	69,19	77,84	42,44	61,73	69,44	37,50	54,54	61,36	32,75	47,64	53,59
	III	751,33	41,32	60,10	67,61	III	751,33	37,24	54,17	60,94	33,25	48,37	54,41	29,36	42,70	48,04	25,56	37,18	41,83	21,86	31,80	35,77	18,26	26,56	29,88
	V	1 746,83	96,07	139,74	157,21	IV	1 211,25	63,71	92,68	104,26	60,85	88,51	99,57	58,02	84,40	94,95	55,25	80,37	90,41	52,53	76,41	85,96	49,85	72,52	81,58
	VI	1 779,08	97,84	142,32	160,11																				
4 865,99	I,IV	1 212,50	66,68	97,—	109,12	I	1 212,50	60,91	88,60	99,68	55,32	80,46	90,52	49,91	72,60	81,68	44,70	65,02	73,15	39,68	57,72	64,93	34,84	50,68	57,02
	II	1 166,66	64,16	93,33	104,99	II	1 166,66	58,46	85,04	95,67	52,95	77,02	86,64	47,63	69,28	77,94	42,50	61,82	69,54	37,56	54,63	61,46	32,80	47,72	53,68
	III	752,16	41,36	60,17	67,69	III	752,16	37,29	54,24	61,02	33,30	48,44	54,49	29,40	42,77	48,11	25,61	37,25	41,90	21,90	31,86	35,84	18,29	26,61	29,93
	V	1 748,08	96,14	139,84	157,32	IV	1 212,50	63,78	92,78	104,37	60,91	88,60	99,68	58,09	84,50	95,06	55,32	80,46	90,52	52,59	76,50	86,06	49,91	72,60	81,68
	VI	1 780,33	97,91	142,42	160,22																				
4 868,99	I,IV	1 213,66	66,75	97,09	109,22	I	1 213,66	60,98	88,70	99,78	55,38	80,56	90,63	49,98	72,70	81,78	44,76	65,11	73,25	39,73	57,80	65,02	34,90	50,76	57,11
	II	1 167,91	64,23	93,43	105,11	II	1 167,91	58,52	85,13	95,77	53,01	77,11	86,75	47,68	69,36	78,03	42,55	61,90	69,63	37,61	54,71	61,55	32,86	47,80	53,77
	III	753,16	41,42	60,25	67,78	III	753,16	37,33	54,30	61,09	33,34	48,50	54,56	29,45	42,84	48,19	25,65	37,32	41,98	21,95	31,93	35,92	18,34	26,68	30,01
	V	1 749,41	96,21	139,95	157,44	IV	1 213,66	63,85	92,87	104,48	60,98	88,70	99,78	58,16	84,60	95,17	55,38	80,56	90,63	52,65	76,59	86,16	49,98	72,70	81,78
	VI	1 781,58	97,98	142,52	160,34																				
4 871,99	I,IV	1 214,91	66,82	97,19	109,34	I	1 214,91	61,04	88,79	99,89	55,44	80,65	90,73	50,04	72,78	81,88	44,82	65,19	73,34	39,79	57,88	65,11	34,95	50,84	57,20
	II	1 169,08	64,29	93,52	105,21	II	1 169,08	58,59	85,22	95,87	53,07	77,20	86,85	47,74	69,45	78,13	42,61	61,98	69,73	37,67	54,79	61,64	32,91	47,87	53,85
	III	754,—	41,47	60,32	67,86	III	754,—	37,38	54,37	61,16	33,39	48,57	54,64	29,49	42,90	48,26	25,69	37,37	42,04	21,99	31,98	35,98	18,37	26,73	30,07
	V	1 750,66	96,28	140,05	157,55	IV	1 214,91	63,91	92,97	104,59	61,04	88,79	99,89	58,22	84,68	95,27	55,44	80,65	90,73	52,72	76,68	86,27	50,04	72,78	81,88
	VI	1 782,83	98,05	142,62	160,45																				
4 874,99	I,IV	1 216,08	66,88	97,28	109,44	I	1 216,08	61,11	88,89	100,—	55,51	80,74	90,83	50,10	72,87	81,98	44,88	65,28	73,44	39,85	57,96	65,21	35,01	50,92	57,29
	II	1 170,33	64,36	93,62	105,32	II	1 170,33	58,65	85,32	95,98	53,13	77,29	86,95	47,81	69,54	78,23	42,67	62,07	69,83	37,72	54,87	61,73	32,96	47,95	53,94
	III	754,83	41,51	60,38	67,93	III	754,83	37,42	54,44	61,24	33,44	48,64	54,72	29,54	42,97	48,34	25,74	37,44	42,12	22,03	32,05	36,05	18,42	26,80	30,15
	V	1 751,91	96,35	140,15	157,67	IV	1 216,08	63,98	93,06	104,69	61,11	88,89	100,—	58,29	84,78	95,38	55,51	80,74	90,83	52,78	76,77	86,36	50,10	72,87	81,98
	VI	1 784,08	98,12	142,72	160,56																				
4 877,99	I,IV	1 217,33	66,95	97,38	109,55	I	1 217,33	61,17	88,98	100,10	55,57	80,84	90,94	50,16	72,96	82,08	44,93	65,36	73,53	39,90	58,04	65,30	35,06	51,—	57,38
	II	1 171,58	64,43	93,72	105,44	II	1 171,58	58,72	85,41	96,08	53,20	77,38	87,05	47,87	69,63	78,33	42,73	62,15	69,92	37,78	54,95	61,82	33,02	48,03	54,03
	III	755,66	41,56	60,45	68,—	III	755,66	37,47	54,50	61,31	33,48	48,70	54,79	29,59	43,04	48,42	25,78	37,50	42,19	22,07	32,10	36,11	18,46	26,85	30,20
	V	1 753,16	96,42	140,25	157,78	IV	1 217,33	64,05	93,16	104,81	61,17	88,98	100,10	58,35	84,88	95,49	55,57	80,84	90,94	52,84	76,86	86,47	50,16	72,96	82,08
	VI	1 785,33	98,19	142,82	160,67																				
4 880,99	I,IV	1 218,50	67,01	97,48	109,66	I	1 218,50	61,24	89,08	100,21	55,63	80,92	91,04	50,22	73,05	82,18	44,99	65,45	73,63	39,96	58,12	65,39	35,11	51,08	57,46
	II	1 172,75	64,50	93,82	105,54	II	1 172,75	58,78	85,50	96,19	53,26	77,47	87,15	47,93	69,72	78,43	42,79	62,24	70,02	37,83	55,03	61,91	33,07	48,10	54,11
	III	756,50	41,60	60,52	68,08	III	756,50	37,51	54,57	61,39	33,53	48,77	54,86	29,62	43,09	48,47	25,82	37,56	42,25	22,11	32,17	36,19	18,50	26,92	30,28
	V	1 754,41	96,49	140,35	157,89	IV	1 218,50	64,11	93,26	104,91	61,24	89,08	100,21	58,41	84,97	95,59	55,63	80,92	91,04	52,90	76,95	86,57	50,22	73,05	82,18
	VI	1 786,58	98,26	142,92	160,79																				
4 883,99	I,IV	1 219,75	67,08	97,58	109,77	I	1 219,75	61,31	89,18	100,32	55,70	81,02	91,14	50,28	73,14	82,28	45,05	65,54	73,73	40,02	58,21	65,48	35,17	51,16	57,56
	II	1 174,—	64,57	93,92	105,66	II	1 174,—	58,85	85,60	96,30	53,32	77,56	87,26	47,99	69,80	78,53	42,84	62,32	70,11	37,89	55,12	62,01	33,12	48,18	54,20
	III	757,50	41,66	60,60	68,17	III	757,50	37,56	54,64	61,47	33,57	48,84	54,94	29,67	43,16	48,55	25,86	37,62	42,32	22,15	32,22	36,25	18,54	26,97	30,34
	V	1 755,66	96,56	140,45	158,—	IV	1 219,75	64,18	93,36	105,03	61,31	89,18	100,32	58,48	85,06	95,69	55,70	81,02	91,14	52,96	77,04	86,67	50,28	73,14	82,28
	VI	1 787,91	98,33	143,03	160,91																				
4 886,99	I,IV	1 221,—	67,15	97,68	109,89	I	1 221,—	61,37	89,27	100,43	55,76	81,11	91,25	50,34	73,23	82,38	45,11	65,62	73,82	40,07	58,29	65,57	35,23	51,24	57,65
	II	1 175,16	64,63	94,01	105,76	II	1 175,16	58,91	85,70	96,41	53,39	77,66	87,36	48,05	69,89	78,62	42,90	62,40	70,20	37,95	55,20	62,10	33,18	48,26	54,29
	III	758,33	41,70	60,66	68,24	III	758,33	37,62	54,72	61,56	33,62	48,90	55,01	29,71	43,22	48,62	25,91	37,69	42,40	22,20	32,29	36,32	18,59	27,04	30,42
	V	1 756,91	96,63	140,55	158,12	IV	1 221,—	64,25	93,46	105,14	61,37	89,27	100,43	58,54	85,16	95,80	55,76	81,11	91,25	53,03	77,14	86,78	50,34	73,23	82,38
	VI	1 789,16	98,40	143,13	161,02																				
4 889,99	I,IV	1 222,16	67,21	97,77	109,99	I	1 222,16	61,44	89,37	100,54	55,82	81,20	91,35	50,40	73,32	82,48	45,17	65,71	73,92	40,13	58,38	65,67	35,28	51,32	57,74
	II	1 176,41	64,70	94,11	105,87	II	1 176,41	58,98	85,79	96,51	53,45	77,74	87,46	48,11	69,98	78,73	42,96	62,49	70,30	38,—	55,28	62,19	33,23	48,34	54,38
	III	759,16	41,75	60,73	68,32	III	759,16	37,66	54,78	61,63	33,66	48,97	55,09	29,76	43,29	48,70	25,96	37,76	42,48	22,24	32,36	36,40	18,62	27,09	30,47
	V	1 758,16	96,69	140,65	158,23	IV	1 222,16	64,32	93,56	105,25	61,44	89,37	100,54	58,61	85,25	95,90	55,82	81,20	91,35	53,09	77,23	86,88	50,40	73,32	82,48
	VI	1 790,41	98,47	143,23	161,13																				
4 892,99	I,IV	1 223,41	67,28	97,87	110,10	I	1 223,41	61,50	89,46	100,64	55,89	81,30	91,46	50,46	73,40	82,58	45,23	65,80	74,02	40,19	58,46	65,76	35,33	51,40	57,82
	II	1 177,58	64,76	94,20	105,98	II	1 177,58	59,04	85,88	96,62	53,51	77,84	87,57	48,17	70,06	78,82	43,02	62,58	70,40	38,06	55,36	62,28	33,28	48,42	54,47
	III	760,—	41,80	60,80	68,40	III	760,—	37,71	54,85	61,70	33,70	49,02	55,15	29,81	43,36	48,78	25,99	37,81	42,53	22,28	32,41	36,46	18,67	27,16	30,55
	V	1 759,41	96,76	140,75	158,34	IV	1 223,41	64,38	93,65	105,35	61,50	89,46	100,64	58,67	85,34	96,01	55,89	81,30	91,46	53,15	77,32	86,98	50,46	73,40	82,58
	VI	1 791,66	98,54	143,33	161,24																				
4 895,99	I,IV	1 224,58	67,35	97,96	110,21	I	1 224,58	61,57	89,56	100,75	55,95	81,39	91,56	50,53	73,50	82,68	45,29	65,88	74,12	40,25	58,54	65,86	35,39	51,48	57,91
	II	1 178,83	64,83	94,30	106,09	II	1 178,83	59,11	85,98	96,72	53,57	77,93	87,67	48,23	70,16	78,93	43,07	62,66	70,49	38,11	55,44	62,37	33,34	48,50	54,56
	III	760,83	41,84	60,86	68,47	III	760,83	37,75	54,92	61,78	33,76	49,10	55,24	29,85	43,42	48,85	26,04	37,88	42,61	22,33	32,48	36,54	18,70	27,21	30,61
	V	1 760,75	96,84	140,86	158,46	IV	1 224,58	64,45	93,75	105,47	61,57	89,56	100,75	58,74	85,44	96,12	55,95	81,39	91,56	53,22	77,41	87,08	50,53	73,50	82,68
	VI	1 792,91	98,61	143,43	161,36																				
4 898,99	I,IV	1 225,83	67,42	98,06	110,32	I	1 225,83	61,64	89,66	100,86	56,02	81,48	91,67	50,59	73,59	82,79	45,35	65,97	74,21	40,30	58,62	65,95	35,44	51,56	58,—
	II	1 180,08	64,90	94,40	106,20	II	1 180,08	59,17	86,07	96,83	53,63	78,02	87,77	48,29	70,24	79,02	43,13	62,74	70,58	38,17	55,52	62,46	33,39	48,58	54,65
	III	761,83	41,90	60,94	68,56	III	761,83	37,80	54,98	61,85	33,79	49,16	55,30	29,89	43,48	48,91	26,08	37,94	42,68	22,36	32,53	36,59	18,75	27,28	30,69
	V	1 762,—	96,91	140,96	158,58	IV	1 225,83	64,51	93,84	105,57	61,64	89,66	100,86	58,80	85,54	96,23	56,02	81,48	91,67	53,28	77,50	87,18	50,59	73,59	82,79
	VI	1 794,16	98,67	143,53	161,47																				
4 901,99	I,IV	1 227,—	67,48	98,16	110,43	I	1 227,—	61,70	89,75	100,97	56,08	81,57	91,76	50,65	73,68	82,89	45,41	66,05	74,30	40,36	58,71	66,05	35,50	51,64	58,09
	II	1 181,25	64,96	94,50	106,31	II	1 181,25	59,23	86,16	96,93	53,70	78,11	87,87	48,35	70,33	79,12	43,19	62,83	70,68	38,22	55,60	62,55	33,45	48,66	54,74
	III	762,66	41,94	61,01	68,63	III	762,66	37,84	55,05	61,93	33,84	49,22	55,37	29,93	43,54	48,98	26,12	38,—	42,75	22,41	32,60	36,67	18,79	27,33	30,74
	V	1 763,25	96,97	141,06	158,69	IV	1 227,—	64,58	93,94	105,68	61,70	89,75	100,97	58,86	85,62	96,32	56,08	81,57	91,76	53,34	77,59	87,29	50,65	73,68	82,89
	VI	1 795,41	98,74	143,63	161,58																				
4 904,99	I,IV	1 228,25	67,55	98,26	110,54	I	1 228,25	61,76	89,84	101,07	56,14	81,66	91,87	50,71	73,76	82,98	45,47	66,14	74,40	40,42	58,79	66,14	35,55	51,72	58,18
	II	1 182,50	65,03	94,60	106,42	II	1 182,50	59,30	86,26	97,04	53,76	78,20	87,98	48,41	70,42	79,22	43,25	62,92	70,78	38,28	55,68	62,64	33,50	48,74	54,83
	III	763,50	41,99	61,08	68,71	III	763,50	37,89	55,12	62,01	33,88	49,29	55,45	29,98	43,61	49,06	26,17	38,06	42,82	22,45	32,66	36,74	18,83	27,40	30,82
	V	1 764,50	97,04	141,16	158,80	IV	1 228,25	64,65	94,04	105,79	61,76	89,84	101,07	58,93	85,72	96,44	56,14	81,66	91,87	53,40	77,68	87,39	50,71	73,76	82,98
	VI	1 796,66	98,81	143,73	161,69																				

* Die ausgewiesenen Tabellenwerte sind amtlich. Siehe Erläuterungen auf der Umschlaginnenseite (U2).

MONAT 4 905,–*

Abzüge an Lohnsteuer, Solidaritätszuschlag (SolZ) und Kirchensteuer (8%, 9%) in den Steuerklassen

Lohn/ Gehalt bis €*	I – VI	LSt	ohne Kinderfreibeträge SolZ	8%	9%	I, II, III, IV	LSt	mit Zahl der Kinderfreibeträge … 0,5 SolZ	0,5 8%	0,5 9%	1 SolZ	1 8%	1 9%	1,5 SolZ	1,5 8%	1,5 9%	2 SolZ	2 8%	2 9%	2,5 SolZ	2,5 8%	2,5 9%	3 SolZ	3 8%	3 9%
4 907,99	I,IV	1 229,50	67,62	98,36	110,65	I	1 229,50	61,83	89,94	101,18	56,21	81,76	91,98	50,77	73,86	83,09	45,53	66,22	74,50	40,48	58,88	66,24	35,61	51,80	58,27
	II	1 183,66	65,10	94,69	106,52	II	1 183,66	59,37	86,36	97,15	53,82	78,29	88,07	48,47	70,51	79,32	43,31	63,—	70,87	38,34	55,77	62,74	33,55	48,81	54,91
	III	764,33	42,03	61,14	68,78	III	764,33	37,94	55,18	62,08	33,93	49,36	55,53	30,03	43,68	49,14	26,21	38,13	42,89	22,49	32,72	36,81	18,87	27,45	30,88
	V	1 765,75	97,11	141,26	158,91	IV	1 229,50	64,72	94,14	105,90	61,83	89,94	101,18	59,—	85,82	96,54	56,21	81,76	91,98	53,46	77,77	87,49	50,77	73,86	83,09
	VI	1 797,91	98,88	143,83	161,81																				
4 910,99	I,IV	1 230,66	67,68	98,45	110,75	I	1 230,66	61,90	90,04	101,29	56,27	81,86	92,09	50,83	73,94	83,18	45,59	66,31	74,60	40,53	58,96	66,33	35,66	51,88	58,36
	II	1 184,91	65,17	94,79	106,64	II	1 184,91	59,43	86,45	97,25	53,89	78,38	88,18	48,53	70,60	79,42	43,37	63,08	70,97	38,39	55,85	62,83	33,61	48,89	55,—
	III	765,33	42,09	61,22	68,87	III	765,33	37,98	55,25	62,15	33,98	49,42	55,60	30,07	43,74	49,21	26,26	38,20	42,97	22,54	32,78	36,88	18,92	27,52	30,96
	V	1 767,—	97,18	141,36	159,03	IV	1 230,66	64,79	94,24	106,02	61,90	90,04	101,29	59,06	85,91	96,65	56,27	81,86	92,09	53,53	77,86	87,59	50,83	73,94	83,18
	VI	1 799,25	98,95	143,94	161,93																				
4 913,99	I,IV	1 231,91	67,75	98,55	110,87	I	1 231,91	61,96	90,13	101,39	56,33	81,94	92,18	50,89	74,03	83,28	45,65	66,40	74,70	40,59	59,04	66,42	35,72	51,96	58,45
	II	1 186,08	65,23	94,88	106,74	II	1 186,08	59,50	86,54	97,36	53,95	78,48	88,29	48,59	70,68	79,52	43,43	63,17	71,06	38,45	55,93	62,92	33,66	48,97	55,09
	III	766,16	42,13	61,29	68,95	III	766,16	38,03	55,32	62,23	34,02	49,49	55,67	30,12	43,81	49,28	26,29	38,25	43,03	22,58	32,85	36,95	18,95	27,57	31,01
	V	1 768,25	97,25	141,46	159,14	IV	1 231,91	64,85	94,33	106,12	61,96	90,13	101,39	59,12	86,—	96,75	56,33	81,94	92,18	53,59	77,96	87,70	50,89	74,03	83,28
	VI	1 800,50	99,02	144,04	162,04																				
4 916,99	I,IV	1 233,08	67,81	98,64	110,97	I	1 233,08	62,03	90,23	101,51	56,40	82,04	92,29	50,96	74,12	83,39	45,70	66,48	74,79	40,64	59,12	66,51	35,77	52,04	58,54
	II	1 187,33	65,30	94,98	106,85	II	1 187,33	59,56	86,64	97,47	54,01	78,57	88,39	48,65	70,77	79,61	43,49	63,26	71,16	38,50	56,01	63,01	33,72	49,05	55,18
	III	767,—	42,18	61,36	69,03	III	767,—	38,07	55,38	62,30	34,07	49,56	55,75	30,15	43,86	49,34	26,34	38,32	43,11	22,62	32,90	37,01	19,—	27,64	31,09
	V	1 769,50	97,32	141,56	159,25	IV	1 233,08	64,92	94,43	106,23	62,03	90,23	101,51	59,19	86,10	96,86	56,40	82,04	92,29	53,65	78,04	87,80	50,96	74,12	83,39
	VI	1 801,75	99,09	144,14	162,15																				
4 919,99	I,IV	1 234,33	67,88	98,74	111,08	I	1 234,33	62,09	90,32	101,61	56,46	82,13	92,39	51,02	74,22	83,49	45,76	66,57	74,89	40,70	59,21	66,61	35,83	52,12	58,63
	II	1 188,58	65,37	95,08	106,97	II	1 188,58	59,63	86,74	97,58	54,07	78,66	88,49	48,72	70,86	79,72	43,54	63,34	71,25	38,56	56,10	63,11	33,77	49,13	55,27
	III	767,83	42,23	61,42	69,10	III	767,83	38,13	55,46	62,39	34,11	49,62	55,82	30,21	43,94	49,43	26,39	38,38	43,18	22,66	32,97	37,09	19,03	27,69	31,15
	V	1 770,83	97,39	141,66	159,37	IV	1 234,33	64,99	94,53	106,34	62,09	90,32	101,61	59,26	86,20	96,97	56,46	82,13	92,39	53,72	78,14	87,90	51,02	74,22	83,49
	VI	1 803,—	99,16	144,24	162,27																				
4 922,99	I,IV	1 235,50	67,95	98,84	111,19	I	1 235,50	62,16	90,42	101,72	56,53	82,22	92,50	51,08	74,30	83,59	45,82	66,66	74,99	40,76	59,29	66,70	35,88	52,20	58,72
	II	1 189,75	65,43	95,18	107,07	II	1 189,75	59,69	86,82	97,67	54,14	78,75	88,59	48,78	70,95	79,82	43,60	63,42	71,35	38,62	56,18	63,20	33,82	49,20	55,35
	III	768,66	42,27	61,49	69,17	III	768,66	38,17	55,53	62,47	34,16	49,69	55,90	30,25	44,—	49,50	26,43	38,45	43,25	22,70	33,02	37,15	19,08	27,76	31,23
	V	1 772,08	97,46	141,76	159,48	IV	1 235,50	65,05	94,62	106,45	62,16	90,42	101,72	59,32	86,29	97,07	56,53	82,22	92,50	53,78	78,23	88,01	51,08	74,30	83,59
	VI	1 804,25	99,23	144,34	162,38																				
4 925,99	I,IV	1 236,75	68,02	98,94	111,30	I	1 236,75	62,23	90,52	101,83	56,59	82,32	92,61	51,14	74,39	83,69	45,88	66,74	75,08	40,81	59,37	66,79	35,94	52,28	58,81
	II	1 191,—	65,50	95,28	107,19	II	1 191,—	59,76	86,92	97,79	54,20	78,84	88,70	48,84	71,04	79,92	43,66	63,51	71,45	38,67	56,26	63,29	33,88	49,28	55,44
	III	769,50	42,32	61,56	69,25	III	769,50	38,22	55,60	62,55	34,21	49,76	55,98	30,29	44,06	49,57	26,47	38,50	43,31	22,75	33,09	37,22	19,12	27,81	31,28
	V	1 773,33	97,53	141,86	159,59	IV	1 236,75	65,12	94,72	106,56	62,23	90,52	101,83	59,39	86,38	97,18	56,59	82,32	92,61	53,84	78,32	88,11	51,14	74,39	83,69
	VI	1 805,50	99,30	144,44	162,49																				
4 928,99	I,IV	1 238,—	68,09	99,04	111,42	I	1 238,—	62,30	90,62	101,94	56,65	82,41	92,71	51,20	74,48	83,79	45,94	66,83	75,18	40,87	59,46	66,89	35,99	52,36	58,90
	II	1 192,16	65,56	95,37	107,29	II	1 192,16	59,82	87,02	97,89	54,26	78,93	88,79	48,89	71,12	80,01	43,72	63,60	71,55	38,73	56,34	63,38	33,93	49,36	55,53
	III	770,50	42,37	61,64	69,34	III	770,50	38,27	55,66	62,62	34,25	49,82	56,05	30,34	44,13	49,64	26,51	38,57	43,39	22,79	33,16	37,30	19,16	27,88	31,36
	V	1 774,58	97,60	141,96	159,71	IV	1 238,—	65,18	94,82	106,67	62,30	90,62	101,94	59,45	86,48	97,29	56,65	82,41	92,71	53,90	78,41	88,21	51,20	74,48	83,79
	VI	1 806,75	99,37	144,54	162,60																				
4 931,99	I,IV	1 239,16	68,15	99,13	111,52	I	1 239,16	62,36	90,71	102,05	56,72	82,50	92,81	51,26	74,57	83,89	46,—	66,92	75,28	40,93	59,54	66,98	36,05	52,44	59,—
	II	1 193,41	65,63	95,47	107,40	II	1 193,41	59,89	87,11	98,—	54,33	79,02	88,90	48,96	71,22	80,12	43,78	63,68	71,64	38,79	56,42	63,47	33,99	49,44	55,62
	III	771,33	42,42	61,70	69,41	III	771,33	38,31	55,73	62,69	34,30	49,89	56,12	30,38	44,20	49,72	26,56	38,64	43,47	22,83	33,21	37,36	19,20	27,93	31,42
	V	1 775,83	97,67	142,06	159,82	IV	1 239,16	65,25	94,92	106,78	62,36	90,71	102,05	59,51	86,57	97,39	56,72	82,50	92,81	53,97	78,50	88,31	51,26	74,57	83,89
	VI	1 808,—	99,44	144,64	162,72																				
4 934,99	I,IV	1 240,41	68,22	99,23	111,63	I	1 240,41	62,42	90,80	102,15	56,78	82,60	92,92	51,33	74,66	83,99	46,06	67,—	75,38	40,99	59,62	67,07	36,10	52,52	59,08
	II	1 194,58	65,70	95,56	107,51	II	1 194,58	59,95	87,20	98,10	54,39	79,12	89,01	49,02	71,30	80,21	43,83	63,76	71,73	38,84	56,50	63,56	34,04	49,52	55,71
	III	772,16	42,46	61,77	69,49	III	772,16	38,36	55,80	62,77	34,34	49,96	56,20	30,43	44,26	49,79	26,61	38,70	43,54	22,88	33,28	37,44	19,24	27,98	31,48
	V	1 777,08	97,73	142,16	159,93	IV	1 240,41	65,32	95,01	106,88	62,42	90,80	102,15	59,58	86,66	97,49	56,78	82,60	92,92	54,03	78,59	88,41	51,33	74,66	83,99
	VI	1 809,33	99,51	144,74	162,83																				
4 937,99	I,IV	1 241,58	68,28	99,32	111,74	I	1 241,58	62,49	90,90	102,26	56,85	82,69	93,02	51,39	74,75	84,09	46,12	67,09	75,47	41,05	59,71	67,17	36,16	52,60	59,18
	II	1 195,83	65,77	95,66	107,62	II	1 195,83	60,02	87,30	98,21	54,45	79,21	89,11	49,08	71,39	80,31	43,89	63,85	71,83	38,90	56,59	63,66	34,10	49,60	55,80
	III	773,16	42,52	61,85	69,58	III	773,16	38,40	55,86	62,84	34,39	50,02	56,27	30,47	44,33	49,87	26,64	38,76	43,60	22,92	33,34	37,51	19,28	28,05	31,55
	V	1 778,33	97,80	142,26	160,04	IV	1 241,58	65,39	95,11	107,—	62,49	90,90	102,26	59,65	86,76	97,61	56,85	82,69	93,02	54,09	78,68	88,52	51,39	74,75	84,09
	VI	1 810,58	99,58	144,84	162,95																				
4 940,99	I,IV	1 242,83	68,35	99,42	111,85	I	1 242,83	62,56	91,—	102,37	56,91	82,78	93,13	51,45	74,84	84,20	46,18	67,18	75,57	41,10	59,79	67,26	36,22	52,68	59,27
	II	1 197,08	65,83	95,76	107,73	II	1 197,08	60,08	87,40	98,32	54,52	79,30	89,21	49,14	71,48	80,41	43,95	63,94	71,93	38,96	56,67	63,75	34,15	49,68	55,89
	III	774,—	42,57	61,92	69,66	III	774,—	38,45	55,93	62,92	34,43	50,09	56,35	30,51	44,38	49,93	26,69	38,82	43,67	22,96	33,40	37,57	19,33	28,12	31,63
	V	1 779,58	97,87	142,36	160,16	IV	1 242,83	65,45	95,21	107,11	62,56	91,—	102,37	59,71	86,86	97,71	56,91	82,78	93,13	54,16	78,78	88,62	51,45	74,84	84,20
	VI	1 811,83	99,65	144,94	163,06																				
4 943,99	I,IV	1 244,—	68,42	99,52	111,96	I	1 244,—	62,63	91,10	102,48	56,98	82,88	93,24	51,51	74,93	84,29	46,24	67,26	75,67	41,16	59,87	67,35	36,27	52,76	59,35
	II	1 198,25	65,90	95,86	107,84	II	1 198,25	60,15	87,49	98,42	54,58	79,39	89,31	49,20	71,57	80,51	44,01	64,02	72,02	39,01	56,75	63,84	34,21	49,76	55,98
	III	774,83	42,61	61,98	69,73	III	774,83	38,50	56,—	63,—	34,48	50,16	56,43	30,56	44,45	50,—	26,73	38,89	43,75	23,—	33,46	37,64	19,36	28,17	31,69
	V	1 780,91	97,95	142,47	160,28	IV	1 244,—	65,52	95,30	107,21	62,63	91,10	102,48	59,78	86,95	97,82	56,98	82,88	93,24	54,22	78,87	88,73	51,51	74,93	84,29
	VI	1 813,08	99,71	145,04	163,17																				
4 946,99	I,IV	1 245,25	68,48	99,62	112,07	I	1 245,25	62,69	91,19	102,59	57,04	82,97	93,34	51,58	75,02	84,40	46,30	67,35	75,77	41,22	59,96	67,45	36,33	52,84	59,45
	II	1 199,50	65,97	95,96	107,95	II	1 199,50	60,21	87,58	98,53	54,64	79,48	89,42	49,26	71,66	80,61	44,07	64,10	72,11	39,07	56,83	63,93	34,26	49,84	56,07
	III	775,66	42,66	62,05	69,80	III	775,66	38,55	56,08	63,09	34,53	50,22	56,50	30,60	44,52	50,08	26,78	38,96	43,83	23,04	33,52	37,71	19,41	28,24	31,77
	V	1 782,16	98,01	142,57	160,39	IV	1 245,25	65,59	95,40	107,33	62,69	91,19	102,59	59,84	87,04	97,92	57,04	82,97	93,34	54,28	78,96	88,83	51,58	75,02	84,40
	VI	1 814,33	99,78	145,14	163,28																				
4 949,99	I,IV	1 246,50	68,55	99,72	112,18	I	1 246,50	62,76	91,29	102,70	57,10	83,06	93,44	51,64	75,11	84,50	46,36	67,44	75,87	41,28	60,04	67,55	36,38	52,92	59,54
	II	1 200,66	66,03	96,05	108,05	II	1 200,66	60,28	87,68	98,64	54,71	79,58	89,52	49,32	71,74	80,71	44,13	64,19	72,21	39,13	56,92	64,03	34,32	49,92	56,16
	III	776,50	42,70	62,12	69,88	III	776,50	38,60	56,14	63,16	34,57	50,29	56,57	30,65	44,58	50,15	26,82	39,01	43,88	23,09	33,58	37,78	19,45	28,29	31,82
	V	1 783,41	98,08	142,67	160,50	IV	1 246,50	65,65	95,50	107,43	62,76	91,29	102,70	59,91	87,14	98,03	57,10	83,06	93,44	54,34	79,05	88,93	51,64	75,11	84,50
	VI	1 815,58	99,85	145,24	163,40																				

* Die ausgewiesenen Tabellenwerte sind amtlich. Siehe Erläuterungen auf der Umschlaginnenseite (U2).

Abzüge an Lohnsteuer, Solidaritätszuschlag (SolZ) und Kirchensteuer (8%, 9%) in den Steuerklassen

Lohn/ Gehalt bis €*	I – VI	LSt	ohne Kinderfreibeträge SolZ	8%	9%	I, II, III, IV	LSt	mit Zahl der Kinderfreibeträge . . . 0,5 SolZ	8%	9%	1 SolZ	8%	9%	1,5 SolZ	8%	9%	2 SolZ	8%	9%	2,5 SolZ	8%	9%	3 SolZ	8%	9%
4 952,99	I,IV	1 247,75	68,62	99,82	112,29	I	1 247,75	62,82	91,38	102,80	57,17	83,16	93,55	51,70	75,20	84,60	46,42	67,52	75,96	41,33	60,12	67,64	36,44	53,—	59,63
	II	1 201,91	66,10	96,15	108,17	II	1 201,91	60,34	87,78	98,75	54,77	79,67	89,63	49,39	71,84	80,82	44,19	64,28	72,31	39,18	57,—	64,12	34,37	50,—	56,25
	III	777,50	42,76	62,20	69,97	III	777,50	38,64	56,21	63,23	34,62	50,36	56,65	30,69	44,65	50,23	26,86	39,08	43,96	23,13	33,65	37,85	19,49	28,36	31,90
	V	1 784,66	98,15	142,77	160,61	IV	1 247,75	65,72	95,60	107,55	62,82	91,38	102,80	59,97	87,24	98,14	57,17	83,16	93,55	54,41	79,14	89,03	51,70	75,20	84,60
	VI	1 816,83	99,92	145,34	163,51																				
4 955,99	I,IV	1 248,91	68,69	99,91	112,40	I	1 248,91	62,89	91,48	102,91	57,23	83,25	93,65	51,76	75,29	84,70	46,48	67,61	76,06	41,39	60,21	67,73	36,49	53,08	59,72
	II	1 203,08	66,16	96,24	108,27	II	1 203,08	60,41	87,87	98,85	54,83	79,76	89,73	49,44	71,92	80,91	44,25	64,36	72,41	39,24	57,08	64,21	34,43	50,08	56,34
	III	778,33	42,80	62,26	70,04	III	778,33	38,69	56,28	63,31	34,66	50,42	56,72	30,74	44,72	50,31	26,91	39,14	44,03	23,17	33,70	37,91	19,53	28,41	31,96
	V	1 785,91	98,22	142,87	160,73	IV	1 248,91	65,78	95,69	107,65	62,89	91,48	102,91	60,04	87,33	98,24	57,23	83,25	93,65	54,47	79,24	89,14	51,76	75,29	84,70
	VI	1 818,08	99,99	145,44	163,62																				
4 958,99	I,IV	1 250,08	68,75	100,—	112,50	I	1 250,08	62,96	91,58	103,02	57,30	83,34	93,76	51,82	75,38	84,80	46,54	67,70	76,16	41,45	60,29	67,82	36,55	53,16	59,81
	II	1 204,33	66,23	96,34	108,38	II	1 204,33	60,47	87,96	98,96	54,89	79,85	89,83	49,50	72,01	81,01	44,31	64,45	72,50	39,30	57,16	64,31	34,48	50,16	56,43
	III	779,16	42,85	62,33	70,12	III	779,16	38,73	56,34	63,38	34,71	50,49	56,80	30,79	44,78	50,38	26,95	39,21	44,11	23,21	33,77	37,99	19,58	28,48	32,04
	V	1 787,16	98,29	142,97	160,84	IV	1 250,08	65,85	95,79	107,76	62,96	91,58	103,02	60,10	87,42	98,35	57,30	83,34	93,76	54,53	79,32	89,24	51,82	75,38	84,80
	VI	1 819,41	100,06	145,55	163,74																				
4 961,99	I,IV	1 251,33	68,82	100,10	112,61	I	1 251,33	63,03	91,68	103,14	57,36	83,44	93,87	51,88	75,47	84,90	46,60	67,78	76,25	41,51	60,38	67,92	36,60	53,24	59,90
	II	1 205,58	66,30	96,44	108,50	II	1 205,58	60,54	88,06	99,07	54,96	79,94	89,93	49,57	72,10	81,11	44,37	64,54	72,60	39,35	57,24	64,40	34,53	50,23	56,51
	III	780,—	42,90	62,40	70,20	III	780,—	38,78	56,41	63,46	34,76	50,56	56,88	30,83	44,85	50,45	27,—	39,28	44,19	23,26	33,84	38,07	19,61	28,53	32,09
	V	1 788,41	98,36	143,07	160,95	IV	1 251,33	65,92	95,89	107,87	63,03	91,68	103,14	60,17	87,52	98,46	57,36	83,44	93,87	54,60	79,42	89,34	51,88	75,47	84,90
	VI	1 820,66	100,13	145,65	163,85																				
4 964,99	I,IV	1 252,50	68,88	100,20	112,72	I	1 252,50	63,09	91,77	103,24	57,42	83,52	93,96	51,95	75,56	85,01	46,66	67,87	76,35	41,56	60,46	68,01	36,66	53,32	59,99
	II	1 206,75	66,37	96,54	108,60	II	1 206,75	60,61	88,16	99,18	55,02	80,03	90,03	49,63	72,19	81,21	44,42	64,62	72,69	39,41	57,32	64,49	34,59	50,31	56,60
	III	781,—	42,95	62,48	70,29	III	781,—	38,83	56,48	63,54	34,80	50,62	56,95	30,87	44,90	50,51	27,04	39,33	44,24	23,30	33,89	38,12	19,66	28,60	32,17
	V	1 789,66	98,43	143,17	161,06	IV	1 252,50	65,99	95,98	107,98	63,09	91,77	103,24	60,23	87,61	98,56	57,42	83,52	93,96	54,66	79,51	89,45	51,95	75,56	85,01
	VI	1 821,91	100,20	145,75	163,97																				
4 967,99	I,IV	1 253,75	68,95	100,30	112,83	I	1 253,75	63,15	91,86	103,34	57,49	83,62	94,07	52,01	75,65	85,10	46,72	67,96	76,45	41,62	60,54	68,11	36,71	53,40	60,08
	II	1 208,—	66,44	96,64	108,72	II	1 208,—	60,67	88,25	99,28	55,08	80,12	90,14	49,69	72,28	81,31	44,48	64,70	72,79	39,47	57,41	64,58	34,64	50,39	56,69
	III	781,83	43,—	62,54	70,36	III	781,83	38,87	56,54	63,61	34,85	50,69	57,02	30,91	44,97	50,59	27,08	39,40	44,32	23,34	33,96	38,20	19,69	28,65	32,23
	V	1 790,91	98,50	143,27	161,18	IV	1 253,75	66,05	96,08	108,09	63,15	91,86	103,34	60,30	87,71	98,67	57,49	83,62	94,07	54,72	79,60	89,55	52,01	75,65	85,10
	VI	1 823,16	100,27	145,85	164,08																				
4 970,99	I,IV	1 255,—	69,02	100,40	112,95	I	1 255,—	63,22	91,96	103,46	57,55	83,72	94,18	52,07	75,74	85,21	46,78	68,05	76,55	41,68	60,63	68,21	36,77	53,48	60,17
	II	1 209,25	66,50	96,74	108,83	II	1 209,25	60,74	88,35	99,39	55,15	80,22	90,24	49,75	72,37	81,41	44,54	64,79	72,89	39,52	57,49	64,67	34,70	50,47	56,78
	III	782,66	43,04	62,61	70,43	III	782,66	38,92	56,61	63,68	34,89	50,76	57,10	30,96	45,04	50,67	27,13	39,46	44,39	23,39	34,02	38,27	19,74	28,72	32,31
	V	1 792,25	98,57	143,38	161,30	IV	1 255,—	66,12	96,18	108,20	63,22	91,96	103,46	60,36	87,80	98,78	57,55	83,72	94,18	54,79	79,70	89,66	52,07	75,74	85,21
	VI	1 824,41	100,34	145,95	164,19																				
4 973,99	I,IV	1 256,16	69,08	100,49	113,05	I	1 256,16	63,29	92,06	103,56	57,61	83,80	94,28	52,13	75,83	85,31	46,84	68,13	76,64	41,74	60,71	68,30	36,82	53,56	60,26
	II	1 210,41	66,57	96,83	108,93	II	1 210,41	60,80	88,44	99,50	55,21	80,31	90,35	49,81	72,46	81,51	44,60	64,88	72,99	39,58	57,58	64,77	34,75	50,55	56,87
	III	783,50	43,09	62,68	70,51	III	783,50	38,97	56,69	63,77	34,94	50,82	57,17	31,01	45,10	50,74	27,17	39,52	44,46	23,43	34,08	38,34	19,78	28,77	32,36
	V	1 793,50	98,64	143,48	161,41	IV	1 256,16	66,19	96,28	108,31	63,29	92,06	103,56	60,43	87,90	98,88	57,61	83,80	94,28	54,85	79,78	89,75	52,13	75,83	85,31
	VI	1 825,66	100,41	146,05	164,30																				
4 976,99	I,IV	1 257,41	69,15	100,59	113,16	I	1 257,41	63,36	92,16	103,68	57,68	83,90	94,39	52,19	75,92	85,41	46,90	68,22	76,75	41,80	60,80	68,40	36,88	53,65	60,35
	II	1 211,58	66,63	96,92	109,04	II	1 211,58	60,87	88,54	99,60	55,27	80,40	90,45	49,87	72,54	81,61	44,66	64,96	73,08	39,64	57,66	64,86	34,81	50,63	56,96
	III	784,33	43,13	62,74	70,58	III	784,33	39,02	56,76	63,85	34,98	50,89	57,25	31,05	45,17	50,81	27,21	39,58	44,53	23,47	34,14	38,41	19,82	28,84	32,44
	V	1 794,75	98,71	143,58	161,52	IV	1 257,41	66,25	96,37	108,41	63,36	92,16	103,68	60,50	88,—	99,—	57,68	83,90	94,39	54,91	79,88	89,86	52,19	75,92	85,41
	VI	1 826,91	100,48	146,15	164,42																				
4 979,99	I,IV	1 258,66	69,22	100,69	113,27	I	1 258,66	63,42	92,26	103,79	57,75	84,—	94,50	52,26	76,02	85,52	46,96	68,31	76,85	41,85	60,88	68,49	36,94	53,73	60,44
	II	1 212,83	66,70	97,02	109,15	II	1 212,83	60,93	88,63	99,71	55,34	80,50	90,56	49,93	72,63	81,71	44,72	65,05	73,18	39,70	57,74	64,96	34,86	50,71	57,05
	III	785,33	43,19	62,82	70,67	III	785,33	39,06	56,82	63,92	35,03	50,96	57,33	31,10	45,24	50,89	27,26	39,65	44,60	23,52	34,21	38,48	19,86	28,89	32,50
	V	1 796,—	98,78	143,68	161,64	IV	1 258,66	66,32	96,47	108,53	63,42	92,26	103,79	60,56	88,09	99,10	57,75	84,—	94,50	54,98	79,97	89,96	52,26	76,02	85,52
	VI	1 828,16	100,54	146,25	164,53																				
4 982,99	I,IV	1 259,83	69,29	100,78	113,38	I	1 259,83	63,49	92,35	103,89	57,81	84,09	94,60	52,32	76,10	85,61	47,02	68,40	76,95	41,91	60,96	68,58	36,99	53,81	60,53
	II	1 214,08	66,77	97,12	109,26	II	1 214,08	61,—	88,73	99,82	55,40	80,59	90,66	49,99	72,72	81,81	44,78	65,14	73,28	39,75	57,82	65,05	34,92	50,79	57,14
	III	786,16	43,23	62,89	70,75	III	786,16	39,11	56,89	64,—	35,08	51,02	57,40	31,14	45,30	50,96	27,30	39,72	44,68	23,55	34,26	38,54	19,91	28,96	32,58
	V	1 797,25	98,84	143,78	161,75	IV	1 259,83	66,39	96,57	108,64	63,49	92,35	103,89	60,62	88,18	99,20	57,81	84,09	94,60	55,04	80,06	90,07	52,32	76,10	85,61
	VI	1 829,41	100,61	146,35	164,64																				
4 985,99	I,IV	1 261,08	69,35	100,88	113,49	I	1 261,08	63,55	92,44	104,—	57,87	84,18	94,70	52,38	76,19	85,71	47,08	68,48	77,04	41,97	61,05	68,68	37,05	53,89	60,62
	II	1 215,25	66,83	97,22	109,37	II	1 215,25	61,06	88,82	99,92	55,46	80,68	90,76	50,05	72,81	81,91	44,83	65,22	73,37	39,81	57,90	65,14	34,97	50,86	57,22
	III	787,—	43,28	62,96	70,83	III	787,—	39,16	56,96	64,08	35,12	51,09	57,47	31,19	45,37	51,04	27,34	39,77	44,74	23,60	34,33	38,62	19,94	29,01	32,63
	V	1 798,50	98,91	143,88	161,86	IV	1 261,08	66,45	96,66	108,74	63,55	92,44	104,—	60,69	88,28	99,31	57,87	84,18	94,70	55,10	80,15	90,17	52,38	76,19	85,71
	VI	1 830,75	100,69	146,46	164,76																				
4 988,99	I,IV	1 262,25	69,42	100,98	113,60	I	1 262,25	63,62	92,54	104,11	57,94	84,28	94,81	52,44	76,28	85,82	47,14	68,57	77,14	42,02	61,13	68,77	37,10	53,97	60,71
	II	1 216,50	66,90	97,32	109,48	II	1 216,50	61,13	88,92	100,03	55,53	80,77	90,86	50,12	72,90	82,01	44,89	65,30	73,46	39,87	57,99	65,24	35,03	50,95	57,32
	III	788,—	43,34	63,04	70,92	III	788,—	39,20	57,02	64,15	35,17	51,16	57,55	31,24	45,44	51,12	27,39	39,84	44,82	23,64	34,38	38,68	19,99	29,08	32,71
	V	1 799,75	98,98	143,98	161,97	IV	1 262,25	66,52	96,76	108,86	63,62	92,54	104,11	60,76	88,38	99,42	57,94	84,28	94,81	55,16	80,24	90,27	52,44	76,28	85,82
	VI	1 832,—	100,76	146,56	164,88																				
4 991,99	I,IV	1 263,50	69,49	101,08	113,71	I	1 263,50	63,69	92,64	104,22	58,—	84,37	94,91	52,51	76,38	85,92	47,20	68,66	77,24	42,08	61,22	68,87	37,16	54,05	60,80
	II	1 217,75	66,97	97,42	109,59	II	1 217,75	61,20	89,02	100,14	55,59	80,86	90,97	50,18	72,99	82,11	44,95	65,39	73,56	39,92	58,07	65,33	35,08	51,03	57,41
	III	788,83	43,38	63,10	70,99	III	788,83	39,25	57,09	64,22	35,21	51,22	57,62	31,27	45,49	51,17	27,43	39,90	44,89	23,68	34,45	38,75	20,02	29,13	32,77
	V	1 801,—	99,05	144,08	162,09	IV	1 263,50	66,59	96,86	108,96	63,69	92,64	104,22	60,82	88,47	99,53	58,—	84,37	94,91	55,23	80,34	90,38	52,51	76,38	85,92
	VI	1 833,25	100,82	146,66	164,99																				
4 994,99	I,IV	1 264,66	69,55	101,17	113,81	I	1 264,66	63,75	92,74	104,33	58,07	84,46	95,02	52,57	76,46	86,02	47,26	68,74	77,33	42,14	61,30	68,96	37,21	54,13	60,89
	II	1 218,91	67,04	97,51	109,70	II	1 218,91	61,26	89,11	100,25	55,66	80,96	91,08	50,24	73,08	82,21	45,01	65,48	73,66	39,98	58,15	65,42	35,13	51,10	57,49
	III	789,66	43,43	63,17	71,06	III	789,66	39,29	57,16	64,30	35,26	51,29	57,70	31,32	45,56	51,25	27,48	39,97	44,96	23,73	34,52	38,83	20,07	29,20	32,85
	V	1 802,33	99,12	144,18	162,20	IV	1 264,66	66,66	96,96	109,08	63,75	92,74	104,33	60,88	88,56	99,63	58,07	84,46	95,02	55,29	80,43	90,48	52,57	76,46	86,02
	VI	1 834,50	100,89	146,76	165,10																				

* Die ausgewiesenen Tabellenwerte sind amtlich. Siehe Erläuterungen auf der Umschlaginnenseite (U2).

MONAT 4 995,–*

Abzüge an Lohnsteuer, Solidaritätszuschlag (SolZ) und Kirchensteuer (8%, 9%) in den Steuerklassen

Lohn/ Gehalt bis €*	I – VI	ohne Kinderfreibeträge LSt	SolZ	8%	9%	I, II, III, IV	LSt	mit Zahl der Kinderfreibeträge . . . 0,5 SolZ	0,5 8%	0,5 9%	1 SolZ	1 8%	1 9%	1,5 SolZ	1,5 8%	1,5 9%	2 SolZ	2 8%	2 9%	2,5 SolZ	2,5 8%	2,5 9%	3 SolZ	3 8%	3 9%
4 997,99	I,IV	1 265,91	69,62	101,27	113,93	I	1 265,91	63,82	92,84	104,44	58,13	84,56	95,13	52,63	76,56	86,13	47,32	68,83	77,43	42,20	61,38	69,05	37,27	54,21	60,98
	II	1 220,16	67,10	97,61	109,81	II	1 220,16	61,32	89,20	100,35	55,72	81,05	91,18	50,30	73,17	82,31	45,07	65,56	73,76	40,04	58,24	65,52	35,19	51,18	57,58
	III	790,50	43,47	63,24	71,14	III	790,50	39,35	57,24	64,39	35,31	51,36	57,78	31,36	45,62	51,32	27,52	40,04	45,04	23,76	34,57	38,89	20,12	29,26	32,92
	V	1 803,58	99,19	144,28	162,32	IV	1 265,91	66,72	97,05	109,18	63,82	92,84	104,44	60,95	88,66	99,74	58,13	84,56	95,13	55,36	80,52	90,59	52,63	76,56	86,13
	VI	1 835,75	100,96	146,86	165,21																				
5 000,99	I,IV	1 267,16	69,69	101,37	114,04	I	1 267,16	63,89	92,93	104,54	58,19	84,65	95,23	52,69	76,65	86,23	47,38	68,92	77,53	42,26	61,47	69,15	37,33	54,30	61,08
	II	1 221,33	67,17	97,70	109,91	II	1 221,33	61,39	89,30	100,46	55,78	81,14	91,28	50,36	73,26	82,41	45,13	65,65	73,85	40,09	58,32	65,61	35,24	51,26	57,67
	III	791,33	43,52	63,30	71,21	III	791,33	39,39	57,30	64,46	35,35	51,42	57,85	31,41	45,69	51,40	27,56	40,09	45,10	23,81	34,64	38,97	20,15	29,32	32,98
	V	1 804,83	99,26	144,38	162,43	IV	1 267,16	66,79	97,15	109,29	63,89	92,93	104,54	61,02	88,76	99,85	58,19	84,65	95,23	55,42	80,62	90,69	52,69	76,65	86,23
	VI	1 837,–	101,03	146,96	165,33																				
5 003,99	I,IV	1 268,33	69,75	101,46	114,14	I	1 268,33	63,96	93,03	104,66	58,26	84,74	95,33	52,75	76,74	86,33	47,44	69,01	77,63	42,32	61,56	69,25	37,38	54,38	61,17
	II	1 222,58	67,24	97,80	110,03	II	1 222,58	61,46	89,40	100,57	55,85	81,24	91,39	50,43	73,35	82,52	45,19	65,74	73,95	40,15	58,40	65,70	35,30	51,34	57,76
	III	792,33	43,57	63,38	71,30	III	792,33	39,44	57,37	64,54	35,40	51,49	57,92	31,46	45,76	51,48	27,61	40,16	45,18	23,86	34,70	39,04	20,20	29,38	33,05
	V	1 806,08	99,33	144,48	162,54	IV	1 268,33	66,86	97,25	109,40	63,96	93,03	104,66	61,08	88,85	99,95	58,26	84,74	95,33	55,49	80,71	90,80	52,75	76,74	86,33
	VI	1 838,25	101,10	147,06	165,44																				
5 006,99	I,IV	1 269,58	69,82	101,56	114,26	I	1 269,58	64,02	93,12	104,76	58,32	84,84	95,44	52,82	76,83	86,43	47,50	69,10	77,73	42,37	61,64	69,34	37,44	54,46	61,26
	II	1 223,75	67,30	97,90	110,13	II	1 223,75	61,52	89,49	100,67	55,91	81,32	91,49	50,49	73,44	82,62	45,25	65,82	74,05	40,20	58,48	65,79	35,35	51,42	57,85
	III	793,16	43,62	63,45	71,38	III	793,16	39,49	57,44	64,62	35,44	51,56	58,–	31,50	45,82	51,55	27,65	40,22	45,25	23,89	34,76	39,10	20,24	29,44	33,12
	V	1 807,33	99,40	144,58	162,65	IV	1 269,58	66,92	97,34	109,51	64,02	93,12	104,76	61,15	88,95	100,07	58,32	84,84	95,44	55,55	80,80	90,90	52,82	76,83	86,43
	VI	1 839,50	101,17	147,16	165,55																				
5 009,99	I,IV	1 270,75	69,89	101,66	114,36	I	1 270,75	64,09	93,22	104,87	58,39	84,93	95,54	52,88	76,92	86,53	47,56	69,18	77,83	42,43	61,72	69,44	37,49	54,54	61,35
	II	1 225,–	67,37	98,–	110,25	II	1 225,–	61,59	89,59	100,79	55,97	81,42	91,59	50,54	73,52	82,71	45,31	65,91	74,15	40,26	58,57	65,89	35,41	51,50	57,94
	III	794,–	43,67	63,52	71,46	III	794,–	39,53	57,50	64,69	35,49	51,62	58,07	31,55	45,89	51,62	27,70	40,29	45,32	23,94	34,82	39,17	20,28	29,50	33,19
	V	1 808,58	99,47	144,68	162,77	IV	1 270,75	66,99	97,44	109,62	64,09	93,22	104,87	61,21	89,04	100,17	58,39	84,93	95,54	55,61	80,89	91,–	52,88	76,92	86,53
	VI	1 840,83	101,24	147,26	165,67																				
5 012,99	I,IV	1 272,–	69,96	101,76	114,48	I	1 272,–	64,16	93,32	104,99	58,46	85,03	95,66	52,94	77,01	86,63	47,62	69,27	77,93	42,49	61,80	69,53	37,55	54,62	61,44
	II	1 226,25	67,44	98,10	110,36	II	1 226,25	61,65	89,68	100,89	56,04	81,51	91,70	50,61	73,62	82,82	45,37	66,–	74,25	40,32	58,65	65,98	35,46	51,58	58,03
	III	795,–	43,72	63,60	71,55	III	795,–	39,58	57,57	64,76	35,53	51,69	58,15	31,59	45,96	51,70	27,74	40,36	45,40	23,98	34,89	39,25	20,32	29,56	33,25
	V	1 809,83	99,54	144,78	162,88	IV	1 272,–	67,05	97,54	109,73	64,16	93,32	104,99	61,28	89,14	100,28	58,46	85,03	95,66	55,67	80,98	91,10	52,94	77,01	86,63
	VI	1 842,08	101,31	147,36	165,78																				
5 015,99	I,IV	1 273,16	70,02	101,85	114,58	I	1 273,16	64,22	93,42	105,09	58,52	85,12	95,76	53,–	77,10	86,73	47,68	69,36	78,03	42,55	61,89	69,62	37,60	54,70	61,53
	II	1 227,41	67,50	98,19	110,46	II	1 227,41	61,72	89,78	101,–	56,10	81,60	91,80	50,67	73,70	82,91	45,43	66,08	74,34	40,37	58,73	66,07	35,52	51,66	58,12
	III	795,83	43,77	63,66	71,62	III	795,83	39,62	57,64	64,84	35,58	51,76	58,23	31,64	46,02	51,77	27,78	40,41	45,46	24,02	34,94	39,31	20,36	29,62	33,32
	V	1 811,08	99,60	144,88	162,99	IV	1 273,16	67,12	97,64	109,84	64,22	93,42	105,09	61,34	89,23	100,38	58,52	85,12	95,76	55,74	81,08	91,21	53,–	77,10	86,73
	VI	1 843,33	101,38	147,46	165,89																				
5 018,99	I,IV	1 274,41	70,09	101,95	114,69	I	1 274,41	64,29	93,52	105,21	58,58	85,22	95,87	53,07	77,19	86,84	47,74	69,44	78,12	42,61	61,98	69,72	37,66	54,78	61,63
	II	1 228,66	67,57	98,29	110,57	II	1 228,66	61,79	89,88	101,11	56,16	81,70	91,91	50,73	73,79	83,01	45,48	66,16	74,43	40,43	58,82	66,17	35,57	51,74	58,21
	III	796,66	43,81	63,73	71,69	III	796,66	39,67	57,70	64,91	35,63	51,82	58,30	31,68	46,08	51,84	27,83	40,48	45,54	24,07	35,01	39,38	20,40	29,68	33,39
	V	1 812,41	99,68	144,99	163,11	IV	1 274,41	67,19	97,73	109,94	64,29	93,52	105,21	61,41	89,33	100,49	58,58	85,22	95,87	55,80	81,17	91,31	53,07	77,19	86,84
	VI	1 844,58	101,45	147,56	166,01																				
5 021,99	I,IV	1 275,66	70,16	102,05	114,80	I	1 275,66	64,36	93,62	105,32	58,65	85,31	95,97	53,13	77,28	86,94	47,80	69,53	78,22	42,66	62,06	69,81	37,72	54,86	61,72
	II	1 229,83	67,64	98,38	110,68	II	1 229,83	61,85	89,97	101,21	56,23	81,79	92,01	50,79	73,88	83,12	45,55	66,26	74,54	40,49	58,90	66,26	35,63	51,82	58,30
	III	797,50	43,86	63,80	71,77	III	797,50	39,72	57,78	65,–	35,67	51,89	58,37	31,73	46,16	51,93	27,87	40,54	45,61	24,11	35,08	39,46	20,45	29,74	33,46
	V	1 813,66	99,75	145,09	163,22	IV	1 275,66	67,26	97,83	110,06	64,36	93,62	105,32	61,48	89,42	100,60	58,65	85,31	95,97	55,87	81,26	91,42	53,13	77,28	86,94
	VI	1 845,83	101,52	147,66	166,12																				
5 024,99	I,IV	1 276,83	70,22	102,14	114,91	I	1 276,83	64,42	93,71	105,42	58,71	85,40	96,08	53,19	77,38	87,05	47,86	69,62	78,32	42,72	62,14	69,91	37,77	54,94	61,81
	II	1 231,08	67,70	98,48	110,79	II	1 231,08	61,92	90,07	101,33	56,29	81,88	92,12	50,86	73,98	83,22	45,61	66,34	74,63	40,55	58,98	66,35	35,68	51,90	58,39
	III	798,50	43,91	63,88	71,86	III	798,50	39,77	57,85	65,08	35,72	51,96	58,45	31,77	46,21	51,98	27,92	40,61	45,68	24,15	35,13	39,52	20,48	29,80	33,52
	V	1 814,91	99,82	145,19	163,34	IV	1 276,83	67,32	97,93	110,17	64,42	93,71	105,42	61,54	89,52	100,71	58,71	85,40	96,08	55,93	81,36	91,53	53,19	77,38	87,05
	VI	1 847,08	101,58	147,76	166,23																				
5 027,99	I,IV	1 278,08	70,29	102,24	115,02	I	1 278,08	64,49	93,81	105,53	58,78	85,50	96,18	53,25	77,46	87,14	47,92	69,71	78,42	42,78	62,23	70,01	37,83	55,02	61,90
	II	1 232,25	67,77	98,58	110,90	II	1 232,25	61,98	90,16	101,43	56,36	81,98	92,22	50,92	74,06	83,32	45,66	66,42	74,72	40,60	59,06	66,44	35,74	51,98	58,48
	III	799,33	43,96	63,94	71,93	III	799,33	39,82	57,92	65,16	35,76	52,02	58,52	31,81	46,28	52,06	27,95	40,66	45,74	24,20	35,20	39,60	20,53	29,86	33,59
	V	1 816,16	99,88	145,29	163,45	IV	1 278,08	67,39	98,02	110,27	64,49	93,81	105,53	61,61	89,62	100,82	58,78	85,50	96,18	55,99	81,44	91,62	53,25	77,46	87,14
	VI	1 848,33	101,65	147,86	166,34																				
5 030,99	I,IV	1 279,25	70,35	102,34	115,13	I	1 279,25	64,56	93,90	105,64	58,84	85,59	96,29	53,32	77,56	87,25	47,98	69,80	78,52	42,84	62,31	70,10	37,89	55,11	62,–
	II	1 233,50	67,84	98,68	111,01	II	1 233,50	62,05	90,26	101,54	56,42	82,07	92,33	50,98	74,15	83,42	45,72	66,51	74,82	40,66	59,15	66,54	35,79	52,06	58,57
	III	800,16	44,–	64,01	72,01	III	800,16	39,86	57,98	65,23	35,82	52,10	58,61	31,86	46,34	52,13	28,–	40,73	45,82	24,24	35,26	39,67	20,57	29,93	33,67
	V	1 817,41	99,95	145,39	163,56	IV	1 279,25	67,46	98,12	110,39	64,56	93,90	105,64	61,67	89,71	100,92	58,84	85,59	96,29	56,05	81,54	91,73	53,32	77,56	87,25
	VI	1 849,58	101,72	147,96	166,46																				
5 033,99	I,IV	1 280,50	70,42	102,44	115,24	I	1 280,50	64,62	94,–	105,75	58,90	85,68	96,39	53,38	77,65	87,35	48,04	69,88	78,62	42,90	62,40	70,20	37,94	55,19	62,09
	II	1 234,75	67,91	98,78	111,12	II	1 234,75	62,12	90,36	101,65	56,48	82,16	92,43	51,04	74,24	83,52	45,78	66,60	74,92	40,72	59,24	66,64	35,85	52,14	58,66
	III	801,–	44,05	64,08	72,09	III	801,–	39,91	58,05	65,30	35,86	52,16	58,68	31,90	46,41	52,21	28,05	40,80	45,90	24,28	35,32	39,73	20,61	29,98	33,73
	V	1 818,66	100,02	145,49	163,67	IV	1 280,50	67,53	98,22	110,50	64,62	94,–	105,75	61,74	89,81	101,03	58,90	85,68	96,39	56,12	81,63	91,83	53,38	77,65	87,35
	VI	1 850,91	101,80	148,07	166,58																				
5 036,99	I,IV	1 281,66	70,49	102,53	115,34	I	1 281,66	64,69	94,10	105,86	58,97	85,78	96,50	53,44	77,74	87,45	48,10	69,97	78,71	42,95	62,48	70,29	38,–	55,27	62,18
	II	1 235,91	67,97	98,87	111,23	II	1 235,91	62,18	90,45	101,75	56,54	82,25	92,53	51,10	74,33	83,62	45,84	66,68	75,02	40,78	59,32	66,73	35,90	52,22	58,75
	III	802,–	44,11	64,16	72,18	III	802,–	39,95	58,12	65,38	35,90	52,22	58,75	31,95	46,48	52,29	28,09	40,86	45,97	24,32	35,38	39,80	20,66	30,05	33,80
	V	1 819,91	100,09	145,59	163,79	IV	1 281,66	67,59	98,32	110,61	64,69	94,10	105,86	61,81	89,90	101,14	58,97	85,78	96,50	56,18	81,72	91,94	53,44	77,74	87,45
	VI	1 852,16	101,86	148,17	166,69																				
5 039,99	I,IV	1 282,91	70,56	102,63	115,46	I	1 282,91	64,76	94,20	105,97	59,04	85,88	96,61	53,51	77,83	87,56	48,16	70,06	78,81	43,01	62,57	70,39	38,05	55,35	62,27
	II	1 237,16	68,04	98,97	111,34	II	1 237,16	62,25	90,55	101,87	56,61	82,34	92,63	51,16	74,42	83,72	45,90	66,77	75,11	40,83	59,40	66,82	35,96	52,30	58,84
	III	802,83	44,15	64,22	72,25	III	802,83	40,01	58,20	65,47	35,96	52,30	58,84	32,–	46,54	52,36	28,14	40,93	46,04	24,37	35,45	39,88	20,69	30,10	33,86
	V	1 821,16	100,16	145,69	163,90	IV	1 282,91	67,66	98,42	110,72	64,76	94,20	105,97	61,87	90,–	101,25	59,04	85,88	96,61	56,25	81,82	92,04	53,51	77,83	87,56
	VI	1 853,41	101,93	148,27	166,80																				

* Die ausgewiesenen Tabellenwerte sind amtlich. Siehe Erläuterungen auf der Umschlaginnenseite (U2).

Abzüge an Lohnsteuer, Solidaritätszuschlag (SolZ) und Kirchensteuer (8%, 9%) in den Steuerklassen

Lohn/ Gehalt bis €*	I – VI	LSt	ohne Kinderfreibeträge SolZ	8%	9%	I, II, III, IV	LSt	mit Zahl der Kinderfreibeträge . . . 0,5 SolZ	0,5 8%	0,5 9%	1 SolZ	1 8%	1 9%	1,5 SolZ	1,5 8%	1,5 9%	2 SolZ	2 8%	2 9%	2,5 SolZ	2,5 8%	2,5 9%	3 SolZ	3 8%	3 9%
5 042,99	I,IV	1 284,16	70,62	102,73	115,57	I	1 284,16	64,83	94,30	106,08	59,10	85,97	96,71	53,57	77,92	87,66	48,23	70,15	78,92	43,07	62,65	70,48	38,11	55,44	62,37
	II	1 238,33	68,10	99,06	111,44	II	1 238,33	62,31	90,64	101,97	56,67	82,44	92,74	51,22	74,51	83,82	45,96	66,86	75,21	40,89	59,48	66,92	36,01	52,38	58,93
	III	803,66	44,20	64,29	72,32	III	803,66	40,05	58,26	65,54	36,—	52,37	58,91	32,04	46,61	52,43	28,17	40,98	46,10	24,41	35,50	39,94	20,74	30,17	33,94
	V	1 822,41	100,23	145,79	164,01	IV	1 284,16	67,72	98,51	110,82	64,83	94,30	106,08	61,94	90,10	101,36	59,10	85,97	96,71	56,31	81,91	92,15	53,57	77,92	87,66
	VI	1 854,66	102,—	148,37	166,91																				
5 045,99	I,IV	1 285,33	70,69	102,82	115,67	I	1 285,33	64,89	94,39	106,19	59,17	86,06	96,82	53,63	78,01	87,76	48,29	70,24	79,02	43,13	62,74	70,58	38,17	55,52	62,46
	II	1 239,58	68,17	99,16	111,56	II	1 239,58	62,38	90,74	102,08	56,74	82,53	92,84	51,29	74,60	83,93	46,02	66,94	75,31	40,95	59,57	67,01	36,07	52,46	59,02
	III	804,66	44,25	64,37	72,41	III	804,66	40,10	58,33	65,62	36,05	52,44	58,99	32,09	46,68	52,51	28,22	41,05	46,18	24,45	35,57	40,01	20,78	30,22	34,—
	V	1 823,75	100,30	145,90	164,13	IV	1 285,33	67,79	98,61	110,93	64,89	94,39	106,19	62,01	90,20	101,47	59,17	86,06	96,82	56,37	82,—	92,25	53,63	78,01	87,76
	VI	1 855,91	102,07	148,47	167,03																				
5 048,99	I,IV	1 286,58	70,76	102,92	115,79	I	1 286,58	64,96	94,49	106,30	59,23	86,16	96,93	53,69	78,10	87,86	48,34	70,32	79,11	43,19	62,82	70,67	38,22	55,60	62,55
	II	1 240,75	68,24	99,26	111,66	II	1 240,75	62,45	90,84	102,19	56,80	82,62	92,95	51,35	74,69	84,02	46,08	67,03	75,41	41,01	59,65	67,10	36,12	52,54	59,11
	III	805,50	44,30	64,44	72,49	III	805,50	40,15	58,40	65,70	36,09	52,50	59,06	32,13	46,74	52,58	28,27	41,12	46,26	24,50	35,64	40,09	20,82	30,29	34,07
	V	1 825,—	100,37	146,—	164,25	IV	1 286,58	67,86	98,70	111,04	64,96	94,49	106,30	62,07	90,29	101,57	59,23	86,16	96,93	56,44	82,10	92,36	53,69	78,10	87,86
	VI	1 857,16	102,14	148,57	167,14																				
5 051,99	I,IV	1 287,75	70,82	103,02	115,89	I	1 287,75	65,02	94,58	106,40	59,29	86,25	97,03	53,75	78,19	87,96	48,40	70,41	79,21	43,24	62,90	70,76	38,28	55,68	62,64
	II	1 242,—	68,31	99,36	111,78	II	1 242,—	62,51	90,93	102,29	56,87	82,72	93,06	51,41	74,78	84,12	46,14	67,12	75,51	41,07	59,74	67,20	36,18	52,62	59,20
	III	806,33	44,34	64,50	72,56	III	806,33	40,19	58,46	65,77	36,14	52,57	59,14	32,17	46,80	52,65	28,31	41,18	46,33	24,53	35,69	40,15	20,86	30,34	34,13
	V	1 826,25	100,44	146,10	164,36	IV	1 287,75	67,92	98,80	111,15	65,02	94,58	106,40	62,14	90,38	101,68	59,29	86,25	97,03	56,50	82,19	92,46	53,75	78,19	87,96
	VI	1 858,41	102,21	148,67	167,25																				
5 054,99	I,IV	1 289,—	70,89	103,12	116,01	I	1 289,—	65,09	94,68	106,52	59,36	86,34	97,13	53,82	78,28	88,07	48,47	70,50	79,31	43,30	62,99	70,86	38,33	55,76	62,73
	II	1 243,25	68,37	99,46	111,89	II	1 243,25	62,58	91,03	102,41	56,93	82,81	93,16	51,47	74,87	84,23	46,20	67,20	75,60	41,12	59,82	67,29	36,23	52,70	59,29
	III	807,16	44,39	64,57	72,64	III	807,16	40,24	58,53	65,84	36,19	52,64	59,22	32,23	46,88	52,74	28,36	41,25	46,40	24,58	35,76	40,23	20,90	30,41	34,21
	V	1 827,50	100,51	146,20	164,47	IV	1 289,—	67,99	98,90	111,26	65,09	94,68	106,52	62,20	90,48	101,79	59,36	86,34	97,13	56,57	82,28	92,57	53,82	78,28	88,07
	VI	1 859,66	102,28	148,77	167,36																				
5 057,99	I,IV	1 290,16	70,95	103,21	116,11	I	1 290,16	65,16	94,78	106,62	59,42	86,44	97,24	53,88	78,38	88,17	48,52	70,58	79,40	43,36	63,08	70,96	38,39	55,84	62,82
	II	1 244,41	68,44	99,55	111,99	II	1 244,41	62,64	91,12	102,51	56,99	82,90	93,26	51,53	74,96	84,33	46,26	67,29	75,70	41,18	59,90	67,38	36,29	52,78	59,38
	III	808,16	44,44	64,65	72,73	III	808,16	40,29	58,61	65,93	36,23	52,70	59,29	32,26	46,93	52,79	28,39	41,30	46,46	24,63	35,82	40,30	20,95	30,48	34,29
	V	1 828,75	100,58	146,30	164,58	IV	1 290,16	68,06	99,—	111,37	65,16	94,78	106,62	62,27	90,58	101,90	59,42	86,44	97,24	56,63	82,37	92,66	53,88	78,38	88,17
	VI	1 860,91	102,35	148,87	167,48																				
5 060,99	I,IV	1 291,41	71,02	103,31	116,22	I	1 291,41	65,23	94,88	106,74	59,49	86,54	97,35	53,95	78,47	88,28	48,59	70,68	79,51	43,42	63,16	71,06	38,44	55,92	62,91
	II	1 245,66	68,51	99,65	112,10	II	1 245,66	62,71	91,22	102,62	57,06	83,—	93,37	51,59	75,05	84,43	46,32	67,38	75,80	41,24	59,98	67,48	36,34	52,86	59,47
	III	809,—	44,49	64,72	72,81	III	809,—	40,34	58,68	66,01	36,28	52,77	59,36	32,31	47,—	52,87	28,44	41,37	46,54	24,66	35,88	40,36	20,99	30,53	34,34
	V	1 830,—	100,65	146,40	164,70	IV	1 291,41	68,13	99,10	111,48	65,23	94,88	106,74	62,33	90,67	102,—	59,49	86,54	97,35	56,69	82,46	92,77	53,95	78,47	88,28
	VI	1 862,25	102,42	148,98	167,60																				
5 063,99	I,IV	1 292,66	71,09	103,41	116,33	I	1 292,66	65,29	94,98	106,85	59,56	86,63	97,46	54,01	78,56	88,38	48,65	70,76	79,61	43,48	63,25	71,15	38,50	56,—	63,—
	II	1 246,83	68,57	99,74	112,21	II	1 246,83	62,78	91,32	102,73	57,12	83,09	93,47	51,66	75,14	84,53	46,38	67,46	75,89	41,30	60,07	67,58	36,40	52,95	59,57
	III	809,83	44,54	64,78	72,88	III	809,83	40,38	58,74	66,08	36,32	52,84	59,44	32,35	47,06	52,94	28,49	41,44	46,62	24,71	35,94	40,43	21,03	30,60	34,42
	V	1 831,25	100,71	146,50	164,81	IV	1 292,66	68,19	99,19	111,59	65,29	94,98	106,85	62,40	90,77	102,11	59,56	86,63	97,46	56,76	82,56	92,88	54,01	78,56	88,38
	VI	1 863,50	102,49	149,08	167,71																				
5 066,99	I,IV	1 293,83	71,16	103,50	116,44	I	1 293,83	65,36	95,07	106,95	59,62	86,72	97,56	54,07	78,65	88,48	48,71	70,86	79,71	43,54	63,33	71,24	38,56	56,09	63,10
	II	1 248,08	68,64	99,84	112,32	II	1 248,08	62,85	91,42	102,84	57,19	83,18	93,58	51,72	75,23	84,63	46,44	67,56	76,—	41,35	60,15	67,67	36,46	53,03	59,66
	III	810,66	44,58	64,85	72,95	III	810,66	40,43	58,81	66,16	36,37	52,90	59,51	32,40	47,13	53,02	28,53	41,50	46,69	24,75	36,01	40,51	21,07	30,65	34,48
	V	1 832,50	100,78	146,60	164,92	IV	1 293,83	68,26	99,29	111,70	65,36	95,07	106,95	62,47	90,86	102,22	59,62	86,72	97,56	56,82	82,66	92,99	54,07	78,65	88,48
	VI	1 864,75	102,56	149,18	167,82																				
5 069,99	I,IV	1 295,08	71,22	103,60	116,55	I	1 295,08	65,43	95,17	107,06	59,68	86,82	97,67	54,13	78,74	88,58	48,77	70,94	79,80	43,60	63,42	71,34	38,61	56,17	63,19
	II	1 249,25	68,70	99,94	112,43	II	1 249,25	62,91	91,51	102,95	57,25	83,28	93,69	51,78	75,32	84,73	46,50	67,64	76,09	41,41	60,24	67,77	36,51	53,11	59,75
	III	811,66	44,64	64,93	73,04	III	811,66	40,48	58,88	66,24	36,41	52,97	59,59	32,45	47,20	53,10	28,58	41,57	46,76	24,79	36,06	40,57	21,12	30,72	34,56
	V	1 833,83	100,86	146,70	165,04	IV	1 295,08	68,32	99,38	111,80	65,43	95,17	107,06	62,53	90,96	102,33	59,68	86,82	97,67	56,88	82,74	93,08	54,13	78,74	88,58
	VI	1 866,—	102,63	149,28	167,94																				
5 072,99	I,IV	1 296,25	71,29	103,70	116,66	I	1 296,25	65,49	95,26	107,17	59,75	86,92	97,78	54,19	78,83	88,68	48,83	71,03	79,91	43,66	63,50	71,44	38,67	56,25	63,28
	II	1 250,50	68,77	100,04	112,54	II	1 250,50	62,98	91,61	103,06	57,31	83,37	93,79	51,84	75,41	84,83	46,56	67,72	76,19	41,47	60,32	67,86	36,57	53,19	59,84
	III	812,50	44,68	65,—	73,12	III	812,50	40,52	58,94	66,31	36,46	53,04	59,67	32,49	47,26	53,17	28,62	41,64	46,84	24,84	36,13	40,64	21,15	30,77	34,61
	V	1 835,08	100,92	146,80	165,15	IV	1 296,25	68,39	99,48	111,92	65,49	95,26	107,17	62,60	91,06	102,44	59,75	86,92	97,78	56,95	82,84	93,19	54,19	78,83	88,68
	VI	1 867,25	102,69	149,38	168,05																				
5 075,99	I,IV	1 297,50	71,36	103,80	116,77	I	1 297,50	65,56	95,36	107,28	59,82	87,01	97,88	54,26	78,92	88,79	48,89	71,12	80,01	43,72	63,59	71,54	38,73	56,34	63,38
	II	1 251,75	68,84	100,14	112,65	II	1 251,75	63,04	91,70	103,16	57,38	83,46	93,89	51,91	75,50	84,94	46,62	67,82	76,29	41,52	60,40	67,95	36,62	53,27	59,93
	III	813,33	44,73	65,06	73,19	III	813,33	40,57	59,01	66,38	36,51	53,10	59,74	32,54	47,33	53,24	28,66	41,69	46,90	24,88	36,20	40,72	21,20	30,84	34,69
	V	1 836,33	100,99	146,90	165,26	IV	1 297,50	68,46	99,58	112,03	65,56	95,36	107,28	62,67	91,16	102,55	59,82	87,01	97,88	57,01	82,93	93,29	54,26	78,92	88,79
	VI	1 868,50	102,76	149,48	168,16																				
5 078,99	I,IV	1 298,66	71,42	103,89	116,87	I	1 298,66	65,62	95,46	107,39	59,88	87,10	97,99	54,32	79,02	88,89	48,95	71,20	80,10	43,77	63,67	71,63	38,78	56,42	63,47
	II	1 252,91	68,91	100,23	112,76	II	1 252,91	63,11	91,80	103,27	57,44	83,56	94,—	51,97	75,59	85,04	46,68	67,90	76,38	41,58	60,48	68,04	36,68	53,35	60,02
	III	814,16	44,77	65,13	73,27	III	814,16	40,62	59,09	66,47	36,55	53,17	59,81	32,58	47,40	53,32	28,71	41,76	46,98	24,92	36,25	40,78	21,23	30,89	34,75
	V	1 837,58	101,06	147,—	165,38	IV	1 298,66	68,53	99,68	112,14	65,62	95,46	107,39	62,73	91,25	102,65	59,88	87,10	97,99	57,08	83,02	93,40	54,32	79,02	88,89
	VI	1 869,75	102,83	149,58	168,27																				
5 081,99	I,IV	1 299,91	71,49	103,99	116,99	I	1 299,91	65,69	95,56	107,50	59,95	87,20	98,10	54,39	79,11	89,—	49,01	71,30	80,21	43,83	63,76	71,73	38,84	56,50	63,56
	II	1 254,16	68,97	100,33	112,87	II	1 254,16	63,18	91,90	103,38	57,51	83,65	94,10	52,03	75,68	85,14	46,74	67,99	76,49	41,64	60,57	68,14	36,73	53,43	60,11
	III	815,16	44,83	65,21	73,36	III	815,16	40,67	59,16	66,55	36,60	53,24	59,89	32,63	47,46	53,39	28,75	41,82	47,05	24,97	36,32	40,86	21,28	30,96	34,83
	V	1 838,83	101,13	147,10	165,49	IV	1 299,91	68,59	99,78	112,25	65,69	95,56	107,50	62,80	91,34	102,76	59,95	87,20	98,10	57,14	83,12	93,51	54,39	79,11	89,—
	VI	1 871,—	102,90	149,68	168,39																				
5 084,99	I,IV	1 301,16	71,56	104,09	117,10	I	1 301,16	65,76	95,66	107,61	60,01	87,29	98,20	54,45	79,20	89,10	49,07	71,38	80,30	43,89	63,84	71,82	38,89	56,58	63,65
	II	1 255,33	69,04	100,42	112,97	II	1 255,33	63,25	92,—	103,50	57,57	83,74	94,21	52,09	75,77	85,24	46,80	68,08	76,59	41,70	60,66	68,24	36,79	53,51	60,20
	III	816,—	44,88	65,28	73,44	III	816,—	40,71	59,22	66,62	36,64	53,30	59,96	32,67	47,53	53,47	28,80	41,89	47,12	25,01	36,38	40,93	21,33	31,02	34,90
	V	1 840,08	101,20	147,20	165,60	IV	1 301,16	68,66	99,87	112,35	65,76	95,66	107,61	62,86	91,44	102,87	60,01	87,29	98,20	57,20	83,21	93,61	54,45	79,20	89,10
	VI	1 872,33	102,97	149,78	168,50																				

* Die ausgewiesenen Tabellenwerte sind amtlich. Siehe Erläuterungen auf der Umschlaginnenseite (U2).

MONAT 5 085,–*

Lohn/Gehalt bis €*		I – VI				I, II, III, IV		mit Zahl der Kinderfreibeträge … 0,5			1			1,5			2			2,5			3		
		LSt	ohne Kinderfreibeträge SolZ	8%	9%		LSt	SolZ	8%	9%	SolZ	8%	9%	SolZ	8%	9%	SolZ	8%	9%	SolZ	8%	9%	SolZ	8%	9%
5 087,99	I,IV	1 302,33	71,62	104,18	117,20	I	1 302,33	65,83	95,75	107,72	60,07	87,38	98,30	54,51	79,29	89,20	49,13	71,47	80,40	43,94	63,92	71,91	38,95	56,66	63,74
	II	1 256,58	69,11	100,52	113,09	II	1 256,58	63,31	92,09	103,60	57,64	83,84	94,32	52,15	75,86	85,34	46,86	68,16	76,68	41,75	60,74	68,33	36,84	53,59	60,29
	III	816,83	44,92	65,34	73,51	III	816,83	40,76	59,29	66,70	36,69	53,37	60,04	32,72	47,60	53,55	28,83	41,94	47,18	25,06	36,45	41,—	21,36	31,08	34,96
	V	1 841,33	101,27	147,30	165,71	IV	1 302,33	68,73	99,97	112,46	65,83	95,75	107,72	62,93	91,54	102,98	60,07	87,38	98,30	57,27	83,30	93,71	54,51	79,29	89,20
	VI	1 873,58	103,04	149,88	168,62																				
5 090,99	I,IV	1 303,58	71,69	104,28	117,32	I	1 303,58	65,89	95,85	107,83	60,14	87,48	98,42	54,57	79,38	89,30	49,19	71,56	80,50	44,—	64,01	72,01	39,01	56,74	63,83
	II	1 257,75	69,17	100,62	113,19	II	1 257,75	63,38	92,19	103,71	57,70	83,93	94,42	52,21	75,95	85,44	46,92	68,25	76,78	41,81	60,82	68,42	36,90	53,67	60,38
	III	817,83	44,98	65,42	73,60	III	817,83	40,81	59,36	66,78	36,74	53,44	60,12	32,77	47,66	53,62	28,88	42,01	47,26	25,09	36,50	41,06	21,41	31,14	35,03
	V	1 842,58	101,34	147,40	165,83	IV	1 303,58	68,79	100,06	112,57	65,89	95,85	107,83	63,—	91,64	103,09	60,14	87,48	98,42	57,33	83,40	93,82	54,57	79,38	89,30
	VI	1 874,83	103,11	149,98	168,73																				
5 093,99	I,IV	1 304,83	71,76	104,38	117,43	I	1 304,83	65,96	95,94	107,93	60,21	87,58	98,52	54,64	79,48	89,41	49,26	71,65	80,60	44,06	64,10	72,11	39,06	56,82	63,92
	II	1 259,—	69,24	100,72	113,31	II	1 259,—	63,44	92,28	103,82	57,76	84,02	94,52	52,28	76,04	85,55	46,98	68,34	76,88	41,87	60,90	68,51	36,96	53,76	60,48
	III	818,66	45,02	65,49	73,67	III	818,66	40,85	59,42	66,85	36,78	53,50	60,19	32,81	47,73	53,69	28,93	42,08	47,34	25,14	36,57	41,14	21,45	31,20	35,10
	V	1 843,91	101,41	147,51	165,95	IV	1 304,83	68,86	100,16	112,68	65,96	95,94	107,93	63,06	91,73	103,19	60,21	87,58	98,52	57,40	83,49	93,92	54,64	79,48	89,41
	VI	1 876,08	103,18	150,08	168,84																				
5 096,99	I,IV	1 306,—	71,83	104,48	117,54	I	1 306,—	66,03	96,04	108,05	60,28	87,68	98,64	54,70	79,57	89,51	49,32	71,74	80,70	44,12	64,18	72,20	39,12	56,91	64,02
	II	1 260,25	69,31	100,82	113,42	II	1 260,25	63,51	92,38	103,93	57,83	84,12	94,63	52,34	76,13	85,64	47,04	68,42	76,97	41,93	60,99	68,61	37,01	53,84	60,57
	III	819,66	45,08	65,57	73,76	III	819,66	40,91	59,50	66,94	36,84	53,58	60,28	32,86	47,80	53,77	28,97	42,14	47,41	25,19	36,64	41,22	21,49	31,26	35,17
	V	1 845,16	101,48	147,61	166,06	IV	1 306,—	68,93	100,26	112,79	66,03	96,04	108,05	63,13	91,83	103,31	60,28	87,68	98,64	57,46	83,58	94,03	54,70	79,57	89,51
	VI	1 877,33	103,25	150,18	168,95																				
5 099,99	I,IV	1 307,25	71,89	104,58	117,65	I	1 307,25	66,09	96,14	108,15	60,33	87,76	98,73	54,76	79,66	89,61	49,38	71,82	80,80	44,18	64,27	72,30	39,18	56,99	64,11
	II	1 261,41	69,37	100,91	113,52	II	1 261,41	63,58	92,48	104,04	57,89	84,21	94,73	52,40	76,22	85,75	47,10	68,51	77,07	41,99	61,08	68,71	37,07	53,92	60,66
	III	820,50	45,12	65,64	73,84	III	820,50	40,95	59,57	67,01	36,88	53,65	60,35	32,89	47,85	53,83	29,02	42,21	47,48	25,23	36,70	41,29	21,54	31,33	35,24
	V	1 846,41	101,55	147,71	166,17	IV	1 307,25	68,99	100,36	112,90	66,09	96,14	108,15	63,19	91,92	103,41	60,33	87,76	98,73	57,53	83,68	94,14	54,76	79,66	89,61
	VI	1 878,58	103,32	150,28	169,07																				
5 102,99	I,IV	1 308,41	71,96	104,67	117,75	I	1 308,41	66,16	96,24	108,27	60,40	87,86	98,84	54,83	79,75	89,72	49,44	71,92	80,91	44,24	64,36	72,40	39,23	57,07	64,20
	II	1 262,66	69,44	101,01	113,63	II	1 262,66	63,64	92,58	104,15	57,96	84,30	94,84	52,46	76,31	85,85	47,16	68,60	77,17	42,04	61,16	68,80	37,12	54,—	60,75
	III	821,33	45,17	65,70	73,91	III	821,33	41,—	59,64	67,09	36,92	53,70	60,41	32,94	47,92	53,91	29,06	42,28	47,56	25,27	36,76	41,35	21,57	31,38	35,30
	V	1 847,66	101,62	147,81	166,28	IV	1 308,41	69,06	100,46	113,01	66,16	96,24	108,27	63,26	92,02	103,52	60,40	87,86	98,84	57,59	83,77	94,24	54,83	79,75	89,72
	VI	1 879,83	103,39	150,38	169,18																				
5 105,99	I,IV	1 309,66	72,03	104,77	117,86	I	1 309,66	66,23	96,34	108,38	60,47	87,96	98,95	54,89	79,84	89,82	49,50	72,—	81,—	44,30	64,44	72,50	39,29	57,16	64,30
	II	1 263,91	69,51	101,11	113,75	II	1 263,91	63,71	92,67	104,25	58,02	84,40	94,95	52,52	76,40	85,95	47,22	68,68	77,27	42,10	61,24	68,90	37,18	54,08	60,84
	III	822,16	45,21	65,77	73,99	III	822,16	41,04	59,70	67,16	36,97	53,78	60,50	32,99	47,98	53,98	29,11	42,34	47,63	25,31	36,82	41,42	21,62	31,45	35,38
	V	1 848,91	101,69	147,91	166,40	IV	1 309,66	69,13	100,55	113,12	66,23	96,34	108,38	63,33	92,12	103,63	60,47	87,96	98,95	57,65	83,86	94,34	54,89	79,84	89,82
	VI	1 881,08	103,45	150,48	169,29																				
5 108,99	I,IV	1 310,83	72,09	104,86	117,97	I	1 310,83	66,29	96,43	108,48	60,53	88,05	99,05	54,95	79,93	89,92	49,56	72,09	81,10	44,36	64,52	72,59	39,35	57,24	64,39
	II	1 265,08	69,57	101,20	113,85	II	1 265,08	63,78	92,77	104,36	58,08	84,49	95,05	52,58	76,49	86,05	47,28	68,77	77,36	42,16	61,32	68,99	37,23	54,16	60,93
	III	823,16	45,27	65,85	74,08	III	823,16	41,09	59,77	67,24	37,02	53,85	60,58	33,03	48,05	54,05	29,15	42,40	47,70	25,36	36,89	41,50	21,66	31,50	35,44
	V	1 850,16	101,75	148,01	166,51	IV	1 310,83	69,19	100,65	113,23	66,29	96,43	108,48	63,40	92,22	103,74	60,53	88,05	99,05	57,72	83,96	94,45	54,95	79,93	89,92
	VI	1 882,41	103,53	150,59	169,41																				
5 111,99	I,IV	1 312,08	72,16	104,96	118,08	I	1 312,08	66,36	96,53	108,59	60,60	88,15	99,17	55,01	80,02	90,02	49,62	72,18	81,20	44,42	64,61	72,68	39,40	57,32	64,48
	II	1 266,33	69,64	101,30	113,96	II	1 266,33	63,84	92,86	104,47	58,15	84,58	95,15	52,65	76,58	86,15	47,34	68,86	77,46	42,22	61,41	69,08	37,29	54,24	61,02
	III	824,—	45,32	65,92	74,16	III	824,—	41,14	59,85	67,33	37,07	53,92	60,66	33,08	48,12	54,13	29,19	42,46	47,77	25,40	36,94	41,56	21,70	31,57	35,51
	V	1 851,41	101,82	148,11	166,62	IV	1 312,08	69,26	100,74	113,33	66,36	96,53	108,59	63,46	92,31	103,85	60,60	88,15	99,17	57,78	84,05	94,55	55,01	80,02	90,02
	VI	1 883,66	103,60	150,69	169,52																				
5 114,99	I,IV	1 313,33	72,23	105,06	118,19	I	1 313,33	66,43	96,63	108,71	60,66	88,24	99,27	55,08	80,12	90,13	49,68	72,27	81,30	44,48	64,70	72,78	39,46	57,40	64,58
	II	1 267,50	69,71	101,40	114,07	II	1 267,50	63,91	92,96	104,58	58,22	84,68	95,27	52,71	76,68	86,26	47,40	68,95	77,57	42,28	61,50	69,18	37,34	54,32	61,11
	III	824,83	45,36	65,98	74,23	III	824,83	41,19	59,92	67,41	37,11	53,98	60,73	33,12	48,18	54,20	29,24	42,53	47,84	25,44	37,01	41,63	21,75	31,64	35,59
	V	1 852,66	101,89	148,21	166,73	IV	1 313,33	69,33	100,84	113,45	66,43	96,63	108,71	63,53	92,41	103,96	60,66	88,24	99,27	57,85	84,14	94,66	55,08	80,12	90,13
	VI	1 884,91	103,67	150,79	169,64																				
5 117,99	I,IV	1 314,50	72,29	105,16	118,30	I	1 314,50	66,49	96,72	108,81	60,73	88,34	99,38	55,14	80,21	90,23	49,74	72,36	81,40	44,54	64,78	72,88	39,52	57,48	64,67
	II	1 268,75	69,78	101,50	114,18	II	1 268,75	63,98	93,06	104,69	58,28	84,78	95,37	52,78	76,77	86,36	47,46	69,04	77,67	42,34	61,58	69,28	37,40	54,40	61,20
	III	825,83	45,42	66,06	74,32	III	825,83	41,24	59,98	67,48	37,16	54,05	60,80	33,17	48,25	54,28	29,28	42,60	47,92	25,49	37,08	41,71	21,78	31,69	35,65
	V	1 853,91	101,96	148,31	166,85	IV	1 314,50	69,40	100,94	113,56	66,49	96,72	108,81	63,60	92,51	104,07	60,73	88,34	99,38	57,91	84,24	94,77	55,14	80,21	90,23
	VI	1 886,16	103,73	150,89	169,75																				
5 120,99	I,IV	1 315,75	72,36	105,26	118,41	I	1 315,75	66,56	96,82	108,92	60,79	88,43	99,48	55,21	80,30	90,34	49,80	72,44	81,50	44,60	64,87	72,98	39,57	57,56	64,76
	II	1 269,91	69,84	101,59	114,29	II	1 269,91	64,04	93,16	104,80	58,35	84,87	95,48	52,84	76,86	86,46	47,52	69,12	77,76	42,39	61,66	69,37	37,45	54,48	61,29
	III	826,66	45,46	66,13	74,39	III	826,66	41,28	60,05	67,55	37,20	54,12	60,88	33,22	48,32	54,36	29,32	42,65	47,98	25,52	37,13	41,77	21,83	31,76	35,73
	V	1 855,25	102,03	148,42	166,97	IV	1 315,75	69,46	101,04	113,67	66,56	96,82	108,92	63,66	92,60	104,18	60,79	88,43	99,48	57,97	84,33	94,87	55,21	80,30	90,34
	VI	1 887,41	103,80	150,99	169,86																				
5 123,99	I,IV	1 316,91	72,43	105,35	118,52	I	1 316,91	66,63	96,92	109,03	60,86	88,53	99,59	55,27	80,40	90,45	49,87	72,54	81,60	44,66	64,96	73,08	39,63	57,65	64,85
	II	1 271,16	69,91	101,69	114,40	II	1 271,16	64,11	93,26	104,91	58,41	84,96	95,58	52,90	76,95	86,57	47,58	69,21	77,86	42,45	61,75	69,47	37,51	54,56	61,38
	III	827,50	45,51	66,20	74,47	III	827,50	41,33	60,12	67,63	37,25	54,18	60,95	33,26	48,38	54,43	29,37	42,72	48,06	25,57	37,20	41,85	21,87	31,81	35,78
	V	1 856,50	102,10	148,52	167,08	IV	1 316,91	69,53	101,14	113,78	66,63	96,92	109,03	63,73	92,70	104,29	60,86	88,53	99,59	58,04	84,43	94,98	55,27	80,40	90,45
	VI	1 888,66	103,87	151,09	169,97																				
5 126,99	I,IV	1 318,16	72,49	105,45	118,63	I	1 318,16	66,70	97,02	109,14	60,93	88,62	99,70	55,33	80,49	90,55	49,93	72,62	81,70	44,71	65,04	73,17	39,69	57,73	64,94
	II	1 272,41	69,98	101,79	114,51	II	1 272,41	64,18	93,35	105,02	58,47	85,06	95,69	52,96	77,04	86,67	47,64	69,30	77,96	42,51	61,84	69,57	37,56	54,64	61,47
	III	828,33	45,55	66,26	74,54	III	828,33	41,38	60,20	67,72	37,29	54,25	61,03	33,31	48,45	54,50	29,41	42,78	48,13	25,62	37,26	41,92	21,91	31,88	35,86
	V	1 857,75	102,17	148,62	167,19	IV	1 318,16	69,59	101,23	113,88	66,70	97,02	109,14	63,80	92,80	104,40	60,93	88,62	99,70	58,11	84,52	95,09	55,33	80,49	90,55
	VI	1 889,91	103,94	151,19	170,09																				
5 129,99	I,IV	1 319,33	72,56	105,54	118,73	I	1 319,33	66,76	97,11	109,25	60,99	88,72	99,81	55,39	80,58	90,65	49,99	72,71	81,80	44,77	65,12	73,26	39,75	57,82	65,04
	II	1 273,58	70,04	101,88	114,62	II	1 273,58	64,24	93,45	105,13	58,54	85,15	95,79	53,02	77,13	86,77	47,70	69,38	78,05	42,57	61,92	69,66	37,62	54,72	61,56
	III	829,33	45,61	66,34	74,63	III	829,33	41,43	60,26	67,79	37,34	54,32	61,11	33,35	48,52	54,58	29,46	42,85	48,20	25,65	37,32	41,98	21,95	31,93	35,92
	V	1 859,—	102,24	148,72	167,31	IV	1 319,33	69,66	101,33	113,99	66,76	97,11	109,25	63,86	92,89	104,50	60,99	88,72	99,81	58,17	84,61	95,18	55,39	80,58	90,65
	VI	1 891,16	104,01	151,29	170,20																				

Abzüge an Lohnsteuer, Solidaritätszuschlag (SolZ) und Kirchensteuer (8%, 9%) in den Steuerklassen

* Die ausgewiesenen Tabellenwerte sind amtlich. Siehe Erläuterungen auf der Umschlaginnenseite (U2).

Abzüge an Lohnsteuer, Solidaritätszuschlag (SolZ) und Kirchensteuer (8%, 9%) in den Steuerklassen

Lohn/Gehalt bis €*	I – VI					I, II, III, IV		mit Zahl der Kinderfreibeträge … 0,5			1			1,5			2			2,5			3		
		LSt	ohne Kinderfreibeträge SolZ	8%	9%		LSt	SolZ	8%	9%	SolZ	8%	9%	SolZ	8%	9%	SolZ	8%	9%	SolZ	8%	9%	SolZ	8%	9%
5 132,99	I,IV	1 320,58	72,63	105,64	118,85	I	1 320,58	66,83	97,21	109,36	61,06	88,82	99,92	55,46	80,67	90,75	50,05	72,80	81,90	44,83	65,21	73,36	39,80	57,90	65,13
	II	1 274,83	70,11	101,98	114,73	II	1 274,83	64,31	93,55	105,24	58,60	85,24	95,90	53,08	77,22	86,87	47,76	69,47	78,15	42,62	62,—	69,75	37,68	54,81	61,66
	III	830,16	45,65	66,41	74,71	III	830,16	41,47	60,33	67,87	37,39	54,38	61,18	33,40	48,58	54,65	29,50	42,92	48,28	25,70	37,38	42,05	22,—	32,—	36,—
	V	1 860,25	102,31	148,82	167,42	IV	1 320,58	69,73	101,42	114,10	66,83	97,21	109,36	63,93	92,99	104,61	61,06	88,82	99,92	58,24	84,71	95,30	55,46	80,67	90,75
	VI	1 892,41	104,08	151,39	170,31																				
5 135,99	I,IV	1 321,83	72,70	105,74	118,96	I	1 321,83	66,90	97,31	109,47	61,12	88,91	100,02	55,52	80,76	90,86	50,11	72,89	82,—	44,89	65,30	73,46	39,86	57,98	65,23
	II	1 276,—	70,18	102,08	114,84	II	1 276,—	64,38	93,64	105,35	58,67	85,34	96,—	53,15	77,31	86,97	47,82	69,56	78,26	42,68	62,08	69,84	37,73	54,89	61,75
	III	831,—	45,70	66,48	74,79	III	831,—	41,52	60,40	67,95	37,43	54,45	61,25	33,44	48,65	54,73	29,55	42,98	48,35	25,74	37,45	42,13	22,04	32,06	36,07
	V	1 861,50	102,38	148,92	167,53	IV	1 321,83	69,79	101,52	114,21	66,90	97,31	109,47	64,—	93,09	104,72	61,12	88,91	100,02	58,30	84,80	95,40	55,52	80,76	90,86
	VI	1 893,75	104,15	151,50	170,43																				
5 138,99	I,IV	1 323,—	72,76	105,84	119,07	I	1 323,—	66,96	97,40	109,58	61,19	89,01	100,13	55,59	80,86	90,96	50,17	72,98	82,10	44,95	65,38	73,55	39,92	58,06	65,32
	II	1 277,25	70,24	102,18	114,95	II	1 277,25	64,45	93,74	105,46	58,74	85,44	96,12	53,21	77,40	87,08	47,88	69,65	78,35	42,74	62,17	69,94	37,79	54,97	61,84
	III	832,—	45,76	66,56	74,88	III	832,—	41,58	60,48	68,04	37,49	54,53	61,34	33,49	48,72	54,81	29,59	43,05	48,43	25,79	37,52	42,21	22,08	32,12	36,13
	V	1 862,75	102,45	149,02	167,64	IV	1 323,—	69,86	101,62	114,32	66,96	97,40	109,58	64,06	93,18	104,83	61,19	89,01	100,13	58,36	84,90	95,51	55,59	80,86	90,96
	VI	1 895,—	104,22	151,60	170,55																				
5 141,99	I,IV	1 324,25	72,83	105,94	119,18	I	1 324,25	67,03	97,50	109,69	61,26	89,10	100,24	55,65	80,95	91,07	50,23	73,07	82,20	45,01	65,47	73,65	39,97	58,14	65,41
	II	1 278,41	70,31	102,27	115,05	II	1 278,41	64,51	93,84	105,57	58,79	85,52	96,21	53,27	77,49	87,17	47,94	69,74	78,45	42,80	62,26	70,04	37,84	55,05	61,93
	III	832,83	45,80	66,62	74,95	III	832,83	41,62	60,54	68,11	37,53	54,60	61,42	33,54	48,78	54,88	29,63	43,10	48,49	25,84	37,58	42,28	22,12	32,18	36,20
	V	1 864,—	102,52	149,12	167,76	IV	1 324,25	69,93	101,72	114,43	67,03	97,50	109,69	64,13	93,28	104,94	61,26	89,10	100,24	58,43	84,99	95,61	55,65	80,95	91,07
	VI	1 896,25	104,29	151,70	170,66																				
5 144,99	I,IV	1 325,41	72,89	106,03	119,28	I	1 325,41	67,10	97,60	109,80	61,32	89,20	100,35	55,71	81,04	91,17	50,29	73,16	82,30	45,07	65,56	73,75	40,03	58,23	65,51
	II	1 279,66	70,38	102,37	115,16	II	1 279,66	64,58	93,94	105,68	58,86	85,62	96,32	53,34	77,58	87,28	48,—	69,82	78,55	42,85	62,34	70,13	37,90	55,13	62,02
	III	833,66	45,85	66,69	75,02	III	833,66	41,67	60,61	68,18	37,57	54,65	61,48	33,58	48,85	54,95	29,68	43,17	48,56	25,87	37,64	42,34	22,16	32,24	36,27
	V	1 865,33	102,59	149,22	167,87	IV	1 325,41	70,—	101,82	114,54	67,10	97,60	109,80	64,20	93,38	105,05	61,32	89,20	100,35	58,49	85,08	95,72	55,71	81,04	91,17
	VI	1 897,50	104,36	151,80	170,77																				
5 147,99	I,IV	1 326,66	72,96	106,13	119,39	I	1 326,66	67,16	97,70	109,91	61,39	89,30	100,46	55,77	81,13	91,27	50,36	73,25	82,40	45,13	65,64	73,85	40,09	58,31	65,60
	II	1 280,91	70,45	102,47	115,28	II	1 280,91	64,65	94,04	105,79	58,93	85,72	96,43	53,40	77,68	87,39	48,06	69,91	78,65	42,91	62,42	70,22	37,96	55,22	62,12
	III	834,66	45,90	66,77	75,11	III	834,66	41,71	60,68	68,26	37,62	54,73	61,57	33,63	48,92	55,03	29,72	43,24	48,64	25,92	37,70	42,41	22,21	32,30	36,34
	V	1 866,58	102,66	149,32	167,99	IV	1 326,66	70,07	101,92	114,66	67,16	97,70	109,91	64,26	93,48	105,16	61,39	89,30	100,46	58,56	85,18	95,82	55,77	81,13	91,27
	VI	1 898,75	104,43	151,90	170,88																				
5 150,99	I,IV	1 327,83	73,03	106,22	119,50	I	1 327,83	67,23	97,79	110,01	61,45	89,39	100,56	55,84	81,22	91,37	50,42	73,34	82,50	45,19	65,73	73,94	40,15	58,40	65,70
	II	1 282,08	70,51	102,56	115,38	II	1 282,08	64,71	94,13	105,89	58,99	85,81	96,53	53,46	77,76	87,48	48,12	70,—	78,75	42,97	62,51	70,32	38,01	55,30	62,21
	III	835,50	45,95	66,84	75,19	III	835,50	41,76	60,74	68,33	37,67	54,80	61,65	33,67	48,98	55,10	29,77	43,30	48,71	25,96	37,77	42,49	22,25	32,37	36,41
	V	1 867,83	102,73	149,42	168,10	IV	1 327,83	70,13	102,01	114,76	67,23	97,79	110,01	64,33	93,58	105,27	61,45	89,39	100,56	58,62	85,27	95,93	55,84	81,22	91,37
	VI	1 900,—	104,50	152,—	171,—																				
5 153,99	I,IV	1 329,08	73,09	106,32	119,61	I	1 329,08	67,30	97,89	110,12	61,52	89,48	100,67	55,90	81,32	91,48	50,48	73,43	82,61	45,25	65,82	74,04	40,20	58,48	65,79
	II	1 283,33	70,58	102,66	115,49	II	1 283,33	64,78	94,23	106,01	59,06	85,90	96,64	53,52	77,86	87,59	48,18	70,09	78,85	43,03	62,60	70,42	38,07	55,38	62,30
	III	836,33	45,99	66,90	75,26	III	836,33	41,80	60,81	68,41	37,72	54,86	61,72	33,72	49,05	55,18	29,81	43,37	48,79	26,—	37,82	42,55	22,29	32,42	36,47
	V	1 869,08	102,79	149,52	168,21	IV	1 329,08	70,19	102,10	114,86	67,30	97,89	110,12	64,40	93,67	105,38	61,52	89,48	100,67	58,68	85,36	96,03	55,90	81,32	91,48
	VI	1 901,25	104,56	152,10	171,11																				
5 156,99	I,IV	1 330,33	73,16	106,42	119,72	I	1 330,33	67,37	97,99	110,24	61,59	89,58	100,78	55,97	81,41	91,58	50,54	73,52	82,71	45,31	65,90	74,14	40,26	58,56	65,88
	II	1 284,50	70,64	102,76	115,60	II	1 284,50	64,84	94,32	106,11	59,12	86,—	96,75	53,59	77,95	87,69	48,24	70,18	78,95	43,09	62,68	70,51	38,12	55,46	62,39
	III	837,33	46,05	66,98	75,35	III	837,33	41,86	60,89	68,50	37,76	54,93	61,79	33,77	49,12	55,26	29,86	43,44	48,87	26,05	37,89	42,62	22,33	32,49	36,55
	V	1 870,33	102,86	149,62	168,32	IV	1 330,33	70,26	102,20	114,98	67,37	97,99	110,24	64,46	93,77	105,49	61,59	89,58	100,78	58,75	85,46	96,14	55,97	81,41	91,58
	VI	1 902,50	104,63	152,20	171,22																				
5 159,99	I,IV	1 331,50	73,23	106,52	119,83	I	1 331,50	67,43	98,08	110,34	61,65	89,68	100,89	56,03	81,50	91,69	50,60	73,61	82,81	45,37	65,99	74,24	40,31	58,64	65,97
	II	1 285,75	70,71	102,86	115,71	II	1 285,75	64,91	94,42	106,22	59,19	86,10	96,86	53,65	78,04	87,80	48,30	70,26	79,04	43,15	62,76	70,61	38,18	55,54	62,48
	III	838,16	46,09	67,05	75,43	III	838,16	41,91	60,96	68,58	37,81	55,—	61,87	33,81	49,18	55,33	29,91	43,50	48,94	26,09	37,96	42,70	22,38	32,56	36,63
	V	1 871,58	102,93	149,72	168,44	IV	1 331,50	70,33	102,30	115,09	67,43	98,08	110,34	64,53	93,87	105,60	61,65	89,68	100,89	58,82	85,56	96,25	56,03	81,50	91,69
	VI	1 903,83	104,71	152,30	171,34																				
5 162,99	I,IV	1 332,75	73,30	106,62	119,94	I	1 332,75	67,50	98,18	110,45	61,71	89,77	100,99	56,10	81,60	91,80	50,66	73,70	82,91	45,42	66,07	74,33	40,37	58,72	66,06
	II	1 286,91	70,78	102,95	115,82	II	1 286,91	64,98	94,52	106,33	59,25	86,18	96,95	53,71	78,13	87,89	48,36	70,35	79,14	43,21	62,85	70,70	38,24	55,62	62,57
	III	839,—	46,14	67,12	75,51	III	839,—	41,95	61,02	68,65	37,85	55,06	61,94	33,85	49,24	55,39	29,94	43,56	49,—	26,13	38,01	42,76	22,42	32,61	36,68
	V	1 872,83	103,—	149,82	168,55	IV	1 332,75	70,40	102,40	115,20	67,50	98,18	110,45	64,60	93,96	105,71	61,71	89,77	100,99	58,88	85,65	96,35	56,10	81,60	91,80
	VI	1 905,08	104,77	152,40	171,45																				
5 165,99	I,IV	1 333,91	73,36	106,71	120,05	I	1 333,91	67,56	98,28	110,56	61,78	89,87	101,10	56,16	81,69	91,90	50,72	73,78	83,—	45,48	66,16	74,43	40,43	58,81	66,16
	II	1 288,16	70,84	103,05	115,93	II	1 288,16	65,05	94,62	106,44	59,32	86,28	97,07	53,78	78,22	88,—	48,42	70,44	79,24	43,27	62,94	70,80	38,29	55,70	62,66
	III	840,—	46,20	67,20	75,60	III	840,—	42,—	61,09	68,72	37,90	55,13	62,02	33,90	49,32	55,48	29,99	43,62	49,07	26,18	38,08	42,84	22,46	32,68	36,76
	V	1 874,08	103,07	149,92	168,66	IV	1 333,91	70,46	102,50	115,31	67,56	98,28	110,56	64,67	94,06	105,82	61,78	89,87	101,10	58,95	85,74	96,46	56,16	81,69	91,90
	VI	1 906,33	104,84	152,50	171,56																				
5 168,99	I,IV	1 335,16	73,43	106,81	120,16	I	1 335,16	67,63	98,38	110,67	61,85	89,96	101,21	56,22	81,78	92,—	50,79	73,88	83,11	45,54	66,24	74,52	40,49	58,90	66,26
	II	1 289,41	70,91	103,15	116,04	II	1 289,41	65,12	94,72	106,56	59,38	86,38	97,17	53,84	78,32	88,11	48,49	70,53	79,34	43,32	63,02	70,89	38,35	55,78	62,75
	III	840,83	46,24	67,26	75,67	III	840,83	42,04	61,16	68,80	37,95	55,20	62,10	33,94	49,37	55,54	30,03	43,69	49,15	26,22	38,14	42,91	22,50	32,73	36,82
	V	1 875,41	103,14	150,03	168,78	IV	1 335,16	70,53	102,60	115,42	67,63	98,38	110,67	64,73	94,16	105,93	61,85	89,96	101,21	59,01	85,84	96,57	56,22	81,78	92,—
	VI	1 907,58	104,91	152,60	171,68																				
5 171,99	I,IV	1 336,33	73,49	106,90	120,26	I	1 336,33	67,70	98,47	110,78	61,91	90,06	101,31	56,28	81,87	92,10	50,85	73,96	83,21	45,60	66,33	74,62	40,54	58,98	66,35
	II	1 290,58	70,98	103,24	116,15	II	1 290,58	65,18	94,81	106,66	59,45	86,47	97,28	53,90	78,40	88,20	48,55	70,62	79,44	43,38	63,10	70,99	38,41	55,87	62,85
	III	841,66	46,29	67,33	75,74	III	841,66	42,10	61,24	68,89	37,99	55,26	62,17	33,99	49,44	55,62	30,08	43,76	49,23	26,27	38,21	42,98	22,55	32,80	36,90
	V	1 876,66	103,21	150,13	168,89	IV	1 336,33	70,60	102,69	115,52	67,70	98,47	110,78	64,80	94,26	106,04	61,91	90,06	101,31	59,07	85,93	96,67	56,28	81,87	92,10
	VI	1 908,83	104,98	152,70	171,79																				
5 174,99	I,IV	1 337,58	73,56	107,—	120,38	I	1 337,58	67,76	98,57	110,89	61,98	90,16	101,43	56,35	81,96	92,21	50,91	74,06	83,31	45,66	66,42	74,72	40,60	59,06	66,44
	II	1 291,83	71,05	103,34	116,26	II	1 291,83	65,25	94,91	106,77	59,51	86,56	97,38	53,96	78,50	88,31	48,61	70,70	79,54	43,44	63,19	71,09	38,46	55,95	62,94
	III	842,66	46,34	67,41	75,83	III	842,66	42,14	61,30	68,96	38,05	55,34	62,26	34,03	49,50	55,69	30,13	43,82	49,30	26,31	38,28	43,06	22,59	32,86	36,97
	V	1 877,91	103,28	150,23	169,01	IV	1 337,58	70,67	102,79	115,64	67,76	98,57	110,89	64,87	94,36	106,15	61,98	90,16	101,43	59,14	86,02	96,77	56,35	81,96	92,21
	VI	1 910,08	105,05	152,80	171,90																				

*** Die ausgewiesenen Tabellenwerte sind amtlich. Siehe Erläuterungen auf der Umschlaginnenseite (U2).**

MONAT **5 175,–***

Abzüge an Lohnsteuer, Solidaritätszuschlag (SolZ) und Kirchensteuer (8%, 9%) in den Steuerklassen

Lohn/ Gehalt bis €*	I – VI					I, II, III, IV		mit Zahl der Kinderfreibeträge . . .																	
			ohne Kinderfreibeträge					0,5			1			1,5			2			2,5			3		
		LSt	SolZ	8%	9%		LSt	SolZ	8%	9%	SolZ	8%	9%	SolZ	8%	9%	SolZ	8%	9%	SolZ	8%	9%	SolZ	8%	9%
5 177,99	I,IV	1 338,83	73,63	107,10	120,49	I	1 338,83	67,83	98,67	111,—	62,04	90,25	101,53	56,41	82,06	92,31	50,97	74,14	83,41	45,72	66,50	74,81	40,66	59,14	66,53
	II	1 293,—	71,11	103,44	116,37	II	1 293,—	65,31	95,—	106,88	59,57	86,66	97,49	54,03	78,59	88,41	48,67	70,79	79,64	43,50	63,28	71,19	38,52	56,03	63,03
	III	843,50	46,39	67,48	75,91	III	843,50	42,19	61,37	69,04	38,09	55,41	62,33	34,08	49,57	55,76	30,17	43,89	49,37	26,35	38,33	43,12	22,63	32,92	37,03
	V	1 879,16	103,35	150,33	169,12	IV	1 338,83	70,73	102,88	115,74	67,83	98,67	111,—	64,93	94,45	106,25	62,04	90,25	101,53	59,21	86,12	96,89	56,41	82,06	92,31
	VI	1 911,33	105,12	152,90	172,01																				
5 180,99	I,IV	1 340,—	73,70	107,20	120,60	I	1 340,—	67,90	98,76	111,11	62,11	90,35	101,64	56,48	82,15	92,42	51,04	74,24	83,52	45,78	66,59	74,91	40,72	59,23	66,63
	II	1 294,25	71,18	103,54	116,48	II	1 294,25	65,38	95,10	106,99	59,64	86,76	97,60	54,09	78,68	88,52	48,73	70,88	79,74	43,56	63,36	71,28	38,58	56,12	63,13
	III	844,33	46,43	67,54	75,98	III	844,33	42,24	61,44	69,12	38,14	55,48	62,41	34,13	49,65	55,85	30,22	43,96	49,45	26,40	38,40	43,20	22,67	32,98	37,10
	V	1 880,41	103,42	150,43	169,23	IV	1 340,—	70,80	102,98	115,85	67,90	98,76	111,11	65,—	94,55	106,37	62,11	90,35	101,64	59,27	86,22	96,99	56,48	82,15	92,42
	VI	1 912,58	105,19	153,—	172,13																				
5 183,99	I,IV	1 341,25	73,76	107,30	120,71	I	1 341,25	67,97	98,86	111,22	62,18	90,44	101,75	56,54	82,24	92,52	51,09	74,32	83,61	45,84	66,68	75,01	40,77	59,31	66,72
	II	1 295,41	71,24	103,63	116,58	II	1 295,41	65,45	95,20	107,10	59,71	86,85	97,70	54,15	78,77	88,61	48,79	70,97	79,84	43,61	63,44	71,37	38,63	56,20	63,22
	III	845,33	46,49	67,62	76,07	III	845,33	42,29	61,52	69,21	38,18	55,54	62,48	34,17	49,70	55,91	30,25	44,01	49,51	26,44	38,46	43,27	22,72	33,05	37,18
	V	1 881,66	103,49	150,53	169,34	IV	1 341,25	70,86	103,08	115,96	67,97	98,86	111,22	65,06	94,64	106,47	62,18	90,44	101,75	59,34	86,31	97,10	56,54	82,24	92,52
	VI	1 913,91	105,26	153,11	172,25																				
5 186,99	I,IV	1 342,41	73,83	107,39	120,81	I	1 342,41	68,03	98,96	111,33	62,24	90,54	101,85	56,60	82,34	92,63	51,15	74,41	83,71	45,90	66,76	75,11	40,83	59,39	66,81
	II	1 296,66	71,31	103,73	116,69	II	1 296,66	65,51	95,30	107,21	59,77	86,94	97,81	54,22	78,86	88,72	48,85	71,06	79,94	43,67	63,53	71,47	38,69	56,28	63,31
	III	846,16	46,53	67,69	76,15	III	846,16	42,34	61,58	69,28	38,23	55,61	62,56	34,21	49,77	55,99	30,30	44,08	49,59	26,48	38,52	43,33	22,76	33,10	37,24
	V	1 882,91	103,56	150,63	169,46	IV	1 342,41	70,93	103,18	116,07	68,03	98,96	111,33	65,13	94,74	106,58	62,24	90,54	101,85	59,40	86,40	97,20	56,60	82,34	92,63
	VI	1 915,16	105,33	153,21	172,36																				
5 189,99	I,IV	1 343,66	73,90	107,49	120,92	I	1 343,66	68,10	99,06	111,44	62,31	90,64	101,97	56,67	82,43	92,73	51,22	74,50	83,81	45,96	66,85	75,20	40,89	59,48	66,91
	II	1 297,91	71,38	103,83	116,81	II	1 297,91	65,58	95,40	107,32	59,84	87,04	97,92	54,28	78,96	88,83	48,91	71,14	80,03	43,73	63,62	71,57	38,74	56,36	63,40
	III	847,—	46,58	67,76	76,23	III	847,—	42,38	61,65	69,35	38,28	55,68	62,64	34,26	49,84	56,07	30,35	44,14	49,66	26,52	38,58	43,40	22,80	33,17	37,31
	V	1 884,16	103,62	150,73	169,57	IV	1 343,66	71,—	103,28	116,19	68,10	99,06	111,44	65,20	94,84	106,70	62,31	90,64	101,97	59,46	86,50	97,31	56,67	82,43	92,73
	VI	1 916,41	105,40	153,31	172,47																				
5 192,99	I,IV	1 344,83	73,96	107,58	121,03	I	1 344,83	68,16	99,15	111,54	62,37	90,73	102,07	56,73	82,52	92,84	51,28	74,59	83,91	46,02	66,94	75,30	40,94	59,56	67,—
	II	1 299,08	71,44	103,92	116,91	II	1 299,08	65,65	95,49	107,42	59,90	87,13	98,02	54,34	79,04	88,92	48,97	71,23	80,13	43,79	63,70	71,66	38,80	56,44	63,50
	III	848,—	46,64	67,84	76,32	III	848,—	42,43	61,72	69,43	38,32	55,74	62,71	34,31	49,90	56,14	30,39	44,21	49,73	26,57	38,65	43,48	22,84	33,22	37,37
	V	1 885,41	103,69	150,83	169,68	IV	1 344,83	71,06	103,37	116,29	68,16	99,15	111,54	65,27	94,94	106,80	62,37	90,73	102,07	59,53	86,59	97,41	56,73	82,52	92,84
	VI	1 917,66	105,47	153,41	172,58																				
5 195,99	I,IV	1 346,08	74,03	107,68	121,14	I	1 346,08	68,23	99,25	111,65	62,44	90,83	102,18	56,80	82,62	92,94	51,34	74,68	84,02	46,08	67,02	75,40	41,—	59,64	67,10
	II	1 300,33	71,51	104,02	117,02	II	1 300,33	65,72	95,59	107,54	59,97	87,23	98,13	54,40	79,14	89,03	49,03	71,32	80,24	43,85	63,78	71,75	38,86	56,52	63,59
	III	848,83	46,68	67,90	76,39	III	848,83	42,47	61,78	69,50	38,37	55,81	62,78	34,35	49,97	56,21	30,44	44,28	49,81	26,62	38,72	43,56	22,88	33,29	37,45
	V	1 886,75	103,77	150,94	169,80	IV	1 346,08	71,13	103,47	116,40	68,23	99,25	111,65	65,34	95,04	106,92	62,44	90,83	102,18	59,60	86,69	97,52	56,80	82,62	92,94
	VI	1 918,91	105,54	153,51	172,70																				
5 198,99	I,IV	1 347,33	74,10	107,78	121,25	I	1 347,33	68,30	99,35	111,77	62,51	90,92	102,29	56,86	82,71	93,05	51,40	74,77	84,11	46,14	67,11	75,50	41,06	59,72	67,19
	II	1 301,50	71,58	104,12	117,13	II	1 301,50	65,78	95,68	107,64	60,03	87,32	98,24	54,47	79,23	89,13	49,09	71,41	80,33	43,91	63,87	71,85	38,91	56,60	63,68
	III	849,66	46,73	67,97	76,46	III	849,66	42,53	61,86	69,59	38,41	55,88	62,86	34,40	50,04	56,29	30,48	44,34	49,88	26,66	38,78	43,63	22,93	33,36	37,53
	V	1 888,—	103,84	151,04	169,92	IV	1 347,33	71,20	103,56	116,51	68,30	99,35	111,77	65,40	95,13	107,02	62,51	90,92	102,29	59,66	86,78	97,63	56,86	82,71	93,05
	VI	1 920,16	105,60	153,61	172,81																				
5 201,99	I,IV	1 348,50	74,16	107,88	121,36	I	1 348,50	68,36	99,44	111,87	62,57	91,02	102,39	56,92	82,80	93,15	51,47	74,86	84,22	46,20	67,20	75,60	41,12	59,81	67,28
	II	1 302,75	71,65	104,22	117,24	II	1 302,75	65,85	95,78	107,75	60,10	87,42	98,34	54,53	79,32	89,23	49,15	71,50	80,43	43,97	63,96	71,95	38,97	56,68	63,77
	III	850,66	46,78	68,05	76,55	III	850,66	42,57	61,93	69,67	38,46	55,94	62,93	34,44	50,10	56,36	30,53	44,41	49,96	26,70	38,84	43,69	22,97	33,41	37,58
	V	1 889,25	103,90	151,14	170,03	IV	1 348,50	71,27	103,66	116,62	68,36	99,44	111,87	65,47	95,23	107,13	62,57	91,02	102,39	59,73	86,88	97,74	56,92	82,80	93,15
	VI	1 921,41	105,67	153,71	172,92																				
5 204,99	I,IV	1 349,75	74,23	107,98	121,47	I	1 349,75	68,43	99,54	111,98	62,64	91,12	102,51	56,99	82,90	93,26	51,53	74,95	84,32	46,25	67,28	75,69	41,17	59,89	67,37
	II	1 303,91	71,71	104,31	117,35	II	1 303,91	65,91	95,88	107,86	60,16	87,51	98,45	54,59	79,41	89,33	49,22	71,59	80,54	44,02	64,04	72,04	39,03	56,77	63,86
	III	851,50	46,83	68,12	76,63	III	851,50	42,62	62,—	69,75	38,50	56,01	63,01	34,49	50,17	56,44	30,57	44,46	50,02	26,74	38,90	43,76	23,01	33,48	37,66
	V	1 890,50	103,97	151,24	170,14	IV	1 349,75	71,33	103,76	116,73	68,43	99,54	111,98	65,53	95,32	107,24	62,64	91,12	102,51	59,79	86,97	97,84	56,99	82,90	93,26
	VI	1 922,66	105,74	153,81	173,03																				
5 207,99	I,IV	1 351,—	74,30	108,08	121,59	I	1 351,—	68,50	99,64	112,09	62,70	91,21	102,61	57,05	82,99	93,36	51,59	75,04	84,42	46,31	67,37	75,79	41,23	59,98	67,47
	II	1 305,16	71,78	104,41	117,46	II	1 305,16	65,98	95,98	107,97	60,23	87,61	98,56	54,66	79,50	89,44	49,28	71,68	80,64	44,08	64,12	72,14	39,08	56,85	63,95
	III	852,50	46,88	68,20	76,72	III	852,50	42,67	62,06	69,82	38,56	56,09	63,10	34,54	50,24	56,52	30,61	44,53	50,09	26,79	38,97	43,84	23,06	33,54	37,73
	V	1 891,75	104,04	151,34	170,25	IV	1 351,—	71,40	103,86	116,84	68,50	99,64	112,09	65,60	95,42	107,35	62,70	91,21	102,61	59,85	87,06	97,94	57,05	82,99	93,36
	VI	1 923,91	105,81	153,91	173,15																				
5 210,99	I,IV	1 352,16	74,36	108,17	121,69	I	1 352,16	68,57	99,74	112,20	62,77	91,31	102,72	57,12	83,08	93,47	51,65	75,13	84,52	46,37	67,46	75,89	41,29	60,06	67,57
	II	1 306,41	71,85	104,51	117,57	II	1 306,41	66,05	96,08	108,09	60,29	87,70	98,66	54,72	79,60	89,55	49,33	71,76	80,73	44,14	64,21	72,23	39,14	56,94	64,05
	III	853,33	46,93	68,26	76,79	III	853,33	42,72	62,14	69,91	38,61	56,16	63,18	34,58	50,30	56,59	30,66	44,60	50,17	26,83	39,02	43,90	23,10	33,60	37,80
	V	1 893,—	104,11	151,44	170,37	IV	1 352,16	71,47	103,96	116,95	68,57	99,74	112,20	65,67	95,52	107,46	62,77	91,31	102,72	59,92	87,16	98,06	57,12	83,08	93,47
	VI	1 925,25	105,88	154,02	173,27																				
5 213,99	I,IV	1 353,33	74,43	108,26	121,79	I	1 353,33	68,63	99,83	112,31	62,84	91,40	102,83	57,18	83,18	93,57	51,71	75,22	84,62	46,43	67,54	75,98	41,35	60,14	67,66
	II	1 307,58	71,91	104,60	117,68	II	1 307,58	66,11	96,17	108,19	60,36	87,80	98,77	54,78	79,68	89,64	49,39	71,85	80,83	44,20	64,30	72,33	39,20	57,02	64,14
	III	854,16	46,97	68,33	76,87	III	854,16	42,77	62,21	69,98	38,65	56,22	63,25	34,63	50,37	56,66	30,70	44,66	50,24	26,87	39,09	43,97	23,14	33,66	37,87
	V	1 894,25	104,18	151,54	170,48	IV	1 353,33	71,53	104,05	117,05	68,63	99,83	112,31	65,73	95,62	107,57	62,84	91,40	102,83	59,99	87,26	98,16	57,18	83,18	93,57
	VI	1 926,50	105,95	154,12	173,38																				
5 216,99	I,IV	1 354,58	74,50	108,36	121,91	I	1 354,58	68,70	99,93	112,42	62,91	91,50	102,94	57,25	83,27	93,68	51,77	75,31	84,72	46,49	67,63	76,08	41,41	60,23	67,76
	II	1 308,83	71,98	104,70	117,79	II	1 308,83	66,18	96,27	108,30	60,42	87,89	98,87	54,84	79,78	89,75	49,46	71,94	80,93	44,26	64,38	72,43	39,25	57,10	64,23
	III	855,16	47,03	68,41	76,96	III	855,16	42,81	62,28	70,06	38,70	56,29	63,32	34,67	50,44	56,74	30,75	44,73	50,32	26,92	39,16	44,05	23,18	33,72	37,93
	V	1 895,50	104,25	151,64	170,59	IV	1 354,58	71,60	104,15	117,17	68,70	99,93	112,42	65,80	95,72	107,68	62,91	91,50	102,94	60,05	87,35	98,27	57,25	83,27	93,68
	VI	1 927,75	106,02	154,22	173,49																				
5 219,99	I,IV	1 355,83	74,57	108,46	122,02	I	1 355,83	68,77	100,03	112,53	62,97	91,60	103,05	57,31	83,36	93,78	51,84	75,40	84,83	46,55	67,72	76,18	41,46	60,31	67,85
	II	1 310,08	72,05	104,80	117,90	II	1 310,08	66,25	96,36	108,41	60,49	87,99	98,99	54,91	79,87	89,85	49,52	72,03	81,03	44,32	64,47	72,53	39,31	57,18	64,33
	III	856,—	47,08	68,48	77,04	III	856,—	42,86	62,34	70,13	38,74	56,36	63,40	34,72	50,50	56,81	30,80	44,80	50,40	26,96	39,22	44,12	23,22	33,78	38,—
	V	1 896,83	104,32	151,74	170,71	IV	1 355,83	71,66	104,24	117,27	68,77	100,03	112,53	65,87	95,81	107,78	62,97	91,60	103,05	60,11	87,44	98,37	57,31	83,36	93,78
	VI	1 929,—	106,09	154,32	173,61																				

* Die ausgewiesenen Tabellenwerte sind amtlich. Siehe Erläuterungen auf der Umschlaginnenseite (U2).

Abzüge an Lohnsteuer, Solidaritätszuschlag (SolZ) und Kirchensteuer (8%, 9%) in den Steuerklassen

Lohn/ Gehalt bis €*	I – VI					I, II, III, IV		mit Zahl der Kinderfreibeträge . . .																	
			ohne Kinderfreibeträge					0,5			1			1,5			2			2,5			3		
		LSt	SolZ	8%	9%		LSt	SolZ	8%	9%	SolZ	8%	9%	SolZ	8%	9%	SolZ	8%	9%	SolZ	8%	9%	SolZ	8%	9%
5 222,99	I,IV	1 357,—	74,63	108,56	122,13	I	1 357,—	68,83	100,12	112,64	63,04	91,70	103,16	57,37	83,46	93,89	51,90	75,49	84,92	46,61	67,80	76,28	41,52	60,40	67,95
	II	1 311,25	72,11	104,90	118,01	II	1 311,25	66,32	96,46	108,52	60,55	88,08	99,09	54,97	79,96	89,96	49,58	72,12	81,13	44,38	64,55	72,62	39,37	57,26	64,42
	III	856,83	47,12	68,54	77,11	III	856,83	42,90	62,41	70,21	38,79	56,42	63,47	34,76	50,57	56,89	30,84	44,86	50,47	27,—	39,28	44,19	23,27	33,85	38,08
	V	1 898,08	104,39	151,84	170,82	IV	1 357,—	71,73	104,34	117,38	68,83	100,12	112,64	65,94	95,91	107,90	63,04	91,70	103,16	60,18	87,54	98,48	57,37	83,46	93,89
	VI	1 930,25	106,16	154,42	173,72																				
5 225,99	I,IV	1 358,25	74,70	108,66	122,24	I	1 358,25	68,90	100,22	112,75	63,10	91,79	103,26	57,44	83,55	93,99	51,96	75,58	85,03	46,67	67,89	76,37	41,58	60,48	68,04
	II	1 312,50	72,18	105,—	118,12	II	1 312,50	66,38	96,56	108,63	60,62	88,18	99,20	55,04	80,06	90,06	49,64	72,21	81,23	44,44	64,64	72,72	39,42	57,34	64,51
	III	857,83	47,18	68,62	77,20	III	857,83	42,96	62,49	70,30	38,83	56,49	63,55	34,81	50,64	56,97	30,89	44,93	50,54	27,05	39,34	44,26	23,31	33,90	38,14
	V	1 899,33	104,46	151,94	170,93	IV	1 358,25	71,80	104,44	117,49	68,90	100,22	112,75	66,—	96,—	108,—	63,10	91,79	103,26	60,25	87,64	98,59	57,44	83,55	93,99
	VI	1 931,50	106,23	154,52	173,83																				
5 228,99	I,IV	1 359,50	74,77	108,76	122,35	I	1 359,50	68,97	100,32	112,86	63,17	91,89	103,37	57,50	83,64	94,10	52,02	75,67	85,13	46,73	67,98	76,47	41,63	60,56	68,13
	II	1 313,66	72,25	105,09	118,22	II	1 313,66	66,45	96,66	108,74	60,69	88,28	99,31	55,10	80,15	90,17	49,70	72,30	81,33	44,49	64,72	72,81	39,48	57,43	64,61
	III	858,66	47,22	68,69	77,27	III	858,66	43,01	62,56	70,38	38,88	56,56	63,63	34,86	50,70	57,04	30,92	44,98	50,60	27,09	39,41	44,33	23,35	33,97	38,21
	V	1 900,58	104,53	152,04	171,05	IV	1 359,50	71,87	104,54	117,60	68,97	100,32	112,86	66,07	96,10	108,11	63,17	91,89	103,37	60,31	87,73	98,69	57,50	83,64	94,10
	VI	1 932,75	106,30	154,62	173,94																				
5 231,99	I,IV	1 360,66	74,83	108,85	122,45	I	1 360,66	69,03	100,42	112,97	63,24	91,98	103,48	57,57	83,74	94,20	52,08	75,76	85,23	46,80	68,07	76,58	41,69	60,65	68,23
	II	1 314,91	72,32	105,19	118,34	II	1 314,91	66,52	96,76	108,85	60,75	88,37	99,41	55,16	80,24	90,27	49,77	72,39	81,44	44,55	64,81	72,91	39,54	57,51	64,70
	III	859,50	47,27	68,76	77,35	III	859,50	43,05	62,62	70,45	38,94	56,64	63,72	34,90	50,77	57,11	30,97	45,05	50,68	27,14	39,48	44,41	23,40	34,04	38,29
	V	1 901,83	104,60	152,14	171,16	IV	1 360,66	71,94	104,64	117,72	69,03	100,42	112,97	66,14	96,20	108,23	63,24	91,98	103,48	60,38	87,83	98,81	57,57	83,74	94,20
	VI	1 934,—	106,37	154,72	174,06																				
5 234,99	I,IV	1 361,91	74,90	108,95	122,57	I	1 361,91	69,10	100,52	113,08	63,30	92,08	103,59	57,63	83,83	94,31	52,14	75,85	85,33	46,85	68,15	76,67	41,75	60,73	68,32
	II	1 316,08	72,38	105,28	118,44	II	1 316,08	66,58	96,85	108,95	60,82	88,46	99,52	55,22	80,33	90,37	49,83	72,48	81,54	44,61	64,90	73,01	39,59	57,59	64,79
	III	860,50	47,32	68,84	77,44	III	860,50	43,10	62,69	70,52	38,98	56,70	63,79	34,95	50,84	57,19	31,02	45,12	50,76	27,18	39,54	44,48	23,43	34,09	38,35
	V	1 903,08	104,66	152,24	171,27	IV	1 361,91	72,—	104,73	117,82	69,10	100,52	113,08	66,20	96,30	108,33	63,30	92,08	103,59	60,44	87,92	98,91	57,63	83,83	94,31
	VI	1 935,33	106,44	154,82	174,17																				
5 237,99	I,IV	1 363,08	74,96	109,04	122,67	I	1 363,08	69,17	100,61	113,18	63,37	92,18	103,70	57,69	83,92	94,41	52,21	75,94	85,43	46,91	68,24	76,77	41,81	60,82	68,42
	II	1 317,33	72,45	105,38	118,55	II	1 317,33	66,65	96,95	109,07	60,88	88,56	99,63	55,29	80,42	90,47	49,88	72,56	81,63	44,67	64,98	73,10	39,65	57,68	64,89
	III	861,33	47,37	68,90	77,51	III	861,33	43,15	62,77	70,61	39,03	56,77	63,86	34,99	50,90	57,26	31,06	45,18	50,83	27,22	39,60	44,55	23,48	34,16	38,43
	V	1 904,33	104,73	152,34	171,38	IV	1 363,08	72,07	104,83	117,93	69,17	100,61	113,18	66,27	96,40	108,45	63,37	92,18	103,70	60,51	88,02	99,02	57,69	83,92	94,41
	VI	1 936,58	106,51	154,92	174,29																				
5 240,99	I,IV	1 364,33	75,03	109,14	122,78	I	1 364,33	69,24	100,71	113,30	63,44	92,28	103,81	57,76	84,02	94,52	52,27	76,04	85,54	46,97	68,33	76,87	41,86	60,90	68,51
	II	1 318,58	72,52	105,48	118,67	II	1 318,58	66,72	97,05	109,18	60,95	88,66	99,74	55,35	80,52	90,58	49,95	72,66	81,74	44,73	65,07	73,20	39,71	57,76	64,98
	III	862,16	47,41	68,97	77,59	III	862,16	43,20	62,84	70,69	39,07	56,84	63,94	35,04	50,97	57,34	31,11	45,25	50,90	27,27	39,66	44,62	23,53	34,22	38,50
	V	1 905,58	104,80	152,44	171,50	IV	1 364,33	72,13	104,92	118,04	69,24	100,71	113,30	66,33	96,49	108,55	63,44	92,28	103,81	60,57	88,11	99,12	57,76	84,02	94,52
	VI	1 937,83	106,58	155,02	174,40																				
5 243,99	I,IV	1 365,50	75,10	109,24	122,89	I	1 365,50	69,30	100,80	113,40	63,50	92,37	103,91	57,82	84,11	94,62	52,33	76,12	85,64	47,03	68,42	76,97	41,92	60,98	68,60
	II	1 319,75	72,58	105,58	118,77	II	1 319,75	66,78	97,14	109,28	61,01	88,75	99,84	55,41	80,60	90,68	50,01	72,74	81,83	44,79	65,15	73,29	39,76	57,84	65,07
	III	863,16	47,47	69,05	77,68	III	863,16	43,24	62,90	70,76	39,12	56,90	64,01	35,09	51,04	57,42	31,15	45,32	50,98	27,31	39,73	44,69	23,56	34,28	38,56
	V	1 906,91	104,88	152,55	171,62	IV	1 365,50	72,20	105,02	118,15	69,30	100,80	113,40	66,40	96,59	108,66	63,50	92,37	103,91	60,64	88,20	99,23	57,82	84,11	94,62
	VI	1 939,08	106,64	155,12	174,51																				
5 246,99	I,IV	1 366,75	75,17	109,34	123,—	I	1 366,75	69,37	100,90	113,51	63,57	92,47	104,03	57,89	84,20	94,73	52,40	76,22	85,74	47,09	68,50	77,06	41,98	61,06	68,69
	II	1 321,—	72,65	105,68	118,89	II	1 321,—	66,85	97,24	109,40	61,08	88,84	99,95	55,48	80,70	90,78	50,07	72,83	81,93	44,85	65,24	73,39	39,82	57,92	65,16
	III	864,—	47,52	69,12	77,76	III	864,—	43,29	62,97	70,84	39,16	56,97	64,09	35,13	51,10	57,49	31,20	45,38	51,05	27,36	39,80	44,77	23,61	34,34	38,63
	V	1 908,16	104,94	152,65	171,73	IV	1 366,75	72,27	105,12	118,26	69,37	100,90	113,51	66,47	96,68	108,77	63,57	92,47	104,03	60,71	88,30	99,34	57,89	84,20	94,73
	VI	1 940,33	106,71	155,22	174,62																				
5 249,99	I,IV	1 368,—	75,24	109,44	123,12	I	1 368,—	69,44	101,—	113,63	63,63	92,56	104,13	57,95	84,30	94,83	52,46	76,30	85,84	47,15	68,59	77,16	42,04	61,15	68,79
	II	1 322,16	72,71	105,77	118,99	II	1 322,16	66,92	97,34	109,50	61,15	88,94	100,06	55,54	80,79	90,89	50,13	72,92	82,04	44,91	65,32	73,49	39,88	58,01	65,26
	III	865,—	47,57	69,20	77,85	III	865,—	43,34	63,05	70,93	39,21	57,04	64,17	35,18	51,17	57,56	31,24	45,45	51,13	27,39	39,85	44,83	23,65	34,41	38,71
	V	1 909,41	105,01	152,75	171,84	IV	1 368,—	72,33	105,22	118,37	69,44	101,—	113,63	66,54	96,78	108,88	63,63	92,56	104,13	60,77	88,40	99,45	57,95	84,30	94,83
	VI	1 941,58	106,78	155,32	174,74																				
5 252,99	I,IV	1 369,16	75,30	109,53	123,22	I	1 369,16	69,50	101,10	113,73	63,70	92,66	104,24	58,02	84,39	94,94	52,52	76,40	85,95	47,21	68,68	77,26	42,10	61,24	68,89
	II	1 323,41	72,78	105,87	119,10	II	1 323,41	66,99	97,44	109,62	61,21	89,04	100,17	55,60	80,88	90,99	50,19	73,01	82,13	44,97	65,41	73,58	39,93	58,09	65,35
	III	865,83	47,62	69,26	77,92	III	865,83	43,39	63,12	71,01	39,26	57,10	64,24	35,22	51,24	57,64	31,29	45,52	51,21	27,44	39,92	44,91	23,69	34,46	38,77
	V	1 910,66	105,08	152,85	171,95	IV	1 369,16	72,40	105,32	118,48	69,50	101,10	113,73	66,60	96,88	108,99	63,70	92,66	104,24	60,83	88,49	99,55	58,02	84,39	94,94
	VI	1 942,83	106,85	155,42	174,85																				
5 255,99	I,IV	1 370,41	75,37	109,63	123,33	I	1 370,41	69,57	101,20	113,85	63,77	92,76	104,35	58,08	84,48	95,04	52,58	76,48	86,04	47,27	68,76	77,36	42,15	61,32	68,98
	II	1 324,58	72,85	105,96	119,21	II	1 324,58	67,05	97,53	109,72	61,27	89,13	100,27	55,67	80,98	91,10	50,25	73,10	82,23	45,03	65,50	73,68	39,99	58,17	65,44
	III	866,66	47,66	69,33	77,99	III	866,66	43,44	63,18	71,08	39,30	57,17	64,31	35,27	51,30	57,71	31,33	45,57	51,26	27,49	39,98	44,98	23,74	34,53	38,84
	V	1 911,91	105,15	152,95	172,07	IV	1 370,41	72,47	105,41	118,58	69,57	101,20	113,85	66,67	96,98	109,10	63,77	92,76	104,35	60,90	88,58	99,65	58,08	84,48	95,04
	VI	1 944,08	106,92	155,52	174,96																				
5 258,99	I,IV	1 371,58	75,43	109,72	123,44	I	1 371,58	69,63	101,29	113,95	63,84	92,86	104,46	58,14	84,58	95,15	52,64	76,58	86,15	47,33	68,85	77,45	42,21	61,40	69,08
	II	1 325,83	72,92	106,06	119,32	II	1 325,83	67,12	97,63	109,83	61,34	89,23	100,38	55,73	81,07	91,20	50,32	73,19	82,34	45,09	65,58	73,78	40,05	58,26	65,54
	III	867,66	47,72	69,41	78,08	III	867,66	43,49	63,26	71,17	39,36	57,25	64,40	35,31	51,37	57,79	31,37	45,64	51,34	27,53	40,05	45,05	23,78	34,60	38,92
	V	1 913,16	105,22	153,05	172,18	IV	1 371,58	72,54	105,51	118,70	69,63	101,29	113,95	66,74	97,08	109,21	63,84	92,86	104,46	60,97	88,68	99,77	58,14	84,58	95,15
	VI	1 945,41	106,99	155,63	175,08																				
5 261,99	I,IV	1 372,83	75,50	109,82	123,55	I	1 372,83	69,70	101,39	114,06	63,91	92,96	104,58	58,21	84,67	95,25	52,71	76,67	86,25	47,39	68,94	77,55	42,27	61,49	69,17
	II	1 327,08	72,98	106,16	119,43	II	1 327,08	67,19	97,73	109,94	61,41	89,32	100,49	55,80	81,16	91,31	50,38	73,28	82,44	45,15	65,67	73,88	40,10	58,34	65,63
	III	868,50	47,76	69,48	78,16	III	868,50	43,54	63,33	71,24	39,40	57,32	64,48	35,36	51,44	57,87	31,42	45,70	51,41	27,57	40,10	45,11	23,82	34,65	38,98
	V	1 914,41	105,29	153,15	172,29	IV	1 372,83	72,60	105,60	118,80	69,70	101,39	114,06	66,80	97,17	109,31	63,91	92,96	104,58	61,03	88,78	99,87	58,21	84,67	95,25
	VI	1 946,66	107,06	155,73	175,19																				
5 264,99	I,IV	1 374,—	75,57	109,92	123,66	I	1 374,—	69,77	101,48	114,17	63,97	93,05	104,68	58,27	84,76	95,36	52,77	76,76	86,35	47,45	69,02	77,65	42,33	61,57	69,26
	II	1 328,25	73,05	106,26	119,54	II	1 328,25	67,25	97,82	110,05	61,47	89,42	100,59	55,86	81,25	91,40	50,43	73,36	82,53	45,21	65,76	73,98	40,16	58,42	65,72
	III	869,33	47,81	69,54	78,23	III	869,33	43,58	63,40	71,32	39,45	57,38	64,55	35,41	51,50	57,94	31,46	45,77	51,49	27,61	40,17	45,19	23,87	34,72	39,06
	V	1 915,66	105,36	153,25	172,40	IV	1 374,—	72,67	105,70	118,91	69,77	101,48	114,17	66,87	97,27	109,43	63,97	93,05	104,68	61,10	88,87	99,98	58,27	84,76	95,36
	VI	1 947,91	107,13	155,83	175,31																				

* Die ausgewiesenen Tabellenwerte sind amtlich. Siehe Erläuterungen auf der Umschlaginnenseite (U2).

MONAT 5 265,–*

Lohn/ Gehalt bis €*	Abzüge an Lohnsteuer, Solidaritätszuschlag (SolZ) und Kirchensteuer (8%, 9%) in den Steuerklassen																								
	I – VI					I, II, III, IV																			
			ohne Kinderfreibeträge					mit Zahl der Kinderfreibeträge . . .																	
								0,5			1			1,5			2			2,5			3		
		LSt	SolZ	8%	9%		LSt	SolZ	8%	9%	SolZ	8%	9%	SolZ	8%	9%	SolZ	8%	9%	SolZ	8%	9%	SolZ	8%	9%
5 267,99	I,IV	1 375,25	75,63	110,02	123,77	I	1 375,25	69,84	101,58	114,28	64,04	93,15	104,79	58,34	84,86	95,46	52,83	76,85	86,45	47,52	69,12	77,76	42,39	61,66	69,36
	II	1 329,50	73,12	106,36	119,65	II	1 329,50	67,32	97,92	110,16	61,54	89,52	100,71	55,92	81,34	91,51	50,50	73,46	82,64	45,26	65,84	74,07	40,22	58,50	65,81
	III	870,33	47,86	69,62	78,32	III	870,33	43,63	63,46	71,39	39,49	57,45	64,63	35,45	51,57	58,01	31,51	45,84	51,57	27,66	40,24	45,27	23,90	34,77	39,11
	V	1 916,91	105,43	153,35	172,52	IV	1 375,25	72,73	105,80	119,02	69,84	101,58	114,28	66,93	97,36	109,53	64,04	93,15	104,79	61,16	88,97	100,09	58,34	84,86	95,46
	VI	1 949,16	107,20	155,93	175,42																				
5 270,99	I,IV	1 376,50	75,70	110,12	123,88	I	1 376,50	69,90	101,68	114,39	64,10	93,24	104,90	58,41	84,96	95,58	52,89	76,94	86,55	47,57	69,20	77,85	42,45	61,74	69,46
	II	1 330,66	73,18	106,45	119,75	II	1 330,66	67,38	98,02	110,27	61,60	89,61	100,81	55,99	81,44	91,62	50,56	73,54	82,73	45,32	65,93	74,17	40,28	58,59	65,91
	III	871,16	47,91	69,69	78,40	III	871,16	43,67	63,53	71,47	39,54	57,52	64,71	35,50	51,64	58,09	31,56	45,90	51,64	27,71	40,30	45,34	23,95	34,84	39,19
	V	1 918,25	105,50	153,46	172,64	IV	1 376,50	72,80	105,90	119,13	69,90	101,68	114,39	67,–	97,46	109,64	64,10	93,24	104,90	61,23	89,06	100,19	58,41	84,96	95,58
	VI	1 950,41	107,27	156,03	175,53																				
5 273,99	I,IV	1 377,66	75,77	110,21	123,98	I	1 377,66	69,97	101,78	114,50	64,17	93,34	105,01	58,47	85,05	95,68	52,96	77,03	86,66	47,63	69,29	77,95	42,50	61,82	69,55
	II	1 331,91	73,25	106,55	119,87	II	1 331,91	67,45	98,12	110,38	61,67	89,71	100,92	56,05	81,53	91,72	50,62	73,64	82,84	45,38	66,02	74,27	40,33	58,67	66,–
	III	872,16	47,96	69,77	78,49	III	872,16	43,73	63,61	71,56	39,60	57,60	64,80	35,55	51,72	58,18	31,60	45,97	51,71	27,75	40,37	45,41	23,99	34,90	39,26
	V	1 919,50	105,57	153,56	172,75	IV	1 377,66	72,87	106,–	119,25	69,97	101,78	114,50	67,07	97,56	109,76	64,17	93,34	105,01	61,30	89,16	100,31	58,47	85,05	95,68
	VI	1 951,66	107,34	156,13	175,64																				
5 276,99	I,IV	1 378,91	75,84	110,31	124,10	I	1 378,91	70,04	101,88	114,61	64,24	93,44	105,12	58,53	85,14	95,78	53,02	77,12	86,76	47,69	69,38	78,05	42,56	61,91	69,65
	II	1 333,08	73,31	106,64	119,97	II	1 333,08	67,52	98,21	110,48	61,74	89,80	101,03	56,11	81,62	91,82	50,68	73,72	82,94	45,44	66,10	74,36	40,39	58,75	66,09
	III	873,–	48,01	69,84	78,57	III	873,–	43,78	63,68	71,64	39,64	57,66	64,87	35,59	51,77	58,24	31,65	46,04	51,79	27,79	40,42	45,47	24,03	34,96	39,33
	V	1 920,75	105,64	153,66	172,86	IV	1 378,91	72,93	106,09	119,35	70,04	101,88	114,61	67,14	97,66	109,86	64,24	93,44	105,12	61,36	89,26	100,41	58,53	85,14	95,78
	VI	1 952,91	107,41	156,23	175,76																				
5 279,99	I,IV	1 380,08	75,90	110,40	124,20	I	1 380,08	70,10	101,97	114,71	64,30	93,54	105,23	58,60	85,24	95,89	53,08	77,21	86,86	47,75	69,46	78,14	42,62	62,–	69,75
	II	1 334,33	73,38	106,74	120,08	II	1 334,33	67,59	98,31	110,60	61,80	89,90	101,13	56,18	81,72	91,93	50,75	73,82	83,04	45,50	66,18	74,45	40,45	58,84	66,19
	III	873,83	48,06	69,90	78,64	III	873,83	43,82	63,74	71,71	39,69	57,73	64,94	35,64	51,84	58,32	31,69	46,10	51,86	27,83	40,49	45,55	24,08	35,02	39,40
	V	1 922,–	105,71	153,76	172,98	IV	1 380,08	73,–	106,19	119,46	70,10	101,97	114,71	67,21	97,76	109,98	64,30	93,54	105,23	61,43	89,35	100,52	58,60	85,24	95,89
	VI	1 954,16	107,47	156,33	175,87																				
5 282,99	I,IV	1 381,33	75,97	110,50	124,31	I	1 381,33	70,17	102,07	114,83	64,37	93,64	105,34	58,66	85,33	95,99	53,14	77,30	86,96	47,81	69,55	78,24	42,68	62,08	69,84
	II	1 335,58	73,45	106,84	120,20	II	1 335,58	67,65	98,41	110,71	61,87	90,–	101,25	56,24	81,81	92,03	50,81	73,90	83,14	45,56	66,28	74,56	40,50	58,92	66,28
	III	874,83	48,11	69,98	78,73	III	874,83	43,88	63,82	71,80	39,73	57,80	65,02	35,69	51,92	58,41	31,74	46,17	51,94	27,88	40,56	45,63	24,12	35,09	39,47
	V	1 923,25	105,77	153,86	173,09	IV	1 381,33	73,07	106,29	119,57	70,17	102,07	114,83	67,27	97,86	110,09	64,37	93,64	105,34	61,49	89,45	100,63	58,66	85,33	95,99
	VI	1 955,41	107,54	156,43	175,98																				
5 285,99	I,IV	1 382,50	76,03	110,60	124,42	I	1 382,50	70,23	102,16	114,93	64,44	93,73	105,44	58,73	85,42	96,10	53,20	77,39	87,06	47,87	69,64	78,34	42,73	62,16	69,93
	II	1 336,75	73,52	106,94	120,30	II	1 336,75	67,72	98,50	110,81	61,93	90,09	101,35	56,31	81,90	92,14	50,87	73,99	83,24	45,62	66,36	74,65	40,56	59,–	66,38
	III	875,66	48,16	70,05	78,80	III	875,66	43,92	63,89	71,87	39,78	57,86	65,09	35,74	51,98	58,48	31,78	46,22	52,–	27,93	40,62	45,70	24,16	35,14	39,53
	V	1 924,50	105,84	153,96	173,20	IV	1 382,50	73,14	106,38	119,68	70,23	102,16	114,93	67,34	97,95	110,19	64,44	93,73	105,44	61,56	89,54	100,73	58,73	85,42	96,10
	VI	1 956,75	107,62	156,54	176,10																				
5 288,99	I,IV	1 383,75	76,10	110,70	124,53	I	1 383,75	70,30	102,26	115,04	64,51	93,83	105,56	58,79	85,52	96,21	53,27	77,48	87,17	47,94	69,73	78,44	42,79	62,25	70,03
	II	1 338,–	73,59	107,04	120,42	II	1 338,–	67,79	98,60	110,93	62,–	90,18	101,45	56,37	82,–	92,25	50,93	74,08	83,34	45,68	66,44	74,75	40,62	59,08	66,47
	III	876,50	48,20	70,12	78,88	III	876,50	43,97	63,96	71,95	39,82	57,93	65,17	35,77	52,04	58,54	31,82	46,29	52,07	27,96	40,68	45,76	24,20	35,21	39,61
	V	1 925,75	105,91	154,06	173,31	IV	1 383,75	73,20	106,48	119,79	70,30	102,26	115,04	67,40	98,04	110,30	64,51	93,83	105,56	61,62	89,64	100,84	58,79	85,52	96,21
	VI	1 958,–	107,69	156,64	176,22																				
5 291,99	I,IV	1 385,–	76,17	110,80	124,65	I	1 385,–	70,37	102,36	115,16	64,57	93,93	105,67	58,85	85,61	96,31	53,33	77,58	87,27	48,–	69,82	78,54	42,85	62,33	70,12
	II	1 339,16	73,65	107,13	120,52	II	1 339,16	67,85	98,70	111,03	62,07	90,28	101,57	56,43	82,09	92,35	50,99	74,17	83,44	45,74	66,53	74,84	40,68	59,17	66,56
	III	877,50	48,26	70,20	78,97	III	877,50	44,01	64,02	72,02	39,87	58,–	65,25	35,83	52,12	58,63	31,87	46,36	52,15	28,01	40,74	45,83	24,25	35,28	39,69
	V	1 927,–	105,98	154,16	173,43	IV	1 385,–	73,27	106,58	119,90	70,37	102,36	115,16	67,47	98,14	110,41	64,57	93,93	105,67	61,69	89,74	100,95	58,85	85,61	96,31
	VI	1 959,25	107,75	156,74	176,33																				
5 294,99	I,IV	1 386,16	76,23	110,89	124,75	I	1 386,16	70,44	102,46	115,26	64,64	94,02	105,77	58,92	85,71	96,42	53,40	77,67	87,38	48,06	69,90	78,64	42,91	62,42	70,22
	II	1 340,41	73,72	107,23	120,63	II	1 340,41	67,92	98,80	111,15	62,13	90,38	101,67	56,50	82,18	92,45	51,05	74,26	83,54	45,80	66,62	74,94	40,73	59,25	66,65
	III	878,33	48,30	70,26	79,04	III	878,33	44,07	64,10	72,11	39,92	58,06	65,32	35,87	52,18	58,70	31,91	46,42	52,22	28,05	40,81	45,91	24,29	35,33	39,74
	V	1 928,33	106,05	154,26	173,54	IV	1 386,16	73,34	106,68	120,01	70,44	102,46	115,26	67,54	98,24	110,52	64,64	94,02	105,77	61,76	89,83	101,06	58,92	85,71	96,42
	VI	1 960,50	107,82	156,84	176,44																				
5 297,99	I,IV	1 387,41	76,30	110,99	124,86	I	1 387,41	70,51	102,56	115,38	64,71	94,12	105,89	58,99	85,80	96,53	53,46	77,76	87,48	48,12	69,99	78,74	42,97	62,50	70,31
	II	1 341,58	73,78	107,32	120,74	II	1 341,58	67,98	98,89	111,25	62,20	90,47	101,78	56,56	82,27	92,55	51,11	74,35	83,64	45,86	66,70	75,04	40,79	59,34	66,75
	III	879,16	48,35	70,33	79,12	III	879,16	44,11	64,17	72,19	39,96	58,13	65,39	35,92	52,25	58,78	31,96	46,49	52,30	28,10	40,88	45,99	24,33	35,40	39,82
	V	1 929,58	106,12	154,36	173,66	IV	1 387,41	73,40	106,77	120,11	70,51	102,56	115,38	67,60	98,34	110,63	64,71	94,12	105,89	61,82	89,92	101,16	58,99	85,80	96,53
	VI	1 961,75	107,89	156,94	176,55																				
5 300,99	I,IV	1 388,58	76,37	111,08	124,97	I	1 388,58	70,57	102,65	115,48	64,77	94,22	105,99	59,05	85,90	96,63	53,52	77,85	87,58	48,18	70,08	78,84	43,02	62,58	70,40
	II	1 342,83	73,85	107,42	120,85	II	1 342,83	68,05	98,99	111,36	62,26	90,57	101,89	56,63	82,37	92,66	51,18	74,44	83,75	45,92	66,79	75,14	40,85	59,42	66,84
	III	880,16	48,40	70,41	79,21	III	880,16	44,16	64,24	72,27	40,02	58,21	65,48	35,97	52,32	58,86	32,01	46,56	52,38	28,15	40,94	46,06	24,38	35,46	39,89
	V	1 930,83	106,19	154,46	173,77	IV	1 388,58	73,47	106,87	120,23	70,57	102,65	115,48	67,67	98,44	110,74	64,77	94,22	105,99	61,89	90,02	101,27	59,05	85,90	96,63
	VI	1 963,–	107,96	157,04	176,67																				
5 303,99	I,IV	1 389,83	76,44	111,18	125,08	I	1 389,83	70,64	102,75	115,59	64,84	94,32	106,11	59,12	85,99	96,74	53,58	77,94	87,68	48,24	70,17	78,94	43,08	62,67	70,50
	II	1 344,08	73,92	107,52	120,96	II	1 344,08	68,12	99,09	111,47	62,33	90,67	102,–	56,69	82,46	92,77	51,24	74,53	83,84	45,98	66,88	75,24	40,91	59,50	66,94
	III	881,–	48,45	70,48	79,29	III	881,–	44,21	64,30	72,34	40,06	58,28	65,56	36,01	52,38	58,93	32,05	46,62	52,45	28,18	41,–	46,12	24,42	35,52	39,96
	V	1 932,08	106,26	154,56	173,88	IV	1 389,83	73,54	106,97	120,34	70,64	102,75	115,59	67,74	98,54	110,85	64,84	94,32	106,11	61,95	90,12	101,38	59,12	85,99	96,74
	VI	1 964,25	108,03	157,14	176,78																				
5 306,99	I,IV	1 391,–	76,50	111,28	125,19	I	1 391,–	70,70	102,84	115,70	64,90	94,41	106,21	59,18	86,08	96,84	53,64	78,03	87,78	48,30	70,26	79,04	43,14	62,76	70,60
	II	1 345,25	73,98	107,62	121,07	II	1 345,25	68,19	99,18	111,58	62,40	90,76	102,11	56,75	82,55	92,87	51,30	74,62	83,94	46,03	66,96	75,33	40,96	59,58	67,03
	III	882,–	48,51	70,56	79,38	III	882,–	44,26	64,38	72,43	40,11	58,34	65,63	36,06	52,45	59,–	32,10	46,69	52,52	28,23	41,06	46,19	24,46	35,58	40,03
	V	1 933,33	106,33	154,66	173,99	IV	1 391,–	73,60	107,06	120,44	70,70	102,84	115,70	67,81	98,63	110,96	64,90	94,41	106,21	62,02	90,21	101,48	59,18	86,08	96,84
	VI	1 965,50	108,10	157,24	176,89																				
5 309,99	I,IV	1 392,25	76,57	111,38	125,30	I	1 392,25	70,77	102,94	115,81	64,97	94,51	106,32	59,24	86,18	96,95	53,71	78,12	87,89	48,36	70,34	79,13	43,20	62,84	70,70
	II	1 346,50	74,05	107,72	121,18	II	1 346,50	68,25	99,28	111,69	62,46	90,86	102,21	56,81	82,64	92,97	51,36	74,71	84,05	46,09	67,05	75,43	41,02	59,67	67,13
	III	882,83	48,55	70,62	79,45	III	882,83	44,31	64,45	72,50	40,15	58,41	65,71	36,10	52,52	59,08	32,14	46,76	52,60	28,27	41,13	46,27	24,51	35,65	40,10
	V	1 934,58	106,40	154,76	174,11	IV	1 392,25	73,67	107,16	120,56	70,77	102,94	115,81	67,87	98,73	111,07	64,97	94,51	106,32	62,09	90,31	101,60	59,24	86,18	96,95
	VI	1 966,83	108,17	157,34	177,01																				

* Die ausgewiesenen Tabellenwerte sind amtlich. Siehe Erläuterungen auf der Umschlaginnenseite (U2).

Abzüge an Lohnsteuer, Solidaritätszuschlag (SolZ) und Kirchensteuer (8%, 9%) in den Steuerklassen

Lohn/ Gehalt bis €*	I – VI					I, II, III, IV																			
			ohne Kinderfreibeträge					mit Zahl der Kinderfreibeträge . . .																	
								0,5			1			1,5			2			2,5			3		
		LSt	SolZ	8%	9%		LSt	SolZ	8%	9%	SolZ	8%	9%	SolZ	8%	9%	SolZ	8%	9%	SolZ	8%	9%	SolZ	8%	9%
5 312,99	I,IV	1 393,50	76,64	111,48	125,41	I	1 393,50	70,84	103,04	115,92	65,04	94,61	106,43	59,31	86,27	97,05	53,77	78,22	87,99	48,42	70,43	79,23	43,26	62,92	70,79
	II	1 347,66	74,12	107,81	121,28	II	1 347,66	68,32	99,38	111,80	62,53	90,96	102,33	56,88	82,74	93,08	51,42	74,80	84,15	46,15	67,14	75,53	41,08	59,75	67,22
	III	883,66	48,60	70,69	79,52	III	883,66	44,35	64,52	72,58	40,20	58,48	65,79	36,15	52,58	59,15	32,19	46,82	52,67	28,32	41,20	46,35	24,54	35,70	40,16
	V	1 935,83	106,47	154,86	174,22	IV	1 393,50	73,74	107,26	120,66	70,84	103,04	115,92	67,94	98,82	111,17	65,04	94,61	106,43	62,15	90,40	101,70	59,31	86,27	97,05
	VI	1 968,08	108,24	157,44	177,12																				
5 315,99	I,IV	1 394,66	76,70	111,57	125,51	I	1 394,66	70,90	103,14	116,03	65,11	94,70	106,54	59,37	86,36	97,16	53,83	78,30	88,09	48,48	70,52	79,33	43,32	63,01	70,88
	II	1 348,91	74,19	107,91	121,40	II	1 348,91	68,39	99,48	111,91	62,59	91,05	102,43	56,94	82,83	93,18	51,48	74,89	84,25	46,21	67,22	75,62	41,14	59,84	67,32
	III	884,66	48,65	70,77	79,61	III	884,66	44,40	64,58	72,65	40,25	58,54	65,86	36,19	52,65	59,23	32,23	46,88	52,74	28,37	41,26	46,42	24,59	35,77	40,24
	V	1 937,08	106,53	154,96	174,33	IV	1 394,66	73,81	107,36	120,78	70,90	103,14	116,03	68,01	98,92	111,29	65,11	94,70	106,54	62,22	90,50	101,81	59,37	86,36	97,16
	VI	1 969,33	108,31	157,54	177,23																				
5 318,99	I,IV	1 395,91	76,77	111,67	125,63	I	1 395,91	70,97	103,24	116,14	65,17	94,80	106,65	59,44	86,46	97,27	53,90	78,40	88,20	48,54	70,61	79,43	43,38	63,10	70,98
	II	1 350,08	74,25	108,—	121,50	II	1 350,08	68,45	99,57	112,01	62,66	91,14	102,53	57,01	82,92	93,29	51,54	74,98	84,35	46,27	67,31	75,72	41,19	59,92	67,41
	III	885,50	48,70	70,84	79,69	III	885,50	44,45	64,66	72,74	40,30	58,62	65,95	36,24	52,72	59,31	32,28	46,96	52,83	28,41	41,33	46,49	24,64	35,84	40,32
	V	1 938,41	106,61	155,07	174,45	IV	1 395,91	73,87	107,45	120,88	70,97	103,24	116,14	68,07	99,02	111,39	65,17	94,80	106,65	62,28	90,60	101,92	59,44	86,46	97,27
	VI	1 970,58	108,38	157,64	177,35																				
5 321,99	I,IV	1 397,08	76,83	111,76	125,73	I	1 397,08	71,04	103,33	116,24	65,24	94,90	106,76	59,51	86,56	97,38	53,96	78,49	88,30	48,60	70,70	79,53	43,44	63,18	71,08
	II	1 351,33	74,32	108,10	121,61	II	1 351,33	68,52	99,67	112,13	62,73	91,24	102,65	57,07	83,02	93,39	51,61	75,07	84,45	46,33	67,40	75,82	41,25	60,—	67,50
	III	886,50	48,75	70,92	79,78	III	886,50	44,50	64,73	72,82	40,35	58,69	66,02	36,29	52,78	59,38	32,32	47,01	52,88	28,45	41,38	46,55	24,67	35,89	40,37
	V	1 939,66	106,68	155,17	174,56	IV	1 397,08	73,94	107,55	120,99	71,04	103,33	116,24	68,14	99,12	111,51	65,24	94,90	106,76	62,35	90,70	102,03	59,51	86,56	97,38
	VI	1 971,83	108,45	157,74	177,46																				
5 324,99	I,IV	1 398,33	76,90	111,86	125,84	I	1 398,33	71,11	103,43	116,36	65,31	95,—	106,87	59,57	86,65	97,48	54,02	78,58	88,40	48,66	70,78	79,63	43,49	63,26	71,17
	II	1 352,58	74,39	108,20	121,73	II	1 352,58	68,59	99,77	112,24	62,80	91,34	102,76	57,14	83,11	93,50	51,67	75,16	84,56	46,39	67,48	75,92	41,31	60,09	67,60
	III	887,33	48,80	70,98	79,85	III	887,33	44,55	64,81	72,91	40,39	58,76	66,10	36,33	52,85	59,45	32,36	47,08	52,96	28,49	41,45	46,63	24,72	35,96	40,45
	V	1 940,91	106,75	155,27	174,68	IV	1 398,33	74,01	107,65	121,10	71,11	103,43	116,36	68,21	99,22	111,62	65,31	95,—	106,87	62,42	90,79	102,14	59,57	86,65	97,48
	VI	1 973,08	108,51	157,84	177,57																				
5 327,99	I,IV	1 399,50	76,97	111,96	125,95	I	1 399,50	71,17	103,52	116,46	65,37	95,09	106,97	59,63	86,74	97,58	54,08	78,67	88,50	48,72	70,87	79,73	43,55	63,35	71,27
	II	1 353,75	74,45	108,30	121,83	II	1 353,75	68,65	99,86	112,34	62,86	91,44	102,87	57,20	83,20	93,60	51,73	75,25	84,65	46,45	67,57	76,01	41,36	60,17	67,69
	III	888,33	48,85	71,06	79,94	III	888,33	44,60	64,88	72,99	40,44	58,82	66,17	36,38	52,92	59,53	32,41	47,14	53,03	28,54	41,52	46,71	24,76	36,02	40,52
	V	1 942,16	106,81	155,37	174,79	IV	1 399,50	74,07	107,74	121,21	71,17	103,52	116,46	68,27	99,31	111,72	65,37	95,09	106,97	62,48	90,88	102,24	59,63	86,74	97,58
	VI	1 974,33	108,58	157,94	177,68																				
5 330,99	I,IV	1 400,75	77,04	112,06	126,06	I	1 400,75	71,24	103,62	116,57	65,44	95,19	107,09	59,70	86,84	97,69	54,15	78,76	88,61	48,78	70,96	79,83	43,61	63,44	71,37
	II	1 355,—	74,52	108,40	121,95	II	1 355,—	68,72	99,96	112,46	62,92	91,53	102,97	57,26	83,30	93,71	51,79	75,34	84,75	46,51	67,66	76,11	41,42	60,26	67,79
	III	889,16	48,90	71,13	80,02	III	889,16	44,65	64,94	73,06	40,48	58,89	66,25	36,42	52,98	59,60	32,45	47,21	53,11	28,59	41,58	46,78	24,81	36,09	40,60
	V	1 943,41	106,88	155,47	174,90	IV	1 400,75	74,14	107,84	121,32	71,24	103,62	116,57	68,34	99,41	111,83	65,44	95,19	107,09	62,55	90,98	102,35	59,70	86,84	97,69
	VI	1 975,58	108,65	158,04	177,80																				
5 333,99	I,IV	1 402,—	77,11	112,16	126,18	I	1 402,—	71,31	103,72	116,69	65,51	95,29	107,20	59,77	86,94	97,80	54,21	78,86	88,71	48,84	71,05	79,93	43,67	63,52	71,46
	II	1 356,25	74,59	108,50	122,06	II	1 356,25	68,79	100,06	112,56	62,99	91,63	103,08	57,33	83,39	93,81	51,86	75,43	84,86	46,57	67,74	76,21	41,48	60,34	67,88
	III	890,—	48,95	71,20	80,10	III	890,—	44,69	65,01	73,13	40,54	58,97	66,34	36,47	53,05	59,68	32,50	47,28	53,19	28,63	41,65	46,85	24,85	36,14	40,66
	V	1 944,66	106,95	155,57	175,01	IV	1 402,—	74,20	107,94	121,43	71,31	103,72	116,69	68,41	99,50	111,94	65,51	95,29	107,20	62,61	91,08	102,46	59,77	86,94	97,80
	VI	1 976,91	108,73	158,15	177,92																				
5 336,99	I,IV	1 403,16	77,17	112,25	126,28	I	1 403,16	71,37	103,82	116,79	65,57	95,38	107,30	59,83	87,03	97,91	54,27	78,94	88,81	48,90	71,14	80,03	43,72	63,60	71,55
	II	1 357,41	74,65	108,59	122,16	II	1 357,41	68,86	100,16	112,68	63,06	91,72	103,19	57,39	83,48	93,92	51,92	75,52	84,96	46,63	67,83	76,31	41,54	60,42	67,97
	III	891,—	49,—	71,28	80,19	III	891,—	44,75	65,09	73,22	40,59	59,04	66,42	36,52	53,12	59,76	32,55	47,34	53,26	28,67	41,70	46,91	24,89	36,21	40,73
	V	1 945,91	107,02	155,67	175,13	IV	1 403,16	74,27	108,04	121,54	71,37	103,82	116,79	68,47	99,60	112,05	65,57	95,38	107,30	62,68	91,18	102,57	59,83	87,03	97,91
	VI	1 978,16	108,79	158,25	178,03																				
5 339,99	I,IV	1 404,41	77,24	112,35	126,39	I	1 404,41	71,44	103,92	116,91	65,64	95,48	107,42	59,89	87,12	98,01	54,34	79,04	88,92	48,96	71,22	80,12	43,78	63,69	71,65
	II	1 358,58	74,72	108,68	122,27	II	1 358,58	68,92	100,25	112,78	63,13	91,82	103,30	57,46	83,58	94,02	51,98	75,61	85,06	46,69	67,92	76,41	41,59	60,50	68,06
	III	891,83	49,05	71,34	80,26	III	891,83	44,79	65,16	73,30	40,63	59,10	66,49	36,56	53,18	59,83	32,59	47,41	53,33	28,71	41,77	46,99	24,94	36,28	40,81
	V	1 947,16	107,09	155,77	175,24	IV	1 404,41	74,34	108,13	121,64	71,44	103,92	116,91	68,54	99,70	112,16	65,64	95,48	107,42	62,75	91,27	102,68	59,89	87,12	98,01
	VI	1 979,41	108,86	158,35	178,14																				
5 342,99	I,IV	1 405,66	77,31	112,45	126,50	I	1 405,66	71,51	104,02	117,02	65,71	95,58	107,52	59,96	87,22	98,12	54,40	79,13	89,02	49,03	71,32	80,23	43,84	63,78	71,75
	II	1 359,83	74,79	108,78	122,38	II	1 359,83	68,99	100,35	112,89	63,19	91,92	103,41	57,52	83,67	94,13	52,04	75,70	85,16	46,75	68,01	76,51	41,65	60,59	68,16
	III	892,83	49,10	71,42	80,35	III	892,83	44,84	65,22	73,37	40,68	59,17	66,56	36,61	53,25	59,90	32,64	47,48	53,41	28,76	41,84	47,07	24,97	36,33	40,87
	V	1 948,41	107,16	155,87	175,35	IV	1 405,66	74,41	108,23	121,76	71,51	104,02	117,02	68,61	99,80	112,27	65,71	95,58	107,52	62,81	91,37	102,79	59,96	87,22	98,12
	VI	1 980,66	108,93	158,45	178,25																				
5 345,99	I,IV	1 406,83	77,37	112,54	126,61	I	1 406,83	71,57	104,11	117,12	65,78	95,68	107,64	60,03	87,32	98,23	54,46	79,22	89,12	49,09	71,40	80,33	43,90	63,86	71,84
	II	1 361,08	74,85	108,88	122,49	II	1 361,08	69,06	100,45	113,—	63,26	92,02	103,52	57,58	83,76	94,23	52,10	75,79	85,26	46,81	68,10	76,61	41,71	60,68	68,26
	III	893,66	49,15	71,49	80,42	III	893,66	44,88	65,29	73,45	40,72	59,24	66,64	36,65	53,32	59,98	32,68	47,54	53,48	28,81	41,90	47,14	25,02	36,40	40,95
	V	1 949,75	107,23	155,98	175,47	IV	1 406,83	74,47	108,33	121,87	71,57	104,11	117,12	68,68	99,90	112,38	65,78	95,68	107,64	62,88	91,46	102,89	60,03	87,32	98,23
	VI	1 981,91	109,—	158,55	178,37																				
5 348,99	I,IV	1 408,08	77,44	112,64	126,72	I	1 408,08	71,64	104,20	117,23	65,84	95,77	107,74	60,09	87,41	98,33	54,52	79,31	89,22	49,15	71,49	80,42	43,96	63,94	71,93
	II	1 362,25	74,92	108,98	122,60	II	1 362,25	69,12	100,54	113,11	63,32	92,11	103,62	57,65	83,86	94,34	52,17	75,88	85,37	46,87	68,18	76,70	41,77	60,76	68,35
	III	894,50	49,19	71,56	80,50	III	894,50	44,94	65,37	73,54	40,77	59,30	66,71	36,70	53,38	60,05	32,73	47,61	53,56	28,84	41,96	47,20	25,07	36,46	41,02
	V	1 951,—	107,30	156,08	175,59	IV	1 408,08	74,54	108,42	121,97	71,64	104,20	117,23	68,74	99,99	112,49	65,84	95,77	107,74	62,95	91,56	103,01	60,09	87,41	98,33
	VI	1 983,16	109,07	158,65	178,48																				
5 351,99	I,IV	1 409,25	77,50	112,74	126,83	I	1 409,25	71,71	104,30	117,34	65,91	95,87	107,85	60,16	87,50	98,44	54,59	79,40	89,33	49,21	71,58	80,52	44,02	64,03	72,03
	II	1 363,50	74,99	109,08	122,71	II	1 363,50	69,19	100,64	113,22	63,39	92,21	103,73	57,71	83,95	94,44	52,23	75,97	85,46	46,93	68,27	76,80	41,83	60,84	68,45
	III	895,50	49,25	71,64	80,59	III	895,50	44,99	65,44	73,62	40,82	59,38	66,80	36,75	53,46	60,14	32,78	47,68	53,64	28,89	42,02	47,27	25,11	36,53	41,09
	V	1 952,25	107,37	156,18	175,70	IV	1 409,25	74,61	108,52	122,09	71,71	104,30	117,34	68,81	100,09	112,60	65,91	95,87	107,85	63,01	91,66	103,11	60,16	87,50	98,44
	VI	1 984,41	109,14	158,75	178,59																				
5 354,99	I,IV	1 410,50	77,57	112,84	126,94	I	1 410,50	71,77	104,40	117,45	65,98	95,97	107,96	60,22	87,60	98,55	54,65	79,50	89,43	49,27	71,67	80,63	44,08	64,12	72,13
	II	1 364,75	75,06	109,18	122,82	II	1 364,75	69,26	100,74	113,33	63,46	92,30	103,84	57,78	84,04	94,55	52,29	76,06	85,57	46,99	68,36	76,90	41,88	60,92	68,54
	III	896,33	49,29	71,70	80,66	III	896,33	45,03	65,50	73,69	40,87	59,45	66,88	36,79	53,52	60,21	32,82	47,74	53,71	28,93	42,09	47,35	25,15	36,58	41,15
	V	1 953,50	107,44	156,28	175,81	IV	1 410,50	74,67	108,62	122,19	71,77	104,40	117,45	68,87	100,18	112,70	65,98	95,97	107,96	63,08	91,76	103,23	60,22	87,60	98,55
	VI	1 985,66	109,21	158,85	178,70																				

* Die ausgewiesenen Tabellenwerte sind amtlich. Siehe Erläuterungen auf der Umschlaginnenseite (U2).

MONAT 5 355,–*

Lohn/Gehalt bis €*		I – VI						I, II, III, IV																	
			ohne Kinderfreibeträge					mit Zahl der Kinderfreibeträge . . . 0,5			1			1,5			2			2,5			3		
		LSt	SolZ	8%	9%		LSt	SolZ	8%	9%	SolZ	8%	9%	SolZ	8%	9%	SolZ	8%	9%	SolZ	8%	9%	SolZ	8%	9%
5 357,99	I,IV	1 411,66	77,64	112,93	127,04	I	1 411,66	71,84	104,50	117,56	66,04	96,06	108,07	60,28	87,69	98,65	54,71	79,58	89,53	49,33	71,76	80,73	44,14	64,20	72,23
	II	1 365,91	75,12	109,27	122,93	II	1 365,91	69,32	100,84	113,44	63,52	92,40	103,95	57,84	84,14	94,65	52,35	76,15	85,67	47,05	68,44	77,–	41,94	61,01	68,63
	III	897,33	49,35	71,78	80,75	III	897,33	45,08	65,57	73,76	40,92	59,52	66,96	36,84	53,58	60,28	32,86	47,80	53,77	28,98	42,16	47,43	25,19	36,65	41,23
	V	1 954,75	107,51	156,38	175,92	IV	1 411,66	74,74	108,72	122,31	71,84	104,50	117,56	68,94	100,28	112,82	66,04	96,06	108,07	63,14	91,85	103,33	60,28	87,69	98,65
	VI	1 986,91	109,28	158,95	178,82																				
5 360,99	I,IV	1 412,91	77,71	113,03	127,16	I	1 412,91	71,91	104,60	117,67	66,11	96,16	108,18	60,35	87,79	98,76	54,78	79,68	89,64	49,39	71,84	80,82	44,20	64,29	72,32
	II	1 367,16	75,19	109,37	123,04	II	1 367,16	69,39	100,94	113,55	63,59	92,50	104,06	57,91	84,23	94,76	52,41	76,24	85,77	47,11	68,53	77,09	42,–	61,09	68,72
	III	898,16	49,39	71,85	80,83	III	898,16	45,13	65,65	73,85	40,96	59,58	67,03	36,89	53,66	60,37	32,91	47,88	53,86	29,03	42,22	47,50	25,24	36,72	41,31
	V	1 956,–	107,58	156,48	176,04	IV	1 412,91	74,80	108,81	122,41	71,91	104,60	117,67	69,01	100,38	112,92	66,11	96,16	108,18	63,21	91,95	103,44	60,35	87,79	98,76
	VI	1 988,25	109,35	159,06	178,94																				
5 363,99	I,IV	1 414,16	77,77	113,13	127,27	I	1 414,16	71,98	104,70	117,78	66,18	96,26	108,29	60,42	87,88	98,87	54,84	79,77	89,74	49,45	71,94	80,93	44,26	64,38	72,42
	II	1 368,33	75,25	109,46	123,14	II	1 368,33	69,46	101,03	113,66	63,66	92,60	104,17	57,97	84,33	94,87	52,48	76,34	85,88	47,17	68,62	77,19	42,06	61,18	68,82
	III	899,–	49,44	71,92	80,91	III	899,–	45,18	65,72	73,93	41,01	59,65	67,10	36,94	53,73	60,44	32,95	47,93	53,92	29,07	42,29	47,57	25,28	36,77	41,36
	V	1 957,25	107,64	156,58	176,15	IV	1 414,16	74,87	108,91	122,52	71,98	104,70	117,78	69,08	100,48	113,04	66,18	96,26	108,29	63,28	92,04	103,55	60,42	87,88	98,87
	VI	1 989,50	109,42	159,16	179,05																				
5 366,99	I,IV	1 415,33	77,84	113,22	127,37	I	1 415,33	72,04	104,79	117,89	66,24	96,36	108,40	60,49	87,98	98,98	54,90	79,86	89,84	49,51	72,02	81,02	44,32	64,46	72,52
	II	1 369,58	75,32	109,56	123,26	II	1 369,58	69,52	101,13	113,77	63,73	92,70	104,28	58,04	84,42	94,97	52,54	76,42	85,97	47,23	68,70	77,29	42,12	61,26	68,92
	III	900,–	49,50	72,–	81,–	III	900,–	45,23	65,80	74,02	41,06	59,73	67,19	36,98	53,80	60,52	33,–	48,01	54,01	29,12	42,36	47,65	25,32	36,84	41,44
	V	1 958,50	107,71	156,68	176,26	IV	1 415,33	74,94	109,01	122,63	72,04	104,79	117,89	69,14	100,58	113,15	66,24	96,36	108,40	63,35	92,14	103,66	60,49	87,98	98,98
	VI	1 990,75	109,49	159,26	179,16																				
5 369,99	I,IV	1 416,58	77,91	113,32	127,49	I	1 416,58	72,11	104,89	118,–	66,31	96,46	108,51	60,55	88,07	99,08	54,97	79,96	89,95	49,57	72,11	81,12	44,37	64,54	72,61
	II	1 370,75	75,39	109,66	123,36	II	1 370,75	69,59	101,22	113,87	63,79	92,79	104,39	58,10	84,51	95,07	52,60	76,52	86,08	47,29	68,79	77,39	42,17	61,34	69,01
	III	900,83	49,54	72,06	81,07	III	900,83	45,28	65,86	74,09	41,11	59,80	67,27	37,03	53,86	60,59	33,04	48,06	54,07	29,15	42,41	47,71	25,37	36,90	41,51
	V	1 959,83	107,79	156,78	176,38	IV	1 416,58	75,01	109,10	122,74	72,11	104,89	118,–	69,21	100,67	113,25	66,31	96,46	108,51	63,41	92,24	103,77	60,55	88,07	99,08
	VI	1 992,–	109,56	159,36	179,28																				
5 372,99	I,IV	1 417,75	77,97	113,42	127,59	I	1 417,75	72,17	104,98	118,10	66,38	96,55	108,62	60,61	88,17	99,19	55,03	80,04	90,05	49,64	72,20	81,23	44,43	64,63	72,71
	II	1 372,–	75,46	109,76	123,48	II	1 372,–	69,66	101,32	113,99	63,86	92,89	104,50	58,17	84,61	95,18	52,66	76,60	86,18	47,35	68,88	77,49	42,23	61,43	69,11
	III	901,83	49,60	72,14	81,16	III	901,83	45,32	65,93	74,17	41,15	59,86	67,34	37,07	53,93	60,67	33,09	48,13	54,14	29,20	42,48	47,79	25,41	36,96	41,58
	V	1 961,08	107,85	156,88	176,49	IV	1 417,75	75,07	109,20	122,85	72,17	104,98	118,10	69,28	100,77	113,36	66,38	96,55	108,62	63,48	92,34	103,88	60,61	88,17	99,19
	VI	1 993,25	109,62	159,46	179,39																				
5 375,99	I,IV	1 419,–	78,04	113,52	127,71	I	1 419,–	72,24	105,08	118,22	66,44	96,65	108,73	60,68	88,26	99,29	55,09	80,14	90,15	49,70	72,29	81,32	44,49	64,72	72,81
	II	1 373,25	75,52	109,86	123,59	II	1 373,25	69,73	101,42	114,10	63,92	92,98	104,60	58,23	84,70	95,29	52,73	76,70	86,28	47,41	68,97	77,59	42,29	61,52	69,21
	III	902,66	49,64	72,21	81,23	III	902,66	45,38	66,01	74,26	41,20	59,93	67,42	37,12	54,–	60,75	33,13	48,20	54,22	29,25	42,54	47,86	25,45	37,02	41,65
	V	1 962,33	107,92	156,98	176,60	IV	1 419,–	75,14	109,30	122,96	72,24	105,08	118,22	69,34	100,86	113,47	66,44	96,65	108,73	63,54	92,43	103,98	60,68	88,26	99,29
	VI	1 994,50	109,69	159,56	179,50																				
5 378,99	I,IV	1 420,16	78,10	113,61	127,81	I	1 420,16	72,31	105,18	118,32	66,51	96,74	108,83	60,74	88,36	99,40	55,16	80,23	90,26	49,76	72,38	81,42	44,55	64,80	72,90
	II	1 374,41	75,59	109,95	123,69	II	1 374,41	69,79	101,52	114,21	63,99	93,08	104,72	58,30	84,80	95,40	52,79	76,78	86,38	47,47	69,05	77,68	42,35	61,60	69,30
	III	903,66	49,70	72,29	81,32	III	903,66	45,43	66,08	74,34	41,25	60,–	67,50	37,17	54,06	60,82	33,18	48,26	54,29	29,29	42,61	47,93	25,50	37,09	41,72
	V	1 963,58	107,99	157,08	176,72	IV	1 420,16	75,21	109,40	123,07	72,31	105,18	118,32	69,41	100,96	113,58	66,51	96,74	108,83	63,61	92,53	104,09	60,74	88,36	99,40
	VI	1 995,75	109,76	159,66	179,61																				
5 381,99	I,IV	1 421,41	78,17	113,71	127,92	I	1 421,41	72,38	105,28	118,44	66,58	96,84	108,95	60,81	88,46	99,51	55,22	80,32	90,36	49,82	72,47	81,53	44,61	64,89	73,–
	II	1 375,66	75,66	110,05	123,80	II	1 375,66	69,86	101,62	114,32	64,06	93,18	104,82	58,36	84,89	95,50	52,85	76,88	86,49	47,53	69,14	77,78	42,40	61,68	69,39
	III	904,50	49,74	72,36	81,40	III	904,50	45,47	66,14	74,41	41,29	60,06	67,57	37,21	54,13	60,89	33,22	48,33	54,37	29,34	42,68	48,01	25,53	37,14	41,78
	V	1 964,83	108,06	157,18	176,83	IV	1 421,41	75,27	109,49	123,17	72,38	105,28	118,44	69,47	101,06	113,69	66,58	96,84	108,95	63,68	92,62	104,20	60,81	88,46	99,51
	VI	1 997,–	109,83	159,76	179,73																				
5 384,99	I,IV	1 422,66	78,24	113,81	128,03	I	1 422,66	72,44	105,38	118,55	66,65	96,94	109,06	60,88	88,55	99,62	55,28	80,42	90,47	49,88	72,56	81,63	44,67	64,98	73,10
	II	1 376,83	75,72	110,14	123,91	II	1 376,83	69,92	101,71	114,42	64,13	93,28	104,94	58,42	84,98	95,60	52,91	76,97	86,59	47,59	69,23	77,88	42,46	61,77	69,49
	III	905,50	49,80	72,44	81,49	III	905,50	45,52	66,21	74,48	41,35	60,14	67,66	37,26	54,20	60,97	33,27	48,40	54,45	29,38	42,74	48,08	25,58	37,21	41,86
	V	1 966,08	108,13	157,28	176,94	IV	1 422,66	75,34	109,59	123,29	72,44	105,38	118,55	69,54	101,16	113,80	66,65	96,94	109,06	63,74	92,72	104,31	60,88	88,55	99,62
	VI	1 998,33	109,90	159,86	179,84																				
5 387,99	I,IV	1 423,83	78,31	113,90	128,14	I	1 423,83	72,51	105,47	118,65	66,71	97,04	109,17	60,94	88,65	99,73	55,35	80,51	90,57	49,94	72,64	81,72	44,73	65,06	73,19
	II	1 378,08	75,79	110,24	124,02	II	1 378,08	69,99	101,81	114,53	64,19	93,38	105,05	58,49	85,08	95,71	52,98	77,06	86,69	47,65	69,32	77,98	42,52	61,85	69,58
	III	906,33	49,84	72,50	81,56	III	906,33	45,57	66,29	74,57	41,39	60,21	67,73	37,30	54,26	61,04	33,32	48,46	54,52	29,42	42,80	48,15	25,63	37,28	41,94
	V	1 967,33	108,20	157,38	177,05	IV	1 423,83	75,41	109,69	123,40	72,51	105,47	118,65	69,61	101,26	113,91	66,71	97,04	109,17	63,81	92,82	104,42	60,94	88,65	99,73
	VI	1 999,58	109,97	159,96	179,96																				
5 390,99	I,IV	1 425,08	78,37	114,–	128,25	I	1 425,08	72,58	105,57	118,76	66,78	97,14	109,28	61,01	88,74	99,83	55,41	80,60	90,67	50,–	72,74	81,83	44,78	65,14	73,28
	II	1 379,25	75,85	110,34	124,13	II	1 379,25	70,06	101,90	114,64	64,26	93,47	105,15	58,55	85,17	95,81	53,04	77,15	86,79	47,71	69,40	78,08	42,58	61,94	69,68
	III	907,16	49,89	72,57	81,64	III	907,16	45,62	66,36	74,65	41,44	60,28	67,81	37,35	54,33	61,12	33,36	48,53	54,59	29,47	42,86	48,22	25,67	37,34	42,01
	V	1 968,58	108,27	157,48	177,17	IV	1 425,08	75,47	109,78	123,50	72,58	105,57	118,76	69,68	101,35	114,02	66,78	97,14	109,28	63,88	92,92	104,53	61,01	88,74	99,83
	VI	2 000,83	110,04	160,06	180,07																				
5 393,99	I,IV	1 426,25	78,44	114,10	128,36	I	1 426,25	72,64	105,66	118,87	66,84	97,23	109,38	61,07	88,84	99,94	55,47	80,69	90,77	50,06	72,82	81,92	44,84	65,23	73,38
	II	1 380,50	75,92	110,44	124,24	II	1 380,50	70,12	102,–	114,75	64,33	93,57	105,26	58,62	85,26	95,92	53,10	77,24	86,90	47,77	69,49	78,17	42,64	62,02	69,77
	III	908,16	49,94	72,65	81,73	III	908,16	45,66	66,42	74,72	41,48	60,34	67,88	37,40	54,40	61,20	33,41	48,60	54,67	29,51	42,93	48,29	25,71	37,40	42,07
	V	1 969,91	108,34	157,59	177,29	IV	1 426,25	75,54	109,88	123,62	72,64	105,66	118,87	69,74	101,45	114,13	66,84	97,23	109,38	63,94	93,01	104,63	61,07	88,84	99,94
	VI	2 002,08	110,11	160,16	180,18																				
5 396,99	I,IV	1 427,50	78,51	114,20	128,47	I	1 427,50	72,71	105,76	118,98	66,91	97,33	109,49	61,14	88,93	100,04	55,54	80,78	90,88	50,12	72,91	82,02	44,90	65,32	73,48
	II	1 381,75	75,99	110,54	124,35	II	1 381,75	70,19	102,10	114,86	64,40	93,67	105,38	58,68	85,36	96,03	53,16	77,33	86,99	47,84	69,58	78,28	42,69	62,10	69,86
	III	909,–	49,99	72,72	81,81	III	909,–	45,72	66,50	74,81	41,53	60,41	67,96	37,44	54,46	61,27	33,45	48,66	54,74	29,56	43,–	48,37	25,75	37,46	42,14
	V	1 971,16	108,41	157,69	177,40	IV	1 427,50	75,61	109,98	123,73	72,71	105,76	118,98	69,81	101,54	114,23	66,91	97,33	109,49	64,01	93,11	104,75	61,14	88,93	100,04
	VI	2 003,33	110,18	160,26	180,29																				
5 399,99	I,IV	1 428,66	78,57	114,29	128,57	I	1 428,66	72,77	105,86	119,09	66,98	97,42	109,60	61,20	89,02	100,15	55,60	80,88	90,99	50,19	73,–	82,13	44,96	65,40	73,58
	II	1 382,91	76,06	110,63	124,46	II	1 382,91	70,26	102,20	114,97	64,46	93,76	105,48	58,74	85,45	96,13	53,23	77,42	87,10	47,90	69,67	78,38	42,75	62,19	69,96
	III	910,–	50,05	72,80	81,90	III	910,–	45,76	66,57	74,89	41,58	60,48	68,04	37,49	54,53	61,34	33,50	48,73	54,82	29,60	43,06	48,44	25,80	37,53	42,22
	V	1 972,41	108,48	157,79	177,51	IV	1 428,66	75,68	110,08	123,84	72,77	105,86	119,09	69,88	101,64	114,35	66,98	97,42	109,60	64,07	93,20	104,85	61,20	89,02	100,15
	VI	2 004,58	110,25	160,36	180,41																				

Abzüge an Lohnsteuer, Solidaritätszuschlag (SolZ) und Kirchensteuer (8%, 9%) in den Steuerklassen

* Die ausgewiesenen Tabellenwerte sind amtlich. Siehe Erläuterungen auf der Umschlaginnenseite (U2).

Abzüge an Lohnsteuer, Solidaritätszuschlag (SolZ) und Kirchensteuer (8%, 9%) in den Steuerklassen

Lohn/ Gehalt bis €*		I – VI LSt	ohne Kinderfreibeträge SolZ	8%	9%	I, II, III, IV	LSt	mit Zahl der Kinderfreibeträge . . . 0,5 SolZ	8%	9%	1 SolZ	8%	9%	1,5 SolZ	8%	9%	2 SolZ	8%	9%	2,5 SolZ	8%	9%	3 SolZ	8%	9%
5 402,99	I,IV	1 429,91	78,64	114,39	128,69	I	1 429,91	72,84	105,96	119,20	67,04	97,52	109,71	61,27	89,12	100,26	55,66	80,97	91,09	50,25	73,09	82,22	45,02	65,49	73,67
	II	1 384,16	76,12	110,73	124,57	II	1 384,16	70,33	102,30	115,08	64,53	93,86	105,59	58,81	85,55	96,24	53,29	77,52	87,21	47,96	69,76	78,48	42,81	62,28	70,06
	III	910,83	50,09	72,86	81,97	III	910,83	45,81	66,64	74,97	41,63	60,56	68,13	37,54	54,61	61,43	33,55	48,80	54,90	29,65	43,13	48,52	25,85	37,60	42,30
	V	1 973,66	108,55	157,89	177,62	IV	1 429,91	75,74	110,18	123,95	72,84	105,96	119,20	69,95	101,74	114,46	67,04	97,52	109,71	64,15	93,31	104,97	61,27	89,12	100,26
	VI	2 005,83	110,32	160,46	180,52																				
5 405,99	I,IV	1 431,25	78,71	114,50	128,81	I	1 431,25	72,92	106,06	119,32	67,11	97,62	109,82	61,34	89,22	100,37	55,73	81,07	91,20	50,31	73,18	82,33	45,09	65,58	73,78
	II	1 385,41	76,19	110,83	124,68	II	1 385,41	70,40	102,40	115,20	64,60	93,96	105,71	58,88	85,65	96,35	53,35	77,61	87,31	48,02	69,85	78,58	42,87	62,36	70,16
	III	911,83	50,15	72,94	82,06	III	911,83	45,87	66,72	75,06	41,68	60,62	68,20	37,59	54,68	61,51	33,59	48,86	54,97	29,70	43,20	48,60	25,88	37,65	42,35
	V	1 974,91	108,62	157,99	177,74	IV	1 431,25	75,81	110,28	124,06	72,92	106,06	119,32	70,01	101,84	114,57	67,11	97,62	109,82	64,22	93,41	105,08	61,34	89,22	100,37
	VI	2 007,08	110,38	160,56	180,63																				
5 408,99	I,IV	1 432,50	78,78	114,60	128,92	I	1 432,50	72,98	106,16	119,43	67,19	97,73	109,94	61,41	89,32	100,49	55,80	81,16	91,31	50,38	73,28	82,44	45,15	65,67	73,88
	II	1 386,66	76,26	110,93	124,79	II	1 386,66	70,46	102,50	115,31	64,67	94,06	105,82	58,95	85,74	96,46	53,42	77,70	87,41	48,08	69,94	78,68	42,93	62,45	70,25
	III	912,66	50,19	73,01	82,13	III	912,66	45,91	66,78	75,13	41,73	60,70	68,29	37,63	54,74	61,58	33,64	48,93	55,04	29,74	43,26	48,67	25,93	37,72	42,43
	V	1 976,16	108,68	158,09	177,85	IV	1 432,50	75,88	110,38	124,17	72,98	106,16	119,43	70,08	101,94	114,68	67,19	97,73	109,94	64,29	93,51	105,20	61,41	89,32	100,49
	VI	2 008,41	110,46	160,67	180,75																				
5 411,99	I,IV	1 433,75	78,85	114,70	129,03	I	1 433,75	73,05	106,26	119,54	67,26	97,83	110,06	61,48	89,42	100,60	55,86	81,26	91,41	50,44	73,37	82,54	45,21	65,76	73,98
	II	1 387,91	76,33	111,03	124,91	II	1 387,91	70,53	102,60	115,42	64,73	94,16	105,93	59,01	85,84	96,57	53,48	77,80	87,52	48,14	70,03	78,78	43,—	62,54	70,36
	III	913,66	50,25	73,09	82,22	III	913,66	45,97	66,86	75,22	41,78	60,77	68,36	37,69	54,82	61,67	33,68	49,—	55,12	29,79	43,33	48,74	25,97	37,78	42,50
	V	1 977,41	108,75	158,19	177,96	IV	1 433,75	75,95	110,48	124,29	73,05	106,26	119,54	70,15	102,04	114,80	67,26	97,83	110,06	64,35	93,61	105,31	61,48	89,42	100,60
	VI	2 009,66	110,53	160,77	180,86																				
5 414,99	I,IV	1 435,—	78,92	114,80	129,15	I	1 435,—	73,12	106,36	119,66	67,32	97,93	110,17	61,54	89,52	100,71	55,93	81,36	91,53	50,50	73,46	82,64	45,27	65,85	74,08
	II	1 389,25	76,40	111,14	125,03	II	1 389,25	70,61	102,70	115,54	64,80	94,26	106,04	59,08	85,94	96,68	53,55	77,90	87,63	48,21	70,12	78,89	43,06	62,63	70,46
	III	914,66	50,30	73,17	82,31	III	914,66	46,01	66,93	75,29	41,82	60,84	68,44	37,73	54,89	61,75	33,74	49,08	55,21	29,83	43,40	48,82	26,02	37,85	42,58
	V	1 978,66	108,82	158,29	178,07	IV	1 435,—	76,02	110,58	124,40	73,12	106,36	119,66	70,22	102,14	114,91	67,32	97,93	110,17	64,42	93,71	105,42	61,54	89,52	100,71
	VI	2 010,91	110,60	160,87	180,98																				
5 417,99	I,IV	1 436,25	78,99	114,90	129,26	I	1 436,25	73,19	106,46	119,77	67,39	98,03	110,28	61,61	89,62	100,82	55,99	81,45	91,63	50,57	73,56	82,75	45,33	65,94	74,18
	II	1 390,50	76,47	111,24	125,14	II	1 390,50	70,67	102,80	115,65	64,88	94,37	106,16	59,15	86,04	96,79	53,62	77,99	87,74	48,27	70,22	78,99	43,12	62,72	70,56
	III	915,50	50,35	73,24	82,39	III	915,50	46,07	67,01	75,38	41,88	60,92	68,53	37,78	54,96	61,83	33,78	49,14	55,28	29,88	43,46	48,89	26,07	37,92	42,66
	V	1 979,91	108,89	158,39	178,19	IV	1 436,25	76,09	110,68	124,52	73,19	106,46	119,77	70,29	102,24	115,02	67,39	98,03	110,28	64,49	93,81	105,53	61,61	89,62	100,82
	VI	2 012,16	110,66	160,97	181,09																				
5 420,99	I,IV	1 437,50	79,06	115,—	129,37	I	1 437,50	73,26	106,56	119,88	67,46	98,13	110,39	61,68	89,72	100,94	56,06	81,54	91,73	50,63	73,65	82,85	45,39	66,03	74,28
	II	1 391,75	76,54	111,34	125,25	II	1 391,75	70,74	102,90	115,76	64,95	94,47	106,28	59,22	86,14	96,90	53,68	78,08	87,84	48,33	70,30	79,09	43,17	62,80	70,65
	III	916,50	50,40	73,32	82,48	III	916,50	46,11	67,08	75,46	41,92	60,98	68,60	37,83	55,02	61,90	33,83	49,21	55,36	29,92	43,53	48,97	26,11	37,98	42,73
	V	1 981,25	108,96	158,50	178,31	IV	1 437,50	76,16	110,78	124,63	73,26	106,56	119,88	70,36	102,35	115,14	67,46	98,13	110,39	64,57	93,92	105,66	61,68	89,72	100,94
	VI	2 013,41	110,73	161,07	181,20																				
5 423,99	I,IV	1 438,75	79,13	115,10	129,48	I	1 438,75	73,33	106,66	119,99	67,53	98,23	110,51	61,75	89,82	101,05	56,13	81,64	91,85	50,70	73,74	82,96	45,45	66,12	74,38
	II	1 393,—	76,61	111,44	125,37	II	1 393,—	70,81	103,—	115,88	65,01	94,57	106,39	59,29	86,24	97,02	53,74	78,18	87,95	48,40	70,40	79,20	43,23	62,89	70,75
	III	917,50	50,46	73,40	82,57	III	917,50	46,17	67,16	75,55	41,98	61,06	68,69	37,88	55,10	61,99	33,88	49,28	55,44	29,97	43,60	49,05	26,16	38,05	42,80
	V	1 982,50	109,03	158,60	178,42	IV	1 438,75	76,23	110,88	124,74	73,33	106,66	119,99	70,43	102,45	115,25	67,53	98,23	110,51	64,63	94,02	105,77	61,75	89,82	101,05
	VI	2 014,66	110,80	161,17	181,31																				
5 426,99	I,IV	1 440,—	79,20	115,20	129,60	I	1 440,—	73,40	106,76	120,11	67,60	98,33	110,62	61,82	89,92	101,16	56,19	81,74	91,95	50,76	73,84	83,07	45,51	66,20	74,48
	II	1 394,25	76,68	111,54	125,48	II	1 394,25	70,88	103,10	115,99	65,08	94,67	106,50	59,35	86,33	97,12	53,81	78,27	88,05	48,46	70,49	79,30	43,29	62,98	70,85
	III	918,33	50,50	73,46	82,64	III	918,33	46,21	67,22	75,62	42,02	61,13	68,77	37,93	55,17	62,06	33,92	49,34	55,51	30,02	43,66	49,12	26,20	38,12	42,88
	V	1 983,75	109,10	158,70	178,53	IV	1 440,—	76,30	110,98	124,85	73,40	106,76	120,11	70,50	102,55	115,37	67,60	98,33	110,62	64,70	94,12	105,88	61,82	89,92	101,16
	VI	2 015,91	110,87	161,27	181,43																				
5 429,99	I,IV	1 441,33	79,27	115,30	129,71	I	1 441,33	73,47	106,86	120,22	67,67	98,43	110,73	61,88	90,02	101,27	56,26	81,84	92,07	50,82	73,93	83,17	45,58	66,30	74,58
	II	1 395,50	76,75	111,64	125,59	II	1 395,50	70,95	103,20	116,10	65,15	94,77	106,61	59,42	86,43	97,23	53,88	78,37	88,16	48,52	70,58	79,40	43,36	63,07	70,95
	III	919,33	50,56	73,54	82,73	III	919,33	46,27	67,30	75,71	42,07	61,20	68,85	37,97	55,24	62,14	33,97	49,41	55,58	30,06	43,73	49,19	26,25	38,18	42,95
	V	1 985,—	109,17	158,80	178,65	IV	1 441,33	76,37	111,08	124,97	73,47	106,86	120,22	70,57	102,65	115,48	67,67	98,43	110,73	64,77	94,22	105,99	61,88	90,02	101,27
	VI	2 017,16	110,94	161,37	181,54																				
5 432,99	I,IV	1 442,58	79,34	115,40	129,83	I	1 442,58	73,54	106,97	120,34	67,74	98,54	110,85	61,95	90,12	101,38	56,32	81,93	92,17	50,88	74,02	83,27	45,64	66,38	74,68
	II	1 396,75	76,82	111,74	125,70	II	1 396,75	71,02	103,30	116,21	65,22	94,87	106,73	59,49	86,53	97,34	53,94	78,46	88,27	48,58	70,67	79,50	43,42	63,16	71,05
	III	920,33	50,61	73,62	82,82	III	920,33	46,32	67,38	75,80	42,13	61,28	68,94	38,02	55,30	62,21	34,01	49,48	55,66	30,11	43,80	49,27	26,29	38,25	43,03
	V	1 986,25	109,24	158,90	178,76	IV	1 442,58	76,44	111,18	125,08	73,54	106,97	120,34	70,64	102,75	115,59	67,74	98,54	110,85	64,84	94,32	106,11	61,95	90,12	101,38
	VI	2 018,41	111,01	161,47	181,65																				
5 435,99	I,IV	1 443,83	79,41	115,50	129,94	I	1 443,83	73,61	107,07	120,45	67,81	98,64	110,97	62,02	90,22	101,49	56,39	82,03	92,28	50,95	74,11	83,37	45,70	66,48	74,79
	II	1 398,—	76,89	111,84	125,82	II	1 398,—	71,09	103,40	116,33	65,29	94,97	106,84	59,56	86,63	97,46	54,01	78,56	88,38	48,65	70,76	79,61	43,48	63,24	71,15
	III	921,16	50,66	73,69	82,90	III	921,16	46,37	67,45	75,88	42,17	61,34	69,01	38,07	55,38	62,30	34,07	49,56	55,75	30,15	43,86	49,34	26,34	38,32	43,11
	V	1 987,50	109,31	159,—	178,87	IV	1 443,83	76,50	111,28	125,19	73,61	107,07	120,45	70,71	102,85	115,70	67,81	98,64	110,97	64,91	94,42	106,22	62,02	90,22	101,49
	VI	2 019,75	111,08	161,58	181,77																				
5 438,99	I,IV	1 445,08	79,47	115,60	130,05	I	1 445,08	73,68	107,17	120,56	67,88	98,74	111,08	62,09	90,32	101,61	56,46	82,12	92,39	51,01	74,20	83,48	45,76	66,56	74,88
	II	1 399,33	76,96	111,94	125,93	II	1 399,33	71,16	103,50	116,44	65,36	95,07	106,95	59,62	86,72	97,56	54,07	78,65	88,48	48,71	70,86	79,71	43,54	63,33	71,24
	III	922,16	50,71	73,77	82,99	III	922,16	46,42	67,53	75,97	42,23	61,42	69,10	38,12	55,45	62,38	34,11	49,62	55,82	30,20	43,93	49,42	26,38	38,37	43,16
	V	1 988,75	109,38	159,10	178,98	IV	1 445,08	76,57	111,38	125,30	73,68	107,17	120,56	70,78	102,95	115,82	67,88	98,74	111,08	64,98	94,52	106,33	62,09	90,32	101,61
	VI	2 021,—	111,15	161,68	181,89																				
5 441,99	I,IV	1 446,33	79,54	115,70	130,16	I	1 446,33	73,75	107,27	120,68	67,95	98,84	111,19	62,16	90,42	101,72	56,52	82,22	92,49	51,08	74,30	83,58	45,82	66,66	74,99
	II	1 400,58	77,03	112,04	126,05	II	1 400,58	71,23	103,61	116,56	65,43	95,18	107,07	59,69	86,82	97,67	54,13	78,74	88,58	48,77	70,94	79,81	43,60	63,42	71,35
	III	923,16	50,77	73,85	83,08	III	923,16	46,47	67,60	76,05	42,27	61,49	69,17	38,17	55,52	62,46	34,16	49,69	55,90	30,25	44,—	49,50	26,42	38,44	43,24
	V	1 990,—	109,45	159,20	179,10	IV	1 446,33	76,64	111,48	125,42	73,75	107,27	120,68	70,84	103,05	115,93	67,95	98,84	111,19	65,05	94,62	106,44	62,16	90,42	101,72
	VI	2 022,25	111,22	161,78	182,—																				
5 444,99	I,IV	1 447,58	79,61	115,80	130,28	I	1 447,58	73,81	107,37	120,79	68,02	98,94	111,30	62,23	90,52	101,83	56,59	82,32	92,61	51,14	74,39	83,69	45,88	66,74	75,08
	II	1 401,83	77,10	112,14	126,16	II	1 401,83	71,30	103,71	116,67	65,50	95,28	107,19	59,76	86,92	97,79	54,20	78,84	88,70	48,84	71,04	79,92	43,66	63,51	71,45
	III	924,—	50,82	73,92	83,16	III	924,—	46,53	67,68	76,14	42,32	61,56	69,25	38,22	55,60	62,55	34,21	49,76	55,98	30,29	44,06	49,57	26,47	38,50	43,31
	V	1 991,33	109,52	159,30	179,21	IV	1 447,58	76,72	111,59	125,54	73,81	107,37	120,79	70,92	103,16	116,05	68,02	98,94	111,30	65,12	94,72	106,56	62,23	90,52	101,83
	VI	2 023,50	111,29	161,88	182,11																				

* Die ausgewiesenen Tabellenwerte sind amtlich. Siehe Erläuterungen auf der Umschlaginnenseite (U2).

MONAT 5 445,–*

Abzüge an Lohnsteuer, Solidaritätszuschlag (SolZ) und Kirchensteuer (8%, 9%) in den Steuerklassen

Lohn/ Gehalt bis €*	I – VI		ohne Kinderfreibeträge			I, II, III, IV		mit Zahl der Kinderfreibeträge . . . 0,5			1			1,5			2			2,5			3		
		LSt	SolZ	8%	9%		LSt	SolZ	8%	9%	SolZ	8%	9%	SolZ	8%	9%	SolZ	8%	9%	SolZ	8%	9%	SolZ	8%	9%
5 447,99	I,IV	1 448,83	79,68	115,90	130,39	I	1 448,83	73,88	107,47	120,90	68,09	99,04	111,42	62,30	90,62	101,94	56,65	82,41	92,71	51,20	74,48	83,79	45,95	66,84	75,19
	II	1 403,08	77,16	112,24	126,27	II	1 403,08	71,37	103,81	116,78	65,57	95,38	107,30	59,83	87,02	97,90	54,27	78,94	88,80	48,90	71,13	80,02	43,72	63,60	71,55
	III	925,—	50,87	74,—	83,25	III	925,—	46,57	67,74	76,21	42,37	61,64	69,34	38,27	55,66	62,62	34,25	49,82	56,05	30,34	44,13	49,64	26,51	38,57	43,39
	V	1 992,58	109,59	159,40	179,33	IV	1 448,83	76,78	111,69	125,65	73,88	107,47	120,90	70,99	103,26	116,16	68,09	99,04	111,42	65,19	94,82	106,67	62,30	90,62	101,94
	VI	2 024,75	111,36	161,98	182,22																				
5 450,99	I,IV	1 450,08	79,75	116,—	130,50	I	1 450,08	73,95	107,57	121,01	68,15	99,14	111,53	62,37	90,72	102,06	56,72	82,51	92,82	51,27	74,58	83,90	46,01	66,92	75,29
	II	1 404,33	77,23	112,34	126,38	II	1 404,33	71,44	103,91	116,90	65,64	95,48	107,41	59,89	87,12	98,01	54,33	79,03	88,91	48,96	71,22	80,12	43,78	63,68	71,64
	III	926,—	50,93	74,08	83,34	III	926,—	46,63	67,82	76,30	42,42	61,70	69,41	38,31	55,73	62,69	34,30	49,89	56,12	30,38	44,20	49,72	26,56	38,64	43,47
	V	1 993,83	109,66	159,50	179,44	IV	1 450,08	76,85	111,79	125,76	73,95	107,57	121,01	71,06	103,36	116,28	68,15	99,14	111,53	65,26	94,92	106,79	62,37	90,72	102,06
	VI	2 026,—	111,43	162,08	182,34																				
5 453,99	I,IV	1 451,33	79,82	116,10	130,61	I	1 451,33	74,02	107,67	121,13	68,22	99,24	111,64	62,43	90,82	102,17	56,79	82,60	92,93	51,33	74,67	84,—	46,07	67,02	75,39
	II	1 405,58	77,30	112,44	126,50	II	1 405,58	71,50	104,01	117,01	65,71	95,58	107,52	59,96	87,22	98,12	54,39	79,12	89,01	49,02	71,31	80,22	43,84	63,78	71,75
	III	926,83	50,97	74,14	83,41	III	926,83	46,67	67,89	76,37	42,47	61,78	69,50	38,36	55,80	62,77	34,35	49,97	56,21	30,43	44,26	49,79	26,61	38,70	43,54
	V	1 995,08	109,72	159,60	179,55	IV	1 451,33	76,92	111,89	125,87	74,02	107,67	121,13	71,12	103,46	116,39	68,22	99,24	111,64	65,33	95,02	106,90	62,43	90,82	102,17
	VI	2 027,25	111,49	162,18	182,45																				
5 456,99	I,IV	1 452,66	79,89	116,21	130,73	I	1 452,66	74,09	107,78	121,25	68,30	99,34	111,76	62,50	90,92	102,28	56,86	82,70	93,04	51,40	74,76	84,11	46,13	67,10	75,49
	II	1 406,83	77,37	112,54	126,61	II	1 406,83	71,57	104,11	117,12	65,78	95,68	107,64	60,03	87,32	98,23	54,46	79,22	89,12	49,09	71,40	80,33	43,90	63,86	71,84
	III	927,83	51,03	74,22	83,50	III	927,83	46,73	67,97	76,46	42,52	61,85	69,58	38,41	55,88	62,86	34,40	50,04	56,29	30,47	44,33	49,87	26,65	38,77	43,61
	V	1 996,33	109,79	159,70	179,66	IV	1 452,66	76,99	111,99	125,99	74,09	107,78	121,25	71,19	103,56	116,50	68,30	99,34	111,76	65,39	95,12	107,01	62,50	90,92	102,28
	VI	2 028,50	111,56	162,28	182,56																				
5 459,99	I,IV	1 453,91	79,96	116,31	130,85	I	1 453,91	74,16	107,88	121,36	68,36	99,44	111,87	62,57	91,02	102,39	56,92	82,80	93,15	51,46	74,86	84,21	46,20	67,20	75,60
	II	1 408,08	77,44	112,64	126,72	II	1 408,08	71,64	104,21	117,23	65,84	95,78	107,75	60,10	87,42	98,34	54,53	79,32	89,23	49,15	71,50	80,43	43,96	63,95	71,94
	III	928,83	51,08	74,30	83,59	III	928,83	46,77	68,04	76,54	42,57	61,93	69,67	38,46	55,94	62,93	34,44	50,10	56,36	30,52	44,40	49,95	26,70	38,84	43,69
	V	1 997,58	109,86	159,80	179,78	IV	1 453,91	77,06	112,09	126,10	74,16	107,88	121,36	71,26	103,66	116,61	68,36	99,44	111,87	65,46	95,22	107,12	62,57	91,02	102,39
	VI	2 029,83	111,64	162,38	182,68																				
5 462,99	I,IV	1 455,16	80,03	116,41	130,96	I	1 455,16	74,23	107,98	121,47	68,43	99,54	111,98	62,64	91,12	102,51	56,99	82,90	93,26	51,53	74,95	84,32	46,25	67,28	75,69
	II	1 409,33	77,51	112,74	126,83	II	1 409,33	71,71	104,31	117,35	65,91	95,88	107,86	60,16	87,51	98,45	54,59	79,41	89,33	49,22	71,59	80,54	44,02	64,04	72,04
	III	929,66	51,13	74,37	83,66	III	929,66	46,83	68,12	76,63	42,62	62,—	69,75	38,50	56,01	63,01	34,49	50,17	56,44	30,57	44,46	50,02	26,74	38,90	43,76
	V	1 998,83	109,93	159,90	179,89	IV	1 455,16	77,13	112,19	126,21	74,23	107,98	121,47	71,33	103,76	116,73	68,43	99,54	111,98	65,53	95,32	107,24	62,64	91,12	102,51
	VI	2 031,08	111,70	162,48	182,79																				
5 465,99	I,IV	1 456,41	80,10	116,51	131,07	I	1 456,41	74,30	108,08	121,59	68,50	99,64	112,10	62,71	91,22	102,62	57,05	82,99	93,36	51,59	75,04	84,42	46,31	67,37	75,79
	II	1 410,66	77,58	112,85	126,95	II	1 410,66	71,78	104,42	117,47	65,99	95,98	107,98	60,23	87,61	98,56	54,66	79,50	89,44	49,28	71,68	80,64	44,09	64,13	72,14
	III	930,66	51,18	74,45	83,75	III	930,66	46,88	68,20	76,72	42,67	62,06	69,82	38,56	56,09	63,10	34,54	50,24	56,52	30,61	44,53	50,09	26,79	38,97	43,84
	V	2 000,08	110,—	160,—	180,—	IV	1 456,41	77,20	112,29	126,32	74,30	108,08	121,59	71,40	103,86	116,84	68,50	99,64	112,10	65,60	95,42	107,35	62,71	91,22	102,62
	VI	2 032,33	111,77	162,58	182,90																				
5 468,99	I,IV	1 457,66	80,17	116,61	131,18	I	1 457,66	74,37	108,18	121,70	68,57	99,74	112,21	62,78	91,32	102,73	57,12	83,09	93,47	51,65	75,14	84,53	46,38	67,46	75,89
	II	1 411,91	77,65	112,95	127,07	II	1 411,91	71,85	104,52	117,58	66,05	96,08	108,09	60,30	87,71	98,67	54,72	79,60	89,55	49,34	71,77	80,74	44,15	64,22	72,24
	III	931,66	51,24	74,53	83,84	III	931,66	46,93	68,26	76,79	42,72	62,14	69,91	38,61	56,16	63,18	34,59	50,32	56,61	30,66	44,60	50,17	26,84	39,04	43,92
	V	2 001,41	110,07	160,11	180,12	IV	1 457,66	77,27	112,40	126,45	74,37	108,18	121,70	71,47	103,96	116,96	68,57	99,74	112,21	65,67	95,52	107,46	62,78	91,32	102,73
	VI	2 033,58	111,84	162,68	183,02																				
5 471,99	I,IV	1 458,91	80,24	116,71	131,30	I	1 458,91	74,44	108,28	121,81	68,64	99,84	112,32	62,85	91,42	102,84	57,19	83,18	93,58	51,72	75,23	84,63	46,44	67,56	76,—
	II	1 413,16	77,72	113,05	127,18	II	1 413,16	71,92	104,62	117,69	66,12	96,18	108,20	60,37	87,81	98,78	54,79	79,70	89,66	49,40	71,86	80,84	44,21	64,30	72,34
	III	932,50	51,28	74,60	83,92	III	932,50	46,98	68,34	76,88	42,77	62,21	69,98	38,65	56,22	63,25	34,64	50,38	56,68	30,70	44,66	50,24	26,88	39,10	43,99
	V	2 002,66	110,14	160,21	180,23	IV	1 458,91	77,34	112,50	126,56	74,44	108,28	121,81	71,54	104,06	117,07	68,64	99,84	112,32	65,74	95,63	107,58	62,85	91,42	102,84
	VI	2 034,83	111,91	162,78	183,13																				
5 474,99	I,IV	1 460,16	80,30	116,81	131,41	I	1 460,16	74,51	108,38	121,92	68,71	99,94	112,43	62,92	91,52	102,96	57,25	83,28	93,69	51,78	75,32	84,74	46,50	67,64	76,10
	II	1 414,41	77,79	113,15	127,29	II	1 414,41	71,99	104,72	117,81	66,19	96,28	108,32	60,43	87,90	98,89	54,85	79,79	89,76	49,47	71,96	80,95	44,27	64,40	72,45
	III	933,50	51,34	74,68	84,01	III	933,50	47,03	68,41	76,96	42,82	62,29	70,07	38,71	56,30	63,34	34,68	50,45	56,75	30,76	44,74	50,33	26,93	39,17	44,06
	V	2 003,91	110,21	160,31	180,35	IV	1 460,16	77,41	112,60	126,67	74,51	108,38	121,92	71,61	104,16	117,18	68,71	99,94	112,43	65,81	95,73	107,69	62,92	91,52	102,96
	VI	2 036,08	111,98	162,88	183,24																				
5 477,99	I,IV	1 461,41	80,37	116,91	131,52	I	1 461,41	74,58	108,48	122,04	68,78	100,04	112,55	62,98	91,62	103,07	57,32	83,38	93,80	51,85	75,42	84,84	46,57	67,74	76,20
	II	1 415,66	77,86	113,25	127,40	II	1 415,66	72,06	104,82	117,92	66,26	96,38	108,43	60,50	88,—	99,—	54,92	79,89	89,87	49,53	72,05	81,05	44,33	64,48	72,54
	III	934,50	51,39	74,76	84,10	III	934,50	47,08	68,49	77,05	42,87	62,36	70,15	38,75	56,37	63,41	34,73	50,52	56,83	30,80	44,81	50,41	26,97	39,24	44,14
	V	2 005,16	110,28	160,41	180,46	IV	1 461,41	77,48	112,70	126,78	74,58	108,48	122,04	71,68	104,26	117,29	68,78	100,04	112,55	65,88	95,83	107,81	62,98	91,62	103,07
	VI	2 037,33	112,05	162,98	183,35																				
5 480,99	I,IV	1 462,75	80,45	117,02	131,64	I	1 462,75	74,65	108,58	122,15	68,85	100,14	112,66	63,05	91,72	103,18	57,39	83,48	93,91	51,91	75,51	84,95	46,63	67,82	76,30
	II	1 416,91	77,93	113,35	127,52	II	1 416,91	72,13	104,92	118,03	66,33	96,48	108,54	60,57	88,10	99,11	54,99	79,98	89,98	49,59	72,14	81,15	44,39	64,57	72,64
	III	935,33	51,44	74,82	84,17	III	935,33	47,13	68,56	77,13	42,92	62,44	70,24	38,80	56,44	63,49	34,77	50,58	56,90	30,85	44,88	50,49	27,01	39,29	44,20
	V	2 006,41	110,35	160,51	180,57	IV	1 462,75	77,55	112,80	126,90	74,65	108,58	122,15	71,75	104,36	117,41	68,85	100,14	112,66	65,95	95,93	107,92	63,05	91,72	103,18
	VI	2 038,58	112,12	163,08	183,47																				
5 483,99	I,IV	1 464,—	80,52	117,12	131,76	I	1 464,—	74,72	108,68	122,27	68,92	100,25	112,78	63,12	91,82	103,29	57,45	83,57	94,01	51,97	75,60	85,05	46,69	67,92	76,41
	II	1 418,16	77,99	113,45	127,63	II	1 418,16	72,20	105,02	118,14	66,40	96,58	108,65	60,64	88,20	99,23	55,05	80,08	90,09	49,66	72,23	81,26	44,45	64,66	72,74
	III	936,33	51,49	74,90	84,26	III	936,33	47,19	68,64	77,22	42,97	62,50	70,31	38,85	56,52	63,58	34,82	50,65	56,98	30,90	44,94	50,56	27,06	39,36	44,28
	V	2 007,66	110,42	160,61	180,68	IV	1 464,—	77,61	112,90	127,01	74,72	108,68	122,27	71,82	104,46	117,52	68,92	100,25	112,78	66,02	96,03	108,03	63,12	91,82	103,29
	VI	2 039,91	112,19	163,19	183,59																				
5 486,99	I,IV	1 465,25	80,58	117,22	131,87	I	1 465,25	74,79	108,78	122,38	68,99	100,35	112,89	63,19	91,92	103,41	57,52	83,67	94,13	52,04	75,70	85,16	46,75	68,—	76,50
	II	1 419,41	78,06	113,55	127,74	II	1 419,41	72,27	105,12	118,26	66,47	96,68	108,77	60,71	88,30	99,34	55,12	80,18	90,20	49,72	72,32	81,36	44,51	64,75	72,84
	III	937,33	51,55	74,98	84,35	III	937,33	47,23	68,70	77,29	43,01	62,57	70,39	38,90	56,58	63,65	34,87	50,73	57,07	30,94	45,01	50,63	27,10	39,42	44,35
	V	2 008,91	110,49	160,71	180,80	IV	1 465,25	77,68	113,—	127,12	74,79	108,78	122,38	71,88	104,56	117,63	68,99	100,35	112,89	66,09	96,13	108,14	63,19	91,92	103,41
	VI	2 041,16	112,26	163,29	183,70																				
5 489,99	I,IV	1 466,50	80,65	117,32	131,98	I	1 466,50	74,85	108,88	122,49	69,06	100,45	113,—	63,26	92,02	103,52	57,58	83,76	94,23	52,10	75,79	85,26	46,81	68,10	76,61
	II	1 420,75	78,14	113,66	127,86	II	1 420,75	72,34	105,22	118,37	66,54	96,78	108,88	60,77	88,40	99,45	55,18	80,27	90,30	49,78	72,42	81,47	44,57	64,84	72,94
	III	938,16	51,59	75,05	84,43	III	938,16	47,29	68,78	77,38	43,07	62,65	70,48	38,94	56,65	63,73	34,92	50,80	57,15	30,99	45,08	50,71	27,15	39,49	44,42
	V	2 010,16	110,55	160,81	180,91	IV	1 466,50	77,75	113,10	127,23	74,85	108,88	122,49	71,95	104,66	117,74	69,06	100,45	113,—	66,16	96,23	108,26	63,26	92,02	103,52
	VI	2 042,41	112,33	163,39	183,81																				

* Die ausgewiesenen Tabellenwerte sind amtlich. Siehe Erläuterungen auf der Umschlaginnenseite (U2).

Lohn/ Gehalt bis €*	Abzüge an Lohnsteuer, Solidaritätszuschlag (SolZ) und Kirchensteuer (8%, 9%) in den Steuerklassen I – VI					I, II, III, IV		mit Zahl der Kinderfreibeträge . . . 0,5			1			1,5			2			2,5			3		
		LSt	ohne Kinderfreibeträge SolZ	8%	9%		LSt	SolZ	8%	9%	SolZ	8%	9%	SolZ	8%	9%	SolZ	8%	9%	SolZ	8%	9%	SolZ	8%	9%
5 492,99	I,IV	1 467,75	80,72	117,42	132,09	I	1 467,75	74,92	108,98	122,60	69,13	100,55	113,12	63,33	92,12	103,63	57,65	83,86	94,34	52,17	75,88	85,37	46,87	68,18	76,70
	II	1 422,—	78,21	113,76	127,98	II	1 422,—	72,41	105,32	118,49	66,61	96,89	109,—	60,84	88,50	99,56	55,25	80,36	90,41	49,85	72,51	81,57	44,64	64,93	73,04
	III	939,16	51,65	75,13	84,52	III	939,16	47,34	68,86	77,47	43,12	62,72	70,56	38,99	56,72	63,81	34,97	50,86	57,22	31,03	45,14	50,78	27,19	39,56	44,50
	V	2 011,41	110,62	160,91	181,02	IV	1 467,75	77,82	113,20	127,35	74,92	108,98	122,60	72,02	104,76	117,86	69,13	100,55	113,12	66,22	96,33	108,37	63,33	92,12	103,63
	VI	2 043,66	112,40	163,49	183,92																				
5 495,99	I,IV	1 469,—	80,79	117,52	132,21	I	1 469,—	74,99	109,08	122,72	69,19	100,65	113,23	63,40	92,22	103,74	57,72	83,96	94,46	52,23	75,98	85,47	46,94	68,28	76,81
	II	1 423,25	78,27	113,86	128,09	II	1 423,25	72,48	105,42	118,60	66,68	96,99	109,11	60,91	88,60	99,67	55,32	80,46	90,52	49,91	72,60	81,67	44,70	65,02	73,14
	III	940,16	51,70	75,21	84,61	III	940,16	47,39	68,93	77,54	43,17	62,80	70,65	39,05	56,80	63,90	35,01	50,93	57,29	31,08	45,21	50,86	27,24	39,62	44,57
	V	2 012,75	110,70	161,02	181,14	IV	1 469,—	77,89	113,30	127,46	74,99	109,08	122,72	72,10	104,87	117,98	69,19	100,65	113,23	66,30	96,44	108,49	63,40	92,22	103,74
	VI	2 044,91	112,47	163,59	184,04																				
5 498,99	I,IV	1 470,25	80,86	117,62	132,32	I	1 470,25	75,06	109,18	122,83	69,26	100,75	113,34	63,47	92,32	103,86	57,79	84,06	94,56	52,30	76,07	85,58	47,—	68,36	76,91
	II	1 424,50	78,34	113,96	128,20	II	1 424,50	72,54	105,52	118,71	66,75	97,09	109,22	60,98	88,70	99,78	55,38	80,56	90,63	49,97	72,69	81,77	44,76	65,10	73,24
	III	941,—	51,75	75,28	84,69	III	941,—	47,44	69,01	77,63	43,22	62,86	70,72	39,09	56,86	63,97	35,06	51,—	57,37	31,13	45,28	50,94	27,28	39,69	44,65
	V	2 014,—	110,77	161,12	181,26	IV	1 470,25	77,96	113,40	127,58	75,06	109,18	122,83	72,16	104,97	118,09	69,26	100,75	113,34	66,37	96,54	108,60	63,47	92,32	103,86
	VI	2 046,16	112,53	163,69	184,15																				
5 501,99	I,IV	1 471,50	80,93	117,72	132,43	I	1 471,50	75,13	109,28	122,94	69,33	100,85	113,45	63,53	92,42	103,97	57,86	84,16	94,68	52,36	76,17	85,69	47,06	68,46	77,01
	II	1 425,75	78,41	114,06	128,31	II	1 425,75	72,61	105,62	118,82	66,82	97,19	109,34	61,05	88,80	99,90	55,44	80,65	90,73	50,04	72,78	81,88	44,82	65,20	73,35
	III	942,—	51,81	75,36	84,78	III	942,—	47,49	69,08	77,71	43,27	62,94	70,81	39,14	56,93	64,04	35,11	51,08	57,46	31,17	45,34	51,01	27,33	39,76	44,73
	V	2 015,25	110,83	161,22	181,37	IV	1 471,50	78,03	113,50	127,69	75,13	109,28	122,94	72,23	105,07	118,20	69,33	100,85	113,45	66,44	96,64	108,72	63,53	92,42	103,97
	VI	2 047,41	112,60	163,79	184,26																				
5 504,99	I,IV	1 472,83	81,—	117,82	132,55	I	1 472,83	75,20	109,38	123,05	69,40	100,95	113,57	63,60	92,52	104,08	57,92	84,25	94,78	52,43	76,26	85,79	47,13	68,55	77,12
	II	1 427,—	78,48	114,16	128,43	II	1 427,—	72,68	105,72	118,94	66,88	97,29	109,45	61,11	88,90	100,01	55,51	80,75	90,84	50,10	72,88	81,99	44,88	65,28	73,44
	III	943,—	51,86	75,44	84,87	III	943,—	47,54	69,16	77,80	43,32	63,01	70,88	39,19	57,01	64,13	35,16	51,14	57,53	31,22	45,41	51,08	27,38	39,82	44,80
	V	2 016,50	110,90	161,32	181,48	IV	1 472,83	78,10	113,60	127,80	75,20	109,38	123,05	72,30	105,17	118,31	69,40	100,95	113,57	66,50	96,74	108,83	63,60	92,52	104,08
	VI	2 048,66	112,67	163,89	184,37																				
5 507,99	I,IV	1 474,08	81,07	117,92	132,66	I	1 474,08	75,27	109,49	123,17	69,47	101,06	113,69	63,67	92,62	104,19	57,99	84,35	94,89	52,49	76,36	85,90	47,19	68,64	77,22
	II	1 428,25	78,55	114,26	128,54	II	1 428,25	72,75	105,82	119,05	66,95	97,39	109,56	61,18	89,—	100,12	55,58	80,84	90,95	50,16	72,97	82,09	44,94	65,37	73,54
	III	944,—	51,92	75,52	84,96	III	944,—	47,59	69,22	77,87	43,37	63,09	70,97	39,24	57,08	64,21	35,20	51,21	57,61	31,26	45,48	51,16	27,42	39,89	44,87
	V	2 017,75	110,97	161,42	181,59	IV	1 474,08	78,17	113,70	127,91	75,27	109,49	123,17	72,37	105,27	118,43	69,47	101,06	113,69	66,57	96,84	108,94	63,67	92,62	104,19
	VI	2 049,91	112,74	163,99	184,49																				
5 510,99	I,IV	1 475,33	81,14	118,02	132,77	I	1 475,33	75,34	109,59	123,29	69,54	101,16	113,80	63,74	92,72	104,31	58,05	84,44	95,—	52,56	76,45	86,—	47,25	68,73	77,32
	II	1 429,50	78,62	114,36	128,65	II	1 429,50	72,82	105,92	119,16	67,02	97,49	109,67	61,25	89,09	100,22	55,64	80,94	91,05	50,23	73,06	82,19	45,—	65,46	73,64
	III	944,83	51,96	75,58	85,03	III	944,83	47,64	69,30	77,96	43,42	63,16	71,05	39,28	57,14	64,28	35,25	51,28	57,69	31,31	45,54	51,23	27,47	39,96	44,95
	V	2 019,—	111,04	161,52	181,71	IV	1 475,33	78,24	113,80	128,03	75,34	109,59	123,29	72,44	105,37	118,54	69,54	101,16	113,80	66,64	96,94	109,05	63,74	92,72	104,31
	VI	2 051,25	112,81	164,10	184,61																				
5 513,99	I,IV	1 476,58	81,21	118,12	132,89	I	1 476,58	75,41	109,69	123,40	69,61	101,26	113,91	63,81	92,82	104,42	58,12	84,54	95,11	52,62	76,54	86,11	47,31	68,82	77,42
	II	1 430,83	78,69	114,46	128,77	II	1 430,83	72,89	106,02	119,27	67,09	97,59	109,79	61,32	89,19	100,34	55,71	81,04	91,17	50,29	73,16	82,30	45,06	65,55	73,74
	III	945,83	52,02	75,66	85,12	III	945,83	47,69	69,37	78,04	43,46	63,22	71,12	39,34	57,22	64,37	35,30	51,34	57,76	31,35	45,61	51,31	27,51	40,02	45,02
	V	2 020,25	111,11	161,62	181,82	IV	1 476,58	78,31	113,90	128,14	75,41	109,69	123,40	72,51	105,47	118,65	69,61	101,26	113,91	66,71	97,04	109,17	63,81	92,82	104,42
	VI	2 052,50	112,88	164,20	184,72																				
5 516,99	I,IV	1 477,83	81,28	118,22	133,—	I	1 477,83	75,48	109,79	123,51	69,68	101,36	114,03	63,88	92,92	104,54	58,19	84,64	95,22	52,69	76,64	86,22	47,37	68,91	77,52
	II	1 432,08	78,76	114,56	128,88	II	1 432,08	72,96	106,13	119,39	67,16	97,70	109,91	61,38	89,29	100,45	55,77	81,13	91,27	50,36	73,25	82,40	45,13	65,64	73,85
	III	946,83	52,07	75,74	85,21	III	946,83	47,74	69,45	78,13	43,52	63,30	71,21	39,38	57,29	64,45	35,35	51,42	57,85	31,40	45,68	51,39	27,56	40,09	45,10
	V	2 021,50	111,18	161,72	181,93	IV	1 477,83	78,37	114,—	128,25	75,48	109,79	123,51	72,58	105,57	118,76	69,68	101,36	114,03	66,78	97,14	109,28	63,88	92,92	104,54
	VI	2 053,75	112,95	164,30	184,83																				
5 519,99	I,IV	1 479,08	81,34	118,32	133,11	I	1 479,08	75,55	109,89	123,62	69,75	101,46	114,14	63,95	93,02	104,65	58,25	84,74	95,33	52,75	76,73	86,32	47,44	69,—	77,63
	II	1 433,33	78,83	114,66	128,99	II	1 433,33	73,03	106,23	119,51	67,23	97,80	110,02	61,45	89,39	100,56	55,84	81,22	91,37	50,42	73,34	82,50	45,19	65,73	73,94
	III	947,66	52,12	75,81	85,28	III	947,66	47,80	69,53	78,22	43,56	63,37	71,29	39,43	57,36	64,53	35,40	51,49	57,92	31,46	45,76	51,48	27,61	40,16	45,18
	V	2 022,83	111,25	161,82	182,05	IV	1 479,08	78,45	114,11	128,37	75,55	109,89	123,62	72,65	105,68	118,89	69,75	101,46	114,14	66,85	97,24	109,40	63,95	93,02	104,65
	VI	2 055,—	113,02	164,40	184,95																				
5 522,99	I,IV	1 480,33	81,41	118,42	133,22	I	1 480,33	75,62	109,99	123,74	69,82	101,56	114,25	64,02	93,12	104,76	58,32	84,84	95,44	52,81	76,82	86,42	47,50	69,09	77,72
	II	1 434,58	78,90	114,76	129,11	II	1 434,58	73,10	106,33	119,62	67,30	97,90	110,13	61,52	89,49	100,67	55,91	81,32	91,49	50,48	73,43	82,61	45,25	65,82	74,04
	III	948,66	52,17	75,89	85,37	III	948,66	47,85	69,60	78,30	43,62	63,45	71,38	39,49	57,44	64,62	35,44	51,56	58,—	31,50	45,82	51,55	27,65	40,22	45,25
	V	2 024,08	111,32	161,92	182,16	IV	1 480,33	78,52	114,21	128,48	75,62	109,99	123,74	72,72	105,78	119,—	69,82	101,56	114,25	66,92	97,34	109,51	64,02	93,12	104,76
	VI	2 056,25	113,09	164,50	185,06																				
5 525,99	I,IV	1 481,58	81,48	118,52	133,34	I	1 481,58	75,68	110,09	123,85	69,89	101,66	114,36	64,09	93,22	104,87	58,39	84,93	95,54	52,88	76,92	86,53	47,56	69,18	77,83
	II	1 435,83	78,97	114,86	129,22	II	1 435,83	73,17	106,43	119,73	67,37	98,—	110,25	61,59	89,59	100,79	55,97	81,42	91,59	50,54	73,52	82,71	45,31	65,91	74,15
	III	949,66	52,23	75,97	85,46	III	949,66	47,90	69,68	78,39	43,67	63,52	71,46	39,53	57,50	64,69	35,49	51,62	58,07	31,55	45,89	51,62	27,70	40,29	45,32
	V	2 025,33	111,39	162,02	182,27	IV	1 481,58	78,59	114,31	128,60	75,68	110,09	123,85	72,79	105,88	119,11	69,89	101,66	114,36	66,99	97,44	109,62	64,09	93,22	104,87
	VI	2 057,50	113,16	164,60	185,17																				
5 528,99	I,IV	1 482,83	81,55	118,62	133,45	I	1 482,83	75,75	110,19	123,96	69,96	101,76	114,48	64,16	93,32	104,99	58,46	85,03	95,66	52,94	77,01	86,63	47,62	69,27	77,93
	II	1 437,08	79,03	114,96	129,33	II	1 437,08	73,24	106,53	119,84	67,44	98,10	110,36	61,66	89,69	100,90	56,04	81,52	91,71	50,61	73,62	82,82	45,37	66,—	74,25
	III	950,50	52,27	76,04	85,54	III	950,50	47,95	69,74	78,46	43,72	63,60	71,55	39,58	57,57	64,76	35,53	51,69	58,15	31,59	45,96	51,70	27,74	40,36	45,40
	V	2 026,58	111,46	162,12	182,39	IV	1 482,83	78,65	114,41	128,71	75,75	110,19	123,96	72,86	105,98	119,22	69,96	101,76	114,48	67,06	97,54	109,73	64,16	93,32	104,99
	VI	2 058,75	113,23	164,70	185,28																				
5 531,99	I,IV	1 484,16	81,62	118,73	133,57	I	1 484,16	75,83	110,30	124,08	70,03	101,86	114,59	64,23	93,42	105,10	58,52	85,13	95,77	53,01	77,11	86,75	47,68	69,36	78,03
	II	1 438,33	79,10	115,06	129,44	II	1 438,33	73,31	106,63	119,96	67,51	98,20	110,47	61,73	89,79	101,01	56,10	81,61	91,81	50,67	73,71	82,92	45,43	66,09	74,35
	III	951,50	52,33	76,12	85,63	III	951,50	48,—	69,82	78,55	43,77	63,66	71,62	39,63	57,65	64,85	35,59	51,77	58,24	31,64	46,02	51,77	27,79	40,42	45,47
	V	2 027,83	111,53	162,22	182,50	IV	1 484,16	78,72	114,51	128,82	75,83	110,30	124,08	72,93	106,08	119,34	70,03	101,86	114,59	67,13	97,64	109,85	64,23	93,42	105,10
	VI	2 060,—	113,30	164,80	185,40																				
5 534,99	I,IV	1 485,41	81,69	118,83	133,68	I	1 485,41	75,90	110,40	124,20	70,10	101,96	114,71	64,30	93,53	105,22	58,59	85,22	95,87	53,07	77,20	86,85	47,75	69,46	78,14
	II	1 439,58	79,17	115,16	129,56	II	1 439,58	73,37	106,73	120,07	67,58	98,30	110,58	61,80	89,89	101,12	56,17	81,70	91,91	50,74	73,80	83,03	45,49	66,18	74,45
	III	952,50	52,38	76,20	85,72	III	952,50	48,06	69,90	78,64	43,82	63,74	71,71	39,68	57,72	64,93	35,64	51,84	58,32	31,68	46,09	51,85	27,83	40,49	45,55
	V	2 029,08	111,59	162,32	182,61	IV	1 485,41	78,79	114,61	128,93	75,90	110,40	124,20	72,99	106,18	119,45	70,10	101,96	114,71	67,20	97,74	109,96	64,30	93,53	105,22
	VI	2 061,33	113,37	164,90	185,51																				

* Die ausgewiesenen Tabellenwerte sind amtlich. Siehe Erläuterungen auf der Umschlaginnenseite (U2).

MONAT 5 535,–*

Abzüge an Lohnsteuer, Solidaritätszuschlag (SolZ) und Kirchensteuer (8%, 9%) in den Steuerklassen

Lohn/ Gehalt bis €*	I – VI		ohne Kinder-freibeträge			I, II, III, IV		mit Zahl der Kinderfreibeträge . . . 0,5			1			1,5			2			2,5			3		
		LSt	SolZ	8%	9%		LSt	SolZ	8%	9%	SolZ	8%	9%	SolZ	8%	9%	SolZ	8%	9%	SolZ	8%	9%	SolZ	8%	9%
5 537,99	I,IV	1 486,66	81,76	118,93	133,79	I	1 486,66	75,96	110,50	124,31	70,17	102,06	114,82	64,37	93,63	105,33	58,66	85,32	95,99	53,14	77,30	86,96	47,81	69,54	78,23
	II	1 440,83	79,24	115,26	129,67	II	1 440,83	73,44	106,83	120,18	67,65	98,40	110,70	61,86	89,98	101,23	56,24	81,80	92,03	50,80	73,90	83,13	45,55	66,26	74,54
	III	953,50	52,44	76,28	85,81	III	953,50	48,10	69,97	78,71	43,87	63,81	71,78	39,72	57,78	65,—	35,68	51,90	58,39	31,73	46,16	51,93	27,88	40,56	45,63
	V	2 030,33	111,66	162,42	182,72	IV	1 486,66	78,86	114,71	129,05	75,96	110,50	124,31	73,06	106,28	119,56	70,17	102,06	114,82	67,26	97,84	110,07	64,37	93,63	105,33
	VI	2 062,58	113,44	165,—	185,63																				
5 540,99	I,IV	1 487,91	81,83	119,03	133,91	I	1 487,91	76,03	110,60	124,42	70,23	102,16	114,93	64,44	93,73	105,44	58,73	85,42	96,10	53,20	77,39	87,06	47,87	69,64	78,34
	II	1 442,16	79,31	115,37	129,79	II	1 442,16	73,52	106,94	120,30	67,72	98,50	110,81	61,93	90,08	101,34	56,30	81,90	92,13	50,87	73,99	83,24	45,62	66,36	74,65
	III	954,33	52,48	76,34	85,88	III	954,33	48,16	70,05	78,80	43,92	63,89	71,87	39,78	57,86	65,09	35,73	51,97	58,46	31,78	46,22	52,—	27,92	40,61	45,68
	V	2 031,58	111,73	162,52	182,84	IV	1 487,91	78,93	114,81	129,16	76,03	110,60	124,42	73,13	106,38	119,67	70,23	102,16	114,93	67,33	97,94	110,18	64,44	93,73	105,44
	VI	2 063,83	113,51	165,10	185,74																				
5 543,99	I,IV	1 489,16	81,90	119,13	134,02	I	1 489,16	76,10	110,70	124,53	70,30	102,26	115,04	64,51	93,83	105,56	58,79	85,52	96,21	53,27	77,48	87,17	47,94	69,73	78,44
	II	1 443,41	79,38	115,47	129,90	II	1 443,41	73,59	107,04	120,42	67,79	98,60	110,93	62,—	90,18	101,45	56,37	82,—	92,25	50,93	74,08	83,34	45,68	66,44	74,75
	III	955,33	52,54	76,42	85,97	III	955,33	48,20	70,12	78,88	43,97	63,96	71,95	39,82	57,93	65,17	35,77	52,04	58,54	31,82	46,29	52,07	27,96	40,68	45,76
	V	2 032,91	111,81	162,63	182,96	IV	1 489,16	79,—	114,92	129,28	76,10	110,70	124,53	73,20	106,48	119,79	70,30	102,26	115,04	67,40	98,04	110,30	64,51	93,83	105,56
	VI	2 065,08	113,57	165,20	185,85																				
5 546,99	I,IV	1 490,41	81,97	119,23	134,13	I	1 490,41	76,17	110,80	124,65	70,37	102,36	115,16	64,57	93,93	105,67	58,86	85,62	96,32	53,33	77,58	87,27	48,—	69,82	78,54
	II	1 444,66	79,45	115,57	130,01	II	1 444,66	73,65	107,14	120,53	67,86	98,70	111,04	62,07	90,28	101,57	56,43	82,09	92,35	50,99	74,18	83,45	45,74	66,54	74,85
	III	956,33	52,59	76,50	86,06	III	956,33	48,26	70,20	78,97	44,01	64,02	72,02	39,87	58,—	65,25	35,83	52,12	58,63	31,87	46,36	52,15	28,01	40,74	45,83
	V	2 034,16	111,87	162,73	183,07	IV	1 490,41	79,07	115,02	129,39	76,17	110,80	124,65	73,27	106,58	119,90	70,37	102,36	115,16	67,48	98,15	110,42	64,57	93,93	105,67
	VI	2 066,33	113,64	165,30	185,96																				
5 549,99	I,IV	1 491,66	82,04	119,33	134,24	I	1 491,66	76,24	110,90	124,76	70,44	102,46	115,27	64,64	94,03	105,78	58,92	85,71	96,42	53,40	77,67	87,38	48,06	69,91	78,65
	II	1 445,91	79,52	115,67	130,13	II	1 445,91	73,72	107,24	120,64	67,92	98,80	111,15	62,14	90,38	101,68	56,50	82,19	92,46	51,06	74,27	83,55	45,80	66,62	74,95
	III	957,16	52,64	76,57	86,14	III	957,16	48,30	70,26	79,04	44,07	64,10	72,11	39,93	58,08	65,34	35,87	52,18	58,70	31,91	46,42	52,22	28,05	40,81	45,91
	V	2 035,41	111,94	162,83	183,18	IV	1 491,66	79,14	115,12	129,51	76,24	110,90	124,76	73,34	106,68	120,02	70,44	102,46	115,27	67,54	98,25	110,53	64,64	94,03	105,78
	VI	2 067,58	113,71	165,40	186,08																				
5 552,99	I,IV	1 492,91	82,11	119,43	134,36	I	1 492,91	76,31	111,—	124,87	70,51	102,56	115,38	64,71	94,13	105,89	58,99	85,81	96,53	53,46	77,77	87,49	48,12	70,—	78,75
	II	1 447,16	79,59	115,77	130,24	II	1 447,16	73,79	107,34	120,75	67,99	98,90	111,26	62,20	90,48	101,79	56,57	82,28	92,57	51,12	74,36	83,66	45,87	66,72	75,06
	III	958,16	52,69	76,65	86,23	III	958,16	48,36	70,34	79,13	44,11	64,17	72,19	39,97	58,14	65,41	35,92	52,25	58,78	31,97	46,50	52,31	28,10	40,88	45,99
	V	2 036,66	112,01	162,93	183,29	IV	1 492,91	79,21	115,22	129,62	76,31	111,—	124,87	73,41	106,78	120,13	70,51	102,56	115,38	67,61	98,35	110,64	64,71	94,13	105,89
	VI	2 068,83	113,78	165,50	186,19																				
5 555,99	I,IV	1 494,25	82,18	119,54	134,48	I	1 494,25	76,38	111,10	124,99	70,58	102,66	115,49	64,78	94,23	106,01	59,06	85,91	96,65	53,53	77,86	87,59	48,18	70,09	78,85
	II	1 448,41	79,66	115,87	130,35	II	1 448,41	73,86	107,44	120,87	68,06	99,—	111,38	62,27	90,58	101,90	56,64	82,38	92,68	51,19	74,46	83,76	45,92	66,80	75,15
	III	959,16	52,75	76,73	86,32	III	959,16	48,41	70,42	79,22	44,17	64,25	72,28	40,02	58,21	65,48	35,97	52,32	58,86	32,01	46,57	52,39	28,15	40,94	46,06
	V	2 037,91	112,08	163,03	183,41	IV	1 494,25	79,28	115,32	129,73	76,38	111,10	124,99	73,48	106,88	120,24	70,58	102,66	115,49	67,68	98,45	110,75	64,78	94,23	106,01
	VI	2 070,08	113,85	165,60	186,30																				
5 558,99	I,IV	1 495,50	82,25	119,64	134,59	I	1 495,50	76,45	111,20	125,10	70,65	102,77	115,61	64,85	94,34	106,13	59,12	86,—	96,75	53,59	77,96	87,70	48,25	70,18	78,95
	II	1 449,66	79,73	115,97	130,46	II	1 449,66	73,93	107,54	120,98	68,13	99,10	111,49	62,34	90,68	102,02	56,70	82,48	92,79	51,25	74,55	83,87	45,99	66,90	75,26
	III	960,16	52,80	76,81	86,41	III	960,16	48,46	70,49	79,30	44,22	64,32	72,36	40,07	58,29	65,57	36,02	52,40	58,95	32,06	46,64	52,47	28,19	41,01	46,13
	V	2 039,16	112,15	163,13	183,52	IV	1 495,50	79,35	115,42	129,84	76,45	111,20	125,10	73,55	106,98	120,35	70,65	102,77	115,61	67,75	98,55	110,87	64,85	94,34	106,13
	VI	2 071,41	113,92	165,71	186,42																				
5 561,99	I,IV	1 496,75	82,32	119,74	134,70	I	1 496,75	76,52	111,30	125,21	70,72	102,87	115,73	64,92	94,44	106,24	59,19	86,10	96,86	53,66	78,05	87,80	48,31	70,28	79,06
	II	1 450,91	79,80	116,07	130,58	II	1 450,91	74,—	107,64	121,09	68,20	99,20	111,60	62,41	90,78	102,13	56,76	82,57	92,89	51,31	74,64	83,97	46,05	66,98	75,35
	III	961,—	52,85	76,88	86,49	III	961,—	48,51	70,57	79,39	44,27	64,40	72,45	40,12	58,36	65,65	36,07	52,46	59,02	32,11	46,70	52,54	28,24	41,08	46,21
	V	2 040,41	112,22	163,23	183,63	IV	1 496,75	79,42	115,52	129,96	76,52	111,30	125,21	73,62	107,08	120,47	70,72	102,87	115,73	67,82	98,65	110,98	64,92	94,44	106,24
	VI	2 072,66	113,99	165,81	186,53																				
5 564,99	I,IV	1 498,—	82,39	119,84	134,82	I	1 498,—	76,59	111,40	125,33	70,79	102,97	115,84	64,99	94,54	106,35	59,26	86,20	96,98	53,72	78,14	87,91	48,37	70,36	79,16
	II	1 452,25	79,87	116,18	130,70	II	1 452,25	74,07	107,74	121,21	68,27	99,30	111,71	62,48	90,88	102,24	56,83	82,67	93,—	51,37	74,73	84,07	46,11	67,08	75,46
	III	962,—	52,91	76,96	86,58	III	962,—	48,56	70,64	79,47	44,32	64,46	72,52	40,16	58,42	65,72	36,11	52,53	59,09	32,15	46,77	52,61	28,28	41,14	46,28
	V	2 041,66	112,29	163,33	183,74	IV	1 498,—	79,48	115,62	130,07	76,59	111,40	125,33	73,69	107,18	120,58	70,79	102,97	115,84	67,89	98,75	111,09	64,99	94,54	106,35
	VI	2 073,91	114,06	165,91	186,65																				
5 567,99	I,IV	1 499,25	82,45	119,94	134,93	I	1 499,25	76,66	111,50	125,44	70,86	103,07	115,95	65,06	94,64	106,47	59,33	86,30	97,09	53,79	78,24	88,02	48,44	70,46	79,26
	II	1 453,50	79,94	116,28	130,81	II	1 453,50	74,14	107,84	121,32	68,34	99,41	111,83	62,55	90,98	102,35	56,90	82,76	93,11	51,44	74,82	84,17	46,17	67,16	75,56
	III	963,—	52,96	77,04	86,67	III	963,—	48,62	70,72	79,56	44,37	64,54	72,61	40,22	58,50	65,81	36,16	52,60	59,17	32,20	46,84	52,69	28,33	41,21	46,36
	V	2 042,91	112,36	163,43	183,86	IV	1 499,25	79,56	115,72	130,19	76,66	111,50	125,44	73,75	107,28	120,69	70,86	103,07	115,95	67,96	98,85	111,20	65,06	94,64	106,47
	VI	2 075,16	114,13	166,01	186,76																				
5 570,99	I,IV	1 500,50	82,52	120,04	135,04	I	1 500,50	76,72	111,60	125,55	70,93	103,17	116,06	65,13	94,74	106,58	59,40	86,40	97,20	53,85	78,34	88,13	48,50	70,55	79,37
	II	1 454,75	80,01	116,38	130,92	II	1 454,75	74,21	107,94	121,43	68,41	99,51	111,95	62,62	91,08	102,47	56,97	82,86	93,22	51,50	74,92	84,28	46,23	67,25	75,65
	III	963,83	53,01	77,10	86,74	III	963,83	48,67	70,80	79,65	44,42	64,61	72,68	40,26	58,57	65,89	36,20	52,66	59,24	32,24	46,90	52,76	28,38	41,28	46,44
	V	2 044,25	112,43	163,54	183,98	IV	1 500,50	79,63	115,82	130,30	76,72	111,60	125,55	73,83	107,39	120,81	70,93	103,17	116,06	68,03	98,96	111,33	65,13	94,74	106,58
	VI	2 076,41	114,20	166,11	186,87																				
5 573,99	I,IV	1 501,75	82,59	120,14	135,15	I	1 501,75	76,79	111,70	125,66	71,—	103,27	116,18	65,20	94,84	106,69	59,46	86,50	97,31	53,92	78,43	88,23	48,56	70,64	79,47
	II	1 456,—	80,08	116,48	131,04	II	1 456,—	74,28	108,04	121,55	68,48	99,61	112,06	62,69	91,18	102,58	57,03	82,96	93,33	51,57	75,01	84,38	46,30	67,34	75,76
	III	964,83	53,06	77,18	86,83	III	964,83	48,72	70,86	79,72	44,47	64,69	72,77	40,31	58,64	65,97	36,26	52,74	59,33	32,29	46,97	52,84	28,42	41,34	46,51
	V	2 045,50	112,50	163,64	184,09	IV	1 501,75	79,69	115,92	130,41	76,79	111,70	125,66	73,90	107,49	120,92	71,—	103,27	116,18	68,10	99,06	111,44	65,20	94,84	106,69
	VI	2 077,66	114,27	166,21	186,98																				
5 576,99	I,IV	1 503,—	82,66	120,24	135,27	I	1 503,—	76,86	111,80	125,78	71,06	103,37	116,29	65,27	94,94	106,80	59,53	86,60	97,42	53,98	78,52	88,34	48,62	70,73	79,57
	II	1 457,25	80,14	116,58	131,15	II	1 457,25	74,35	108,14	121,66	68,55	99,71	112,17	62,75	91,28	102,69	57,10	83,06	93,44	51,63	75,10	84,49	46,36	67,44	75,87
	III	965,83	53,12	77,26	86,92	III	965,83	48,77	70,94	79,81	44,52	64,76	72,85	40,37	58,72	66,06	36,30	52,81	59,41	32,34	47,04	52,92	28,47	41,41	46,58
	V	2 046,75	112,57	163,74	184,20	IV	1 503,—	79,76	116,02	130,52	76,86	111,80	125,78	73,97	107,59	121,04	71,06	103,37	116,29	68,17	99,16	111,55	65,27	94,94	106,80
	VI	2 078,91	114,34	166,31	187,10																				
5 579,99	I,IV	1 504,33	82,73	120,34	135,38	I	1 504,33	76,93	111,90	125,89	71,13	103,47	116,40	65,34	95,04	106,92	59,60	86,69	97,52	54,05	78,62	88,44	48,69	70,82	79,67
	II	1 458,50	80,21	116,68	131,26	II	1 458,50	74,41	108,24	121,77	68,62	99,81	112,28	62,82	91,38	102,80	57,16	83,15	93,54	51,70	75,20	84,60	46,42	67,52	75,96
	III	966,83	53,17	77,34	87,—	III	966,83	48,82	71,01	79,88	44,57	64,84	72,94	40,41	58,78	66,13	36,35	52,88	59,49	32,38	47,10	52,99	28,51	41,48	46,66
	V	2 048,—	112,64	163,84	184,32	IV	1 504,33	79,83	116,12	130,64	76,93	111,90	125,89	74,03	107,69	121,15	71,13	103,47	116,40	68,24	99,26	111,66	65,34	95,04	106,92
	VI	2 080,16	114,40	166,41	187,21																				

* Die ausgewiesenen Tabellenwerte sind amtlich. Siehe Erläuterungen auf der Umschlaginnenseite (U2).

Abzüge an Lohnsteuer, Solidaritätszuschlag (SolZ) und Kirchensteuer (8%, 9%) in den Steuerklassen

Lohn/ Gehalt bis €*	I – VI					I, II, III, IV		mit Zahl der Kinderfreibeträge . . . 0,5			1			1,5			2			2,5			3		
		LSt	ohne Kinderfreibeträge SolZ	8%	9%		LSt	SolZ	8%	9%	SolZ	8%	9%	SolZ	8%	9%	SolZ	8%	9%	SolZ	8%	9%	SolZ	8%	9%
5 582,99	I,IV	1 505,58	82,80	120,44	135,50	I	1 505,58	77,—	112,01	126,01	71,21	103,58	116,52	65,41	95,14	107,03	59,67	86,79	97,64	54,12	78,72	88,56	48,75	70,92	79,78
	II	1 459,75	80,28	116,78	131,37	II	1 459,75	74,48	108,34	121,88	68,69	99,91	112,40	62,89	91,48	102,92	57,23	83,25	93,65	51,76	75,29	84,70	46,48	67,62	76,07
	III	967,66	53,22	77,41	87,08	III	967,66	48,87	71,09	79,97	44,62	64,90	73,01	40,47	58,86	66,22	36,40	52,94	59,56	32,44	47,18	53,08	28,56	41,54	46,73
	V	2 049,25	112,70	163,94	184,43	IV	1 505,58	79,90	116,22	130,75	77,—	112,01	126,01	74,10	107,79	121,26	71,21	103,58	116,52	68,31	99,36	111,78	65,41	95,14	107,03
	VI	2 081,41	114,47	166,51	187,32																				
5 585,99	I,IV	1 506,83	82,87	120,54	135,61	I	1 506,83	77,07	112,11	126,12	71,28	103,68	116,64	65,48	95,24	107,15	59,73	86,89	97,75	54,18	78,81	88,66	48,81	71,—	79,88
	II	1 461,—	80,35	116,88	131,49	II	1 461,—	74,55	108,44	122,—	68,75	100,01	112,51	62,96	91,58	103,03	57,30	83,34	93,76	51,82	75,38	84,80	46,54	67,70	76,16
	III	968,66	53,27	77,49	87,17	III	968,66	48,93	71,17	80,06	44,67	64,98	73,10	40,51	58,93	66,29	36,45	53,02	59,65	32,48	47,25	53,15	28,60	41,61	46,81
	V	2 050,50	112,77	164,04	184,54	IV	1 506,83	79,97	116,32	130,86	77,07	112,11	126,12	74,17	107,89	121,37	71,28	103,68	116,64	68,37	99,46	111,89	65,48	95,24	107,15
	VI	2 082,75	114,55	166,62	187,44																				
5 588,99	I,IV	1 508,08	82,94	120,64	135,72	I	1 508,08	77,14	112,21	126,23	71,34	103,78	116,75	65,55	95,34	107,26	59,80	86,99	97,86	54,24	78,90	88,76	48,88	71,10	79,98
	II	1 462,33	80,42	116,98	131,60	II	1 462,33	74,62	108,54	122,11	68,82	100,11	112,62	63,03	91,68	103,14	57,36	83,44	93,87	51,89	75,48	84,92	46,61	67,80	76,27
	III	969,66	53,33	77,57	87,26	III	969,66	48,97	71,24	80,14	44,72	65,05	73,18	40,56	59,—	66,37	36,50	53,09	59,72	32,53	47,32	53,23	28,65	41,68	46,89
	V	2 051,75	112,84	164,14	184,65	IV	1 508,08	80,04	116,42	130,97	77,14	112,21	126,23	74,24	107,99	121,49	71,34	103,78	116,75	68,44	99,56	112,—	65,55	95,34	107,26
	VI	2 084,—	114,62	166,72	187,56																				
5 591,99	I,IV	1 509,33	83,01	120,74	135,83	I	1 509,33	77,21	112,31	126,35	71,41	103,88	116,86	65,61	95,44	107,37	59,87	87,08	97,97	54,31	79,—	88,87	48,94	71,19	80,09
	II	1 463,58	80,49	117,08	131,72	II	1 463,58	74,69	108,65	122,23	68,90	100,22	112,74	63,10	91,78	103,25	57,43	83,54	93,98	51,96	75,58	85,02	46,67	67,88	76,37
	III	970,66	53,38	77,65	87,35	III	970,66	49,03	71,32	80,23	44,77	65,13	73,27	40,61	59,08	66,46	36,54	53,16	59,80	32,57	47,38	53,30	28,70	41,74	46,96
	V	2 053,—	112,91	164,24	184,77	IV	1 509,33	80,11	116,52	131,09	77,21	112,31	126,35	74,31	108,09	121,60	71,41	103,88	116,86	68,51	99,66	112,11	65,61	95,44	107,37
	VI	2 085,25	114,68	166,82	187,67																				
5 594,99	I,IV	1 510,58	83,08	120,84	135,95	I	1 510,58	77,28	112,41	126,46	71,48	103,98	116,97	65,68	95,54	107,48	59,94	87,18	98,08	54,38	79,10	88,98	49,—	71,28	80,19
	II	1 464,83	80,56	117,18	131,83	II	1 464,83	74,76	108,75	122,34	68,97	100,32	112,86	63,17	91,88	103,37	57,50	83,64	94,09	52,02	75,67	85,13	46,73	67,98	76,47
	III	971,50	53,43	77,72	87,43	III	971,50	49,07	71,38	80,30	44,82	65,20	73,35	40,66	59,14	66,53	36,59	53,22	59,87	32,62	47,45	53,38	28,74	41,81	47,03
	V	2 054,33	112,98	164,34	184,88	IV	1 510,58	80,18	116,63	131,21	77,28	112,41	126,46	74,38	108,20	121,72	71,48	103,98	116,97	68,58	99,76	112,23	65,68	95,54	107,48
	VI	2 086,50	114,75	166,92	187,78																				
5 597,99	I,IV	1 511,83	83,15	120,94	136,06	I	1 511,83	77,35	112,51	126,57	71,55	104,08	117,09	65,75	95,64	107,60	60,—	87,28	98,19	54,44	79,19	89,09	49,06	71,37	80,29
	II	1 466,08	80,63	117,28	131,94	II	1 466,08	74,83	108,85	122,45	69,03	100,42	112,97	63,24	91,98	103,48	57,57	83,74	94,20	52,08	75,76	85,23	46,79	68,06	76,57
	III	972,50	53,48	77,80	87,52	III	972,50	49,13	71,46	80,39	44,88	65,28	73,44	40,70	59,21	66,61	36,64	53,30	59,96	32,67	47,52	53,46	28,79	41,88	47,11
	V	2 055,58	113,05	164,44	185,—	IV	1 511,83	80,25	116,73	131,32	77,35	112,51	126,57	74,45	108,30	121,83	71,55	104,08	117,09	68,65	99,86	112,34	65,75	95,64	107,60
	VI	2 087,75	114,82	167,02	187,89																				
5 600,99	I,IV	1 513,08	83,21	121,04	136,17	I	1 513,08	77,42	112,61	126,68	71,62	104,18	117,20	65,82	95,74	107,71	60,07	87,38	98,30	54,50	79,28	89,19	49,13	71,46	80,39
	II	1 467,33	80,70	117,38	132,05	II	1 467,33	74,90	108,95	122,57	69,10	100,52	113,08	63,30	92,08	103,59	57,63	83,83	94,31	52,15	75,86	85,34	46,86	68,16	76,68
	III	973,50	53,54	77,88	87,61	III	973,50	49,18	71,54	80,48	44,92	65,34	73,51	40,76	59,29	66,70	36,69	53,37	60,04	32,71	47,58	53,53	28,83	41,94	47,18
	V	2 056,83	113,12	164,54	185,11	IV	1 513,08	80,32	116,83	131,43	77,42	112,61	126,68	74,52	108,40	121,95	71,62	104,18	117,20	68,72	99,96	112,46	65,82	95,74	107,71
	VI	2 089,—	114,89	167,12	188,01																				
5 603,99	I,IV	1 514,33	83,28	121,14	136,28	I	1 514,33	77,49	112,71	126,80	71,69	104,28	117,31	65,89	95,84	107,82	60,14	87,48	98,41	54,57	79,38	89,30	49,19	71,56	80,50
	II	1 468,58	80,77	117,48	132,17	II	1 468,58	74,97	109,05	122,68	69,17	100,62	113,19	63,37	92,18	103,70	57,70	83,93	94,42	52,21	75,95	85,44	46,91	68,24	76,77
	III	974,50	53,59	77,96	87,70	III	974,50	49,23	71,61	80,56	44,98	65,42	73,60	40,81	59,36	66,78	36,74	53,44	60,12	32,76	47,65	53,60	28,88	42,01	47,26
	V	2 058,08	113,19	164,64	185,22	IV	1 514,33	80,39	116,93	131,54	77,49	112,71	126,80	74,59	108,50	122,06	71,69	104,28	117,31	68,79	100,06	112,57	65,89	95,84	107,82
	VI	2 090,25	114,96	167,22	188,12																				
5 606,99	I,IV	1 515,66	83,36	121,25	136,40	I	1 515,66	77,56	112,82	126,92	71,76	104,38	117,43	65,96	95,94	107,93	60,21	87,58	98,52	54,64	79,48	89,41	49,26	71,65	80,60
	II	1 469,83	80,84	117,58	132,28	II	1 469,83	75,04	109,15	122,79	69,24	100,72	113,31	63,44	92,28	103,82	57,76	84,02	94,52	52,28	76,04	85,55	46,98	68,34	76,88
	III	975,33	53,64	78,02	87,77	III	975,33	49,28	71,69	80,65	45,02	65,49	73,67	40,85	59,42	66,85	36,78	53,50	60,19	32,81	47,73	53,69	28,93	42,08	47,34
	V	2 059,33	113,26	164,74	185,33	IV	1 515,66	80,46	117,03	131,66	77,56	112,82	126,92	74,66	108,60	122,17	71,76	104,38	117,43	68,86	100,16	112,68	65,96	95,94	107,93
	VI	2 091,50	115,03	167,32	188,23																				
5 609,99	I,IV	1 516,91	83,43	121,35	136,52	I	1 516,91	77,63	112,92	127,03	71,83	104,48	117,54	66,03	96,05	108,05	60,28	87,68	98,64	54,70	79,57	89,51	49,32	71,74	80,71
	II	1 471,08	80,90	117,68	132,39	II	1 471,08	75,11	109,25	122,90	69,31	100,82	113,42	63,51	92,38	103,93	57,83	84,12	94,64	52,34	76,14	85,65	47,04	68,42	76,97
	III	976,33	53,69	78,10	87,86	III	976,33	49,34	71,77	80,74	45,08	65,57	73,76	40,91	59,50	66,94	36,84	53,58	60,28	32,86	47,80	53,77	28,97	42,14	47,41
	V	2 060,58	113,33	164,84	185,45	IV	1 516,91	80,52	117,13	131,77	77,63	112,92	127,03	74,73	108,70	122,28	71,83	104,48	117,54	68,93	100,26	112,79	66,03	96,05	108,05
	VI	2 092,83	115,10	167,42	188,35																				
5 612,99	I,IV	1 518,16	83,49	121,45	136,63	I	1 518,16	77,70	113,02	127,14	71,90	104,58	117,65	66,10	96,15	108,17	60,34	87,78	98,75	54,77	79,66	89,62	49,38	71,83	80,81
	II	1 472,33	80,97	117,78	132,50	II	1 472,33	75,18	109,35	123,02	69,38	100,92	113,53	63,58	92,48	104,04	57,90	84,22	94,74	52,41	76,23	85,76	47,10	68,52	77,08
	III	977,33	53,75	78,18	87,95	III	977,33	49,39	71,84	80,82	45,12	65,64	73,84	40,95	59,57	67,01	36,88	53,65	60,35	32,90	47,86	53,84	29,02	42,21	47,48
	V	2 061,83	113,40	164,94	185,56	IV	1 518,16	80,59	117,23	131,88	77,70	113,02	127,14	74,80	108,80	122,40	71,90	104,58	117,65	69,—	100,36	112,91	66,10	96,15	108,17
	VI	2 094,08	115,17	167,52	188,46																				
5 615,99	I,IV	1 519,41	83,56	121,55	136,74	I	1 519,41	77,77	113,12	127,26	71,97	104,68	117,77	66,17	96,25	108,28	60,41	87,87	98,85	54,83	79,76	89,73	49,44	71,92	80,91
	II	1 473,66	81,05	117,89	132,62	II	1 473,66	75,25	109,46	123,14	69,45	101,02	113,65	63,65	92,58	104,15	57,97	84,32	94,86	52,47	76,32	85,86	47,17	68,61	77,18
	III	978,16	53,79	78,25	88,03	III	978,16	49,44	71,92	80,91	45,18	65,72	73,93	41,01	59,65	67,10	36,93	53,72	60,43	32,95	47,93	53,92	29,06	42,28	47,56
	V	2 063,08	113,46	165,04	185,67	IV	1 519,41	80,66	117,33	131,99	77,77	113,12	127,26	74,86	108,90	122,51	71,97	104,68	117,77	69,07	100,46	113,02	66,17	96,25	108,28
	VI	2 095,33	115,24	167,62	188,57																				
5 618,99	I,IV	1 520,66	83,63	121,65	136,85	I	1 520,66	77,83	113,22	127,37	72,04	104,78	117,88	66,24	96,35	108,39	60,48	87,97	98,96	54,90	79,86	89,84	49,51	72,02	81,02
	II	1 474,91	81,12	117,99	132,74	II	1 474,91	75,32	109,56	123,25	69,52	101,12	113,76	63,72	92,68	104,27	58,03	84,42	94,97	52,53	76,42	85,97	47,23	68,70	77,28
	III	979,16	53,85	78,33	88,12	III	979,16	49,49	71,98	80,98	45,22	65,78	74,—	41,05	59,72	67,18	36,97	53,78	60,50	33,—	48,—	54,—	29,11	42,34	47,63
	V	2 064,41	113,54	165,15	185,79	IV	1 520,66	80,74	117,44	132,12	77,83	113,22	127,37	74,94	109,—	122,63	72,04	104,78	117,88	69,13	100,56	113,13	66,24	96,35	108,39
	VI	2 096,58	115,31	167,72	188,69																				
5 621,99	I,IV	1 521,91	83,70	121,75	136,97	I	1 521,91	77,90	113,32	127,48	72,10	104,88	117,99	66,31	96,45	108,50	60,55	88,07	99,08	54,96	79,95	89,94	49,57	72,11	81,12
	II	1 476,16	81,18	118,09	132,85	II	1 476,16	75,39	109,66	123,36	69,59	101,22	113,87	63,79	92,78	104,38	58,10	84,51	95,07	52,60	76,51	86,07	47,29	68,79	77,39
	III	980,16	53,90	78,41	88,21	III	980,16	49,54	72,06	81,07	45,28	65,86	74,09	41,10	59,78	67,25	37,03	53,86	60,59	33,04	48,06	54,07	29,15	42,41	47,71
	V	2 065,66	113,61	165,25	185,90	IV	1 521,91	80,80	117,54	132,23	77,90	113,32	127,48	75,01	109,10	122,74	72,10	104,88	117,99	69,21	100,67	113,25	66,31	96,45	108,50
	VI	2 097,83	115,38	167,82	188,80																				
5 624,99	I,IV	1 523,16	83,77	121,85	137,08	I	1 523,16	77,97	113,42	127,59	72,17	104,98	118,10	66,38	96,55	108,62	60,61	88,17	99,19	55,03	80,04	90,05	49,64	72,20	81,23
	II	1 477,41	81,25	118,19	132,96	II	1 477,41	75,46	109,76	123,48	69,66	101,32	113,99	63,86	92,89	104,50	58,17	84,61	95,18	52,66	76,60	86,18	47,35	68,88	77,49
	III	981,16	53,96	78,49	88,30	III	981,16	49,60	72,14	81,16	45,32	65,93	74,17	41,15	59,86	67,34	37,07	53,93	60,67	33,09	48,13	54,14	29,20	42,48	47,79
	V	2 066,91	113,68	165,35	186,02	IV	1 523,16	80,87	117,64	132,34	77,97	113,42	127,59	75,07	109,20	122,85	72,17	104,98	118,10	69,28	100,77	113,36	66,38	96,55	108,62
	VI	2 099,08	115,44	167,92	188,91																				

* Die ausgewiesenen Tabellenwerte sind amtlich. Siehe Erläuterungen auf der Umschlaginnenseite (U2).

Abzüge an Lohnsteuer, Solidaritätszuschlag (SolZ) und Kirchensteuer (8%, 9%) in den Steuerklassen

Lohn/ Gehalt bis €*	I – VI	LSt	ohne Kinderfreibeträge SolZ	8%	9%	I, II, III, IV	LSt	mit Zahl der Kinderfreibeträge . . . 0,5 SolZ	0,5 8%	0,5 9%	1 SolZ	1 8%	1 9%	1,5 SolZ	1,5 8%	1,5 9%	2 SolZ	2 8%	2 9%	2,5 SolZ	2,5 8%	2,5 9%	3 SolZ	3 8%	3 9%
5 627,99	I,IV	1 524,41	83,84	121,95	137,19	I	1 524,41	78,04	113,52	127,71	72,24	105,08	118,22	66,44	96,65	108,73	60,68	88,27	99,30	55,10	80,14	90,16	49,70	72,29	81,32
	II	1 478,66	81,32	118,29	133,07	II	1 478,66	75,52	109,86	123,59	69,73	101,42	114,10	63,93	92,99	104,61	58,23	84,70	95,29	52,73	76,70	86,28	47,41	68,97	77,59
	III	982,—	54,01	78,56	88,38	III	982,—	49,64	72,21	81,23	45,38	66,01	74,26	41,20	59,93	67,42	37,12	54,—	60,75	33,13	48,20	54,22	29,25	42,54	47,86
	V	2 068,16	113,74	165,45	186,13	IV	1 524,41	80,94	117,74	132,45	78,04	113,52	127,71	75,14	109,30	122,96	72,24	105,08	118,22	69,35	100,87	113,48	66,44	96,65	108,73
	VI	2 100,33	115,51	168,02	189,02																				
5 630,99	I,IV	1 525,75	83,91	122,06	137,31	I	1 525,75	78,11	113,62	127,82	72,31	105,18	118,33	66,51	96,75	108,84	60,75	88,37	99,41	55,16	80,24	90,27	49,76	72,38	81,43
	II	1 479,91	81,39	118,39	133,19	II	1 479,91	75,59	109,96	123,70	69,79	101,52	114,21	64,—	93,10	104,72	58,30	84,80	95,40	52,79	76,79	86,39	47,48	69,06	77,69
	III	983,—	54,06	78,64	88,47	III	983,—	49,70	72,29	81,32	45,43	66,08	74,34	41,25	60,—	67,50	37,17	54,06	60,82	33,19	48,28	54,31	29,29	42,61	47,93
	V	2 069,41	113,81	165,55	186,24	IV	1 525,75	81,01	117,84	132,57	78,11	113,62	127,82	75,21	109,40	123,08	72,31	105,18	118,33	69,41	100,97	113,59	66,51	96,75	108,84
	VI	2 101,58	115,58	168,12	189,14																				
5 633,99	I,IV	1 527,—	83,98	122,16	137,43	I	1 527,—	78,18	113,72	127,94	72,38	105,29	118,45	66,59	96,86	108,96	60,82	88,46	99,52	55,22	80,33	90,37	49,83	72,48	81,54
	II	1 481,16	81,46	118,49	133,30	II	1 481,16	75,66	110,06	123,81	69,86	101,62	114,32	64,07	93,19	104,84	58,36	84,90	95,51	52,86	76,89	86,50	47,54	69,15	77,79
	III	984,—	54,12	78,72	88,56	III	984,—	49,75	72,37	81,41	45,48	66,16	74,43	41,30	60,08	67,59	37,22	54,14	60,91	33,23	48,34	54,38	29,34	42,68	48,01
	V	2 070,66	113,88	165,65	186,35	IV	1 527,—	81,08	117,94	132,68	78,18	113,72	127,94	75,28	109,50	123,19	72,38	105,29	118,45	69,48	101,07	113,70	66,59	96,86	108,96
	VI	2 102,91	115,66	168,23	189,26																				
5 636,99	I,IV	1 528,25	84,05	122,26	137,54	I	1 528,25	78,25	113,82	128,05	72,45	105,39	118,56	66,66	96,96	109,08	60,88	88,56	99,63	55,29	80,43	90,48	49,89	72,57	81,64
	II	1 482,41	81,53	118,59	133,41	II	1 482,41	75,73	110,16	123,93	69,93	101,72	114,44	64,13	93,29	104,95	58,43	85,—	95,62	52,92	76,98	86,60	47,60	69,24	77,90
	III	985,—	54,17	78,80	88,65	III	985,—	49,80	72,44	81,49	45,53	66,22	74,50	41,35	60,14	67,66	37,27	54,21	60,98	33,28	48,41	54,46	29,38	42,74	48,08
	V	2 071,91	113,95	165,75	186,47	IV	1 528,25	81,15	118,04	132,79	78,25	113,82	128,05	75,35	109,60	123,30	72,45	105,39	118,56	69,55	101,17	113,81	66,66	96,96	109,08
	VI	2 104,16	115,72	168,33	189,37																				
5 639,99	I,IV	1 529,50	84,12	122,36	137,65	I	1 529,50	78,32	113,92	128,16	72,52	105,49	118,67	66,72	97,06	109,19	60,95	88,66	99,74	55,36	80,52	90,59	49,95	72,66	81,74
	II	1 483,75	81,60	118,70	133,53	II	1 483,75	75,80	110,26	124,04	70,—	101,82	114,55	64,20	93,39	105,06	58,50	85,10	95,73	52,99	77,08	86,71	47,66	69,33	77,99
	III	986,—	54,23	78,88	88,74	III	986,—	49,85	72,52	81,58	45,58	66,30	74,59	41,40	60,22	67,75	37,31	54,28	61,06	33,33	48,48	54,54	29,43	42,81	48,16
	V	2 073,16	114,02	165,85	186,58	IV	1 529,50	81,22	118,14	132,90	78,32	113,92	128,16	75,42	109,70	123,41	72,52	105,49	118,67	69,62	101,27	113,93	66,72	97,06	109,19
	VI	2 105,41	115,79	168,43	189,48																				
5 642,99	I,IV	1 530,75	84,19	122,46	137,76	I	1 530,75	78,39	114,02	128,27	72,59	105,59	118,79	66,79	97,16	109,30	61,02	88,76	99,86	55,42	80,62	90,69	50,02	72,76	81,85
	II	1 485,—	81,67	118,80	133,65	II	1 485,—	75,87	110,36	124,16	70,07	101,93	114,67	64,28	93,50	105,18	58,57	85,19	95,84	53,05	77,17	86,81	47,73	69,42	78,10
	III	986,83	54,27	78,94	88,81	III	986,83	49,90	72,58	81,65	45,63	66,37	74,66	41,45	60,29	67,82	37,36	54,34	61,13	33,37	48,54	54,61	29,48	42,88	48,24
	V	2 074,41	114,09	165,95	186,69	IV	1 530,75	81,29	118,24	133,02	78,39	114,02	128,27	75,49	109,80	123,53	72,59	105,59	118,79	69,69	101,37	114,04	66,79	97,16	109,30
	VI	2 106,66	115,86	168,53	189,59																				
5 645,99	I,IV	1 532,—	84,26	122,56	137,88	I	1 532,—	78,46	114,12	128,39	72,66	105,69	118,90	66,86	97,26	109,41	61,09	88,86	99,97	55,49	80,72	90,81	50,08	72,84	81,95
	II	1 486,25	81,74	118,90	133,76	II	1 486,25	75,94	110,46	124,27	70,14	102,03	114,78	64,35	93,60	105,30	58,63	85,29	95,95	53,12	77,26	86,92	47,79	69,52	78,21
	III	987,83	54,33	79,02	88,90	III	987,83	49,95	72,66	81,74	45,68	66,45	74,75	41,49	60,36	67,90	37,41	54,42	61,22	33,42	48,61	54,68	29,52	42,94	48,31
	V	2 075,75	114,16	166,06	186,81	IV	1 532,—	81,36	118,34	133,13	78,46	114,12	128,39	75,56	109,91	123,65	72,66	105,69	118,90	69,76	101,48	114,16	66,86	97,26	109,41
	VI	2 107,91	115,93	168,63	189,71																				
5 648,99	I,IV	1 533,25	84,32	122,66	137,99	I	1 533,25	78,53	114,22	128,50	72,73	105,79	119,01	66,93	97,36	109,53	61,16	88,96	100,08	55,55	80,81	90,91	50,14	72,94	82,05
	II	1 487,50	81,81	119,—	133,87	II	1 487,50	76,01	110,56	124,38	70,21	102,13	114,89	64,41	93,70	105,41	58,70	85,39	96,06	53,18	77,36	87,03	47,85	69,60	78,30
	III	988,83	54,38	79,10	88,99	III	988,83	50,01	72,74	81,83	45,73	66,52	74,83	41,55	60,44	67,99	37,46	54,49	61,30	33,46	48,68	54,76	29,57	43,01	48,38
	V	2 077,—	114,23	166,16	186,93	IV	1 533,25	81,43	118,44	133,25	78,53	114,22	128,50	75,63	110,01	123,76	72,73	105,79	119,01	69,83	101,58	114,27	66,93	97,36	109,53
	VI	2 109,16	116,—	168,73	189,82																				
5 651,99	I,IV	1 534,50	84,39	122,76	138,10	I	1 534,50	78,59	114,32	128,61	72,80	105,89	119,12	67,—	97,46	109,64	61,22	89,06	100,19	55,62	80,91	91,02	50,21	73,03	82,16
	II	1 488,75	81,88	119,10	133,98	II	1 488,75	76,08	110,66	124,49	70,28	102,23	115,01	64,48	93,80	105,52	58,77	85,48	96,17	53,24	77,45	87,13	47,91	69,70	78,41
	III	989,83	54,44	79,18	89,08	III	989,83	50,05	72,81	81,91	45,78	66,60	74,92	41,59	60,50	68,06	37,51	54,56	61,38	33,52	48,76	54,85	29,61	43,08	48,46
	V	2 078,25	114,30	166,26	187,04	IV	1 534,50	81,50	118,54	133,36	78,59	114,32	128,61	75,70	110,11	123,87	72,80	105,89	119,12	69,90	101,68	114,39	67,—	97,46	109,64
	VI	2 110,41	116,07	168,83	189,93																				
5 654,99	I,IV	1 535,83	84,47	122,86	138,22	I	1 535,83	78,66	114,42	128,72	72,87	105,99	119,24	67,07	97,56	109,75	61,29	89,16	100,30	55,69	81,—	91,13	50,27	73,12	82,26
	II	1 490,—	81,95	119,20	134,10	II	1 490,—	76,15	110,76	124,61	70,35	102,33	115,12	64,55	93,90	105,63	58,84	85,58	96,28	53,31	77,55	87,24	47,98	69,79	78,51
	III	990,66	54,48	79,25	89,15	III	990,66	50,11	72,89	82,—	45,83	66,66	74,99	41,65	60,58	68,15	37,55	54,62	61,45	33,56	48,82	54,92	29,66	43,14	48,53
	V	2 079,50	114,37	166,36	187,15	IV	1 535,83	81,56	118,64	133,47	78,66	114,42	128,72	75,77	110,21	123,98	72,87	105,99	119,24	69,97	101,78	114,50	67,07	97,56	109,75
	VI	2 111,66	116,14	168,93	190,04																				
5 657,99	I,IV	1 537,08	84,53	122,96	138,33	I	1 537,08	78,74	114,53	128,84	72,94	106,10	119,36	67,14	97,66	109,87	61,36	89,26	100,41	55,75	81,10	91,23	50,33	73,22	82,37
	II	1 491,25	82,01	119,30	134,21	II	1 491,25	76,22	110,86	124,72	70,42	102,43	115,23	64,62	94,—	105,75	58,90	85,68	96,39	53,38	77,64	87,35	48,04	69,88	78,61
	III	991,66	54,54	79,33	89,24	III	991,66	50,16	72,97	82,09	45,88	66,74	75,08	41,69	60,65	68,23	37,61	54,70	61,54	33,61	48,89	55,—	29,70	43,21	48,61
	V	2 080,75	114,44	166,46	187,26	IV	1 537,08	81,63	118,74	133,58	78,74	114,53	128,84	75,84	110,31	124,10	72,94	106,10	119,36	70,04	101,88	114,61	67,14	97,66	109,87
	VI	2 112,91	116,21	169,03	190,16																				
5 660,99	I,IV	1 538,33	84,60	123,06	138,44	I	1 538,33	78,81	114,63	128,96	73,01	106,20	119,47	67,21	97,76	109,98	61,43	89,36	100,53	55,82	81,20	91,35	50,40	73,31	82,47
	II	1 492,50	82,08	119,40	134,32	II	1 492,50	76,28	110,96	124,83	70,49	102,53	115,34	64,69	94,10	105,86	58,97	85,78	96,50	53,44	77,74	87,45	48,10	69,97	78,71
	III	992,66	54,59	79,41	89,33	III	992,66	50,21	73,04	82,17	45,93	66,81	75,16	41,74	60,72	68,31	37,65	54,77	61,61	33,66	48,96	55,08	29,75	43,28	48,69
	V	2 082,—	114,51	166,56	187,38	IV	1 538,33	81,70	118,84	133,70	78,81	114,63	128,96	75,90	110,41	124,21	73,01	106,20	119,47	70,11	101,98	114,72	67,21	97,76	109,98
	VI	2 114,25	116,28	169,14	190,28																				
5 663,99	I,IV	1 539,58	84,67	123,16	138,56	I	1 539,58	78,87	114,73	129,07	73,08	106,30	119,58	67,28	97,86	110,09	61,50	89,46	100,64	55,88	81,29	91,45	50,46	73,40	82,58
	II	1 493,83	82,16	119,50	134,44	II	1 493,83	76,35	111,06	124,94	70,56	102,63	115,46	64,76	94,20	105,97	59,04	85,88	96,61	53,51	77,83	87,56	48,17	70,06	78,82
	III	993,66	54,65	79,49	89,42	III	993,66	50,27	73,12	82,26	45,98	66,89	75,25	41,80	60,80	68,40	37,70	54,84	61,69	33,70	49,02	55,15	29,80	43,34	48,76
	V	2 083,25	114,57	166,66	187,49	IV	1 539,58	81,77	118,94	133,81	78,87	114,73	129,07	75,97	110,51	124,32	73,08	106,30	119,58	70,18	102,08	114,84	67,28	97,86	110,09
	VI	2 115,50	116,35	169,24	190,39																				
5 666,99	I,IV	1 540,83	84,74	123,26	138,67	I	1 540,83	78,94	114,83	129,18	73,15	106,40	119,70	67,35	97,96	110,21	61,57	89,56	100,75	55,95	81,38	91,55	50,53	73,50	82,68
	II	1 495,08	82,22	119,60	134,55	II	1 495,08	76,43	111,17	125,06	70,63	102,74	115,58	64,83	94,30	106,09	59,11	85,98	96,72	53,57	77,92	87,66	48,23	70,15	78,92
	III	994,50	54,69	79,56	89,50	III	994,50	50,32	73,20	82,35	46,03	66,96	75,33	41,84	60,86	68,47	37,75	54,92	61,78	33,75	49,09	55,22	29,84	43,41	48,83
	V	2 084,50	114,64	166,76	187,60	IV	1 540,83	81,84	119,04	133,92	78,94	114,83	129,18	76,04	110,61	124,43	73,15	106,40	119,70	70,24	102,18	114,95	67,35	97,96	110,21
	VI	2 116,75	116,42	169,34	190,50																				
5 669,99	I,IV	1 542,08	84,81	123,36	138,78	I	1 542,08	79,01	114,93	129,29	73,21	106,50	119,81	67,42	98,06	110,32	61,64	89,66	100,86	56,02	81,48	91,67	50,59	73,59	82,79
	II	1 496,33	82,29	119,70	134,66	II	1 496,33	76,50	111,27	125,18	70,70	102,84	115,69	64,90	94,40	106,20	59,17	86,07	96,83	53,63	78,02	87,77	48,29	70,24	79,02
	III	995,50	54,75	79,64	89,59	III	995,50	50,37	73,26	82,42	46,09	67,04	75,42	41,90	60,94	68,56	37,80	54,98	61,85	33,79	49,16	55,30	29,89	43,48	48,91
	V	2 085,83	114,72	166,86	187,72	IV	1 542,08	81,91	119,15	134,04	79,01	114,93	129,29	76,12	110,72	124,56	73,21	106,50	119,81	70,32	102,28	115,07	67,42	98,06	110,32
	VI	2 118,—	116,49	169,44	190,62																				

* Die ausgewiesenen Tabellenwerte sind amtlich. Siehe Erläuterungen auf der Umschlaginnenseite (U2).

Lohn/ Gehalt bis €*		Abzüge an Lohnsteuer, Solidaritätszuschlag (SolZ) und Kirchensteuer (8%, 9%) in den Steuerklassen I – VI					I, II, III, IV																			
			ohne Kinderfreibeträge					mit Zahl der Kinderfreibeträge . . . 0,5			1			1,5			2			2,5			3		
		LSt	SolZ	8%	9%		LSt	SolZ	8%	9%	SolZ	8%	9%	SolZ	8%	9%	SolZ	8%	9%	SolZ	8%	9%	SolZ	8%	9%
	I,IV	1 543,33	84,88	123,46	138,89	I	1 543,33	79,08	115,03	129,41	73,28	106,60	119,92	67,48	98,16	110,43	61,71	89,76	100,98	56,08	81,58	91,77	50,65	73,68	82,89
	II	1 497,58	82,36	119,80	134,78	II	1 497,58	76,56	111,37	125,29	70,77	102,94	115,80	64,97	94,50	106,31	59,24	86,17	96,94	53,70	78,12	87,88	48,35	70,34	79,13
5 672,99	III	996,50	54,80	79,72	89,68	III	996,50	50,42	73,34	82,51	46,13	67,10	75,49	41,94	61,01	68,63	37,84	55,05	61,93	33,85	49,24	55,39	29,93	43,54	48,98
	V	2 087,08	114,78	166,96	187,83	IV	1 543,33	81,98	119,25	134,15	79,08	115,03	129,41	76,18	110,82	124,67	73,28	106,60	119,92	70,39	102,38	115,18	67,48	98,16	110,43
	VI	2 119,25	116,55	169,54	190,73																				
	I,IV	1 544,58	84,95	123,56	139,01	I	1 544,58	79,15	115,13	129,52	73,35	106,70	120,03	67,55	98,26	110,54	61,77	89,86	101,09	56,15	81,68	91,89	50,71	73,77	82,99
	II	1 498,83	82,43	119,90	134,89	II	1 498,83	76,63	111,47	125,40	70,84	103,04	115,92	65,04	94,60	106,43	59,31	86,27	97,05	53,77	78,21	87,98	48,42	70,43	79,23
5 675,99	III	997,50	54,86	79,80	89,77	III	997,50	50,48	73,42	82,60	46,19	67,18	75,58	41,99	61,08	68,71	37,89	55,12	62,01	33,89	49,30	55,46	29,98	43,61	49,06
	V	2 088,33	114,85	167,06	187,94	IV	1 544,58	82,05	119,35	134,27	79,15	115,13	129,52	76,25	110,92	124,78	73,35	106,70	120,03	70,45	102,48	115,29	67,55	98,26	110,54
	VI	2 120,50	116,62	169,64	190,84																				
	I,IV	1 545,83	85,02	123,66	139,12	I	1 545,83	79,22	115,23	129,63	73,42	106,80	120,15	67,62	98,36	110,66	61,84	89,95	101,19	56,21	81,77	91,99	50,78	73,86	83,09
	II	1 500,08	82,50	120,—	135,—	II	1 500,08	76,70	111,57	125,51	70,90	103,14	116,03	65,11	94,70	106,54	59,37	86,36	97,16	53,83	78,30	88,09	48,48	70,52	79,33
5 678,99	III	998,50	54,91	79,88	89,86	III	998,50	50,52	73,49	82,67	46,23	67,25	75,65	42,04	61,16	68,80	37,95	55,20	62,10	33,94	49,37	55,54	30,03	43,68	49,14
	V	2 089,58	114,92	167,16	188,06	IV	1 545,83	82,12	119,45	134,38	79,22	115,23	129,63	76,32	111,02	124,89	73,42	106,80	120,15	70,52	102,58	115,40	67,62	98,36	110,66
	VI	2 121,75	116,69	169,74	190,95																				
	I,IV	1 547,16	85,09	123,77	139,24	I	1 547,16	79,29	115,34	129,75	73,49	106,90	120,26	67,69	98,46	110,77	61,91	90,05	101,30	56,28	81,87	92,10	50,84	73,96	83,20
	II	1 501,33	82,57	120,10	135,11	II	1 501,33	76,77	111,67	125,63	70,97	103,24	116,14	65,17	94,80	106,65	59,44	86,46	97,27	53,90	78,40	88,20	48,54	70,61	79,43
5 681,99	III	999,33	54,96	79,94	89,93	III	999,33	50,58	73,57	82,76	46,29	67,33	75,74	42,09	61,22	68,87	37,99	55,26	62,17	33,99	49,44	55,62	30,08	43,76	49,23
	V	2 090,83	114,99	167,26	188,17	IV	1 547,16	82,19	119,55	134,49	79,29	115,34	129,75	76,39	111,12	125,01	73,49	106,90	120,26	70,59	102,68	115,52	67,69	98,46	110,77
	VI	2 123,—	116,76	169,84	191,07																				
	I,IV	1 548,41	85,16	123,87	139,35	I	1 548,41	79,36	115,44	129,87	73,56	107,—	120,38	67,76	98,57	110,89	61,98	90,15	101,42	56,35	81,96	92,21	50,91	74,05	83,30
	II	1 502,58	82,64	120,20	135,23	II	1 502,58	76,84	111,77	125,74	71,04	103,34	116,25	65,24	94,90	106,76	59,51	86,56	97,38	53,96	78,49	88,30	48,61	70,70	79,54
5 684,99	III	1 000,33	55,01	80,02	90,02	III	1 000,33	50,63	73,65	82,85	46,33	67,40	75,82	42,14	61,30	68,96	38,04	55,33	62,24	34,03	49,50	55,69	30,13	43,82	49,30
	V	2 092,08	115,06	167,36	188,28	IV	1 548,41	82,26	119,65	134,60	79,36	115,44	129,87	76,46	111,22	125,12	73,56	107,—	120,38	70,66	102,78	115,63	67,76	98,57	110,89
	VI	2 124,33	116,83	169,94	191,18																				
	I,IV	1 549,66	85,23	123,97	139,46	I	1 549,66	79,43	115,54	129,98	73,63	107,10	120,49	67,83	98,67	111,—	62,04	90,25	101,53	56,41	82,06	92,31	50,97	74,14	83,41
	II	1 503,83	82,71	120,30	135,34	II	1 503,83	76,91	111,87	125,85	71,11	103,44	116,37	65,31	95,—	106,88	59,57	86,66	97,49	54,03	78,59	88,41	48,67	70,79	79,64
5 687,99	III	1 001,33	55,07	80,10	90,11	III	1 001,33	50,68	73,72	82,93	46,39	67,48	75,91	42,19	61,37	69,04	38,09	55,41	62,33	34,08	49,57	55,76	30,17	43,89	49,37
	V	2 093,33	115,13	167,46	188,39	IV	1 549,66	82,33	119,75	134,72	79,43	115,54	129,98	76,53	111,32	125,23	73,63	107,10	120,49	70,73	102,88	115,74	67,83	98,67	111,—
	VI	2 125,58	116,90	170,04	191,30																				
	I,IV	1 550,91	85,30	124,07	139,58	I	1 550,91	79,50	115,64	130,09	73,70	107,20	120,60	67,90	98,77	111,11	62,11	90,35	101,64	56,48	82,16	92,43	51,04	74,24	83,52
	II	1 505,16	82,78	120,41	135,46	II	1 505,16	76,98	111,98	125,97	71,18	103,54	116,48	65,38	95,10	106,99	59,64	86,76	97,60	54,09	78,68	88,52	48,73	70,88	79,74
5 690,99	III	1 002,33	55,12	80,18	90,20	III	1 002,33	50,73	73,80	83,02	46,43	67,54	75,98	42,24	61,44	69,12	38,14	55,48	62,41	34,13	49,65	55,85	30,22	43,96	49,45
	V	2 094,58	115,20	167,56	188,51	IV	1 550,91	82,39	119,85	134,83	79,50	115,64	130,09	76,60	111,42	125,34	73,70	107,20	120,60	70,80	102,98	115,85	67,90	98,77	111,11
	VI	2 126,83	116,97	170,14	191,41																				
	I,IV	1 552,16	85,36	124,17	139,69	I	1 552,16	79,57	115,74	130,20	73,77	107,30	120,71	67,97	98,87	111,23	62,18	90,45	101,75	56,54	82,25	92,53	51,10	74,33	83,62
	II	1 506,41	82,85	120,51	135,57	II	1 506,41	77,05	112,08	126,09	71,25	103,64	116,60	65,45	95,21	107,11	59,71	86,86	97,71	54,16	78,78	88,62	48,79	70,98	79,85
5 693,99	III	1 003,16	55,17	80,25	90,28	III	1 003,16	50,79	73,88	83,11	46,49	67,62	76,07	42,29	61,52	69,21	38,18	55,54	62,48	34,18	49,72	55,93	30,26	44,02	49,52
	V	2 095,91	115,27	167,67	188,63	IV	1 552,16	82,47	119,96	134,95	79,57	115,74	130,20	76,67	111,52	125,46	73,77	107,30	120,71	70,87	103,08	115,97	67,97	98,87	111,23
	VI	2 128,08	117,04	170,24	191,52																				
	I,IV	1 553,41	85,43	124,27	139,80	I	1 553,41	79,64	115,84	130,32	73,84	107,40	120,83	68,04	98,97	111,34	62,25	90,55	101,87	56,61	82,35	92,64	51,16	74,42	83,72
	II	1 507,66	82,92	120,61	135,68	II	1 507,66	77,12	112,18	126,20	71,32	103,74	116,71	65,52	95,31	107,22	59,78	86,96	97,83	54,22	78,87	88,73	48,86	71,07	79,95
5 696,99	III	1 004,16	55,22	80,33	90,37	III	1 004,16	50,83	73,94	83,18	46,54	67,70	76,16	42,34	61,58	69,28	38,23	55,61	62,56	34,22	49,78	56,—	30,31	44,09	49,60
	V	2 097,16	115,34	167,77	188,74	IV	1 553,41	82,54	120,06	135,06	79,64	115,84	130,32	76,74	111,62	125,57	73,84	107,40	120,83	70,94	103,19	116,09	68,04	98,97	111,34
	VI	2 129,33	117,11	170,34	191,63																				
	I,IV	1 554,66	85,50	124,37	139,91	I	1 554,66	79,70	115,94	130,43	73,91	107,50	120,94	68,11	99,07	111,45	62,32	90,65	101,98	56,68	82,44	92,75	51,23	74,52	83,83
	II	1 508,91	82,99	120,71	135,80	II	1 508,91	77,19	112,28	126,31	71,39	103,84	116,82	65,59	95,41	107,33	59,84	87,05	97,93	54,29	78,97	88,84	48,92	71,16	80,05
5 699,99	III	1 005,16	55,28	80,41	90,46	III	1 005,16	50,89	74,02	83,27	46,59	67,77	76,24	42,39	61,66	69,37	38,28	55,69	62,65	34,27	49,85	56,08	30,36	44,16	49,68
	V	2 098,41	115,41	167,87	188,85	IV	1 554,66	82,61	120,16	135,18	79,70	115,94	130,43	76,81	111,72	125,69	73,91	107,50	120,94	71,01	103,29	116,20	68,11	99,07	111,45
	VI	2 130,58	117,18	170,44	191,75																				
	I,IV	1 555,91	85,57	124,47	140,03	I	1 555,91	79,77	116,04	130,54	73,97	107,60	121,05	68,18	99,17	111,56	62,39	90,75	102,09	56,75	82,54	92,86	51,29	74,61	83,93
	II	1 510,16	83,05	120,81	135,91	II	1 510,16	77,26	112,38	126,42	71,46	103,94	116,93	65,66	95,51	107,45	59,91	87,15	98,04	54,35	79,06	88,94	48,98	71,25	80,15
5 702,99	III	1 006,16	55,33	80,49	90,55	III	1 006,16	50,94	74,10	83,36	46,64	67,85	76,33	42,44	61,73	69,44	38,33	55,76	62,73	34,32	49,92	56,16	30,40	44,22	49,75
	V	2 099,66	115,48	167,97	188,96	IV	1 555,91	82,67	120,26	135,29	79,77	116,04	130,54	76,88	111,82	125,80	73,97	107,60	121,05	71,08	103,39	116,31	68,18	99,17	111,56
	VI	2 131,83	117,25	170,54	191,86																				
	I,IV	1 557,25	85,64	124,58	140,15	I	1 557,25	79,85	116,14	130,66	74,04	107,70	121,16	68,25	99,27	111,68	62,46	90,85	102,20	56,81	82,64	92,97	51,36	74,70	84,04
	II	1 511,41	83,12	120,91	136,02	II	1 511,41	77,33	112,48	126,54	71,53	104,04	117,05	65,73	95,61	107,56	59,98	87,25	98,15	54,42	79,16	89,05	49,05	71,34	80,26
5 705,99	III	1 007,16	55,39	80,57	90,64	III	1 007,16	50,99	74,17	83,44	46,69	67,92	76,41	42,49	61,81	69,53	38,38	55,82	62,80	34,36	49,98	56,23	30,45	44,29	49,82
	V	2 100,91	115,55	168,07	189,08	IV	1 557,25	82,74	120,36	135,40	79,85	116,14	130,66	76,94	111,92	125,91	74,04	107,70	121,16	71,15	103,49	116,42	68,25	99,27	111,68
	VI	2 133,08	117,31	170,64	191,97																				
	I,IV	1 558,50	85,71	124,68	140,26	I	1 558,50	79,91	116,24	130,77	74,12	107,81	121,28	68,32	99,38	111,80	62,53	90,95	102,32	56,88	82,74	93,08	51,42	74,80	84,15
	II	1 512,66	83,19	121,01	136,13	II	1 512,66	77,39	112,58	126,65	71,60	104,14	117,16	65,80	95,71	107,67	60,05	87,35	98,27	54,48	79,25	89,15	49,11	71,44	80,37
5 708,99	III	1 008,—	55,44	80,64	90,72	III	1 008,—	51,04	74,25	83,53	46,75	68,—	76,50	42,54	61,88	69,61	38,43	55,90	62,89	34,42	50,06	56,32	30,49	44,36	49,90
	V	2 102,16	115,61	168,17	189,19	IV	1 558,50	82,81	120,46	135,51	79,91	116,24	130,77	77,01	112,02	126,02	74,12	107,81	121,28	71,22	103,59	116,54	68,32	99,38	111,80
	VI	2 134,41	117,39	170,75	192,09																				
	I,IV	1 559,75	85,78	124,78	140,37	I	1 559,75	79,98	116,34	130,88	74,19	107,91	121,40	68,39	99,48	111,91	62,59	91,05	102,43	56,94	82,83	93,18	51,48	74,89	84,25
	II	1 513,91	83,26	121,11	136,25	II	1 513,91	77,46	112,68	126,76	71,66	104,24	117,27	65,87	95,81	107,78	60,11	87,44	98,37	54,55	79,35	89,27	49,17	71,52	80,46
5 711,99	III	1 009,—	55,49	80,72	90,81	III	1 009,—	51,10	74,33	83,62	46,79	68,06	76,57	42,58	61,94	69,68	38,48	55,97	62,96	34,46	50,13	56,39	30,54	44,42	49,97
	V	2 103,41	115,68	168,27	189,30	IV	1 559,75	82,88	120,56	135,63	79,98	116,34	130,88	77,08	112,12	126,14	74,19	107,91	121,40	71,28	103,69	116,65	68,39	99,48	111,91
	VI	2 135,66	117,46	170,85	192,20																				
	I,IV	1 561,—	85,85	124,88	140,49	I	1 561,—	80,05	116,44	131,—	74,25	108,01	121,51	68,46	99,58	112,02	62,66	91,15	102,54	57,01	82,93	93,29	51,55	74,98	84,35
	II	1 515,25	83,33	121,22	136,37	II	1 515,25	77,54	112,78	126,88	71,73	104,34	117,38	65,94	95,91	107,90	60,18	87,54	98,48	54,61	79,44	89,37	49,23	71,62	80,57
5 714,99	III	1 010,—	55,55	80,80	90,90	III	1 010,—	51,15	74,40	83,70	46,85	68,14	76,66	42,64	62,02	69,77	38,52	56,04	63,04	34,51	50,20	56,47	30,58	44,49	50,05
	V	2 104,66	115,75	168,37	189,41	IV	1 561,—	82,95	120,66	135,74	80,05	116,44	131,—	77,15	112,22	126,25	74,25	108,01	121,51	71,35	103,79	116,76	68,46	99,58	112,02
	VI	2 136,91	117,53	170,95	192,32																				

* Die ausgewiesenen Tabellenwerte sind amtlich. Siehe Erläuterungen auf der Umschlaginnenseite (U2).

MONAT 5 715,–*

Lohn/ Gehalt bis €*	Abzüge an Lohnsteuer, Solidaritätszuschlag (SolZ) und Kirchensteuer (8%, 9%) in den Steuerklassen I – VI					I, II, III, IV		mit Zahl der Kinderfreibeträge . . . 0,5			1			1,5			2			2,5			3		
		LSt	ohne Kinderfreibeträge SolZ	8%	9%		LSt	SolZ	8%	9%	SolZ	8%	9%	SolZ	8%	9%	SolZ	8%	9%	SolZ	8%	9%	SolZ	8%	9%
5 717,99	I,IV	1 562,25	85,92	124,98	140,60	I	1 562,25	80,12	116,54	131,11	74,32	108,11	121,62	68,53	99,68	112,14	62,73	91,25	102,65	57,08	83,02	93,40	51,61	75,08	84,46
	II	1 516,50	83,40	121,32	136,48	II	1 516,50	77,60	112,88	126,99	71,81	104,45	117,50	66,01	96,02	108,02	60,25	87,64	98,60	54,68	79,54	89,48	49,30	71,71	80,67
	III	1 011,–	55,60	80,88	90,99	III	1 011,–	51,20	74,48	83,79	46,89	68,21	76,73	42,68	62,09	69,85	38,57	56,10	63,11	34,55	50,26	56,54	30,63	44,56	50,13
	V	2 105,91	115,82	168,47	189,53	IV	1 562,25	83,02	120,76	135,86	80,12	116,54	131,11	77,22	112,32	126,36	74,32	108,11	121,62	71,42	103,89	116,87	68,53	99,68	112,14
	VI	2 138,16	117,59	171,05	192,43																				
5 720,99	I,IV	1 563,50	85,99	125,08	140,71	I	1 563,50	80,19	116,64	131,22	74,39	108,21	121,73	68,59	99,78	112,25	62,80	91,35	102,77	57,14	83,12	93,51	51,68	75,17	84,56
	II	1 517,75	83,47	121,42	136,59	II	1 517,75	77,67	112,98	127,10	71,88	104,55	117,62	66,08	96,12	108,13	60,32	87,74	98,71	54,74	79,63	89,58	49,36	71,80	80,78
	III	1 012,–	55,66	80,96	91,08	III	1 012,–	51,26	74,56	83,88	46,95	68,29	76,82	42,74	62,17	69,94	38,62	56,18	63,20	34,60	50,33	56,62	30,68	44,62	50,20
	V	2 107,25	115,89	168,58	189,65	IV	1 563,50	83,09	120,86	135,97	80,19	116,64	131,22	77,29	112,43	126,48	74,39	108,21	121,73	71,50	104,–	117,–	68,59	99,78	112,25
	VI	2 139,41	117,66	171,15	192,54																				
5 723,99	I,IV	1 564,75	86,06	125,18	140,82	I	1 564,75	80,26	116,74	131,33	74,46	108,31	121,85	68,66	99,88	112,36	62,87	91,45	102,88	57,21	83,22	93,62	51,74	75,26	84,67
	II	1 519,–	83,54	121,52	136,71	II	1 519,–	77,74	113,08	127,22	71,94	104,65	117,73	66,15	96,22	108,24	60,39	87,84	98,82	54,81	79,73	89,69	49,43	71,90	80,88
	III	1 012,83	55,70	81,02	91,15	III	1 012,83	51,30	74,62	83,95	46,99	68,36	76,90	42,79	62,24	70,02	38,67	56,25	63,28	34,65	50,40	56,70	30,72	44,69	50,27
	V	2 108,50	115,96	168,68	189,76	IV	1 564,75	83,16	120,96	136,08	80,26	116,74	131,33	77,36	112,53	126,59	74,46	108,31	121,85	71,56	104,10	117,11	68,66	99,88	112,36
	VI	2 140,66	117,73	171,25	192,65																				
5 726,99	I,IV	1 566,–	86,13	125,28	140,94	I	1 566,–	80,33	116,84	131,45	74,53	108,41	121,96	68,73	99,98	112,47	62,94	91,55	102,99	57,28	83,32	93,73	51,81	75,36	84,78
	II	1 520,25	83,61	121,62	136,82	II	1 520,25	77,81	113,18	127,33	72,01	104,75	117,84	66,22	96,32	108,36	60,45	87,94	98,93	54,88	79,82	89,80	49,49	71,98	80,98
	III	1 013,83	55,76	81,10	91,24	III	1 013,83	51,36	74,70	84,04	47,05	68,44	76,99	42,84	62,32	70,11	38,72	56,32	63,36	34,70	50,48	56,79	30,77	44,76	50,35
	V	2 109,75	116,03	168,78	189,87	IV	1 566,–	83,23	121,06	136,19	80,33	116,84	131,45	77,43	112,63	126,71	74,53	108,41	121,96	71,63	104,20	117,22	68,73	99,98	112,47
	VI	2 141,91	117,80	171,35	192,77																				
5 729,99	I,IV	1 567,33	86,20	125,38	141,05	I	1 567,33	80,40	116,94	131,56	74,60	108,51	122,07	68,80	100,08	112,59	63,01	91,65	103,10	57,34	83,41	93,83	51,87	75,45	84,88
	II	1 521,50	83,68	121,72	136,93	II	1 521,50	77,88	113,28	127,44	72,08	104,85	117,95	66,28	96,42	108,47	60,52	88,04	99,04	54,94	79,92	89,91	49,55	72,08	81,09
	III	1 014,83	55,81	81,18	91,33	III	1 014,83	51,41	74,78	84,13	47,10	68,52	77,08	42,89	62,38	70,18	38,77	56,40	63,45	34,75	50,54	56,86	30,81	44,82	50,42
	V	2 111,–	116,10	168,88	189,99	IV	1 567,33	83,30	121,16	136,31	80,40	116,94	131,56	77,50	112,73	126,82	74,60	108,51	122,07	71,70	104,30	117,33	68,80	100,08	112,59
	VI	2 143,16	117,87	171,45	192,88																				
5 732,99	I,IV	1 568,58	86,27	125,48	141,17	I	1 568,58	80,47	117,05	131,68	74,67	108,62	122,19	68,87	100,18	112,70	63,08	91,75	103,22	57,41	83,51	93,95	51,93	75,54	84,98
	II	1 522,75	83,75	121,82	137,04	II	1 522,75	77,95	113,38	127,55	72,15	104,95	118,07	66,35	96,52	108,58	60,59	88,14	99,15	55,01	80,02	90,02	49,61	72,17	81,19
	III	1 015,83	55,87	81,26	91,42	III	1 015,83	51,46	74,85	84,20	47,15	68,58	77,15	42,93	62,45	70,25	38,82	56,46	63,52	34,79	50,61	56,93	30,86	44,89	50,50
	V	2 112,25	116,17	168,98	190,10	IV	1 568,58	83,37	121,26	136,42	80,47	117,05	131,68	77,57	112,83	126,93	74,67	108,62	122,19	71,77	104,40	117,45	68,87	100,18	112,70
	VI	2 144,41	117,94	171,55	192,99																				
5 735,99	I,IV	1 569,83	86,34	125,58	141,28	I	1 569,83	80,54	117,15	131,79	74,74	108,72	122,31	68,94	100,28	112,82	63,14	91,85	103,33	57,47	83,60	94,05	52,–	75,64	85,09
	II	1 524,–	83,82	121,92	137,16	II	1 524,–	78,02	113,48	127,67	72,22	105,05	118,18	66,42	96,62	108,69	60,66	88,24	99,27	55,07	80,11	90,12	49,68	72,26	81,29
	III	1 016,83	55,92	81,34	91,51	III	1 016,83	51,51	74,93	84,29	47,20	68,66	77,24	42,99	62,53	70,34	38,86	56,53	63,59	34,84	50,68	57,01	30,91	44,96	50,58
	V	2 113,50	116,24	169,08	190,21	IV	1 569,83	83,43	121,36	136,53	80,54	117,15	131,79	77,64	112,93	127,04	74,74	108,72	122,31	71,84	104,50	117,56	68,94	100,28	112,82
	VI	2 145,75	118,01	171,66	193,11																				
5 738,99	I,IV	1 571,08	86,40	125,68	141,39	I	1 571,08	80,61	117,25	131,90	74,81	108,82	122,42	69,01	100,38	112,93	63,21	91,95	103,44	57,54	83,70	94,16	52,06	75,73	85,19
	II	1 525,33	83,89	122,02	137,27	II	1 525,33	78,09	113,58	127,78	72,29	105,15	118,29	66,49	96,72	108,81	60,73	88,34	99,38	55,14	80,20	90,23	49,74	72,36	81,40
	III	1 017,66	55,97	81,41	91,58	III	1 017,66	51,57	75,01	84,38	47,25	68,73	77,32	43,03	62,60	70,42	38,92	56,61	63,68	34,88	50,74	57,08	30,95	45,02	50,65
	V	2 114,75	116,31	169,18	190,32	IV	1 571,08	83,50	121,46	136,64	80,61	117,25	131,90	77,71	113,03	127,16	74,81	108,82	122,42	71,91	104,60	117,67	69,01	100,38	112,93
	VI	2 147,–	118,08	171,76	193,23																				
5 741,99	I,IV	1 572,33	86,47	125,78	141,50	I	1 572,33	80,68	117,35	132,02	74,88	108,92	122,53	69,08	100,48	113,04	63,28	92,05	103,55	57,61	83,80	94,27	52,13	75,82	85,30
	II	1 526,58	83,96	122,12	137,39	II	1 526,58	78,16	113,69	127,90	72,36	105,26	118,41	66,56	96,82	108,92	60,79	88,43	99,48	55,21	80,30	90,34	49,80	72,44	81,50
	III	1 018,66	56,02	81,49	91,67	III	1 018,66	51,61	75,08	84,46	47,30	68,81	77,41	43,09	62,68	70,51	38,96	56,68	63,76	34,94	50,82	57,17	31,01	45,10	50,74
	V	2 116,–	116,38	169,28	190,44	IV	1 572,33	83,57	121,56	136,76	80,68	117,35	132,02	77,77	113,13	127,27	74,88	108,92	122,53	71,98	104,70	117,78	69,08	100,48	113,04
	VI	2 148,25	118,15	171,86	193,34																				
5 744,99	I,IV	1 573,58	86,54	125,88	141,62	I	1 573,58	80,74	117,45	132,13	74,95	109,02	122,64	69,15	100,58	113,15	63,35	92,15	103,67	57,68	83,90	94,38	52,19	75,92	85,41
	II	1 527,83	84,03	122,22	137,50	II	1 527,83	78,23	113,79	128,01	72,43	105,36	118,53	66,63	96,92	109,04	60,86	88,53	99,59	55,27	80,40	90,45	49,87	72,54	81,60
	III	1 019,66	56,08	81,57	91,76	III	1 019,66	51,67	75,16	84,55	47,35	68,88	77,49	43,13	62,74	70,58	39,01	56,74	63,83	34,98	50,89	57,25	31,05	45,17	50,81
	V	2 117,33	116,45	169,38	190,55	IV	1 573,58	83,65	121,67	136,88	80,74	117,45	132,13	77,85	113,24	127,39	74,95	109,02	122,64	72,05	104,80	117,90	69,15	100,58	113,15
	VI	2 149,50	118,22	171,96	193,45																				
5 747,99	I,IV	1 574,83	86,61	125,98	141,73	I	1 574,83	80,81	117,55	132,24	75,02	109,12	122,76	69,22	100,68	113,27	63,42	92,25	103,78	57,74	83,99	94,49	52,25	76,01	85,51
	II	1 529,08	84,09	122,32	137,61	II	1 529,08	78,30	113,89	128,12	72,50	105,46	118,64	66,70	97,02	109,15	60,93	88,63	99,71	55,33	80,49	90,55	49,93	72,63	81,71
	III	1 020,66	56,13	81,65	91,85	III	1 020,66	51,72	75,24	84,64	47,41	68,96	77,58	43,19	62,82	70,67	39,06	56,82	63,92	35,03	50,96	57,33	31,10	45,24	50,89
	V	2 118,58	116,52	169,48	190,67	IV	1 574,83	83,71	121,77	136,99	80,81	117,55	132,24	77,92	113,34	127,50	75,02	109,12	122,76	72,12	104,90	118,01	69,22	100,68	113,27
	VI	2 150,75	118,29	172,06	193,56																				
5 750,99	I,IV	1 576,08	86,68	126,08	141,84	I	1 576,08	80,88	117,65	132,35	75,08	109,22	122,87	69,29	100,78	113,38	63,49	92,35	103,89	57,81	84,09	94,60	52,32	76,10	85,61
	II	1 530,33	84,16	122,42	137,72	II	1 530,33	78,37	113,99	128,24	72,57	105,56	118,75	66,77	97,12	109,26	61,–	88,73	99,82	55,40	80,59	90,66	49,99	72,72	81,81
	III	1 021,66	56,19	81,73	91,94	III	1 021,66	51,77	75,30	84,71	47,45	69,02	77,65	43,23	62,89	70,75	39,11	56,89	64,–	35,08	51,02	57,40	31,14	45,30	50,96
	V	2 119,83	116,59	169,58	190,78	IV	1 576,08	83,78	121,87	137,10	80,88	117,65	132,35	77,99	113,44	127,62	75,08	109,22	122,87	72,19	105,–	118,13	69,29	100,78	113,38
	VI	2 152,–	118,36	172,16	193,68																				
5 753,99	I,IV	1 577,33	86,75	126,18	141,95	I	1 577,33	80,95	117,75	132,47	75,15	109,32	122,98	69,35	100,88	113,49	63,56	92,45	104,–	57,87	84,18	94,70	52,38	76,20	85,72
	II	1 531,58	84,23	122,52	137,84	II	1 531,58	78,43	114,09	128,35	72,64	105,66	118,86	66,84	97,22	109,37	61,07	88,83	99,93	55,47	80,68	90,77	50,06	72,82	81,92
	III	1 022,50	56,23	81,80	92,02	III	1 022,50	51,82	75,38	84,80	47,51	69,10	77,74	43,28	62,96	70,83	39,16	56,96	64,08	35,12	51,09	57,47	31,19	45,37	51,04
	V	2 121,08	116,65	169,68	190,89	IV	1 577,33	83,85	121,97	137,21	80,95	117,75	132,47	78,05	113,54	127,73	75,15	109,32	122,98	72,26	105,10	118,24	69,35	100,88	113,49
	VI	2 153,25	118,42	172,26	193,79																				
5 756,99	I,IV	1 578,66	86,82	126,29	142,07	I	1 578,66	81,02	117,86	132,59	75,23	109,42	123,10	69,42	100,98	113,60	63,63	92,55	104,12	57,94	84,28	94,82	52,45	76,29	85,82
	II	1 532,83	84,30	122,62	137,95	II	1 532,83	78,50	114,19	128,46	72,71	105,76	118,98	66,91	97,32	109,49	61,14	88,93	100,04	55,53	80,78	90,87	50,12	72,91	82,02
	III	1 023,50	56,29	81,88	92,11	III	1 023,50	51,88	75,46	84,89	47,56	69,18	77,83	43,34	63,04	70,92	39,21	57,04	64,17	35,18	51,17	57,56	31,24	45,44	51,12
	V	2 122,33	116,72	169,78	191,–	IV	1 578,66	83,92	122,07	137,33	81,02	117,86	132,59	78,12	113,64	127,84	75,23	109,42	123,10	72,32	105,20	118,35	69,42	100,98	113,60
	VI	2 154,50	118,49	172,36	193,90																				
5 759,99	I,IV	1 579,91	86,89	126,39	142,19	I	1 579,91	81,09	117,96	132,70	75,29	109,52	123,21	69,50	101,09	113,72	63,69	92,65	104,23	58,01	84,38	94,93	52,51	76,38	85,93
	II	1 534,08	84,37	122,72	138,06	II	1 534,08	78,57	114,29	128,57	72,77	105,86	119,09	66,98	97,42	109,60	61,20	89,02	100,15	55,60	80,88	90,99	50,19	73,–	82,13
	III	1 024,50	56,34	81,96	92,20	III	1 024,50	51,92	75,53	84,97	47,61	69,25	77,90	43,38	63,10	70,99	39,26	57,10	64,24	35,22	51,24	57,64	31,28	45,50	51,19
	V	2 123,58	116,79	169,88	191,12	IV	1 579,91	83,99	122,17	137,44	81,09	117,96	132,70	78,19	113,74	127,95	75,29	109,52	123,21	72,39	105,30	118,46	69,50	101,09	113,72
	VI	2 155,83	118,57	172,46	194,02																				

* Die ausgewiesenen Tabellenwerte sind amtlich. Siehe Erläuterungen auf der Umschlaginnenseite (U2).

Abzüge an Lohnsteuer, Solidaritätszuschlag (SolZ) und Kirchensteuer (8%, 9%) in den Steuerklassen

Lohn/ Gehalt bis €*	I – VI		ohne Kinderfreibeträge			I, II, III, IV		mit Zahl der Kinderfreibeträge . . . 0,5			1			1,5			2			2,5			3		
		LSt	SolZ	8%	9%		LSt	SolZ	8%	9%	SolZ	8%	9%	SolZ	8%	9%	SolZ	8%	9%	SolZ	8%	9%	SolZ	8%	9%
5 762,99	I,IV	1 581,16	86,96	126,49	142,30	I	1 581,16	81,16	118,06	132,81	75,36	109,62	123,32	69,57	101,19	113,84	63,76	92,75	104,34	58,08	84,48	95,04	52,58	76,48	86,04
	II	1 535,33	84,44	122,82	138,17	II	1 535,33	78,64	114,39	128,69	72,84	105,96	119,20	67,04	97,52	109,71	61,27	89,12	100,26	55,66	80,97	91,09	50,25	73,09	82,22
	III	1 025,50	56,40	82,04	92,29	III	1 025,50	51,98	75,61	85,06	47,66	69,33	77,99	43,44	63,18	71,08	39,30	57,17	64,31	35,27	51,30	57,71	31,33	45,57	51,26
	V	2 124,83	116,86	169,98	191,23	IV	1 581,16	84,06	122,27	137,55	81,16	118,06	132,81	78,26	113,84	128,07	75,36	109,62	123,32	72,46	105,40	118,58	69,57	101,19	113,84
	VI	2 157,08	118,63	172,56	194,13																				
5 765,99	I,IV	1 582,41	87,03	126,59	142,41	I	1 582,41	81,23	118,16	132,93	75,43	109,72	123,44	69,63	101,29	113,95	63,84	92,86	104,46	58,14	84,58	95,15	52,64	76,58	86,15
	II	1 536,66	84,51	122,93	138,29	II	1 536,66	78,71	114,50	128,81	72,92	106,06	119,32	67,11	97,62	109,82	61,34	89,22	100,37	55,73	81,07	91,20	50,31	73,18	82,33
	III	1 026,50	56,45	82,12	92,38	III	1 026,50	52,03	75,69	85,15	47,71	69,40	78,07	43,48	63,25	71,15	39,35	57,24	64,39	35,31	51,37	57,79	31,37	45,64	51,34
	V	2 126,08	116,93	170,08	191,34	IV	1 582,41	84,13	122,37	137,66	81,23	118,16	132,93	78,33	113,94	128,18	75,43	109,72	123,44	72,53	105,50	118,69	69,63	101,29	113,95
	VI	2 158,33	118,70	172,66	194,24																				
5 768,99	I,IV	1 583,66	87,10	126,69	142,52	I	1 583,66	81,30	118,26	133,04	75,50	109,82	123,55	69,70	101,39	114,06	63,91	92,96	104,58	58,21	84,67	95,25	52,71	76,67	86,25
	II	1 537,91	84,58	123,03	138,41	II	1 537,91	78,78	114,60	128,92	72,98	106,16	119,43	67,19	97,73	109,94	61,41	89,32	100,49	55,80	81,16	91,31	50,38	73,28	82,44
	III	1 027,50	56,51	82,20	92,47	III	1 027,50	52,09	75,77	85,24	47,76	69,48	78,16	43,54	63,33	71,24	39,40	57,32	64,48	35,36	51,44	57,87	31,42	45,70	51,41
	V	2 127,41	117,—	170,19	191,46	IV	1 583,66	84,20	122,48	137,79	81,30	118,26	133,04	78,40	114,04	128,30	75,50	109,82	123,55	72,60	105,60	118,80	69,70	101,39	114,06
	VI	2 159,58	118,77	172,76	194,36																				
5 771,99	I,IV	1 584,91	87,17	126,79	142,64	I	1 584,91	81,37	118,36	133,15	75,57	109,92	123,66	69,77	101,49	114,17	63,97	93,06	104,69	58,28	84,77	95,36	52,77	76,76	86,36
	II	1 539,16	84,65	123,13	138,52	II	1 539,16	78,85	114,70	129,03	73,05	106,26	119,54	67,26	97,83	110,06	61,48	89,42	100,60	55,86	81,26	91,41	50,44	73,37	82,54
	III	1 028,33	56,55	82,26	92,54	III	1 028,33	52,14	75,84	85,32	47,81	69,54	78,23	43,58	63,40	71,32	39,45	57,38	64,55	35,42	51,52	57,96	31,46	45,77	51,49
	V	2 128,66	117,07	170,29	191,57	IV	1 584,91	84,27	122,58	137,90	81,37	118,36	133,15	78,47	114,14	128,41	75,57	109,92	123,66	72,67	105,71	118,92	69,77	101,49	114,17
	VI	2 160,83	118,84	172,86	194,47																				
5 774,99	I,IV	1 586,16	87,23	126,89	142,75	I	1 586,16	81,44	118,46	133,26	75,64	110,02	123,77	69,84	101,59	114,29	64,04	93,16	104,80	58,35	84,87	95,48	52,84	76,86	86,46
	II	1 540,41	84,72	123,23	138,63	II	1 540,41	78,92	114,80	129,15	73,12	106,36	119,66	67,32	97,93	110,17	61,54	89,52	100,71	55,93	81,36	91,53	50,50	73,46	82,64
	III	1 029,33	56,61	82,34	92,63	III	1 029,33	52,19	75,92	85,41	47,86	69,62	78,32	43,64	63,48	71,41	39,49	57,45	64,63	35,46	51,58	58,03	31,51	45,84	51,57
	V	2 129,91	117,14	170,39	191,69	IV	1 586,16	84,34	122,68	138,01	81,44	118,46	133,26	78,54	114,24	128,52	75,64	110,02	123,77	72,74	105,81	119,03	69,84	101,59	114,29
	VI	2 162,08	118,91	172,96	194,58																				
5 777,99	I,IV	1 587,41	87,30	126,99	142,86	I	1 587,41	81,51	118,56	133,38	75,71	110,12	123,89	69,91	101,69	114,40	64,11	93,26	104,91	58,41	84,96	95,58	52,90	76,95	86,57
	II	1 541,66	84,79	123,33	138,74	II	1 541,66	78,99	114,90	129,26	73,19	106,46	119,77	67,39	98,03	110,28	61,61	89,62	100,82	55,99	81,45	91,63	50,57	73,56	82,75
	III	1 030,33	56,66	82,42	92,72	III	1 030,33	52,25	76,—	85,50	47,92	69,70	78,41	43,68	63,54	71,48	39,55	57,53	64,72	35,51	51,65	58,10	31,56	45,90	51,64
	V	2 131,16	117,21	170,49	191,80	IV	1 587,41	84,41	122,78	138,12	81,51	118,56	133,38	78,61	114,34	128,63	75,71	110,12	123,89	72,81	105,91	119,15	69,91	101,69	114,40
	VI	2 163,33	118,98	173,06	194,69																				
5 780,99	I,IV	1 588,75	87,38	127,10	142,98	I	1 588,75	81,58	118,66	133,49	75,78	110,22	124,—	69,98	101,79	114,51	64,18	93,36	105,03	58,48	85,06	95,69	52,96	77,04	86,67
	II	1 542,91	84,86	123,43	138,86	II	1 542,91	79,06	115,—	129,37	73,26	106,56	119,88	67,46	98,13	110,39	61,68	89,72	100,94	56,06	81,54	91,73	50,63	73,65	82,85
	III	1 031,33	56,72	82,50	92,81	III	1 031,33	52,29	76,06	85,57	47,96	69,77	78,49	43,73	63,61	71,56	39,60	57,60	64,80	35,55	51,72	58,18	31,61	45,98	51,73
	V	2 132,41	117,28	170,59	191,91	IV	1 588,75	84,48	122,88	138,24	81,58	118,66	133,49	78,68	114,44	128,75	75,78	110,22	124,—	72,88	106,01	119,26	69,98	101,79	114,51
	VI	2 164,58	119,05	173,16	194,81																				
5 783,99	I,IV	1 590,—	87,45	127,20	143,10	I	1 590,—	81,65	118,76	133,61	75,85	110,33	124,12	70,05	101,90	114,63	64,25	93,46	105,14	58,54	85,16	95,80	53,03	77,14	86,78
	II	1 544,16	84,92	123,53	138,97	II	1 544,16	79,13	115,10	129,48	73,33	106,66	119,99	67,53	98,23	110,51	61,75	89,82	101,05	56,13	81,64	91,85	50,70	73,74	82,96
	III	1 032,33	56,77	82,58	92,90	III	1 032,33	52,35	76,14	85,66	48,02	69,85	78,58	43,78	63,69	71,65	39,64	57,66	64,87	35,60	51,78	58,25	31,66	46,05	51,80
	V	2 133,66	117,35	170,69	192,02	IV	1 590,—	84,54	122,98	138,35	81,65	118,76	133,61	78,75	114,54	128,86	75,85	110,33	124,12	72,95	106,11	119,37	70,05	101,90	114,63
	VI	2 165,91	119,12	173,27	194,93																				
5 786,99	I,IV	1 591,25	87,51	127,30	143,21	I	1 591,25	81,72	118,86	133,72	75,92	110,43	124,23	70,12	102,—	114,75	64,32	93,56	105,26	58,61	85,26	95,91	53,09	77,23	86,88
	II	1 545,41	84,99	123,63	139,08	II	1 545,41	79,20	115,20	129,60	73,40	106,76	120,11	67,60	98,33	110,62	61,82	89,92	101,16	56,19	81,74	91,95	50,76	73,84	83,07
	III	1 033,33	56,83	82,66	92,99	III	1 033,33	52,40	76,22	85,75	48,07	69,92	78,66	43,83	63,76	71,73	39,70	57,74	64,96	35,65	51,86	58,34	31,70	46,12	51,88
	V	2 134,91	117,42	170,79	192,14	IV	1 591,25	84,61	123,08	138,46	81,72	118,86	133,72	78,81	114,64	128,97	75,92	110,43	124,23	73,02	106,21	119,48	70,12	102,—	114,75
	VI	2 167,16	119,19	173,37	195,04																				
5 789,99	I,IV	1 592,50	87,58	127,40	143,32	I	1 592,50	81,78	118,96	133,83	75,99	110,53	124,34	70,19	102,10	114,86	64,39	93,66	105,37	58,68	85,36	96,03	53,16	77,33	86,99
	II	1 546,75	85,07	123,74	139,20	II	1 546,75	79,27	115,30	129,71	73,47	106,86	120,22	67,67	98,43	110,73	61,88	90,02	101,27	56,26	81,84	92,07	50,82	73,93	83,17
	III	1 034,16	56,87	82,73	93,07	III	1 034,16	52,45	76,29	85,82	48,12	70,—	78,75	43,89	63,84	71,82	39,74	57,81	65,03	35,70	51,93	58,42	31,75	46,18	51,95
	V	2 136,16	117,48	170,89	192,25	IV	1 592,50	84,68	123,18	138,57	81,78	118,96	133,83	78,88	114,74	129,08	75,99	110,53	124,34	73,09	106,31	119,60	70,19	102,10	114,86
	VI	2 168,41	119,26	173,47	195,15																				
5 792,99	I,IV	1 593,75	87,65	127,50	143,43	I	1 593,75	81,85	119,06	133,94	76,06	110,63	124,46	70,26	102,20	114,97	64,46	93,76	105,48	58,74	85,45	96,13	53,23	77,42	87,10
	II	1 548,—	85,14	123,84	139,32	II	1 548,—	79,34	115,40	129,83	73,54	106,97	120,34	67,74	98,54	110,85	61,95	90,12	101,38	56,32	81,93	92,17	50,88	74,02	83,27
	III	1 035,16	56,93	82,81	93,16	III	1 035,16	52,50	76,37	85,91	48,18	70,08	78,84	43,93	63,90	71,89	39,79	57,88	65,11	35,75	52,—	58,50	31,79	46,25	52,03
	V	2 137,41	117,55	170,99	192,36	IV	1 593,75	84,75	123,28	138,69	81,85	119,06	133,94	78,95	114,84	129,20	76,06	110,63	124,46	73,15	106,41	119,71	70,26	102,20	114,97
	VI	2 169,66	119,33	173,57	195,26																				
5 795,99	I,IV	1 595,—	87,72	127,60	143,55	I	1 595,—	81,92	119,16	134,06	76,12	110,73	124,57	70,33	102,30	115,08	64,53	93,86	105,59	58,81	85,55	96,24	53,29	77,52	87,21
	II	1 549,25	85,20	123,94	139,43	II	1 549,25	79,41	115,50	129,94	73,61	107,07	120,45	67,81	98,64	110,97	62,02	90,22	101,49	56,39	82,03	92,28	50,95	74,11	83,37
	III	1 036,16	56,98	82,89	93,25	III	1 036,16	52,56	76,45	86,—	48,22	70,14	78,91	43,99	63,98	71,98	39,84	57,96	65,20	35,79	52,06	58,57	31,84	46,32	52,11
	V	2 138,75	117,63	171,10	192,48	IV	1 595,—	84,82	123,38	138,80	81,92	119,16	134,06	79,03	114,95	129,32	76,12	110,73	124,57	73,23	106,52	119,83	70,33	102,30	115,08
	VI	2 170,91	119,40	173,67	195,38																				
5 798,99	I,IV	1 596,25	87,79	127,70	143,66	I	1 596,25	81,99	119,26	134,17	76,19	110,83	124,68	70,40	102,40	115,20	64,60	93,96	105,71	58,88	85,65	96,35	53,35	77,61	87,31
	II	1 550,50	85,27	124,04	139,54	II	1 550,50	79,47	115,60	130,05	73,68	107,17	120,56	67,88	98,74	111,08	62,09	90,32	101,61	56,46	82,12	92,39	51,01	74,20	83,48
	III	1 037,16	57,04	82,97	93,34	III	1 037,16	52,61	76,53	86,09	48,28	70,22	79,—	44,03	64,05	72,05	39,89	58,02	65,27	35,84	52,13	58,64	31,89	46,38	52,18
	V	2 140,—	117,70	171,20	192,60	IV	1 596,25	84,89	123,48	138,92	81,99	119,26	134,17	79,09	115,05	129,43	76,19	110,83	124,68	73,30	106,62	119,94	70,40	102,40	115,20
	VI	2 172,16	119,46	173,77	195,49																				
5 801,99	I,IV	1 597,50	87,86	127,80	143,77	I	1 597,50	82,06	119,36	134,28	76,26	110,93	124,79	70,46	102,50	115,31	64,67	94,06	105,82	58,95	85,74	96,46	53,42	77,70	87,41
	II	1 551,75	85,34	124,14	139,65	II	1 551,75	79,54	115,70	130,16	73,75	107,27	120,68	67,95	98,84	111,19	62,16	90,42	101,72	56,52	82,22	92,49	51,08	74,30	83,58
	III	1 038,16	57,09	83,05	93,43	III	1 038,16	52,66	76,60	86,17	48,32	70,29	79,07	44,09	64,13	72,14	39,93	58,09	65,35	35,89	52,21	58,73	31,93	46,45	52,25
	V	2 141,25	117,76	171,30	192,71	IV	1 597,50	84,96	123,58	139,03	82,06	119,36	134,28	79,16	115,15	129,54	76,26	110,93	124,79	73,37	106,72	120,06	70,46	102,50	115,31
	VI	2 173,41	119,53	173,87	195,60																				
5 804,99	I,IV	1 598,83	87,93	127,90	143,89	I	1 598,83	82,13	119,46	134,39	76,33	111,03	124,91	70,53	102,60	115,42	64,73	94,16	105,93	59,01	85,84	96,57	53,48	77,80	87,52
	II	1 553,—	85,41	124,24	139,77	II	1 553,—	79,61	115,80	130,28	73,81	107,37	120,79	68,02	98,94	111,30	62,23	90,52	101,83	56,59	82,32	92,61	51,14	74,39	83,69
	III	1 039,16	57,15	83,13	93,52	III	1 039,16	52,71	76,68	86,26	48,38	70,37	79,16	44,13	64,20	72,22	39,99	58,17	65,44	35,94	52,28	58,81	31,98	46,52	52,33
	V	2 142,50	117,83	171,40	192,82	IV	1 598,83	85,03	123,68	139,14	82,13	119,46	134,39	79,23	115,25	129,65	76,33	111,03	124,91	73,43	106,82	120,17	70,53	102,60	115,42
	VI	2 174,66	119,60	173,97	195,71																				

* Die ausgewiesenen Tabellenwerte sind amtlich. Siehe Erläuterungen auf der Umschlaginnenseite (U2).

MONAT 5 805,–*

Abzüge an Lohnsteuer, Solidaritätszuschlag (SolZ) und Kirchensteuer (8%, 9%) in den Steuerklassen

Lohn/ Gehalt bis €*	I – VI					I, II, III, IV		0,5			1			1,5			2			2,5			3		
			ohne Kinderfreibeträge					mit Zahl der Kinderfreibeträge . . .																	
		LSt	SolZ	8%	9%		LSt	SolZ	8%	9%	SolZ	8%	9%	SolZ	8%	9%	SolZ	8%	9%	SolZ	8%	9%	SolZ	8%	9%
5 807,99	I,IV	1 600,08	88,–	128,–	144,–	I	1 600,08	82,20	119,57	134,51	76,40	111,14	125,03	70,61	102,70	115,54	64,80	94,26	106,04	59,08	85,94	96,68	53,55	77,90	87,63
	II	1 554,25	85,48	124,34	139,88	II	1 554,25	79,68	115,90	130,39	73,88	107,47	120,90	68,09	99,04	111,42	62,30	90,62	101,94	56,65	82,41	92,71	51,20	74,48	83,79
	III	1 040,–	57,20	83,20	93,60	III	1 040,–	52,77	76,76	86,35	48,43	70,45	79,25	44,19	64,28	72,31	40,04	58,24	65,52	35,98	52,34	58,88	32,02	46,58	52,40
	V	2 143,75	117,90	171,50	192,93	IV	1 600,08	85,10	123,78	139,25	82,20	119,57	134,51	79,30	115,35	129,77	76,40	111,14	125,03	73,50	106,92	120,28	70,61	102,70	115,54
	VI	2 175,91	119,67	174,07	195,83																				
5 810,99	I,IV	1 601,33	88,07	128,10	144,11	I	1 601,33	82,27	119,67	134,63	76,47	111,24	125,14	70,67	102,80	115,65	64,88	94,37	106,16	59,15	86,04	96,79	53,62	77,99	87,74
	II	1 555,50	85,55	124,44	139,99	II	1 555,50	79,75	116,–	130,50	73,95	107,57	121,01	68,15	99,14	111,53	62,37	90,72	102,06	56,72	82,51	92,82	51,27	74,58	83,90
	III	1 041,–	57,25	83,28	93,69	III	1 041,–	52,81	76,82	86,42	48,48	70,52	79,33	44,23	64,34	72,38	40,09	58,32	65,61	36,03	52,41	58,96	32,07	46,65	52,48
	V	2 145,–	117,97	171,60	193,05	IV	1 601,33	85,17	123,88	139,37	82,27	119,67	134,63	79,37	115,45	129,88	76,47	111,24	125,14	73,57	107,02	120,39	70,67	102,80	115,65
	VI	2 177,25	119,74	174,18	195,95																				
5 813,99	I,IV	1 602,58	88,14	128,20	144,23	I	1 602,58	82,34	119,77	134,74	76,54	111,34	125,25	70,74	102,90	115,76	64,95	94,47	106,28	59,22	86,14	96,90	53,68	78,08	87,84
	II	1 556,83	85,62	124,54	140,11	II	1 556,83	79,82	116,10	130,61	74,02	107,67	121,13	68,22	99,24	111,64	62,43	90,82	102,17	56,79	82,60	92,93	51,33	74,67	84,–
	III	1 042,–	57,31	83,36	93,78	III	1 042,–	52,87	76,90	86,51	48,53	70,60	79,42	44,29	64,42	72,47	40,14	58,38	65,68	36,08	52,49	59,05	32,12	46,73	52,57
	V	2 146,25	118,04	171,70	193,16	IV	1 602,58	85,24	123,98	139,48	82,34	119,77	134,74	79,44	115,55	129,99	76,54	111,34	125,25	73,64	107,12	120,51	70,74	102,90	115,76
	VI	2 178,50	119,81	174,28	196,06																				
5 816,99	I,IV	1 603,83	88,21	128,30	144,34	I	1 603,83	82,41	119,87	134,85	76,61	111,44	125,37	70,81	103,–	115,88	65,01	94,57	106,39	59,29	86,24	97,02	53,74	78,18	87,95
	II	1 558,08	85,69	124,64	140,22	II	1 558,08	79,89	116,21	130,73	74,09	107,78	121,25	68,30	99,34	111,76	62,50	90,92	102,28	56,86	82,70	93,04	51,40	74,76	84,11
	III	1 043,–	57,36	83,44	93,87	III	1 043,–	52,92	76,98	86,60	48,58	70,66	79,49	44,33	64,49	72,55	40,18	58,45	65,75	36,13	52,56	59,13	32,17	46,80	52,65
	V	2 147,50	118,11	171,80	193,27	IV	1 603,83	85,30	124,08	139,59	82,41	119,87	134,85	79,51	115,65	130,10	76,61	111,44	125,37	73,71	107,22	120,62	70,81	103,–	115,88
	VI	2 179,75	119,88	174,38	196,17																				
5 819,99	I,IV	1 605,08	88,27	128,40	144,45	I	1 605,08	82,48	119,97	134,96	76,68	111,54	125,48	70,88	103,10	115,99	65,08	94,67	106,50	59,35	86,33	97,12	53,81	78,27	88,05
	II	1 559,33	85,76	124,74	140,33	II	1 559,33	79,96	116,31	130,85	74,16	107,88	121,36	68,36	99,44	111,87	62,57	91,02	102,39	56,92	82,80	93,15	51,46	74,86	84,21
	III	1 044,–	57,42	83,52	93,96	III	1 044,–	52,98	77,06	86,69	48,63	70,74	79,58	44,39	64,57	72,64	40,24	58,53	65,84	36,18	52,62	59,20	32,22	46,86	52,72
	V	2 148,83	118,18	171,90	193,39	IV	1 605,08	85,38	124,19	139,71	82,48	119,97	134,96	79,58	115,76	130,23	76,68	111,54	125,48	73,78	107,32	120,74	70,88	103,10	115,99
	VI	2 181,–	119,95	174,48	196,29																				
5 822,99	I,IV	1 606,33	88,34	128,50	144,56	I	1 606,33	82,55	120,07	135,08	76,75	111,64	125,59	70,95	103,20	116,10	65,15	94,77	106,61	59,42	86,43	97,23	53,88	78,37	88,16
	II	1 560,58	85,83	124,84	140,45	II	1 560,58	80,03	116,41	130,96	74,23	107,98	121,47	68,43	99,54	111,98	62,64	91,12	102,51	56,99	82,90	93,26	51,53	74,95	84,32
	III	1 045,–	57,47	83,60	94,05	III	1 045,–	53,02	77,13	86,77	48,69	70,82	79,67	44,44	64,64	72,72	40,28	58,60	65,92	36,22	52,69	59,27	32,26	46,93	52,79
	V	2 150,08	118,25	172,–	193,50	IV	1 606,33	85,45	124,29	139,82	82,55	120,07	135,08	79,65	115,86	130,34	76,75	111,64	125,59	73,85	107,42	120,85	70,95	103,20	116,10
	VI	2 182,25	120,02	174,58	196,40																				
5 825,99	I,IV	1 607,58	88,41	128,60	144,68	I	1 607,58	82,61	120,17	135,19	76,82	111,74	125,70	71,02	103,30	116,21	65,22	94,87	106,73	59,49	86,53	97,34	53,94	78,46	88,27
	II	1 561,83	85,90	124,94	140,56	II	1 561,83	80,10	116,51	131,07	74,30	108,08	121,59	68,50	99,64	112,10	62,71	91,22	102,62	57,05	82,99	93,36	51,59	75,04	84,42
	III	1 045,83	57,52	83,66	94,12	III	1 045,83	53,08	77,21	86,86	48,73	70,89	79,75	44,49	64,72	72,81	40,33	58,66	65,99	36,27	52,76	59,35	32,31	47,–	52,87
	V	2 151,33	118,32	172,10	193,61	IV	1 607,58	85,52	124,39	139,94	82,61	120,17	135,19	79,72	115,96	130,45	76,82	111,74	125,70	73,92	107,52	120,96	71,02	103,30	116,21
	VI	2 183,50	120,09	174,68	196,51																				
5 828,99	I,IV	1 608,83	88,48	128,70	144,79	I	1 608,83	82,68	120,27	135,30	76,89	111,84	125,82	71,09	103,40	116,33	65,29	94,97	106,84	59,56	86,63	97,46	54,01	78,56	88,38
	II	1 563,08	85,96	125,04	140,67	II	1 563,08	80,17	116,61	131,18	74,37	108,18	121,70	68,57	99,74	112,21	62,78	91,32	102,73	57,12	83,09	93,47	51,65	75,14	84,53
	III	1 046,83	57,57	83,74	94,21	III	1 046,83	53,13	77,29	86,95	48,79	70,97	79,84	44,54	64,78	72,88	40,38	58,74	66,08	36,32	52,84	59,44	32,35	47,06	52,94
	V	2 152,58	118,39	172,20	193,73	IV	1 608,83	85,58	124,49	140,05	82,68	120,27	135,30	79,79	116,06	130,56	76,89	111,84	125,82	73,99	107,62	121,07	71,09	103,40	116,33
	VI	2 184,75	120,16	174,78	196,62																				
5 831,99	I,IV	1 610,16	88,55	128,81	144,91	I	1 610,16	82,76	120,38	135,42	76,96	111,94	125,93	71,16	103,50	116,44	65,36	95,07	106,95	59,62	86,72	97,56	54,07	78,65	88,48
	II	1 564,33	86,03	125,14	140,78	II	1 564,33	80,24	116,71	131,30	74,44	108,28	121,81	68,64	99,84	112,32	62,85	91,42	102,84	57,19	83,18	93,58	51,72	75,23	84,63
	III	1 047,83	57,63	83,82	94,30	III	1 047,83	53,19	77,37	87,04	48,84	71,04	79,92	44,58	64,85	72,95	40,43	58,81	66,16	36,37	52,90	59,51	32,40	47,13	53,02
	V	2 153,83	118,46	172,30	193,84	IV	1 610,16	85,65	124,59	140,16	82,76	120,38	135,42	79,86	116,16	130,68	76,96	111,94	125,93	74,06	107,72	121,19	71,16	103,50	116,44
	VI	2 186,–	120,23	174,88	196,74																				
5 834,99	I,IV	1 611,41	88,62	128,91	145,02	I	1 611,41	82,83	120,48	135,54	77,03	112,04	126,05	71,23	103,61	116,56	65,43	95,18	107,07	59,69	86,82	97,67	54,13	78,74	88,58
	II	1 565,58	86,10	125,24	140,90	II	1 565,58	80,30	116,81	131,41	74,51	108,38	121,92	68,71	99,94	112,43	62,92	91,52	102,96	57,25	83,28	93,69	51,78	75,32	84,74
	III	1 048,83	57,68	83,90	94,39	III	1 048,83	53,24	77,44	87,12	48,89	71,12	80,01	44,64	64,93	73,04	40,48	58,88	66,24	36,41	52,97	59,59	32,45	47,20	53,10
	V	2 155,08	118,52	172,40	193,95	IV	1 611,41	85,72	124,69	140,27	82,83	120,48	135,54	79,92	116,26	130,79	77,03	112,04	126,05	74,13	107,82	121,30	71,23	103,61	116,56
	VI	2 187,33	120,30	174,98	196,85																				
5 837,99	I,IV	1 612,66	88,69	129,01	145,13	I	1 612,66	82,89	120,58	135,65	77,10	112,14	126,16	71,30	103,71	116,67	65,50	95,28	107,19	59,76	86,92	97,79	54,20	78,84	88,70
	II	1 566,83	86,17	125,34	141,01	II	1 566,83	80,37	116,91	131,52	74,58	108,48	122,04	68,78	100,04	112,55	62,98	91,62	103,07	57,32	83,38	93,80	51,85	75,42	84,84
	III	1 049,83	57,74	83,98	94,48	III	1 049,83	53,29	77,52	87,21	48,95	71,20	80,10	44,68	65,–	73,12	40,53	58,96	66,33	36,46	53,04	59,67	32,49	47,26	53,17
	V	2 156,33	118,59	172,50	194,06	IV	1 612,66	85,79	124,79	140,39	82,89	120,58	135,65	79,99	116,36	130,90	77,10	112,14	126,16	74,19	107,92	121,41	71,30	103,71	116,67
	VI	2 188,58	120,37	175,08	196,97																				
5 840,99	I,IV	1 613,91	88,76	129,11	145,25	I	1 613,91	82,96	120,68	135,76	77,16	112,24	126,27	71,37	103,81	116,78	65,57	95,38	107,30	59,83	87,02	97,90	54,27	78,94	88,80
	II	1 568,16	86,24	125,45	141,13	II	1 568,16	80,45	117,02	131,64	74,65	108,58	122,15	68,85	100,14	112,66	63,05	91,72	103,18	57,39	83,48	93,91	51,91	75,51	84,95
	III	1 050,83	57,79	84,06	94,57	III	1 050,83	53,35	77,60	87,30	48,99	71,26	80,17	44,74	65,08	73,21	40,58	59,02	66,40	36,52	53,12	59,76	32,55	47,34	53,26
	V	2 157,58	118,66	172,60	194,18	IV	1 613,91	85,86	124,89	140,50	82,96	120,68	135,76	80,06	116,46	131,01	77,16	112,24	126,27	74,26	108,02	121,52	71,37	103,81	116,78
	VI	2 189,83	120,44	175,18	197,08																				
5 843,99	I,IV	1 615,16	88,83	129,21	145,36	I	1 615,16	83,03	120,78	135,87	77,23	112,34	126,38	71,44	103,91	116,90	65,64	95,48	107,41	59,89	87,12	98,01	54,33	79,03	88,91
	II	1 569,41	86,31	125,55	141,24	II	1 569,41	80,52	117,12	131,76	74,72	108,68	122,27	68,92	100,25	112,78	63,12	91,82	103,29	57,45	83,57	94,01	51,97	75,60	85,05
	III	1 051,83	57,85	84,14	94,66	III	1 051,83	53,39	77,66	87,37	49,05	71,34	80,26	44,78	65,14	73,28	40,62	59,09	66,47	36,56	53,18	59,83	32,59	47,41	53,33
	V	2 158,91	118,74	172,71	194,30	IV	1 615,16	85,93	125,–	140,62	83,03	120,78	135,87	80,13	116,56	131,13	77,23	112,34	126,38	74,33	108,12	121,64	71,44	103,91	116,90
	VI	2 191,08	120,50	175,28	197,19																				
5 846,99	I,IV	1 616,41	88,90	129,31	145,47	I	1 616,41	83,10	120,88	135,99	77,30	112,44	126,50	71,50	104,01	117,01	65,71	95,58	107,52	59,96	87,22	98,12	54,39	79,12	89,01
	II	1 570,66	86,38	125,65	141,35	II	1 570,66	80,58	117,22	131,87	74,79	108,78	122,38	68,99	100,35	112,89	63,19	91,92	103,41	57,52	83,67	94,13	52,04	75,70	85,16
	III	1 052,66	57,89	84,21	94,73	III	1 052,66	53,45	77,74	87,46	49,09	71,41	80,33	44,84	65,22	73,37	40,68	59,17	66,56	36,61	53,25	59,90	32,64	47,48	53,41
	V	2 160,16	118,80	172,81	194,41	IV	1 616,41	86,–	125,10	140,73	83,10	120,88	135,99	80,20	116,66	131,24	77,30	112,44	126,50	74,41	108,23	121,76	71,50	104,01	117,01
	VI	2 192,33	120,57	175,38	197,30																				
5 849,99	I,IV	1 617,66	88,97	129,41	145,58	I	1 617,66	83,17	120,98	136,10	77,37	112,54	126,61	71,57	104,11	117,12	65,78	95,68	107,64	60,03	87,32	98,23	54,46	79,22	89,12
	II	1 571,91	86,45	125,75	141,47	II	1 571,91	80,65	117,32	131,98	74,85	108,88	122,49	69,06	100,45	113,–	63,26	92,02	103,52	57,58	83,76	94,23	52,10	75,79	85,26
	III	1 053,66	57,95	84,29	94,82	III	1 053,66	53,50	77,82	87,55	49,15	71,49	80,42	44,88	65,29	73,45	40,72	59,24	66,64	36,65	53,32	59,98	32,68	47,54	53,48
	V	2 161,41	118,87	172,91	194,52	IV	1 617,66	86,07	125,20	140,85	83,17	120,98	136,10	80,27	116,76	131,36	77,37	112,54	126,61	74,47	108,33	121,87	71,57	104,11	117,12
	VI	2 193,58	120,64	175,48	197,42																				

* Die ausgewiesenen Tabellenwerte sind amtlich. Siehe Erläuterungen auf der Umschlaginnenseite (U2).

Lohn/ Gehalt bis €*	Abzüge an Lohnsteuer, Solidaritätszuschlag (SolZ) und Kirchensteuer (8%, 9%) in den Steuerklassen I – VI					I, II, III, IV		mit Zahl der Kinderfreibeträge . . . 0,5			1			1,5			2			2,5			3		
		LSt	ohne Kinderfreibeträge SolZ	8%	9%		LSt	SolZ	8%	9%	SolZ	8%	9%	SolZ	8%	9%	SolZ	8%	9%	SolZ	8%	9%	SolZ	8%	9%
5 852,99	I,IV	1 618,91	89,04	129,51	145,70	I	1 618,91	83,24	121,08	136,21	77,44	112,64	126,72	71,64	104,21	117,23	65,84	95,78	107,75	60,10	87,42	98,34	54,53	79,32	89,23
	II	1 573,16	86,52	125,85	141,58	II	1 573,16	80,72	117,42	132,09	74,92	108,98	122,60	69,13	100,55	113,12	63,33	92,12	103,63	57,65	83,86	94,34	52,17	75,88	85,37
	III	1 054,66	58,—	84,37	94,91	III	1 054,66	53,56	77,90	87,64	49,20	71,57	80,51	44,94	65,37	73,54	40,78	59,32	66,73	36,71	53,40	60,07	32,73	47,61	53,56
	V	2 162,66	118,94	173,01	194,63	IV	1 618,91	86,14	125,30	140,96	83,24	121,08	136,21	80,34	116,86	131,47	77,44	112,64	126,72	74,54	108,43	121,98	71,64	104,21	117,23
	VI	2 194,83	120,71	175,58	197,53																				
5 855,99	I,IV	1 620,25	89,11	129,62	145,82	I	1 620,25	83,31	121,18	136,33	77,51	112,74	126,83	71,71	104,31	117,35	65,91	95,88	107,86	60,16	87,51	98,45	54,59	79,41	89,33
	II	1 574,41	86,59	125,95	141,69	II	1 574,41	80,79	117,52	132,21	74,99	109,08	122,72	69,19	100,65	113,23	63,40	92,22	103,74	57,72	83,96	94,46	52,23	75,98	85,47
	III	1 055,66	58,06	84,45	95,—	III	1 055,66	53,60	77,97	87,71	49,25	71,64	80,59	44,99	65,44	73,62	40,82	59,38	66,80	36,75	53,46	60,14	32,78	47,68	53,64
	V	2 163,91	119,01	173,11	194,75	IV	1 620,25	86,21	125,40	141,07	83,31	121,18	136,33	80,41	116,96	131,58	77,51	112,74	126,83	74,61	108,53	122,09	71,71	104,31	117,35
	VI	2 196,08	120,78	175,68	197,64																				
5 858,99	I,IV	1 621,50	89,18	129,72	145,93	I	1 621,50	83,38	121,28	136,44	77,58	112,85	126,95	71,78	104,42	117,47	65,99	95,98	107,98	60,23	87,61	98,56	54,66	79,50	89,44
	II	1 575,66	86,66	126,05	141,80	II	1 575,66	80,86	117,62	132,32	75,06	109,18	122,83	69,26	100,75	113,34	63,47	92,32	103,86	57,79	84,06	94,56	52,30	76,07	85,58
	III	1 056,66	58,11	84,53	95,09	III	1 056,66	53,66	78,05	87,80	49,30	71,72	80,68	45,04	65,52	73,71	40,87	59,45	66,88	36,80	53,53	60,22	32,82	47,74	53,71
	V	2 165,16	119,08	173,21	194,86	IV	1 621,50	86,28	125,50	141,18	83,38	121,28	136,44	80,48	117,06	131,69	77,58	112,85	126,95	74,68	108,63	122,21	71,78	104,42	117,47
	VI	2 197,41	120,85	175,79	197,76																				
5 861,99	I,IV	1 622,75	89,25	129,82	146,04	I	1 622,75	83,45	121,38	136,55	77,65	112,95	127,07	71,85	104,52	117,58	66,05	96,08	108,09	60,30	87,71	98,67	54,72	79,60	89,55
	II	1 576,91	86,73	126,15	141,92	II	1 576,91	80,93	117,72	132,43	75,13	109,28	122,94	69,33	100,85	113,45	63,53	92,42	103,97	57,86	84,16	94,68	52,36	76,17	85,69
	III	1 057,66	58,17	84,61	95,18	III	1 057,66	53,71	78,13	87,89	49,35	71,78	80,75	45,09	65,58	73,78	40,92	59,53	66,97	36,85	53,60	60,30	32,87	47,81	53,78
	V	2 166,41	119,15	173,31	194,97	IV	1 622,75	86,35	125,60	141,30	83,45	121,38	136,55	80,55	117,16	131,81	77,65	112,95	127,07	74,75	108,73	122,32	71,85	104,52	117,58
	VI	2 198,66	120,92	175,89	197,87																				
5 864,99	I,IV	1 624,—	89,32	129,92	146,16	I	1 624,—	83,52	121,48	136,67	77,72	113,05	127,18	71,92	104,62	117,69	66,12	96,18	108,20	60,37	87,81	98,78	54,79	79,70	89,66
	II	1 578,25	86,80	126,26	142,04	II	1 578,25	81,—	117,82	132,55	75,20	109,38	123,05	69,40	100,95	113,57	63,60	92,52	104,08	57,92	84,25	94,78	52,43	76,26	85,79
	III	1 058,66	58,22	84,69	95,27	III	1 058,66	53,77	78,21	87,98	49,40	71,86	80,84	45,14	65,66	73,87	40,97	59,60	67,05	36,90	53,68	60,39	32,91	47,88	53,86
	V	2 167,66	119,22	173,41	195,08	IV	1 624,—	86,41	125,70	141,41	83,52	121,48	136,67	80,62	117,26	131,92	77,72	113,05	127,18	74,82	108,83	122,43	71,92	104,62	117,69
	VI	2 199,91	120,99	175,99	197,99																				
5 867,99	I,IV	1 625,25	89,38	130,02	146,27	I	1 625,25	83,59	121,58	136,78	77,79	113,15	127,29	71,99	104,72	117,81	66,19	96,28	108,32	60,43	87,90	98,89	54,85	79,79	89,76
	II	1 579,50	86,87	126,36	142,15	II	1 579,50	81,07	117,92	132,66	75,27	109,49	123,17	69,47	101,06	113,69	63,67	92,62	104,19	57,99	84,35	94,89	52,49	76,36	85,90
	III	1 059,66	58,28	84,77	95,36	III	1 059,66	53,81	78,28	88,06	49,46	71,94	80,93	45,19	65,73	73,94	41,02	59,66	67,12	36,95	53,74	60,46	32,97	47,96	53,95
	V	2 168,91	119,29	173,51	195,20	IV	1 625,25	86,49	125,80	141,53	83,59	121,58	136,78	80,68	117,36	132,03	77,79	113,15	127,29	74,89	108,93	122,54	71,99	104,72	117,81
	VI	2 201,16	121,06	176,09	198,10																				
5 870,99	I,IV	1 626,50	89,45	130,12	146,38	I	1 626,50	83,65	121,68	136,89	77,86	113,25	127,40	72,06	104,82	117,92	66,26	96,38	108,43	60,50	88,—	99,—	54,92	79,89	89,87
	II	1 580,75	86,94	126,46	142,26	II	1 580,75	81,14	118,02	132,77	75,34	109,59	123,29	69,54	101,16	113,80	63,74	92,72	104,31	58,05	84,44	95,—	52,56	76,45	86,—
	III	1 060,50	58,32	84,84	95,44	III	1 060,50	53,87	78,36	88,15	49,50	72,01	81,01	45,24	65,81	74,03	41,07	59,74	67,21	36,99	53,81	60,53	33,01	48,02	54,02
	V	2 170,25	119,36	173,62	195,32	IV	1 626,50	86,56	125,90	141,64	83,65	121,68	136,89	80,76	117,47	132,15	77,86	113,25	127,40	74,96	109,04	122,67	72,06	104,82	117,92
	VI	2 202,41	121,13	176,19	198,21																				
5 873,99	I,IV	1 627,75	89,52	130,22	146,49	I	1 627,75	83,72	121,78	137,—	77,93	113,35	127,52	72,13	104,92	118,03	66,33	96,48	108,54	60,57	88,10	99,11	54,99	79,98	89,98
	II	1 582,—	87,01	126,56	142,38	II	1 582,—	81,21	118,12	132,89	75,41	109,69	123,40	69,61	101,26	113,91	63,81	92,82	104,42	58,12	84,54	95,11	52,62	76,54	86,11
	III	1 061,50	58,38	84,92	95,53	III	1 061,50	53,92	78,44	88,24	49,56	72,09	81,10	45,29	65,88	74,11	41,12	59,81	67,28	37,04	53,88	60,61	33,06	48,09	54,10
	V	2 171,50	119,43	173,72	195,43	IV	1 627,75	86,62	126,—	141,75	83,72	121,78	137,—	80,83	117,57	132,26	77,93	113,35	127,52	75,03	109,14	122,78	72,13	104,92	118,03
	VI	2 203,66	121,20	176,29	198,32																				
5 876,99	I,IV	1 629,—	89,59	130,32	146,61	I	1 629,—	83,79	121,88	137,12	77,99	113,45	127,63	72,20	105,02	118,14	66,40	96,58	108,65	60,64	88,20	99,23	55,05	80,08	90,09
	II	1 583,25	87,07	126,66	142,49	II	1 583,25	81,28	118,22	133,—	75,48	109,79	123,51	69,68	101,36	114,03	63,88	92,92	104,54	58,19	84,64	95,22	52,69	76,64	86,22
	III	1 062,50	58,43	85,—	95,62	III	1 062,50	53,98	78,52	88,33	49,61	72,17	81,19	45,34	65,96	74,20	41,17	59,89	67,37	37,09	53,96	60,70	33,11	48,16	54,18
	V	2 172,75	119,50	173,82	195,54	IV	1 629,—	86,69	126,10	141,86	83,79	121,88	137,12	80,90	117,67	132,38	77,99	113,45	127,63	75,10	109,24	122,89	72,20	105,02	118,14
	VI	2 204,91	121,27	176,39	198,44																				
5 879,99	I,IV	1 630,33	89,66	130,42	146,72	I	1 630,33	83,86	121,98	137,23	78,06	113,55	127,74	72,27	105,12	118,26	66,47	96,68	108,77	60,71	88,30	99,34	55,12	80,18	90,20
	II	1 584,50	87,14	126,76	142,60	II	1 584,50	81,34	118,32	133,11	75,55	109,89	123,62	69,75	101,46	114,14	63,95	93,02	104,65	58,25	84,74	95,33	52,75	76,73	86,32
	III	1 063,50	58,49	85,08	95,71	III	1 063,50	54,02	78,58	88,40	49,66	72,24	81,27	45,39	66,02	74,27	41,22	59,96	67,45	37,14	54,02	60,77	33,15	48,22	54,25
	V	2 174,—	119,57	173,92	195,66	IV	1 630,33	86,76	126,20	141,98	83,86	121,98	137,23	80,96	117,77	132,49	78,06	113,55	127,74	75,17	109,34	123,—	72,27	105,12	118,26
	VI	2 206,16	121,33	176,49	198,55																				
5 882,99	I,IV	1 631,58	89,73	130,52	146,84	I	1 631,58	83,93	122,09	137,35	78,14	113,66	127,86	72,34	105,22	118,37	66,54	96,78	108,88	60,77	88,40	99,45	55,18	80,27	90,30
	II	1 585,75	87,21	126,86	142,71	II	1 585,75	81,41	118,42	133,22	75,62	109,99	123,74	69,82	101,56	114,25	64,02	93,12	104,76	58,32	84,84	95,44	52,81	76,82	86,42
	III	1 064,50	58,54	85,16	95,80	III	1 064,50	54,08	78,66	88,49	49,72	72,32	81,36	45,44	66,10	74,36	41,26	60,02	67,52	37,18	54,09	60,85	33,20	48,29	54,32
	V	2 175,25	119,63	174,02	195,77	IV	1 631,58	86,83	126,30	142,09	83,93	122,09	137,35	81,03	117,87	132,60	78,14	113,66	127,86	75,24	109,44	123,12	72,34	105,22	118,37
	VI	2 207,41	121,40	176,59	198,66																				
5 885,99	I,IV	1 632,83	89,80	130,62	146,95	I	1 632,83	84,—	122,19	137,46	78,21	113,76	127,98	72,41	105,32	118,49	66,61	96,89	109,—	60,84	88,50	99,56	55,25	80,36	90,41
	II	1 587,—	87,28	126,96	142,83	II	1 587,—	81,48	118,52	133,34	75,68	110,09	123,85	69,89	101,66	114,36	64,09	93,22	104,87	58,39	84,93	95,54	52,88	76,92	86,53
	III	1 065,50	58,60	85,24	95,89	III	1 065,50	54,13	78,74	88,58	49,76	72,38	81,43	45,49	66,17	74,44	41,32	60,10	67,61	37,23	54,16	60,93	33,24	48,36	54,40
	V	2 176,50	119,70	174,12	195,88	IV	1 632,83	86,90	126,40	142,20	84,—	122,19	137,46	81,10	117,97	132,71	78,21	113,76	127,98	75,30	109,54	123,23	72,41	105,32	118,49
	VI	2 208,75	121,48	176,70	198,78																				
5 888,99	I,IV	1 634,08	89,87	130,72	147,06	I	1 634,08	84,07	122,29	137,57	78,27	113,86	128,09	72,48	105,42	118,60	66,68	96,99	109,11	60,91	88,60	99,67	55,32	80,46	90,52
	II	1 588,33	87,35	127,06	142,94	II	1 588,33	81,55	118,62	133,45	75,75	110,19	123,96	69,96	101,76	114,48	64,16	93,32	104,99	58,46	85,03	95,66	52,94	77,01	86,63
	III	1 066,50	58,65	85,32	95,98	III	1 066,50	54,19	78,82	88,67	49,82	72,46	81,52	45,54	66,25	74,53	41,36	60,17	67,69	37,29	54,24	61,02	33,30	48,44	54,49
	V	2 177,75	119,77	174,22	195,99	IV	1 634,08	86,97	126,50	142,31	84,07	122,29	137,57	81,17	118,07	132,83	78,27	113,86	128,09	75,37	109,64	123,34	72,48	105,42	118,60
	VI	2 210,—	121,55	176,80	198,90																				
5 891,99	I,IV	1 635,33	89,94	130,82	147,17	I	1 635,33	84,14	122,39	137,69	78,34	113,96	128,20	72,54	105,52	118,71	66,75	97,09	109,22	60,98	88,70	99,78	55,38	80,56	90,63
	II	1 589,58	87,42	127,16	143,06	II	1 589,58	81,62	118,73	133,57	75,83	110,30	124,08	70,03	101,86	114,59	64,23	93,42	105,10	58,52	85,13	95,77	53,01	77,11	86,75
	III	1 067,50	58,71	85,40	96,07	III	1 067,50	54,23	78,89	88,75	49,87	72,54	81,61	45,59	66,32	74,61	41,41	60,24	67,77	37,33	54,30	61,09	33,34	48,50	54,56
	V	2 179,—	119,84	174,32	196,11	IV	1 635,33	87,04	126,60	142,43	84,14	122,39	137,69	81,24	118,17	132,94	78,34	113,96	128,20	75,44	109,74	123,45	72,54	105,52	118,71
	VI	2 211,25	121,61	176,90	199,01																				
5 894,99	I,IV	1 636,58	90,01	130,92	147,29	I	1 636,58	84,21	122,49	137,80	78,41	114,06	128,31	72,61	105,62	118,82	66,82	97,19	109,34	61,05	88,80	99,90	55,44	80,65	90,73
	II	1 590,83	87,49	127,26	143,17	II	1 590,83	81,69	118,83	133,68	75,90	110,40	124,20	70,10	101,96	114,71	64,30	93,53	105,22	58,59	85,22	95,87	53,07	77,20	86,85
	III	1 068,33	58,75	85,46	96,14	III	1 068,33	54,29	78,97	88,84	49,92	72,61	81,68	45,65	66,40	74,70	41,47	60,32	67,86	37,38	54,37	61,16	33,39	48,57	54,64
	V	2 180,33	119,91	174,42	196,22	IV	1 636,58	87,11	126,71	142,55	84,21	122,49	137,80	81,31	118,28	133,06	78,41	114,06	128,31	75,51	109,84	123,57	72,61	105,62	118,82
	VI	2 212,50	121,68	177,—	199,12																				

* Die ausgewiesenen Tabellenwerte sind amtlich. Siehe Erläuterungen auf der Umschlaginnenseite (U2).

MONAT 5 895,–*

Lohn/ Gehalt bis €*	Abzüge an Lohnsteuer, Solidaritätszuschlag (SolZ) und Kirchensteuer (8%, 9%) in den Steuerklassen I – VI					I, II, III, IV		mit Zahl der Kinderfreibeträge . . . 0,5			1			1,5			2			2,5			3		
		LSt	ohne Kinderfreibeträge SolZ	8%	9%		LSt	SolZ	8%	9%	SolZ	8%	9%	SolZ	8%	9%	SolZ	8%	9%	SolZ	8%	9%	SolZ	8%	9%
5 897,99	I,IV	1 637,83	90,08	131,02	147,40	I	1 637,83	84,28	122,59	137,91	78,48	114,16	128,43	72,68	105,72	118,94	66,88	97,29	109,45	61,11	88,90	100,01	55,51	80,75	90,84
	II	1 592,08	87,56	127,36	143,28	II	1 592,08	81,76	118,93	133,79	75,96	110,50	124,31	70,17	102,06	114,82	64,37	93,63	105,33	58,66	85,32	95,99	53,14	77,30	86,96
	III	1 069,33	58,81	85,54	96,23	III	1 069,33	54,34	79,05	88,93	49,97	72,69	81,77	45,69	66,46	74,77	41,51	60,38	67,93	37,42	54,44	61,24	33,44	48,64	54,72
	V	2 181,58	119,98	174,52	196,34	IV	1 637,83	87,18	126,81	142,66	84,28	122,59	137,91	81,38	118,38	133,17	78,48	114,16	128,43	75,58	109,94	123,68	72,68	105,72	118,94
	VI	2 213,75	121,75	177,10	199,23																				
5 900,99	I,IV	1 639,08	90,14	131,12	147,51	I	1 639,08	84,35	122,69	138,02	78,55	114,26	128,54	72,75	105,82	119,05	66,95	97,39	109,56	61,18	89,—	100,12	55,58	80,84	90,95
	II	1 593,33	87,63	127,46	143,39	II	1 593,33	81,83	119,03	133,91	76,03	110,60	124,42	70,23	102,16	114,93	64,44	93,73	105,44	58,73	85,42	96,10	53,20	77,39	87,06
	III	1 070,33	58,86	85,62	96,32	III	1 070,33	54,40	79,13	89,02	50,03	72,77	81,86	45,75	66,54	74,86	41,57	60,46	68,02	37,48	54,52	61,33	33,48	48,70	54,79
	V	2 182,83	120,05	174,62	196,45	IV	1 639,08	87,25	126,91	142,77	84,35	122,69	138,02	81,45	118,48	133,29	78,55	114,26	128,54	75,65	110,04	123,80	72,75	105,82	119,05
	VI	2 215,—	121,82	177,20	199,35																				
5 903,99	I,IV	1 640,33	90,21	131,22	147,62	I	1 640,33	84,42	122,79	138,14	78,62	114,36	128,65	72,82	105,92	119,16	67,02	97,49	109,67	61,25	89,09	100,22	55,64	80,94	91,05
	II	1 594,58	87,70	127,56	143,51	II	1 594,58	81,90	119,13	134,02	76,10	110,70	124,53	70,30	102,26	115,04	64,51	93,83	105,56	58,79	85,52	96,21	53,27	77,48	87,17
	III	1 071,33	58,92	85,70	96,41	III	1 071,33	54,45	79,20	89,10	50,07	72,84	81,94	45,79	66,61	74,93	41,61	60,53	68,09	37,52	54,58	61,40	33,53	48,77	54,86
	V	2 184,08	120,12	174,72	196,56	IV	1 640,33	87,32	127,01	142,88	84,42	122,79	138,14	81,52	118,58	133,40	78,62	114,36	128,65	75,72	110,14	123,91	72,82	105,92	119,16
	VI	2 216,25	121,89	177,30	199,46																				
5 906,99	I,IV	1 641,66	90,29	131,33	147,74	I	1 641,66	84,49	122,90	138,26	78,69	114,46	128,77	72,89	106,02	119,27	67,09	97,59	109,79	61,32	89,19	100,34	55,71	81,04	91,17
	II	1 595,83	87,77	127,66	143,62	II	1 595,83	81,97	119,23	134,13	76,17	110,80	124,65	70,37	102,36	115,16	64,57	93,93	105,67	58,86	85,62	96,32	53,33	77,58	87,27
	III	1 072,33	58,97	85,78	96,50	III	1 072,33	54,50	79,28	89,19	50,13	72,92	82,03	45,85	66,69	75,02	41,66	60,60	68,17	37,57	54,65	61,48	33,57	48,84	54,94
	V	2 185,33	120,19	174,82	196,67	IV	1 641,66	87,39	127,11	143,—	84,49	122,90	138,26	81,59	118,68	133,51	78,69	114,46	128,77	75,79	110,24	124,02	72,89	106,02	119,27
	VI	2 217,50	121,96	177,40	199,57																				
5 909,99	I,IV	1 642,91	90,36	131,43	147,86	I	1 642,91	84,56	123,—	138,37	78,76	114,56	128,88	72,96	106,13	119,39	67,16	97,70	109,91	61,38	89,29	100,45	55,77	81,13	91,27
	II	1 597,08	87,83	127,76	143,73	II	1 597,08	82,04	119,33	134,24	76,24	110,90	124,76	70,44	102,46	115,27	64,64	94,03	105,78	58,92	85,71	96,42	53,40	77,67	87,38
	III	1 073,33	59,03	85,86	96,59	III	1 073,33	54,56	79,36	89,28	50,18	73,—	82,12	45,89	66,76	75,10	41,71	60,68	68,26	37,62	54,72	61,56	33,63	48,92	55,03
	V	2 186,58	120,26	174,92	196,79	IV	1 642,91	87,45	127,21	143,11	84,56	123,—	138,37	81,66	118,78	133,62	78,76	114,56	128,88	75,86	110,34	124,13	72,96	106,13	119,39
	VI	2 218,83	122,03	177,50	199,69																				
5 912,99	I,IV	1 644,16	90,42	131,53	147,97	I	1 644,16	84,63	123,10	138,48	78,83	114,66	128,99	73,03	106,23	119,51	67,23	97,80	110,02	61,45	89,39	100,56	55,84	81,22	91,37
	II	1 598,33	87,90	127,86	143,84	II	1 598,33	82,11	119,43	134,36	76,31	111,—	124,87	70,51	102,56	115,38	64,71	94,13	105,89	58,99	85,81	96,53	53,46	77,77	87,49
	III	1 074,33	59,08	85,94	96,68	III	1 074,33	54,61	79,44	89,37	50,23	73,06	82,19	45,95	66,84	75,19	41,76	60,74	68,33	37,67	54,80	61,65	33,67	48,98	55,10
	V	2 187,83	120,33	175,02	196,90	IV	1 644,16	87,52	127,31	143,22	84,63	123,10	138,48	81,73	118,88	133,74	78,83	114,66	128,99	75,93	110,44	124,25	73,03	106,23	119,51
	VI	2 220,08	122,10	177,60	199,80																				
5 915,99	I,IV	1 645,41	90,49	131,63	148,08	I	1 645,41	84,70	123,20	138,60	78,90	114,76	129,11	73,10	106,33	119,62	67,30	97,90	110,13	61,52	89,49	100,67	55,91	81,32	91,49
	II	1 599,66	87,98	127,97	143,96	II	1 599,66	82,18	119,54	134,48	76,38	111,10	124,99	70,58	102,66	115,49	64,78	94,23	106,01	59,06	85,91	96,65	53,53	77,86	87,59
	III	1 075,33	59,14	86,02	96,77	III	1 075,33	54,67	79,52	89,46	50,28	73,14	82,28	46,—	66,92	75,28	41,81	60,82	68,42	37,72	54,86	61,72	33,72	49,05	55,18
	V	2 189,08	120,39	175,12	197,01	IV	1 645,41	87,59	127,41	143,33	84,70	123,20	138,60	81,79	118,98	133,85	78,90	114,76	129,11	76,—	110,54	124,36	73,10	106,33	119,62
	VI	2 221,33	122,17	177,70	199,91																				
5 918,99	I,IV	1 646,66	90,56	131,73	148,19	I	1 646,66	84,76	123,30	138,71	78,97	114,86	129,22	73,17	106,43	119,73	67,37	98,—	110,25	61,59	89,59	100,79	55,97	81,42	91,59
	II	1 600,91	88,05	128,07	144,08	II	1 600,91	82,25	119,64	134,59	76,45	111,20	125,10	70,65	102,77	115,61	64,85	94,34	106,13	59,12	86,—	96,75	53,59	77,96	87,70
	III	1 076,33	59,19	86,10	96,86	III	1 076,33	54,71	79,58	89,53	50,34	73,22	82,37	46,05	66,98	75,35	41,86	60,89	68,50	37,76	54,93	61,79	33,77	49,12	55,26
	V	2 190,41	120,47	175,23	197,13	IV	1 646,66	87,67	127,52	143,46	84,76	123,30	138,71	81,87	119,08	133,97	78,97	114,86	129,22	76,06	110,64	124,47	73,17	106,43	119,73
	VI	2 222,58	122,24	177,80	200,03																				
5 921,99	I,IV	1 647,91	90,63	131,83	148,31	I	1 647,91	84,83	123,40	138,82	79,03	114,96	129,33	73,24	106,53	119,84	67,44	98,10	110,36	61,66	89,69	100,90	56,04	81,52	91,71
	II	1 602,16	88,11	128,17	144,19	II	1 602,16	82,32	119,74	134,70	76,52	111,30	125,21	70,72	102,87	115,73	64,92	94,44	106,24	59,19	86,10	96,86	53,66	78,05	87,80
	III	1 077,16	59,24	86,17	96,94	III	1 077,16	54,77	79,66	89,62	50,38	73,29	82,45	46,10	67,06	75,44	41,91	60,96	68,58	37,82	55,01	61,88	33,81	49,18	55,33
	V	2 191,66	120,54	175,33	197,24	IV	1 647,91	87,73	127,62	143,57	84,83	123,40	138,82	81,94	119,18	134,08	79,03	114,96	129,33	76,14	110,75	124,59	73,24	106,53	119,84
	VI	2 223,83	122,31	177,90	200,14																				
5 924,99	I,IV	1 649,16	90,70	131,93	148,42	I	1 649,16	84,90	123,50	138,93	79,10	115,06	129,44	73,31	106,63	119,96	67,51	98,20	110,47	61,73	89,79	101,01	56,10	81,61	91,81
	II	1 603,41	88,18	128,27	144,30	II	1 603,41	82,39	119,84	134,82	76,59	111,40	125,33	70,79	102,97	115,84	64,99	94,54	106,35	59,26	86,20	96,98	53,72	78,14	87,91
	III	1 078,16	59,29	86,25	97,03	III	1 078,16	54,82	79,74	89,71	50,44	73,37	82,54	46,15	67,13	75,52	41,96	61,04	68,67	37,86	55,08	61,96	33,86	49,25	55,40
	V	2 192,91	120,61	175,43	197,36	IV	1 649,16	87,80	127,72	143,68	84,90	123,50	138,93	82,—	119,28	134,19	79,10	115,06	129,44	76,21	110,85	124,70	73,31	106,63	119,96
	VI	2 225,08	122,37	178,—	200,25																				
5 927,99	I,IV	1 650,41	90,77	132,03	148,53	I	1 650,41	84,97	123,60	139,05	79,17	115,16	129,56	73,37	106,73	120,07	67,58	98,30	110,58	61,80	89,89	101,12	56,17	81,70	91,91
	II	1 604,66	88,25	128,37	144,41	II	1 604,66	82,45	119,94	134,93	76,66	111,50	125,44	70,86	103,07	115,95	65,06	94,64	106,47	59,33	86,30	97,09	53,79	78,24	88,02
	III	1 079,16	59,35	86,33	97,12	III	1 079,16	54,88	79,82	89,80	50,49	73,44	82,62	46,20	67,21	75,61	42,01	61,10	68,74	37,91	55,14	62,03	33,90	49,32	55,48
	V	2 194,16	120,67	175,53	197,47	IV	1 650,41	87,87	127,82	143,79	84,97	123,60	139,05	82,07	119,38	134,30	79,17	115,16	129,56	76,28	110,95	124,82	73,37	106,73	120,07
	VI	2 226,33	122,44	178,10	200,36																				
5 930,99	I,IV	1 651,75	90,84	132,14	148,65	I	1 651,75	85,04	123,70	139,16	79,24	115,26	129,67	73,44	106,83	120,18	67,65	98,40	110,70	61,86	89,98	101,23	56,24	81,80	92,03
	II	1 605,91	88,32	128,47	144,53	II	1 605,91	82,52	120,04	135,04	76,72	111,60	125,55	70,93	103,17	116,06	65,13	94,74	106,58	59,40	86,40	97,20	53,85	78,34	88,13
	III	1 080,16	59,40	86,41	97,21	III	1 080,16	54,92	79,89	89,87	50,54	73,52	82,71	46,25	67,28	75,69	42,06	61,18	68,83	37,95	55,21	62,11	33,96	49,40	55,57
	V	2 195,41	120,74	175,63	197,58	IV	1 651,75	87,94	127,92	143,91	85,04	123,70	139,16	82,14	119,48	134,42	79,24	115,26	129,67	76,34	111,05	124,93	73,44	106,83	120,18
	VI	2 227,58	122,51	178,20	200,48																				
5 933,99	I,IV	1 653,—	90,91	132,24	148,77	I	1 653,—	85,11	123,80	139,28	79,31	115,37	129,79	73,52	106,94	120,30	67,72	98,50	110,81	61,93	90,08	101,34	56,30	81,90	92,13
	II	1 607,16	88,39	128,57	144,64	II	1 607,16	82,59	120,14	135,15	76,79	111,70	125,66	71,—	103,27	116,18	65,20	94,84	106,69	59,46	86,50	97,31	53,92	78,43	88,23
	III	1 081,16	59,46	86,49	97,30	III	1 081,16	54,98	79,97	89,96	50,60	73,60	82,80	46,31	67,36	75,78	42,11	61,25	68,90	38,01	55,29	62,20	34,—	49,46	55,64
	V	2 196,66	120,81	175,73	197,69	IV	1 653,—	88,01	128,02	144,02	85,11	123,80	139,28	82,21	119,58	134,53	79,31	115,37	129,79	76,41	111,15	125,04	73,52	106,94	120,30
	VI	2 228,91	122,59	178,31	200,60																				
5 936,99	I,IV	1 654,25	90,98	132,34	148,88	I	1 654,25	85,18	123,90	139,39	79,38	115,47	129,90	73,59	107,04	120,42	67,79	98,60	110,93	62,—	90,18	101,45	56,37	82,—	92,25
	II	1 608,41	88,46	128,67	144,75	II	1 608,41	82,66	120,24	135,27	76,86	111,80	125,78	71,06	103,37	116,29	65,27	94,94	106,80	59,53	86,60	97,42	53,98	78,52	88,34
	III	1 082,16	59,51	86,57	97,39	III	1 082,16	55,03	80,05	90,05	50,64	73,66	82,87	46,35	67,42	75,85	42,15	61,32	68,98	38,06	55,36	62,28	34,05	49,53	55,72
	V	2 197,91	120,88	175,83	197,81	IV	1 654,25	88,08	128,12	144,13	85,18	123,90	139,39	82,28	119,68	134,64	79,38	115,47	129,90	76,48	111,25	125,15	73,59	107,04	120,42
	VI	2 230,16	122,65	178,41	200,71																				
5 939,99	I,IV	1 655,50	91,05	132,44	148,99	I	1 655,50	85,25	124,—	139,50	79,45	115,57	130,01	73,65	107,14	120,53	67,86	98,70	111,04	62,07	90,28	101,57	56,43	82,09	92,35
	II	1 609,75	88,53	128,78	144,87	II	1 609,75	82,73	120,34	135,38	76,93	111,90	125,89	71,13	103,47	116,40	65,34	95,04	106,92	59,60	86,69	97,52	54,05	78,62	88,44
	III	1 083,16	59,57	86,65	97,48	III	1 083,16	55,09	80,13	90,14	50,70	73,74	82,96	46,41	67,50	75,94	42,21	61,40	69,07	38,10	55,42	62,35	34,10	49,60	55,80
	V	2 199,16	120,95	175,93	197,92	IV	1 655,50	88,15	128,22	144,24	85,25	124,—	139,50	82,35	119,78	134,75	79,45	115,57	130,01	76,55	111,35	125,27	73,65	107,14	120,53
	VI	2 231,41	122,72	178,51	200,82																				

* Die ausgewiesenen Tabellenwerte sind amtlich. Siehe Erläuterungen auf der Umschlaginnenseite (U2).

Lohn/ Gehalt bis €*	Abzüge an Lohnsteuer, Solidaritätszuschlag (SolZ) und Kirchensteuer (8%, 9%) in den Steuerklassen I – VI ohne Kinderfreibeträge	LSt	SolZ	8%	9%	I, II, III, IV	LSt	mit Zahl der Kinderfreibeträge . . . 0,5 SolZ	0,5 8%	0,5 9%	1 SolZ	1 8%	1 9%	1,5 SolZ	1,5 8%	1,5 9%	2 SolZ	2 8%	2 9%	2,5 SolZ	2,5 8%	2,5 9%	3 SolZ	3 8%	3 9%
5 942,99	I,IV	1 656,75	91,12	132,54	149,10	I	1 656,75	85,32	124,10	139,61	79,52	115,67	130,13	73,72	107,24	120,64	67,92	98,80	111,15	62,14	90,38	101,68	56,50	82,19	92,46
	II	1 611,—	88,60	128,88	144,99	II	1 611,—	82,80	120,44	135,50	77,—	112,01	126,01	71,21	103,58	116,52	65,41	95,14	107,03	59,67	86,79	97,64	54,12	78,72	88,56
	III	1 084,16	59,62	86,73	97,57	III	1 084,16	55,14	80,21	90,23	50,75	73,82	83,05	46,45	67,57	76,01	42,25	61,46	69,14	38,16	55,50	62,44	34,14	49,66	55,87
	V	2 200,41	121,02	176,03	198,03	IV	1 656,75	88,22	128,32	144,36	85,32	124,10	139,61	82,42	119,88	134,87	79,52	115,67	130,13	76,62	111,45	125,38	73,72	107,24	120,64
	VI	2 232,66	122,79	178,61	200,93																				
5 945,99	I,IV	1 658,—	91,19	132,64	149,22	I	1 658,—	85,39	124,20	139,73	79,59	115,77	130,24	73,79	107,34	120,75	67,99	98,90	111,26	62,20	90,48	101,79	56,57	82,28	92,57
	II	1 612,25	88,67	128,98	145,10	II	1 612,25	82,87	120,54	135,61	77,07	112,11	126,12	71,28	103,68	116,64	65,48	95,24	107,15	59,73	86,89	97,75	54,18	78,81	88,66
	III	1 085,16	59,68	86,81	97,66	III	1 085,16	55,19	80,28	90,31	50,80	73,89	83,12	46,51	67,65	76,10	42,31	61,54	69,23	38,20	55,57	62,51	34,19	49,73	55,94
	V	2 201,75	121,09	176,14	198,15	IV	1 658,—	88,29	128,42	144,47	85,39	124,20	139,73	82,49	119,99	134,99	79,59	115,77	130,24	76,69	111,56	125,50	73,79	107,34	120,75
	VI	2 233,91	122,86	178,71	201,05																				
5 948,99	I,IV	1 659,25	91,25	132,74	149,33	I	1 659,25	85,46	124,30	139,84	79,66	115,87	130,35	73,86	107,44	120,87	68,06	99,—	111,38	62,27	90,58	101,90	56,64	82,38	92,68
	II	1 613,50	88,74	129,08	145,21	II	1 613,50	82,94	120,64	135,72	77,14	112,21	126,23	71,34	103,78	116,75	65,55	95,34	107,26	59,80	86,99	97,86	54,24	78,90	88,76
	III	1 086,16	59,73	86,89	97,75	III	1 086,16	55,24	80,36	90,40	50,85	73,97	83,21	46,55	67,72	76,18	42,35	61,61	69,31	38,25	55,64	62,59	34,24	49,81	56,03
	V	2 203,—	121,16	176,24	198,27	IV	1 659,25	88,36	128,52	144,59	85,46	124,30	139,84	82,56	120,09	135,10	79,66	115,87	130,35	76,76	111,66	125,61	73,86	107,44	120,87
	VI	2 235,16	122,93	178,81	201,16																				
5 951,99	I,IV	1 660,50	91,32	132,84	149,44	I	1 660,50	85,52	124,40	139,95	79,73	115,97	130,46	73,93	107,54	120,98	68,13	99,10	111,49	62,34	90,68	102,02	56,70	82,48	92,79
	II	1 614,75	88,81	129,18	145,32	II	1 614,75	83,01	120,74	135,83	77,21	112,31	126,35	71,41	103,88	116,86	65,61	95,44	107,37	59,87	87,08	97,97	54,31	79,—	88,87
	III	1 087,—	59,78	86,96	97,83	III	1 087,—	55,30	80,44	90,49	50,91	74,05	83,30	46,61	67,80	76,27	42,40	61,68	69,39	38,29	55,70	62,66	34,29	49,88	56,11
	V	2 204,25	121,23	176,34	198,38	IV	1 660,50	88,43	128,62	144,70	85,52	124,40	139,95	82,63	120,19	135,21	79,73	115,97	130,46	76,83	111,76	125,73	73,93	107,54	120,98
	VI	2 236,41	123,—	178,91	201,27																				
5 954,99	I,IV	1 661,83	91,40	132,94	149,56	I	1 661,83	85,59	124,50	140,06	79,80	116,07	130,58	74,—	107,64	121,09	68,20	99,20	111,60	62,41	90,78	102,13	56,76	82,57	92,89
	II	1 616,—	88,88	129,28	145,44	II	1 616,—	83,08	120,84	135,95	77,28	112,41	126,46	71,48	103,98	116,97	65,68	95,54	107,48	59,94	87,18	98,08	54,38	79,10	88,98
	III	1 088,—	59,84	87,04	97,92	III	1 088,—	55,35	80,52	90,58	50,95	74,12	83,38	46,65	67,86	76,34	42,46	61,76	69,48	38,35	55,78	62,75	34,33	49,94	56,18
	V	2 205,50	121,30	176,44	198,49	IV	1 661,83	88,49	128,72	144,81	85,59	124,50	140,06	82,70	120,29	135,32	79,80	116,07	130,58	76,90	111,86	125,84	74,—	107,64	121,09
	VI	2 237,66	123,07	179,01	201,38																				
5 957,99	I,IV	1 663,08	91,46	133,04	149,67	I	1 663,08	85,67	124,61	140,18	79,87	116,18	130,70	74,07	107,74	121,21	68,27	99,30	111,71	62,48	90,88	102,24	56,83	82,67	93,—
	II	1 617,25	88,94	129,38	145,55	II	1 617,25	83,15	120,94	136,06	77,35	112,51	126,57	71,55	104,08	117,09	65,75	95,64	107,60	60,—	87,28	98,19	54,44	79,19	89,09
	III	1 089,—	59,89	87,12	98,01	III	1 089,—	55,41	80,60	90,67	51,01	74,20	83,47	46,71	67,94	76,43	42,50	61,82	69,55	38,39	55,85	62,83	34,38	50,01	56,26
	V	2 206,75	121,37	176,54	198,60	IV	1 663,08	88,56	128,82	144,92	85,67	124,61	140,18	82,77	120,39	135,44	79,87	116,18	130,70	76,97	111,96	125,95	74,07	107,74	121,21
	VI	2 238,91	123,14	179,11	201,50																				
5 960,99	I,IV	1 664,33	91,53	133,14	149,78	I	1 664,33	85,74	124,71	140,30	79,94	116,28	130,81	74,14	107,84	121,32	68,34	99,41	111,83	62,55	90,98	102,35	56,90	82,76	93,11
	II	1 618,50	89,01	129,48	145,66	II	1 618,50	83,21	121,04	136,17	77,42	112,61	126,68	71,62	104,18	117,20	65,82	95,74	107,71	60,07	87,38	98,30	54,50	79,28	89,19
	III	1 090,—	59,95	87,20	98,10	III	1 090,—	55,45	80,66	90,74	51,06	74,28	83,56	46,76	68,02	76,52	42,56	61,90	69,64	38,44	55,92	62,91	34,43	50,08	56,34
	V	2 208,—	121,44	176,64	198,72	IV	1 664,33	88,63	128,92	145,04	85,74	124,71	140,30	82,83	120,49	135,55	79,94	116,28	130,81	77,04	112,06	126,06	74,14	107,84	121,32
	VI	2 240,25	123,21	179,22	201,62																				
5 963,99	I,IV	1 665,58	91,60	133,24	149,90	I	1 665,58	85,80	124,81	140,41	80,01	116,38	130,92	74,21	107,94	121,43	68,41	99,51	111,95	62,62	91,08	102,47	56,97	82,86	93,22
	II	1 619,83	89,09	129,58	145,78	II	1 619,83	83,28	121,14	136,28	77,49	112,71	126,80	71,69	104,28	117,31	65,89	95,84	107,82	60,14	87,48	98,41	54,57	79,38	89,30
	III	1 091,—	60,—	87,28	98,19	III	1 091,—	55,51	80,74	90,83	51,11	74,34	83,63	46,81	68,09	76,60	42,60	61,97	69,71	38,50	56,—	63,—	34,47	50,14	56,41
	V	2 209,25	121,50	176,74	198,83	IV	1 665,58	88,70	129,02	145,15	85,80	124,81	140,41	82,90	120,59	135,66	80,01	116,38	130,92	77,11	112,16	126,18	74,21	107,94	121,43
	VI	2 241,50	123,28	179,32	201,73																				
5 966,99	I,IV	1 666,83	91,67	133,34	150,01	I	1 666,83	85,87	124,91	140,52	80,08	116,48	131,04	74,28	108,04	121,55	68,48	99,61	112,06	62,69	91,18	102,58	57,03	82,96	93,33
	II	1 621,08	89,15	129,68	145,89	II	1 621,08	83,36	121,25	136,40	77,56	112,82	126,92	71,76	104,38	117,43	65,96	95,94	107,93	60,21	87,58	98,52	54,64	79,48	89,41
	III	1 092,—	60,06	87,36	98,28	III	1 092,—	55,56	80,82	90,92	51,16	74,42	83,72	46,86	68,17	76,69	42,66	62,05	69,80	38,54	56,06	63,07	34,53	50,22	56,50
	V	2 210,50	121,57	176,84	198,94	IV	1 666,83	88,77	129,12	145,26	85,87	124,91	140,52	82,97	120,69	135,77	80,08	116,48	131,04	77,17	112,26	126,29	74,28	108,04	121,55
	VI	2 242,75	123,35	179,42	201,84																				
5 969,99	I,IV	1 668,08	91,74	133,44	150,12	I	1 668,08	85,94	125,01	140,63	80,14	116,58	131,15	74,35	108,14	121,66	68,55	99,71	112,17	62,75	91,28	102,69	57,10	83,06	93,44
	II	1 622,33	89,22	129,78	146,—	II	1 622,33	83,43	121,35	136,52	77,63	112,92	127,03	71,83	104,48	117,54	66,03	96,05	108,05	60,28	87,68	98,64	54,70	79,57	89,51
	III	1 093,—	60,11	87,44	98,37	III	1 093,—	55,62	80,90	91,01	51,22	74,50	83,81	46,91	68,24	76,77	42,70	62,12	69,88	38,59	56,13	63,14	34,57	50,29	56,57
	V	2 211,83	121,65	176,94	199,06	IV	1 668,08	88,84	129,23	145,38	85,94	125,01	140,63	83,05	120,80	135,90	80,14	116,58	131,15	77,25	112,36	126,41	74,35	108,14	121,66
	VI	2 244,—	123,42	179,52	201,96																				
5 972,99	I,IV	1 669,33	91,81	133,54	150,23	I	1 669,33	86,01	125,11	140,75	80,21	116,68	131,26	74,41	108,24	121,77	68,62	99,81	112,28	62,82	91,38	102,80	57,16	83,15	93,54
	II	1 623,58	89,29	129,88	146,12	II	1 623,58	83,49	121,45	136,63	77,70	113,02	127,14	71,90	104,58	117,65	66,10	96,15	108,17	60,34	87,78	98,75	54,77	79,66	89,62
	III	1 094,—	60,17	87,52	98,46	III	1 094,—	55,66	80,97	91,09	51,26	74,57	83,89	46,97	68,32	76,86	42,75	62,18	69,95	38,64	56,21	63,23	34,62	50,36	56,65
	V	2 213,08	121,71	177,04	199,17	IV	1 669,33	88,91	129,33	145,49	86,01	125,11	140,75	83,11	120,90	136,01	80,21	116,68	131,26	77,32	112,46	126,52	74,41	108,24	121,77
	VI	2 245,25	123,48	179,62	202,07																				
5 975,99	I,IV	1 670,58	91,88	133,64	150,35	I	1 670,58	86,08	125,21	140,86	80,28	116,78	131,37	74,48	108,34	121,88	68,69	99,91	112,40	62,89	91,48	102,92	57,23	83,25	93,65
	II	1 624,83	89,36	129,98	146,23	II	1 624,83	83,56	121,55	136,74	77,77	113,12	127,26	71,97	104,68	117,77	66,17	96,25	108,28	60,41	87,87	98,85	54,83	79,76	89,73
	III	1 095,—	60,22	87,60	98,55	III	1 095,—	55,72	81,05	91,18	51,32	74,65	83,98	47,01	68,38	76,93	42,80	62,26	70,04	38,69	56,28	63,31	34,66	50,42	56,72
	V	2 214,33	121,78	177,14	199,28	IV	1 670,58	88,98	129,43	145,61	86,08	125,21	140,86	83,18	121,—	136,12	80,28	116,78	131,37	77,38	112,56	126,63	74,48	108,34	121,88
	VI	2 246,50	123,55	179,72	202,18																				
5 978,99	I,IV	1 671,83	91,95	133,74	150,46	I	1 671,83	86,15	125,31	140,97	80,35	116,88	131,49	74,55	108,44	122,—	68,75	100,01	112,51	62,96	91,58	103,03	57,30	83,34	93,76
	II	1 626,08	89,43	130,08	146,34	II	1 626,08	83,63	121,65	136,85	77,83	113,22	127,37	72,04	104,78	117,88	66,24	96,35	108,39	60,48	87,97	98,96	54,90	79,86	89,84
	III	1 096,—	60,28	87,68	98,64	III	1 096,—	55,77	81,13	91,27	51,37	74,73	84,07	47,07	68,46	77,02	42,85	62,33	70,12	38,73	56,34	63,38	34,71	50,49	56,80
	V	2 215,58	121,85	177,24	199,40	IV	1 671,83	89,05	129,53	145,72	86,15	125,31	140,97	83,25	121,10	136,23	80,35	116,88	131,49	77,45	112,66	126,74	74,55	108,44	122,—
	VI	2 247,75	123,62	179,82	202,29																				
5 981,99	I,IV	1 673,16	92,02	133,85	150,58	I	1 673,16	86,22	125,42	141,09	80,42	116,98	131,60	74,62	108,54	122,11	68,82	100,11	112,62	63,03	91,68	103,14	57,36	83,44	93,87
	II	1 627,33	89,50	130,18	146,45	II	1 627,33	83,70	121,75	136,97	77,90	113,32	127,48	72,10	104,88	117,99	66,31	96,45	108,50	60,55	88,07	99,08	54,96	79,95	89,94
	III	1 097,—	60,33	87,76	98,73	III	1 097,—	55,83	81,21	91,36	51,42	74,80	84,15	47,11	68,53	77,09	42,90	62,41	70,21	38,78	56,41	63,46	34,76	50,57	56,89
	V	2 216,83	121,92	177,34	199,51	IV	1 673,16	89,12	129,63	145,83	86,22	125,42	141,09	83,32	121,20	136,35	80,42	116,98	131,60	77,52	112,76	126,86	74,62	108,54	122,11
	VI	2 249,—	123,69	179,92	202,41																				
5 984,99	I,IV	1 674,41	92,09	133,95	150,69	I	1 674,41	86,29	125,52	141,21	80,49	117,08	131,72	74,69	108,65	122,23	68,90	100,22	112,74	63,10	91,78	103,25	57,43	83,54	93,98
	II	1 628,58	89,57	130,28	146,57	II	1 628,58	83,77	121,85	137,08	77,97	113,42	127,59	72,17	104,98	118,10	66,38	96,55	108,62	60,61	88,17	99,19	55,03	80,04	90,05
	III	1 098,—	60,39	87,84	98,82	III	1 098,—	55,88	81,29	91,45	51,48	74,88	84,24	47,17	68,61	77,18	42,95	62,48	70,29	38,83	56,49	63,55	34,81	50,64	56,97
	V	2 218,08	121,99	177,44	199,62	IV	1 674,41	89,19	129,73	145,94	86,29	125,52	141,21	83,39	121,30	136,46	80,49	117,08	131,72	77,59	112,86	126,97	74,69	108,65	122,23
	VI	2 250,33	123,76	180,02	202,52																				

* Die ausgewiesenen Tabellenwerte sind amtlich. Siehe Erläuterungen auf der Umschlaginnenseite (U2).

Lohn/ Gehalt bis €*	Abzüge an Lohnsteuer, Solidaritätszuschlag (SolZ) und Kirchensteuer (8%, 9%) in den Steuerklassen																								
	I – VI					I, II, III, IV																			
			ohne Kinderfreibeträge					mit Zahl der Kinderfreibeträge . . .																	
								0,5			1			1,5			2			2,5			3		
		LSt	SolZ	8%	9%		LSt	SolZ	8%	9%	SolZ	8%	9%	SolZ	8%	9%	SolZ	8%	9%	SolZ	8%	9%	SolZ	8%	9%
5 987,99	I,IV	1 675,66	92,16	134,05	150,80	I	1 675,66	86,36	125,62	141,32	80,56	117,18	131,83	74,76	108,75	122,34	68,97	100,32	112,86	63,17	91,88	103,37	57,50	83,64	94,09
	II	1 629,83	89,64	130,38	146,68	II	1 629,83	83,84	121,95	137,19	78,04	113,52	127,71	72,24	105,08	118,22	66,44	96,65	108,73	60,68	88,27	99,30	55,10	80,14	90,16
	III	1 099,–	60,44	87,92	98,91	III	1 099,–	55,94	81,37	91,54	51,53	74,96	84,33	47,22	68,69	77,27	43,01	62,56	70,38	38,88	56,56	63,63	34,86	50,70	57,04
	V	2 219,33	122,06	177,54	199,73	IV	1 675,66	89,26	129,83	146,06	86,36	125,62	141,32	83,46	121,40	136,57	80,56	117,18	131,83	77,66	112,96	127,08	74,76	108,75	122,34
	VI	2 251,58	123,83	180,12	202,64																				
5 990,99	I,IV	1 676,91	92,23	134,15	150,92	I	1 676,91	86,43	125,72	141,43	80,63	117,28	131,94	74,83	108,85	122,45	69,03	100,42	112,97	63,24	91,98	103,48	57,57	83,74	94,20
	II	1 631,16	89,71	130,49	146,80	II	1 631,16	83,91	122,06	137,31	78,11	113,62	127,82	72,31	105,18	118,33	66,51	96,75	108,84	60,75	88,37	99,41	55,16	80,24	90,27
	III	1 099,83	60,49	87,98	98,98	III	1 099,83	55,99	81,44	91,62	51,59	75,04	84,42	47,27	68,76	77,35	43,05	62,62	70,45	38,93	56,62	63,70	34,90	50,77	57,11
	V	2 220,58	122,13	177,64	199,85	IV	1 676,91	89,32	129,93	146,17	86,43	125,72	141,43	83,53	121,50	136,68	80,63	117,28	131,94	77,73	113,06	127,19	74,83	108,85	122,45
	VI	2 252,83	123,90	180,22	202,75																				
5 993,99	I,IV	1 678,16	92,29	134,25	151,03	I	1 678,16	86,50	125,82	141,54	80,70	117,38	132,05	74,90	108,95	122,57	69,10	100,52	113,08	63,30	92,08	103,59	57,63	83,83	94,31
	II	1 632,41	89,78	130,59	146,91	II	1 632,41	83,98	122,16	137,43	78,18	113,72	127,94	72,38	105,29	118,45	66,59	96,86	108,96	60,82	88,46	99,52	55,22	80,33	90,37
	III	1 100,83	60,54	88,06	99,07	III	1 100,83	56,04	81,52	91,71	51,63	75,10	84,49	47,32	68,84	77,44	43,10	62,69	70,52	38,98	56,70	63,79	34,95	50,84	57,19
	V	2 221,91	122,20	177,75	199,97	IV	1 678,16	89,40	130,04	146,29	86,50	125,82	141,54	83,60	121,60	136,80	80,70	117,38	132,05	77,80	113,16	127,31	74,90	108,95	122,57
	VI	2 254,08	123,97	180,32	202,86																				
5 996,99	I,IV	1 679,41	92,36	134,35	151,14	I	1 679,41	86,57	125,92	141,66	80,77	117,48	132,17	74,97	109,05	122,68	69,17	100,62	113,19	63,37	92,18	103,70	57,70	83,93	94,42
	II	1 633,66	89,85	130,69	147,02	II	1 633,66	84,05	122,26	137,54	78,25	113,82	128,05	72,45	105,39	118,56	66,66	96,96	109,08	60,88	88,56	99,63	55,29	80,43	90,48
	III	1 101,83	60,60	88,14	99,16	III	1 101,83	56,10	81,60	91,80	51,69	75,18	84,58	47,37	68,90	77,51	43,15	62,77	70,61	39,03	56,77	63,86	34,99	50,90	57,26
	V	2 223,16	122,27	177,85	200,08	IV	1 679,41	89,47	130,14	146,40	86,57	125,92	141,66	83,67	121,70	136,91	80,77	117,48	132,17	77,87	113,27	127,43	74,97	109,05	122,68
	VI	2 255,33	124,04	180,42	202,97																				
5 999,99	I,IV	1 680,66	92,43	134,45	151,25	I	1 680,66	86,63	126,02	141,77	80,84	117,58	132,28	75,04	109,15	122,79	69,24	100,72	113,31	63,44	92,28	103,82	57,76	84,02	94,52
	II	1 634,91	89,92	130,79	147,14	II	1 634,91	84,12	122,36	137,65	78,32	113,92	128,16	72,52	105,49	118,67	66,72	97,06	109,19	60,95	88,66	99,74	55,36	80,52	90,59
	III	1 102,83	60,65	88,22	99,25	III	1 102,83	56,15	81,68	91,89	51,74	75,26	84,67	47,42	68,98	77,60	43,20	62,84	70,69	39,07	56,84	63,94	35,05	50,98	57,35
	V	2 224,41	122,34	177,95	200,19	IV	1 680,66	89,54	130,24	146,52	86,63	126,02	141,77	83,74	121,80	137,03	80,84	117,58	132,28	77,94	113,37	127,54	75,04	109,15	122,79
	VI	2 256,58	124,11	180,52	203,09																				
6 002,99	I,IV	1 681,91	92,50	134,55	151,37	I	1 681,91	86,70	126,12	141,88	80,90	117,68	132,39	75,11	109,25	122,90	69,31	100,82	113,42	63,51	92,38	103,93	57,83	84,12	94,64
	II	1 636,16	89,98	130,89	147,25	II	1 636,16	84,19	122,46	137,76	78,39	114,02	128,27	72,59	105,59	118,79	66,79	97,16	109,30	61,02	88,76	99,86	55,42	80,62	90,69
	III	1 103,83	60,71	88,30	99,34	III	1 103,83	56,21	81,76	91,98	51,79	75,33	84,74	47,47	69,05	77,68	43,25	62,92	70,78	39,13	56,92	64,03	35,09	51,05	57,43
	V	2 225,66	122,41	178,05	200,30	IV	1 681,91	89,60	130,34	146,63	86,70	126,12	141,88	83,81	121,90	137,14	80,90	117,68	132,39	78,01	113,47	127,65	75,11	109,25	122,90
	VI	2 257,83	124,18	180,62	203,20																				
6 005,99	I,IV	1 683,25	92,57	134,66	151,49	I	1 683,25	86,78	126,22	142,–	80,97	117,78	132,50	75,18	109,35	123,02	69,38	100,92	113,53	63,58	92,48	104,04	57,90	84,22	94,74
	II	1 637,41	90,05	130,99	147,36	II	1 637,41	84,26	122,56	137,88	78,46	114,12	128,39	72,66	105,69	118,90	66,86	97,26	109,41	61,09	88,86	99,97	55,49	80,72	90,81
	III	1 104,83	60,76	88,38	99,43	III	1 104,83	56,25	81,82	92,05	51,84	75,41	84,83	47,52	69,13	77,77	43,30	62,98	70,85	39,17	56,98	64,10	35,14	51,12	57,51
	V	2 226,91	122,48	178,15	200,42	IV	1 683,25	89,67	130,44	146,74	86,78	126,22	142,–	83,87	122,–	137,25	80,97	117,78	132,50	78,08	113,57	127,76	75,18	109,35	123,02
	VI	2 259,08	124,24	180,72	203,31																				
6 008,99	I,IV	1 684,50	92,64	134,76	151,60	I	1 684,50	86,84	126,32	142,11	81,05	117,89	132,62	75,25	109,46	123,14	69,45	101,02	113,65	63,65	92,58	104,15	57,97	84,32	94,86
	II	1 638,66	90,12	131,09	147,47	II	1 638,66	84,32	122,66	137,99	78,53	114,22	128,50	72,73	105,79	119,01	66,93	97,36	109,53	61,16	88,96	100,08	55,55	80,81	90,91
	III	1 105,83	60,82	88,46	99,52	III	1 105,83	56,31	81,90	92,14	51,90	75,49	84,92	47,57	69,20	77,85	43,35	63,06	70,94	39,22	57,05	64,18	35,19	51,18	57,58
	V	2 228,16	122,54	178,25	200,53	IV	1 684,50	89,74	130,54	146,85	86,84	126,32	142,11	83,94	122,10	137,36	81,05	117,89	132,62	78,15	113,67	127,88	75,25	109,46	123,14
	VI	2 260,41	124,32	180,83	203,43																				
6 011,99	I,IV	1 685,75	92,71	134,86	151,71	I	1 685,75	86,91	126,42	142,22	81,12	117,99	132,74	75,32	109,56	123,25	69,52	101,12	113,76	63,72	92,68	104,27	58,03	84,42	94,97
	II	1 639,91	90,19	131,19	147,59	II	1 639,91	84,39	122,76	138,10	78,59	114,32	128,61	72,80	105,89	119,12	67,–	97,46	109,64	61,22	89,06	100,19	55,62	80,91	91,02
	III	1 106,83	60,87	88,54	99,61	III	1 106,83	56,36	81,98	92,23	51,94	75,56	85,–	47,63	69,28	77,94	43,40	63,13	71,02	39,27	57,13	64,27	35,23	51,25	57,65
	V	2 229,41	122,61	178,35	200,64	IV	1 685,75	89,81	130,64	146,97	86,91	126,42	142,22	84,01	122,20	137,48	81,12	117,99	132,74	78,21	113,77	127,99	75,32	109,56	123,25
	VI	2 261,66	124,39	180,93	203,54																				
6 014,99	I,IV	1 687,–	92,78	134,96	151,83	I	1 687,–	86,98	126,52	142,34	81,18	118,09	132,85	75,39	109,66	123,36	69,59	101,22	113,87	63,79	92,78	104,38	58,10	84,51	95,07
	II	1 641,25	90,26	131,30	147,71	II	1 641,25	84,47	122,86	138,22	78,66	114,42	128,72	72,87	105,99	119,24	67,07	97,56	109,75	61,29	89,16	100,30	55,69	81,–	91,13
	III	1 107,83	60,93	88,62	99,70	III	1 107,83	56,42	82,06	92,32	52,–	75,64	85,09	47,68	69,36	78,03	43,45	63,21	71,11	39,32	57,20	64,35	35,29	51,33	57,74
	V	2 230,66	122,68	178,45	200,75	IV	1 687,–	89,88	130,74	147,08	86,98	126,52	142,34	84,08	122,30	137,59	81,18	118,09	132,85	78,28	113,87	128,10	75,39	109,66	123,36
	VI	2 262,91	124,46	181,03	203,66																				
6 017,99	I,IV	1 688,25	92,85	135,06	151,94	I	1 688,25	87,05	126,62	142,45	81,25	118,19	132,96	75,46	109,76	123,48	69,66	101,32	113,99	63,86	92,89	104,50	58,17	84,61	95,18
	II	1 642,50	90,33	131,40	147,82	II	1 642,50	84,53	122,96	138,33	78,74	114,53	128,84	72,94	106,10	119,36	67,14	97,66	109,87	61,36	89,26	100,41	55,75	81,10	91,23
	III	1 108,83	60,98	88,70	99,79	III	1 108,83	56,47	82,14	92,41	52,05	75,72	85,18	47,73	69,42	78,10	43,50	63,28	71,19	39,37	57,26	64,42	35,33	51,40	57,82
	V	2 231,91	122,75	178,55	200,87	IV	1 688,25	89,95	130,84	147,20	87,05	126,62	142,45	84,15	122,40	137,70	81,25	118,19	132,96	78,35	113,97	128,21	75,46	109,76	123,48
	VI	2 264,16	124,52	181,13	203,77																				
6 020,99	I,IV	1 689,50	92,92	135,16	152,05	I	1 689,50	87,12	126,72	142,56	81,32	118,29	133,07	75,52	109,86	123,59	69,73	101,42	114,10	63,93	92,99	104,61	58,23	84,70	95,29
	II	1 643,75	90,40	131,50	147,93	II	1 643,75	84,60	123,06	138,44	78,81	114,63	128,96	73,01	106,20	119,47	67,21	97,76	109,98	61,43	89,36	100,53	55,82	81,20	91,35
	III	1 109,83	61,04	88,78	99,88	III	1 109,83	56,52	82,21	92,48	52,10	75,78	85,25	47,78	69,50	78,19	43,55	63,34	71,26	39,42	57,34	64,51	35,38	51,46	57,89
	V	2 233,25	122,82	178,66	200,99	IV	1 689,50	90,02	130,94	147,31	87,12	126,72	142,56	84,22	122,51	137,82	81,32	118,29	133,07	78,43	114,08	128,34	75,52	109,86	123,59
	VI	2 265,41	124,59	181,23	203,88																				
6 023,99	I,IV	1 690,75	92,99	135,26	152,16	I	1 690,75	87,19	126,82	142,67	81,39	118,39	133,19	75,59	109,96	123,70	69,79	101,52	114,21	64,–	93,09	104,72	58,30	84,80	95,40
	II	1 645,–	90,47	131,60	148,05	II	1 645,–	84,67	123,16	138,56	78,87	114,73	129,07	73,08	106,30	119,58	67,28	97,86	110,09	61,50	89,46	100,64	55,88	81,29	91,45
	III	1 110,83	61,09	88,86	99,97	III	1 110,83	56,57	82,29	92,57	52,15	75,86	85,34	47,83	69,57	78,26	43,60	63,42	71,35	39,47	57,41	64,58	35,42	51,53	57,97
	V	2 234,50	122,89	178,76	201,10	IV	1 690,75	90,09	131,04	147,42	87,19	126,82	142,67	84,29	122,61	137,93	81,39	118,39	133,19	78,49	114,18	128,45	75,59	109,96	123,70
	VI	2 266,66	124,66	181,33	203,99																				
6 026,99	I,IV	1 692,–	93,06	135,36	152,28	I	1 692,–	87,26	126,92	142,79	81,46	118,49	133,30	75,66	110,06	123,81	69,86	101,62	114,32	64,07	93,19	104,84	58,36	84,90	95,51
	II	1 646,25	90,54	131,70	148,16	II	1 646,25	84,74	123,26	138,67	78,94	114,83	129,18	73,15	106,40	119,70	67,35	97,96	110,21	61,57	89,56	100,75	55,95	81,38	91,55
	III	1 111,83	61,15	88,94	100,06	III	1 111,83	56,63	82,37	92,66	52,21	75,94	85,43	47,88	69,65	78,35	43,65	63,49	71,42	39,51	57,48	64,66	35,47	51,60	58,05
	V	2 235,75	122,96	178,86	201,21	IV	1 692,–	90,16	131,14	147,53	87,26	126,92	142,79	84,36	122,71	138,05	81,46	118,49	133,30	78,56	114,28	128,56	75,66	110,06	123,81
	VI	2 267,91	124,73	181,43	204,11																				
6 029,99	I,IV	1 693,33	93,13	135,46	152,39	I	1 693,33	87,33	127,02	142,90	81,53	118,59	133,41	75,73	110,16	123,93	69,93	101,72	114,44	64,13	93,29	104,95	58,43	85,–	95,62
	II	1 647,50	90,61	131,80	148,27	II	1 647,50	84,81	123,36	138,78	79,01	114,93	129,29	73,21	106,50	119,81	67,42	98,06	110,32	61,64	89,66	100,86	56,02	81,48	91,67
	III	1 112,83	61,20	89,02	100,15	III	1 112,83	56,68	82,45	92,75	52,26	76,02	85,52	47,94	69,73	78,44	43,70	63,57	71,51	39,57	57,56	64,75	35,53	51,68	58,14
	V	2 237,–	123,03	178,96	201,33	IV	1 693,33	90,23	131,24	147,65	87,33	127,02	142,90	84,43	122,81	138,16	81,53	118,59	133,41	78,63	114,38	128,67	75,73	110,16	123,93
	VI	2 269,16	124,80	181,53	204,22																				

* Die ausgewiesenen Tabellenwerte sind amtlich. Siehe Erläuterungen auf der Umschlaginnenseite (U2).

Abzüge an Lohnsteuer, Solidaritätszuschlag (SolZ) und Kirchensteuer (8%, 9%) in den Steuerklassen

Lohn/Gehalt bis €*	I – VI	LSt	ohne Kinderfreibeträge SolZ	8%	9%	I, II, III, IV	LSt	mit Zahl der Kinderfreibeträge . . . 0,5 SolZ	0,5 8%	0,5 9%	1 SolZ	1 8%	1 9%	1,5 SolZ	1,5 8%	1,5 9%	2 SolZ	2 8%	2 9%	2,5 SolZ	2,5 8%	2,5 9%	3 SolZ	3 8%	3 9%
6 032,99	I,IV	1 694,58	93,20	135,56	152,51	I	1 694,58	87,40	127,13	143,02	81,60	118,70	133,53	75,80	110,26	124,04	70,—	101,82	114,55	64,20	93,39	105,06	58,50	85,10	95,73
	II	1 648,75	90,68	131,90	148,38	II	1 648,75	84,88	123,46	138,89	79,08	115,03	129,41	73,28	106,60	119,92	67,48	98,16	110,43	61,71	89,76	100,98	56,08	81,58	91,77
	III	1 113,83	61,26	89,10	100,24	III	1 113,83	56,74	82,53	92,84	52,31	76,09	85,60	47,98	69,80	78,52	43,75	63,64	71,59	39,61	57,62	64,82	35,57	51,74	58,21
	V	2 238,25	123,10	179,06	201,44	IV	1 694,58	90,30	131,34	147,76	87,40	127,13	143,02	84,50	122,91	138,27	81,60	118,70	133,53	78,70	114,48	128,79	75,80	110,26	124,04
	VI	2 270,41	124,87	181,63	204,33																				
6 035,99	I,IV	1 695,83	93,27	135,66	152,62	I	1 695,83	87,47	127,23	143,13	81,67	118,80	133,65	75,87	110,36	124,16	70,07	101,93	114,67	64,28	93,50	105,18	58,57	85,19	95,84
	II	1 650,—	90,75	132,—	148,50	II	1 650,—	84,95	123,56	139,01	79,15	115,13	129,52	73,35	106,70	120,03	67,55	98,26	110,54	61,77	89,86	101,09	56,15	81,68	91,89
	III	1 114,83	61,31	89,18	100,33	III	1 114,83	56,79	82,61	92,93	52,36	76,17	85,69	48,04	69,88	78,61	43,80	63,72	71,68	39,66	57,69	64,90	35,62	51,81	58,28
	V	2 239,50	123,17	179,16	201,55	IV	1 695,83	90,36	131,44	147,87	87,47	127,23	143,13	84,57	123,01	138,38	81,67	118,80	133,65	78,77	114,58	128,90	75,87	110,36	124,16
	VI	2 271,75	124,94	181,74	204,45																				
6 038,99	I,IV	1 697,08	93,33	135,76	152,73	I	1 697,08	87,54	127,33	143,24	81,74	118,90	133,76	75,94	110,46	124,27	70,14	102,03	114,78	64,35	93,60	105,30	58,63	85,29	95,95
	II	1 651,33	90,82	132,10	148,61	II	1 651,33	85,02	123,66	139,12	79,22	115,23	129,63	73,42	106,80	120,15	67,62	98,36	110,66	61,84	89,95	101,19	56,21	81,77	91,99
	III	1 115,83	61,37	89,26	100,42	III	1 115,83	56,84	82,68	93,01	52,42	76,25	85,78	48,08	69,94	78,68	43,85	63,78	71,75	39,71	57,77	64,99	35,66	51,88	58,36
	V	2 240,75	123,24	179,26	201,66	IV	1 697,08	90,43	131,54	147,98	87,54	127,33	143,24	84,64	123,11	138,50	81,74	118,90	133,76	78,84	114,68	129,01	75,94	110,46	124,27
	VI	2 273,—	125,01	181,84	204,57																				
6 041,99	I,IV	1 698,33	93,40	135,86	152,84	I	1 698,33	87,61	127,43	143,36	81,81	119,—	133,87	76,01	110,56	124,38	70,21	102,13	114,89	64,41	93,70	105,41	58,70	85,39	96,06
	II	1 652,58	90,89	132,20	148,73	II	1 652,58	85,09	123,77	139,24	79,29	115,34	129,75	73,49	106,90	120,26	67,69	98,46	110,77	61,91	90,05	101,30	56,28	81,87	92,10
	III	1 116,83	61,42	89,34	100,51	III	1 116,83	56,89	82,76	93,10	52,47	76,32	85,86	48,14	70,02	78,77	43,90	63,86	71,84	39,76	57,84	65,07	35,71	51,94	58,43
	V	2 242,—	123,31	179,36	201,78	IV	1 698,33	90,50	131,64	148,10	87,61	127,43	143,36	84,70	123,21	138,61	81,81	119,—	133,87	78,91	114,78	129,12	76,01	110,56	124,38
	VI	2 274,25	125,08	181,94	204,68																				
6 044,99	I,IV	1 699,58	93,47	135,96	152,96	I	1 699,58	87,67	127,53	143,47	81,88	119,10	133,98	76,08	110,66	124,49	70,28	102,23	115,01	64,48	93,80	105,52	58,77	85,48	96,17
	II	1 653,83	90,96	132,30	148,84	II	1 653,83	85,16	123,87	139,35	79,36	115,44	129,87	73,56	107,—	120,38	67,76	98,57	110,89	61,98	90,15	101,42	56,35	81,96	92,21
	III	1 117,83	61,48	89,42	100,60	III	1 117,83	56,95	82,84	93,19	52,52	76,40	85,95	48,18	70,09	78,85	43,95	63,93	71,92	39,81	57,90	65,14	35,76	52,02	58,52
	V	2 243,33	123,38	179,46	201,89	IV	1 699,58	90,58	131,75	148,22	87,67	127,53	143,47	84,78	123,32	138,73	81,88	119,10	133,98	78,98	114,88	129,24	76,08	110,66	124,49
	VI	2 275,50	125,15	182,04	204,79																				
6 047,99	I,IV	1 700,83	93,54	136,06	153,07	I	1 700,83	87,74	127,63	143,58	81,95	119,20	134,10	76,15	110,76	124,61	70,35	102,33	115,12	64,55	93,90	105,63	58,84	85,58	96,28
	II	1 655,08	91,02	132,40	148,95	II	1 655,08	85,23	123,97	139,46	79,43	115,54	129,98	73,63	107,10	120,49	67,83	98,67	111,—	62,04	90,25	101,53	56,41	82,06	92,31
	III	1 118,66	61,52	89,49	100,67	III	1 118,66	57,—	82,92	93,28	52,58	76,48	86,04	48,24	70,17	78,94	44,—	64,01	72,01	39,86	57,98	65,23	35,81	52,09	58,60
	V	2 244,58	123,45	179,56	202,01	IV	1 700,83	90,64	131,85	148,33	87,74	127,63	143,58	84,85	123,42	138,84	81,95	119,20	134,10	79,05	114,98	129,35	76,15	110,76	124,61
	VI	2 276,75	125,22	182,14	204,90																				
6 050,99	I,IV	1 702,08	93,61	136,16	153,18	I	1 702,08	87,81	127,73	143,69	82,01	119,30	134,21	76,22	110,86	124,72	70,42	102,43	115,23	64,62	94,—	105,75	58,90	85,68	96,39
	II	1 656,33	91,09	132,50	149,06	II	1 656,33	85,30	124,07	139,58	79,50	115,64	130,09	73,70	107,20	120,60	67,90	98,77	111,11	62,11	90,35	101,64	56,48	82,16	92,43
	III	1 119,66	61,58	89,57	100,76	III	1 119,66	57,06	83,—	93,37	52,63	76,56	86,13	48,29	70,25	79,03	44,05	64,08	72,09	39,91	58,05	65,30	35,86	52,16	58,68
	V	2 245,83	123,52	179,66	202,12	IV	1 702,08	90,71	131,95	148,44	87,81	127,73	143,69	84,92	123,52	138,96	82,01	119,30	134,21	79,12	115,08	129,47	76,22	110,86	124,72
	VI	2 278,—	125,29	182,24	205,02																				
6 053,99	I,IV	1 703,33	93,68	136,26	153,29	I	1 703,33	87,88	127,83	143,81	82,08	119,40	134,32	76,28	110,96	124,83	70,49	102,53	115,34	64,69	94,10	105,86	58,97	85,78	96,50
	II	1 657,58	91,16	132,60	149,18	II	1 657,58	85,36	124,17	139,69	79,57	115,74	130,20	73,77	107,30	120,71	67,97	98,87	111,23	62,18	90,45	101,75	56,54	82,25	92,53
	III	1 120,66	61,63	89,65	100,85	III	1 120,66	57,11	83,08	93,46	52,68	76,62	86,20	48,34	70,32	79,11	44,11	64,16	72,18	39,95	58,12	65,38	35,90	52,22	58,75
	V	2 247,08	123,58	179,76	202,23	IV	1 703,33	90,78	132,05	148,55	87,88	127,83	143,81	84,98	123,62	139,07	82,08	119,40	134,32	79,19	115,18	129,58	76,28	110,96	124,83
	VI	2 279,25	125,35	182,34	205,13																				
6 056,99	I,IV	1 704,66	93,75	136,37	153,41	I	1 704,66	87,95	127,94	143,93	82,16	119,50	134,44	76,35	111,06	124,94	70,56	102,63	115,46	64,76	94,20	105,97	59,04	85,88	96,61
	II	1 658,83	91,23	132,70	149,29	II	1 658,83	85,43	124,27	139,80	79,64	115,84	130,32	73,84	107,40	120,83	68,04	98,97	111,34	62,25	90,55	101,87	56,61	82,35	92,64
	III	1 121,66	61,69	89,73	100,94	III	1 121,66	57,16	83,14	93,53	52,73	76,70	86,29	48,40	70,40	79,20	44,15	64,22	72,25	40,01	58,20	65,47	35,96	52,30	58,84
	V	2 248,33	123,65	179,86	202,34	IV	1 704,66	90,85	132,15	148,67	87,95	127,94	143,93	85,05	123,72	139,18	82,16	119,50	134,44	79,25	115,28	129,69	76,35	111,06	124,94
	VI	2 280,50	125,42	182,44	205,24																				
6 059,99	I,IV	1 705,91	93,82	136,47	153,53	I	1 705,91	88,02	128,04	144,04	82,22	119,60	134,55	76,43	111,17	125,06	70,63	102,74	115,58	64,83	94,30	106,09	59,11	85,98	96,72
	II	1 660,08	91,30	132,80	149,40	II	1 660,08	85,50	124,37	139,91	79,70	115,94	130,43	73,91	107,50	120,94	68,11	99,07	111,45	62,32	90,65	101,98	56,68	82,44	92,75
	III	1 122,66	61,74	89,81	101,03	III	1 122,66	57,21	83,22	93,62	52,79	76,78	86,38	48,44	70,46	79,27	44,20	64,29	72,32	40,05	58,26	65,54	36,—	52,37	58,91
	V	2 249,58	123,72	179,96	202,46	IV	1 705,91	90,92	132,25	148,78	88,02	128,04	144,04	85,12	123,82	139,29	82,22	119,60	134,55	79,32	115,38	129,80	76,43	111,17	125,06
	VI	2 281,83	125,50	182,54	205,36																				
6 062,99	I,IV	1 707,16	93,89	136,57	153,64	I	1 707,16	88,09	128,14	144,15	82,29	119,70	134,66	76,50	111,27	125,18	70,70	102,84	115,69	64,90	94,40	106,20	59,17	86,07	96,83
	II	1 661,33	91,37	132,90	149,51	II	1 661,33	85,57	124,47	140,03	79,77	116,04	130,54	73,97	107,60	121,05	68,18	99,17	111,56	62,39	90,75	102,09	56,75	82,54	92,86
	III	1 123,66	61,80	89,89	101,12	III	1 123,66	57,27	83,30	93,71	52,83	76,85	86,45	48,50	70,54	79,36	44,25	64,37	72,41	40,10	58,33	65,62	36,05	52,44	58,99
	V	2 250,83	123,79	180,06	202,57	IV	1 707,16	90,99	132,35	148,89	88,09	128,14	144,15	85,19	123,92	139,41	82,29	119,70	134,66	79,39	115,48	129,92	76,50	111,27	125,18
	VI	2 283,08	125,56	182,64	205,47																				
6 065,99	I,IV	1 708,41	93,96	136,67	153,75	I	1 708,41	88,16	128,24	144,27	82,36	119,80	134,78	76,56	111,37	125,29	70,77	102,94	115,80	64,97	94,50	106,31	59,24	86,17	96,94
	II	1 662,66	91,44	133,01	149,63	II	1 662,66	85,64	124,58	140,15	79,85	116,14	130,66	74,04	107,70	121,16	68,25	99,27	111,68	62,46	90,85	102,20	56,81	82,64	92,97
	III	1 124,66	61,85	89,97	101,21	III	1 124,66	57,32	83,38	93,80	52,89	76,93	86,54	48,55	70,62	79,45	44,30	64,44	72,49	40,15	58,41	65,71	36,09	52,50	59,06
	V	2 252,08	123,86	180,16	202,68	IV	1 708,41	91,06	132,45	149,—	88,16	128,24	144,27	85,26	124,02	139,52	82,36	119,80	134,78	79,46	115,58	130,03	76,56	111,37	125,29
	VI	2 284,33	125,63	182,74	205,58																				
6 068,99	I,IV	1 709,66	94,03	136,77	153,86	I	1 709,66	88,23	128,34	144,38	82,43	119,90	134,89	76,63	111,47	125,40	70,84	103,04	115,92	65,04	94,60	106,43	59,31	86,27	97,05
	II	1 663,91	91,51	133,11	149,75	II	1 663,91	85,71	124,68	140,26	79,91	116,24	130,77	74,12	107,81	121,28	68,32	99,38	111,80	62,53	90,95	102,32	56,88	82,74	93,08
	III	1 125,66	61,91	90,05	101,30	III	1 125,66	57,38	83,46	93,89	52,94	77,01	86,63	48,60	70,69	79,52	44,35	64,52	72,58	40,20	58,48	65,79	36,14	52,57	59,14
	V	2 253,41	123,93	180,27	202,80	IV	1 709,66	91,13	132,56	149,13	88,23	128,34	144,38	85,33	124,12	139,64	82,43	119,90	134,89	79,53	115,68	130,14	76,63	111,47	125,40
	VI	2 285,58	125,70	182,84	205,70																				
6 071,99	I,IV	1 710,91	94,10	136,87	153,98	I	1 710,91	88,30	128,44	144,49	82,50	120,—	135,—	76,70	111,57	125,51	70,90	103,14	116,03	65,11	94,70	106,54	59,37	86,36	97,16
	II	1 665,16	91,58	133,21	149,86	II	1 665,16	85,78	124,78	140,37	79,98	116,34	130,88	74,19	107,91	121,40	68,39	99,48	111,91	62,59	91,05	102,43	56,94	82,83	93,18
	III	1 126,66	61,96	90,13	101,39	III	1 126,66	57,43	83,54	93,98	53,—	77,09	86,72	48,65	70,77	79,61	44,40	64,58	72,65	40,25	58,54	65,86	36,19	52,65	59,23
	V	2 254,66	124,—	180,37	202,91	IV	1 710,91	91,20	132,66	149,24	88,30	128,44	144,49	85,40	124,22	139,75	82,50	120,—	135,—	79,60	115,79	130,26	76,70	111,57	125,51
	VI	2 286,83	125,77	182,94	205,81																				
6 074,99	I,IV	1 712,16	94,16	136,97	154,09	I	1 712,16	88,37	128,54	144,60	82,57	120,10	135,11	76,77	111,67	125,63	70,97	103,24	116,14	65,17	94,80	106,65	59,44	86,46	97,27
	II	1 666,41	91,65	133,31	149,97	II	1 666,41	85,85	124,88	140,49	80,05	116,44	131,—	74,25	108,01	121,51	68,46	99,58	112,02	62,66	91,15	102,54	57,01	82,93	93,29
	III	1 127,66	62,02	90,21	101,48	III	1 127,66	57,49	83,62	94,07	53,04	77,16	86,80	48,70	70,84	79,69	44,45	64,66	72,74	40,30	58,62	65,95	36,24	52,72	59,31
	V	2 255,91	124,07	180,47	203,03	IV	1 712,16	91,27	132,76	149,35	88,37	128,54	144,60	85,47	124,32	139,86	82,57	120,10	135,11	79,67	115,89	130,37	76,77	111,67	125,63
	VI	2 288,08	125,84	183,04	205,92																				

*** Die ausgewiesenen Tabellenwerte sind amtlich. Siehe Erläuterungen auf der Umschlaginnenseite (U2).**

Abzüge an Lohnsteuer, Solidaritätszuschlag (SolZ) und Kirchensteuer (8%, 9%) in den Steuerklassen

Lohn/ Gehalt bis €*	I – VI		ohne Kinderfreibeträge			I, II, III, IV		mit Zahl der Kinderfreibeträge ... 0,5			1			1,5			2			2,5			3		
		LSt	SolZ	8%	9%		LSt	SolZ	8%	9%	SolZ	8%	9%	SolZ	8%	9%	SolZ	8%	9%	SolZ	8%	9%	SolZ	8%	9%
6 077,99	I,IV	1 713,41	94,23	137,07	154,20	I	1 713,41	88,44	128,64	144,72	82,64	120,20	135,23	76,84	111,77	125,74	71,04	103,34	116,25	65,24	94,90	106,76	59,51	86,56	97,38
	II	1 667,66	91,72	133,41	150,08	II	1 667,66	85,92	124,98	140,60	80,12	116,54	131,11	74,32	108,11	121,62	68,53	99,68	112,14	62,73	91,25	102,65	57,08	83,02	93,40
	III	1 128,66	62,07	90,29	101,57	III	1 128,66	57,53	83,69	94,15	53,10	77,24	86,89	48,75	70,92	79,78	44,50	64,73	72,82	40,35	58,69	66,02	36,29	52,78	59,38
	V	2 257,16	124,14	180,57	203,14	IV	1 713,41	91,34	132,86	149,46	88,44	128,64	144,72	85,54	124,42	139,97	82,64	120,20	135,23	79,74	115,99	130,49	76,84	111,77	125,74
	VI	2 289,33	125,91	183,14	206,03																				
6 080,99	I,IV	1 714,75	94,31	137,18	154,32	I	1 714,75	88,51	128,74	144,83	82,71	120,30	135,34	76,91	111,87	125,85	71,11	103,44	116,37	65,31	95,—	106,88	59,57	86,66	97,49
	II	1 668,91	91,79	133,51	150,20	II	1 668,91	85,99	125,08	140,71	80,19	116,64	131,22	74,39	108,21	121,73	68,59	99,78	112,25	62,80	91,35	102,77	57,14	83,12	93,51
	III	1 129,66	62,13	90,37	101,66	III	1 129,66	57,59	83,77	94,24	53,15	77,32	86,98	48,81	71,—	79,87	44,55	64,81	72,91	40,39	58,76	66,10	36,33	52,85	59,45
	V	2 258,41	124,21	180,67	203,25	IV	1 714,75	91,41	132,96	149,58	88,51	128,74	144,83	85,61	124,52	140,09	82,71	120,30	135,34	79,81	116,09	130,60	76,91	111,87	125,85
	VI	2 290,58	125,98	183,24	206,15																				
6 083,99	I,IV	1 716,—	94,38	137,28	154,44	I	1 716,—	88,58	128,84	144,95	82,78	120,41	135,46	76,98	111,98	125,97	71,18	103,54	116,48	65,38	95,10	106,99	59,64	86,76	97,60
	II	1 670,16	91,85	133,61	150,31	II	1 670,16	86,06	125,18	140,82	80,26	116,74	131,33	74,46	108,31	121,85	68,66	99,88	112,36	62,87	91,45	102,88	57,21	83,22	93,62
	III	1 130,66	62,18	90,45	101,75	III	1 130,66	57,64	83,85	94,33	53,20	77,38	87,05	48,85	71,06	79,94	44,60	64,88	72,99	40,45	58,84	66,19	36,39	52,93	59,54
	V	2 259,66	124,28	180,77	203,36	IV	1 716,—	91,47	133,06	149,69	88,58	128,84	144,95	85,68	124,62	140,20	82,78	120,41	135,46	79,88	116,19	130,71	76,98	111,98	125,97
	VI	2 291,91	126,05	183,35	206,27																				
6 086,99	I,IV	1 717,25	94,44	137,38	154,55	I	1 717,25	88,65	128,94	145,06	82,85	120,51	135,57	77,05	112,08	126,09	71,25	103,64	116,60	65,45	95,21	107,11	59,71	86,86	97,71
	II	1 671,41	91,92	133,71	150,42	II	1 671,41	86,13	125,28	140,94	80,33	116,84	131,45	74,53	108,41	121,96	68,73	99,98	112,47	62,94	91,55	102,99	57,28	83,32	93,73
	III	1 131,66	62,24	90,53	101,84	III	1 131,66	57,70	83,93	94,42	53,25	77,46	87,14	48,91	71,14	80,03	44,66	64,96	73,08	40,49	58,90	66,26	36,43	53,—	59,62
	V	2 260,91	124,35	180,87	203,48	IV	1 717,25	91,54	133,16	149,80	88,65	128,94	145,06	85,74	124,72	140,31	82,85	120,51	135,57	79,95	116,29	130,82	77,05	112,08	126,09
	VI	2 293,16	126,12	183,45	206,38																				
6 089,99	I,IV	1 718,50	94,51	137,48	154,66	I	1 718,50	88,71	129,04	145,17	82,92	120,61	135,68	77,12	112,18	126,20	71,32	103,74	116,71	65,52	95,31	107,22	59,78	86,96	97,83
	II	1 672,75	92,—	133,82	150,54	II	1 672,75	86,20	125,38	141,05	80,40	116,94	131,56	74,60	108,51	122,07	68,80	100,08	112,59	63,01	91,65	103,10	57,34	83,41	93,83
	III	1 132,66	62,29	90,61	101,93	III	1 132,66	57,75	84,01	94,51	53,31	77,54	87,23	48,95	71,21	80,11	44,70	65,02	73,15	40,54	58,97	66,34	36,48	53,06	59,69
	V	2 262,16	124,41	180,97	203,59	IV	1 718,50	91,61	133,26	149,91	88,71	129,04	145,17	85,81	124,82	140,42	82,92	120,61	135,68	80,02	116,39	130,94	77,12	112,18	126,20
	VI	2 294,41	126,19	183,55	206,49																				
6 092,99	I,IV	1 719,75	94,58	137,58	154,77	I	1 719,75	88,78	129,14	145,28	82,99	120,71	135,80	77,19	112,28	126,31	71,39	103,84	116,82	65,59	95,41	107,33	59,84	87,05	97,93
	II	1 674,—	92,07	133,92	150,66	II	1 674,—	86,27	125,48	141,17	80,47	117,05	131,68	74,67	108,62	122,19	68,87	100,18	112,70	63,08	91,75	103,22	57,41	83,51	93,95
	III	1 133,66	62,35	90,69	102,02	III	1 133,66	57,81	84,09	94,60	53,36	77,62	87,32	49,01	71,29	80,20	44,76	65,10	73,24	40,59	59,05	66,43	36,52	53,13	59,77
	V	2 263,41	124,48	181,07	203,70	IV	1 719,75	91,68	133,36	150,03	88,78	129,14	145,28	85,88	124,92	140,54	82,99	120,71	135,80	80,08	116,49	131,05	77,19	112,28	126,31
	VI	2 295,66	126,26	183,65	206,60																				
6 095,99	I,IV	1 721,—	94,65	137,68	154,89	I	1 721,—	88,85	129,24	145,40	83,05	120,81	135,91	77,26	112,38	126,42	71,46	103,94	116,93	65,66	95,51	107,45	59,91	87,15	98,04
	II	1 675,25	92,13	134,02	150,77	II	1 675,25	86,34	125,58	141,28	80,54	117,15	131,79	74,74	108,72	122,31	68,94	100,28	112,82	63,14	91,85	103,33	57,47	83,60	94,05
	III	1 134,66	62,40	90,77	102,11	III	1 134,66	57,86	84,17	94,69	53,41	77,69	87,40	49,06	71,37	80,29	44,80	65,17	73,31	40,64	59,12	66,51	36,58	53,21	59,86
	V	2 264,75	124,56	181,18	203,82	IV	1 721,—	91,75	133,46	150,14	88,85	129,24	145,40	85,96	125,03	140,66	83,05	120,81	135,91	80,16	116,60	131,17	77,26	112,38	126,42
	VI	2 296,91	126,33	183,75	206,72																				
6 098,99	I,IV	1 722,25	94,72	137,78	155,—	I	1 722,25	88,92	129,34	145,51	83,12	120,91	136,02	77,33	112,48	126,54	71,53	104,04	117,05	65,73	95,61	107,56	59,98	87,25	98,15
	II	1 676,50	92,20	134,12	150,88	II	1 676,50	86,40	125,68	141,39	80,61	117,25	131,90	74,81	108,82	122,42	69,01	100,38	112,93	63,21	91,95	103,44	57,54	83,70	94,16
	III	1 135,66	62,46	90,85	102,20	III	1 135,66	57,91	84,24	94,77	53,46	77,77	87,49	49,11	71,44	80,37	44,86	65,25	73,40	40,70	59,20	66,60	36,63	53,28	59,94
	V	2 266,—	124,63	181,28	203,94	IV	1 722,25	91,82	133,56	150,26	88,92	129,34	145,51	86,02	125,13	140,77	83,12	120,91	136,02	80,23	116,70	131,28	77,33	112,48	126,54
	VI	2 298,16	126,39	183,85	206,83																				
6 101,99	I,IV	1 723,50	94,79	137,88	155,11	I	1 723,50	88,99	129,44	145,62	83,19	121,01	136,13	77,39	112,58	126,65	71,60	104,14	117,16	65,80	95,71	107,67	60,05	87,35	98,27
	II	1 677,75	92,27	134,22	150,99	II	1 677,75	86,47	125,78	141,50	80,68	117,35	132,02	74,88	108,92	122,53	69,08	100,48	113,04	63,28	92,05	103,55	57,61	83,80	94,27
	III	1 136,66	62,51	90,93	102,29	III	1 136,66	57,97	84,32	94,86	53,52	77,85	87,58	49,17	71,52	80,46	44,90	65,32	73,48	40,74	59,26	66,67	36,67	53,34	60,01
	V	2 267,25	124,69	181,38	204,05	IV	1 723,50	91,89	133,66	150,37	88,99	129,44	145,62	86,09	125,23	140,88	83,19	121,01	136,13	80,30	116,80	131,40	77,39	112,58	126,65
	VI	2 299,41	126,46	183,95	206,94																				
6 104,99	I,IV	1 724,83	94,86	137,98	155,23	I	1 724,83	89,06	129,54	145,73	83,26	121,11	136,25	77,46	112,68	126,76	71,66	104,24	117,27	65,87	95,81	107,78	60,11	87,44	98,37
	II	1 679,—	92,34	134,32	151,11	II	1 679,—	86,54	125,88	141,62	80,74	117,45	132,13	74,95	109,02	122,64	69,15	100,58	113,15	63,35	92,15	103,67	57,68	83,90	94,38
	III	1 137,66	62,57	91,01	102,38	III	1 137,66	58,02	84,40	94,95	53,57	77,93	87,67	49,21	71,58	80,53	44,96	65,40	73,57	40,79	59,33	66,74	36,72	53,41	60,08
	V	2 268,50	124,76	181,48	204,16	IV	1 724,83	91,96	133,76	150,48	89,06	129,54	145,73	86,16	125,33	140,99	83,26	121,11	136,25	80,36	116,90	131,51	77,46	112,68	126,76
	VI	2 300,66	126,53	184,05	207,05																				
6 107,99	I,IV	1 726,08	94,93	138,08	155,34	I	1 726,08	89,13	129,65	145,85	83,33	121,22	136,37	77,54	112,78	126,88	71,73	104,34	117,38	65,94	95,91	107,90	60,18	87,54	98,48
	II	1 680,25	92,41	134,42	151,22	II	1 680,25	86,61	125,98	141,73	80,81	117,55	132,24	75,02	109,12	122,76	69,22	100,68	113,27	63,42	92,25	103,78	57,74	83,99	94,49
	III	1 138,66	62,62	91,09	102,47	III	1 138,66	58,08	84,48	95,04	53,62	78,—	87,75	49,27	71,66	80,62	45,—	65,46	73,64	40,84	59,41	66,83	36,77	53,49	60,17
	V	2 269,75	124,83	181,58	204,27	IV	1 726,08	92,03	133,86	150,59	89,13	129,65	145,85	86,23	125,43	141,11	83,33	121,22	136,37	80,43	117,—	131,62	77,54	112,78	126,88
	VI	2 301,91	126,60	184,15	207,17																				
6 110,99	I,IV	1 727,33	95,—	138,18	155,45	I	1 727,33	89,20	129,75	145,97	83,40	121,32	136,48	77,60	112,88	126,99	71,81	104,45	117,50	66,01	96,02	108,02	60,25	87,64	98,60
	II	1 681,50	92,48	134,52	151,33	II	1 681,50	86,68	126,08	141,84	80,88	117,65	132,35	75,08	109,22	122,87	69,29	100,78	113,38	63,49	92,35	103,89	57,81	84,09	94,60
	III	1 139,66	62,68	91,17	102,56	III	1 139,66	58,13	84,56	95,13	53,68	78,08	87,84	49,32	71,74	80,71	45,06	65,54	73,73	40,89	59,48	66,91	36,82	53,56	60,25
	V	2 271,—	124,90	181,68	204,39	IV	1 727,33	92,10	133,96	150,71	89,20	129,75	145,97	86,30	125,53	141,22	83,40	121,32	136,48	80,50	117,10	131,73	77,60	112,88	126,99
	VI	2 303,25	126,67	184,26	207,29																				
6 113,99	I,IV	1 728,58	95,07	138,28	155,57	I	1 728,58	89,27	129,85	146,08	83,47	121,42	136,59	77,67	112,98	127,10	71,88	104,55	117,62	66,08	96,12	108,13	60,32	87,74	98,71
	II	1 682,83	92,55	134,62	151,45	II	1 682,83	86,75	126,18	141,95	80,95	117,75	132,47	75,15	109,32	122,98	69,35	100,88	113,49	63,56	92,45	104,—	57,87	84,18	94,70
	III	1 140,66	62,73	91,25	102,65	III	1 140,66	58,19	84,64	95,22	53,73	78,16	87,93	49,37	71,81	80,78	45,10	65,61	73,81	40,93	59,54	66,98	36,86	53,62	60,32
	V	2 272,25	124,97	181,78	204,50	IV	1 728,58	92,17	134,06	150,82	89,27	129,85	146,08	86,37	125,63	141,33	83,47	121,42	136,59	80,57	117,20	131,85	77,67	112,98	127,10
	VI	2 304,50	126,74	184,36	207,40																				
6 116,99	I,IV	1 729,83	95,14	138,38	155,68	I	1 729,83	89,34	129,95	146,19	83,54	121,52	136,71	77,74	113,08	127,22	71,94	104,65	117,73	66,15	96,22	108,24	60,39	87,84	98,82
	II	1 684,08	92,62	134,72	151,56	II	1 684,08	86,82	126,29	142,07	81,02	117,86	132,59	75,23	109,42	123,10	69,42	100,98	113,60	63,63	92,55	104,12	57,94	84,28	94,82
	III	1 141,66	62,79	91,33	102,74	III	1 141,66	58,24	84,72	95,31	53,79	78,24	88,02	49,42	71,89	80,87	45,16	65,69	73,90	40,99	59,62	67,07	36,91	53,69	60,40
	V	2 273,50	125,04	181,88	204,61	IV	1 729,83	92,23	134,16	150,93	89,34	129,95	146,19	86,44	125,73	141,44	83,54	121,52	136,71	80,64	117,30	131,96	77,74	113,08	127,22
	VI	2 305,75	126,81	184,46	207,51																				
6 119,99	I,IV	1 731,08	95,20	138,48	155,79	I	1 731,08	89,41	130,05	146,30	83,61	121,62	136,82	77,81	113,18	127,33	72,01	104,75	117,84	66,22	96,32	108,36	60,45	87,94	98,93
	II	1 685,33	92,69	134,82	151,67	II	1 685,33	86,89	126,39	142,19	81,09	117,96	132,70	75,29	109,52	123,21	69,50	101,09	113,72	63,69	92,65	104,23	58,01	84,38	94,93
	III	1 142,66	62,84	91,41	102,83	III	1 142,66	58,29	84,78	95,38	53,83	78,30	88,09	49,48	71,97	80,96	45,21	65,76	73,98	41,03	59,69	67,15	36,96	53,77	60,49
	V	2 274,83	125,11	181,98	204,73	IV	1 731,08	92,31	134,27	151,05	89,41	130,05	146,30	86,51	125,84	141,57	83,61	121,62	136,82	80,71	117,40	132,08	77,81	113,18	127,33
	VI	2 307,—	126,88	184,56	207,63																				

* Die ausgewiesenen Tabellenwerte sind amtlich. Siehe Erläuterungen auf der Umschlaginnenseite (U2).

Abzüge an Lohnsteuer, Solidaritätszuschlag (SolZ) und Kirchensteuer (8%, 9%) in den Steuerklassen

Lohn/Gehalt bis €*	I – VI	LSt	ohne Kinderfreibeträge SolZ	8%	9%	I, II, III, IV	LSt	mit Zahl der Kinderfreibeträge . . . 0,5 SolZ	0,5 8%	0,5 9%	1 SolZ	1 8%	1 9%	1,5 SolZ	1,5 8%	1,5 9%	2 SolZ	2 8%	2 9%	2,5 SolZ	2,5 8%	2,5 9%	3 SolZ	3 8%	3 9%
6 122,99	I,IV	1 732,33	95,27	138,58	155,90	I	1 732,33	89,48	130,15	146,42	83,68	121,72	136,93	77,88	113,28	127,44	72,08	104,85	117,95	66,28	96,42	108,47	60,52	88,04	99,04
	II	1 686,58	92,76	134,92	151,79	II	1 686,58	86,96	126,49	142,30	81,16	118,06	132,81	75,36	109,62	123,32	69,57	101,19	113,84	63,76	92,75	104,34	58,08	84,48	95,04
	III	1 143,66	62,90	91,49	102,92	III	1 143,66	58,34	84,86	95,47	53,89	78,38	88,18	49,52	72,04	81,04	45,26	65,84	74,07	41,09	59,77	67,24	37,01	53,84	60,57
	V	2 276,08	125,18	182,08	204,84	IV	1 732,33	92,38	134,37	151,16	89,48	130,15	146,42	86,58	125,94	141,68	83,68	121,72	136,93	80,78	117,50	132,19	77,88	113,28	127,44
	VI	2 308,25	126,95	184,66	207,74																				
6 125,99	I,IV	1 733,58	95,34	138,68	156,02	I	1 733,58	89,54	130,25	146,53	83,75	121,82	137,04	77,95	113,38	127,55	72,15	104,95	118,07	66,35	96,52	108,58	60,59	88,14	99,15
	II	1 687,83	92,83	135,02	151,90	II	1 687,83	87,03	126,59	142,41	81,23	118,16	132,93	75,43	109,72	123,44	69,63	101,29	113,95	63,84	92,86	104,46	58,14	84,58	95,15
	III	1 144,66	62,95	91,57	103,01	III	1 144,66	58,40	84,94	95,56	53,94	78,46	88,27	49,58	72,12	81,13	45,31	65,90	74,14	41,14	59,84	67,32	37,06	53,90	60,64
	V	2 277,33	125,25	182,18	204,95	IV	1 733,58	92,45	134,47	151,28	89,54	130,25	146,53	86,65	126,04	141,79	83,75	121,82	137,04	80,85	117,60	132,30	77,95	113,38	127,55
	VI	2 309,50	127,02	184,76	207,85																				
6 128,99	I,IV	1 734,83	95,41	138,78	156,13	I	1 734,83	89,61	130,35	146,64	83,82	121,92	137,16	78,02	113,48	127,67	72,22	105,05	118,18	66,42	96,62	108,69	60,66	88,24	99,27
	II	1 689,08	92,89	135,12	152,01	II	1 689,08	87,10	126,69	142,52	81,30	118,26	133,04	75,50	109,82	123,55	69,70	101,39	114,06	63,91	92,96	104,58	58,21	84,67	95,25
	III	1 145,66	63,01	91,65	103,10	III	1 145,66	58,45	85,02	95,65	54,—	78,54	88,36	49,62	72,18	81,20	45,36	65,98	74,23	41,18	59,90	67,39	37,10	53,97	60,71
	V	2 278,58	125,32	182,28	205,07	IV	1 734,83	92,51	134,57	151,39	89,61	130,35	146,64	86,72	126,14	141,90	83,82	121,92	137,16	80,92	117,70	132,41	78,02	113,48	127,67
	VI	2 310,75	127,09	184,86	207,96																				
6 131,99	I,IV	1 736,16	95,48	138,89	156,25	I	1 736,16	89,69	130,46	146,76	83,89	122,02	137,27	78,09	113,58	127,78	72,29	105,15	118,29	66,49	96,72	108,81	60,73	88,34	99,38
	II	1 690,33	92,96	135,22	152,12	II	1 690,33	87,17	126,79	142,64	81,37	118,36	133,15	75,57	109,92	123,66	69,77	101,49	114,17	63,97	93,06	104,69	58,28	84,77	95,36
	III	1 146,66	63,06	91,73	103,19	III	1 146,66	58,51	85,10	95,74	54,04	78,61	88,43	49,68	72,26	81,29	45,41	66,05	74,30	41,24	59,98	67,48	37,16	54,05	60,80
	V	2 279,83	125,39	182,38	205,18	IV	1 736,16	92,58	134,67	151,50	89,69	130,46	146,76	86,79	126,24	142,02	83,89	122,02	137,27	80,99	117,80	132,53	78,09	113,58	127,78
	VI	2 312,—	127,16	184,96	208,08																				
6 134,99	I,IV	1 737,41	95,55	138,99	156,36	I	1 737,41	89,76	130,56	146,88	83,96	122,12	137,39	78,16	113,69	127,90	72,36	105,26	118,41	66,56	96,82	108,92	60,79	88,43	99,48
	II	1 691,58	93,03	135,32	152,24	II	1 691,58	87,23	126,89	142,75	81,44	118,46	133,26	75,64	110,02	123,77	69,84	101,59	114,29	64,04	93,16	104,80	58,35	84,87	95,48
	III	1 147,66	63,12	91,81	103,28	III	1 147,66	58,56	85,18	95,83	54,10	78,69	88,52	49,73	72,34	81,38	45,46	66,13	74,39	41,28	60,05	67,55	37,20	54,12	60,88
	V	2 281,08	125,45	182,48	205,29	IV	1 737,41	92,65	134,77	151,61	89,76	130,56	146,88	86,85	126,34	142,13	83,96	122,12	137,39	81,06	117,90	132,64	78,16	113,69	127,90
	VI	2 313,33	127,23	185,06	208,19																				
6 137,99	I,IV	1 738,66	95,62	139,09	156,47	I	1 738,66	89,82	130,66	146,99	84,03	122,22	137,50	78,23	113,79	128,01	72,43	105,36	118,53	66,63	96,92	109,04	60,86	88,53	99,59
	II	1 692,83	93,10	135,42	152,35	II	1 692,83	87,30	126,99	142,86	81,51	118,56	133,38	75,71	110,12	123,89	69,91	101,69	114,40	64,11	93,26	104,91	58,41	84,96	95,58
	III	1 148,66	63,17	91,89	103,37	III	1 148,66	58,62	85,26	95,92	54,15	78,77	88,61	49,78	72,41	81,46	45,51	66,20	74,47	41,33	60,12	67,63	37,25	54,18	60,95
	V	2 282,33	125,52	182,58	205,40	IV	1 738,66	92,72	134,87	151,73	89,82	130,66	146,99	86,92	126,44	142,24	84,03	122,22	137,50	81,12	118,—	132,75	78,23	113,79	128,01
	VI	2 314,58	127,30	185,16	208,31																				
6 140,99	I,IV	1 739,91	95,69	139,19	156,59	I	1 739,91	89,89	130,76	147,10	84,09	122,32	137,61	78,30	113,89	128,12	72,50	105,46	118,64	66,70	97,02	109,15	60,93	88,63	99,71
	II	1 694,16	93,17	135,53	152,47	II	1 694,16	87,38	127,10	142,98	81,58	118,66	133,49	75,78	110,22	124,—	69,98	101,79	114,51	64,18	93,36	105,03	58,48	85,06	95,69
	III	1 149,66	63,23	91,97	103,46	III	1 149,66	58,67	85,34	96,01	54,21	78,85	88,70	49,83	72,49	81,55	45,56	66,28	74,56	41,38	60,20	67,72	37,29	54,25	61,03
	V	2 283,58	125,59	182,68	205,52	IV	1 739,91	92,79	134,97	151,84	89,89	130,76	147,10	86,99	126,54	142,35	84,09	122,32	137,61	81,19	118,10	132,86	78,30	113,89	128,12
	VI	2 315,83	127,37	185,26	208,42																				
6 143,99	I,IV	1 741,16	95,76	139,29	156,70	I	1 741,16	89,96	130,86	147,21	84,16	122,42	137,72	78,37	113,99	128,24	72,57	105,56	118,75	66,77	97,12	109,26	61,—	88,73	99,82
	II	1 695,41	93,24	135,63	152,58	II	1 695,41	87,45	127,20	143,10	81,65	118,76	133,61	75,85	110,33	124,12	70,05	101,90	114,63	64,25	93,46	105,14	58,54	85,16	95,80
	III	1 150,66	63,28	92,05	103,55	III	1 150,66	58,72	85,41	96,08	54,25	78,92	88,78	49,89	72,57	81,64	45,61	66,34	74,63	41,43	60,26	67,79	37,35	54,33	61,12
	V	2 284,91	125,67	182,79	205,64	IV	1 741,16	92,86	135,08	151,96	89,96	130,86	147,21	87,06	126,64	142,47	84,16	122,42	137,72	81,26	118,20	132,98	78,37	113,99	128,24
	VI	2 317,08	127,43	185,36	208,53																				
6 146,99	I,IV	1 742,41	95,83	139,39	156,81	I	1 742,41	90,03	130,96	147,33	84,23	122,52	137,84	78,43	114,09	128,35	72,64	105,66	118,86	66,84	97,22	109,37	61,07	88,83	99,93
	II	1 696,66	93,31	135,73	152,69	II	1 696,66	87,51	127,30	143,21	81,72	118,86	133,72	75,92	110,43	124,23	70,12	102,—	114,75	64,32	93,56	105,26	58,61	85,26	95,91
	III	1 151,66	63,34	92,13	103,64	III	1 151,66	58,77	85,49	96,17	54,31	79,—	88,87	49,94	72,64	81,72	45,66	66,42	74,72	41,48	60,34	67,88	37,40	54,40	61,20
	V	2 286,16	125,73	182,89	205,75	IV	1 742,41	92,93	135,18	152,07	90,03	130,96	147,33	87,13	126,74	142,58	84,23	122,52	137,84	81,34	118,31	133,10	78,43	114,09	128,35
	VI	2 318,33	127,50	185,46	208,64																				
6 149,99	I,IV	1 743,66	95,90	139,49	156,92	I	1 743,66	90,10	131,06	147,44	84,30	122,62	137,95	78,50	114,19	128,46	72,71	105,76	118,98	66,91	97,32	109,49	61,14	88,93	100,04
	II	1 697,91	93,38	135,83	152,81	II	1 697,91	87,58	127,40	143,32	81,78	118,96	133,83	75,99	110,53	124,34	70,19	102,10	114,86	64,39	93,66	105,37	58,68	85,36	96,03
	III	1 152,66	63,39	92,21	103,73	III	1 152,66	58,83	85,57	96,26	54,36	79,08	88,96	49,99	72,72	81,81	45,71	66,49	74,80	41,53	60,41	67,96	37,44	54,46	61,27
	V	2 287,41	125,80	182,99	205,86	IV	1 743,66	93,—	135,28	152,19	90,10	131,06	147,44	87,20	126,84	142,70	84,30	122,62	137,95	81,40	118,41	133,21	78,50	114,19	128,46
	VI	2 319,58	127,57	185,56	208,76																				
6 152,99	I,IV	1 744,91	95,97	139,59	157,04	I	1 744,91	90,17	131,16	147,55	84,37	122,72	138,06	78,57	114,29	128,57	72,77	105,86	119,09	66,98	97,42	109,60	61,20	89,02	100,15
	II	1 699,16	93,45	135,93	152,92	II	1 699,16	87,65	127,50	143,43	81,85	119,06	133,94	76,06	110,63	124,46	70,26	102,20	114,97	64,46	93,76	105,48	58,74	85,45	96,13
	III	1 153,66	63,45	92,29	103,82	III	1 153,66	58,88	85,65	96,35	54,42	79,16	89,05	50,05	72,80	81,90	45,76	66,57	74,89	41,58	60,48	68,04	37,49	54,53	61,34
	V	2 288,66	125,87	183,09	205,97	IV	1 744,91	93,07	135,38	152,30	90,17	131,16	147,55	87,27	126,94	142,81	84,37	122,72	138,06	81,47	118,51	133,32	78,57	114,29	128,57
	VI	2 320,83	127,64	185,66	208,87																				
6 155,99	I,IV	1 746,25	96,04	139,70	157,16	I	1 746,25	90,24	131,26	147,67	84,44	122,82	138,17	78,64	114,39	128,69	72,84	105,96	119,20	67,04	97,52	109,71	61,27	89,12	100,26
	II	1 700,41	93,52	136,03	153,03	II	1 700,41	87,72	127,60	143,55	81,92	119,16	134,06	76,12	110,73	124,57	70,33	102,30	115,08	64,53	93,86	105,59	58,81	85,55	96,24
	III	1 154,66	63,50	92,37	103,91	III	1 154,66	58,94	85,73	96,44	54,46	79,22	89,12	50,09	72,86	81,97	45,81	66,64	74,97	41,63	60,56	68,13	37,54	54,61	61,43
	V	2 289,91	125,94	183,19	206,09	IV	1 746,25	93,14	135,48	152,41	90,24	131,26	147,67	87,34	127,04	142,92	84,44	122,82	138,17	81,54	118,61	133,43	78,64	114,39	128,69
	VI	2 322,08	127,71	185,76	208,98																				
6 158,99	I,IV	1 747,50	96,11	139,80	157,27	I	1 747,50	90,31	131,36	147,78	84,51	122,93	138,29	78,71	114,50	128,81	72,92	106,06	119,32	67,11	97,62	109,82	61,34	89,22	100,37
	II	1 701,66	93,59	136,13	153,14	II	1 701,66	87,79	127,70	143,66	81,99	119,26	134,17	76,19	110,83	124,68	70,40	102,40	115,20	64,60	93,96	105,71	58,88	85,65	96,35
	III	1 155,66	63,56	92,45	104,—	III	1 155,66	58,99	85,81	96,53	54,52	79,30	89,21	50,15	72,94	82,06	45,87	66,72	75,06	41,68	60,62	68,20	37,59	54,68	61,51
	V	2 291,16	126,01	183,29	206,20	IV	1 747,50	93,21	135,58	152,52	90,31	131,36	147,78	87,41	127,14	143,03	84,51	122,93	138,29	81,61	118,71	133,55	78,71	114,50	128,81
	VI	2 323,41	127,78	185,87	209,10																				
6 161,99	I,IV	1 748,75	96,18	139,90	157,38	I	1 748,75	90,38	131,46	147,89	84,58	123,03	138,41	78,78	114,60	128,92	72,98	106,16	119,43	67,19	97,73	109,94	61,41	89,32	100,49
	II	1 702,91	93,66	136,23	153,26	II	1 702,91	87,86	127,80	143,77	82,06	119,36	134,28	76,26	110,93	124,79	70,46	102,50	115,31	64,67	94,06	105,82	58,95	85,74	96,46
	III	1 156,66	63,61	92,53	104,09	III	1 156,66	59,05	85,89	96,62	54,57	79,38	89,30	50,19	73,01	82,13	45,91	66,78	75,13	41,73	60,70	68,29	37,63	54,74	61,58
	V	2 292,41	126,08	183,39	206,31	IV	1 748,75	93,28	135,68	152,64	90,38	131,46	147,89	87,48	127,24	143,15	84,58	123,03	138,41	81,68	118,81	133,66	78,78	114,60	128,92
	VI	2 324,66	127,85	185,97	209,21																				
6 164,99	I,IV	1 750,—	96,25	140,—	157,50	I	1 750,—	90,45	131,56	148,01	84,65	123,13	138,52	78,85	114,70	129,03	73,05	106,26	119,54	67,26	97,83	110,06	61,48	89,42	100,60
	II	1 704,25	93,73	136,34	153,38	II	1 704,25	87,93	127,90	143,89	82,13	119,46	134,39	76,33	111,03	124,91	70,53	102,60	115,42	64,73	94,16	105,93	59,01	85,84	96,57
	III	1 157,66	63,67	92,61	104,18	III	1 157,66	59,10	85,97	96,71	54,63	79,46	89,39	50,25	73,09	82,22	45,97	66,86	75,22	41,78	60,77	68,36	37,69	54,82	61,67
	V	2 293,66	126,15	183,49	206,42	IV	1 750,—	93,34	135,78	152,75	90,45	131,56	148,01	87,55	127,34	143,26	84,65	123,13	138,52	81,75	118,91	133,77	78,85	114,70	129,03
	VI	2 325,91	127,92	186,07	209,33																				

* Die ausgewiesenen Tabellenwerte sind amtlich. Siehe Erläuterungen auf der Umschlaginnenseite (U2).

Lohn/ Gehalt bis €*		I – VI LSt	ohne Kinderfreibeträge SolZ	8%	9%		I, II, III, IV LSt	0,5 SolZ	8%	9%	1 SolZ	8%	9%	1,5 SolZ	8%	9%	2 SolZ	8%	9%	2,5 SolZ	8%	9%	3 SolZ	8%	9%
6 167,99	I,IV	1 751,25	96,31	140,10	157,61	I	1 751,25	90,52	131,66	148,12	84,72	123,23	138,63	78,92	114,80	129,15	73,12	106,36	119,66	67,32	97,93	110,17	61,54	89,52	100,71
	II	1 705,50	93,80	136,44	153,49	II	1 705,50	88,—	128,—	144,—	82,20	119,57	134,51	76,40	111,14	125,03	70,61	102,70	115,54	64,80	94,26	106,04	59,08	85,94	96,68
	III	1 158,66	63,72	92,69	104,27	III	1 158,66	59,16	86,05	96,80	54,67	79,53	89,47	50,30	73,17	82,31	46,01	66,93	75,29	41,82	60,84	68,44	37,73	54,89	61,75
	V	2 294,91	126,22	183,59	206,54	IV	1 751,25	93,42	135,88	152,87	90,52	131,66	148,12	87,61	127,44	143,37	84,72	123,23	138,63	81,82	119,01	133,88	78,92	114,80	129,15
	VI	2 327,16	127,99	186,17	209,44																				
6 170,99	I,IV	1 752,50	96,38	140,20	157,72	I	1 752,50	90,58	131,76	148,23	84,79	123,33	138,74	78,99	114,90	129,26	73,19	106,46	119,77	67,39	98,03	110,28	61,61	89,62	100,82
	II	1 706,75	93,87	136,54	153,60	II	1 706,75	88,07	128,10	144,11	82,27	119,67	134,63	76,47	111,24	125,14	70,67	102,80	115,65	64,88	94,37	106,16	59,15	86,04	96,79
	III	1 159,66	63,78	92,77	104,36	III	1 159,66	59,21	86,13	96,89	54,73	79,61	89,56	50,35	73,24	82,39	46,07	67,01	75,38	41,88	60,92	68,53	37,78	54,96	61,83
	V	2 296,25	126,29	183,70	206,66	IV	1 752,50	93,49	135,98	152,98	90,58	131,76	148,23	87,69	127,55	143,49	84,79	123,33	138,74	81,89	119,12	134,01	78,99	114,90	129,26
	VI	2 328,41	128,06	186,27	209,55																				
6 173,99	I,IV	1 753,75	96,45	140,30	157,83	I	1 753,75	90,65	131,86	148,34	84,86	123,43	138,86	79,06	115,—	129,37	73,26	106,56	119,88	67,46	98,13	110,39	61,68	89,72	100,94
	II	1 708,—	93,94	136,64	153,72	II	1 708,—	88,14	128,20	144,23	82,34	119,77	134,74	76,54	111,34	125,25	70,74	102,90	115,76	64,95	94,47	106,28	59,22	86,14	96,90
	III	1 160,66	63,83	92,85	104,45	III	1 160,66	59,26	86,20	96,97	54,78	79,69	89,65	50,40	73,32	82,48	46,11	67,08	75,46	41,92	60,98	68,60	37,83	55,02	61,90
	V	2 297,50	126,36	183,80	206,77	IV	1 753,75	93,55	136,08	153,09	90,65	131,86	148,34	87,76	127,65	143,60	84,86	123,43	138,86	81,96	119,22	134,12	79,06	115,—	129,37
	VI	2 329,66	128,13	186,37	209,66																				
6 176,99	I,IV	1 755,—	96,52	140,40	157,95	I	1 755,—	90,72	131,96	148,46	84,92	123,53	138,97	79,13	115,10	129,48	73,33	106,66	119,99	67,53	98,23	110,51	61,75	89,82	101,05
	II	1 709,25	94,—	136,74	153,83	II	1 709,25	88,21	128,30	144,34	82,41	119,87	134,85	76,61	111,44	125,37	70,81	103,—	115,88	65,01	94,57	106,39	59,29	86,24	97,02
	III	1 161,66	63,89	92,93	104,54	III	1 161,66	59,31	86,28	97,06	54,84	79,77	89,74	50,46	73,40	82,57	46,17	67,16	75,55	41,98	61,06	68,69	37,88	55,10	61,99
	V	2 298,75	126,43	183,90	206,88	IV	1 755,—	93,62	136,18	153,20	90,72	131,96	148,46	87,83	127,75	143,72	84,92	123,53	138,97	82,03	119,32	134,23	79,13	115,10	129,48
	VI	2 330,91	128,20	186,47	209,78																				
6 179,99	I,IV	1 756,33	96,59	140,50	158,06	I	1 756,33	90,79	132,06	148,57	84,99	123,63	139,08	79,20	115,20	129,60	73,40	106,76	120,11	67,60	98,33	110,62	61,82	89,92	101,16
	II	1 710,50	94,07	136,84	153,94	II	1 710,50	88,27	128,40	144,45	82,48	119,97	134,96	76,68	111,54	125,48	70,88	103,10	115,99	65,08	94,67	106,50	59,35	86,33	97,12
	III	1 162,66	63,94	93,01	104,63	III	1 162,66	59,37	86,36	97,15	54,89	79,85	89,83	50,50	73,46	82,64	46,21	67,22	75,62	42,02	61,13	68,77	37,93	55,17	62,06
	V	2 300,—	126,50	184,—	207,—	IV	1 756,33	93,69	136,28	153,32	90,79	132,06	148,57	87,89	127,85	143,83	84,99	123,63	139,08	82,10	119,42	134,34	79,20	115,20	129,60
	VI	2 332,16	128,26	186,57	209,89																				
6 182,99	I,IV	1 757,58	96,66	140,60	158,18	I	1 757,58	90,86	132,17	148,69	85,07	123,74	139,20	79,27	115,30	129,71	73,47	106,86	120,22	67,67	98,43	110,73	61,88	90,02	101,27
	II	1 711,75	94,14	136,94	154,05	II	1 711,75	88,34	128,50	144,56	82,55	120,07	135,08	76,75	111,64	125,59	70,95	103,20	116,10	65,15	94,77	106,61	59,42	86,43	97,23
	III	1 163,66	64,—	93,09	104,72	III	1 163,66	59,42	86,44	97,24	54,94	79,92	89,91	50,56	73,54	82,73	46,27	67,30	75,71	42,07	61,20	68,85	37,97	55,24	62,14
	V	2 301,25	126,56	184,10	207,11	IV	1 757,58	93,76	136,38	153,43	90,86	132,17	148,69	87,96	127,95	143,94	85,07	123,74	139,20	82,17	119,52	134,46	79,27	115,30	129,71
	VI	2 333,41	128,33	186,67	210,—																				
6 185,99	I,IV	1 758,83	96,73	140,70	158,29	I	1 758,83	90,93	132,27	148,80	85,14	123,84	139,32	79,34	115,40	129,83	73,54	106,97	120,34	67,74	98,54	110,85	61,95	90,12	101,38
	II	1 713,—	94,21	137,04	154,17	II	1 713,—	88,41	128,60	144,68	82,61	120,17	135,19	76,82	111,74	125,70	71,02	103,30	116,21	65,22	94,87	106,73	59,49	86,53	97,34
	III	1 164,66	64,05	93,17	104,81	III	1 164,66	59,48	86,52	97,33	55,—	80,—	90,—	50,61	73,62	82,82	46,32	67,38	75,80	42,13	61,28	68,94	38,02	55,30	62,21
	V	2 302,50	126,63	184,20	207,22	IV	1 758,83	93,83	136,48	153,54	90,93	132,27	148,80	88,03	128,05	144,05	85,14	123,84	139,32	82,23	119,62	134,57	79,34	115,40	129,83
	VI	2 334,75	128,41	186,78	210,12																				
6 188,99	I,IV	1 760,08	96,80	140,80	158,40	I	1 760,08	91,—	132,37	148,91	85,20	123,94	139,43	79,41	115,50	129,94	73,61	107,07	120,45	67,81	98,64	110,97	62,02	90,22	101,49
	II	1 714,33	94,28	137,14	154,28	II	1 714,33	88,48	128,70	144,79	82,68	120,27	135,30	76,89	111,84	125,82	71,09	103,40	116,33	65,29	94,97	106,84	59,56	86,63	97,46
	III	1 165,66	64,11	93,25	104,90	III	1 165,66	59,53	86,60	97,42	55,05	80,08	90,09	50,66	73,69	82,90	46,37	67,45	75,88	42,17	61,34	69,01	38,07	55,38	62,30
	V	2 303,75	126,70	184,30	207,33	IV	1 760,08	93,90	136,58	153,65	91,—	132,37	148,91	88,10	128,15	144,17	85,20	123,94	139,43	82,30	119,72	134,68	79,41	115,50	129,94
	VI	2 336,—	128,48	186,88	210,24																				
6 191,99	I,IV	1 761,33	96,87	140,90	158,51	I	1 761,33	91,07	132,47	149,03	85,27	124,04	139,54	79,47	115,60	130,05	73,68	107,17	120,56	67,88	98,74	111,08	62,09	90,32	101,61
	II	1 715,58	94,35	137,24	154,40	II	1 715,58	88,55	128,81	144,91	82,76	120,38	135,42	76,96	111,94	125,93	71,16	103,50	116,44	65,36	95,07	106,95	59,62	86,72	97,56
	III	1 166,66	64,16	93,33	104,99	III	1 166,66	59,59	86,68	97,51	55,11	80,16	90,18	50,71	73,77	82,99	46,42	67,53	75,97	42,23	61,42	69,10	38,12	55,45	62,38
	V	2 305,—	126,77	184,40	207,45	IV	1 761,33	93,97	136,68	153,77	91,07	132,47	149,03	88,17	128,25	144,28	85,27	124,04	139,54	82,37	119,82	134,79	79,47	115,60	130,05
	VI	2 337,25	128,54	186,98	210,35																				
6 194,99	I,IV	1 762,58	96,94	141,—	158,63	I	1 762,58	91,14	132,57	149,14	85,34	124,14	139,65	79,54	115,70	130,16	73,75	107,27	120,68	67,95	98,84	111,19	62,16	90,42	101,72
	II	1 716,83	94,42	137,34	154,51	II	1 716,83	88,62	128,91	145,02	82,83	120,48	135,54	77,03	112,04	126,05	71,23	103,61	116,56	65,43	95,18	107,07	59,69	86,82	97,67
	III	1 167,66	64,22	93,41	105,08	III	1 167,66	59,64	86,76	97,60	55,15	80,22	90,25	50,77	73,85	83,08	46,47	67,60	76,05	42,27	61,49	69,17	38,17	55,52	62,46
	V	2 306,33	126,84	184,50	207,56	IV	1 762,58	94,04	136,79	153,89	91,14	132,57	149,14	88,24	128,36	144,40	85,34	124,14	139,65	82,44	119,92	134,91	79,54	115,70	130,16
	VI	2 338,50	128,61	187,08	210,46																				
6 197,99	I,IV	1 763,83	97,01	141,10	158,74	I	1 763,83	91,21	132,67	149,25	85,41	124,24	139,77	79,61	115,80	130,28	73,81	107,37	120,79	68,02	98,94	111,30	62,23	90,52	101,83
	II	1 718,08	94,49	137,44	154,62	II	1 718,08	88,69	129,01	145,13	82,89	120,58	135,65	77,10	112,14	126,16	71,30	103,71	116,67	65,50	95,28	107,19	59,76	86,92	97,79
	III	1 168,66	64,27	93,49	105,17	III	1 168,66	59,70	86,84	97,69	55,21	80,30	90,34	50,82	73,92	83,16	46,53	67,68	76,14	42,32	61,56	69,25	38,22	55,60	62,55
	V	2 307,58	126,91	184,60	207,68	IV	1 763,83	94,11	136,89	154,—	91,21	132,67	149,25	88,31	128,46	144,51	85,41	124,24	139,77	82,51	120,02	135,02	79,61	115,80	130,28
	VI	2 339,75	128,68	187,18	210,57																				
6 200,99	I,IV	1 765,08	97,07	141,20	158,85	I	1 765,08	91,28	132,77	149,36	85,48	124,34	139,88	79,68	115,90	130,39	73,88	107,47	120,90	68,09	99,04	111,42	62,30	90,62	101,94
	II	1 719,33	94,56	137,54	154,73	II	1 719,33	88,76	129,11	145,25	82,96	120,68	135,76	77,16	112,24	126,27	71,37	103,81	116,78	65,57	95,38	107,30	59,83	87,02	97,90
	III	1 169,66	64,33	93,57	105,26	III	1 169,66	59,75	86,92	97,78	55,26	80,38	90,43	50,87	74,—	83,25	46,57	67,74	76,21	42,37	61,64	69,34	38,27	55,66	62,62
	V	2 308,83	126,98	184,70	207,79	IV	1 765,08	94,18	136,99	154,11	91,28	132,77	149,36	88,38	128,56	144,63	85,48	124,34	139,88	82,58	120,12	135,14	79,68	115,90	130,39
	VI	2 341,—	128,75	187,28	210,69																				
6 203,99	I,IV	1 766,33	97,14	141,30	158,96	I	1 766,33	91,35	132,87	149,48	85,55	124,44	139,99	79,75	116,—	130,50	73,95	107,57	121,01	68,15	99,14	111,53	62,37	90,72	102,06
	II	1 720,58	94,63	137,64	154,85	II	1 720,58	88,83	129,21	145,36	83,03	120,78	135,87	77,23	112,34	126,38	71,44	103,91	116,90	65,64	95,48	107,41	59,89	87,12	98,01
	III	1 170,66	64,38	93,65	105,35	III	1 170,66	59,80	86,98	97,85	55,32	80,46	90,52	50,93	74,08	83,34	46,63	67,82	76,30	42,42	61,70	69,41	38,31	55,73	62,69
	V	2 310,08	127,05	184,80	207,90	IV	1 766,33	94,25	137,09	154,22	91,35	132,87	149,48	88,45	128,66	144,74	85,55	124,44	139,99	82,65	120,22	135,25	79,75	116,—	130,50
	VI	2 342,25	128,82	187,38	210,80																				
6 206,99	I,IV	1 767,66	97,22	141,41	159,08	I	1 767,66	91,42	132,98	149,60	85,62	124,54	140,11	79,82	116,10	130,61	74,02	107,67	121,13	68,22	99,24	111,64	62,43	90,82	102,17
	II	1 721,83	94,70	137,74	154,96	II	1 721,83	88,90	129,31	145,47	83,10	120,88	135,99	77,30	112,44	126,50	71,50	104,01	117,01	65,71	95,58	107,52	59,96	87,22	98,12
	III	1 171,66	64,44	93,73	105,44	III	1 171,66	59,85	87,06	97,94	55,37	80,54	90,61	50,97	74,14	83,41	46,67	67,89	76,37	42,47	61,78	69,50	38,36	55,80	62,77
	V	2 311,33	127,12	184,90	208,01	IV	1 767,66	94,32	137,19	154,34	91,42	132,98	149,60	88,52	128,76	144,85	85,62	124,54	140,11	82,72	120,32	135,36	79,82	116,10	130,61
	VI	2 343,50	128,89	187,48	210,91																				
6 209,99	I,IV	1 768,91	97,29	141,51	159,20	I	1 768,91	91,49	133,08	149,71	85,69	124,64	140,22	79,89	116,21	130,73	74,09	107,78	121,25	68,30	99,34	111,76	62,50	90,92	102,28
	II	1 723,08	94,76	137,84	155,07	II	1 723,08	88,97	129,41	145,58	83,17	120,98	136,10	77,37	112,54	126,61	71,57	104,11	117,12	65,78	95,68	107,64	60,03	87,32	98,23
	III	1 172,83	64,50	93,82	105,55	III	1 172,83	59,91	87,14	98,03	55,42	80,61	90,68	51,03	74,22	83,50	46,73	67,97	76,46	42,52	61,85	69,58	38,41	55,88	62,86
	V	2 312,58	127,19	185,—	208,13	IV	1 768,91	94,38	137,29	154,45	91,49	133,08	149,71	88,59	128,86	144,96	85,69	124,64	140,22	82,79	120,42	135,47	79,89	116,21	130,73
	VI	2 344,83	128,96	187,58	211,03																				

Abzüge an Lohnsteuer, Solidaritätszuschlag (SolZ) und Kirchensteuer (8%, 9%) in den Steuerklassen; I, II, III, IV: mit Zahl der Kinderfreibeträge . . .

* Die ausgewiesenen Tabellenwerte sind amtlich. Siehe Erläuterungen auf der Umschlaginnenseite (U2).

Abzüge an Lohnsteuer, Solidaritätszuschlag (SolZ) und Kirchensteuer (8%, 9%) in den Steuerklassen

Lohn/ Gehalt bis €*	I – VI	LSt	SolZ (ohne Kinderfreibeträge)	8%	9%	I, II, III, IV	LSt	0,5 SolZ	0,5 8%	0,5 9%	1 SolZ	1 8%	1 9%	1,5 SolZ	1,5 8%	1,5 9%	2 SolZ	2 8%	2 9%	2,5 SolZ	2,5 8%	2,5 9%	3 SolZ	3 8%	3 9%
6 212,99	I,IV	1 770,16	97,35	141,61	159,31	I	1 770,16	91,56	133,18	149,82	85,76	124,74	140,33	79,96	116,31	130,85	74,16	107,88	121,36	68,36	99,44	111,87	62,57	91,02	102,39
	II	1 724,33	94,83	137,94	155,18	II	1 724,33	89,04	129,51	145,70	83,24	121,08	136,21	77,44	112,64	126,72	71,64	104,21	117,23	65,84	95,78	107,75	60,10	87,42	98,34
	III	1 173,83	64,56	93,90	105,64	III	1 173,83	59,96	87,22	98,12	55,47	80,69	90,77	51,08	74,30	83,59	46,77	68,04	76,54	42,57	61,93	69,67	38,46	55,94	62,93
	V	2 313,83	127,26	185,10	208,24	IV	1 770,16	94,45	137,39	154,56	91,56	133,18	149,82	88,66	128,96	145,08	85,76	124,74	140,33	82,86	120,52	135,59	79,96	116,31	130,85
	VI	2 346,08	129,03	187,68	211,14																				
6 215,99	I,IV	1 771,41	97,42	141,71	159,42	I	1 771,41	91,63	133,28	149,94	85,83	124,84	140,45	80,03	116,41	130,96	74,23	107,98	121,47	68,43	99,54	111,98	62,64	91,12	102,51
	II	1 725,66	94,91	138,05	155,30	II	1 725,66	89,11	129,62	145,82	83,31	121,18	136,33	77,51	112,74	126,83	71,71	104,31	117,35	65,91	95,88	107,86	60,16	87,51	98,45
	III	1 174,83	64,61	93,98	105,73	III	1 174,83	60,02	87,30	98,21	55,53	80,77	90,86	51,13	74,37	83,66	46,83	68,12	76,63	42,62	62,—	69,75	38,50	56,01	63,01
	V	2 315,08	127,32	185,20	208,35	IV	1 771,41	94,52	137,49	154,67	91,63	133,28	149,94	88,72	129,06	145,19	85,83	124,84	140,45	82,93	120,62	135,70	80,03	116,41	130,96
	VI	2 347,33	129,10	187,78	211,25																				
6 218,99	I,IV	1 772,66	97,49	141,81	159,53	I	1 772,66	91,69	133,38	150,05	85,90	124,94	140,56	80,10	116,51	131,07	74,30	108,08	121,59	68,50	99,64	112,10	62,71	91,22	102,62
	II	1 726,91	94,98	138,15	155,42	II	1 726,91	89,18	129,72	145,93	83,38	121,28	136,44	77,58	112,85	126,95	71,78	104,42	117,47	65,99	95,98	107,98	60,23	87,61	98,56
	III	1 175,83	64,67	94,06	105,82	III	1 175,83	60,07	87,38	98,30	55,58	80,85	90,95	51,18	74,45	83,75	46,88	68,20	76,72	42,67	62,06	69,82	38,56	56,09	63,10
	V	2 316,41	127,40	185,31	208,47	IV	1 772,66	94,60	137,60	154,80	91,69	133,38	150,05	88,80	129,16	145,31	85,90	124,94	140,56	82,99	120,72	135,81	80,10	116,51	131,07
	VI	2 348,58	129,17	187,88	211,37																				
6 221,99	I,IV	1 773,91	97,56	141,91	159,65	I	1 773,91	91,76	133,48	150,16	85,96	125,04	140,67	80,17	116,61	131,18	74,37	108,18	121,70	68,57	99,74	112,21	62,78	91,32	102,73
	II	1 728,16	95,04	138,25	155,53	II	1 728,16	89,25	129,82	146,04	83,45	121,38	136,55	77,65	112,95	127,07	71,85	104,52	117,58	66,05	96,08	108,09	60,30	87,71	98,67
	III	1 176,83	64,72	94,14	105,91	III	1 176,83	60,13	87,46	98,39	55,64	80,93	91,04	51,24	74,53	83,84	46,93	68,26	76,79	42,72	62,14	69,91	38,61	56,16	63,18
	V	2 317,66	127,47	185,41	208,58	IV	1 773,91	94,66	137,70	154,91	91,76	133,48	150,16	88,87	129,26	145,42	85,96	125,04	140,67	83,07	120,83	135,93	80,17	116,61	131,18
	VI	2 349,83	129,24	187,98	211,48																				
6 224,99	I,IV	1 775,16	97,63	142,01	159,76	I	1 775,16	91,83	133,58	150,27	86,03	125,14	140,78	80,24	116,71	131,30	74,44	108,28	121,81	68,64	99,84	112,32	62,85	91,42	102,84
	II	1 729,41	95,11	138,35	155,64	II	1 729,41	89,32	129,92	146,16	83,52	121,48	136,67	77,72	113,05	127,18	71,92	104,62	117,69	66,12	96,18	108,20	60,37	87,81	98,78
	III	1 177,83	64,78	94,22	106,—	III	1 177,83	60,18	87,54	98,48	55,68	81,—	91,12	51,28	74,60	83,92	46,98	68,34	76,88	42,77	62,21	69,98	38,65	56,22	63,25
	V	2 318,91	127,54	185,51	208,70	IV	1 775,16	94,73	137,80	155,02	91,83	133,58	150,27	88,93	129,36	145,53	86,03	125,14	140,78	83,14	120,93	136,04	80,24	116,71	131,30
	VI	2 351,08	129,30	188,08	211,59																				
6 227,99	I,IV	1 776,41	97,70	142,11	159,87	I	1 776,41	91,90	133,68	150,39	86,10	125,24	140,90	80,30	116,81	131,41	74,51	108,38	121,92	68,71	99,94	112,43	62,92	91,52	102,96
	II	1 730,66	95,18	138,45	155,75	II	1 730,66	89,38	130,02	146,27	83,59	121,58	136,78	77,79	113,15	127,29	71,99	104,72	117,81	66,19	96,28	108,32	60,43	87,90	98,89
	III	1 178,83	64,83	94,30	106,09	III	1 178,83	60,24	87,62	98,57	55,74	81,08	91,21	51,34	74,68	84,01	47,03	68,41	76,96	42,82	62,29	70,07	38,71	56,30	63,34
	V	2 320,16	127,60	185,61	208,81	IV	1 776,41	94,80	137,90	155,13	91,90	133,68	150,39	89,—	129,46	145,64	86,10	125,24	140,90	83,21	121,03	136,16	80,30	116,81	131,41
	VI	2 352,33	129,37	188,18	211,70																				
6 230,99	I,IV	1 777,75	97,77	142,22	159,99	I	1 777,75	91,97	133,78	150,50	86,17	125,34	141,01	80,37	116,91	131,52	74,58	108,48	122,04	68,78	100,04	112,55	62,98	91,62	103,07
	II	1 731,91	95,25	138,55	155,87	II	1 731,91	89,45	130,12	146,38	83,65	121,68	136,89	77,86	113,25	127,40	72,06	104,82	117,92	66,26	96,38	108,43	60,50	88,—	99,—
	III	1 179,83	64,89	94,38	106,18	III	1 179,83	60,29	87,70	98,66	55,79	81,16	91,30	51,39	74,76	84,10	47,08	68,49	77,05	42,87	62,36	70,15	38,75	56,37	63,41
	V	2 321,41	127,67	185,71	208,92	IV	1 777,75	94,87	138,—	155,25	91,97	133,78	150,50	89,07	129,56	145,76	86,17	125,34	141,01	83,27	121,13	136,27	80,37	116,91	131,52
	VI	2 353,58	129,44	188,28	211,82																				
6 233,99	I,IV	1 779,—	97,84	142,32	160,11	I	1 779,—	92,04	133,88	150,62	86,24	125,45	141,13	80,45	117,02	131,64	74,65	108,58	122,15	68,85	100,14	112,66	63,05	91,72	103,18
	II	1 733,16	95,32	138,65	155,98	II	1 733,16	89,52	130,22	146,49	83,72	121,78	137,—	77,93	113,35	127,52	72,13	104,92	118,03	66,33	96,48	108,54	60,57	88,10	99,11
	III	1 180,83	64,94	94,46	106,27	III	1 180,83	60,35	87,78	98,75	55,85	81,24	91,39	51,44	74,82	84,17	47,13	68,56	77,13	42,92	62,44	70,24	38,80	56,44	63,49
	V	2 322,66	127,74	185,81	209,03	IV	1 779,—	94,94	138,10	155,36	92,04	133,88	150,62	89,14	129,66	145,87	86,24	125,45	141,13	83,34	121,23	136,38	80,45	117,02	131,64
	VI	2 354,91	129,52	188,39	211,94																				
6 236,99	I,IV	1 780,25	97,91	142,42	160,22	I	1 780,25	92,11	133,98	150,73	86,31	125,55	141,24	80,52	117,12	131,76	74,72	108,68	122,27	68,92	100,25	112,78	63,12	91,82	103,29
	II	1 734,41	95,39	138,75	156,09	II	1 734,41	89,59	130,32	146,61	83,79	121,88	137,12	77,99	113,45	127,63	72,20	105,02	118,14	66,40	96,58	108,65	60,64	88,20	99,23
	III	1 181,83	65,—	94,54	106,36	III	1 181,83	60,40	87,86	98,84	55,90	81,32	91,48	51,49	74,90	84,26	47,19	68,64	77,22	42,97	62,50	70,31	38,85	56,52	63,58
	V	2 323,91	127,81	185,91	209,15	IV	1 780,25	95,01	138,20	155,47	92,11	133,98	150,73	89,21	129,76	145,98	86,31	125,55	141,24	83,41	121,33	136,49	80,52	117,12	131,76
	VI	2 356,16	129,58	188,49	212,05																				
6 239,99	I,IV	1 781,50	97,98	142,52	160,33	I	1 781,50	92,18	134,08	150,84	86,38	125,65	141,35	80,58	117,22	131,87	74,79	108,78	122,38	68,99	100,35	112,89	63,19	91,92	103,41
	II	1 735,75	95,46	138,86	156,21	II	1 735,75	89,66	130,42	146,72	83,86	121,98	137,23	78,06	113,55	127,74	72,27	105,12	118,26	66,47	96,68	108,77	60,71	88,30	99,34
	III	1 182,83	65,05	94,62	106,45	III	1 182,83	60,46	87,94	98,93	55,95	81,38	91,55	51,55	74,98	84,35	47,23	68,70	77,29	43,01	62,57	70,39	38,90	56,58	63,65
	V	2 325,16	127,88	186,01	209,26	IV	1 781,50	95,08	138,30	155,58	92,18	134,08	150,84	89,28	129,86	146,09	86,38	125,65	141,35	83,48	121,43	136,61	80,58	117,22	131,87
	VI	2 357,41	129,65	188,59	212,16																				
6 242,99	I,IV	1 782,75	98,05	142,62	160,44	I	1 782,75	92,25	134,18	150,95	86,45	125,75	141,47	80,65	117,32	131,98	74,85	108,88	122,49	69,06	100,45	113,—	63,26	92,02	103,52
	II	1 737,—	95,53	138,96	156,33	II	1 737,—	89,73	130,52	146,84	83,93	122,09	137,35	78,14	113,66	127,86	72,34	105,22	118,37	66,54	96,78	108,88	60,77	88,40	99,45
	III	1 183,83	65,11	94,70	106,54	III	1 183,83	60,50	88,01	99,01	56,—	81,46	91,64	51,59	75,05	84,43	47,29	68,78	77,38	43,07	62,65	70,48	38,94	56,65	63,73
	V	2 326,41	127,95	186,11	209,37	IV	1 782,75	95,15	138,40	155,70	92,25	134,18	150,95	89,35	129,96	146,21	86,45	125,75	141,47	83,55	121,53	136,72	80,65	117,32	131,98
	VI	2 358,66	129,72	188,69	212,27																				
6 245,99	I,IV	1 784,—	98,12	142,72	160,56	I	1 784,—	92,32	134,28	151,07	86,52	125,85	141,58	80,72	117,42	132,09	74,92	108,98	122,60	69,13	100,55	113,12	63,33	92,12	103,63
	II	1 738,25	95,60	139,06	156,44	II	1 738,25	89,80	130,62	146,95	84,—	122,19	137,46	78,21	113,76	127,98	72,41	105,32	118,49	66,61	96,89	109,—	60,84	88,50	99,56
	III	1 184,83	65,16	94,78	106,63	III	1 184,83	60,56	88,09	99,10	56,06	81,54	91,73	51,65	75,13	84,52	47,34	68,86	77,47	43,12	62,72	70,56	38,99	56,72	63,81
	V	2 327,75	128,02	186,22	209,49	IV	1 784,—	95,22	138,50	155,81	92,32	134,28	151,07	89,42	130,07	146,33	86,52	125,85	141,58	83,62	121,64	136,84	80,72	117,42	132,09
	VI	2 359,91	129,79	188,79	212,39																				
6 248,99	I,IV	1 785,25	98,18	142,82	160,67	I	1 785,25	92,39	134,38	151,18	86,59	125,95	141,69	80,79	117,52	132,21	74,99	109,08	122,72	69,19	100,65	113,23	63,40	92,22	103,74
	II	1 739,50	95,67	139,16	156,55	II	1 739,50	89,87	130,72	147,06	84,07	122,29	137,57	78,27	113,86	128,09	72,48	105,42	118,60	66,68	96,99	109,11	60,91	88,60	99,67
	III	1 185,83	65,22	94,86	106,72	III	1 185,83	60,61	88,17	99,19	56,11	81,62	91,82	51,70	75,21	84,61	47,39	68,93	77,54	43,17	62,80	70,65	39,05	56,80	63,90
	V	2 329,—	128,09	186,32	209,61	IV	1 785,25	95,29	138,60	155,93	92,39	134,38	151,18	89,49	130,17	146,44	86,59	125,95	141,69	83,69	121,74	136,95	80,79	117,52	132,21
	VI	2 361,16	129,86	188,89	212,50																				
6 251,99	I,IV	1 786,50	98,25	142,92	160,78	I	1 786,50	92,45	134,48	151,29	86,66	126,05	141,80	80,86	117,62	132,32	75,06	109,18	122,83	69,26	100,75	113,34	63,47	92,32	103,86
	II	1 740,75	95,74	139,26	156,66	II	1 740,75	89,94	130,82	147,17	84,14	122,39	137,69	78,34	113,96	128,20	72,54	105,52	118,71	66,75	97,09	109,22	60,98	88,70	99,78
	III	1 186,83	65,27	94,94	106,81	III	1 186,83	60,67	88,25	99,28	56,17	81,70	91,91	51,75	75,28	84,69	47,44	69,01	77,63	43,22	62,86	70,72	39,09	56,86	63,97
	V	2 330,25	128,16	186,42	209,72	IV	1 786,50	95,36	138,70	156,04	92,45	134,48	151,29	89,56	130,27	146,55	86,66	126,05	141,80	83,76	121,84	137,07	80,86	117,62	132,32
	VI	2 362,41	129,93	188,99	212,61																				
6 254,99	I,IV	1 787,83	98,33	143,02	160,90	I	1 787,83	92,52	134,58	151,40	86,73	126,15	141,92	80,93	117,72	132,43	75,13	109,28	122,94	69,33	100,85	113,45	63,53	92,42	103,97
	II	1 742,—	95,81	139,36	156,78	II	1 742,—	90,01	130,92	147,29	84,21	122,49	137,80	78,41	114,06	128,31	72,61	105,62	118,82	66,82	97,19	109,34	61,05	88,80	99,90
	III	1 187,83	65,33	95,02	106,90	III	1 187,83	60,72	88,33	99,37	56,22	81,78	92,—	51,81	75,36	84,78	47,49	69,08	77,71	43,27	62,94	70,81	39,14	56,93	64,04
	V	2 331,50	128,23	186,52	209,83	IV	1 787,83	95,42	138,80	156,15	92,52	134,58	151,40	89,63	130,37	146,66	86,73	126,15	141,92	83,83	121,94	137,18	80,93	117,72	132,43
	VI	2 363,66	130,—	189,09	212,72																				

Note: the column heads for 0,5 to 3 are the numbers of child allowances ("mit Zahl der Kinderfreibeträge . . .").

*** Die ausgewiesenen Tabellenwerte sind amtlich. Siehe Erläuterungen auf der Umschlaginnenseite (U2).**

MONAT 6 255,–*

Lohn/ Gehalt bis €*		I – VI LSt	ohne Kinderfreibeträge SolZ	8%	9%	I, II, III, IV	LSt	0,5 SolZ	8%	9%	1 SolZ	8%	9%	1,5 SolZ	8%	9%	2 SolZ	8%	9%	2,5 SolZ	8%	9%	3 SolZ	8%	9%
6 257,99	I,IV	1 789,08	98,39	143,12	161,01	I	1 789,08	92,60	134,69	151,52	86,80	126,26	142,04	81,–	117,82	132,55	75,20	109,38	123,05	69,40	100,95	113,57	63,60	92,52	104,08
	II	1 743,25	95,87	139,46	156,89	II	1 743,25	90,08	131,02	147,40	84,28	122,59	137,91	78,48	114,16	128,43	72,68	105,72	118,94	66,88	97,29	109,45	61,11	88,90	100,01
	III	1 188,83	65,38	95,10	106,99	III	1 188,83	60,78	88,41	99,46	56,27	81,85	92,08	51,86	75,44	84,87	47,54	69,16	77,80	43,32	63,01	70,88	39,19	57,01	64,13
	V	2 332,75	128,30	186,62	209,94	IV	1 789,08	95,49	138,90	156,26	92,60	134,69	151,52	89,70	130,47	146,78	86,80	126,26	142,04	83,90	122,04	137,29	81,–	117,82	132,55
	VI	2 364,91	130,07	189,19	212,84																				
6 260,99	I,IV	1 790,33	98,46	143,22	161,12	I	1 790,33	92,67	134,79	151,64	86,87	126,36	142,15	81,07	117,92	132,66	75,27	109,49	123,17	69,47	101,06	113,69	63,67	92,62	104,19
	II	1 744,50	95,94	139,56	157,–	II	1 744,50	90,14	131,12	147,51	84,35	122,69	138,02	78,55	114,26	128,54	72,75	105,82	119,05	66,95	97,39	109,56	61,18	89,–	100,12
	III	1 189,83	65,44	95,18	107,08	III	1 189,83	60,83	88,49	99,55	56,32	81,93	92,17	51,92	75,52	84,96	47,59	69,22	77,87	43,37	63,09	70,97	39,24	57,08	64,21
	V	2 334,–	128,37	186,72	210,06	IV	1 790,33	95,56	139,–	156,38	92,67	134,79	151,64	89,76	130,57	146,89	86,87	126,36	142,15	83,97	122,14	137,40	81,07	117,92	132,66
	VI	2 366,25	130,14	189,30	212,96																				
6 263,99	I,IV	1 791,58	98,53	143,32	161,24	I	1 791,58	92,73	134,89	151,75	86,94	126,46	142,26	81,14	118,02	132,77	75,34	109,59	123,29	69,54	101,16	113,80	63,74	92,72	104,31
	II	1 745,83	96,02	139,66	157,12	II	1 745,83	90,21	131,22	147,62	84,42	122,79	138,14	78,62	114,36	128,65	72,82	105,92	119,16	67,02	97,49	109,67	61,25	89,09	100,22
	III	1 190,83	65,49	95,26	107,17	III	1 190,83	60,89	88,57	99,64	56,38	82,01	92,26	51,96	75,58	85,03	47,64	69,30	77,96	43,42	63,16	71,05	39,28	57,14	64,28
	V	2 335,25	128,43	186,82	210,17	IV	1 791,58	95,63	139,10	156,49	92,73	134,89	151,75	89,83	130,67	147,–	86,94	126,46	142,26	84,04	122,24	137,52	81,14	118,02	132,77
	VI	2 367,50	130,21	189,40	213,07																				
6 266,99	I,IV	1 792,83	98,60	143,42	161,35	I	1 792,83	92,80	134,99	151,86	87,01	126,56	142,38	81,21	118,12	132,89	75,41	109,69	123,40	69,61	101,26	113,91	63,81	92,82	104,42
	II	1 747,08	96,08	139,76	157,23	II	1 747,08	90,29	131,33	147,74	84,49	122,90	138,26	78,69	114,46	128,77	72,89	106,02	119,27	67,09	97,59	109,79	61,32	89,19	100,34
	III	1 192,–	65,56	95,36	107,28	III	1 192,–	60,94	88,65	99,73	56,43	82,09	92,35	52,02	75,66	85,12	47,69	69,37	78,04	43,46	63,22	71,12	39,34	57,22	64,37
	V	2 336,50	128,50	186,92	210,28	IV	1 792,83	95,70	139,20	156,60	92,80	134,99	151,86	89,90	130,77	147,11	87,01	126,56	142,38	84,10	122,34	137,63	81,21	118,12	132,89
	VI	2 368,75	130,28	189,50	213,18																				
6 269,99	I,IV	1 794,08	98,67	143,52	161,46	I	1 794,08	92,87	135,09	151,97	87,07	126,66	142,49	81,28	118,22	133,–	75,48	109,79	123,51	69,68	101,36	114,03	63,88	92,92	104,54
	II	1 748,33	96,15	139,86	157,34	II	1 748,33	90,36	131,43	147,86	84,56	123,–	138,37	78,76	114,56	128,88	72,96	106,13	119,39	67,16	97,70	109,91	61,38	89,29	100,45
	III	1 193,–	65,61	95,44	107,37	III	1 193,–	61,–	88,73	99,82	56,49	82,17	92,44	52,07	75,74	85,21	47,74	69,45	78,13	43,52	63,30	71,21	39,38	57,29	64,45
	V	2 337,83	128,58	187,02	210,40	IV	1 794,08	95,77	139,31	156,72	92,87	135,09	151,97	89,98	130,88	147,24	87,07	126,66	142,49	84,18	122,44	137,75	81,28	118,22	133,–
	VI	2 370,–	130,35	189,60	213,30																				
6 272,99	I,IV	1 795,33	98,74	143,62	161,57	I	1 795,33	92,94	135,19	152,09	87,14	126,76	142,60	81,34	118,32	133,11	75,55	109,89	123,62	69,75	101,46	114,14	63,95	93,02	104,65
	II	1 749,58	96,22	139,96	157,46	II	1 749,58	90,42	131,53	147,97	84,63	123,10	138,48	78,83	114,66	128,99	73,03	106,23	119,51	67,23	97,80	110,02	61,45	89,39	100,56
	III	1 194,–	65,67	95,52	107,46	III	1 194,–	61,05	88,81	99,91	56,54	82,24	92,52	52,12	75,81	85,28	47,80	69,53	78,22	43,56	63,37	71,29	39,43	57,36	64,53
	V	2 339,08	128,64	187,12	210,51	IV	1 795,33	95,84	139,41	156,83	92,94	135,19	152,09	90,04	130,98	147,35	87,14	126,76	142,60	84,25	122,54	137,86	81,34	118,32	133,11
	VI	2 371,25	130,41	189,70	213,41																				
6 275,99	I,IV	1 796,58	98,81	143,72	161,69	I	1 796,58	93,01	135,29	152,20	87,21	126,86	142,71	81,41	118,42	133,22	75,62	109,99	123,74	69,82	101,56	114,25	64,02	93,12	104,76
	II	1 750,83	96,29	140,06	157,57	II	1 750,83	90,49	131,63	148,08	84,70	123,20	138,60	78,90	114,76	129,11	73,10	106,33	119,62	67,30	97,90	110,13	61,52	89,49	100,67
	III	1 195,–	65,72	95,60	107,55	III	1 195,–	61,11	88,89	100,–	56,59	82,32	92,61	52,17	75,89	85,37	47,85	69,60	78,30	43,62	63,45	71,38	39,49	57,44	64,62
	V	2 340,33	128,71	187,22	210,62	IV	1 796,58	95,91	139,51	156,95	93,01	135,29	152,20	90,11	131,08	147,46	87,21	126,86	142,71	84,31	122,64	137,97	81,41	118,42	133,22
	VI	2 372,50	130,48	189,80	213,52																				
6 278,99	I,IV	1 797,83	98,88	143,82	161,80	I	1 797,83	93,08	135,39	152,31	87,28	126,96	142,83	81,48	118,52	133,34	75,68	110,09	123,85	69,89	101,66	114,36	64,09	93,22	104,87
	II	1 752,08	96,36	140,16	157,68	II	1 752,08	90,56	131,73	148,19	84,76	123,30	138,71	78,97	114,86	129,22	73,17	106,43	119,73	67,37	98,–	110,25	61,59	89,59	100,79
	III	1 196,–	65,78	95,68	107,64	III	1 196,–	61,16	88,97	100,09	56,65	82,40	92,70	52,23	75,97	85,46	47,90	69,68	78,39	43,67	63,52	71,46	39,53	57,50	64,69
	V	2 341,58	128,78	187,32	210,74	IV	1 797,83	95,98	139,61	157,06	93,08	135,39	152,31	90,18	131,18	147,57	87,28	126,96	142,83	84,38	122,74	138,08	81,48	118,52	133,34
	VI	2 373,75	130,55	189,90	213,63																				
6 281,99	I,IV	1 799,16	98,95	143,93	161,92	I	1 799,16	93,15	135,50	152,43	87,35	127,06	142,94	81,55	118,62	133,45	75,75	110,19	123,96	69,96	101,76	114,48	64,16	93,32	104,99
	II	1 753,33	96,43	140,26	157,79	II	1 753,33	90,63	131,83	148,31	84,83	123,40	138,82	79,03	114,96	129,33	73,24	106,53	119,84	67,44	98,10	110,36	61,66	89,69	100,90
	III	1 197,–	65,83	95,76	107,73	III	1 197,–	61,22	89,05	100,18	56,70	82,48	92,79	52,27	76,04	85,54	47,95	69,74	78,46	43,72	63,60	71,55	39,58	57,57	64,76
	V	2 342,83	128,85	187,42	210,85	IV	1 799,16	96,05	139,71	157,17	93,15	135,50	152,43	90,25	131,28	147,69	87,35	127,06	142,94	84,45	122,84	138,20	81,55	118,62	133,45
	VI	2 375,–	130,62	190,–	213,75																				
6 284,99	I,IV	1 800,41	99,02	144,03	162,03	I	1 800,41	93,22	135,60	152,55	87,42	127,16	143,06	81,62	118,73	133,57	75,83	110,30	124,08	70,03	101,86	114,59	64,23	93,42	105,10
	II	1 754,58	96,50	140,36	157,91	II	1 754,58	90,70	131,93	148,42	84,90	123,50	138,93	79,10	115,06	129,44	73,31	106,63	119,96	67,51	98,20	110,47	61,73	89,79	101,01
	III	1 198,–	65,89	95,84	107,82	III	1 198,–	61,27	89,13	100,27	56,76	82,56	92,88	52,33	76,12	85,63	48,–	69,82	78,55	43,77	63,66	71,62	39,63	57,65	64,85
	V	2 344,08	128,92	187,52	210,96	IV	1 800,41	96,12	139,81	157,28	93,22	135,60	152,55	90,32	131,38	147,80	87,42	127,16	143,06	84,52	122,94	138,31	81,62	118,73	133,57
	VI	2 376,33	130,69	190,10	213,86																				
6 287,99	I,IV	1 801,66	99,09	144,13	162,14	I	1 801,66	93,29	135,70	152,66	87,49	127,26	143,17	81,69	118,83	133,68	75,90	110,40	124,20	70,10	101,96	114,71	64,30	93,53	105,22
	II	1 755,83	96,57	140,46	158,02	II	1 755,83	90,77	132,03	148,53	84,97	123,60	139,05	79,17	115,16	129,56	73,37	106,73	120,07	67,58	98,30	110,58	61,80	89,89	101,12
	III	1 199,–	65,94	95,92	107,91	III	1 199,–	61,33	89,21	100,36	56,81	82,64	92,97	52,38	76,20	85,72	48,06	69,90	78,64	43,82	63,74	71,71	39,68	57,72	64,93
	V	2 345,33	128,99	187,62	211,07	IV	1 801,66	96,19	139,91	157,40	93,29	135,70	152,66	90,39	131,48	147,91	87,49	127,26	143,17	84,59	123,04	138,42	81,69	118,83	133,68
	VI	2 377,58	130,76	190,20	213,98																				
6 290,99	I,IV	1 802,91	99,16	144,23	162,26	I	1 802,91	93,36	135,80	152,77	87,56	127,36	143,28	81,76	118,93	133,79	75,96	110,50	124,31	70,17	102,06	114,82	64,37	93,63	105,33
	II	1 757,16	96,64	140,57	158,14	II	1 757,16	90,84	132,14	148,65	85,04	123,70	139,16	79,24	115,26	129,67	73,44	106,83	120,18	67,65	98,40	110,70	61,86	89,98	101,23
	III	1 200,–	66,–	96,–	108,–	III	1 200,–	61,38	89,29	100,45	56,86	82,70	93,04	52,44	76,28	85,81	48,10	69,97	78,71	43,87	63,81	71,78	39,72	57,78	65,–
	V	2 346,58	129,06	187,72	211,19	IV	1 802,91	96,25	140,01	157,51	93,36	135,80	152,77	90,46	131,58	148,02	87,56	127,36	143,28	84,66	123,14	138,53	81,76	118,93	133,79
	VI	2 378,83	130,83	190,30	214,09																				
6 293,99	I,IV	1 804,16	99,22	144,33	162,37	I	1 804,16	93,43	135,90	152,88	87,63	127,46	143,39	81,83	119,03	133,91	76,03	110,60	124,42	70,23	102,16	114,93	64,44	93,73	105,44
	II	1 758,41	96,71	140,67	158,25	II	1 758,41	90,91	132,24	148,77	85,11	123,80	139,28	79,31	115,37	129,79	73,52	106,94	120,30	67,72	98,50	110,81	61,93	90,08	101,34
	III	1 201,–	66,05	96,08	108,09	III	1 201,–	61,44	89,37	100,54	56,91	82,78	93,13	52,48	76,34	85,88	48,16	70,05	78,80	43,92	63,89	71,87	39,78	57,86	65,09
	V	2 347,91	129,13	187,83	211,31	IV	1 804,16	96,33	140,12	157,63	93,43	135,90	152,88	90,53	131,68	148,14	87,63	127,46	143,39	84,73	123,24	138,65	81,83	119,03	133,91
	VI	2 380,08	130,90	190,40	214,20																				
6 296,99	I,IV	1 805,41	99,29	144,43	162,48	I	1 805,41	93,50	136,–	153,–	87,70	127,56	143,51	81,90	119,13	134,02	76,10	110,70	124,53	70,30	102,26	115,04	64,51	93,83	105,56
	II	1 759,66	96,78	140,77	158,36	II	1 759,66	90,98	132,34	148,88	85,18	123,90	139,39	79,38	115,47	129,90	73,59	107,04	120,42	67,79	98,60	110,93	62,–	90,18	101,45
	III	1 202,–	66,11	96,16	108,18	III	1 202,–	61,49	89,45	100,63	56,97	82,86	93,22	52,54	76,42	85,97	48,20	70,12	78,88	43,97	63,96	71,95	39,82	57,93	65,17
	V	2 349,16	129,20	187,93	211,42	IV	1 805,41	96,40	140,22	157,74	93,50	136,–	153,–	90,60	131,78	148,25	87,70	127,56	143,51	84,80	123,35	138,77	81,90	119,13	134,02
	VI	2 381,33	130,97	190,50	214,31																				
6 299,99	I,IV	1 806,66	99,36	144,53	162,59	I	1 806,66	93,56	136,10	153,11	87,77	127,66	143,62	81,97	119,23	134,13	76,17	110,80	124,65	70,37	102,36	115,16	64,57	93,93	105,67
	II	1 760,91	96,85	140,87	158,48	II	1 760,91	91,05	132,44	148,99	85,25	124,–	139,50	79,45	115,57	130,01	73,65	107,14	120,53	67,86	98,70	111,04	62,07	90,28	101,57
	III	1 203,–	66,16	96,24	108,27	III	1 203,–	61,54	89,52	100,71	57,02	82,94	93,31	52,59	76,50	86,06	48,26	70,20	78,97	44,01	64,02	72,02	39,87	58,–	65,25
	V	2 350,41	129,27	188,03	211,53	IV	1 806,66	96,47	140,32	157,86	93,56	136,10	153,11	90,67	131,88	148,37	87,77	127,66	143,62	84,87	123,45	138,88	81,97	119,23	134,13
	VI	2 382,58	131,04	190,60	214,43																				

Abzüge an Lohnsteuer, Solidaritätszuschlag (SolZ) und Kirchensteuer (8%, 9%) in den Steuerklassen

* Die ausgewiesenen Tabellenwerte sind amtlich. Siehe Erläuterungen auf der Umschlaginnenseite (U2).

Abzüge an Lohnsteuer, Solidaritätszuschlag (SolZ) und Kirchensteuer (8%, 9%) in den Steuerklassen

Lohn/ Gehalt bis €*	I – VI	LSt	ohne Kinderfreibeträge SolZ	8%	9%	I, II, III, IV	LSt	mit Zahl der Kinderfreibeträge . . . 0,5 SolZ	0,5 8%	0,5 9%	1 SolZ	1 8%	1 9%	1,5 SolZ	1,5 8%	1,5 9%	2 SolZ	2 8%	2 9%	2,5 SolZ	2,5 8%	2,5 9%	3 SolZ	3 8%	3 9%
6 302,99	I,IV	1 807,91	99,43	144,63	162,71	I	1 807,91	93,63	136,20	153,22	87,83	127,76	143,73	82,04	119,33	134,24	76,24	110,90	124,76	70,44	102,46	115,27	64,64	94,03	105,78
	II	1 762,16	96,91	140,97	158,59	II	1 762,16	91,12	132,54	149,10	85,32	124,10	139,61	79,52	115,67	130,13	73,72	107,24	120,64	67,92	98,80	111,15	62,14	90,38	101,68
	III	1 204,16	66,22	96,33	108,37	III	1 204,16	61,60	89,60	100,80	57,08	83,02	93,40	52,64	76,57	86,14	48,30	70,26	79,04	44,07	64,10	72,11	39,93	58,08	65,34
	V	2 351,66	129,34	188,13	211,64	IV	1 807,91	96,53	140,42	157,97	93,63	136,20	153,22	90,74	131,98	148,48	87,83	127,76	143,73	84,94	123,55	138,99	82,04	119,33	134,24
	VI	2 383,83	131,11	190,70	214,54																				
6 305,99	I,IV	1 809,25	99,50	144,74	162,83	I	1 809,25	93,71	136,30	153,34	87,90	127,86	143,84	82,11	119,43	134,36	76,31	111,—	124,87	70,51	102,56	115,38	64,71	94,13	105,89
	II	1 763,41	96,98	141,07	158,70	II	1 763,41	91,19	132,64	149,22	85,39	124,20	139,73	79,59	115,77	130,24	73,79	107,34	120,75	67,99	98,90	111,26	62,20	90,48	101,79
	III	1 205,16	66,28	96,41	108,46	III	1 205,16	61,65	89,68	100,89	57,13	83,10	93,49	52,69	76,65	86,23	48,36	70,34	79,13	44,11	64,17	72,19	39,97	58,14	65,41
	V	2 352,91	129,41	188,23	211,76	IV	1 809,25	96,60	140,52	158,08	93,71	136,30	153,34	90,80	132,08	148,59	87,90	127,86	143,84	85,01	123,65	139,10	82,11	119,43	134,36
	VI	2 385,08	131,17	190,80	214,65																				
6 308,99	I,IV	1 810,50	99,57	144,84	162,94	I	1 810,50	93,77	136,40	153,45	87,98	127,97	143,96	82,18	119,54	134,48	76,38	111,10	124,99	70,58	102,66	115,49	64,78	94,23	106,01
	II	1 764,66	97,05	141,17	158,81	II	1 764,66	91,25	132,74	149,33	85,46	124,30	139,84	79,66	115,87	130,35	73,86	107,44	120,87	68,06	99,—	111,38	62,27	90,58	101,90
	III	1 206,16	66,33	96,49	108,55	III	1 206,16	61,71	89,76	100,98	57,18	83,17	93,56	52,75	76,73	86,32	48,41	70,42	79,22	44,17	64,25	72,28	40,02	58,21	65,48
	V	2 354,16	129,47	188,33	211,87	IV	1 810,50	96,67	140,62	158,19	93,77	136,40	153,45	90,87	132,18	148,70	87,98	127,97	143,96	85,08	123,75	139,22	82,18	119,54	134,48
	VI	2 386,41	131,25	190,91	214,77																				
6 311,99	I,IV	1 811,75	99,64	144,94	163,05	I	1 811,75	93,84	136,50	153,56	88,05	128,07	144,08	82,25	119,64	134,59	76,45	111,20	125,10	70,65	102,77	115,61	64,85	94,34	106,13
	II	1 765,91	97,12	141,27	158,93	II	1 765,91	91,32	132,84	149,44	85,52	124,40	139,95	79,73	115,97	130,46	73,93	107,54	120,98	68,13	99,10	111,49	62,34	90,68	102,02
	III	1 207,16	66,39	96,57	108,64	III	1 207,16	61,76	89,84	101,07	57,23	83,25	93,65	52,80	76,81	86,41	48,46	70,49	79,30	44,22	64,32	72,36	40,07	58,29	65,57
	V	2 355,41	129,54	188,43	211,98	IV	1 811,75	96,74	140,72	158,31	93,84	136,50	153,56	90,94	132,28	148,82	88,05	128,07	144,08	85,14	123,85	139,33	82,25	119,64	134,59
	VI	2 387,66	131,32	191,01	214,88																				
6 314,99	I,IV	1 813,—	99,71	145,04	163,17	I	1 813,—	93,91	136,60	153,68	88,11	128,17	144,19	82,32	119,74	134,70	76,52	111,30	125,21	70,72	102,87	115,73	64,92	94,44	106,24
	II	1 767,25	97,19	141,38	159,05	II	1 767,25	91,40	132,94	149,56	85,59	124,50	140,06	79,80	116,07	130,58	74,—	107,64	121,09	68,20	99,20	111,60	62,41	90,78	102,13
	III	1 208,16	66,44	96,65	108,73	III	1 208,16	61,82	89,92	101,16	57,29	83,33	93,74	52,85	76,88	86,49	48,51	70,57	79,39	44,27	64,40	72,45	40,12	58,36	65,65
	V	2 356,66	129,61	188,53	212,09	IV	1 813,—	96,81	140,82	158,42	93,91	136,60	153,68	91,01	132,38	148,93	88,11	128,17	144,19	85,21	123,95	139,44	82,32	119,74	134,70
	VI	2 388,91	131,39	191,11	215,—																				
6 317,99	I,IV	1 814,25	99,78	145,14	163,28	I	1 814,25	93,98	136,70	153,79	88,18	128,27	144,30	82,39	119,84	134,82	76,59	111,40	125,33	70,79	102,97	115,84	64,99	94,54	106,35
	II	1 768,50	97,26	141,48	159,16	II	1 768,50	91,46	133,04	149,67	85,67	124,61	140,18	79,87	116,18	130,70	74,07	107,74	121,21	68,27	99,30	111,71	62,48	90,88	102,24
	III	1 209,16	66,50	96,73	108,82	III	1 209,16	61,87	90,—	101,25	57,34	83,41	93,83	52,91	76,96	86,58	48,56	70,64	79,47	44,32	64,46	72,52	40,16	58,42	65,72
	V	2 357,91	129,68	188,63	212,21	IV	1 814,25	96,88	140,92	158,54	93,98	136,70	153,79	91,08	132,48	149,04	88,18	128,27	144,30	85,28	124,05	139,55	82,39	119,84	134,82
	VI	2 390,16	131,45	191,21	215,11																				
6 320,99	I,IV	1 815,50	99,85	145,24	163,39	I	1 815,50	94,05	136,80	153,90	88,25	128,37	144,41	82,45	119,94	134,93	76,66	111,50	125,44	70,86	103,07	115,95	65,06	94,64	106,47
	II	1 769,75	97,33	141,58	159,27	II	1 769,75	91,53	133,14	149,78	85,74	124,71	140,30	79,94	116,28	130,81	74,14	107,84	121,32	68,34	99,41	111,83	62,55	90,98	102,35
	III	1 210,16	66,55	96,81	108,91	III	1 210,16	61,93	90,08	101,34	57,40	83,49	93,92	52,96	77,04	86,67	48,62	70,72	79,56	44,37	64,54	72,61	40,22	58,50	65,81
	V	2 359,25	129,75	188,74	212,33	IV	1 815,50	96,95	141,02	158,65	94,05	136,80	153,90	91,15	132,59	149,16	88,25	128,37	144,41	85,36	124,16	139,68	82,45	119,94	134,93
	VI	2 391,41	131,52	191,31	215,22																				
6 323,99	I,IV	1 816,75	99,92	145,34	163,50	I	1 816,75	94,12	136,90	154,01	88,32	128,47	144,53	82,52	120,04	135,04	76,72	111,60	125,55	70,93	103,17	116,06	65,13	94,74	106,58
	II	1 771,—	97,40	141,68	159,39	II	1 771,—	91,60	133,24	149,90	85,80	124,81	140,41	80,01	116,38	130,92	74,21	107,94	121,43	68,41	99,51	111,95	62,62	91,08	102,47
	III	1 211,16	66,61	96,89	109,—	III	1 211,16	61,98	90,16	101,43	57,45	83,57	94,01	53,01	77,10	86,74	48,67	70,80	79,65	44,42	64,61	72,68	40,26	58,57	65,89
	V	2 360,50	129,82	188,84	212,44	IV	1 816,75	97,02	141,12	158,76	94,12	136,90	154,01	91,22	132,69	149,27	88,32	128,47	144,53	85,42	124,26	139,79	82,52	120,04	135,04
	VI	2 392,66	131,59	191,41	215,33																				
6 326,99	I,IV	1 818,—	99,99	145,44	163,62	I	1 818,—	94,19	137,—	154,13	88,39	128,57	144,64	82,59	120,14	135,15	76,79	111,70	125,66	71,—	103,27	116,18	65,20	94,84	106,69
	II	1 772,25	97,47	141,78	159,50	II	1 772,25	91,67	133,34	150,01	85,87	124,91	140,52	80,08	116,48	131,04	74,28	108,04	121,55	68,48	99,61	112,06	62,69	91,18	102,58
	III	1 212,16	66,66	96,97	109,09	III	1 212,16	62,04	90,24	101,52	57,50	83,64	94,09	53,06	77,18	86,83	48,72	70,86	79,72	44,47	64,69	72,77	40,31	58,64	65,97
	V	2 361,75	129,89	188,94	212,55	IV	1 818,—	97,09	141,22	158,87	94,19	137,—	154,13	91,29	132,79	149,39	88,39	128,57	144,64	85,49	124,36	139,90	82,59	120,14	135,15
	VI	2 393,91	131,66	191,51	215,45																				
6 329,99	I,IV	1 819,33	100,06	145,54	163,73	I	1 819,33	94,26	137,10	154,24	88,46	128,67	144,75	82,66	120,24	135,27	76,86	111,80	125,78	71,06	103,37	116,29	65,27	94,94	106,80
	II	1 773,50	97,54	141,88	159,61	II	1 773,50	91,74	133,44	150,12	85,94	125,01	140,63	80,14	116,58	131,15	74,35	108,14	121,66	68,55	99,71	112,17	62,75	91,28	102,69
	III	1 213,16	66,72	97,05	109,18	III	1 213,16	62,09	90,32	101,61	57,55	83,72	94,18	53,12	77,26	86,92	48,77	70,94	79,81	44,52	64,76	72,85	40,37	58,72	66,06
	V	2 363,—	129,96	189,04	212,67	IV	1 819,33	97,16	141,32	158,99	94,26	137,10	154,24	91,36	132,89	149,50	88,46	128,67	144,75	85,56	124,46	140,01	82,66	120,24	135,27
	VI	2 395,16	131,73	191,61	215,56																				
6 332,99	I,IV	1 820,58	100,13	145,64	163,85	I	1 820,58	94,33	137,21	154,36	88,53	128,78	144,87	82,73	120,34	135,38	76,93	111,90	125,89	71,13	103,47	116,40	65,34	95,04	106,92
	II	1 774,75	97,61	141,98	159,72	II	1 774,75	91,81	133,54	150,23	86,01	125,11	140,75	80,21	116,68	131,26	74,41	108,24	121,77	68,62	99,81	112,28	62,82	91,38	102,80
	III	1 214,16	66,77	97,13	109,27	III	1 214,16	62,15	90,40	101,70	57,61	83,80	94,27	53,17	77,34	87,01	48,82	71,01	79,88	44,57	64,84	72,94	40,41	58,78	66,13
	V	2 364,25	130,03	189,14	212,78	IV	1 820,58	97,23	141,42	159,10	94,33	137,21	154,36	91,43	132,99	149,61	88,53	128,78	144,87	85,63	124,56	140,13	82,73	120,34	135,38
	VI	2 396,41	131,80	191,71	215,67																				
6 335,99	I,IV	1 821,83	100,20	145,74	163,96	I	1 821,83	94,40	137,31	154,47	88,60	128,88	144,99	82,80	120,44	135,50	77,—	112,01	126,01	71,21	103,58	116,52	65,41	95,14	107,03
	II	1 776,—	97,68	142,08	159,84	II	1 776,—	91,88	133,64	150,35	86,08	125,21	140,86	80,28	116,78	131,37	74,48	108,34	121,88	68,69	99,91	112,40	62,89	91,48	102,92
	III	1 215,33	66,84	97,22	109,37	III	1 215,33	62,20	90,48	101,79	57,66	83,88	94,36	53,22	77,41	87,08	48,87	71,09	79,97	44,62	64,90	73,01	40,47	58,86	66,22
	V	2 365,50	130,10	189,24	212,89	IV	1 821,83	97,29	141,52	159,21	94,40	137,31	154,47	91,50	133,09	149,72	88,60	128,88	144,99	85,70	124,66	140,24	82,80	120,44	135,50
	VI	2 397,75	131,87	191,82	215,79																				
6 338,99	I,IV	1 823,08	100,26	145,84	164,07	I	1 823,08	94,47	137,41	154,58	88,67	128,98	145,10	82,87	120,54	135,61	77,07	112,11	126,12	71,28	103,68	116,64	65,48	95,24	107,15
	II	1 777,33	97,75	142,18	159,95	II	1 777,33	91,95	133,74	150,46	86,15	125,31	140,97	80,35	116,88	131,49	74,55	108,44	122,—	68,75	100,01	112,51	62,96	91,58	103,03
	III	1 216,33	66,89	97,30	109,46	III	1 216,33	62,26	90,56	101,88	57,72	83,96	94,45	53,27	77,49	87,17	48,93	71,17	80,06	44,67	64,98	73,10	40,51	58,93	66,29
	V	2 366,75	130,17	189,34	213,—	IV	1 823,08	97,36	141,62	159,32	94,47	137,41	154,58	91,57	133,19	149,84	88,67	128,98	145,10	85,77	124,76	140,35	82,87	120,54	135,61
	VI	2 399,—	131,94	191,92	215,91																				
6 341,99	I,IV	1 824,33	100,33	145,94	164,18	I	1 824,33	94,54	137,51	154,70	88,74	129,08	145,21	82,94	120,64	135,72	77,14	112,21	126,23	71,34	103,78	116,75	65,55	95,34	107,26
	II	1 778,58	97,82	142,28	160,07	II	1 778,58	92,02	133,85	150,58	86,22	125,42	141,09	80,42	116,98	131,60	74,62	108,54	122,11	68,82	100,11	112,62	63,03	91,68	103,14
	III	1 217,33	66,95	97,38	109,55	III	1 217,33	62,31	90,64	101,97	57,77	84,04	94,54	53,33	77,57	87,26	48,97	71,24	80,14	44,72	65,05	73,18	40,56	59,—	66,37
	V	2 368,—	130,24	189,44	213,12	IV	1 824,33	97,43	141,72	159,44	94,54	137,51	154,70	91,63	133,29	149,95	88,74	129,08	145,21	85,84	124,86	140,46	82,94	120,64	135,72
	VI	2 400,25	132,01	192,02	216,02																				
6 344,99	I,IV	1 825,58	100,40	146,04	164,30	I	1 825,58	94,60	137,61	154,81	88,81	129,18	145,32	83,01	120,74	135,83	77,21	112,31	126,35	71,41	103,88	116,86	65,61	95,44	107,37
	II	1 779,83	97,89	142,38	160,18	II	1 779,83	92,09	133,95	150,69	86,29	125,52	141,21	80,49	117,08	131,72	74,69	108,65	122,23	68,90	100,22	112,74	63,10	91,78	103,25
	III	1 218,33	67,—	97,46	109,64	III	1 218,33	62,37	90,72	102,06	57,83	84,12	94,63	53,38	77,65	87,35	49,03	71,32	80,23	44,77	65,13	73,27	40,61	59,08	66,46
	V	2 369,33	130,31	189,54	213,23	IV	1 825,58	97,51	141,83	159,56	94,60	137,61	154,81	91,71	133,40	150,07	88,81	129,18	145,32	85,91	124,96	140,58	83,01	120,74	135,83
	VI	2 401,50	132,08	192,12	216,13																				

* Die ausgewiesenen Tabellenwerte sind amtlich. Siehe Erläuterungen auf der Umschlaginnenseite (U2).

MONAT 6 345,–*

Abzüge an Lohnsteuer, Solidaritätszuschlag (SolZ) und Kirchensteuer (8%, 9%) in den Steuerklassen

Lohn/ Gehalt bis €*		I – VI				I, II, III, IV																			
			ohne Kinder-freibeträge					mit Zahl der Kinderfreibeträge . . .																	
								0,5			1			1,5			2			2,5			3		
		LSt	SolZ	8%	9%		LSt	SolZ	8%	9%	SolZ	8%	9%	SolZ	8%	9%	SolZ	8%	9%	SolZ	8%	9%	SolZ	8%	9%
6 347,99	I,IV	1 826,83	100,47	146,14	164,41	I	1 826,83	94,67	137,71	154,92	88,88	129,28	145,44	83,08	120,84	135,95	77,28	112,41	126,46	71,48	103,98	116,97	65,68	95,54	107,48
	II	1 781,08	97,95	142,48	160,29	II	1 781,08	92,16	134,05	150,80	86,36	125,62	141,32	80,56	117,18	131,83	74,76	108,75	122,34	68,97	100,32	112,86	63,17	91,88	103,37
	III	1 219,33	67,06	97,54	109,73	III	1 219,33	62,42	90,80	102,15	57,87	84,18	94,70	53,43	77,72	87,43	49,07	71,38	80,30	44,82	65,20	73,35	40,66	59,14	66,53
	V	2 370,58	130,38	189,64	213,35	IV	1 826,83	97,57	141,93	159,67	94,67	137,71	154,92	91,78	133,50	150,18	88,88	129,28	145,44	85,98	125,06	140,69	83,08	120,84	135,95
	VI	2 402,75	132,15	192,22	216,24																				
6 350,99	I,IV	1 828,08	100,54	146,24	164,52	I	1 828,08	94,74	137,81	155,03	88,94	129,38	145,55	83,15	120,94	136,06	77,35	112,51	126,57	71,55	104,08	117,09	65,75	95,64	107,60
	II	1 782,33	98,02	142,58	160,40	II	1 782,33	92,23	134,15	150,92	86,43	125,72	141,43	80,63	117,28	131,94	74,83	108,85	122,45	69,03	100,42	112,97	63,24	91,98	103,48
	III	1 220,33	67,11	97,62	109,82	III	1 220,33	62,48	90,88	102,24	57,93	84,26	94,79	53,48	77,80	87,52	49,13	71,46	80,39	44,88	65,28	73,44	40,70	59,21	66,61
	V	2 371,83	130,45	189,74	213,46	IV	1 828,08	97,64	142,03	159,78	94,74	137,81	155,03	91,85	133,60	150,30	88,94	129,38	145,55	86,05	125,16	140,81	83,15	120,94	136,06
	VI	2 404,—	132,22	192,32	216,36																				
6 353,99	I,IV	1 829,33	100,61	146,34	164,63	I	1 829,33	94,81	137,91	155,15	89,01	129,48	145,66	83,21	121,04	136,17	77,42	112,61	126,68	71,62	104,18	117,20	65,82	95,74	107,71
	II	1 783,58	98,09	142,68	160,52	II	1 783,58	92,29	134,25	151,03	86,50	125,82	141,54	80,70	117,38	132,05	74,90	108,95	122,57	69,10	100,52	113,08	63,30	92,08	103,59
	III	1 221,33	67,17	97,70	109,91	III	1 221,33	62,53	90,96	102,33	57,98	84,34	94,88	53,54	77,88	87,61	49,18	71,54	80,48	44,92	65,34	73,51	40,76	59,29	66,70
	V	2 373,08	130,51	189,84	213,57	IV	1 829,33	97,71	142,13	159,89	94,81	137,91	155,15	91,91	133,70	150,41	89,01	129,48	145,66	86,12	125,26	140,92	83,21	121,04	136,17
	VI	2 405,25	132,28	192,42	216,47																				
6 356,99	I,IV	1 830,66	100,68	146,45	164,75	I	1 830,66	94,88	138,02	155,27	89,09	129,58	145,78	83,28	121,14	136,28	77,49	112,71	126,80	71,69	104,28	117,31	65,89	95,84	107,82
	II	1 784,83	98,16	142,78	160,63	II	1 784,83	92,36	134,35	151,14	86,57	125,92	141,66	80,77	117,48	132,17	74,97	109,05	122,68	69,17	100,62	113,19	63,37	92,18	103,70
	III	1 222,33	67,22	97,78	110,—	III	1 222,33	62,59	91,04	102,42	58,04	84,42	94,97	53,59	77,96	87,70	49,23	71,61	80,56	44,98	65,42	73,60	40,81	59,36	66,78
	V	2 374,33	130,58	189,94	213,68	IV	1 830,66	97,78	142,23	160,01	94,88	138,02	155,27	91,98	133,80	150,52	89,09	129,58	145,78	86,18	125,36	141,03	83,28	121,14	136,28
	VI	2 406,50	132,35	192,52	216,58																				
6 359,99	I,IV	1 831,91	100,75	146,55	164,87	I	1 831,91	94,95	138,12	155,38	89,15	129,68	145,89	83,36	121,25	136,40	77,56	112,82	126,92	71,76	104,38	117,43	65,96	95,94	107,93
	II	1 786,08	98,23	142,88	160,74	II	1 786,08	92,43	134,45	151,25	86,63	126,02	141,77	80,84	117,58	132,28	75,04	109,15	122,79	69,24	100,72	113,31	63,44	92,28	103,82
	III	1 223,33	67,28	97,86	110,09	III	1 223,33	62,64	91,12	102,51	58,09	84,50	95,06	53,64	78,02	87,77	49,28	71,69	80,65	45,02	65,49	73,67	40,85	59,42	66,85
	V	2 375,58	130,65	190,04	213,80	IV	1 831,91	97,85	142,33	160,12	94,95	138,12	155,38	92,05	133,90	150,63	89,15	129,68	145,89	86,25	125,46	141,14	83,36	121,25	136,40
	VI	2 407,83	132,43	192,62	216,70																				
6 362,99	I,IV	1 833,16	100,82	146,65	164,98	I	1 833,16	95,02	138,22	155,49	89,22	129,78	146,—	83,43	121,35	136,52	77,63	112,92	127,03	71,83	104,48	117,54	66,03	96,05	108,05
	II	1 787,33	98,30	142,98	160,85	II	1 787,33	92,50	134,55	151,37	86,70	126,12	141,88	80,90	117,68	132,39	75,11	109,25	122,90	69,31	100,82	113,42	63,51	92,38	103,93
	III	1 224,50	67,34	97,96	110,20	III	1 224,50	62,70	91,20	102,60	58,15	84,58	95,15	53,69	78,10	87,86	49,34	71,77	80,74	45,08	65,57	73,76	40,91	59,50	66,94
	V	2 376,83	130,72	190,14	213,91	IV	1 833,16	97,92	142,43	160,23	95,02	138,22	155,49	92,12	134,—	150,75	89,22	129,78	146,—	86,32	125,56	141,26	83,43	121,35	136,52
	VI	2 409,08	132,49	192,72	216,81																				
6 365,99	I,IV	1 834,41	100,89	146,75	165,09	I	1 834,41	95,09	138,32	155,61	89,29	129,88	146,12	83,49	121,45	136,63	77,70	113,02	127,14	71,90	104,58	117,65	66,10	96,15	108,17
	II	1 788,66	98,37	143,09	160,97	II	1 788,66	92,57	134,66	151,49	86,78	126,22	142,—	80,97	117,78	132,50	75,18	109,35	123,02	69,38	100,92	113,53	63,58	92,48	104,04
	III	1 225,50	67,40	98,04	110,29	III	1 225,50	62,75	91,28	102,69	58,20	84,66	95,24	53,75	78,18	87,95	49,39	71,84	80,82	45,12	65,64	73,84	40,95	59,57	67,01
	V	2 378,08	130,79	190,24	214,02	IV	1 834,41	97,99	142,53	160,34	95,09	138,32	155,61	92,19	134,10	150,86	89,29	129,88	146,12	86,39	125,66	141,37	83,49	121,45	136,63
	VI	2 410,33	132,56	192,82	216,92																				
6 368,99	I,IV	1 835,66	100,96	146,85	165,20	I	1 835,66	95,16	138,42	155,72	89,36	129,98	146,23	83,56	121,55	136,74	77,77	113,12	127,26	71,97	104,68	117,77	66,17	96,25	108,28
	II	1 789,91	98,44	143,19	161,09	II	1 789,91	92,64	134,76	151,60	86,84	126,32	142,11	81,05	117,89	132,62	75,25	109,46	123,14	69,45	101,02	113,65	63,65	92,58	104,15
	III	1 226,50	67,45	98,12	110,38	III	1 226,50	62,81	91,36	102,78	58,26	84,74	95,33	53,79	78,25	88,03	49,44	71,92	80,91	45,18	65,72	73,93	41,01	59,65	67,10
	V	2 379,41	130,86	190,35	214,14	IV	1 835,66	98,06	142,64	160,47	95,16	138,42	155,72	92,26	134,20	150,98	89,36	129,98	146,23	86,46	125,76	141,48	83,56	121,55	136,74
	VI	2 411,58	132,63	192,92	217,04																				
6 371,99	I,IV	1 836,91	101,03	146,95	165,32	I	1 836,91	95,23	138,52	155,83	89,43	130,08	146,34	83,63	121,65	136,85	77,83	113,22	127,37	72,04	104,78	117,88	66,24	96,35	108,39
	II	1 791,16	98,51	143,29	161,20	II	1 791,16	92,71	134,86	151,71	86,91	126,42	142,22	81,12	117,99	132,74	75,32	109,56	123,25	69,52	101,12	113,76	63,72	92,68	104,27
	III	1 227,50	67,51	98,20	110,47	III	1 227,50	62,86	91,44	102,87	58,30	84,81	95,41	53,85	78,33	88,12	49,49	71,98	80,98	45,22	65,78	74,—	41,05	59,72	67,18
	V	2 380,66	130,93	190,45	214,25	IV	1 836,91	98,13	142,74	160,58	95,23	138,52	155,83	92,33	134,30	151,09	89,43	130,08	146,34	86,53	125,87	141,60	83,63	121,65	136,85
	VI	2 412,83	132,70	193,02	217,15																				
6 374,99	I,IV	1 838,16	101,09	147,05	165,43	I	1 838,16	95,30	138,62	155,94	89,50	130,18	146,45	83,70	121,75	136,97	77,90	113,32	127,48	72,10	104,88	117,99	66,31	96,45	108,50
	II	1 792,41	98,58	143,39	161,31	II	1 792,41	92,78	134,96	151,83	86,98	126,52	142,34	81,18	118,09	132,85	75,39	109,66	123,36	69,59	101,22	113,87	63,79	92,78	104,38
	III	1 228,50	67,56	98,28	110,56	III	1 228,50	62,92	91,52	102,96	58,36	84,89	95,50	53,90	78,41	88,21	49,54	72,06	81,07	45,28	65,86	74,09	41,10	59,78	67,25
	V	2 381,91	131,—	190,55	214,37	IV	1 838,16	98,20	142,84	160,69	95,30	138,62	155,94	92,40	134,40	151,20	89,50	130,18	146,45	86,60	125,97	141,71	83,70	121,75	136,97
	VI	2 414,08	132,77	193,12	217,26																				
6 377,99	I,IV	1 839,41	101,16	147,15	165,54	I	1 839,41	95,37	138,72	156,06	89,57	130,28	146,57	83,77	121,85	137,08	77,97	113,42	127,59	72,17	104,98	118,10	66,38	96,55	108,62
	II	1 793,66	98,65	143,49	161,42	II	1 793,66	92,85	135,06	151,94	87,05	126,62	142,45	81,25	118,19	132,96	75,46	109,76	123,48	69,66	101,32	113,99	63,86	92,89	104,50
	III	1 229,50	67,62	98,36	110,65	III	1 229,50	62,97	91,60	103,05	58,41	84,97	95,59	53,96	78,49	88,30	49,60	72,14	81,16	45,32	65,93	74,17	41,15	59,86	67,34
	V	2 383,16	131,07	190,65	214,48	IV	1 839,41	98,27	142,94	160,80	95,37	138,72	156,06	92,47	134,50	151,31	89,57	130,28	146,57	86,67	126,07	141,83	83,77	121,85	137,08
	VI	2 415,33	132,84	193,22	217,37																				
6 380,99	I,IV	1 840,75	101,24	147,26	165,66	I	1 840,75	95,44	138,82	156,17	89,64	130,38	146,68	83,84	121,95	137,19	78,04	113,52	127,71	72,24	105,08	118,22	66,44	96,65	108,73
	II	1 794,91	98,72	143,59	161,54	II	1 794,91	92,92	135,16	152,05	87,12	126,72	142,56	81,32	118,29	133,07	75,52	109,86	123,59	69,73	101,42	114,10	63,93	92,99	104,61
	III	1 230,50	67,67	98,44	110,74	III	1 230,50	63,03	91,68	103,14	58,47	85,05	95,68	54,01	78,56	88,38	49,64	72,21	81,23	45,38	66,01	74,26	41,20	59,93	67,42
	V	2 384,41	131,14	190,75	214,59	IV	1 840,75	98,34	143,04	160,92	95,44	138,82	156,17	92,54	134,60	151,43	89,64	130,38	146,68	86,74	126,17	141,94	83,84	121,95	137,19
	VI	2 416,58	132,91	193,32	217,49																				
6 383,99	I,IV	1 842,—	101,31	147,36	165,78	I	1 842,—	95,51	138,92	156,29	89,71	130,49	146,80	83,91	122,06	137,31	78,11	113,62	127,82	72,31	105,18	118,33	66,51	96,75	108,84
	II	1 796,16	98,78	143,69	161,65	II	1 796,16	92,99	135,26	152,16	87,19	126,82	142,67	81,39	118,39	133,19	75,59	109,96	123,70	69,79	101,52	114,21	64,—	93,09	104,72
	III	1 231,50	67,73	98,52	110,83	III	1 231,50	63,08	91,76	103,23	58,52	85,13	95,77	54,06	78,64	88,47	49,70	72,29	81,32	45,43	66,08	74,34	41,25	60,—	67,50
	V	2 385,66	131,21	190,85	214,70	IV	1 842,—	98,40	143,14	161,03	95,51	138,92	156,29	92,61	134,70	151,54	89,71	130,49	146,80	86,81	126,27	142,05	83,91	122,06	137,31
	VI	2 417,91	132,98	193,43	217,61																				
6 386,99	I,IV	1 843,25	101,37	147,46	165,89	I	1 843,25	95,58	139,02	156,40	89,78	130,59	146,91	83,98	122,16	137,43	78,18	113,72	127,94	72,38	105,29	118,45	66,59	96,86	108,96
	II	1 797,41	98,85	143,79	161,76	II	1 797,41	93,06	135,36	152,28	87,26	126,92	142,79	81,46	118,49	133,30	75,66	110,06	123,81	69,86	101,62	114,32	64,07	93,19	104,84
	III	1 232,66	67,79	98,61	110,93	III	1 232,66	63,14	91,84	103,32	58,58	85,21	95,86	54,12	78,72	88,56	49,75	72,37	81,41	45,48	66,16	74,43	41,30	60,08	67,59
	V	2 386,91	131,28	190,95	214,82	IV	1 843,25	98,47	143,24	161,14	95,58	139,02	156,40	92,67	134,80	151,65	89,78	130,59	146,91	86,88	126,37	142,16	83,98	122,16	137,43
	VI	2 419,16	133,05	193,53	217,72																				
6 389,99	I,IV	1 844,50	101,44	147,56	166,—	I	1 844,50	95,64	139,12	156,51	89,85	130,69	147,02	84,05	122,26	137,54	78,25	113,82	128,05	72,45	105,39	118,56	66,66	96,96	109,08
	II	1 798,75	98,93	143,90	161,88	II	1 798,75	93,13	135,46	152,39	87,33	127,02	142,90	81,53	118,59	133,41	75,73	110,16	123,93	69,93	101,72	114,44	64,13	93,29	104,95
	III	1 233,66	67,85	98,69	111,02	III	1 233,66	63,19	91,92	103,41	58,63	85,29	95,95	54,17	78,80	88,65	49,80	72,44	81,49	45,53	66,22	74,50	41,35	60,14	67,66
	V	2 388,16	131,34	191,05	214,93	IV	1 844,50	98,54	143,34	161,25	95,64	139,12	156,51	92,74	134,90	151,76	89,85	130,69	147,02	86,95	126,47	142,28	84,05	122,26	137,54
	VI	2 420,41	133,12	193,63	217,83																				

* Die ausgewiesenen Tabellenwerte sind amtlich. Siehe Erläuterungen auf der Umschlaginnenseite (U2).

Abzüge an Lohnsteuer, Solidaritätszuschlag (SolZ) und Kirchensteuer (8%, 9%) in den Steuerklassen

Lohn/ Gehalt bis €*	I – VI	LSt	ohne Kinderfreibeträge SolZ	8%	9%	I, II, III, IV	LSt	mit Zahl der Kinderfreibeträge … 0,5 SolZ	8%	9%	1 SolZ	8%	9%	1,5 SolZ	8%	9%	2 SolZ	8%	9%	2,5 SolZ	8%	9%	3 SolZ	8%	9%
6 392,99	I,IV	1 845,75	101,51	147,66	166,11	I	1 845,75	95,71	139,22	156,62	89,92	130,79	147,14	84,12	122,36	137,65	78,32	113,92	128,16	72,52	105,49	118,67	66,72	97,06	109,19
	II	1 800,—	99,—	144,—	162,—	II	1 800,—	93,20	135,56	152,51	87,40	127,13	143,02	81,60	118,70	133,53	75,80	110,26	124,04	70,—	101,82	114,55	64,20	93,39	105,06
	III	1 234,66	67,90	98,77	111,11	III	1 234,66	63,25	92,—	103,50	58,69	85,37	96,04	54,23	78,88	88,74	49,85	72,52	81,58	45,58	66,30	74,59	41,40	60,22	67,75
	V	2 389,41	131,41	191,15	215,04	IV	1 845,75	98,61	143,44	161,37	95,71	139,22	156,62	92,81	135,—	151,88	89,92	130,79	147,14	87,01	126,57	142,39	84,12	122,36	137,65
	VI	2 421,66	133,19	193,73	217,94																				
6 395,99	I,IV	1 847,—	101,58	147,76	166,23	I	1 847,—	95,78	139,32	156,74	89,98	130,89	147,25	84,19	122,46	137,76	78,39	114,02	128,27	72,59	105,59	118,79	66,79	97,16	109,30
	II	1 801,25	99,06	144,10	162,11	II	1 801,25	93,27	135,66	152,62	87,47	127,23	143,13	81,67	118,80	133,65	75,87	110,36	124,16	70,07	101,93	114,67	64,28	93,50	105,18
	III	1 235,66	67,96	98,85	111,20	III	1 235,66	63,30	92,08	103,59	58,74	85,44	96,12	54,27	78,94	88,81	49,90	72,58	81,65	45,63	66,37	74,66	41,45	60,29	67,82
	V	2 390,75	131,49	191,26	215,16	IV	1 847,—	98,68	143,54	161,48	95,78	139,32	156,74	92,89	135,11	152,—	89,98	130,89	147,25	87,09	126,68	142,51	84,19	122,46	137,76
	VI	2 422,91	133,26	193,83	218,06																				
6 398,99	I,IV	1 848,25	101,65	147,86	166,34	I	1 848,25	95,85	139,42	156,85	90,05	130,99	147,36	84,26	122,56	137,88	78,46	114,12	128,39	72,66	105,69	118,90	66,86	97,26	109,41
	II	1 802,50	99,13	144,20	162,22	II	1 802,50	93,33	135,76	152,73	87,54	127,33	143,24	81,74	118,90	133,76	75,94	110,46	124,27	70,14	102,03	114,78	64,35	93,60	105,30
	III	1 236,66	68,01	98,93	111,29	III	1 236,66	63,36	92,16	103,68	58,79	85,52	96,21	54,33	79,02	88,90	49,95	72,66	81,74	45,68	66,45	74,75	41,49	60,36	67,90
	V	2 392,—	131,56	191,36	215,28	IV	1 848,25	98,75	143,64	161,60	95,85	139,42	156,85	92,95	135,21	152,11	90,05	130,99	147,36	87,16	126,78	142,62	84,26	122,56	137,88
	VI	2 424,16	133,32	193,93	218,17																				
6 401,99	I,IV	1 849,50	101,72	147,96	166,45	I	1 849,50	95,92	139,52	156,96	90,12	131,09	147,47	84,32	122,66	137,99	78,53	114,22	128,50	72,73	105,79	119,01	66,93	97,36	109,53
	II	1 803,75	99,20	144,30	162,33	II	1 803,75	93,40	135,86	152,84	87,61	127,43	143,36	81,81	119,—	133,87	76,01	110,56	124,38	70,21	102,13	114,89	64,41	93,70	105,41
	III	1 237,66	68,07	99,01	111,38	III	1 237,66	63,41	92,24	103,77	58,85	85,60	96,30	54,38	79,10	88,99	50,01	72,74	81,83	45,73	66,52	74,83	41,55	60,44	67,99
	V	2 393,25	131,62	191,46	215,39	IV	1 849,50	98,82	143,74	161,71	95,92	139,52	156,96	93,02	135,31	152,22	90,12	131,09	147,47	87,23	126,88	142,74	84,32	122,66	137,99
	VI	2 425,41	133,39	194,03	218,28																				
6 404,99	I,IV	1 850,83	101,79	148,06	166,57	I	1 850,83	95,99	139,62	157,07	90,19	131,19	147,59	84,39	122,76	138,10	78,59	114,32	128,61	72,80	105,89	119,12	67,—	97,46	109,64
	II	1 805,—	99,27	144,40	162,45	II	1 805,—	93,47	135,96	152,96	87,67	127,53	143,47	81,88	119,10	133,98	76,08	110,66	124,49	70,28	102,23	115,01	64,48	93,80	105,52
	III	1 238,66	68,12	99,09	111,47	III	1 238,66	63,47	92,32	103,86	58,90	85,68	96,39	54,44	79,18	89,08	50,05	72,81	81,91	45,78	66,60	74,92	41,59	60,50	68,06
	V	2 394,50	131,69	191,56	215,50	IV	1 850,83	98,89	143,84	161,82	95,99	139,62	157,07	93,09	135,41	152,33	90,19	131,19	147,59	87,29	126,98	142,85	84,39	122,76	138,10
	VI	2 426,66	133,46	194,13	218,39																				
6 407,99	I,IV	1 852,08	101,86	148,16	166,68	I	1 852,08	96,06	139,73	157,19	90,26	131,30	147,71	84,47	122,86	138,22	78,66	114,42	128,72	72,87	105,99	119,24	67,07	97,56	109,75
	II	1 806,25	99,34	144,50	162,56	II	1 806,25	93,54	136,06	153,07	87,74	127,63	143,58	81,95	119,20	134,10	76,15	110,76	124,61	70,35	102,33	115,12	64,55	93,90	105,63
	III	1 239,66	68,18	99,17	111,56	III	1 239,66	63,52	92,40	103,95	58,96	85,76	96,48	54,48	79,25	89,15	50,11	72,89	82,—	45,83	66,66	74,99	41,65	60,58	68,15
	V	2 395,75	131,76	191,66	215,61	IV	1 852,08	98,96	143,94	161,93	96,06	139,73	157,19	93,16	135,51	152,45	90,26	131,30	147,71	87,36	127,08	142,96	84,47	122,86	138,22
	VI	2 427,91	133,53	194,23	218,51																				
6 410,99	I,IV	1 853,33	101,93	148,26	166,79	I	1 853,33	96,13	139,83	157,31	90,33	131,40	147,82	84,53	122,96	138,33	78,74	114,53	128,84	72,94	106,10	119,36	67,14	97,66	109,87
	II	1 807,50	99,41	144,60	162,67	II	1 807,50	93,61	136,16	153,18	87,81	127,73	143,69	82,01	119,30	134,21	76,22	110,86	124,72	70,42	102,43	115,23	64,62	94,—	105,75
	III	1 240,83	68,24	99,26	111,67	III	1 240,83	63,58	92,48	104,04	59,01	85,84	96,57	54,54	79,33	89,24	50,16	72,97	82,09	45,88	66,74	75,08	41,69	60,65	68,23
	V	2 397,—	131,83	191,76	215,73	IV	1 853,33	99,03	144,04	162,05	96,13	139,83	157,31	93,23	135,61	152,56	90,33	131,40	147,82	87,43	127,18	143,07	84,53	122,96	138,33
	VI	2 429,25	133,60	194,34	218,63																				
6 413,99	I,IV	1 854,58	102,—	148,36	166,91	I	1 854,58	96,20	139,93	157,42	90,40	131,50	147,93	84,60	123,06	138,44	78,81	114,63	128,96	73,01	106,20	119,47	67,21	97,76	109,98
	II	1 808,83	99,48	144,70	162,79	II	1 808,83	93,68	136,26	153,29	87,88	127,83	143,81	82,08	119,40	134,32	76,28	110,96	124,83	70,49	102,53	115,34	64,69	94,10	105,86
	III	1 241,83	68,30	99,34	111,76	III	1 241,83	63,63	92,56	104,13	59,07	85,92	96,66	54,59	79,41	89,33	50,21	73,04	82,17	45,93	66,81	75,16	41,74	60,72	68,31
	V	2 398,25	131,90	191,86	215,84	IV	1 854,58	99,10	144,14	162,16	96,20	139,93	157,42	93,30	135,71	152,67	90,40	131,50	147,93	87,50	127,28	143,19	84,60	123,06	138,44
	VI	2 430,50	133,67	194,44	218,74																				
6 416,99	I,IV	1 855,83	102,07	148,46	167,02	I	1 855,83	96,27	140,03	157,53	90,47	131,60	148,05	84,67	123,16	138,56	78,87	114,73	129,07	73,08	106,30	119,58	67,28	97,86	110,09
	II	1 810,08	99,55	144,80	162,90	II	1 810,08	93,75	136,37	153,41	87,95	127,94	143,93	82,16	119,50	134,44	76,35	111,06	124,94	70,56	102,63	115,46	64,76	94,20	105,97
	III	1 242,83	68,35	99,42	111,85	III	1 242,83	63,69	92,64	104,22	59,12	86,—	96,75	54,65	79,49	89,42	50,27	73,12	82,26	45,98	66,89	75,25	41,80	60,80	68,40
	V	2 399,50	131,97	191,96	215,95	IV	1 855,83	99,16	144,24	162,27	96,27	140,03	157,53	93,37	135,81	152,78	90,47	131,60	148,05	87,57	127,38	143,30	84,67	123,16	138,56
	VI	2 431,75	133,74	194,54	218,85																				
6 419,99	I,IV	1 857,08	102,13	148,56	167,13	I	1 857,08	96,34	140,13	157,64	90,54	131,70	148,16	84,74	123,26	138,67	78,94	114,83	129,18	73,15	106,40	119,70	67,35	97,96	110,21
	II	1 811,33	99,62	144,90	163,01	II	1 811,33	93,82	136,47	153,53	88,02	128,04	144,04	82,22	119,60	134,55	76,43	111,17	125,06	70,63	102,74	115,58	64,83	94,30	106,09
	III	1 243,83	68,41	99,50	111,94	III	1 243,83	63,74	92,72	104,31	59,18	86,08	96,84	54,69	79,56	89,50	50,32	73,20	82,35	46,03	66,96	75,33	41,84	60,86	68,47
	V	2 400,83	132,04	192,06	216,07	IV	1 857,08	99,24	144,35	162,39	96,34	140,13	157,64	93,44	135,92	152,91	90,54	131,70	148,16	87,64	127,48	143,42	84,74	123,26	138,67
	VI	2 433,—	133,81	194,64	218,97																				
6 422,99	I,IV	1 858,33	102,20	148,66	167,24	I	1 858,33	96,41	140,23	157,76	90,61	131,80	148,27	84,81	123,36	138,78	79,01	114,93	129,29	73,21	106,50	119,81	67,42	98,06	110,32
	II	1 812,58	99,69	145,—	163,13	II	1 812,58	93,89	136,57	153,64	88,09	128,14	144,15	82,29	119,70	134,66	76,50	111,27	125,18	70,70	102,84	115,69	64,90	94,40	106,20
	III	1 244,83	68,46	99,58	112,03	III	1 244,83	63,80	92,80	104,40	59,22	86,14	96,91	54,75	79,64	89,59	50,37	73,26	82,42	46,09	67,04	75,42	41,90	60,94	68,56
	V	2 402,08	132,11	192,16	216,18	IV	1 858,33	99,31	144,45	162,50	96,41	140,23	157,76	93,51	136,02	153,02	90,61	131,80	148,27	87,71	127,58	143,53	84,81	123,36	138,78
	VI	2 434,25	133,88	194,74	219,08																				
6 425,99	I,IV	1 859,58	102,27	148,76	167,36	I	1 859,58	96,47	140,33	157,87	90,68	131,90	148,38	84,88	123,46	138,89	79,08	115,03	129,41	73,28	106,60	119,92	67,48	98,16	110,43
	II	1 813,83	99,76	145,10	163,24	II	1 813,83	93,96	136,67	153,75	88,16	128,24	144,27	82,36	119,80	134,78	76,56	111,37	125,29	70,77	102,94	115,80	64,97	94,50	106,31
	III	1 245,83	68,52	99,66	112,12	III	1 245,83	63,85	92,88	104,49	59,28	86,22	97,—	54,80	79,72	89,68	50,42	73,34	82,51	46,13	67,10	75,49	41,94	61,01	68,63
	V	2 403,33	132,18	192,26	216,29	IV	1 859,58	99,38	144,55	162,62	96,47	140,33	157,87	93,58	136,12	153,13	90,68	131,90	148,38	87,78	127,68	143,64	84,88	123,46	138,89
	VI	2 435,50	133,95	194,84	219,19																				
6 428,99	I,IV	1 860,83	102,34	148,86	167,47	I	1 860,83	96,54	140,43	157,98	90,75	132,—	148,50	84,95	123,56	139,01	79,15	115,13	129,52	73,35	106,70	120,03	67,55	98,26	110,54
	II	1 815,08	99,82	145,20	163,35	II	1 815,08	94,03	136,77	153,86	88,23	128,34	144,38	82,43	119,90	134,89	76,63	111,47	125,40	70,84	103,04	115,92	65,04	94,60	106,43
	III	1 246,83	68,57	99,74	112,21	III	1 246,83	63,91	92,96	104,58	59,33	86,30	97,09	54,86	79,80	89,77	50,48	73,42	82,60	46,19	67,18	75,58	41,99	61,08	68,71
	V	2 404,58	132,25	192,36	216,41	IV	1 860,83	99,44	144,65	162,73	96,54	140,43	157,98	93,65	136,22	153,24	90,75	132,—	148,50	87,85	127,78	143,75	84,95	123,56	139,01
	VI	2 436,75	134,02	194,94	219,30																				
6 431,99	I,IV	1 862,16	102,41	148,97	167,59	I	1 862,16	96,62	140,54	158,10	90,82	132,10	148,61	85,02	123,66	139,12	79,22	115,23	129,63	73,42	106,80	120,15	67,62	98,36	110,66
	II	1 816,33	99,89	145,30	163,46	II	1 816,33	94,10	136,87	153,98	88,30	128,44	144,49	82,50	120,—	135,—	76,70	111,57	125,51	70,90	103,14	116,03	65,11	94,70	106,54
	III	1 248,—	68,64	99,84	112,32	III	1 248,—	63,96	93,04	104,67	59,39	86,38	97,18	54,91	79,88	89,86	50,52	73,49	82,67	46,23	67,25	75,65	42,04	61,16	68,80
	V	2 405,83	132,32	192,46	216,52	IV	1 862,16	99,51	144,75	162,84	96,62	140,54	158,10	93,72	136,32	153,36	90,82	132,10	148,61	87,92	127,88	143,87	85,02	123,66	139,12
	VI	2 438,—	134,09	195,04	219,42																				
6 434,99	I,IV	1 863,41	102,48	149,07	167,70	I	1 863,41	96,69	140,64	158,22	90,89	132,20	148,73	85,09	123,77	139,24	79,29	115,34	129,75	73,49	106,90	120,26	67,69	98,46	110,77
	II	1 817,58	99,96	145,40	163,58	II	1 817,58	94,16	136,97	154,09	88,37	128,54	144,60	82,57	120,10	135,11	76,77	111,67	125,63	70,97	103,24	116,14	65,17	94,80	106,65
	III	1 249,—	68,69	99,92	112,41	III	1 249,—	64,02	93,12	104,76	59,44	86,46	97,27	54,96	79,94	89,93	50,58	73,57	82,76	46,29	67,33	75,74	42,09	61,22	68,87
	V	2 407,08	132,38	192,56	216,63	IV	1 863,41	99,58	144,85	162,95	96,69	140,64	158,22	93,78	136,42	153,47	90,89	132,20	148,73	87,99	127,98	143,98	85,09	123,77	139,24
	VI	2 439,33	134,16	195,14	219,53																				

*** Die ausgewiesenen Tabellenwerte sind amtlich. Siehe Erläuterungen auf der Umschlaginnenseite (U2).**

MONAT 6 435,–*

Lohn/Gehalt bis €*		I – VI LSt	ohne Kinderfreibeträge SolZ	8%	9%		I, II, III, IV LSt	0,5 SolZ	8%	9%	1 SolZ	8%	9%	1,5 SolZ	8%	9%	2 SolZ	8%	9%	2,5 SolZ	8%	9%	3 SolZ	8%	9%
6 437,99	I,IV	1 864,66	102,55	149,17	167,81	I	1 864,66	96,75	140,74	158,33	90,96	132,30	148,84	85,16	123,87	139,35	79,36	115,44	129,87	73,56	107,—	120,38	67,76	98,57	110,89
	II	1 818,83	100,03	145,50	163,69	II	1 818,83	94,23	137,07	154,20	88,44	128,64	144,72	82,64	120,20	135,23	76,84	111,77	125,74	71,04	103,34	116,25	65,24	94,90	106,76
	III	1 250,—	68,75	100,—	112,50	III	1 250,—	64,07	93,20	104,85	59,50	86,54	97,36	55,01	80,02	90,02	50,63	73,65	82,85	46,33	67,40	75,82	42,14	61,30	68,96
	V	2 408,33	132,45	192,66	216,74	IV	1 864,66	99,65	144,95	163,07	96,75	140,74	158,33	93,85	136,52	153,58	90,96	132,30	148,84	88,05	128,08	144,09	85,16	123,87	139,35
	VI	2 440,58	134,23	195,24	219,65																				
6 440,99	I,IV	1 865,91	102,62	149,27	167,93	I	1 865,91	96,82	140,84	158,44	91,02	132,40	148,95	85,23	123,97	139,46	79,43	115,54	129,98	73,63	107,10	120,49	67,83	98,67	111,—
	II	1 820,16	100,10	145,61	163,81	II	1 820,16	94,31	137,18	154,32	88,51	128,74	144,83	82,71	120,30	135,34	76,91	111,87	125,85	71,11	103,44	116,37	65,31	95,—	106,88
	III	1 251,—	68,80	100,08	112,59	III	1 251,—	64,13	93,28	104,94	59,55	86,62	97,45	55,07	80,10	90,11	50,68	73,72	82,93	46,39	67,48	75,91	42,19	61,37	69,04
	V	2 409,58	132,52	192,76	216,86	IV	1 865,91	99,72	145,05	163,18	96,82	140,84	158,44	93,92	136,62	153,69	91,02	132,40	148,95	88,12	128,18	144,20	85,23	123,97	139,46
	VI	2 441,83	134,30	195,34	219,76																				
6 443,99	I,IV	1 867,16	102,69	149,37	168,04	I	1 867,16	96,89	140,94	158,55	91,09	132,50	149,06	85,30	124,07	139,58	79,50	115,64	130,09	73,70	107,20	120,60	67,90	98,77	111,11
	II	1 821,41	100,17	145,71	163,92	II	1 821,41	94,38	137,28	154,44	88,58	128,84	144,95	82,78	120,41	135,46	76,98	111,98	125,97	71,18	103,54	116,48	65,38	95,10	106,99
	III	1 252,—	68,86	100,16	112,68	III	1 252,—	64,18	93,36	105,03	59,61	86,70	97,54	55,12	80,18	90,20	50,73	73,80	83,02	46,43	67,54	75,98	42,24	61,44	69,12
	V	2 410,91	132,60	192,87	216,98	IV	1 867,16	99,79	145,16	163,30	96,89	140,94	158,55	93,99	136,72	153,81	91,09	132,50	149,06	88,19	128,28	144,32	85,30	124,07	139,58
	VI	2 443,08	134,36	195,44	219,87																				
6 446,99	I,IV	1 868,41	102,76	149,47	168,15	I	1 868,41	96,96	141,04	158,67	91,16	132,60	149,18	85,36	124,17	139,69	79,57	115,74	130,20	73,77	107,30	120,71	67,97	98,87	111,23
	II	1 822,66	100,24	145,81	164,03	II	1 822,66	94,44	137,38	154,55	88,65	128,94	145,06	82,85	120,51	135,57	77,05	112,08	126,09	71,25	103,64	116,60	65,45	95,21	107,11
	III	1 253,—	68,91	100,24	112,77	III	1 253,—	64,24	93,44	105,12	59,66	86,78	97,63	55,17	80,25	90,28	50,79	73,88	83,11	46,49	67,62	76,07	42,29	61,52	69,21
	V	2 412,16	132,66	192,97	217,09	IV	1 868,41	99,86	145,26	163,41	96,96	141,04	158,67	94,06	136,82	153,92	91,16	132,60	149,18	88,27	128,39	144,44	85,36	124,17	139,69
	VI	2 444,33	134,43	195,54	219,98																				
6 449,99	I,IV	1 869,66	102,83	149,57	168,26	I	1 869,66	97,03	141,14	158,78	91,23	132,70	149,29	85,43	124,27	139,80	79,64	115,84	130,32	73,84	107,40	120,83	68,04	98,97	111,34
	II	1 823,91	100,31	145,91	164,15	II	1 823,91	94,51	137,48	154,66	88,71	129,04	145,17	82,92	120,61	135,68	77,12	112,18	126,20	71,32	103,74	116,71	65,52	95,31	107,22
	III	1 254,16	68,97	100,33	112,87	III	1 254,16	64,29	93,52	105,21	59,72	86,86	97,72	55,22	80,33	90,37	50,83	73,94	83,18	46,54	67,70	76,16	42,34	61,58	69,28
	V	2 413,41	132,73	193,07	217,20	IV	1 869,66	99,93	145,36	163,53	97,03	141,14	158,78	94,13	136,92	154,04	91,23	132,70	149,29	88,33	128,49	144,55	85,43	124,27	139,80
	VI	2 445,58	134,50	195,64	220,10																				
6 452,99	I,IV	1 870,91	102,90	149,67	168,38	I	1 870,91	97,10	141,24	158,89	91,30	132,80	149,40	85,50	124,37	139,91	79,70	115,94	130,43	73,91	107,50	120,94	68,11	99,07	111,45
	II	1 825,16	100,38	146,01	164,26	II	1 825,16	94,58	137,58	154,77	88,78	129,14	145,28	82,99	120,71	135,80	77,19	112,28	126,31	71,39	103,84	116,82	65,59	95,41	107,33
	III	1 255,16	69,03	100,41	112,96	III	1 255,16	64,35	93,60	105,30	59,77	86,94	97,81	55,28	80,41	90,46	50,89	74,02	83,27	46,59	67,77	76,24	42,39	61,66	69,37
	V	2 414,66	132,80	193,17	217,31	IV	1 870,91	100,—	145,46	163,64	97,10	141,24	158,89	94,20	137,02	154,15	91,30	132,80	149,40	88,40	128,59	144,66	85,50	124,37	139,91
	VI	2 446,83	134,57	195,74	220,21																				
6 455,99	I,IV	1 872,25	102,97	149,78	168,50	I	1 872,25	97,17	141,34	159,01	91,37	132,90	149,51	85,57	124,47	140,03	79,77	116,04	130,54	73,97	107,60	121,05	68,18	99,17	111,56
	II	1 826,41	100,45	146,11	164,37	II	1 826,41	94,65	137,68	154,89	88,85	129,24	145,40	83,05	120,81	135,91	77,26	112,38	126,42	71,46	103,94	116,93	65,66	95,51	107,45
	III	1 256,16	69,08	100,49	113,05	III	1 256,16	64,40	93,68	105,39	59,82	87,01	97,88	55,33	80,49	90,55	50,94	74,10	83,36	46,64	67,85	76,33	42,44	61,73	69,44
	V	2 415,91	132,87	193,27	217,43	IV	1 872,25	100,07	145,56	163,75	97,17	141,34	159,01	94,27	137,12	154,26	91,37	132,90	149,51	88,47	128,69	144,77	85,57	124,47	140,03
	VI	2 448,08	134,64	195,84	220,32																				
6 458,99	I,IV	1 873,50	103,04	149,88	168,61	I	1 873,50	97,24	141,44	159,12	91,44	133,01	149,63	85,64	124,58	140,15	79,85	116,14	130,66	74,04	107,70	121,16	68,25	99,27	111,68
	II	1 827,66	100,52	146,21	164,48	II	1 827,66	94,72	137,78	155,—	88,92	129,34	145,51	83,12	120,91	136,02	77,33	112,48	126,54	71,53	104,04	117,05	65,73	95,61	107,56
	III	1 257,16	69,14	100,57	113,14	III	1 257,16	64,46	93,76	105,48	59,87	87,09	97,97	55,39	80,57	90,64	50,99	74,17	83,44	46,69	67,92	76,41	42,49	61,81	69,53
	V	2 417,16	132,94	193,37	217,54	IV	1 873,50	100,14	145,66	163,86	97,24	141,44	159,12	94,34	137,22	154,37	91,44	133,01	149,63	88,54	128,79	144,89	85,64	124,58	140,15
	VI	2 449,41	134,71	195,95	220,44																				
6 461,99	I,IV	1 874,75	103,11	149,98	168,72	I	1 874,75	97,31	141,54	159,23	91,51	133,11	149,75	85,71	124,68	140,26	79,91	116,24	130,77	74,12	107,81	121,28	68,32	99,38	111,80
	II	1 828,91	100,59	146,31	164,60	II	1 828,91	94,79	137,88	155,11	88,99	129,44	145,62	83,19	121,01	136,13	77,39	112,58	126,65	71,60	104,14	117,16	65,80	95,71	107,67
	III	1 258,16	69,19	100,65	113,23	III	1 258,16	64,52	93,85	105,58	59,93	87,17	98,06	55,44	80,64	90,72	51,04	74,25	83,53	46,75	68,—	76,50	42,54	61,88	69,61
	V	2 418,41	133,01	193,47	217,65	IV	1 874,75	100,21	145,76	163,98	97,31	141,54	159,23	94,41	137,32	154,49	91,51	133,11	149,75	88,61	128,89	145,—	85,71	124,68	140,26
	VI	2 450,66	134,78	196,05	220,55																				
6 464,99	I,IV	1 876,—	103,18	150,08	168,84	I	1 876,—	97,38	141,64	159,35	91,58	133,21	149,86	85,78	124,78	140,37	79,98	116,34	130,88	74,19	107,91	121,40	68,39	99,48	111,91
	II	1 830,25	100,66	146,42	164,72	II	1 830,25	94,86	137,98	155,23	89,06	129,54	145,73	83,26	121,11	136,25	77,46	112,68	126,76	71,66	104,24	117,27	65,87	95,81	107,78
	III	1 259,16	69,25	100,73	113,32	III	1 259,16	64,57	93,93	105,67	59,98	87,25	98,15	55,49	80,72	90,81	51,10	74,33	83,62	46,79	68,06	76,57	42,58	61,94	69,68
	V	2 419,66	133,08	193,57	217,76	IV	1 876,—	100,27	145,86	164,09	97,38	141,64	159,35	94,48	137,42	154,60	91,58	133,21	149,86	88,68	128,99	145,11	85,78	124,78	140,37
	VI	2 451,91	134,85	196,15	220,67																				
6 467,99	I,IV	1 877,25	103,24	150,18	168,95	I	1 877,25	97,45	141,74	159,46	91,65	133,31	149,97	85,85	124,88	140,49	80,05	116,44	131,—	74,25	108,01	121,51	68,46	99,58	112,02
	II	1 831,50	100,73	146,52	164,83	II	1 831,50	94,93	138,08	155,34	89,13	129,65	145,85	83,33	121,22	136,37	77,54	112,78	126,88	71,73	104,34	117,38	65,94	95,91	107,90
	III	1 260,33	69,31	100,82	113,42	III	1 260,33	64,63	94,01	105,76	60,04	87,33	98,24	55,55	80,80	90,90	51,15	74,40	83,70	46,85	68,14	76,66	42,64	62,02	69,77
	V	2 420,91	133,15	193,67	217,88	IV	1 877,25	100,35	145,96	164,21	97,45	141,74	159,46	94,54	137,52	154,71	91,65	133,31	149,97	88,75	129,09	145,22	85,85	124,88	140,49
	VI	2 453,16	134,92	196,25	220,78																				
6 470,99	I,IV	1 878,50	103,31	150,28	169,06	I	1 878,50	97,51	141,84	159,57	91,72	133,41	150,08	85,92	124,98	140,60	80,12	116,54	131,11	74,32	108,11	121,62	68,53	99,68	112,14
	II	1 832,75	100,80	146,62	164,94	II	1 832,75	95,—	138,18	155,45	89,20	129,75	145,97	83,40	121,32	136,48	77,60	112,88	126,99	71,81	104,45	117,50	66,01	96,02	108,02
	III	1 261,33	69,37	100,90	113,51	III	1 261,33	64,68	94,09	105,85	60,09	87,41	98,33	55,60	80,88	90,99	51,20	74,48	83,79	46,89	68,21	76,73	42,68	62,09	69,85
	V	2 422,25	133,22	193,78	218,—	IV	1 878,50	100,42	146,06	164,32	97,51	141,84	159,57	94,62	137,63	154,83	91,72	133,41	150,08	88,82	129,20	145,35	85,92	124,98	140,60
	VI	2 454,41	134,99	196,35	220,89																				
6 473,99	I,IV	1 879,75	103,38	150,38	169,17	I	1 879,75	97,58	141,94	159,68	91,79	133,51	150,20	85,99	125,08	140,71	80,19	116,64	131,22	74,39	108,21	121,73	68,59	99,78	112,25
	II	1 834,—	100,87	146,72	165,06	II	1 834,—	95,07	138,28	155,57	89,27	129,85	146,08	83,47	121,42	136,59	77,67	112,98	127,10	71,88	104,55	117,62	66,08	96,12	108,13
	III	1 262,33	69,42	100,98	113,60	III	1 262,33	64,74	94,17	105,94	60,15	87,49	98,42	55,66	80,96	91,08	51,26	74,56	83,88	46,95	68,29	76,82	42,74	62,17	69,94
	V	2 423,50	133,29	193,88	218,11	IV	1 879,75	100,48	146,16	164,43	97,58	141,94	159,68	94,69	137,73	154,94	91,79	133,51	150,20	88,89	129,30	145,46	85,99	125,08	140,71
	VI	2 455,66	135,06	196,45	221,—																				
6 476,99	I,IV	1 881,—	103,45	150,48	169,29	I	1 881,—	97,65	142,04	159,80	91,85	133,61	150,31	86,06	125,18	140,82	80,26	116,74	131,33	74,46	108,31	121,85	68,66	99,88	112,36
	II	1 835,25	100,93	146,82	165,17	II	1 835,25	95,14	138,38	155,68	89,34	129,95	146,19	83,54	121,52	136,71	77,74	113,08	127,22	71,94	104,65	117,73	66,15	96,22	108,24
	III	1 263,33	69,48	101,06	113,69	III	1 263,33	64,79	94,25	106,03	60,20	87,57	98,51	55,70	81,02	91,15	51,30	74,62	83,95	46,99	68,36	76,90	42,79	62,24	70,02
	V	2 424,75	133,36	193,98	218,22	IV	1 881,—	100,55	146,26	164,54	97,65	142,04	159,80	94,76	137,83	155,06	91,85	133,61	150,31	88,96	129,40	145,57	86,06	125,18	140,82
	VI	2 456,91	135,13	196,55	221,12																				
6 479,99	I,IV	1 882,33	103,52	150,58	169,40	I	1 882,33	97,72	142,14	159,91	91,92	133,71	150,42	86,13	125,28	140,94	80,33	116,84	131,45	74,53	108,41	121,96	68,73	99,98	112,47
	II	1 836,50	101,—	146,92	165,28	II	1 836,50	95,20	138,48	155,79	89,41	130,05	146,30	83,61	121,62	136,82	77,81	113,18	127,33	72,01	104,75	117,84	66,22	96,32	108,36
	III	1 264,33	69,53	101,14	113,78	III	1 264,33	64,85	94,33	106,12	60,26	87,65	98,60	55,76	81,10	91,24	51,36	74,70	84,04	47,05	68,44	76,99	42,84	62,32	70,11
	V	2 426,—	133,43	194,08	218,34	IV	1 882,33	100,62	146,36	164,66	97,72	142,14	159,91	94,82	137,93	155,17	91,92	133,71	150,42	89,03	129,50	145,68	86,13	125,28	140,94
	VI	2 458,16	135,19	196,65	221,23																				

Abzüge an Lohnsteuer, Solidaritätszuschlag (SolZ) und Kirchensteuer (8%, 9%) in den Steuerklassen; I, II, III, IV: mit Zahl der Kinderfreibeträge . . .

* Die ausgewiesenen Tabellenwerte sind amtlich. Siehe Erläuterungen auf der Umschlaginnenseite (U2).

Abzüge an Lohnsteuer, Solidaritätszuschlag (SolZ) und Kirchensteuer (8%, 9%) in den Steuerklassen

Lohn/ Gehalt bis €*	I – VI		ohne Kinderfreibeträge			I, II, III, IV		mit Zahl der Kinderfreibeträge . . . 0,5			1			1,5			2			2,5			3		
		LSt	SolZ	8%	9%		LSt	SolZ	8%	9%	SolZ	8%	9%	SolZ	8%	9%	SolZ	8%	9%	SolZ	8%	9%	SolZ	8%	9%
6 482,99	I,IV	1 883,58	103,59	150,68	169,52	I	1 883,58	97,79	142,25	160,03	92,—	133,82	150,54	86,20	125,38	141,05	80,40	116,94	131,56	74,60	108,51	122,07	68,80	100,08	112,59
	II	1 837,75	101,07	147,02	165,39	II	1 837,75	95,27	138,58	155,90	89,48	130,15	146,42	83,68	121,72	136,93	77,88	113,28	127,44	72,08	104,85	117,95	66,28	96,42	108,47
	III	1 265,33	69,59	101,22	113,87	III	1 265,33	64,90	94,41	106,21	60,31	87,73	98,69	55,81	81,18	91,33	51,41	74,78	84,13	47,10	68,52	77,08	42,89	62,38	70,18
	V	2 427,25	133,49	194,18	218,45	IV	1 883,58	100,69	146,46	164,77	97,79	142,25	160,03	94,89	138,03	155,28	92,—	133,82	150,54	89,10	129,60	145,80	86,20	125,38	141,05
	VI	2 459,41	135,26	196,75	221,34																				
6 485,99	I,IV	1 884,83	103,66	150,78	169,63	I	1 884,83	97,86	142,35	160,14	92,07	133,92	150,66	86,27	125,48	141,17	80,47	117,05	131,68	74,67	108,62	122,19	68,87	100,18	112,70
	II	1 839,—	101,14	147,12	165,51	II	1 839,—	95,34	138,68	156,02	89,54	130,25	146,53	83,75	121,82	137,04	77,95	113,38	127,55	72,15	104,95	118,07	66,35	96,52	108,58
	III	1 266,50	69,65	101,32	113,98	III	1 266,50	64,96	94,49	106,30	60,37	87,81	98,78	55,87	81,26	91,42	51,46	74,85	84,20	47,15	68,58	77,15	42,93	62,45	70,25
	V	2 428,50	133,56	194,28	218,56	IV	1 884,83	100,76	146,56	164,88	97,86	142,35	160,14	94,96	138,13	155,39	92,07	133,92	150,66	89,16	129,70	145,91	86,27	125,48	141,17
	VI	2 460,75	135,34	196,86	221,46																				
6 488,99	I,IV	1 886,08	103,73	150,88	169,74	I	1 886,08	97,93	142,45	160,25	92,13	134,02	150,77	86,34	125,58	141,28	80,54	117,15	131,79	74,74	108,72	122,31	68,94	100,28	112,82
	II	1 840,33	101,21	147,22	165,62	II	1 840,33	95,41	138,78	156,13	89,61	130,35	146,64	83,82	121,92	137,16	78,02	113,48	127,67	72,22	105,05	118,18	66,42	96,62	108,69
	III	1 267,50	69,71	101,40	114,07	III	1 267,50	65,01	94,57	106,39	60,42	87,89	98,87	55,92	81,34	91,51	51,51	74,93	84,29	47,20	68,66	77,24	42,99	62,53	70,34
	V	2 429,75	133,63	194,38	218,67	IV	1 886,08	100,83	146,66	164,99	97,93	142,45	160,25	95,03	138,23	155,51	92,13	134,02	150,77	89,23	129,80	146,02	86,34	125,58	141,28
	VI	2 462,—	135,41	196,96	221,58																				
6 491,99	I,IV	1 887,33	103,80	150,98	169,85	I	1 887,33	98,—	142,55	160,37	92,20	134,12	150,88	86,40	125,68	141,39	80,61	117,25	131,90	74,81	108,82	122,42	69,01	100,38	112,93
	II	1 841,58	101,28	147,32	165,74	II	1 841,58	95,48	138,89	156,25	89,69	130,46	146,76	83,89	122,02	137,27	78,09	113,58	127,78	72,29	105,15	118,29	66,49	96,72	108,81
	III	1 268,50	69,76	101,48	114,16	III	1 268,50	65,07	94,65	106,48	60,48	87,97	98,96	55,97	81,41	91,58	51,57	75,01	84,38	47,25	68,73	77,32	43,03	62,60	70,42
	V	2 431,—	133,70	194,48	218,79	IV	1 887,33	100,90	146,76	165,11	98,—	142,55	160,37	95,10	138,33	155,62	92,20	134,12	150,88	89,30	129,90	146,13	86,40	125,68	141,39
	VI	2 463,25	135,47	197,06	221,69																				
6 494,99	I,IV	1 888,58	103,87	151,08	169,97	I	1 888,58	98,07	142,65	160,48	92,27	134,22	150,99	86,47	125,78	141,50	80,68	117,35	132,02	74,88	108,92	122,53	69,08	100,48	113,04
	II	1 842,83	101,35	147,42	165,85	II	1 842,83	95,55	138,99	156,36	89,76	130,56	146,88	83,96	122,12	137,39	78,16	113,69	127,90	72,36	105,26	118,41	66,56	96,82	108,92
	III	1 269,50	69,82	101,56	114,25	III	1 269,50	65,12	94,73	106,57	60,52	88,04	99,04	56,02	81,49	91,67	51,61	75,08	84,46	47,30	68,81	77,41	43,09	62,68	70,51
	V	2 432,33	133,77	194,58	218,90	IV	1 888,58	100,97	146,87	165,23	98,07	142,65	160,48	95,17	138,44	155,74	92,27	134,22	150,99	89,37	130,—	146,25	86,47	125,78	141,50
	VI	2 464,50	135,54	197,16	221,80																				
6 497,99	I,IV	1 889,83	103,94	151,18	170,08	I	1 889,83	98,14	142,75	160,59	92,34	134,32	151,11	86,54	125,88	141,62	80,74	117,45	132,13	74,95	109,02	122,64	69,15	100,58	113,15
	II	1 844,08	101,42	147,52	165,96	II	1 844,08	95,62	139,09	156,47	89,82	130,66	146,99	84,03	122,22	137,50	78,23	113,79	128,01	72,43	105,36	118,53	66,63	96,92	109,04
	III	1 270,50	69,87	101,64	114,34	III	1 270,50	65,18	94,81	106,66	60,58	88,12	99,13	56,08	81,57	91,76	51,67	75,16	84,55	47,35	68,88	77,49	43,13	62,74	70,58
	V	2 433,58	133,84	194,68	219,02	IV	1 889,83	101,04	146,97	165,34	98,14	142,75	160,59	95,24	138,54	155,85	92,34	134,32	151,11	89,44	130,10	146,36	86,54	125,88	141,62
	VI	2 465,75	135,61	197,26	221,91																				
6 500,99	I,IV	1 891,08	104,—	151,28	170,19	I	1 891,08	98,21	142,85	160,70	92,41	134,42	151,22	86,61	125,98	141,73	80,81	117,55	132,24	75,02	109,12	122,76	69,22	100,68	113,27
	II	1 845,33	101,49	147,62	166,07	II	1 845,33	95,69	139,19	156,59	89,89	130,76	147,10	84,09	122,32	137,61	78,30	113,89	128,12	72,50	105,46	118,64	66,70	97,02	109,15
	III	1 271,50	69,93	101,72	114,43	III	1 271,50	65,23	94,89	106,75	60,63	88,20	99,22	56,13	81,65	91,85	51,72	75,24	84,64	47,41	68,96	77,58	43,19	62,82	70,67
	V	2 434,83	133,91	194,78	219,13	IV	1 891,08	101,11	147,07	165,45	98,21	142,85	160,70	95,31	138,64	155,97	92,41	134,42	151,22	89,51	130,20	146,48	86,61	125,98	141,73
	VI	2 467,—	135,68	197,36	222,03																				
6 503,99	I,IV	1 892,33	104,07	151,38	170,30	I	1 892,33	98,28	142,95	160,82	92,48	134,52	151,33	86,68	126,08	141,84	80,88	117,65	132,35	75,08	109,22	122,87	69,29	100,78	113,38
	II	1 846,58	101,56	147,72	166,19	II	1 846,58	95,76	139,29	156,70	89,96	130,86	147,21	84,16	122,42	137,72	78,37	113,99	128,24	72,57	105,56	118,75	66,77	97,12	109,26
	III	1 272,66	69,99	101,81	114,53	III	1 272,66	65,29	94,97	106,84	60,69	88,28	99,31	56,19	81,73	91,94	51,77	75,30	84,71	47,45	69,02	77,65	43,23	62,89	70,75
	V	2 436,08	133,98	194,88	219,24	IV	1 892,33	101,18	147,17	165,56	98,28	142,95	160,82	95,38	138,74	156,08	92,48	134,52	151,33	89,58	130,30	146,59	86,68	126,08	141,84
	VI	2 468,25	135,75	197,46	222,14																				
6 506,99	I,IV	1 893,66	104,15	151,49	170,42	I	1 893,66	98,35	143,06	160,94	92,55	134,62	151,45	86,75	126,18	141,95	80,95	117,75	132,47	75,15	109,32	122,98	69,35	100,88	113,49
	II	1 847,83	101,63	147,82	166,30	II	1 847,83	95,83	139,39	156,81	90,03	130,96	147,33	84,23	122,52	137,84	78,43	114,09	128,35	72,64	105,66	118,86	66,84	97,22	109,37
	III	1 273,66	70,05	101,89	114,62	III	1 273,66	65,34	95,05	106,93	60,74	88,36	99,40	56,23	81,80	92,02	51,82	75,38	84,80	47,51	69,10	77,74	43,28	62,96	70,83
	V	2 437,33	134,05	194,98	219,35	IV	1 893,66	101,25	147,27	165,68	98,35	143,06	160,94	95,45	138,84	156,19	92,55	134,62	151,45	89,65	130,40	146,70	86,75	126,18	141,95
	VI	2 469,50	135,82	197,56	222,25																				
6 509,99	I,IV	1 894,91	104,22	151,59	170,54	I	1 894,91	98,42	143,16	161,05	92,62	134,72	151,56	86,82	126,29	142,07	81,02	117,86	132,59	75,23	109,42	123,10	69,42	100,98	113,60
	II	1 849,08	101,69	147,92	166,41	II	1 849,08	95,90	139,49	156,92	90,10	131,06	147,44	84,30	122,62	137,95	78,50	114,19	128,46	72,71	105,76	118,98	66,91	97,32	109,49
	III	1 274,66	70,10	101,97	114,71	III	1 274,66	65,40	95,13	107,02	60,80	88,44	99,49	56,29	81,88	92,11	51,88	75,46	84,89	47,56	69,18	77,83	43,34	63,04	70,92
	V	2 438,58	134,12	195,08	219,47	IV	1 894,91	101,31	147,37	165,79	98,42	143,16	161,05	95,52	138,94	156,30	92,62	134,72	151,56	89,72	130,50	146,81	86,82	126,29	142,07
	VI	2 470,83	135,89	197,66	222,37																				
6 512,99	I,IV	1 896,16	104,28	151,69	170,65	I	1 896,16	98,49	143,26	161,16	92,69	134,82	151,67	86,89	126,39	142,19	81,09	117,96	132,70	75,29	109,52	123,21	69,50	101,09	113,72
	II	1 850,33	101,76	148,02	166,52	II	1 850,33	95,97	139,59	157,04	90,17	131,16	147,55	84,37	122,72	138,06	78,57	114,29	128,57	72,77	105,86	119,09	66,98	97,42	109,60
	III	1 275,66	70,16	102,05	114,80	III	1 275,66	65,45	95,21	107,11	60,85	88,52	99,58	56,34	81,96	92,20	51,92	75,53	84,97	47,61	69,25	77,90	43,38	63,10	70,99
	V	2 439,83	134,19	195,18	219,58	IV	1 896,16	101,38	147,47	165,90	98,49	143,26	161,16	95,59	139,04	156,42	92,69	134,82	151,67	89,79	130,60	146,93	86,89	126,39	142,19
	VI	2 472,08	135,96	197,76	222,48																				
6 515,99	I,IV	1 897,41	104,35	151,79	170,76	I	1 897,41	98,56	143,36	161,28	92,76	134,92	151,79	86,96	126,49	142,30	81,16	118,06	132,81	75,36	109,62	123,32	69,57	101,19	113,84
	II	1 851,66	101,84	148,13	166,64	II	1 851,66	96,04	139,70	157,16	90,24	131,26	147,67	84,44	122,82	138,17	78,64	114,39	128,69	72,84	105,96	119,20	67,04	97,52	109,71
	III	1 276,66	70,21	102,13	114,89	III	1 276,66	65,52	95,30	107,21	60,91	88,60	99,67	56,40	82,04	92,29	51,98	75,61	85,06	47,66	69,33	77,99	43,44	63,18	71,08
	V	2 441,08	134,25	195,28	219,69	IV	1 897,41	101,45	147,57	166,01	98,56	143,36	161,28	95,65	139,14	156,53	92,76	134,92	151,79	89,86	130,70	147,04	86,96	126,49	142,30
	VI	2 473,33	136,03	197,86	222,59																				
6 518,99	I,IV	1 898,66	104,42	151,89	170,87	I	1 898,66	98,62	143,46	161,39	92,83	135,02	151,90	87,03	126,59	142,41	81,23	118,16	132,93	75,43	109,72	123,44	69,63	101,29	113,95
	II	1 852,91	101,91	148,23	166,76	II	1 852,91	96,11	139,80	157,27	90,31	131,36	147,78	84,51	122,93	138,29	78,71	114,50	128,81	72,92	106,06	119,32	67,11	97,62	109,82
	III	1 277,83	70,28	102,22	115,—	III	1 277,83	65,57	95,38	107,30	60,96	88,68	99,76	56,45	82,12	92,38	52,03	75,69	85,15	47,71	69,40	78,07	43,48	63,25	71,15
	V	2 442,41	134,33	195,39	219,81	IV	1 898,66	101,53	147,68	166,14	98,62	143,46	161,39	95,73	139,24	156,65	92,83	135,02	151,90	89,92	130,80	147,15	87,03	126,59	142,41
	VI	2 474,58	136,10	197,96	222,71																				
6 521,99	I,IV	1 899,91	104,49	151,99	170,99	I	1 899,91	98,69	143,56	161,50	92,89	135,12	152,01	87,10	126,69	142,52	81,30	118,26	133,04	75,50	109,82	123,55	69,70	101,39	114,06
	II	1 854,16	101,97	148,33	166,87	II	1 854,16	96,18	139,90	157,38	90,38	131,46	147,89	84,58	123,03	138,41	78,78	114,60	128,92	72,98	106,16	119,43	67,19	97,73	109,94
	III	1 278,83	70,33	102,30	115,09	III	1 278,83	65,63	95,46	107,39	61,02	88,76	99,85	56,51	82,20	92,47	52,09	75,77	85,24	47,76	69,48	78,16	43,54	63,33	71,24
	V	2 443,66	134,40	195,49	219,92	IV	1 899,91	101,59	147,78	166,25	98,69	143,56	161,50	95,80	139,34	156,76	92,89	135,12	152,01	90,—	130,91	147,27	87,10	126,69	142,52
	VI	2 475,83	136,17	198,06	222,82																				
6 524,99	I,IV	1 901,16	104,56	152,09	171,10	I	1 901,16	98,76	143,66	161,61	92,96	135,22	152,12	87,17	126,79	142,64	81,37	118,36	133,15	75,57	109,92	123,66	69,77	101,49	114,17
	II	1 855,41	102,04	148,43	166,98	II	1 855,41	96,25	140,—	157,50	90,45	131,56	148,01	84,65	123,13	138,52	78,85	114,70	129,03	73,05	106,26	119,54	67,26	97,83	110,06
	III	1 279,83	70,39	102,38	115,18	III	1 279,83	65,68	95,54	107,48	61,07	88,84	99,94	56,55	82,26	92,54	52,14	75,84	85,32	47,81	69,54	78,23	43,58	63,40	71,32
	V	2 444,91	134,47	195,59	220,04	IV	1 901,16	101,66	147,88	166,36	98,76	143,66	161,61	95,86	139,44	156,87	92,96	135,22	152,12	90,07	131,01	147,38	87,17	126,79	142,64
	VI	2 477,08	136,23	198,16	222,93																				

* Die ausgewiesenen Tabellenwerte sind amtlich. Siehe Erläuterungen auf der Umschlaginnenseite (U2).

Abzüge an Lohnsteuer, Solidaritätszuschlag (SolZ) und Kirchensteuer (8%, 9%) in den Steuerklassen

Lohn/ Gehalt bis €*	I – VI	LSt	ohne Kinderfreibeträge SolZ	8%	9%	I, II, III, IV	LSt	mit Zahl der Kinderfreibeträge . . . 0,5 SolZ	0,5 8%	0,5 9%	1 SolZ	1 8%	1 9%	1,5 SolZ	1,5 8%	1,5 9%	2 SolZ	2 8%	2 9%	2,5 SolZ	2,5 8%	2,5 9%	3 SolZ	3 8%	3 9%
6 527,99	I,IV	1 902,41	104,63	152,19	171,21	I	1 902,41	98,83	143,76	161,73	93,03	135,32	152,24	87,23	126,89	142,75	81,44	118,46	133,26	75,64	110,02	123,77	69,84	101,59	114,29
	II	1 856,66	102,11	148,53	167,09	II	1 856,66	96,31	140,10	157,61	90,52	131,66	148,12	84,72	123,23	138,63	78,92	114,80	129,15	73,12	106,36	119,66	67,32	97,93	110,17
	III	1 280,83	70,44	102,46	115,27	III	1 280,83	65,74	95,62	107,57	61,13	88,92	100,03	56,61	82,34	92,63	52,19	75,92	85,41	47,86	69,62	78,32	43,64	63,48	71,41
	V	2 446,16	134,53	195,69	220,15	IV	1 902,41	101,73	147,98	166,47	98,83	143,76	161,73	95,93	139,54	156,98	93,03	135,32	152,24	90,14	131,11	147,50	87,23	126,89	142,75
	VI	2 478,33	136,30	198,26	223,04																				
6 530,99	I,IV	1 903,75	104,70	152,30	171,33	I	1 903,75	98,90	143,86	161,84	93,10	135,42	152,35	87,30	126,99	142,86	81,51	118,56	133,38	75,71	110,12	123,89	69,91	101,69	114,40
	II	1 857,91	102,18	148,63	167,21	II	1 857,91	96,38	140,20	157,72	90,58	131,76	148,23	84,79	123,33	138,74	78,99	114,90	129,26	73,19	106,46	119,77	67,39	98,03	110,28
	III	1 281,83	70,50	102,54	115,36	III	1 281,83	65,79	95,70	107,66	61,18	89,—	100,12	56,66	82,42	92,72	52,25	76,—	85,50	47,92	69,70	78,41	43,68	63,54	71,48
	V	2 447,41	134,60	195,79	220,26	IV	1 903,75	101,80	148,08	166,59	98,90	143,86	161,84	96,—	139,64	157,10	93,10	135,42	152,35	90,20	131,21	147,61	87,30	126,99	142,86
	VI	2 479,58	136,37	198,36	223,16																				
6 533,99	I,IV	1 905,—	104,77	152,40	171,45	I	1 905,—	98,97	143,96	161,96	93,17	135,53	152,47	87,38	127,10	142,98	81,58	118,66	133,49	75,78	110,22	124,—	69,98	101,79	114,51
	II	1 859,16	102,25	148,73	167,32	II	1 859,16	96,45	140,30	157,83	90,65	131,86	148,34	84,86	123,43	138,86	79,06	115,—	129,37	73,26	106,56	119,88	67,46	98,13	110,39
	III	1 283,—	70,56	102,64	115,47	III	1 283,—	65,85	95,78	107,75	61,24	89,08	100,21	56,72	82,50	92,81	52,29	76,06	85,57	47,96	69,77	78,49	43,73	63,61	71,56
	V	2 448,66	134,67	195,89	220,37	IV	1 905,—	101,87	148,18	166,70	98,97	143,96	161,96	96,07	139,74	157,21	93,17	135,53	152,47	90,27	131,31	147,72	87,38	127,10	142,98
	VI	2 480,91	136,45	198,47	223,28																				
6 536,99	I,IV	1 906,25	104,84	152,50	171,56	I	1 906,25	99,04	144,06	162,07	93,24	135,63	152,58	87,45	127,20	143,10	81,65	118,76	133,61	75,85	110,33	124,12	70,05	101,90	114,63
	II	1 860,41	102,32	148,83	167,43	II	1 860,41	96,52	140,40	157,95	90,72	131,96	148,46	84,92	123,53	138,97	79,13	115,10	129,48	73,33	106,66	119,99	67,53	98,23	110,51
	III	1 284,—	70,62	102,72	115,56	III	1 284,—	65,90	95,86	107,84	61,29	89,16	100,30	56,77	82,58	92,90	52,35	76,14	85,66	48,02	69,85	78,58	43,78	63,69	71,65
	V	2 449,91	134,74	195,99	220,49	IV	1 906,25	101,94	148,28	166,81	99,04	144,06	162,07	96,14	139,84	157,32	93,24	135,63	152,58	90,34	131,41	147,83	87,45	127,20	143,10
	VI	2 482,16	136,51	198,57	223,39																				
6 539,99	I,IV	1 907,50	104,91	152,60	171,67	I	1 907,50	99,11	144,16	162,18	93,31	135,73	152,69	87,51	127,30	143,21	81,72	118,86	133,72	75,92	110,43	124,23	70,12	102,—	114,75
	II	1 861,75	102,39	148,94	167,55	II	1 861,75	96,59	140,50	158,06	90,79	132,06	148,57	84,99	123,63	139,08	79,20	115,20	129,60	73,40	106,76	120,11	67,60	98,33	110,62
	III	1 285,—	70,67	102,80	115,65	III	1 285,—	65,96	95,94	107,93	61,35	89,24	100,39	56,83	82,66	92,99	52,40	76,22	85,75	48,07	69,92	78,66	43,83	63,76	71,73
	V	2 451,16	134,81	196,09	220,60	IV	1 907,50	102,01	148,38	166,92	99,11	144,16	162,18	96,21	139,94	157,43	93,31	135,73	152,69	90,41	131,51	147,95	87,51	127,30	143,21
	VI	2 483,41	136,58	198,67	223,50																				
6 542,99	I,IV	1 908,75	104,98	152,70	171,78	I	1 908,75	99,18	144,26	162,29	93,38	135,83	152,81	87,58	127,40	143,32	81,78	118,96	133,83	75,99	110,53	124,34	70,19	102,10	114,86
	II	1 863,—	102,46	149,04	167,67	II	1 863,—	96,66	140,60	158,18	90,86	132,17	148,69	85,07	123,74	139,20	79,27	115,30	129,71	73,47	106,86	120,22	67,67	98,43	110,73
	III	1 286,—	70,73	102,88	115,74	III	1 286,—	66,01	96,02	108,02	61,40	89,32	100,48	56,87	82,73	93,07	52,45	76,29	85,82	48,12	70,—	78,75	43,89	63,84	71,82
	V	2 452,41	134,88	196,19	220,71	IV	1 908,75	102,08	148,48	167,04	99,18	144,26	162,29	96,28	140,04	157,55	93,38	135,83	152,81	90,48	131,61	148,06	87,58	127,40	143,32
	VI	2 484,66	136,65	198,77	223,61																				
6 545,99	I,IV	1 910,—	105,05	152,80	171,90	I	1 910,—	99,25	144,36	162,41	93,45	135,93	152,92	87,65	127,50	143,43	81,85	119,06	133,94	76,06	110,63	124,46	70,26	102,20	114,97
	II	1 864,25	102,53	149,14	167,78	II	1 864,25	96,73	140,70	158,29	90,93	132,27	148,80	85,14	123,84	139,32	79,34	115,40	129,83	73,54	106,97	120,34	67,74	98,54	110,85
	III	1 287,—	70,78	102,96	115,83	III	1 287,—	66,07	96,10	108,11	61,46	89,40	100,57	56,93	82,81	93,16	52,50	76,37	85,91	48,18	70,08	78,84	43,93	63,90	71,89
	V	2 453,75	134,95	196,30	220,83	IV	1 910,—	102,15	148,58	167,15	99,25	144,36	162,41	96,35	140,15	157,67	93,45	135,93	152,92	90,55	131,72	148,18	87,65	127,50	143,43
	VI	2 485,91	136,72	198,87	223,73																				
6 548,99	I,IV	1 911,25	105,11	152,90	172,01	I	1 911,25	99,32	144,46	162,52	93,52	136,03	153,03	87,72	127,60	143,55	81,92	119,16	134,06	76,12	110,73	124,57	70,33	102,30	115,08
	II	1 865,50	102,60	149,24	167,89	II	1 865,50	96,80	140,80	158,40	91,—	132,37	148,91	85,20	123,94	139,43	79,41	115,50	129,94	73,61	107,07	120,45	67,81	98,64	110,97
	III	1 288,16	70,84	103,05	115,93	III	1 288,16	66,12	96,18	108,20	61,50	89,46	100,64	56,98	82,89	93,25	52,56	76,45	86,—	48,22	70,14	78,91	43,99	63,98	71,98
	V	2 455,—	135,02	196,40	220,95	IV	1 911,25	102,22	148,68	167,27	99,32	144,46	162,52	96,42	140,25	157,78	93,52	136,03	153,03	90,62	131,82	148,29	87,72	127,60	143,55
	VI	2 487,16	136,79	198,97	223,84																				
6 551,99	I,IV	1 912,50	105,18	153,—	172,12	I	1 912,50	99,38	144,56	162,63	93,59	136,13	153,14	87,79	127,70	143,66	81,99	119,26	134,17	76,19	110,83	124,68	70,40	102,40	115,20
	II	1 866,75	102,67	149,34	168,—	II	1 866,75	96,87	140,90	158,51	91,07	132,47	149,03	85,27	124,04	139,54	79,47	115,60	130,05	73,68	107,17	120,56	67,88	98,74	111,08
	III	1 289,16	70,90	103,13	116,02	III	1 289,16	66,18	96,26	108,29	61,56	89,54	100,73	57,04	82,97	93,34	52,61	76,53	86,09	48,28	70,22	79,—	44,03	64,05	72,05
	V	2 456,25	135,09	196,50	221,06	IV	1 912,50	102,29	148,78	167,38	99,38	144,56	162,63	96,49	140,35	157,89	93,59	136,13	153,14	90,69	131,92	148,41	87,79	127,70	143,66
	VI	2 488,41	136,86	199,07	223,95																				
6 554,99	I,IV	1 913,83	105,26	153,10	172,24	I	1 913,83	99,45	144,66	162,74	93,66	136,23	153,26	87,86	127,80	143,77	82,06	119,36	134,28	76,26	110,93	124,79	70,46	102,50	115,31
	II	1 868,—	102,74	149,44	168,12	II	1 868,—	96,94	141,—	158,63	91,14	132,57	149,14	85,34	124,14	139,65	79,54	115,70	130,16	73,75	107,27	120,68	67,95	98,84	111,19
	III	1 290,16	70,95	103,21	116,11	III	1 290,16	66,24	96,36	108,40	61,61	89,62	100,82	57,09	83,05	93,43	52,66	76,60	86,17	48,32	70,29	79,07	44,09	64,13	72,14
	V	2 457,50	135,16	196,60	221,17	IV	1 913,83	102,35	148,88	167,49	99,45	144,66	162,74	96,56	140,45	158,—	93,66	136,23	153,26	90,76	132,02	148,52	87,86	127,80	143,77
	VI	2 489,66	136,93	199,17	224,06																				
6 557,99	I,IV	1 915,08	105,32	153,20	172,35	I	1 915,08	99,53	144,77	162,86	93,73	136,34	153,38	87,93	127,90	143,89	82,13	119,46	134,39	76,33	111,03	124,91	70,53	102,60	115,42
	II	1 869,25	102,80	149,54	168,23	II	1 869,25	97,01	141,10	158,74	91,21	132,67	149,25	85,41	124,24	139,77	79,61	115,80	130,28	73,81	107,37	120,79	68,02	98,94	111,30
	III	1 291,16	71,01	103,29	116,20	III	1 291,16	66,30	96,44	108,49	61,67	89,70	100,91	57,15	83,13	93,52	52,71	76,68	86,26	48,38	70,37	79,16	44,13	64,20	72,22
	V	2 458,75	135,23	196,70	221,28	IV	1 915,08	102,42	148,98	167,60	99,53	144,77	162,86	96,63	140,55	158,12	93,73	136,34	153,38	90,83	132,12	148,63	87,93	127,90	143,89
	VI	2 490,91	137,—	199,27	224,18																				
6 560,99	I,IV	1 916,33	105,39	153,30	172,46	I	1 916,33	99,60	144,87	162,98	93,80	136,44	153,49	88,—	128,—	144,—	82,20	119,57	134,51	76,40	111,14	125,03	70,61	102,70	115,54
	II	1 870,50	102,87	149,64	168,34	II	1 870,50	97,07	141,20	158,85	91,28	132,77	149,36	85,48	124,34	139,88	79,68	115,90	130,39	73,88	107,47	120,90	68,09	99,04	111,42
	III	1 292,16	71,06	103,37	116,29	III	1 292,16	66,35	96,52	108,58	61,72	89,78	101,—	57,20	83,20	93,60	52,77	76,76	86,35	48,43	70,45	79,25	44,19	64,28	72,31
	V	2 460,—	135,30	196,80	221,40	IV	1 916,33	102,49	149,08	167,72	99,60	144,87	162,98	96,69	140,65	158,23	93,80	136,44	153,49	90,90	132,22	148,74	88,—	128,—	144,—
	VI	2 492,25	137,07	199,38	224,30																				
6 563,99	I,IV	1 917,58	105,46	153,40	172,58	I	1 917,58	99,66	144,97	163,09	93,87	136,54	153,60	88,07	128,10	144,11	82,27	119,67	134,63	76,47	111,24	125,14	70,67	102,80	115,65
	II	1 871,83	102,95	149,74	168,46	II	1 871,83	97,14	141,30	158,96	91,35	132,87	149,48	85,55	124,44	139,99	79,75	116,—	130,50	73,95	107,57	121,01	68,15	99,14	111,53
	III	1 293,33	71,13	103,46	116,39	III	1 293,33	66,41	96,60	108,67	61,78	89,86	101,09	57,25	83,28	93,69	52,81	76,82	86,42	48,48	70,52	79,33	44,23	64,34	72,38
	V	2 461,25	135,36	196,90	221,51	IV	1 917,58	102,56	149,18	167,83	99,66	144,97	163,09	96,76	140,75	158,34	93,87	136,54	153,60	90,97	132,32	148,86	88,07	128,10	144,11
	VI	2 493,50	137,14	199,48	224,41																				
6 566,99	I,IV	1 918,83	105,53	153,50	172,69	I	1 918,83	99,73	145,07	163,20	93,94	136,64	153,72	88,14	128,20	144,23	82,34	119,77	134,74	76,54	111,34	125,25	70,74	102,90	115,76
	II	1 873,08	103,01	149,84	168,57	II	1 873,08	97,22	141,41	159,08	91,42	132,98	149,60	85,62	124,54	140,11	79,82	116,10	130,61	74,02	107,67	121,13	68,22	99,24	111,64
	III	1 294,33	71,18	103,54	116,48	III	1 294,33	66,46	96,68	108,76	61,83	89,94	101,18	57,31	83,36	93,78	52,87	76,90	86,51	48,53	70,60	79,42	44,29	64,42	72,47
	V	2 462,50	135,43	197,—	221,62	IV	1 918,83	102,63	149,28	167,94	99,73	145,07	163,20	96,83	140,85	158,45	93,94	136,64	153,72	91,03	132,42	148,97	88,14	128,20	144,23
	VI	2 494,75	137,21	199,58	224,52																				
6 569,99	I,IV	1 920,08	105,60	153,60	172,80	I	1 920,08	99,80	145,17	163,31	94,—	136,74	153,83	88,21	128,30	144,34	82,41	119,87	134,85	76,61	111,44	125,37	70,81	103,—	115,88
	II	1 874,33	103,08	149,94	168,68	II	1 874,33	97,29	141,51	159,20	91,49	133,08	149,71	85,69	124,64	140,22	79,89	116,21	130,73	74,09	107,78	121,25	68,30	99,34	111,76
	III	1 295,33	71,24	103,62	116,57	III	1 295,33	66,52	96,76	108,85	61,89	90,02	101,27	57,36	83,44	93,87	52,92	76,98	86,60	48,58	70,66	79,49	44,33	64,49	72,55
	V	2 463,83	135,51	197,10	221,74	IV	1 920,08	102,70	149,39	168,06	99,80	145,17	163,31	96,91	140,96	158,58	94,—	136,74	153,83	91,11	132,52	149,09	88,21	128,30	144,34
	VI	2 496,—	137,28	199,68	224,64																				

* Die ausgewiesenen Tabellenwerte sind amtlich. Siehe Erläuterungen auf der Umschlaginnenseite (U2).

Abzüge an Lohnsteuer, Solidaritätszuschlag (SolZ) und Kirchensteuer (8%, 9%) in den Steuerklassen

Lohn/ Gehalt bis €*	I – VI	LSt	SolZ (ohne Kinderfreibeträge)	8%	9%	I, II, III, IV	LSt	0,5 SolZ	0,5 8%	0,5 9%	1 SolZ	1 8%	1 9%	1,5 SolZ	1,5 8%	1,5 9%	2 SolZ	2 8%	2 9%	2,5 SolZ	2,5 8%	2,5 9%	3 SolZ	3 8%	3 9%
6 572,99	I,IV	1 921,33	105,67	153,70	172,91	I	1 921,33	99,87	145,27	163,43	94,07	136,84	153,94	88,27	128,40	144,45	82,48	119,97	134,96	76,68	111,54	125,48	70,88	103,10	115,99
	II	1 875,58	103,15	150,04	168,80	II	1 875,58	97,35	141,61	159,31	91,56	133,18	149,82	85,76	124,74	140,33	79,96	116,31	130,85	74,16	107,88	121,36	68,36	99,44	111,87
	III	1 296,33	71,29	103,70	116,66	III	1 296,33	66,57	96,84	108,94	61,94	90,10	101,36	57,42	83,52	93,96	52,98	77,06	86,69	48,63	70,74	79,58	44,39	64,57	72,64
	V	2 465,08	135,57	197,20	221,85	IV	1 921,33	102,77	149,49	168,17	99,87	145,27	163,43	96,97	141,06	158,69	94,07	136,84	153,94	91,18	132,62	149,20	88,27	128,40	144,45
	VI	2 497,25	137,34	199,78	224,75																				
6 575,99	I,IV	1 922,58	105,74	153,80	173,03	I	1 922,58	99,94	145,37	163,54	94,14	136,94	154,05	88,34	128,50	144,56	82,55	120,07	135,08	76,75	111,64	125,59	70,95	103,20	116,10
	II	1 876,83	103,22	150,14	168,91	II	1 876,83	97,42	141,71	159,42	91,63	133,28	149,94	85,83	124,84	140,45	80,03	116,41	130,96	74,23	107,98	121,47	68,43	99,54	111,98
	III	1 297,50	71,36	103,80	116,77	III	1 297,50	66,63	96,92	109,03	62,—	90,18	101,45	57,47	83,60	94,05	53,02	77,13	86,77	48,69	70,82	79,67	44,44	64,64	72,72
	V	2 466,33	135,64	197,30	221,96	IV	1 922,58	102,84	149,59	168,29	99,94	145,37	163,54	97,04	141,16	158,80	94,14	136,94	154,05	91,24	132,72	149,31	88,34	128,50	144,56
	VI	2 498,50	137,41	199,88	224,86																				
6 578,99	I,IV	1 923,83	105,81	153,90	173,14	I	1 923,83	100,01	145,47	163,65	94,21	137,04	154,17	88,41	128,60	144,68	82,61	120,17	135,19	76,82	111,74	125,70	71,02	103,30	116,21
	II	1 878,08	103,29	150,24	169,02	II	1 878,08	97,49	141,81	159,53	91,69	133,38	150,05	85,90	124,94	140,56	80,10	116,51	131,07	74,30	108,08	121,59	68,50	99,64	112,10
	III	1 298,50	71,41	103,88	116,86	III	1 298,50	66,68	97,—	109,12	62,05	90,26	101,54	57,52	83,66	94,12	53,08	77,21	86,86	48,73	70,89	79,75	44,49	64,72	72,81
	V	2 467,58	135,71	197,40	222,08	IV	1 923,83	102,91	149,69	168,40	100,01	145,47	163,65	97,11	141,26	158,91	94,21	137,04	154,17	91,31	132,82	149,42	88,41	128,60	144,68
	VI	2 499,75	137,48	199,98	224,97																				
6 581,99	I,IV	1 925,16	105,88	154,01	173,26	I	1 925,16	100,08	145,58	163,77	94,28	137,14	154,28	88,48	128,70	144,79	82,68	120,27	135,30	76,89	111,84	125,82	71,09	103,40	116,33
	II	1 879,33	103,36	150,34	169,13	II	1 879,33	97,56	141,91	159,65	91,76	133,48	150,16	85,96	125,04	140,67	80,17	116,61	131,18	74,37	108,18	121,70	68,57	99,74	112,21
	III	1 299,50	71,47	103,96	116,95	III	1 299,50	66,74	97,08	109,21	62,11	90,34	101,63	57,57	83,74	94,21	53,13	77,29	86,95	48,79	70,97	79,84	44,54	64,78	72,88
	V	2 468,83	135,78	197,50	222,19	IV	1 925,16	102,98	149,79	168,51	100,08	145,58	163,77	97,18	141,36	159,03	94,28	137,14	154,28	91,38	132,92	149,54	88,48	128,70	144,79
	VI	2 501,—	137,55	200,08	225,09																				
6 584,99	I,IV	1 926,41	105,95	154,11	173,37	I	1 926,41	100,15	145,68	163,89	94,35	137,24	154,40	88,55	128,81	144,91	82,76	120,38	135,42	76,96	111,94	125,93	71,16	103,50	116,44
	II	1 880,58	103,43	150,44	169,25	II	1 880,58	97,63	142,01	159,76	91,83	133,58	150,27	86,03	125,14	140,78	80,24	116,71	131,30	74,44	108,28	121,81	68,64	99,84	112,32
	III	1 300,50	71,52	104,04	117,04	III	1 300,50	66,79	97,16	109,30	62,16	90,42	101,72	57,63	83,82	94,30	53,19	77,37	87,04	48,84	71,04	79,92	44,58	64,85	72,95
	V	2 470,08	135,85	197,60	222,30	IV	1 926,41	103,05	149,89	168,62	100,15	145,68	163,89	97,25	141,46	159,14	94,35	137,24	154,40	91,45	133,02	149,65	88,55	128,81	144,91
	VI	2 502,33	137,62	200,18	225,20																				
6 587,99	I,IV	1 927,66	106,02	154,21	173,48	I	1 927,66	100,22	145,78	164,—	94,42	137,34	154,51	88,62	128,91	145,02	82,83	120,48	135,54	77,03	112,04	126,05	71,23	103,61	116,56
	II	1 881,83	103,50	150,54	169,36	II	1 881,83	97,70	142,11	159,87	91,90	133,68	150,39	86,10	125,24	140,90	80,30	116,81	131,41	74,51	108,38	121,92	68,71	99,94	112,43
	III	1 301,50	71,58	104,12	117,13	III	1 301,50	66,86	97,25	109,40	62,22	90,50	101,81	57,68	83,90	94,39	53,24	77,44	87,12	48,89	71,12	80,01	44,64	64,93	73,04
	V	2 471,33	135,92	197,70	222,41	IV	1 927,66	103,12	149,99	168,74	100,22	145,78	164,—	97,32	141,56	159,25	94,42	137,34	154,51	91,52	133,12	149,76	88,62	128,91	145,02
	VI	2 503,58	137,69	200,28	225,32																				
6 590,99	I,IV	1 928,91	106,09	154,31	173,60	I	1 928,91	100,29	145,88	164,11	94,49	137,44	154,62	88,69	129,01	145,13	82,89	120,58	135,65	77,10	112,14	126,16	71,30	103,71	116,67
	II	1 883,16	103,57	150,65	169,48	II	1 883,16	97,77	142,22	159,99	91,97	133,78	150,50	86,17	125,34	141,01	80,37	116,91	131,52	74,58	108,48	122,04	68,78	100,04	112,55
	III	1 302,66	71,64	104,21	117,23	III	1 302,66	66,91	97,33	109,49	62,27	90,58	101,90	57,74	83,98	94,48	53,29	77,52	87,21	48,95	71,20	80,10	44,68	65,—	73,12
	V	2 472,58	135,99	197,80	222,53	IV	1 928,91	103,18	150,09	168,85	100,29	145,88	164,11	97,39	141,66	159,36	94,49	137,44	154,62	91,59	133,22	149,87	88,69	129,01	145,13
	VI	2 504,83	137,76	200,38	225,43																				
6 593,99	I,IV	1 930,16	106,15	154,41	173,71	I	1 930,16	100,36	145,98	164,22	94,56	137,54	154,73	88,76	129,11	145,25	82,96	120,68	135,76	77,16	112,24	126,27	71,37	103,81	116,78
	II	1 884,41	103,64	150,75	169,59	II	1 884,41	97,84	142,32	160,11	92,04	133,88	150,62	86,24	125,45	141,13	80,45	117,02	131,64	74,65	108,58	122,15	68,85	100,14	112,66
	III	1 303,66	71,70	104,29	117,32	III	1 303,66	66,97	97,41	109,58	62,33	90,66	101,99	57,79	84,06	94,57	53,35	77,60	87,30	48,99	71,26	80,17	44,74	65,08	73,21
	V	2 473,91	136,06	197,91	222,65	IV	1 930,16	103,26	150,20	168,97	100,36	145,98	164,22	97,46	141,76	159,48	94,56	137,54	154,73	91,66	133,32	149,99	88,76	129,11	145,25
	VI	2 506,08	137,83	200,48	225,54																				
6 596,99	I,IV	1 931,41	106,22	154,51	173,82	I	1 931,41	100,43	146,08	164,34	94,63	137,64	154,85	88,83	129,21	145,36	83,03	120,78	135,87	77,23	112,34	126,38	71,44	103,91	116,90
	II	1 885,66	103,71	150,85	169,70	II	1 885,66	97,91	142,42	160,22	92,11	133,98	150,73	86,31	125,55	141,24	80,52	117,12	131,76	74,72	108,68	122,27	68,92	100,25	112,78
	III	1 304,66	71,75	104,37	117,41	III	1 304,66	67,02	97,49	109,67	62,38	90,74	102,08	57,85	84,14	94,66	53,39	77,66	87,37	49,05	71,34	80,26	44,78	65,14	73,28
	V	2 475,16	136,13	198,01	222,76	IV	1 931,41	103,33	150,30	169,08	100,43	146,08	164,34	97,53	141,86	159,59	94,63	137,64	154,85	91,73	133,43	150,11	88,83	129,21	145,36
	VI	2 507,33	137,90	200,58	225,65																				
6 599,99	I,IV	1 932,66	106,29	154,61	173,93	I	1 932,66	100,49	146,18	164,45	94,70	137,74	154,96	88,90	129,31	145,47	83,10	120,88	135,99	77,30	112,44	126,50	71,50	104,01	117,01
	II	1 886,91	103,78	150,95	169,82	II	1 886,91	97,98	142,52	160,33	92,18	134,08	150,84	86,38	125,65	141,35	80,58	117,22	131,87	74,79	108,78	122,38	68,99	100,35	112,89
	III	1 305,66	71,81	104,45	117,50	III	1 305,66	67,08	97,57	109,76	62,44	90,82	102,17	57,89	84,21	94,73	53,45	77,74	87,46	49,09	71,41	80,33	44,84	65,22	73,37
	V	2 476,41	136,20	198,11	222,87	IV	1 932,66	103,40	150,40	169,20	100,49	146,18	164,45	97,60	141,96	159,71	94,70	137,74	154,96	91,80	133,53	150,22	88,90	129,31	145,47
	VI	2 508,58	137,97	200,68	225,77																				
6 602,99	I,IV	1 933,91	106,36	154,71	174,05	I	1 933,91	100,56	146,28	164,56	94,76	137,84	155,07	88,97	129,41	145,58	83,17	120,98	136,10	77,37	112,54	126,61	71,57	104,11	117,12
	II	1 888,16	103,84	151,05	169,93	II	1 888,16	98,05	142,62	160,44	92,25	134,18	150,95	86,45	125,75	141,47	80,65	117,32	131,98	74,85	108,88	122,49	69,06	100,45	113,—
	III	1 306,83	71,87	104,54	117,61	III	1 306,83	67,13	97,65	109,85	62,49	90,90	102,26	57,95	84,29	94,82	53,50	77,82	87,55	49,15	71,49	80,42	44,88	65,29	73,45
	V	2 477,66	136,27	198,21	222,98	IV	1 933,91	103,46	150,50	169,31	100,56	146,28	164,56	97,67	142,06	159,82	94,76	137,84	155,07	91,87	133,63	150,33	88,97	129,41	145,58
	VI	2 509,83	138,04	200,78	225,88																				
6 605,99	I,IV	1 935,25	106,43	154,82	174,17	I	1 935,25	100,64	146,38	164,68	94,83	137,94	155,18	89,04	129,51	145,70	83,24	121,08	136,21	77,44	112,64	126,72	71,64	104,21	117,23
	II	1 889,41	103,91	151,15	170,04	II	1 889,41	98,12	142,72	160,56	92,32	134,28	151,07	86,52	125,85	141,58	80,72	117,42	132,09	74,92	108,98	122,60	69,13	100,55	113,12
	III	1 307,83	71,93	104,62	117,70	III	1 307,83	67,19	97,73	109,94	62,55	90,98	102,35	58,—	84,37	94,91	53,56	77,90	87,64	49,20	71,57	80,51	44,94	65,37	73,54
	V	2 478,91	136,34	198,31	223,10	IV	1 935,25	103,53	150,60	169,42	100,64	146,38	164,68	97,73	142,16	159,93	94,83	137,94	155,18	91,94	133,73	150,44	89,04	129,51	145,70
	VI	2 511,08	138,10	200,88	225,99																				
6 608,99	I,IV	1 936,50	106,50	154,92	174,28	I	1 936,50	100,70	146,48	164,79	94,91	138,05	155,30	89,11	129,62	145,82	83,31	121,18	136,33	77,51	112,74	126,83	71,71	104,31	117,35
	II	1 890,66	103,98	151,25	170,15	II	1 890,66	98,18	142,82	160,67	92,39	134,38	151,18	86,59	125,95	141,69	80,79	117,52	132,21	74,99	109,08	122,72	69,19	100,65	113,23
	III	1 308,83	71,98	104,70	117,79	III	1 308,83	67,24	97,81	110,03	62,60	91,06	102,44	58,06	84,45	95,—	53,60	77,97	87,71	49,25	71,64	80,59	44,99	65,44	73,62
	V	2 480,16	136,40	198,41	223,21	IV	1 936,50	103,60	150,70	169,53	100,70	146,48	164,79	97,80	142,26	160,04	94,91	138,05	155,30	92,01	133,83	150,56	89,11	129,62	145,82
	VI	2 512,41	138,18	200,99	226,11																				
6 611,99	I,IV	1 937,75	106,57	155,02	174,39	I	1 937,75	100,77	146,58	164,90	94,98	138,15	155,42	89,18	129,72	145,93	83,38	121,28	136,44	77,58	112,85	126,95	71,78	104,42	117,47
	II	1 891,91	104,05	151,35	170,27	II	1 891,91	98,25	142,92	160,78	92,45	134,48	151,29	86,66	126,05	141,80	80,86	117,62	132,32	75,06	109,18	122,83	69,26	100,75	113,34
	III	1 309,83	72,04	104,78	117,88	III	1 309,83	67,30	97,89	110,12	62,66	91,14	102,53	58,11	84,53	95,09	53,66	78,05	87,80	49,30	71,72	80,68	45,04	65,52	73,71
	V	2 481,41	136,47	198,51	223,32	IV	1 937,75	103,67	150,80	169,65	100,77	146,58	164,90	97,87	142,36	160,16	94,98	138,15	155,42	92,07	133,93	150,67	89,18	129,72	145,93
	VI	2 513,66	138,25	201,09	226,22																				
6 614,99	I,IV	1 939,—	106,64	155,12	174,51	I	1 939,—	100,84	146,68	165,02	95,04	138,25	155,53	89,25	129,82	146,04	83,45	121,38	136,55	77,65	112,95	127,07	71,85	104,52	117,58
	II	1 893,25	104,12	151,46	170,39	II	1 893,25	98,33	143,02	160,90	92,52	134,58	151,40	86,73	126,15	141,92	80,93	117,72	132,43	75,13	109,28	122,94	69,33	100,85	113,45
	III	1 311,—	72,10	104,88	117,99	III	1 311,—	67,36	97,98	110,23	62,71	91,22	102,62	58,17	84,61	95,18	53,71	78,13	87,89	49,35	71,78	80,75	45,09	65,58	73,78
	V	2 482,66	136,54	198,61	223,43	IV	1 939,—	103,74	150,90	169,76	100,84	146,68	165,02	97,94	142,46	160,27	95,04	138,25	155,53	92,14	134,03	150,78	89,25	129,82	146,04
	VI	2 514,91	138,32	201,19	226,34																				

* Die ausgewiesenen Tabellenwerte sind amtlich. Siehe Erläuterungen auf der Umschlaginnenseite (U2).

Abzüge an Lohnsteuer, Solidaritätszuschlag (SolZ) und Kirchensteuer (8%, 9%) in den Steuerklassen

Lohn/ Gehalt bis €*	I – VI					I, II, III, IV		mit Zahl der Kinderfreibeträge . . . 0,5			1			1,5			2			2,5			3		
		LSt	ohne Kinderfreibeträge SolZ	8%	9%		LSt	SolZ	8%	9%	SolZ	8%	9%	SolZ	8%	9%	SolZ	8%	9%	SolZ	8%	9%	SolZ	8%	9%
6 617,99	I,IV	1 940,25	106,71	155,22	174,62	I	1 940,25	100,91	146,78	165,13	95,11	138,35	155,64	89,32	129,92	146,16	83,52	121,48	136,67	77,72	113,05	127,18	71,92	104,62	117,69
	II	1 894,50	104,19	151,56	170,50	II	1 894,50	98,39	143,12	161,01	92,60	134,69	151,52	86,80	126,26	142,04	81,—	117,82	132,55	75,20	109,38	123,05	69,40	100,95	113,57
	III	1 312,—	72,16	104,96	118,08	III	1 312,—	67,42	98,06	110,32	62,77	91,30	102,71	58,22	84,69	95,27	53,77	78,21	87,98	49,40	71,86	80,84	45,14	65,66	73,87
	V	2 483,91	136,61	198,71	223,55	IV	1 940,25	103,81	151,—	169,88	100,91	146,78	165,13	98,01	142,56	160,38	95,11	138,35	155,64	92,21	134,13	150,89	89,32	129,92	146,16
	VI	2 516,16	138,38	201,29	226,45																				
6 620,99	I,IV	1 941,50	106,78	155,32	174,73	I	1 941,50	100,98	146,88	165,24	95,18	138,45	155,75	89,38	130,02	146,27	83,59	121,58	136,78	77,79	113,15	127,29	71,99	104,72	117,81
	II	1 895,75	104,26	151,66	170,61	II	1 895,75	98,46	143,22	161,12	92,67	134,79	151,64	86,87	126,36	142,15	81,07	117,92	132,66	75,27	109,49	123,17	69,47	101,06	113,69
	III	1 313,—	72,21	105,04	118,17	III	1 313,—	67,47	98,14	110,41	62,82	91,38	102,80	58,28	84,77	95,36	53,81	78,28	88,06	49,46	71,94	80,93	45,19	65,73	73,94
	V	2 485,25	136,68	198,82	223,67	IV	1 941,50	103,88	151,10	169,99	100,98	146,88	165,24	98,08	142,67	160,50	95,18	138,45	155,75	92,29	134,24	151,02	89,38	130,02	146,27
	VI	2 517,41	138,45	201,39	226,56																				
6 623,99	I,IV	1 942,75	106,85	155,42	174,84	I	1 942,75	101,05	146,98	165,35	95,25	138,55	155,87	89,45	130,12	146,38	83,65	121,68	136,89	77,86	113,25	127,40	72,06	104,82	117,92
	II	1 897,—	104,33	151,76	170,73	II	1 897,—	98,53	143,32	161,24	92,73	134,89	151,75	86,94	126,46	142,26	81,14	118,02	132,77	75,34	109,59	123,29	69,54	101,16	113,80
	III	1 314,—	72,27	105,12	118,26	III	1 314,—	67,53	98,22	110,50	62,88	91,46	102,89	58,32	84,84	95,44	53,87	78,36	88,15	49,50	72,01	81,01	45,24	65,81	74,03
	V	2 486,50	136,75	198,92	223,78	IV	1 942,75	103,95	151,20	170,10	101,05	146,98	165,35	98,15	142,77	160,61	95,25	138,55	155,87	92,35	134,34	151,13	89,45	130,12	146,38
	VI	2 518,66	138,52	201,49	226,67																				
6 626,99	I,IV	1 944,—	106,92	155,52	174,96	I	1 944,—	101,12	147,08	165,47	95,32	138,65	155,98	89,52	130,22	146,49	83,72	121,78	137,—	77,93	113,35	127,52	72,13	104,92	118,03
	II	1 898,25	104,40	151,86	170,84	II	1 898,25	98,60	143,42	161,35	92,80	134,99	151,86	87,01	126,56	142,38	81,21	118,12	132,89	75,41	109,69	123,40	69,61	101,26	113,91
	III	1 315,16	72,33	105,21	118,36	III	1 315,16	67,58	98,30	110,59	62,93	91,54	102,98	58,38	84,92	95,53	53,92	78,44	88,24	49,56	72,09	81,10	45,29	65,88	74,11
	V	2 487,75	136,82	199,02	223,89	IV	1 944,—	104,02	151,30	170,21	101,12	147,08	165,47	98,22	142,87	160,73	95,32	138,65	155,98	92,42	134,44	151,24	89,52	130,22	146,49
	VI	2 519,91	138,59	201,59	226,79																				
6 629,99	I,IV	1 945,33	106,99	155,62	175,07	I	1 945,33	101,19	147,18	165,58	95,39	138,75	156,09	89,59	130,32	146,61	83,79	121,88	137,12	77,99	113,45	127,63	72,20	105,02	118,14
	II	1 899,50	104,47	151,96	170,95	II	1 899,50	98,67	143,52	161,46	92,87	135,09	151,97	87,07	126,66	142,49	81,28	118,22	133,—	75,48	109,79	123,51	69,68	101,36	114,03
	III	1 316,16	72,38	105,29	118,45	III	1 316,16	67,64	98,38	110,68	62,99	91,62	103,07	58,43	85,—	95,62	53,98	78,52	88,33	49,61	72,17	81,19	45,34	65,96	74,20
	V	2 489,—	136,89	199,12	224,01	IV	1 945,33	104,09	151,40	170,33	101,19	147,18	165,58	98,29	142,97	160,84	95,39	138,75	156,09	92,49	134,54	151,35	89,59	130,32	146,61
	VI	2 521,16	138,66	201,69	226,90																				
6 632,99	I,IV	1 946,58	107,06	155,72	175,19	I	1 946,58	101,26	147,29	165,70	95,46	138,86	156,21	89,66	130,42	146,72	83,86	121,98	137,23	78,06	113,55	127,74	72,27	105,12	118,26
	II	1 900,75	104,54	152,06	171,06	II	1 900,75	98,74	143,62	161,57	92,94	135,19	152,09	87,14	126,76	142,60	81,34	118,32	133,11	75,55	109,89	123,62	69,75	101,46	114,14
	III	1 317,16	72,44	105,37	118,54	III	1 317,16	67,69	98,46	110,77	63,04	91,70	103,16	58,49	85,08	95,71	54,02	78,58	88,40	49,66	72,24	81,27	45,39	66,02	74,27
	V	2 490,25	136,96	199,22	224,12	IV	1 946,58	104,16	151,50	170,44	101,26	147,29	165,70	98,36	143,07	160,95	95,46	138,86	156,21	92,56	134,64	151,47	89,66	130,42	146,72
	VI	2 522,41	138,73	201,79	227,01																				
6 635,99	I,IV	1 947,83	107,13	155,82	175,30	I	1 947,83	101,33	147,39	165,81	95,53	138,96	156,33	89,73	130,52	146,84	83,93	122,09	137,35	78,14	113,66	127,86	72,34	105,22	118,37
	II	1 902,—	104,61	152,16	171,18	II	1 902,—	98,81	143,72	161,69	93,01	135,29	152,20	87,21	126,86	142,71	81,41	118,42	133,22	75,62	109,99	123,74	69,82	101,56	114,25
	III	1 318,16	72,49	105,45	118,63	III	1 318,16	67,75	98,54	110,86	63,10	91,78	103,25	58,54	85,16	95,80	54,08	78,66	88,49	49,72	72,32	81,36	45,44	66,10	74,36
	V	2 491,50	137,03	199,32	224,23	IV	1 947,83	104,22	151,60	170,55	101,33	147,39	165,81	98,43	143,17	161,06	95,53	138,96	156,33	92,63	134,74	151,58	89,73	130,52	146,84
	VI	2 523,75	138,80	201,90	227,13																				
6 638,99	I,IV	1 949,08	107,19	155,92	175,41	I	1 949,08	101,40	147,49	165,92	95,60	139,06	156,44	89,80	130,62	146,95	84,—	122,19	137,46	78,21	113,76	127,98	72,41	105,32	118,49
	II	1 903,33	104,68	152,26	171,29	II	1 903,33	98,88	143,82	161,80	93,08	135,39	152,31	87,28	126,96	142,83	81,48	118,52	133,34	75,68	110,09	123,85	69,89	101,66	114,36
	III	1 319,33	72,56	105,54	118,73	III	1 319,33	67,81	98,64	110,97	63,15	91,86	103,34	58,60	85,24	95,89	54,13	78,74	88,58	49,76	72,38	81,43	45,49	66,17	74,44
	V	2 492,75	137,10	199,42	224,34	IV	1 949,08	104,29	151,70	170,66	101,40	147,49	165,92	98,50	143,27	161,18	95,60	139,06	156,44	92,70	134,84	151,69	89,80	130,62	146,95
	VI	2 525,—	138,87	202,—	227,25																				
6 641,99	I,IV	1 950,33	107,26	156,02	175,52	I	1 950,33	101,47	147,59	166,04	95,67	139,16	156,55	89,87	130,72	147,06	84,07	122,29	137,57	78,27	113,86	128,09	72,48	105,42	118,60
	II	1 904,58	104,75	152,36	171,41	II	1 904,58	98,95	143,93	161,92	93,15	135,50	152,43	87,35	127,06	142,94	81,55	118,62	133,45	75,75	110,19	123,96	69,96	101,76	114,48
	III	1 320,33	72,61	105,62	118,82	III	1 320,33	67,87	98,72	111,06	63,21	91,94	103,43	58,65	85,32	95,98	54,19	78,82	88,67	49,82	72,46	81,52	45,54	66,25	74,53
	V	2 494,—	137,17	199,52	224,46	IV	1 950,33	104,36	151,80	170,78	101,47	147,59	166,04	98,56	143,37	161,29	95,67	139,16	156,55	92,77	134,94	151,80	89,87	130,72	147,06
	VI	2 526,25	138,94	202,10	227,36																				
6 644,99	I,IV	1 951,58	107,33	156,12	175,64	I	1 951,58	101,53	147,69	166,15	95,74	139,26	156,66	89,94	130,82	147,17	84,14	122,39	137,69	78,34	113,96	128,20	72,54	105,52	118,71
	II	1 905,83	104,82	152,46	171,52	II	1 905,83	99,02	144,03	162,03	93,22	135,60	152,55	87,42	127,16	143,06	81,62	118,73	133,57	75,83	110,30	124,08	70,03	101,86	114,59
	III	1 321,33	72,67	105,70	118,91	III	1 321,33	67,92	98,80	111,15	63,26	92,02	103,52	58,71	85,40	96,07	54,23	78,89	88,75	49,87	72,54	81,61	45,59	66,32	74,61
	V	2 495,33	137,24	199,62	224,57	IV	1 951,58	104,44	151,91	170,90	101,53	147,69	166,15	98,64	143,48	161,41	95,74	139,26	156,66	92,84	135,04	151,92	89,94	130,82	147,17
	VI	2 527,50	139,01	202,20	227,47																				
6 647,99	I,IV	1 952,83	107,40	156,22	175,75	I	1 952,83	101,60	147,79	166,26	95,81	139,36	156,78	90,01	130,92	147,29	84,21	122,49	137,80	78,41	114,06	128,31	72,61	105,62	118,82
	II	1 907,08	104,88	152,56	171,63	II	1 907,08	99,09	144,13	162,14	93,29	135,70	152,66	87,49	127,26	143,17	81,69	118,83	133,68	75,90	110,40	124,20	70,10	101,96	114,71
	III	1 322,33	72,72	105,78	119,—	III	1 322,33	67,98	98,88	111,24	63,32	92,10	103,61	58,75	85,46	96,14	54,29	78,97	88,84	49,92	72,61	81,68	45,65	66,40	74,70
	V	2 496,58	137,31	199,72	224,69	IV	1 952,83	104,50	152,01	171,01	101,60	147,79	166,26	98,71	143,58	161,52	95,81	139,36	156,78	92,91	135,14	152,03	90,01	130,92	147,29
	VI	2 528,75	139,08	202,30	227,58																				
6 650,99	I,IV	1 954,08	107,47	156,32	175,86	I	1 954,08	101,67	147,89	166,37	95,87	139,46	156,89	90,08	131,02	147,40	84,28	122,59	137,91	78,48	114,16	128,43	72,68	105,72	118,94
	II	1 908,33	104,95	152,66	171,74	II	1 908,33	99,16	144,23	162,26	93,36	135,80	152,77	87,56	127,36	143,28	81,76	118,93	133,79	75,96	110,50	124,31	70,17	102,06	114,82
	III	1 323,50	72,79	105,88	119,11	III	1 323,50	68,03	98,96	111,33	63,37	92,18	103,70	58,81	85,54	96,23	54,34	79,05	88,93	49,97	72,69	81,77	45,69	66,46	74,77
	V	2 497,83	137,38	199,82	224,80	IV	1 954,08	104,57	152,11	171,12	101,67	147,89	166,37	98,78	143,68	161,64	95,87	139,46	156,89	92,98	135,24	152,15	90,08	131,02	147,40
	VI	2 530,—	139,15	202,40	227,70																				
6 653,99	I,IV	1 955,33	107,54	156,42	175,97	I	1 955,33	101,74	147,99	166,49	95,94	139,56	157,—	90,14	131,12	147,51	84,35	122,69	138,02	78,55	114,26	128,54	72,75	105,82	119,05
	II	1 909,58	105,02	152,76	171,86	II	1 909,58	99,22	144,33	162,37	93,43	135,90	152,88	87,63	127,46	143,39	81,83	119,03	133,91	76,03	110,60	124,42	70,23	102,16	114,93
	III	1 324,50	72,84	105,96	119,20	III	1 324,50	68,09	99,04	111,42	63,43	92,26	103,79	58,86	85,62	96,32	54,40	79,13	89,02	50,03	72,77	81,86	45,75	66,54	74,86
	V	2 499,08	137,44	199,92	224,91	IV	1 955,33	104,64	152,21	171,23	101,74	147,99	166,49	98,84	143,78	161,75	95,94	139,56	157,—	93,05	135,34	152,26	90,14	131,12	147,51
	VI	2 531,25	139,21	202,50	227,81																				
6 656,99	I,IV	1 956,66	107,61	156,53	176,09	I	1 956,66	101,81	148,10	166,61	96,02	139,66	157,12	90,21	131,22	147,62	84,42	122,79	138,14	78,62	114,36	128,65	72,82	105,92	119,16
	II	1 910,83	105,09	152,86	171,97	II	1 910,83	99,29	144,43	162,48	93,50	136,—	153,—	87,70	127,56	143,51	81,90	119,13	134,02	76,10	110,70	124,53	70,30	102,26	115,04
	III	1 325,50	72,90	106,04	119,29	III	1 325,50	68,14	99,12	111,51	63,48	92,34	103,88	58,92	85,70	96,41	54,45	79,20	89,10	50,07	72,84	81,94	45,79	66,61	74,93
	V	2 500,33	137,51	200,02	225,02	IV	1 956,66	104,71	152,31	171,35	101,81	148,10	166,61	98,91	143,88	161,86	96,02	139,66	157,12	93,11	135,44	152,37	90,21	131,22	147,62
	VI	2 532,50	139,28	202,60	227,92																				
6 659,99	I,IV	1 957,91	107,68	156,63	176,21	I	1 957,91	101,88	148,20	166,72	96,08	139,76	157,23	90,29	131,33	147,74	84,49	122,90	138,26	78,69	114,46	128,77	72,89	106,02	119,27
	II	1 912,08	105,16	152,96	172,08	II	1 912,08	99,36	144,53	162,59	93,56	136,10	153,11	87,77	127,66	143,62	81,97	119,23	134,13	76,17	110,80	124,65	70,37	102,36	115,16
	III	1 326,50	72,95	106,12	119,38	III	1 326,50	68,20	99,20	111,60	63,54	92,42	103,97	58,97	85,78	96,50	54,50	79,28	89,19	50,13	72,92	82,03	45,85	66,69	75,02
	V	2 501,58	137,58	200,12	225,14	IV	1 957,91	104,78	152,41	171,46	101,88	148,20	166,72	98,98	143,98	161,97	96,08	139,76	157,23	93,18	135,54	152,48	90,29	131,33	147,74
	VI	2 533,83	139,36	202,70	228,04																				

* Die ausgewiesenen Tabellenwerte sind amtlich. Siehe Erläuterungen auf der Umschlaginnenseite (U2).

Abzüge an Lohnsteuer, Solidaritätszuschlag (SolZ) und Kirchensteuer (8%, 9%) in den Steuerklassen

Lohn/ Gehalt bis €*	I – VI		ohne Kinderfreibeträge			I, II, III, IV		mit Zahl der Kinderfreibeträge . . . 0,5			1			1,5			2			2,5			3		
		LSt	SolZ	8%	9%		LSt	SolZ	8%	9%	SolZ	8%	9%	SolZ	8%	9%	SolZ	8%	9%	SolZ	8%	9%	SolZ	8%	9%
6 662,99	I,IV	1 959,16	107,75	156,73	176,32	I	1 959,16	101,95	148,30	166,83	96,15	139,86	157,34	90,36	131,43	147,86	84,56	123,—	138,37	78,76	114,56	128,88	72,96	106,13	119,39
	II	1 913,33	105,23	153,06	172,19	II	1 913,33	99,43	144,63	162,71	93,63	136,20	153,22	87,83	127,76	143,73	82,04	119,33	134,24	76,24	110,90	124,76	70,44	102,46	115,27
	III	1 327,66	73,02	106,21	119,48	III	1 327,66	68,26	99,29	111,70	63,59	92,50	104,06	59,03	85,86	96,59	54,56	79,36	89,28	50,18	73,—	82,12	45,89	66,76	75,10
	V	2 502,83	137,65	200,22	225,25	IV	1 959,16	104,85	152,51	171,57	101,95	148,30	166,83	99,05	144,08	162,09	96,15	139,86	157,34	93,25	135,64	152,60	90,36	131,43	147,86
	VI	2 535,08	139,42	202,80	228,15																				
6 665,99	I,IV	1 960,41	107,82	156,83	176,43	I	1 960,41	102,02	148,40	166,95	96,22	139,96	157,46	90,42	131,53	147,97	84,63	123,10	138,48	78,83	114,66	128,99	73,03	106,23	119,51
	II	1 914,66	105,30	153,17	172,31	II	1 914,66	99,50	144,74	162,83	93,71	136,30	153,34	87,90	127,86	143,84	82,11	119,43	134,36	76,31	111,—	124,87	70,51	102,56	115,38
	III	1 328,66	73,07	106,29	119,57	III	1 328,66	68,31	99,37	111,79	63,65	92,58	104,15	59,08	85,94	96,68	54,61	79,44	89,37	50,23	73,06	82,19	45,95	66,84	75,19
	V	2 504,08	137,72	200,32	225,36	IV	1 960,41	104,92	152,61	171,68	102,02	148,40	166,95	99,12	144,18	162,20	96,22	139,96	157,46	93,32	135,74	152,71	90,42	131,53	147,97
	VI	2 536,33	139,49	202,90	228,26																				
6 668,99	I,IV	1 961,66	107,89	156,93	176,54	I	1 961,66	102,09	148,50	167,06	96,29	140,06	157,57	90,49	131,63	148,08	84,70	123,20	138,60	78,90	114,76	129,11	73,10	106,33	119,62
	II	1 915,91	105,37	153,27	172,43	II	1 915,91	99,57	144,84	162,94	93,77	136,40	153,45	87,98	127,97	143,96	82,18	119,54	134,48	76,38	111,10	124,99	70,58	102,66	115,49
	III	1 329,66	73,13	106,37	119,66	III	1 329,66	68,37	99,45	111,88	63,70	92,66	104,24	59,14	86,02	96,77	54,67	79,52	89,46	50,28	73,14	82,28	46,—	66,92	75,28
	V	2 505,41	137,79	200,43	225,48	IV	1 961,66	104,99	152,71	171,81	102,09	148,50	167,06	99,19	144,28	162,32	96,29	140,06	157,57	93,39	135,84	152,82	90,49	131,63	148,08
	VI	2 537,58	139,56	203,—	228,38																				
6 671,99	I,IV	1 962,91	107,96	157,03	176,66	I	1 962,91	102,16	148,60	167,17	96,36	140,16	157,68	90,56	131,73	148,19	84,76	123,30	138,71	78,97	114,86	129,22	73,17	106,43	119,73
	II	1 917,16	105,44	153,37	172,54	II	1 917,16	99,64	144,94	163,05	93,84	136,50	153,56	88,05	128,07	144,08	82,25	119,64	134,59	76,45	111,20	125,10	70,65	102,77	115,61
	III	1 330,66	73,18	106,45	119,75	III	1 330,66	68,42	99,53	111,97	63,76	92,74	104,33	59,19	86,10	96,86	54,71	79,58	89,53	50,34	73,22	82,37	46,05	66,98	75,35
	V	2 506,66	137,86	200,53	225,59	IV	1 962,91	105,06	152,82	171,92	102,16	148,60	167,17	99,26	144,38	162,43	96,36	140,16	157,68	93,46	135,95	152,94	90,56	131,73	148,19
	VI	2 538,83	139,63	203,10	228,49																				
6 674,99	I,IV	1 964,16	108,02	157,13	176,77	I	1 964,16	102,23	148,70	167,28	96,43	140,26	157,79	90,63	131,83	148,31	84,83	123,40	138,82	79,03	114,96	129,33	73,24	106,53	119,84
	II	1 918,41	105,51	153,47	172,65	II	1 918,41	99,71	145,04	163,17	93,91	136,60	153,68	88,11	128,17	144,19	82,32	119,74	134,70	76,52	111,30	125,21	70,72	102,87	115,73
	III	1 331,83	73,25	106,54	119,86	III	1 331,83	68,48	99,61	112,06	63,81	92,82	104,42	59,24	86,17	96,94	54,77	79,66	89,62	50,38	73,29	82,45	46,10	67,06	75,44
	V	2 507,91	137,93	200,63	225,71	IV	1 964,16	105,13	152,92	172,03	102,23	148,70	167,28	99,33	144,48	162,54	96,43	140,26	157,79	93,53	136,05	153,05	90,63	131,83	148,31
	VI	2 540,08	139,70	203,20	228,60																				
6 677,99	I,IV	1 965,41	108,09	157,23	176,88	I	1 965,41	102,30	148,80	167,40	96,50	140,36	157,91	90,70	131,93	148,42	84,90	123,50	138,93	79,10	115,06	129,44	73,31	106,63	119,96
	II	1 919,66	105,58	153,57	172,76	II	1 919,66	99,78	145,14	163,28	93,98	136,70	153,79	88,18	128,27	144,30	82,39	119,84	134,82	76,59	111,40	125,33	70,79	102,97	115,84
	III	1 332,83	73,30	106,62	119,95	III	1 332,83	68,53	99,69	112,15	63,87	92,90	104,51	59,29	86,25	97,03	54,82	79,74	89,71	50,44	73,37	82,54	46,15	67,13	75,52
	V	2 509,16	138,—	200,73	225,82	IV	1 965,41	105,20	153,02	172,14	102,30	148,80	167,40	99,40	144,58	162,65	96,50	140,36	157,91	93,60	136,15	153,17	90,70	131,93	148,42
	VI	2 541,33	139,77	203,30	228,71																				
6 680,99	I,IV	1 966,75	108,17	157,34	177,—	I	1 966,75	102,37	148,90	167,51	96,57	140,46	158,02	90,77	132,03	148,53	84,97	123,60	139,05	79,17	115,16	129,56	73,37	106,73	120,07
	II	1 920,91	105,65	153,67	172,88	II	1 920,91	99,85	145,24	163,39	94,05	136,80	153,90	88,25	128,37	144,41	82,45	119,94	134,93	76,66	111,50	125,44	70,86	103,07	115,95
	III	1 333,83	73,36	106,70	120,04	III	1 333,83	68,60	99,78	112,25	63,92	92,98	104,60	59,35	86,33	97,12	54,88	79,82	89,80	50,49	73,44	82,62	46,20	67,21	75,61
	V	2 510,41	138,07	200,83	225,93	IV	1 966,75	105,27	153,12	172,26	102,37	148,90	167,51	99,47	144,68	162,77	96,57	140,46	158,02	93,67	136,25	153,28	90,77	132,03	148,53
	VI	2 542,58	139,84	203,40	228,83																				
6 683,99	I,IV	1 968,—	108,24	157,44	177,12	I	1 968,—	102,44	149,—	167,63	96,64	140,57	158,14	90,84	132,14	148,65	85,04	123,70	139,16	79,24	115,26	129,67	73,44	106,83	120,18
	II	1 922,16	105,71	153,77	172,99	II	1 922,16	99,92	145,34	163,50	94,12	136,90	154,01	88,32	128,47	144,53	82,52	120,04	135,04	76,72	111,60	125,55	70,93	103,17	116,06
	III	1 334,83	73,41	106,78	120,13	III	1 334,83	68,65	99,86	112,34	63,98	93,06	104,69	59,40	86,41	97,21	54,92	79,89	89,87	50,54	73,52	82,71	46,25	67,28	75,69
	V	2 511,66	138,14	200,93	226,04	IV	1 968,—	105,33	153,22	172,37	102,44	149,—	167,63	99,54	144,78	162,88	96,64	140,57	158,14	93,74	136,35	153,39	90,84	132,14	148,65
	VI	2 543,91	139,91	203,51	228,95																				
6 686,99	I,IV	1 969,25	108,30	157,54	177,23	I	1 969,25	102,51	149,10	167,74	96,71	140,67	158,25	90,91	132,24	148,77	85,11	123,80	139,28	79,31	115,37	129,79	73,52	106,94	120,30
	II	1 923,41	105,78	153,87	173,10	II	1 923,41	99,99	145,44	163,62	94,19	137,—	154,13	88,39	128,57	144,64	82,59	120,14	135,15	76,79	111,70	125,66	71,—	103,27	116,18
	III	1 336,—	73,48	106,88	120,24	III	1 336,—	68,71	99,94	112,43	64,03	93,14	104,78	59,46	86,49	97,30	54,98	79,97	89,96	50,60	73,60	82,80	46,31	67,36	75,78
	V	2 512,91	138,21	201,03	226,16	IV	1 969,25	105,40	153,32	172,48	102,51	149,10	167,74	99,60	144,88	162,99	96,71	140,67	158,25	93,81	136,45	153,50	90,91	132,24	148,77
	VI	2 545,16	139,98	203,61	229,06																				
6 689,99	I,IV	1 970,50	108,37	157,64	177,34	I	1 970,50	102,57	149,20	167,85	96,78	140,77	158,36	90,98	132,34	148,88	85,18	123,90	139,39	79,38	115,47	129,90	73,59	107,04	120,42
	II	1 924,75	105,86	153,98	173,22	II	1 924,75	100,06	145,54	163,73	94,26	137,10	154,24	88,46	128,67	144,75	82,66	120,24	135,27	76,86	111,80	125,78	71,06	103,37	116,29
	III	1 337,—	73,53	106,96	120,33	III	1 337,—	68,76	100,02	112,52	64,09	93,22	104,87	59,51	86,57	97,39	55,03	80,05	90,05	50,64	73,66	82,87	46,35	67,42	75,85
	V	2 514,16	138,27	201,13	226,27	IV	1 970,50	105,47	153,42	172,59	102,57	149,20	167,85	99,67	144,98	163,10	96,78	140,77	158,36	93,88	136,55	153,62	90,98	132,34	148,88
	VI	2 546,41	140,05	203,71	229,17																				
6 692,99	I,IV	1 971,75	108,44	157,74	177,45	I	1 971,75	102,64	149,30	167,96	96,85	140,87	158,48	91,05	132,44	148,99	85,25	124,—	139,50	79,45	115,57	130,01	73,65	107,14	120,53
	II	1 926,—	105,93	154,08	173,34	II	1 926,—	100,13	145,64	163,85	94,33	137,21	154,36	88,53	128,78	144,87	82,73	120,34	135,38	76,93	111,90	125,89	71,13	103,47	116,40
	III	1 338,—	73,59	107,04	120,42	III	1 338,—	68,82	100,10	112,61	64,14	93,30	104,96	59,57	86,65	97,48	55,09	80,13	90,14	50,70	73,74	82,96	46,41	67,50	75,94
	V	2 515,41	138,34	201,23	226,38	IV	1 971,75	105,54	153,52	172,71	102,64	149,30	167,96	99,74	145,08	163,22	96,85	140,87	158,48	93,94	136,65	153,73	91,05	132,44	148,99
	VI	2 547,66	140,12	203,81	229,28																				
6 695,99	I,IV	1 973,—	108,51	157,84	177,57	I	1 973,—	102,71	149,40	168,08	96,91	140,97	158,59	91,12	132,54	149,10	85,32	124,10	139,61	79,52	115,67	130,13	73,72	107,24	120,64
	II	1 927,25	105,99	154,18	173,45	II	1 927,25	100,20	145,74	163,96	94,40	137,31	154,47	88,60	128,88	144,99	82,80	120,44	135,50	77,—	112,01	126,01	71,21	103,58	116,52
	III	1 339,16	73,65	107,13	120,52	III	1 339,16	68,87	100,18	112,70	64,20	93,38	105,05	59,62	86,73	97,57	55,14	80,21	90,23	50,75	73,82	83,05	46,45	67,57	76,01
	V	2 516,75	138,42	201,34	226,50	IV	1 973,—	105,61	153,62	172,82	102,71	149,40	168,08	99,82	145,19	163,34	96,91	140,97	158,59	94,02	136,76	153,85	91,12	132,54	149,10
	VI	2 548,91	140,19	203,91	229,40																				
6 698,99	I,IV	1 974,25	108,58	157,94	177,68	I	1 974,25	102,78	149,50	168,19	96,98	141,07	158,70	91,19	132,64	149,22	85,39	124,20	139,73	79,59	115,77	130,24	73,79	107,34	120,75
	II	1 928,50	106,06	154,28	173,56	II	1 928,50	100,26	145,84	164,07	94,47	137,41	154,58	88,67	128,98	145,10	82,87	120,54	135,61	77,07	112,11	126,12	71,28	103,68	116,64
	III	1 340,16	73,70	107,21	120,61	III	1 340,16	68,93	100,26	112,79	64,25	93,46	105,14	59,68	86,81	97,66	55,19	80,28	90,31	50,80	73,89	83,12	46,51	67,65	76,10
	V	2 518,—	138,49	201,44	226,62	IV	1 974,25	105,68	153,72	172,94	102,78	149,50	168,19	99,88	145,29	163,45	96,98	141,07	158,70	94,09	136,86	153,96	91,19	132,64	149,22
	VI	2 550,16	140,25	204,01	229,51																				
6 701,99	I,IV	1 975,50	108,65	158,04	177,79	I	1 975,50	102,85	149,60	168,30	97,05	141,17	158,81	91,25	132,74	149,33	85,46	124,30	139,84	79,66	115,87	130,35	73,86	107,44	120,87
	II	1 929,75	106,13	154,38	173,67	II	1 929,75	100,33	145,94	164,18	94,54	137,51	154,70	88,74	129,08	145,21	82,94	120,64	135,72	77,14	112,21	126,23	71,34	103,78	116,75
	III	1 341,16	73,76	107,29	120,70	III	1 341,16	68,99	100,36	112,90	64,31	93,54	105,23	59,73	86,89	97,75	55,24	80,36	90,40	50,85	73,97	83,21	46,55	67,72	76,18
	V	2 519,25	138,55	201,54	226,73	IV	1 975,50	105,75	153,82	173,05	102,85	149,60	168,30	99,95	145,39	163,56	97,05	141,17	158,81	94,16	136,96	154,08	91,25	132,74	149,33
	VI	2 551,41	140,32	204,11	229,62																				
6 704,99	I,IV	1 976,83	108,72	158,14	177,91	I	1 976,83	102,92	149,70	168,41	97,12	141,27	158,93	91,32	132,84	149,44	85,52	124,40	139,95	79,73	115,97	130,46	73,93	107,54	120,98
	II	1 931,—	106,20	154,48	173,79	II	1 931,—	100,40	146,04	164,30	94,60	137,61	154,81	88,81	129,18	145,32	83,01	120,74	135,83	77,21	112,31	126,35	71,41	103,88	116,86
	III	1 342,16	73,81	107,37	120,79	III	1 342,16	69,05	100,44	112,99	64,36	93,62	105,32	59,78	86,96	97,83	55,30	80,44	90,49	50,91	74,05	83,30	46,61	67,80	76,27
	V	2 520,50	138,62	201,64	226,84	IV	1 976,83	105,82	153,92	173,16	102,92	149,70	168,41	100,02	145,49	163,67	97,12	141,27	158,93	94,22	137,06	154,19	91,32	132,84	149,44
	VI	2 552,66	140,39	204,21	229,73																				

* Die ausgewiesenen Tabellenwerte sind amtlich. Siehe Erläuterungen auf der Umschlaginnenseite (U2).

MONAT 6 705,–*

Abzüge an Lohnsteuer, Solidaritätszuschlag (SolZ) und Kirchensteuer (8%, 9%) in den Steuerklassen

Lohn/ Gehalt bis €*		I – VI LSt	ohne Kinderfreibeträge SolZ	8%	9%	I, II, III, IV	LSt	0,5 SolZ	0,5 8%	0,5 9%	1 SolZ	1 8%	1 9%	1,5 SolZ	1,5 8%	1,5 9%	2 SolZ	2 8%	2 9%	2,5 SolZ	2,5 8%	2,5 9%	3 SolZ	3 8%	3 9%
6 707,99	I,IV	1 978,08	108,79	158,24	178,02	I	1 978,08	102,99	149,81	168,53	97,19	141,38	159,05	91,40	132,94	149,56	85,59	124,50	140,06	79,80	116,07	130,58	74,—	107,64	121,09
	II	1 932,25	106,27	154,58	173,90	II	1 932,25	100,47	146,14	164,41	94,67	137,71	154,92	88,88	129,28	145,44	83,08	120,84	135,95	77,28	112,41	126,46	71,48	103,98	116,97
	III	1 343,33	73,88	107,46	120,89	III	1 343,33	69,10	100,52	113,08	64,42	93,70	105,41	59,84	87,04	97,92	55,35	80,52	90,58	50,95	74,12	83,38	46,65	67,86	76,34
	V	2 521,75	138,69	201,74	226,95	IV	1 978,08	105,89	154,02	173,27	102,99	149,81	168,53	100,09	145,59	163,79	97,19	141,38	159,05	94,29	137,16	154,30	91,40	132,94	149,56
	VI	2 553,91	140,46	204,31	229,85																				
6 710,99	I,IV	1 979,33	108,86	158,34	178,13	I	1 979,33	103,06	149,91	168,65	97,26	141,48	159,16	91,46	133,04	149,67	85,67	124,61	140,18	79,87	116,18	130,70	74,07	107,74	121,21
	II	1 933,50	106,34	154,68	174,01	II	1 933,50	100,54	146,24	164,52	94,74	137,81	155,03	88,94	129,38	145,55	83,15	120,94	136,06	77,35	112,51	126,57	71,55	104,08	117,09
	III	1 344,33	73,93	107,54	120,98	III	1 344,33	69,16	100,60	113,17	64,48	93,80	105,52	59,89	87,12	98,01	55,41	80,60	90,67	51,01	74,20	83,47	46,71	67,94	76,43
	V	2 523,—	138,76	201,84	227,07	IV	1 979,33	105,96	154,12	173,39	103,06	149,91	168,65	100,16	145,69	163,90	97,26	141,48	159,16	94,36	137,26	154,41	91,46	133,04	149,67
	VI	2 555,25	140,53	204,42	229,97																				
6 713,99	I,IV	1 980,58	108,93	158,44	178,25	I	1 980,58	103,13	150,01	168,76	97,33	141,58	159,27	91,53	133,14	149,78	85,74	124,71	140,30	79,94	116,28	130,81	74,14	107,84	121,32
	II	1 934,83	106,41	154,78	174,13	II	1 934,83	100,61	146,34	164,63	94,81	137,91	155,15	89,01	129,48	145,66	83,21	121,04	136,17	77,42	112,61	126,68	71,62	104,18	117,20
	III	1 345,33	73,99	107,62	121,07	III	1 345,33	69,21	100,68	113,26	64,54	93,88	105,61	59,95	87,20	98,10	55,45	80,66	90,74	51,06	74,28	83,56	46,76	68,02	76,52
	V	2 524,25	138,83	201,94	227,18	IV	1 980,58	106,03	154,22	173,50	103,13	150,01	168,76	100,23	145,79	164,01	97,33	141,58	159,27	94,43	137,36	154,53	91,53	133,14	149,78
	VI	2 556,50	140,60	204,52	230,08																				
6 716,99	I,IV	1 981,83	109,—	158,54	178,36	I	1 981,83	103,20	150,11	168,87	97,40	141,68	159,39	91,60	133,24	149,90	85,80	124,81	140,41	80,01	116,38	130,92	74,21	107,94	121,43
	II	1 936,08	106,48	154,88	174,24	II	1 936,08	100,68	146,45	164,75	94,88	138,02	155,27	89,09	129,58	145,78	83,28	121,14	136,28	77,49	112,71	126,80	71,69	104,28	117,31
	III	1 346,50	74,05	107,72	121,18	III	1 346,50	69,27	100,76	113,35	64,59	93,96	105,70	60,—	87,28	98,19	55,51	80,74	90,83	51,11	74,34	83,63	46,81	68,09	76,60
	V	2 525,50	138,90	202,04	227,29	IV	1 981,83	106,09	154,32	173,61	103,20	150,11	168,87	100,30	145,89	164,12	97,40	141,68	159,39	94,50	137,46	154,64	91,60	133,24	149,90
	VI	2 557,75	140,67	204,62	230,19																				
6 719,99	I,IV	1 983,08	109,06	158,64	178,47	I	1 983,08	103,27	150,21	168,98	97,47	141,78	159,50	91,67	133,34	150,01	85,87	124,91	140,52	80,08	116,48	131,04	74,28	108,04	121,55
	II	1 937,33	106,55	154,98	174,35	II	1 937,33	100,75	146,55	164,87	94,95	138,12	155,38	89,15	129,68	145,89	83,36	121,25	136,40	77,56	112,82	126,92	71,76	104,38	117,43
	III	1 347,50	74,11	107,80	121,27	III	1 347,50	69,33	100,85	113,45	64,65	94,04	105,79	60,06	87,36	98,28	55,56	80,82	90,92	51,16	74,42	83,72	46,86	68,17	76,69
	V	2 526,83	138,97	202,14	227,41	IV	1 983,08	106,17	154,43	173,73	103,27	150,21	168,98	100,37	146,—	164,25	97,47	141,78	159,50	94,57	137,56	154,76	91,67	133,34	150,01
	VI	2 559,—	140,74	204,72	230,31																				
6 722,99	I,IV	1 984,33	109,13	158,74	178,58	I	1 984,33	103,34	150,31	169,10	97,54	141,88	159,61	91,74	133,44	150,12	85,94	125,01	140,63	80,14	116,58	131,15	74,35	108,14	121,66
	II	1 938,58	106,62	155,08	174,47	II	1 938,58	100,82	146,65	164,98	95,02	138,22	155,49	89,22	129,78	146,—	83,43	121,35	136,52	77,63	112,92	127,03	71,83	104,48	117,54
	III	1 348,50	74,16	107,88	121,36	III	1 348,50	69,39	100,93	113,54	64,70	94,12	105,88	60,11	87,44	98,37	55,62	80,90	91,01	51,22	74,50	83,81	46,91	68,24	76,77
	V	2 528,08	139,04	202,24	227,52	IV	1 984,33	106,24	154,53	173,84	103,34	150,31	169,10	100,44	146,10	164,36	97,54	141,88	159,61	94,64	137,66	154,87	91,74	133,44	150,12
	VI	2 560,25	140,81	204,82	230,42																				
6 725,99	I,IV	1 985,58	109,20	158,84	178,70	I	1 985,58	103,40	150,41	169,21	97,61	141,98	159,72	91,81	133,54	150,23	86,01	125,11	140,75	80,21	116,68	131,26	74,41	108,24	121,77
	II	1 939,83	106,69	155,18	174,58	II	1 939,83	100,89	146,75	165,09	95,09	138,32	155,61	89,29	129,88	146,12	83,49	121,45	136,63	77,70	113,02	127,14	71,90	104,58	117,65
	III	1 349,50	74,22	107,96	121,45	III	1 349,50	69,44	101,01	113,63	64,76	94,20	105,97	60,17	87,52	98,46	55,66	80,97	91,09	51,26	74,57	83,89	46,97	68,32	76,86
	V	2 529,33	139,11	202,34	227,63	IV	1 985,58	106,31	154,63	173,96	103,40	150,41	169,21	100,51	146,20	164,47	97,61	141,98	159,72	94,71	137,76	154,98	91,81	133,54	150,23
	VI	2 561,50	140,88	204,92	230,53																				
6 728,99	I,IV	1 986,83	109,27	158,94	178,81	I	1 986,83	103,47	150,51	169,32	97,68	142,08	159,84	91,88	133,64	150,35	86,08	125,21	140,86	80,28	116,78	131,37	74,48	108,34	121,88
	II	1 941,08	106,75	155,28	174,69	II	1 941,08	100,96	146,85	165,20	95,16	138,42	155,72	89,36	129,98	146,23	83,56	121,55	136,74	77,77	113,12	127,26	71,97	104,68	117,77
	III	1 350,66	74,28	108,05	121,55	III	1 350,66	69,50	101,09	113,72	64,81	94,28	106,06	60,22	87,60	98,55	55,72	81,05	91,18	51,32	74,65	83,98	47,01	68,38	76,93
	V	2 530,58	139,18	202,44	227,75	IV	1 986,83	106,37	154,73	174,07	103,47	150,51	169,32	100,58	146,30	164,58	97,68	142,08	159,84	94,78	137,86	155,09	91,88	133,64	150,35
	VI	2 562,75	140,95	205,02	230,64																				
6 731,99	I,IV	1 988,16	109,34	159,05	178,93	I	1 988,16	103,55	150,62	169,44	97,75	142,18	159,95	91,95	133,74	150,46	86,15	125,31	140,97	80,35	116,88	131,49	74,55	108,44	122,—
	II	1 942,33	106,82	155,38	174,80	II	1 942,33	101,03	146,95	165,32	95,23	138,52	155,83	89,43	130,08	146,34	83,63	121,65	136,85	77,83	113,22	127,37	72,04	104,78	117,88
	III	1 351,66	74,34	108,13	121,64	III	1 351,66	69,55	101,17	113,81	64,87	94,36	106,15	60,28	87,68	98,64	55,77	81,13	91,27	51,37	74,73	84,07	47,07	68,46	77,02
	V	2 531,83	139,25	202,54	227,86	IV	1 988,16	106,44	154,83	174,18	103,55	150,62	169,44	100,65	146,40	164,70	97,75	142,18	159,95	94,85	137,96	155,21	91,95	133,74	150,46
	VI	2 564,—	141,02	205,12	230,76																				
6 734,99	I,IV	1 989,41	109,41	159,15	179,04	I	1 989,41	103,62	150,72	169,56	97,82	142,28	160,07	92,02	133,85	150,58	86,22	125,42	141,09	80,42	116,98	131,60	74,62	108,54	122,11
	II	1 943,58	106,89	155,48	174,92	II	1 943,58	101,09	147,05	165,43	95,30	138,62	155,94	89,50	130,18	146,45	83,70	121,75	136,97	77,90	113,32	127,48	72,10	104,88	117,99
	III	1 352,66	74,39	108,21	121,73	III	1 352,66	69,61	101,25	113,90	64,92	94,44	106,24	60,33	87,76	98,73	55,83	81,21	91,36	51,42	74,80	84,15	47,11	68,53	77,09
	V	2 533,08	139,31	202,64	227,97	IV	1 989,41	106,51	154,93	174,29	103,62	150,72	169,56	100,71	146,50	164,81	97,82	142,28	160,07	94,92	138,06	155,32	92,02	133,85	150,58
	VI	2 565,33	141,09	205,22	230,87																				
6 737,99	I,IV	1 990,66	109,48	159,25	179,15	I	1 990,66	103,68	150,82	169,67	97,89	142,38	160,18	92,09	133,95	150,69	86,29	125,52	141,21	80,49	117,08	131,72	74,69	108,65	122,23
	II	1 944,83	106,96	155,58	175,03	II	1 944,83	101,16	147,15	165,54	95,37	138,72	156,06	89,57	130,28	146,57	83,77	121,85	137,08	77,97	113,42	127,59	72,17	104,98	118,10
	III	1 353,83	74,46	108,30	121,84	III	1 353,83	69,67	101,34	114,01	64,98	94,52	106,33	60,39	87,84	98,82	55,88	81,29	91,45	51,48	74,88	84,24	47,17	68,61	77,18
	V	2 534,33	139,38	202,74	228,08	IV	1 990,66	106,58	155,03	174,41	103,68	150,82	169,67	100,78	146,60	164,92	97,89	142,38	160,18	94,98	138,16	155,43	92,09	133,95	150,69
	VI	2 566,58	141,16	205,32	230,99																				
6 740,99	I,IV	1 991,91	109,55	159,35	179,27	I	1 991,91	103,75	150,92	169,78	97,95	142,48	160,29	92,16	134,05	150,80	86,36	125,62	141,32	80,56	117,18	131,83	74,76	108,75	122,34
	II	1 946,16	107,03	155,69	175,15	II	1 946,16	101,24	147,26	165,66	95,44	138,82	156,17	89,64	130,38	146,68	83,84	121,95	137,19	78,04	113,52	127,71	72,24	105,08	118,22
	III	1 354,83	74,51	108,38	121,93	III	1 354,83	69,73	101,42	114,10	65,03	94,60	106,42	60,44	87,92	98,91	55,94	81,37	91,54	51,53	74,96	84,33	47,22	68,69	77,27
	V	2 535,58	139,45	202,84	228,20	IV	1 991,91	106,65	155,13	174,52	103,75	150,92	169,78	100,85	146,70	165,03	97,95	142,48	160,29	95,05	138,26	155,54	92,16	134,05	150,80
	VI	2 567,83	141,23	205,42	231,10																				
6 743,99	I,IV	1 993,16	109,62	159,45	179,38	I	1 993,16	103,82	151,02	169,89	98,02	142,58	160,40	92,23	134,15	150,92	86,43	125,72	141,43	80,63	117,28	131,94	74,83	108,85	122,45
	II	1 947,41	107,10	155,79	175,26	II	1 947,41	101,31	147,36	165,78	95,51	138,92	156,29	89,71	130,49	146,80	83,91	122,06	137,31	78,11	113,62	127,82	72,31	105,18	118,33
	III	1 355,83	74,57	108,46	122,02	III	1 355,83	69,78	101,50	114,19	65,09	94,68	106,51	60,49	87,98	98,98	55,99	81,44	91,62	51,59	75,04	84,42	47,27	68,76	77,35
	V	2 536,91	139,53	202,95	228,32	IV	1 993,16	106,72	155,24	174,64	103,82	151,02	169,89	100,92	146,80	165,15	98,02	142,58	160,40	95,12	138,36	155,66	92,23	134,15	150,92
	VI	2 569,08	141,29	205,52	231,21																				
6 746,99	I,IV	1 994,41	109,69	159,55	179,49	I	1 994,41	103,89	151,12	170,01	98,09	142,68	160,52	92,29	134,25	151,03	86,50	125,82	141,54	80,70	117,38	132,05	74,90	108,95	122,57
	II	1 948,66	107,17	155,89	175,37	II	1 948,66	101,37	147,46	165,89	95,58	139,02	156,40	89,78	130,59	146,91	83,98	122,16	137,43	78,18	113,72	127,94	72,38	105,29	118,45
	III	1 357,—	74,63	108,56	122,13	III	1 357,—	69,84	101,58	114,28	65,14	94,76	106,60	60,54	88,06	99,07	56,04	81,52	91,71	51,63	75,10	84,49	47,32	68,84	77,44
	V	2 538,16	139,59	203,05	228,43	IV	1 994,41	106,79	155,34	174,75	103,89	151,12	170,01	100,99	146,90	165,26	98,09	142,68	160,52	95,20	138,47	155,78	92,29	134,25	151,03
	VI	2 570,33	141,36	205,62	231,32																				
6 749,99	I,IV	1 995,66	109,76	159,65	179,60	I	1 995,66	103,96	151,22	170,12	98,16	142,78	160,63	92,36	134,35	151,14	86,57	125,92	141,66	80,77	117,48	132,17	74,97	109,05	122,68
	II	1 949,91	107,24	155,99	175,49	II	1 949,91	101,44	147,56	166,—	95,64	139,12	156,51	89,85	130,69	147,02	84,05	122,26	137,54	78,25	113,82	128,05	72,45	105,39	118,56
	III	1 358,—	74,69	108,64	122,22	III	1 358,—	69,89	101,66	114,37	65,20	94,84	106,69	60,60	88,14	99,16	56,10	81,60	91,80	51,69	75,18	84,58	47,37	68,90	77,51
	V	2 539,41	139,66	203,15	228,54	IV	1 995,66	106,86	155,44	174,87	103,96	151,22	170,12	101,06	147,—	165,38	98,16	142,78	160,63	95,26	138,57	155,89	92,36	134,35	151,14
	VI	2 571,58	141,43	205,72	231,44																				

* Die ausgewiesenen Tabellenwerte sind amtlich. Siehe Erläuterungen auf der Umschlaginnenseite (U2).

Abzüge an Lohnsteuer, Solidaritätszuschlag (SolZ) und Kirchensteuer (8%, 9%) in den Steuerklassen

Lohn/Gehalt bis €*	I – VI	LSt	ohne Kinderfreibeträge SolZ	8%	9%	I, II, III, IV	LSt	0,5 SolZ	8%	9%	1 SolZ	8%	9%	1,5 SolZ	8%	9%	2 SolZ	8%	9%	2,5 SolZ	8%	9%	3 SolZ	8%	9%
6 752,99	I,IV	1 996,91	109,83	159,75	179,72	I	1 996,91	104,03	151,32	170,23	98,23	142,88	160,74	92,43	134,45	151,25	86,63	126,02	141,77	80,84	117,58	132,28	75,04	109,15	122,79
	II	1 951,16	107,31	156,09	175,60	II	1 951,16	101,51	147,66	166,11	95,71	139,22	156,62	89,92	130,79	147,14	84,12	122,36	137,65	78,32	113,92	128,16	72,52	105,49	118,67
	III	1 359,—	74,74	108,72	122,31	III	1 359,—	69,96	101,76	114,48	65,25	94,92	106,78	60,65	88,22	99,25	56,15	81,68	91,89	51,74	75,26	84,67	47,42	68,98	77,60
	V	2 540,66	139,73	203,25	228,65	IV	1 996,91	106,93	155,54	174,98	104,03	151,32	170,23	101,13	147,10	165,49	98,23	142,88	160,74	95,33	138,67	156,—	92,43	134,45	151,25
	VI	2 572,83	141,50	205,82	231,55																				
6 755,99	I,IV	1 998,25	109,90	159,86	179,84	I	1 998,25	104,10	151,42	170,35	98,30	142,98	160,85	92,50	134,55	151,37	86,70	126,12	141,88	80,90	117,68	132,39	75,11	109,25	122,90
	II	1 952,41	107,38	156,19	175,71	II	1 952,41	101,58	147,76	166,23	95,78	139,32	156,74	89,98	130,89	147,25	84,19	122,46	137,76	78,39	114,02	128,27	72,59	105,59	118,79
	III	1 360,16	74,80	108,81	122,41	III	1 360,16	70,01	101,84	114,57	65,31	95,—	106,87	60,71	88,30	99,34	56,21	81,76	91,98	51,79	75,33	84,74	47,47	69,05	77,68
	V	2 541,91	139,80	203,35	228,77	IV	1 998,25	107,—	155,64	175,09	104,10	151,42	170,35	101,20	147,20	165,60	98,30	142,98	160,85	95,40	138,77	156,11	92,50	134,55	151,37
	VI	2 574,08	141,57	205,92	231,66																				
6 758,99	I,IV	1 999,50	109,97	159,96	179,95	I	1 999,50	104,17	151,52	170,46	98,37	143,09	160,97	92,57	134,66	151,49	86,78	126,22	142,—	80,97	117,78	132,50	75,18	109,35	123,02
	II	1 953,66	107,45	156,29	175,82	II	1 953,66	101,65	147,86	166,34	95,85	139,42	156,85	90,05	130,99	147,36	84,26	122,56	137,88	78,46	114,12	128,39	72,66	105,69	118,90
	III	1 361,16	74,86	108,89	122,50	III	1 361,16	70,07	101,92	114,66	65,36	95,08	106,96	60,76	88,38	99,43	56,25	81,82	92,05	51,84	75,41	84,83	47,52	69,13	77,77
	V	2 543,16	139,87	203,45	228,88	IV	1 999,50	107,07	155,74	175,20	104,17	151,52	170,46	101,27	147,30	165,71	98,37	143,09	160,97	95,47	138,87	156,23	92,57	134,66	151,49
	VI	2 575,41	141,64	206,03	231,78																				
6 761,99	I,IV	2 000,75	110,04	160,06	180,06	I	2 000,75	104,24	151,62	170,57	98,44	143,19	161,09	92,64	134,76	151,60	86,84	126,32	142,11	81,05	117,89	132,62	75,25	109,46	123,14
	II	1 954,91	107,52	156,39	175,94	II	1 954,91	101,72	147,96	166,45	95,92	139,52	156,96	90,12	131,09	147,47	84,32	122,66	137,99	78,53	114,22	128,50	72,73	105,79	119,01
	III	1 362,16	74,91	108,97	122,59	III	1 362,16	70,12	102,—	114,75	65,42	95,16	107,05	60,82	88,46	99,52	56,31	81,90	92,14	51,90	75,49	84,92	47,57	69,20	77,85
	V	2 544,41	139,94	203,55	228,99	IV	2 000,75	107,14	155,84	175,32	104,24	151,62	170,57	101,34	147,40	165,83	98,44	143,19	161,09	95,54	138,97	156,34	92,64	134,76	151,60
	VI	2 576,66	141,71	206,13	231,89																				
6 764,99	I,IV	2 002,—	110,11	160,16	180,18	I	2 002,—	104,31	151,72	170,69	98,51	143,29	161,20	92,71	134,86	151,71	86,91	126,42	142,22	81,12	117,99	132,74	75,32	109,56	123,25
	II	1 956,25	107,59	156,50	176,06	II	1 956,25	101,79	148,06	166,57	95,99	139,62	157,07	90,19	131,19	147,59	84,39	122,76	138,10	78,59	114,32	128,61	72,80	105,89	119,12
	III	1 363,16	74,97	109,05	122,68	III	1 363,16	70,18	102,08	114,84	65,47	95,24	107,14	60,87	88,54	99,61	56,36	81,98	92,23	51,94	75,56	85,—	47,63	69,28	77,94
	V	2 545,66	140,01	203,65	229,10	IV	2 002,—	107,20	155,94	175,43	104,31	151,72	170,69	101,41	147,50	165,94	98,51	143,29	161,20	95,61	139,07	156,45	92,71	134,86	151,71
	VI	2 577,91	141,78	206,23	232,01																				
6 767,99	I,IV	2 003,25	110,17	160,26	180,29	I	2 003,25	104,38	151,82	170,80	98,58	143,39	161,31	92,78	134,96	151,83	86,98	126,52	142,34	81,18	118,09	132,85	75,39	109,66	123,36
	II	1 957,50	107,66	156,60	176,17	II	1 957,50	101,86	148,16	166,68	96,06	139,73	157,19	90,26	131,30	147,71	84,47	122,86	138,22	78,66	114,42	128,72	72,87	105,99	119,24
	III	1 364,33	75,03	109,14	122,78	III	1 364,33	70,23	102,16	114,93	65,54	95,33	107,24	60,93	88,62	99,70	56,42	82,06	92,32	52,—	75,64	85,09	47,68	69,36	78,03
	V	2 546,91	140,08	203,75	229,22	IV	2 003,25	107,28	156,04	175,55	104,38	151,82	170,80	101,47	147,60	166,05	98,58	143,39	161,31	95,68	139,17	156,56	92,78	134,96	151,83
	VI	2 579,16	141,85	206,33	232,12																				
6 770,99	I,IV	2 004,50	110,24	160,36	180,40	I	2 004,50	104,44	151,92	170,91	98,65	143,49	161,42	92,85	135,06	151,94	87,05	126,62	142,45	81,25	118,19	132,96	75,46	109,76	123,48
	II	1 958,75	107,73	156,70	176,28	II	1 958,75	101,93	148,26	166,79	96,13	139,83	157,31	90,33	131,40	147,82	84,53	122,96	138,33	78,74	114,53	128,84	72,94	106,10	119,36
	III	1 365,33	75,09	109,22	122,87	III	1 365,33	70,29	102,25	115,03	65,59	95,41	107,33	60,98	88,70	99,79	56,47	82,14	92,41	52,05	75,72	85,18	47,73	69,42	78,10
	V	2 548,25	140,15	203,86	229,34	IV	2 004,50	107,35	156,14	175,66	104,44	151,92	170,91	101,55	147,71	166,17	98,65	143,49	161,42	95,75	139,28	156,69	92,85	135,06	151,94
	VI	2 580,41	141,92	206,43	232,23																				
6 773,99	I,IV	2 005,75	110,31	160,46	180,51	I	2 005,75	104,51	152,02	171,02	98,72	143,59	161,54	92,92	135,16	152,05	87,12	126,72	142,56	81,32	118,29	133,07	75,52	109,86	123,59
	II	1 960,—	107,80	156,80	176,40	II	1 960,—	102,—	148,36	166,91	96,20	139,93	157,42	90,40	131,50	147,93	84,60	123,06	138,44	78,81	114,63	128,96	73,01	106,20	119,47
	III	1 366,33	75,14	109,30	122,96	III	1 366,33	70,35	102,33	115,12	65,65	95,49	107,42	61,04	88,78	99,88	56,52	82,21	92,48	52,10	75,78	85,25	47,78	69,50	78,19
	V	2 549,50	140,22	203,96	229,45	IV	2 005,75	107,41	156,24	175,77	104,51	152,02	171,02	101,62	147,81	166,28	98,72	143,59	161,54	95,82	139,38	156,80	92,92	135,16	152,05
	VI	2 581,66	141,99	206,53	232,34																				
6 776,99	I,IV	2 007,—	110,38	160,56	180,63	I	2 007,—	104,58	152,12	171,14	98,78	143,69	161,65	92,99	135,26	152,16	87,19	126,82	142,67	81,39	118,39	133,19	75,59	109,96	123,70
	II	1 961,25	107,86	156,90	176,51	II	1 961,25	102,07	148,46	167,02	96,27	140,03	157,53	90,47	131,60	148,05	84,67	123,16	138,56	78,87	114,73	129,07	73,08	106,30	119,58
	III	1 367,50	75,21	109,40	123,07	III	1 367,50	70,40	102,41	115,21	65,70	95,57	107,51	61,09	88,86	99,97	56,57	82,29	92,57	52,15	75,86	85,34	47,83	69,57	78,26
	V	2 550,75	140,29	204,06	229,56	IV	2 007,—	107,48	156,34	175,88	104,58	152,12	171,14	101,69	147,91	166,40	98,78	143,69	161,65	95,89	139,48	156,91	92,99	135,26	152,16
	VI	2 582,91	142,06	206,63	232,46																				
6 779,99	I,IV	2 008,33	110,45	160,66	180,74	I	2 008,33	104,65	152,22	171,25	98,85	143,79	161,76	93,06	135,36	152,28	87,26	126,92	142,79	81,46	118,49	133,30	75,66	110,06	123,81
	II	1 962,50	107,93	157,—	176,62	II	1 962,50	102,13	148,56	167,13	96,34	140,13	157,64	90,54	131,70	148,16	84,74	123,26	138,67	78,94	114,83	129,18	73,15	106,40	119,70
	III	1 368,50	75,26	109,48	123,16	III	1 368,50	70,46	102,49	115,30	65,76	95,65	107,60	61,15	88,94	100,06	56,63	82,37	92,66	52,21	75,94	85,43	47,88	69,65	78,35
	V	2 552,—	140,36	204,16	229,68	IV	2 008,33	107,55	156,44	176,—	104,65	152,22	171,25	101,75	148,01	166,51	98,85	143,79	161,76	95,96	139,58	157,02	93,06	135,36	152,28
	VI	2 584,16	142,12	206,73	232,57																				
6 782,99	I,IV	2 009,58	110,52	160,76	180,86	I	2 009,58	104,72	152,33	171,37	98,93	143,90	161,88	93,13	135,46	152,39	87,33	127,02	142,90	81,53	118,59	133,41	75,73	110,16	123,93
	II	1 963,75	108,—	157,10	176,73	II	1 963,75	102,20	148,66	167,24	96,41	140,23	157,76	90,61	131,80	148,27	84,81	123,36	138,78	79,01	114,93	129,29	73,21	106,50	119,81
	III	1 369,50	75,32	109,56	123,25	III	1 369,50	70,51	102,57	115,39	65,81	95,73	107,69	61,20	89,02	100,15	56,68	82,45	92,75	52,26	76,02	85,52	47,94	69,73	78,44
	V	2 553,25	140,42	204,26	229,79	IV	2 009,58	107,62	156,54	176,11	104,72	152,33	171,37	101,82	148,11	166,62	98,93	143,90	161,88	96,03	139,68	157,14	93,13	135,46	152,39
	VI	2 585,41	142,19	206,83	232,68																				
6 785,99	I,IV	2 010,83	110,59	160,86	180,97	I	2 010,83	104,79	152,43	171,48	99,—	144,—	162,—	93,20	135,56	152,51	87,40	127,13	143,02	81,60	118,70	133,53	75,80	110,26	124,04
	II	1 965,—	108,07	157,20	176,85	II	1 965,—	102,27	148,76	167,36	96,47	140,33	157,87	90,68	131,90	148,38	84,88	123,46	138,89	79,08	115,03	129,41	73,28	106,60	119,92
	III	1 370,66	75,38	109,65	123,35	III	1 370,66	70,58	102,66	115,49	65,87	95,81	107,78	61,26	89,10	100,24	56,74	82,53	92,84	52,31	76,09	85,60	47,98	69,80	78,52
	V	2 554,50	140,49	204,36	229,90	IV	2 010,83	107,69	156,64	176,22	104,79	152,43	171,48	101,89	148,21	166,73	99,—	144,—	162,—	96,09	139,78	157,25	93,20	135,56	152,51
	VI	2 586,75	142,27	206,94	232,80																				
6 788,99	I,IV	2 012,08	110,66	160,96	181,08	I	2 012,08	104,86	152,53	171,59	99,06	144,10	162,11	93,27	135,66	152,62	87,47	127,23	143,13	81,67	118,80	133,65	75,87	110,36	124,16
	II	1 966,33	108,14	157,30	176,96	II	1 966,33	102,34	148,86	167,47	96,54	140,43	157,98	90,75	132,—	148,50	84,95	123,56	139,01	79,15	115,13	129,52	73,35	106,70	120,03
	III	1 371,66	75,44	109,73	123,44	III	1 371,66	70,63	102,74	115,58	65,92	95,89	107,87	61,31	89,18	100,33	56,79	82,61	92,93	52,36	76,17	85,69	48,04	69,88	78,61
	V	2 555,75	140,56	204,46	230,01	IV	2 012,08	107,76	156,74	176,33	104,86	152,53	171,59	101,96	148,31	166,85	99,06	144,10	162,11	96,16	139,88	157,36	93,27	135,66	152,62
	VI	2 588,—	142,34	207,04	232,92																				
6 791,99	I,IV	2 013,33	110,73	161,06	181,19	I	2 013,33	104,93	152,63	171,71	99,13	144,20	162,22	93,33	135,76	152,73	87,54	127,33	143,24	81,74	118,90	133,76	75,94	110,46	124,27
	II	1 967,58	108,21	157,40	177,08	II	1 967,58	102,41	148,97	167,59	96,62	140,54	158,10	90,82	132,10	148,61	85,02	123,66	139,12	79,22	115,23	129,63	73,42	106,80	120,15
	III	1 372,66	75,49	109,81	123,53	III	1 372,66	70,69	102,82	115,67	65,98	95,97	107,96	61,37	89,26	100,42	56,84	82,68	93,01	52,42	76,25	85,78	48,08	69,94	78,68
	V	2 557,—	140,63	204,56	230,13	IV	2 013,33	107,83	156,84	176,45	104,93	152,63	171,71	102,03	148,41	166,96	99,13	144,20	162,22	96,23	139,98	157,47	93,33	135,76	152,73
	VI	2 589,25	142,40	207,14	233,03																				
6 794,99	I,IV	2 014,58	110,80	161,16	181,31	I	2 014,58	105,—	152,73	171,82	99,20	144,30	162,33	93,40	135,86	152,84	87,61	127,43	143,36	81,81	119,—	133,87	76,01	110,56	124,38
	II	1 968,83	108,28	157,50	177,19	II	1 968,83	102,48	149,07	167,70	96,69	140,64	158,22	90,89	132,20	148,73	85,09	123,77	139,24	79,29	115,34	129,75	73,49	106,90	120,26
	III	1 373,83	75,56	109,90	123,64	III	1 373,83	70,74	102,90	115,76	66,03	96,05	108,05	61,42	89,34	100,51	56,89	82,76	93,10	52,47	76,32	85,86	48,14	70,02	78,77
	V	2 558,33	140,70	204,66	230,24	IV	2 014,58	107,90	156,95	176,57	105,—	152,73	171,82	102,10	148,52	167,08	99,20	144,30	162,33	96,30	140,08	157,59	93,40	135,86	152,84
	VI	2 590,50	142,47	207,24	233,14																				

* Die ausgewiesenen Tabellenwerte sind amtlich. Siehe Erläuterungen auf der Umschlaginnenseite (U2).

MONAT 6 795,–*

Abzüge an Lohnsteuer, Solidaritätszuschlag (SolZ) und Kirchensteuer (8%, 9%) in den Steuerklassen

Lohn/ Gehalt bis €*	I – VI	LSt	ohne Kinderfreibeträge SolZ	8%	9%	I, II, III, IV	LSt	mit Zahl der Kinderfreibeträge ... 0,5 SolZ	8%	9%	1 SolZ	8%	9%	1,5 SolZ	8%	9%	2 SolZ	8%	9%	2,5 SolZ	8%	9%	3 SolZ	8%	9%
6 797,99	I,IV	2 015,83	110,87	161,26	181,42	I	2 015,83	105,07	152,83	171,93	99,27	144,40	162,45	93,47	135,96	152,96	87,67	127,53	143,47	81,88	119,10	133,98	76,08	110,66	124,49
	II	1 970,08	108,35	157,60	177,30	II	1 970,08	102,55	149,17	167,81	96,75	140,74	158,33	90,96	132,30	148,84	85,16	123,87	139,35	79,36	115,44	129,87	73,56	107,—	120,38
	III	1 374,83	75,61	109,98	123,73	III	1 374,83	70,80	102,98	115,85	66,09	96,13	108,14	61,48	89,42	100,60	56,95	82,84	93,19	52,52	76,40	85,95	48,18	70,09	78,85
	V	2 559,58	140,77	204,76	230,36	IV	2 015,83	107,97	157,05	176,68	105,07	152,83	171,93	102,17	148,62	167,19	99,27	144,40	162,45	96,37	140,18	157,70	93,47	135,96	152,96
	VI	2 591,75	142,54	207,34	233,25																				
6 800,99	I,IV	2 017,08	110,93	161,36	181,53	I	2 017,08	105,14	152,93	172,04	99,34	144,50	162,56	93,54	136,06	153,07	87,74	127,63	143,58	81,95	119,20	134,10	76,15	110,76	124,61
	II	1 971,33	108,42	157,70	177,41	II	1 971,33	102,62	149,27	167,93	96,82	140,84	158,44	91,02	132,40	148,95	85,23	123,97	139,46	79,43	115,54	129,98	73,63	107,10	120,49
	III	1 375,83	75,67	110,06	123,82	III	1 375,83	70,86	103,08	115,96	66,14	96,21	108,23	61,52	89,49	100,67	57,—	82,92	93,28	52,58	76,48	86,04	48,24	70,17	78,94
	V	2 560,83	140,84	204,86	230,47	IV	2 017,08	108,04	157,15	176,79	105,14	152,93	172,04	102,24	148,72	167,31	99,34	144,50	162,56	96,44	140,28	157,82	93,54	136,06	153,07
	VI	2 593,—	142,61	207,44	233,37																				
6 803,99	I,IV	2 018,33	111,—	161,46	181,64	I	2 018,33	105,21	153,03	172,16	99,41	144,60	162,67	93,61	136,16	153,18	87,81	127,73	143,69	82,01	119,30	134,21	76,22	110,86	124,72
	II	1 972,58	108,49	157,80	177,53	II	1 972,58	102,69	149,37	168,04	96,89	140,94	158,55	91,09	132,50	149,06	85,30	124,07	139,58	79,50	115,64	130,09	73,70	107,20	120,60
	III	1 377,—	75,73	110,16	123,93	III	1 377,—	70,92	103,16	116,05	66,20	96,29	108,32	61,58	89,57	100,76	57,06	83,—	93,37	52,63	76,56	86,13	48,29	70,25	79,03
	V	2 562,08	140,91	204,96	230,58	IV	2 018,33	108,11	157,25	176,90	105,21	153,03	172,16	102,31	148,82	167,42	99,41	144,60	162,67	96,51	140,38	157,93	93,61	136,16	153,18
	VI	2 594,25	142,68	207,54	233,48																				
6 806,99	I,IV	2 019,66	111,08	161,57	181,76	I	2 019,66	105,28	153,14	172,28	99,48	144,70	162,79	93,68	136,26	153,29	87,88	127,83	143,81	82,08	119,40	134,32	76,28	110,96	124,83
	II	1 973,83	108,56	157,90	177,64	II	1 973,83	102,76	149,47	168,15	96,96	141,04	158,67	91,16	132,60	149,18	85,36	124,17	139,69	79,57	115,74	130,20	73,77	107,30	120,71
	III	1 378,—	75,79	110,24	124,02	III	1 378,—	70,97	103,24	116,14	66,26	96,38	108,43	61,63	89,65	100,85	57,11	83,08	93,46	52,68	76,62	86,20	48,34	70,32	79,11
	V	2 563,33	140,98	205,06	230,69	IV	2 019,66	108,18	157,35	177,02	105,28	153,14	172,28	102,38	148,92	167,53	99,48	144,70	162,79	96,58	140,48	158,04	93,68	136,26	153,29
	VI	2 595,50	142,75	207,64	233,59																				
6 809,99	I,IV	2 020,91	111,15	161,67	181,88	I	2 020,91	105,35	153,24	172,39	99,55	144,80	162,90	93,75	136,37	153,41	87,95	127,94	143,93	82,16	119,50	134,44	76,35	111,06	124,94
	II	1 975,08	108,62	158,—	177,75	II	1 975,08	102,83	149,57	168,26	97,03	141,14	158,78	91,23	132,70	149,29	85,43	124,27	139,80	79,64	115,84	130,32	73,84	107,40	120,83
	III	1 379,—	75,84	110,32	124,11	III	1 379,—	71,03	103,32	116,23	66,32	96,46	108,52	61,69	89,73	100,94	57,16	83,14	93,53	52,73	76,70	86,29	48,40	70,40	79,20
	V	2 564,58	141,05	205,16	230,81	IV	2 020,91	108,24	157,45	177,13	105,35	153,24	172,39	102,45	149,02	167,64	99,55	144,80	162,90	96,65	140,58	158,15	93,75	136,37	153,41
	VI	2 596,83	142,82	207,74	233,71																				
6 812,99	I,IV	2 022,16	111,21	161,77	181,99	I	2 022,16	105,42	153,34	172,50	99,62	144,90	163,01	93,82	136,47	153,53	88,02	128,04	144,04	82,22	119,60	134,55	76,43	111,17	125,06
	II	1 976,33	108,69	158,10	177,86	II	1 976,33	102,90	149,67	168,38	97,10	141,24	158,89	91,30	132,80	149,40	85,50	124,37	139,91	79,70	115,94	130,43	73,91	107,50	120,94
	III	1 380,16	75,90	110,41	124,21	III	1 380,16	71,09	103,41	116,33	66,37	96,54	108,61	61,74	89,81	101,03	57,21	83,22	93,62	52,79	76,78	86,38	48,44	70,46	79,27
	V	2 565,83	141,12	205,26	230,92	IV	2 022,16	108,31	157,55	177,24	105,42	153,34	172,50	102,52	149,12	167,76	99,62	144,90	163,01	96,72	140,68	158,27	93,82	136,47	153,53
	VI	2 598,08	142,89	207,84	233,82																				
6 815,99	I,IV	2 023,41	111,28	161,87	182,10	I	2 023,41	105,49	153,44	172,62	99,69	145,—	163,13	93,89	136,57	153,64	88,09	128,14	144,15	82,29	119,70	134,66	76,50	111,27	125,18
	II	1 977,66	108,77	158,21	177,98	II	1 977,66	102,97	149,78	168,50	97,17	141,34	159,01	91,37	132,90	149,51	85,57	124,47	140,03	79,77	116,04	130,54	73,97	107,60	121,05
	III	1 381,16	75,96	110,49	124,30	III	1 381,16	71,15	103,49	116,42	66,43	96,62	108,70	61,80	89,89	101,12	57,27	83,30	93,71	52,83	76,85	86,45	48,50	70,54	79,36
	V	2 567,08	141,18	205,36	231,03	IV	2 023,41	108,38	157,65	177,35	105,49	153,44	172,62	102,58	149,22	167,87	99,69	145,—	163,13	96,79	140,78	158,38	93,89	136,57	153,64
	VI	2 599,33	142,96	207,94	233,93																				
6 818,99	I,IV	2 024,66	111,35	161,97	182,21	I	2 024,66	105,55	153,54	172,73	99,76	145,10	163,24	93,96	136,67	153,75	88,16	128,24	144,27	82,36	119,80	134,78	76,56	111,37	125,29
	II	1 978,91	108,84	158,31	178,10	II	1 978,91	103,04	149,88	168,61	97,24	141,44	159,12	91,44	133,01	149,63	85,64	124,58	140,15	79,85	116,14	130,66	74,04	107,70	121,16
	III	1 382,16	76,01	110,57	124,39	III	1 382,16	71,20	103,57	116,51	66,48	96,70	108,79	61,85	89,97	101,21	57,32	83,38	93,80	52,89	76,93	86,54	48,55	70,62	79,45
	V	2 568,41	141,26	205,47	231,15	IV	2 024,66	108,46	157,76	177,48	105,55	153,54	172,73	102,66	149,32	167,99	99,76	145,10	163,24	96,85	140,88	158,49	93,96	136,67	153,75
	VI	2 600,58	143,03	208,04	234,05																				
6 821,99	I,IV	2 025,91	111,42	162,07	182,33	I	2 025,91	105,62	153,64	172,84	99,82	145,20	163,35	94,03	136,77	153,86	88,23	128,34	144,38	82,43	119,90	134,89	76,63	111,47	125,40
	II	1 980,16	108,90	158,41	178,21	II	1 980,16	103,11	149,98	168,72	97,31	141,54	159,23	91,51	133,11	149,75	85,71	124,68	140,26	79,91	116,24	130,77	74,12	107,81	121,28
	III	1 383,33	76,08	110,66	124,49	III	1 383,33	71,26	103,65	116,60	66,54	96,78	108,88	61,91	90,05	101,30	57,38	83,46	93,89	52,94	77,01	86,63	48,60	70,69	79,52
	V	2 569,66	141,33	205,57	231,26	IV	2 025,91	108,52	157,86	177,59	105,62	153,64	172,84	102,73	149,42	168,10	99,82	145,20	163,35	96,93	140,99	158,61	94,03	136,77	153,86
	VI	2 601,83	143,10	208,14	234,16																				
6 824,99	I,IV	2 027,16	111,49	162,17	182,44	I	2 027,16	105,69	153,74	172,95	99,89	145,30	163,46	94,10	136,87	153,98	88,30	128,44	144,49	82,50	120,—	135,—	76,70	111,57	125,51
	II	1 981,41	108,97	158,51	178,32	II	1 981,41	103,18	150,08	168,84	97,38	141,64	159,35	91,58	133,21	149,86	85,78	124,78	140,37	79,98	116,34	130,88	74,19	107,91	121,40
	III	1 384,33	76,13	110,74	124,58	III	1 384,33	71,31	103,73	116,69	66,59	96,86	108,97	61,96	90,13	101,39	57,43	83,54	93,98	53,—	77,09	86,72	48,65	70,77	79,61
	V	2 570,91	141,40	205,67	231,38	IV	2 027,16	108,59	157,96	177,70	105,69	153,74	172,95	102,79	149,52	168,21	99,89	145,30	163,46	97,—	141,09	158,72	94,10	136,87	153,98
	VI	2 603,08	143,16	208,24	234,27																				
6 827,99	I,IV	2 028,41	111,56	162,27	182,55	I	2 028,41	105,76	153,84	173,07	99,96	145,40	163,58	94,16	136,97	154,09	88,37	128,54	144,60	82,57	120,10	135,11	76,77	111,67	125,63
	II	1 982,66	109,04	158,61	178,43	II	1 982,66	103,24	150,18	168,95	97,45	141,74	159,46	91,65	133,31	149,97	85,85	124,88	140,49	80,05	116,44	131,—	74,25	108,01	121,51
	III	1 385,33	76,19	110,82	124,67	III	1 385,33	71,38	103,82	116,80	66,65	96,94	109,06	62,02	90,21	101,48	57,49	83,62	94,07	53,04	77,16	86,80	48,70	70,84	79,69
	V	2 572,16	141,46	205,77	231,49	IV	2 028,41	108,66	158,06	177,81	105,76	153,84	173,07	102,86	149,62	168,32	99,96	145,40	163,58	97,07	141,19	158,84	94,16	136,97	154,09
	VI	2 604,33	143,23	208,34	234,38																				
6 830,99	I,IV	2 029,75	111,63	162,38	182,67	I	2 029,75	105,83	153,94	173,18	100,03	145,50	163,69	94,23	137,07	154,20	88,44	128,64	144,72	82,64	120,20	135,23	76,84	111,77	125,74
	II	1 983,91	109,11	158,71	178,55	II	1 983,91	103,31	150,28	169,06	97,51	141,84	159,57	91,72	133,41	150,08	85,92	124,98	140,60	80,12	116,54	131,11	74,32	108,11	121,62
	III	1 386,50	76,25	110,92	124,78	III	1 386,50	71,43	103,90	116,89	66,70	97,02	109,15	62,07	90,29	101,57	57,53	83,69	94,15	53,10	77,24	86,89	48,75	70,92	79,78
	V	2 573,41	141,53	205,87	231,60	IV	2 029,75	108,73	158,16	177,93	105,83	153,94	173,18	102,93	149,72	168,44	100,03	145,50	163,69	97,13	141,29	158,95	94,23	137,07	154,20
	VI	2 605,58	143,30	208,44	234,50																				
6 833,99	I,IV	2 031,—	111,70	162,48	182,79	I	2 031,—	105,90	154,04	173,30	100,10	145,61	163,81	94,31	137,18	154,32	88,51	128,74	144,83	82,71	120,30	135,34	76,91	111,87	125,85
	II	1 985,16	109,18	158,81	178,66	II	1 985,16	103,38	150,38	169,17	97,58	141,94	159,68	91,79	133,51	150,20	85,99	125,08	140,71	80,19	116,64	131,22	74,39	108,21	121,73
	III	1 387,50	76,31	111,—	124,87	III	1 387,50	71,49	103,98	116,98	66,76	97,10	109,24	62,13	90,37	101,66	57,59	83,77	94,24	53,15	77,32	86,98	48,81	71,—	79,87
	V	2 574,66	141,60	205,97	231,71	IV	2 031,—	108,80	158,26	178,04	105,90	154,04	173,30	103,—	149,82	168,55	100,10	145,61	163,81	97,20	141,39	159,06	94,31	137,18	154,32
	VI	2 606,91	143,38	208,55	234,62																				
6 836,99	I,IV	2 032,25	111,77	162,58	182,90	I	2 032,25	105,97	154,14	173,41	100,17	145,71	163,92	94,38	137,28	154,44	88,58	128,84	144,95	82,78	120,41	135,46	76,98	111,98	125,97
	II	1 986,41	109,25	158,91	178,77	II	1 986,41	103,45	150,48	169,29	97,65	142,04	159,80	91,85	133,61	150,31	86,06	125,18	140,82	80,26	116,74	131,33	74,46	108,31	121,85
	III	1 388,50	76,36	111,08	124,96	III	1 388,50	71,54	104,06	117,07	66,82	97,20	109,35	62,18	90,45	101,75	57,64	83,85	94,33	53,20	77,38	87,05	48,85	71,06	79,94
	V	2 575,91	141,67	206,07	231,83	IV	2 032,25	108,87	158,36	178,15	105,97	154,14	173,41	103,07	149,92	168,66	100,17	145,71	163,92	97,27	141,49	159,17	94,38	137,28	154,44
	VI	2 608,16	143,44	208,65	234,73																				
6 839,99	I,IV	2 033,50	111,84	162,68	183,01	I	2 033,50	106,04	154,24	173,52	100,24	145,81	164,03	94,44	137,38	154,55	88,65	128,94	145,06	82,85	120,51	135,57	77,05	112,08	126,09
	II	1 987,75	109,32	159,02	178,89	II	1 987,75	103,52	150,58	169,40	97,72	142,14	159,91	91,92	133,71	150,42	86,13	125,28	140,94	80,33	116,84	131,45	74,53	108,41	121,96
	III	1 389,66	76,43	111,17	125,06	III	1 389,66	71,61	104,16	117,18	66,88	97,28	109,44	62,24	90,53	101,84	57,70	83,93	94,42	53,25	77,46	87,14	48,91	71,14	80,03
	V	2 577,16	141,74	206,17	231,94	IV	2 033,50	108,94	158,46	178,26	106,04	154,24	173,52	103,14	150,02	168,77	100,24	145,81	164,03	97,34	141,59	159,29	94,44	137,38	154,55
	VI	2 609,41	143,51	208,75	234,84																				

* Die ausgewiesenen Tabellenwerte sind amtlich. Siehe Erläuterungen auf der Umschlaginnenseite (U2).

Abzüge an Lohnsteuer, Solidaritätszuschlag (SolZ) und Kirchensteuer (8%, 9%) in den Steuerklassen

Lohn/ Gehalt bis €*	I – VI					I, II, III, IV																			
			ohne Kinderfreibeträge					mit Zahl der Kinderfreibeträge . . .																	
								0,5			1			1,5			2			2,5			3		
		LSt	SolZ	8%	9%		LSt	SolZ	8%	9%	SolZ	8%	9%	SolZ	8%	9%	SolZ	8%	9%	SolZ	8%	9%	SolZ	8%	9%
6 842,99	I,IV	2 034,75	111,91	162,78	183,12	I	2 034,75	106,11	154,34	173,63	100,31	145,91	164,15	94,51	137,48	154,66	88,71	129,04	145,17	82,92	120,61	135,68	77,12	112,18	126,20
	II	1 989,—	109,39	159,12	179,01	II	1 989,—	103,59	150,68	169,52	97,79	142,25	160,03	92,—	133,82	150,54	86,20	125,38	141,05	80,40	116,94	131,56	74,60	108,51	122,07
	III	1 390,66	76,48	111,25	125,15	III	1 390,66	71,66	104,24	117,27	66,93	97,36	109,53	62,29	90,61	101,93	57,75	84,01	94,51	53,31	77,54	87,23	48,95	71,21	80,11
	V	2 578,41	141,81	206,27	232,05	IV	2 034,75	109,01	158,56	178,38	106,11	154,34	173,63	103,21	150,12	168,89	100,31	145,91	164,15	97,41	141,69	159,40	94,51	137,48	154,66
	VI	2 610,66	143,58	208,85	234,95																				
6 845,99	I,IV	2 036,—	111,98	162,88	183,24	I	2 036,—	106,18	154,44	173,75	100,38	146,01	164,26	94,58	137,58	154,77	88,78	129,14	145,28	82,99	120,71	135,80	77,19	112,28	126,31
	II	1 990,25	109,46	159,22	179,12	II	1 990,25	103,66	150,78	169,63	97,86	142,35	160,14	92,07	133,92	150,66	86,27	125,48	141,17	80,47	117,05	131,68	74,67	108,62	122,19
	III	1 391,66	76,54	111,33	125,24	III	1 391,66	71,72	104,32	117,36	66,99	97,44	109,62	62,35	90,69	102,02	57,81	84,09	94,60	53,36	77,62	87,32	49,01	71,29	80,20
	V	2 579,75	141,88	206,38	232,17	IV	2 036,—	109,08	158,66	178,49	106,18	154,44	173,75	103,28	150,23	169,01	100,38	146,01	164,26	97,48	141,80	159,52	94,58	137,58	154,77
	VI	2 611,91	143,65	208,95	235,07																				
6 848,99	I,IV	2 037,25	112,04	162,98	183,35	I	2 037,25	106,25	154,54	173,86	100,45	146,11	164,37	94,65	137,68	154,89	88,85	129,24	145,40	83,05	120,81	135,91	77,26	112,38	126,42
	II	1 991,50	109,53	159,32	179,23	II	1 991,50	103,73	150,88	169,74	97,93	142,45	160,25	92,13	134,02	150,77	86,34	125,58	141,28	80,54	117,15	131,79	74,74	108,72	122,31
	III	1 392,83	76,60	111,42	125,35	III	1 392,83	71,77	104,40	117,45	67,04	97,52	109,71	62,40	90,77	102,11	57,86	84,17	94,69	53,41	77,69	87,40	49,06	71,37	80,29
	V	2 581,—	141,95	206,48	232,29	IV	2 037,25	109,15	158,76	178,61	106,25	154,54	173,86	103,35	150,33	169,12	100,45	146,11	164,37	97,55	141,90	159,63	94,65	137,68	154,89
	VI	2 613,16	143,72	209,05	235,18																				
6 851,99	I,IV	2 038,50	112,11	163,08	183,46	I	2 038,50	106,31	154,64	173,97	100,52	146,21	164,48	94,72	137,78	155,—	88,92	129,34	145,51	83,12	120,91	136,02	77,33	112,48	126,54
	II	1 992,75	109,60	159,42	179,34	II	1 992,75	103,80	150,98	169,85	98,—	142,55	160,37	92,20	134,12	150,88	86,40	125,68	141,39	80,61	117,25	131,90	74,81	108,82	122,42
	III	1 393,83	76,66	111,50	125,44	III	1 393,83	71,83	104,48	117,54	67,10	97,60	109,80	62,46	90,85	102,20	57,91	84,24	94,77	53,46	77,77	87,49	49,11	71,44	80,37
	V	2 582,25	142,02	206,58	232,40	IV	2 038,50	109,22	158,86	178,72	106,31	154,64	173,97	103,42	150,43	169,23	100,52	146,21	164,48	97,62	142,—	159,75	94,72	137,78	155,—
	VI	2 614,41	143,79	209,15	235,29																				
6 854,99	I,IV	2 039,83	112,19	163,18	183,58	I	2 039,83	106,38	154,74	174,08	100,59	146,31	164,60	94,79	137,88	155,11	88,99	129,44	145,62	83,19	121,01	136,13	77,39	112,58	126,65
	II	1 994,—	109,67	159,52	179,46	II	1 994,—	103,87	151,08	169,97	98,07	142,65	160,48	92,27	134,22	150,99	86,47	125,78	141,50	80,68	117,35	132,02	74,88	108,92	122,53
	III	1 395,—	76,72	111,60	125,55	III	1 395,—	71,89	104,57	117,64	67,15	97,68	109,89	62,51	90,93	102,29	57,97	84,32	94,86	53,52	77,85	87,58	49,17	71,52	80,46
	V	2 583,50	142,09	206,68	232,51	IV	2 039,83	109,28	158,96	178,83	106,38	154,74	174,08	103,49	150,53	169,34	100,59	146,31	164,60	97,69	142,10	159,86	94,79	137,88	155,11
	VI	2 615,66	143,86	209,25	235,40																				
6 857,99	I,IV	2 041,08	112,25	163,28	183,69	I	2 041,08	106,46	154,85	174,20	100,66	146,42	164,72	94,86	137,98	155,23	89,06	129,54	145,73	83,26	121,11	136,25	77,46	112,68	126,76
	II	1 995,25	109,73	159,62	179,57	II	1 995,25	103,94	151,18	170,08	98,14	142,75	160,59	92,34	134,32	151,11	86,54	125,88	141,62	80,74	117,45	132,13	74,95	109,02	122,64
	III	1 396,—	76,78	111,68	125,64	III	1 396,—	71,94	104,65	117,73	67,21	97,76	109,98	62,57	91,01	102,38	58,02	84,40	94,95	53,57	77,93	87,67	49,21	71,58	80,53
	V	2 584,75	142,16	206,78	232,62	IV	2 041,08	109,35	159,06	178,94	106,46	154,85	174,20	103,56	150,63	169,46	100,66	146,42	164,72	97,76	142,20	159,97	94,86	137,98	155,23
	VI	2 616,91	143,93	209,35	235,52																				
6 860,99	I,IV	2 042,33	112,32	163,38	183,80	I	2 042,33	106,53	154,95	174,32	100,73	146,52	164,83	94,93	138,08	155,34	89,13	129,65	145,85	83,33	121,22	136,37	77,54	112,78	126,88
	II	1 996,50	109,80	159,72	179,68	II	1 996,50	104,—	151,28	170,19	98,21	142,85	160,70	92,41	134,42	151,22	86,61	125,98	141,73	80,81	117,55	132,24	75,02	109,12	122,76
	III	1 397,—	76,83	111,76	125,73	III	1 397,—	72,—	104,73	117,82	67,26	97,84	110,07	62,62	91,09	102,47	58,08	84,48	95,04	53,62	78,—	87,75	49,27	71,66	80,62
	V	2 586,—	142,23	206,88	232,74	IV	2 042,33	109,42	159,16	179,06	106,53	154,95	174,32	103,62	150,73	169,57	100,73	146,52	164,83	97,83	142,30	160,08	94,93	138,08	155,34
	VI	2 618,25	144,—	209,46	235,64																				
6 863,99	I,IV	2 043,58	112,39	163,48	183,92	I	2 043,58	106,59	155,05	174,43	100,80	146,62	164,94	95,—	138,18	155,45	89,20	129,75	145,97	83,40	121,32	136,48	77,60	112,88	126,99
	II	1 997,83	109,88	159,82	179,80	II	1 997,83	104,07	151,38	170,30	98,28	142,95	160,82	92,48	134,52	151,33	86,68	126,08	141,84	80,88	117,65	132,35	75,08	109,22	122,87
	III	1 398,16	76,89	111,85	125,83	III	1 398,16	72,05	104,81	117,91	67,32	97,92	110,16	62,68	91,17	102,56	58,13	84,56	95,13	53,68	78,08	87,84	49,32	71,74	80,71
	V	2 587,25	142,29	206,98	232,85	IV	2 043,58	109,49	159,26	179,17	106,59	155,05	174,43	103,69	150,83	169,68	100,80	146,62	164,94	97,90	142,40	160,20	95,—	138,18	155,45
	VI	2 619,50	144,07	209,56	235,75																				
6 866,99	I,IV	2 044,83	112,46	163,58	184,03	I	2 044,83	106,66	155,15	174,54	100,87	146,72	165,06	95,07	138,28	155,57	89,27	129,85	146,08	83,47	121,42	136,59	77,67	112,98	127,10
	II	1 999,08	109,94	159,92	179,91	II	1 999,08	104,15	151,49	170,42	98,35	143,06	160,94	92,55	134,62	151,45	86,75	126,18	141,95	80,95	117,75	132,47	75,15	109,32	122,98
	III	1 399,16	76,95	111,93	125,92	III	1 399,16	72,12	104,90	118,01	67,38	98,01	110,26	62,73	91,25	102,65	58,19	84,64	95,22	53,73	78,16	87,93	49,37	71,81	80,78
	V	2 588,50	142,36	207,08	232,96	IV	2 044,83	109,56	159,36	179,28	106,66	155,15	174,54	103,76	150,93	169,79	100,87	146,72	165,06	97,96	142,50	160,31	95,07	138,28	155,57
	VI	2 620,75	144,14	209,66	235,86																				
6 869,99	I,IV	2 046,08	112,53	163,68	184,14	I	2 046,08	106,73	155,25	174,65	100,93	146,82	165,17	95,14	138,38	155,68	89,34	129,95	146,19	83,54	121,52	136,71	77,74	113,08	127,22
	II	2 000,33	110,01	160,02	180,02	II	2 000,33	104,22	151,59	170,54	98,42	143,16	161,05	92,62	134,72	151,56	86,82	126,29	142,07	81,02	117,86	132,59	75,23	109,42	123,10
	III	1 400,16	77,—	112,01	126,01	III	1 400,16	72,17	104,98	118,10	67,43	98,09	110,35	62,79	91,33	102,74	58,24	84,72	95,31	53,79	78,24	88,02	49,42	71,89	80,87
	V	2 589,83	142,44	207,18	233,08	IV	2 046,08	109,63	159,47	179,40	106,73	155,25	174,65	103,84	151,04	169,92	100,93	146,82	165,17	98,04	142,60	160,43	95,14	138,38	155,68
	VI	2 622,—	144,21	209,76	235,98																				
6 872,99	I,IV	2 047,33	112,60	163,78	184,25	I	2 047,33	106,80	155,35	174,77	101,—	146,92	165,28	95,20	138,48	155,79	89,41	130,05	146,30	83,61	121,62	136,82	77,81	113,18	127,33
	II	2 001,58	110,08	160,12	180,14	II	2 001,58	104,28	151,69	170,65	98,49	143,26	161,16	92,69	134,82	151,67	86,89	126,39	142,19	81,09	117,96	132,70	75,29	109,52	123,21
	III	1 401,33	77,07	112,10	126,11	III	1 401,33	72,23	105,06	118,19	67,49	98,17	110,44	62,84	91,41	102,83	58,29	84,78	95,38	53,83	78,30	88,09	49,48	71,97	80,96
	V	2 591,08	142,50	207,28	233,19	IV	2 047,33	109,70	159,57	179,51	106,80	155,35	174,77	103,90	151,14	170,03	101,—	146,92	165,28	98,11	142,70	160,54	95,20	138,48	155,79
	VI	2 623,25	144,27	209,86	236,09																				
6 875,99	I,IV	2 048,58	112,67	163,88	184,37	I	2 048,58	106,87	155,45	174,88	101,07	147,02	165,39	95,27	138,58	155,90	89,48	130,15	146,42	83,68	121,72	136,93	77,88	113,28	127,44
	II	2 002,83	110,15	160,22	180,25	II	2 002,83	104,35	151,79	170,76	98,56	143,36	161,28	92,76	134,92	151,79	86,96	126,49	142,30	81,16	118,06	132,81	75,36	109,62	123,32
	III	1 402,33	77,12	112,18	126,20	III	1 402,33	72,28	105,14	118,28	67,54	98,25	110,53	62,90	91,49	102,92	58,34	84,86	95,47	53,89	78,38	88,18	49,52	72,04	81,04
	V	2 592,33	142,57	207,38	233,30	IV	2 048,58	109,77	159,67	179,63	106,87	155,45	174,88	103,97	151,24	170,14	101,07	147,02	165,39	98,17	142,80	160,65	95,27	138,58	155,90
	VI	2 624,50	144,34	209,96	236,20																				
6 878,99	I,IV	2 049,83	112,74	163,98	184,48	I	2 049,83	106,94	155,55	174,99	101,14	147,12	165,51	95,34	138,68	156,02	89,54	130,25	146,53	83,75	121,82	137,04	77,95	113,38	127,55
	II	2 004,08	110,22	160,32	180,36	II	2 004,08	104,42	151,89	170,87	98,62	143,46	161,39	92,83	135,02	151,90	87,03	126,59	142,41	81,23	118,16	132,93	75,43	109,72	123,44
	III	1 403,33	77,18	112,26	126,29	III	1 403,33	72,35	105,24	118,39	67,60	98,33	110,62	62,95	91,57	103,01	58,40	84,94	95,56	53,94	78,46	88,27	49,58	72,12	81,13
	V	2 593,58	142,64	207,48	233,42	IV	2 049,83	109,84	159,77	179,74	106,94	155,55	174,99	104,04	151,34	170,25	101,14	147,12	165,51	98,24	142,90	160,76	95,34	138,68	156,02
	VI	2 625,75	144,41	210,06	236,31																				
6 881,99	I,IV	2 051,16	112,81	164,09	184,60	I	2 051,16	107,01	155,66	175,11	101,21	147,22	165,62	95,41	138,78	156,13	89,61	130,35	146,64	83,82	121,92	137,16	78,02	113,48	127,67
	II	2 005,33	110,29	160,42	180,47	II	2 005,33	104,49	151,99	170,99	98,69	143,56	161,50	92,89	135,12	152,01	87,10	126,69	142,52	81,30	118,26	133,04	75,50	109,82	123,55
	III	1 404,50	77,24	112,36	126,40	III	1 404,50	72,40	105,32	118,48	67,65	98,41	110,71	63,01	91,65	103,10	58,45	85,02	95,65	54,—	78,54	88,36	49,62	72,18	81,20
	V	2 594,83	142,71	207,58	233,53	IV	2 051,16	109,91	159,87	179,85	107,01	155,66	175,11	104,11	151,44	170,37	101,21	147,22	165,62	98,31	143,—	160,88	95,41	138,78	156,13
	VI	2 627,—	144,48	210,16	236,43																				
6 884,99	I,IV	2 052,41	112,88	164,19	184,71	I	2 052,41	107,08	155,76	175,23	101,28	147,32	165,74	95,48	138,89	156,25	89,69	130,46	146,76	83,89	122,02	137,27	78,09	113,58	127,78
	II	2 006,58	110,36	160,52	180,59	II	2 006,58	104,56	152,09	171,10	98,76	143,66	161,61	92,96	135,22	152,12	87,17	126,79	142,64	81,37	118,36	133,15	75,57	109,92	123,66
	III	1 405,50	77,30	112,44	126,49	III	1 405,50	72,46	105,40	118,57	67,71	98,49	110,80	63,06	91,73	103,19	58,51	85,10	95,74	54,04	78,61	88,43	49,68	72,26	81,29
	V	2 596,08	142,78	207,68	233,64	IV	2 052,41	109,98	159,97	179,96	107,08	155,76	175,23	104,18	151,54	170,48	101,28	147,32	165,74	98,38	143,10	160,99	95,48	138,89	156,25
	VI	2 628,33	144,55	210,26	236,54																				

* Die ausgewiesenen Tabellenwerte sind amtlich. Siehe Erläuterungen auf der Umschlaginnenseite (U2).

MONAT 6 885,–*

Abzüge an Lohnsteuer, Solidaritätszuschlag (SolZ) und Kirchensteuer (8%, 9%) in den Steuerklassen

Lohn/ Gehalt bis €*	I – VI					I, II, III, IV																			
			ohne Kinderfreibeträge					**mit** Zahl der Kinderfreibeträge . . . 0,5			1			1,5			2			2,5			3		
		LSt	SolZ	8%	9%		LSt	SolZ	8%	9%	SolZ	8%	9%	SolZ	8%	9%	SolZ	8%	9%	SolZ	8%	9%	SolZ	8%	9%
6 887,99	I,IV	2 053,66	112,95	164,29	184,82	I	2 053,66	107,15	155,86	175,34	101,35	147,42	165,85	95,55	138,99	156,36	89,76	130,56	146,88	83,96	122,12	137,39	78,16	113,69	127,90
	II	2 007,83	110,43	160,62	180,70	II	2 007,83	104,63	152,19	171,21	98,83	143,76	161,73	93,03	135,32	152,24	87,23	126,89	142,75	81,44	118,46	133,26	75,64	110,02	123,77
	III	1 406,66	77,36	112,53	126,59	III	1 406,66	72,51	105,48	118,66	67,76	98,57	110,89	63,12	91,81	103,28	58,56	85,18	95,83	54,10	78,69	88,52	49,73	72,34	81,38
	V	2 597,33	142,85	207,78	233,75	IV	2 053,66	110,05	160,07	180,08	107,15	155,86	175,34	104,25	151,64	170,59	101,35	147,42	165,85	98,45	143,20	161,10	95,55	138,99	156,36
	VI	2 629,58	144,62	210,36	236,66																				
6 890,99	I,IV	2 054,91	113,02	164,39	184,94	I	2 054,91	107,22	155,96	175,45	101,42	147,52	165,96	95,62	139,09	156,47	89,82	130,66	146,99	84,03	122,22	137,50	78,23	113,79	128,01
	II	2 009,16	110,50	160,73	180,82	II	2 009,16	104,70	152,30	171,33	98,90	143,86	161,84	93,10	135,42	152,35	87,30	126,99	142,86	81,51	118,56	133,38	75,71	110,12	123,89
	III	1 407,66	77,42	112,61	126,68	III	1 407,66	72,58	105,57	118,76	67,83	98,66	110,99	63,17	91,89	103,37	58,62	85,26	95,92	54,15	78,77	88,61	49,78	72,41	81,46
	V	2 598,58	142,92	207,88	233,87	IV	2 054,91	110,11	160,17	180,19	107,22	155,96	175,45	104,32	151,74	170,70	101,42	147,52	165,96	98,52	143,30	161,21	95,62	139,09	156,47
	VI	2 630,83	144,69	210,46	236,77																				
6 893,99	I,IV	2 056,16	113,08	164,49	185,05	I	2 056,16	107,29	156,06	175,56	101,49	147,62	166,07	95,69	139,19	156,59	89,89	130,76	147,10	84,09	122,32	137,61	78,30	113,89	128,12
	II	2 010,41	110,57	160,83	180,93	II	2 010,41	104,77	152,40	171,45	98,97	143,96	161,96	93,17	135,53	152,47	87,38	127,10	142,98	81,58	118,66	133,49	75,78	110,22	124,–
	III	1 408,66	77,47	112,69	126,77	III	1 408,66	72,63	105,65	118,85	67,88	98,74	111,08	63,23	91,97	103,46	58,67	85,34	96,01	54,21	78,85	88,70	49,83	72,49	81,55
	V	2 599,91	142,99	207,99	233,99	IV	2 056,16	110,19	160,28	180,31	107,29	156,06	175,56	104,39	151,84	170,82	101,49	147,62	166,07	98,59	143,40	161,33	95,69	139,19	156,59
	VI	2 632,08	144,76	210,56	236,88																				
6 896,99	I,IV	2 057,41	113,15	164,59	185,16	I	2 057,41	107,36	156,16	175,68	101,56	147,72	166,19	95,76	139,29	156,70	89,96	130,86	147,21	84,16	122,42	137,72	78,37	113,99	128,24
	II	2 011,66	110,64	160,93	181,04	II	2 011,66	104,84	152,50	171,56	99,04	144,06	162,07	93,24	135,63	152,58	87,45	127,20	143,10	81,65	118,76	133,61	75,85	110,33	124,12
	III	1 409,83	77,54	112,78	126,88	III	1 409,83	72,69	105,73	118,94	67,94	98,82	111,17	63,28	92,05	103,55	58,72	85,41	96,08	54,25	78,92	88,78	49,89	72,57	81,64
	V	2 601,16	143,06	208,09	234,10	IV	2 057,41	110,26	160,38	180,42	107,36	156,16	175,68	104,46	151,94	170,93	101,56	147,72	166,19	98,66	143,51	161,45	95,76	139,29	156,70
	VI	2 633,33	144,83	210,66	236,99																				
6 899,99	I,IV	2 058,66	113,22	164,69	185,27	I	2 058,66	107,42	156,26	175,79	101,63	147,82	166,30	95,83	139,39	156,81	90,03	130,96	147,33	84,23	122,52	137,84	78,43	114,09	128,35
	II	2 012,91	110,71	161,03	181,16	II	2 012,91	104,91	152,60	171,67	99,11	144,16	162,18	93,31	135,73	152,69	87,51	127,30	143,21	81,72	118,86	133,72	75,92	110,43	124,23
	III	1 410,83	77,59	112,86	126,97	III	1 410,83	72,74	105,81	119,03	67,99	98,90	111,26	63,34	92,13	103,64	58,77	85,49	96,17	54,31	79,–	88,87	49,94	72,64	81,72
	V	2 602,41	143,13	208,19	234,21	IV	2 058,66	110,33	160,48	180,54	107,42	156,26	175,79	104,53	152,04	171,05	101,63	147,82	166,30	98,73	143,61	161,56	95,83	139,39	156,81
	VI	2 634,58	144,90	210,76	237,11																				
6 902,99	I,IV	2 059,91	113,29	164,79	185,39	I	2 059,91	107,49	156,36	175,90	101,69	147,92	166,41	95,90	139,49	156,92	90,10	131,06	147,44	84,30	122,62	137,95	78,50	114,19	128,46
	II	2 014,16	110,77	161,13	181,27	II	2 014,16	104,98	152,70	171,78	99,18	144,26	162,29	93,38	135,83	152,81	87,58	127,40	143,32	81,78	118,96	133,83	75,99	110,53	124,34
	III	1 412,–	77,66	112,96	127,08	III	1 412,–	72,81	105,90	119,14	68,05	98,98	111,35	63,39	92,21	103,73	58,83	85,57	96,26	54,36	79,08	88,96	49,99	72,72	81,81
	V	2 603,66	143,20	208,29	234,32	IV	2 059,91	110,39	160,58	180,65	107,49	156,36	175,90	104,60	152,14	171,16	101,69	147,92	166,41	98,80	143,71	161,67	95,90	139,49	156,92
	VI	2 635,83	144,97	210,86	237,22																				
6 905,99	I,IV	2 061,25	113,36	164,90	185,51	I	2 061,25	107,57	156,46	176,02	101,76	148,02	166,52	95,97	139,59	157,04	90,17	131,16	147,55	84,37	122,72	138,06	78,57	114,29	128,57
	II	2 015,41	110,84	161,23	181,38	II	2 015,41	105,05	152,80	171,90	99,25	144,36	162,41	93,45	135,93	152,92	87,65	127,50	143,43	81,85	119,06	133,94	76,06	110,63	124,46
	III	1 413,–	77,71	113,04	127,17	III	1 413,–	72,86	105,98	119,23	68,10	99,06	111,44	63,45	92,29	103,82	58,88	85,65	96,35	54,42	79,16	89,05	50,05	72,80	81,90
	V	2 604,91	143,27	208,39	234,44	IV	2 061,25	110,46	160,68	180,76	107,57	156,46	176,02	104,66	152,24	171,27	101,76	148,02	166,52	98,87	143,81	161,78	95,97	139,59	157,04
	VI	2 637,08	145,03	210,96	237,33																				
6 908,99	I,IV	2 062,50	113,43	165,–	185,62	I	2 062,50	107,63	156,56	176,13	101,84	148,13	166,64	96,04	139,70	157,16	90,24	131,26	147,67	84,44	122,82	138,17	78,64	114,39	128,69
	II	2 016,66	110,91	161,33	181,49	II	2 016,66	105,11	152,90	172,01	99,32	144,46	162,52	93,52	136,03	153,03	87,72	127,60	143,55	81,92	119,16	134,06	76,12	110,73	124,57
	III	1 414,–	77,77	113,12	127,26	III	1 414,–	72,92	106,06	119,32	68,16	99,14	111,53	63,50	92,37	103,91	58,94	85,73	96,44	54,46	79,22	89,12	50,09	72,86	81,97
	V	2 606,16	143,33	208,49	234,55	IV	2 062,50	110,53	160,78	180,87	107,63	156,56	176,13	104,73	152,34	171,38	101,84	148,13	166,64	98,94	143,91	161,90	96,04	139,70	157,16
	VI	2 638,41	145,11	211,07	237,45																				
6 911,99	I,IV	2 063,75	113,50	165,10	185,73	I	2 063,75	107,70	156,66	176,24	101,91	148,23	166,76	96,11	139,80	157,27	90,31	131,36	147,78	84,51	122,93	138,29	78,71	114,50	128,81
	II	2 017,91	110,98	161,43	181,61	II	2 017,91	105,18	153,–	172,12	99,38	144,56	162,63	93,59	136,13	153,14	87,79	127,70	143,66	81,99	119,26	134,17	76,19	110,83	124,68
	III	1 415,16	77,83	113,21	127,36	III	1 415,16	72,97	106,14	119,41	68,22	99,24	111,64	63,56	92,45	104,–	58,99	85,81	96,53	54,52	79,30	89,21	50,15	72,94	82,06
	V	2 607,41	143,40	208,59	234,66	IV	2 063,75	110,60	160,88	180,99	107,70	156,66	176,24	104,80	152,44	171,50	101,91	148,23	166,76	99,–	144,01	162,01	96,11	139,80	157,27
	VI	2 639,66	145,18	211,17	237,56																				
6 914,99	I,IV	2 065,–	113,57	165,20	185,85	I	2 065,–	107,77	156,76	176,36	101,97	148,33	166,87	96,18	139,90	157,38	90,38	131,46	147,89	84,58	123,03	138,41	78,78	114,60	128,92
	II	2 019,25	111,05	161,54	181,73	II	2 019,25	105,26	153,10	172,24	99,45	144,66	162,74	93,66	136,23	153,26	87,86	127,80	143,77	82,06	119,36	134,28	76,26	110,93	124,79
	III	1 416,16	77,88	113,29	127,45	III	1 416,16	73,04	106,24	119,52	68,28	99,32	111,73	63,61	92,53	104,09	59,05	85,89	96,62	54,57	79,38	89,30	50,19	73,01	82,13
	V	2 608,66	143,47	208,69	234,77	IV	2 065,–	110,67	160,98	181,10	107,77	156,76	176,36	104,87	152,54	171,61	101,97	148,33	166,87	99,07	144,11	162,12	96,18	139,90	157,38
	VI	2 640,91	145,25	211,27	237,68																				
6 917,99	I,IV	2 066,25	113,64	165,30	185,96	I	2 066,25	107,84	156,86	176,47	102,04	148,43	166,98	96,25	140,–	157,50	90,45	131,56	148,01	84,65	123,13	138,52	78,85	114,70	129,03
	II	2 020,50	111,12	161,64	181,84	II	2 020,50	105,32	153,20	172,35	99,53	144,77	162,86	93,73	136,34	153,38	87,93	127,90	143,89	82,13	119,46	134,39	76,33	111,03	124,91
	III	1 417,16	77,94	113,37	127,54	III	1 417,16	73,09	106,32	119,61	68,33	99,40	111,82	63,67	92,61	104,18	59,10	85,97	96,71	54,63	79,46	89,39	50,25	73,09	82,22
	V	2 609,91	143,54	208,79	234,89	IV	2 066,25	110,74	161,08	181,22	107,84	156,86	176,47	104,94	152,64	171,72	102,04	148,43	166,98	99,14	144,21	162,23	96,25	140,–	157,50
	VI	2 642,16	145,31	211,37	237,79																				
6 920,99	I,IV	2 067,50	113,71	165,40	186,07	I	2 067,50	107,91	156,96	176,58	102,11	148,53	167,09	96,31	140,10	157,61	90,52	131,66	148,12	84,72	123,23	138,63	78,92	114,80	129,15
	II	2 021,75	111,19	161,74	181,95	II	2 021,75	105,39	153,30	172,46	99,60	144,87	162,98	93,80	136,44	153,49	88,–	128,–	144,–	82,20	119,57	134,51	76,40	111,14	125,03
	III	1 418,33	78,–	113,46	127,64	III	1 418,33	73,15	106,40	119,70	68,39	99,48	111,91	63,72	92,69	104,27	59,16	86,05	96,80	54,67	79,53	89,47	50,30	73,17	82,31
	V	2 611,25	143,61	208,90	235,01	IV	2 067,50	110,81	161,18	181,33	107,91	156,96	176,58	105,01	152,75	171,84	102,11	148,53	167,09	99,22	144,32	162,36	96,31	140,10	157,61
	VI	2 643,41	145,38	211,47	237,90																				
6 923,99	I,IV	2 068,75	113,78	165,50	186,18	I	2 068,75	107,98	157,06	176,69	102,18	148,63	167,21	96,38	140,20	157,72	90,58	131,76	148,23	84,79	123,33	138,74	78,99	114,90	129,26
	II	2 023,–	111,26	161,84	182,07	II	2 023,–	105,46	153,40	172,58	99,66	144,97	163,09	93,87	136,54	153,60	88,07	128,10	144,11	82,27	119,67	134,63	76,47	111,24	125,14
	III	1 419,33	78,06	113,54	127,73	III	1 419,33	73,20	106,48	119,79	68,44	99,56	112,–	63,78	92,77	104,36	59,21	86,13	96,89	54,73	79,61	89,56	50,35	73,24	82,39
	V	2 612,50	143,68	209,–	235,12	IV	2 068,75	110,88	161,28	181,44	107,98	157,06	176,69	105,08	152,85	171,95	102,18	148,63	167,21	99,28	144,42	162,47	96,38	140,20	157,72
	VI	2 644,66	145,45	211,57	238,01																				
6 926,99	I,IV	2 070,–	113,85	165,60	186,30	I	2 070,–	108,05	157,16	176,81	102,25	148,73	167,32	96,45	140,30	157,83	90,65	131,86	148,34	84,86	123,43	138,86	79,06	115,–	129,37
	II	2 024,25	111,33	161,94	182,18	II	2 024,25	105,53	153,50	172,69	99,73	145,07	163,20	93,94	136,64	153,72	88,14	128,20	144,23	82,34	119,77	134,74	76,54	111,34	125,25
	III	1 420,50	78,12	113,64	127,84	III	1 420,50	73,26	106,57	119,89	68,50	99,64	112,09	63,83	92,85	104,45	59,26	86,20	96,97	54,78	79,69	89,65	50,40	73,32	82,48
	V	2 613,75	143,75	209,10	235,23	IV	2 070,–	110,95	161,38	181,55	108,05	157,16	176,81	105,15	152,95	172,07	102,25	148,73	167,32	99,35	144,52	162,58	96,45	140,30	157,83
	VI	2 645,91	145,52	211,67	238,13																				
6 929,99	I,IV	2 071,33	113,92	165,70	186,41	I	2 071,33	108,12	157,26	176,92	102,32	148,83	167,43	96,52	140,40	157,95	90,72	131,96	148,46	84,92	123,53	138,97	79,13	115,10	129,48
	II	2 025,50	111,40	162,04	182,29	II	2 025,50	105,60	153,60	172,80	99,80	145,17	163,31	94,–	136,74	153,83	88,21	128,30	144,34	82,41	119,87	134,85	76,61	111,44	125,37
	III	1 421,50	78,18	113,72	127,93	III	1 421,50	73,32	106,65	119,98	68,55	99,72	112,18	63,89	92,93	104,54	59,31	86,28	97,06	54,84	79,77	89,74	50,46	73,40	82,57
	V	2 615,–	143,82	209,20	235,35	IV	2 071,33	111,02	161,48	181,67	108,12	157,26	176,92	105,22	153,05	172,18	102,32	148,83	167,43	99,42	144,62	162,69	96,52	140,40	157,95
	VI	2 647,16	145,59	211,77	238,24																				

* Die ausgewiesenen Tabellenwerte sind amtlich. Siehe Erläuterungen auf der Umschlaginnenseite (U2).

Abzüge an Lohnsteuer, Solidaritätszuschlag (SolZ) und Kirchensteuer (8%, 9%) in den Steuerklassen

Lohn/ Gehalt bis €*	I – VI					I, II, III, IV mit Zahl der Kinderfreibeträge . . .																				
			ohne Kinderfreibeträge					0,5			1			1,5			2			2,5			3		
		LSt	SolZ	8%	9%		LSt	SolZ	8%	9%	SolZ	8%	9%	SolZ	8%	9%	SolZ	8%	9%	SolZ	8%	9%	SolZ	8%	9%
6 932,99	I,IV	2 072,58	113,99	165,80	186,53	I	2 072,58	108,19	157,37	177,04	102,39	148,94	167,55	96,59	140,50	158,06	90,79	132,06	148,57	84,99	123,63	139,08	79,20	115,20	129,60
	II	2 026,75	111,47	162,14	182,40	II	2 026,75	105,67	153,70	172,91	99,87	145,27	163,43	94,07	136,84	153,94	88,27	128,40	144,45	82,48	119,97	134,96	76,68	111,54	125,48
	III	1 422,50	78,23	113,80	128,02	III	1 422,50	73,37	106,73	120,07	68,62	99,81	112,28	63,94	93,01	104,63	59,37	86,36	97,15	54,89	79,85	89,83	50,50	73,46	82,64
	V	2 616,25	143,89	209,30	235,46	IV	2 072,58	111,09	161,58	181,78	108,19	157,37	177,04	105,29	153,15	172,29	102,39	148,94	167,55	99,49	144,72	162,81	96,59	140,50	158,06
	VI	2 648,41	145,66	211,87	238,35																				
6 935,99	I,IV	2 073,83	114,06	165,90	186,64	I	2 073,83	108,26	157,47	177,15	102,46	149,04	167,67	96,66	140,60	158,18	90,86	132,17	148,69	85,07	123,74	139,20	79,27	115,30	129,71
	II	2 028,—	111,54	162,24	182,52	II	2 028,—	105,74	153,80	173,03	99,94	145,37	163,54	94,14	136,94	154,05	88,34	128,50	144,56	82,55	120,07	135,08	76,75	111,64	125,59
	III	1 423,66	78,30	113,89	128,12	III	1 423,66	73,44	106,82	120,17	68,67	99,89	112,37	64,—	93,09	104,72	59,42	86,44	97,24	54,94	79,92	89,91	50,56	73,54	82,73
	V	2 617,50	143,96	209,40	235,57	IV	2 073,83	111,15	161,68	181,89	108,26	157,47	177,15	105,36	153,25	172,40	102,46	149,04	167,67	99,56	144,82	162,92	96,66	140,60	158,18
	VI	2 649,75	145,73	211,98	238,47																				
6 938,99	I,IV	2 075,08	114,12	166,—	186,75	I	2 075,08	108,33	157,57	177,26	102,53	149,14	167,78	96,73	140,70	158,29	90,93	132,27	148,80	85,14	123,84	139,32	79,34	115,40	129,83
	II	2 029,33	111,61	162,34	182,63	II	2 029,33	105,81	153,90	173,14	100,01	145,47	163,65	94,21	137,04	154,17	88,41	128,60	144,68	82,61	120,17	135,19	76,82	111,74	125,70
	III	1 424,66	78,35	113,97	128,21	III	1 424,66	73,49	106,90	120,26	68,73	99,97	112,46	64,05	93,17	104,81	59,48	86,52	97,33	55,—	80,—	90,—	50,61	73,62	82,82
	V	2 618,75	144,03	209,50	235,68	IV	2 075,08	111,22	161,78	182,—	108,33	157,57	177,26	105,43	153,35	172,52	102,53	149,14	167,78	99,63	144,92	163,03	96,73	140,70	158,29
	VI	2 651,—	145,80	212,08	238,59																				
6 941,99	I,IV	2 076,33	114,19	166,10	186,86	I	2 076,33	108,40	157,67	177,38	102,60	149,24	167,89	96,80	140,80	158,40	91,—	132,37	148,91	85,20	123,94	139,43	79,41	115,50	129,94
	II	2 030,58	111,68	162,44	182,75	II	2 030,58	105,88	154,01	173,26	100,08	145,58	163,77	94,28	137,14	154,28	88,48	128,70	144,79	82,68	120,27	135,30	76,89	111,84	125,82
	III	1 425,83	78,42	114,06	128,32	III	1 425,83	73,55	106,98	120,35	68,78	100,05	112,55	64,11	93,25	104,90	59,53	86,60	97,42	55,05	80,08	90,09	50,66	73,69	82,90
	V	2 620,—	144,10	209,60	235,80	IV	2 076,33	111,29	161,88	182,12	108,40	157,67	177,38	105,49	153,45	172,63	102,60	149,24	167,89	99,70	145,02	163,14	96,80	140,80	158,40
	VI	2 652,25	145,87	212,18	238,70																				
6 944,99	I,IV	2 077,58	114,26	166,20	186,98	I	2 077,58	108,46	157,77	177,49	102,67	149,34	168,—	96,87	140,90	158,51	91,07	132,47	149,03	85,27	124,04	139,54	79,47	115,60	130,05
	II	2 031,83	111,75	162,54	182,86	II	2 031,83	105,95	154,11	173,37	100,15	145,68	163,89	94,35	137,24	154,40	88,55	128,81	144,91	82,76	120,38	135,42	76,96	111,94	125,93
	III	1 426,83	78,47	114,14	128,41	III	1 426,83	73,60	107,06	120,44	68,84	100,13	112,64	64,16	93,33	104,99	59,59	86,68	97,51	55,11	80,16	90,18	50,71	73,77	82,99
	V	2 621,33	144,17	209,70	235,91	IV	2 077,58	111,37	161,99	182,24	108,46	157,77	177,49	105,57	153,56	172,75	102,67	149,34	168,—	99,77	145,12	163,26	96,87	140,90	158,51
	VI	2 653,50	145,94	212,28	238,81																				
6 947,99	I,IV	2 078,83	114,33	166,30	187,09	I	2 078,83	108,53	157,87	177,60	102,74	149,44	168,12	96,94	141,—	158,63	91,14	132,57	149,14	85,34	124,14	139,65	79,54	115,70	130,16
	II	2 033,08	111,81	162,64	182,97	II	2 033,08	106,02	154,21	173,48	100,22	145,78	164,—	94,42	137,34	154,51	88,62	128,91	145,02	82,83	120,48	135,54	77,03	112,04	126,05
	III	1 427,83	78,53	114,22	128,50	III	1 427,83	73,67	107,16	120,55	68,89	100,21	112,73	64,22	93,41	105,08	59,64	86,76	97,60	55,15	80,22	90,25	50,77	73,85	83,08
	V	2 622,58	144,24	209,80	236,03	IV	2 078,83	111,43	162,09	182,35	108,53	157,87	177,60	105,64	153,66	172,86	102,74	149,44	168,12	99,84	145,22	163,37	96,94	141,—	158,63
	VI	2 654,75	146,01	212,38	238,92																				
6 950,99	I,IV	2 080,08	114,40	166,40	187,20	I	2 080,08	108,60	157,97	177,71	102,80	149,54	168,23	97,01	141,10	158,74	91,21	132,67	149,25	85,41	124,24	139,77	79,61	115,80	130,28
	II	2 034,33	111,88	162,74	183,08	II	2 034,33	106,09	154,31	173,60	100,29	145,88	164,11	94,49	137,44	154,62	88,69	129,01	145,13	82,89	120,58	135,65	77,10	112,14	126,16
	III	1 429,—	78,59	114,32	128,61	III	1 429,—	73,72	107,24	120,64	68,95	100,29	112,82	64,27	93,49	105,17	59,70	86,84	97,69	55,21	80,30	90,34	50,82	73,92	83,16
	V	2 623,83	144,31	209,90	236,14	IV	2 080,08	111,50	162,19	182,46	108,60	157,97	177,71	105,71	153,76	172,98	102,80	149,54	168,23	99,91	145,32	163,49	97,01	141,10	158,74
	VI	2 656,—	146,08	212,48	239,04																				
6 953,99	I,IV	2 081,33	114,47	166,50	187,31	I	2 081,33	108,67	158,07	177,83	102,87	149,64	168,34	97,07	141,20	158,85	91,28	132,77	149,36	85,48	124,34	139,88	79,68	115,90	130,39
	II	2 035,58	111,95	162,84	183,20	II	2 035,58	106,15	154,41	173,71	100,36	145,98	164,22	94,56	137,54	154,73	88,76	129,11	145,25	82,96	120,68	135,76	77,16	112,24	126,27
	III	1 430,—	78,65	114,40	128,70	III	1 430,—	73,78	107,32	120,73	69,01	100,38	112,93	64,33	93,57	105,26	59,75	86,92	97,78	55,26	80,38	90,43	50,87	74,—	83,25
	V	2 625,08	144,37	210,—	236,25	IV	2 081,33	111,57	162,29	182,57	108,67	158,07	177,83	105,77	153,86	173,09	102,87	149,64	168,34	99,98	145,42	163,60	97,07	141,20	158,85
	VI	2 657,25	146,14	212,58	239,15																				
6 956,99	I,IV	2 082,66	114,54	166,61	187,43	I	2 082,66	108,74	158,18	177,95	102,95	149,74	168,46	97,14	141,30	158,96	91,35	132,87	149,48	85,55	124,44	139,99	79,75	116,—	130,50
	II	2 036,83	112,02	162,94	183,31	II	2 036,83	106,22	154,51	173,82	100,43	146,08	164,34	94,63	137,64	154,85	88,83	129,21	145,36	83,03	120,78	135,87	77,23	112,34	126,38
	III	1 431,16	78,71	114,49	128,80	III	1 431,16	73,84	107,41	120,83	69,07	100,46	113,02	64,38	93,65	105,35	59,80	86,98	97,85	55,32	80,46	90,52	50,93	74,08	83,34
	V	2 626,33	144,44	210,10	236,36	IV	2 082,66	111,64	162,39	182,69	108,74	158,18	177,95	105,84	153,96	173,20	102,95	149,74	168,46	100,04	145,52	163,71	97,14	141,30	158,96
	VI	2 658,50	146,21	212,68	239,26																				
6 959,99	I,IV	2 083,91	114,61	166,71	187,55	I	2 083,91	108,81	158,28	178,06	103,01	149,84	168,57	97,22	141,41	159,08	91,42	132,98	149,60	85,62	124,54	140,11	79,82	116,10	130,61
	II	2 038,08	112,09	163,04	183,42	II	2 038,08	106,29	154,61	173,93	100,49	146,18	164,45	94,70	137,74	154,96	88,90	129,31	145,47	83,10	120,88	135,99	77,30	112,44	126,50
	III	1 432,16	78,76	114,57	128,89	III	1 432,16	73,90	107,49	120,92	69,12	100,54	113,11	64,44	93,73	105,44	59,85	87,06	97,94	55,37	80,54	90,61	50,97	74,14	83,41
	V	2 627,58	144,51	210,20	236,48	IV	2 083,91	111,71	162,49	182,80	108,81	158,28	178,06	105,91	154,06	173,31	103,01	149,84	168,57	100,11	145,62	163,82	97,22	141,41	159,08
	VI	2 659,83	146,29	212,78	239,38																				
6 962,99	I,IV	2 085,16	114,68	166,81	187,66	I	2 085,16	108,88	158,38	178,17	103,08	149,94	168,68	97,29	141,51	159,20	91,49	133,08	149,71	85,69	124,64	140,22	79,89	116,21	130,73
	II	2 039,33	112,16	163,14	183,53	II	2 039,33	106,36	154,71	174,05	100,56	146,28	164,56	94,76	137,84	155,07	88,97	129,41	145,58	83,17	120,98	136,10	77,37	112,54	126,61
	III	1 433,16	78,82	114,65	128,98	III	1 433,16	73,95	107,57	121,01	69,18	100,62	113,20	64,50	93,82	105,55	59,91	87,14	98,03	55,42	80,61	90,68	51,03	74,22	83,50
	V	2 628,83	144,58	210,30	236,59	IV	2 085,16	111,78	162,59	182,91	108,88	158,38	178,17	105,98	154,16	173,43	103,08	149,94	168,68	100,18	145,72	163,94	97,29	141,51	159,20
	VI	2 661,08	146,35	212,88	239,49																				
6 965,99	I,IV	2 086,41	114,75	166,91	187,77	I	2 086,41	108,95	158,48	178,29	103,15	150,04	168,80	97,35	141,61	159,31	91,56	133,18	149,82	85,76	124,74	140,33	79,96	116,31	130,85
	II	2 040,66	112,23	163,25	183,65	II	2 040,66	106,43	154,82	174,17	100,64	146,38	164,68	94,83	137,94	155,18	89,04	129,51	145,70	83,24	121,08	136,21	77,44	112,64	126,72
	III	1 434,33	78,88	114,74	129,08	III	1 434,33	74,01	107,65	121,10	69,23	100,70	113,29	64,56	93,90	105,64	59,96	87,22	98,12	55,47	80,69	90,77	51,08	74,30	83,59
	V	2 630,08	144,65	210,40	236,70	IV	2 086,41	111,85	162,69	183,02	108,95	158,48	178,29	106,05	154,26	173,54	103,15	150,04	168,80	100,25	145,82	164,05	97,35	141,61	159,31
	VI	2 662,33	146,42	212,98	239,60																				
6 968,99	I,IV	2 087,66	114,82	167,01	187,88	I	2 087,66	109,02	158,58	178,40	103,22	150,14	168,91	97,42	141,71	159,42	91,63	133,28	149,94	85,83	124,84	140,45	80,03	116,41	130,96
	II	2 041,91	112,30	163,35	183,77	II	2 041,91	106,50	154,92	174,28	100,70	146,48	164,79	94,91	138,05	155,30	89,11	129,62	145,82	83,31	121,18	136,33	77,51	112,74	126,83
	III	1 435,33	78,94	114,82	129,17	III	1 435,33	74,07	107,74	121,21	69,29	100,78	113,38	64,61	93,98	105,73	60,02	87,30	98,21	55,53	80,77	90,86	51,13	74,37	83,66
	V	2 631,41	144,72	210,51	236,82	IV	2 087,66	111,92	162,80	183,15	109,02	158,58	178,40	106,12	154,36	173,66	103,22	150,14	168,91	100,32	145,92	164,16	97,42	141,71	159,42
	VI	2 663,58	146,49	213,08	239,72																				
6 971,99	I,IV	2 088,91	114,89	167,11	188,—	I	2 088,91	109,09	158,68	178,51	103,29	150,24	169,02	97,49	141,81	159,53	91,69	133,38	150,05	85,90	124,94	140,56	80,10	116,51	131,07
	II	2 043,16	112,37	163,45	183,88	II	2 043,16	106,57	155,02	174,39	100,77	146,58	164,90	94,98	138,15	155,42	89,18	129,72	145,93	83,38	121,28	136,44	77,58	112,85	126,95
	III	1 436,50	79,—	114,92	129,28	III	1 436,50	74,13	107,82	121,30	69,35	100,88	113,49	64,67	94,06	105,82	60,07	87,38	98,30	55,58	80,85	90,95	51,18	74,45	83,75
	V	2 632,66	144,79	210,61	236,93	IV	2 088,91	111,99	162,90	183,26	109,09	158,68	178,51	106,19	154,46	173,77	103,29	150,24	169,02	100,39	146,03	164,28	97,49	141,81	159,53
	VI	2 664,83	146,56	213,18	239,83																				
6 974,99	I,IV	2 090,16	114,95	167,21	188,11	I	2 090,16	109,16	158,78	178,62	103,36	150,34	169,13	97,56	141,91	159,65	91,76	133,48	150,16	85,96	125,04	140,67	80,17	116,61	131,18
	II	2 044,41	112,44	163,55	183,99	II	2 044,41	106,64	155,12	174,51	100,84	146,68	165,02	95,04	138,25	155,53	89,25	129,82	146,04	83,45	121,38	136,55	77,65	112,95	127,07
	III	1 437,50	79,06	115,—	129,37	III	1 437,50	74,18	107,90	121,39	69,41	100,96	113,58	64,72	94,14	105,91	60,13	87,46	98,39	55,64	80,93	91,04	51,24	74,53	83,84
	V	2 633,91	144,86	210,71	237,05	IV	2 090,16	112,06	163,—	183,37	109,16	158,78	178,62	106,26	154,56	173,88	103,36	150,34	169,13	100,46	146,13	164,39	97,56	141,91	159,65
	VI	2 666,08	146,63	213,28	239,94																				

* Die ausgewiesenen Tabellenwerte sind amtlich. Siehe Erläuterungen auf der Umschlaginnenseite (U2).

Lohn/ Gehalt bis €*	Abzüge an Lohnsteuer, Solidaritätszuschlag (SolZ) und Kirchensteuer (8%, 9%) in den Steuerklassen I – VI					I, II, III, IV		mit Zahl der Kinderfreibeträge . . . 0,5			1			1,5			2			2,5			3		
		LSt	ohne Kinderfreibeträge SolZ	8%	9%		LSt	SolZ	8%	9%	SolZ	8%	9%	SolZ	8%	9%	SolZ	8%	9%	SolZ	8%	9%	SolZ	8%	9%
6 977,99	I,IV	2 091,41	115,02	167,31	188,22	I	2 091,41	109,23	158,88	178,74	103,43	150,44	169,25	97,63	142,01	159,76	91,83	133,58	150,27	86,03	125,14	140,78	80,24	116,71	131,30
	II	2 045,66	112,51	163,65	184,10	II	2 045,66	106,71	155,22	174,62	100,91	146,78	165,13	95,11	138,35	155,64	89,32	129,92	146,16	83,52	121,48	136,67	77,72	113,05	127,18
	III	1 438,66	79,12	115,09	129,47	III	1 438,66	74,25	108,—	121,50	69,46	101,04	113,67	64,78	94,22	106,—	60,18	87,54	98,48	55,68	81,—	91,12	51,28	74,60	83,92
	V	2 635,16	144,93	210,81	237,16	IV	2 091,41	112,13	163,10	183,48	109,23	158,88	178,74	106,33	154,66	173,99	103,43	150,44	169,25	100,53	146,23	164,51	97,63	142,01	159,76
	VI	2 667,33	146,70	213,38	240,05																				
6 980,99	I,IV	2 092,75	115,10	167,42	188,34	I	2 092,75	109,30	158,98	178,85	103,50	150,54	169,36	97,70	142,11	159,87	91,90	133,68	150,39	86,10	125,24	140,90	80,30	116,81	131,41
	II	2 046,91	112,58	163,75	184,22	II	2 046,91	106,78	155,32	174,73	100,98	146,88	165,24	95,18	138,45	155,75	89,38	130,02	146,27	83,59	121,58	136,78	77,79	113,15	127,29
	III	1 439,66	79,18	115,17	129,56	III	1 439,66	74,30	108,08	121,59	69,52	101,12	113,76	64,83	94,30	106,09	60,24	87,62	98,57	55,74	81,08	91,21	51,34	74,68	84,01
	V	2 636,41	145,—	210,91	237,27	IV	2 092,75	112,20	163,20	183,60	109,30	158,98	178,85	106,40	154,76	174,11	103,50	150,54	169,36	100,60	146,33	164,62	97,70	142,11	159,87
	VI	2 668,58	146,77	213,48	240,17																				
6 983,99	I,IV	2 094,—	115,17	167,52	188,46	I	2 094,—	109,37	159,08	178,97	103,57	150,65	169,48	97,77	142,22	159,99	91,97	133,78	150,50	86,17	125,34	141,01	80,37	116,91	131,52
	II	2 048,16	112,64	163,85	184,33	II	2 048,16	106,85	155,42	174,84	101,05	146,98	165,35	95,25	138,55	155,87	89,45	130,12	146,38	83,65	121,68	136,89	77,86	113,25	127,40
	III	1 440,66	79,23	115,25	129,65	III	1 440,66	74,36	108,16	121,68	69,57	101,20	113,85	64,89	94,38	106,18	60,29	87,70	98,66	55,79	81,16	91,30	51,39	74,76	84,10
	V	2 637,66	145,07	211,01	237,38	IV	2 094,—	112,26	163,30	183,71	109,37	159,08	178,97	106,47	154,86	174,22	103,57	150,65	169,48	100,67	146,43	164,73	97,77	142,22	159,99
	VI	2 669,91	146,84	213,59	240,29																				
6 986,99	I,IV	2 095,25	115,23	167,62	188,57	I	2 095,25	109,44	159,18	179,08	103,64	150,75	169,59	97,84	142,32	160,11	92,04	133,88	150,62	86,24	125,45	141,13	80,45	117,02	131,64
	II	2 049,41	112,71	163,95	184,44	II	2 049,41	106,92	155,52	174,96	101,12	147,08	165,47	95,32	138,65	155,98	89,52	130,22	146,49	83,72	121,78	137,—	77,93	113,35	127,52
	III	1 441,83	79,30	115,34	129,76	III	1 441,83	74,41	108,24	121,77	69,63	101,28	113,94	64,94	94,46	106,27	60,35	87,78	98,75	55,85	81,24	91,39	51,44	74,82	84,17
	V	2 638,91	145,14	211,11	237,50	IV	2 095,25	112,33	163,40	183,82	109,44	159,18	179,08	106,53	154,96	174,33	103,64	150,75	169,59	100,74	146,53	164,84	97,84	142,32	160,11
	VI	2 671,16	146,91	213,69	240,40																				
6 989,99	I,IV	2 096,50	115,30	167,72	188,68	I	2 096,50	109,50	159,28	179,19	103,71	150,85	169,70	97,91	142,42	160,22	92,11	133,98	150,73	86,31	125,55	141,24	80,52	117,12	131,76
	II	2 050,75	112,79	164,06	184,56	II	2 050,75	106,99	155,62	175,07	101,19	147,18	165,58	95,39	138,75	156,09	89,59	130,32	146,61	83,79	121,88	137,12	77,99	113,45	127,63
	III	1 442,83	79,35	115,42	129,85	III	1 442,83	74,47	108,33	121,87	69,69	101,37	114,04	65,—	94,54	106,36	60,40	87,86	98,84	55,90	81,32	91,48	51,49	74,90	84,26
	V	2 640,16	145,20	211,21	237,61	IV	2 096,50	112,40	163,50	183,93	109,50	159,28	179,19	106,60	155,06	174,44	103,71	150,85	169,70	100,81	146,63	164,96	97,91	142,42	160,22
	VI	2 672,41	146,98	213,79	240,51																				
6 992,99	I,IV	2 097,75	115,37	167,82	188,79	I	2 097,75	109,57	159,38	179,30	103,78	150,95	169,82	97,98	142,52	160,33	92,18	134,08	150,84	86,38	125,65	141,35	80,58	117,22	131,87
	II	2 052,—	112,86	164,16	184,68	II	2 052,—	107,06	155,72	175,19	101,26	147,29	165,70	95,46	138,86	156,21	89,66	130,42	146,72	83,86	121,98	137,23	78,06	113,55	127,74
	III	1 444,—	79,42	115,52	129,96	III	1 444,—	74,53	108,41	121,96	69,74	101,45	114,13	65,05	94,62	106,45	60,46	87,94	98,93	55,95	81,38	91,55	51,55	74,98	84,35
	V	2 641,41	145,27	211,31	237,72	IV	2 097,75	112,47	163,60	184,05	109,57	159,38	179,30	106,67	155,16	174,56	103,78	150,95	169,82	100,87	146,73	165,07	97,98	142,52	160,33
	VI	2 673,66	147,05	213,89	240,62																				
6 995,99	I,IV	2 099,—	115,44	167,92	188,91	I	2 099,—	109,64	159,48	179,42	103,84	151,05	169,93	98,05	142,62	160,44	92,25	134,18	150,95	86,45	125,75	141,47	80,65	117,32	131,98
	II	2 053,25	112,92	164,26	184,79	II	2 053,25	107,13	155,82	175,30	101,33	147,39	165,81	95,53	138,96	156,33	89,73	130,52	146,84	83,93	122,09	137,35	78,14	113,66	127,86
	III	1 445,—	79,47	115,60	130,05	III	1 445,—	74,58	108,49	122,05	69,80	101,53	114,22	65,11	94,70	106,54	60,50	88,01	99,01	56,—	81,46	91,64	51,59	75,05	84,43
	V	2 642,75	145,35	211,42	237,84	IV	2 099,—	112,54	163,70	184,16	109,64	159,48	179,42	106,75	155,27	174,68	103,84	151,05	169,93	100,95	146,84	165,19	98,05	142,62	160,44
	VI	2 674,91	147,12	213,99	240,74																				
6 998,99	I,IV	2 100,25	115,51	168,02	189,02	I	2 100,25	109,71	159,58	179,53	103,91	151,15	170,04	98,12	142,72	160,56	92,32	134,28	151,07	86,52	125,85	141,58	80,72	117,42	132,09
	II	2 054,50	112,99	164,36	184,90	II	2 054,50	107,19	155,92	175,41	101,40	147,49	165,92	95,60	139,06	156,44	89,80	130,62	146,95	84,—	122,19	137,46	78,21	113,76	127,98
	III	1 446,16	79,53	115,69	130,15	III	1 446,16	74,65	108,58	122,15	69,85	101,61	114,31	65,16	94,78	106,63	60,56	88,09	99,10	56,06	81,54	91,73	51,65	75,13	84,52
	V	2 644,—	145,42	211,52	237,96	IV	2 100,25	112,61	163,80	184,28	109,71	159,58	179,53	106,81	155,37	174,79	103,91	151,15	170,04	101,02	146,94	165,30	98,12	142,72	160,56
	VI	2 676,16	147,18	214,09	240,85																				
7 001,99	I,IV	2 101,50	115,58	168,12	189,13	I	2 101,50	109,78	159,68	179,64	103,98	151,25	170,15	98,18	142,82	160,67	92,39	134,38	151,18	86,59	125,95	141,69	80,79	117,52	132,21
	II	2 055,75	113,06	164,46	185,01	II	2 055,75	107,26	156,02	175,52	101,47	147,59	166,04	95,67	139,16	156,55	89,87	130,72	147,06	84,07	122,29	137,57	78,27	113,86	128,09
	III	1 447,16	79,59	115,77	130,24	III	1 447,16	74,70	108,66	122,24	69,91	101,69	114,40	65,22	94,86	106,72	60,61	88,17	99,19	56,11	81,62	91,82	51,70	75,21	84,61
	V	2 645,25	145,48	211,62	238,07	IV	2 101,50	112,68	163,90	184,39	109,78	159,68	179,64	106,88	155,47	174,90	103,98	151,25	170,15	101,09	147,04	165,42	98,18	142,82	160,67
	VI	2 677,41	147,25	214,19	240,96																				
7 004,99	I,IV	2 102,83	115,65	168,22	189,25	I	2 102,83	109,85	159,78	179,75	104,05	151,35	170,27	98,25	142,92	160,78	92,45	134,48	151,29	86,66	126,05	141,80	80,86	117,62	132,32
	II	2 057,—	113,13	164,56	185,13	II	2 057,—	107,33	156,12	175,64	101,53	147,69	166,15	95,74	139,26	156,66	89,94	130,82	147,17	84,14	122,39	137,69	78,34	113,96	128,20
	III	1 448,16	79,64	115,85	130,33	III	1 448,16	74,76	108,74	122,33	69,97	101,78	114,50	65,27	94,94	106,81	60,67	88,25	99,28	56,17	81,70	91,91	51,75	75,28	84,69
	V	2 646,50	145,55	211,72	238,18	IV	2 102,83	112,75	164,—	184,50	109,85	159,78	179,75	106,95	155,57	175,01	104,05	151,35	170,27	101,15	147,14	165,53	98,25	142,92	160,78
	VI	2 678,66	147,32	214,29	241,07																				
7 007,99	I,IV	2 104,08	115,72	168,32	189,36	I	2 104,08	109,92	159,89	179,87	104,12	151,46	170,39	98,33	143,02	160,90	92,52	134,58	151,40	86,73	126,15	141,92	80,93	117,72	132,43
	II	2 058,25	113,20	164,66	185,24	II	2 058,25	107,40	156,22	175,75	101,60	147,79	166,26	95,81	139,36	156,78	90,01	130,92	147,29	84,21	122,49	137,80	78,41	114,06	128,31
	III	1 449,33	79,71	115,94	130,43	III	1 449,33	74,82	108,84	122,44	70,03	101,86	114,59	65,33	95,02	106,90	60,72	88,33	99,37	56,22	81,78	92,—	51,81	75,36	84,78
	V	2 647,75	145,62	211,82	238,29	IV	2 104,08	112,82	164,10	184,61	109,92	159,89	179,87	107,02	155,67	175,13	104,12	151,46	170,39	101,22	147,24	165,64	98,33	143,02	160,90
	VI	2 679,91	147,39	214,39	241,19																				
7 010,99	I,IV	2 105,33	115,79	168,42	189,47	I	2 105,33	109,99	159,99	179,99	104,19	151,56	170,50	98,39	143,12	161,01	92,60	134,69	151,52	86,80	126,26	142,04	81,—	117,82	132,55
	II	2 059,50	113,27	164,76	185,35	II	2 059,50	107,47	156,32	175,86	101,67	147,89	166,37	95,87	139,46	156,89	90,08	131,02	147,40	84,28	122,59	137,91	78,48	114,16	128,43
	III	1 450,33	79,76	116,02	130,52	III	1 450,33	74,88	108,92	122,53	70,08	101,94	114,68	65,38	95,10	106,99	60,78	88,41	99,46	56,27	81,85	92,08	51,86	75,44	84,87
	V	2 649,—	145,69	211,92	238,41	IV	2 105,33	112,89	164,20	184,73	109,99	159,99	179,99	107,09	155,77	175,24	104,19	151,56	170,50	101,29	147,34	165,75	98,39	143,12	161,01
	VI	2 681,25	147,46	214,50	241,31																				
7 013,99	I,IV	2 106,58	115,86	168,52	189,59	I	2 106,58	110,06	160,09	180,10	104,26	151,66	170,61	98,46	143,22	161,12	92,67	134,79	151,64	86,87	126,36	142,15	81,07	117,92	132,66
	II	2 060,83	113,34	164,86	185,47	II	2 060,83	107,54	156,42	175,97	101,74	147,99	166,49	95,94	139,56	157,—	90,14	131,12	147,51	84,35	122,69	138,02	78,55	114,26	128,54
	III	1 451,50	79,83	116,12	130,63	III	1 451,50	74,93	109,—	122,62	70,14	102,02	114,77	65,44	95,18	107,08	60,83	88,49	99,55	56,32	81,93	92,17	51,92	75,52	84,96
	V	2 650,25	145,76	212,02	238,52	IV	2 106,58	112,96	164,30	184,84	110,06	160,09	180,10	107,16	155,87	175,35	104,26	151,66	170,61	101,36	147,44	165,87	98,46	143,22	161,12
	VI	2 682,50	147,53	214,60	241,42																				
7 016,99	I,IV	2 107,83	115,93	168,62	189,70	I	2 107,83	110,13	160,19	180,21	104,33	151,76	170,73	98,53	143,32	161,24	92,73	134,89	151,75	86,94	126,46	142,26	81,14	118,02	132,77
	II	2 062,08	113,41	164,96	185,58	II	2 062,08	107,61	156,53	176,09	101,81	148,10	166,61	96,02	139,66	157,12	90,21	131,22	147,62	84,42	122,79	138,14	78,62	114,36	128,65
	III	1 452,50	79,88	116,20	130,72	III	1 452,50	75,—	109,09	122,72	70,19	102,10	114,86	65,49	95,26	107,17	60,89	88,57	99,64	56,38	82,01	92,26	51,96	75,58	85,03
	V	2 651,50	145,83	212,12	238,63	IV	2 107,83	113,02	164,40	184,95	110,13	160,19	180,21	107,23	155,97	175,46	104,33	151,76	170,73	101,43	147,54	165,98	98,53	143,32	161,24
	VI	2 683,75	147,60	214,70	241,53																				
7 019,99	I,IV	2 109,08	115,99	168,72	189,81	I	2 109,08	110,20	160,29	180,32	104,40	151,86	170,84	98,60	143,42	161,35	92,80	134,99	151,86	87,01	126,56	142,38	81,21	118,12	132,89
	II	2 063,33	113,48	165,06	185,69	II	2 063,33	107,68	156,63	176,21	101,88	148,20	166,72	96,08	139,76	157,23	90,29	131,33	147,74	84,49	122,90	138,26	78,69	114,46	128,77
	III	1 453,66	79,95	116,29	130,82	III	1 453,66	75,05	109,17	122,81	70,26	102,20	114,97	65,56	95,36	107,28	60,94	88,65	99,73	56,43	82,09	92,35	52,02	75,66	85,12
	V	2 652,83	145,90	212,22	238,75	IV	2 109,08	113,10	164,51	185,07	110,20	160,29	180,32	107,30	156,08	175,59	104,40	151,86	170,84	101,50	147,64	166,10	98,60	143,42	161,35
	VI	2 685,—	147,67	214,80	241,65																				

*** Die ausgewiesenen Tabellenwerte sind amtlich. Siehe Erläuterungen auf der Umschlaginnenseite (U2).**

Abzüge an Lohnsteuer, Solidaritätszuschlag (SolZ) und Kirchensteuer (8%, 9%) in den Steuerklassen

Lohn/ Gehalt bis €*	I – VI	LSt	SolZ	8%	9%	I, II, III, IV	LSt	0,5 SolZ	0,5 8%	0,5 9%	1 SolZ	1 8%	1 9%	1,5 SolZ	1,5 8%	1,5 9%	2 SolZ	2 8%	2 9%	2,5 SolZ	2,5 8%	2,5 9%	3 SolZ	3 8%	3 9%
	ohne Kinderfreibeträge					mit Zahl der Kinderfreibeträge ...																			
7 022,99	I,IV	2 110,33	116,06	168,82	189,92	I	2 110,33	110,27	160,39	180,44	104,47	151,96	170,95	98,67	143,52	161,46	92,87	135,09	151,97	87,07	126,66	142,49	81,28	118,22	133,—
	II	2 064,58	113,55	165,16	185,81	II	2 064,58	107,75	156,73	176,32	101,95	148,30	166,83	96,15	139,86	157,34	90,36	131,43	147,86	84,56	123,—	138,37	78,76	114,56	128,88
	III	1 454,66	80,—	116,37	130,91	III	1 454,66	75,11	109,25	122,90	70,31	102,28	115,06	65,61	95,44	107,37	61,—	88,73	99,82	56,49	82,17	92,44	52,07	75,74	85,21
	V	2 654,08	145,97	212,32	238,86	IV	2 110,33	113,17	164,61	185,18	110,27	160,39	180,44	107,37	156,18	175,70	104,47	151,96	170,95	101,57	147,74	166,21	98,67	143,52	161,46
	VI	2 686,25	147,74	214,90	241,76																				
7 025,99	I,IV	2 111,58	116,13	168,92	190,04	I	2 111,58	110,33	160,49	180,55	104,54	152,06	171,06	98,74	143,62	161,57	92,94	135,19	152,09	87,14	126,76	142,60	81,34	118,32	133,11
	II	2 065,83	113,62	165,26	185,92	II	2 065,83	107,82	156,83	176,43	102,02	148,40	166,95	96,22	139,96	157,46	90,42	131,53	147,97	84,63	123,10	138,48	78,83	114,66	128,99
	III	1 455,66	80,06	116,45	131,—	III	1 455,66	75,16	109,33	122,99	70,37	102,36	115,15	65,67	95,52	107,46	61,05	88,81	99,91	56,54	82,24	92,52	52,12	75,81	85,28
	V	2 655,33	146,04	212,42	238,97	IV	2 111,58	113,24	164,71	185,30	110,33	160,49	180,55	107,44	156,28	175,81	104,54	152,06	171,06	101,64	147,84	166,32	98,74	143,62	161,57
	VI	2 687,50	147,81	215,—	241,87																				
7 028,99	I,IV	2 112,83	116,20	169,02	190,15	I	2 112,83	110,40	160,59	180,66	104,61	152,16	171,18	98,81	143,72	161,69	93,01	135,29	152,20	87,21	126,86	142,71	81,41	118,42	133,22
	II	2 067,08	113,68	165,36	186,03	II	2 067,08	107,89	156,93	176,54	102,09	148,50	167,06	96,29	140,06	157,57	90,49	131,63	148,08	84,70	123,20	138,60	78,90	114,76	129,11
	III	1 456,83	80,12	116,54	131,11	III	1 456,83	75,23	109,42	123,10	70,42	102,44	115,24	65,72	95,60	107,55	61,11	88,89	100,—	56,59	82,32	92,61	52,17	75,89	85,37
	V	2 656,58	146,11	212,52	239,09	IV	2 112,83	113,30	164,81	185,41	110,40	160,59	180,66	107,51	156,38	175,92	104,61	152,16	171,18	101,71	147,94	166,43	98,81	143,72	161,69
	VI	2 688,75	147,88	215,10	241,98																				
7 031,99	I,IV	2 114,16	116,27	169,13	190,27	I	2 114,16	110,48	160,70	180,78	104,68	152,26	171,29	98,88	143,82	161,80	93,08	135,39	152,31	87,28	126,96	142,83	81,48	118,52	133,34
	II	2 068,33	113,75	165,46	186,14	II	2 068,33	107,96	157,03	176,66	102,16	148,60	167,17	96,36	140,16	157,68	90,56	131,73	148,19	84,76	123,30	138,71	78,97	114,86	129,22
	III	1 457,83	80,18	116,62	131,20	III	1 457,83	75,28	109,50	123,19	70,48	102,52	115,33	65,78	95,68	107,64	61,16	88,97	100,09	56,65	82,40	92,70	52,23	75,97	85,46
	V	2 657,83	146,18	212,62	239,20	IV	2 114,16	113,37	164,91	185,52	110,48	160,70	180,78	107,58	156,48	176,04	104,68	152,26	171,29	101,78	148,04	166,55	98,88	143,82	161,80
	VI	2 690,—	147,95	215,20	242,10																				
7 034,99	I,IV	2 115,41	116,34	169,23	190,38	I	2 115,41	110,55	160,80	180,90	104,75	152,36	171,41	98,95	143,93	161,92	93,15	135,50	152,43	87,35	127,06	142,94	81,55	118,62	133,45
	II	2 069,58	113,82	165,56	186,26	II	2 069,58	108,02	157,13	176,77	102,23	148,70	167,28	96,43	140,26	157,79	90,63	131,83	148,31	84,83	123,40	138,82	79,03	114,96	129,33
	III	1 459,—	80,24	116,72	131,31	III	1 459,—	75,34	109,58	123,28	70,54	102,61	115,43	65,83	95,76	107,73	61,22	89,05	100,18	56,70	82,48	92,79	52,27	76,04	85,54
	V	2 659,08	146,24	212,72	239,31	IV	2 115,41	113,44	165,01	185,63	110,55	160,80	180,90	107,64	156,58	176,15	104,75	152,36	171,41	101,85	148,14	166,66	98,95	143,93	161,92
	VI	2 691,33	148,02	215,30	242,21																				
7 037,99	I,IV	2 116,66	116,41	169,33	190,49	I	2 116,66	110,61	160,90	181,01	104,82	152,46	171,52	99,02	144,03	162,03	93,22	135,60	152,55	87,42	127,16	143,06	81,62	118,73	133,57
	II	2 070,83	113,89	165,66	186,37	II	2 070,83	108,09	157,23	176,88	102,30	148,80	167,40	96,50	140,36	157,91	90,70	131,93	148,42	84,90	123,50	138,93	79,10	115,06	129,44
	III	1 460,—	80,30	116,80	131,40	III	1 460,—	75,40	109,68	123,39	70,60	102,69	115,52	65,89	95,84	107,82	61,27	89,13	100,27	56,76	82,56	92,88	52,33	76,12	85,63
	V	2 660,33	146,31	212,82	239,42	IV	2 116,66	113,51	165,11	185,75	110,61	160,90	181,01	107,71	156,68	176,26	104,82	152,46	171,52	101,91	148,24	166,77	99,02	144,03	162,03
	VI	2 692,58	148,09	215,40	242,33																				
7 040,99	I,IV	2 117,91	116,48	169,43	190,61	I	2 117,91	110,68	161,—	181,12	104,88	152,56	171,63	99,09	144,13	162,14	93,29	135,70	152,66	87,49	127,26	143,17	81,69	118,83	133,68
	II	2 072,16	113,96	165,77	186,49	II	2 072,16	108,17	157,34	177,—	102,37	148,90	167,51	96,57	140,46	158,02	90,77	132,03	148,53	84,97	123,60	139,05	79,17	115,16	129,56
	III	1 461,16	80,36	116,89	131,50	III	1 461,16	75,46	109,76	123,48	70,65	102,77	115,61	65,94	95,92	107,91	61,33	89,21	100,36	56,81	82,64	92,97	52,38	76,20	85,72
	V	2 661,58	146,38	212,92	239,54	IV	2 117,91	113,58	165,21	185,86	110,68	161,—	181,12	107,78	156,78	176,37	104,88	152,56	171,63	101,98	148,34	166,88	99,09	144,13	162,14
	VI	2 693,83	148,16	215,50	242,44																				
7 043,99	I,IV	2 119,16	116,55	169,53	190,72	I	2 119,16	110,75	161,10	181,23	104,95	152,66	171,74	99,16	144,23	162,26	93,36	135,80	152,77	87,56	127,36	143,28	81,76	118,93	133,79
	II	2 073,41	114,03	165,87	186,60	II	2 073,41	108,24	157,44	177,12	102,44	149,—	167,63	96,64	140,57	158,14	90,84	132,14	148,65	85,04	123,70	139,16	79,24	115,26	129,67
	III	1 462,16	80,41	116,97	131,59	III	1 462,16	75,51	109,84	123,57	70,71	102,85	115,70	66,—	96,—	108,—	61,38	89,29	100,45	56,86	82,70	93,04	52,44	76,28	85,81
	V	2 662,91	146,46	213,03	239,66	IV	2 119,16	113,65	165,32	185,98	110,75	161,10	181,23	107,85	156,88	176,49	104,95	152,66	171,74	102,05	148,44	167,—	99,16	144,23	162,26
	VI	2 695,08	148,22	215,60	242,55																				
7 046,99	I,IV	2 120,41	116,62	169,63	190,83	I	2 120,41	110,82	161,20	181,35	105,02	152,76	171,86	99,22	144,33	162,37	93,43	135,90	152,88	87,63	127,46	143,39	81,83	119,03	133,91
	II	2 074,66	114,10	165,97	186,71	II	2 074,66	108,30	157,54	177,23	102,51	149,10	167,74	96,71	140,67	158,25	90,91	132,24	148,77	85,11	123,80	139,28	79,31	115,37	129,79
	III	1 463,33	80,48	117,06	131,69	III	1 463,33	75,57	109,93	123,67	70,76	102,93	115,79	66,05	96,08	108,09	61,44	89,37	100,54	56,91	82,78	93,13	52,48	76,34	85,88
	V	2 664,16	146,52	213,13	239,77	IV	2 120,41	113,72	165,42	186,09	110,82	161,20	181,35	107,92	156,98	176,60	105,02	152,76	171,86	102,13	148,55	167,12	99,22	144,33	162,37
	VI	2 696,33	148,29	215,70	242,66																				
7 049,99	I,IV	2 121,66	116,69	169,73	190,94	I	2 121,66	110,89	161,30	181,46	105,09	152,86	171,97	99,29	144,43	162,48	93,50	136,—	153,—	87,70	127,56	143,51	81,90	119,13	134,02
	II	2 075,91	114,17	166,07	186,83	II	2 075,91	108,37	157,64	177,34	102,57	149,20	167,85	96,78	140,77	158,36	90,98	132,34	148,88	85,18	123,90	139,39	79,38	115,47	129,90
	III	1 464,33	80,53	117,14	131,78	III	1 464,33	75,63	110,01	123,76	70,83	103,02	115,90	66,11	96,16	108,18	61,49	89,45	100,63	56,97	82,86	93,22	52,54	76,42	85,97
	V	2 665,41	146,59	213,23	239,88	IV	2 121,66	113,79	165,52	186,21	110,89	161,30	181,46	107,99	157,08	176,72	105,09	152,86	171,97	102,19	148,65	167,23	99,29	144,43	162,48
	VI	2 697,58	148,36	215,80	242,78																				
7 052,99	I,IV	2 122,91	116,76	169,83	191,06	I	2 122,91	110,96	161,40	181,57	105,16	152,96	172,08	99,36	144,53	162,59	93,56	136,10	153,11	87,77	127,66	143,62	81,97	119,23	134,13
	II	2 077,16	114,24	166,17	186,94	II	2 077,16	108,44	157,74	177,45	102,64	149,30	167,96	96,85	140,87	158,48	91,05	132,44	148,99	85,25	124,—	139,50	79,45	115,57	130,01
	III	1 465,50	80,60	117,24	131,89	III	1 465,50	75,68	110,09	123,85	70,88	103,10	115,99	66,16	96,24	108,27	61,54	89,52	100,71	57,02	82,94	93,31	52,59	76,50	86,06
	V	2 666,66	146,66	213,33	239,99	IV	2 122,91	113,86	165,62	186,32	110,96	161,40	181,57	108,06	157,18	176,83	105,16	152,96	172,08	102,26	148,75	167,34	99,36	144,53	162,59
	VI	2 698,83	148,43	215,90	242,89																				
7 055,99	I,IV	2 124,25	116,83	169,94	191,18	I	2 124,25	111,03	161,50	181,69	105,23	153,06	172,19	99,43	144,63	162,71	93,63	136,20	153,22	87,83	127,76	143,73	82,04	119,33	134,24
	II	2 078,41	114,31	166,27	187,05	II	2 078,41	108,51	157,84	177,57	102,71	149,40	168,08	96,91	140,97	158,59	91,12	132,54	149,10	85,32	124,10	139,61	79,52	115,67	130,13
	III	1 466,50	80,65	117,32	131,98	III	1 466,50	75,75	110,18	123,95	70,94	103,18	116,08	66,22	96,33	108,37	61,60	89,60	100,80	57,08	83,02	93,40	52,64	76,57	86,14
	V	2 667,91	146,73	213,43	240,11	IV	2 124,25	113,93	165,72	186,43	111,03	161,50	181,69	108,13	157,28	176,94	105,23	153,06	172,19	102,33	148,85	167,45	99,43	144,63	162,71
	VI	2 700,08	148,50	216,—	243,—																				
7 058,99	I,IV	2 125,50	116,90	170,04	191,29	I	2 125,50	111,10	161,60	181,80	105,30	153,17	172,31	99,50	144,74	162,83	93,71	136,30	153,34	87,90	127,86	143,84	82,11	119,43	134,36
	II	2 079,66	114,38	166,37	187,16	II	2 079,66	108,58	157,94	177,68	102,78	149,50	168,19	96,98	141,07	158,70	91,19	132,64	149,22	85,39	124,20	139,73	79,59	115,77	130,24
	III	1 467,50	80,71	117,40	132,07	III	1 467,50	75,80	110,26	124,04	70,99	103,26	116,17	66,28	96,41	108,46	61,65	89,68	100,89	57,13	83,10	93,49	52,69	76,65	86,23
	V	2 669,16	146,80	213,53	240,22	IV	2 125,50	114,—	165,82	186,54	111,10	161,60	181,80	108,20	157,38	177,05	105,30	153,17	172,31	102,40	148,95	167,57	99,50	144,74	162,83
	VI	2 701,41	148,57	216,11	243,12																				
7 061,99	I,IV	2 126,75	116,97	170,14	191,40	I	2 126,75	111,17	161,70	181,91	105,37	153,27	172,43	99,57	144,84	162,94	93,77	136,40	153,45	87,98	127,97	143,96	82,18	119,54	134,48
	II	2 080,91	114,45	166,47	187,28	II	2 080,91	108,65	158,04	177,79	102,85	149,60	168,30	97,05	141,17	158,81	91,25	132,74	149,33	85,46	124,30	139,84	79,66	115,87	130,35
	III	1 468,66	80,77	117,49	132,17	III	1 468,66	75,86	110,34	124,13	71,05	103,34	116,26	66,33	96,49	108,55	61,71	89,76	100,98	57,18	83,17	93,56	52,75	76,73	86,32
	V	2 670,41	146,87	213,63	240,33	IV	2 126,75	114,07	165,92	186,66	111,17	161,70	181,91	108,27	157,48	177,17	105,37	153,27	172,43	102,47	149,05	167,68	99,57	144,84	162,94
	VI	2 702,66	148,64	216,21	243,23																				
7 064,99	I,IV	2 128,—	117,04	170,24	191,52	I	2 128,—	111,24	161,80	182,03	105,44	153,37	172,54	99,64	144,94	163,05	93,84	136,50	153,56	88,05	128,07	144,08	82,25	119,64	134,59
	II	2 082,25	114,52	166,58	187,40	II	2 082,25	108,72	158,14	177,91	102,92	149,70	168,41	97,12	141,27	158,93	91,32	132,84	149,44	85,52	124,40	139,95	79,73	115,97	130,46
	III	1 469,66	80,83	117,57	132,26	III	1 469,66	75,92	110,44	124,24	71,11	103,44	116,37	66,39	96,57	108,64	61,76	89,84	101,07	57,23	83,25	93,65	52,80	76,81	86,41
	V	2 671,66	146,94	213,73	240,44	IV	2 128,—	114,13	166,02	186,77	111,24	161,80	182,03	108,34	157,58	177,28	105,44	153,37	172,54	102,54	149,15	167,79	99,64	144,94	163,05
	VI	2 703,91	148,71	216,31	243,35																				

* Die ausgewiesenen Tabellenwerte sind amtlich. Siehe Erläuterungen auf der Umschlaginnenseite (U2).

MONAT 7 065,–*

Abzüge an Lohnsteuer, Solidaritätszuschlag (SolZ) und Kirchensteuer (8%, 9%) in den Steuerklassen

Lohn/ Gehalt bis €*	I – VI		ohne Kinderfreibeträge			I, II, III, IV		mit Zahl der Kinderfreibeträge . . . 0,5			1			1,5			2			2,5			3		
		LSt	SolZ	8%	9%		LSt	SolZ	8%	9%	SolZ	8%	9%	SolZ	8%	9%	SolZ	8%	9%	SolZ	8%	9%	SolZ	8%	9%
7 067,99	I,IV	2 129,25	117,10	170,34	191,63	I	2 129,25	111,31	161,90	182,14	105,51	153,47	172,65	99,71	145,04	163,17	93,91	136,60	153,68	88,11	128,17	144,19	82,32	119,74	134,70
	II	2 083,50	114,59	166,68	187,51	II	2 083,50	108,79	158,24	178,02	102,99	149,81	168,53	97,19	141,38	159,05	91,40	132,94	149,56	85,59	124,50	140,06	79,80	116,07	130,58
	III	1 470,83	80,89	117,66	132,37	III	1 470,83	75,98	110,52	124,33	71,17	103,52	116,46	66,44	96,65	108,73	61,82	89,92	101,16	57,29	83,33	93,74	52,85	76,88	86,49
	V	2 672,91	147,01	213,83	240,56	IV	2 129,25	114,21	166,12	186,89	111,31	161,90	182,14	108,40	157,68	177,39	105,51	153,47	172,65	102,61	149,25	167,90	99,71	145,04	163,17
	VI	2 705,16	148,78	216,41	243,46																				
7 070,99	I,IV	2 130,50	117,17	170,44	191,74	I	2 130,50	111,37	162,–	182,25	105,58	153,57	172,76	99,78	145,14	163,28	93,98	136,70	153,79	88,18	128,27	144,30	82,39	119,84	134,82
	II	2 084,75	114,66	166,78	187,62	II	2 084,75	108,86	158,34	178,13	103,06	149,91	168,65	97,26	141,48	159,16	91,46	133,04	149,67	85,67	124,61	140,18	79,87	116,18	130,70
	III	1 471,83	80,95	117,74	132,46	III	1 471,83	76,03	110,60	124,42	71,22	103,60	116,55	66,50	96,73	108,82	61,87	90,–	101,25	57,34	83,41	93,83	52,91	76,96	86,58
	V	2 674,25	147,08	213,94	240,68	IV	2 130,50	114,28	166,22	187,–	111,37	162,–	182,25	108,48	157,79	177,51	105,58	153,57	172,76	102,68	149,36	168,03	99,78	145,14	163,28
	VI	2 706,41	148,85	216,51	243,57																				
7 073,99	I,IV	2 131,75	117,24	170,54	191,85	I	2 131,75	111,44	162,10	182,36	105,65	153,67	172,88	99,85	145,24	163,39	94,05	136,80	153,90	88,25	128,37	144,41	82,45	119,94	134,93
	II	2 086,–	114,73	166,88	187,74	II	2 086,–	108,93	158,44	178,25	103,13	150,01	168,76	97,33	141,58	159,27	91,53	133,14	149,78	85,74	124,71	140,30	79,94	116,28	130,81
	III	1 473,–	81,01	117,84	132,57	III	1 473,–	76,10	110,69	124,52	71,28	103,68	116,64	66,55	96,81	108,91	61,93	90,08	101,34	57,40	83,49	93,92	52,96	77,04	86,67
	V	2 675,50	147,15	214,04	240,79	IV	2 131,75	114,34	166,32	187,11	111,44	162,10	182,36	108,55	157,89	177,62	105,65	153,67	172,88	102,75	149,46	168,14	99,85	145,24	163,39
	VI	2 707,66	148,92	216,61	243,68																				
7 076,99	I,IV	2 133,–	117,31	170,64	191,97	I	2 133,–	111,51	162,20	182,48	105,71	153,77	172,99	99,92	145,34	163,50	94,12	136,90	154,01	88,32	128,47	144,53	82,52	120,04	135,04
	II	2 087,25	114,79	166,98	187,85	II	2 087,25	109,–	158,54	178,36	103,20	150,11	168,87	97,40	141,68	159,39	91,60	133,24	149,90	85,80	124,81	140,41	80,01	116,38	130,92
	III	1 474,–	81,07	117,92	132,66	III	1 474,–	76,15	110,77	124,61	71,33	103,76	116,73	66,61	96,89	109,–	61,98	90,16	101,43	57,45	83,57	94,01	53,01	77,10	86,74
	V	2 676,75	147,22	214,14	240,90	IV	2 133,–	114,41	166,42	187,22	111,51	162,20	182,48	108,62	157,99	177,74	105,71	153,77	172,99	102,82	149,56	168,25	99,92	145,34	163,50
	VI	2 708,91	148,99	216,71	243,80																				
7 079,99	I,IV	2 134,33	117,38	170,74	192,08	I	2 134,33	111,58	162,30	182,59	105,78	153,87	173,10	99,99	145,44	163,62	94,19	137,–	154,13	88,39	128,57	144,64	82,59	120,14	135,15
	II	2 088,50	114,86	167,08	187,96	II	2 088,50	109,06	158,64	178,47	103,27	150,21	168,98	97,47	141,78	159,50	91,67	133,34	150,01	85,87	124,91	140,52	80,08	116,48	131,04
	III	1 475,16	81,13	118,01	132,76	III	1 475,16	76,21	110,85	124,70	71,39	103,85	116,83	66,66	96,97	109,09	62,04	90,24	101,52	57,50	83,64	94,09	53,06	77,18	86,83
	V	2 678,–	147,29	214,24	241,02	IV	2 134,33	114,48	166,52	187,34	111,58	162,30	182,59	108,68	158,09	177,85	105,78	153,87	173,10	102,89	149,66	168,36	99,99	145,44	163,62
	VI	2 710,16	149,05	216,81	243,91																				
7 082,99	I,IV	2 135,58	117,45	170,84	192,20	I	2 135,58	111,65	162,41	182,71	105,86	153,98	173,22	100,06	145,54	163,73	94,26	137,10	154,24	88,46	128,67	144,75	82,66	120,24	135,27
	II	2 089,75	114,93	167,18	188,07	II	2 089,75	109,13	158,74	178,58	103,34	150,31	169,10	97,54	141,88	159,61	91,74	133,44	150,12	85,94	125,01	140,63	80,14	116,58	131,15
	III	1 476,16	81,18	118,09	132,85	III	1 476,16	76,27	110,94	124,81	71,45	103,93	116,92	66,72	97,05	109,18	62,09	90,32	101,61	57,55	83,72	94,18	53,12	77,26	86,92
	V	2 679,25	147,35	214,34	241,13	IV	2 135,58	114,55	166,62	187,45	111,65	162,41	182,71	108,75	158,19	177,96	105,86	153,98	173,22	102,96	149,76	168,48	100,06	145,54	163,73
	VI	2 711,41	149,12	216,91	244,02																				
7 085,99	I,IV	2 136,83	117,52	170,94	192,31	I	2 136,83	111,72	162,51	182,82	105,93	154,08	173,34	100,13	145,64	163,85	94,33	137,21	154,36	88,53	128,78	144,87	82,73	120,34	135,38
	II	2 091,–	115,–	167,28	188,19	II	2 091,–	109,20	158,84	178,70	103,40	150,41	169,21	97,61	141,98	159,72	91,81	133,54	150,23	86,01	125,11	140,75	80,21	116,68	131,26
	III	1 477,33	81,25	118,18	132,95	III	1 477,33	76,33	111,02	124,90	71,50	104,01	117,01	66,77	97,13	109,27	62,15	90,40	101,70	57,61	83,80	94,27	53,17	77,34	87,01
	V	2 680,50	147,42	214,44	241,24	IV	2 136,83	114,62	166,72	187,56	111,72	162,51	182,82	108,82	158,29	178,07	105,93	154,08	173,34	103,02	149,86	168,59	100,13	145,64	163,85
	VI	2 712,75	149,20	217,02	244,14																				
7 088,99	I,IV	2 138,08	117,59	171,04	192,42	I	2 138,08	111,79	162,61	182,93	105,99	154,18	173,45	100,20	145,74	163,96	94,40	137,31	154,47	88,60	128,88	144,99	82,80	120,44	135,50
	II	2 092,33	115,07	167,38	188,30	II	2 092,33	109,27	158,94	178,81	103,47	150,51	169,32	97,68	142,08	159,84	91,88	133,64	150,35	86,08	125,21	140,86	80,28	116,78	131,37
	III	1 478,33	81,30	118,26	133,04	III	1 478,33	76,39	111,12	125,01	71,56	104,09	117,10	66,84	97,22	109,37	62,20	90,48	101,79	57,66	83,88	94,36	53,22	77,41	87,08
	V	2 681,75	147,49	214,54	241,35	IV	2 138,08	114,69	166,82	187,67	111,79	162,61	182,93	108,89	158,39	178,19	105,99	154,18	173,45	103,09	149,96	168,70	100,20	145,74	163,96
	VI	2 714,–	149,27	217,12	244,26																				
7 091,99	I,IV	2 139,33	117,66	171,14	192,53	I	2 139,33	111,86	162,71	183,05	106,06	154,28	173,56	100,26	145,84	164,07	94,47	137,41	154,58	88,67	128,98	145,10	82,87	120,54	135,61
	II	2 093,58	115,14	167,48	188,42	II	2 093,58	109,34	159,05	178,93	103,55	150,62	169,44	97,75	142,18	159,95	91,95	133,74	150,46	86,15	125,31	140,97	80,35	116,88	131,49
	III	1 479,50	81,37	118,36	133,15	III	1 479,50	76,45	111,20	125,10	71,62	104,18	117,20	66,89	97,30	109,46	62,26	90,56	101,88	57,72	83,96	94,45	53,27	77,49	87,17
	V	2 683,–	147,56	214,64	241,47	IV	2 139,33	114,76	166,92	187,79	111,86	162,71	183,05	108,96	158,49	178,30	106,06	154,28	173,56	103,16	150,06	168,81	100,26	145,84	164,07
	VI	2 715,25	149,33	217,22	244,37																				
7 094,99	I,IV	2 140,58	117,73	171,24	192,65	I	2 140,58	111,93	162,81	183,16	106,13	154,38	173,67	100,33	145,94	164,18	94,54	137,51	154,70	88,74	129,08	145,21	82,94	120,64	135,72
	II	2 094,83	115,21	167,58	188,53	II	2 094,83	109,41	159,15	179,04	103,62	150,72	169,56	97,82	142,28	160,07	92,02	133,85	150,58	86,22	125,42	141,09	80,42	116,98	131,60
	III	1 480,50	81,42	118,44	133,24	III	1 480,50	76,50	111,28	125,19	71,68	104,26	117,29	66,95	97,38	109,55	62,31	90,64	101,97	57,77	84,04	94,54	53,33	77,57	87,26
	V	2 684,33	147,63	214,74	241,58	IV	2 140,58	114,83	167,03	187,91	111,93	162,81	183,16	109,03	158,60	178,42	106,13	154,38	173,67	103,23	150,16	168,93	100,33	145,94	164,18
	VI	2 716,50	149,40	217,32	244,48																				
7 097,99	I,IV	2 141,83	117,80	171,34	192,76	I	2 141,83	112,–	162,91	183,27	106,20	154,48	173,79	100,40	146,04	164,30	94,60	137,61	154,81	88,81	129,18	145,32	83,01	120,74	135,83
	II	2 096,08	115,28	167,68	188,64	II	2 096,08	109,48	159,25	179,15	103,68	150,82	169,67	97,89	142,38	160,18	92,09	133,95	150,69	86,29	125,52	141,21	80,49	117,08	131,72
	III	1 481,66	81,49	118,53	133,34	III	1 481,66	76,56	111,37	125,29	71,73	104,34	117,38	67,–	97,46	109,64	62,37	90,72	102,06	57,83	84,12	94,63	53,38	77,65	87,35
	V	2 685,58	147,70	214,84	241,70	IV	2 141,83	114,90	167,13	188,02	112,–	162,91	183,27	109,10	158,70	178,53	106,20	154,48	173,79	103,30	150,26	169,04	100,40	146,04	164,30
	VI	2 717,75	149,47	217,42	244,59																				
7 100,99	I,IV	2 143,08	117,86	171,44	192,87	I	2 143,08	112,07	163,01	183,38	106,27	154,58	173,90	100,47	146,14	164,41	94,67	137,71	154,92	88,88	129,28	145,44	83,08	120,84	135,95
	II	2 097,33	115,35	167,78	188,75	II	2 097,33	109,55	159,35	179,27	103,75	150,92	169,78	97,95	142,48	160,29	92,16	134,05	150,80	86,36	125,62	141,32	80,56	117,18	131,83
	III	1 482,66	81,54	118,61	133,43	III	1 482,66	76,62	111,45	125,38	71,79	104,42	117,47	67,06	97,54	109,73	62,42	90,80	102,15	57,87	84,18	94,70	53,43	77,72	87,43
	V	2 686,83	147,77	214,94	241,81	IV	2 143,08	114,97	167,23	188,13	112,07	163,01	183,38	109,17	158,80	178,65	106,27	154,58	173,90	103,37	150,36	169,16	100,47	146,14	164,41
	VI	2 719,–	149,54	217,52	244,71																				
7 103,99	I,IV	2 144,33	117,93	171,54	192,98	I	2 144,33	112,14	163,11	183,50	106,34	154,68	174,01	100,54	146,24	164,52	94,74	137,81	155,03	88,94	129,38	145,55	83,15	120,94	136,06
	II	2 098,58	115,42	167,88	188,87	II	2 098,58	109,62	159,45	179,38	103,82	151,02	169,89	98,02	142,58	160,40	92,23	134,15	150,92	86,43	125,72	141,43	80,63	117,28	131,94
	III	1 483,83	81,61	118,70	133,54	III	1 483,83	76,67	111,53	125,47	71,85	104,52	117,58	67,11	97,62	109,82	62,48	90,88	102,24	57,93	84,26	94,79	53,48	77,80	87,52
	V	2 688,08	147,84	215,04	241,92	IV	2 144,33	115,04	167,33	188,24	112,14	163,11	183,50	109,24	158,90	178,76	106,34	154,68	174,01	103,44	150,46	169,27	100,54	146,24	164,52
	VI	2 720,25	149,61	217,62	244,82																				
7 106,99	I,IV	2 145,66	118,01	171,65	193,10	I	2 145,66	112,21	163,22	183,62	106,41	154,78	174,13	100,61	146,34	164,63	94,81	137,91	155,15	89,01	129,48	145,66	83,21	121,04	136,17
	II	2 099,83	115,49	167,98	188,98	II	2 099,83	109,69	159,55	179,49	103,89	151,12	170,01	98,09	142,68	160,52	92,29	134,25	151,03	86,50	125,82	141,54	80,70	117,38	132,05
	III	1 484,83	81,66	118,78	133,63	III	1 484,83	76,74	111,62	125,57	71,91	104,60	117,67	67,17	97,70	109,91	62,53	90,96	102,33	57,98	84,34	94,88	53,54	77,88	87,61
	V	2 689,33	147,91	215,14	242,03	IV	2 145,66	115,11	167,43	188,36	112,21	163,22	183,62	109,31	159,–	178,87	106,41	154,78	174,13	103,51	150,56	169,38	100,61	146,34	164,63
	VI	2 721,50	149,68	217,72	244,93																				
7 109,99	I,IV	2 146,91	118,08	171,75	193,22	I	2 146,91	112,28	163,32	183,73	106,48	154,88	174,24	100,68	146,45	164,75	94,88	138,02	155,27	89,09	129,58	145,78	83,28	121,14	136,28
	II	2 101,08	115,55	168,08	189,09	II	2 101,08	109,76	159,65	179,60	103,96	151,22	170,12	98,16	142,78	160,63	92,36	134,35	151,14	86,57	125,92	141,66	80,77	117,48	132,17
	III	1 485,83	81,72	118,86	133,72	III	1 485,83	76,79	111,70	125,66	71,96	104,68	117,76	67,22	97,78	110,–	62,59	91,04	102,42	58,04	84,42	94,97	53,59	77,96	87,70
	V	2 690,58	147,98	215,24	242,15	IV	2 146,91	115,17	167,53	188,47	112,28	163,32	183,73	109,38	159,10	178,98	106,48	154,88	174,24	103,58	150,66	169,49	100,68	146,45	164,75
	VI	2 722,83	149,75	217,82	245,05																				

* Die ausgewiesenen Tabellenwerte sind amtlich. Siehe Erläuterungen auf der Umschlaginnenseite (U2).

Abzüge an Lohnsteuer, Solidaritätszuschlag (SolZ) und Kirchensteuer (8%, 9%) in den Steuerklassen

Lohn/ Gehalt bis €*	I – VI					I, II, III, IV																			
			ohne Kinderfreibeträge					mit Zahl der Kinderfreibeträge . . .																	
								0,5			1			1,5			2			2,5			3		
		LSt	SolZ	8%	9%		LSt	SolZ	8%	9%	SolZ	8%	9%	SolZ	8%	9%	SolZ	8%	9%	SolZ	8%	9%	SolZ	8%	9%
7 112,99	I,IV	2 148,16	118,14	171,85	193,33	I	2 148,16	112,35	163,42	183,84	106,55	154,98	174,35	100,75	146,55	164,87	94,95	138,12	155,38	89,15	129,68	145,89	83,36	121,25	136,40
	II	2 102,33	115,62	168,18	189,20	II	2 102,33	109,83	159,75	179,72	104,03	151,32	170,23	98,23	142,88	160,74	92,43	134,45	151,25	86,63	126,02	141,77	80,84	117,58	132,28
	III	1 487,—	81,78	118,96	133,83	III	1 487,—	76,85	111,78	125,75	72,02	104,76	117,85	67,28	97,86	110,09	62,64	91,12	102,51	58,09	84,50	95,06	53,64	78,02	87,77
	V	2 691,83	148,05	215,34	242,26	IV	2 148,16	115,24	167,63	188,58	112,35	163,42	183,84	109,45	159,20	179,10	106,55	154,98	174,35	103,65	150,76	169,61	100,75	146,55	164,87
	VI	2 724,08	149,82	217,92	245,16																				
7 115,99	I,IV	2 149,41	118,21	171,95	193,44	I	2 149,41	112,42	163,52	183,96	106,62	155,08	174,47	100,82	146,65	164,98	95,02	138,22	155,49	89,22	129,78	146,—	83,43	121,35	136,52
	II	2 103,66	115,70	168,29	189,32	II	2 103,66	109,90	159,86	179,84	104,10	151,42	170,35	98,30	142,98	160,85	92,50	134,55	151,37	86,70	126,12	141,88	80,90	117,68	132,39
	III	1 488,—	81,84	119,04	133,92	III	1 488,—	76,91	111,88	125,86	72,07	104,84	117,94	67,34	97,96	110,20	62,70	91,20	102,60	58,15	84,58	95,15	53,69	78,10	87,86
	V	2 693,08	148,11	215,44	242,37	IV	2 149,41	115,31	167,73	188,69	112,42	163,52	183,96	109,51	159,30	179,21	106,62	155,08	174,47	103,72	150,86	169,72	100,82	146,65	164,98
	VI	2 725,33	149,89	218,02	245,27																				
7 118,99	I,IV	2 150,66	118,28	172,05	193,55	I	2 150,66	112,48	163,62	184,07	106,69	155,18	174,58	100,89	146,75	165,09	95,09	138,32	155,61	89,29	129,88	146,12	83,49	121,45	136,63
	II	2 104,91	115,77	168,39	189,44	II	2 104,91	109,97	159,96	179,95	104,17	151,52	170,46	98,37	143,09	160,97	92,57	134,66	151,49	86,78	126,22	142,—	80,97	117,78	132,50
	III	1 489,16	81,90	119,13	134,02	III	1 489,16	76,97	111,96	125,95	72,14	104,93	118,04	67,40	98,04	110,29	62,75	91,28	102,69	58,20	84,66	95,24	53,75	78,18	87,95
	V	2 694,41	148,19	215,55	242,49	IV	2 150,66	115,39	167,84	188,82	112,48	163,62	184,07	109,59	159,40	179,33	106,69	155,18	174,58	103,78	150,96	169,83	100,89	146,75	165,09
	VI	2 726,58	149,96	218,12	245,39																				
7 121,99	I,IV	2 151,91	118,35	172,15	193,67	I	2 151,91	112,55	163,72	184,18	106,75	155,28	174,69	100,96	146,85	165,20	95,16	138,42	155,72	89,36	129,98	146,23	83,56	121,55	136,74
	II	2 106,16	115,83	168,49	189,55	II	2 106,16	110,04	160,06	180,06	104,24	151,62	170,57	98,44	143,19	161,09	92,64	134,76	151,60	86,84	126,32	142,11	81,05	117,89	132,62
	III	1 490,16	81,95	119,21	134,11	III	1 490,16	77,02	112,04	126,04	72,19	105,01	118,13	67,45	98,12	110,38	62,81	91,36	102,78	58,26	84,74	95,33	53,79	78,25	88,03
	V	2 695,66	148,26	215,65	242,60	IV	2 151,91	115,45	167,94	188,93	112,55	163,72	184,18	109,66	159,50	179,44	106,75	155,28	174,69	103,86	151,07	169,95	100,96	146,85	165,20
	VI	2 727,83	150,03	218,22	245,50																				
7 124,99	I,IV	2 153,16	118,42	172,25	193,78	I	2 153,16	112,62	163,82	184,29	106,82	155,38	174,80	101,03	146,95	165,32	95,23	138,52	155,83	89,43	130,08	146,34	83,63	121,65	136,85
	II	2 107,41	115,90	168,59	189,66	II	2 107,41	110,11	160,16	180,18	104,31	151,72	170,69	98,51	143,29	161,20	92,71	134,86	151,71	86,91	126,42	142,22	81,12	117,99	132,74
	III	1 491,33	82,02	119,30	134,21	III	1 491,33	77,09	112,13	126,14	72,25	105,09	118,22	67,51	98,20	110,47	62,86	91,44	102,87	58,30	84,81	95,41	53,85	78,33	88,12
	V	2 696,91	148,33	215,75	242,72	IV	2 153,16	115,52	168,04	189,04	112,62	163,82	184,29	109,72	159,60	179,55	106,82	155,38	174,80	103,93	151,17	170,06	101,03	146,95	165,32
	VI	2 729,08	150,09	218,32	245,61																				
7 127,99	I,IV	2 154,41	118,49	172,35	193,89	I	2 154,41	112,69	163,92	184,41	106,89	155,48	174,92	101,09	147,05	165,43	95,30	138,62	155,94	89,50	130,18	146,45	83,70	121,75	136,97
	II	2 108,66	115,97	168,69	189,77	II	2 108,66	110,17	160,26	180,29	104,38	151,82	170,80	98,58	143,39	161,31	92,78	134,96	151,83	86,98	126,52	142,34	81,18	118,09	132,85
	III	1 492,33	82,07	119,38	134,30	III	1 492,33	77,14	112,21	126,23	72,30	105,17	118,31	67,56	98,28	110,56	62,92	91,52	102,96	58,36	84,89	95,50	53,90	78,41	88,21
	V	2 698,16	148,39	215,85	242,83	IV	2 154,41	115,59	168,14	189,15	112,69	163,92	184,41	109,79	159,70	179,66	106,89	155,48	174,92	104,—	151,27	170,18	101,09	147,05	165,43
	VI	2 730,33	150,16	218,42	245,72																				
7 130,99	I,IV	2 155,75	118,56	172,46	194,01	I	2 155,75	112,76	164,02	184,52	106,96	155,58	175,03	101,16	147,15	165,54	95,37	138,72	156,06	89,57	130,28	146,57	83,77	121,85	137,08
	II	2 109,91	116,04	168,79	189,89	II	2 109,91	110,24	160,36	180,40	104,44	151,92	170,91	98,65	143,49	161,42	92,85	135,06	151,94	87,05	126,62	142,45	81,25	118,19	132,96
	III	1 493,50	82,14	119,48	134,41	III	1 493,50	77,21	112,30	126,34	72,37	105,26	118,42	67,62	98,36	110,65	62,97	91,60	103,05	58,41	84,97	95,59	53,96	78,49	88,30
	V	2 699,41	148,46	215,95	242,94	IV	2 155,75	115,66	168,24	189,27	112,76	164,02	184,52	109,86	159,80	179,78	106,96	155,58	175,03	104,06	151,37	170,29	101,16	147,15	165,54
	VI	2 731,58	150,23	218,52	245,84																				
7 133,99	I,IV	2 157,—	118,63	172,56	194,13	I	2 157,—	112,83	164,12	184,64	107,03	155,69	175,15	101,24	147,26	165,66	95,44	138,82	156,17	89,64	130,38	146,68	83,84	121,95	137,19
	II	2 111,16	116,11	168,89	190,—	II	2 111,16	110,31	160,46	180,51	104,51	152,02	171,02	98,72	143,59	161,54	92,92	135,16	152,05	87,12	126,72	142,56	81,32	118,29	133,07
	III	1 494,50	82,19	119,56	134,50	III	1 494,50	77,26	112,38	126,43	72,42	105,34	118,51	67,67	98,44	110,74	63,03	91,68	103,14	58,47	85,05	95,68	54,01	78,56	88,38
	V	2 700,66	148,53	216,05	243,05	IV	2 157,—	115,73	168,34	189,38	112,83	164,12	184,64	109,93	159,90	179,89	107,03	155,69	175,15	104,13	151,47	170,40	101,24	147,26	165,66
	VI	2 732,91	150,31	218,63	245,96																				
7 136,99	I,IV	2 158,25	118,70	172,66	194,24	I	2 158,25	112,90	164,22	184,75	107,10	155,79	175,26	101,31	147,36	165,78	95,51	138,92	156,29	89,71	130,49	146,80	83,91	122,06	137,31
	II	2 112,41	116,18	168,99	190,11	II	2 112,41	110,38	160,56	180,63	104,58	152,12	171,14	98,78	143,69	161,65	92,99	135,26	152,16	87,19	126,82	142,67	81,39	118,39	133,19
	III	1 495,66	82,26	119,65	134,60	III	1 495,66	77,32	112,46	126,52	72,48	105,42	118,60	67,73	98,52	110,83	63,08	91,76	103,23	58,52	85,13	95,77	54,06	78,64	88,47
	V	2 701,91	148,60	216,15	243,17	IV	2 158,25	115,80	168,44	189,49	112,90	164,22	184,75	110,—	160,—	180,—	107,10	155,79	175,26	104,20	151,57	170,51	101,31	147,36	165,78
	VI	2 734,16	150,37	218,73	246,07																				
7 139,99	I,IV	2 159,50	118,77	172,76	194,35	I	2 159,50	112,97	164,32	184,86	107,17	155,89	175,37	101,37	147,46	165,89	95,58	139,02	156,40	89,78	130,59	146,91	83,98	122,16	137,43
	II	2 113,75	116,25	169,10	190,23	II	2 113,75	110,45	160,66	180,74	104,65	152,22	171,25	98,85	143,79	161,76	93,06	135,36	152,28	87,26	126,92	142,79	81,46	118,49	133,30
	III	1 496,66	82,31	119,73	134,69	III	1 496,66	77,38	112,56	126,63	72,53	105,50	118,69	67,79	98,61	110,93	63,14	91,84	103,32	58,58	85,21	95,86	54,12	78,72	88,56
	V	2 703,16	148,67	216,25	243,28	IV	2 159,50	115,87	168,54	189,60	112,97	164,32	184,86	110,07	160,10	180,11	107,17	155,89	175,37	104,27	151,67	170,63	101,37	147,46	165,89
	VI	2 735,41	150,44	218,83	246,18																				
7 142,99	I,IV	2 160,75	118,84	172,86	194,46	I	2 160,75	113,04	164,42	184,97	107,24	155,99	175,49	101,44	147,56	166,—	95,64	139,12	156,51	89,85	130,69	147,02	84,05	122,26	137,54
	II	2 115,—	116,32	169,20	190,35	II	2 115,—	110,52	160,76	180,86	104,72	152,33	171,37	98,93	143,90	161,88	93,13	135,46	152,39	87,33	127,02	142,90	81,53	118,59	133,41
	III	1 497,83	82,38	119,82	134,80	III	1 497,83	77,44	112,64	126,72	72,60	105,60	118,80	67,85	98,69	111,02	63,19	91,92	103,41	58,63	85,29	95,95	54,17	78,80	88,65
	V	2 704,41	148,74	216,35	243,39	IV	2 160,75	115,94	168,64	189,72	113,04	164,42	184,97	110,14	160,20	180,23	107,24	155,99	175,49	104,34	151,77	170,74	101,44	147,56	166,—
	VI	2 736,66	150,51	218,93	246,29																				
7 145,99	I,IV	2 162,—	118,91	172,96	194,58	I	2 162,—	113,11	164,52	185,09	107,31	156,09	175,60	101,51	147,66	166,11	95,71	139,22	156,62	89,92	130,79	147,14	84,12	122,36	137,65
	II	2 116,25	116,39	169,30	190,46	II	2 116,25	110,59	160,86	180,97	104,79	152,43	171,48	99,—	144,—	162,—	93,20	135,56	152,51	87,40	127,13	143,02	81,60	118,70	133,53
	III	1 498,83	82,43	119,90	134,89	III	1 498,83	77,49	112,72	126,81	72,65	105,68	118,89	67,90	98,77	111,11	63,25	92,—	103,50	58,69	85,37	96,04	54,23	78,88	88,74
	V	2 705,75	148,81	216,46	243,51	IV	2 162,—	116,01	168,74	189,83	113,11	164,52	185,09	110,21	160,31	180,35	107,31	156,09	175,60	104,41	151,88	170,86	101,51	147,66	166,11
	VI	2 737,91	150,58	219,03	246,41																				
7 148,99	I,IV	2 163,25	118,97	173,06	194,69	I	2 163,25	113,18	164,62	185,20	107,38	156,19	175,71	101,58	147,76	166,23	95,78	139,32	156,74	89,98	130,89	147,25	84,19	122,46	137,76
	II	2 117,50	116,46	169,40	190,57	II	2 117,50	110,66	160,96	181,08	104,86	152,53	171,59	99,06	144,10	162,11	93,27	135,66	152,62	87,47	127,23	143,13	81,67	118,80	133,65
	III	1 500,—	82,50	120,—	135,—	III	1 500,—	77,55	112,81	126,91	72,71	105,76	118,98	67,96	98,85	111,20	63,30	92,08	103,59	58,74	85,44	96,12	54,27	78,94	88,81
	V	2 707,—	148,88	216,56	243,63	IV	2 163,25	116,08	168,84	189,95	113,18	164,62	185,20	110,28	160,41	180,46	107,38	156,19	175,71	104,48	151,98	170,97	101,58	147,76	166,23
	VI	2 739,16	150,65	219,13	246,52																				
7 151,99	I,IV	2 164,50	119,04	173,16	194,80	I	2 164,50	113,24	164,72	185,31	107,45	156,29	175,82	101,65	147,86	166,34	95,85	139,42	156,85	90,05	130,99	147,36	84,26	122,56	137,88
	II	2 118,75	116,53	169,50	190,68	II	2 118,75	110,73	161,06	181,19	104,93	152,63	171,71	99,13	144,20	162,22	93,33	135,76	152,73	87,54	127,33	143,24	81,74	118,90	133,76
	III	1 501,—	82,55	120,08	135,09	III	1 501,—	77,61	112,89	127,—	72,76	105,84	119,07	68,01	98,93	111,29	63,36	92,16	103,68	58,79	85,52	96,21	54,33	79,02	88,90
	V	2 708,25	148,95	216,66	243,74	IV	2 164,50	116,15	168,94	190,06	113,24	164,72	185,31	110,35	160,51	180,57	107,45	156,29	175,82	104,55	152,08	171,09	101,65	147,86	166,34
	VI	2 740,41	150,72	219,23	246,63																				
7 154,99	I,IV	2 165,83	119,12	173,26	194,92	I	2 165,83	113,31	164,82	185,42	107,52	156,39	175,94	101,72	147,96	166,45	95,92	139,52	156,96	90,12	131,09	147,47	84,32	122,66	137,99
	II	2 120,—	116,60	169,60	190,80	II	2 120,—	110,80	161,16	181,31	105,—	152,73	171,82	99,20	144,30	162,33	93,40	135,86	152,84	87,61	127,43	143,36	81,81	119,—	133,87
	III	1 502,16	82,61	120,17	135,19	III	1 502,16	77,67	112,98	127,10	72,82	105,93	119,17	68,07	99,01	111,38	63,41	92,24	103,77	58,85	85,60	96,30	54,38	79,10	88,99
	V	2 709,50	149,02	216,76	243,85	IV	2 165,83	116,21	169,04	190,17	113,31	164,82	185,42	110,42	160,61	180,68	107,52	156,39	175,94	104,62	152,18	171,20	101,72	147,96	166,45
	VI	2 741,66	150,79	219,33	246,74																				

* Die ausgewiesenen Tabellenwerte sind amtlich. Siehe Erläuterungen auf der Umschlaginnenseite (U2).

MONAT **7 155,–***

Lohn/ Gehalt bis €*		I – VI LSt	SolZ	8%	9%		I, II, III, IV LSt	0,5 SolZ	8%	9%	1 SolZ	8%	9%	1,5 SolZ	8%	9%	2 SolZ	8%	9%	2,5 SolZ	8%	9%	3 SolZ	8%	9%
7 157,99	I,IV	2 167,08	119,18	173,36	195,03	I	2 167,08	113,39	164,93	185,54	107,59	156,50	176,06	101,79	148,06	166,57	95,99	139,62	157,07	90,19	131,19	147,59	84,39	122,76	138,10
	II	2 121,25	116,66	169,70	190,91	II	2 121,25	110,87	161,26	181,42	105,07	152,83	171,93	99,27	144,40	162,45	93,47	135,96	152,96	87,67	127,53	143,47	81,88	119,10	133,98
	III	1 503,16	82,67	120,25	135,28	III	1 503,16	77,73	113,06	127,19	72,88	106,01	119,26	68,12	99,09	111,47	63,47	92,32	103,86	58,90	85,68	96,39	54,44	79,18	89,08
	V	2 710,75	149,09	216,86	243,96	IV	2 167,08	116,28	169,14	190,28	113,39	164,93	185,54	110,49	160,71	180,80	107,59	156,50	176,06	104,69	152,28	171,31	101,79	148,06	166,57
	VI	2 742,91	150,86	219,43	246,86																				
7 160,99	I,IV	2 168,33	119,25	173,46	195,14	I	2 168,33	113,46	165,03	185,66	107,66	156,60	176,17	101,86	148,16	166,68	96,06	139,73	157,19	90,26	131,30	147,71	84,47	122,86	138,22
	II	2 122,50	116,73	169,80	191,02	II	2 122,50	110,93	161,36	181,53	105,14	152,93	172,04	99,34	144,50	162,56	93,54	136,06	153,07	87,74	127,63	143,58	81,95	119,20	134,10
	III	1 504,33	82,73	120,34	135,38	III	1 504,33	77,78	113,14	127,28	72,93	106,09	119,35	68,18	99,17	111,56	63,52	92,40	103,95	58,96	85,76	96,48	54,48	79,25	89,15
	V	2 712,—	149,16	216,96	244,08	IV	2 168,33	116,35	169,24	190,40	113,46	165,03	185,66	110,55	160,81	180,91	107,66	156,60	176,17	104,76	152,38	171,42	101,86	148,16	166,68
	VI	2 744,25	150,93	219,54	246,98																				
7 163,99	I,IV	2 169,58	119,32	173,56	195,26	I	2 169,58	113,52	165,13	185,77	107,73	156,70	176,28	101,93	148,26	166,79	96,13	139,83	157,31	90,33	131,40	147,82	84,53	122,96	138,33
	II	2 123,83	116,81	169,90	191,14	II	2 123,83	111,—	161,46	181,64	105,21	153,03	172,16	99,41	144,60	162,67	93,61	136,16	153,18	87,81	127,73	143,69	82,01	119,30	134,21
	III	1 505,33	82,79	120,42	135,47	III	1 505,33	77,85	113,24	127,39	72,99	106,17	119,44	68,24	99,26	111,67	63,58	92,48	104,04	59,01	85,84	96,57	54,54	79,33	89,24
	V	2 713,25	149,22	217,06	244,19	IV	2 169,58	116,42	169,34	190,51	113,52	165,13	185,77	110,62	160,91	181,02	107,73	156,70	176,28	104,83	152,48	171,54	101,93	148,26	166,79
	VI	2 745,50	151,—	219,64	247,09																				
7 166,99	I,IV	2 170,83	119,39	173,66	195,37	I	2 170,83	113,59	165,23	185,88	107,80	156,80	176,40	102,—	148,36	166,91	96,20	139,93	157,42	90,40	131,50	147,93	84,60	123,06	138,44
	II	2 125,08	116,87	170,—	191,25	II	2 125,08	111,08	161,57	181,76	105,28	153,14	172,28	99,48	144,70	162,79	93,68	136,26	153,29	87,88	127,83	143,81	82,08	119,40	134,32
	III	1 506,50	82,85	120,52	135,58	III	1 506,50	77,90	113,32	127,48	73,05	106,26	119,54	68,30	99,34	111,76	63,63	92,56	104,13	59,07	85,92	96,66	54,59	79,41	89,33
	V	2 714,50	149,29	217,16	244,30	IV	2 170,83	116,49	169,44	190,62	113,59	165,23	185,88	110,69	161,01	181,13	107,80	156,80	176,40	104,89	152,58	171,65	102,—	148,36	166,91
	VI	2 746,75	151,07	219,74	247,20																				
7 169,99	I,IV	2 172,08	119,46	173,76	195,48	I	2 172,08	113,66	165,33	185,99	107,86	156,90	176,51	102,07	148,46	167,02	96,27	140,03	157,53	90,47	131,60	148,05	84,67	123,16	138,56
	II	2 126,33	116,94	170,10	191,36	II	2 126,33	111,15	161,67	181,88	105,35	153,24	172,39	99,55	144,80	162,90	93,75	136,37	153,41	87,95	127,94	143,93	82,16	119,50	134,44
	III	1 507,50	82,91	120,60	135,67	III	1 507,50	77,97	113,41	127,58	73,11	106,34	119,63	68,35	99,42	111,85	63,69	92,64	104,22	59,12	86,—	96,75	54,65	79,49	89,42
	V	2 715,83	149,37	217,26	244,42	IV	2 172,08	116,56	169,55	190,74	113,66	165,33	185,99	110,77	161,12	181,26	107,86	156,90	176,51	104,97	152,68	171,77	102,07	148,46	167,02
	VI	2 748,—	151,14	219,84	247,32																				
7 172,99	I,IV	2 173,33	119,53	173,86	195,59	I	2 173,33	113,73	165,43	186,11	107,93	157,—	176,62	102,13	148,56	167,13	96,34	140,13	157,64	90,54	131,70	148,16	84,74	123,26	138,67
	II	2 127,58	117,01	170,20	191,48	II	2 127,58	111,21	161,77	181,99	105,42	153,34	172,50	99,62	144,90	163,01	93,82	136,47	153,53	88,02	128,04	144,04	82,22	119,60	134,55
	III	1 508,66	82,97	120,69	135,77	III	1 508,66	78,02	113,49	127,67	73,16	106,42	119,72	68,41	99,50	111,94	63,74	92,72	104,31	59,18	86,08	96,84	54,69	79,56	89,50
	V	2 717,08	149,43	217,36	244,53	IV	2 173,33	116,63	169,65	190,85	113,73	165,43	186,11	110,83	161,22	181,37	107,93	157,—	176,62	105,04	152,78	171,88	102,13	148,56	167,13
	VI	2 749,25	151,20	219,94	247,43																				
7 175,99	I,IV	2 174,58	119,60	173,96	195,71	I	2 174,58	113,80	165,53	186,22	108,—	157,10	176,73	102,20	148,66	167,24	96,41	140,23	157,76	90,61	131,80	148,27	84,81	123,36	138,78
	II	2 128,83	117,08	170,30	191,59	II	2 128,83	111,28	161,87	182,10	105,49	153,44	172,62	99,69	145,—	163,13	93,89	136,57	153,64	88,09	128,14	144,15	82,29	119,70	134,66
	III	1 509,83	83,04	120,78	135,88	III	1 509,83	78,08	113,57	127,76	73,23	106,52	119,83	68,46	99,58	112,03	63,80	92,80	104,40	59,22	86,14	96,91	54,75	79,64	89,59
	V	2 718,33	149,50	217,46	244,64	IV	2 174,58	116,70	169,75	190,97	113,80	165,53	186,22	110,90	161,32	181,48	108,—	157,10	176,73	105,10	152,88	171,99	102,20	148,66	167,24
	VI	2 750,50	151,27	220,04	247,54																				
7 178,99	I,IV	2 175,83	119,67	174,06	195,82	I	2 175,83	113,87	165,63	186,33	108,07	157,20	176,85	102,27	148,76	167,36	96,47	140,33	157,87	90,68	131,90	148,38	84,88	123,46	138,89
	II	2 130,08	117,15	170,40	191,70	II	2 130,08	111,35	161,97	182,21	105,55	153,54	172,73	99,76	145,10	163,24	93,96	136,67	153,75	88,16	128,24	144,27	82,36	119,80	134,78
	III	1 510,83	83,09	120,86	135,97	III	1 510,83	78,14	113,66	127,87	73,28	106,60	119,92	68,52	99,66	112,12	63,85	92,88	104,49	59,28	86,22	97,—	54,80	79,72	89,68
	V	2 719,58	149,57	217,56	244,76	IV	2 175,83	116,77	169,85	191,08	113,87	165,63	186,33	110,97	161,42	181,59	108,07	157,20	176,85	105,17	152,98	172,10	102,27	148,76	167,36
	VI	2 751,75	151,34	220,14	247,65																				
7 181,99	I,IV	2 177,16	119,74	174,17	195,94	I	2 177,16	113,94	165,74	186,45	108,14	157,30	176,96	102,34	148,86	167,47	96,54	140,43	157,98	90,75	132,—	148,50	84,95	123,56	139,01
	II	2 131,33	117,22	170,50	191,81	II	2 131,33	111,42	162,07	182,33	105,62	153,64	172,84	99,82	145,20	163,35	94,03	136,77	153,86	88,23	128,34	144,38	82,43	119,90	134,89
	III	1 512,—	83,16	120,96	136,08	III	1 512,—	78,20	113,74	127,96	73,34	106,68	120,01	68,57	99,74	112,21	63,91	92,96	104,58	59,33	86,30	97,09	54,86	79,80	89,77
	V	2 720,83	149,64	217,66	244,87	IV	2 177,16	116,84	169,95	191,19	113,94	165,74	186,45	111,04	161,52	181,71	108,14	157,30	176,96	105,24	153,08	172,22	102,34	148,86	167,47
	VI	2 753,—	151,41	220,24	247,77																				
7 184,99	I,IV	2 178,41	119,81	174,27	196,05	I	2 178,41	114,01	165,84	186,57	108,21	157,40	177,08	102,41	148,97	167,59	96,62	140,54	158,10	90,82	132,10	148,61	85,02	123,66	139,12
	II	2 132,58	117,29	170,60	191,93	II	2 132,58	111,49	162,17	182,44	105,69	153,74	172,95	99,89	145,30	163,46	94,10	136,87	153,98	88,30	128,44	144,49	82,50	120,—	135,—
	III	1 513,—	83,21	121,04	136,17	III	1 513,—	78,26	113,84	128,07	73,39	106,76	120,10	68,64	99,84	112,32	63,96	93,04	104,67	59,39	86,38	97,18	54,91	79,88	89,86
	V	2 722,08	149,71	217,76	244,98	IV	2 178,41	116,91	170,05	191,30	114,01	165,84	186,57	111,11	161,62	181,82	108,21	157,40	177,08	105,31	153,18	172,33	102,41	148,97	167,59
	VI	2 754,33	151,48	220,34	247,88																				
7 187,99	I,IV	2 179,66	119,88	174,37	196,16	I	2 179,66	114,08	165,94	186,68	108,28	157,50	177,19	102,48	149,07	167,70	96,69	140,64	158,22	90,89	132,20	148,73	85,09	123,77	139,24
	II	2 133,83	117,36	170,70	192,04	II	2 133,83	111,56	162,27	182,55	105,76	153,84	173,07	99,96	145,40	163,58	94,16	136,97	154,09	88,37	128,54	144,60	82,57	120,10	135,11
	III	1 514,16	83,27	121,13	136,27	III	1 514,16	78,32	113,92	128,16	73,46	106,85	120,20	68,69	99,92	112,41	64,02	93,12	104,76	59,44	86,46	97,27	54,96	79,94	89,93
	V	2 723,33	149,78	217,86	245,09	IV	2 179,66	116,98	170,15	191,42	114,08	165,94	186,68	111,18	161,72	181,93	108,28	157,50	177,19	105,38	153,28	172,44	102,48	149,07	167,70
	VI	2 755,58	151,55	220,44	248,—																				
7 190,99	I,IV	2 180,91	119,95	174,47	196,28	I	2 180,91	114,15	166,04	186,79	108,35	157,60	177,30	102,55	149,17	167,81	96,75	140,74	158,33	90,96	132,30	148,84	85,16	123,87	139,35
	II	2 135,16	117,43	170,81	192,16	II	2 135,16	111,63	162,38	182,67	105,83	153,94	173,18	100,03	145,50	163,69	94,23	137,07	154,20	88,44	128,64	144,72	82,64	120,20	135,23
	III	1 515,16	83,33	121,21	136,36	III	1 515,16	78,37	114,—	128,25	73,51	106,93	120,29	68,75	100,—	112,50	64,07	93,20	104,85	59,50	86,54	97,36	55,01	80,02	90,02
	V	2 724,58	149,85	217,96	245,21	IV	2 180,91	117,04	170,25	191,53	114,15	166,04	186,79	111,25	161,82	182,04	108,35	157,60	177,30	105,45	153,38	172,55	102,55	149,17	167,81
	VI	2 756,83	151,62	220,54	248,11																				
7 193,99	I,IV	2 182,16	120,01	174,57	196,39	I	2 182,16	114,22	166,14	186,90	108,42	157,70	177,41	102,62	149,27	167,93	96,82	140,84	158,44	91,02	132,40	148,95	85,23	123,97	139,46
	II	2 136,41	117,50	170,91	192,27	II	2 136,41	111,70	162,48	182,79	105,90	154,04	173,30	100,10	145,61	163,81	94,31	137,18	154,32	88,51	128,74	144,83	82,71	120,30	135,34
	III	1 516,33	83,39	121,30	136,46	III	1 516,33	78,43	114,09	128,35	73,57	107,01	120,38	68,80	100,08	112,59	64,13	93,28	104,94	59,55	86,62	97,45	55,07	80,10	90,11
	V	2 725,91	149,92	218,07	245,33	IV	2 182,16	117,12	170,36	191,65	114,22	166,14	186,90	111,32	161,92	182,16	108,42	157,70	177,41	105,52	153,48	172,67	102,62	149,27	167,93
	VI	2 758,08	151,69	220,64	248,22																				
7 196,99	I,IV	2 183,41	120,08	174,67	196,50	I	2 183,41	114,29	166,24	187,02	108,49	157,80	177,53	102,69	149,37	168,04	96,89	140,94	158,55	91,09	132,50	149,06	85,30	124,07	139,58
	II	2 137,66	117,57	171,01	192,38	II	2 137,66	111,77	162,58	182,90	105,97	154,14	173,41	100,17	145,71	163,92	94,38	137,28	154,44	88,58	128,84	144,95	82,78	120,41	135,46
	III	1 517,33	83,45	121,38	136,55	III	1 517,33	78,49	114,17	128,44	73,62	107,09	120,47	68,86	100,16	112,68	64,18	93,36	105,03	59,61	86,70	97,54	55,12	80,18	90,20
	V	2 727,16	149,99	218,17	245,44	IV	2 183,41	117,19	170,46	191,76	114,29	166,24	187,02	111,39	162,02	182,27	108,49	157,80	177,53	105,59	153,59	172,79	102,69	149,37	168,04
	VI	2 759,33	151,76	220,74	248,33																				
7 199,99	I,IV	2 184,66	120,15	174,77	196,61	I	2 184,66	114,35	166,34	187,13	108,56	157,90	177,64	102,76	149,47	168,15	96,96	141,04	158,67	91,16	132,60	149,18	85,36	124,17	139,69
	II	2 138,91	117,64	171,11	192,50	II	2 138,91	111,84	162,68	183,01	106,04	154,24	173,52	100,24	145,81	164,03	94,44	137,38	154,55	88,65	128,94	145,06	82,85	120,51	135,57
	III	1 518,50	83,51	121,48	136,66	III	1 518,50	78,55	114,26	128,54	73,69	107,18	120,58	68,91	100,24	112,77	64,24	93,44	105,12	59,66	86,78	97,63	55,17	80,25	90,28
	V	2 728,41	150,06	218,27	245,55	IV	2 184,66	117,26	170,56	191,88	114,35	166,34	187,13	111,46	162,12	182,39	108,56	157,90	177,64	105,66	153,69	172,90	102,76	149,47	168,15
	VI	2 760,58	151,83	220,84	248,45																				

Table heading: Abzüge an Lohnsteuer, Solidaritätszuschlag (SolZ) und Kirchensteuer (8%, 9%) in den Steuerklassen. I – VI: ohne Kinderfreibeträge. I, II, III, IV: mit Zahl der Kinderfreibeträge . . .

* Die ausgewiesenen Tabellenwerte sind amtlich. Siehe Erläuterungen auf der Umschlaginnenseite (U2).

Abzüge an Lohnsteuer, Solidaritätszuschlag (SolZ) und Kirchensteuer (8%, 9%) in den Steuerklassen

Lohn/ Gehalt bis €*	I – VI	LSt	ohne Kinderfreibeträge SolZ	8%	9%	I, II, III, IV	LSt	mit Zahl der Kinderfreibeträge . . . 0,5 SolZ	0,5 8%	0,5 9%	1 SolZ	1 8%	1 9%	1,5 SolZ	1,5 8%	1,5 9%	2 SolZ	2 8%	2 9%	2,5 SolZ	2,5 8%	2,5 9%	3 SolZ	3 8%	3 9%
7 202,99	I,IV	2 185,91	120,22	174,87	196,73	I	2 185,91	114,42	166,44	187,24	108,62	158,—	177,75	102,83	149,57	168,26	97,03	141,14	158,78	91,23	132,70	149,29	85,43	124,27	139,80
	II	2 140,16	117,70	171,21	192,61	II	2 140,16	111,91	162,78	183,12	106,11	154,34	173,63	100,31	145,91	164,15	94,51	137,48	154,66	88,71	129,04	145,17	82,92	120,61	135,68
	III	1 519,50	83,57	121,56	136,75	III	1 519,50	78,61	114,34	128,63	73,74	107,26	120,67	68,97	100,33	112,87	64,29	93,52	105,21	59,72	86,86	97,72	55,22	80,33	90,37
	V	2 729,66	150,13	218,37	245,66	IV	2 185,91	117,32	170,66	191,99	114,42	166,44	187,24	111,53	162,22	182,50	108,62	158,—	177,75	105,73	153,79	173,01	102,83	149,57	168,26
	VI	2 761,83	151,90	220,94	248,56																				
7 205,99	I,IV	2 187,25	120,29	174,98	196,85	I	2 187,25	114,50	166,54	187,36	108,69	158,10	177,86	102,90	149,67	168,38	97,10	141,24	158,89	91,30	132,80	149,40	85,50	124,37	139,91
	II	2 141,41	117,77	171,31	192,72	II	2 141,41	111,98	162,88	183,24	106,18	154,44	173,75	100,38	146,01	164,26	94,58	137,58	154,77	88,78	129,14	145,28	82,99	120,71	135,80
	III	1 520,66	83,63	121,65	136,85	III	1 520,66	78,66	114,42	128,72	73,80	107,34	120,76	69,03	100,41	112,96	64,35	93,60	105,30	59,77	86,94	97,81	55,28	80,41	90,46
	V	2 730,91	150,20	218,47	245,78	IV	2 187,25	117,39	170,76	192,10	114,50	166,54	187,36	111,59	162,32	182,61	108,69	158,10	177,86	105,80	153,89	173,12	102,90	149,67	168,38
	VI	2 763,08	151,96	221,04	248,67																				
7 208,99	I,IV	2 188,50	120,36	175,08	196,96	I	2 188,50	114,56	166,64	187,47	108,77	158,21	177,98	102,97	149,78	168,50	97,17	141,34	159,01	91,37	132,90	149,51	85,57	124,47	140,03
	II	2 142,66	117,84	171,41	192,83	II	2 142,66	112,04	162,98	183,35	106,25	154,54	173,86	100,45	146,11	164,37	94,65	137,68	154,89	88,85	129,24	145,40	83,05	120,81	135,91
	III	1 521,66	83,69	121,73	136,94	III	1 521,66	78,73	114,52	128,83	73,86	107,44	120,87	69,08	100,49	113,05	64,40	93,68	105,39	59,82	87,01	97,88	55,33	80,49	90,55
	V	2 732,16	150,26	218,57	245,89	IV	2 188,50	117,46	170,86	192,21	114,56	166,64	187,47	111,66	162,42	182,72	108,77	158,21	177,98	105,87	153,99	173,24	102,97	149,78	168,50
	VI	2 764,41	152,04	221,15	248,79																				
7 211,99	I,IV	2 189,75	120,43	175,18	197,07	I	2 189,75	114,63	166,74	187,58	108,84	158,31	178,10	103,04	149,88	168,61	97,24	141,44	159,12	91,44	133,01	149,63	85,64	124,58	140,15
	II	2 143,91	117,91	171,51	192,95	II	2 143,91	112,11	163,08	183,46	106,31	154,64	173,97	100,52	146,21	164,48	94,72	137,78	155,—	88,92	129,34	145,51	83,12	120,91	136,02
	III	1 522,83	83,75	121,82	137,05	III	1 522,83	78,78	114,60	128,92	73,92	107,52	120,96	69,14	100,57	113,14	64,46	93,76	105,48	59,87	87,09	97,97	55,39	80,57	90,64
	V	2 733,41	150,33	218,67	246,—	IV	2 189,75	117,53	170,96	192,33	114,63	166,74	187,58	111,73	162,52	182,84	108,84	158,31	178,10	105,93	154,09	173,35	103,04	149,88	168,61
	VI	2 765,66	152,11	221,25	248,90																				
7 214,99	I,IV	2 191,—	120,50	175,28	197,19	I	2 191,—	114,70	166,84	187,70	108,90	158,41	178,21	103,11	149,98	168,72	97,31	141,54	159,23	91,51	133,11	149,75	85,71	124,68	140,26
	II	2 145,25	117,98	171,62	193,07	II	2 145,25	112,19	163,18	183,58	106,38	154,74	174,08	100,59	146,31	164,60	94,79	137,88	155,11	88,99	129,44	145,62	83,19	121,01	136,13
	III	1 523,83	83,81	121,90	137,14	III	1 523,83	78,85	114,69	129,02	73,97	107,60	121,05	69,19	100,65	113,23	64,52	93,85	105,58	59,93	87,17	98,06	55,44	80,64	90,72
	V	2 734,66	150,40	218,77	246,11	IV	2 191,—	117,60	171,06	192,44	114,70	166,84	187,70	111,80	162,62	182,95	108,90	158,41	178,21	106,—	154,19	173,46	103,11	149,98	168,72
	VI	2 766,91	152,18	221,35	249,02																				
7 217,99	I,IV	2 192,25	120,57	175,38	197,30	I	2 192,25	114,77	166,94	187,81	108,97	158,51	178,32	103,18	150,08	168,84	97,38	141,64	159,35	91,58	133,21	149,86	85,78	124,78	140,37
	II	2 146,50	118,05	171,72	193,18	II	2 146,50	112,25	163,28	183,69	106,46	154,85	174,20	100,66	146,42	164,72	94,86	137,98	155,23	89,06	129,54	145,73	83,26	121,11	136,25
	III	1 525,—	83,87	122,—	137,25	III	1 525,—	78,90	114,77	129,11	74,03	107,68	121,14	69,25	100,73	113,32	64,57	93,93	105,67	59,98	87,25	98,15	55,49	80,72	90,81
	V	2 735,91	150,47	218,87	246,23	IV	2 192,25	117,67	171,16	192,56	114,77	166,94	187,81	111,87	162,72	183,06	108,97	158,51	178,32	106,07	154,29	173,57	103,18	150,08	168,84
	VI	2 768,16	152,24	221,45	249,13																				
7 220,99	I,IV	2 193,50	120,64	175,48	197,41	I	2 193,50	114,84	167,04	187,92	109,04	158,61	178,43	103,24	150,18	168,95	97,45	141,74	159,46	91,65	133,31	149,97	85,85	124,88	140,49
	II	2 147,75	118,12	171,82	193,29	II	2 147,75	112,32	163,38	183,80	106,53	154,95	174,32	100,73	146,52	164,83	94,93	138,08	155,34	89,13	129,65	145,85	83,33	121,22	136,37
	III	1 526,—	83,93	122,08	137,34	III	1 526,—	78,96	114,85	129,20	74,09	107,77	121,24	69,31	100,82	113,42	64,63	94,01	105,76	60,04	87,33	98,24	55,55	80,80	90,90
	V	2 737,25	150,54	218,98	246,35	IV	2 193,50	117,74	171,26	192,67	114,84	167,04	187,92	111,94	162,83	183,18	109,04	158,61	178,43	106,15	154,40	173,70	103,24	150,18	168,95
	VI	2 769,41	152,31	221,55	249,24																				
7 223,99	I,IV	2 194,75	120,71	175,58	197,52	I	2 194,75	114,91	167,14	188,03	109,11	158,71	178,55	103,31	150,28	169,06	97,51	141,84	159,57	91,72	133,41	150,08	85,92	124,98	140,60
	II	2 149,—	118,19	171,92	193,41	II	2 149,—	112,39	163,48	183,92	106,59	155,05	174,43	100,80	146,62	164,94	95,—	138,18	155,45	89,20	129,75	145,97	83,40	121,32	136,48
	III	1 527,16	83,99	122,17	137,44	III	1 527,16	79,02	114,94	129,31	74,14	107,85	121,33	69,37	100,90	113,51	64,68	94,09	105,85	60,09	87,41	98,33	55,60	80,88	90,99
	V	2 738,50	150,61	219,08	246,46	IV	2 194,75	117,81	171,36	192,78	114,91	167,14	188,03	112,01	162,93	183,29	109,11	158,71	178,55	106,21	154,50	173,81	103,31	150,28	169,06
	VI	2 770,66	152,38	221,65	249,35																				
7 226,99	I,IV	2 196,—	120,78	175,68	197,64	I	2 196,—	114,98	167,24	188,15	109,18	158,81	178,66	103,38	150,38	169,17	97,58	141,94	159,68	91,79	133,51	150,20	85,99	125,08	140,71
	II	2 150,25	118,26	172,02	193,52	II	2 150,25	112,46	163,58	184,03	106,66	155,15	174,54	100,87	146,72	165,06	95,07	138,28	155,57	89,27	129,85	146,08	83,47	121,42	136,59
	III	1 528,33	84,05	122,26	137,54	III	1 528,33	79,08	115,02	129,40	74,20	107,93	121,42	69,42	100,98	113,60	64,74	94,17	105,94	60,15	87,49	98,42	55,66	80,96	91,08
	V	2 739,75	150,68	219,18	246,57	IV	2 196,—	117,88	171,46	192,89	114,98	167,24	188,15	112,08	163,03	183,41	109,18	158,81	178,66	106,28	154,60	173,92	103,38	150,38	169,17
	VI	2 771,91	152,45	221,75	249,47																				
7 229,99	I,IV	2 197,33	120,85	175,78	197,75	I	2 197,33	115,05	167,34	188,26	109,25	158,91	178,77	103,45	150,48	169,29	97,65	142,04	159,80	91,85	133,61	150,31	86,06	125,18	140,82
	II	2 151,50	118,33	172,12	193,63	II	2 151,50	112,53	163,68	184,14	106,73	155,25	174,65	100,93	146,82	165,17	95,14	138,38	155,68	89,34	129,95	146,19	83,54	121,52	136,71
	III	1 529,33	84,11	122,34	137,63	III	1 529,33	79,14	115,12	129,51	74,26	108,02	121,52	69,48	101,06	113,69	64,79	94,25	106,03	60,20	87,57	98,51	55,70	81,02	91,15
	V	2 741,—	150,75	219,28	246,69	IV	2 197,33	117,95	171,56	193,01	115,05	167,34	188,26	112,15	163,13	183,52	109,25	158,91	178,77	106,35	154,70	174,03	103,45	150,48	169,29
	VI	2 773,16	152,52	221,85	249,58																				
7 232,99	I,IV	2 198,58	120,92	175,88	197,87	I	2 198,58	115,12	167,45	188,38	109,32	159,02	178,89	103,52	150,58	169,40	97,72	142,14	159,91	91,92	133,71	150,42	86,13	125,28	140,94
	II	2 152,75	118,40	172,22	193,74	II	2 152,75	112,60	163,78	184,25	106,80	155,35	174,77	101,—	146,92	165,28	95,20	138,48	155,79	89,41	130,05	146,30	83,61	121,62	136,82
	III	1 530,50	84,17	122,44	137,74	III	1 530,50	79,20	115,20	129,60	74,32	108,10	121,61	69,53	101,14	113,78	64,85	94,33	106,12	60,26	87,65	98,60	55,76	81,10	91,24
	V	2 742,25	150,82	219,38	246,80	IV	2 198,58	118,02	171,66	193,12	115,12	167,45	188,38	112,22	163,23	183,63	109,32	159,02	178,89	106,42	154,80	174,15	103,52	150,58	169,40
	VI	2 774,41	152,59	221,95	249,69																				
7 235,99	I,IV	2 199,83	120,99	175,98	197,98	I	2 199,83	115,19	167,55	188,49	109,39	159,12	179,01	103,59	150,68	169,52	97,79	142,25	160,03	92,—	133,82	150,54	86,20	125,38	141,05
	II	2 154,—	118,47	172,32	193,86	II	2 154,—	112,67	163,88	184,37	106,87	155,45	174,88	101,07	147,02	165,39	95,27	138,58	155,90	89,48	130,15	146,42	83,68	121,72	136,93
	III	1 531,50	84,23	122,52	137,83	III	1 531,50	79,26	115,29	129,70	74,37	108,18	121,70	69,59	101,22	113,87	64,90	94,41	106,21	60,31	87,73	98,69	55,81	81,18	91,33
	V	2 743,50	150,89	219,48	246,91	IV	2 199,83	118,08	171,76	193,23	115,19	167,55	188,49	112,29	163,33	183,74	109,39	159,12	179,01	106,49	154,90	174,26	103,59	150,68	169,52
	VI	2 775,75	152,66	222,06	249,81																				
7 238,99	I,IV	2 201,08	121,05	176,08	198,09	I	2 201,08	115,26	167,65	188,60	109,46	159,22	179,12	103,66	150,78	169,63	97,86	142,35	160,14	92,07	133,92	150,66	86,27	125,48	141,17
	II	2 155,33	118,54	172,42	193,97	II	2 155,33	112,74	163,98	184,48	106,94	155,55	174,99	101,14	147,12	165,51	95,34	138,68	156,02	89,54	130,25	146,53	83,75	121,82	137,04
	III	1 532,66	84,29	122,61	137,93	III	1 532,66	79,31	115,37	129,79	74,44	108,28	121,81	69,65	101,32	113,98	64,96	94,49	106,30	60,37	87,81	98,78	55,87	81,26	91,42
	V	2 744,75	150,96	219,58	247,02	IV	2 201,08	118,15	171,86	193,34	115,26	167,65	188,60	112,36	163,43	183,86	109,46	159,22	179,12	106,56	155,—	174,37	103,66	150,78	169,63
	VI	2 777,—	152,73	222,16	249,93																				
7 241,99	I,IV	2 202,33	121,12	176,18	198,20	I	2 202,33	115,33	167,75	188,72	109,53	159,32	179,23	103,73	150,88	169,74	97,93	142,45	160,25	92,13	134,02	150,77	86,34	125,58	141,28
	II	2 156,58	118,61	172,52	194,09	II	2 156,58	112,81	164,09	184,60	107,01	155,66	175,11	101,21	147,22	165,62	95,41	138,78	156,13	89,61	130,35	146,64	83,82	121,92	137,16
	III	1 533,66	84,35	122,69	138,02	III	1 533,66	79,37	115,45	129,88	74,49	108,36	121,90	69,71	101,40	114,07	65,01	94,57	106,39	60,42	87,89	98,87	55,92	81,34	91,51
	V	2 746,—	151,03	219,68	247,14	IV	2 202,33	118,22	171,96	193,46	115,33	167,75	188,72	112,42	163,53	183,97	109,53	159,32	179,23	106,63	155,10	174,48	103,73	150,88	169,74
	VI	2 778,25	152,80	222,26	250,04																				
7 244,99	I,IV	2 203,58	121,19	176,28	198,32	I	2 203,58	115,39	167,85	188,83	109,60	159,42	179,34	103,80	150,98	169,85	98,—	142,55	160,37	92,20	134,12	150,88	86,40	125,68	141,39
	II	2 157,83	118,68	172,62	194,20	II	2 157,83	112,88	164,19	184,71	107,08	155,76	175,23	101,28	147,32	165,74	95,48	138,89	156,25	89,69	130,46	146,76	83,89	122,02	137,27
	III	1 534,83	84,41	122,78	138,13	III	1 534,83	79,43	115,54	129,98	74,55	108,44	121,99	69,76	101,48	114,16	65,07	94,65	106,48	60,48	87,97	98,96	55,97	81,41	91,58
	V	2 747,33	151,10	219,78	247,25	IV	2 203,58	118,30	172,07	193,58	115,39	167,85	188,83	112,50	163,64	184,09	109,60	159,42	179,34	106,70	155,20	174,60	103,80	150,98	169,85
	VI	2 779,50	152,87	222,36	250,15																				

* Die ausgewiesenen Tabellenwerte sind amtlich. Siehe Erläuterungen auf der Umschlaginnenseite (U2).

MONAT **7 245,–***

Lohn/ Gehalt bis €*	Abzüge an Lohnsteuer, Solidaritätszuschlag (SolZ) und Kirchensteuer (8%, 9%) in den Steuerklassen I – VI					I, II, III, IV																			
			ohne Kinderfreibeträge					mit Zahl der Kinderfreibeträge . . . 0,5			1			1,5			2			2,5			3		
		LSt	SolZ	8%	9%		LSt	SolZ	8%	9%	SolZ	8%	9%	SolZ	8%	9%	SolZ	8%	9%	SolZ	8%	9%	SolZ	8%	9%
7 247,99	I,IV	2 204,83	121,26	176,38	198,43	I	2 204,83	115,46	167,95	188,94	109,67	159,52	179,46	103,87	151,08	169,97	98,07	142,65	160,48	92,27	134,22	150,99	86,47	125,78	141,50
	II	2 159,08	118,74	172,72	194,31	II	2 159,08	112,95	164,29	184,82	107,15	155,86	175,34	101,35	147,42	165,85	95,55	138,99	156,36	89,76	130,56	146,88	83,96	122,12	137,39
	III	1 535,83	84,47	122,86	138,22	III	1 535,83	79,49	115,62	130,07	74,60	108,52	122,08	69,82	101,56	114,25	65,12	94,73	106,57	60,52	88,04	99,04	56,02	81,49	91,67
	V	2 748,58	151,17	219,88	247,37	IV	2 204,83	118,36	172,17	193,69	115,46	167,95	188,94	112,57	163,74	184,20	109,67	159,52	179,46	106,77	155,30	174,71	103,87	151,08	169,97
	VI	2 780,75	152,94	222,46	250,26																				
7 250,99	I,IV	2 206,08	121,33	176,48	198,54	I	2 206,08	115,53	168,05	189,05	109,73	159,62	179,57	103,94	151,18	170,08	98,14	142,75	160,59	92,34	134,32	151,11	86,54	125,88	141,62
	II	2 160,33	118,81	172,82	194,42	II	2 160,33	113,02	164,39	184,94	107,22	155,96	175,45	101,42	147,52	165,96	95,62	139,09	156,47	89,82	130,66	146,99	84,03	122,22	137,50
	III	1 537,—	84,53	122,96	138,33	III	1 537,—	79,55	115,72	130,18	74,67	108,61	122,18	69,87	101,64	114,34	65,18	94,81	106,66	60,58	88,12	99,13	56,08	81,57	91,76
	V	2 749,83	151,24	219,98	247,48	IV	2 206,08	118,43	172,27	193,80	115,53	168,05	189,05	112,64	163,84	184,32	109,73	159,62	179,57	106,84	155,40	174,83	103,94	151,18	170,08
	VI	2 782,—	153,01	222,56	250,38																				
7 253,99	I,IV	2 207,33	121,40	176,58	198,65	I	2 207,33	115,60	168,15	189,17	109,80	159,72	179,68	104,—	151,28	170,19	98,21	142,85	160,70	92,41	134,42	151,22	86,61	125,98	141,73
	II	2 161,58	118,88	172,92	194,54	II	2 161,58	113,08	164,49	185,05	107,29	156,06	175,56	101,49	147,62	166,07	95,69	139,19	156,59	89,89	130,76	147,10	84,09	122,32	137,61
	III	1 538,—	84,59	123,04	138,42	III	1 538,—	79,61	115,80	130,27	74,72	108,69	122,27	69,93	101,72	114,43	65,23	94,89	106,75	60,63	88,20	99,22	56,13	81,65	91,85
	V	2 751,08	151,30	220,08	247,59	IV	2 207,33	118,50	172,37	193,91	115,60	168,15	189,17	112,70	163,94	184,43	109,80	159,72	179,68	106,91	155,50	174,94	104,—	151,28	170,19
	VI	2 783,25	153,07	222,66	250,49																				
7 256,99	I,IV	2 208,66	121,47	176,69	198,77	I	2 208,66	115,67	168,26	189,29	109,88	159,82	179,80	104,07	151,38	170,30	98,28	142,95	160,82	92,48	134,52	151,33	86,68	126,08	141,84
	II	2 162,83	118,95	173,02	194,65	II	2 162,83	113,15	164,59	185,16	107,36	156,16	175,68	101,56	147,72	166,19	95,76	139,29	156,70	89,96	130,86	147,21	84,16	122,42	137,72
	III	1 539,16	84,65	123,13	138,52	III	1 539,16	79,67	115,89	130,37	74,78	108,77	122,36	69,99	101,81	114,53	65,29	94,97	106,84	60,69	88,28	99,31	56,19	81,73	91,94
	V	2 752,33	151,37	220,18	247,70	IV	2 208,66	118,57	172,47	194,03	115,67	168,26	189,29	112,77	164,04	184,54	109,88	159,82	179,80	106,97	155,60	175,05	104,07	151,38	170,30
	VI	2 784,50	153,14	222,76	250,60																				
7 259,99	I,IV	2 209,91	121,54	176,79	198,89	I	2 209,91	115,74	168,36	189,40	109,94	159,92	179,91	104,15	151,49	170,42	98,35	143,06	160,94	92,55	134,62	151,45	86,75	126,18	141,95
	II	2 164,08	119,02	173,12	194,76	II	2 164,08	113,22	164,69	185,27	107,42	156,26	175,79	101,63	147,82	166,30	95,83	139,39	156,81	90,03	130,96	147,33	84,23	122,52	137,84
	III	1 540,33	84,71	123,22	138,62	III	1 540,33	79,73	115,97	130,46	74,84	108,86	122,47	70,05	101,89	114,62	65,34	95,05	106,93	60,74	88,36	99,40	56,23	81,80	92,02
	V	2 753,58	151,44	220,28	247,82	IV	2 209,91	118,64	172,57	194,14	115,74	168,36	189,40	112,84	164,14	184,65	109,94	159,92	179,91	107,04	155,70	175,16	104,15	151,49	170,42
	VI	2 785,83	153,22	222,86	250,72																				
7 262,99	I,IV	2 211,16	121,61	176,89	199,—	I	2 211,16	115,81	168,46	189,51	110,01	160,02	180,02	104,22	151,59	170,54	98,42	143,16	161,05	92,62	134,72	151,56	86,82	126,29	142,07
	II	2 165,33	119,09	173,22	194,87	II	2 165,33	113,29	164,79	185,39	107,49	156,36	175,90	101,69	147,92	166,41	95,90	139,49	156,92	90,10	131,06	147,44	84,30	122,62	137,95
	III	1 541,33	84,77	123,30	138,71	III	1 541,33	79,78	116,05	130,55	74,90	108,94	122,56	70,10	101,97	114,71	65,40	95,13	107,02	60,80	88,44	99,49	56,29	81,88	92,11
	V	2 754,83	151,51	220,38	247,93	IV	2 211,16	118,71	172,67	194,25	115,81	168,46	189,51	112,91	164,24	184,77	110,01	160,02	180,02	107,11	155,80	175,28	104,22	151,59	170,54
	VI	2 787,08	153,28	222,96	250,83																				
7 265,99	I,IV	2 212,41	121,68	176,99	199,11	I	2 212,41	115,88	168,56	189,63	110,08	160,12	180,14	104,28	151,69	170,65	98,49	143,26	161,16	92,69	134,82	151,67	86,89	126,39	142,19
	II	2 166,66	119,16	173,33	194,99	II	2 166,66	113,36	164,90	185,51	107,57	156,46	176,02	101,76	148,02	166,52	95,97	139,59	157,04	90,17	131,16	147,55	84,37	122,72	138,06
	III	1 542,50	84,83	123,40	138,82	III	1 542,50	79,85	116,14	130,66	74,95	109,02	122,65	70,16	102,05	114,80	65,45	95,21	107,11	60,85	88,52	99,58	56,34	81,96	92,20
	V	2 756,08	151,58	220,48	248,04	IV	2 212,41	118,78	172,77	194,36	115,88	168,56	189,63	112,98	164,34	184,88	110,08	160,12	180,14	107,18	155,90	175,39	104,28	151,69	170,65
	VI	2 788,33	153,35	223,06	250,94																				
7 268,99	I,IV	2 213,66	121,75	177,09	199,22	I	2 213,66	115,95	168,66	189,74	110,15	160,22	180,25	104,35	151,79	170,76	98,56	143,36	161,28	92,76	134,92	151,79	86,96	126,49	142,30
	II	2 167,91	119,23	173,43	195,11	II	2 167,91	113,43	165,—	185,62	107,63	156,56	176,13	101,84	148,13	166,64	96,04	139,70	157,16	90,24	131,26	147,67	84,44	122,82	138,17
	III	1 543,50	84,89	123,48	138,91	III	1 543,50	79,90	116,22	130,75	75,02	109,12	122,76	70,21	102,13	114,89	65,52	95,30	107,21	60,91	88,60	99,67	56,40	82,04	92,29
	V	2 757,41	151,65	220,59	248,16	IV	2 213,66	118,85	172,88	194,49	115,95	168,66	189,74	113,05	164,44	185,—	110,15	160,22	180,25	107,25	156,—	175,50	104,35	151,79	170,76
	VI	2 789,58	153,42	223,16	251,06																				
7 271,99	I,IV	2 214,91	121,82	177,19	199,34	I	2 214,91	116,02	168,76	189,85	110,22	160,32	180,36	104,42	151,89	170,87	98,62	143,46	161,39	92,83	135,02	151,90	87,03	126,59	142,41
	II	2 169,16	119,30	173,53	195,22	II	2 169,16	113,50	165,10	185,73	107,70	156,66	176,24	101,91	148,23	166,76	96,11	139,80	157,27	90,31	131,36	147,78	84,51	122,93	138,29
	III	1 544,66	84,95	123,57	139,01	III	1 544,66	79,97	116,32	130,86	75,07	109,20	122,85	70,28	102,22	115,—	65,57	95,38	107,30	60,96	88,68	99,76	56,45	82,12	92,38
	V	2 758,66	151,72	220,69	248,27	IV	2 214,91	118,92	172,98	194,60	116,02	168,76	189,85	113,12	164,54	185,11	110,22	160,32	180,36	107,32	156,11	175,62	104,42	151,89	170,87
	VI	2 790,83	153,49	223,26	251,17																				
7 274,99	I,IV	2 216,16	121,88	177,29	199,45	I	2 216,16	116,09	168,86	189,96	110,29	160,42	180,47	104,49	151,99	170,99	98,69	143,56	161,50	92,89	135,12	152,01	87,10	126,69	142,52
	II	2 170,41	119,37	173,63	195,33	II	2 170,41	113,57	165,20	185,85	107,77	156,76	176,36	101,97	148,33	166,87	96,18	139,90	157,38	90,38	131,46	147,89	84,58	123,03	138,41
	III	1 545,66	85,01	123,65	139,10	III	1 545,66	80,02	116,40	130,95	75,13	109,28	122,94	70,33	102,30	115,09	65,63	95,46	107,39	61,02	88,76	99,85	56,51	82,20	92,47
	V	2 759,91	151,79	220,79	248,39	IV	2 216,16	118,99	173,08	194,71	116,09	168,86	189,96	113,19	164,64	185,22	110,29	160,42	180,47	107,39	156,21	175,73	104,49	151,99	170,99
	VI	2 792,08	153,56	223,36	251,28																				
7 277,99	I,IV	2 217,41	121,95	177,39	199,56	I	2 217,41	116,16	168,96	190,08	110,36	160,52	180,59	104,56	152,09	171,10	98,76	143,66	161,61	92,96	135,22	152,12	87,17	126,79	142,64
	II	2 171,66	119,44	173,73	195,44	II	2 171,66	113,64	165,30	185,96	107,84	156,86	176,47	102,04	148,43	166,98	96,25	140,—	157,50	90,45	131,56	148,01	84,65	123,13	138,52
	III	1 546,83	85,07	123,74	139,21	III	1 546,83	80,08	116,49	131,05	75,19	109,37	123,04	70,39	102,38	115,18	65,68	95,54	107,48	61,07	88,84	99,94	56,55	82,26	92,54
	V	2 761,16	151,86	220,89	248,50	IV	2 217,41	119,06	173,18	194,82	116,16	168,96	190,08	113,26	164,74	185,33	110,36	160,52	180,59	107,46	156,31	175,85	104,56	152,09	171,10
	VI	2 793,33	153,63	223,46	251,39																				
7 280,99	I,IV	2 218,75	122,03	177,50	199,68	I	2 218,75	116,23	169,06	190,19	110,43	160,62	180,70	104,63	152,19	171,21	98,83	143,76	161,73	93,03	135,32	152,24	87,23	126,89	142,75
	II	2 172,91	119,51	173,83	195,56	II	2 172,91	113,71	165,40	186,07	107,91	156,96	176,58	102,11	148,53	167,09	96,31	140,10	157,61	90,52	131,66	148,12	84,72	123,23	138,63
	III	1 548,—	85,14	123,84	139,32	III	1 548,—	80,14	116,57	131,14	75,24	109,45	123,13	70,44	102,46	115,27	65,74	95,62	107,57	61,13	88,92	100,03	56,61	82,34	92,63
	V	2 762,41	151,93	220,99	248,61	IV	2 218,75	119,13	173,28	194,94	116,23	169,06	190,19	113,33	164,84	185,45	110,43	160,62	180,70	107,53	156,41	175,96	104,63	152,19	171,21
	VI	2 794,58	153,70	223,56	251,51																				
7 283,99	I,IV	2 220,—	122,10	177,60	199,80	I	2 220,—	116,30	169,16	190,31	110,50	160,73	180,82	104,70	152,30	171,33	98,90	143,86	161,84	93,10	135,42	152,35	87,30	126,99	142,86
	II	2 174,16	119,57	173,93	195,67	II	2 174,16	113,78	165,50	186,18	107,98	157,06	176,69	102,18	148,63	167,21	96,38	140,20	157,72	90,58	131,76	148,23	84,79	123,33	138,74
	III	1 549,—	85,19	123,92	139,41	III	1 549,—	80,19	116,65	131,23	75,30	109,53	123,22	70,50	102,54	115,36	65,79	95,70	107,66	61,18	89,—	100,12	56,66	82,42	92,72
	V	2 763,66	152,—	221,09	248,72	IV	2 220,—	119,19	173,38	195,05	116,30	169,16	190,31	113,40	164,94	185,56	110,50	160,73	180,82	107,60	156,51	176,07	104,70	152,30	171,33
	VI	2 795,91	153,77	223,67	251,63																				
7 286,99	I,IV	2 221,25	122,16	177,70	199,91	I	2 221,25	116,37	169,26	190,42	110,57	160,83	180,93	104,77	152,40	171,45	98,97	143,96	161,96	93,17	135,53	152,47	87,38	127,10	142,98
	II	2 175,41	119,64	174,03	195,78	II	2 175,41	113,85	165,60	186,30	108,05	157,16	176,81	102,25	148,73	167,32	96,45	140,30	157,83	90,65	131,86	148,34	84,86	123,43	138,86
	III	1 550,16	85,25	124,01	139,51	III	1 550,16	80,26	116,74	131,33	75,36	109,62	123,32	70,56	102,64	115,47	65,85	95,78	107,75	61,24	89,08	100,21	56,72	82,50	92,81
	V	2 764,91	152,07	221,19	248,84	IV	2 221,25	119,26	173,48	195,16	116,37	169,26	190,42	113,46	165,04	185,67	110,57	160,83	180,93	107,67	156,61	176,18	104,77	152,40	171,45
	VI	2 797,16	153,84	223,77	251,74																				
7 289,99	I,IV	2 222,50	122,23	177,80	200,02	I	2 222,50	116,43	169,36	190,53	110,64	160,93	181,04	104,84	152,50	171,56	99,04	144,06	162,07	93,24	135,63	152,58	87,45	127,20	143,10
	II	2 176,75	119,72	174,14	195,90	II	2 176,75	113,92	165,70	186,41	108,12	157,26	176,92	102,32	148,83	167,43	96,52	140,40	157,95	90,72	131,96	148,46	84,92	123,53	138,97
	III	1 551,16	85,31	124,09	139,60	III	1 551,16	80,31	116,82	131,42	75,42	109,70	123,41	70,62	102,72	115,56	65,90	95,86	107,84	61,29	89,16	100,30	56,77	82,58	92,90
	V	2 766,16	152,13	221,29	248,95	IV	2 222,50	119,33	173,58	195,27	116,43	169,36	190,53	113,53	165,14	185,78	110,64	160,93	181,04	107,74	156,71	176,30	104,84	152,50	171,56
	VI	2 798,41	153,91	223,87	251,85																				

* Die ausgewiesenen Tabellenwerte sind amtlich. Siehe Erläuterungen auf der Umschlaginnenseite (U2).

Lohn/ Gehalt bis €*	Abzüge an Lohnsteuer, Solidaritätszuschlag (SolZ) und Kirchensteuer (8%, 9%) in den Steuerklassen: I – VI		ohne Kinderfreibeträge			I, II, III, IV		mit Zahl der Kinderfreibeträge . . . 0,5			1			1,5			2			2,5			3		
		LSt	SolZ	8%	9%		LSt	SolZ	8%	9%	SolZ	8%	9%	SolZ	8%	9%	SolZ	8%	9%	SolZ	8%	9%	SolZ	8%	9%
	I,IV	2 223,75	122,30	177,90	200,13	I	2 223,75	116,50	169,46	190,64	110,71	161,03	181,16	104,91	152,60	171,67	99,11	144,16	162,18	93,31	135,73	152,69	87,51	127,30	143,21
	II	2 178,—	119,79	174,24	196,02	II	2 178,—	113,99	165,80	186,53	108,19	157,37	177,04	102,39	148,94	167,55	96,59	140,50	158,06	90,79	132,06	148,57	84,99	123,63	139,08
7 292,99	III	1 552,33	85,37	124,18	139,70	III	1 552,33	80,38	116,92	131,53	75,47	109,78	123,50	70,67	102,80	115,65	65,96	95,94	107,93	61,35	89,24	100,39	56,83	82,66	92,99
	V	2 767,41	152,20	221,39	249,06	IV	2 223,75	119,40	173,68	195,39	116,50	169,46	190,64	113,60	165,24	185,90	110,71	161,03	181,16	107,80	156,81	176,41	104,91	152,60	171,67
	VI	2 799,66	153,98	223,97	251,96																				
	I,IV	2 225,—	122,37	178,—	200,25	I	2 225,—	116,57	169,56	190,76	110,77	161,13	181,27	104,98	152,70	171,78	99,18	144,26	162,29	93,38	135,83	152,81	87,58	127,40	143,32
	II	2 179,25	119,85	174,34	196,13	II	2 179,25	114,06	165,90	186,64	108,26	157,47	177,15	102,46	149,04	167,67	96,66	140,60	158,18	90,86	132,17	148,69	85,07	123,74	139,20
7 295,99	III	1 553,33	85,43	124,26	139,79	III	1 553,33	80,43	117,—	131,62	75,54	109,88	123,61	70,73	102,88	115,74	66,01	96,02	108,02	61,40	89,32	100,48	56,87	82,73	93,07
	V	2 768,75	152,28	221,50	249,18	IV	2 225,—	119,47	173,78	195,50	116,57	169,56	190,76	113,68	165,35	186,02	110,77	161,13	181,27	107,88	156,92	176,53	104,98	152,70	171,78
	VI	2 800,91	154,05	224,07	252,08																				
	I,IV	2 226,25	122,44	178,10	200,36	I	2 226,25	116,64	169,66	190,87	110,84	161,23	181,38	105,05	152,80	171,90	99,25	144,36	162,41	93,45	135,93	152,92	87,65	127,50	143,43
	II	2 180,50	119,92	174,44	196,24	II	2 180,50	114,12	166,—	186,75	108,33	157,57	177,26	102,53	149,14	167,78	96,73	140,70	158,29	90,93	132,27	148,80	85,14	123,84	139,32
7 298,99	III	1 554,50	85,49	124,36	139,90	III	1 554,50	80,50	117,09	131,72	75,59	109,96	123,70	70,78	102,96	115,83	66,07	96,10	108,11	61,46	89,40	100,57	56,93	82,81	93,16
	V	2 770,—	152,35	221,60	249,30	IV	2 226,25	119,54	173,88	195,62	116,64	169,66	190,87	113,74	165,45	186,13	110,84	161,23	181,38	107,95	157,02	176,64	105,05	152,80	171,90
	VI	2 802,16	154,11	224,17	252,19																				
	I,IV	2 227,50	122,51	178,20	200,47	I	2 227,50	116,71	169,76	190,98	110,91	161,33	181,49	105,11	152,90	172,01	99,32	144,46	162,52	93,52	136,03	153,03	87,72	127,60	143,55
	II	2 181,75	119,99	174,54	196,35	II	2 181,75	114,19	166,10	186,86	108,40	157,67	177,38	102,60	149,24	167,89	96,80	140,80	158,40	91,—	132,37	148,91	85,20	123,94	139,43
7 301,99	III	1 555,66	85,56	124,45	140,—	III	1 555,66	80,55	117,17	131,81	75,65	110,04	123,79	70,84	103,05	115,93	66,12	96,18	108,20	61,50	89,46	100,64	56,98	82,89	93,25
	V	2 771,25	152,41	221,70	249,41	IV	2 227,50	119,61	173,98	195,73	116,71	169,76	190,98	113,81	165,55	186,24	110,91	161,33	181,49	108,02	157,12	176,76	105,11	152,90	172,01
	VI	2 803,41	154,18	224,27	252,30																				
	I,IV	2 228,83	122,58	178,30	200,59	I	2 228,83	116,78	169,86	191,09	110,98	161,43	181,61	105,18	153,—	172,12	99,38	144,56	162,63	93,59	136,13	153,14	87,79	127,70	143,66
	II	2 183,—	120,06	174,64	196,47	II	2 183,—	114,26	166,20	186,98	108,46	157,77	177,49	102,67	149,34	168,—	96,87	140,90	158,51	91,07	132,47	149,03	85,27	124,04	139,54
7 304,99	III	1 556,66	85,61	124,53	140,09	III	1 556,66	80,62	117,26	131,92	75,71	110,13	123,89	70,90	103,13	116,02	66,18	96,26	108,29	61,56	89,54	100,73	57,04	82,97	93,34
	V	2 772,50	152,48	221,80	249,52	IV	2 228,83	119,68	174,08	195,84	116,78	169,86	191,09	113,88	165,65	186,35	110,98	161,43	181,61	108,08	157,22	176,87	105,18	153,—	172,12
	VI	2 804,66	154,25	224,37	252,41																				
	I,IV	2 230,08	122,65	178,40	200,70	I	2 230,08	116,85	169,97	191,21	111,05	161,54	181,73	105,26	153,10	172,24	99,45	144,66	162,74	93,66	136,23	153,26	87,86	127,80	143,77
	II	2 184,25	120,13	174,74	196,58	II	2 184,25	114,33	166,30	187,09	108,53	157,87	177,60	102,74	149,44	168,12	96,94	141,—	158,63	91,14	132,57	149,14	85,34	124,14	139,65
7 307,99	III	1 557,83	85,68	124,62	140,20	III	1 557,83	80,67	117,34	132,01	75,77	110,21	123,98	70,95	103,21	116,11	66,24	96,36	108,40	61,61	89,62	100,82	57,09	83,05	93,43
	V	2 773,75	152,55	221,90	249,63	IV	2 230,08	119,75	174,18	195,95	116,85	169,97	191,21	113,95	165,75	186,47	111,05	161,54	181,73	108,15	157,32	176,98	105,26	153,10	172,24
	VI	2 805,91	154,32	224,47	252,53																				
	I,IV	2 231,33	122,72	178,50	200,81	I	2 231,33	116,92	170,07	191,33	111,12	161,64	181,84	105,32	153,20	172,35	99,53	144,77	162,86	93,73	136,34	153,38	87,93	127,90	143,89
	II	2 185,50	120,20	174,84	196,69	II	2 185,50	114,40	166,40	187,20	108,60	157,97	177,71	102,80	149,54	168,23	97,01	141,10	158,74	91,21	132,67	149,25	85,41	124,24	139,77
7 310,99	III	1 558,83	85,73	124,70	140,29	III	1 558,83	80,74	117,44	132,12	75,82	110,29	124,07	71,01	103,29	116,20	66,30	96,44	108,49	61,67	89,70	100,91	57,15	83,13	93,52
	V	2 775,—	152,62	222,—	249,75	IV	2 231,33	119,82	174,28	196,07	116,92	170,07	191,33	114,02	165,85	186,58	111,12	161,64	181,84	108,22	157,42	177,09	105,32	153,20	172,35
	VI	2 807,25	154,39	224,58	252,65																				
	I,IV	2 232,58	122,79	178,60	200,93	I	2 232,58	116,99	170,17	191,44	111,19	161,74	181,95	105,39	153,30	172,46	99,60	144,87	162,98	93,80	136,44	153,49	88,—	128,—	144,—
	II	2 186,83	120,27	174,94	196,81	II	2 186,83	114,47	166,50	187,31	108,67	158,07	177,83	102,87	149,64	168,34	97,07	141,20	158,85	91,28	132,77	149,36	85,48	124,34	139,88
7 313,99	III	1 560,—	85,80	124,80	140,40	III	1 560,—	80,79	117,52	132,21	75,89	110,38	124,18	71,06	103,37	116,29	66,35	96,52	108,58	61,72	89,78	101,—	57,20	83,20	93,60
	V	2 776,25	152,69	222,10	249,86	IV	2 232,58	119,89	174,38	196,18	116,99	170,17	191,44	114,09	165,95	186,69	111,19	161,74	181,95	108,29	157,52	177,21	105,39	153,30	172,46
	VI	2 808,50	154,46	224,68	252,76																				
	I,IV	2 233,83	122,86	178,70	201,04	I	2 233,83	117,06	170,27	191,55	111,26	161,84	182,07	105,46	153,40	172,58	99,66	144,97	163,09	93,87	136,54	153,60	88,07	128,10	144,11
	II	2 188,08	120,34	175,04	196,92	II	2 188,08	114,54	166,61	187,43	108,74	158,18	177,95	102,95	149,74	168,46	97,14	141,30	158,96	91,35	132,87	149,48	85,55	124,44	139,99
7 316,99	III	1 561,—	85,85	124,88	140,49	III	1 561,—	80,85	117,61	132,31	75,94	110,46	124,27	71,13	103,46	116,39	66,41	96,60	108,67	61,78	89,86	101,09	57,25	83,28	93,69
	V	2 777,50	152,76	222,20	249,97	IV	2 233,83	119,95	174,48	196,29	117,06	170,27	191,55	114,16	166,05	186,80	111,26	161,84	182,07	108,36	157,62	177,32	105,46	153,40	172,58
	VI	2 809,75	154,53	224,78	252,87																				
	I,IV	2 235,08	122,92	178,80	201,15	I	2 235,08	117,13	170,37	191,66	111,33	161,94	182,18	105,53	153,50	172,69	99,73	145,07	163,20	93,94	136,64	153,72	88,14	128,20	144,23
	II	2 189,33	120,41	175,14	197,03	II	2 189,33	114,61	166,71	187,55	108,81	158,28	178,06	103,01	149,84	168,57	97,22	141,41	159,08	91,42	132,98	149,60	85,62	124,54	140,11
7 319,99	III	1 562,16	85,91	124,97	140,59	III	1 562,16	80,91	117,69	132,40	76,—	110,54	124,36	71,18	103,54	116,48	66,46	96,68	108,76	61,83	89,94	101,18	57,31	83,36	93,78
	V	2 778,83	152,83	222,30	250,09	IV	2 235,08	120,03	174,59	196,41	117,13	170,37	191,66	114,23	166,16	186,93	111,33	161,94	182,18	108,43	157,72	177,44	105,53	153,50	172,69
	VI	2 811,—	154,60	224,88	252,99																				
	I,IV	2 236,33	122,99	178,90	201,26	I	2 236,33	117,20	170,47	191,78	111,40	162,04	182,29	105,60	153,60	172,80	99,80	145,17	163,31	94,—	136,74	153,83	88,21	128,30	144,34
	II	2 190,58	120,48	175,24	197,15	II	2 190,58	114,68	166,81	187,66	108,88	158,38	178,17	103,08	149,94	168,68	97,29	141,51	159,20	91,49	133,08	149,71	85,69	124,64	140,22
7 322,99	III	1 563,33	85,98	125,06	140,69	III	1 563,33	80,96	117,77	132,49	76,06	110,64	124,47	71,24	103,62	116,57	66,52	96,76	108,85	61,89	90,02	101,27	57,36	83,44	93,87
	V	2 780,08	152,90	222,40	250,20	IV	2 236,33	120,10	174,69	196,52	117,20	170,47	191,78	114,30	166,26	187,04	111,40	162,04	182,29	108,50	157,82	177,55	105,60	153,60	172,80
	VI	2 812,25	154,67	224,98	253,10																				
	I,IV	2 237,58	123,06	179,—	201,38	I	2 237,58	117,26	170,57	191,89	111,47	162,14	182,40	105,67	153,70	172,91	99,87	145,27	163,43	94,07	136,84	153,94	88,27	128,40	144,45
	II	2 191,83	120,55	175,34	197,26	II	2 191,83	114,75	166,91	187,77	108,95	158,48	178,29	103,15	150,04	168,80	97,35	141,61	159,31	91,56	133,18	149,82	85,76	124,74	140,33
7 325,99	III	1 564,33	86,03	125,14	140,78	III	1 564,33	81,03	117,86	132,59	76,12	110,72	124,56	71,29	103,70	116,66	66,57	96,84	108,94	61,94	90,10	101,36	57,42	83,52	93,96
	V	2 781,33	152,97	222,50	250,31	IV	2 237,58	120,17	174,79	196,64	117,26	170,57	191,89	114,37	166,36	187,15	111,47	162,14	182,40	108,57	157,92	177,66	105,67	153,70	172,91
	VI	2 813,50	154,74	225,08	253,21																				
	I,IV	2 238,83	123,13	179,10	201,49	I	2 238,83	117,33	170,67	192,—	111,54	162,24	182,52	105,74	153,80	173,03	99,94	145,37	163,54	94,14	136,94	154,05	88,34	128,50	144,56
	II	2 193,08	120,61	175,44	197,37	II	2 193,08	114,82	167,01	187,88	109,02	158,58	178,40	103,22	150,14	168,91	97,42	141,71	159,42	91,63	133,28	149,94	85,83	124,84	140,45
7 328,99	III	1 565,50	86,10	125,24	140,89	III	1 565,50	81,08	117,94	132,68	76,17	110,80	124,65	71,36	103,80	116,77	66,63	96,92	109,03	62,—	90,18	101,45	57,47	83,60	94,05
	V	2 782,58	153,04	222,60	250,43	IV	2 238,83	120,23	174,89	196,75	117,33	170,67	192,—	114,44	166,46	187,26	111,54	162,24	182,52	108,64	158,02	177,77	105,74	153,80	173,03
	VI	2 814,75	154,81	225,18	253,32																				
	I,IV	2 240,16	123,20	179,21	201,61	I	2 240,16	117,41	170,78	192,12	111,61	162,34	182,63	105,81	153,90	173,14	100,01	145,47	163,65	94,21	137,04	154,17	88,41	128,60	144,68
	II	2 194,33	120,68	175,54	197,48	II	2 194,33	114,89	167,11	188,—	109,09	158,68	178,51	103,29	150,24	169,02	97,49	141,81	159,53	91,69	133,38	150,05	85,90	124,94	140,56
7 331,99	III	1 566,50	86,15	125,32	140,98	III	1 566,50	81,15	118,04	132,79	76,23	110,89	124,75	71,41	103,88	116,86	66,68	97,—	109,12	62,05	90,26	101,54	57,52	83,66	94,12
	V	2 783,83	153,11	222,70	250,54	IV	2 240,16	120,30	174,99	196,86	117,41	170,78	192,12	114,51	166,56	187,38	111,61	162,34	182,63	108,71	158,12	177,89	105,81	153,90	173,14
	VI	2 816,—	154,88	225,28	253,44																				
	I,IV	2 241,41	123,27	179,31	201,72	I	2 241,41	117,48	170,88	192,24	111,68	162,44	182,75	105,88	154,01	173,26	100,08	145,58	163,77	94,28	137,14	154,28	88,48	128,70	144,79
	II	2 195,58	120,75	175,64	197,60	II	2 195,58	114,95	167,21	188,11	109,16	158,78	178,62	103,36	150,34	169,13	97,56	141,91	159,65	91,76	133,48	150,16	85,96	125,04	140,67
7 334,99	III	1 567,66	86,22	125,41	141,08	III	1 567,66	81,20	118,12	132,88	76,29	110,97	124,84	71,47	103,96	116,95	66,74	97,08	109,21	62,11	90,34	101,63	57,57	83,74	94,21
	V	2 785,08	153,17	222,80	250,65	IV	2 241,41	120,37	175,09	196,97	117,48	170,88	192,24	114,57	166,66	187,49	111,68	162,44	182,75	108,78	158,22	178,—	105,88	154,01	173,26
	VI	2 817,33	154,95	225,38	253,55																				

* Die ausgewiesenen Tabellenwerte sind amtlich. Siehe Erläuterungen auf der Umschlaginnenseite (U2).

MONAT 7 335,–*

Abzüge an Lohnsteuer, Solidaritätszuschlag (SolZ) und Kirchensteuer (8%, 9%) in den Steuerklassen

Lohn/ Gehalt bis €*	I – VI					I, II, III, IV																			
			ohne Kinderfreibeträge					mit Zahl der Kinderfreibeträge . . .																	
								0,5			1			1,5			2			2,5			3		
		LSt	SolZ	8%	9%		LSt	SolZ	8%	9%	SolZ	8%	9%	SolZ	8%	9%	SolZ	8%	9%	SolZ	8%	9%	SolZ	8%	9%
7 337,99	I,IV	2 242,66	123,34	179,41	201,83	I	2 242,66	117,54	170,98	192,35	111,75	162,54	182,86	105,95	154,11	173,37	100,15	145,68	163,89	94,35	137,24	154,40	88,55	128,81	144,91
	II	2 196,83	120,82	175,74	197,71	II	2 196,83	115,02	167,31	188,22	109,23	158,88	178,74	103,43	150,44	169,25	97,63	142,01	159,76	91,83	133,58	150,27	86,03	125,14	140,78
	III	1 568,83	86,28	125,50	141,19	III	1 568,83	81,27	118,21	132,98	76,34	111,05	124,93	71,52	104,04	117,04	66,79	97,16	109,30	62,16	90,42	101,72	57,63	83,82	94,30
	V	2 786,33	153,24	222,90	250,76	IV	2 242,66	120,44	175,19	197,09	117,54	170,98	192,35	114,64	166,76	187,60	111,75	162,54	182,86	108,84	158,32	178,11	105,95	154,11	173,37
	VI	2 818,58	155,02	225,48	253,67																				
7 340,99	I,IV	2 243,91	123,41	179,51	201,95	I	2 243,91	117,61	171,08	192,46	111,81	162,64	182,97	106,02	154,21	173,48	100,22	145,78	164,—	94,42	137,34	154,51	88,62	128,91	145,02
	II	2 198,16	120,89	175,85	197,83	II	2 198,16	115,10	167,42	188,34	109,30	158,98	178,85	103,50	150,54	169,36	97,70	142,11	159,87	91,90	133,68	150,39	86,10	125,24	140,90
	III	1 569,83	86,34	125,58	141,28	III	1 569,83	81,32	118,29	133,07	76,41	111,14	125,03	71,58	104,12	117,13	66,86	97,25	109,40	62,22	90,50	101,81	57,68	83,90	94,39
	V	2 787,58	153,31	223,—	250,88	IV	2 243,91	120,51	175,29	197,20	117,61	171,08	192,46	114,71	166,86	187,71	111,81	162,64	182,97	108,91	158,42	178,22	106,02	154,21	173,48
	VI	2 819,83	155,09	225,58	253,78																				
7 343,99	I,IV	2 245,16	123,48	179,61	202,06	I	2 245,16	117,68	171,18	192,57	111,88	162,74	183,08	106,09	154,31	173,60	100,29	145,88	164,11	94,49	137,44	154,62	88,69	129,01	145,13
	II	2 199,41	120,96	175,95	197,94	II	2 199,41	115,17	167,52	188,46	109,37	159,08	178,97	103,57	150,65	169,48	97,77	142,22	159,99	91,97	133,78	150,50	86,17	125,34	141,01
	III	1 571,—	86,40	125,68	141,39	III	1 571,—	81,39	118,38	133,18	76,46	111,22	125,12	71,64	104,21	117,23	66,91	97,33	109,49	62,27	90,58	101,90	57,74	83,98	94,48
	V	2 788,91	153,39	223,11	251,—	IV	2 245,16	120,58	175,40	197,32	117,68	171,18	192,57	114,78	166,96	187,83	111,88	162,74	183,08	108,98	158,52	178,34	106,09	154,31	173,60
	VI	2 821,08	155,15	225,68	253,89																				
7 346,99	I,IV	2 246,41	123,55	179,71	202,17	I	2 246,41	117,75	171,28	192,69	111,95	162,84	183,20	106,15	154,41	173,71	100,36	145,98	164,22	94,56	137,54	154,73	88,76	129,11	145,25
	II	2 200,66	121,03	176,05	198,05	II	2 200,66	115,23	167,62	188,57	109,44	159,18	179,08	103,64	150,75	169,59	97,84	142,32	160,11	92,04	133,88	150,62	86,24	125,45	141,13
	III	1 572,—	86,46	125,76	141,48	III	1 572,—	81,44	118,46	133,27	76,52	111,30	125,21	71,70	104,29	117,32	66,97	97,41	109,58	62,33	90,66	101,99	57,79	84,06	94,57
	V	2 790,16	153,45	223,21	251,11	IV	2 246,41	120,65	175,50	197,43	117,75	171,28	192,69	114,85	167,06	187,94	111,95	162,84	183,20	109,06	158,63	178,46	106,15	154,41	173,71
	VI	2 822,33	155,22	225,78	254,—																				
7 349,99	I,IV	2 247,66	123,62	179,81	202,28	I	2 247,66	117,82	171,38	192,80	112,02	162,94	183,31	106,22	154,51	173,82	100,43	146,08	164,34	94,63	137,64	154,85	88,83	129,21	145,36
	II	2 201,91	121,10	176,15	198,17	II	2 201,91	115,30	167,72	188,68	109,50	159,28	179,19	103,71	150,85	169,70	97,91	142,42	160,22	92,11	133,98	150,73	86,31	125,55	141,24
	III	1 573,16	86,52	125,85	141,58	III	1 573,16	81,51	118,56	133,38	76,58	111,40	125,32	71,75	104,37	117,41	67,02	97,49	109,67	62,38	90,74	102,08	57,85	84,14	94,66
	V	2 791,41	153,52	223,31	251,22	IV	2 247,66	120,72	175,60	197,55	117,82	171,38	192,80	114,92	167,16	188,06	112,02	162,94	183,31	109,12	158,73	178,57	106,22	154,51	173,82
	VI	2 823,58	155,29	225,88	254,12																				
7 352,99	I,IV	2 248,91	123,69	179,91	202,40	I	2 248,91	117,89	171,48	192,91	112,09	163,04	183,42	106,29	154,61	173,93	100,49	146,18	164,45	94,70	137,74	154,96	88,90	129,31	145,47
	II	2 203,16	121,17	176,25	198,28	II	2 203,16	115,37	167,82	188,79	109,57	159,38	179,30	103,78	150,95	169,82	97,98	142,52	160,33	92,18	134,08	150,84	86,38	125,65	141,35
	III	1 574,33	86,58	125,94	141,68	III	1 574,33	81,56	118,64	133,47	76,64	111,48	125,41	71,81	104,45	117,50	67,08	97,57	109,76	62,44	90,82	102,17	57,89	84,21	94,73
	V	2 792,66	153,59	223,41	251,33	IV	2 248,91	120,79	175,70	197,66	117,89	171,48	192,91	114,99	167,26	188,17	112,09	163,04	183,42	109,19	158,83	178,68	106,29	154,61	173,93
	VI	2 824,83	155,36	225,98	254,23																				
7 355,99	I,IV	2 250,25	123,76	180,02	202,52	I	2 250,25	117,96	171,58	193,03	112,16	163,14	183,53	106,36	154,71	174,05	100,56	146,28	164,56	94,76	137,84	155,07	88,97	129,41	145,58
	II	2 204,41	121,24	176,35	198,39	II	2 204,41	115,44	167,92	188,91	109,64	159,48	179,42	103,84	151,05	169,93	98,05	142,62	160,44	92,25	134,18	150,95	86,45	125,75	141,47
	III	1 575,33	86,64	126,02	141,77	III	1 575,33	81,62	118,73	133,57	76,69	111,56	125,50	71,87	104,54	117,61	67,13	97,65	109,85	62,49	90,90	102,26	57,95	84,29	94,82
	V	2 793,91	153,66	223,51	251,45	IV	2 250,25	120,86	175,80	197,77	117,96	171,58	193,03	115,06	167,36	188,28	112,16	163,14	183,53	109,26	158,93	178,79	106,36	154,71	174,05
	VI	2 826,08	155,43	226,08	254,34																				
7 358,99	I,IV	2 251,50	123,83	180,12	202,63	I	2 251,50	118,03	171,68	193,14	112,23	163,25	183,65	106,43	154,82	174,17	100,64	146,38	164,68	94,83	137,94	155,18	89,04	129,51	145,70
	II	2 205,66	121,31	176,45	198,50	II	2 205,66	115,51	168,02	189,02	109,71	159,58	179,53	103,91	151,15	170,04	98,12	142,72	160,56	92,32	134,28	151,07	86,52	125,85	141,58
	III	1 576,50	86,70	126,12	141,88	III	1 576,50	81,68	118,81	133,66	76,76	111,65	125,60	71,93	104,62	117,70	67,19	97,73	109,94	62,55	90,98	102,35	58,—	84,37	94,91
	V	2 795,16	153,73	223,61	251,56	IV	2 251,50	120,93	175,90	197,88	118,03	171,68	193,14	115,13	167,46	188,39	112,23	163,25	183,65	109,33	159,03	178,91	106,43	154,82	174,17
	VI	2 827,41	155,50	226,19	254,46																				
7 361,99	I,IV	2 252,75	123,90	180,22	202,74	I	2 252,75	118,10	171,78	193,25	112,30	163,35	183,77	106,50	154,92	174,28	100,70	146,48	164,79	94,91	138,05	155,30	89,11	129,62	145,82
	II	2 206,91	121,38	176,55	198,62	II	2 206,91	115,58	168,12	189,13	109,78	159,68	179,64	103,98	151,25	170,15	98,18	142,82	160,67	92,39	134,38	151,18	86,59	125,95	141,69
	III	1 577,50	86,76	126,20	141,97	III	1 577,50	81,74	118,90	133,76	76,81	111,73	125,69	71,98	104,70	117,79	67,24	97,81	110,03	62,60	91,06	102,44	58,06	84,45	95,—
	V	2 796,41	153,80	223,71	251,67	IV	2 252,75	121,—	176,—	198,—	118,10	171,78	193,25	115,20	167,56	188,51	112,30	163,35	183,77	109,40	159,13	179,02	106,50	154,92	174,28
	VI	2 828,66	155,57	226,29	254,57																				
7 364,99	I,IV	2 254,—	123,97	180,32	202,86	I	2 254,—	118,17	171,88	193,37	112,37	163,45	183,88	106,57	155,02	174,39	100,77	146,58	164,90	94,98	138,15	155,42	89,18	129,72	145,93
	II	2 208,25	121,45	176,66	198,74	II	2 208,25	115,65	168,22	189,25	109,85	159,78	179,75	104,05	151,35	170,27	98,25	142,92	160,78	92,45	134,48	151,29	86,66	126,05	141,80
	III	1 578,66	86,82	126,29	142,07	III	1 578,66	81,80	118,98	133,85	76,88	111,82	125,80	72,04	104,78	117,88	67,30	97,89	110,12	62,66	91,14	102,53	58,11	84,53	95,09
	V	2 797,66	153,87	223,81	251,78	IV	2 254,—	121,06	176,10	198,11	118,17	171,88	193,37	115,27	167,66	188,62	112,37	163,45	183,88	109,47	159,23	179,13	106,57	155,02	174,39
	VI	2 829,91	155,64	226,39	254,69																				
7 367,99	I,IV	2 255,25	124,03	180,42	202,97	I	2 255,25	118,24	171,98	193,48	112,44	163,55	183,99	106,64	155,12	174,51	100,84	146,68	165,02	95,04	138,25	155,53	89,25	129,82	146,04
	II	2 209,50	121,52	176,76	198,85	II	2 209,50	115,72	168,32	189,36	109,92	159,89	179,87	104,12	151,46	170,39	98,33	143,02	160,90	92,52	134,58	151,40	86,73	126,15	141,92
	III	1 579,83	86,89	126,38	142,18	III	1 579,83	81,86	119,08	133,96	76,93	111,90	125,89	72,10	104,88	117,99	67,36	97,98	110,23	62,71	91,22	102,62	58,17	84,61	95,18
	V	2 798,91	153,94	223,91	251,90	IV	2 255,25	121,14	176,20	198,23	118,24	171,98	193,48	115,33	167,76	188,73	112,44	163,55	183,99	109,54	159,33	179,24	106,64	155,12	174,51
	VI	2 831,16	155,71	226,49	254,80																				
7 370,99	I,IV	2 256,50	124,10	180,52	203,08	I	2 256,50	118,30	172,08	193,59	112,51	163,65	184,10	106,71	155,22	174,62	100,91	146,78	165,13	95,11	138,35	155,64	89,32	129,92	146,16
	II	2 210,75	121,59	176,86	198,96	II	2 210,75	115,79	168,42	189,47	109,99	159,99	179,99	104,19	151,56	170,50	98,39	143,12	161,01	92,60	134,69	151,52	86,80	126,26	142,04
	III	1 580,83	86,94	126,46	142,27	III	1 580,83	81,92	119,16	134,05	76,99	111,98	125,98	72,16	104,96	118,08	67,42	98,06	110,32	62,77	91,30	102,71	58,22	84,69	95,27
	V	2 800,25	154,01	224,02	252,02	IV	2 256,50	121,21	176,30	198,34	118,30	172,08	193,59	115,41	167,87	188,85	112,51	163,65	184,10	109,61	159,44	179,37	106,71	155,22	174,62
	VI	2 832,41	155,78	226,59	254,91																				
7 373,99	I,IV	2 257,75	124,17	180,62	203,19	I	2 257,75	118,37	172,18	193,70	112,58	163,75	184,22	106,78	155,32	174,73	100,98	146,88	165,24	95,18	138,45	155,75	89,38	130,02	146,27
	II	2 212,—	121,66	176,96	199,08	II	2 212,—	115,86	168,52	189,59	110,06	160,09	180,10	104,26	151,66	170,61	98,46	143,22	161,12	92,67	134,79	151,64	86,87	126,36	142,15
	III	1 582,—	87,01	126,56	142,38	III	1 582,—	81,98	119,25	134,15	77,05	112,08	126,09	72,21	105,04	118,17	67,47	98,14	110,41	62,82	91,38	102,80	58,28	84,77	95,36
	V	2 801,50	154,08	224,12	252,13	IV	2 257,75	121,27	176,40	198,45	118,37	172,18	193,70	115,48	167,97	188,96	112,58	163,75	184,22	109,68	159,54	179,48	106,78	155,32	174,73
	VI	2 833,66	155,85	226,69	255,02																				
7 376,99	I,IV	2 259,—	124,24	180,72	203,31	I	2 259,—	118,44	172,28	193,82	112,64	163,85	184,33	106,85	155,42	174,84	101,05	146,98	165,35	95,25	138,55	155,87	89,45	130,12	146,38
	II	2 213,25	121,72	177,06	199,19	II	2 213,25	115,93	168,62	189,70	110,13	160,19	180,21	104,33	151,76	170,73	98,53	143,32	161,24	92,73	134,89	151,75	86,94	126,46	142,26
	III	1 583,16	87,07	126,65	142,48	III	1 583,16	82,04	119,33	134,24	77,11	112,16	126,18	72,27	105,12	118,26	67,53	98,22	110,50	62,88	91,46	102,89	58,32	84,84	95,44
	V	2 802,75	154,15	224,22	252,24	IV	2 259,—	121,34	176,50	198,56	118,44	172,28	193,82	115,55	168,07	189,08	112,64	163,85	184,33	109,75	159,64	179,59	106,85	155,42	174,84
	VI	2 834,91	155,92	226,79	255,14																				
7 379,99	I,IV	2 260,33	124,31	180,82	203,42	I	2 260,33	118,51	172,38	193,93	112,71	163,95	184,44	106,92	155,52	174,96	101,12	147,08	165,47	95,32	138,65	155,98	89,52	130,22	146,49
	II	2 214,50	121,79	177,16	199,30	II	2 214,50	115,99	168,72	189,81	110,20	160,29	180,32	104,40	151,86	170,84	98,60	143,42	161,35	92,80	134,99	151,86	87,01	126,56	142,38
	III	1 584,16	87,12	126,73	142,57	III	1 584,16	82,10	119,42	134,35	77,16	112,24	126,27	72,33	105,21	118,36	67,58	98,30	110,59	62,93	91,54	102,98	58,38	84,92	95,53
	V	2 804,—	154,22	224,32	252,36	IV	2 260,33	121,41	176,60	198,68	118,51	172,38	193,93	115,61	168,17	189,19	112,71	163,95	184,44	109,82	159,74	179,70	106,92	155,52	174,96
	VI	2 836,16	155,98	226,89	255,25																				

* Die ausgewiesenen Tabellenwerte sind amtlich. Siehe Erläuterungen auf der Umschlaginnenseite (U2).

Lohn/ Gehalt bis €*	Abzüge an Lohnsteuer, Solidaritätszuschlag (SolZ) und Kirchensteuer (8%, 9%) in den Steuerklassen I – VI					I, II, III, IV mit Zahl der Kinderfreibeträge ...		0,5			1			1,5			2			2,5			3		
		LSt	ohne Kinderfreibeträge SolZ	8%	9%		LSt	SolZ	8%	9%	SolZ	8%	9%	SolZ	8%	9%	SolZ	8%	9%	SolZ	8%	9%	SolZ	8%	9%
7 382,99	I,IV	2 261,58	124,38	180,92	203,54	I	2 261,58	118,58	172,49	194,05	112,79	164,06	184,56	106,99	155,62	175,07	101,19	147,18	165,58	95,39	138,75	156,09	89,59	130,32	146,61
	II	2 215,75	121,86	177,26	199,41	II	2 215,75	116,06	168,82	189,92	110,27	160,39	180,44	104,47	151,96	170,95	98,67	143,52	161,46	92,87	135,09	151,97	87,07	126,66	142,49
	III	1 585,33	87,19	126,82	142,67	III	1 585,33	82,16	119,50	134,44	77,22	112,33	126,37	72,38	105,29	118,45	67,64	98,38	110,68	62,99	91,62	103,07	58,43	85,—	95,62
	V	2 805,25	154,28	224,42	252,47	IV	2 261,58	121,48	176,70	198,79	118,58	172,49	194,05	115,68	168,27	189,30	112,79	164,06	184,56	109,89	159,84	179,82	106,99	155,62	175,07
	VI	2 837,41	156,05	226,99	255,36																				
7 385,99	I,IV	2 262,83	124,45	181,02	203,65	I	2 262,83	118,65	172,59	194,16	112,86	164,16	184,68	107,06	155,72	175,19	101,26	147,29	165,70	95,46	138,86	156,21	89,66	130,42	146,72
	II	2 217,—	121,93	177,36	199,53	II	2 217,—	116,13	168,92	190,04	110,33	160,49	180,55	104,54	152,06	171,06	98,74	143,62	161,57	92,94	135,19	152,09	87,14	126,76	142,60
	III	1 586,33	87,24	126,90	142,76	III	1 586,33	82,22	119,60	134,55	77,28	112,41	126,46	72,44	105,37	118,54	67,69	98,46	110,77	63,04	91,70	103,16	58,49	85,08	95,71
	V	2 806,50	154,35	224,52	252,58	IV	2 262,83	121,55	176,80	198,90	118,65	172,59	194,16	115,75	168,37	189,41	112,86	164,16	184,68	109,95	159,94	179,93	107,06	155,72	175,19
	VI	2 838,75	156,13	227,10	255,48																				
7 388,99	I,IV	2 264,08	124,52	181,12	203,76	I	2 264,08	118,72	172,69	194,27	112,92	164,26	184,79	107,13	155,82	175,30	101,33	147,39	165,81	95,53	138,96	156,33	89,73	130,52	146,84
	II	2 218,33	122,—	177,46	199,64	II	2 218,33	116,20	169,02	190,15	110,40	160,59	180,66	104,61	152,16	171,18	98,81	143,72	161,69	93,01	135,29	152,20	87,21	126,86	142,71
	III	1 587,50	87,31	127,—	142,87	III	1 587,50	82,28	119,68	134,64	77,33	112,49	126,55	72,49	105,45	118,63	67,75	98,54	110,86	63,10	91,78	103,25	58,54	85,16	95,80
	V	2 807,75	154,42	224,62	252,69	IV	2 264,08	121,62	176,90	199,01	118,72	172,69	194,27	115,82	168,47	189,53	112,92	164,26	184,79	110,02	160,04	180,04	107,13	155,82	175,30
	VI	2 840,—	156,20	227,20	255,60																				
7 391,99	I,IV	2 265,33	124,59	181,22	203,87	I	2 265,33	118,79	172,79	194,39	112,99	164,36	184,90	107,19	155,92	175,41	101,40	147,49	165,92	95,60	139,06	156,44	89,80	130,62	146,95
	II	2 219,58	122,07	177,56	199,76	II	2 219,58	116,27	169,13	190,27	110,48	160,70	180,78	104,68	152,26	171,29	98,88	143,82	161,80	93,08	135,39	152,31	87,28	126,96	142,83
	III	1 588,66	87,37	127,09	142,97	III	1 588,66	82,34	119,77	134,74	77,40	112,58	126,65	72,56	105,54	118,73	67,81	98,64	110,97	63,15	91,86	103,34	58,60	85,24	95,89
	V	2 809,—	154,49	224,72	252,81	IV	2 265,33	121,69	177,—	199,13	118,79	172,79	194,39	115,89	168,57	189,64	112,99	164,36	184,90	110,09	160,14	180,15	107,19	155,92	175,41
	VI	2 841,25	156,26	227,30	255,71																				
7 394,99	I,IV	2 266,58	124,66	181,32	203,99	I	2 266,58	118,86	172,89	194,50	113,06	164,46	185,01	107,26	156,02	175,52	101,47	147,59	166,04	95,67	139,16	156,55	89,87	130,72	147,06
	II	2 220,83	122,14	177,66	199,87	II	2 220,83	116,34	169,23	190,38	110,55	160,80	180,90	104,75	152,36	171,41	98,95	143,93	161,92	93,15	135,50	152,43	87,35	127,06	142,94
	III	1 589,66	87,43	127,17	143,06	III	1 589,66	82,39	119,85	134,83	77,45	112,66	126,74	72,61	105,62	118,82	67,87	98,72	111,06	63,21	91,94	103,43	58,65	85,32	95,98
	V	2 810,33	154,56	224,82	252,92	IV	2 266,58	121,76	177,11	199,25	118,86	172,89	194,50	115,96	168,68	189,76	113,06	164,46	185,01	110,16	160,24	180,27	107,26	156,02	175,52
	VI	2 842,50	156,33	227,40	255,82																				
7 397,99	I,IV	2 267,83	124,73	181,42	204,10	I	2 267,83	118,93	172,99	194,61	113,13	164,56	185,13	107,33	156,12	175,64	101,53	147,69	166,15	95,74	139,26	156,66	89,94	130,82	147,17
	II	2 222,08	122,21	177,76	199,98	II	2 222,08	116,41	169,33	190,49	110,61	160,90	181,01	104,82	152,46	171,52	99,02	144,03	162,03	93,22	135,60	152,55	87,42	127,16	143,06
	III	1 590,83	87,49	127,26	143,17	III	1 590,83	82,46	119,94	134,93	77,52	112,76	126,85	72,67	105,70	118,91	67,92	98,80	111,15	63,26	92,02	103,52	58,71	85,40	96,07
	V	2 811,58	154,63	224,92	253,04	IV	2 267,83	121,83	177,21	199,36	118,93	172,99	194,61	116,03	168,78	189,87	113,13	164,56	185,13	110,23	160,34	180,38	107,33	156,12	175,64
	VI	2 843,75	156,40	227,50	255,93																				
7 400,99	I,IV	2 269,08	124,79	181,52	204,21	I	2 269,08	119,—	173,09	194,72	113,20	164,66	185,24	107,40	156,22	175,75	101,60	147,79	166,26	95,81	139,36	156,78	90,01	130,92	147,29
	II	2 223,33	122,28	177,86	200,09	II	2 223,33	116,48	169,43	190,61	110,68	161,—	181,12	104,88	152,56	171,63	99,09	144,13	162,14	93,29	135,70	152,66	87,49	127,26	143,17
	III	1 592,—	87,56	127,36	143,28	III	1 592,—	82,51	120,02	135,02	77,57	112,84	126,94	72,72	105,78	119,—	67,98	98,88	111,24	63,32	92,10	103,61	58,75	85,46	96,14
	V	2 812,83	154,70	225,02	253,15	IV	2 269,08	121,90	177,31	199,47	119,—	173,09	194,72	116,10	168,88	189,99	113,20	164,66	185,24	110,30	160,44	180,50	107,40	156,22	175,75
	VI	2 845,—	156,47	227,60	256,05																				
7 403,99	I,IV	2 270,33	124,86	181,62	204,32	I	2 270,33	119,07	173,19	194,84	113,27	164,76	185,35	107,47	156,32	175,86	101,67	147,89	166,37	95,87	139,46	156,89	90,08	131,02	147,40
	II	2 224,58	122,35	177,96	200,21	II	2 224,58	116,55	169,53	190,72	110,75	161,10	181,23	104,95	152,66	171,74	99,16	144,23	162,26	93,36	135,80	152,77	87,56	127,36	143,28
	III	1 593,—	87,61	127,44	143,37	III	1 593,—	82,58	120,12	135,13	77,63	112,92	127,03	72,79	105,88	119,11	68,03	98,96	111,33	63,37	92,18	103,70	58,81	85,54	96,23
	V	2 814,08	154,77	225,12	253,26	IV	2 270,33	121,97	177,41	199,58	119,07	173,19	194,84	116,17	168,98	190,10	113,27	164,76	185,35	110,37	160,54	180,61	107,47	156,32	175,86
	VI	2 846,25	156,54	227,70	256,16																				
7 406,99	I,IV	2 271,66	124,94	181,73	204,44	I	2 271,66	119,14	173,30	194,96	113,34	164,86	185,47	107,54	156,42	175,97	101,74	147,99	166,49	95,94	139,56	157,—	90,14	131,12	147,51
	II	2 225,83	122,42	178,06	200,32	II	2 225,83	116,62	169,63	190,83	110,82	161,20	181,35	105,02	152,76	171,86	99,22	144,33	162,37	93,43	135,90	152,88	87,63	127,46	143,39
	III	1 594,16	87,67	127,53	143,47	III	1 594,16	82,63	120,20	135,22	77,69	113,01	127,13	72,84	105,96	119,20	68,09	99,04	111,42	63,43	92,26	103,79	58,86	85,62	96,32
	V	2 815,33	154,84	225,22	253,37	IV	2 271,66	122,04	177,51	199,70	119,14	173,30	194,96	116,24	169,08	190,21	113,34	164,86	185,47	110,44	160,64	180,72	107,54	156,42	175,97
	VI	2 847,50	156,61	227,80	256,27																				
7 409,99	I,IV	2 272,91	125,01	181,83	204,56	I	2 272,91	119,21	173,40	195,07	113,41	164,96	185,58	107,61	156,53	176,09	101,81	148,10	166,61	96,02	139,66	157,12	90,21	131,22	147,62
	II	2 227,08	122,48	178,16	200,43	II	2 227,08	116,69	169,73	190,94	110,89	161,30	181,46	105,09	152,86	171,97	99,29	144,43	162,48	93,50	136,—	153,—	87,70	127,56	143,51
	III	1 595,16	87,73	127,61	143,56	III	1 595,16	82,70	120,29	135,32	77,75	113,09	127,22	72,90	106,04	119,29	68,14	99,12	111,51	63,48	92,34	103,88	58,92	85,70	96,41
	V	2 816,58	154,91	225,32	253,49	IV	2 272,91	122,10	177,61	199,81	119,21	173,40	195,07	116,31	169,18	190,32	113,41	164,96	185,58	110,51	160,74	180,83	107,61	156,53	176,09
	VI	2 848,83	156,68	227,90	256,39																				
7 412,99	I,IV	2 274,16	125,07	181,93	204,67	I	2 274,16	119,28	173,50	195,18	113,48	165,06	185,69	107,68	156,63	176,21	101,88	148,20	166,72	96,08	139,76	157,23	90,29	131,33	147,74
	II	2 228,33	122,55	178,26	200,54	II	2 228,33	116,76	169,83	191,06	110,96	161,40	181,57	105,16	152,96	172,08	99,36	144,53	162,59	93,56	136,10	153,11	87,77	127,66	143,62
	III	1 596,33	87,79	127,70	143,66	III	1 596,33	82,75	120,37	135,41	77,81	113,18	127,33	72,95	106,12	119,38	68,20	99,20	111,60	63,54	92,42	103,97	58,97	85,78	96,50
	V	2 817,83	154,98	225,42	253,60	IV	2 274,16	122,17	177,71	199,92	119,28	173,50	195,18	116,38	169,28	190,44	113,48	165,06	185,69	110,58	160,84	180,95	107,68	156,63	176,21
	VI	2 850,08	156,75	228,—	256,50																				
7 415,99	I,IV	2 275,41	125,14	182,03	204,78	I	2 275,41	119,35	173,60	195,30	113,55	165,16	185,81	107,75	156,73	176,32	101,95	148,30	166,83	96,15	139,86	157,34	90,36	131,43	147,86
	II	2 229,66	122,63	178,37	200,66	II	2 229,66	116,83	169,94	191,18	111,03	161,50	181,69	105,23	153,06	172,19	99,43	144,63	162,71	93,63	136,20	153,22	87,83	127,76	143,73
	III	1 597,50	87,86	127,80	143,77	III	1 597,50	82,82	120,46	135,52	77,87	113,26	127,42	73,02	106,21	119,48	68,26	99,29	111,70	63,59	92,50	104,06	59,03	85,86	96,59
	V	2 819,08	155,04	225,52	253,71	IV	2 275,41	122,24	177,81	200,03	119,35	173,60	195,30	116,44	169,38	190,55	113,55	165,16	185,81	110,65	160,94	181,06	107,75	156,73	176,32
	VI	2 851,33	156,82	228,10	256,61																				
7 418,99	I,IV	2 276,66	125,21	182,13	204,89	I	2 276,66	119,41	173,70	195,41	113,62	165,26	185,92	107,82	156,83	176,43	102,02	148,40	166,95	96,22	139,96	157,46	90,42	131,53	147,97
	II	2 230,91	122,70	178,47	200,78	II	2 230,91	116,90	170,04	191,29	111,10	161,60	181,80	105,30	153,17	172,31	99,50	144,74	162,83	93,71	136,30	153,34	87,90	127,86	143,84
	III	1 598,50	87,91	127,88	143,86	III	1 598,50	82,87	120,54	135,61	77,92	113,34	127,51	73,07	106,29	119,57	68,31	99,37	111,79	63,65	92,58	104,15	59,08	85,94	96,68
	V	2 820,41	155,12	225,63	253,83	IV	2 276,66	122,32	177,92	200,16	119,41	173,70	195,41	116,52	169,48	190,67	113,62	165,26	185,92	110,71	161,04	181,17	107,82	156,83	176,43
	VI	2 852,58	156,89	228,20	256,73																				
7 421,99	I,IV	2 277,91	125,28	182,23	205,01	I	2 277,91	119,48	173,80	195,52	113,68	165,36	186,03	107,89	156,93	176,54	102,09	148,50	167,06	96,29	140,06	157,57	90,49	131,63	148,08
	II	2 232,16	122,76	178,57	200,89	II	2 232,16	116,97	170,14	191,40	111,17	161,70	181,91	105,37	153,27	172,43	99,57	144,84	162,94	93,77	136,40	153,45	87,98	127,97	143,96
	III	1 599,66	87,98	127,97	143,96	III	1 599,66	82,94	120,64	135,72	77,99	113,44	127,62	73,13	106,37	119,66	68,37	99,45	111,88	63,70	92,66	104,24	59,14	86,02	96,77
	V	2 821,66	155,19	225,73	253,94	IV	2 277,91	122,38	178,02	200,27	119,48	173,80	195,52	116,59	169,58	190,78	113,68	165,36	186,03	110,79	161,15	181,29	107,89	156,93	176,54
	VI	2 853,83	156,96	228,30	256,84																				
7 424,99	I,IV	2 279,16	125,35	182,33	205,12	I	2 279,16	119,55	173,90	195,63	113,75	165,46	186,14	107,96	157,03	176,66	102,16	148,60	167,17	96,36	140,16	157,68	90,56	131,73	148,19
	II	2 233,41	122,83	178,67	201,—	II	2 233,41	117,04	170,24	191,52	111,24	161,80	182,03	105,44	153,37	172,54	99,64	144,94	163,05	93,84	136,50	153,56	88,05	128,07	144,08
	III	1 600,83	88,04	128,06	144,07	III	1 600,83	82,99	120,72	135,81	78,04	113,52	127,71	73,18	106,45	119,75	68,42	99,53	111,97	63,76	92,74	104,33	59,19	86,10	96,86
	V	2 822,91	155,26	225,83	254,06	IV	2 279,16	122,45	178,12	200,38	119,55	173,90	195,63	116,65	169,68	190,89	113,75	165,46	186,14	110,86	161,25	181,40	107,96	157,03	176,66
	VI	2 855,08	157,02	228,40	256,95																				

*** Die ausgewiesenen Tabellenwerte sind amtlich. Siehe Erläuterungen auf der Umschlaginnenseite (U2).**

MONAT 7 425,–*

Lohn/ Gehalt bis €*		I – VI LSt	I – VI ohne Kinderfreibeträge SolZ	8%	9%		I, II, III, IV LSt	0,5 SolZ	0,5 8%	0,5 9%	1 SolZ	1 8%	1 9%	1,5 SolZ	1,5 8%	1,5 9%	2 SolZ	2 8%	2 9%	2,5 SolZ	2,5 8%	2,5 9%	3 SolZ	3 8%	3 9%
7 427,99	I,IV	2 280,41	125,42	182,43	205,23	I	2 280,41	119,62	174,–	195,75	113,82	165,56	186,26	108,02	157,13	176,77	102,23	148,70	167,28	96,43	140,26	157,79	90,63	131,83	148,31
	II	2 234,66	122,90	178,77	201,11	II	2 234,66	117,10	170,34	191,63	111,31	161,90	182,14	105,51	153,47	172,65	99,71	145,04	163,17	93,91	136,60	153,68	88,11	128,17	144,19
	III	1 601,83	88,10	128,14	144,16	III	1 601,83	83,05	120,81	135,91	78,10	113,60	127,80	73,25	106,54	119,86	68,48	99,61	112,06	63,81	92,82	104,42	59,24	86,17	96,94
	V	2 824,16	155,32	225,93	254,17	IV	2 280,41	122,52	178,22	200,49	119,62	174,–	195,75	116,72	169,78	191,–	113,82	165,56	186,26	110,93	161,35	181,52	108,02	157,13	176,77
	VI	2 856,33	157,09	228,50	257,06																				
7 430,99	I,IV	2 281,75	125,49	182,54	205,35	I	2 281,75	119,69	174,10	195,86	113,89	165,66	186,37	108,09	157,23	176,88	102,30	148,80	167,40	96,50	140,36	157,91	90,70	131,93	148,42
	II	2 235,91	122,97	178,87	201,23	II	2 235,91	117,17	170,44	191,74	111,37	162,–	182,25	105,58	153,57	172,76	99,78	145,14	163,28	93,98	136,70	153,79	88,18	128,27	144,30
	III	1 603,–	88,16	128,24	144,27	III	1 603,–	83,11	120,89	136,–	78,16	113,69	127,90	73,30	106,62	119,95	68,53	99,69	112,15	63,87	92,90	104,51	59,29	86,25	97,03
	V	2 825,41	155,39	226,03	254,28	IV	2 281,75	122,59	178,32	200,61	119,69	174,10	195,86	116,79	169,88	191,12	113,89	165,66	186,37	110,99	161,45	181,63	108,09	157,23	176,88
	VI	2 857,58	157,16	228,60	257,18																				
7 433,99	I,IV	2 283,–	125,56	182,64	205,47	I	2 283,–	119,76	174,20	195,98	113,96	165,77	186,49	108,17	157,34	177,–	102,37	148,90	167,51	96,57	140,46	158,02	90,77	132,03	148,53
	II	2 237,16	123,04	178,97	201,34	II	2 237,16	117,24	170,54	191,85	111,44	162,10	182,36	105,65	153,67	172,88	99,85	145,24	163,39	94,05	136,80	153,90	88,25	128,37	144,41
	III	1 604,16	88,22	128,33	144,37	III	1 604,16	83,17	120,98	136,10	78,21	113,77	127,99	73,36	106,70	120,04	68,60	99,78	112,25	63,92	92,98	104,60	59,35	86,33	97,12
	V	2 826,66	155,46	226,13	254,39	IV	2 283,–	122,66	178,42	200,72	119,76	174,20	195,98	116,86	169,98	191,23	113,96	165,77	186,49	111,06	161,55	181,74	108,17	157,34	177,–
	VI	2 858,91	157,24	228,71	257,30																				
7 436,99	I,IV	2 284,25	125,63	182,74	205,58	I	2 284,25	119,83	174,30	196,09	114,03	165,87	186,60	108,24	157,44	177,12	102,44	149,–	167,63	96,64	140,57	158,14	90,84	132,14	148,65
	II	2 238,41	123,11	179,07	201,45	II	2 238,41	117,31	170,64	191,97	111,51	162,20	182,48	105,71	153,77	172,99	99,92	145,34	163,50	94,12	136,90	154,01	88,32	128,47	144,53
	III	1 605,16	88,28	128,41	144,46	III	1 605,16	83,23	121,06	136,19	78,28	113,86	128,09	73,41	106,78	120,13	68,65	99,86	112,34	63,98	93,06	104,69	59,40	86,41	97,21
	V	2 827,91	155,53	226,23	254,51	IV	2 284,25	122,73	178,52	200,83	119,83	174,30	196,09	116,93	170,08	191,34	114,03	165,87	186,60	111,13	161,65	181,85	108,24	157,44	177,12
	VI	2 860,16	157,30	228,81	257,41																				
7 439,99	I,IV	2 285,50	125,70	182,84	205,69	I	2 285,50	119,90	174,40	196,20	114,10	165,97	186,71	108,30	157,54	177,23	102,51	149,10	167,74	96,71	140,67	158,25	90,91	132,24	148,77
	II	2 239,75	123,18	179,18	201,57	II	2 239,75	117,38	170,74	192,08	111,58	162,30	182,59	105,78	153,87	173,10	99,99	145,44	163,62	94,19	137,–	154,13	88,39	128,57	144,64
	III	1 606,33	88,34	128,50	144,56	III	1 606,33	83,29	121,16	136,30	78,33	113,94	128,18	73,48	106,88	120,24	68,71	99,94	112,43	64,03	93,14	104,78	59,46	86,49	97,30
	V	2 829,16	155,60	226,33	254,62	IV	2 285,50	122,80	178,62	200,94	119,90	174,40	196,20	117,–	170,18	191,45	114,10	165,97	186,71	111,20	161,75	181,97	108,30	157,54	177,23
	VI	2 861,41	157,37	228,91	257,52																				
7 442,99	I,IV	2 286,75	125,77	182,94	205,80	I	2 286,75	119,97	174,50	196,31	114,17	166,07	186,83	108,37	157,64	177,34	102,57	149,20	167,85	96,78	140,77	158,36	90,98	132,34	148,88
	II	2 241,–	123,25	179,28	201,69	II	2 241,–	117,45	170,84	192,20	111,65	162,41	182,71	105,86	153,98	173,22	100,06	145,54	163,73	94,26	137,10	154,24	88,46	128,67	144,75
	III	1 607,33	88,40	128,58	144,65	III	1 607,33	83,35	121,24	136,39	78,39	114,02	128,27	73,53	106,96	120,33	68,76	100,02	112,52	64,09	93,22	104,87	59,51	86,57	97,39
	V	2 830,41	155,67	226,43	254,73	IV	2 286,75	122,87	178,72	201,06	119,97	174,50	196,31	117,07	170,28	191,57	114,17	166,07	186,83	111,27	161,85	182,08	108,37	157,64	177,34
	VI	2 862,66	157,44	229,01	257,63																				
7 445,99	I,IV	2 288,–	125,84	183,04	205,92	I	2 288,–	120,04	174,60	196,43	114,24	166,17	186,94	108,44	157,74	177,45	102,64	149,30	167,96	96,85	140,87	158,48	91,05	132,44	148,99
	II	2 242,25	123,32	179,38	201,80	II	2 242,25	117,52	170,94	192,31	111,72	162,51	182,82	105,93	154,08	173,34	100,13	145,64	163,85	94,33	137,21	154,36	88,53	128,78	144,87
	III	1 608,50	88,46	128,68	144,76	III	1 608,50	83,41	121,33	136,49	78,45	114,12	128,38	73,59	107,04	120,42	68,82	100,10	112,61	64,14	93,30	104,96	59,57	86,65	97,48
	V	2 831,75	155,74	226,54	254,85	IV	2 288,–	122,94	178,82	201,17	120,04	174,60	196,43	117,14	170,39	191,69	114,24	166,17	186,94	111,34	161,96	182,20	108,44	157,74	177,45
	VI	2 863,91	157,51	229,11	257,75																				
7 448,99	I,IV	2 289,25	125,90	183,14	206,03	I	2 289,25	120,11	174,70	196,54	114,31	166,27	187,05	108,51	157,84	177,57	102,71	149,40	168,08	96,91	140,97	158,59	91,12	132,54	149,10
	II	2 243,50	123,39	179,48	201,91	II	2 243,50	117,59	171,04	192,42	111,79	162,61	182,93	105,99	154,18	173,45	100,20	145,74	163,96	94,40	137,31	154,47	88,60	128,88	144,99
	III	1 609,66	88,53	128,77	144,86	III	1 609,66	83,47	121,41	136,58	78,51	114,20	128,47	73,65	107,13	120,52	68,87	100,18	112,70	64,20	93,38	105,05	59,62	86,73	97,57
	V	2 833,–	155,81	226,64	254,97	IV	2 289,25	123,01	178,92	201,29	120,11	174,70	196,54	117,21	170,49	191,80	114,31	166,27	187,05	111,41	162,06	182,31	108,51	157,84	177,57
	VI	2 865,16	157,58	229,21	257,86																				
7 451,99	I,IV	2 290,50	125,97	183,24	206,14	I	2 290,50	120,17	174,80	196,65	114,38	166,37	187,16	108,58	157,94	177,68	102,78	149,50	168,19	96,98	141,07	158,70	91,19	132,64	149,22
	II	2 244,75	123,46	179,58	202,02	II	2 244,75	117,66	171,14	192,53	111,86	162,71	183,05	106,06	154,28	173,56	100,26	145,84	164,07	94,47	137,41	154,58	88,67	128,98	145,10
	III	1 610,66	88,58	128,85	144,95	III	1 610,66	83,53	121,50	136,69	78,57	114,29	128,57	73,70	107,21	120,61	68,93	100,26	112,79	64,25	93,46	105,14	59,68	86,81	97,66
	V	2 834,25	155,88	226,74	255,08	IV	2 290,50	123,08	179,02	201,40	120,17	174,80	196,65	117,28	170,59	191,91	114,38	166,37	187,16	111,48	162,16	182,43	108,58	157,94	177,68
	VI	2 866,41	157,65	229,31	257,97																				
7 454,99	I,IV	2 291,83	126,05	183,34	206,26	I	2 291,83	120,24	174,90	196,76	114,45	166,47	187,28	108,65	158,04	177,79	102,85	149,60	168,30	97,05	141,17	158,81	91,25	132,74	149,33
	II	2 246,–	123,53	179,68	202,14	II	2 246,–	117,73	171,24	192,65	111,93	162,81	183,16	106,13	154,38	173,67	100,33	145,94	164,18	94,54	137,51	154,70	88,74	129,08	145,21
	III	1 611,83	88,65	128,94	145,06	III	1 611,83	83,59	121,58	136,78	78,63	114,37	128,66	73,76	107,29	120,70	68,99	100,36	112,90	64,31	93,54	105,23	59,73	86,89	97,75
	V	2 835,50	155,95	226,84	255,19	IV	2 291,83	123,14	179,12	201,51	120,24	174,90	196,76	117,35	170,69	192,02	114,45	166,47	187,28	111,55	162,26	182,54	108,65	158,04	177,79
	VI	2 867,66	157,72	229,41	258,08																				
7 457,99	I,IV	2 293,08	126,11	183,44	206,37	I	2 293,08	120,32	175,01	196,88	114,52	166,58	187,40	108,72	158,14	177,91	102,92	149,70	168,41	97,12	141,27	158,93	91,32	132,84	149,44
	II	2 247,25	123,59	179,78	202,25	II	2 247,25	117,80	171,34	192,76	112,–	162,91	183,27	106,20	154,48	173,79	100,40	146,04	164,30	94,60	137,61	154,81	88,81	129,18	145,32
	III	1 613,–	88,71	129,04	145,17	III	1 613,–	83,65	121,68	136,89	78,69	114,46	128,77	73,81	107,37	120,79	69,05	100,44	112,99	64,36	93,62	105,32	59,78	86,96	97,83
	V	2 836,75	156,02	226,94	255,30	IV	2 293,08	123,21	179,22	201,62	120,32	175,01	196,88	117,42	170,79	192,14	114,52	166,58	187,40	111,62	162,36	182,65	108,72	158,14	177,91
	VI	2 868,91	157,79	229,51	258,20																				
7 460,99	I,IV	2 294,33	126,18	183,54	206,48	I	2 294,33	120,39	175,11	197,–	114,59	166,68	187,51	108,79	158,24	178,02	102,99	149,81	168,53	97,19	141,38	159,05	91,40	132,94	149,56
	II	2 248,50	123,66	179,88	202,36	II	2 248,50	117,86	171,44	192,87	112,07	163,01	183,38	106,27	154,58	173,90	100,47	146,14	164,41	94,67	137,71	154,92	88,88	129,28	145,44
	III	1 614,–	88,77	129,12	145,26	III	1 614,–	83,71	121,76	136,98	78,75	114,54	128,86	73,88	107,46	120,89	69,10	100,52	113,08	64,42	93,70	105,41	59,84	87,04	97,92
	V	2 838,–	156,09	227,04	255,42	IV	2 294,33	123,28	179,32	201,74	120,39	175,11	197,–	117,48	170,89	192,25	114,59	166,68	187,51	111,69	162,46	182,76	108,79	158,24	178,02
	VI	2 870,25	157,86	229,62	258,32																				
7 463,99	I,IV	2 295,58	126,25	183,64	206,60	I	2 295,58	120,45	175,21	197,11	114,66	166,78	187,62	108,86	158,34	178,13	103,06	149,91	168,65	97,26	141,48	159,16	91,46	133,04	149,67
	II	2 249,83	123,74	179,98	202,48	II	2 249,83	117,93	171,54	192,98	112,14	163,11	183,50	106,34	154,68	174,01	100,54	146,24	164,52	94,74	137,81	155,03	88,94	129,38	145,55
	III	1 615,16	88,83	129,21	145,36	III	1 615,16	83,77	121,85	137,08	78,80	114,62	128,95	73,93	107,54	120,98	69,16	100,60	113,17	64,48	93,80	105,52	59,89	87,12	98,01
	V	2 839,25	156,15	227,14	255,53	IV	2 295,58	123,35	179,42	201,85	120,45	175,21	197,11	117,55	170,99	192,36	114,66	166,78	187,62	111,76	162,56	182,88	108,86	158,34	178,13
	VI	2 871,50	157,93	229,72	258,43																				
7 466,99	I,IV	2 296,83	126,32	183,74	206,71	I	2 296,83	120,52	175,31	197,22	114,73	166,88	187,74	108,93	158,44	178,25	103,13	150,01	168,76	97,33	141,58	159,27	91,53	133,14	149,78
	II	2 251,08	123,80	180,08	202,59	II	2 251,08	118,01	171,65	193,10	112,21	163,22	183,62	106,41	154,78	174,13	100,61	146,34	164,63	94,81	137,91	155,15	89,01	129,48	145,66
	III	1 616,33	88,89	129,30	145,46	III	1 616,33	83,83	121,94	137,18	78,87	114,72	129,06	73,99	107,62	121,07	69,21	100,68	113,26	64,54	93,88	105,61	59,95	87,20	98,10
	V	2 840,50	156,22	227,24	255,64	IV	2 296,83	123,42	179,52	201,96	120,52	175,31	197,22	117,62	171,09	192,47	114,73	166,88	187,74	111,82	162,66	182,99	108,93	158,44	178,25
	VI	2 872,75	158,–	229,82	258,54																				
7 469,99	I,IV	2 298,08	126,39	183,84	206,82	I	2 298,08	120,59	175,41	197,33	114,79	166,98	187,85	109,–	158,54	178,36	103,20	150,11	168,87	97,40	141,68	159,39	91,60	133,24	149,90
	II	2 252,33	123,87	180,18	202,70	II	2 252,33	118,08	171,75	193,22	112,28	163,32	183,73	106,48	154,88	174,24	100,68	146,45	164,75	94,88	138,02	155,27	89,09	129,58	145,78
	III	1 617,33	88,95	129,38	145,55	III	1 617,33	83,89	122,02	137,27	78,92	114,80	129,15	74,05	107,72	121,18	69,27	100,76	113,35	64,59	93,96	105,70	60,–	87,28	98,19
	V	2 841,83	156,30	227,34	255,76	IV	2 298,08	123,49	179,63	202,08	120,59	175,41	197,33	117,70	171,20	192,60	114,79	166,98	187,85	111,90	162,76	183,11	109,–	158,54	178,36
	VI	2 874,–	158,07	229,92	258,66																				

Abzüge an Lohnsteuer, Solidaritätszuschlag (SolZ) und Kirchensteuer (8%, 9%) in den Steuerklassen I – VI (ohne Kinderfreibeträge) bzw. I, II, III, IV (mit Zahl der Kinderfreibeträge . . .)

* Die ausgewiesenen Tabellenwerte sind amtlich. Siehe Erläuterungen auf der Umschlaginnenseite (U2).

Lohn/ Gehalt bis €*	I – VI					I, II, III, IV		0,5			1			1,5			2			2,5			3		
		LSt	ohne Kinderfreibeträge SolZ	8%	9%		LSt	SolZ	8%	9%	SolZ	8%	9%	SolZ	8%	9%	SolZ	8%	9%	SolZ	8%	9%	SolZ	8%	9%
7 472,99	I,IV	2 299,33	126,46	183,94	206,93	I	2 299,33	120,66	175,51	197,45	114,86	167,08	187,96	109,06	158,64	178,47	103,27	150,21	168,98	97,47	141,78	159,50	91,67	133,34	150,01
	II	2 253,58	123,94	180,28	202,82	II	2 253,58	118,14	171,85	193,33	112,35	163,42	183,84	106,55	154,98	174,35	100,75	146,55	164,87	94,95	138,12	155,38	89,15	129,68	145,89
	III	1 618,50	89,01	129,48	145,66	III	1 618,50	83,95	122,12	137,38	78,98	114,89	129,25	74,11	107,80	121,27	69,33	100,85	113,45	64,65	94,04	105,79	60,06	87,36	98,28
	V	2 843,08	156,36	227,44	255,87	IV	2 299,33	123,56	179,73	202,19	120,66	175,51	197,45	117,76	171,30	192,71	114,86	167,08	187,96	111,97	162,86	183,22	109,06	158,64	178,47
	VI	2 875,25	158,13	230,02	258,77																				
7 475,99	I,IV	2 300,58	126,53	184,04	207,05	I	2 300,58	120,73	175,61	197,56	114,93	167,18	188,07	109,13	158,74	178,58	103,34	150,31	169,10	97,54	141,88	159,61	91,74	133,44	150,12
	II	2 254,83	124,01	180,38	202,93	II	2 254,83	118,21	171,95	193,44	112,42	163,52	183,96	106,62	155,08	174,47	100,82	146,65	164,98	95,02	138,22	155,49	89,22	129,78	146,—
	III	1 619,66	89,08	129,57	145,76	III	1 619,66	84,01	122,20	137,47	79,04	114,97	129,34	74,16	107,88	121,36	69,39	100,93	113,54	64,70	94,12	105,88	60,11	87,44	98,37
	V	2 844,33	156,43	227,54	255,98	IV	2 300,58	123,63	179,83	202,31	120,73	175,61	197,56	117,83	171,40	192,82	114,93	167,18	188,07	112,03	162,96	183,33	109,13	158,74	178,58
	VI	2 876,50	158,20	230,12	258,88																				
7 478,99	I,IV	2 301,83	126,60	184,14	207,16	I	2 301,83	120,80	175,71	197,67	115,—	167,28	188,19	109,20	158,84	178,70	103,40	150,41	169,21	97,61	141,98	159,72	91,81	133,54	150,23
	II	2 256,08	124,08	180,48	203,04	II	2 256,08	118,28	172,05	193,55	112,48	163,62	184,07	106,69	155,18	174,58	100,89	146,75	165,09	95,09	138,32	155,61	89,29	129,88	146,12
	III	1 620,66	89,13	129,65	145,85	III	1 620,66	84,07	122,29	137,57	79,09	115,05	129,43	74,22	107,96	121,45	69,44	101,01	113,63	64,76	94,20	105,97	60,17	87,52	98,46
	V	2 845,58	156,50	227,64	256,10	IV	2 301,83	123,70	179,93	202,42	120,80	175,71	197,67	117,90	171,50	192,93	115,—	167,28	188,19	112,10	163,06	183,44	109,20	158,84	178,70
	VI	2 877,75	158,27	230,22	258,99																				
7 481,99	I,IV	2 303,16	126,67	184,25	207,28	I	2 303,16	120,87	175,82	197,79	115,07	167,38	188,30	109,27	158,94	178,81	103,47	150,51	169,32	97,68	142,08	159,84	91,88	133,64	150,35
	II	2 257,33	124,15	180,58	203,15	II	2 257,33	118,35	172,15	193,67	112,55	163,72	184,18	106,75	155,28	174,69	100,96	146,85	165,20	95,16	138,42	155,72	89,36	129,98	146,23
	III	1 621,83	89,20	129,74	145,96	III	1 621,83	84,13	122,37	137,66	79,16	115,14	129,53	74,28	108,05	121,55	69,50	101,09	113,72	64,81	94,28	106,06	60,22	87,60	98,55
	V	2 846,83	156,57	227,74	256,21	IV	2 303,16	123,77	180,03	202,53	120,87	175,82	197,79	117,97	171,60	193,05	115,07	167,38	188,30	112,17	163,16	183,56	109,27	158,94	178,81
	VI	2 879,—	158,34	230,32	259,11																				
7 484,99	I,IV	2 304,41	126,74	184,35	207,39	I	2 304,41	120,94	175,92	197,91	115,14	167,48	188,42	109,34	159,05	178,93	103,55	150,62	169,44	97,75	142,18	159,95	91,95	133,74	150,46
	II	2 258,58	124,22	180,68	203,27	II	2 258,58	118,42	172,25	193,78	112,62	163,82	184,29	106,82	155,38	174,80	101,03	146,95	165,32	95,23	138,52	155,83	89,43	130,08	146,34
	III	1 623,—	89,26	129,84	146,07	III	1 623,—	84,19	122,46	137,77	79,21	115,22	129,62	74,34	108,13	121,64	69,55	101,17	113,81	64,87	94,36	106,15	60,28	87,68	98,64
	V	2 848,08	156,64	227,84	256,32	IV	2 304,41	123,84	180,13	202,64	120,94	175,92	197,91	118,04	171,70	193,16	115,14	167,48	188,42	112,24	163,26	183,67	109,34	159,05	178,93
	VI	2 880,33	158,41	230,42	259,22																				
7 487,99	I,IV	2 305,66	126,81	184,45	207,50	I	2 305,66	121,01	176,02	198,02	115,21	167,58	188,53	109,41	159,15	179,04	103,62	150,72	169,56	97,82	142,28	160,07	92,02	133,85	150,58
	II	2 259,83	124,29	180,78	203,38	II	2 259,83	118,49	172,35	193,89	112,69	163,92	184,41	106,89	155,48	174,92	101,09	147,05	165,43	95,30	138,62	155,94	89,50	130,18	146,45
	III	1 624,—	89,32	129,92	146,16	III	1 624,—	84,25	122,54	137,86	79,28	115,32	129,73	74,39	108,21	121,73	69,61	101,25	113,90	64,92	94,44	106,24	60,33	87,76	98,73
	V	2 849,33	156,71	227,94	256,43	IV	2 305,66	123,91	180,23	202,76	121,01	176,02	198,02	118,11	171,80	193,27	115,21	167,58	188,53	112,31	163,36	183,78	109,41	159,15	179,04
	VI	2 881,58	158,48	230,52	259,34																				
7 490,99	I,IV	2 306,91	126,88	184,55	207,62	I	2 306,91	121,08	176,12	198,13	115,28	167,68	188,64	109,48	159,25	179,15	103,68	150,82	169,67	97,89	142,38	160,18	92,09	133,95	150,69
	II	2 261,16	124,36	180,89	203,50	II	2 261,16	118,56	172,46	194,01	112,76	164,02	184,52	106,96	155,58	175,03	101,16	147,15	165,54	95,37	138,72	156,06	89,57	130,28	146,57
	III	1 625,16	89,38	130,01	146,26	III	1 625,16	84,31	122,64	137,97	79,33	115,40	129,82	74,46	108,30	121,84	69,67	101,34	114,01	64,98	94,52	106,33	60,39	87,84	98,82
	V	2 850,58	156,78	228,04	256,55	IV	2 306,91	123,97	180,33	202,87	121,08	176,12	198,13	118,18	171,90	193,38	115,28	167,68	188,64	112,38	163,46	183,89	109,48	159,25	179,15
	VI	2 882,83	158,55	230,62	259,45																				
7 493,99	I,IV	2 308,16	126,94	184,65	207,73	I	2 308,16	121,15	176,22	198,24	115,35	167,78	188,75	109,55	159,35	179,27	103,75	150,92	169,78	97,95	142,48	160,29	92,16	134,05	150,80
	II	2 262,41	124,43	180,99	203,61	II	2 262,41	118,63	172,56	194,13	112,83	164,12	184,64	107,03	155,69	175,15	101,24	147,26	165,66	95,44	138,82	156,17	89,64	130,38	146,68
	III	1 626,33	89,44	130,10	146,36	III	1 626,33	84,37	122,72	138,06	79,40	115,49	129,92	74,51	108,38	121,93	69,73	101,42	114,10	65,03	94,60	106,42	60,44	87,92	98,91
	V	2 851,91	156,85	228,15	256,67	IV	2 308,16	124,05	180,44	202,99	121,15	176,22	198,24	118,25	172,—	193,50	115,35	167,78	188,75	112,45	163,56	184,01	109,55	159,35	179,27
	VI	2 884,08	158,62	230,72	259,56																				
7 496,99	I,IV	2 309,41	127,01	184,75	207,84	I	2 309,41	121,22	176,32	198,36	115,42	167,88	188,87	109,62	159,45	179,38	103,82	151,02	169,89	98,02	142,58	160,40	92,23	134,15	150,92
	II	2 263,66	124,50	181,09	203,72	II	2 263,66	118,70	172,66	194,24	112,90	164,22	184,75	107,10	155,79	175,26	101,31	147,36	165,78	95,51	138,92	156,29	89,71	130,49	146,80
	III	1 627,33	89,50	130,18	146,45	III	1 627,33	84,43	122,81	138,16	79,45	115,57	130,01	74,57	108,46	122,02	69,78	101,50	114,19	65,09	94,68	106,51	60,49	87,98	98,98
	V	2 853,16	156,92	228,25	256,78	IV	2 309,41	124,12	180,54	203,10	121,22	176,32	198,36	118,32	172,10	193,61	115,42	167,88	188,87	112,52	163,67	184,13	109,62	159,45	179,38
	VI	2 885,33	158,69	230,82	259,67																				
7 499,99	I,IV	2 310,66	127,08	184,85	207,95	I	2 310,66	121,28	176,42	198,47	115,49	167,98	188,98	109,69	159,55	179,49	103,89	151,12	170,01	98,09	142,68	160,52	92,29	134,25	151,03
	II	2 264,91	124,57	181,19	203,84	II	2 264,91	118,77	172,76	194,35	112,97	164,32	184,86	107,17	155,89	175,37	101,37	147,46	165,89	95,58	139,02	156,40	89,78	130,59	146,91
	III	1 628,50	89,56	130,28	146,56	III	1 628,50	84,49	122,90	138,26	79,51	115,65	130,10	74,63	108,56	122,13	69,84	101,58	114,28	65,14	94,76	106,60	60,54	88,06	99,07
	V	2 854,41	156,99	228,35	256,89	IV	2 310,66	124,19	180,64	203,22	121,28	176,42	198,47	118,39	172,20	193,73	115,49	167,98	188,98	112,59	163,77	184,24	109,69	159,55	179,49
	VI	2 886,58	158,76	230,92	259,79																				
7 502,99	I,IV	2 311,91	127,15	184,95	208,07	I	2 311,91	121,35	176,52	198,58	115,55	168,08	189,09	109,76	159,65	179,60	103,96	151,22	170,12	98,16	142,78	160,63	92,36	134,35	151,14
	II	2 266,16	124,63	181,29	203,95	II	2 266,16	118,84	172,86	194,46	113,04	164,42	184,97	107,24	155,99	175,49	101,44	147,56	166,—	95,64	139,12	156,51	89,85	130,69	147,02
	III	1 629,66	89,63	130,37	146,66	III	1 629,66	84,55	122,98	138,35	79,57	115,74	130,21	74,69	108,64	122,22	69,89	101,66	114,37	65,20	94,84	106,69	60,60	88,14	99,16
	V	2 855,66	157,06	228,45	257,—	IV	2 311,91	124,25	180,74	203,33	121,35	176,52	198,58	118,46	172,30	193,84	115,55	168,08	189,09	112,66	163,87	184,35	109,76	159,65	179,60
	VI	2 887,83	158,83	231,02	259,90																				
7 505,99	I,IV	2 313,25	127,22	185,06	208,19	I	2 313,25	121,43	176,62	198,70	115,62	168,18	189,20	109,83	159,75	179,72	104,03	151,32	170,23	98,23	142,88	160,74	92,43	134,45	151,25
	II	2 267,41	124,70	181,39	204,06	II	2 267,41	118,91	172,96	194,58	113,11	164,52	185,09	107,31	156,09	175,60	101,51	147,66	166,11	95,71	139,22	156,62	89,92	130,79	147,14
	III	1 630,66	89,68	130,45	146,75	III	1 630,66	84,61	123,08	138,46	79,63	115,82	130,30	74,74	108,72	122,31	69,96	101,76	114,48	65,25	94,92	106,78	60,65	88,22	99,25
	V	2 856,91	157,13	228,55	257,12	IV	2 313,25	124,32	180,84	203,44	121,43	176,62	198,70	118,52	172,40	193,95	115,62	168,18	189,20	112,73	163,97	184,46	109,83	159,75	179,72
	VI	2 889,08	158,89	231,12	260,01																				
7 508,99	I,IV	2 314,50	127,29	185,16	208,30	I	2 314,50	121,49	176,72	198,81	115,70	168,29	189,32	109,90	159,86	179,84	104,10	151,42	170,35	98,30	142,98	160,85	92,50	134,55	151,37
	II	2 268,66	124,77	181,49	204,17	II	2 268,66	118,97	173,06	194,69	113,18	164,62	185,20	107,38	156,19	175,71	101,58	147,76	166,23	95,78	139,32	156,74	89,98	130,89	147,25
	III	1 631,83	89,75	130,54	146,86	III	1 631,83	84,67	123,16	138,55	79,69	115,92	130,41	74,80	108,81	122,41	70,01	101,84	114,57	65,31	95,—	106,87	60,71	88,30	99,34
	V	2 858,16	157,19	228,65	257,23	IV	2 314,50	124,39	180,94	203,55	121,49	176,72	198,81	118,59	172,50	194,06	115,70	168,29	189,32	112,80	164,07	184,58	109,90	159,86	179,84
	VI	2 890,41	158,97	231,23	260,13																				
7 511,99	I,IV	2 315,75	127,36	185,26	208,41	I	2 315,75	121,56	176,82	198,92	115,77	168,39	189,44	109,97	159,96	179,95	104,17	151,52	170,46	98,37	143,09	160,97	92,57	134,66	151,49
	II	2 269,91	124,84	181,59	204,29	II	2 269,91	119,04	173,16	194,80	113,24	164,72	185,31	107,45	156,29	175,82	101,65	147,86	166,34	95,85	139,42	156,85	90,05	130,99	147,36
	III	1 633,—	89,81	130,64	146,97	III	1 633,—	84,73	123,25	138,65	79,75	116,—	130,50	74,86	108,89	122,50	70,07	101,92	114,66	65,36	95,08	106,96	60,76	88,38	99,43
	V	2 859,41	157,26	228,75	257,34	IV	2 315,75	124,46	181,04	203,67	121,56	176,82	198,92	118,66	172,60	194,18	115,77	168,39	189,44	112,86	164,17	184,69	109,97	159,96	179,95
	VI	2 891,66	159,04	231,33	260,24																				
7 514,99	I,IV	2 317,—	127,43	185,36	208,53	I	2 317,—	121,63	176,92	199,04	115,83	168,49	189,55	110,04	160,06	180,06	104,24	151,62	170,57	98,44	143,19	161,09	92,64	134,76	151,60
	II	2 271,25	124,91	181,70	204,41	II	2 271,25	119,12	173,26	194,92	113,31	164,82	185,42	107,52	156,39	175,94	101,72	147,96	166,45	95,92	139,52	156,96	90,12	131,09	147,47
	III	1 634,16	89,87	130,73	147,07	III	1 634,16	84,79	123,33	138,74	79,81	116,09	130,60	74,91	108,97	122,59	70,12	102,—	114,75	65,42	95,16	107,05	60,82	88,46	99,52
	V	2 860,66	157,33	228,85	257,45	IV	2 317,—	124,53	181,14	203,78	121,63	176,92	199,04	118,73	172,70	194,29	115,83	168,49	189,55	112,93	164,27	184,80	110,04	160,06	180,06
	VI	2 892,91	159,11	231,43	260,36																				

Abzüge an Lohnsteuer, Solidaritätszuschlag (SolZ) und Kirchensteuer (8%, 9%) in den Steuerklassen; I, II, III, IV mit Zahl der Kinderfreibeträge . . .

* Die ausgewiesenen Tabellenwerte sind amtlich. Siehe Erläuterungen auf der Umschlaginnenseite (U2).

MONAT 7 515,–*

Abzüge an Lohnsteuer, Solidaritätszuschlag (SolZ) und Kirchensteuer (8%, 9%) in den Steuerklassen

Lohn/ Gehalt bis €*	I – VI					I, II, III, IV mit Zahl der Kinderfreibeträge . . .																			
			ohne Kinderfreibeträge					0,5			1			1,5			2			2,5			3		
		LSt	SolZ	8%	9%		LSt	SolZ	8%	9%	SolZ	8%	9%	SolZ	8%	9%	SolZ	8%	9%	SolZ	8%	9%	SolZ	8%	9%
7 517,99	I,IV	2 318,25	127,50	185,46	208,64	I	2 318,25	121,70	177,02	199,15	115,90	168,59	189,66	110,11	160,16	180,18	104,31	151,72	170,69	98,51	143,29	161,20	92,71	134,86	151,71
	II	2 272,50	124,98	181,80	204,52	II	2 272,50	119,18	173,36	195,03	113,39	164,93	185,54	107,59	156,50	176,06	101,79	148,06	166,57	95,99	139,62	157,07	90,19	131,19	147,59
	III	1 635,16	89,93	130,81	147,16	III	1 635,16	84,85	123,42	138,85	79,86	116,17	130,69	74,97	109,05	122,68	70,18	102,08	114,84	65,47	95,24	107,14	60,87	88,54	99,61
	V	2 861,91	157,40	228,95	257,57	IV	2 318,25	124,60	181,24	203,90	121,70	177,02	199,15	118,80	172,80	194,40	115,90	168,59	189,66	113,—	164,37	184,91	110,11	160,16	180,18
	VI	2 894,16	159,17	231,53	260,47																				
7 520,99	I,IV	2 319,50	127,57	185,56	208,75	I	2 319,50	121,77	177,12	199,26	115,97	168,69	189,77	110,17	160,26	180,29	104,38	151,82	170,80	98,58	143,39	161,31	92,78	134,96	151,83
	II	2 273,75	125,05	181,90	204,63	II	2 273,75	119,25	173,46	195,14	113,46	165,03	185,66	107,66	156,60	176,17	101,86	148,16	166,68	96,06	139,73	157,19	90,26	131,30	147,71
	III	1 636,33	89,99	130,90	147,26	III	1 636,33	84,91	123,50	138,94	79,92	116,25	130,78	75,03	109,14	122,78	70,23	102,16	114,93	65,54	95,33	107,24	60,93	88,62	99,70
	V	2 863,25	157,47	229,06	257,69	IV	2 319,50	124,67	181,34	204,01	121,77	177,12	199,26	118,87	172,91	194,52	115,97	168,69	189,77	113,08	164,48	185,04	110,17	160,26	180,29
	VI	2 895,41	159,24	231,63	260,58																				
7 523,99	I,IV	2 320,75	127,64	185,66	208,86	I	2 320,75	121,84	177,22	199,37	116,04	168,79	189,89	110,24	160,36	180,40	104,44	151,92	170,91	98,65	143,49	161,42	92,85	135,06	151,94
	II	2 275,—	125,12	182,—	204,75	II	2 275,—	119,32	173,56	195,26	113,52	165,13	185,77	107,73	156,70	176,28	101,93	148,26	166,79	96,13	139,83	157,31	90,33	131,40	147,82
	III	1 637,50	90,06	131,—	147,37	III	1 637,50	84,97	123,60	139,05	79,98	116,34	130,88	75,09	109,22	122,87	70,29	102,25	115,03	65,59	95,41	107,33	60,98	88,70	99,79
	V	2 864,50	157,54	229,16	257,80	IV	2 320,75	124,74	181,44	204,12	121,84	177,22	199,37	118,94	173,01	194,63	116,04	168,79	189,89	113,14	164,58	185,15	110,24	160,36	180,40
	VI	2 896,66	159,31	231,73	260,69																				
7 526,99	I,IV	2 322,—	127,71	185,76	208,98	I	2 322,—	121,91	177,32	199,49	116,11	168,89	190,—	110,31	160,46	180,51	104,51	152,02	171,02	98,72	143,59	161,54	92,92	135,16	152,05
	II	2 276,25	125,19	182,10	204,86	II	2 276,25	119,39	173,66	195,37	113,59	165,23	185,88	107,80	156,80	176,40	102,—	148,36	166,91	96,20	139,93	157,42	90,40	131,50	147,93
	III	1 638,50	90,11	131,08	147,46	III	1 638,50	85,03	123,69	139,15	80,04	116,42	130,97	75,14	109,30	122,96	70,35	102,33	115,12	65,65	95,49	107,42	61,04	88,78	99,88
	V	2 865,75	157,61	229,26	257,91	IV	2 322,—	124,81	181,54	204,23	121,91	177,32	199,49	119,01	173,11	194,75	116,11	168,89	190,—	113,21	164,68	185,26	110,31	160,46	180,51
	VI	2 897,91	159,38	231,83	260,81																				
7 529,99	I,IV	2 323,33	127,78	185,86	209,09	I	2 323,33	121,98	177,42	199,60	116,18	168,99	190,11	110,38	160,56	180,63	104,58	152,12	171,14	98,78	143,69	161,65	92,99	135,26	152,16
	II	2 277,50	125,26	182,20	204,97	II	2 277,50	119,46	173,76	195,48	113,66	165,33	185,99	107,86	156,90	176,51	102,07	148,46	167,02	96,27	140,03	157,53	90,47	131,60	148,05
	III	1 639,66	90,18	131,17	147,56	III	1 639,66	85,09	123,77	139,24	80,10	116,52	131,08	75,21	109,40	123,07	70,40	102,41	115,21	65,70	95,57	107,51	61,09	88,86	99,97
	V	2 867,—	157,68	229,36	258,03	IV	2 323,33	124,88	181,64	204,35	121,98	177,42	199,60	119,08	173,21	194,86	116,18	168,99	190,11	113,28	164,78	185,37	110,38	160,56	180,63
	VI	2 899,16	159,45	231,93	260,92																				
7 532,99	I,IV	2 324,58	127,85	185,96	209,21	I	2 324,58	122,05	177,53	199,72	116,25	169,10	190,23	110,45	160,66	180,74	104,65	152,22	171,25	98,85	143,79	161,76	93,06	135,36	152,28
	II	2 278,75	125,33	182,30	205,08	II	2 278,75	119,53	173,86	195,59	113,73	165,43	186,11	107,93	157,—	176,62	102,13	148,56	167,13	96,34	140,13	157,64	90,54	131,70	148,16
	III	1 640,83	90,24	131,26	147,67	III	1 640,83	85,15	123,86	139,34	80,16	116,60	131,17	75,26	109,48	123,16	70,46	102,49	115,30	65,76	95,65	107,60	61,15	88,94	100,06
	V	2 868,25	157,75	229,46	258,14	IV	2 324,58	124,95	181,74	204,46	122,05	177,53	199,72	119,15	173,31	194,97	116,25	169,10	190,23	113,35	164,88	185,49	110,45	160,66	180,74
	VI	2 900,41	159,52	232,03	261,03																				
7 535,99	I,IV	2 325,83	127,92	186,06	209,32	I	2 325,83	122,12	177,63	199,83	116,32	169,20	190,35	110,52	160,76	180,86	104,72	152,33	171,37	98,93	143,90	161,88	93,13	135,46	152,39
	II	2 280,—	125,40	182,40	205,20	II	2 280,—	119,60	173,96	195,71	113,80	165,53	186,22	108,—	157,10	176,73	102,20	148,66	167,24	96,41	140,23	157,76	90,61	131,80	148,27
	III	1 641,83	90,30	131,34	147,76	III	1 641,83	85,21	123,94	139,43	80,22	116,69	131,27	75,32	109,56	123,25	70,51	102,57	115,39	65,81	95,73	107,69	61,20	89,02	100,15
	V	2 869,50	157,82	229,56	258,25	IV	2 325,83	125,01	181,84	204,57	122,12	177,63	199,83	119,22	173,41	195,08	116,32	169,20	190,35	113,42	164,98	185,60	110,52	160,76	180,86
	VI	2 901,75	159,59	232,14	261,15																				
7 538,99	I,IV	2 327,08	127,98	186,16	209,43	I	2 327,08	122,19	177,73	199,94	116,39	169,30	190,46	110,59	160,86	180,97	104,79	152,43	171,48	99,—	144,—	162,—	93,20	135,56	152,51
	II	2 281,33	125,47	182,50	205,31	II	2 281,33	119,67	174,06	195,82	113,87	165,63	186,33	108,07	157,20	176,85	102,27	148,76	167,36	96,47	140,33	157,87	90,68	131,90	148,38
	III	1 643,—	90,36	131,44	147,87	III	1 643,—	85,27	124,04	139,54	80,28	116,77	131,36	75,38	109,65	123,35	70,58	102,66	115,49	65,87	95,81	107,78	61,26	89,10	100,24
	V	2 870,75	157,89	229,66	258,36	IV	2 327,08	125,08	181,94	204,68	122,19	177,73	199,94	119,29	173,51	195,20	116,39	169,30	190,46	113,49	165,08	185,71	110,59	160,86	180,97
	VI	2 903,—	159,66	232,24	261,27																				
7 541,99	I,IV	2 328,33	128,05	186,26	209,54	I	2 328,33	122,26	177,83	200,06	116,46	169,40	190,57	110,66	160,96	181,08	104,86	152,53	171,59	99,06	144,10	162,11	93,27	135,66	152,62
	II	2 282,58	125,54	182,60	205,43	II	2 282,58	119,74	174,17	195,94	113,94	165,74	186,45	108,14	157,30	176,96	102,34	148,86	167,47	96,54	140,43	157,98	90,75	132,—	148,50
	III	1 644,16	90,42	131,53	147,97	III	1 644,16	85,33	124,12	139,63	80,34	116,86	131,47	75,44	109,73	123,44	70,63	102,74	115,58	65,92	95,89	107,87	61,31	89,18	100,33
	V	2 872,—	157,96	229,76	258,48	IV	2 328,33	125,15	182,04	204,80	122,26	177,83	200,06	119,35	173,61	195,31	116,46	169,40	190,57	113,56	165,18	185,82	110,66	160,96	181,08
	VI	2 904,25	159,73	232,34	261,38																				
7 544,99	I,IV	2 329,58	128,12	186,36	209,66	I	2 329,58	122,32	177,93	200,17	116,53	169,50	190,68	110,73	161,06	181,19	104,93	152,63	171,71	99,13	144,20	162,22	93,33	135,76	152,73
	II	2 283,83	125,61	182,70	205,54	II	2 283,83	119,81	174,27	196,05	114,01	165,84	186,57	108,21	157,40	177,08	102,41	148,97	167,59	96,62	140,54	158,10	90,82	132,10	148,61
	III	1 645,16	90,48	131,61	148,06	III	1 645,16	85,39	124,21	139,73	80,40	116,94	131,56	75,49	109,81	123,53	70,69	102,82	115,67	65,98	95,97	107,96	61,37	89,26	100,42
	V	2 873,33	158,03	229,86	258,59	IV	2 329,58	125,23	182,15	204,92	122,32	177,93	200,17	119,43	173,72	195,43	116,53	169,50	190,68	113,63	165,28	185,94	110,73	161,06	181,19
	VI	2 905,50	159,80	232,44	261,49																				
7 547,99	I,IV	2 330,83	128,19	186,46	209,77	I	2 330,83	122,39	178,03	200,28	116,60	169,60	190,80	110,80	161,16	181,31	105,—	152,73	171,82	99,20	144,30	162,33	93,40	135,86	152,84
	II	2 285,08	125,67	182,80	205,65	II	2 285,08	119,88	174,37	196,16	114,08	165,94	186,68	108,28	157,50	177,19	102,48	149,07	167,70	96,69	140,64	158,22	90,89	132,20	148,73
	III	1 646,33	90,54	131,70	148,16	III	1 646,33	85,46	124,30	139,84	80,45	117,02	131,65	75,56	109,90	123,64	70,74	102,90	115,76	66,03	96,05	108,05	61,42	89,34	100,51
	V	2 874,58	158,10	229,96	258,71	IV	2 330,83	125,29	182,25	205,03	122,39	178,03	200,28	119,50	173,82	195,54	116,60	169,60	190,80	113,70	165,38	186,05	110,80	161,16	181,31
	VI	2 906,75	159,87	232,54	261,60																				
7 550,99	I,IV	2 332,08	128,26	186,56	209,88	I	2 332,08	122,46	178,13	200,39	116,66	169,70	190,91	110,87	161,26	181,42	105,07	152,83	171,93	99,27	144,40	162,45	93,47	135,96	152,96
	II	2 286,33	125,74	182,90	205,76	II	2 286,33	119,95	174,47	196,28	114,15	166,04	186,79	108,35	157,60	177,30	102,55	149,17	167,81	96,75	140,74	158,33	90,96	132,30	148,84
	III	1 647,50	90,61	131,80	148,27	III	1 647,50	85,51	124,38	139,93	80,52	117,12	131,76	75,61	109,98	123,73	70,80	102,98	115,85	66,09	96,13	108,14	61,48	89,42	100,60
	V	2 875,83	158,17	230,06	258,82	IV	2 332,08	125,36	182,35	205,14	122,46	178,13	200,39	119,57	173,92	195,66	116,66	169,70	190,91	113,77	165,48	186,17	110,87	161,26	181,42
	VI	2 908,—	159,94	232,64	261,72																				
7 553,99	I,IV	2 333,33	128,33	186,66	209,99	I	2 333,33	122,53	178,23	200,51	116,73	169,80	191,02	110,93	161,36	181,53	105,14	152,93	172,04	99,34	144,50	162,56	93,54	136,06	153,07
	II	2 287,58	125,81	183,—	205,88	II	2 287,58	120,01	174,57	196,39	114,22	166,14	186,90	108,42	157,70	177,41	102,62	149,27	167,93	96,82	140,84	158,44	91,02	132,40	148,95
	III	1 648,66	90,67	131,89	148,37	III	1 648,66	85,58	124,48	140,04	80,57	117,20	131,85	75,67	110,06	123,82	70,86	103,08	115,96	66,14	96,21	108,23	61,52	89,49	100,67
	V	2 877,08	158,23	230,16	258,93	IV	2 333,33	125,43	182,45	205,25	122,53	178,23	200,51	119,63	174,02	195,77	116,73	169,80	191,02	113,84	165,58	186,28	110,93	161,36	181,53
	VI	2 909,25	160,—	232,74	261,83																				
7 556,99	I,IV	2 334,66	128,40	186,77	210,11	I	2 334,66	122,60	178,34	200,63	116,81	169,90	191,14	111,—	161,46	181,64	105,21	153,03	172,16	99,41	144,60	162,67	93,61	136,16	153,18
	II	2 288,83	125,88	183,10	205,99	II	2 288,83	120,08	174,67	196,50	114,29	166,24	187,02	108,49	157,80	177,53	102,69	149,37	168,04	96,89	140,94	158,55	91,09	132,50	149,06
	III	1 649,66	90,73	131,97	148,46	III	1 649,66	85,63	124,56	140,13	80,63	117,29	131,95	75,73	110,16	123,93	70,92	103,16	116,05	66,20	96,29	108,32	61,58	89,57	100,76
	V	2 878,33	158,30	230,26	259,04	IV	2 334,66	125,50	182,55	205,37	122,60	178,34	200,63	119,70	174,12	195,88	116,81	169,90	191,14	113,90	165,68	186,39	111,—	161,46	181,64
	VI	2 910,50	160,07	232,84	261,94																				
7 559,99	I,IV	2 335,91	128,47	186,87	210,23	I	2 335,91	122,67	178,44	200,74	116,87	170,—	191,25	111,08	161,57	181,76	105,28	153,14	172,28	99,48	144,70	162,79	93,68	136,26	153,29
	II	2 290,08	125,95	183,20	206,10	II	2 290,08	120,15	174,77	196,61	114,35	166,34	187,13	108,56	157,90	177,64	102,76	149,47	168,15	96,96	141,04	158,67	91,16	132,60	149,18
	III	1 650,83	90,79	132,06	148,57	III	1 650,83	85,69	124,65	140,23	80,69	117,37	132,04	75,79	110,24	124,02	70,97	103,24	116,14	66,26	96,38	108,43	61,63	89,65	100,85
	V	2 879,58	158,37	230,36	259,16	IV	2 335,91	125,57	182,65	205,48	122,67	178,44	200,74	119,77	174,22	195,99	116,87	170,—	191,25	113,97	165,78	186,50	111,08	161,57	181,76
	VI	2 911,83	160,15	232,94	262,06																				

* Die ausgewiesenen Tabellenwerte sind amtlich. Siehe Erläuterungen auf der Umschlaginnenseite (U2).

Lohn/ Gehalt bis €*	Abzüge an Lohnsteuer, Solidaritätszuschlag (SolZ) und Kirchensteuer (8%, 9%) in den Steuerklassen																								
	I – VI					I, II, III, IV																			
			ohne Kinderfreibeträge					mit Zahl der Kinderfreibeträge . . .																	
								0,5			1			1,5			2			2,5			3		
		LSt	SolZ	8%	9%		LSt	SolZ	8%	9%	SolZ	8%	9%	SolZ	8%	9%	SolZ	8%	9%	SolZ	8%	9%	SolZ	8%	9%
7 562,99	I,IV	2 337,16	128,54	186,97	210,34	I	2 337,16	122,74	178,54	200,85	116,94	170,10	191,36	111,15	161,67	181,88	105,35	153,24	172,39	99,55	144,80	162,90	93,75	136,37	153,41
	II	2 291,33	126,02	183,30	206,21	II	2 291,33	120,22	174,87	196,73	114,42	166,44	187,24	108,62	158,—	177,75	102,83	149,57	168,26	97,03	141,14	158,78	91,23	132,70	149,29
	III	1 652,—	90,86	132,16	148,68	III	1 652,—	85,76	124,74	140,33	80,75	117,46	132,14	75,84	110,32	124,11	71,03	103,32	116,23	66,32	96,46	108,52	61,69	89,73	100,94
	V	2 880,83	158,44	230,46	259,27	IV	2 337,16	125,64	182,75	205,59	122,74	178,54	200,85	119,84	174,32	196,11	116,94	170,10	191,36	114,04	165,88	186,62	111,15	161,67	181,88
	VI	2 913,08	160,21	233,04	262,08																				
7 565,99	I,IV	2 338,41	128,61	187,07	210,45	I	2 338,41	122,81	178,64	200,97	117,01	170,20	191,48	111,21	161,77	181,99	105,42	153,34	172,50	99,62	144,90	163,01	93,82	136,47	153,53
	II	2 292,66	126,09	183,41	206,33	II	2 292,66	120,29	174,98	196,85	114,50	166,54	187,36	108,69	158,10	177,86	102,90	149,67	168,38	97,10	141,24	158,89	91,30	132,80	149,40
	III	1 653,—	90,91	132,24	148,77	III	1 653,—	85,81	124,82	140,42	80,81	117,54	132,23	75,90	110,41	124,21	71,09	103,41	116,33	66,37	96,54	108,61	61,74	89,81	101,03
	V	2 882,08	158,51	230,56	259,38	IV	2 338,41	125,71	182,85	205,70	122,81	178,64	200,97	119,91	174,42	196,22	117,01	170,20	191,48	114,11	165,98	186,73	111,21	161,77	181,99
	VI	2 914,33	160,28	233,14	262,28																				
7 568,99	I,IV	2 339,66	128,68	187,17	210,56	I	2 339,66	122,88	178,74	201,08	117,08	170,30	191,59	111,28	161,87	182,10	105,49	153,44	172,62	99,69	145,—	163,13	93,89	136,57	153,64
	II	2 293,91	126,16	183,51	206,45	II	2 293,91	120,36	175,08	196,96	114,56	166,64	187,47	108,77	158,21	177,98	102,97	149,78	168,50	97,17	141,34	159,01	91,37	132,90	149,51
	III	1 654,16	90,97	132,33	148,87	III	1 654,16	85,88	124,92	140,53	80,87	117,64	132,34	75,96	110,49	124,30	71,15	103,49	116,42	66,43	96,62	108,70	61,80	89,89	101,12
	V	2 883,41	158,58	230,67	259,50	IV	2 339,66	125,78	182,96	205,83	122,88	178,74	201,08	119,98	174,52	196,34	117,08	170,30	191,59	114,18	166,08	186,84	111,28	161,87	182,10
	VI	2 915,58	160,35	233,24	262,40																				
7 571,99	I,IV	2 340,91	128,75	187,27	210,68	I	2 340,91	122,95	178,84	201,19	117,15	170,40	191,70	111,35	161,97	182,21	105,55	153,54	172,73	99,76	145,10	163,24	93,96	136,67	153,75
	II	2 295,16	126,23	183,61	206,56	II	2 295,16	120,43	175,18	197,07	114,63	166,74	187,58	108,84	158,31	178,10	103,04	149,88	168,61	97,24	141,44	159,12	91,44	133,01	149,63
	III	1 655,33	91,04	132,42	148,97	III	1 655,33	85,93	125,—	140,62	80,93	117,72	132,43	76,01	110,57	124,39	71,20	103,57	116,51	66,48	96,70	108,79	61,85	89,97	101,21
	V	2 884,66	158,65	230,77	259,61	IV	2 340,91	125,85	183,06	205,94	122,95	178,84	201,19	120,05	174,62	196,45	117,15	170,40	191,70	114,25	166,19	186,96	111,35	161,97	182,21
	VI	2 916,83	160,42	233,34	262,51																				
7 574,99	I,IV	2 342,16	128,81	187,37	210,79	I	2 342,16	123,02	178,94	201,30	117,22	170,50	191,81	111,42	162,07	182,33	105,62	153,64	172,84	99,82	145,20	163,35	94,03	136,77	153,86
	II	2 296,41	126,30	183,71	206,67	II	2 296,41	120,50	175,28	197,19	114,70	166,84	187,70	108,90	158,41	178,21	103,11	149,98	168,72	97,31	141,54	159,23	91,51	133,11	149,75
	III	1 656,50	91,10	132,52	149,08	III	1 656,50	86,—	125,09	140,72	80,99	117,81	132,53	76,08	110,66	124,49	71,26	103,65	116,60	66,54	96,78	108,88	61,91	90,05	101,30
	V	2 885,91	158,72	230,87	259,73	IV	2 342,16	125,92	183,16	206,05	123,02	178,94	201,30	120,12	174,72	196,56	117,22	170,50	191,81	114,32	166,29	187,07	111,42	162,07	182,33
	VI	2 918,08	160,49	233,44	262,62																				
7 577,99	I,IV	2 343,41	128,88	187,47	210,90	I	2 343,41	123,09	179,04	201,42	117,29	170,60	191,93	111,49	162,17	182,44	105,69	153,74	172,95	99,89	145,30	163,46	94,10	136,87	153,98
	II	2 297,66	126,37	183,81	206,78	II	2 297,66	120,57	175,38	197,30	114,77	166,94	187,81	108,97	158,51	178,32	103,18	150,08	168,84	97,38	141,64	159,35	91,58	133,21	149,86
	III	1 657,50	91,16	132,60	149,17	III	1 657,50	86,05	125,17	140,81	81,05	117,89	132,62	76,13	110,74	124,58	71,31	103,73	116,69	66,59	96,86	108,97	61,96	90,13	101,39
	V	2 887,16	158,79	230,97	259,84	IV	2 343,41	125,99	183,26	206,16	123,09	179,04	201,42	120,19	174,82	196,67	117,29	170,60	191,93	114,39	166,39	187,19	111,49	162,17	182,44
	VI	2 919,33	160,56	233,54	262,73																				
7 580,99	I,IV	2 344,75	128,96	187,58	211,02	I	2 344,75	123,16	179,14	201,53	117,36	170,70	192,04	111,56	162,27	182,55	105,76	153,84	173,07	99,96	145,40	163,58	94,16	136,97	154,09
	II	2 298,91	126,44	183,91	206,90	II	2 298,91	120,64	175,48	197,41	114,84	167,04	187,92	109,04	158,61	178,43	103,24	150,18	168,95	97,45	141,74	159,46	91,65	133,31	149,97
	III	1 658,66	91,22	132,69	149,27	III	1 658,66	86,12	125,26	140,92	81,11	117,98	132,73	76,19	110,82	124,67	71,38	103,82	116,80	66,65	96,94	109,06	62,02	90,21	101,48
	V	2 888,41	158,86	231,07	259,95	IV	2 344,75	126,06	183,36	206,28	123,16	179,14	201,53	120,26	174,92	196,79	117,36	170,70	192,04	114,46	166,49	187,30	111,56	162,27	182,55
	VI	2 920,58	160,63	233,64	262,85																				
7 583,99	I,IV	2 346,—	129,03	187,68	211,14	I	2 346,—	123,23	179,24	201,65	117,43	170,81	192,16	111,63	162,38	182,67	105,83	153,94	173,18	100,03	145,50	163,69	94,23	137,07	154,20
	II	2 300,16	126,50	184,01	207,01	II	2 300,16	120,71	175,58	197,52	114,91	167,14	188,03	109,11	158,71	178,55	103,31	150,28	169,06	97,51	141,84	159,57	91,72	133,41	150,08
	III	1 659,83	91,29	132,78	149,38	III	1 659,83	86,18	125,36	141,03	81,17	118,06	132,82	76,25	110,92	124,78	71,43	103,90	116,89	66,70	97,02	109,15	62,07	90,29	101,57
	V	2 889,66	158,93	231,17	260,06	IV	2 346,—	126,12	183,46	206,39	123,23	179,24	201,65	120,33	175,02	196,90	117,43	170,81	192,16	114,53	166,59	187,41	111,63	162,38	182,67
	VI	2 921,91	160,70	233,75	262,97																				
7 586,99	I,IV	2 347,25	129,09	187,78	211,25	I	2 347,25	123,30	179,34	201,76	117,50	170,91	192,27	111,70	162,48	182,79	105,90	154,04	173,30	100,10	145,61	163,81	94,31	137,18	154,32
	II	2 301,41	126,57	184,11	207,12	II	2 301,41	120,78	175,68	197,64	114,98	167,24	188,15	109,18	158,81	178,66	103,38	150,38	169,17	97,58	141,94	159,68	91,79	133,51	150,20
	III	1 660,83	91,34	132,86	149,47	III	1 660,83	86,24	125,44	141,12	81,22	118,14	132,91	76,31	111,—	124,87	71,49	103,98	116,98	66,76	97,10	109,24	62,13	90,37	101,66
	V	2 890,91	159,—	231,27	260,18	IV	2 347,25	126,19	183,56	206,50	123,30	179,34	201,76	120,39	175,12	197,01	117,50	170,91	192,27	114,60	166,69	187,52	111,70	162,48	182,79
	VI	2 923,16	160,77	233,85	263,08																				
7 589,99	I,IV	2 348,50	129,16	187,88	211,36	I	2 348,50	123,36	179,44	201,87	117,57	171,01	192,38	111,77	162,58	182,90	105,97	154,14	173,41	100,17	145,71	163,92	94,38	137,28	154,44
	II	2 302,75	126,65	184,22	207,24	II	2 302,75	120,85	175,78	197,75	115,05	167,34	188,26	109,25	158,91	178,77	103,45	150,48	169,29	97,65	142,04	159,80	91,85	133,61	150,31
	III	1 662,—	91,41	132,96	149,58	III	1 662,—	86,30	125,53	141,22	81,29	118,24	133,02	76,36	111,08	124,96	71,54	104,06	117,07	66,82	97,20	109,35	62,18	90,45	101,75
	V	2 892,16	159,06	231,37	260,29	IV	2 348,50	126,26	183,66	206,61	123,36	179,44	201,87	120,46	175,22	197,12	117,57	171,01	192,38	114,67	166,79	187,64	111,77	162,58	182,90
	VI	2 924,41	160,84	233,95	263,19																				
7 592,99	I,IV	2 349,75	129,23	187,98	211,47	I	2 349,75	123,43	179,54	201,98	117,64	171,11	192,50	111,84	162,68	183,01	106,04	154,24	173,52	100,24	145,81	164,03	94,44	137,38	154,55
	II	2 304,—	126,72	184,32	207,36	II	2 304,—	120,92	175,88	197,87	115,12	167,45	188,38	109,32	159,02	178,89	103,52	150,58	169,40	97,72	142,14	159,91	91,92	133,71	150,42
	III	1 663,16	91,47	133,05	149,68	III	1 663,16	86,35	125,61	141,31	81,34	118,32	133,11	76,43	111,17	125,06	71,61	104,16	117,18	66,88	97,28	109,44	62,24	90,53	101,84
	V	2 893,41	159,13	231,47	260,40	IV	2 349,75	126,33	183,76	206,73	123,43	179,54	201,98	120,53	175,32	197,24	117,64	171,11	192,50	114,73	166,89	187,75	111,84	162,68	183,01
	VI	2 925,66	160,91	234,05	263,30																				
7 595,99	I,IV	2 351,—	129,30	188,08	211,59	I	2 351,—	123,50	179,64	202,10	117,70	171,21	192,61	111,91	162,78	183,12	106,11	154,34	173,63	100,31	145,91	164,15	94,51	137,48	154,66
	II	2 305,25	126,78	184,42	207,47	II	2 305,25	120,99	175,98	197,98	115,19	167,55	188,49	109,39	159,12	179,01	103,59	150,68	169,52	97,79	142,25	160,03	92,—	133,82	150,54
	III	1 664,33	91,53	133,14	149,78	III	1 664,33	86,42	125,70	141,41	81,40	118,41	133,21	76,48	111,25	125,15	71,66	104,24	117,27	66,93	97,36	109,53	62,29	90,61	101,93
	V	2 894,75	159,21	231,58	260,52	IV	2 351,—	126,40	183,86	206,84	123,50	179,64	202,10	120,61	175,43	197,36	117,70	171,21	192,61	114,81	167,—	187,87	111,91	162,78	183,12
	VI	2 926,91	160,98	234,15	263,42																				
7 598,99	I,IV	2 352,25	129,37	188,18	211,70	I	2 352,25	123,57	179,74	202,21	117,77	171,31	192,72	111,98	162,88	183,24	106,18	154,44	173,75	100,38	146,01	164,26	94,58	137,58	154,77
	II	2 306,50	126,85	184,52	207,58	II	2 306,50	121,05	176,08	198,09	115,26	167,65	188,60	109,46	159,22	179,12	103,66	150,78	169,63	97,86	142,35	160,14	92,07	133,92	150,66
	III	1 665,33	91,59	133,22	149,87	III	1 665,33	86,48	125,80	141,52	81,46	118,49	133,30	76,54	111,33	125,24	71,72	104,32	117,36	66,99	97,44	109,62	62,35	90,69	102,02
	V	2 896,—	159,28	231,68	260,64	IV	2 352,25	126,47	183,96	206,96	123,57	179,74	202,21	120,67	175,53	197,47	117,77	171,31	192,72	114,88	167,10	187,98	111,98	162,88	183,24
	VI	2 928,16	161,04	234,25	263,53																				
7 601,99	I,IV	2 353,50	129,44	188,28	211,81	I	2 353,50	123,64	179,84	202,32	117,84	171,41	192,83	112,04	162,98	183,35	106,25	154,54	173,86	100,45	146,11	164,37	94,65	137,68	154,89
	II	2 307,75	126,92	184,62	207,69	II	2 307,75	121,12	176,18	198,20	115,33	167,75	188,72	109,53	159,32	179,23	103,73	150,88	169,74	97,93	142,45	160,25	92,13	134,02	150,77
	III	1 666,50	91,65	133,32	149,98	III	1 666,50	86,54	125,88	141,61	81,52	118,58	133,40	76,60	111,42	125,35	71,77	104,40	117,45	67,04	97,52	109,71	62,40	90,77	102,11
	V	2 897,25	159,34	231,78	260,75	IV	2 353,50	126,54	184,06	207,07	123,64	179,84	202,32	120,74	175,63	197,58	117,84	171,41	192,83	114,95	167,20	188,10	112,04	162,98	183,35
	VI	2 929,41	161,11	234,35	263,64																				
7 604,99	I,IV	2 354,83	129,51	188,38	211,93	I	2 354,83	123,71	179,94	202,43	117,91	171,51	192,95	112,11	163,08	183,46	106,31	154,64	173,97	100,52	146,21	164,48	94,72	137,78	155,—
	II	2 309,—	126,99	184,72	207,81	II	2 309,—	121,19	176,28	198,32	115,39	167,85	188,83	109,60	159,42	179,34	103,80	150,98	169,85	98,—	142,55	160,37	92,20	134,12	150,88
	III	1 667,66	91,72	133,41	150,08	III	1 667,66	86,60	125,97	141,71	81,58	118,66	133,49	76,66	111,50	125,44	71,83	104,48	117,54	67,10	97,60	109,80	62,46	90,85	102,20
	V	2 898,50	159,41	231,88	260,86	IV	2 354,83	126,61	184,16	207,18	123,71	179,94	202,43	120,81	175,73	197,69	117,91	171,51	192,95	115,01	167,30	188,21	112,11	163,08	183,46
	VI	2 930,66	161,18	234,45	263,75																				

* Die ausgewiesenen Tabellenwerte sind amtlich. Siehe Erläuterungen auf der Umschlaginnenseite (U2).

Lohn/ Gehalt bis €*	I – VI					I, II, III, IV		mit Zahl der Kinderfreibeträge . . . 0,5			1			1,5			2			2,5			3		
		LSt	ohne Kinderfreibeträge SolZ	8%	9%		LSt	SolZ	8%	9%	SolZ	8%	9%	SolZ	8%	9%	SolZ	8%	9%	SolZ	8%	9%	SolZ	8%	9%
7 607,99	I,IV	2 356,08	129,58	188,48	212,04	I	2 356,08	123,78	180,05	202,55	117,98	171,62	193,07	112,19	163,18	183,58	106,38	154,74	174,08	100,59	146,31	164,60	94,79	137,88	155,11
	II	2 310,25	127,06	184,82	207,92	II	2 310,25	121,26	176,38	198,43	115,46	167,95	188,94	109,67	159,52	179,46	103,87	151,08	169,97	98,07	142,65	160,48	92,27	134,22	150,99
	III	1 668,66	91,77	133,49	150,17	III	1 668,66	86,66	126,05	141,80	81,64	118,76	133,60	76,72	111,60	125,55	71,89	104,57	117,64	67,15	97,68	109,89	62,51	90,93	102,29
	V	2 899,75	159,48	231,98	260,97	IV	2 356,08	126,68	184,26	207,29	123,78	180,05	202,55	120,88	175,83	197,81	117,98	171,62	193,07	115,08	167,40	188,32	112,19	163,18	183,58
	VI	2 931,91	161,25	234,55	263,87																				
7 610,99	I,IV	2 357,33	129,65	188,58	212,15	I	2 357,33	123,85	180,15	202,67	118,05	171,72	193,18	112,25	163,28	183,69	106,46	154,85	174,20	100,66	146,42	164,72	94,86	137,98	155,23
	II	2 311,50	127,13	184,92	208,03	II	2 311,50	121,33	176,48	198,54	115,53	168,05	189,05	109,73	159,62	179,57	103,94	151,18	170,08	98,14	142,75	160,59	92,34	134,32	151,11
	III	1 669,83	91,84	133,58	150,28	III	1 669,83	86,72	126,14	141,91	81,70	118,84	133,69	76,78	111,68	125,64	71,94	104,65	117,73	67,21	97,76	109,98	62,57	91,01	102,38
	V	2 901,—	159,55	232,08	261,09	IV	2 357,33	126,75	184,36	207,41	123,85	180,15	202,67	120,95	175,93	197,92	118,05	171,72	193,18	115,15	167,50	188,43	112,25	163,28	183,69
	VI	2 933,25	161,32	234,66	263,99																				
7 613,99	I,IV	2 358,58	129,72	188,68	212,27	I	2 358,58	123,92	180,25	202,78	118,12	171,82	193,29	112,32	163,38	183,80	106,53	154,95	174,32	100,73	146,52	164,83	94,93	138,08	155,34
	II	2 312,83	127,20	185,02	208,15	II	2 312,83	121,40	176,58	198,65	115,60	168,15	189,17	109,80	159,72	179,68	104,—	151,28	170,19	98,21	142,85	160,70	92,41	134,42	151,22
	III	1 671,—	91,90	133,68	150,39	III	1 671,—	86,79	126,24	142,02	81,76	118,93	133,79	76,83	111,76	125,73	72,—	104,73	117,82	67,26	97,84	110,07	62,62	91,09	102,47
	V	2 902,25	159,62	232,18	261,20	IV	2 358,58	126,82	184,46	207,52	123,92	180,25	202,78	121,02	176,03	198,03	118,12	171,82	193,29	115,22	167,60	188,55	112,32	163,38	183,80
	VI	2 934,50	161,39	234,76	264,10																				
7 616,99	I,IV	2 359,83	129,79	188,78	212,38	I	2 359,83	123,99	180,35	202,89	118,19	171,92	193,41	112,39	163,48	183,92	106,59	155,05	174,43	100,80	146,62	164,94	95,—	138,18	155,45
	II	2 314,08	127,27	185,12	208,26	II	2 314,08	121,47	176,69	198,77	115,67	168,26	189,29	109,88	159,82	179,80	104,07	151,38	170,30	98,28	142,95	160,82	92,48	134,52	151,33
	III	1 672,16	91,96	133,77	150,49	III	1 672,16	86,84	126,32	142,11	81,82	119,01	133,88	76,89	111,85	125,83	72,05	104,81	117,91	67,32	97,92	110,16	62,68	91,17	102,56
	V	2 903,50	159,69	232,28	261,31	IV	2 359,83	126,88	184,56	207,63	123,99	180,35	202,89	121,09	176,13	198,14	118,19	171,92	193,41	115,29	167,70	188,66	112,39	163,48	183,92
	VI	2 935,75	161,46	234,86	264,21																				
7 619,99	I,IV	2 361,08	129,85	188,88	212,49	I	2 361,08	124,06	180,45	203,—	118,26	172,02	193,52	112,46	163,58	184,03	106,66	155,15	174,54	100,87	146,72	165,06	95,07	138,28	155,57
	II	2 315,33	127,34	185,22	208,37	II	2 315,33	121,54	176,79	198,89	115,74	168,36	189,40	109,94	159,92	179,91	104,15	151,49	170,42	98,35	143,06	160,94	92,55	134,62	151,45
	III	1 673,16	92,02	133,85	150,58	III	1 673,16	86,90	126,41	142,21	81,88	119,10	133,99	76,95	111,93	125,92	72,12	104,90	118,01	67,38	98,01	110,26	62,73	91,25	102,65
	V	2 904,83	159,76	232,38	261,43	IV	2 361,08	126,96	184,67	207,75	124,06	180,45	203,—	121,16	176,24	198,27	118,26	172,02	193,52	115,36	167,80	188,78	112,46	163,58	184,03
	VI	2 937,—	161,53	234,96	264,33																				
7 622,99	I,IV	2 362,33	129,92	188,98	212,60	I	2 362,33	124,13	180,55	203,12	118,33	172,12	193,63	112,53	163,68	184,14	106,73	155,25	174,65	100,93	146,82	165,17	95,14	138,38	155,68
	II	2 316,58	127,41	185,32	208,49	II	2 316,58	121,61	176,89	199,—	115,81	168,46	189,51	110,01	160,02	180,02	104,22	151,59	170,54	98,42	143,16	161,05	92,62	134,72	151,56
	III	1 674,33	92,08	133,94	150,68	III	1 674,33	86,97	126,50	142,31	81,94	119,18	134,08	77,—	112,01	126,01	72,17	104,98	118,10	67,43	98,09	110,35	62,79	91,33	102,74
	V	2 906,08	159,83	232,48	261,54	IV	2 362,33	127,03	184,77	207,86	124,13	180,55	203,12	121,23	176,34	198,38	118,33	172,12	193,63	115,43	167,90	188,89	112,53	163,68	184,14
	VI	2 938,25	161,60	235,06	264,44																				
7 625,99	I,IV	2 363,58	129,99	189,08	212,72	I	2 363,58	124,19	180,65	203,23	118,40	172,22	193,74	112,60	163,78	184,25	106,80	155,35	174,77	101,—	146,92	165,28	95,20	138,48	155,79
	II	2 317,83	127,48	185,42	208,60	II	2 317,83	121,68	176,99	199,11	115,88	168,56	189,63	110,08	160,12	180,14	104,28	151,69	170,65	98,49	143,26	161,16	92,69	134,82	151,67
	III	1 675,50	92,15	134,04	150,79	III	1 675,50	87,02	126,58	142,40	82,—	119,28	134,19	77,07	112,10	126,11	72,23	105,06	118,19	67,49	98,17	110,44	62,84	91,41	102,83
	V	2 907,33	159,90	232,58	261,65	IV	2 363,58	127,10	184,87	207,98	124,19	180,65	203,23	121,30	176,44	198,49	118,40	172,22	193,74	115,50	168,—	189,—	112,60	163,78	184,25
	VI	2 939,50	161,67	235,16	264,55																				
7 628,99	I,IV	2 364,83	130,06	189,18	212,83	I	2 364,83	124,26	180,75	203,34	118,47	172,32	193,86	112,67	163,88	184,37	106,87	155,45	174,88	101,07	147,02	165,39	95,27	138,58	155,90
	II	2 319,08	127,54	185,52	208,71	II	2 319,08	121,75	177,09	199,22	115,95	168,66	189,74	110,15	160,22	180,25	104,35	151,79	170,76	98,56	143,36	161,28	92,76	134,92	151,79
	III	1 676,66	92,21	134,13	150,89	III	1 676,66	87,09	126,68	142,51	82,06	119,36	134,28	77,12	112,18	126,20	72,28	105,14	118,28	67,54	98,25	110,53	62,90	91,49	102,92
	V	2 908,58	159,97	232,68	261,77	IV	2 364,83	127,16	184,97	208,09	124,26	180,75	203,34	121,37	176,54	198,60	118,47	172,32	193,86	115,57	168,10	189,11	112,67	163,88	184,37
	VI	2 940,75	161,74	235,26	264,66																				
7 631,99	I,IV	2 366,16	130,13	189,29	212,95	I	2 366,16	124,34	180,86	203,46	118,54	172,42	193,97	112,74	163,98	184,48	106,94	155,55	174,99	101,14	147,12	165,51	95,34	138,68	156,02
	II	2 320,33	127,61	185,62	208,82	II	2 320,33	121,82	177,19	199,34	116,02	168,76	189,85	110,22	160,32	180,36	104,42	151,89	170,87	98,62	143,46	161,39	92,83	135,02	151,90
	III	1 677,66	92,27	134,21	150,98	III	1 677,66	87,14	126,76	142,60	82,12	119,45	134,38	77,18	112,26	126,29	72,35	105,24	118,39	67,60	98,33	110,62	62,95	91,57	103,01
	V	2 909,83	160,04	232,78	261,88	IV	2 366,16	127,23	185,07	208,20	124,34	180,86	203,46	121,44	176,64	198,72	118,54	172,42	193,97	115,64	168,20	189,23	112,74	163,98	184,48
	VI	2 942,—	161,81	235,36	264,78																				
7 634,99	I,IV	2 367,41	130,20	189,39	213,06	I	2 367,41	124,41	180,96	203,58	118,61	172,52	194,09	112,81	164,09	184,60	107,01	155,66	175,11	101,21	147,22	165,62	95,41	138,78	156,13
	II	2 321,58	127,68	185,72	208,94	II	2 321,58	121,88	177,29	199,45	116,09	168,86	189,96	110,29	160,42	180,47	104,49	151,99	170,99	98,69	143,56	161,50	92,89	135,12	152,01
	III	1 678,83	92,33	134,30	151,09	III	1 678,83	87,21	126,85	142,70	82,17	119,53	134,47	77,24	112,36	126,40	72,40	105,32	118,48	67,65	98,41	110,71	63,01	91,65	103,10
	V	2 911,08	160,10	232,88	261,99	IV	2 367,41	127,30	185,17	208,31	124,41	180,96	203,58	121,50	176,74	198,83	118,61	172,52	194,09	115,71	168,30	189,34	112,81	164,09	184,60
	VI	2 943,33	161,88	235,46	264,89																				
7 637,99	I,IV	2 368,66	130,27	189,49	213,17	I	2 368,66	124,47	181,06	203,69	118,68	172,62	194,20	112,88	164,19	184,71	107,08	155,76	175,23	101,28	147,32	165,74	95,48	138,89	156,25
	II	2 322,83	127,75	185,82	209,05	II	2 322,83	121,95	177,39	199,56	116,16	168,96	190,08	110,36	160,52	180,59	104,56	152,09	171,10	98,76	143,66	161,61	92,96	135,22	152,12
	III	1 680,—	92,40	134,40	151,20	III	1 680,—	87,27	126,94	142,81	82,24	119,62	134,57	77,30	112,44	126,49	72,46	105,40	118,57	67,71	98,49	110,80	63,06	91,73	103,19
	V	2 912,33	160,17	232,98	262,10	IV	2 368,66	127,37	185,27	208,43	124,47	181,06	203,69	121,57	176,84	198,94	118,68	172,62	194,20	115,77	168,40	189,45	112,88	164,19	184,71
	VI	2 944,58	161,95	235,56	265,01																				
7 640,99	I,IV	2 369,91	130,34	189,59	213,29	I	2 369,91	124,54	181,16	203,80	118,74	172,72	194,31	112,95	164,29	184,82	107,15	155,86	175,34	101,35	147,42	165,85	95,55	138,99	156,36
	II	2 324,16	127,82	185,93	209,17	II	2 324,16	122,03	177,50	199,68	116,23	169,06	190,19	110,43	160,62	180,70	104,63	152,19	171,21	98,83	143,76	161,73	93,03	135,32	152,24
	III	1 681,16	92,46	134,49	151,30	III	1 681,16	87,33	127,02	142,90	82,29	119,70	134,66	77,36	112,53	126,59	72,51	105,48	118,66	67,76	98,57	110,89	63,12	91,81	103,28
	V	2 913,58	160,24	233,08	262,22	IV	2 369,91	127,44	185,37	208,54	124,54	181,16	203,80	121,64	176,94	199,05	118,74	172,72	194,31	115,84	168,50	189,56	112,95	164,29	184,82
	VI	2 945,83	162,02	235,66	265,12																				
7 643,99	I,IV	2 371,16	130,41	189,69	213,40	I	2 371,16	124,61	181,26	203,91	118,81	172,82	194,42	113,02	164,39	184,94	107,22	155,96	175,45	101,42	147,52	165,96	95,62	139,09	156,47
	II	2 325,41	127,89	186,03	209,28	II	2 325,41	122,10	177,60	199,80	116,30	169,16	190,31	110,50	160,73	180,82	104,70	152,30	171,33	98,90	143,86	161,84	93,10	135,42	152,35
	III	1 682,16	92,51	134,57	151,39	III	1 682,16	87,39	127,12	143,01	82,36	119,80	134,77	77,42	112,61	126,68	72,58	105,57	118,76	67,83	98,66	110,99	63,17	91,89	103,37
	V	2 914,91	160,32	233,19	262,34	IV	2 371,16	127,51	185,48	208,66	124,61	181,26	203,91	121,71	177,04	199,17	118,81	172,82	194,42	115,91	168,60	189,68	113,02	164,39	184,94
	VI	2 947,08	162,08	235,76	265,23																				
7 646,99	I,IV	2 372,41	130,48	189,79	213,51	I	2 372,41	124,68	181,36	204,03	118,88	172,92	194,54	113,08	164,49	185,05	107,29	156,06	175,56	101,49	147,62	166,07	95,69	139,19	156,59
	II	2 326,66	127,96	186,13	209,39	II	2 326,66	122,16	177,70	199,91	116,37	169,26	190,42	110,57	160,83	180,93	104,77	152,40	171,45	98,97	143,96	161,96	93,17	135,53	152,47
	III	1 683,33	92,58	134,66	151,49	III	1 683,33	87,45	127,20	143,10	82,41	119,88	134,86	77,47	112,69	126,77	72,63	105,65	118,85	67,88	98,74	111,08	63,23	91,97	103,46
	V	2 916,16	160,38	233,29	262,45	IV	2 372,41	127,58	185,58	208,77	124,68	181,36	204,03	121,78	177,14	199,28	118,88	172,92	194,54	115,99	168,71	189,80	113,08	164,49	185,05
	VI	2 948,33	162,15	235,86	265,34																				
7 649,99	I,IV	2 373,66	130,55	189,89	213,62	I	2 373,66	124,75	181,46	204,14	118,95	173,02	194,65	113,15	164,59	185,16	107,36	156,16	175,68	101,56	147,72	166,19	95,76	139,29	156,70
	II	2 327,91	128,03	186,23	209,51	II	2 327,91	122,23	177,80	200,02	116,43	169,36	190,53	110,64	160,93	181,04	104,84	152,50	171,56	99,04	144,06	162,07	93,24	135,63	152,58
	III	1 684,50	92,64	134,76	151,60	III	1 684,50	87,51	127,29	143,20	82,48	119,97	134,96	77,54	112,78	126,88	72,69	105,73	118,94	67,94	98,82	111,17	63,28	92,05	103,55
	V	2 917,41	160,45	233,39	262,56	IV	2 373,66	127,65	185,68	208,89	124,75	181,46	204,14	121,85	177,24	199,40	118,95	173,02	194,65	116,05	168,81	189,91	113,15	164,59	185,16
	VI	2 949,58	162,22	235,96	265,46																				

Abzüge an Lohnsteuer, Solidaritätszuschlag (SolZ) und Kirchensteuer (8%, 9%) in den Steuerklassen

* Die ausgewiesenen Tabellenwerte sind amtlich. Siehe Erläuterungen auf der Umschlaginnenseite (U2).

Abzüge an Lohnsteuer, Solidaritätszuschlag (SolZ) und Kirchensteuer (8%, 9%) in den Steuerklassen

Lohn/ Gehalt bis €*	I – VI					I, II, III, IV		mit Zahl der Kinderfreibeträge . . . 0,5			1			1,5			2			2,5			3		
		LSt	ohne Kinderfreibeträge SolZ	8%	9%		LSt	SolZ	8%	9%	SolZ	8%	9%	SolZ	8%	9%	SolZ	8%	9%	SolZ	8%	9%	SolZ	8%	9%
7 652,99	I,IV	2 374,91	130,62	189,99	213,74	I	2 374,91	124,82	181,56	204,25	119,02	173,12	194,76	113,22	164,69	185,27	107,42	156,26	175,79	101,63	147,82	166,30	95,83	139,39	156,81
	II	2 329,16	128,10	186,33	209,62	II	2 329,16	122,30	177,90	200,13	116,50	169,46	190,64	110,71	161,03	181,16	104,91	152,60	171,67	99,11	144,16	162,18	93,31	135,73	152,69
	III	1 685,66	92,71	134,85	151,70	III	1 685,66	87,57	127,38	143,30	82,53	120,05	135,05	77,59	112,86	126,97	72,74	105,81	119,03	67,99	98,90	111,26	63,34	92,13	103,64
	V	2 918,66	160,52	233,49	262,67	IV	2 374,91	127,72	185,78	209,—	124,82	181,56	204,25	121,92	177,34	199,51	119,02	173,12	194,76	116,12	168,91	190,02	113,22	164,69	185,27
	VI	2 950,83	162,29	236,06	265,57																				
7 655,99	I,IV	2 376,25	130,69	190,10	213,86	I	2 376,25	124,89	181,66	204,37	119,09	173,22	194,87	113,29	164,79	185,39	107,49	156,36	175,90	101,69	147,92	166,41	95,90	139,49	156,92
	II	2 330,41	128,17	186,43	209,73	II	2 330,41	122,37	178,—	200,25	116,57	169,56	190,76	110,77	161,13	181,27	104,98	152,70	171,78	99,18	144,26	162,29	93,38	135,83	152,81
	III	1 686,66	92,76	134,93	151,79	III	1 686,66	87,63	127,46	143,39	82,60	120,14	135,16	77,66	112,96	127,08	72,81	105,90	119,14	68,05	98,98	111,35	63,39	92,21	103,73
	V	2 919,91	160,59	233,59	262,79	IV	2 376,25	127,79	185,88	209,11	124,89	181,66	204,37	121,99	177,44	199,62	119,09	173,22	194,87	116,19	169,01	190,13	113,29	164,79	185,39
	VI	2 952,08	162,36	236,16	265,68																				
7 658,99	I,IV	2 377,50	130,76	190,20	213,97	I	2 377,50	124,96	181,76	204,48	119,16	173,33	194,99	113,36	164,90	185,51	107,57	156,46	176,02	101,76	148,02	166,52	95,97	139,59	157,04
	II	2 331,66	128,24	186,53	209,84	II	2 331,66	122,44	178,10	200,36	116,64	169,66	190,87	110,84	161,23	181,38	105,05	152,80	171,90	99,25	144,36	162,41	93,45	135,93	152,92
	III	1 687,83	92,83	135,02	151,90	III	1 687,83	87,69	127,56	143,50	82,65	120,22	135,25	77,71	113,04	127,17	72,86	105,98	119,23	68,10	99,06	111,44	63,45	92,29	103,82
	V	2 921,16	160,66	233,69	262,90	IV	2 377,50	127,86	185,98	209,22	124,96	181,76	204,48	122,06	177,54	199,73	119,16	173,33	194,99	116,26	169,11	190,25	113,36	164,90	185,51
	VI	2 953,41	162,43	236,27	265,80																				
7 661,99	I,IV	2 378,75	130,83	190,30	214,08	I	2 378,75	125,03	181,86	204,59	119,23	173,43	195,11	113,43	165,—	185,62	107,63	156,56	176,13	101,84	148,13	166,64	96,04	139,70	157,16
	II	2 332,91	128,31	186,63	209,96	II	2 332,91	122,51	178,20	200,47	116,71	169,76	190,98	110,91	161,33	181,49	105,11	152,90	172,01	99,32	144,46	162,52	93,52	136,03	153,03
	III	1 689,—	92,89	135,12	152,01	III	1 689,—	87,76	127,65	143,60	82,72	120,32	135,36	77,77	113,12	127,26	72,92	106,06	119,32	68,16	99,14	111,53	63,50	92,37	103,91
	V	2 922,41	160,73	233,79	263,01	IV	2 378,75	127,93	186,08	209,34	125,03	181,86	204,59	122,13	177,64	199,85	119,23	173,43	195,11	116,33	169,21	190,36	113,43	165,—	185,62
	VI	2 954,66	162,50	236,37	265,91																				
7 664,99	I,IV	2 380,—	130,90	190,40	214,20	I	2 380,—	125,10	181,96	204,71	119,30	173,53	195,22	113,50	165,10	185,73	107,70	156,66	176,24	101,91	148,23	166,76	96,11	139,80	157,27
	II	2 334,25	128,38	186,74	210,08	II	2 334,25	122,58	178,30	200,59	116,78	169,86	191,09	110,98	161,43	181,61	105,18	153,—	172,12	99,38	144,56	162,63	93,59	136,13	153,14
	III	1 690,16	92,95	135,21	152,11	III	1 690,16	87,81	127,73	143,69	82,77	120,40	135,45	77,83	113,21	127,36	72,97	106,14	119,41	68,22	99,24	111,64	63,56	92,45	104,—
	V	2 923,66	160,80	233,89	263,12	IV	2 380,—	127,99	186,18	209,45	125,10	181,96	204,71	122,20	177,74	199,96	119,30	173,53	195,22	116,40	169,31	190,47	113,50	165,10	185,73
	VI	2 955,91	162,57	236,47	266,03																				
7 667,99	I,IV	2 381,25	130,96	190,50	214,31	I	2 381,25	125,17	182,06	204,82	119,37	173,63	195,33	113,57	165,20	185,85	107,77	156,76	176,36	101,97	148,33	166,87	96,18	139,90	157,38
	II	2 335,50	128,45	186,84	210,19	II	2 335,50	122,65	178,40	200,70	116,85	169,97	191,21	111,05	161,54	181,73	105,26	153,10	172,24	99,45	144,66	162,74	93,66	136,23	153,26
	III	1 691,16	93,01	135,29	152,20	III	1 691,16	87,88	127,82	143,80	82,83	120,49	135,55	77,88	113,29	127,45	73,04	106,24	119,52	68,28	99,32	111,73	63,61	92,53	104,09
	V	2 924,91	160,87	233,99	263,24	IV	2 381,25	128,07	186,28	209,57	125,17	182,06	204,82	122,26	177,84	200,07	119,37	173,63	195,33	116,47	169,41	190,58	113,57	165,20	185,85
	VI	2 957,16	162,64	236,57	266,14																				
7 670,99	I,IV	2 382,50	131,03	190,60	214,42	I	2 382,50	125,23	182,16	204,93	119,44	173,73	195,44	113,64	165,30	185,96	107,84	156,86	176,47	102,04	148,43	166,98	96,25	140,—	157,50
	II	2 336,75	128,52	186,94	210,30	II	2 336,75	122,72	178,50	200,81	116,92	170,07	191,33	111,12	161,64	181,84	105,32	153,20	172,35	99,53	144,77	162,86	93,73	136,34	153,38
	III	1 692,33	93,07	135,38	152,30	III	1 692,33	87,94	127,92	143,91	82,89	120,57	135,64	77,94	113,37	127,54	73,09	106,32	119,61	68,33	99,40	111,82	63,67	92,61	104,18
	V	2 926,25	160,94	234,10	263,36	IV	2 382,50	128,14	186,38	209,68	125,23	182,16	204,93	122,34	177,95	200,19	119,44	173,73	195,44	116,54	169,52	190,71	113,64	165,30	185,96
	VI	2 958,41	162,71	236,67	266,25																				
7 673,99	I,IV	2 383,75	131,10	190,70	214,53	I	2 383,75	125,30	182,26	205,04	119,51	173,83	195,56	113,71	165,40	186,07	107,91	156,96	176,58	102,11	148,53	167,09	96,31	140,10	157,61
	II	2 338,—	128,59	187,04	210,42	II	2 338,—	122,79	178,60	200,93	116,99	170,17	191,44	111,19	161,74	181,95	105,39	153,30	172,46	99,60	144,87	162,98	93,80	136,44	153,49
	III	1 693,50	93,14	135,48	152,41	III	1 693,50	88,—	128,—	144,—	82,95	120,66	135,74	78,—	113,46	127,64	73,15	106,40	119,70	68,39	99,48	111,91	63,72	92,69	104,27
	V	2 927,50	161,01	234,20	263,47	IV	2 383,75	128,20	186,48	209,79	125,30	182,26	205,04	122,41	178,05	200,30	119,51	173,83	195,56	116,61	169,62	190,82	113,71	165,40	186,07
	VI	2 959,66	162,78	236,77	266,36																				
7 676,99	I,IV	2 385,—	131,17	190,80	214,65	I	2 385,—	125,37	182,36	205,16	119,57	173,93	195,67	113,78	165,50	186,18	107,98	157,06	176,69	102,18	148,63	167,21	96,38	140,20	157,72
	II	2 339,25	128,65	187,14	210,53	II	2 339,25	122,86	178,70	201,04	117,06	170,27	191,55	111,26	161,84	182,07	105,46	153,40	172,58	99,66	144,97	163,09	93,87	136,54	153,60
	III	1 694,66	93,20	135,57	152,51	III	1 694,66	88,06	128,09	144,10	83,01	120,74	135,83	78,06	113,54	127,73	73,20	106,48	119,79	68,44	99,56	112,—	63,78	92,77	104,36
	V	2 928,75	161,08	234,30	263,58	IV	2 385,—	128,27	186,58	209,90	125,37	182,36	205,16	122,48	178,15	200,42	119,57	173,93	195,67	116,68	169,72	190,93	113,78	165,50	186,18
	VI	2 960,91	162,85	236,87	266,48																				
7 679,99	I,IV	2 386,33	131,24	190,90	214,76	I	2 386,33	125,44	182,46	205,27	119,64	174,03	195,78	113,85	165,60	186,30	108,05	157,16	176,81	102,25	148,73	167,32	96,45	140,30	157,83
	II	2 340,50	128,72	187,24	210,64	II	2 340,50	122,92	178,80	201,15	117,13	170,37	191,66	111,33	161,94	182,18	105,53	153,50	172,69	99,73	145,07	163,20	93,94	136,64	153,72
	III	1 695,66	93,26	135,65	152,60	III	1 695,66	88,11	128,17	144,19	83,07	120,84	135,94	78,12	113,64	127,84	73,26	106,57	119,89	68,50	99,64	112,09	63,83	92,85	104,45
	V	2 930,—	161,15	234,40	263,70	IV	2 386,33	128,34	186,68	210,02	125,44	182,46	205,27	122,54	178,25	200,53	119,64	174,03	195,78	116,75	169,82	191,04	113,85	165,60	186,30
	VI	2 962,16	162,91	236,97	266,59																				
7 682,99	I,IV	2 387,58	131,31	191,—	214,88	I	2 387,58	125,51	182,57	205,39	119,72	174,14	195,90	113,92	165,70	186,41	108,12	157,26	176,92	102,32	148,83	167,43	96,52	140,40	157,95
	II	2 341,75	128,79	187,34	210,75	II	2 341,75	122,99	178,90	201,26	117,20	170,47	191,78	111,40	162,04	182,29	105,60	153,60	172,80	99,80	145,17	163,31	94,—	136,74	153,83
	III	1 696,83	93,32	135,74	152,71	III	1 696,83	88,18	128,26	144,29	83,13	120,92	136,03	78,18	113,72	127,93	73,32	106,65	119,98	68,55	99,72	112,18	63,89	92,93	104,54
	V	2 931,25	161,21	234,50	263,81	IV	2 387,58	128,41	186,78	210,13	125,51	182,57	205,39	122,61	178,35	200,64	119,72	174,14	195,90	116,82	169,92	191,16	113,92	165,70	186,41
	VI	2 963,41	162,98	237,07	266,70																				
7 685,99	I,IV	2 388,83	131,38	191,10	214,99	I	2 388,83	125,58	182,67	205,50	119,79	174,24	196,02	113,99	165,80	186,53	108,19	157,37	177,04	102,39	148,94	167,55	96,59	140,50	158,06
	II	2 343,—	128,86	187,44	210,87	II	2 343,—	123,06	179,—	201,38	117,26	170,57	191,89	111,47	162,14	182,40	105,67	153,70	172,91	99,87	145,27	163,43	94,07	136,84	153,94
	III	1 698,—	93,39	135,84	152,82	III	1 698,—	88,24	128,36	144,40	83,19	121,01	136,13	78,23	113,80	128,02	73,37	106,73	120,07	68,62	99,81	112,28	63,94	93,01	104,63
	V	2 932,50	161,28	234,60	263,92	IV	2 388,83	128,48	186,88	210,24	125,58	182,67	205,50	122,68	178,45	200,75	119,79	174,24	196,02	116,88	170,02	191,27	113,99	165,80	186,53
	VI	2 964,75	163,06	237,18	266,82																				
7 688,99	I,IV	2 390,08	131,45	191,20	215,10	I	2 390,08	125,65	182,77	205,61	119,85	174,34	196,13	114,06	165,90	186,64	108,26	157,47	177,15	102,46	149,04	167,67	96,66	140,60	158,18
	II	2 344,33	128,93	187,54	210,98	II	2 344,33	123,13	179,10	201,49	117,33	170,67	192,—	111,54	162,24	182,52	105,74	153,80	173,03	99,94	145,37	163,54	94,14	136,94	154,05
	III	1 699,16	93,45	135,93	152,92	III	1 699,16	88,30	128,44	144,49	83,25	121,09	136,22	78,30	113,89	128,12	73,44	106,82	120,17	68,67	99,89	112,37	64,—	93,09	104,72
	V	2 933,75	161,35	234,70	264,03	IV	2 390,08	128,55	186,98	210,35	125,65	182,77	205,61	122,75	178,55	200,87	119,85	174,34	196,13	116,95	170,12	191,38	114,06	165,90	186,64
	VI	2 966,—	163,13	237,28	266,94																				
7 691,99	I,IV	2 391,33	131,52	191,30	215,21	I	2 391,33	125,72	182,87	205,73	119,92	174,44	196,24	114,12	166,—	186,75	108,33	157,57	177,26	102,53	149,14	167,78	96,73	140,70	158,29
	II	2 345,58	129,—	187,64	211,10	II	2 345,58	123,20	179,21	201,61	117,41	170,78	192,12	111,61	162,34	182,63	105,81	153,90	173,14	100,01	145,47	163,65	94,21	137,04	154,17
	III	1 700,33	93,51	136,02	153,02	III	1 700,33	88,36	128,53	144,59	83,31	121,18	136,33	78,35	113,97	128,21	73,49	106,90	120,26	68,73	99,97	112,46	64,05	93,17	104,81
	V	2 935,—	161,42	234,80	264,15	IV	2 391,33	128,62	187,08	210,47	125,72	182,87	205,73	122,82	178,65	200,98	119,92	174,44	196,24	117,02	170,22	191,49	114,12	166,—	186,75
	VI	2 967,25	163,19	237,38	267,05																				
7 694,99	I,IV	2 392,58	131,59	191,40	215,33	I	2 392,58	125,79	182,97	205,84	119,99	174,54	196,35	114,19	166,10	186,86	108,40	157,67	177,38	102,60	149,24	167,89	96,80	140,80	158,40
	II	2 346,83	129,07	187,74	211,21	II	2 346,83	123,27	179,31	201,72	117,48	170,88	192,24	111,68	162,44	182,75	105,88	154,01	173,26	100,08	145,58	163,77	94,28	137,14	154,28
	III	1 701,33	93,57	136,10	153,11	III	1 701,33	88,43	128,62	144,70	83,37	121,26	136,42	78,42	114,06	128,32	73,55	106,98	120,35	68,78	100,05	112,55	64,11	93,25	104,90
	V	2 936,33	161,49	234,90	264,26	IV	2 392,58	128,69	187,19	210,59	125,79	182,97	205,84	122,89	178,76	201,10	119,99	174,54	196,35	117,09	170,32	191,61	114,19	166,10	186,86
	VI	2 968,50	163,26	237,48	267,16																				

*** Die ausgewiesenen Tabellenwerte sind amtlich. Siehe Erläuterungen auf der Umschlaginnenseite (U2).**

MONAT **7 695,–***

Abzüge an Lohnsteuer, Solidaritätszuschlag (SolZ) und Kirchensteuer (8%, 9%) in den Steuerklassen

Lohn/ Gehalt bis €*	I – VI					I, II, III, IV mit Zahl der Kinderfreibeträge . . .																			
			ohne Kinderfreibeträge					0,5			1			1,5			2			2,5			3		
		LSt	SolZ	8%	9%		LSt	SolZ	8%	9%	SolZ	8%	9%	SolZ	8%	9%	SolZ	8%	9%	SolZ	8%	9%	SolZ	8%	9%
7 697,99	I,IV	2 393,83	131,66	191,50	215,44	I	2 393,83	125,86	183,07	205,95	120,06	174,64	196,47	114,26	166,20	186,98	108,46	157,77	177,49	102,67	149,34	168,—	96,87	140,90	158,51
	II	2 348,08	129,14	187,84	211,32	II	2 348,08	123,34	179,41	201,83	117,54	170,98	192,35	111,75	162,54	182,86	105,95	154,11	173,37	100,15	145,68	163,89	94,35	137,24	154,40
	III	1 702,50	93,63	136,20	153,22	III	1 702,50	88,48	128,70	144,79	83,43	121,36	136,53	78,47	114,14	128,41	73,60	107,06	120,44	68,84	100,13	112,64	64,16	93,33	104,99
	V	2 937,58	161,56	235,—	264,38	IV	2 393,83	128,76	187,29	210,70	125,86	183,07	205,95	122,96	178,86	201,21	120,06	174,64	196,47	117,16	170,42	191,72	114,26	166,20	186,98
	VI	2 969,75	163,33	237,58	267,27																				
7 700,99	I,IV	2 395,08	131,72	191,60	215,55	I	2 395,08	125,93	183,17	206,06	120,13	174,74	196,58	114,33	166,30	187,09	108,53	157,87	177,60	102,74	149,44	168,12	96,94	141,—	158,63
	II	2 349,33	129,21	187,94	211,43	II	2 349,33	123,41	179,51	201,95	117,61	171,08	192,46	111,81	162,64	182,97	106,02	154,21	173,48	100,22	145,78	164,—	94,42	137,34	154,51
	III	1 703,66	93,70	136,29	153,32	III	1 703,66	88,55	128,80	144,90	83,49	121,45	136,63	78,53	114,22	128,50	73,67	107,16	120,55	68,89	100,21	112,73	64,22	93,41	105,08
	V	2 938,83	161,63	235,10	264,49	IV	2 395,08	128,83	187,39	210,81	125,93	183,17	206,06	123,03	178,96	201,33	120,13	174,74	196,58	117,23	170,52	191,84	114,33	166,30	187,09
	VI	2 971,—	163,40	237,68	267,39																				
7 703,99	I,IV	2 396,33	131,79	191,70	215,66	I	2 396,33	126,—	183,27	206,18	120,20	174,84	196,69	114,40	166,40	187,20	108,60	157,97	177,71	102,80	149,54	168,23	97,01	141,10	158,74
	II	2 350,58	129,28	188,04	211,55	II	2 350,58	123,48	179,61	202,06	117,68	171,18	192,57	111,88	162,74	183,08	106,09	154,31	173,60	100,29	145,88	164,11	94,49	137,44	154,62
	III	1 704,83	93,76	136,38	153,43	III	1 704,83	88,61	128,89	145,—	83,55	121,53	136,72	78,59	114,32	128,61	73,72	107,24	120,64	68,95	100,29	112,82	64,27	93,49	105,17
	V	2 940,08	161,70	235,20	264,60	IV	2 396,33	128,90	187,49	210,92	126,—	183,27	206,18	123,10	179,06	201,44	120,20	174,84	196,69	117,30	170,62	191,95	114,40	166,40	187,20
	VI	2 972,25	163,47	237,78	267,50																				
7 706,99	I,IV	2 397,66	131,87	191,81	215,78	I	2 397,66	126,07	183,38	206,30	120,27	174,94	196,81	114,47	166,50	187,31	108,67	158,07	177,83	102,87	149,64	168,34	97,07	141,20	158,85
	II	2 351,83	129,35	188,14	211,66	II	2 351,83	123,55	179,71	202,17	117,75	171,28	192,69	111,95	162,84	183,20	106,15	154,41	173,71	100,36	145,98	164,22	94,56	137,54	154,73
	III	1 705,83	93,82	136,46	153,52	III	1 705,83	88,66	128,97	145,09	83,61	121,62	136,82	78,65	114,40	128,70	73,78	107,32	120,73	69,01	100,38	112,93	64,33	93,57	105,26
	V	2 941,33	161,77	235,30	264,71	IV	2 397,66	128,97	187,59	211,04	126,07	183,38	206,30	123,17	179,16	201,55	120,27	174,94	196,81	117,37	170,72	192,06	114,47	166,50	187,31
	VI	2 973,50	163,54	237,88	267,61																				
7 709,99	I,IV	2 398,91	131,94	191,91	215,90	I	2 398,91	126,14	183,48	206,41	120,34	175,04	196,92	114,54	166,61	187,43	108,74	158,18	177,95	102,95	149,74	168,46	97,14	141,30	158,96
	II	2 353,08	129,41	188,24	211,77	II	2 353,08	123,62	179,81	202,28	117,82	171,38	192,80	112,02	162,94	183,31	106,22	154,51	173,82	100,43	146,08	164,34	94,63	137,64	154,85
	III	1 707,—	93,88	136,56	153,63	III	1 707,—	88,73	129,06	145,19	83,67	121,70	136,91	78,71	114,49	128,80	73,84	107,41	120,83	69,07	100,46	113,02	64,38	93,65	105,35
	V	2 942,58	161,84	235,40	264,83	IV	2 398,91	129,03	187,69	211,15	126,14	183,48	206,41	123,24	179,26	201,66	120,34	175,04	196,92	117,44	170,82	192,17	114,54	166,61	187,43
	VI	2 974,83	163,61	237,98	267,73																				
7 712,99	I,IV	2 400,16	132,—	192,01	216,01	I	2 400,16	126,21	183,58	206,52	120,41	175,14	197,03	114,61	166,71	187,55	108,81	158,28	178,06	103,01	149,84	168,57	97,22	141,41	159,08
	II	2 354,33	129,48	188,34	211,88	II	2 354,33	123,69	179,91	202,40	117,89	171,48	192,91	112,09	163,04	183,42	106,29	154,61	173,93	100,49	146,18	164,45	94,70	137,74	154,96
	III	1 708,16	93,94	136,65	153,73	III	1 708,16	88,79	129,16	145,30	83,73	121,80	137,02	78,76	114,57	128,89	73,90	107,49	120,92	69,12	100,54	113,11	64,44	93,73	105,44
	V	2 943,83	161,91	235,50	264,94	IV	2 400,16	129,10	187,79	211,26	126,21	183,58	206,52	123,31	179,36	201,78	120,41	175,14	197,03	117,51	170,92	192,29	114,61	166,71	187,55
	VI	2 976,08	163,68	238,08	267,84																				
7 715,99	I,IV	2 401,41	132,07	192,11	216,12	I	2 401,41	126,28	183,68	206,64	120,48	175,24	197,15	114,68	166,81	187,66	108,88	158,38	178,17	103,08	149,94	168,68	97,29	141,51	159,20
	II	2 355,66	129,56	188,45	212,—	II	2 355,66	123,76	180,02	202,52	117,96	171,58	193,03	112,16	163,14	183,53	106,36	154,71	174,05	100,56	146,28	164,56	94,76	137,84	155,07
	III	1 709,33	94,01	136,74	153,83	III	1 709,33	88,85	129,24	145,39	83,79	121,88	137,11	78,82	114,65	128,98	73,95	107,57	121,01	69,18	100,62	113,20	64,50	93,82	105,55
	V	2 945,08	161,97	235,60	265,05	IV	2 401,41	129,17	187,89	211,37	126,28	183,68	206,64	123,37	179,46	201,89	120,48	175,24	197,15	117,58	171,02	192,40	114,68	166,81	187,66
	VI	2 977,33	163,75	238,18	267,95																				
7 718,99	I,IV	2 402,66	132,14	192,21	216,23	I	2 402,66	126,34	183,78	206,75	120,55	175,34	197,26	114,75	166,91	187,77	108,95	158,48	178,29	103,15	150,04	168,80	97,35	141,61	159,31
	II	2 356,91	129,63	188,55	212,12	II	2 356,91	123,83	180,12	202,63	118,03	171,68	193,14	112,23	163,25	183,65	106,43	154,82	174,17	100,64	146,38	164,68	94,83	137,94	155,18
	III	1 710,50	94,07	136,84	153,94	III	1 710,50	88,91	129,33	145,49	83,85	121,97	137,21	78,88	114,74	129,08	74,01	107,65	121,10	69,23	100,70	113,29	64,56	93,90	105,64
	V	2 946,41	162,05	235,71	265,17	IV	2 402,66	129,25	188,—	211,50	126,34	183,78	206,75	123,45	179,56	202,01	120,55	175,34	197,26	117,64	171,12	192,51	114,75	166,91	187,77
	VI	2 978,58	163,82	238,28	268,07																				
7 721,99	I,IV	2 403,91	132,21	192,31	216,35	I	2 403,91	126,41	183,88	206,86	120,61	175,44	197,37	114,82	167,01	187,88	109,02	158,58	178,40	103,22	150,14	168,91	97,42	141,71	159,42
	II	2 358,16	129,69	188,65	212,23	II	2 358,16	123,90	180,22	202,74	118,10	171,78	193,25	112,30	163,35	183,77	106,50	154,92	174,28	100,70	146,48	164,79	94,91	138,05	155,30
	III	1 711,50	94,13	136,92	154,03	III	1 711,50	88,98	129,42	145,60	83,91	122,05	137,30	78,94	114,82	129,17	74,07	107,74	121,21	69,29	100,78	113,38	64,61	93,98	105,73
	V	2 947,66	162,12	235,81	265,28	IV	2 403,91	129,31	188,10	211,61	126,41	183,88	206,86	123,52	179,66	202,12	120,61	175,44	197,37	117,72	171,23	192,63	114,82	167,01	187,88
	VI	2 979,83	163,89	238,38	268,18																				
7 724,99	I,IV	2 405,16	132,28	192,41	216,46	I	2 405,16	126,48	183,98	206,97	120,68	175,54	197,48	114,89	167,11	188,—	109,09	158,68	178,51	103,29	150,24	169,02	97,49	141,81	159,53
	II	2 359,41	129,76	188,75	212,34	II	2 359,41	123,97	180,32	202,86	118,17	171,88	193,37	112,37	163,45	183,88	106,57	155,02	174,39	100,77	146,58	164,90	94,98	138,15	155,42
	III	1 712,66	94,19	137,01	154,13	III	1 712,66	89,03	129,50	145,69	83,97	122,14	137,41	79,—	114,92	129,28	74,13	107,82	121,30	69,35	100,88	113,49	64,67	94,06	105,82
	V	2 948,91	162,19	235,91	265,40	IV	2 405,16	129,38	188,20	211,72	126,48	183,98	206,97	123,58	179,76	202,23	120,68	175,54	197,48	117,79	171,33	192,74	114,89	167,11	188,—
	VI	2 981,08	163,95	238,48	268,29																				
7 727,99	I,IV	2 406,41	132,35	192,51	216,57	I	2 406,41	126,55	184,08	207,09	120,75	175,64	197,60	114,95	167,21	188,11	109,16	158,78	178,62	103,36	150,34	169,13	97,56	141,91	159,65
	II	2 360,66	129,83	188,85	212,45	II	2 360,66	124,03	180,42	202,97	118,24	171,98	193,48	112,44	163,55	183,99	106,64	155,12	174,51	100,84	146,68	165,02	95,04	138,25	155,53
	III	1 713,83	94,26	137,10	154,24	III	1 713,83	89,10	129,60	145,80	84,03	122,22	137,50	79,06	115,—	129,37	74,18	107,90	121,39	69,41	100,96	113,58	64,72	94,14	105,91
	V	2 950,16	162,25	236,01	265,51	IV	2 406,41	129,45	188,30	211,83	126,55	184,08	207,09	123,65	179,86	202,34	120,75	175,64	197,60	117,86	171,43	192,86	114,95	167,21	188,11
	VI	2 982,33	164,02	238,58	268,40																				
7 730,99	I,IV	2 407,75	132,42	192,62	216,69	I	2 407,75	126,62	184,18	207,20	120,82	175,74	197,71	115,02	167,31	188,22	109,23	158,88	178,74	103,43	150,44	169,25	97,63	142,01	159,76
	II	2 361,91	129,90	188,95	212,57	II	2 361,91	124,10	180,52	203,08	118,30	172,08	193,59	112,51	163,65	184,10	106,71	155,22	174,62	100,91	146,78	165,13	95,11	138,35	155,64
	III	1 715,—	94,32	137,20	154,35	III	1 715,—	89,16	129,69	145,90	84,09	122,32	137,61	79,12	115,09	129,47	74,25	108,—	121,50	69,46	101,04	113,67	64,78	94,22	106,—
	V	2 951,41	162,32	236,11	265,62	IV	2 407,75	129,52	188,40	211,95	126,62	184,18	207,20	123,72	179,96	202,46	120,82	175,74	197,71	117,92	171,53	192,97	115,02	167,31	188,22
	VI	2 983,58	164,09	238,68	268,52																				
7 733,99	I,IV	2 409,—	132,49	192,72	216,81	I	2 409,—	126,69	184,28	207,32	120,89	175,85	197,83	115,10	167,42	188,34	109,30	158,98	178,85	103,50	150,54	169,36	97,70	142,11	159,87
	II	2 363,16	129,97	189,05	212,68	II	2 363,16	124,17	180,62	203,19	118,37	172,18	193,70	112,58	163,75	184,22	106,78	155,32	174,73	100,98	146,88	165,24	95,18	138,45	155,75
	III	1 716,16	94,38	137,29	154,45	III	1 716,16	89,21	129,77	145,99	84,15	122,40	137,70	79,18	115,17	129,56	74,30	108,08	121,59	69,52	101,12	113,76	64,83	94,30	106,09
	V	2 952,66	162,39	236,21	265,73	IV	2 409,—	129,59	188,50	212,06	126,69	184,28	207,32	123,79	180,06	202,57	120,89	175,85	197,83	117,99	171,63	193,08	115,10	167,42	188,34
	VI	2 984,91	164,17	238,79	268,64																				
7 736,99	I,IV	2 410,25	132,56	192,82	216,92	I	2 410,25	126,76	184,38	207,43	120,96	175,95	197,94	115,17	167,52	188,46	109,37	159,08	178,97	103,57	150,65	169,48	97,77	142,22	159,99
	II	2 364,41	130,04	189,15	212,79	II	2 364,41	124,24	180,72	203,31	118,44	172,28	193,82	112,64	163,85	184,33	106,85	155,42	174,84	101,05	146,98	165,35	95,25	138,55	155,87
	III	1 717,16	94,44	137,37	154,54	III	1 717,16	89,28	129,86	146,09	84,21	122,49	137,80	79,23	115,25	129,65	74,36	108,16	121,68	69,57	101,20	113,85	64,89	94,38	106,18
	V	2 953,91	162,46	236,31	265,85	IV	2 410,25	129,66	188,60	212,17	126,76	184,38	207,43	123,86	180,16	202,68	120,96	175,95	197,94	118,06	171,73	193,19	115,17	167,52	188,46
	VI	2 986,16	164,23	238,89	268,75																				
7 739,99	I,IV	2 411,50	132,63	192,92	217,03	I	2 411,50	126,83	184,48	207,54	121,03	176,05	198,05	115,23	167,62	188,57	109,44	159,18	179,08	103,64	150,75	169,59	97,84	142,32	160,11
	II	2 365,75	130,11	189,26	212,91	II	2 365,75	124,31	180,82	203,42	118,51	172,38	193,93	112,71	163,95	184,44	106,92	155,52	174,96	101,12	147,08	165,47	95,32	138,65	155,98
	III	1 718,33	94,50	137,46	154,64	III	1 718,33	89,34	129,96	146,20	84,27	122,58	137,90	79,30	115,34	129,76	74,41	108,24	121,77	69,63	101,28	113,94	64,94	94,46	106,27
	V	2 955,16	162,53	236,41	265,96	IV	2 411,50	129,73	188,70	212,28	126,83	184,48	207,54	123,93	180,26	202,79	121,03	176,05	198,05	118,13	171,83	193,31	115,23	167,62	188,57
	VI	2 987,41	164,30	238,99	268,86																				

* Die ausgewiesenen Tabellenwerte sind amtlich. Siehe Erläuterungen auf der Umschlaginnenseite (U2).

Abzüge an Lohnsteuer, Solidaritätszuschlag (SolZ) und Kirchensteuer (8%, 9%) in den Steuerklassen

Lohn/ Gehalt bis €*	I – VI					I, II, III, IV																			
			ohne Kinderfreibeträge					mit Zahl der Kinderfreibeträge . . . 0,5			1			1,5			2			2,5			3		
		LSt	SolZ	8%	9%		LSt	SolZ	8%	9%	SolZ	8%	9%	SolZ	8%	9%	SolZ	8%	9%	SolZ	8%	9%	SolZ	8%	9%
7 742,99	I,IV	2 412,75	132,70	193,02	217,14	I	2 412,75	126,90	184,58	207,65	121,10	176,15	198,17	115,30	167,72	188,68	109,50	159,28	179,19	103,71	150,85	169,70	97,91	142,42	160,22
	II	2 367,—	130,18	189,36	213,03	II	2 367,—	124,38	180,92	203,54	118,58	172,49	194,05	112,79	164,06	184,56	106,99	155,62	175,07	101,19	147,18	165,58	95,39	138,75	156,09
	III	1 719,50	94,57	137,56	154,75	III	1 719,50	89,40	130,04	146,29	84,33	122,66	137,99	79,35	115,42	129,85	74,47	108,33	121,87	69,69	101,37	114,04	65,—	94,54	106,36
	V	2 956,41	162,60	236,51	266,07	IV	2 412,75	129,80	188,80	212,40	126,90	184,58	207,65	124,—	180,36	202,91	121,10	176,15	198,17	118,20	171,93	193,42	115,30	167,72	188,68
	VI	2 988,66	164,37	239,09	268,97																				
7 745,99	I,IV	2 414,—	132,77	193,12	217,26	I	2 414,—	126,97	184,68	207,77	121,17	176,25	198,28	115,37	167,82	188,79	109,57	159,38	179,30	103,78	150,95	169,82	97,98	142,52	160,33
	II	2 368,25	130,25	189,46	213,14	II	2 368,25	124,45	181,02	203,65	118,65	172,59	194,16	112,86	164,16	184,68	107,06	155,72	175,19	101,26	147,29	165,70	95,46	138,86	156,21
	III	1 720,66	94,63	137,65	154,85	III	1 720,66	89,46	130,13	146,39	84,39	122,76	138,10	79,42	115,52	129,96	74,53	108,41	121,96	69,74	101,45	114,13	65,05	94,62	106,45
	V	2 957,75	162,67	236,62	266,19	IV	2 414,—	129,87	188,90	212,51	126,97	184,68	207,77	124,07	180,47	203,03	121,17	176,25	198,28	118,27	172,04	193,54	115,37	167,82	188,79
	VI	2 989,91	164,44	239,19	269,09																				
7 748,99	I,IV	2 415,25	132,83	193,22	217,37	I	2 415,25	127,04	184,78	207,88	121,24	176,35	198,39	115,44	167,92	188,91	109,64	159,48	179,42	103,84	151,05	169,93	98,05	142,62	160,44
	II	2 369,50	130,32	189,56	213,25	II	2 369,50	124,52	181,12	203,76	118,72	172,69	194,27	112,92	164,26	184,79	107,13	155,82	175,30	101,33	147,39	165,81	95,53	138,96	156,33
	III	1 721,83	94,70	137,74	154,96	III	1 721,83	89,53	130,22	146,50	84,45	122,84	138,19	79,47	115,60	130,05	74,58	108,49	122,05	69,80	101,53	114,22	65,11	94,70	106,54
	V	2 959,—	162,74	236,72	266,31	IV	2 415,25	129,94	189,—	212,63	127,04	184,78	207,88	124,14	180,57	203,14	121,24	176,35	198,39	118,34	172,14	193,65	115,44	167,92	188,91
	VI	2 991,16	164,51	239,29	269,20																				
7 751,99	I,IV	2 416,50	132,90	193,32	217,48	I	2 416,50	127,10	184,88	207,99	121,31	176,45	198,50	115,51	168,02	189,02	109,71	159,58	179,53	103,91	151,15	170,04	98,12	142,72	160,56
	II	2 370,75	130,39	189,66	213,36	II	2 370,75	124,59	181,22	203,87	118,79	172,79	194,39	112,99	164,36	184,90	107,19	155,92	175,41	101,40	147,49	165,92	95,60	139,06	156,44
	III	1 722,83	94,75	137,82	155,05	III	1 722,83	89,58	130,30	146,59	84,51	122,93	138,29	79,53	115,69	130,15	74,65	108,58	122,15	69,85	101,61	114,31	65,16	94,78	106,63
	V	2 960,25	162,81	236,82	266,42	IV	2 416,50	130,01	189,10	212,74	127,10	184,88	207,99	124,21	180,67	203,25	121,31	176,45	198,50	118,41	172,24	193,77	115,51	168,02	189,02
	VI	2 992,41	164,58	239,39	269,31																				
7 754,99	I,IV	2 417,83	132,98	193,42	217,60	I	2 417,83	127,17	184,98	208,10	121,38	176,55	198,62	115,58	168,12	189,13	109,78	159,68	179,64	103,98	151,25	170,15	98,18	142,82	160,67
	II	2 372,—	130,46	189,76	213,48	II	2 372,—	124,66	181,32	203,99	118,86	172,89	194,50	113,06	164,46	185,01	107,26	156,02	175,52	101,47	147,59	166,04	95,67	139,16	156,55
	III	1 724,—	94,82	137,92	155,16	III	1 724,—	89,65	130,40	146,70	84,57	123,01	138,38	79,59	115,77	130,24	74,70	108,66	122,24	69,91	101,69	114,40	65,22	94,86	106,72
	V	2 961,50	162,88	236,92	266,53	IV	2 417,83	130,07	189,20	212,85	127,17	184,98	208,10	124,28	180,77	203,36	121,38	176,55	198,62	118,48	172,34	193,88	115,58	168,12	189,13
	VI	2 993,66	164,65	239,49	269,42																				
7 757,99	I,IV	2 419,08	133,04	193,52	217,71	I	2 419,08	127,25	185,09	208,22	121,45	176,66	198,74	115,65	168,22	189,25	109,85	159,78	179,75	104,05	151,35	170,27	98,25	142,92	160,78
	II	2 373,25	130,52	189,86	213,59	II	2 373,25	124,73	181,42	204,10	118,93	172,99	194,61	113,13	164,56	185,13	107,33	156,12	175,64	101,53	147,69	166,15	95,74	139,26	156,66
	III	1 725,16	94,88	138,01	155,26	III	1 725,16	89,71	130,49	146,80	84,63	123,10	138,49	79,64	115,85	130,33	74,76	108,74	122,33	69,97	101,78	114,50	65,27	94,94	106,81
	V	2 962,75	162,95	237,02	266,64	IV	2 419,08	130,14	189,30	212,96	127,25	185,09	208,22	124,35	180,87	203,48	121,45	176,66	198,74	118,55	172,44	193,99	115,65	168,22	189,25
	VI	2 994,91	164,72	239,59	269,54																				
7 760,99	I,IV	2 420,33	133,11	193,62	217,82	I	2 420,33	127,32	185,19	208,34	121,52	176,76	198,85	115,72	168,32	189,36	109,92	159,89	179,87	104,12	151,46	170,39	98,33	143,02	160,90
	II	2 374,50	130,59	189,96	213,70	II	2 374,50	124,79	181,52	204,21	119,—	173,09	194,72	113,20	164,66	185,24	107,40	156,22	175,75	101,60	147,79	166,26	95,81	139,36	156,78
	III	1 726,33	94,94	138,10	155,36	III	1 726,33	89,76	130,57	146,89	84,69	123,18	138,58	79,71	115,94	130,43	74,82	108,84	122,44	70,03	101,86	114,59	65,33	95,02	106,90
	V	2 964,—	163,02	237,12	266,76	IV	2 420,33	130,21	189,40	213,08	127,32	185,19	208,34	124,41	180,97	203,59	121,52	176,76	198,85	118,62	172,54	194,10	115,72	168,32	189,36
	VI	2 996,25	164,79	239,70	269,66																				
7 763,99	I,IV	2 421,58	133,18	193,72	217,94	I	2 421,58	127,38	185,29	208,45	121,59	176,86	198,96	115,79	168,42	189,47	109,99	159,99	179,99	104,19	151,56	170,50	98,39	143,12	161,01
	II	2 375,83	130,67	190,06	213,82	II	2 375,83	124,86	181,62	204,32	119,07	173,19	194,84	113,27	164,76	185,35	107,47	156,32	175,86	101,67	147,89	166,37	95,87	139,46	156,89
	III	1 727,50	95,01	138,20	155,47	III	1 727,50	89,83	130,66	146,99	84,75	123,28	138,69	79,76	116,02	130,52	74,88	108,92	122,53	70,08	101,94	114,68	65,38	95,10	106,99
	V	2 965,25	163,08	237,22	266,87	IV	2 421,58	130,28	189,50	213,19	127,38	185,29	208,45	124,48	181,07	203,70	121,59	176,86	198,96	118,69	172,64	194,22	115,79	168,42	189,47
	VI	2 997,50	164,86	239,80	269,77																				
7 766,99	I,IV	2 422,83	133,25	193,82	218,05	I	2 422,83	127,45	185,39	208,56	121,66	176,96	199,08	115,86	168,52	189,59	110,06	160,09	180,10	104,26	151,66	170,61	98,46	143,22	161,12
	II	2 377,08	130,73	190,16	213,93	II	2 377,08	124,94	181,73	204,44	119,14	173,30	194,96	113,34	164,86	185,47	107,54	156,42	175,97	101,74	147,99	166,49	95,94	139,56	157,—
	III	1 728,50	95,06	138,28	155,56	III	1 728,50	89,89	130,76	147,10	84,81	123,37	138,79	79,83	116,12	130,63	74,93	109,—	122,62	70,14	102,02	114,77	65,44	95,18	107,08
	V	2 966,50	163,15	237,32	266,98	IV	2 422,83	130,35	189,60	213,30	127,45	185,39	208,56	124,55	181,17	203,81	121,66	176,96	199,08	118,75	172,74	194,33	115,86	168,52	189,59
	VI	2 998,75	164,93	239,90	269,88																				
7 769,99	I,IV	2 424,08	133,32	193,92	218,16	I	2 424,08	127,52	185,49	208,67	121,72	177,06	199,19	115,93	168,62	189,70	110,13	160,19	180,21	104,33	151,76	170,73	98,53	143,32	161,24
	II	2 378,33	130,80	190,26	214,04	II	2 378,33	125,01	181,83	204,56	119,21	173,40	195,07	113,41	164,96	185,58	107,61	156,53	176,09	101,81	148,10	166,61	96,02	139,66	157,12
	III	1 729,66	95,13	138,37	155,66	III	1 729,66	89,95	130,84	147,19	84,87	123,45	138,88	79,88	116,20	130,72	75,—	109,09	122,72	70,19	102,10	114,86	65,49	95,26	107,17
	V	2 967,83	163,23	237,42	267,10	IV	2 424,08	130,42	189,71	213,42	127,52	185,49	208,67	124,63	181,28	203,94	121,72	177,06	199,19	118,83	172,84	194,45	115,93	168,62	189,70
	VI	3 000,—	165,—	240,—	270,—																				
7 772,99	I,IV	2 425,33	133,39	194,02	218,27	I	2 425,33	127,59	185,59	208,79	121,79	177,16	199,30	115,99	168,72	189,81	110,20	160,29	180,32	104,40	151,86	170,84	98,60	143,42	161,35
	II	2 379,58	130,87	190,36	214,16	II	2 379,58	125,07	181,93	204,67	119,28	173,50	195,18	113,48	165,06	185,69	107,68	156,63	176,21	101,88	148,20	166,72	96,08	139,76	157,23
	III	1 730,83	95,19	138,46	155,77	III	1 730,83	90,01	130,93	147,29	84,93	123,54	138,98	79,95	116,29	130,82	75,05	109,17	122,81	70,26	102,20	114,97	65,56	95,36	107,28
	V	2 969,08	163,29	237,52	267,21	IV	2 425,33	130,49	189,81	213,53	127,59	185,59	208,79	124,69	181,38	204,05	121,79	177,16	199,30	118,90	172,94	194,56	115,99	168,72	189,81
	VI	3 001,25	165,06	240,10	270,11																				
7 775,99	I,IV	2 426,58	133,46	194,12	218,39	I	2 426,58	127,66	185,69	208,90	121,86	177,26	199,41	116,06	168,82	189,92	110,27	160,39	180,44	104,47	151,96	170,95	98,67	143,52	161,46
	II	2 380,83	130,94	190,46	214,27	II	2 380,83	125,14	182,03	204,78	119,35	173,60	195,30	113,55	165,16	185,81	107,75	156,73	176,32	101,95	148,30	166,83	96,15	139,86	157,34
	III	1 732,—	95,26	138,56	155,88	III	1 732,—	90,08	131,02	147,40	84,99	123,62	139,07	80,—	116,37	130,91	75,11	109,25	122,90	70,31	102,28	115,06	65,61	95,44	107,37
	V	2 970,33	163,36	237,62	267,32	IV	2 426,58	130,56	189,91	213,65	127,66	185,69	208,90	124,76	181,48	204,16	121,86	177,26	199,41	118,96	173,04	194,67	116,06	168,82	189,92
	VI	3 002,50	165,13	240,20	270,22																				
7 778,99	I,IV	2 427,83	133,53	194,22	218,50	I	2 427,83	127,73	185,79	209,01	121,93	177,36	199,53	116,13	168,92	190,04	110,33	160,49	180,55	104,54	152,06	171,06	98,74	143,62	161,57
	II	2 382,08	131,01	190,56	214,38	II	2 382,08	125,21	182,13	204,89	119,41	173,70	195,41	113,62	165,26	185,92	107,82	156,83	176,43	102,02	148,40	166,95	96,22	139,96	157,46
	III	1 733,16	95,32	138,65	155,98	III	1 733,16	90,14	131,12	147,51	85,05	123,72	139,18	80,06	116,45	131,—	75,16	109,33	122,99	70,37	102,36	115,15	65,67	95,52	107,46
	V	2 971,58	163,43	237,72	267,44	IV	2 427,83	130,63	190,01	213,76	127,73	185,79	209,01	124,83	181,58	204,27	121,93	177,36	199,53	119,03	173,14	194,78	116,13	168,92	190,04
	VI	3 003,75	165,20	240,30	270,33																				
7 781,99	I,IV	2 429,16	133,60	194,33	218,62	I	2 429,16	127,80	185,90	209,13	122,—	177,46	199,64	116,20	169,02	190,15	110,40	160,59	180,66	104,61	152,16	171,18	98,81	143,72	161,69
	II	2 383,33	131,08	190,66	214,49	II	2 383,33	125,28	182,23	205,01	119,48	173,80	195,52	113,68	165,36	186,03	107,89	156,93	176,54	102,09	148,50	167,06	96,29	140,06	157,57
	III	1 734,16	95,37	138,73	156,07	III	1 734,16	90,20	131,20	147,60	85,11	123,80	139,27	80,12	116,54	131,11	75,23	109,42	123,10	70,42	102,44	115,24	65,72	95,60	107,55
	V	2 972,83	163,50	237,82	267,55	IV	2 429,16	130,70	190,11	213,87	127,80	185,90	209,13	124,90	181,68	204,39	122,—	177,46	199,64	119,10	173,24	194,90	116,20	169,02	190,15
	VI	3 005,—	165,27	240,40	270,45																				
7 784,99	I,IV	2 430,41	133,67	194,43	218,73	I	2 430,41	127,87	186,—	209,25	122,07	177,56	199,76	116,27	169,13	190,27	110,48	160,70	180,78	104,68	152,26	171,29	98,88	143,82	161,80
	II	2 384,58	131,15	190,76	214,61	II	2 384,58	125,35	182,33	205,12	119,55	173,90	195,63	113,75	165,46	186,14	107,96	157,03	176,66	102,16	148,60	167,17	96,36	140,16	157,68
	III	1 735,33	95,44	138,82	156,17	III	1 735,33	90,26	131,29	147,70	85,17	123,89	139,37	80,18	116,62	131,20	75,28	109,50	123,19	70,48	102,52	115,33	65,78	95,68	107,64
	V	2 974,08	163,57	237,92	267,66	IV	2 430,41	130,77	190,21	213,98	127,87	186,—	209,25	124,97	181,78	204,50	122,07	177,56	199,76	119,17	173,34	195,01	116,27	169,13	190,27
	VI	3 006,33	165,34	240,50	270,56																				

* Die ausgewiesenen Tabellenwerte sind amtlich. Siehe Erläuterungen auf der Umschlaginnenseite (U2).

MONAT **7 785,–***

Lohn/ Gehalt bis €*		I – VI LSt	ohne Kinderfreibeträge SolZ	8%	9%		I, II, III, IV LSt	mit Zahl der Kinderfreibeträge . . . 0,5 SolZ	8%	9%	1 SolZ	8%	9%	1,5 SolZ	8%	9%	2 SolZ	8%	9%	2,5 SolZ	8%	9%	3 SolZ	8%	9%
7 787,99	I,IV	2 431,66	133,74	194,53	218,84	I	2 431,66	127,94	186,10	209,36	122,14	177,66	199,87	116,34	169,23	190,38	110,55	160,80	180,90	104,75	152,36	171,41	98,95	143,93	161,92
	II	2 385,83	131,22	190,86	214,72	II	2 385,83	125,42	182,43	205,23	119,62	174,—	195,75	113,82	165,56	186,26	108,02	157,13	176,77	102,23	148,70	167,28	96,43	140,26	157,79
	III	1 736,50	95,50	138,92	156,28	III	1 736,50	90,32	131,38	147,80	85,24	123,98	139,48	80,24	116,72	131,31	75,34	109,58	123,28	70,54	102,61	115,43	65,83	95,76	107,73
	V	2 975,33	163,64	238,02	267,77	IV	2 431,66	130,84	190,31	214,10	127,94	186,10	209,36	125,04	181,88	204,61	122,14	177,66	199,87	119,24	173,44	195,12	116,34	169,23	190,38
	VI	3 007,58	165,41	240,60	270,68																				
7 790,99	I,IV	2 432,91	133,81	194,63	218,96	I	2 432,91	128,01	186,20	209,47	122,21	177,76	199,98	116,41	169,33	190,49	110,61	160,90	181,01	104,82	152,46	171,52	99,02	144,03	162,03
	II	2 387,16	131,29	190,97	214,84	II	2 387,16	125,49	182,54	205,35	119,69	174,10	195,86	113,89	165,66	186,37	108,09	157,23	176,88	102,30	148,80	167,40	96,50	140,36	157,91
	III	1 737,66	95,57	139,01	156,38	III	1 737,66	90,38	131,46	147,89	85,29	124,06	139,57	80,30	116,80	131,40	75,40	109,68	123,39	70,60	102,69	115,52	65,89	95,84	107,82
	V	2 976,58	163,71	238,12	267,89	IV	2 432,91	130,90	190,41	214,21	128,01	186,20	209,47	125,11	181,98	204,72	122,21	177,76	199,98	119,31	173,54	195,23	116,41	169,33	190,49
	VI	3 008,83	165,48	240,70	270,79																				
7 793,99	I,IV	2 434,16	133,87	194,73	219,07	I	2 434,16	128,08	186,30	209,58	122,28	177,86	200,09	116,48	169,43	190,61	110,68	161,—	181,12	104,88	152,56	171,63	99,09	144,13	162,14
	II	2 388,41	131,36	191,07	214,95	II	2 388,41	125,56	182,64	205,47	119,76	174,20	195,98	113,96	165,77	186,49	108,17	157,34	177,—	102,37	148,90	167,51	96,57	140,46	158,02
	III	1 738,83	95,63	139,10	156,49	III	1 738,83	90,44	131,56	148,—	85,36	124,16	139,68	80,36	116,89	131,50	75,46	109,76	123,48	70,65	102,77	115,61	65,94	95,92	107,91
	V	2 977,91	163,78	238,23	268,01	IV	2 434,16	130,98	190,52	214,33	128,08	186,30	209,58	125,18	182,08	204,84	122,28	177,86	200,09	119,38	173,64	195,35	116,48	169,43	190,61
	VI	3 010,08	165,55	240,80	270,90																				
7 796,99	I,IV	2 435,41	133,94	194,83	219,18	I	2 435,41	128,15	186,40	209,70	122,35	177,96	200,21	116,55	169,53	190,72	110,75	161,10	181,23	104,95	152,66	171,74	99,16	144,23	162,26
	II	2 389,66	131,43	191,17	215,06	II	2 389,66	125,63	182,74	205,58	119,83	174,30	196,09	114,03	165,87	186,60	108,24	157,44	177,12	102,44	149,—	167,63	96,64	140,57	158,14
	III	1 740,—	95,70	139,20	156,60	III	1 740,—	90,51	131,65	148,10	85,41	124,24	139,77	80,41	116,97	131,59	75,51	109,84	123,57	70,71	102,85	115,70	66,—	96,—	108,—
	V	2 979,16	163,85	238,33	268,12	IV	2 435,41	131,05	190,62	214,44	128,15	186,40	209,70	125,25	182,18	204,95	122,35	177,96	200,21	119,45	173,75	195,47	116,55	169,53	190,72
	VI	3 011,33	165,62	240,90	271,01																				
7 799,99	I,IV	2 436,66	134,01	194,93	219,29	I	2 436,66	128,21	186,50	209,81	122,42	178,06	200,32	116,62	169,63	190,83	110,82	161,20	181,35	105,02	152,76	171,86	99,22	144,33	162,37
	II	2 390,91	131,50	191,27	215,18	II	2 390,91	125,70	182,84	205,69	119,90	174,40	196,20	114,10	165,97	186,71	108,30	157,54	177,23	102,51	149,10	167,74	96,71	140,67	158,25
	III	1 741,—	95,75	139,28	156,69	III	1 741,—	90,56	131,73	148,19	85,47	124,33	139,87	80,48	117,06	131,69	75,57	109,93	123,67	70,76	102,93	115,79	66,05	96,08	108,09
	V	2 980,41	163,92	238,43	268,23	IV	2 436,66	131,12	190,72	214,56	128,21	186,50	209,81	125,32	182,28	205,07	122,42	178,06	200,32	119,52	173,85	195,58	116,62	169,63	190,83
	VI	3 012,58	165,69	241,—	271,13																				
7 802,99	I,IV	2 437,91	134,08	195,03	219,41	I	2 437,91	128,28	186,60	209,92	122,48	178,16	200,43	116,69	169,73	190,94	110,89	161,30	181,46	105,09	152,86	171,97	99,29	144,43	162,48
	II	2 392,16	131,56	191,37	215,29	II	2 392,16	125,77	182,94	205,80	119,97	174,50	196,31	114,17	166,07	186,83	108,37	157,64	177,34	102,57	149,20	167,85	96,78	140,77	158,36
	III	1 742,16	95,81	139,37	156,79	III	1 742,16	90,63	131,82	148,30	85,53	124,41	139,96	80,53	117,14	131,78	75,63	110,01	123,76	70,83	103,02	115,90	66,11	96,16	108,18
	V	2 981,66	163,99	238,53	268,34	IV	2 437,91	131,18	190,82	214,67	128,28	186,60	209,92	125,39	182,38	205,18	122,48	178,16	200,43	119,59	173,95	195,69	116,69	169,73	190,94
	VI	3 013,83	165,76	241,10	271,24																				
7 805,99	I,IV	2 439,25	134,15	195,14	219,53	I	2 439,25	128,36	186,70	210,04	122,55	178,26	200,54	116,76	169,83	191,06	110,96	161,40	181,57	105,16	152,96	172,08	99,36	144,53	162,59
	II	2 393,41	131,63	191,47	215,40	II	2 393,41	125,84	183,04	205,92	120,04	174,60	196,43	114,24	166,17	186,94	108,44	157,74	177,45	102,64	149,30	167,96	96,85	140,87	158,48
	III	1 743,33	95,88	139,46	156,89	III	1 743,33	90,69	131,92	148,41	85,59	124,50	140,06	80,60	117,24	131,89	75,68	110,09	123,85	70,88	103,10	115,99	66,16	96,24	108,27
	V	2 982,91	164,06	238,63	268,46	IV	2 439,25	131,25	190,92	214,78	128,36	186,70	210,04	125,45	182,48	205,29	122,55	178,26	200,54	119,66	174,05	195,80	116,76	169,83	191,06
	VI	3 015,08	165,82	241,20	271,35																				
7 808,99	I,IV	2 440,50	134,22	195,24	219,64	I	2 440,50	128,42	186,80	210,15	122,63	178,37	200,66	116,83	169,94	191,18	111,03	161,50	181,69	105,23	153,06	172,19	99,43	144,63	162,71
	II	2 394,66	131,70	191,57	215,51	II	2 394,66	125,90	183,14	206,03	120,11	174,70	196,54	114,31	166,27	187,05	108,51	157,84	177,57	102,71	149,40	168,08	96,91	140,97	158,59
	III	1 744,50	95,94	139,56	157,—	III	1 744,50	90,75	132,01	148,51	85,66	124,60	140,17	80,65	117,32	131,98	75,75	110,18	123,95	70,94	103,18	116,08	66,22	96,33	108,37
	V	2 984,16	164,12	238,73	268,57	IV	2 440,50	131,32	191,02	214,89	128,42	186,80	210,15	125,52	182,58	205,40	122,63	178,37	200,66	119,73	174,15	195,92	116,83	169,94	191,18
	VI	3 016,41	165,90	241,31	271,47																				
7 811,99	I,IV	2 441,75	134,29	195,34	219,75	I	2 441,75	128,49	186,90	210,26	122,70	178,47	200,78	116,90	170,04	191,29	111,10	161,60	181,80	105,30	153,17	172,31	99,50	144,74	162,83
	II	2 395,91	131,77	191,67	215,63	II	2 395,91	125,97	183,24	206,14	120,17	174,80	196,65	114,38	166,37	187,16	108,58	157,94	177,68	102,78	149,50	168,19	96,98	141,07	158,70
	III	1 745,66	96,01	139,65	157,10	III	1 745,66	90,81	132,09	148,60	85,71	124,68	140,26	80,71	117,40	132,07	75,80	110,26	124,04	70,99	103,26	116,17	66,28	96,41	108,46
	V	2 985,41	164,19	238,83	268,68	IV	2 441,75	131,39	191,12	215,01	128,49	186,90	210,26	125,59	182,68	205,52	122,70	178,47	200,78	119,79	174,25	196,03	116,90	170,04	191,29
	VI	3 017,66	165,97	241,41	271,58																				
7 814,99	I,IV	2 443,—	134,36	195,44	219,87	I	2 443,—	128,56	187,—	210,38	122,76	178,57	200,89	116,97	170,14	191,40	111,17	161,70	181,91	105,37	153,27	172,43	99,57	144,84	162,94
	II	2 397,25	131,84	191,78	215,75	II	2 397,25	126,05	183,34	206,26	120,24	174,90	196,76	114,45	166,47	187,28	108,65	158,04	177,79	102,85	149,60	168,30	97,05	141,17	158,81
	III	1 746,66	96,06	139,73	157,19	III	1 746,66	90,87	132,18	148,70	85,78	124,77	140,36	80,77	117,49	132,17	75,86	110,34	124,13	71,05	103,34	116,26	66,33	96,49	108,55
	V	2 986,66	164,26	238,93	268,79	IV	2 443,—	131,46	191,22	215,12	128,56	187,—	210,38	125,66	182,78	205,63	122,76	178,57	200,89	119,86	174,35	196,14	116,97	170,14	191,40
	VI	3 018,91	166,04	241,51	271,70																				
7 817,99	I,IV	2 444,25	134,43	195,54	219,98	I	2 444,25	128,63	187,10	210,49	122,83	178,67	201,—	117,04	170,24	191,52	111,24	161,80	182,03	105,44	153,37	172,54	99,64	144,94	163,05
	II	2 398,50	131,91	191,88	215,86	II	2 398,50	126,11	183,44	206,37	120,32	175,01	196,88	114,52	166,58	187,40	108,72	158,14	177,91	102,92	149,70	168,41	97,12	141,27	158,93
	III	1 747,83	96,13	139,82	157,30	III	1 747,83	90,94	132,28	148,81	85,83	124,85	140,45	80,83	117,57	132,26	75,92	110,44	124,24	71,11	103,44	116,37	66,39	96,57	108,64
	V	2 987,91	164,33	239,03	268,91	IV	2 444,25	131,53	191,32	215,24	128,63	187,10	210,49	125,73	182,88	205,74	122,83	178,67	201,—	119,93	174,45	196,25	117,04	170,24	191,52
	VI	3 020,16	166,10	241,61	271,81																				
7 820,99	I,IV	2 445,50	134,50	195,64	220,09	I	2 445,50	128,70	187,20	210,60	122,90	178,77	201,11	117,10	170,34	191,63	111,31	161,90	182,14	105,51	153,47	172,65	99,71	145,04	163,17
	II	2 399,75	131,98	191,98	215,97	II	2 399,75	126,18	183,54	206,48	120,39	175,11	197,—	114,59	166,68	187,51	108,79	158,24	178,02	102,99	149,81	168,53	97,19	141,38	159,05
	III	1 749,—	96,19	139,92	157,41	III	1 749,—	90,99	132,36	148,90	85,90	124,94	140,56	80,89	117,66	132,37	75,98	110,52	124,33	71,17	103,52	116,46	66,44	96,65	108,73
	V	2 989,25	164,40	239,14	269,03	IV	2 445,50	131,60	191,42	215,35	128,70	187,20	210,60	125,80	182,99	205,86	122,90	178,77	201,11	120,01	174,56	196,38	117,10	170,34	191,63
	VI	3 021,41	166,17	241,71	271,92																				
7 823,99	I,IV	2 446,75	134,57	195,74	220,20	I	2 446,75	128,77	187,30	210,71	122,97	178,87	201,23	117,17	170,44	191,74	111,37	162,—	182,25	105,58	153,57	172,76	99,78	145,14	163,28
	II	2 401,—	132,05	192,08	216,09	II	2 401,—	126,25	183,64	206,60	120,45	175,21	197,11	114,66	166,78	187,62	108,86	158,34	178,13	103,06	149,91	168,65	97,26	141,48	159,16
	III	1 750,16	96,25	140,01	157,51	III	1 750,16	91,06	132,45	149,—	85,95	125,02	140,65	80,95	117,74	132,46	76,03	110,60	124,42	71,22	103,60	116,55	66,50	96,73	108,82
	V	2 990,50	164,47	239,24	269,14	IV	2 446,75	131,67	191,52	215,46	128,77	187,30	210,71	125,87	183,09	205,97	122,97	178,87	201,23	120,07	174,66	196,49	117,17	170,44	191,74
	VI	3 022,66	166,24	241,81	272,03																				
7 826,99	I,IV	2 448,—	134,64	195,84	220,32	I	2 448,—	128,84	187,40	210,83	123,04	178,97	201,34	117,24	170,54	191,85	111,44	162,10	182,36	105,65	153,67	172,88	99,85	145,24	163,39
	II	2 402,25	132,12	192,18	216,20	II	2 402,25	126,32	183,74	206,71	120,52	175,31	197,22	114,73	166,88	187,74	108,93	158,44	178,25	103,13	150,01	168,76	97,33	141,58	159,27
	III	1 751,33	96,32	140,10	157,61	III	1 751,33	91,12	132,54	149,11	86,02	125,12	140,76	81,01	117,84	132,57	76,10	110,69	124,52	71,28	103,68	116,64	66,55	96,81	108,91
	V	2 991,75	164,54	239,34	269,25	IV	2 448,—	131,74	191,62	215,57	128,84	187,40	210,83	125,94	183,19	206,09	123,04	178,97	201,34	120,14	174,76	196,60	117,24	170,54	191,85
	VI	3 023,91	166,31	241,91	272,15																				
7 829,99	I,IV	2 449,33	134,71	195,94	220,43	I	2 449,33	128,91	187,50	210,94	123,11	179,07	201,45	117,31	170,64	191,97	111,51	162,20	182,48	105,71	153,77	172,99	99,92	145,34	163,50
	II	2 403,50	132,19	192,28	216,31	II	2 403,50	126,39	183,84	206,82	120,59	175,41	197,33	114,79	166,98	187,85	109,—	158,54	178,36	103,20	150,11	168,87	97,40	141,68	159,39
	III	1 752,50	96,38	140,20	157,72	III	1 752,50	91,18	132,62	149,20	86,08	125,21	140,86	81,07	117,92	132,66	76,15	110,77	124,61	71,33	103,76	116,73	66,61	96,89	109,—
	V	2 993,—	164,61	239,44	269,37	IV	2 449,33	131,81	191,72	215,69	128,91	187,50	210,94	126,01	183,29	206,20	123,11	179,07	201,45	120,21	174,86	196,71	117,31	170,64	191,97
	VI	3 025,16	166,38	242,01	272,26																				

Abzüge an Lohnsteuer, Solidaritätszuschlag (SolZ) und Kirchensteuer (8%, 9%) in den Steuerklassen

* Die ausgewiesenen Tabellenwerte sind amtlich. Siehe Erläuterungen auf der Umschlaginnenseite (U2).

Abzüge an Lohnsteuer, Solidaritätszuschlag (SolZ) und Kirchensteuer (8%, 9%) in den Steuerklassen

Lohn/ Gehalt bis €*	I – VI					I, II, III, IV		mit Zahl der Kinderfreibeträge . . . 0,5			1			1,5			2			2,5			3		
		LSt	ohne Kinderfreibeträge SolZ	8%	9%		LSt	SolZ	8%	9%	SolZ	8%	9%	SolZ	8%	9%	SolZ	8%	9%	SolZ	8%	9%	SolZ	8%	9%
7 832,99	I,IV	2 450,58	134,78	196,04	220,55	I	2 450,58	128,98	187,61	211,06	123,18	179,18	201,57	117,38	170,74	192,08	111,58	162,30	182,59	105,78	153,87	173,10	99,99	145,44	163,62
	II	2 404,75	132,26	192,38	216,42	II	2 404,75	126,46	183,94	206,93	120,66	175,51	197,45	114,86	167,08	187,96	109,06	158,64	178,47	103,27	150,21	168,98	97,47	141,78	159,50
	III	1 753,66	96,45	140,29	157,82	III	1 753,66	91,24	132,72	149,31	86,13	125,29	140,95	81,13	118,01	132,76	76,21	110,85	124,70	71,39	103,85	116,83	66,66	96,97	109,09
	V	2 994,25	164,68	239,54	269,48	IV	2 450,58	131,88	191,82	215,80	128,98	187,61	211,06	126,08	183,39	206,31	123,18	179,18	201,57	120,28	174,96	196,83	117,38	170,74	192,08
	VI	3 026,41	166,45	242,11	272,37																				
7 835,99	I,IV	2 451,83	134,85	196,14	220,66	I	2 451,83	129,05	187,71	211,17	123,25	179,28	201,69	117,45	170,84	192,20	111,65	162,41	182,71	105,86	153,98	173,22	100,06	145,54	163,73
	II	2 406,—	132,33	192,48	216,54	II	2 406,—	126,53	184,04	207,05	120,73	175,61	197,56	114,93	167,18	188,07	109,13	158,74	178,58	103,34	150,31	169,10	97,54	141,88	159,61
	III	1 754,66	96,50	140,37	157,91	III	1 754,66	91,30	132,81	149,41	86,20	125,38	141,05	81,18	118,09	132,85	76,27	110,94	124,81	71,45	103,93	116,92	66,72	97,05	109,18
	V	2 995,50	164,75	239,64	269,59	IV	2 451,83	131,94	191,92	215,91	129,05	187,71	211,17	126,15	183,49	206,42	123,25	179,28	201,69	120,35	175,06	196,94	117,45	170,84	192,20
	VI	3 027,75	166,52	242,22	272,49																				
7 838,99	I,IV	2 453,08	134,91	196,24	220,77	I	2 453,08	129,12	187,81	211,28	123,32	179,38	201,80	117,52	170,94	192,31	111,72	162,51	182,82	105,93	154,08	173,34	100,13	145,64	163,85
	II	2 407,33	132,40	192,58	216,65	II	2 407,33	126,60	184,14	207,16	120,80	175,71	197,67	115,—	167,28	188,19	109,20	158,84	178,70	103,40	150,41	169,21	97,61	141,98	159,72
	III	1 755,83	96,57	140,46	158,02	III	1 755,83	91,37	132,90	149,51	86,25	125,46	141,14	81,25	118,18	132,95	76,33	111,02	124,90	71,50	104,01	117,01	66,77	97,13	109,27
	V	2 996,75	164,82	239,74	269,70	IV	2 453,08	132,01	192,02	216,02	129,12	187,81	211,28	126,22	183,59	206,54	123,32	179,38	201,80	120,42	175,16	197,05	117,52	170,94	192,31
	VI	3 029,—	166,59	242,32	272,61																				
7 841,99	I,IV	2 454,33	134,98	196,34	220,88	I	2 454,33	129,19	187,91	211,40	123,39	179,48	201,91	117,59	171,04	192,42	111,79	162,61	182,93	105,99	154,18	173,45	100,20	145,74	163,96
	II	2 408,58	132,47	192,68	216,77	II	2 408,58	126,67	184,25	207,28	120,87	175,82	197,79	115,07	167,38	188,30	109,27	158,94	178,81	103,47	150,51	169,32	97,68	142,08	159,84
	III	1 757,—	96,63	140,56	158,13	III	1 757,—	91,42	132,98	149,60	86,32	125,56	141,25	81,30	118,26	133,04	76,39	111,12	125,01	71,56	104,09	117,10	66,84	97,22	109,37
	V	2 998,—	164,89	239,84	269,82	IV	2 454,33	132,08	192,12	216,14	129,19	187,91	211,40	126,28	183,69	206,65	123,39	179,48	201,91	120,49	175,26	197,16	117,59	171,04	192,42
	VI	3 030,25	166,66	242,42	272,72																				
7 844,99	I,IV	2 455,58	135,05	196,44	221,—	I	2 455,58	129,25	188,01	211,51	123,46	179,58	202,02	117,66	171,14	192,53	111,86	162,71	183,05	106,06	154,28	173,56	100,26	145,84	164,07
	II	2 409,83	132,54	192,78	216,88	II	2 409,83	126,74	184,35	207,39	120,94	175,92	197,91	115,14	167,48	188,42	109,34	159,05	178,93	103,55	150,62	169,44	97,75	142,18	159,95
	III	1 758,16	96,69	140,65	158,23	III	1 758,16	91,49	133,08	149,71	86,38	125,65	141,35	81,37	118,36	133,15	76,45	111,20	125,10	71,62	104,18	117,20	66,89	97,30	109,46
	V	2 999,33	164,96	239,94	269,93	IV	2 455,58	132,16	192,23	216,26	129,25	188,01	211,51	126,36	183,80	206,77	123,46	179,58	202,02	120,56	175,36	197,28	117,66	171,14	192,53
	VI	3 031,50	166,73	242,52	272,83																				
7 847,99	I,IV	2 456,83	135,12	196,54	221,11	I	2 456,83	129,32	188,11	211,62	123,53	179,68	202,14	117,73	171,24	192,65	111,93	162,81	183,16	106,13	154,38	173,67	100,33	145,94	164,18
	II	2 411,08	132,60	192,88	216,99	II	2 411,08	126,81	184,45	207,50	121,01	176,02	198,02	115,21	167,58	188,53	109,41	159,15	179,04	103,62	150,72	169,56	97,82	142,28	160,07
	III	1 759,33	96,76	140,74	158,33	III	1 759,33	91,55	133,17	149,81	86,44	125,73	141,44	81,42	118,44	133,24	76,50	111,28	125,19	71,68	104,26	117,29	66,95	97,38	109,55
	V	3 000,58	165,03	240,04	270,05	IV	2 456,83	132,22	192,33	216,37	129,32	188,11	211,62	126,43	183,90	206,88	123,53	179,68	202,14	120,63	175,46	197,39	117,73	171,24	192,65
	VI	3 032,75	166,80	242,62	272,94																				
7 850,99	I,IV	2 458,08	135,19	196,64	221,22	I	2 458,08	129,39	188,21	211,73	123,59	179,78	202,25	117,80	171,34	192,76	112,—	162,91	183,27	106,20	154,48	173,79	100,40	146,04	164,30
	II	2 412,33	132,67	192,98	217,10	II	2 412,33	126,88	184,55	207,62	121,08	176,12	198,13	115,28	167,68	188,64	109,48	159,25	179,15	103,68	150,82	169,67	97,89	142,38	160,18
	III	1 760,50	96,82	140,84	158,44	III	1 760,50	91,62	133,26	149,92	86,50	125,82	141,55	81,49	118,53	133,34	76,56	111,37	125,29	71,73	104,34	117,38	67,—	97,46	109,64
	V	3 001,83	165,10	240,14	270,16	IV	2 458,08	132,29	192,43	216,48	129,39	188,21	211,73	126,50	184,—	207,—	123,59	179,78	202,25	120,70	175,56	197,51	117,80	171,34	192,76
	VI	3 034,—	166,87	242,72	273,06																				
7 853,99	I,IV	2 459,33	135,26	196,74	221,33	I	2 459,33	129,46	188,31	211,85	123,66	179,88	202,36	117,86	171,44	192,87	112,07	163,01	183,38	106,27	154,58	173,90	100,47	146,14	164,41
	II	2 413,58	132,74	193,08	217,22	II	2 413,58	126,94	184,65	207,73	121,15	176,22	198,24	115,35	167,78	188,75	109,55	159,35	179,27	103,75	150,92	169,78	97,95	142,48	160,29
	III	1 761,50	96,88	140,92	158,53	III	1 761,50	91,67	133,34	150,01	86,56	125,90	141,64	81,54	118,61	133,43	76,62	111,45	125,38	71,79	104,42	117,47	67,06	97,54	109,73
	V	3 003,08	165,16	240,24	270,27	IV	2 459,33	132,36	192,53	216,59	129,46	188,31	211,85	126,56	184,10	207,11	123,66	179,88	202,36	120,77	175,66	197,62	117,86	171,44	192,87
	VI	3 035,25	166,93	242,82	273,17																				
7 856,99	I,IV	2 460,66	135,33	196,85	221,45	I	2 460,66	129,53	188,42	211,97	123,74	179,98	202,48	117,93	171,54	192,98	112,14	163,11	183,50	106,34	154,68	174,01	100,54	146,24	164,52
	II	2 414,83	132,81	193,18	217,33	II	2 414,83	127,01	184,75	207,84	121,22	176,32	198,36	115,42	167,88	188,87	109,62	159,45	179,38	103,82	151,02	169,89	98,02	142,58	160,40
	III	1 762,66	96,94	141,01	158,63	III	1 762,66	91,74	133,44	150,12	86,62	126,—	141,75	81,61	118,70	133,54	76,67	111,53	125,47	71,85	104,52	117,58	67,11	97,62	109,82
	V	3 004,33	165,23	240,34	270,38	IV	2 460,66	132,43	192,63	216,71	129,53	188,42	211,97	126,63	184,20	207,22	123,74	179,98	202,48	120,83	175,76	197,73	117,93	171,54	192,98
	VI	3 036,50	167,—	242,92	273,28																				
7 859,99	I,IV	2 461,91	135,40	196,95	221,57	I	2 461,91	129,60	188,52	212,08	123,80	180,08	202,59	118,01	171,65	193,10	112,21	163,22	183,62	106,41	154,78	174,13	100,61	146,34	164,63
	II	2 416,08	132,88	193,28	217,44	II	2 416,08	127,08	184,85	207,95	121,28	176,42	198,47	115,49	167,98	188,98	109,69	159,55	179,49	103,89	151,12	170,01	98,09	142,68	160,52
	III	1 763,83	97,01	141,10	158,74	III	1 763,83	91,80	133,53	150,22	86,68	126,09	141,85	81,66	118,78	133,63	76,74	111,62	125,57	71,91	104,60	117,67	67,17	97,70	109,91
	V	3 005,58	165,30	240,44	270,50	IV	2 461,91	132,50	192,73	216,82	129,60	188,52	212,08	126,70	184,30	207,33	123,80	180,08	202,59	120,90	175,86	197,84	118,01	171,65	193,10
	VI	3 037,83	167,08	243,02	273,40																				
7 862,99	I,IV	2 463,16	135,47	197,05	221,68	I	2 463,16	129,67	188,62	212,19	123,87	180,18	202,70	118,08	171,75	193,22	112,28	163,32	183,73	106,48	154,88	174,24	100,68	146,45	164,75
	II	2 417,33	132,95	193,38	217,55	II	2 417,33	127,15	184,95	208,07	121,35	176,52	198,58	115,55	168,08	189,09	109,76	159,65	179,60	103,96	151,22	170,12	98,16	142,78	160,63
	III	1 765,—	97,07	141,20	158,85	III	1 765,—	91,85	133,61	150,31	86,74	126,17	141,94	81,72	118,86	133,72	76,79	111,70	125,66	71,96	104,68	117,76	67,22	97,78	110,—
	V	3 006,83	165,37	240,54	270,61	IV	2 463,16	132,57	192,83	216,93	129,67	188,62	212,19	126,77	184,40	207,45	123,87	180,18	202,70	120,97	175,96	197,96	118,08	171,75	193,22
	VI	3 039,08	167,14	243,12	273,51																				
7 865,99	I,IV	2 464,41	135,54	197,15	221,79	I	2 464,41	129,74	188,72	212,31	123,94	180,28	202,82	118,14	171,85	193,33	112,35	163,42	183,84	106,55	154,98	174,35	100,75	146,55	164,87
	II	2 418,66	133,02	193,49	217,67	II	2 418,66	127,22	185,06	208,19	121,43	176,62	198,70	115,62	168,18	189,20	109,83	159,75	179,72	104,03	151,32	170,23	98,23	142,88	160,74
	III	1 766,16	97,13	141,29	158,95	III	1 766,16	91,92	133,70	150,41	86,80	126,26	142,04	81,78	118,96	133,83	76,85	111,78	125,75	72,02	104,76	117,85	67,28	97,86	110,09
	V	3 008,08	165,44	240,64	270,72	IV	2 464,41	132,64	192,93	217,04	129,74	188,72	212,31	126,84	184,50	207,56	123,94	180,28	202,82	121,04	176,06	198,07	118,14	171,85	193,33
	VI	3 040,33	167,21	243,22	273,62																				
7 868,99	I,IV	2 465,66	135,61	197,25	221,90	I	2 465,66	129,81	188,82	212,42	124,01	180,38	202,93	118,21	171,95	193,44	112,42	163,52	183,96	106,62	155,08	174,47	100,82	146,65	164,98
	II	2 419,91	133,09	193,59	217,79	II	2 419,91	127,29	185,16	208,30	121,49	176,72	198,81	115,70	168,29	189,32	109,90	159,86	179,84	104,10	151,42	170,35	98,30	142,98	160,85
	III	1 767,33	97,20	141,38	159,05	III	1 767,33	91,98	133,80	150,52	86,87	126,36	142,15	81,84	119,04	133,92	76,91	111,88	125,86	72,07	104,84	117,94	67,34	97,96	110,20
	V	3 009,41	165,51	240,75	270,84	IV	2 465,66	132,71	193,04	217,17	129,81	188,82	212,42	126,91	184,60	207,68	124,01	180,38	202,93	121,11	176,16	198,18	118,21	171,95	193,44
	VI	3 041,58	167,28	243,32	273,74																				
7 871,99	I,IV	2 466,91	135,68	197,35	222,02	I	2 466,91	129,88	188,92	212,53	124,08	180,48	203,04	118,28	172,05	193,55	112,48	163,62	184,07	106,69	155,18	174,58	100,89	146,75	165,09
	II	2 421,16	133,16	193,69	217,90	II	2 421,16	127,36	185,26	208,41	121,56	176,82	198,92	115,77	168,39	189,44	109,97	159,96	179,95	104,17	151,52	170,46	98,37	143,09	160,97
	III	1 768,50	97,26	141,48	159,16	III	1 768,50	92,05	133,89	150,62	86,92	126,44	142,24	81,90	119,13	134,02	76,97	111,96	125,95	72,14	104,93	118,04	67,40	98,04	110,29
	V	3 010,66	165,58	240,85	270,95	IV	2 466,91	132,78	193,14	217,28	129,88	188,92	212,53	126,98	184,70	207,79	124,08	180,48	203,04	121,18	176,27	198,30	118,28	172,05	193,55
	VI	3 042,83	167,35	243,42	273,85																				
7 874,99	I,IV	2 468,16	135,74	197,45	222,13	I	2 468,16	129,95	189,02	212,64	124,15	180,58	203,15	118,35	172,15	193,67	112,55	163,72	184,18	106,75	155,28	174,69	100,96	146,85	165,20
	II	2 422,41	133,23	193,79	218,01	II	2 422,41	127,43	185,36	208,53	121,63	176,92	199,04	115,83	168,49	189,55	110,04	160,06	180,06	104,24	151,62	170,57	98,44	143,19	161,09
	III	1 769,50	97,32	141,56	159,25	III	1 769,50	92,10	133,97	150,71	86,99	126,53	142,34	81,95	119,21	134,11	77,02	112,04	126,04	72,19	105,01	118,13	67,45	98,12	110,38
	V	3 011,91	165,65	240,95	271,07	IV	2 468,16	132,85	193,24	217,39	129,95	189,02	212,64	127,05	184,80	207,90	124,15	180,58	203,15	121,25	176,37	198,41	118,35	172,15	193,67
	VI	3 044,08	167,42	243,52	273,96																				

* Die ausgewiesenen Tabellenwerte sind amtlich. Siehe Erläuterungen auf der Umschlaginnenseite (U2).

MONAT 7 875,–*

Lohn/ Gehalt bis €*	Abzüge an Lohnsteuer, Solidaritätszuschlag (SolZ) und Kirchensteuer (8%, 9%) in den Steuerklassen																								
	I – VI					I, II, III, IV																			
			ohne Kinderfreibeträge					mit Zahl der Kinderfreibeträge . . .																	
								0,5			1			1,5			2			2,5			3		
		LSt	SolZ	8%	9%		LSt	SolZ	8%	9%	SolZ	8%	9%	SolZ	8%	9%	SolZ	8%	9%	SolZ	8%	9%	SolZ	8%	9%
7 877,99	I,IV	2 469,41	135,81	197,55	222,24	I	2 469,41	130,02	189,12	212,76	124,22	180,68	203,27	118,42	172,25	193,78	112,62	163,82	184,29	106,82	155,38	174,80	101,03	146,95	165,32
	II	2 423,66	133,30	193,89	218,12	II	2 423,66	127,50	185,46	208,64	121,70	177,02	199,15	115,90	168,59	189,66	110,11	160,16	180,18	104,31	151,72	170,69	98,51	143,29	161,20
	III	1 770,66	97,38	141,65	159,35	III	1 770,66	92,17	134,06	150,82	87,04	126,61	142,43	82,02	119,30	134,21	77,09	112,13	126,14	72,25	105,09	118,22	67,51	98,20	110,47
	V	3 013,16	165,72	241,05	271,18	IV	2 469,41	132,92	193,34	217,50	130,02	189,12	212,76	127,12	184,90	208,01	124,22	180,68	203,27	121,32	176,47	198,53	118,42	172,25	193,78
	VI	3 045,33	167,49	243,62	274,07																				
7 880,99	I,IV	2 470,75	135,89	197,66	222,36	I	2 470,75	130,09	189,22	212,87	124,29	180,78	203,38	118,49	172,35	193,89	112,69	163,92	184,41	106,89	155,48	174,92	101,09	147,05	165,43
	II	2 424,91	133,37	193,99	218,24	II	2 424,91	127,57	185,56	208,75	121,77	177,12	199,26	115,97	168,69	189,77	110,17	160,26	180,29	104,38	151,82	170,80	98,58	143,39	161,31
	III	1 771,83	97,45	141,74	159,46	III	1 771,83	92,23	134,16	150,93	87,11	126,70	142,54	82,07	119,38	134,30	77,14	112,21	126,23	72,30	105,17	118,31	67,56	98,28	110,56
	V	3 014,41	165,79	241,15	271,29	IV	2 470,75	132,99	193,44	217,62	130,09	189,22	212,87	127,19	185,—	208,13	124,29	180,78	203,38	121,39	176,57	198,64	118,49	172,35	193,89
	VI	3 046,58	167,56	243,72	274,19																				
7 883,99	I,IV	2 472,—	135,96	197,76	222,48	I	2 472,—	130,16	189,32	212,99	124,36	180,89	203,50	118,56	172,46	194,01	112,76	164,02	184,52	106,96	155,58	175,03	101,16	147,15	165,54
	II	2 426,16	133,43	194,09	218,35	II	2 426,16	127,64	185,66	208,86	121,84	177,22	199,37	116,04	168,79	189,89	110,24	160,36	180,40	104,44	151,92	170,91	98,65	143,49	161,42
	III	1 773,—	97,51	141,84	159,57	III	1 773,—	92,29	134,25	151,03	87,17	126,80	142,65	82,14	119,48	134,41	77,21	112,30	126,34	72,37	105,26	118,42	67,62	98,36	110,65
	V	3 015,66	165,86	241,25	271,40	IV	2 472,—	133,05	193,54	217,73	130,16	189,32	212,99	127,26	185,10	208,24	124,36	180,89	203,50	121,46	176,67	198,75	118,56	172,46	194,01
	VI	3 047,91	167,63	243,83	274,31																				
7 886,99	I,IV	2 473,25	136,02	197,86	222,59	I	2 473,25	130,23	189,42	213,10	124,43	180,99	203,61	118,63	172,56	194,13	112,83	164,12	184,64	107,03	155,69	175,15	101,24	147,26	165,66
	II	2 427,41	133,50	194,19	218,46	II	2 427,41	127,71	185,76	208,98	121,91	177,32	199,49	116,11	168,89	190,—	110,31	160,46	180,51	104,51	152,02	171,02	98,72	143,59	161,54
	III	1 774,16	97,57	141,93	159,67	III	1 774,16	92,35	134,33	151,12	87,23	126,88	142,74	82,19	119,56	134,50	77,26	112,38	126,43	72,42	105,34	118,51	67,67	98,44	110,74
	V	3 016,91	165,93	241,35	271,52	IV	2 473,25	133,12	193,64	217,84	130,23	189,42	213,10	127,32	185,20	208,35	124,43	180,99	203,61	121,53	176,77	198,86	118,63	172,56	194,13
	VI	3 049,16	167,70	243,93	274,42																				
7 889,99	I,IV	2 474,50	136,09	197,96	222,70	I	2 474,50	130,29	189,52	213,21	124,50	181,09	203,72	118,70	172,66	194,24	112,90	164,22	184,75	107,10	155,79	175,26	101,31	147,36	165,78
	II	2 428,75	133,58	194,30	218,58	II	2 428,75	127,78	185,86	209,09	121,98	177,42	199,60	116,18	168,99	190,11	110,38	160,56	180,63	104,58	152,12	171,14	98,78	143,69	161,65
	III	1 775,33	97,64	142,02	159,77	III	1 775,33	92,41	134,42	151,22	87,29	126,97	142,84	82,26	119,65	134,60	77,32	112,46	126,52	72,48	105,42	118,60	67,73	98,52	110,83
	V	3 018,16	165,99	241,45	271,63	IV	2 474,50	133,19	193,74	217,95	130,29	189,52	213,21	127,39	185,30	208,46	124,50	181,09	203,72	121,60	176,87	198,98	118,70	172,66	194,24
	VI	3 050,41	167,77	244,03	274,53																				
7 892,99	I,IV	2 475,75	136,16	198,06	222,81	I	2 475,75	130,36	189,62	213,32	124,57	181,19	203,84	118,77	172,76	194,35	112,97	164,32	184,86	107,17	155,89	175,37	101,37	147,46	165,89
	II	2 430,—	133,65	194,40	218,70	II	2 430,—	127,85	185,96	209,21	122,05	177,53	199,72	116,25	169,10	190,23	110,45	160,66	180,74	104,65	152,22	171,25	98,85	143,79	161,76
	III	1 776,50	97,70	142,12	159,88	III	1 776,50	92,48	134,52	151,33	87,34	127,05	142,93	82,31	119,73	134,69	77,38	112,56	126,63	72,53	105,50	118,69	67,79	98,61	110,93
	V	3 019,41	166,06	241,55	271,74	IV	2 475,75	133,26	193,84	218,07	130,36	189,62	213,32	127,46	185,40	208,58	124,57	181,19	203,84	121,66	176,97	199,09	118,77	172,76	194,35
	VI	3 051,66	167,84	244,13	274,64																				
7 895,99	I,IV	2 477,—	136,23	198,16	222,93	I	2 477,—	130,43	189,72	213,44	124,63	181,29	203,95	118,84	172,86	194,46	113,04	164,42	184,97	107,24	155,99	175,49	101,44	147,56	166,—
	II	2 431,25	133,71	194,50	218,81	II	2 431,25	127,92	186,06	209,32	122,12	177,63	199,83	116,32	169,20	190,35	110,52	160,76	180,86	104,72	152,33	171,37	98,93	143,90	161,88
	III	1 777,66	97,77	142,21	159,98	III	1 777,66	92,54	134,61	151,43	87,41	127,14	143,03	82,38	119,82	134,80	77,44	112,64	126,72	72,60	105,60	118,80	67,85	98,69	111,02
	V	3 020,75	166,14	241,66	271,86	IV	2 477,—	133,33	193,94	218,18	130,43	189,72	213,44	127,54	185,51	208,70	124,63	181,29	203,95	121,74	177,08	199,21	118,84	172,86	194,46
	VI	3 052,91	167,91	244,23	274,76																				
7 898,99	I,IV	2 478,25	136,30	198,26	223,04	I	2 478,25	130,50	189,82	213,55	124,70	181,39	204,06	118,91	172,96	194,58	113,11	164,52	185,09	107,31	156,09	175,60	101,51	147,66	166,11
	II	2 432,50	133,78	194,60	218,92	II	2 432,50	127,98	186,16	209,43	122,19	177,73	199,94	116,39	169,30	190,46	110,59	160,86	180,97	104,79	152,43	171,48	99,—	144,—	162,—
	III	1 778,66	97,82	142,29	160,07	III	1 778,66	92,60	134,69	151,52	87,47	127,24	143,14	82,43	119,90	134,89	77,49	112,72	126,81	72,65	105,68	118,89	67,90	98,77	111,11
	V	3 022,—	166,21	241,76	271,98	IV	2 478,25	133,40	194,04	218,30	130,50	189,82	213,55	127,60	185,61	208,81	124,70	181,39	204,06	121,81	177,18	199,32	118,91	172,96	194,58
	VI	3 054,16	167,97	244,33	274,87																				
7 901,99	I,IV	2 479,50	136,37	198,36	223,15	I	2 479,50	130,57	189,92	213,66	124,77	181,49	204,17	118,97	173,06	194,69	113,18	164,62	185,20	107,38	156,19	175,71	101,58	147,76	166,23
	II	2 433,75	133,85	194,70	219,03	II	2 433,75	128,05	186,26	209,54	122,26	177,83	200,06	116,46	169,40	190,57	110,66	160,96	181,08	104,86	152,53	171,59	99,06	144,10	162,11
	III	1 779,83	97,89	142,38	160,18	III	1 779,83	92,66	134,78	151,63	87,53	127,32	143,23	82,50	120,—	135,—	77,55	112,81	126,91	72,71	105,76	118,98	67,96	98,85	111,20
	V	3 023,25	166,27	241,86	272,09	IV	2 479,50	133,47	194,14	218,41	130,57	189,92	213,66	127,67	185,71	208,92	124,77	181,49	204,17	121,88	177,28	199,44	118,97	173,06	194,69
	VI	3 055,41	168,04	244,43	274,98																				
7 904,99	I,IV	2 480,83	136,44	198,46	223,27	I	2 480,83	130,64	190,02	213,77	124,84	181,59	204,29	119,04	173,16	194,80	113,24	164,72	185,31	107,45	156,29	175,82	101,65	147,86	166,34
	II	2 435,—	133,92	194,80	219,15	II	2 435,—	128,12	186,36	209,66	122,32	177,93	200,17	116,53	169,50	190,68	110,73	161,06	181,19	104,93	152,63	171,71	99,13	144,20	162,22
	III	1 781,—	97,95	142,48	160,29	III	1 781,—	92,73	134,88	151,74	87,59	127,41	143,33	82,55	120,08	135,09	77,61	112,89	127,—	72,76	105,84	119,07	68,01	98,93	111,29
	V	3 024,50	166,34	241,96	272,20	IV	2 480,83	133,54	194,24	218,52	130,64	190,02	213,77	127,74	185,81	209,03	124,84	181,59	204,29	121,94	177,38	199,55	119,04	173,16	194,80
	VI	3 056,66	168,11	244,53	275,09																				
7 907,99	I,IV	2 482,08	136,51	198,56	223,38	I	2 482,08	130,71	190,13	213,89	124,91	181,70	204,41	119,12	173,26	194,92	113,31	164,82	185,42	107,52	156,39	175,94	101,72	147,96	166,45
	II	2 436,25	133,99	194,90	219,26	II	2 436,25	128,19	186,46	209,77	122,39	178,03	200,28	116,60	169,60	190,80	110,80	161,16	181,31	105,—	152,73	171,82	99,20	144,30	162,33
	III	1 782,16	98,01	142,57	160,39	III	1 782,16	92,79	134,97	151,84	87,66	127,50	143,44	82,61	120,17	135,19	77,67	112,98	127,10	72,82	105,93	119,17	68,07	99,01	111,38
	V	3 025,75	166,41	242,06	272,31	IV	2 482,08	133,61	194,34	218,63	130,71	190,13	213,89	127,81	185,91	209,15	124,91	181,70	204,41	122,01	177,48	199,66	119,12	173,26	194,92
	VI	3 057,91	168,18	244,63	275,21																				
7 910,99	I,IV	2 483,33	136,58	198,66	223,49	I	2 483,33	130,78	190,23	214,01	124,98	181,80	204,52	119,18	173,36	195,03	113,39	164,93	185,54	107,59	156,50	176,06	101,79	148,06	166,57
	II	2 437,50	134,06	195,—	219,37	II	2 437,50	128,26	186,56	209,88	122,46	178,13	200,39	116,66	169,70	190,91	110,87	161,26	181,42	105,07	152,83	171,93	99,27	144,40	162,45
	III	1 783,33	98,08	142,66	160,49	III	1 783,33	92,84	135,05	151,93	87,71	127,58	143,53	82,67	120,25	135,28	77,73	113,06	127,19	72,88	106,01	119,26	68,12	99,09	111,47
	V	3 027,—	166,48	242,16	272,43	IV	2 483,33	133,68	194,44	218,75	130,78	190,23	214,01	127,88	186,01	209,26	124,98	181,80	204,52	122,08	177,58	199,77	119,18	173,36	195,03
	VI	3 059,25	168,25	244,74	275,33																				
7 913,99	I,IV	2 484,58	136,65	198,76	223,61	I	2 484,58	130,85	190,33	214,12	125,05	181,90	204,63	119,25	173,46	195,14	113,46	165,03	185,66	107,66	156,60	176,17	101,86	148,16	166,68
	II	2 438,83	134,13	195,10	219,49	II	2 438,83	128,33	186,66	209,99	122,53	178,23	200,51	116,73	169,80	191,02	110,93	161,36	181,53	105,14	152,93	172,04	99,34	144,50	162,56
	III	1 784,50	98,14	142,76	160,60	III	1 784,50	92,91	135,14	152,03	87,78	127,68	143,64	82,73	120,34	135,38	77,78	113,14	127,28	72,93	106,09	119,35	68,18	99,17	111,56
	V	3 028,25	166,55	242,26	272,54	IV	2 484,58	133,75	194,54	218,86	130,85	190,33	214,12	127,95	186,11	209,37	125,05	181,90	204,63	122,15	177,68	199,89	119,25	173,46	195,14
	VI	3 060,50	168,32	244,84	275,44																				
7 916,99	I,IV	2 485,83	136,72	198,86	223,72	I	2 485,83	130,92	190,43	214,23	125,12	182,—	204,75	119,32	173,56	195,26	113,52	165,13	185,77	107,73	156,70	176,28	101,93	148,26	166,79
	II	2 440,08	134,20	195,20	219,60	II	2 440,08	128,40	186,77	210,11	122,60	178,34	200,63	116,81	169,90	191,14	111,—	161,46	181,64	105,21	153,03	172,16	99,41	144,60	162,67
	III	1 785,66	98,21	142,85	160,70	III	1 785,66	92,97	135,24	152,14	87,83	127,76	143,73	82,79	120,42	135,47	77,85	113,24	127,39	72,99	106,17	119,44	68,24	99,26	111,67
	V	3 029,50	166,62	242,36	272,65	IV	2 485,83	133,81	194,64	218,97	130,92	190,43	214,23	128,02	186,21	209,48	125,12	182,—	204,75	122,22	177,78	200,—	119,32	173,56	195,26
	VI	3 061,75	168,39	244,94	275,55																				
7 919,99	I,IV	2 487,08	136,78	198,96	223,83	I	2 487,08	130,99	190,53	214,34	125,19	182,10	204,86	119,39	173,66	195,37	113,59	165,23	185,88	107,80	156,80	176,40	102,—	148,36	166,91
	II	2 441,33	134,27	195,30	219,71	II	2 441,33	128,47	186,87	210,23	122,67	178,44	200,74	116,87	170,—	191,25	111,08	161,57	181,76	105,28	153,14	172,28	99,48	144,70	162,79
	III	1 786,83	98,27	142,94	160,81	III	1 786,83	93,04	135,33	152,24	87,89	127,85	143,83	82,85	120,52	135,58	77,90	113,32	127,48	73,05	106,26	119,54	68,30	99,34	111,76
	V	3 030,83	166,69	242,46	272,77	IV	2 487,08	133,89	194,75	219,09	130,99	190,53	214,34	128,09	186,32	209,61	125,19	182,10	204,86	122,29	177,88	200,12	119,39	173,66	195,37
	VI	3 063,—	168,46	245,04	275,67																				

* Die ausgewiesenen Tabellenwerte sind amtlich. Siehe Erläuterungen auf der Umschlaginnenseite (U2).

Abzüge an Lohnsteuer, Solidaritätszuschlag (SolZ) und Kirchensteuer (8%, 9%) in den Steuerklassen

Lohn/ Gehalt bis €*	I – VI		ohne Kinderfreibeträge			I, II, III, IV		mit Zahl der Kinderfreibeträge . . . 0,5			1			1,5			2			2,5			3		
		LSt	SolZ	8%	9%		LSt	SolZ	8%	9%	SolZ	8%	9%	SolZ	8%	9%	SolZ	8%	9%	SolZ	8%	9%	SolZ	8%	9%
7 922,99	I,IV	2 488,33	136,85	199,06	223,94	I	2 488,33	131,06	190,63	214,46	125,26	182,20	204,97	119,46	173,76	195,48	113,66	165,33	185,99	107,86	156,90	176,51	102,07	148,46	167,02
	II	2 442,58	134,34	195,40	219,83	II	2 442,58	128,54	186,97	210,34	122,74	178,54	200,85	116,94	170,10	191,36	111,15	161,67	181,88	105,35	153,24	172,39	99,55	144,80	162,90
	III	1 787,83	98,33	143,02	160,90	III	1 787,83	93,09	135,41	152,33	87,96	127,94	143,93	82,91	120,60	135,67	77,97	113,41	127,58	73,11	106,34	119,63	68,35	99,42	111,85
	V	3 032,08	166,76	242,56	272,88	IV	2 488,33	133,96	194,85	219,20	131,06	190,63	214,46	128,16	186,42	209,72	125,26	182,20	204,97	122,36	177,98	200,23	119,46	173,76	195,48
	VI	3 064,25	168,53	245,14	275,78																				
7 925,99	I,IV	2 489,58	136,92	199,16	224,06	I	2 489,58	131,12	190,73	214,57	125,33	182,30	205,08	119,53	173,86	195,59	113,73	165,43	186,11	107,93	157,—	176,62	102,13	148,56	167,13
	II	2 443,83	134,41	195,50	219,94	II	2 443,83	128,61	187,07	210,45	122,81	178,64	200,97	117,01	170,20	191,48	111,21	161,77	181,99	105,42	153,34	172,50	99,62	144,90	163,01
	III	1 789,—	98,39	143,12	161,01	III	1 789,—	93,16	135,50	152,44	88,01	128,02	144,02	82,97	120,69	135,77	78,02	113,49	127,67	73,16	106,42	119,72	68,41	99,50	111,94
	V	3 033,33	166,83	242,66	272,99	IV	2 489,58	134,03	194,95	219,32	131,12	190,73	214,57	128,23	186,52	209,83	125,33	182,30	205,08	122,43	178,08	200,34	119,53	173,86	195,59
	VI	3 065,50	168,60	245,24	275,89																				
7 928,99	I,IV	2 490,83	136,99	199,26	224,17	I	2 490,83	131,19	190,83	214,68	125,40	182,40	205,20	119,60	173,96	195,71	113,80	165,53	186,22	108,—	157,10	176,73	102,20	148,66	167,24
	II	2 445,08	134,47	195,60	220,05	II	2 445,08	128,68	187,17	210,56	122,88	178,74	201,08	117,08	170,30	191,59	111,28	161,87	182,10	105,49	153,44	172,62	99,69	145,—	163,13
	III	1 790,16	98,45	143,21	161,11	III	1 790,16	93,22	135,60	152,55	88,08	128,12	144,13	83,04	120,78	135,88	78,08	113,57	127,76	73,23	106,52	119,83	68,46	99,58	112,03
	V	3 034,58	166,90	242,76	273,11	IV	2 490,83	134,09	195,05	219,43	131,19	190,83	214,68	128,30	186,62	209,94	125,40	182,40	205,20	122,50	178,18	200,45	119,60	173,96	195,71
	VI	3 066,75	168,67	245,34	276,—																				
7 931,99	I,IV	2 492,16	137,06	199,37	224,29	I	2 492,16	131,27	190,94	214,80	125,47	182,50	205,31	119,67	174,06	195,82	113,87	165,63	186,33	108,07	157,20	176,85	102,27	148,76	167,36
	II	2 446,33	134,54	195,70	220,16	II	2 446,33	128,75	187,27	210,68	122,95	178,84	201,19	117,15	170,40	191,70	111,35	161,97	182,21	105,55	153,54	172,73	99,76	145,10	163,24
	III	1 791,33	98,52	143,30	161,21	III	1 791,33	93,28	135,69	152,65	88,14	128,21	144,23	83,09	120,86	135,97	78,14	113,66	127,87	73,28	106,60	119,92	68,52	99,66	112,12
	V	3 035,83	166,97	242,86	273,22	IV	2 492,16	134,16	195,15	219,54	131,27	190,94	214,80	128,37	186,72	210,06	125,47	182,50	205,31	122,57	178,28	200,57	119,67	174,06	195,82
	VI	3 068,—	168,74	245,44	276,12																				
7 934,99	I,IV	2 493,41	137,13	199,47	224,40	I	2 493,41	131,34	191,04	214,92	125,54	182,60	205,43	119,74	174,17	195,94	113,94	165,74	186,45	108,14	157,30	176,96	102,34	148,86	167,47
	II	2 447,58	134,61	195,80	220,28	II	2 447,58	128,81	187,37	210,79	123,02	178,94	201,30	117,22	170,50	191,81	111,42	162,07	182,33	105,62	153,64	172,84	99,82	145,20	163,35
	III	1 792,50	98,58	143,40	161,32	III	1 792,50	93,34	135,77	152,74	88,20	128,29	144,32	83,16	120,96	136,08	78,20	113,74	127,96	73,34	106,68	120,01	68,57	99,74	112,21
	V	3 037,08	167,03	242,96	273,33	IV	2 493,41	134,23	195,25	219,65	131,34	191,04	214,92	128,43	186,82	210,17	125,54	182,60	205,43	122,64	178,38	200,68	119,74	174,17	195,94
	VI	3 069,33	168,81	245,54	276,23																				
7 937,99	I,IV	2 494,66	137,20	199,57	224,51	I	2 494,66	131,40	191,14	215,03	125,61	182,70	205,54	119,81	174,27	196,05	114,01	165,84	186,57	108,21	157,40	177,08	102,41	148,97	167,59
	II	2 448,83	134,68	195,90	220,39	II	2 448,83	128,88	187,47	210,90	123,09	179,04	201,42	117,29	170,60	191,93	111,49	162,17	182,44	105,69	153,74	172,95	99,89	145,30	163,46
	III	1 793,66	98,65	143,49	161,42	III	1 793,66	93,40	135,86	152,84	88,26	128,38	144,43	83,21	121,04	136,17	78,26	113,84	128,07	73,39	106,76	120,10	68,64	99,84	112,32
	V	3 038,33	167,10	243,06	273,44	IV	2 494,66	134,30	195,35	219,77	131,40	191,14	215,03	128,50	186,92	210,28	125,61	182,70	205,54	122,70	178,48	200,79	119,81	174,27	196,05
	VI	3 070,58	168,88	245,64	276,35																				
7 940,99	I,IV	2 495,91	137,27	199,67	224,63	I	2 495,91	131,47	191,24	215,14	125,67	182,80	205,65	119,88	174,37	196,16	114,08	165,94	186,68	108,28	157,50	177,19	102,48	149,07	167,70
	II	2 450,16	134,75	196,01	220,51	II	2 450,16	128,96	187,58	211,02	123,16	179,14	201,53	117,36	170,70	192,04	111,56	162,27	182,55	105,76	153,84	173,07	99,96	145,40	163,58
	III	1 794,83	98,71	143,58	161,53	III	1 794,83	93,47	135,96	152,95	88,33	128,48	144,54	83,27	121,13	136,27	78,32	113,92	128,16	73,46	106,85	120,20	68,69	99,92	112,41
	V	3 039,58	167,17	243,16	273,56	IV	2 495,91	134,37	195,45	219,88	131,47	191,24	215,14	128,57	187,02	210,39	125,67	182,80	205,65	122,77	178,58	200,90	119,88	174,37	196,16
	VI	3 071,83	168,95	245,74	276,46																				
7 943,99	I,IV	2 497,16	137,34	199,77	224,74	I	2 497,16	131,54	191,34	215,25	125,74	182,90	205,76	119,95	174,47	196,28	114,15	166,04	186,79	108,35	157,60	177,30	102,55	149,17	167,81
	II	2 451,41	134,82	196,11	220,62	II	2 451,41	129,03	187,68	211,14	123,23	179,24	201,65	117,43	170,81	192,16	111,63	162,38	182,67	105,83	153,94	173,18	100,03	145,50	163,69
	III	1 796,—	98,78	143,68	161,64	III	1 796,—	93,53	136,05	153,05	88,38	128,56	144,63	83,33	121,21	136,36	78,37	114,—	128,25	73,51	106,93	120,29	68,75	100,—	112,50
	V	3 040,91	167,25	243,27	273,68	IV	2 497,16	134,44	195,56	220,—	131,54	191,34	215,25	128,64	187,12	210,51	125,74	182,90	205,76	122,84	178,68	201,02	119,95	174,47	196,28
	VI	3 073,08	169,01	245,84	276,57																				
7 946,99	I,IV	2 498,41	137,41	199,87	224,85	I	2 498,41	131,61	191,44	215,37	125,81	183,—	205,88	120,01	174,57	196,39	114,22	166,14	186,90	108,42	157,70	177,41	102,62	149,27	167,93
	II	2 452,66	134,89	196,21	220,73	II	2 452,66	129,09	187,78	211,25	123,30	179,34	201,76	117,50	170,91	192,27	111,70	162,48	182,79	105,90	154,04	173,30	100,10	145,61	163,81
	III	1 797,16	98,84	143,77	161,74	III	1 797,16	93,60	136,14	153,16	88,44	128,65	144,73	83,39	121,30	136,46	78,43	114,09	128,35	73,57	107,01	120,38	68,80	100,08	112,59
	V	3 042,16	167,31	243,37	273,79	IV	2 498,41	134,51	195,66	220,11	131,61	191,44	215,37	128,71	187,22	210,62	125,81	183,—	205,88	122,92	178,79	201,14	120,01	174,57	196,39
	VI	3 074,33	169,08	245,94	276,68																				
7 949,99	I,IV	2 499,66	137,48	199,97	224,96	I	2 499,66	131,68	191,54	215,48	125,88	183,10	205,99	120,08	174,67	196,50	114,29	166,24	187,02	108,49	157,80	177,53	102,69	149,37	168,04
	II	2 453,91	134,96	196,31	220,85	II	2 453,91	129,16	187,88	211,36	123,36	179,44	201,87	117,57	171,01	192,38	111,77	162,58	182,90	105,97	154,14	173,41	100,17	145,71	163,92
	III	1 798,33	98,90	143,86	161,84	III	1 798,33	93,65	136,22	153,25	88,51	128,74	144,83	83,45	121,38	136,55	78,49	114,17	128,44	73,62	107,09	120,47	68,86	100,16	112,68
	V	3 043,41	167,38	243,47	273,90	IV	2 499,66	134,58	195,76	220,23	131,68	191,54	215,48	128,78	187,32	210,74	125,88	183,10	205,99	122,98	178,89	201,25	120,08	174,67	196,50
	VI	3 075,58	169,15	246,04	276,80																				
7 952,99	I,IV	2 500,91	137,55	200,07	225,08	I	2 500,91	131,75	191,64	215,59	125,95	183,20	206,10	120,15	174,77	196,61	114,35	166,34	187,13	108,56	157,90	177,64	102,76	149,47	168,15
	II	2 455,16	135,03	196,41	220,96	II	2 455,16	129,23	187,98	211,47	123,43	179,54	201,98	117,64	171,11	192,50	111,84	162,68	183,01	106,04	154,24	173,52	100,24	145,81	164,03
	III	1 799,33	98,96	143,94	161,93	III	1 799,33	93,72	136,32	153,36	88,56	128,82	144,92	83,51	121,48	136,66	78,55	114,26	128,54	73,69	107,18	120,58	68,91	100,24	112,77
	V	3 044,66	167,45	243,57	274,01	IV	2 500,91	134,65	195,86	220,34	131,75	191,64	215,59	128,85	187,42	210,85	125,95	183,20	206,10	123,05	178,99	201,36	120,15	174,77	196,61
	VI	3 076,83	169,22	246,14	276,91																				
7 955,99	I,IV	2 502,25	137,62	200,18	225,20	I	2 502,25	131,82	191,74	215,71	126,02	183,30	206,21	120,22	174,87	196,73	114,42	166,44	187,24	108,62	158,—	177,75	102,83	149,57	168,26
	II	2 456,41	135,10	196,51	221,07	II	2 456,41	129,30	188,08	211,59	123,50	179,64	202,10	117,70	171,21	192,61	111,91	162,78	183,12	106,11	154,34	173,63	100,31	145,91	164,15
	III	1 800,50	99,02	144,04	162,04	III	1 800,50	93,78	136,41	153,46	88,63	128,92	145,03	83,57	121,56	136,75	78,61	114,34	128,63	73,74	107,26	120,67	68,97	100,33	112,87
	V	3 045,91	167,52	243,67	274,13	IV	2 502,25	134,72	195,96	220,45	131,82	191,74	215,71	128,92	187,52	210,96	126,02	183,30	206,21	123,12	179,09	201,47	120,22	174,87	196,73
	VI	3 078,08	169,29	246,24	277,02																				
7 958,99	I,IV	2 503,50	137,69	200,28	225,31	I	2 503,50	131,89	191,84	215,82	126,09	183,41	206,33	120,29	174,98	196,85	114,50	166,54	187,36	108,69	158,10	177,86	102,90	149,67	168,38
	II	2 457,66	135,17	196,61	221,18	II	2 457,66	129,37	188,18	211,70	123,57	179,74	202,21	117,77	171,31	192,72	111,98	162,88	183,24	106,18	154,44	173,75	100,38	146,01	164,26
	III	1 801,66	99,09	144,13	162,14	III	1 801,66	93,84	136,50	153,56	88,69	129,01	145,13	83,63	121,65	136,85	78,66	114,42	128,72	73,80	107,34	120,76	69,03	100,41	112,96
	V	3 047,16	167,59	243,77	274,24	IV	2 503,50	134,79	196,06	220,56	131,89	191,84	215,82	128,99	187,62	211,07	126,09	183,41	206,33	123,19	179,19	201,59	120,29	174,98	196,85
	VI	3 079,41	169,36	246,35	277,14																				
7 961,99	I,IV	2 504,75	137,76	200,38	225,42	I	2 504,75	131,96	191,94	215,93	126,16	183,51	206,45	120,36	175,08	196,96	114,56	166,64	187,47	108,77	158,21	177,98	102,97	149,78	168,50
	II	2 458,91	135,24	196,71	221,30	II	2 458,91	129,44	188,28	211,81	123,64	179,84	202,32	117,84	171,41	192,83	112,04	162,98	183,35	106,25	154,54	173,86	100,45	146,11	164,37
	III	1 802,83	99,15	144,22	162,25	III	1 802,83	93,90	136,58	153,65	88,75	129,09	145,22	83,69	121,73	136,94	78,73	114,52	128,83	73,86	107,44	120,87	69,08	100,49	113,05
	V	3 048,41	167,66	243,87	274,35	IV	2 504,75	134,86	196,16	220,68	131,96	191,94	215,93	129,06	187,72	211,19	126,16	183,51	206,45	123,26	179,29	201,70	120,36	175,08	196,96
	VI	3 080,66	169,43	246,45	277,25																				
7 964,99	I,IV	2 506,—	137,83	200,48	225,54	I	2 506,—	132,03	192,04	216,05	126,23	183,61	206,56	120,43	175,18	197,07	114,63	166,74	187,58	108,84	158,31	178,10	103,04	149,88	168,61
	II	2 460,25	135,31	196,82	221,42	II	2 460,25	129,51	188,38	211,93	123,71	179,94	202,43	117,91	171,51	192,95	112,11	163,08	183,46	106,31	154,64	173,97	100,52	146,21	164,48
	III	1 804,—	99,22	144,32	162,36	III	1 804,—	93,96	136,68	153,76	88,81	129,18	145,33	83,75	121,82	137,05	78,78	114,60	128,92	73,92	107,52	120,96	69,14	100,57	113,14
	V	3 049,66	167,73	243,97	274,46	IV	2 506,—	134,92	196,26	220,79	132,03	192,04	216,05	129,13	187,82	211,30	126,23	183,61	206,56	123,33	179,39	201,81	120,43	175,18	197,07
	VI	3 081,91	169,50	246,55	277,37																				

* Die ausgewiesenen Tabellenwerte sind amtlich. Siehe Erläuterungen auf der Umschlaginnenseite (U2).

MONAT 7 965,–*

Abzüge an Lohnsteuer, Solidaritätszuschlag (SolZ) und Kirchensteuer (8%, 9%) in den Steuerklassen

Lohn/ Gehalt bis €*	I – VI					I, II, III, IV		mit Zahl der Kinderfreibeträge . . . 0,5			1			1,5			2			2,5			3		
		LSt	ohne Kinderfreibeträge SolZ	8%	9%		LSt	SolZ	8%	9%	SolZ	8%	9%	SolZ	8%	9%	SolZ	8%	9%	SolZ	8%	9%	SolZ	8%	9%
7 967,99	I,IV	2 507,25	137,89	200,58	225,65	I	2 507,25	132,10	192,14	216,16	126,30	183,71	206,67	120,50	175,28	197,19	114,70	166,84	187,70	108,90	158,41	178,21	103,11	149,98	168,72
	II	2 461,50	135,38	196,92	221,53	II	2 461,50	129,58	188,48	212,04	123,78	180,05	202,55	117,98	171,62	193,07	112,19	163,18	183,58	106,38	154,74	174,08	100,59	146,31	164,60
	III	1 805,16	99,28	144,41	162,46	III	1 805,16	94,03	136,77	153,86	88,88	129,28	145,44	83,81	121,90	137,14	78,85	114,69	129,02	73,97	107,60	121,05	69,19	100,65	113,23
	V	3 050,91	167,80	244,07	274,58	IV	2 507,25	135,—	196,36	220,91	132,10	192,14	216,16	129,19	187,92	211,41	126,30	183,71	206,67	123,40	179,49	201,92	120,50	175,28	197,19
	VI	3 083,16	169,57	246,65	277,48																				
7 970,99	I,IV	2 508,50	137,96	200,68	225,76	I	2 508,50	132,16	192,24	216,27	126,37	183,81	206,78	120,57	175,38	197,30	114,77	166,94	187,81	108,97	158,51	178,32	103,18	150,08	168,84
	II	2 462,75	135,45	197,02	221,64	II	2 462,75	129,65	188,58	212,15	123,85	180,15	202,67	118,05	171,72	193,18	112,25	163,28	183,69	106,46	154,85	174,20	100,66	146,42	164,72
	III	1 806,33	99,34	144,50	162,56	III	1 806,33	94,09	136,86	153,97	88,93	129,36	145,53	83,87	122,—	137,25	78,90	114,77	129,11	74,03	107,68	121,14	69,25	100,73	113,32
	V	3 052,25	167,87	244,18	274,70	IV	2 508,50	135,07	196,46	221,02	132,16	192,24	216,27	129,27	188,03	211,53	126,37	183,81	206,78	123,47	179,60	202,05	120,57	175,38	197,30
	VI	3 084,41	169,64	246,75	277,59																				
7 973,99	I,IV	2 509,75	138,03	200,78	225,87	I	2 509,75	132,23	192,34	216,38	126,44	183,91	206,90	120,64	175,48	197,41	114,84	167,04	187,92	109,04	158,61	178,43	103,24	150,18	168,95
	II	2 464,—	135,52	197,12	221,76	II	2 464,—	129,72	188,68	212,27	123,92	180,25	202,78	118,12	171,82	193,29	112,32	163,38	183,80	106,53	154,95	174,32	100,73	146,52	164,83
	III	1 807,50	99,41	144,60	162,67	III	1 807,50	94,16	136,96	154,08	88,99	129,45	145,63	83,93	122,08	137,34	78,96	114,85	129,20	74,09	107,77	121,24	69,31	100,82	113,42
	V	3 053,50	167,94	244,28	274,81	IV	2 509,75	135,13	196,56	221,13	132,23	192,34	216,38	129,34	188,13	211,64	126,44	183,91	206,90	123,54	179,70	202,16	120,64	175,48	197,41
	VI	3 085,66	169,71	246,85	277,70																				
7 976,99	I,IV	2 511,—	138,10	200,88	225,99	I	2 511,—	132,30	192,44	216,50	126,50	184,01	207,01	120,71	175,58	197,52	114,91	167,14	188,03	109,11	158,71	178,55	103,31	150,28	169,06
	II	2 465,25	135,58	197,22	221,87	II	2 465,25	129,79	188,78	212,38	123,99	180,35	202,89	118,19	171,92	193,41	112,39	163,48	183,92	106,59	155,05	174,43	100,80	146,62	164,94
	III	1 808,66	99,47	144,69	162,77	III	1 808,66	94,21	137,04	154,17	89,06	129,54	145,73	83,99	122,17	137,44	79,02	114,94	129,31	74,14	107,85	121,33	69,37	100,90	113,51
	V	3 054,75	168,01	244,38	274,92	IV	2 511,—	135,20	196,66	221,24	132,30	192,44	216,50	129,41	188,23	211,76	126,50	184,01	207,01	123,61	179,80	202,27	120,71	175,58	197,52
	VI	3 086,91	169,78	246,95	277,82																				
7 979,99	I,IV	2 512,33	138,17	200,98	226,10	I	2 512,33	132,37	192,54	216,61	126,57	184,11	207,12	120,78	175,68	197,64	114,98	167,24	188,15	109,18	158,81	178,66	103,38	150,38	169,17
	II	2 466,50	135,65	197,32	221,98	II	2 466,50	129,85	188,88	212,49	124,06	180,45	203,—	118,26	172,02	193,52	112,46	163,58	184,03	106,66	155,15	174,54	100,87	146,72	165,06
	III	1 809,83	99,54	144,78	162,88	III	1 809,83	94,27	137,13	154,27	89,11	129,62	145,82	84,05	122,26	137,54	79,08	115,02	129,40	74,20	107,93	121,42	69,42	100,98	113,60
	V	3 056,—	168,08	244,48	275,04	IV	2 512,33	135,27	196,76	221,36	132,37	192,54	216,61	129,47	188,33	211,87	126,57	184,11	207,12	123,68	179,90	202,38	120,78	175,68	197,64
	VI	3 088,16	169,84	247,05	277,93																				
7 982,99	I,IV	2 513,58	138,24	201,08	226,22	I	2 513,58	132,44	192,65	216,73	126,65	184,22	207,24	120,85	175,78	197,75	115,05	167,34	188,26	109,25	158,91	178,77	103,45	150,48	169,29
	II	2 467,75	135,72	197,42	222,09	II	2 467,75	129,92	188,98	212,60	124,13	180,55	203,12	118,33	172,12	193,63	112,53	163,68	184,14	106,73	155,25	174,65	100,93	146,82	165,17
	III	1 811,—	99,60	144,88	162,99	III	1 811,—	94,34	137,22	154,37	89,18	129,72	145,93	84,11	122,34	137,63	79,14	115,12	129,51	74,26	108,02	121,52	69,48	101,06	113,69
	V	3 057,25	168,14	244,58	275,15	IV	2 513,58	135,34	196,86	221,47	132,44	192,65	216,73	129,54	188,43	211,98	126,65	184,22	207,24	123,75	180,—	202,50	120,85	175,78	197,75
	VI	3 089,41	169,91	247,15	278,04																				
7 985,99	I,IV	2 514,83	138,31	201,18	226,33	I	2 514,83	132,51	192,75	216,84	126,72	184,32	207,36	120,92	175,88	197,87	115,12	167,45	188,38	109,32	159,02	178,89	103,52	150,58	169,40
	II	2 469,—	135,79	197,52	222,21	II	2 469,—	129,99	189,08	212,72	124,19	180,65	203,23	118,40	172,22	193,74	112,60	163,78	184,25	106,80	155,35	174,77	101,—	146,92	165,28
	III	1 812,—	99,66	144,96	163,08	III	1 812,—	94,40	137,32	154,48	89,24	129,81	146,03	84,17	122,44	137,74	79,20	115,20	129,60	74,32	108,10	121,61	69,53	101,14	113,78
	V	3 058,50	168,21	244,68	275,26	IV	2 514,83	135,41	196,96	221,58	132,51	192,75	216,84	129,61	188,53	212,09	126,72	184,32	207,36	123,81	180,10	202,61	120,92	175,88	197,87
	VI	3 090,75	169,99	247,26	278,16																				
7 988,99	I,IV	2 516,08	138,38	201,28	226,44	I	2 516,08	132,58	192,85	216,95	126,78	184,42	207,47	120,99	175,98	197,98	115,19	167,55	188,49	109,39	159,12	179,01	103,59	150,68	169,52
	II	2 470,33	135,86	197,62	222,32	II	2 470,33	130,06	189,18	212,83	124,26	180,75	203,34	118,47	172,32	193,86	112,67	163,88	184,37	106,87	155,45	174,88	101,07	147,02	165,39
	III	1 813,16	99,72	145,05	163,18	III	1 813,16	94,47	137,41	154,58	89,30	129,89	146,12	84,23	122,52	137,83	79,26	115,29	129,70	74,37	108,18	121,70	69,59	101,22	113,87
	V	3 059,75	168,28	244,78	275,37	IV	2 516,08	135,48	197,06	221,69	132,58	192,85	216,95	129,68	188,63	212,21	126,78	184,42	207,47	123,88	180,20	202,72	120,99	175,98	197,98
	VI	3 092,—	170,06	247,36	278,28																				
7 991,99	I,IV	2 517,33	138,45	201,38	226,55	I	2 517,33	132,65	192,95	217,07	126,85	184,52	207,58	121,05	176,08	198,09	115,26	167,65	188,60	109,46	159,22	179,12	103,66	150,78	169,63
	II	2 471,58	135,93	197,72	222,44	II	2 471,58	130,13	189,29	212,95	124,34	180,86	203,46	118,54	172,42	193,97	112,74	163,98	184,48	106,94	155,55	174,99	101,14	147,12	165,51
	III	1 814,33	99,78	145,14	163,28	III	1 814,33	94,52	137,49	154,67	89,36	129,98	146,23	84,29	122,61	137,93	79,31	115,37	129,79	74,44	108,28	121,81	69,65	101,32	113,98
	V	3 061,—	168,35	244,88	275,49	IV	2 517,33	135,55	197,16	221,81	132,65	192,95	217,07	129,75	188,73	212,32	126,85	184,52	207,58	123,95	180,30	202,83	121,05	176,08	198,09
	VI	3 093,25	170,12	247,46	278,39																				
7 994,99	I,IV	2 518,58	138,52	201,48	226,67	I	2 518,58	132,72	193,05	217,18	126,92	184,62	207,69	121,12	176,18	198,20	115,33	167,75	188,72	109,53	159,32	179,23	103,73	150,88	169,74
	II	2 472,83	136,—	197,82	222,55	II	2 472,83	130,20	189,39	213,06	124,41	180,96	203,58	118,61	172,52	194,09	112,81	164,09	184,60	107,01	155,66	175,11	101,21	147,22	165,62
	III	1 815,50	99,85	145,24	163,39	III	1 815,50	94,59	137,58	154,78	89,43	130,08	146,34	84,35	122,69	138,02	79,37	115,45	129,88	74,49	108,36	121,90	69,71	101,40	114,07
	V	3 062,33	168,42	244,98	275,60	IV	2 518,58	135,62	197,27	221,93	132,72	193,05	217,18	129,82	188,84	212,44	126,92	184,62	207,69	124,02	180,40	202,95	121,12	176,18	198,20
	VI	3 094,50	170,19	247,56	278,50																				
7 997,99	I,IV	2 519,83	138,59	201,58	226,78	I	2 519,83	132,79	193,15	217,29	126,99	184,72	207,81	121,19	176,28	198,32	115,39	167,85	188,83	109,60	159,42	179,34	103,80	150,98	169,85
	II	2 474,08	136,07	197,92	222,66	II	2 474,08	130,27	189,49	213,17	124,47	181,06	203,69	118,68	172,62	194,20	112,88	164,19	184,71	107,08	155,76	175,23	101,28	147,32	165,74
	III	1 816,66	99,91	145,33	163,49	III	1 816,66	94,65	137,68	154,89	89,48	130,16	146,43	84,41	122,78	138,13	79,43	115,54	129,98	74,55	108,44	121,99	69,76	101,48	114,16
	V	3 063,58	168,49	245,08	275,72	IV	2 519,83	135,69	197,37	222,04	132,79	193,15	217,29	129,89	188,94	212,55	126,99	184,72	207,81	124,09	180,50	203,06	121,19	176,28	198,32
	VI	3 095,75	170,26	247,66	278,61																				
8 000,99	I,IV	2 521,08	138,65	201,68	226,89	I	2 521,08	132,86	193,25	217,40	127,06	184,82	207,92	121,26	176,38	198,43	115,46	167,95	188,94	109,67	159,52	179,46	103,87	151,08	169,97
	II	2 475,33	136,14	198,02	222,77	II	2 475,33	130,34	189,59	213,29	124,54	181,16	203,80	118,74	172,72	194,31	112,95	164,29	184,82	107,15	155,86	175,34	101,35	147,42	165,85
	III	1 817,83	99,98	145,42	163,60	III	1 817,83	94,71	137,77	154,99	89,54	130,25	146,53	84,47	122,86	138,22	79,49	115,62	130,07	74,60	108,52	122,08	69,82	101,56	114,25
	V	3 064,83	168,56	245,18	275,83	IV	2 521,08	135,76	197,47	222,15	132,86	193,25	217,40	129,96	189,04	212,67	127,06	184,82	207,92	124,16	180,60	203,18	121,26	176,38	198,43
	VI	3 097,—	170,33	247,76	278,73																				
8 003,99	I,IV	2 522,33	138,72	201,78	227,—	I	2 522,33	132,93	193,35	217,52	127,13	184,92	208,03	121,33	176,48	198,54	115,53	168,05	189,05	109,73	159,62	179,57	103,94	151,18	170,08
	II	2 476,58	136,21	198,12	222,89	II	2 476,58	130,41	189,69	213,40	124,61	181,26	203,91	118,81	172,82	194,42	113,02	164,39	184,94	107,22	155,96	175,45	101,42	147,52	165,96
	III	1 819,—	100,04	145,52	163,71	III	1 819,—	94,78	137,86	155,09	89,61	130,34	146,63	84,53	122,96	138,33	79,55	115,72	130,18	74,67	108,61	122,18	69,87	101,64	114,34
	V	3 066,08	168,63	245,28	275,94	IV	2 522,33	135,83	197,57	222,26	132,93	193,35	217,52	130,03	189,14	212,78	127,13	184,92	208,03	124,23	180,70	203,29	121,33	176,48	198,54
	VI	3 098,25	170,40	247,86	278,84																				
8 006,99	I,IV	2 523,66	138,80	201,89	227,12	I	2 523,66	133,—	193,46	217,64	127,20	185,02	208,15	121,40	176,58	198,65	115,60	168,15	189,17	109,80	159,72	179,68	104,—	151,28	170,19
	II	2 477,83	136,28	198,22	223,—	II	2 477,83	130,48	189,79	213,51	124,68	181,36	204,03	118,88	172,92	194,54	113,08	164,49	185,05	107,29	156,06	175,56	101,49	147,62	166,07
	III	1 820,16	100,10	145,61	163,81	III	1 820,16	94,83	137,94	155,18	89,66	130,42	146,72	84,59	123,04	138,42	79,61	115,80	130,27	74,72	108,69	122,27	69,93	101,72	114,43
	V	3 067,33	168,70	245,38	276,05	IV	2 523,66	135,90	197,67	222,38	133,—	193,46	217,64	130,10	189,24	212,89	127,20	185,02	208,15	124,30	180,80	203,40	121,40	176,58	198,65
	VI	3 099,50	170,47	247,96	278,95																				
8 009,99	I,IV	2 524,91	138,87	201,99	227,24	I	2 524,91	133,07	193,56	217,75	127,27	185,12	208,26	121,47	176,69	198,77	115,67	168,26	189,29	109,88	159,82	179,80	104,07	151,38	170,30
	II	2 479,08	136,34	198,32	223,11	II	2 479,08	130,55	189,89	213,62	124,75	181,46	204,14	118,95	173,02	194,65	113,15	164,59	185,16	107,36	156,16	175,68	101,56	147,72	166,19
	III	1 821,33	100,17	145,70	163,91	III	1 821,33	94,90	138,04	155,29	89,73	130,52	146,83	84,65	123,13	138,52	79,67	115,89	130,37	74,78	108,77	122,36	69,99	101,81	114,53
	V	3 068,58	168,77	245,48	276,17	IV	2 524,91	135,96	197,77	222,49	133,07	193,56	217,75	130,17	189,34	213,—	127,27	185,12	208,26	124,37	180,90	203,51	121,47	176,69	198,77
	VI	3 100,83	170,54	248,06	279,07																				

* Die ausgewiesenen Tabellenwerte sind amtlich. Siehe Erläuterungen auf der Umschlaginnenseite (U2).

Lohn/ Gehalt bis €*		I – VI LSt	ohne Kinderfreibeträge SolZ	8%	9%	I, II, III, IV	LSt	0,5 SolZ	8%	9%	1 SolZ	8%	9%	1,5 SolZ	8%	9%	2 SolZ	8%	9%	2,5 SolZ	8%	9%	3 SolZ	8%	9%
8 012,99	I,IV	2 526,16	138,93	202,09	227,35	I	2 526,16	133,14	193,66	217,86	127,34	185,22	208,37	121,54	176,79	198,89	115,74	168,36	189,40	109,94	159,92	179,91	104,15	151,49	170,42
	II	2 480,33	136,41	198,42	223,22	II	2 480,33	130,62	189,99	213,74	124,82	181,56	204,25	119,02	173,12	194,76	113,22	164,69	185,27	107,42	156,26	175,79	101,63	147,82	166,30
	III	1 822,50	100,23	145,80	164,02	III	1 822,50	94,96	138,13	155,39	89,79	130,61	146,93	84,71	123,22	138,62	79,73	115,97	130,46	74,84	108,86	122,47	70,05	101,89	114,62
	V	3 069,83	168,84	245,58	276,28	IV	2 526,16	136,03	197,87	222,60	133,14	193,66	217,86	130,24	189,44	213,12	127,34	185,22	208,37	124,44	181,—	203,63	121,54	176,79	198,89
	VI	3 102,08	170,61	248,16	279,18																				
8 015,99	I,IV	2 527,41	139,—	202,19	227,46	I	2 527,41	133,21	193,76	217,98	127,41	185,32	208,49	121,61	176,89	199,—	115,81	168,46	189,51	110,01	160,02	180,02	104,22	151,59	170,54
	II	2 481,66	136,49	198,53	223,34	II	2 481,66	130,69	190,10	213,86	124,89	181,66	204,37	119,09	173,22	194,87	113,29	164,79	185,39	107,49	156,36	175,90	101,69	147,92	166,41
	III	1 823,66	100,30	145,89	164,12	III	1 823,66	95,03	138,22	155,50	89,85	130,69	147,02	84,77	123,30	138,71	79,78	116,05	130,55	74,90	108,94	122,56	70,10	101,97	114,71
	V	3 071,08	168,90	245,68	276,39	IV	2 527,41	136,10	197,97	222,71	133,21	193,76	217,98	130,30	189,54	213,23	127,41	185,32	208,49	124,51	181,10	203,74	121,61	176,89	199,—
	VI	3 103,33	170,68	248,26	279,29																				
8 018,99	I,IV	2 528,66	139,07	202,29	227,57	I	2 528,66	133,27	193,86	218,09	127,48	185,42	208,60	121,68	176,99	199,11	115,88	168,56	189,63	110,08	160,12	180,14	104,28	151,69	170,65
	II	2 482,91	136,56	198,63	223,46	II	2 482,91	130,76	190,20	213,97	124,96	181,76	204,48	119,16	173,33	194,99	113,36	164,90	185,51	107,57	156,46	176,02	101,76	148,02	166,52
	III	1 824,83	100,36	145,98	164,23	III	1 824,83	95,09	138,32	155,61	89,91	130,78	147,13	84,83	123,40	138,82	79,85	116,14	130,66	74,95	109,02	122,65	70,16	102,05	114,80
	V	3 072,41	168,98	245,79	276,51	IV	2 528,66	136,18	198,08	222,84	133,27	193,86	218,09	130,38	189,64	213,35	127,48	185,42	208,60	124,57	181,20	203,85	121,68	176,99	199,11
	VI	3 104,58	170,75	248,36	279,41																				
8 021,99	I,IV	2 529,91	139,14	202,39	227,69	I	2 529,91	133,34	193,96	218,20	127,54	185,52	208,71	121,75	177,09	199,22	115,95	168,66	189,74	110,15	160,22	180,25	104,35	151,79	170,76
	II	2 484,16	136,62	198,73	223,57	II	2 484,16	130,83	190,30	214,08	125,03	181,86	204,59	119,23	173,43	195,11	113,43	165,—	185,62	107,63	156,56	176,13	101,84	148,13	166,64
	III	1 826,—	100,43	146,08	164,34	III	1 826,—	95,15	138,40	155,70	89,98	130,88	147,24	84,89	123,48	138,91	79,90	116,22	130,75	75,02	109,12	122,76	70,21	102,13	114,89
	V	3 073,66	169,05	245,89	276,62	IV	2 529,91	136,24	198,18	222,95	133,34	193,96	218,20	130,45	189,74	213,46	127,54	185,52	208,71	124,65	181,31	203,97	121,75	177,09	199,22
	VI	3 105,83	170,82	248,46	279,52																				
8 024,99	I,IV	2 531,16	139,21	202,49	227,80	I	2 531,16	133,41	194,06	218,31	127,61	185,62	208,82	121,82	177,19	199,34	116,02	168,76	189,85	110,22	160,32	180,36	104,42	151,89	170,87
	II	2 485,41	136,69	198,83	223,68	II	2 485,41	130,90	190,40	214,20	125,10	181,96	204,71	119,30	173,53	195,22	113,50	165,10	185,73	107,70	156,66	176,24	101,91	148,23	166,76
	III	1 827,—	100,48	146,16	164,43	III	1 827,—	95,21	138,49	155,80	90,03	130,96	147,33	84,95	123,57	139,01	79,97	116,32	130,86	75,07	109,20	122,85	70,28	102,22	115,—
	V	3 074,91	169,12	245,99	276,74	IV	2 531,16	136,31	198,28	223,06	133,41	194,06	218,31	130,51	189,84	213,57	127,61	185,62	208,82	124,72	181,41	204,08	121,82	177,19	199,34
	VI	3 107,08	170,88	248,56	279,63																				
8 027,99	I,IV	2 532,41	139,28	202,59	227,91	I	2 532,41	133,48	194,16	218,43	127,68	185,72	208,94	121,88	177,29	199,45	116,09	168,86	189,96	110,29	160,42	180,47	104,49	151,99	170,99
	II	2 486,66	136,76	198,93	223,79	II	2 486,66	130,96	190,50	214,31	125,17	182,06	204,82	119,37	173,63	195,33	113,57	165,20	185,85	107,77	156,76	176,36	101,97	148,33	166,87
	III	1 828,16	100,54	146,25	164,53	III	1 828,16	95,27	138,58	155,90	90,09	131,05	147,43	85,01	123,65	139,10	80,02	116,40	130,95	75,13	109,28	122,94	70,33	102,30	115,09
	V	3 076,16	169,18	246,09	276,85	IV	2 532,41	136,38	198,38	223,17	133,48	194,16	218,43	130,58	189,94	213,68	127,68	185,72	208,94	124,79	181,51	204,20	121,88	177,29	199,45
	VI	3 108,33	170,95	248,66	279,74																				
8 030,99	I,IV	2 533,75	139,35	202,70	228,03	I	2 533,75	133,55	194,26	218,54	127,75	185,82	209,05	121,95	177,39	199,56	116,16	168,96	190,08	110,36	160,52	180,59	104,56	152,09	171,10
	II	2 487,91	136,83	199,03	223,91	II	2 487,91	131,03	190,60	214,42	125,23	182,16	204,93	119,44	173,73	195,44	113,64	165,30	185,96	107,84	156,86	176,47	102,04	148,43	166,98
	III	1 829,33	100,61	146,34	164,63	III	1 829,33	95,34	138,68	156,01	90,16	131,14	147,53	85,07	123,74	139,21	80,08	116,49	131,05	75,19	109,37	123,04	70,39	102,38	115,18
	V	3 077,41	169,25	246,19	276,96	IV	2 533,75	136,45	198,48	223,29	133,55	194,26	218,54	130,65	190,04	213,80	127,75	185,82	209,05	124,85	181,61	204,31	121,95	177,39	199,56
	VI	3 109,58	171,02	248,76	279,86																				
8 033,99	I,IV	2 535,—	139,42	202,80	228,15	I	2 535,—	133,62	194,36	218,66	127,82	185,93	209,17	122,03	177,50	199,68	116,23	169,06	190,19	110,43	160,62	180,70	104,63	152,19	171,21
	II	2 489,16	136,90	199,13	224,02	II	2 489,16	131,10	190,70	214,53	125,30	182,26	205,04	119,51	173,83	195,56	113,71	165,40	186,07	107,91	156,96	176,58	102,11	148,53	167,09
	III	1 830,50	100,67	146,44	164,74	III	1 830,50	95,40	138,77	156,11	90,21	131,22	147,62	85,14	123,84	139,32	80,14	116,57	131,14	75,24	109,45	123,13	70,44	102,46	115,27
	V	3 078,66	169,32	246,29	277,07	IV	2 535,—	136,52	198,58	223,40	133,62	194,36	218,66	130,72	190,14	213,91	127,82	185,93	209,17	124,92	181,71	204,42	122,03	177,50	199,68
	VI	3 110,91	171,10	248,87	279,98																				
8 036,99	I,IV	2 536,25	139,49	202,90	228,26	I	2 536,25	133,69	194,46	218,77	127,89	186,03	209,28	122,10	177,60	199,80	116,30	169,16	190,31	110,50	160,73	180,82	104,70	152,30	171,33
	II	2 490,41	136,97	199,23	224,13	II	2 490,41	131,17	190,80	214,65	125,37	182,36	205,16	119,57	173,93	195,67	113,78	165,50	186,18	107,98	157,06	176,69	102,18	148,63	167,21
	III	1 831,66	100,74	146,53	164,84	III	1 831,66	95,47	138,86	156,22	90,28	131,32	147,73	85,19	123,92	139,41	80,19	116,65	131,23	75,30	109,53	123,22	70,50	102,54	115,36
	V	3 079,91	169,39	246,39	277,19	IV	2 536,25	136,59	198,68	223,51	133,69	194,46	218,77	130,79	190,24	214,02	127,89	186,03	209,28	124,99	181,81	204,53	122,10	177,60	199,80
	VI	3 112,16	171,16	248,97	280,09																				
8 039,99	I,IV	2 537,50	139,56	203,—	228,37	I	2 537,50	133,76	194,56	218,88	127,96	186,13	209,39	122,16	177,70	199,91	116,37	169,26	190,42	110,57	160,83	180,93	104,77	152,40	171,45
	II	2 491,75	137,04	199,34	224,25	II	2 491,75	131,24	190,90	214,76	125,44	182,46	205,27	119,64	174,03	195,78	113,85	165,60	186,30	108,05	157,16	176,81	102,25	148,73	167,32
	III	1 832,83	100,80	146,62	164,95	III	1 832,83	95,52	138,94	156,31	90,34	131,41	147,83	85,25	124,01	139,51	80,26	116,74	131,33	75,36	109,62	123,32	70,56	102,64	115,47
	V	3 081,16	169,46	246,49	277,30	IV	2 537,50	136,66	198,78	223,62	133,76	194,56	218,88	130,86	190,34	214,13	127,96	186,13	209,39	125,06	181,91	204,65	122,16	177,70	199,91
	VI	3 113,41	171,23	249,07	280,20																				
8 042,99	I,IV	2 538,75	139,63	203,10	228,48	I	2 538,75	133,83	194,66	218,99	128,03	186,23	209,51	122,23	177,80	200,02	116,43	169,36	190,53	110,64	160,93	181,04	104,84	152,50	171,56
	II	2 493,—	137,11	199,44	224,37	II	2 493,—	131,31	191,—	214,88	125,51	182,57	205,39	119,72	174,14	195,90	113,92	165,70	186,41	108,12	157,26	176,92	102,32	148,83	167,43
	III	1 834,—	100,87	146,72	165,06	III	1 834,—	95,59	139,04	156,42	90,41	131,50	147,94	85,31	124,09	139,60	80,31	116,82	131,42	75,42	109,70	123,41	70,62	102,72	115,56
	V	3 082,41	169,53	246,59	277,41	IV	2 538,75	136,73	198,88	223,74	133,83	194,66	218,99	130,93	190,44	214,25	128,03	186,23	209,51	125,13	182,01	204,76	122,23	177,80	200,02
	VI	3 114,66	171,30	249,17	280,31																				
8 045,99	I,IV	2 540,—	139,70	203,20	228,60	I	2 540,—	133,90	194,76	219,11	128,10	186,33	209,62	122,30	177,90	200,13	116,50	169,46	190,64	110,71	161,03	181,16	104,91	152,60	171,67
	II	2 494,25	137,18	199,54	224,48	II	2 494,25	131,38	191,10	214,99	125,58	182,67	205,50	119,79	174,24	196,02	113,99	165,80	186,53	108,19	157,37	177,04	102,39	148,94	167,55
	III	1 835,16	100,93	146,81	165,16	III	1 835,16	95,65	139,13	156,52	90,46	131,58	148,03	85,37	124,18	139,70	80,38	116,92	131,53	75,47	109,78	123,50	70,67	102,80	115,65
	V	3 083,75	169,60	246,70	277,53	IV	2 540,—	136,80	198,98	223,85	133,90	194,76	219,11	131,—	190,55	214,37	128,10	186,33	209,62	125,20	182,12	204,88	122,30	177,90	200,13
	VI	3 115,91	171,37	249,27	280,43																				
8 048,99	I,IV	2 541,25	139,76	203,30	228,71	I	2 541,25	133,97	194,86	219,22	128,17	186,43	209,73	122,37	178,—	200,25	116,57	169,56	190,76	110,77	161,13	181,27	104,98	152,70	171,78
	II	2 495,50	137,25	199,64	224,59	II	2 495,50	131,45	191,20	215,10	125,65	182,77	205,61	119,85	174,34	196,13	114,06	165,90	186,64	108,26	157,47	177,15	102,46	149,04	167,67
	III	1 836,33	100,99	146,90	165,26	III	1 836,33	95,71	139,22	156,62	90,53	131,68	148,14	85,43	124,26	139,79	80,43	117,—	131,62	75,54	109,88	123,61	70,73	102,88	115,74
	V	3 085,—	169,67	246,80	277,65	IV	2 541,25	136,87	199,08	223,97	133,97	194,86	219,22	131,07	190,65	214,48	128,17	186,43	209,73	125,27	182,22	204,99	122,37	178,—	200,25
	VI	3 117,16	171,44	249,37	280,54																				
8 051,99	I,IV	2 542,50	139,83	203,40	228,82	I	2 542,50	134,03	194,96	219,33	128,24	186,53	209,84	122,44	178,10	200,36	116,64	169,66	190,87	110,84	161,23	181,38	105,05	152,80	171,90
	II	2 496,75	137,32	199,74	224,70	II	2 496,75	131,52	191,30	215,21	125,72	182,87	205,73	119,92	174,44	196,24	114,12	166,—	186,75	108,33	157,57	177,26	102,53	149,14	167,78
	III	1 837,50	101,06	147,—	165,37	III	1 837,50	95,78	139,32	156,73	90,59	131,77	148,24	85,49	124,36	139,90	80,50	117,09	131,72	75,59	109,96	123,70	70,78	102,96	115,83
	V	3 086,25	169,74	246,90	277,76	IV	2 542,50	136,94	199,18	224,08	134,03	194,96	219,33	131,14	190,75	214,59	128,24	186,53	209,84	125,34	182,32	205,11	122,44	178,10	200,36
	VI	3 118,41	171,51	249,47	280,65																				
8 054,99	I,IV	2 543,83	139,91	203,50	228,94	I	2 543,83	134,10	195,06	219,44	128,31	186,63	209,96	122,51	178,20	200,47	116,71	169,76	190,98	110,91	161,33	181,49	105,11	152,90	172,01
	II	2 498,—	137,39	199,84	224,82	II	2 498,—	131,59	191,40	215,33	125,79	182,97	205,84	119,99	174,54	196,35	114,19	166,10	186,86	108,40	157,67	177,38	102,60	149,24	167,89
	III	1 838,66	101,12	147,09	165,47	III	1 838,66	95,83	139,40	156,82	90,64	131,85	148,33	85,56	124,45	140,—	80,55	117,17	131,81	75,65	110,04	123,79	70,84	103,05	115,93
	V	3 087,50	169,81	247,—	277,87	IV	2 543,83	137,—	199,28	224,19	134,10	195,06	219,44	131,21	190,85	214,70	128,31	186,63	209,96	125,41	182,42	205,22	122,51	178,20	200,47
	VI	3 119,66	171,58	249,57	280,76																				

Abzüge an Lohnsteuer, Solidaritätszuschlag (SolZ) und Kirchensteuer (8%, 9%) in den Steuerklassen; I, II, III, IV: mit Zahl der Kinderfreibeträge . . .

* Die ausgewiesenen Tabellenwerte sind amtlich. Siehe Erläuterungen auf der Umschlaginnenseite (U2).

MONAT 8 055,–*

Lohn/ Gehalt bis €*	Abzüge an Lohnsteuer, Solidaritätszuschlag (SolZ) und Kirchensteuer (8%, 9%) in den Steuerklassen																								
	I – VI					I, II, III, IV																			
			ohne Kinder-freibeträge					mit Zahl der Kinderfreibeträge . . .																	
								0,5			1			1,5			2			2,5			3		
		LSt	SolZ	8%	9%		LSt	SolZ	8%	9%	SolZ	8%	9%	SolZ	8%	9%	SolZ	8%	9%	SolZ	8%	9%	SolZ	8%	9%
8 057,99	I,IV	2 545,08	139,97	203,60	229,05	I	2 545,08	134,18	195,17	219,56	128,38	186,74	210,08	122,58	178,30	200,59	116,78	169,86	191,09	110,98	161,43	181,61	105,18	153,—	172,12
	II	2 499,25	137,45	199,94	224,93	II	2 499,25	131,66	191,50	215,44	125,86	183,07	205,95	120,06	174,64	196,47	114,26	166,20	186,98	108,46	157,77	177,49	102,67	149,34	168,—
	III	1 839,83	101,19	147,18	165,58	III	1 839,83	95,90	139,49	156,92	90,71	131,94	148,43	85,61	124,53	140,09	80,62	117,26	131,92	75,71	110,13	123,89	70,90	103,13	116,02
	V	3 088,75	169,88	247,10	277,98	IV	2 545,08	137,07	199,38	224,30	134,18	195,17	219,56	131,28	190,95	214,82	128,38	186,74	210,08	125,48	182,52	205,33	122,58	178,30	200,59
	VI	3 120,91	171,65	249,67	280,88																				
8 060,99	I,IV	2 546,33	140,04	203,70	229,16	I	2 546,33	134,25	195,27	219,68	128,45	186,84	210,19	122,65	178,40	200,70	116,85	169,97	191,21	111,05	161,54	181,73	105,26	153,10	172,24
	II	2 500,50	137,52	200,04	225,04	II	2 500,50	131,72	191,60	215,55	125,93	183,17	206,06	120,13	174,74	196,58	114,33	166,30	187,09	108,53	157,87	177,60	102,74	149,44	168,12
	III	1 841,—	101,25	147,28	165,69	III	1 841,—	95,96	139,58	157,03	90,77	132,04	148,54	85,68	124,62	140,20	80,67	117,34	132,01	75,77	110,21	123,98	70,95	103,21	116,11
	V	3 090,—	169,95	247,20	278,10	IV	2 546,33	137,14	199,48	224,42	134,25	195,27	219,68	131,34	191,05	214,93	128,45	186,84	210,19	125,55	182,62	205,44	122,65	178,40	200,70
	VI	3 122,25	171,72	249,78	281,—																				
8 063,99	I,IV	2 547,58	140,11	203,80	229,28	I	2 547,58	134,31	195,37	219,79	128,52	186,94	210,30	122,72	178,50	200,81	116,92	170,07	191,33	111,12	161,64	181,84	105,32	153,20	172,35
	II	2 501,83	137,60	200,14	225,16	II	2 501,83	131,79	191,70	215,66	126,—	183,27	206,18	120,20	174,84	196,69	114,40	166,40	187,20	108,60	157,97	177,71	102,80	149,54	168,23
	III	1 842,16	101,31	147,37	165,79	III	1 842,16	96,03	139,68	157,14	90,83	132,12	148,63	85,73	124,70	140,29	80,74	117,44	132,12	75,82	110,29	124,07	71,01	103,29	116,20
	V	3 091,25	170,01	247,30	278,21	IV	2 547,58	137,21	199,58	224,53	134,31	195,37	219,79	131,41	191,15	215,04	128,52	186,94	210,30	125,62	182,72	205,56	122,72	178,50	200,81
	VI	3 123,50	171,79	249,88	281,11																				
8 066,99	I,IV	2 548,83	140,18	203,90	229,39	I	2 548,83	134,38	195,47	219,90	128,59	187,04	210,42	122,79	178,60	200,93	116,99	170,17	191,44	111,19	161,74	181,95	105,39	153,30	172,46
	II	2 503,08	137,66	200,24	225,27	II	2 503,08	131,87	191,81	215,78	126,07	183,38	206,30	120,27	174,94	196,81	114,47	166,50	187,31	108,67	158,07	177,83	102,87	149,64	168,34
	III	1 843,33	101,38	147,46	165,89	III	1 843,33	96,09	139,77	157,24	90,89	132,21	148,73	85,80	124,80	140,40	80,79	117,52	132,21	75,89	110,38	124,18	71,06	103,37	116,29
	V	3 092,50	170,08	247,40	278,32	IV	2 548,83	137,28	199,68	224,64	134,38	195,47	219,90	131,48	191,25	215,15	128,59	187,04	210,42	125,68	182,82	205,67	122,79	178,60	200,93
	VI	3 124,75	171,86	249,98	281,22																				
8 069,99	I,IV	2 550,08	140,25	204,—	229,50	I	2 550,08	134,45	195,57	220,01	128,65	187,14	210,53	122,86	178,70	201,04	117,06	170,27	191,55	111,26	161,84	182,07	105,46	153,40	172,58
	II	2 504,33	137,73	200,34	225,38	II	2 504,33	131,94	191,91	215,90	126,14	183,48	206,41	120,34	175,04	196,92	114,54	166,61	187,43	108,74	158,18	177,95	102,95	149,74	168,46
	III	1 844,50	101,44	147,56	166,—	III	1 844,50	96,15	139,86	157,34	90,96	132,30	148,84	85,85	124,88	140,49	80,85	117,61	132,31	75,94	110,46	124,27	71,13	103,46	116,39
	V	3 093,83	170,16	247,50	278,44	IV	2 550,08	137,35	199,79	224,76	134,45	195,57	220,01	131,56	191,36	215,28	128,65	187,14	210,53	125,76	182,92	205,79	122,86	178,70	201,04
	VI	3 126,—	171,93	250,08	281,34																				
8 072,99	I,IV	2 551,33	140,32	204,10	229,61	I	2 551,33	134,52	195,67	220,13	128,72	187,24	210,64	122,92	178,80	201,15	117,13	170,37	191,66	111,33	161,94	182,18	105,53	153,50	172,69
	II	2 505,58	137,80	200,44	225,50	II	2 505,58	132,—	192,01	216,01	126,21	183,58	206,52	120,41	175,14	197,03	114,61	166,71	187,55	108,81	158,28	178,06	103,01	149,84	168,57
	III	1 845,66	101,51	147,65	166,10	III	1 845,66	96,21	139,94	157,43	91,02	132,40	148,95	85,91	124,97	140,59	80,91	117,69	132,40	76,—	110,54	124,36	71,18	103,54	116,48
	V	3 095,08	170,22	247,60	278,55	IV	2 551,33	137,42	199,89	224,87	134,52	195,67	220,13	131,62	191,46	215,39	128,72	187,24	210,64	125,83	183,02	205,90	122,92	178,80	201,15
	VI	3 127,25	171,99	250,18	281,45																				
8 075,99	I,IV	2 552,58	140,39	204,20	229,73	I	2 552,58	134,59	195,77	220,24	128,79	187,34	210,75	122,99	178,90	201,26	117,20	170,47	191,78	111,40	162,04	182,29	105,60	153,60	172,80
	II	2 506,83	137,87	200,54	225,61	II	2 506,83	132,07	192,11	216,12	126,28	183,68	206,64	120,48	175,24	197,15	114,68	166,81	187,66	108,88	158,38	178,17	103,08	149,94	168,68
	III	1 846,83	101,57	147,74	166,21	III	1 846,83	96,27	140,04	157,54	91,08	132,48	149,04	85,98	125,06	140,69	80,96	117,77	132,49	76,06	110,64	124,47	71,24	103,62	116,57
	V	3 096,33	170,29	247,70	278,66	IV	2 552,58	137,49	199,99	224,99	134,59	195,77	220,24	131,69	191,56	215,50	128,79	187,34	210,75	125,89	183,12	206,01	122,99	178,90	201,26
	VI	3 128,50	172,06	250,28	281,56																				
8 078,99	I,IV	2 553,83	140,46	204,30	229,84	I	2 553,83	134,66	195,87	220,35	128,86	187,44	210,87	123,06	179,—	201,38	117,26	170,57	191,89	111,47	162,14	182,40	105,67	153,70	172,91
	II	2 508,08	137,94	200,64	225,72	II	2 508,08	132,14	192,21	216,23	126,34	183,78	206,75	120,55	175,34	197,26	114,75	166,91	187,77	108,95	158,48	178,29	103,15	150,04	168,80
	III	1 848,—	101,64	147,84	166,32	III	1 848,—	96,34	140,13	157,64	91,14	132,57	149,14	86,03	125,14	140,78	81,03	117,86	132,59	76,12	110,72	124,56	71,29	103,70	116,66
	V	3 097,58	170,36	247,80	278,78	IV	2 553,83	137,56	200,09	225,10	134,66	195,87	220,35	131,76	191,66	215,61	128,86	187,44	210,87	125,96	183,22	206,12	123,06	179,—	201,38
	VI	3 129,75	172,13	250,38	281,67																				
8 081,99	I,IV	2 555,16	140,53	204,41	229,96	I	2 555,16	134,73	195,98	220,47	128,93	187,54	210,98	123,13	179,10	201,49	117,33	170,67	192,—	111,54	162,24	182,52	105,74	153,80	173,03
	II	2 509,33	138,01	200,74	225,83	II	2 509,33	132,21	192,31	216,35	126,41	183,88	206,86	120,61	175,44	197,37	114,82	167,01	187,88	109,02	158,58	178,40	103,22	150,14	168,91
	III	1 849,16	101,70	147,93	166,42	III	1 849,16	96,40	140,22	157,75	91,20	132,66	149,24	86,10	125,24	140,89	81,08	117,94	132,68	76,17	110,80	124,65	71,36	103,80	116,77
	V	3 098,83	170,43	247,90	278,89	IV	2 555,16	137,63	200,19	225,21	134,73	195,98	220,47	131,83	191,76	215,73	128,93	187,54	210,98	126,03	183,32	206,24	123,13	179,10	201,49
	VI	3 131,—	172,20	250,48	281,79																				
8 084,99	I,IV	2 556,41	140,60	204,51	230,07	I	2 556,41	134,80	196,08	220,59	129,—	187,64	211,10	123,20	179,21	201,61	117,41	170,78	192,12	111,61	162,34	182,63	105,81	153,90	173,14
	II	2 510,58	138,08	200,84	225,95	II	2 510,58	132,28	192,41	216,46	126,48	183,98	206,97	120,68	175,54	197,48	114,89	167,11	188,—	109,09	158,68	178,51	103,29	150,24	169,02
	III	1 850,33	101,76	148,02	166,52	III	1 850,33	96,47	140,32	157,86	91,26	132,74	149,33	86,15	125,32	140,98	81,15	118,04	132,79	76,23	110,89	124,75	71,41	103,88	116,86
	V	3 100,08	170,50	248,—	279,—	IV	2 556,41	137,70	200,29	225,32	134,80	196,08	220,59	131,90	191,86	215,84	129,—	187,64	211,10	126,10	183,42	206,35	123,20	179,21	201,61
	VI	3 132,33	172,27	250,58	281,90																				
8 087,99	I,IV	2 557,66	140,67	204,61	230,18	I	2 557,66	134,87	196,18	220,70	129,07	187,74	211,21	123,27	179,31	201,72	117,48	170,88	192,24	111,68	162,44	182,75	105,88	154,01	173,26
	II	2 511,83	138,15	200,94	226,06	II	2 511,83	132,35	192,51	216,57	126,55	184,08	207,09	120,75	175,64	197,60	114,95	167,21	188,11	109,16	158,78	178,62	103,36	150,34	169,13
	III	1 851,50	101,83	148,12	166,63	III	1 851,50	96,53	140,41	157,96	91,32	132,84	149,44	86,22	125,41	141,08	81,20	118,12	132,88	76,29	110,97	124,84	71,47	103,96	116,95
	V	3 101,33	170,57	248,10	279,11	IV	2 557,66	137,77	200,39	225,44	134,87	196,18	220,70	131,97	191,96	215,95	129,07	187,74	211,21	126,17	183,52	206,46	123,27	179,31	201,72
	VI	3 133,58	172,34	250,68	282,02																				
8 090,99	I,IV	2 558,91	140,74	204,71	230,30	I	2 558,91	134,94	196,28	220,81	129,14	187,84	211,32	123,34	179,41	201,83	117,54	170,98	192,35	111,75	162,54	182,86	105,95	154,11	173,37
	II	2 513,16	138,22	201,05	226,18	II	2 513,16	132,42	192,62	216,69	126,62	184,18	207,20	120,82	175,74	197,71	115,02	167,31	188,22	109,23	158,88	178,74	103,43	150,44	169,25
	III	1 852,50	101,88	148,20	166,72	III	1 852,50	96,58	140,49	158,05	91,39	132,93	149,54	86,28	125,50	141,19	81,27	118,21	132,98	76,34	111,05	124,93	71,52	104,04	117,04
	V	3 102,58	170,64	248,20	279,23	IV	2 558,91	137,83	200,49	225,55	134,94	196,28	220,81	132,04	192,06	216,06	129,14	187,84	211,32	126,24	183,62	206,57	123,34	179,41	201,83
	VI	3 134,83	172,41	250,78	282,13																				
8 093,99	I,IV	2 560,16	140,80	204,81	230,41	I	2 560,16	135,01	196,38	220,92	129,21	187,94	211,43	123,41	179,51	201,95	117,61	171,08	192,46	111,81	162,64	182,97	106,02	154,21	173,48
	II	2 514,41	138,29	201,15	226,29	II	2 514,41	132,49	192,72	216,81	126,69	184,28	207,32	120,89	175,85	197,83	115,10	167,42	188,34	109,30	158,98	178,85	103,50	150,54	169,36
	III	1 853,66	101,95	148,29	166,82	III	1 853,66	96,65	140,58	158,15	91,45	133,02	149,65	86,34	125,58	141,28	81,32	118,29	133,07	76,41	111,14	125,03	71,58	104,12	117,13
	V	3 103,91	170,71	248,31	279,35	IV	2 560,16	137,91	200,60	225,67	135,01	196,38	220,92	132,11	192,16	216,18	129,21	187,94	211,43	126,31	183,72	206,69	123,41	179,51	201,95
	VI	3 136,08	172,48	250,88	282,24																				
8 096,99	I,IV	2 561,41	140,87	204,91	230,52	I	2 561,41	135,08	196,48	221,04	129,28	188,04	211,55	123,48	179,61	202,06	117,68	171,18	192,57	111,88	162,74	183,08	106,09	154,31	173,60
	II	2 515,66	138,36	201,25	226,40	II	2 515,66	132,56	192,82	216,92	126,76	184,38	207,43	120,96	175,95	197,94	115,17	167,52	188,46	109,37	159,08	178,97	103,57	150,65	169,48
	III	1 854,83	102,01	148,38	166,93	III	1 854,83	96,71	140,68	158,26	91,51	133,10	149,74	86,40	125,68	141,39	81,39	118,38	133,18	76,46	111,22	125,12	71,64	104,21	117,23
	V	3 105,16	170,78	248,41	279,46	IV	2 561,41	137,98	200,70	225,78	135,08	196,48	221,04	132,18	192,26	216,29	129,28	188,04	211,55	126,38	183,83	206,81	123,48	179,61	202,06
	VI	3 137,33	172,55	250,98	282,35																				
8 099,99	I,IV	2 562,66	140,94	205,01	230,63	I	2 562,66	135,14	196,58	221,15	129,35	188,14	211,66	123,55	179,71	202,17	117,75	171,28	192,69	111,95	162,84	183,20	106,15	154,41	173,71
	II	2 516,91	138,43	201,35	226,52	II	2 516,91	132,63	192,92	217,03	126,83	184,48	207,54	121,03	176,05	198,05	115,23	167,62	188,57	109,44	159,18	179,08	103,64	150,75	169,59
	III	1 856,—	102,08	148,48	167,04	III	1 856,—	96,78	140,77	158,36	91,57	133,20	149,85	86,46	125,76	141,48	81,44	118,46	133,27	76,52	111,30	125,21	71,70	104,29	117,32
	V	3 106,41	170,85	248,51	279,57	IV	2 562,66	138,05	200,80	225,90	135,14	196,58	221,15	132,25	192,36	216,41	129,35	188,14	211,66	126,45	183,93	206,92	123,55	179,71	202,17
	VI	3 138,58	172,62	251,08	282,47																				

* Die ausgewiesenen Tabellenwerte sind amtlich. Siehe Erläuterungen auf der Umschlaginnenseite (U2).

Lohn/ Gehalt bis €*	Abzüge an Lohnsteuer, Solidaritätszuschlag (SolZ) und Kirchensteuer (8%, 9%) in den Steuerklassen I – VI					I, II, III, IV		mit Zahl der Kinderfreibeträge . . . 0,5			1			1,5			2			2,5			3		
		LSt	ohne Kinderfreibeträge SolZ	8%	9%		LSt	SolZ	8%	9%	SolZ	8%	9%	SolZ	8%	9%	SolZ	8%	9%	SolZ	8%	9%	SolZ	8%	9%
8 102,99	I,IV	2 563,91	141,01	205,11	230,75	I	2 563,91	135,21	196,68	221,26	129,41	188,24	211,77	123,62	179,81	202,28	117,82	171,38	192,80	112,02	162,94	183,31	106,22	154,51	173,82
	II	2 518,16	138,49	201,45	226,63	II	2 518,16	132,70	193,02	217,14	126,90	184,58	207,65	121,10	176,15	198,17	115,30	167,72	188,68	109,50	159,28	179,19	103,71	150,85	169,70
	III	1 857,16	102,14	148,57	167,14	III	1 857,16	96,84	140,86	158,47	91,63	133,29	149,95	86,52	125,85	141,58	81,51	118,56	133,38	76,58	111,40	125,32	71,75	104,37	117,41
	V	3 107,66	170,92	248,61	279,68	IV	2 563,91	138,11	200,90	226,01	135,21	196,68	221,26	132,32	192,46	216,52	129,41	188,24	211,77	126,52	184,03	207,03	123,62	179,81	202,28
	VI	3 139,83	172,69	251,18	282,58																				
8 105,99	I,IV	2 565,25	141,08	205,22	230,87	I	2 565,25	135,29	196,78	221,38	129,48	188,34	211,88	123,69	179,91	202,40	117,89	171,48	192,91	112,09	163,04	183,42	106,29	154,61	173,93
	II	2 519,41	138,56	201,55	226,74	II	2 519,41	132,77	193,12	217,26	126,97	184,68	207,77	121,17	176,25	198,28	115,37	167,82	188,79	109,57	159,38	179,30	103,78	150,95	169,82
	III	1 858,33	102,20	148,66	167,24	III	1 858,33	96,91	140,96	158,58	91,70	133,38	150,05	86,58	125,94	141,68	81,56	118,64	133,47	76,64	111,48	125,41	71,81	104,45	117,50
	V	3 108,91	170,99	248,71	279,80	IV	2 565,25	138,18	201,—	226,12	135,29	196,78	221,38	132,38	192,56	216,63	129,48	188,34	211,88	126,59	184,13	207,14	123,69	179,91	202,40
	VI	3 141,08	172,75	251,28	282,69																				
8 108,99	I,IV	2 566,50	141,15	205,32	230,98	I	2 566,50	135,35	196,88	221,49	129,56	188,45	212,—	123,76	180,02	202,52	117,96	171,58	193,03	112,16	163,14	183,53	106,36	154,71	174,05
	II	2 520,66	138,63	201,65	226,85	II	2 520,66	132,83	193,22	217,37	127,04	184,78	207,88	121,24	176,35	198,39	115,44	167,92	188,91	109,64	159,48	179,42	103,84	151,05	169,93
	III	1 859,50	102,27	148,76	167,35	III	1 859,50	96,97	141,05	158,68	91,75	133,46	150,14	86,64	126,02	141,77	81,62	118,73	133,57	76,69	111,56	125,50	71,87	104,54	117,61
	V	3 110,16	171,05	248,81	279,91	IV	2 566,50	138,25	201,10	226,23	135,35	196,88	221,49	132,45	192,66	216,74	129,56	188,45	212,—	126,66	184,23	207,26	123,76	180,02	202,52
	VI	3 142,41	172,83	251,39	282,81																				
8 111,99	I,IV	2 567,75	141,22	205,42	231,09	I	2 567,75	135,42	196,98	221,60	129,63	188,55	212,12	123,83	180,12	202,63	118,03	171,68	193,14	112,23	163,25	183,65	106,43	154,82	174,17
	II	2 521,91	138,70	201,75	226,97	II	2 521,91	132,90	193,32	217,48	127,10	184,88	207,99	121,31	176,45	198,50	115,51	168,02	189,02	109,71	159,58	179,53	103,91	151,15	170,04
	III	1 860,66	102,33	148,85	167,45	III	1 860,66	97,02	141,13	158,77	91,82	133,56	150,25	86,70	126,12	141,88	81,68	118,81	133,66	76,76	111,65	125,60	71,93	104,62	117,70
	V	3 111,41	171,12	248,91	280,02	IV	2 567,75	138,32	201,20	226,35	135,42	196,98	221,60	132,52	192,76	216,86	129,63	188,55	212,12	126,72	184,33	207,37	123,83	180,12	202,63
	VI	3 143,66	172,90	251,49	282,92																				
8 114,99	I,IV	2 569,—	141,29	205,52	231,21	I	2 569,—	135,49	197,08	221,72	129,69	188,65	212,23	123,90	180,22	202,74	118,10	171,78	193,25	112,30	163,35	183,77	106,50	154,92	174,28
	II	2 523,25	138,77	201,86	227,09	II	2 523,25	132,98	193,42	217,60	127,17	184,98	208,10	121,38	176,55	198,62	115,58	168,12	189,13	109,78	159,68	179,64	103,98	151,25	170,15
	III	1 861,83	102,40	148,94	167,56	III	1 861,83	97,09	141,22	158,87	91,88	133,65	150,35	86,76	126,20	141,97	81,74	118,90	133,76	76,81	111,73	125,69	71,98	104,70	117,79
	V	3 112,66	171,19	249,01	280,13	IV	2 569,—	138,39	201,30	226,46	135,49	197,08	221,72	132,59	192,86	216,97	129,69	188,65	212,23	126,79	184,43	207,48	123,90	180,22	202,74
	VI	3 144,91	172,97	251,59	283,04																				
8 117,99	I,IV	2 570,25	141,36	205,62	231,32	I	2 570,25	135,56	197,18	221,83	129,76	188,75	212,34	123,97	180,32	202,86	118,17	171,88	193,37	112,37	163,45	183,88	106,57	155,02	174,39
	II	2 524,50	138,84	201,96	227,20	II	2 524,50	133,04	193,52	217,71	127,25	185,09	208,22	121,45	176,66	198,74	115,65	168,22	189,25	109,85	159,78	179,75	104,05	151,35	170,27
	III	1 863,—	102,46	149,04	167,67	III	1 863,—	97,15	141,32	158,98	91,94	133,73	150,44	86,82	126,29	142,07	81,80	118,98	133,85	76,88	111,82	125,80	72,04	104,78	117,88
	V	3 113,91	171,26	249,11	280,25	IV	2 570,25	138,46	201,40	226,58	135,56	197,18	221,83	132,66	192,96	217,08	129,76	188,75	212,34	126,86	184,53	207,59	123,97	180,32	202,86
	VI	3 146,16	173,03	251,69	283,15																				
8 120,99	I,IV	2 571,50	141,43	205,72	231,43	I	2 571,50	135,63	197,28	221,94	129,83	188,85	212,45	124,03	180,42	202,97	118,24	171,98	193,48	112,44	163,55	183,99	106,64	155,12	174,51
	II	2 525,75	138,91	202,06	227,31	II	2 525,75	133,11	193,62	217,82	127,32	185,19	208,34	121,52	176,76	198,85	115,72	168,32	189,36	109,92	159,89	179,87	104,12	151,46	170,39
	III	1 864,16	102,52	149,13	167,77	III	1 864,16	97,22	141,41	159,08	92,—	133,82	150,55	86,89	126,38	142,18	81,86	119,08	133,96	76,93	111,90	125,89	72,10	104,88	117,99
	V	3 115,25	171,33	249,22	280,37	IV	2 571,50	138,53	201,50	226,69	135,63	197,28	221,94	132,73	193,07	217,20	129,83	188,85	212,45	126,94	184,64	207,72	124,03	180,42	202,97
	VI	3 147,41	173,10	251,79	283,26																				
8 123,99	I,IV	2 572,75	141,50	205,82	231,54	I	2 572,75	135,70	197,38	222,05	129,90	188,95	212,57	124,10	180,52	203,08	118,30	172,08	193,59	112,51	163,65	184,10	106,71	155,22	174,62
	II	2 527,—	138,98	202,16	227,43	II	2 527,—	133,18	193,72	217,94	127,38	185,29	208,45	121,59	176,86	198,96	115,79	168,42	189,47	109,99	159,99	179,99	104,19	151,56	170,50
	III	1 865,33	102,59	149,22	167,87	III	1 865,33	97,28	141,50	159,19	92,07	133,92	150,66	86,94	126,46	142,27	81,92	119,16	134,05	76,99	111,98	125,98	72,16	104,96	118,08
	V	3 116,50	171,40	249,32	280,48	IV	2 572,75	138,60	201,60	226,80	135,70	197,38	222,05	132,80	193,17	217,31	129,90	188,95	212,57	127,—	184,74	207,83	124,10	180,52	203,08
	VI	3 148,66	173,17	251,89	283,37																				
8 126,99	I,IV	2 574,—	141,57	205,92	231,66	I	2 574,—	135,77	197,48	222,17	129,97	189,05	212,68	124,17	180,62	203,19	118,37	172,18	193,70	112,58	163,75	184,22	106,78	155,32	174,73
	II	2 528,25	139,05	202,26	227,54	II	2 528,25	133,25	193,82	218,05	127,45	185,39	208,56	121,66	176,96	199,08	115,86	168,52	189,59	110,06	160,09	180,10	104,26	151,66	170,61
	III	1 866,50	102,65	149,32	167,98	III	1 866,50	97,35	141,60	159,30	92,13	134,01	150,76	87,01	126,56	142,38	81,98	119,25	134,15	77,05	112,08	126,09	72,21	105,04	118,17
	V	3 117,75	171,47	249,42	280,59	IV	2 574,—	138,67	201,70	226,91	135,77	197,48	222,17	132,87	193,27	217,43	129,97	189,05	212,68	127,07	184,84	207,94	124,17	180,62	203,19
	VI	3 149,91	173,24	251,99	283,49																				
8 129,99	I,IV	2 575,33	141,64	206,02	231,77	I	2 575,33	135,84	197,58	222,28	130,04	189,15	212,79	124,24	180,72	203,31	118,44	172,28	193,82	112,64	163,85	184,33	106,85	155,42	174,84
	II	2 529,50	139,12	202,36	227,65	II	2 529,50	133,32	193,92	218,16	127,52	185,49	208,67	121,72	177,06	199,19	115,93	168,62	189,70	110,13	160,19	180,21	104,33	151,76	170,73
	III	1 867,66	102,72	149,41	168,08	III	1 867,66	97,41	141,69	159,40	92,18	134,09	150,85	87,07	126,65	142,48	82,04	119,33	134,24	77,11	112,16	126,18	72,27	105,12	118,26
	V	3 119,—	171,54	249,52	280,71	IV	2 575,33	138,74	201,80	227,03	135,84	197,58	222,28	132,94	193,37	217,54	130,04	189,15	212,79	127,14	184,94	208,05	124,24	180,72	203,31
	VI	3 151,16	173,31	252,09	283,60																				
8 132,99	I,IV	2 576,58	141,71	206,12	231,89	I	2 576,58	135,91	197,69	222,40	130,11	189,26	212,91	124,31	180,82	203,42	118,51	172,38	193,93	112,71	163,95	184,44	106,92	155,52	174,96
	II	2 530,75	139,19	202,46	227,76	II	2 530,75	133,39	194,02	218,27	127,59	185,59	208,79	121,79	177,16	199,30	115,99	168,72	189,81	110,20	160,29	180,32	104,40	151,86	170,84
	III	1 868,83	102,78	149,50	168,19	III	1 868,83	97,46	141,77	159,49	92,25	134,18	150,95	87,12	126,73	142,57	82,10	119,42	134,35	77,16	112,24	126,27	72,33	105,21	118,36
	V	3 120,25	171,61	249,62	280,82	IV	2 576,58	138,81	201,90	227,14	135,91	197,69	222,40	133,01	193,47	217,65	130,11	189,26	212,91	127,21	185,04	208,17	124,31	180,82	203,42
	VI	3 152,41	173,38	252,19	283,71																				
8 135,99	I,IV	2 577,83	141,78	206,22	232,—	I	2 577,83	135,98	197,79	222,51	130,18	189,36	213,03	124,38	180,92	203,54	118,58	172,49	194,05	112,79	164,06	184,56	106,99	155,62	175,07
	II	2 532,—	139,26	202,56	227,88	II	2 532,—	133,46	194,12	218,39	127,66	185,69	208,90	121,86	177,26	199,41	116,06	168,82	189,92	110,27	160,39	180,44	104,47	151,96	170,95
	III	1 870,—	102,85	149,60	168,30	III	1 870,—	97,53	141,86	159,59	92,31	134,28	151,06	87,19	126,82	142,67	82,16	119,50	134,44	77,22	112,33	126,37	72,38	105,29	118,45
	V	3 121,50	171,68	249,72	280,93	IV	2 577,83	138,87	202,—	227,25	135,98	197,79	222,51	133,08	193,57	217,76	130,18	189,36	213,03	127,28	185,14	208,28	124,38	180,92	203,54
	VI	3 153,75	173,45	252,30	283,83																				
8 138,99	I,IV	2 579,08	141,84	206,32	232,11	I	2 579,08	136,05	197,89	222,62	130,25	189,46	213,14	124,45	181,02	203,65	118,65	172,59	194,16	112,86	164,16	184,68	107,06	155,72	175,19
	II	2 533,33	139,33	202,66	227,99	II	2 533,33	133,53	194,22	218,50	127,73	185,79	209,01	121,93	177,36	199,53	116,13	168,92	190,04	110,33	160,49	180,55	104,54	152,06	171,06
	III	1 871,16	102,91	149,69	168,40	III	1 871,16	97,59	141,96	159,70	92,38	134,37	151,16	87,24	126,90	142,76	82,22	119,60	134,55	77,28	112,41	126,46	72,44	105,37	118,54
	V	3 122,75	171,75	249,82	281,04	IV	2 579,08	138,94	202,10	227,36	136,05	197,89	222,62	133,15	193,67	217,88	130,25	189,46	213,14	127,35	185,24	208,39	124,45	181,02	203,65
	VI	3 155,—	173,52	252,40	283,95																				
8 141,99	I,IV	2 580,33	141,91	206,42	232,22	I	2 580,33	136,12	197,99	222,74	130,32	189,56	213,25	124,52	181,12	203,76	118,72	172,69	194,27	112,92	164,26	184,79	107,13	155,82	175,30
	II	2 534,58	139,40	202,76	228,11	II	2 534,58	133,60	194,33	218,62	127,80	185,90	209,13	122,—	177,46	199,64	116,20	169,02	190,15	110,40	160,59	180,66	104,61	152,16	171,18
	III	1 872,33	102,97	149,78	168,50	III	1 872,33	97,66	142,05	159,80	92,43	134,45	151,25	87,31	127,—	142,87	82,28	119,68	134,64	77,33	112,49	126,55	72,49	105,45	118,63
	V	3 124,—	171,82	249,92	281,16	IV	2 580,33	139,01	202,20	227,48	136,12	197,99	222,74	133,21	193,77	217,99	130,32	189,56	213,25	127,42	185,34	208,50	124,52	181,12	203,76
	VI	3 156,25	173,59	252,50	284,06																				
8 144,99	I,IV	2 581,58	141,98	206,52	232,34	I	2 581,58	136,18	198,09	222,85	130,39	189,66	213,36	124,59	181,22	203,87	118,79	172,79	194,39	112,99	164,36	184,90	107,19	155,92	175,41
	II	2 535,83	139,47	202,86	228,22	II	2 535,83	133,67	194,43	218,73	127,87	186,—	209,25	122,07	177,56	199,76	116,27	169,13	190,27	110,48	160,70	180,78	104,68	152,26	171,29
	III	1 873,50	103,04	149,88	168,61	III	1 873,50	97,72	142,14	159,91	92,50	134,54	151,36	87,37	127,09	142,97	82,34	119,77	134,74	77,40	112,58	126,65	72,56	105,54	118,73
	V	3 125,33	171,89	250,02	281,27	IV	2 581,58	139,09	202,31	227,60	136,18	198,09	222,85	133,29	193,88	218,11	130,39	189,66	213,36	127,49	185,44	208,62	124,59	181,22	203,87
	VI	3 157,50	173,66	252,60	284,17																				

* Die ausgewiesenen Tabellenwerte sind amtlich. Siehe Erläuterungen auf der Umschlaginnenseite (U2).

MONAT 8 145,–*

Lohn/ Gehalt bis €*	I – VI	LSt	SolZ	8%	9%	I, II, III, IV	LSt	0,5 SolZ	0,5 8%	0,5 9%	1 SolZ	1 8%	1 9%	1,5 SolZ	1,5 8%	1,5 9%	2 SolZ	2 8%	2 9%	2,5 SolZ	2,5 8%	2,5 9%	3 SolZ	3 8%	3 9%
8 147,99	I,IV	2 582,83	142,05	206,62	232,45	I	2 582,83	136,25	198,19	222,96	130,46	189,76	213,48	124,66	181,32	203,99	118,86	172,89	194,50	113,06	164,46	185,01	107,26	156,02	175,52
	II	2 537,08	139,53	202,96	228,33	II	2 537,08	133,74	194,53	218,84	127,94	186,10	209,36	122,14	177,66	199,87	116,34	169,23	190,38	110,55	160,80	180,90	104,75	152,36	171,41
	III	1 874,66	103,10	149,97	168,71	III	1 874,66	97,79	142,24	160,02	92,56	134,64	151,47	87,43	127,17	143,06	82,39	119,85	134,83	77,45	112,66	126,74	72,61	105,62	118,82
	V	3 126,58	171,96	250,12	281,39	IV	2 582,83	139,15	202,41	227,71	136,25	198,19	222,96	133,36	193,98	218,22	130,46	189,76	213,48	127,56	185,54	208,73	124,66	181,32	203,99
	VI	3 158,75	173,73	252,70	284,28																				
8 150,99	I,IV	2 584,08	142,12	206,72	232,56	I	2 584,08	136,32	198,29	223,07	130,52	189,86	213,59	124,73	181,42	204,10	118,93	172,99	194,61	113,13	164,56	185,13	107,33	156,12	175,64
	II	2 538,33	139,60	203,06	228,44	II	2 538,33	133,81	194,63	218,96	128,01	186,20	209,47	122,21	177,76	199,98	116,41	169,33	190,49	110,61	160,90	181,01	104,82	152,46	171,52
	III	1 875,83	103,17	150,06	168,82	III	1 875,83	97,85	142,33	160,12	92,62	134,73	151,57	87,49	127,26	143,17	82,46	119,94	134,93	77,52	112,76	126,85	72,67	105,70	118,91
	V	3 127,83	172,03	250,22	281,50	IV	2 584,08	139,22	202,51	227,82	136,32	198,29	223,07	133,43	194,08	218,34	130,52	189,86	213,59	127,63	185,64	208,85	124,73	181,42	204,10
	VI	3 160,—	173,80	252,80	284,40																				
8 153,99	I,IV	2 585,33	142,19	206,82	232,67	I	2 585,33	136,39	198,39	223,19	130,59	189,96	213,70	124,79	181,52	204,21	119,—	173,09	194,72	113,20	164,66	185,24	107,40	156,22	175,75
	II	2 539,58	139,67	203,16	228,56	II	2 539,58	133,87	194,73	219,07	128,08	186,30	209,58	122,28	177,86	200,09	116,48	169,43	190,61	110,68	161,—	181,12	104,88	152,56	171,63
	III	1 877,—	103,23	150,16	168,93	III	1 877,—	97,91	142,42	160,22	92,68	134,81	151,66	87,56	127,36	143,28	82,51	120,02	135,02	77,57	112,84	126,94	72,72	105,78	119,—
	V	3 129,08	172,09	250,32	281,61	IV	2 585,33	139,29	202,61	227,93	136,39	198,39	223,19	133,49	194,18	218,45	130,59	189,96	213,70	127,70	185,74	208,96	124,79	181,52	204,21
	VI	3 161,25	173,86	252,90	284,51																				
8 156,99	I,IV	2 586,66	142,26	206,93	232,79	I	2 586,66	136,46	198,50	223,31	130,67	190,06	213,82	124,86	181,62	204,32	119,07	173,19	194,84	113,27	164,76	185,35	107,47	156,32	175,86
	II	2 540,83	139,74	203,26	228,67	II	2 540,83	133,94	194,83	219,18	128,15	186,40	209,70	122,35	177,96	200,21	116,55	169,53	190,72	110,75	161,10	181,23	104,95	152,66	171,74
	III	1 878,16	103,29	150,25	169,03	III	1 878,16	97,97	142,50	160,31	92,74	134,90	151,76	87,61	127,44	143,37	82,58	120,12	135,13	77,63	112,92	127,03	72,79	105,88	119,11
	V	3 130,33	172,16	250,42	281,72	IV	2 586,66	139,36	202,71	228,05	136,46	198,50	223,31	133,56	194,28	218,56	130,67	190,06	213,82	127,76	185,84	209,07	124,86	181,62	204,32
	VI	3 162,50	173,93	253,—	284,62																				
8 159,99	I,IV	2 587,91	142,33	207,03	232,91	I	2 587,91	136,53	198,60	223,42	130,73	190,16	213,93	124,94	181,73	204,44	119,14	173,30	194,96	113,34	164,86	185,47	107,54	156,42	175,97
	II	2 542,08	139,81	203,36	228,78	II	2 542,08	134,01	194,93	219,29	128,21	186,50	209,81	122,42	178,06	200,32	116,62	169,63	190,83	110,82	161,20	181,35	105,02	152,76	171,86
	III	1 879,33	103,36	150,34	169,13	III	1 879,33	98,03	142,60	160,42	92,81	135,—	151,87	87,67	127,53	143,47	82,63	120,20	135,22	77,69	113,01	127,13	72,84	105,96	119,20
	V	3 131,58	172,23	250,52	281,84	IV	2 587,91	139,43	202,81	228,16	136,53	198,60	223,42	133,63	194,38	218,67	130,73	190,16	213,93	127,83	185,94	209,18	124,94	181,73	204,44
	VI	3 163,83	174,01	253,10	284,74																				
8 162,99	I,IV	2 589,16	142,40	207,13	233,02	I	2 589,16	136,60	198,70	223,53	130,80	190,26	214,04	125,01	181,83	204,56	119,21	173,40	195,07	113,41	164,96	185,58	107,61	156,53	176,09
	II	2 543,33	139,88	203,46	228,89	II	2 543,33	134,08	195,03	219,41	128,28	186,60	209,92	122,48	178,16	200,43	116,69	169,73	190,94	110,89	161,30	181,46	105,09	152,86	171,97
	III	1 880,50	103,42	150,44	169,24	III	1 880,50	98,10	142,69	160,52	92,87	135,09	151,97	87,73	127,61	143,56	82,70	120,29	135,32	77,75	113,09	127,22	72,90	106,04	119,29
	V	3 132,83	172,30	250,62	281,95	IV	2 589,16	139,50	202,91	228,27	136,60	198,70	223,53	133,70	194,48	218,79	130,80	190,26	214,04	127,90	186,04	209,30	125,01	181,83	204,56
	VI	3 165,08	174,07	253,20	284,85																				
8 165,99	I,IV	2 590,41	142,47	207,23	233,13	I	2 590,41	136,67	198,80	223,65	130,87	190,36	214,16	125,07	181,93	204,67	119,28	173,50	195,18	113,48	165,06	185,69	107,68	156,63	176,21
	II	2 544,66	139,95	203,57	229,01	II	2 544,66	134,15	195,14	219,53	128,36	186,70	210,04	122,55	178,26	200,54	116,76	169,83	191,06	110,96	161,40	181,57	105,16	152,96	172,08
	III	1 881,66	103,49	150,53	169,34	III	1 881,66	98,16	142,78	160,63	92,93	135,17	152,06	87,79	127,70	143,66	82,75	120,37	135,41	77,81	113,18	127,33	72,95	106,12	119,38
	V	3 134,08	172,37	250,72	282,06	IV	2 590,41	139,57	203,01	228,38	136,67	198,80	223,65	133,77	194,58	218,90	130,87	190,36	214,16	127,97	186,14	209,41	125,07	181,93	204,67
	VI	3 166,33	174,14	253,30	284,96																				
8 168,99	I,IV	2 591,66	142,54	207,33	233,24	I	2 591,66	136,74	198,90	223,76	130,94	190,46	214,27	125,14	182,03	204,78	119,35	173,60	195,30	113,55	165,16	185,81	107,75	156,73	176,32
	II	2 545,91	140,02	203,67	229,13	II	2 545,91	134,22	195,24	219,64	128,42	186,80	210,15	122,63	178,37	200,66	116,83	169,94	191,18	111,03	161,50	181,69	105,23	153,06	172,19
	III	1 882,83	103,55	150,62	169,45	III	1 882,83	98,23	142,88	160,74	92,99	135,26	152,17	87,86	127,80	143,77	82,82	120,46	135,52	77,87	113,26	127,42	73,02	106,21	119,48
	V	3 135,41	172,44	250,83	282,18	IV	2 591,66	139,64	203,12	228,51	136,74	198,90	223,76	133,84	194,68	219,02	130,94	190,46	214,27	128,04	186,24	209,52	125,14	182,03	204,78
	VI	3 167,58	174,21	253,40	285,08																				
8 171,99	I,IV	2 592,91	142,61	207,43	233,36	I	2 592,91	136,81	199,—	223,87	131,01	190,56	214,38	125,21	182,13	204,89	119,41	173,70	195,41	113,62	165,26	185,92	107,82	156,83	176,43
	II	2 547,16	140,09	203,77	229,24	II	2 547,16	134,29	195,34	219,75	128,49	186,90	210,26	122,70	178,47	200,78	116,90	170,04	191,29	111,10	161,60	181,80	105,30	153,17	172,31
	III	1 884,—	103,62	150,72	169,56	III	1 884,—	98,29	142,97	160,84	93,06	135,36	152,28	87,91	127,88	143,86	82,87	120,54	135,61	77,92	113,34	127,51	73,07	106,29	119,57
	V	3 136,66	172,51	250,93	282,29	IV	2 592,91	139,71	203,22	228,62	136,81	199,—	223,87	133,91	194,78	219,13	131,01	190,56	214,38	128,11	186,35	209,64	125,21	182,13	204,89
	VI	3 168,83	174,28	253,50	285,19																				
8 174,99	I,IV	2 594,16	142,67	207,53	233,47	I	2 594,16	136,88	199,10	223,98	131,08	190,66	214,49	125,28	182,23	205,01	119,48	173,80	195,52	113,68	165,36	186,03	107,89	156,93	176,54
	II	2 548,41	140,16	203,87	229,35	II	2 548,41	134,36	195,44	219,87	128,56	187,—	210,38	122,76	178,57	200,89	116,97	170,14	191,40	111,17	161,70	181,91	105,37	153,27	172,43
	III	1 885,16	103,68	150,81	169,66	III	1 885,16	98,35	143,06	160,94	93,12	135,45	152,38	87,98	127,97	143,96	82,94	120,64	135,72	77,99	113,44	127,62	73,13	106,37	119,66
	V	3 137,91	172,58	251,03	282,41	IV	2 594,16	139,78	203,32	228,73	136,88	199,10	223,98	133,98	194,88	219,24	131,08	190,66	214,49	128,18	186,45	209,75	125,28	182,23	205,01
	VI	3 170,08	174,35	253,60	285,30																				
8 177,99	I,IV	2 595,41	142,74	207,63	233,58	I	2 595,41	136,95	199,20	224,10	131,15	190,76	214,61	125,35	182,33	205,12	119,55	173,90	195,63	113,75	165,46	186,14	107,96	157,03	176,66
	II	2 549,66	140,23	203,97	229,46	II	2 549,66	134,43	195,54	219,98	128,63	187,10	210,49	122,83	178,67	201,—	117,04	170,24	191,52	111,24	161,80	182,03	105,44	153,37	172,54
	III	1 886,33	103,74	150,90	169,76	III	1 886,33	98,42	143,16	161,05	93,17	135,53	152,47	88,04	128,06	144,07	82,99	120,72	135,81	78,04	113,52	127,71	73,18	106,45	119,75
	V	3 139,16	172,65	251,13	282,52	IV	2 595,41	139,85	203,42	228,84	136,95	199,20	224,10	134,05	194,98	219,35	131,15	190,76	214,61	128,25	186,55	209,87	125,35	182,33	205,12
	VI	3 171,33	174,42	253,70	285,41																				
8 180,99	I,IV	2 596,75	142,82	207,74	233,70	I	2 596,75	137,02	199,30	224,21	131,22	190,86	214,72	125,42	182,43	205,23	119,62	174,—	195,75	113,82	165,56	186,26	108,02	157,13	176,77
	II	2 550,91	140,30	204,07	229,58	II	2 550,91	134,50	195,64	220,09	128,70	187,20	210,60	122,90	178,77	201,11	117,10	170,34	191,63	111,31	161,90	182,14	105,51	153,47	172,65
	III	1 887,50	103,81	151,—	169,87	III	1 887,50	98,48	143,25	161,15	93,24	135,62	152,57	88,10	128,14	144,16	83,05	120,81	135,91	78,10	113,60	127,80	73,25	106,54	119,86
	V	3 140,41	172,72	251,23	282,63	IV	2 596,75	139,92	203,52	228,96	137,02	199,30	224,21	134,12	195,08	219,47	131,22	190,86	214,72	128,32	186,65	209,98	125,42	182,43	205,23
	VI	3 172,58	174,49	253,80	285,53																				
8 183,99	I,IV	2 598,—	142,89	207,84	233,83	I	2 598,—	137,09	199,40	224,33	131,29	190,97	214,84	125,49	182,54	205,35	119,69	174,10	195,86	113,89	165,66	186,37	108,09	157,23	176,88
	II	2 552,16	140,36	204,17	229,69	II	2 552,16	134,57	195,74	220,20	128,77	187,30	210,71	122,97	178,87	201,23	117,17	170,44	191,74	111,37	162,—	182,25	105,58	153,57	172,76
	III	1 888,66	103,87	151,09	169,97	III	1 888,66	98,54	143,33	161,24	93,30	135,72	152,68	88,16	128,24	144,27	83,11	120,89	136,—	78,16	113,69	127,90	73,30	106,62	119,95
	V	3 141,66	172,79	251,33	282,74	IV	2 598,—	139,98	203,62	229,07	137,09	199,40	224,33	134,19	195,18	219,58	131,29	190,97	214,84	128,39	186,75	210,09	125,49	182,54	205,35
	VI	3 173,91	174,56	253,91	285,65																				
8 186,99	I,IV	2 599,25	142,95	207,94	233,93	I	2 599,25	137,16	199,50	224,44	131,36	191,07	214,95	125,56	182,64	205,47	119,76	174,20	195,98	113,96	165,77	186,49	108,17	157,34	177,—
	II	2 553,41	140,43	204,27	229,80	II	2 553,41	134,64	195,84	220,32	128,84	187,40	210,83	123,04	178,97	201,34	117,24	170,54	191,85	111,44	162,10	182,36	105,65	153,67	172,88
	III	1 889,83	103,94	151,18	170,08	III	1 889,83	98,60	143,42	161,35	93,37	135,81	152,78	88,22	128,33	144,37	83,17	120,98	136,10	78,21	113,77	127,99	73,36	106,70	120,04
	V	3 142,91	172,86	251,43	282,86	IV	2 599,25	140,05	203,72	229,18	137,16	199,50	224,44	134,25	195,28	219,69	131,36	191,07	214,95	128,46	186,85	210,20	125,56	182,64	205,47
	VI	3 175,16	174,63	254,01	285,76																				
8 189,99	I,IV	2 600,50	143,02	208,04	234,04	I	2 600,50	137,22	199,60	224,55	131,43	191,17	215,06	125,63	182,74	205,58	119,83	174,30	196,09	114,03	165,87	186,60	108,24	157,44	177,12
	II	2 554,75	140,51	204,38	229,92	II	2 554,75	134,71	195,94	220,43	128,91	187,50	210,94	123,11	179,07	201,45	117,31	170,64	191,97	111,51	162,20	182,48	105,71	153,77	172,99
	III	1 891,—	104,—	151,28	170,19	III	1 891,—	98,67	143,52	161,46	93,43	135,90	152,89	88,28	128,41	144,46	83,23	121,06	136,19	78,28	113,86	128,09	73,41	106,78	120,13
	V	3 144,16	172,92	251,53	282,97	IV	2 600,50	140,12	203,82	229,29	137,22	199,60	224,55	134,32	195,38	219,80	131,43	191,17	215,06	128,53	186,95	210,32	125,63	182,74	205,58
	VI	3 176,41	174,70	254,11	285,87																				

Abzüge an Lohnsteuer, Solidaritätszuschlag (SolZ) und Kirchensteuer (8%, 9%) in den Steuerklassen; I – VI: ohne Kinderfreibeträge; I, II, III, IV: mit Zahl der Kinderfreibeträge . . .

* Die ausgewiesenen Tabellenwerte sind amtlich. Siehe Erläuterungen auf der Umschlaginnenseite (U2).

Abzüge an Lohnsteuer, Solidaritätszuschlag (SolZ) und Kirchensteuer (8%, 9%) in den Steuerklassen

Lohn/ Gehalt bis €*	I – VI		ohne Kinderfreibeträge			I, II, III, IV		mit Zahl der Kinderfreibeträge . . . 0,5			1			1,5			2			2,5			3		
		LSt	SolZ	8%	9%		LSt	SolZ	8%	9%	SolZ	8%	9%	SolZ	8%	9%	SolZ	8%	9%	SolZ	8%	9%	SolZ	8%	9%
8 192,99	I,IV	2 601,75	143,09	208,14	234,15	I	2 601,75	137,29	199,70	224,66	131,50	191,27	215,18	125,70	182,84	205,69	119,90	174,40	196,20	114,10	165,97	186,71	108,30	157,54	177,23
	II	2 556,—	140,58	204,48	230,04	II	2 556,—	134,78	196,04	220,55	128,98	187,61	211,06	123,18	179,18	201,57	117,38	170,74	192,08	111,58	162,30	182,59	105,78	153,87	173,10
	III	1 892,16	104,06	151,37	170,29	III	1 892,16	98,73	143,61	161,56	93,49	135,98	152,98	88,34	128,50	144,56	83,29	121,16	136,30	78,33	113,94	128,18	73,48	106,88	120,24
	V	3 145,41	172,99	251,63	283,08	IV	2 601,75	140,19	203,92	229,41	137,29	199,70	224,66	134,39	195,48	219,92	131,50	191,27	215,18	128,59	187,05	210,43	125,70	182,84	205,69
	VI	3 177,66	174,77	254,21	285,98																				
8 195,99	I,IV	2 603,—	143,16	208,24	234,27	I	2 603,—	137,36	199,80	224,78	131,56	191,37	215,29	125,77	182,94	205,80	119,97	174,50	196,31	114,17	166,07	186,83	108,37	157,64	177,34
	II	2 557,25	140,64	204,58	230,15	II	2 557,25	134,85	196,14	220,66	129,05	187,71	211,17	123,25	179,28	201,69	117,45	170,84	192,20	111,65	162,41	182,71	105,86	153,98	173,22
	III	1 893,33	104,13	151,46	170,39	III	1 893,33	98,79	143,70	161,66	93,55	136,08	153,09	88,40	128,58	144,65	83,35	121,24	136,39	78,39	114,02	128,27	73,53	106,96	120,33
	V	3 146,75	173,07	251,74	283,20	IV	2 603,—	140,26	204,02	229,52	137,36	199,80	224,78	134,47	195,59	220,04	131,56	191,37	215,29	128,67	187,16	210,55	125,77	182,94	205,80
	VI	3 178,91	174,84	254,31	286,10																				
8 198,99	I,IV	2 604,25	143,23	208,34	234,38	I	2 604,25	137,43	199,90	224,89	131,63	191,47	215,40	125,84	183,04	205,92	120,04	174,60	196,43	114,24	166,17	186,94	108,44	157,74	177,45
	II	2 558,50	140,71	204,68	230,26	II	2 558,50	134,91	196,24	220,77	129,12	187,81	211,28	123,32	179,38	201,80	117,52	170,94	192,31	111,72	162,51	182,82	105,93	154,08	173,34
	III	1 894,50	104,19	151,56	170,50	III	1 894,50	98,86	143,80	161,77	93,61	136,17	153,19	88,46	128,68	144,76	83,41	121,33	136,49	78,45	114,12	128,38	73,59	107,04	120,42
	V	3 148,—	173,14	251,84	283,32	IV	2 604,25	140,33	204,12	229,64	137,43	199,90	224,89	134,53	195,69	220,15	131,63	191,47	215,40	128,74	187,26	210,66	125,84	183,04	205,92
	VI	3 180,16	174,90	254,41	286,21																				
8 201,99	I,IV	2 605,50	143,30	208,44	234,49	I	2 605,50	137,50	200,—	225,—	131,70	191,57	215,51	125,90	183,14	206,03	120,11	174,70	196,54	114,31	166,27	187,05	108,51	157,84	177,57
	II	2 559,75	140,78	204,78	230,37	II	2 559,75	134,98	196,34	220,88	129,19	187,91	211,40	123,39	179,48	201,91	117,59	171,04	192,42	111,79	162,61	182,93	105,99	154,18	173,45
	III	1 895,66	104,26	151,65	170,60	III	1 895,66	98,92	143,89	161,87	93,68	136,26	153,29	88,53	128,77	144,86	83,47	121,41	136,58	78,51	114,20	128,47	73,65	107,13	120,52
	V	3 149,25	173,20	251,94	283,43	IV	2 605,50	140,40	204,22	229,75	137,50	200,—	225,—	134,60	195,79	220,26	131,70	191,57	215,51	128,81	187,36	210,78	125,90	183,14	206,03
	VI	3 181,41	174,97	254,51	286,32																				
8 204,99	I,IV	2 606,83	143,37	208,54	234,61	I	2 606,83	137,57	200,10	225,11	131,77	191,67	215,63	125,97	183,24	206,14	120,17	174,80	196,65	114,38	166,37	187,16	108,58	157,94	177,68
	II	2 561,—	140,85	204,88	230,49	II	2 561,—	135,05	196,44	221,—	129,25	188,01	211,51	123,46	179,58	202,02	117,66	171,14	192,53	111,86	162,71	183,05	106,06	154,28	173,56
	III	1 896,83	104,32	151,74	170,71	III	1 896,83	98,99	143,98	161,98	93,73	136,34	153,38	88,58	128,85	144,95	83,53	121,50	136,69	78,57	114,29	128,57	73,70	107,21	120,61
	V	3 150,50	173,27	252,04	283,54	IV	2 606,83	140,47	204,32	229,86	137,57	200,10	225,11	134,67	195,89	220,37	131,77	191,67	215,63	128,87	187,46	210,89	125,97	183,24	206,14
	VI	3 182,66	175,04	254,61	286,43																				
8 207,99	I,IV	2 608,08	143,44	208,64	234,72	I	2 608,08	137,64	200,21	225,23	131,84	191,78	215,75	126,05	183,34	206,26	120,24	174,90	196,76	114,45	166,47	187,28	108,65	158,04	177,79
	II	2 562,25	140,92	204,98	230,60	II	2 562,25	135,12	196,54	221,11	129,32	188,11	211,62	123,53	179,68	202,14	117,73	171,24	192,65	111,93	162,81	183,16	106,13	154,38	173,67
	III	1 898,—	104,39	151,84	170,82	III	1 898,—	99,05	144,08	162,09	93,80	136,44	153,49	88,65	128,94	145,06	83,59	121,58	136,78	78,63	114,37	128,66	73,76	107,29	120,70
	V	3 151,75	173,34	252,14	283,65	IV	2 608,08	140,54	204,42	229,97	137,64	200,21	225,23	134,74	195,99	220,49	131,84	191,78	215,75	128,94	187,56	211,—	126,05	183,34	206,26
	VI	3 183,91	175,11	254,71	286,55																				
8 210,99	I,IV	2 609,33	143,51	208,74	234,83	I	2 609,33	137,71	200,31	225,35	131,91	191,88	215,86	126,11	183,44	206,37	120,32	175,01	196,88	114,52	166,58	187,40	108,72	158,14	177,91
	II	2 563,50	140,99	205,08	230,71	II	2 563,50	135,19	196,64	221,22	129,39	188,21	211,73	123,59	179,78	202,25	117,80	171,34	192,76	112,—	162,91	183,27	106,20	154,48	173,79
	III	1 899,16	104,45	151,93	170,92	III	1 899,16	99,11	144,17	162,19	93,86	136,53	153,59	88,71	129,04	145,17	83,65	121,68	136,89	78,69	114,46	128,77	73,81	107,37	120,79
	V	3 153,—	173,41	252,24	283,77	IV	2 609,33	140,61	204,52	230,09	137,71	200,31	225,35	134,81	196,09	220,60	131,91	191,88	215,86	129,01	187,66	211,11	126,11	183,44	206,37
	VI	3 185,25	175,18	254,82	286,67																				
8 213,99	I,IV	2 610,58	143,58	208,84	234,95	I	2 610,58	137,78	200,41	225,46	131,98	191,98	215,97	126,18	183,54	206,48	120,39	175,11	197,—	114,59	166,68	187,51	108,79	158,24	178,02
	II	2 564,83	141,06	205,18	230,83	II	2 564,83	135,26	196,74	221,33	129,46	188,31	211,85	123,66	179,88	202,36	117,86	171,44	192,87	112,07	163,01	183,38	106,27	154,58	173,90
	III	1 900,50	104,52	152,04	171,04	III	1 900,50	99,17	144,25	162,28	93,93	136,62	153,70	88,77	129,12	145,26	83,71	121,76	136,98	78,75	114,54	128,86	73,88	107,46	120,89
	V	3 154,25	173,48	252,34	283,88	IV	2 610,58	140,68	204,62	230,20	137,78	200,41	225,46	134,88	196,19	220,71	131,98	191,98	215,97	129,08	187,76	211,23	126,18	183,54	206,48
	VI	3 186,50	175,25	254,92	286,78																				
8 216,99	I,IV	2 611,83	143,65	208,94	235,06	I	2 611,83	137,85	200,51	225,57	132,05	192,08	216,09	126,25	183,64	206,60	120,45	175,21	197,11	114,66	166,78	187,62	108,86	158,34	178,13
	II	2 566,08	141,13	205,28	230,94	II	2 566,08	135,33	196,85	221,45	129,53	188,42	211,97	123,74	179,98	202,48	117,93	171,54	192,98	112,14	163,11	183,50	106,34	154,68	174,01
	III	1 901,66	104,59	152,13	171,14	III	1 901,66	99,23	144,34	162,38	93,99	136,72	153,81	88,83	129,21	145,36	83,77	121,85	137,08	78,80	114,62	128,95	73,93	107,54	120,98
	V	3 155,50	173,55	252,44	283,99	IV	2 611,83	140,74	204,72	230,31	137,85	200,51	225,57	134,95	196,29	220,82	132,05	192,08	216,09	129,15	187,86	211,34	126,25	183,64	206,60
	VI	3 187,75	175,32	255,02	286,89																				
8 219,99	I,IV	2 613,08	143,71	209,04	235,17	I	2 613,08	137,92	200,61	225,68	132,12	192,18	216,20	126,32	183,74	206,71	120,52	175,31	197,22	114,73	166,88	187,74	108,93	158,44	178,25
	II	2 567,33	141,20	205,38	231,05	II	2 567,33	135,40	196,95	221,57	129,60	188,52	212,08	123,80	180,08	202,59	118,01	171,65	193,10	112,21	163,22	183,62	106,41	154,78	174,13
	III	1 902,83	104,65	152,22	171,25	III	1 902,83	99,30	144,44	162,49	94,05	136,80	153,90	88,89	129,30	145,46	83,83	121,94	137,18	78,87	114,72	129,06	73,99	107,62	121,07
	V	3 156,83	173,62	252,54	284,11	IV	2 613,08	140,82	204,83	230,43	137,92	200,61	225,68	135,02	196,40	220,95	132,12	192,18	216,20	129,22	187,96	211,46	126,32	183,74	206,71
	VI	3 189,—	175,39	255,12	287,01																				
8 222,99	I,IV	2 614,33	143,78	209,14	235,28	I	2 614,33	137,99	200,71	225,80	132,19	192,28	216,31	126,39	183,84	206,82	120,59	175,41	197,33	114,79	166,98	187,85	109,—	158,54	178,36
	II	2 568,58	141,27	205,48	231,17	II	2 568,58	135,47	197,05	221,68	129,67	188,62	212,19	123,87	180,18	202,70	118,08	171,75	193,22	112,28	163,32	183,73	106,48	154,88	174,24
	III	1 904,—	104,72	152,32	171,36	III	1 904,—	99,36	144,53	162,59	94,11	136,89	154,—	88,95	129,38	145,55	83,89	122,02	137,27	78,92	114,80	129,15	74,05	107,72	121,18
	V	3 158,08	173,69	252,64	284,22	IV	2 614,33	140,89	204,93	230,54	137,99	200,71	225,80	135,09	196,50	221,06	132,19	192,28	216,31	129,29	188,06	211,57	126,39	183,84	206,82
	VI	3 190,25	175,46	255,22	287,12																				
8 225,99	I,IV	2 615,58	143,85	209,24	235,40	I	2 615,58	138,05	200,81	225,91	132,26	192,38	216,42	126,46	183,94	206,93	120,66	175,51	197,45	114,86	167,08	187,96	109,06	158,64	178,47
	II	2 569,83	141,34	205,58	231,28	II	2 569,83	135,54	197,15	221,79	129,74	188,72	212,31	123,94	180,28	202,82	118,14	171,85	193,33	112,35	163,42	183,84	106,55	154,98	174,35
	III	1 905,16	104,78	152,41	171,46	III	1 905,16	99,43	144,62	162,70	94,17	136,98	154,10	89,01	129,48	145,66	83,95	122,12	137,38	78,98	114,89	129,25	74,11	107,80	121,27
	V	3 159,33	173,76	252,74	284,33	IV	2 615,58	140,96	205,03	230,66	138,05	200,81	225,91	135,16	196,60	221,17	132,26	192,38	216,42	129,36	188,16	211,68	126,46	183,94	206,93
	VI	3 191,50	175,53	255,32	287,23																				
8 228,99	I,IV	2 616,83	143,92	209,34	235,51	I	2 616,83	138,12	200,91	226,02	132,33	192,48	216,54	126,53	184,04	207,05	120,73	175,61	197,56	114,93	167,18	188,07	109,13	158,74	178,58
	II	2 571,08	141,40	205,68	231,39	II	2 571,08	135,61	197,25	221,90	129,81	188,82	212,42	124,01	180,38	202,93	118,21	171,95	193,44	112,42	163,52	183,96	106,62	155,08	174,47
	III	1 906,33	104,84	152,50	171,56	III	1 906,33	99,49	144,72	162,81	94,24	137,08	154,21	89,08	129,57	145,76	84,01	122,20	137,47	79,04	114,97	129,34	74,16	107,88	121,36
	V	3 160,58	173,83	252,84	284,45	IV	2 616,83	141,02	205,13	230,77	138,12	200,91	226,02	135,23	196,70	221,28	132,33	192,48	216,54	129,43	188,26	211,79	126,53	184,04	207,05
	VI	3 192,75	175,60	255,42	287,34																				
8 231,99	I,IV	2 618,16	143,99	209,45	235,63	I	2 618,16	138,20	201,02	226,14	132,40	192,58	216,65	126,60	184,14	207,16	120,80	175,71	197,67	115,—	167,28	188,19	109,20	158,84	178,70
	II	2 572,33	141,47	205,78	231,50	II	2 572,33	135,68	197,35	222,02	129,88	188,92	212,53	124,08	180,48	203,04	118,28	172,05	193,55	112,48	163,62	184,07	106,69	155,18	174,58
	III	1 907,50	104,91	152,60	171,67	III	1 907,50	99,55	144,81	162,91	94,29	137,16	154,30	89,13	129,65	145,85	84,07	122,29	137,57	79,09	115,05	129,43	74,22	107,96	121,45
	V	3 161,83	173,90	252,94	284,56	IV	2 618,16	141,09	205,23	230,88	138,20	201,02	226,14	135,30	196,80	221,40	132,40	192,58	216,65	129,50	188,36	211,91	126,60	184,14	207,16
	VI	3 194,—	175,67	255,52	287,46																				
8 234,99	I,IV	2 619,41	144,06	209,55	235,74	I	2 619,41	138,27	201,12	226,26	132,47	192,68	216,77	126,67	184,25	207,28	120,87	175,82	197,79	115,07	167,38	188,30	109,27	158,94	178,81
	II	2 573,58	141,54	205,88	231,62	II	2 573,58	135,74	197,45	222,13	129,95	189,02	212,64	124,15	180,58	203,15	118,35	172,15	193,67	112,55	163,72	184,18	106,75	155,28	174,69
	III	1 908,66	104,97	152,69	171,77	III	1 908,66	99,62	144,90	163,01	94,36	137,25	154,40	89,20	129,74	145,96	84,13	122,37	137,66	79,16	115,14	129,53	74,28	108,05	121,55
	V	3 163,08	173,96	253,04	284,67	IV	2 619,41	141,16	205,33	230,99	138,27	201,12	226,26	135,36	196,90	221,51	132,47	192,68	216,77	129,57	188,46	212,02	126,67	184,25	207,28
	VI	3 195,33	175,74	255,62	287,57																				

*** Die ausgewiesenen Tabellenwerte sind amtlich. Siehe Erläuterungen auf der Umschlaginnenseite (U2).**

Abzüge an Lohnsteuer, Solidaritätszuschlag (SolZ) und Kirchensteuer (8%, 9%) in den Steuerklassen

Lohn/ Gehalt bis €*	I – VI					I, II, III, IV mit Zahl der Kinderfreibeträge . . .																			
			ohne Kinderfreibeträge					0,5			1			1,5			2			2,5			3		
		LSt	SolZ	8%	9%		LSt	SolZ	8%	9%	SolZ	8%	9%	SolZ	8%	9%	SolZ	8%	9%	SolZ	8%	9%	SolZ	8%	9%
8 237,99	I,IV	2 620,66	144,13	209,65	235,85	I	2 620,66	138,33	201,22	226,37	132,54	192,78	216,88	126,74	184,35	207,39	120,94	175,92	197,91	115,14	167,48	188,42	109,34	159,05	178,93
	II	2 574,83	141,61	205,98	231,73	II	2 574,83	135,81	197,55	222,24	130,02	189,12	212,76	124,22	180,68	203,27	118,42	172,25	193,78	112,62	163,82	184,29	106,82	155,38	174,80
	III	1 909,83	105,04	152,78	171,88	III	1 909,83	99,68	145,—	163,12	94,42	137,34	154,51	89,26	129,84	146,07	84,19	122,46	137,77	79,21	115,22	129,62	74,34	108,13	121,64
	V	3 164,33	174,03	253,14	284,78	IV	2 620,66	141,23	205,43	231,11	138,33	201,22	226,37	135,43	197,—	221,62	132,54	192,78	216,88	129,63	188,56	212,13	126,74	184,35	207,39
	VI	3 196,58	175,81	255,72	287,69																				
8 240,99	I,IV	2 621,91	144,20	209,75	235,97	I	2 621,91	138,40	201,32	226,48	132,60	192,88	216,99	126,81	184,45	207,50	121,01	176,02	198,02	115,21	167,58	188,53	109,41	159,15	179,04
	II	2 576,16	141,68	206,09	231,85	II	2 576,16	135,89	197,66	222,36	130,09	189,22	212,87	124,29	180,78	203,38	118,49	172,35	193,89	112,69	163,92	184,41	106,89	155,48	174,92
	III	1 911,—	105,10	152,88	171,99	III	1 911,—	99,75	145,09	163,22	94,49	137,44	154,62	89,32	129,92	146,16	84,25	122,54	137,86	79,28	115,32	129,73	74,39	108,21	121,73
	V	3 165,58	174,10	253,24	284,90	IV	2 621,91	141,30	205,53	231,22	138,40	201,32	226,48	135,50	197,10	221,73	132,60	192,88	216,99	129,70	188,66	212,24	126,81	184,45	207,50
	VI	3 197,83	175,88	255,82	287,80																				
8 243,99	I,IV	2 623,16	144,27	209,85	236,08	I	2 623,16	138,47	201,42	226,59	132,67	192,98	217,10	126,88	184,55	207,62	121,08	176,12	198,13	115,28	167,68	188,64	109,48	159,25	179,15
	II	2 577,41	141,75	206,19	231,96	II	2 577,41	135,96	197,76	222,48	130,16	189,32	212,99	124,36	180,89	203,50	118,56	172,46	194,01	112,76	164,02	184,52	106,96	155,58	175,03
	III	1 912,16	105,16	152,97	172,09	III	1 912,16	99,81	145,18	163,33	94,55	137,53	154,72	89,38	130,01	146,26	84,31	122,64	137,97	79,33	115,40	129,82	74,46	108,30	121,84
	V	3 166,91	174,18	253,35	285,02	IV	2 623,16	141,37	205,64	231,34	138,47	201,42	226,59	135,57	197,20	221,85	132,67	192,98	217,10	129,77	188,76	212,36	126,88	184,55	207,62
	VI	3 199,08	175,94	255,92	287,91																				
8 246,99	I,IV	2 624,41	144,34	209,95	236,19	I	2 624,41	138,54	201,52	226,71	132,74	193,08	217,22	126,94	184,65	207,73	121,15	176,22	198,24	115,35	167,78	188,75	109,55	159,35	179,27
	II	2 578,66	141,82	206,29	232,07	II	2 578,66	136,02	197,86	222,59	130,23	189,42	213,10	124,43	180,99	203,61	118,63	172,56	194,13	112,83	164,12	184,64	107,03	155,69	175,15
	III	1 913,33	105,23	153,06	172,19	III	1 913,33	99,87	145,26	163,42	94,60	137,61	154,81	89,44	130,10	146,36	84,37	122,72	138,06	79,40	115,49	129,92	74,51	108,38	121,93
	V	3 168,16	174,24	253,45	285,13	IV	2 624,41	141,44	205,74	231,45	138,54	201,52	226,71	135,64	197,30	221,96	132,74	193,08	217,22	129,85	188,87	212,48	126,94	184,65	207,73
	VI	3 200,33	176,01	256,02	288,02																				
8 249,99	I,IV	2 625,66	144,41	210,05	236,30	I	2 625,66	138,61	201,62	226,82	132,81	193,18	217,33	127,01	184,75	207,84	121,22	176,32	198,36	115,42	167,88	188,87	109,62	159,45	179,38
	II	2 579,91	141,89	206,39	232,19	II	2 579,91	136,09	197,96	222,70	130,29	189,52	213,21	124,50	181,09	203,72	118,70	172,66	194,24	112,90	164,22	184,75	107,10	155,79	175,26
	III	1 914,50	105,29	153,16	172,30	III	1 914,50	99,93	145,36	163,53	94,67	137,70	154,91	89,50	130,18	146,45	84,43	122,81	138,16	79,45	115,57	130,01	74,57	108,46	122,02
	V	3 169,41	174,31	253,55	285,24	IV	2 625,66	141,51	205,84	231,57	138,61	201,62	226,82	135,71	197,40	222,08	132,81	193,18	217,33	129,91	188,97	212,59	127,01	184,75	207,84
	VI	3 201,58	176,08	256,12	288,14																				
8 252,99	I,IV	2 626,91	144,48	210,15	236,42	I	2 626,91	138,68	201,72	226,93	132,88	193,28	217,44	127,08	184,85	207,95	121,28	176,42	198,47	115,49	167,98	188,98	109,69	159,55	179,49
	II	2 581,16	141,96	206,49	232,30	II	2 581,16	136,16	198,06	222,81	130,36	189,62	213,32	124,57	181,19	203,84	118,77	172,76	194,35	112,97	164,32	184,86	107,17	155,89	175,37
	III	1 915,66	105,36	153,25	172,40	III	1 915,66	99,99	145,45	163,63	94,73	137,80	155,02	89,56	130,28	146,56	84,49	122,90	138,26	79,51	115,65	130,10	74,63	108,56	122,13
	V	3 170,66	174,38	253,65	285,35	IV	2 626,91	141,58	205,94	231,68	138,68	201,72	226,93	135,78	197,50	222,19	132,88	193,28	217,44	129,98	189,07	212,70	127,08	184,85	207,95
	VI	3 202,83	176,15	256,22	288,25																				
8 255,99	I,IV	2 628,25	144,55	210,26	236,54	I	2 628,25	138,75	201,82	227,05	132,95	193,38	217,55	127,15	184,95	208,07	121,35	176,52	198,58	115,55	168,08	189,09	109,76	159,65	179,60
	II	2 582,41	142,03	206,59	232,41	II	2 582,41	136,23	198,16	222,93	130,43	189,72	213,44	124,63	181,29	203,95	118,84	172,86	194,46	113,04	164,42	184,97	107,24	155,99	175,49
	III	1 916,83	105,42	153,34	172,51	III	1 916,83	100,06	145,54	163,73	94,80	137,89	155,12	89,63	130,37	146,66	84,55	122,98	138,35	79,57	115,74	130,21	74,69	108,64	122,22
	V	3 171,91	174,45	253,75	285,47	IV	2 628,25	141,65	206,04	231,79	138,75	201,82	227,05	135,85	197,60	222,30	132,95	193,38	217,55	130,05	189,17	212,81	127,15	184,95	208,07
	VI	3 204,08	176,22	256,32	288,36																				
8 258,99	I,IV	2 629,50	144,62	210,36	236,65	I	2 629,50	138,82	201,92	227,16	133,02	193,49	217,67	127,22	185,06	208,19	121,43	176,62	198,70	115,62	168,18	189,20	109,83	159,75	179,72
	II	2 583,66	142,10	206,69	232,52	II	2 583,66	136,30	198,26	223,04	130,50	189,82	213,55	124,70	181,39	204,06	118,91	172,96	194,58	113,11	164,52	185,09	107,31	156,09	175,60
	III	1 918,—	105,49	153,44	172,62	III	1 918,—	100,12	145,64	163,84	94,86	137,98	155,23	89,68	130,45	146,75	84,61	123,08	138,46	79,63	115,82	130,30	74,74	108,72	122,31
	V	3 173,16	174,52	253,85	285,58	IV	2 629,50	141,72	206,14	231,90	138,82	201,92	227,16	135,92	197,70	222,41	133,02	193,49	217,67	130,12	189,27	212,93	127,22	185,06	208,19
	VI	3 205,41	176,29	256,43	288,48																				
8 261,99	I,IV	2 630,75	144,69	210,46	236,76	I	2 630,75	138,89	202,02	227,27	133,09	193,59	217,79	127,29	185,16	208,30	121,49	176,72	198,81	115,70	168,29	189,32	109,90	159,86	179,84
	II	2 584,91	142,17	206,79	232,64	II	2 584,91	136,37	198,36	223,15	130,57	189,92	213,66	124,77	181,49	204,17	118,97	173,06	194,69	113,18	164,62	185,20	107,38	156,19	175,71
	III	1 919,16	105,55	153,53	172,72	III	1 919,16	100,19	145,73	163,94	94,92	138,06	155,32	89,75	130,54	146,86	84,67	123,16	138,55	79,69	115,92	130,41	74,80	108,81	122,41
	V	3 174,41	174,59	253,95	285,69	IV	2 630,75	141,79	206,24	232,02	138,89	202,02	227,27	135,99	197,80	222,53	133,09	193,59	217,79	130,19	189,37	213,04	127,29	185,16	208,30
	VI	3 206,66	176,36	256,53	288,59																				
8 264,99	I,IV	2 632,—	144,76	210,56	236,88	I	2 632,—	138,96	202,12	227,39	133,16	193,69	217,90	127,36	185,26	208,41	121,56	176,82	198,92	115,77	168,39	189,44	109,97	159,96	179,95
	II	2 586,25	142,24	206,90	232,76	II	2 586,25	136,44	198,46	223,27	130,64	190,02	213,77	124,84	181,59	204,29	119,04	173,16	194,80	113,24	164,72	185,31	107,45	156,29	175,82
	III	1 920,33	105,61	153,62	172,82	III	1 920,33	100,25	145,82	164,05	94,98	138,16	155,43	89,81	130,64	146,97	84,73	123,25	138,65	79,75	116,—	130,50	74,86	108,89	122,50
	V	3 175,66	174,66	254,05	285,80	IV	2 632,—	141,85	206,34	232,13	138,96	202,12	227,39	136,06	197,90	222,64	133,16	193,69	217,90	130,26	189,47	213,15	127,36	185,26	208,41
	VI	3 207,91	176,43	256,63	288,71																				
8 267,99	I,IV	2 633,25	144,82	210,66	236,99	I	2 633,25	139,03	202,22	227,50	133,23	193,79	218,01	127,43	185,36	208,53	121,63	176,92	199,04	115,83	168,49	189,55	110,04	160,06	180,06
	II	2 587,50	142,31	207,—	232,87	II	2 587,50	136,51	198,56	223,38	130,71	190,13	213,89	124,91	181,70	204,41	119,12	173,26	194,92	113,31	164,82	185,42	107,52	156,39	175,94
	III	1 921,50	105,68	153,72	172,93	III	1 921,50	100,32	145,92	164,16	95,04	138,25	155,53	89,87	130,73	147,07	84,79	123,33	138,74	79,81	116,09	130,60	74,91	108,97	122,59
	V	3 176,91	174,73	254,15	285,92	IV	2 633,25	141,93	206,44	232,25	139,03	202,22	227,50	136,12	198,—	222,75	133,23	193,79	218,01	130,33	189,57	213,26	127,43	185,36	208,53
	VI	3 209,16	176,50	256,73	288,82																				
8 270,99	I,IV	2 634,50	144,89	210,76	237,10	I	2 634,50	139,09	202,32	227,61	133,30	193,89	218,12	127,50	185,46	208,64	121,70	177,02	199,15	115,90	168,59	189,66	110,11	160,16	180,18
	II	2 588,75	142,38	207,10	232,98	II	2 588,75	136,58	198,66	223,49	130,78	190,23	214,01	124,98	181,80	204,52	119,18	173,36	195,03	113,39	164,93	185,54	107,59	156,50	176,06
	III	1 922,66	105,74	153,81	173,03	III	1 922,66	100,38	146,01	164,26	95,11	138,34	155,63	89,93	130,81	147,16	84,85	123,42	138,85	79,86	116,17	130,69	74,97	109,05	122,68
	V	3 178,25	174,80	254,26	286,04	IV	2 634,50	142,—	206,54	232,36	139,09	202,32	227,61	136,20	198,11	222,87	133,30	193,89	218,12	130,40	189,68	213,39	127,50	185,46	208,64
	VI	3 210,41	176,57	256,83	288,93																				
8 273,99	I,IV	2 635,75	144,96	210,86	237,21	I	2 635,75	139,16	202,42	227,72	133,37	193,99	218,24	127,57	185,56	208,75	121,77	177,12	199,26	115,97	168,69	189,77	110,17	160,26	180,29
	II	2 590,—	142,45	207,20	233,10	II	2 590,—	136,65	198,76	223,61	130,85	190,33	214,12	125,05	181,90	204,63	119,25	173,46	195,14	113,46	165,03	185,66	107,66	156,60	176,17
	III	1 923,83	105,81	153,90	173,14	III	1 923,83	100,44	146,10	164,36	95,17	138,44	155,74	89,99	130,90	147,26	84,91	123,50	138,94	79,92	116,25	130,78	75,03	109,14	122,78
	V	3 179,50	174,87	254,36	286,15	IV	2 635,75	142,06	206,64	232,47	139,16	202,42	227,72	136,27	198,21	222,98	133,37	193,99	218,24	130,47	189,78	213,50	127,57	185,56	208,75
	VI	3 211,66	176,64	256,93	289,04																				
8 276,99	I,IV	2 637,—	145,03	210,96	237,33	I	2 637,—	139,23	202,52	227,84	133,43	194,09	218,35	127,64	185,66	208,86	121,84	177,22	199,37	116,04	168,79	189,89	110,24	160,36	180,40
	II	2 591,25	142,51	207,30	233,21	II	2 591,25	136,72	198,86	223,72	130,92	190,43	214,23	125,12	182,—	204,75	119,32	173,56	195,26	113,52	165,13	185,77	107,73	156,70	176,28
	III	1 925,—	105,87	154,—	173,25	III	1 925,—	100,51	146,20	164,47	95,24	138,53	155,84	90,06	131,—	147,37	84,97	123,60	139,05	79,98	116,34	130,88	75,09	109,22	122,87
	V	3 180,75	174,94	254,46	286,26	IV	2 637,—	142,13	206,74	232,58	139,23	202,52	227,84	136,34	198,31	223,10	133,43	194,09	218,35	130,54	189,88	213,61	127,64	185,66	208,86
	VI	3 212,91	176,71	257,03	289,16																				
8 279,99	I,IV	2 638,33	145,10	211,06	237,44	I	2 638,33	139,30	202,62	227,95	133,50	194,19	218,46	127,71	185,76	208,98	121,91	177,32	199,49	116,11	168,89	190,—	110,31	160,46	180,51
	II	2 592,50	142,58	207,40	233,32	II	2 592,50	136,78	198,96	223,83	130,99	190,53	214,34	125,19	182,10	204,86	119,39	173,66	195,37	113,59	165,23	185,88	107,80	156,80	176,40
	III	1 926,33	105,94	154,10	173,36	III	1 926,33	100,57	146,29	164,57	95,29	138,61	155,93	90,11	131,08	147,46	85,03	123,69	139,15	80,04	116,42	130,97	75,14	109,30	122,96
	V	3 182,—	175,01	254,56	286,38	IV	2 638,33	142,20	206,84	232,70	139,30	202,62	227,95	136,40	198,41	223,21	133,50	194,19	218,46	130,61	189,98	213,72	127,71	185,76	208,98
	VI	3 214,16	176,77	257,13	289,27																				

* Die ausgewiesenen Tabellenwerte sind amtlich. Siehe Erläuterungen auf der Umschlaginnenseite (U2).

Lohn/ Gehalt bis €*		Abzüge an Lohnsteuer, Solidaritätszuschlag (SolZ) und Kirchensteuer (8%, 9%) in den Steuerklassen I – VI LSt	ohne Kinderfreibeträge SolZ	8%	9%	I, II, III, IV	LSt	mit Zahl der Kinderfreibeträge . . . 0,5 SolZ	8%	9%	1 SolZ	8%	9%	1,5 SolZ	8%	9%	2 SolZ	8%	9%	2,5 SolZ	8%	9%	3 SolZ	8%	9%
8 282,99	I,IV	2 639,58	145,17	211,16	237,56	I	2 639,58	139,37	202,73	228,07	133,58	194,30	218,58	127,78	185,86	209,09	121,98	177,42	199,60	116,18	168,99	190,11	110,38	160,56	180,63
	II	2 593,75	142,65	207,50	233,43	II	2 593,75	136,85	199,06	223,94	131,06	190,63	214,46	125,26	182,20	204,97	119,46	173,76	195,48	113,66	165,33	185,99	107,86	156,90	176,51
	III	1 927,50	106,01	154,20	173,47	III	1 927,50	100,64	146,38	164,68	95,36	138,70	156,04	90,18	131,17	147,56	85,09	123,77	139,24	80,10	116,52	131,08	75,21	109,40	123,07
	V	3 183,25	175,07	254,66	286,49	IV	2 639,58	142,27	206,94	232,81	139,37	202,73	228,07	136,47	198,51	223,32	133,58	194,30	218,58	130,68	190,08	213,84	127,78	185,86	209,09
	VI	3 215,41	176,84	257,23	289,38																				
8 285,99	I,IV	2 640,83	145,24	211,26	237,67	I	2 640,83	139,44	202,83	228,18	133,65	194,40	218,70	127,85	185,96	209,21	122,05	177,53	199,72	116,25	169,10	190,23	110,45	160,66	180,74
	II	2 595,—	142,72	207,60	233,55	II	2 595,—	136,92	199,16	224,06	131,12	190,73	214,57	125,33	182,30	205,08	119,53	173,86	195,59	113,73	165,43	186,11	107,93	157,—	176,62
	III	1 928,66	106,07	154,29	173,57	III	1 928,66	100,70	146,48	164,79	95,42	138,80	156,15	90,24	131,26	147,67	85,15	123,86	139,34	80,16	116,60	131,17	75,26	109,48	123,16
	V	3 184,50	175,14	254,76	286,60	IV	2 640,83	142,34	207,04	232,92	139,44	202,83	228,18	136,54	198,61	223,43	133,65	194,40	218,70	130,74	190,18	213,95	127,85	185,96	209,21
	VI	3 216,75	176,92	257,34	289,50																				
8 288,99	I,IV	2 642,08	145,31	211,36	237,78	I	2 642,08	139,51	202,93	228,29	133,71	194,50	218,81	127,92	186,06	209,32	122,12	177,63	199,83	116,32	169,20	190,35	110,52	160,76	180,86
	II	2 596,33	142,79	207,70	233,66	II	2 596,33	136,99	199,26	224,17	131,19	190,83	214,68	125,40	182,40	205,20	119,60	173,96	195,71	113,80	165,53	186,22	108,—	157,10	176,73
	III	1 929,83	106,14	154,38	173,68	III	1 929,83	100,76	146,57	164,89	95,48	138,89	156,25	90,30	131,34	147,76	85,21	123,94	139,43	80,22	116,69	131,27	75,32	109,56	123,25
	V	3 185,75	175,21	254,86	286,71	IV	2 642,08	142,41	207,14	233,03	139,51	202,93	228,29	136,61	198,71	223,55	133,71	194,50	218,81	130,81	190,28	214,06	127,92	186,06	209,32
	VI	3 218,—	176,99	257,44	289,62																				
8 291,99	I,IV	2 643,33	145,38	211,46	237,89	I	2 643,33	139,58	203,03	228,41	133,78	194,60	218,92	127,98	186,16	209,43	122,19	177,73	199,94	116,39	169,30	190,46	110,59	160,86	180,97
	II	2 597,58	142,86	207,80	233,78	II	2 597,58	137,06	199,37	224,29	131,27	190,94	214,80	125,47	182,50	205,31	119,67	174,06	195,82	113,87	165,63	186,33	108,07	157,20	176,85
	III	1 931,—	106,20	154,48	173,79	III	1 931,—	100,83	146,66	164,99	95,55	138,98	156,35	90,36	131,44	147,87	85,27	124,04	139,54	80,28	116,77	131,36	75,38	109,65	123,35
	V	3 187,—	175,28	254,96	286,83	IV	2 643,33	142,48	207,24	233,15	139,58	203,03	228,41	136,68	198,81	223,66	133,78	194,60	218,92	130,88	190,38	214,17	127,98	186,16	209,43
	VI	3 219,25	177,05	257,54	289,73																				
8 294,99	I,IV	2 644,58	145,45	211,56	238,01	I	2 644,58	139,65	203,13	228,52	133,85	194,70	219,03	128,05	186,26	209,54	122,26	177,83	200,06	116,46	169,40	190,57	110,66	160,96	181,08
	II	2 598,83	142,93	207,90	233,89	II	2 598,83	137,13	199,47	224,40	131,34	191,04	214,92	125,54	182,60	205,43	119,74	174,17	195,94	113,94	165,74	186,45	108,14	157,30	176,96
	III	1 932,16	106,26	154,57	173,89	III	1 932,16	100,88	146,74	165,08	95,60	139,06	156,44	90,42	131,53	147,97	85,33	124,12	139,63	80,34	116,86	131,47	75,44	109,73	123,44
	V	3 188,33	175,35	255,06	286,94	IV	2 644,58	142,55	207,35	233,27	139,65	203,13	228,52	136,75	198,92	223,78	133,85	194,70	219,03	130,95	190,48	214,29	128,05	186,26	209,54
	VI	3 220,50	177,12	257,64	289,84																				
8 297,99	I,IV	2 645,83	145,52	211,66	238,12	I	2 645,83	139,72	203,23	228,63	133,92	194,80	219,15	128,12	186,36	209,66	122,32	177,93	200,17	116,53	169,50	190,68	110,73	161,06	181,19
	II	2 600,08	143,—	208,—	234,—	II	2 600,08	137,20	199,57	224,51	131,40	191,14	215,03	125,61	182,70	205,54	119,81	174,27	196,05	114,01	165,84	186,57	108,21	157,40	177,08
	III	1 933,33	106,33	154,66	173,99	III	1 933,33	100,95	146,84	165,19	95,67	139,16	156,55	90,48	131,61	148,06	85,39	124,21	139,73	80,40	116,94	131,56	75,49	109,81	123,53
	V	3 189,58	175,42	255,16	287,06	IV	2 645,83	142,62	207,45	233,38	139,72	203,23	228,63	136,82	199,02	223,89	133,92	194,80	219,15	131,02	190,58	214,40	128,12	186,36	209,66
	VI	3 221,75	177,19	257,74	289,95																				
8 300,99	I,IV	2 647,08	145,58	211,76	238,23	I	2 647,08	139,79	203,33	228,74	133,99	194,90	219,26	128,19	186,46	209,77	122,39	178,03	200,28	116,60	169,60	190,80	110,80	161,16	181,31
	II	2 601,33	143,07	208,10	234,11	II	2 601,33	137,27	199,67	224,63	131,47	191,24	215,14	125,67	182,80	205,65	119,88	174,37	196,16	114,08	165,94	186,68	108,28	157,50	177,19
	III	1 934,50	106,39	154,76	174,10	III	1 934,50	101,01	146,93	165,29	95,73	139,25	156,65	90,54	131,70	148,16	85,46	124,30	139,84	80,45	117,02	131,65	75,56	109,90	123,64
	V	3 190,83	175,49	255,26	287,17	IV	2 647,08	142,69	207,55	233,49	139,79	203,33	228,74	136,89	199,12	224,01	133,99	194,90	219,26	131,09	190,68	214,52	128,19	186,46	209,77
	VI	3 223,—	177,26	257,84	290,07																				
8 303,99	I,IV	2 648,33	145,65	211,86	238,34	I	2 648,33	139,86	203,43	228,86	134,06	195,—	219,37	128,26	186,56	209,88	122,46	178,13	200,39	116,66	169,70	190,91	110,87	161,26	181,42
	II	2 602,58	143,14	208,20	234,23	II	2 602,58	137,34	199,77	224,74	131,54	191,34	215,25	125,74	182,90	205,76	119,95	174,47	196,28	114,15	166,04	186,79	108,35	157,60	177,30
	III	1 935,66	106,46	154,85	174,20	III	1 935,66	101,08	147,02	165,40	95,80	139,34	156,76	90,61	131,80	148,27	85,51	124,38	139,93	80,52	117,12	131,76	75,61	109,98	123,73
	V	3 192,08	175,56	255,36	287,28	IV	2 648,33	142,76	207,65	233,60	139,86	203,43	228,86	136,96	199,22	224,12	134,06	195,—	219,37	131,16	190,78	214,63	128,26	186,56	209,88
	VI	3 224,25	177,33	257,94	290,18																				
8 306,99	I,IV	2 649,66	145,73	211,97	238,46	I	2 649,66	139,93	203,54	228,98	134,13	195,10	219,49	128,33	186,66	209,99	122,53	178,23	200,51	116,73	169,80	191,02	110,93	161,36	181,53
	II	2 603,83	143,21	208,30	234,34	II	2 603,83	137,41	199,87	224,85	131,61	191,44	215,37	125,81	183,—	205,88	120,01	174,57	196,39	114,22	166,14	186,90	108,42	157,70	177,41
	III	1 936,83	106,52	154,94	174,31	III	1 936,83	101,14	147,12	165,51	95,86	139,44	156,87	90,67	131,89	148,37	85,58	124,48	140,04	80,57	117,20	131,85	75,67	110,06	123,82
	V	3 193,33	175,63	255,46	287,39	IV	2 649,66	142,83	207,75	233,72	139,93	203,54	228,98	137,03	199,32	224,23	134,13	195,10	219,49	131,23	190,88	214,74	128,33	186,66	209,99
	VI	3 225,50	177,40	258,04	290,29																				
8 309,99	I,IV	2 650,91	145,80	212,07	238,58	I	2 650,91	140,—	203,64	229,09	134,20	195,20	219,60	128,40	186,77	210,11	122,60	178,34	200,63	116,81	169,90	191,14	111,—	161,46	181,64
	II	2 605,08	143,27	208,40	234,45	II	2 605,08	137,48	199,97	224,96	131,68	191,54	215,48	125,88	183,10	205,99	120,08	174,67	196,50	114,29	166,24	187,02	108,49	157,80	177,53
	III	1 938,—	106,59	155,04	174,42	III	1 938,—	101,20	147,21	165,61	95,92	139,53	156,97	90,73	131,97	148,46	85,63	124,56	140,13	80,63	117,29	131,95	75,73	110,16	123,93
	V	3 194,58	175,70	255,56	287,51	IV	2 650,91	142,89	207,85	233,83	140,—	203,64	229,09	137,10	199,42	224,34	134,20	195,20	219,60	131,30	190,98	214,85	128,40	186,77	210,11
	VI	3 226,83	177,47	258,14	290,41																				
8 312,99	I,IV	2 652,16	145,86	212,17	238,69	I	2 652,16	140,07	203,74	229,20	134,27	195,30	219,71	128,47	186,87	210,23	122,67	178,44	200,74	116,87	170,—	191,25	111,08	161,57	181,76
	II	2 606,33	143,34	208,50	234,56	II	2 606,33	137,55	200,07	225,08	131,75	191,64	215,59	125,95	183,20	206,10	120,15	174,77	196,61	114,35	166,34	187,13	108,56	157,90	177,64
	III	1 939,16	106,65	155,13	174,52	III	1 939,16	101,27	147,30	165,71	95,98	139,61	157,06	90,79	132,06	148,57	85,69	124,65	140,23	80,69	117,37	132,04	75,79	110,24	124,02
	V	3 195,83	175,77	255,66	287,62	IV	2 652,16	142,96	207,95	233,94	140,07	203,74	229,20	137,17	199,52	224,46	134,27	195,30	219,71	131,37	191,08	214,97	128,47	186,87	210,23
	VI	3 228,08	177,54	258,24	290,52																				
8 315,99	I,IV	2 653,41	145,93	212,27	238,80	I	2 653,41	140,14	203,84	229,32	134,34	195,40	219,83	128,54	186,97	210,34	122,74	178,54	200,85	116,94	170,10	191,36	111,15	161,67	181,88
	II	2 607,66	143,42	208,61	234,68	II	2 607,66	137,62	200,18	225,20	131,82	191,74	215,71	126,02	183,30	206,21	120,22	174,87	196,73	114,42	166,44	187,24	108,62	158,—	177,75
	III	1 940,33	106,71	155,22	174,62	III	1 940,33	101,33	147,40	165,82	96,04	139,70	157,16	90,86	132,16	148,68	85,76	124,74	140,33	80,75	117,46	132,14	75,84	110,32	124,11
	V	3 197,08	175,83	255,76	287,73	IV	2 653,41	143,03	208,05	234,05	140,14	203,84	229,32	137,23	199,62	224,57	134,34	195,40	219,83	131,44	191,18	215,08	128,54	186,97	210,34
	VI	3 229,33	177,61	258,34	290,63																				
8 318,99	I,IV	2 654,66	146,—	212,37	238,91	I	2 654,66	140,20	203,94	229,43	134,41	195,50	219,94	128,61	187,07	210,45	122,81	178,64	200,97	117,01	170,20	191,48	111,21	161,77	181,99
	II	2 608,91	143,49	208,71	234,80	II	2 608,91	137,69	200,28	225,31	131,89	191,84	215,82	126,09	183,41	206,33	120,29	174,98	196,85	114,50	166,54	187,36	108,69	158,10	177,86
	III	1 941,50	106,78	155,32	174,73	III	1 941,50	101,40	147,49	165,92	96,11	139,80	157,27	90,91	132,24	148,77	85,81	124,82	140,42	80,81	117,54	132,23	75,90	110,41	124,21
	V	3 198,41	175,91	255,87	287,85	IV	2 654,66	143,11	208,16	234,18	140,20	203,94	229,43	137,31	199,72	224,69	134,41	195,50	219,94	131,50	191,28	215,19	128,61	187,07	210,45
	VI	3 230,58	177,68	258,44	290,75																				
8 321,99	I,IV	2 655,91	146,07	212,47	239,03	I	2 655,91	140,27	204,04	229,54	134,47	195,60	220,05	128,68	187,17	210,56	122,88	178,74	201,08	117,08	170,30	191,59	111,28	161,87	182,10
	II	2 610,16	143,55	208,81	234,91	II	2 610,16	137,76	200,38	225,42	131,96	191,94	215,93	126,16	183,51	206,45	120,36	175,08	196,96	114,56	166,64	187,47	108,77	158,21	177,98
	III	1 942,83	106,85	155,42	174,85	III	1 942,83	101,46	147,58	166,03	96,17	139,89	157,37	90,97	132,33	148,87	85,88	124,92	140,53	80,87	117,64	132,34	75,96	110,49	124,30
	V	3 199,66	175,98	255,97	287,96	IV	2 655,91	143,17	208,26	234,29	140,27	204,04	229,54	137,38	199,82	224,80	134,47	195,60	220,05	131,58	191,39	215,31	128,68	187,17	210,56
	VI	3 231,83	177,75	258,54	290,86																				
8 324,99	I,IV	2 657,16	146,14	212,57	239,14	I	2 657,16	140,34	204,14	229,65	134,54	195,70	220,16	128,75	187,27	210,68	122,95	178,84	201,19	117,15	170,40	191,70	111,35	161,97	182,21
	II	2 611,41	143,62	208,91	235,02	II	2 611,41	137,83	200,48	225,54	132,03	192,04	216,05	126,23	183,61	206,56	120,43	175,18	197,07	114,63	166,74	187,58	108,84	158,31	178,10
	III	1 944,—	106,92	155,52	174,96	III	1 944,—	101,53	147,68	166,14	96,24	139,98	157,48	91,04	132,42	148,97	85,93	125,—	140,62	80,93	117,72	132,43	76,01	110,57	124,39
	V	3 200,91	176,05	256,07	288,08	IV	2 657,16	143,24	208,36	234,40	140,34	204,14	229,65	137,44	199,92	224,91	134,54	195,70	220,16	131,65	191,49	215,42	128,75	187,27	210,68
	VI	3 233,08	177,81	258,64	290,97																				

* Die ausgewiesenen Tabellenwerte sind amtlich. Siehe Erläuterungen auf der Umschlaginnenseite (U2).

MONAT 8 325,–*

Abzüge an Lohnsteuer, Solidaritätszuschlag (SolZ) und Kirchensteuer (8%, 9%) in den Steuerklassen

Lohn/Gehalt bis €*	I – VI		ohne Kinderfreibeträge			I, II, III, IV		mit Zahl der Kinderfreibeträge . . . 0,5			1			1,5			2			2,5			3		
		LSt	SolZ	8%	9%		LSt	SolZ	8%	9%	SolZ	8%	9%	SolZ	8%	9%	SolZ	8%	9%	SolZ	8%	9%	SolZ	8%	9%
8 327,99	I,IV	2 658,41	146,21	212,67	239,25	I	2 658,41	140,41	204,24	229,77	134,61	195,80	220,28	128,81	187,37	210,79	123,02	178,94	201,30	117,22	170,50	191,81	111,42	162,07	182,33
	II	2 612,66	143,69	209,01	235,13	II	2 612,66	137,89	200,58	225,65	132,10	192,14	216,16	126,30	183,71	206,67	120,50	175,28	197,19	114,70	166,84	187,70	108,90	158,41	178,21
	III	1 945,16	106,98	155,61	175,06	III	1 945,16	101,59	147,77	166,24	96,30	140,08	157,59	91,10	132,52	149,08	86,—	125,09	140,72	80,99	117,81	132,53	76,08	110,66	124,49
	V	3 202,16	176,11	256,17	288,19	IV	2 658,41	143,31	208,46	234,51	140,41	204,24	229,77	137,51	200,02	225,02	134,61	195,80	220,28	131,72	191,59	215,54	128,81	187,37	210,79
	VI	3 234,33	177,88	258,74	291,08																				
8 330,99	I,IV	2 659,75	146,28	212,78	239,37	I	2 659,75	140,48	204,34	229,88	134,68	195,90	220,39	128,88	187,47	210,90	123,09	179,04	201,42	117,29	170,60	191,93	111,49	162,17	182,44
	II	2 613,91	143,76	209,11	235,25	II	2 613,91	137,96	200,68	225,76	132,16	192,24	216,27	126,37	183,81	206,78	120,57	175,38	197,30	114,77	166,94	187,81	108,97	158,51	178,32
	III	1 946,33	107,04	155,70	175,16	III	1 946,33	101,65	147,86	166,34	96,36	140,16	157,68	91,16	132,60	149,17	86,05	125,17	140,81	81,05	117,89	132,62	76,13	110,74	124,58
	V	3 203,41	176,18	256,27	288,30	IV	2 659,75	143,38	208,56	234,63	140,48	204,34	229,88	137,58	200,12	225,14	134,68	195,90	220,39	131,78	191,69	215,65	128,88	187,47	210,90
	VI	3 235,58	177,95	258,84	291,20																				
8 333,99	I,IV	2 661,—	146,35	212,88	239,49	I	2 661,—	140,55	204,44	230,—	134,75	196,01	220,51	128,96	187,58	211,02	123,16	179,14	201,53	117,36	170,70	192,04	111,56	162,27	182,55
	II	2 615,16	143,83	209,21	235,36	II	2 615,16	138,03	200,78	225,87	132,23	192,34	216,38	126,44	183,91	206,90	120,64	175,48	197,41	114,84	167,04	187,92	109,04	158,61	178,43
	III	1 947,50	107,11	155,80	175,27	III	1 947,50	101,72	147,96	166,45	96,42	140,25	157,78	91,22	132,69	149,27	86,12	125,26	140,92	81,11	117,98	132,73	76,19	110,82	124,67
	V	3 204,66	176,25	256,37	288,41	IV	2 661,—	143,45	208,66	234,74	140,55	204,44	230,—	137,65	200,22	225,25	134,75	196,01	220,51	131,85	191,79	215,76	128,96	187,58	211,02
	VI	3 236,91	178,03	258,95	291,32																				
8 336,99	I,IV	2 662,25	146,42	212,98	239,60	I	2 662,25	140,62	204,54	230,11	134,82	196,11	220,62	129,03	187,68	211,14	123,23	179,24	201,65	117,43	170,81	192,16	111,63	162,38	182,67
	II	2 616,41	143,90	209,31	235,47	II	2 616,41	138,10	200,88	225,99	132,30	192,44	216,50	126,50	184,01	207,01	120,71	175,58	197,52	114,91	167,14	188,03	109,11	158,71	178,55
	III	1 948,66	107,17	155,89	175,37	III	1 948,66	101,78	148,05	166,55	96,48	140,34	157,88	91,29	132,78	149,38	86,18	125,36	141,03	81,17	118,06	132,82	76,25	110,92	124,78
	V	3 205,91	176,32	256,47	288,53	IV	2 662,25	143,52	208,76	234,85	140,62	204,54	230,11	137,72	200,32	225,36	134,82	196,11	220,62	131,92	191,89	215,87	129,03	187,68	211,14
	VI	3 238,16	178,09	259,05	291,43																				
8 339,99	I,IV	2 663,50	146,49	213,08	239,71	I	2 663,50	140,69	204,64	230,22	134,89	196,21	220,73	129,09	187,78	211,25	123,30	179,34	201,76	117,50	170,91	192,27	111,70	162,48	182,79
	II	2 617,75	143,97	209,42	235,59	II	2 617,75	138,17	200,98	226,10	132,37	192,54	216,61	126,57	184,11	207,12	120,78	175,68	197,64	114,98	167,24	188,15	109,18	158,81	178,66
	III	1 949,83	107,24	155,98	175,48	III	1 949,83	101,85	148,14	166,66	96,55	140,44	157,99	91,34	132,86	149,47	86,24	125,44	141,12	81,22	118,14	132,91	76,31	111,—	124,87
	V	3 207,16	176,39	256,57	288,64	IV	2 663,50	143,59	208,86	234,96	140,69	204,64	230,22	137,79	200,42	225,47	134,89	196,21	220,73	131,99	191,99	215,99	129,09	187,78	211,25
	VI	3 239,41	178,16	259,15	291,54																				
8 342,99	I,IV	2 664,75	146,56	213,18	239,82	I	2 664,75	140,76	204,74	230,33	134,96	196,31	220,85	129,16	187,88	211,36	123,36	179,44	201,87	117,57	171,01	192,38	111,77	162,58	182,90
	II	2 619,—	144,04	209,52	235,71	II	2 619,—	138,24	201,08	226,22	132,44	192,65	216,73	126,65	184,22	207,24	120,85	175,78	197,75	115,05	167,34	188,26	109,25	158,91	178,77
	III	1 951,—	107,30	156,08	175,59	III	1 951,—	101,91	148,24	166,77	96,61	140,53	158,09	91,41	132,96	149,58	86,30	125,53	141,22	81,29	118,24	133,02	76,36	111,08	124,96
	V	3 208,41	176,46	256,67	288,75	IV	2 664,75	143,66	208,96	235,08	140,76	204,74	230,33	137,86	200,52	225,59	134,96	196,31	220,85	132,06	192,09	216,10	129,16	187,88	211,36
	VI	3 240,66	178,23	259,25	291,65																				
8 345,99	I,IV	2 666,—	146,63	213,28	239,94	I	2 666,—	140,83	204,84	230,45	135,03	196,41	220,96	129,23	187,98	211,47	123,43	179,54	201,98	117,64	171,11	192,50	111,84	162,68	183,01
	II	2 620,25	144,11	209,62	235,82	II	2 620,25	138,31	201,18	226,33	132,51	192,75	216,84	126,72	184,32	207,36	120,92	175,88	197,87	115,12	167,45	188,38	109,32	159,02	178,89
	III	1 952,16	107,36	156,17	175,69	III	1 952,16	101,97	148,33	166,87	96,68	140,62	158,20	91,47	133,05	149,68	86,35	125,61	141,31	81,34	118,32	133,11	76,43	111,17	125,06
	V	3 209,75	176,53	256,78	288,87	IV	2 666,—	143,73	209,06	235,19	140,83	204,84	230,45	137,93	200,63	225,71	135,03	196,41	220,96	132,13	192,20	216,22	129,23	187,98	211,47
	VI	3 241,91	178,30	259,35	291,77																				
8 348,99	I,IV	2 667,25	146,69	213,38	240,05	I	2 667,25	140,90	204,94	230,56	135,10	196,51	221,07	129,30	188,08	211,59	123,50	179,64	202,10	117,70	171,21	192,61	111,91	162,78	183,12
	II	2 621,50	144,18	209,72	235,93	II	2 621,50	138,38	201,28	226,44	132,58	192,85	216,95	126,78	184,42	207,47	120,99	175,98	197,98	115,19	167,55	188,49	109,39	159,12	179,01
	III	1 953,33	107,43	156,26	175,79	III	1 953,33	102,04	148,42	166,97	96,73	140,70	158,29	91,53	133,14	149,78	86,42	125,70	141,41	81,40	118,41	133,21	76,48	111,25	125,15
	V	3 211,—	176,60	256,88	288,99	IV	2 667,25	143,80	209,16	235,31	140,90	204,94	230,56	138,—	200,73	225,82	135,10	196,51	221,07	132,20	192,30	216,33	129,30	188,08	211,59
	VI	3 243,16	178,37	259,45	291,88																				
8 351,99	I,IV	2 668,50	146,76	213,48	240,16	I	2 668,50	140,96	205,04	230,67	135,17	196,61	221,18	129,37	188,18	211,70	123,57	179,74	202,21	117,77	171,31	192,72	111,98	162,88	183,24
	II	2 622,75	144,25	209,82	236,04	II	2 622,75	138,45	201,38	226,55	132,65	192,95	217,07	126,85	184,52	207,58	121,05	176,08	198,09	115,26	167,65	188,60	109,46	159,22	179,12
	III	1 954,50	107,49	156,36	175,90	III	1 954,50	102,10	148,52	167,08	96,80	140,80	158,40	91,59	133,22	149,87	86,48	125,80	141,52	81,46	118,49	133,30	76,54	111,33	125,24
	V	3 212,25	176,67	256,98	289,10	IV	2 668,50	143,87	209,26	235,42	140,96	205,04	230,67	138,07	200,83	225,93	135,17	196,61	221,18	132,27	192,40	216,45	129,37	188,18	211,70
	VI	3 244,41	178,44	259,55	291,99																				
8 354,99	I,IV	2 669,83	146,84	213,58	240,28	I	2 669,83	141,03	205,14	230,78	135,24	196,71	221,30	129,44	188,28	211,81	123,64	179,84	202,32	117,84	171,41	192,83	112,04	162,98	183,35
	II	2 624,—	144,32	209,92	236,16	II	2 624,—	138,52	201,48	226,67	132,72	193,05	217,18	126,92	184,62	207,69	121,12	176,18	198,20	115,33	167,75	188,72	109,53	159,32	179,23
	III	1 955,83	107,57	156,46	176,02	III	1 955,83	102,17	148,61	167,18	96,86	140,89	158,50	91,65	133,32	149,98	86,54	125,88	141,61	81,52	118,58	133,40	76,60	111,42	125,35
	V	3 213,50	176,74	257,08	289,21	IV	2 669,83	143,93	209,36	235,53	141,03	205,14	230,78	138,14	200,93	226,04	135,24	196,71	221,30	132,34	192,50	216,56	129,44	188,28	211,81
	VI	3 245,66	178,51	259,65	292,10																				
8 357,99	I,IV	2 671,08	146,90	213,68	240,39	I	2 671,08	141,11	205,25	230,90	135,31	196,82	221,42	129,51	188,38	211,93	123,71	179,94	202,43	117,91	171,51	192,95	112,11	163,08	183,46
	II	2 625,25	144,38	210,02	236,27	II	2 625,25	138,59	201,58	226,78	132,79	193,15	217,29	126,99	184,72	207,81	121,19	176,28	198,32	115,39	167,85	188,83	109,60	159,42	179,34
	III	1 957,—	107,63	156,56	176,13	III	1 957,—	102,23	148,70	167,29	96,92	140,98	158,60	91,72	133,41	150,08	86,60	125,97	141,71	81,58	118,66	133,49	76,66	111,50	125,44
	V	3 214,75	176,81	257,18	289,32	IV	2 671,08	144,—	209,46	235,64	141,11	205,25	230,90	138,21	201,03	226,16	135,31	196,82	221,42	132,41	192,60	216,67	129,51	188,38	211,93
	VI	3 246,91	178,58	259,75	292,22																				
8 360,99	I,IV	2 672,33	146,97	213,78	240,50	I	2 672,33	141,18	205,35	231,02	135,38	196,92	221,53	129,58	188,48	212,04	123,78	180,05	202,55	117,98	171,62	193,07	112,19	163,18	183,58
	II	2 626,50	144,45	210,12	236,38	II	2 626,50	138,65	201,68	226,89	132,86	193,25	217,40	127,06	184,82	207,92	121,26	176,38	198,43	115,46	167,95	188,94	109,67	159,52	179,46
	III	1 958,16	107,69	156,65	176,23	III	1 958,16	102,30	148,80	167,40	96,99	141,08	158,71	91,77	133,49	150,17	86,66	126,05	141,80	81,64	118,76	133,60	76,72	111,60	125,55
	V	3 216,—	176,88	257,28	289,44	IV	2 672,33	144,07	209,56	235,76	141,18	205,35	231,02	138,27	201,13	226,27	135,38	196,92	221,53	132,48	192,70	216,78	129,58	188,48	212,04
	VI	3 248,25	178,65	259,86	292,34																				
8 363,99	I,IV	2 673,58	147,04	213,88	240,62	I	2 673,58	141,24	205,45	231,13	135,45	197,02	221,64	129,65	188,58	212,15	123,85	180,15	202,67	118,05	171,72	193,18	112,25	163,28	183,69
	II	2 627,83	144,53	210,22	236,50	II	2 627,83	138,72	201,78	227,—	132,93	193,35	217,52	127,13	184,92	208,03	121,33	176,48	198,54	115,53	168,05	189,05	109,73	159,62	179,57
	III	1 959,33	107,76	156,74	176,33	III	1 959,33	102,36	148,89	167,50	97,05	141,17	158,81	91,84	133,58	150,28	86,72	126,14	141,91	81,70	118,84	133,69	76,78	111,68	125,64
	V	3 217,25	176,94	257,38	289,55	IV	2 673,58	144,14	209,66	235,87	141,24	205,45	231,13	138,34	201,23	226,38	135,45	197,02	221,64	132,55	192,80	216,90	129,65	188,58	212,15
	VI	3 249,50	178,72	259,96	292,45																				
8 366,99	I,IV	2 674,83	147,11	213,98	240,73	I	2 674,83	141,31	205,55	231,24	135,52	197,12	221,76	129,72	188,68	212,27	123,92	180,25	202,78	118,12	171,82	193,29	112,32	163,38	183,80
	II	2 629,08	144,59	210,32	236,61	II	2 629,08	138,80	201,89	227,12	133,—	193,46	217,64	127,20	185,02	208,15	121,40	176,58	198,65	115,60	168,15	189,17	109,80	159,72	179,68
	III	1 960,50	107,82	156,84	176,44	III	1 960,50	102,42	148,98	167,60	97,12	141,26	158,92	91,90	133,68	150,39	86,79	126,24	142,02	81,76	118,93	133,79	76,83	111,76	125,73
	V	3 218,50	177,01	257,48	289,66	IV	2 674,83	144,21	209,76	235,98	141,31	205,55	231,24	138,41	201,33	226,49	135,52	197,12	221,76	132,61	192,90	217,01	129,72	188,68	212,27
	VI	3 250,75	178,79	260,06	292,56																				
8 369,99	I,IV	2 676,08	147,18	214,08	240,84	I	2 676,08	141,38	205,65	231,35	135,58	197,22	221,87	129,79	188,78	212,38	123,99	180,35	202,89	118,19	171,92	193,41	112,39	163,48	183,92
	II	2 630,33	144,66	210,42	236,72	II	2 630,33	138,87	201,99	227,24	133,07	193,56	217,75	127,27	185,12	208,26	121,47	176,69	198,77	115,67	168,26	189,29	109,88	159,82	179,80
	III	1 961,66	107,89	156,93	176,54	III	1 961,66	102,49	149,08	167,71	97,17	141,34	159,01	91,96	133,77	150,49	86,84	126,32	142,11	81,82	119,01	133,88	76,89	111,85	125,83
	V	3 219,83	177,09	257,58	289,78	IV	2 676,08	144,28	209,87	236,10	141,38	205,65	231,35	138,49	201,44	226,62	135,58	197,22	221,87	132,69	193,—	217,13	129,79	188,78	212,38
	VI	3 252,—	178,86	260,16	292,68																				

* Die ausgewiesenen Tabellenwerte sind amtlich. Siehe Erläuterungen auf der Umschlaginnenseite (U2).

Abzüge an Lohnsteuer, Solidaritätszuschlag (SolZ) und Kirchensteuer (8%, 9%) in den Steuerklassen

Lohn/ Gehalt bis €*	I – VI					I, II, III, IV																			
			ohne Kinderfreibeträge					mit Zahl der Kinderfreibeträge . . .																	
								0,5			1			1,5			2			2,5			3		
		LSt	SolZ	8%	9%		LSt	SolZ	8%	9%	SolZ	8%	9%	SolZ	8%	9%	SolZ	8%	9%	SolZ	8%	9%	SolZ	8%	9%
8 372,99	I,IV	2 677,33	147,25	214,18	240,95	I	2 677,33	141,45	205,75	231,47	135,65	197,32	221,98	129,85	188,88	212,49	124,06	180,45	203,—	118,26	172,02	193,52	112,46	163,58	184,03
	II	2 631,58	144,73	210,52	236,84	II	2 631,58	138,93	202,09	227,35	133,14	193,66	217,86	127,34	185,22	208,37	121,54	176,79	198,89	115,74	168,36	189,40	109,94	159,92	179,91
	III	1 962,83	107,95	157,02	176,65	III	1 962,83	102,55	149,17	167,81	97,24	141,44	159,12	92,02	133,85	150,58	86,90	126,41	142,21	81,88	119,10	133,99	76,95	111,93	125,92
	V	3 221,08	177,15	257,68	289,89	IV	2 677,33	144,35	209,97	236,21	141,45	205,75	231,47	138,55	201,54	226,73	135,65	197,32	221,98	132,76	193,10	217,24	129,85	188,88	212,49
	VI	3 253,25	178,92	260,26	292,79																				
8 375,99	I,IV	2 678,58	147,32	214,28	241,07	I	2 678,58	141,52	205,85	231,58	135,72	197,42	222,09	129,92	188,98	212,60	124,13	180,55	203,12	118,33	172,12	193,63	112,53	163,68	184,14
	II	2 632,83	144,80	210,62	236,95	II	2 632,83	139,—	202,19	227,46	133,21	193,76	217,98	127,41	185,32	208,49	121,61	176,89	199,—	115,81	168,46	189,51	110,01	160,02	180,02
	III	1 964,—	108,02	157,12	176,76	III	1 964,—	102,62	149,26	167,92	97,30	141,53	159,22	92,08	133,94	150,68	86,97	126,50	142,31	81,94	119,18	134,08	77,—	112,01	126,01
	V	3 222,33	177,22	257,78	290,—	IV	2 678,58	144,42	210,07	236,33	141,52	205,85	231,58	138,62	201,64	226,84	135,72	197,42	222,09	132,82	193,20	217,35	129,92	188,98	212,60
	VI	3 254,50	178,99	260,36	292,90																				
8 378,99	I,IV	2 679,83	147,39	214,38	241,18	I	2 679,83	141,59	205,95	231,69	135,79	197,52	222,21	129,99	189,08	212,72	124,19	180,65	203,23	118,40	172,22	193,74	112,60	163,78	184,25
	II	2 634,08	144,87	210,72	237,06	II	2 634,08	139,07	202,29	227,57	133,27	193,86	218,09	127,48	185,42	208,60	121,68	176,99	199,11	115,88	168,56	189,63	110,08	160,12	180,14
	III	1 965,16	108,08	157,21	176,86	III	1 965,16	102,68	149,36	168,03	97,36	141,62	159,32	92,15	134,04	150,79	87,02	126,58	142,40	82,—	119,28	134,19	77,07	112,10	126,11
	V	3 223,58	177,29	257,88	290,12	IV	2 679,83	144,49	210,17	236,44	141,59	205,95	231,69	138,69	201,74	226,95	135,79	197,52	222,21	132,89	193,30	217,46	129,99	189,08	212,72
	VI	3 255,75	179,06	260,46	293,01																				
8 381,99	I,IV	2 681,16	147,46	214,49	241,30	I	2 681,16	141,66	206,06	231,81	135,86	197,62	222,32	130,06	189,18	212,83	124,26	180,75	203,34	118,47	172,32	193,86	112,67	163,88	184,37
	II	2 635,33	144,94	210,82	237,17	II	2 635,33	139,14	202,39	227,69	133,34	193,96	218,20	127,54	185,52	208,71	121,75	177,09	199,22	115,95	168,66	189,74	110,15	160,22	180,25
	III	1 966,50	108,15	157,32	176,98	III	1 966,50	102,74	149,45	168,13	97,43	141,72	159,43	92,21	134,13	150,89	87,09	126,68	142,51	82,06	119,36	134,28	77,12	112,18	126,20
	V	3 224,83	177,36	257,98	290,23	IV	2 681,16	144,56	210,27	236,55	141,66	206,06	231,81	138,76	201,84	227,07	135,86	197,62	222,32	132,96	193,40	217,58	130,06	189,18	212,83
	VI	3 257,—	179,13	260,56	293,13																				
8 384,99	I,IV	2 682,41	147,53	214,59	241,41	I	2 682,41	141,73	206,16	231,93	135,93	197,72	222,44	130,13	189,29	212,95	124,34	180,86	203,46	118,54	172,42	193,97	112,74	163,98	184,48
	II	2 636,58	145,01	210,92	237,29	II	2 636,58	139,21	202,49	227,80	133,41	194,06	218,31	127,61	185,62	208,82	121,82	177,19	199,34	116,02	168,76	189,85	110,22	160,32	180,36
	III	1 967,66	108,22	157,41	177,08	III	1 967,66	102,81	149,54	168,23	97,49	141,81	159,53	92,27	134,21	150,98	87,14	126,76	142,60	82,12	119,45	134,38	77,18	112,26	126,29
	V	3 226,08	177,43	258,08	290,34	IV	2 682,41	144,63	210,37	236,66	141,73	206,16	231,93	138,83	201,94	227,18	135,93	197,72	222,44	133,03	193,50	217,69	130,13	189,29	212,95
	VI	3 258,33	179,20	260,66	293,24																				
8 387,99	I,IV	2 683,66	147,60	214,69	241,52	I	2 683,66	141,80	206,26	232,04	136,—	197,82	222,55	130,20	189,39	213,06	124,41	180,96	203,58	118,61	172,52	194,09	112,81	164,09	184,60
	II	2 637,83	145,08	211,02	237,40	II	2 637,83	139,28	202,59	227,91	133,48	194,16	218,43	127,68	185,72	208,94	121,88	177,29	199,45	116,09	168,86	189,96	110,29	160,42	180,47
	III	1 968,83	108,28	157,50	177,19	III	1 968,83	102,87	149,64	168,34	97,56	141,90	159,64	92,33	134,30	151,09	87,21	126,85	142,70	82,17	119,53	134,47	77,24	112,36	126,40
	V	3 227,33	177,50	258,18	290,45	IV	2 683,66	144,70	210,47	236,78	141,80	206,26	232,04	138,90	202,04	227,29	136,—	197,82	222,55	133,10	193,60	217,80	130,20	189,39	213,06
	VI	3 259,58	179,27	260,76	293,36																				
8 390,99	I,IV	2 684,91	147,67	214,79	241,64	I	2 684,91	141,87	206,36	232,15	136,07	197,92	222,66	130,27	189,49	213,17	124,47	181,06	203,69	118,68	172,62	194,20	112,88	164,19	184,71
	II	2 639,16	145,15	211,13	237,52	II	2 639,16	139,35	202,70	228,03	133,55	194,26	218,54	127,75	185,82	209,05	121,95	177,39	199,56	116,16	168,96	190,08	110,36	160,52	180,59
	III	1 970,—	108,35	157,60	177,30	III	1 970,—	102,94	149,73	168,44	97,62	142,—	159,75	92,40	134,40	151,20	87,27	126,94	142,81	82,24	119,62	134,57	77,30	112,44	126,49
	V	3 228,58	177,57	258,28	290,57	IV	2 684,91	144,76	210,57	236,89	141,87	206,36	232,15	138,97	202,14	227,40	136,07	197,92	222,66	133,17	193,70	217,91	130,27	189,49	213,17
	VI	3 260,83	179,34	260,86	293,47																				
8 393,99	I,IV	2 686,16	147,73	214,89	241,75	I	2 686,16	141,94	206,46	232,26	136,14	198,02	222,77	130,34	189,59	213,29	124,54	181,16	203,80	118,74	172,72	194,31	112,95	164,29	184,82
	II	2 640,41	145,22	211,23	237,63	II	2 640,41	139,42	202,80	228,15	133,62	194,36	218,66	127,82	185,93	209,17	122,03	177,50	199,68	116,23	169,06	190,19	110,43	160,62	180,70
	III	1 971,16	108,41	157,69	177,40	III	1 971,16	103,—	149,82	168,55	97,68	142,08	159,84	92,46	134,49	151,30	87,33	127,02	142,90	82,29	119,70	134,66	77,36	112,53	126,59
	V	3 229,91	177,64	258,39	290,69	IV	2 686,16	144,84	210,68	237,01	141,94	206,46	232,26	139,04	202,24	227,52	136,14	198,02	222,77	133,24	193,80	218,03	130,34	189,59	213,29
	VI	3 262,08	179,41	260,96	293,58																				
8 396,99	I,IV	2 687,41	147,80	214,99	241,86	I	2 687,41	142,01	206,56	232,38	136,21	198,12	222,89	130,41	189,69	213,40	124,61	181,26	203,91	118,81	172,82	194,42	113,02	164,39	184,94
	II	2 641,66	145,29	211,33	237,74	II	2 641,66	139,49	202,90	228,26	133,69	194,46	218,77	127,89	186,03	209,28	122,10	177,60	199,80	116,30	169,16	190,31	110,50	160,73	180,82
	III	1 972,33	108,47	157,78	177,50	III	1 972,33	103,07	149,92	168,66	97,74	142,17	159,94	92,51	134,57	151,39	87,39	127,12	143,01	82,36	119,80	134,77	77,42	112,61	126,68
	V	3 231,16	177,71	258,49	290,80	IV	2 687,41	144,91	210,78	237,12	142,01	206,56	232,38	139,11	202,34	227,63	136,21	198,12	222,89	133,31	193,91	218,15	130,41	189,69	213,40
	VI	3 263,33	179,48	261,06	293,69																				
8 399,99	I,IV	2 688,66	147,87	215,09	241,97	I	2 688,66	142,07	206,66	232,49	136,28	198,22	223,—	130,48	189,79	213,51	124,68	181,36	204,03	118,88	172,92	194,54	113,08	164,49	185,05
	II	2 642,91	145,36	211,43	237,86	II	2 642,91	139,56	203,—	228,37	133,76	194,56	218,88	127,96	186,13	209,39	122,16	177,70	199,91	116,37	169,26	190,42	110,57	160,83	180,93
	III	1 973,50	108,54	157,88	177,61	III	1 973,50	103,13	150,01	168,76	97,80	142,26	160,04	92,58	134,66	151,49	87,45	127,20	143,10	82,41	119,88	134,86	77,47	112,69	126,77
	V	3 232,41	177,78	258,59	290,91	IV	2 688,66	144,98	210,88	237,24	142,07	206,66	232,49	139,18	202,44	227,75	136,28	198,22	223,—	133,38	194,01	218,26	130,48	189,79	213,51
	VI	3 264,58	179,55	261,16	293,81																				
8 402,99	I,IV	2 689,91	147,94	215,19	242,09	I	2 689,91	142,14	206,76	232,60	136,34	198,32	223,11	130,55	189,89	213,62	124,75	181,46	204,14	118,95	173,02	194,65	113,15	164,59	185,16
	II	2 644,16	145,42	211,53	237,97	II	2 644,16	139,63	203,10	228,48	133,83	194,66	218,99	128,03	186,23	209,51	122,23	177,80	200,02	116,43	169,36	190,53	110,64	160,93	181,04
	III	1 974,66	108,60	157,97	177,71	III	1 974,66	103,19	150,10	168,86	97,87	142,36	160,15	92,64	134,76	151,60	87,51	127,29	143,20	82,48	119,97	134,96	77,54	112,78	126,88
	V	3 233,66	177,85	258,69	291,02	IV	2 689,91	145,04	210,98	237,35	142,14	206,76	232,60	139,25	202,54	227,86	136,34	198,32	223,11	133,45	194,11	218,37	130,55	189,89	213,62
	VI	3 265,83	179,62	261,26	293,92																				
8 405,99	I,IV	2 691,25	148,01	215,30	242,21	I	2 691,25	142,22	206,86	232,72	136,41	198,42	223,22	130,62	189,99	213,74	124,82	181,56	204,25	119,02	173,12	194,76	113,22	164,69	185,27
	II	2 645,41	145,49	211,63	238,08	II	2 645,41	139,70	203,20	228,60	133,90	194,76	219,11	128,10	186,33	209,62	122,30	177,90	200,13	116,50	169,46	190,64	110,71	161,03	181,16
	III	1 976,—	108,68	158,08	177,84	III	1 976,—	103,26	150,20	168,97	97,93	142,45	160,25	92,71	134,85	151,70	87,57	127,38	143,30	82,53	120,05	135,05	77,59	112,86	126,97
	V	3 234,91	177,92	258,79	291,14	IV	2 691,25	145,11	211,08	237,46	142,22	206,86	232,72	139,31	202,64	227,97	136,41	198,42	223,22	133,52	194,21	218,48	130,62	189,99	213,74
	VI	3 267,08	179,68	261,36	294,03																				
8 408,99	I,IV	2 692,50	148,08	215,40	242,32	I	2 692,50	142,28	206,96	232,83	136,49	198,53	223,34	130,69	190,10	213,86	124,89	181,66	204,37	119,09	173,22	194,87	113,29	164,79	185,39
	II	2 646,66	145,56	211,73	238,19	II	2 646,66	139,76	203,30	228,71	133,97	194,86	219,22	128,17	186,43	209,73	122,37	178,—	200,25	116,57	169,56	190,76	110,77	161,13	181,27
	III	1 977,16	108,74	158,17	177,94	III	1 977,16	103,32	150,29	169,07	98,—	142,54	160,36	92,76	134,93	151,79	87,63	127,46	143,39	82,60	120,14	135,16	77,66	112,96	127,08
	V	3 236,16	177,98	258,89	291,25	IV	2 692,50	145,18	211,18	237,57	142,28	206,96	232,83	139,38	202,74	228,08	136,49	198,53	223,34	133,59	194,31	218,60	130,69	190,10	213,86
	VI	3 268,41	179,76	261,47	294,15																				
8 411,99	I,IV	2 693,75	148,15	215,50	242,43	I	2 693,75	142,35	207,06	232,94	136,56	198,63	223,46	130,76	190,20	213,97	124,96	181,76	204,48	119,16	173,33	194,99	113,36	164,90	185,51
	II	2 647,91	145,63	211,83	238,31	II	2 647,91	139,83	203,40	228,82	134,03	194,96	219,33	128,24	186,53	209,84	122,44	178,10	200,36	116,64	169,66	190,87	110,84	161,23	181,38
	III	1 978,33	108,80	158,26	178,04	III	1 978,33	103,39	150,38	169,18	98,06	142,64	160,47	92,83	135,02	151,90	87,69	127,56	143,50	82,65	120,22	135,25	77,71	113,04	127,17
	V	3 237,41	178,05	258,99	291,36	IV	2 693,75	145,25	211,28	237,69	142,35	207,06	232,94	139,45	202,84	228,20	136,56	198,63	223,46	133,65	194,41	218,71	130,76	190,20	213,97
	VI	3 269,66	179,83	261,57	294,26																				
8 414,99	I,IV	2 695,—	148,22	215,60	242,55	I	2 695,—	142,42	207,16	233,06	136,62	198,73	223,57	130,83	190,30	214,08	125,03	181,86	204,59	119,23	173,43	195,11	113,43	165,—	185,62
	II	2 649,25	145,70	211,94	238,43	II	2 649,25	139,91	203,50	228,94	134,10	195,06	219,44	128,31	186,63	209,96	122,51	178,20	200,48	116,71	169,76	190,98	110,91	161,33	181,49
	III	1 979,50	108,87	158,36	178,15	III	1 979,50	103,45	150,48	169,29	98,12	142,73	160,57	92,89	135,12	152,01	87,76	127,65	143,60	82,72	120,32	135,36	77,77	113,12	127,26
	V	3 238,66	178,12	259,09	291,47	IV	2 695,—	145,32	211,38	237,80	142,42	207,16	233,06	139,52	202,94	228,31	136,62	198,73	223,57	133,72	194,51	218,82	130,83	190,30	214,08
	VI	3 270,91	179,90	261,67	294,38																				

* Die ausgewiesenen Tabellenwerte sind amtlich. Siehe Erläuterungen auf der Umschlaginnenseite (U2).

Abzüge an Lohnsteuer, Solidaritätszuschlag (SolZ) und Kirchensteuer (8%, 9%) in den Steuerklassen

Lohn/Gehalt bis €*		I – VI LSt	I – VI ohne Kinderfreibeträge SolZ	8%	9%		I, II, III, IV LSt	mit Zahl der Kinderfreibeträge ... 0,5 SolZ	8%	9%	1 SolZ	8%	9%	1,5 SolZ	8%	9%	2 SolZ	8%	9%	2,5 SolZ	8%	9%	3 SolZ	8%	9%
8 417,99	I,IV	2 696,25	148,29	215,70	242,66	I	2 696,25	142,49	207,26	233,17	136,69	198,83	223,68	130,90	190,40	214,20	125,10	181,96	204,71	119,30	173,53	195,22	113,50	165,10	185,73
	II	2 650,50	145,77	212,04	238,54	II	2 650,50	139,97	203,60	229,05	134,18	195,17	219,56	128,38	186,74	210,08	122,58	178,30	200,59	116,78	169,86	191,09	110,98	161,43	181,61
	III	1 980,66	108,93	158,45	178,25	III	1 980,66	103,51	150,57	169,39	98,18	142,81	160,66	92,95	135,21	152,11	87,81	127,73	143,69	82,77	120,40	135,45	77,83	113,21	127,36
	V	3 239,91	178,19	259,19	291,59	IV	2 696,25	145,39	211,48	237,92	142,49	207,26	233,17	139,59	203,04	228,42	136,69	198,83	223,68	133,79	194,61	218,93	130,90	190,40	214,20
	VI	3 272,16	179,96	261,77	294,49																				
8 420,99	I,IV	2 697,50	148,36	215,80	242,77	I	2 697,50	142,56	207,36	233,28	136,76	198,93	223,79	130,96	190,50	214,31	125,17	182,06	204,82	119,37	173,63	195,33	113,57	165,20	185,85
	II	2 651,75	145,84	212,14	238,65	II	2 651,75	140,04	203,70	229,16	134,25	195,27	219,68	128,45	186,84	210,19	122,65	178,40	200,70	116,85	169,97	191,21	111,05	161,54	181,73
	III	1 981,83	109,—	158,54	178,36	III	1 981,83	103,58	150,66	169,49	98,24	142,90	160,76	93,01	135,29	152,20	87,88	127,82	143,80	82,83	120,49	135,55	77,88	113,29	127,45
	V	3 241,25	178,26	259,30	291,71	IV	2 697,50	145,46	211,58	238,03	142,56	207,36	233,28	139,66	203,15	228,54	136,76	198,93	223,79	133,87	194,72	219,06	130,96	190,50	214,31
	VI	3 273,41	180,03	261,87	294,60																				
8 423,99	I,IV	2 698,75	148,43	215,90	242,88	I	2 698,75	142,63	207,46	233,39	136,83	199,03	223,91	131,03	190,60	214,42	125,23	182,16	204,93	119,44	173,73	195,44	113,64	165,30	185,96
	II	2 653,—	145,91	212,24	238,77	II	2 653,—	140,11	203,80	229,28	134,31	195,37	219,79	128,52	186,94	210,30	122,72	178,50	200,81	116,92	170,07	191,33	111,12	161,64	181,84
	III	1 983,—	109,06	158,64	178,47	III	1 983,—	103,64	150,76	169,60	98,31	143,—	160,87	93,07	135,38	152,30	87,94	127,92	143,91	82,89	120,57	135,64	77,94	113,37	127,54
	V	3 242,50	178,33	259,40	291,82	IV	2 698,75	145,53	211,68	238,14	142,63	207,46	233,39	139,73	203,25	228,65	136,83	199,03	223,91	133,93	194,82	219,17	131,03	190,60	214,42
	VI	3 274,66	180,10	261,97	294,71																				
8 426,99	I,IV	2 700,—	148,50	216,—	243,—	I	2 700,—	142,70	207,56	233,51	136,90	199,13	224,02	131,10	190,70	214,53	125,30	182,26	205,04	119,51	173,83	195,56	113,71	165,40	186,07
	II	2 654,25	145,98	212,34	238,88	II	2 654,25	140,18	203,90	229,39	134,38	195,47	219,90	128,59	187,04	210,42	122,79	178,60	200,93	116,99	170,17	191,44	111,19	161,74	181,95
	III	1 984,16	109,12	158,73	178,57	III	1 984,16	103,71	150,85	169,70	98,37	143,09	160,97	93,14	135,48	152,41	88,—	128,—	144,—	82,95	120,66	135,74	78,—	113,46	127,64
	V	3 243,75	178,40	259,50	291,93	IV	2 700,—	145,60	211,78	238,25	142,70	207,56	233,51	139,80	203,35	228,77	136,90	199,13	224,02	134,—	194,92	219,28	131,10	190,70	214,53
	VI	3 275,91	180,17	262,07	294,83																				
8 429,99	I,IV	2 701,33	148,57	216,10	243,11	I	2 701,33	142,77	207,66	233,62	136,97	199,23	224,13	131,17	190,80	214,65	125,37	182,36	205,16	119,57	173,93	195,67	113,78	165,50	186,18
	II	2 655,50	146,05	212,44	238,99	II	2 655,50	140,25	204,—	229,50	134,45	195,57	220,01	128,65	187,14	210,53	122,86	178,70	201,04	117,06	170,27	191,55	111,26	161,84	182,07
	III	1 985,50	109,20	158,84	178,69	III	1 985,50	103,77	150,94	169,81	98,44	143,18	161,08	93,20	135,57	152,51	88,06	128,09	144,10	83,01	120,74	135,83	78,06	113,54	127,73
	V	3 245,—	178,47	259,60	292,05	IV	2 701,33	145,67	211,88	238,37	142,77	207,66	233,62	139,87	203,45	228,88	136,97	199,23	224,13	134,07	195,02	219,39	131,17	190,80	214,65
	VI	3 277,16	180,24	262,17	294,94																				
8 432,99	I,IV	2 702,58	148,64	216,20	243,23	I	2 702,58	142,84	207,77	233,74	137,04	199,34	224,25	131,24	190,90	214,76	125,44	182,46	205,27	119,64	174,03	195,78	113,85	165,60	186,30
	II	2 656,75	146,12	212,54	239,10	II	2 656,75	140,32	204,10	229,61	134,52	195,67	220,13	128,72	187,24	210,64	122,92	178,80	201,15	117,13	170,37	191,66	111,33	161,94	182,18
	III	1 986,66	109,26	158,93	178,79	III	1 986,66	103,84	151,04	169,92	98,50	143,28	161,19	93,26	135,65	152,60	88,11	128,17	144,19	83,07	120,84	135,94	78,12	113,64	127,84
	V	3 246,25	178,54	259,70	292,16	IV	2 702,58	145,74	211,98	238,48	142,84	207,77	233,74	139,94	203,55	228,99	137,04	199,34	224,25	134,14	195,12	219,51	131,24	190,90	214,76
	VI	3 278,41	180,31	262,27	295,05																				
8 435,99	I,IV	2 703,83	148,71	216,30	243,34	I	2 703,83	142,91	207,87	233,85	137,11	199,44	224,37	131,31	191,—	214,88	125,51	182,57	205,39	119,72	174,14	195,90	113,92	165,70	186,41
	II	2 658,—	146,19	212,64	239,22	II	2 658,—	140,39	204,20	229,73	134,59	195,77	220,24	128,79	187,34	210,75	122,99	178,90	201,26	117,20	170,47	191,78	111,40	162,04	182,29
	III	1 987,83	109,33	159,02	178,90	III	1 987,83	103,90	151,13	170,02	98,56	143,37	161,29	93,32	135,74	152,71	88,18	128,26	144,29	83,13	120,92	136,03	78,18	113,72	127,93
	V	3 247,50	178,61	259,80	292,27	IV	2 703,83	145,80	212,08	238,59	142,91	207,87	233,85	140,01	203,65	229,10	137,11	199,44	224,37	134,21	195,22	219,62	131,31	191,—	214,88
	VI	3 279,75	180,38	262,38	295,17																				
8 438,99	I,IV	2 705,08	148,77	216,40	243,45	I	2 705,08	142,98	207,97	233,96	137,18	199,54	224,48	131,38	191,10	214,99	125,58	182,67	205,50	119,79	174,24	196,02	113,99	165,80	186,53
	II	2 659,33	146,26	212,74	239,33	II	2 659,33	140,46	204,30	229,84	134,66	195,87	220,35	128,86	187,44	210,87	123,06	179,—	201,38	117,26	170,57	191,89	111,47	162,14	182,40
	III	1 989,—	109,39	159,12	179,01	III	1 989,—	103,96	151,22	170,12	98,63	143,46	161,39	93,39	135,84	152,82	88,24	128,36	144,40	83,19	121,01	136,13	78,23	113,80	128,02
	V	3 248,75	178,68	259,90	292,38	IV	2 705,08	145,87	212,18	238,70	142,98	207,97	233,96	140,08	203,75	229,22	137,18	199,54	224,48	134,28	195,32	219,73	131,38	191,10	214,99
	VI	3 281,—	180,45	262,48	295,29																				
8 441,99	I,IV	2 706,33	148,84	216,50	243,56	I	2 706,33	143,05	208,07	234,08	137,25	199,64	224,59	131,45	191,20	215,10	125,65	182,77	205,61	119,85	174,34	196,13	114,06	165,90	186,64
	II	2 660,58	146,33	212,84	239,45	II	2 660,58	140,53	204,41	229,96	134,73	195,98	220,47	128,93	187,54	210,98	123,13	179,10	201,49	117,33	170,67	192,—	111,54	162,24	182,52
	III	1 990,16	109,45	159,21	179,11	III	1 990,16	104,03	151,32	170,23	98,69	143,56	161,50	93,45	135,93	152,92	88,30	128,44	144,49	83,25	121,09	136,22	78,30	113,89	128,12
	V	3 250,—	178,75	260,—	292,50	IV	2 706,33	145,94	212,28	238,82	143,05	208,07	234,08	140,14	203,85	229,33	137,25	199,64	224,59	134,35	195,42	219,84	131,45	191,20	215,10
	VI	3 282,25	180,52	262,58	295,40																				
8 444,99	I,IV	2 707,58	148,91	216,60	243,68	I	2 707,58	143,11	208,17	234,19	137,32	199,74	224,70	131,52	191,30	215,21	125,72	182,87	205,73	119,92	174,44	196,24	114,12	166,—	186,75
	II	2 661,83	146,40	212,94	239,56	II	2 661,83	140,60	204,51	230,07	134,80	196,08	220,59	129,—	187,64	211,10	123,20	179,21	201,61	117,41	170,78	192,12	111,61	162,34	182,63
	III	1 991,33	109,52	159,30	179,21	III	1 991,33	104,09	151,41	170,33	98,75	143,64	161,59	93,51	136,02	153,02	88,36	128,53	144,59	83,31	121,18	136,33	78,35	113,97	128,21
	V	3 251,33	178,82	260,10	292,61	IV	2 707,58	146,02	212,39	238,94	143,11	208,17	234,19	140,22	203,96	229,45	137,32	199,74	224,70	134,42	195,52	219,96	131,52	191,30	215,21
	VI	3 283,50	180,59	262,68	295,51																				
8 447,99	I,IV	2 708,83	148,98	216,70	243,79	I	2 708,83	143,18	208,27	234,30	137,39	199,84	224,82	131,59	191,40	215,33	125,79	182,97	205,84	119,99	174,54	196,35	114,19	166,10	186,86
	II	2 663,08	146,46	213,04	239,67	II	2 663,08	140,67	204,61	230,18	134,87	196,18	220,70	129,07	187,74	211,21	123,27	179,31	201,72	117,48	170,88	192,24	111,68	162,44	182,75
	III	1 992,50	109,58	159,40	179,32	III	1 992,50	104,16	151,50	170,44	98,81	143,73	161,69	93,57	136,10	153,11	88,43	128,62	144,70	83,37	121,26	136,42	78,42	114,06	128,32
	V	3 252,58	178,89	260,20	292,73	IV	2 708,83	146,08	212,49	239,05	143,18	208,27	234,30	140,29	204,06	229,56	137,39	199,84	224,82	134,49	195,62	220,07	131,59	191,40	215,33
	VI	3 284,75	180,66	262,78	295,62																				
8 450,99	I,IV	2 710,08	149,05	216,80	243,90	I	2 710,08	143,25	208,37	234,41	137,45	199,94	224,93	131,66	191,50	215,44	125,86	183,07	205,95	120,06	174,64	196,47	114,26	166,20	186,98
	II	2 664,33	146,53	213,14	239,78	II	2 664,33	140,74	204,71	230,30	134,94	196,28	220,81	129,14	187,84	211,32	123,34	179,41	201,83	117,54	170,98	192,35	111,75	162,54	182,86
	III	1 993,83	109,66	159,50	179,44	III	1 993,83	104,22	151,60	170,55	98,88	143,82	161,80	93,63	136,20	153,22	88,48	128,70	144,79	83,43	121,36	136,53	78,47	114,14	128,41
	V	3 253,83	178,96	260,30	292,84	IV	2 710,08	146,15	212,59	239,16	143,25	208,37	234,41	140,36	204,16	229,68	137,45	199,94	224,93	134,56	195,72	220,19	131,66	191,50	215,44
	VI	3 286,—	180,73	262,88	295,74																				
8 453,99	I,IV	2 711,33	149,12	216,90	244,01	I	2 711,33	143,32	208,47	234,53	137,52	200,04	225,04	131,72	191,60	215,55	125,93	183,17	206,06	120,13	174,74	196,58	114,33	166,30	187,09
	II	2 665,58	146,60	213,24	239,90	II	2 665,58	140,80	204,81	230,41	135,01	196,38	220,92	129,21	187,94	211,43	123,41	179,51	201,95	117,61	171,08	192,46	111,81	162,64	182,97
	III	1 995,—	109,72	159,60	179,55	III	1 995,—	104,28	151,69	170,65	98,94	143,92	161,91	93,70	136,29	153,32	88,55	128,80	144,90	83,49	121,45	136,63	78,53	114,22	128,50
	V	3 255,08	179,02	260,40	292,95	IV	2 711,33	146,22	212,69	239,27	143,32	208,47	234,53	140,42	204,26	229,79	137,52	200,04	225,04	134,63	195,82	220,30	131,72	191,60	215,55
	VI	3 287,25	180,79	262,98	295,85																				
8 456,99	I,IV	2 712,66	149,19	217,01	244,13	I	2 712,66	143,39	208,58	234,65	137,60	200,14	225,16	131,79	191,70	215,66	126,—	183,27	206,18	120,20	174,84	196,69	114,40	166,40	187,20
	II	2 666,83	146,67	213,34	240,01	II	2 666,83	140,87	204,91	230,52	135,08	196,48	221,04	129,28	188,04	211,55	123,48	179,61	202,06	117,68	171,18	192,57	111,88	162,74	183,08
	III	1 996,16	109,78	159,69	179,65	III	1 996,16	104,35	151,78	170,75	99,—	144,01	162,01	93,76	136,38	153,43	88,61	128,89	145,—	83,55	121,53	136,72	78,59	114,32	128,61
	V	3 256,33	179,09	260,50	293,06	IV	2 712,66	146,29	212,79	239,39	143,39	208,58	234,65	140,49	204,36	229,90	137,60	200,14	225,16	134,69	195,92	220,41	131,79	191,70	215,66
	VI	3 288,50	180,86	263,08	295,96																				
8 459,99	I,IV	2 713,91	149,26	217,11	244,25	I	2 713,91	143,46	208,68	234,76	137,66	200,24	225,27	131,87	191,81	215,78	126,07	183,38	206,30	120,27	174,94	196,81	114,47	166,50	187,31
	II	2 668,08	146,74	213,44	240,12	II	2 668,08	140,94	205,01	230,63	135,14	196,58	221,15	129,35	188,14	211,66	123,55	179,71	202,17	117,75	171,28	192,69	111,95	162,84	183,20
	III	1 997,33	109,85	159,78	179,75	III	1 997,33	104,41	151,88	170,86	99,07	144,10	162,11	93,82	136,46	153,52	88,66	128,97	145,09	83,61	121,62	136,82	78,65	114,40	128,70
	V	3 257,58	179,16	260,60	293,18	IV	2 713,91	146,36	212,89	239,50	143,46	208,68	234,76	140,56	204,46	230,01	137,66	200,24	225,27	134,76	196,02	220,52	131,87	191,81	215,78
	VI	3 289,83	180,94	263,18	296,08																				

* Die ausgewiesenen Tabellenwerte sind amtlich. Siehe Erläuterungen auf der Umschlaginnenseite (U2).

Abzüge an Lohnsteuer, Solidaritätszuschlag (SolZ) und Kirchensteuer (8%, 9%) in den Steuerklassen

Lohn/ Gehalt bis €*	I – VI		ohne Kinderfreibeträge			I, II, III, IV		mit Zahl der Kinderfreibeträge . . . 0,5			1			1,5			2			2,5			3		
		LSt	SolZ	8%	9%		LSt	SolZ	8%	9%	SolZ	8%	9%	SolZ	8%	9%	SolZ	8%	9%	SolZ	8%	9%	SolZ	8%	9%
8 462,99	I,IV	2 715,16	149,33	217,21	244,36	I	2 715,16	143,53	208,78	234,87	137,73	200,34	225,38	131,94	191,91	215,90	126,14	183,48	206,41	120,34	175,04	196,92	114,54	166,61	187,43
	II	2 669,33	146,81	213,54	240,23	II	2 669,33	141,01	205,11	230,75	135,21	196,68	221,26	129,41	188,24	211,77	123,62	179,81	202,28	117,82	171,38	192,80	112,02	162,94	183,31
	III	1 998,50	109,91	159,88	179,86	III	1 998,50	104,48	151,97	170,96	99,13	144,20	162,22	93,88	136,56	153,63	88,73	129,06	145,19	83,67	121,70	136,91	78,71	114,49	128,80
	V	3 258,83	179,23	260,70	293,29	IV	2 715,16	146,43	212,99	239,61	143,53	208,78	234,87	140,63	204,56	230,13	137,73	200,34	225,38	134,83	196,12	220,64	131,94	191,91	215,90
	VI	3 291,08	181,—	263,28	296,19																				
8 465,99	I,IV	2 716,41	149,40	217,31	244,47	I	2 716,41	143,60	208,88	234,99	137,80	200,44	225,50	132,—	192,01	216,01	126,21	183,58	206,52	120,41	175,14	197,03	114,61	166,71	187,55
	II	2 670,66	146,88	213,65	240,35	II	2 670,66	141,08	205,22	230,87	135,29	196,78	221,38	129,48	188,34	211,88	123,69	179,91	202,40	117,89	171,48	192,91	112,09	163,04	183,42
	III	1 999,66	109,98	159,97	179,96	III	1 999,66	104,54	152,06	171,07	99,20	144,29	162,32	93,94	136,65	153,73	88,79	129,16	145,30	83,73	121,80	137,02	78,76	114,57	128,89
	V	3 260,08	179,30	260,80	293,40	IV	2 716,41	146,50	213,09	239,72	143,60	208,88	234,99	140,70	204,66	230,24	137,80	200,44	225,50	134,90	196,22	220,75	132,—	192,01	216,01
	VI	3 292,33	181,07	263,38	296,30																				
8 468,99	I,IV	2 717,66	149,47	217,41	244,58	I	2 717,66	143,67	208,98	235,10	137,87	200,54	225,61	132,07	192,11	216,12	126,28	183,68	206,64	120,48	175,24	197,15	114,68	166,81	187,66
	II	2 671,91	146,95	213,75	240,47	II	2 671,91	141,15	205,32	230,98	135,35	196,88	221,49	129,56	188,45	212,—	123,76	180,02	202,52	117,96	171,58	193,03	112,16	163,14	183,53
	III	2 000,83	110,04	160,06	180,07	III	2 000,83	104,61	152,16	171,18	99,26	144,38	162,43	94,01	136,74	153,83	88,85	129,24	145,39	83,79	121,88	137,11	78,82	114,65	128,98
	V	3 261,41	179,37	260,91	293,52	IV	2 717,66	146,57	213,20	239,85	143,67	208,98	235,10	140,77	204,76	230,36	137,87	200,54	225,61	134,97	196,32	220,86	132,07	192,11	216,12
	VI	3 293,58	181,14	263,48	296,42																				
8 471,99	I,IV	2 718,91	149,54	217,51	244,70	I	2 718,91	143,74	209,08	235,21	137,94	200,64	225,72	132,14	192,21	216,23	126,34	183,78	206,75	120,55	175,34	197,26	114,75	166,91	187,77
	II	2 673,16	147,02	213,85	240,58	II	2 673,16	141,22	205,42	231,09	135,42	196,98	221,60	129,63	188,55	212,12	123,83	180,12	202,63	118,03	171,68	193,14	112,23	163,25	183,65
	III	2 002,16	110,11	160,17	180,19	III	2 002,16	104,67	152,25	171,28	99,33	144,48	162,54	94,07	136,84	153,94	88,91	129,33	145,49	83,85	121,97	137,21	78,88	114,74	129,08
	V	3 262,66	179,44	261,01	293,63	IV	2 718,91	146,64	213,30	239,96	143,74	209,08	235,21	140,84	204,86	230,47	137,94	200,64	225,72	135,04	196,43	220,98	132,14	192,21	216,23
	VI	3 294,83	181,21	263,58	296,53																				
8 474,99	I,IV	2 720,16	149,60	217,61	244,81	I	2 720,16	143,81	209,18	235,32	138,01	200,74	225,83	132,21	192,31	216,35	126,41	183,88	206,86	120,61	175,44	197,37	114,82	167,01	187,88
	II	2 674,41	147,09	213,95	240,69	II	2 674,41	141,29	205,52	231,21	135,49	197,08	221,72	129,69	188,65	212,23	123,90	180,22	202,74	118,10	171,78	193,25	112,30	163,35	183,77
	III	2 003,33	110,18	160,26	180,29	III	2 003,33	104,73	152,34	171,38	99,38	144,56	162,63	94,13	136,92	154,03	88,98	129,42	145,60	83,91	122,05	137,30	78,94	114,82	129,17
	V	3 263,91	179,51	261,11	293,75	IV	2 720,16	146,71	213,40	240,07	143,81	209,18	235,32	140,91	204,96	230,58	138,01	200,74	225,83	135,11	196,53	221,09	132,21	192,31	216,35
	VI	3 296,08	181,28	263,68	296,64																				
8 477,99	I,IV	2 721,41	149,67	217,71	244,92	I	2 721,41	143,88	209,28	235,44	138,08	200,84	225,95	132,28	192,41	216,46	126,48	183,98	206,97	120,68	175,54	197,48	114,89	167,11	188,—
	II	2 675,66	147,16	214,05	240,80	II	2 675,66	141,36	205,62	231,32	135,56	197,18	221,83	129,76	188,75	212,34	123,97	180,32	202,86	118,17	171,88	193,37	112,37	163,45	183,88
	III	2 004,50	110,24	160,36	180,40	III	2 004,50	104,80	152,44	171,49	99,44	144,65	162,73	94,19	137,01	154,13	89,03	129,50	145,69	83,97	122,14	137,41	79,—	114,92	129,28
	V	3 265,16	179,58	261,21	293,86	IV	2 721,41	146,78	213,50	240,18	143,88	209,28	235,44	140,98	205,06	230,69	138,08	200,84	225,95	135,18	196,63	221,21	132,28	192,41	216,46
	VI	3 297,33	181,35	263,78	296,75																				
8 480,99	I,IV	2 722,75	149,75	217,82	245,04	I	2 722,75	143,95	209,38	235,55	138,15	200,94	226,06	132,35	192,51	216,57	126,55	184,08	207,09	120,75	175,64	197,60	114,95	167,21	188,11
	II	2 676,91	147,23	214,15	240,92	II	2 676,91	141,43	205,72	231,43	135,63	197,28	221,94	129,83	188,85	212,45	124,03	180,42	202,97	118,24	171,98	193,48	112,44	163,55	183,99
	III	2 005,66	110,31	160,45	180,50	III	2 005,66	104,86	152,53	171,59	99,51	144,74	162,83	94,26	137,10	154,24	89,10	129,60	145,80	84,03	122,22	137,50	79,06	115,—	129,37
	V	3 266,41	179,65	261,31	293,97	IV	2 722,75	146,85	213,60	240,30	143,95	209,38	235,55	141,05	205,16	230,81	138,15	200,94	226,06	135,25	196,73	221,32	132,35	192,51	216,57
	VI	3 298,58	181,42	263,88	296,87																				
8 483,99	I,IV	2 724,—	149,82	217,92	245,16	I	2 724,—	144,02	209,48	235,67	138,22	201,05	226,18	132,42	192,62	216,69	126,62	184,18	207,20	120,82	175,74	197,71	115,02	167,31	188,22
	II	2 678,16	147,29	214,25	241,03	II	2 678,16	141,50	205,82	231,54	135,70	197,38	222,05	129,90	188,95	212,57	124,10	180,52	203,08	118,30	172,08	193,59	112,51	163,65	184,10
	III	2 006,83	110,37	160,54	180,61	III	2 006,83	104,93	152,62	171,70	99,57	144,84	162,94	94,32	137,20	154,35	89,16	129,69	145,90	84,09	122,32	137,61	79,12	115,09	129,47
	V	3 267,66	179,72	261,41	294,08	IV	2 724,—	146,91	213,70	240,41	144,02	209,48	235,67	141,12	205,26	230,92	138,22	201,05	226,18	135,32	196,83	221,43	132,42	192,62	216,69
	VI	3 299,91	181,49	263,99	296,99																				
8 486,99	I,IV	2 725,25	149,88	218,02	245,27	I	2 725,25	144,09	209,58	235,78	138,29	201,15	226,29	132,49	192,72	216,81	126,69	184,28	207,32	120,89	175,85	197,83	115,10	167,42	188,34
	II	2 679,41	147,36	214,35	241,14	II	2 679,41	141,57	205,92	231,66	135,77	197,48	222,17	129,97	189,05	212,68	124,17	180,62	203,19	118,37	172,18	193,70	112,58	163,75	184,22
	III	2 008,—	110,44	160,64	180,72	III	2 008,—	104,99	152,72	171,81	99,64	144,93	163,04	94,38	137,29	154,45	89,21	129,77	145,99	84,15	122,40	137,70	79,18	115,17	129,56
	V	3 268,91	179,79	261,51	294,20	IV	2 725,25	146,98	213,80	240,52	144,09	209,58	235,78	141,18	205,36	231,03	138,29	201,15	226,29	135,39	196,93	221,54	132,49	192,72	216,81
	VI	3 301,16	181,56	264,09	297,10																				
8 489,99	I,IV	2 726,50	149,95	218,12	245,38	I	2 726,50	144,15	209,68	235,89	138,36	201,25	226,40	132,56	192,82	216,92	126,76	184,38	207,43	120,96	175,95	197,94	115,17	167,52	188,46
	II	2 680,75	147,44	214,46	241,26	II	2 680,75	141,64	206,02	231,77	135,84	197,58	222,28	130,04	189,15	212,79	124,24	180,72	203,31	118,44	172,28	193,82	112,64	163,85	184,33
	III	2 009,33	110,51	160,74	180,83	III	2 009,33	105,05	152,81	171,91	99,70	145,02	163,15	94,44	137,37	154,54	89,28	129,86	146,09	84,21	122,49	137,80	79,23	115,25	129,65
	V	3 270,16	179,85	261,61	294,31	IV	2 726,50	147,05	213,90	240,63	144,15	209,68	235,89	141,25	205,46	231,14	138,36	201,25	226,40	135,46	197,03	221,66	132,56	192,82	216,92
	VI	3 302,41	181,63	264,19	297,21																				
8 492,99	I,IV	2 727,75	150,02	218,22	245,49	I	2 727,75	144,22	209,78	236,—	138,43	201,35	226,52	132,63	192,92	217,03	126,83	184,48	207,54	121,03	176,05	198,05	115,23	167,62	188,57
	II	2 682,—	147,51	214,56	241,38	II	2 682,—	141,71	206,12	231,89	135,91	197,69	222,40	130,11	189,26	212,91	124,31	180,82	203,42	118,51	172,38	193,93	112,71	163,95	184,44
	III	2 010,50	110,57	160,84	180,94	III	2 010,50	105,12	152,90	172,01	99,77	145,12	163,26	94,50	137,46	154,64	89,34	129,96	146,20	84,27	122,58	137,90	79,30	115,34	129,76
	V	3 271,41	179,92	261,71	294,42	IV	2 727,75	147,12	214,—	240,75	144,22	209,78	236,—	141,32	205,56	231,26	138,43	201,35	226,52	135,52	197,13	221,77	132,63	192,92	217,03
	VI	3 303,66	181,70	264,29	297,32																				
8 495,99	I,IV	2 729,—	150,09	218,32	245,61	I	2 729,—	144,29	209,88	236,12	138,49	201,45	226,63	132,70	193,02	217,14	126,90	184,58	207,65	121,10	176,15	198,17	115,30	167,72	188,68
	II	2 683,25	147,57	214,66	241,49	II	2 683,25	141,78	206,22	232,—	135,98	197,79	222,51	130,18	189,36	213,03	124,38	180,92	203,54	118,58	172,49	194,05	112,79	164,06	184,56
	III	2 011,66	110,64	160,93	181,04	III	2 011,66	105,18	153,—	172,12	99,83	145,21	163,36	94,57	137,56	154,75	89,40	130,04	146,29	84,33	122,66	137,99	79,35	115,42	129,85
	V	3 272,75	180,—	261,82	294,54	IV	2 729,—	147,19	214,10	240,86	144,29	209,88	236,12	141,40	205,67	231,38	138,49	201,45	226,63	135,60	197,24	221,89	132,70	193,02	217,14
	VI	3 304,91	181,77	264,39	297,44																				
8 498,99	I,IV	2 730,25	150,16	218,42	245,72	I	2 730,25	144,36	209,98	236,23	138,56	201,55	226,74	132,77	193,12	217,26	126,97	184,68	207,77	121,17	176,25	198,28	115,37	167,82	188,79
	II	2 684,50	147,64	214,76	241,60	II	2 684,50	141,84	206,32	232,11	136,05	197,89	222,62	130,25	189,46	213,14	124,45	181,02	203,65	118,65	172,59	194,16	112,86	164,16	184,68
	III	2 012,83	110,70	161,02	181,15	III	2 012,83	105,25	153,09	172,22	99,89	145,30	163,46	94,63	137,65	154,85	89,46	130,13	146,39	84,39	122,76	138,10	79,42	115,52	129,96
	V	3 274,—	180,07	261,92	294,66	IV	2 730,25	147,26	214,20	240,98	144,36	209,98	236,23	141,46	205,77	231,49	138,56	201,55	226,74	135,67	197,34	222,—	132,77	193,12	217,26
	VI	3 306,16	181,83	264,49	297,55																				
8 501,99	I,IV	2 731,50	150,23	218,52	245,83	I	2 731,50	144,43	210,08	236,34	138,63	201,65	226,85	132,83	193,22	217,37	127,04	184,78	207,88	121,24	176,35	198,39	115,44	167,92	188,91
	II	2 685,75	147,71	214,86	241,71	II	2 685,75	141,91	206,42	232,22	136,12	197,99	222,74	130,32	189,56	213,25	124,52	181,12	203,76	118,72	172,69	194,27	112,92	164,26	184,79
	III	2 014,—	110,77	161,12	181,26	III	2 014,—	105,31	153,18	172,33	99,96	145,40	163,57	94,70	137,74	154,96	89,53	130,22	146,50	84,45	122,84	138,19	79,47	115,60	130,05
	V	3 275,25	180,13	262,02	294,77	IV	2 731,50	147,33	214,30	241,09	144,43	210,08	236,34	141,53	205,87	231,60	138,63	201,65	226,85	135,74	197,44	222,12	132,83	193,22	217,37
	VI	3 307,41	181,90	264,59	297,66																				
8 504,99	I,IV	2 732,83	150,30	218,62	245,95	I	2 732,83	144,50	210,18	236,45	138,70	201,75	226,97	132,90	193,32	217,48	127,10	184,88	207,99	121,31	176,45	198,50	115,51	168,02	189,02
	II	2 687,—	147,78	214,96	241,83	II	2 687,—	141,98	206,52	232,34	136,18	198,09	222,85	130,39	189,66	213,36	124,59	181,22	203,87	118,79	172,79	194,39	112,99	164,36	184,90
	III	2 015,16	110,83	161,21	181,36	III	2 015,16	105,38	153,28	172,44	100,02	145,49	163,67	94,75	137,82	155,05	89,58	130,30	146,59	84,51	122,93	138,29	79,53	115,69	130,15
	V	3 276,50	180,20	262,12	294,88	IV	2 732,83	147,40	214,40	241,20	144,50	210,18	236,45	141,60	205,97	231,71	138,70	201,75	226,97	135,80	197,54	222,23	132,90	193,32	217,48
	VI	3 308,66	181,97	264,69	297,77																				

* Die ausgewiesenen Tabellenwerte sind amtlich. Siehe Erläuterungen auf der Umschlaginnenseite (U2).

MONAT 8 505,–*

Abzüge an Lohnsteuer, Solidaritätszuschlag (SolZ) und Kirchensteuer (8%, 9%) in den Steuerklassen

Lohn/ Gehalt bis €*	I – VI	LSt	ohne Kinderfreibeträge SolZ	8%	9%	I, II, III, IV	LSt	0,5 SolZ	0,5 8%	0,5 9%	1 SolZ	1 8%	1 9%	1,5 SolZ	1,5 8%	1,5 9%	2 SolZ	2 8%	2 9%	2,5 SolZ	2,5 8%	2,5 9%	3 SolZ	3 8%	3 9%
8 507,99	I,IV	2 734,08	150,37	218,72	246,06	I	2 734,08	144,57	210,29	236,57	138,77	201,86	227,09	132,98	193,42	217,60	127,17	184,98	208,10	121,38	176,55	198,62	115,58	168,12	189,13
	II	2 688,25	147,85	215,06	241,94	II	2 688,25	142,05	206,62	232,45	136,25	198,19	222,96	130,46	189,76	213,48	124,66	181,32	203,99	118,86	172,89	194,50	113,06	164,46	185,01
	III	2 016,50	110,90	161,32	181,48	III	2 016,50	105,44	153,37	172,54	100,09	145,58	163,78	94,82	137,92	155,16	89,65	130,40	146,70	84,57	123,01	138,38	79,59	115,77	130,24
	V	3 277,75	180,27	262,22	294,99	IV	2 734,08	147,47	214,50	241,31	144,57	210,29	236,57	141,67	206,07	231,83	138,77	201,86	227,09	135,87	197,64	222,34	132,98	193,42	217,60
	VI	3 309,91	182,04	264,79	297,89																				
8 510,99	I,IV	2 735,33	150,44	218,82	246,17	I	2 735,33	144,64	210,39	236,69	138,84	201,96	227,20	133,04	193,52	217,71	127,25	185,09	208,22	121,45	176,66	198,74	115,65	168,22	189,25
	II	2 689,50	147,92	215,16	242,05	II	2 689,50	142,12	206,72	232,56	136,32	198,29	223,07	130,52	189,86	213,59	124,73	181,42	204,10	118,93	172,99	194,61	113,13	164,56	185,13
	III	2 017,66	110,97	161,41	181,58	III	2 017,66	105,50	153,46	172,64	100,15	145,68	163,89	94,88	138,01	155,26	89,71	130,49	146,80	84,63	123,10	138,49	79,64	115,85	130,33
	V	3 279,—	180,34	262,32	295,11	IV	2 735,33	147,54	214,60	241,43	144,64	210,39	236,69	141,74	206,17	231,94	138,84	201,96	227,20	135,94	197,74	222,45	133,04	193,52	217,71
	VI	3 311,25	182,11	264,90	298,01																				
8 513,99	I,IV	2 736,58	150,51	218,92	246,29	I	2 736,58	144,71	210,49	236,80	138,91	202,06	227,31	133,11	193,62	217,82	127,32	185,19	208,34	121,52	176,76	198,85	115,72	168,32	189,36
	II	2 690,83	147,99	215,26	242,17	II	2 690,83	142,19	206,82	232,67	136,39	198,39	223,19	130,59	189,96	213,70	124,79	181,52	204,21	119,—	173,09	194,72	113,20	164,66	185,24
	III	2 018,83	111,03	161,50	181,69	III	2 018,83	105,58	153,57	172,76	100,21	145,76	163,98	94,94	138,10	155,36	89,76	130,57	146,89	84,69	123,18	138,58	79,71	115,94	130,43
	V	3 280,25	180,41	262,42	295,22	IV	2 736,58	147,61	214,70	241,54	144,71	210,49	236,80	141,81	206,27	232,05	138,91	202,06	227,31	136,01	197,84	222,57	133,11	193,62	217,82
	VI	3 312,50	182,18	265,—	298,12																				
8 516,99	I,IV	2 737,83	150,58	219,02	246,40	I	2 737,83	144,78	210,59	236,91	138,98	202,16	227,43	133,18	193,72	217,94	127,38	185,29	208,45	121,59	176,86	198,96	115,79	168,42	189,47
	II	2 692,08	148,06	215,36	242,28	II	2 692,08	142,26	206,93	232,79	136,46	198,50	223,31	130,67	190,06	213,82	124,86	181,62	204,32	119,07	173,19	194,84	113,27	164,76	185,35
	III	2 020,—	111,10	161,60	181,80	III	2 020,—	105,64	153,66	172,87	100,27	145,85	164,08	95,01	138,20	155,47	89,83	130,66	146,99	84,75	123,28	138,69	79,76	116,02	130,52
	V	3 281,50	180,48	262,52	295,33	IV	2 737,83	147,67	214,80	241,65	144,78	210,59	236,91	141,88	206,37	232,16	138,98	202,16	227,43	136,08	197,94	222,68	133,18	193,72	217,94
	VI	3 313,75	182,25	265,10	298,23																				
8 519,99	I,IV	2 739,08	150,64	219,12	246,51	I	2 739,08	144,85	210,69	237,02	139,05	202,26	227,54	133,25	193,82	218,05	127,45	185,39	208,56	121,66	176,96	199,08	115,86	168,52	189,59
	II	2 693,33	148,13	215,46	242,39	II	2 693,33	142,33	207,03	232,91	136,53	198,60	223,42	130,73	190,16	213,93	124,94	181,73	204,44	119,14	173,30	194,96	113,34	164,86	185,47
	III	2 021,16	111,16	161,69	181,90	III	2 021,16	105,71	153,76	172,98	100,33	145,94	164,18	95,06	138,28	155,56	89,89	130,76	147,10	84,81	123,37	138,79	79,83	116,12	130,63
	V	3 282,83	180,55	262,62	295,45	IV	2 739,08	147,75	214,91	241,77	144,85	210,69	237,02	141,95	206,48	232,29	139,05	202,26	227,54	136,15	198,04	222,80	133,25	193,82	218,05
	VI	3 315,—	182,32	265,20	298,35																				
8 522,99	I,IV	2 740,33	150,71	219,22	246,62	I	2 740,33	144,92	210,79	237,14	139,12	202,36	227,65	133,32	193,92	218,16	127,52	185,49	208,67	121,72	177,06	199,19	115,93	168,62	189,70
	II	2 694,58	148,20	215,56	242,51	II	2 694,58	142,40	207,13	233,02	136,60	198,70	223,53	130,80	190,26	214,04	125,01	181,83	204,56	119,21	173,40	195,07	113,41	164,96	185,58
	III	2 022,50	111,23	161,80	182,02	III	2 022,50	105,77	153,85	173,08	100,40	146,04	164,29	95,13	138,37	155,66	89,95	130,84	147,19	84,87	123,45	138,88	79,88	116,20	130,72
	V	3 284,08	180,62	262,72	295,56	IV	2 740,33	147,82	215,01	241,88	144,92	210,79	237,14	142,02	206,58	232,40	139,12	202,36	227,65	136,22	198,14	222,91	133,32	193,92	218,16
	VI	3 316,25	182,39	265,30	298,46																				
8 525,99	I,IV	2 741,58	150,78	219,32	246,74	I	2 741,58	144,98	210,89	237,25	139,19	202,46	227,76	133,39	194,02	218,27	127,59	185,59	208,79	121,79	177,16	199,30	115,99	168,72	189,81
	II	2 695,83	148,27	215,66	242,62	II	2 695,83	142,47	207,23	233,13	136,67	198,80	223,65	130,87	190,36	214,16	125,07	181,93	204,67	119,28	173,50	195,18	113,48	165,06	185,69
	III	2 023,66	111,30	161,89	182,12	III	2 023,66	105,83	153,94	173,18	100,46	146,13	164,39	95,19	138,46	155,77	90,01	130,93	147,29	84,93	123,54	138,98	79,95	116,29	130,82
	V	3 285,33	180,69	262,82	295,67	IV	2 741,58	147,89	215,11	242,—	144,98	210,89	237,25	142,09	206,68	232,51	139,19	202,46	227,76	136,29	198,24	223,02	133,39	194,02	218,27
	VI	3 317,50	182,46	265,40	298,57																				
8 528,99	I,IV	2 742,83	150,85	219,42	246,85	I	2 742,83	145,05	210,99	237,36	139,26	202,56	227,88	133,46	194,12	218,39	127,66	185,69	208,90	121,86	177,26	199,41	116,06	168,82	189,92
	II	2 697,08	148,33	215,76	242,73	II	2 697,08	142,54	207,33	233,24	136,74	198,90	223,76	130,94	190,46	214,27	125,14	182,03	204,78	119,35	173,60	195,30	113,55	165,16	185,81
	III	2 024,83	111,36	161,98	182,23	III	2 024,83	105,90	154,04	173,29	100,53	146,22	164,50	95,26	138,56	155,88	90,08	131,02	147,40	84,99	123,62	139,07	80,—	116,37	130,91
	V	3 286,58	180,76	262,92	295,79	IV	2 742,83	147,95	215,21	242,11	145,05	210,99	237,36	142,16	206,78	232,62	139,26	202,56	227,88	136,36	198,34	223,13	133,46	194,12	218,39
	VI	3 318,75	182,53	265,50	298,68																				
8 531,99	I,IV	2 744,16	150,92	219,53	246,97	I	2 744,16	145,13	211,10	237,48	139,33	202,66	227,99	133,53	194,22	218,50	127,73	185,79	209,01	121,93	177,36	199,53	116,13	168,92	190,04
	II	2 698,33	148,40	215,86	242,84	II	2 698,33	142,61	207,43	233,36	136,81	199,—	223,87	131,01	190,56	214,38	125,21	182,13	204,89	119,41	173,70	195,41	113,62	165,26	185,92
	III	2 026,—	111,43	162,08	182,34	III	2 026,—	105,96	154,13	173,39	100,59	146,32	164,61	95,32	138,65	155,98	90,14	131,12	147,51	85,05	123,72	139,19	80,06	116,45	131,—
	V	3 287,83	180,83	263,02	295,90	IV	2 744,16	148,02	215,31	242,22	145,13	211,10	237,48	142,23	206,88	232,74	139,33	202,66	227,99	136,43	198,44	223,25	133,53	194,22	218,50
	VI	3 320,—	182,60	265,60	298,80																				
8 534,99	I,IV	2 745,41	150,99	219,63	247,08	I	2 745,41	145,20	211,20	237,60	139,40	202,76	228,11	133,60	194,33	218,62	127,80	185,90	209,13	122,—	177,46	199,64	116,20	169,02	190,15
	II	2 699,58	148,47	215,96	242,96	II	2 699,58	142,67	207,53	233,47	136,88	199,10	223,98	131,08	190,66	214,49	125,28	182,23	205,01	119,48	173,80	195,52	113,68	165,36	186,03
	III	2 027,16	111,49	162,17	182,44	III	2 027,16	106,03	154,22	173,50	100,65	146,41	164,71	95,37	138,73	156,07	90,20	131,20	147,60	85,11	123,80	139,27	80,12	116,54	131,11
	V	3 289,08	180,89	263,12	296,01	IV	2 745,41	148,09	215,41	242,33	145,20	211,20	237,60	142,29	206,98	232,85	139,40	202,76	228,11	136,50	198,54	223,36	133,60	194,33	218,62
	VI	3 321,33	182,67	265,70	298,91																				
8 537,99	I,IV	2 746,66	151,06	219,73	247,19	I	2 746,66	145,26	211,30	237,71	139,47	202,86	228,22	133,67	194,43	218,73	127,87	186,—	209,25	122,07	177,56	199,76	116,27	169,13	190,27
	II	2 700,83	148,54	216,06	243,09	II	2 700,83	142,74	207,63	233,58	136,95	199,20	224,10	131,15	190,76	214,61	125,35	182,33	205,12	119,55	173,90	195,63	113,75	165,46	186,14
	III	2 028,33	111,55	162,26	182,54	III	2 028,33	106,09	154,32	173,61	100,72	146,50	164,81	95,44	138,82	156,17	90,26	131,29	147,70	85,17	123,89	139,37	80,18	116,62	131,20
	V	3 290,33	180,96	263,22	296,12	IV	2 746,66	148,16	215,51	242,45	145,26	211,30	237,71	142,36	207,08	232,96	139,47	202,86	228,22	136,56	198,64	223,47	133,67	194,43	218,73
	VI	3 322,58	182,74	265,80	299,03																				
8 540,99	I,IV	2 747,91	151,13	219,83	247,31	I	2 747,91	145,33	211,40	237,82	139,53	202,96	228,33	133,74	194,53	218,84	127,94	186,10	209,36	122,14	177,66	199,87	116,34	169,23	190,38
	II	2 702,16	148,61	216,17	243,19	II	2 702,16	142,82	207,74	233,70	137,02	199,30	224,21	131,22	190,86	214,72	125,42	182,43	205,23	119,62	174,—	195,75	113,82	165,56	186,26
	III	2 029,66	111,63	162,37	182,66	III	2 029,66	106,15	154,41	173,71	100,78	146,60	164,92	95,50	138,92	156,28	90,32	131,38	147,80	85,24	123,98	139,48	80,24	116,72	131,31
	V	3 291,58	181,03	263,32	296,24	IV	2 747,91	148,23	215,61	242,56	145,33	211,40	237,82	142,43	207,18	233,07	139,53	202,96	228,33	136,63	198,74	223,58	133,74	194,53	218,84
	VI	3 323,83	182,81	265,90	299,14																				
8 543,99	I,IV	2 749,16	151,20	219,93	247,42	I	2 749,16	145,40	211,50	237,93	139,60	203,06	228,44	133,81	194,63	218,96	128,01	186,20	209,47	122,21	177,76	199,98	116,41	169,33	190,49
	II	2 703,41	148,68	216,27	243,30	II	2 703,41	142,89	207,84	233,82	137,09	199,40	224,33	131,29	190,97	214,84	125,49	182,54	205,35	119,69	174,10	195,86	113,89	165,66	186,37
	III	2 030,83	111,69	162,46	182,77	III	2 030,83	106,22	154,50	173,81	100,85	146,69	165,02	95,57	139,01	156,38	90,38	131,46	147,89	85,29	124,06	139,57	80,30	116,80	131,40
	V	3 292,91	181,11	263,43	296,36	IV	2 749,16	148,30	215,72	242,68	145,40	211,50	237,93	142,50	207,28	233,19	139,60	203,06	228,44	136,70	198,84	223,70	133,81	194,63	218,96
	VI	3 325,08	182,87	266,—	299,25																				
8 546,99	I,IV	2 750,41	151,27	220,03	247,53	I	2 750,41	145,47	211,60	238,05	139,67	203,16	228,56	133,87	194,73	219,07	128,08	186,30	209,58	122,28	177,86	200,09	116,48	169,43	190,61
	II	2 704,66	148,75	216,37	243,41	II	2 704,66	142,95	207,94	233,93	137,16	199,50	224,44	131,36	191,07	214,95	125,56	182,64	205,47	119,76	174,20	195,98	113,96	165,77	186,49
	III	2 032,—	111,76	162,56	182,88	III	2 032,—	106,28	154,60	173,92	100,91	146,78	165,13	95,63	139,10	156,49	90,44	131,56	148,—	85,36	124,16	139,68	80,36	116,89	131,50
	V	3 294,16	181,17	263,53	296,47	IV	2 750,41	148,37	215,82	242,79	145,47	211,60	238,05	142,57	207,38	233,30	139,67	203,16	228,56	136,78	198,95	223,82	133,87	194,73	219,07
	VI	3 326,33	182,94	266,10	299,36																				
8 549,99	I,IV	2 751,66	151,34	220,13	247,64	I	2 751,66	145,54	211,70	238,16	139,74	203,26	228,67	133,94	194,83	219,18	128,15	186,40	209,70	122,35	177,96	200,21	116,55	169,53	190,72
	II	2 705,91	148,82	216,47	243,53	II	2 705,91	143,02	208,04	234,04	137,22	199,60	224,55	131,43	191,17	215,06	125,63	182,74	205,58	119,83	174,30	196,09	114,03	165,87	186,60
	III	2 033,16	111,82	162,65	182,98	III	2 033,16	106,35	154,69	174,02	100,98	146,88	165,24	95,70	139,20	156,60	90,51	131,65	148,10	85,41	124,24	139,77	80,41	116,97	131,59
	V	3 295,41	181,24	263,63	296,58	IV	2 751,66	148,44	215,92	242,91	145,54	211,70	238,16	142,64	207,48	233,42	139,74	203,26	228,67	136,84	199,05	223,93	133,94	194,83	219,18
	VI	3 327,58	183,01	266,20	299,48																				

Column groups 0,5 to 3: mit Zahl der Kinderfreibeträge . . .

* Die ausgewiesenen Tabellenwerte sind amtlich. Siehe Erläuterungen auf der Umschlaginnenseite (U2).

Lohn/ Gehalt bis €*	Abzüge an Lohnsteuer, Solidaritätszuschlag (SolZ) und Kirchensteuer (8%, 9%) in den Steuerklassen: I – VI					I, II, III, IV		mit Zahl der Kinderfreibeträge . . . 0,5			1			1,5			2			2,5			3		
		LSt	ohne Kinderfreibeträge SolZ	8%	9%		LSt	SolZ	8%	9%	SolZ	8%	9%	SolZ	8%	9%	SolZ	8%	9%	SolZ	8%	9%	SolZ	8%	9%
8 552,99	I,IV	2 752,91	151,41	220,23	247,76	I	2 752,91	145,61	211,80	238,27	139,81	203,36	228,78	134,01	194,93	219,29	128,21	186,50	209,81	122,42	178,06	200,32	116,62	169,63	190,83
	II	2 707,16	148,89	216,57	243,64	II	2 707,16	143,09	208,14	234,15	137,29	199,70	224,66	131,50	191,27	215,18	125,70	182,84	205,69	119,90	174,40	196,20	114,10	165,97	186,71
	III	2 034,33	111,88	162,74	183,08	III	2 034,33	106,41	154,78	174,13	101,04	146,97	165,34	95,75	139,28	156,69	90,56	131,73	148,19	85,47	124,33	139,87	80,48	117,06	131,69
	V	3 296,66	181,31	263,73	296,69	IV	2 752,91	148,51	216,02	243,02	145,61	211,80	238,27	142,71	207,58	233,53	139,81	203,36	228,78	136,91	199,15	224,04	134,01	194,93	219,29
	VI	3 328,83	183,08	266,30	299,59																				
8 555,99	I,IV	2 754,25	151,48	220,34	247,88	I	2 754,25	145,68	211,90	238,39	139,88	203,46	228,89	134,08	195,03	219,41	128,28	186,60	209,92	122,48	178,16	200,43	116,69	169,73	190,94
	II	2 708,41	148,96	216,67	243,75	II	2 708,41	143,16	208,24	234,27	137,36	199,80	224,78	131,56	191,37	215,29	125,77	182,94	205,80	119,97	174,50	196,31	114,17	166,07	186,83
	III	2 035,66	111,96	162,85	183,20	III	2 035,66	106,48	154,88	174,24	101,10	147,06	165,44	95,81	139,37	156,79	90,63	131,82	148,30	85,53	124,41	139,96	80,53	117,14	131,78
	V	3 297,91	181,38	263,83	296,81	IV	2 754,25	148,58	216,12	243,13	145,68	211,90	238,39	142,78	207,68	233,64	139,88	203,46	228,89	136,98	199,25	224,15	134,08	195,03	219,41
	VI	3 330,08	183,15	266,40	299,70																				
8 558,99	I,IV	2 755,50	151,55	220,44	247,99	I	2 755,50	145,75	212,—	238,50	139,95	203,57	229,01	134,15	195,14	219,53	128,36	186,70	210,04	122,55	178,26	200,54	116,76	169,83	191,06
	II	2 709,66	149,03	216,77	243,86	II	2 709,66	143,23	208,34	234,38	137,43	199,90	224,89	131,63	191,47	215,40	125,84	183,04	205,92	120,04	174,60	196,43	114,24	166,17	186,94
	III	2 036,83	112,02	162,94	183,31	III	2 036,83	106,55	154,98	174,35	101,17	147,16	165,55	95,88	139,46	156,89	90,69	131,92	148,41	85,59	124,50	140,06	80,60	117,24	131,89
	V	3 299,16	181,45	263,93	296,92	IV	2 755,50	148,65	216,22	243,24	145,75	212,—	238,50	142,85	207,78	233,75	139,95	203,57	229,01	137,05	199,35	224,27	134,15	195,14	219,53
	VI	3 331,41	183,22	266,51	299,82																				
8 561,99	I,IV	2 756,75	151,62	220,54	248,10	I	2 756,75	145,82	212,10	238,61	140,02	203,67	229,13	134,22	195,24	219,64	128,42	186,80	210,15	122,63	178,37	200,66	116,83	169,94	191,18
	II	2 710,91	149,10	216,87	243,98	II	2 710,91	143,30	208,44	234,49	137,50	200,—	225,—	131,70	191,57	215,51	125,90	183,14	206,03	120,11	174,70	196,54	114,31	166,27	187,05
	III	2 038,—	112,09	163,04	183,42	III	2 038,—	106,61	155,08	174,46	101,23	147,25	165,65	95,94	139,56	157,—	90,75	132,01	148,51	85,66	124,60	140,17	80,65	117,32	131,98
	V	3 300,41	181,52	264,03	297,03	IV	2 756,75	148,72	216,32	243,36	145,82	212,10	238,61	142,92	207,88	233,87	140,02	203,67	229,13	137,12	199,45	224,38	134,22	195,24	219,64
	VI	3 332,66	183,29	266,61	299,93																				
8 564,99	I,IV	2 758,—	151,69	220,64	248,22	I	2 758,—	145,89	212,20	238,73	140,09	203,77	229,24	134,29	195,34	219,75	128,49	186,90	210,26	122,70	178,47	200,78	116,90	170,04	191,29
	II	2 712,25	149,17	216,98	244,10	II	2 712,25	143,37	208,54	234,61	137,57	200,10	225,11	131,77	191,67	215,63	125,97	183,24	206,14	120,17	174,80	196,65	114,38	166,37	187,16
	III	2 039,16	112,15	163,13	183,52	III	2 039,16	106,68	155,17	174,56	101,29	147,33	165,74	96,01	139,65	157,10	90,81	132,09	148,60	85,71	124,68	140,26	80,71	117,40	132,07
	V	3 301,66	181,59	264,13	297,14	IV	2 758,—	148,78	216,42	243,47	145,89	212,20	238,73	142,99	207,98	233,98	140,09	203,77	229,24	137,19	199,55	224,49	134,29	195,34	219,75
	VI	3 333,91	183,36	266,71	300,05																				
8 567,99	I,IV	2 759,25	151,75	220,74	248,33	I	2 759,25	145,96	212,30	238,84	140,16	203,87	229,35	134,36	195,44	219,87	128,56	187,—	210,38	122,76	178,57	200,89	116,97	170,14	191,40
	II	2 713,50	149,24	217,08	244,21	II	2 713,50	143,44	208,64	234,72	137,64	200,21	225,23	131,84	191,78	215,75	126,05	183,34	206,26	120,24	174,90	196,76	114,45	166,47	187,28
	III	2 040,33	112,21	163,22	183,62	III	2 040,33	106,74	155,26	174,67	101,35	147,42	165,85	96,06	139,73	157,19	90,87	132,18	148,70	85,78	124,77	140,36	80,77	117,49	132,17
	V	3 302,91	181,66	264,23	297,26	IV	2 759,25	148,86	216,52	243,59	145,96	212,30	238,84	143,05	208,08	234,09	140,16	203,87	229,35	137,26	199,65	224,60	134,36	195,44	219,87
	VI	3 335,16	183,43	266,81	300,16																				
8 570,99	I,IV	2 760,50	151,82	220,84	248,44	I	2 760,50	146,02	212,40	238,95	140,23	203,97	229,46	134,43	195,54	219,98	128,63	187,10	210,49	122,83	178,67	201,—	117,04	170,24	191,52
	II	2 714,75	149,31	217,18	244,32	II	2 714,75	143,51	208,74	234,83	137,71	200,31	225,35	131,91	191,88	215,86	126,11	183,44	206,37	120,32	175,01	196,88	114,52	166,58	187,40
	III	2 041,66	112,29	163,33	183,74	III	2 041,66	106,81	155,36	174,78	101,42	147,52	165,96	96,13	139,82	157,30	90,94	132,28	148,81	85,83	124,85	140,45	80,83	117,57	132,26
	V	3 304,25	181,73	264,34	297,38	IV	2 760,50	148,93	216,62	243,70	146,02	212,40	238,95	143,13	208,19	234,21	140,23	203,97	229,46	137,33	199,76	224,73	134,43	195,54	219,98
	VI	3 336,41	183,50	266,91	300,27																				
8 573,99	I,IV	2 761,75	151,89	220,94	248,55	I	2 761,75	146,09	212,50	239,06	140,30	204,07	229,58	134,50	195,64	220,09	128,70	187,20	210,60	122,90	178,77	201,11	117,10	170,34	191,63
	II	2 716,—	149,38	217,28	244,44	II	2 716,—	143,58	208,84	234,95	137,78	200,41	225,46	131,98	191,98	215,97	126,18	183,54	206,48	120,39	175,11	197,—	114,59	166,68	187,51
	III	2 042,83	112,35	163,42	183,85	III	2 042,83	106,87	155,45	174,88	101,48	147,61	166,06	96,19	139,92	157,41	90,99	132,36	148,90	85,90	124,94	140,56	80,89	117,66	132,37
	V	3 305,50	181,80	264,44	297,49	IV	2 761,75	148,99	216,72	243,81	146,09	212,50	239,06	143,20	208,29	234,32	140,30	204,07	229,58	137,40	199,86	224,84	134,50	195,64	220,09
	VI	3 337,66	183,57	267,01	300,38																				
8 576,99	I,IV	2 763,—	151,96	221,04	248,67	I	2 763,—	146,16	212,60	239,18	140,36	204,17	229,69	134,57	195,74	220,20	128,77	187,30	210,71	122,97	178,87	201,23	117,17	170,44	191,74
	II	2 717,25	149,44	217,38	244,55	II	2 717,25	143,65	208,94	235,06	137,85	200,51	225,57	132,05	192,08	216,09	126,25	183,64	206,60	120,45	175,21	197,11	114,66	166,78	187,62
	III	2 044,—	112,42	163,52	183,96	III	2 044,—	106,93	155,54	174,98	101,54	147,70	166,16	96,25	140,01	157,51	91,06	132,45	149,—	85,95	125,02	140,65	80,95	117,74	132,46
	V	3 306,75	181,87	264,54	297,60	IV	2 763,—	149,06	216,82	243,92	146,16	212,60	239,18	143,27	208,39	234,44	140,36	204,17	229,69	137,47	199,96	224,95	134,57	195,74	220,20
	VI	3 338,91	183,64	267,11	300,50																				
8 579,99	I,IV	2 764,33	152,03	221,14	248,78	I	2 764,33	146,23	212,70	239,29	140,43	204,27	229,80	134,64	195,84	220,32	128,84	187,40	210,83	123,04	178,97	201,34	117,24	170,54	191,85
	II	2 718,50	149,51	217,48	244,66	II	2 718,50	143,71	209,04	235,17	137,92	200,61	225,68	132,12	192,18	216,20	126,32	183,74	206,71	120,52	175,31	197,22	114,73	166,88	187,74
	III	2 045,16	112,48	163,61	184,06	III	2 045,16	107,—	155,64	175,09	101,61	147,80	166,27	96,32	140,10	157,61	91,12	132,54	149,11	86,02	125,12	140,76	81,01	117,84	132,57
	V	3 308,—	181,94	264,64	297,72	IV	2 764,33	149,13	216,92	244,04	146,23	212,70	239,29	143,33	208,49	234,55	140,43	204,27	229,80	137,54	200,06	225,06	134,64	195,84	220,32
	VI	3 340,16	183,70	267,21	300,61																				
8 582,99	I,IV	2 765,58	152,10	221,24	248,90	I	2 765,58	146,30	212,81	239,41	140,51	204,38	229,92	134,71	195,94	220,43	128,91	187,50	210,94	123,11	179,07	201,45	117,31	170,64	191,97
	II	2 719,75	149,58	217,58	244,77	II	2 719,75	143,78	209,14	235,28	137,99	200,71	225,80	132,19	192,28	216,31	126,39	183,84	206,82	120,59	175,41	197,33	114,79	166,98	187,85
	III	2 046,50	112,55	163,72	184,18	III	2 046,50	107,06	155,73	175,19	101,67	147,89	166,37	96,38	140,20	157,72	91,18	132,62	149,20	86,08	125,21	140,86	81,07	117,92	132,66
	V	3 309,25	182,—	264,74	297,83	IV	2 765,58	149,20	217,02	244,15	146,30	212,81	239,41	143,40	208,59	234,66	140,51	204,38	229,92	137,61	200,16	225,18	134,71	195,94	220,43
	VI	3 341,41	183,77	267,31	300,72																				
8 585,99	I,IV	2 766,83	152,17	221,34	249,01	I	2 766,83	146,37	212,91	239,52	140,58	204,48	230,04	134,78	196,04	220,55	128,98	187,61	211,06	123,18	179,18	201,57	117,38	170,74	192,08
	II	2 721,—	149,65	217,68	244,89	II	2 721,—	143,85	209,24	235,40	138,05	200,81	225,91	132,26	192,38	216,42	126,46	183,94	206,93	120,66	175,51	197,45	114,86	167,08	187,96
	III	2 047,66	112,62	163,81	184,28	III	2 047,66	107,13	155,82	175,30	101,74	147,98	166,48	96,45	140,29	157,82	91,24	132,72	149,31	86,13	125,29	140,95	81,13	118,01	132,76
	V	3 310,50	182,07	264,84	297,94	IV	2 766,83	149,27	217,12	244,26	146,37	212,91	239,52	143,47	208,69	234,77	140,58	204,48	230,04	137,67	200,26	225,29	134,78	196,04	220,55
	VI	3 342,75	183,85	267,42	300,84																				
8 588,99	I,IV	2 768,08	152,24	221,44	249,12	I	2 768,08	146,44	213,01	239,63	140,64	204,58	230,15	134,85	196,14	220,66	129,05	187,71	211,17	123,25	179,28	201,69	117,45	170,84	192,20
	II	2 722,33	149,72	217,78	245,—	II	2 722,33	143,92	209,34	235,51	138,12	200,91	226,02	132,33	192,48	216,54	126,53	184,04	207,05	120,73	175,61	197,56	114,93	167,18	188,07
	III	2 048,83	112,68	163,90	184,39	III	2 048,83	107,19	155,92	175,41	101,80	148,08	166,59	96,50	140,37	157,91	91,30	132,81	149,41	86,20	125,38	141,05	81,18	118,09	132,85
	V	3 311,75	182,14	264,94	298,05	IV	2 768,08	149,34	217,22	244,37	146,44	213,01	239,63	143,54	208,79	234,89	140,64	204,58	230,15	137,74	200,36	225,40	134,85	196,14	220,66
	VI	3 344,—	183,92	267,52	300,96																				
8 591,99	I,IV	2 769,33	152,31	221,54	249,23	I	2 769,33	146,51	213,11	239,75	140,71	204,68	230,26	134,91	196,24	220,77	129,12	187,81	211,28	123,32	179,38	201,80	117,52	170,94	192,31
	II	2 723,58	149,79	217,88	245,12	II	2 723,58	143,99	209,45	235,63	138,20	201,02	226,14	132,40	192,58	216,65	126,60	184,14	207,16	120,80	175,71	197,67	115,—	167,28	188,19
	III	2 050,—	112,75	164,—	184,50	III	2 050,—	107,25	156,01	175,51	101,86	148,17	166,69	96,57	140,46	158,02	91,37	132,90	149,51	86,25	125,46	141,14	81,25	118,18	132,95
	V	3 313,—	182,21	265,04	298,17	IV	2 769,33	149,41	217,32	244,49	146,51	213,11	239,75	143,61	208,89	235,—	140,71	204,68	230,26	137,81	200,46	225,51	134,91	196,24	220,77
	VI	3 345,25	183,98	267,62	301,07																				
8 594,99	I,IV	2 770,58	152,38	221,64	249,35	I	2 770,58	146,58	213,21	239,86	140,78	204,78	230,37	134,98	196,34	220,88	129,19	187,91	211,40	123,39	179,48	201,91	117,59	171,04	192,42
	II	2 724,83	149,86	217,98	245,23	II	2 724,83	144,06	209,55	235,74	138,27	201,12	226,26	132,47	192,68	216,77	126,67	184,25	207,28	120,87	175,82	197,79	115,07	167,38	188,30
	III	2 051,16	112,81	164,09	184,60	III	2 051,16	107,33	156,12	175,63	101,93	148,26	166,79	96,63	140,56	158,13	91,42	132,98	149,60	86,32	125,56	141,25	81,30	118,26	133,04
	V	3 314,33	182,28	265,14	298,28	IV	2 770,58	149,48	217,43	244,61	146,58	213,21	239,86	143,68	209,—	235,12	140,78	204,78	230,37	137,88	200,56	225,63	134,98	196,34	220,88
	VI	3 346,50	184,05	267,72	301,18																				

* Die ausgewiesenen Tabellenwerte sind amtlich. Siehe Erläuterungen auf der Umschlaginnenseite (U2).

Abzüge an Lohnsteuer, Solidaritätszuschlag (SolZ) und Kirchensteuer (8%, 9%) in den Steuerklassen

Lohn/Gehalt bis €*	I – VI	LSt	SolZ	8%	9%	I, II, III, IV	LSt	0,5 SolZ	0,5 8%	0,5 9%	1 SolZ	1 8%	1 9%	1,5 SolZ	1,5 8%	1,5 9%	2 SolZ	2 8%	2 9%	2,5 SolZ	2,5 8%	2,5 9%	3 SolZ	3 8%	3 9%
8 597,99	I,IV	2 771,83	152,45	221,74	249,46	I	2 771,83	146,65	213,31	239,97	140,85	204,88	230,49	135,05	196,44	221,—	129,25	188,01	211,51	123,46	179,58	202,02	117,66	171,14	192,53
	II	2 726,08	149,93	218,08	245,34	II	2 726,08	144,13	209,65	235,85	138,33	201,22	226,37	132,54	192,78	216,88	126,74	184,35	207,39	120,94	175,92	197,91	115,14	167,48	188,42
	III	2 052,50	112,88	164,20	184,72	III	2 052,50	107,39	156,21	175,73	101,99	148,36	166,90	96,69	140,65	158,23	91,49	133,08	149,71	86,38	125,65	141,35	81,37	118,36	133,15
	V	3 315,58	182,35	265,24	298,40	IV	2 771,83	149,55	217,53	244,72	146,65	213,31	239,97	143,75	209,10	235,23	140,85	204,88	230,49	137,95	200,66	225,74	135,05	196,44	221,—
	VI	3 347,75	184,12	267,82	301,29																				
8 600,99	I,IV	2 773,08	152,51	221,84	249,57	I	2 773,08	146,72	213,41	240,08	140,92	204,98	230,60	135,12	196,54	221,11	129,32	188,11	211,62	123,53	179,68	202,14	117,73	171,24	192,65
	II	2 727,33	150,—	218,18	245,45	II	2 727,33	144,20	209,75	235,97	138,40	201,32	226,48	132,60	192,88	216,99	126,81	184,45	207,50	121,01	176,02	198,02	115,21	167,58	188,53
	III	2 053,66	112,95	164,29	184,82	III	2 053,66	107,46	156,30	175,84	102,06	148,45	167,—	96,76	140,74	158,33	91,55	133,17	149,81	86,44	125,73	141,44	81,42	118,44	133,24
	V	3 316,83	182,42	265,34	298,51	IV	2 773,08	149,62	217,63	244,83	146,72	213,41	240,08	143,82	209,20	235,35	140,92	204,98	230,60	138,02	200,76	225,86	135,12	196,54	221,11
	VI	3 349,—	184,19	267,92	301,41																				
8 603,99	I,IV	2 774,33	152,58	221,94	249,68	I	2 774,33	146,79	213,51	240,20	140,99	205,08	230,71	135,19	196,64	221,22	129,39	188,21	211,73	123,59	179,78	202,25	117,80	171,34	192,76
	II	2 728,58	150,07	218,28	245,57	II	2 728,58	144,27	209,85	236,08	138,47	201,42	226,59	132,67	192,98	217,10	126,88	184,55	207,62	121,08	176,12	198,13	115,28	167,68	188,64
	III	2 054,83	113,01	164,38	184,93	III	2 054,83	107,52	156,40	175,95	102,12	148,54	167,11	96,82	140,84	158,44	91,62	133,26	149,92	86,50	125,82	141,55	81,49	118,53	133,34
	V	3 318,08	182,49	265,44	298,62	IV	2 774,33	149,69	217,73	244,94	146,79	213,51	240,20	143,89	209,30	235,46	140,99	205,08	230,71	138,09	200,86	225,97	135,19	196,64	221,22
	VI	3 350,25	184,26	268,02	301,52																				
8 606,99	I,IV	2 775,66	152,66	222,05	249,80	I	2 775,66	146,86	213,62	240,32	141,06	205,18	230,83	135,26	196,74	221,33	129,46	188,31	211,85	123,66	179,88	202,36	117,86	171,44	192,87
	II	2 729,83	150,14	218,38	245,68	II	2 729,83	144,34	209,95	236,19	138,54	201,52	226,71	132,74	193,08	217,22	126,94	184,65	207,73	121,15	176,22	198,24	115,35	167,78	188,75
	III	2 056,—	113,08	164,48	185,04	III	2 056,—	107,58	156,49	176,05	102,19	148,64	167,22	96,88	140,92	158,53	91,67	133,34	150,01	86,56	125,90	141,64	81,54	118,61	133,43
	V	3 319,33	182,56	265,54	298,73	IV	2 775,66	149,76	217,83	245,06	146,86	213,62	240,32	143,96	209,40	235,57	141,06	205,18	230,83	138,16	200,96	226,08	135,26	196,74	221,33
	VI	3 351,50	184,33	268,12	301,63																				
8 609,99	I,IV	2 776,91	152,73	222,15	249,92	I	2 776,91	146,93	213,72	240,43	141,13	205,28	230,94	135,33	196,85	221,45	129,53	188,42	211,97	123,74	179,98	202,48	117,93	171,54	192,98
	II	2 731,08	150,20	218,48	245,79	II	2 731,08	144,41	210,05	236,30	138,61	201,62	226,82	132,81	193,18	217,33	127,01	184,75	207,84	121,22	176,32	198,36	115,42	167,88	188,87
	III	2 057,33	113,15	164,58	185,15	III	2 057,33	107,65	156,58	176,15	102,25	148,73	167,32	96,94	141,01	158,63	91,74	133,44	150,12	86,62	126,—	141,75	81,61	118,70	133,54
	V	3 320,58	182,63	265,64	298,85	IV	2 776,91	149,82	217,93	245,17	146,93	213,72	240,43	144,03	209,50	235,68	141,13	205,28	230,94	138,23	201,06	226,19	135,33	196,85	221,45
	VI	3 352,83	184,40	268,22	301,75																				
8 612,99	I,IV	2 778,16	152,79	222,25	250,03	I	2 778,16	147,—	213,82	240,54	141,20	205,38	231,05	135,40	196,95	221,57	129,60	188,52	212,08	123,80	180,08	202,59	118,01	171,65	193,10
	II	2 732,33	150,27	218,58	245,90	II	2 732,33	144,48	210,15	236,42	138,68	201,72	226,93	132,88	193,28	217,44	127,08	184,85	207,95	121,28	176,42	198,47	115,49	167,98	188,98
	III	2 058,50	113,21	164,68	185,26	III	2 058,50	107,71	156,68	176,26	102,31	148,82	167,42	97,01	141,10	158,74	91,80	133,53	150,22	86,68	126,09	141,85	81,66	118,78	133,63
	V	3 321,83	182,70	265,74	298,96	IV	2 778,16	149,89	218,03	245,28	147,—	213,82	240,54	144,10	209,60	235,80	141,20	205,38	231,05	138,30	201,16	226,31	135,40	196,95	221,57
	VI	3 354,08	184,47	268,32	301,86																				
8 615,99	I,IV	2 779,41	152,86	222,35	250,14	I	2 779,41	147,07	213,92	240,66	141,27	205,48	231,17	135,47	197,05	221,68	129,67	188,62	212,19	123,87	180,18	202,70	118,08	171,75	193,22
	II	2 733,66	150,35	218,69	246,02	II	2 733,66	144,55	210,26	236,54	138,75	201,82	227,05	132,95	193,38	217,55	127,15	184,95	208,07	121,35	176,52	198,58	115,55	168,08	189,09
	III	2 059,66	113,28	164,77	185,36	III	2 059,66	107,78	156,77	176,36	102,38	148,92	167,53	97,07	141,20	158,85	91,85	133,61	150,31	86,74	126,17	141,94	81,72	118,86	133,72
	V	3 323,08	182,76	265,84	299,07	IV	2 779,41	149,96	218,13	245,39	147,07	213,92	240,66	144,16	209,70	235,91	141,27	205,48	231,17	138,37	201,26	226,42	135,47	197,05	221,68
	VI	3 355,33	184,54	268,42	301,97																				
8 618,99	I,IV	2 780,66	152,93	222,45	250,25	I	2 780,66	147,13	214,02	240,77	141,34	205,58	231,28	135,54	197,15	221,79	129,74	188,72	212,31	123,94	180,28	202,82	118,14	171,85	193,33
	II	2 734,91	150,42	218,79	246,14	II	2 734,91	144,62	210,36	236,65	138,82	201,92	227,16	133,02	193,49	217,67	127,22	185,06	208,19	121,43	176,62	198,70	115,62	168,18	189,20
	III	2 060,83	113,34	164,86	185,47	III	2 060,83	107,84	156,86	176,47	102,44	149,01	167,63	97,13	141,29	158,95	91,92	133,70	150,41	86,80	126,26	142,04	81,78	118,96	133,83
	V	3 324,41	182,84	265,95	299,19	IV	2 780,66	150,04	218,24	245,52	147,13	214,02	240,77	144,24	209,80	236,03	141,34	205,58	231,28	138,43	201,36	226,53	135,54	197,15	221,79
	VI	3 356,58	184,61	268,52	302,09																				
8 621,99	I,IV	2 781,91	153,—	222,55	250,37	I	2 781,91	147,20	214,12	240,88	141,40	205,68	231,39	135,61	197,25	221,90	129,81	188,82	212,42	124,01	180,38	202,93	118,21	171,95	193,44
	II	2 736,16	150,48	218,89	246,25	II	2 736,16	144,69	210,46	236,76	138,89	202,02	227,27	133,09	193,59	217,79	127,29	185,16	208,30	121,49	176,72	198,81	115,70	168,29	189,32
	III	2 062,—	113,41	164,96	185,58	III	2 062,—	107,91	156,96	176,58	102,51	149,10	167,74	97,20	141,38	159,05	91,98	133,80	150,52	86,87	126,36	142,15	81,84	119,04	133,92
	V	3 325,66	182,91	266,05	299,30	IV	2 781,91	150,10	218,34	245,63	147,20	214,12	240,88	144,31	209,90	236,14	141,40	205,68	231,39	138,51	201,47	226,65	135,61	197,25	221,90
	VI	3 357,83	184,68	268,62	302,20																				
8 624,99	I,IV	2 783,16	153,07	222,65	250,48	I	2 783,16	147,27	214,22	240,99	141,47	205,78	231,50	135,68	197,35	222,02	129,88	188,92	212,53	124,08	180,48	203,04	118,28	172,05	193,55
	II	2 737,41	150,55	218,99	246,36	II	2 737,41	144,76	210,56	236,88	138,96	202,12	227,39	133,16	193,69	217,90	127,36	185,26	208,41	121,56	176,82	198,92	115,77	168,39	189,44
	III	2 063,33	113,48	165,06	185,69	III	2 063,33	107,98	157,06	176,69	102,57	149,20	167,85	97,26	141,48	159,16	92,05	133,89	150,62	86,92	126,44	142,24	81,90	119,13	134,02
	V	3 326,91	182,98	266,15	299,42	IV	2 783,16	150,17	218,44	245,74	147,27	214,22	240,99	144,37	210,—	236,25	141,47	205,78	231,50	138,58	201,57	226,76	135,68	197,35	222,02
	VI	3 359,08	184,74	268,72	302,31																				
8 627,99	I,IV	2 784,41	153,14	222,75	250,59	I	2 784,41	147,34	214,32	241,11	141,54	205,88	231,62	135,74	197,45	222,13	129,95	189,02	212,64	124,15	180,58	203,15	118,35	172,15	193,67
	II	2 738,66	150,62	219,09	246,47	II	2 738,66	144,82	210,66	236,99	139,03	202,22	227,50	133,23	193,79	218,01	127,43	185,36	208,53	121,63	176,92	199,04	115,83	168,49	189,55
	III	2 064,50	113,54	165,16	185,80	III	2 064,50	108,04	157,16	176,80	102,63	149,29	167,95	97,32	141,56	159,25	92,10	133,97	150,71	86,99	126,53	142,34	81,95	119,21	134,11
	V	3 328,16	183,04	266,25	299,53	IV	2 784,41	150,24	218,54	245,85	147,34	214,32	241,11	144,44	210,10	236,36	141,54	205,88	231,62	138,65	201,67	226,88	135,74	197,45	222,13
	VI	3 360,33	184,81	268,82	302,42																				
8 630,99	I,IV	2 785,75	153,21	222,86	250,71	I	2 785,75	147,41	214,42	241,22	141,61	205,98	231,73	135,81	197,55	222,24	130,02	189,12	212,76	124,22	180,68	203,27	118,42	172,25	193,78
	II	2 739,91	150,69	219,19	246,59	II	2 739,91	144,89	210,76	237,10	139,09	202,32	227,61	133,30	193,89	218,12	127,50	185,46	208,64	121,70	177,02	199,15	115,90	168,59	189,66
	III	2 065,66	113,61	165,25	185,90	III	2 065,66	108,11	157,25	176,90	102,70	149,38	168,05	97,38	141,65	159,35	92,17	134,06	150,82	87,04	126,61	142,43	82,02	119,30	134,21
	V	3 329,41	183,11	266,35	299,64	IV	2 785,75	150,31	218,64	245,97	147,41	214,42	241,22	144,51	210,20	236,48	141,61	205,98	231,73	138,71	201,77	226,99	135,81	197,55	222,24
	VI	3 361,58	184,88	268,92	302,54																				
8 633,99	I,IV	2 787,—	153,28	222,96	250,83	I	2 787,—	147,48	214,52	241,34	141,68	206,09	231,85	135,89	197,66	222,36	130,09	189,22	212,87	124,29	180,78	203,38	118,49	172,35	193,89
	II	2 741,16	150,76	219,29	246,70	II	2 741,16	144,96	210,86	237,21	139,16	202,42	227,72	133,37	193,99	218,24	127,57	185,56	208,75	121,77	177,12	199,26	115,97	168,69	189,77
	III	2 066,83	113,67	165,34	186,01	III	2 066,83	108,17	157,34	177,01	102,76	149,48	168,16	97,45	141,74	159,46	92,23	134,16	150,93	87,11	126,70	142,54	82,07	119,38	134,30
	V	3 330,66	183,18	266,45	299,75	IV	2 787,—	150,38	218,74	246,08	147,48	214,52	241,34	144,58	210,30	236,59	141,68	206,09	231,85	138,78	201,87	227,10	135,89	197,66	222,36
	VI	3 362,91	184,96	269,03	302,66																				
8 636,99	I,IV	2 788,25	153,35	223,06	250,94	I	2 788,25	147,55	214,62	241,45	141,75	206,19	231,96	135,96	197,76	222,48	130,16	189,32	212,99	124,36	180,89	203,50	118,56	172,46	194,01
	II	2 742,41	150,83	219,39	246,81	II	2 742,41	145,03	210,96	237,33	139,23	202,52	227,84	133,43	194,09	218,35	127,64	185,66	208,86	121,84	177,22	199,37	116,04	168,79	189,89
	III	2 068,16	113,74	165,45	186,13	III	2 068,16	108,24	157,44	177,12	102,83	149,57	168,26	97,51	141,84	159,57	92,29	134,25	151,03	87,17	126,80	142,65	82,14	119,48	134,41
	V	3 331,91	183,25	266,55	299,87	IV	2 788,25	150,45	218,84	246,19	147,55	214,62	241,45	144,65	210,40	236,70	141,75	206,19	231,96	138,85	201,97	227,21	135,96	197,76	222,48
	VI	3 364,16	185,02	269,13	302,77																				
8 639,99	I,IV	2 789,50	153,42	223,16	251,05	I	2 789,50	147,62	214,72	241,56	141,82	206,29	232,07	136,02	197,86	222,59	130,23	189,42	213,10	124,43	180,99	203,61	118,63	172,56	194,13
	II	2 743,75	150,90	219,50	246,93	II	2 743,75	145,10	211,06	237,44	139,30	202,62	227,95	133,50	194,19	218,46	127,71	185,76	208,98	121,91	177,32	199,49	116,11	168,89	190,—
	III	2 069,33	113,81	165,54	186,23	III	2 069,33	108,30	157,53	177,22	102,89	149,66	168,37	97,57	141,93	159,67	92,35	134,33	151,12	87,23	126,88	142,74	82,19	119,56	134,50
	V	3 333,16	183,32	266,65	299,98	IV	2 789,50	150,52	218,94	246,30	147,62	214,72	241,56	144,72	210,50	236,81	141,82	206,29	232,07	138,92	202,07	227,33	136,02	197,86	222,59
	VI	3 365,41	185,09	269,23	302,88																				

Notes: "I – VI" columns: ohne Kinderfreibeträge. "I, II, III, IV" columns: mit Zahl der Kinderfreibeträge . . . 0,5 / 1 / 1,5 / 2 / 2,5 / 3.

* Die ausgewiesenen Tabellenwerte sind amtlich. Siehe Erläuterungen auf der Umschlaginnenseite (U2).

Abzüge an Lohnsteuer, Solidaritätszuschlag (SolZ) und Kirchensteuer (8%, 9%) in den Steuerklassen

Lohn/ Gehalt bis €*	I – VI	LSt	ohne Kinderfreibeträge SolZ	8%	9%	I, II, III, IV	LSt	mit Zahl der Kinderfreibeträge … 0,5 SolZ	0,5 8%	0,5 9%	1 SolZ	1 8%	1 9%	1,5 SolZ	1,5 8%	1,5 9%	2 SolZ	2 8%	2 9%	2,5 SolZ	2,5 8%	2,5 9%	3 SolZ	3 8%	3 9%
8 642,99	I,IV	2 790,75	153,49	223,26	251,16	I	2 790,75	147,69	214,82	241,67	141,89	206,39	232,19	136,09	197,96	222,70	130,29	189,52	213,21	124,50	181,09	203,72	118,70	172,66	194,24
	II	2 745,—	150,97	219,60	247,05	II	2 745,—	145,17	211,16	237,56	139,37	202,73	228,07	133,58	194,30	218,58	127,78	185,86	209,09	121,98	177,42	199,60	116,18	168,99	190,11
	III	2 070,50	113,87	165,64	186,34	III	2 070,50	108,36	157,62	177,32	102,96	149,76	168,48	97,64	142,02	159,77	92,41	134,42	151,22	87,29	126,97	142,84	82,26	119,65	134,60
	V	3 334,41	183,39	266,75	300,09	IV	2 790,75	150,59	219,04	246,42	147,69	214,82	241,67	144,79	210,60	236,93	141,89	206,39	232,19	138,99	202,17	227,44	136,09	197,96	222,70
	VI	3 366,66	185,16	269,33	302,99																				
8 645,99	I,IV	2 792,—	153,56	223,36	251,28	I	2 792,—	147,76	214,92	241,79	141,96	206,49	232,30	136,16	198,06	222,81	130,36	189,62	213,32	124,57	181,19	203,84	118,77	172,76	194,35
	II	2 746,25	151,04	219,70	247,16	II	2 746,25	145,24	211,26	237,67	139,44	202,83	228,18	133,65	194,40	218,70	127,85	185,96	209,21	122,05	177,53	199,72	116,25	169,10	190,23
	III	2 071,66	113,94	165,73	186,44	III	2 071,66	108,43	157,72	177,43	103,02	149,85	168,58	97,70	142,12	159,88	92,48	134,52	151,33	87,34	127,05	142,93	82,31	119,73	134,69
	V	3 335,75	183,46	266,86	300,21	IV	2 792,—	150,66	219,14	246,53	147,76	214,92	241,79	144,86	210,71	237,05	141,96	206,49	232,30	139,06	202,28	227,56	136,16	198,06	222,81
	VI	3 367,91	185,23	269,43	303,11																				
8 648,99	I,IV	2 793,25	153,62	223,46	251,39	I	2 793,25	147,83	215,02	241,90	142,03	206,59	232,41	136,23	198,16	222,93	130,43	189,72	213,44	124,63	181,29	203,95	118,84	172,86	194,46
	II	2 747,50	151,11	219,80	247,27	II	2 747,50	145,31	211,36	237,78	139,51	202,93	228,29	133,71	194,50	218,81	127,92	186,06	209,32	122,12	177,63	199,83	116,32	169,20	190,35
	III	2 073,—	114,01	165,84	186,57	III	2 073,—	108,50	157,82	177,55	103,08	149,94	168,68	97,77	142,21	159,98	92,54	134,61	151,43	87,41	127,14	143,03	82,38	119,82	134,80
	V	3 337,—	183,53	266,96	300,33	IV	2 793,25	150,73	219,24	246,65	147,83	215,02	241,90	144,93	210,81	237,16	142,03	206,59	232,41	139,13	202,38	227,67	136,23	198,16	222,93
	VI	3 369,16	185,30	269,53	303,22																				
8 651,99	I,IV	2 794,50	153,69	223,56	251,50	I	2 794,50	147,89	215,12	242,01	142,10	206,69	232,52	136,30	198,26	223,04	130,50	189,82	213,55	124,70	181,39	204,06	118,91	172,96	194,58
	II	2 748,75	151,18	219,90	247,38	II	2 748,75	145,38	211,46	237,89	139,58	203,03	228,41	133,78	194,60	218,92	127,98	186,16	209,43	122,19	177,73	199,94	116,39	169,30	190,46
	III	2 074,16	114,07	165,93	186,67	III	2 074,16	108,57	157,92	177,66	103,15	150,04	168,79	97,82	142,29	160,07	92,60	134,69	151,52	87,47	127,24	143,14	82,43	119,90	134,89
	V	3 338,25	183,60	267,06	300,44	IV	2 794,50	150,80	219,34	246,76	147,89	215,12	242,01	145,—	210,91	237,27	142,10	206,69	232,52	139,20	202,48	227,79	136,30	198,26	223,04
	VI	3 370,41	185,37	269,63	303,33																				
8 654,99	I,IV	2 795,83	153,77	223,66	251,62	I	2 795,83	147,96	215,22	242,12	142,17	206,79	232,64	136,37	198,36	223,15	130,57	189,92	213,66	124,77	181,49	204,17	118,97	173,06	194,69
	II	2 750,—	151,25	220,—	247,50	II	2 750,—	145,45	211,56	238,01	139,65	203,13	228,52	133,85	194,70	219,03	128,05	186,26	209,54	122,26	177,83	200,06	116,46	169,40	190,57
	III	2 075,33	114,14	166,02	186,77	III	2 075,33	108,63	158,01	177,76	103,21	150,13	168,89	97,89	142,38	160,18	92,66	134,78	151,63	87,53	127,32	143,23	82,50	120,—	135,—
	V	3 339,50	183,67	267,16	300,55	IV	2 795,83	150,86	219,44	246,87	147,96	215,22	242,12	145,07	211,01	237,38	142,17	206,79	232,64	139,27	202,58	227,90	136,37	198,36	223,15
	VI	3 371,66	185,44	269,73	303,44																				
8 657,99	I,IV	2 797,08	153,83	223,76	251,73	I	2 797,08	148,04	215,33	242,24	142,24	206,90	232,76	136,44	198,46	223,27	130,64	190,02	213,77	124,84	181,59	204,29	119,04	173,16	194,80
	II	2 751,25	151,31	220,10	247,61	II	2 751,25	145,52	211,66	238,12	139,72	203,23	228,63	133,92	194,80	219,15	128,12	186,36	209,66	122,32	177,93	200,17	116,53	169,50	190,68
	III	2 076,50	114,20	166,12	186,88	III	2 076,50	108,69	158,10	177,86	103,28	150,22	169,—	97,95	142,48	160,29	92,73	134,88	151,74	87,59	127,41	143,33	82,55	120,08	135,09
	V	3 340,75	183,74	267,26	300,66	IV	2 797,08	150,93	219,54	246,98	148,04	215,33	242,24	145,14	211,11	237,50	142,24	206,90	232,76	139,34	202,68	228,01	136,44	198,46	223,27
	VI	3 372,91	185,51	269,83	303,56																				
8 660,99	I,IV	2 798,33	153,90	223,86	251,84	I	2 798,33	148,11	215,43	242,36	142,31	207,—	232,87	136,51	198,56	223,38	130,71	190,13	213,89	124,91	181,70	204,41	119,12	173,26	194,92
	II	2 752,50	151,38	220,20	247,72	II	2 752,50	145,58	211,76	238,23	139,79	203,33	228,74	133,99	194,90	219,26	128,19	186,46	209,77	122,39	178,03	200,28	116,60	169,60	190,80
	III	2 077,83	114,28	166,22	187,—	III	2 077,83	108,76	158,20	177,97	103,34	150,32	169,11	98,01	142,57	160,39	92,79	134,97	151,84	87,66	127,50	143,44	82,61	120,17	135,19
	V	3 342,—	183,81	267,36	300,78	IV	2 798,33	151,—	219,64	247,10	148,11	215,43	242,36	145,20	211,21	237,61	142,31	207,—	232,87	139,41	202,78	228,12	136,51	198,56	223,38
	VI	3 374,25	185,58	269,94	303,68																				
8 663,99	I,IV	2 799,58	153,97	223,96	251,96	I	2 799,58	148,17	215,53	242,47	142,38	207,10	232,98	136,58	198,66	223,49	130,78	190,23	214,01	124,98	181,80	204,52	119,18	173,36	195,03
	II	2 753,83	151,46	220,30	247,84	II	2 753,83	145,65	211,86	238,34	139,86	203,43	228,86	134,06	195,—	219,37	128,26	186,56	209,88	122,46	178,13	200,39	116,66	169,70	190,91
	III	2 079,—	114,34	166,32	187,11	III	2 079,—	108,82	158,29	178,07	103,40	150,41	169,21	98,08	142,66	160,49	92,84	135,05	151,93	87,71	127,58	143,53	82,67	120,25	135,28
	V	3 343,25	183,87	267,46	300,89	IV	2 799,58	151,07	219,74	247,21	148,17	215,53	242,47	145,27	211,31	237,72	142,38	207,10	232,98	139,48	202,88	228,24	136,58	198,66	223,49
	VI	3 375,50	185,65	270,04	303,79																				
8 666,99	I,IV	2 800,83	154,04	224,06	252,07	I	2 800,83	148,24	215,63	242,58	142,45	207,20	233,10	136,65	198,76	223,61	130,85	190,33	214,12	125,05	181,90	204,63	119,25	173,46	195,14
	II	2 755,08	151,52	220,40	247,95	II	2 755,08	145,73	211,97	238,46	139,93	203,54	228,98	134,13	195,10	219,49	128,33	186,66	209,99	122,53	178,23	200,51	116,73	169,80	191,02
	III	2 080,16	114,40	166,41	187,21	III	2 080,16	108,89	158,38	178,18	103,47	150,50	169,31	98,14	142,76	160,60	92,91	135,14	152,03	87,78	127,68	143,64	82,73	120,34	135,38
	V	3 344,50	183,94	267,56	301,—	IV	2 800,83	151,14	219,84	247,32	148,24	215,63	242,58	145,34	211,41	237,83	142,45	207,20	233,10	139,54	202,98	228,35	136,65	198,76	223,61
	VI	3 376,75	185,72	270,14	303,90																				
8 669,99	I,IV	2 802,08	154,11	224,16	252,18	I	2 802,08	148,31	215,73	242,69	142,51	207,30	233,21	136,72	198,86	223,72	130,92	190,43	214,23	125,12	182,—	204,75	119,32	173,56	195,26
	II	2 756,33	151,59	220,50	248,06	II	2 756,33	145,80	212,07	238,58	140,—	203,64	229,09	134,20	195,20	219,60	128,40	186,77	210,11	122,60	178,34	200,63	116,81	169,90	191,14
	III	2 081,33	114,47	166,50	187,31	III	2 081,33	108,95	158,48	178,29	103,53	150,60	169,42	98,21	142,85	160,70	92,97	135,24	152,14	87,83	127,76	143,73	82,79	120,42	135,47
	V	3 345,83	184,02	267,66	301,12	IV	2 802,08	151,21	219,95	247,44	148,31	215,73	242,69	145,42	211,52	237,96	142,51	207,30	233,21	139,62	203,08	228,47	136,72	198,86	223,72
	VI	3 378,—	185,79	270,24	304,02																				
8 672,99	I,IV	2 803,33	154,18	224,26	252,29	I	2 803,33	148,38	215,83	242,81	142,58	207,40	233,32	136,78	198,96	223,83	130,99	190,53	214,34	125,19	182,10	204,86	119,39	173,66	195,37
	II	2 757,58	151,66	220,60	248,18	II	2 757,58	145,86	212,17	238,69	140,07	203,74	229,20	134,27	195,30	219,71	128,47	186,87	210,23	122,67	178,44	200,74	116,87	170,—	191,25
	III	2 082,66	114,54	166,61	187,43	III	2 082,66	109,02	158,58	178,40	103,60	150,69	169,52	98,27	142,94	160,81	93,04	135,33	152,24	87,89	127,85	143,83	82,85	120,52	135,58
	V	3 347,08	184,08	267,76	301,23	IV	2 803,33	151,28	220,05	247,55	148,38	215,83	242,81	145,48	211,62	238,07	142,58	207,40	233,32	139,69	203,18	228,58	136,78	198,96	223,83
	VI	3 379,25	185,85	270,34	304,13																				
8 675,99	I,IV	2 804,58	154,25	224,36	252,41	I	2 804,58	148,45	215,93	242,92	142,65	207,50	233,43	136,85	199,06	223,94	131,06	190,63	214,46	125,26	182,20	204,97	119,46	173,76	195,48
	II	2 758,83	151,73	220,70	248,29	II	2 758,83	145,93	212,27	238,80	140,14	203,84	229,32	134,34	195,40	219,83	128,54	186,97	210,34	122,74	178,54	200,85	116,94	170,10	191,36
	III	2 083,83	114,61	166,70	187,54	III	2 083,83	109,09	158,68	178,51	103,66	150,78	169,63	98,33	143,02	160,90	93,09	135,41	152,33	87,96	127,94	143,93	82,91	120,60	135,67
	V	3 348,33	184,15	267,86	301,34	IV	2 804,58	151,35	220,15	247,67	148,45	215,93	242,92	145,55	211,72	238,18	142,65	207,50	233,43	139,75	203,28	228,69	136,85	199,06	223,94
	VI	3 380,50	185,92	270,44	304,24																				
8 678,99	I,IV	2 805,83	154,32	224,46	252,52	I	2 805,83	148,52	216,03	243,03	142,72	207,60	233,55	136,92	199,16	224,06	131,12	190,73	214,57	125,33	182,30	205,08	119,53	173,86	195,59
	II	2 760,08	151,80	220,80	248,40	II	2 760,08	146,—	212,37	238,91	140,20	203,94	229,43	134,41	195,50	219,94	128,61	187,07	210,45	122,81	178,64	200,97	117,01	170,20	191,48
	III	2 085,—	114,67	166,80	187,65	III	2 085,—	109,15	158,77	178,61	103,73	150,88	169,74	98,39	143,12	161,01	93,16	135,50	152,44	88,01	128,02	144,02	82,97	120,69	135,77
	V	3 349,58	184,22	267,96	301,46	IV	2 805,83	151,42	220,25	247,78	148,52	216,03	243,03	145,62	211,82	238,29	142,72	207,60	233,55	139,82	203,38	228,80	136,92	199,16	224,06
	VI	3 381,75	185,99	270,54	304,35																				
8 681,99	I,IV	2 807,16	154,39	224,57	252,64	I	2 807,16	148,59	216,14	243,15	142,79	207,70	233,66	136,99	199,26	224,17	131,19	190,83	214,68	125,40	182,40	205,20	119,60	173,96	195,71
	II	2 761,33	151,87	220,90	248,51	II	2 761,33	146,07	212,47	239,03	140,27	204,04	229,54	134,47	195,60	220,05	128,68	187,17	210,56	122,88	178,74	201,08	117,08	170,30	191,59
	III	2 086,16	114,73	166,89	187,75	III	2 086,16	109,22	158,86	178,72	103,79	150,97	169,84	98,45	143,21	161,11	93,22	135,60	152,55	88,08	128,12	144,13	83,04	120,78	135,88
	V	3 350,83	184,29	268,06	301,57	IV	2 807,16	151,49	220,35	247,89	148,59	216,14	243,15	145,69	211,92	238,41	142,79	207,70	233,66	139,89	203,48	228,92	136,99	199,26	224,17
	VI	3 383,—	186,06	270,64	304,47																				
8 684,99	I,IV	2 808,41	154,46	224,67	252,75	I	2 808,41	148,66	216,24	243,27	142,86	207,80	233,78	137,06	199,37	224,29	131,27	190,94	214,80	125,47	182,50	205,31	119,67	174,06	195,82
	II	2 762,58	151,94	221,—	248,63	II	2 762,58	146,14	212,57	239,14	140,34	204,14	229,65	134,54	195,70	220,16	128,75	187,27	210,68	122,95	178,84	201,19	117,15	170,40	191,70
	III	2 087,50	114,81	167,—	187,87	III	2 087,50	109,28	158,96	178,83	103,85	151,06	169,94	98,52	143,30	161,21	93,28	135,69	152,65	88,14	128,21	144,23	83,09	120,86	135,97
	V	3 352,08	184,36	268,16	301,68	IV	2 808,41	151,56	220,45	248,—	148,66	216,24	243,27	145,76	212,02	238,52	142,86	207,80	233,78	139,96	203,58	229,03	137,06	199,37	224,29
	VI	3 384,33	186,13	270,74	304,58																				

*** Die ausgewiesenen Tabellenwerte sind amtlich. Siehe Erläuterungen auf der Umschlaginnenseite (U2).**

MONAT 8 685,–*

Lohn/ Gehalt bis €*		I – VI LSt	ohne Kinderfreibeträge SolZ	8%	9%		I, II, III, IV LSt	0,5 SolZ	8%	9%	1 SolZ	8%	9%	1,5 SolZ	8%	9%	2 SolZ	8%	9%	2,5 SolZ	8%	9%	3 SolZ	8%	9%
8 687,99	I,IV	2 809,66	154,53	224,77	252,86	I	2 809,66	148,73	216,34	243,38	142,93	207,90	233,89	137,13	199,47	224,40	131,34	191,04	214,92	125,54	182,60	205,43	119,74	174,17	195,94
	II	2 763,83	152,01	221,10	248,74	II	2 763,83	146,21	212,67	239,25	140,41	204,24	229,77	134,61	195,80	220,28	128,81	187,37	210,79	123,02	178,94	201,30	117,22	170,50	191,81
	III	2 088,66	114,87	167,09	187,97	III	2 088,66	109,34	159,05	178,93	103,92	151,16	170,05	98,58	143,40	161,32	93,34	135,77	152,74	88,20	128,29	144,32	83,16	120,96	136,08
	V	3 353,33	184,43	268,26	301,79	IV	2 809,66	151,63	220,55	248,12	148,73	216,34	243,38	145,83	212,12	238,63	142,93	207,90	233,89	140,03	203,68	229,14	137,13	199,47	224,40
	VI	3 385,58	186,20	270,84	304,70																				
8 690,99	I,IV	2 810,91	154,60	224,87	252,98	I	2 810,91	148,80	216,44	243,49	143,–	208,–	234,–	137,20	199,57	224,51	131,40	191,14	215,03	125,61	182,70	205,54	119,81	174,27	196,05
	II	2 765,16	152,08	221,21	248,86	II	2 765,16	146,28	212,78	239,37	140,48	204,34	229,88	134,68	195,90	220,39	128,88	187,47	210,90	123,09	179,04	201,42	117,29	170,60	191,93
	III	2 089,83	114,94	167,18	188,08	III	2 089,83	109,41	159,14	179,03	103,98	151,25	170,15	98,65	143,49	161,42	93,40	135,86	152,84	88,26	128,38	144,43	83,21	121,04	136,17
	V	3 354,58	184,50	268,36	301,91	IV	2 810,91	151,69	220,65	248,23	148,80	216,44	243,49	145,90	212,22	238,74	143,–	208,–	234,–	140,10	203,78	229,25	137,20	199,57	224,51
	VI	3 386,83	186,27	270,94	304,81																				
8 693,99	I,IV	2 812,16	154,66	224,97	253,09	I	2 812,16	148,87	216,54	243,60	143,07	208,10	234,11	137,27	199,67	224,63	131,47	191,24	215,14	125,67	182,80	205,65	119,88	174,37	196,16
	II	2 766,41	152,15	221,31	248,97	II	2 766,41	146,35	212,88	239,49	140,55	204,44	230,–	134,75	196,01	220,51	128,96	187,58	211,02	123,16	179,14	201,53	117,36	170,70	192,04
	III	2 091,–	115,–	167,28	188,19	III	2 091,–	109,48	159,25	179,15	104,05	151,34	170,26	98,71	143,58	161,53	93,47	135,96	152,95	88,33	128,48	144,54	83,27	121,13	136,27
	V	3 355,91	184,57	268,47	302,03	IV	2 812,16	151,77	220,76	248,35	148,87	216,54	243,60	145,97	212,32	238,86	143,07	208,10	234,11	140,17	203,88	229,37	137,27	199,67	224,63
	VI	3 388,08	186,34	271,04	304,92																				
8 696,99	I,IV	2 813,41	154,73	225,07	253,20	I	2 813,41	148,94	216,64	243,72	143,14	208,20	234,23	137,34	199,77	224,74	131,54	191,34	215,25	125,74	182,90	205,76	119,95	174,47	196,28
	II	2 767,66	152,22	221,41	249,08	II	2 767,66	146,42	212,98	239,60	140,62	204,54	230,11	134,82	196,11	220,62	129,03	187,68	211,14	123,23	179,24	201,65	117,43	170,81	192,16
	III	2 092,33	115,07	167,38	188,30	III	2 092,33	109,55	159,34	179,26	104,11	151,44	170,37	98,78	143,68	161,64	93,53	136,05	153,05	88,38	128,56	144,63	83,33	121,21	136,36
	V	3 357,16	184,64	268,57	302,14	IV	2 813,41	151,84	220,86	248,46	148,94	216,64	243,72	146,04	212,42	238,97	143,14	208,20	234,23	140,24	203,99	229,49	137,34	199,77	224,74
	VI	3 389,33	186,41	271,14	305,03																				
8 699,99	I,IV	2 814,66	154,80	225,17	253,31	I	2 814,66	149,–	216,74	243,83	143,21	208,30	234,34	137,41	199,87	224,85	131,61	191,44	215,37	125,81	183,–	205,88	120,01	174,57	196,39
	II	2 768,91	152,29	221,51	249,20	II	2 768,91	146,49	213,08	239,71	140,69	204,64	230,22	134,89	196,21	220,73	129,09	187,78	211,25	123,30	179,34	201,76	117,50	170,91	192,27
	III	2 093,50	115,14	167,48	188,41	III	2 093,50	109,61	159,44	179,37	104,17	151,53	170,47	98,84	143,77	161,74	93,60	136,14	153,16	88,44	128,65	144,73	83,39	121,30	136,46
	V	3 358,41	184,71	268,67	302,25	IV	2 814,66	151,91	220,96	248,58	149,–	216,74	243,83	146,11	212,52	239,09	143,21	208,30	234,34	140,31	204,09	229,60	137,41	199,87	224,85
	VI	3 390,58	186,48	271,24	305,15																				
8 702,99	I,IV	2 815,91	154,87	225,27	253,43	I	2 815,91	149,07	216,84	243,94	143,27	208,40	234,45	137,48	199,97	224,96	131,68	191,54	215,48	125,88	183,10	205,99	120,08	174,67	196,50
	II	2 770,16	152,35	221,61	249,31	II	2 770,16	146,56	213,18	239,82	140,76	204,74	230,33	134,96	196,31	220,85	129,16	187,88	211,36	123,36	179,44	201,87	117,57	171,01	192,38
	III	2 094,66	115,20	167,57	188,51	III	2 094,66	109,67	159,53	179,47	104,24	151,62	170,57	98,90	143,86	161,84	93,65	136,22	153,25	88,51	128,74	144,83	83,45	121,38	136,55
	V	3 359,66	184,78	268,77	302,36	IV	2 815,91	151,97	221,06	248,69	149,07	216,84	243,94	146,18	212,62	239,20	143,27	208,40	234,45	140,38	204,19	229,71	137,48	199,97	224,96
	VI	3 391,83	186,55	271,34	305,26																				
8 705,99	I,IV	2 817,25	154,94	225,38	253,55	I	2 817,25	149,15	216,94	244,06	143,34	208,50	234,56	137,55	200,07	225,08	131,75	191,64	215,59	125,95	183,20	206,10	120,15	174,77	196,61
	II	2 771,41	152,42	221,71	249,42	II	2 771,41	146,63	213,28	239,94	140,83	204,84	230,45	135,03	196,41	220,96	129,23	187,98	211,47	123,43	179,54	201,98	117,64	171,11	192,50
	III	2 096,–	115,28	167,68	188,64	III	2 096,–	109,74	159,62	179,57	104,30	151,72	170,68	98,96	143,94	161,93	93,72	136,32	153,36	88,56	128,82	144,92	83,51	121,48	136,66
	V	3 360,91	184,85	268,87	302,48	IV	2 817,25	152,04	221,16	248,80	149,15	216,94	244,06	146,24	212,72	239,31	143,34	208,50	234,56	140,45	204,29	229,82	137,55	200,07	225,08
	VI	3 393,08	186,61	271,44	305,37																				
8 708,99	I,IV	2 818,50	155,01	225,48	253,66	I	2 818,50	149,21	217,04	244,17	143,42	208,61	234,68	137,62	200,18	225,20	131,82	191,74	215,71	126,02	183,30	206,21	120,22	174,87	196,73
	II	2 772,66	152,49	221,81	249,53	II	2 772,66	146,69	213,38	240,05	140,90	204,94	230,56	135,10	196,51	221,07	129,30	188,08	211,59	123,50	179,64	202,10	117,70	171,21	192,61
	III	2 097,16	115,34	167,77	188,74	III	2 097,16	109,80	159,72	179,68	104,37	151,81	170,78	99,02	144,04	162,04	93,78	136,41	153,46	88,63	128,92	145,03	83,57	121,56	136,75
	V	3 362,16	184,91	268,97	302,59	IV	2 818,50	152,11	221,26	248,91	149,21	217,04	244,17	146,31	212,82	239,42	143,42	208,61	234,68	140,52	204,39	229,94	137,62	200,18	225,20
	VI	3 394,41	186,69	271,55	305,49																				
8 711,99	I,IV	2 819,75	155,08	225,58	253,77	I	2 819,75	149,28	217,14	244,28	143,49	208,71	234,80	137,69	200,28	225,31	131,89	191,84	215,82	126,09	183,41	206,33	120,29	174,98	196,85
	II	2 773,91	152,56	221,91	249,65	II	2 773,91	146,76	213,48	240,16	140,96	205,04	230,67	135,17	196,61	221,18	129,37	188,18	211,70	123,57	179,74	202,21	117,77	171,31	192,72
	III	2 098,33	115,40	167,86	188,84	III	2 098,33	109,87	159,81	179,78	104,43	151,90	170,89	99,09	144,13	162,14	93,84	136,50	153,56	88,69	129,01	145,13	83,63	121,65	136,85
	V	3 363,41	184,98	269,07	302,70	IV	2 819,75	152,18	221,36	249,03	149,28	217,14	244,28	146,38	212,92	239,54	143,49	208,71	234,80	140,58	204,49	230,05	137,69	200,28	225,31
	VI	3 395,66	186,76	271,65	305,60																				
8 714,99	I,IV	2 821,–	155,15	225,68	253,89	I	2 821,–	149,35	217,24	244,40	143,55	208,81	234,91	137,76	200,38	225,42	131,96	191,94	215,93	126,16	183,51	206,45	120,36	175,08	196,96
	II	2 775,25	152,63	222,02	249,77	II	2 775,25	146,84	213,58	240,28	141,03	205,14	230,78	135,24	196,71	221,30	129,44	188,28	211,81	123,64	179,84	202,32	117,84	171,41	192,83
	III	2 099,50	115,47	167,96	188,95	III	2 099,50	109,94	159,92	179,91	104,50	152,–	171,–	99,15	144,22	162,25	93,90	136,58	153,65	88,75	129,09	145,22	83,69	121,73	136,94
	V	3 364,66	185,05	269,17	302,81	IV	2 821,–	152,25	221,46	249,14	149,35	217,24	244,40	146,45	213,02	239,65	143,55	208,81	234,91	140,65	204,59	230,16	137,76	200,38	225,42
	VI	3 396,91	186,83	271,75	305,72																				
8 717,99	I,IV	2 822,25	155,22	225,78	254,–	I	2 822,25	149,42	217,34	244,51	143,62	208,91	235,02	137,83	200,48	225,54	132,03	192,04	216,05	126,23	183,61	206,56	120,43	175,18	197,07
	II	2 776,50	152,70	222,12	249,88	II	2 776,50	146,90	213,68	240,39	141,11	205,25	230,90	135,31	196,82	221,42	129,51	188,38	211,93	123,71	179,94	202,43	117,91	171,51	192,95
	III	2 100,83	115,54	168,06	189,07	III	2 100,83	110,–	160,01	180,01	104,56	152,09	171,10	99,22	144,32	162,36	93,96	136,68	153,76	88,81	129,18	145,33	83,75	121,82	137,05
	V	3 365,91	185,12	269,27	302,93	IV	2 822,25	152,32	221,56	249,26	149,42	217,34	244,51	146,52	213,12	239,76	143,62	208,91	235,02	140,72	204,69	230,27	137,83	200,48	225,54
	VI	3 398,16	186,89	271,85	305,83																				
8 720,99	I,IV	2 823,50	155,29	225,88	254,11	I	2 823,50	149,49	217,44	244,62	143,69	209,01	235,13	137,89	200,58	225,65	132,10	192,14	216,16	126,30	183,71	206,67	120,50	175,28	197,19
	II	2 777,75	152,77	222,22	249,99	II	2 777,75	146,97	213,78	240,50	141,18	205,35	231,02	135,38	196,92	221,53	129,58	188,48	212,04	123,78	180,05	202,55	117,98	171,62	193,07
	III	2 102,–	115,61	168,16	189,18	III	2 102,–	110,07	160,10	180,11	104,62	152,18	171,20	99,28	144,41	162,46	94,03	136,77	153,86	88,88	129,28	145,44	83,81	121,90	137,14
	V	3 367,25	185,19	269,38	303,05	IV	2 823,50	152,39	221,66	249,37	149,49	217,44	244,62	146,59	213,23	239,88	143,69	209,01	235,13	140,80	204,80	230,40	137,89	200,58	225,65
	VI	3 399,41	186,96	271,95	305,94																				
8 723,99	I,IV	2 824,75	155,36	225,98	254,22	I	2 824,75	149,56	217,54	244,73	143,76	209,11	235,25	137,96	200,68	225,76	132,16	192,24	216,27	126,37	183,81	206,78	120,57	175,38	197,30
	II	2 779,–	152,84	222,32	250,11	II	2 779,–	147,04	213,88	240,62	141,24	205,45	231,13	135,45	197,02	221,64	129,65	188,58	212,15	123,85	180,15	202,67	118,05	171,72	193,18
	III	2 103,16	115,67	168,25	189,28	III	2 103,16	110,13	160,20	180,22	104,69	152,28	171,31	99,34	144,50	162,56	94,09	136,86	153,97	88,93	129,36	145,53	83,87	122,–	137,25
	V	3 368,50	185,26	269,48	303,16	IV	2 824,75	152,46	221,76	249,48	149,56	217,54	244,73	146,66	213,33	239,99	143,76	209,11	235,25	140,86	204,90	230,51	137,96	200,68	225,76
	VI	3 400,66	187,03	272,05	306,05																				
8 726,99	I,IV	2 826,–	155,43	226,08	254,34	I	2 826,–	149,63	217,64	244,85	143,83	209,21	235,36	138,03	200,78	225,87	132,23	192,34	216,38	126,44	183,91	206,90	120,64	175,48	197,41
	II	2 780,25	152,91	222,42	250,22	II	2 780,25	147,11	213,98	240,73	141,31	205,55	231,24	135,52	197,12	221,76	129,72	188,68	212,27	123,92	180,25	202,78	118,12	171,82	193,29
	III	2 104,33	115,73	168,34	189,38	III	2 104,33	110,20	160,29	180,32	104,75	152,37	171,41	99,41	144,60	162,67	94,16	136,96	154,08	88,99	129,45	145,63	83,93	122,08	137,34
	V	3 369,75	185,33	269,58	303,27	IV	2 826,–	152,53	221,86	249,59	149,63	217,64	244,85	146,73	213,43	240,11	143,83	209,21	235,36	140,93	205,–	230,62	138,03	200,78	225,87
	VI	3 401,91	187,10	272,15	306,17																				
8 729,99	I,IV	2 827,33	155,50	226,18	254,45	I	2 827,33	149,70	217,74	244,96	143,90	209,31	235,47	138,10	200,88	225,99	132,30	192,44	216,50	126,50	184,01	207,01	120,71	175,58	197,52
	II	2 781,50	152,98	222,52	250,33	II	2 781,50	147,18	214,08	240,84	141,38	205,65	231,35	135,58	197,22	221,87	129,79	188,78	212,38	123,99	180,35	202,89	118,19	171,92	193,41
	III	2 105,66	115,81	168,45	189,50	III	2 105,66	110,26	160,38	180,43	104,82	152,46	171,52	99,47	144,69	162,77	94,21	137,04	154,17	89,06	129,54	145,73	83,99	122,17	137,44
	V	3 371,–	185,40	269,68	303,39	IV	2 827,33	152,60	221,96	249,71	149,70	217,74	244,96	146,80	213,53	240,22	143,90	209,31	235,47	141,–	205,10	230,73	138,10	200,88	225,99
	VI	3 403,16	187,17	272,25	306,28																				

Abzüge an Lohnsteuer, Solidaritätszuschlag (SolZ) und Kirchensteuer (8%, 9%) in den Steuerklassen; I, II, III, IV mit Zahl der Kinderfreibeträge . . .

* Die ausgewiesenen Tabellenwerte sind amtlich. Siehe Erläuterungen auf der Umschlaginnenseite (U2).

Lohn/ Gehalt bis €*		I – VI	ohne Kinderfreibeträge			I, II, III, IV	mit Zahl der Kinderfreibeträge . . . 0,5			1			1,5			2			2,5			3		
		LSt	SolZ	8%	9%		LSt	SolZ	8%	9%	SolZ	8%	9%	SolZ	8%	9%	SolZ	8%	9%	SolZ	8%	9%	SolZ	8%	9%
8 732,99	I,IV	2 828,58	155,57	226,28	254,57	I	2 828,58	149,77	217,85	245,08	143,97	209,42	235,59	138,17	200,98	226,10	132,37	192,54	216,61	126,57	184,11	207,12	120,78	175,68	197,64
	II	2 782,75	153,05	222,62	250,44	II	2 782,75	147,25	214,18	240,95	141,45	205,75	231,47	135,65	197,32	221,98	129,85	188,88	212,49	124,06	180,45	203,—	118,26	172,02	193,52
	III	2 106,83	115,87	168,54	189,61	III	2 106,83	110,33	160,49	180,55	104,88	152,56	171,63	99,54	144,78	162,88	94,27	137,13	154,27	89,11	129,62	145,82	84,05	122,26	137,54
	V	3 372,25	185,47	269,78	303,50	IV	2 828,58	152,67	222,06	249,82	149,77	217,85	245,08	146,87	213,63	240,33	143,97	209,42	235,59	141,07	205,20	230,85	138,17	200,98	226,10
	VI	3 404,41	187,24	272,35	306,39																				
8 735,99	I,IV	2 829,83	155,64	226,38	254,68	I	2 829,83	149,84	217,95	245,19	144,04	209,52	235,71	138,24	201,08	226,22	132,44	192,65	216,73	126,65	184,22	207,24	120,85	175,78	197,75
	II	2 784,—	153,12	222,72	250,56	II	2 784,—	147,32	214,28	241,07	141,52	205,85	231,58	135,72	197,42	222,09	129,92	188,98	212,60	124,13	180,55	203,12	118,33	172,12	193,63
	III	2 108,—	115,94	168,64	189,72	III	2 108,—	110,40	160,58	180,65	104,94	152,65	171,73	99,60	144,88	162,99	94,34	137,22	154,37	89,18	129,72	145,93	84,11	122,34	137,63
	V	3 373,50	185,54	269,88	303,61	IV	2 829,83	152,73	222,16	249,93	149,84	217,95	245,19	146,94	213,73	240,44	144,04	209,52	235,71	141,14	205,30	230,96	138,24	201,08	226,22
	VI	3 405,75	187,31	272,46	306,51																				
8 738,99	I,IV	2 831,08	155,70	226,48	254,79	I	2 831,08	149,91	218,05	245,30	144,11	209,62	235,82	138,31	201,18	226,33	132,51	192,75	216,84	126,72	184,32	207,36	120,92	175,88	197,87
	II	2 785,33	153,19	222,82	250,67	II	2 785,33	147,39	214,38	241,18	141,59	205,95	231,69	135,79	197,52	222,21	129,99	189,08	212,72	124,19	180,65	203,23	118,40	172,22	193,74
	III	2 109,33	116,01	168,74	189,83	III	2 109,33	110,46	160,68	180,76	105,01	152,74	171,83	99,66	144,96	163,08	94,40	137,32	154,48	89,24	129,81	146,03	84,17	122,44	137,74
	V	3 374,75	185,61	269,98	303,72	IV	2 831,08	152,80	222,26	250,04	149,91	218,05	245,30	147,01	213,83	240,56	144,11	209,62	235,82	141,21	205,40	231,07	138,31	201,18	226,33
	VI	3 407,—	187,38	272,56	306,63																				
8 741,99	I,IV	2 832,33	155,77	226,58	254,90	I	2 832,33	149,98	218,15	245,42	144,18	209,72	235,93	138,38	201,28	226,44	132,58	192,85	216,95	126,78	184,42	207,47	120,99	175,98	197,98
	II	2 786,58	153,26	222,92	250,79	II	2 786,58	147,46	214,49	241,30	141,66	206,06	231,81	135,86	197,62	222,32	130,06	189,18	212,83	124,26	180,75	203,34	118,47	172,32	193,86
	III	2 110,50	116,07	168,84	189,94	III	2 110,50	110,53	160,77	180,86	105,07	152,84	171,94	99,72	145,05	163,18	94,47	137,41	154,58	89,30	129,89	146,12	84,23	122,52	137,83
	V	3 376,—	185,68	270,08	303,84	IV	2 832,33	152,87	222,36	250,16	149,98	218,15	245,42	147,07	213,93	240,67	144,18	209,72	235,93	141,28	205,50	231,18	138,38	201,28	226,44
	VI	3 408,25	187,45	272,66	306,74																				
8 744,99	I,IV	2 833,58	155,84	226,68	255,02	I	2 833,58	150,04	218,25	245,53	144,25	209,82	236,04	138,45	201,38	226,55	132,65	192,95	217,07	126,85	184,52	207,58	121,05	176,08	198,09
	II	2 787,83	153,33	223,02	250,90	II	2 787,83	147,53	214,59	241,41	141,73	206,16	231,93	135,93	197,72	222,44	130,13	189,29	212,95	124,34	180,86	203,46	118,54	172,42	193,97
	III	2 111,66	116,14	168,93	190,04	III	2 111,66	110,59	160,86	180,97	105,15	152,94	172,06	99,78	145,14	163,28	94,52	137,49	154,67	89,36	129,98	146,23	84,29	122,61	137,93
	V	3 377,33	185,75	270,18	303,95	IV	2 833,58	152,95	222,47	250,28	150,04	218,25	245,53	147,15	214,04	240,79	144,25	209,82	236,04	141,35	205,60	231,30	138,45	201,38	226,55
	VI	3 409,50	187,52	272,76	306,85																				
8 747,99	I,IV	2 834,83	155,91	226,78	255,13	I	2 834,83	150,11	218,35	245,64	144,32	209,92	236,16	138,52	201,48	226,67	132,72	193,05	217,18	126,92	184,62	207,69	121,12	176,18	198,20
	II	2 789,08	153,39	223,12	251,01	II	2 789,08	147,60	214,69	241,52	141,80	206,26	232,04	136,—	197,82	222,55	130,20	189,39	213,06	124,41	180,96	203,58	118,61	172,52	194,09
	III	2 112,83	116,20	169,02	190,15	III	2 112,83	110,66	160,96	181,08	105,21	153,04	172,17	99,85	145,24	163,39	94,59	137,58	154,78	89,43	130,08	146,34	84,35	122,69	138,02
	V	3 378,58	185,82	270,28	304,07	IV	2 834,83	153,01	222,57	250,39	150,11	218,35	245,64	147,22	214,14	240,90	144,32	209,92	236,16	141,42	205,70	231,41	138,52	201,48	226,67
	VI	3 410,75	187,59	272,86	306,96																				
8 750,99	I,IV	2 836,08	155,98	226,88	255,24	I	2 836,08	150,18	218,45	245,75	144,38	210,02	236,27	138,59	201,58	226,78	132,79	193,15	217,29	126,99	184,72	207,81	121,19	176,28	198,32
	II	2 790,33	153,46	223,22	251,12	II	2 790,33	147,67	214,79	241,64	141,87	206,36	232,15	136,07	197,92	222,66	130,27	189,49	213,17	124,47	181,06	203,69	118,68	172,62	194,20
	III	2 114,16	116,27	169,13	190,27	III	2 114,16	110,73	161,06	181,19	105,27	153,13	172,27	99,91	145,33	163,49	94,65	137,68	154,89	89,48	130,16	146,43	84,41	122,78	138,13
	V	3 379,83	185,89	270,38	304,18	IV	2 836,08	153,08	222,67	250,50	150,18	218,45	245,75	147,29	214,24	241,02	144,38	210,02	236,27	141,49	205,80	231,53	138,59	201,58	226,78
	VI	3 412,—	187,66	272,96	307,08																				
8 753,99	I,IV	2 837,33	156,05	226,98	255,35	I	2 837,33	150,25	218,55	245,87	144,45	210,12	236,38	138,65	201,68	226,89	132,86	193,25	217,40	127,06	184,82	207,92	121,26	176,38	198,43
	II	2 791,58	153,53	223,32	251,24	II	2 791,58	147,73	214,89	241,75	141,94	206,46	232,26	136,14	198,02	222,77	130,34	189,59	213,29	124,54	181,16	203,80	118,74	172,72	194,31
	III	2 115,33	116,34	169,22	190,37	III	2 115,33	110,79	161,16	181,30	105,34	153,22	172,37	99,98	145,42	163,60	94,71	137,77	154,99	89,54	130,25	146,53	84,47	122,86	138,22
	V	3 381,08	185,95	270,48	304,29	IV	2 837,33	153,15	222,77	250,61	150,25	218,55	245,87	147,35	214,34	241,13	144,45	210,12	236,38	141,56	205,90	231,64	138,65	201,68	226,89
	VI	3 413,25	187,72	273,06	307,19																				
8 756,99	I,IV	2 838,66	156,12	227,09	255,47	I	2 838,66	150,32	218,66	245,99	144,53	210,22	236,50	138,72	201,78	227,—	132,93	193,35	217,52	127,13	184,92	208,03	121,33	176,48	198,54
	II	2 792,83	153,60	223,42	251,35	II	2 792,83	147,80	214,99	241,86	142,01	206,56	232,38	136,21	198,12	222,89	130,41	189,69	213,40	124,61	181,26	203,91	118,81	172,82	194,42
	III	2 116,50	116,40	169,32	190,48	III	2 116,50	110,86	161,25	181,40	105,40	153,32	172,48	100,04	145,52	163,71	94,78	137,86	155,09	89,61	130,34	146,63	84,53	122,96	138,33
	V	3 382,33	186,02	270,58	304,40	IV	2 838,66	153,22	222,87	250,73	150,32	218,66	245,99	147,42	214,44	241,24	144,53	210,22	236,50	141,62	206,—	231,75	138,72	201,78	227,—
	VI	3 414,50	187,79	273,16	307,30																				
8 759,99	I,IV	2 839,91	156,19	227,19	255,59	I	2 839,91	150,39	218,76	246,10	144,59	210,32	236,61	138,80	201,89	227,12	133,—	193,46	217,64	127,20	185,02	208,15	121,40	176,58	198,65
	II	2 794,08	153,67	223,52	251,46	II	2 794,08	147,87	215,09	241,97	142,07	206,66	232,49	136,28	198,22	223,—	130,48	189,79	213,51	124,68	181,36	204,03	118,88	172,92	194,54
	III	2 117,83	116,48	169,42	190,60	III	2 117,83	110,92	161,34	181,51	105,47	153,41	172,58	100,10	145,61	163,81	94,83	137,94	155,18	89,66	130,42	146,72	84,59	123,04	138,42
	V	3 383,58	186,09	270,68	304,52	IV	2 839,91	153,29	222,97	250,84	150,39	218,76	246,10	147,49	214,54	241,35	144,59	210,32	236,61	141,69	206,10	231,86	138,80	201,89	227,12
	VI	3 415,83	187,87	273,26	307,42																				
8 762,99	I,IV	2 841,16	156,26	227,29	255,70	I	2 841,16	150,46	218,86	246,21	144,66	210,42	236,72	138,87	201,99	227,24	133,07	193,56	217,75	127,27	185,12	208,26	121,47	176,69	198,77
	II	2 795,33	153,74	223,62	251,57	II	2 795,33	147,94	215,19	242,09	142,14	206,76	232,60	136,34	198,32	223,11	130,55	189,89	213,62	124,75	181,46	204,14	118,95	173,02	194,65
	III	2 119,—	116,54	169,52	190,71	III	2 119,—	110,99	161,44	181,62	105,53	153,50	172,69	100,17	145,70	163,91	94,90	138,04	155,29	89,73	130,52	146,83	84,65	123,13	138,52
	V	3 384,83	186,16	270,78	304,63	IV	2 841,16	153,36	223,07	250,95	150,46	218,86	246,21	147,56	214,64	241,47	144,66	210,42	236,72	141,76	206,20	231,98	138,87	201,99	227,24
	VI	3 417,08	187,93	273,36	307,53																				
8 765,99	I,IV	2 842,41	156,33	227,39	255,81	I	2 842,41	150,53	218,96	246,33	144,73	210,52	236,84	138,93	202,09	227,35	133,14	193,66	217,86	127,34	185,22	208,37	121,54	176,79	198,89
	II	2 796,66	153,81	223,73	251,69	II	2 796,66	148,01	215,30	242,21	142,22	206,86	232,72	136,41	198,42	223,22	130,62	189,99	213,74	124,82	181,56	204,25	119,02	173,12	194,76
	III	2 120,16	116,60	169,61	190,81	III	2 120,16	111,05	161,53	181,72	105,60	153,60	172,80	100,23	145,80	164,02	94,96	138,13	155,39	89,79	130,61	146,93	84,71	123,22	138,62
	V	3 386,08	186,23	270,88	304,74	IV	2 842,41	153,43	223,17	251,06	150,53	218,96	246,33	147,63	214,74	241,58	144,73	210,52	236,84	141,83	206,30	232,09	138,93	202,09	227,35
	VI	3 418,33	188,—	273,46	307,64																				
8 768,99	I,IV	2 843,66	156,40	227,49	255,92	I	2 843,66	150,60	219,06	246,44	144,80	210,62	236,95	139,—	202,19	227,46	133,21	193,76	217,98	127,41	185,32	208,49	121,61	176,89	199,—
	II	2 797,91	153,88	223,83	251,81	II	2 797,91	148,08	215,40	242,32	142,28	206,96	232,83	136,49	198,53	223,34	130,69	190,10	213,86	124,89	181,66	204,37	119,09	173,22	194,87
	III	2 121,50	116,68	169,72	190,93	III	2 121,50	111,12	161,64	181,84	105,66	153,69	172,90	100,30	145,89	164,12	95,03	138,22	155,50	89,85	130,69	147,02	84,77	123,30	138,71
	V	3 387,41	186,30	270,99	304,86	IV	2 843,66	153,50	223,28	251,19	150,60	219,06	246,44	147,70	214,84	241,70	144,80	210,62	236,95	141,90	206,40	232,20	139,—	202,19	227,46
	VI	3 419,58	188,07	273,56	307,76																				
8 771,99	I,IV	2 844,91	156,47	227,59	256,04	I	2 844,91	150,67	219,16	246,55	144,87	210,72	237,06	139,07	202,29	227,57	133,27	193,86	218,09	127,48	185,42	208,60	121,68	176,99	199,11
	II	2 799,16	153,95	223,93	251,92	II	2 799,16	148,15	215,50	242,43	142,35	207,06	232,94	136,56	198,63	223,46	130,76	190,20	213,97	124,96	181,76	204,48	119,16	173,33	194,99
	III	2 122,66	116,74	169,81	191,03	III	2 122,66	111,19	161,73	181,94	105,72	153,78	173,—	100,36	145,98	164,23	95,09	138,32	155,61	89,91	130,78	147,13	84,83	123,40	138,82
	V	3 388,66	186,37	271,09	304,97	IV	2 844,91	153,57	223,38	251,30	150,67	219,16	246,55	147,77	214,94	241,81	144,87	210,72	237,06	141,97	206,51	232,32	139,07	202,29	227,57
	VI	3 420,83	188,14	273,66	307,87																				
8 774,99	I,IV	2 846,16	156,53	227,69	256,15	I	2 846,16	150,74	219,26	246,66	144,94	210,82	237,17	139,14	202,39	227,69	133,34	193,96	218,20	127,54	185,52	208,71	121,75	177,09	199,22
	II	2 800,41	154,02	224,03	252,03	II	2 800,41	148,22	215,60	242,55	142,42	207,16	233,06	136,62	198,73	223,57	130,83	190,30	214,08	125,03	181,86	204,59	119,23	173,43	195,11
	III	2 123,83	116,81	169,90	191,14	III	2 123,83	111,25	161,82	182,05	105,79	153,88	173,11	100,43	146,08	164,34	95,15	138,40	155,70	89,98	130,88	147,24	84,89	123,48	138,91
	V	3 389,91	186,44	271,19	305,09	IV	2 846,16	153,64	223,48	251,41	150,74	219,26	246,66	147,84	215,04	241,92	144,94	210,82	237,17	142,04	206,61	232,43	139,14	202,39	227,69
	VI	3 422,08	188,21	273,76	307,98																				

Table heading: **Abzüge an Lohnsteuer, Solidaritätszuschlag (SolZ) und Kirchensteuer (8%, 9%) in den Steuerklassen**

*** Die ausgewiesenen Tabellenwerte sind amtlich. Siehe Erläuterungen auf der Umschlaginnenseite (U2).**

MONAT 8 775,–*

Lohn/ Gehalt bis €*	Abzüge an Lohnsteuer, Solidaritätszuschlag (SolZ) und Kirchensteuer (8%, 9%) in den Steuerklassen	I – VI					I, II, III, IV																		
			ohne Kinder-freibeträge					mit Zahl der Kinderfreibeträge . . . 0,5			1			1,5			2			2,5			3		
		LSt	SolZ	8%	9%		LSt	SolZ	8%	9%	SolZ	8%	9%	SolZ	8%	9%	SolZ	8%	9%	SolZ	8%	9%	SolZ	8%	9%
8 777,99	I,IV	2 847,41	156,60	227,79	256,26	I	2 847,41	150,81	219,36	246,78	145,01	210,92	237,29	139,21	202,49	227,80	133,41	194,06	218,31	127,61	185,62	208,82	121,82	177,19	199,34
	II	2 801,66	154,09	224,13	252,14	II	2 801,66	148,29	215,70	242,66	142,49	207,26	233,17	136,69	198,83	223,68	130,90	190,40	214,20	125,10	181,96	204,71	119,30	173,53	195,22
	III	2 125,16	116,88	170,01	191,26	III	2 125,16	111,32	161,92	182,16	105,85	153,97	173,21	100,48	146,16	164,43	95,21	138,49	155,80	90,03	130,96	147,33	84,95	123,57	139,01
	V	3 391,16	186,51	271,29	305,20	IV	2 847,41	153,71	223,58	251,52	150,81	219,36	246,78	147,91	215,14	242,03	145,01	210,92	237,29	142,11	206,71	232,55	139,21	202,49	227,80
	VI	3 423,33	188,28	273,86	308,09																				
8 780,99	I,IV	2 848,75	156,68	227,90	256,38	I	2 848,75	150,88	219,46	246,89	145,08	211,02	237,40	139,28	202,59	227,91	133,48	194,16	218,43	127,68	185,72	208,94	121,88	177,29	199,45
	II	2 802,91	154,16	224,23	252,26	II	2 802,91	148,36	215,80	242,77	142,56	207,36	233,28	136,76	198,93	223,79	130,96	190,50	214,31	125,17	182,06	204,82	119,37	173,63	195,33
	III	2 126,33	116,94	170,10	191,36	III	2 126,33	111,38	162,01	182,26	105,92	154,06	173,32	100,54	146,25	164,53	95,27	138,58	155,90	90,09	131,05	147,43	85,01	123,65	139,10
	V	3 392,41	186,58	271,39	305,31	IV	2 848,75	153,78	223,68	251,64	150,88	219,46	246,89	147,98	215,24	242,15	145,08	211,02	237,40	142,18	206,81	232,66	139,28	202,59	227,91
	VI	3 424,58	188,35	273,96	308,21																				
8 783,99	I,IV	2 850,—	156,75	228,—	256,50	I	2 850,—	150,95	219,56	247,01	145,15	211,13	237,52	139,35	202,70	228,03	133,55	194,26	218,54	127,75	185,82	209,05	121,95	177,39	199,56
	II	2 804,16	154,22	224,33	252,37	II	2 804,16	148,43	215,90	242,88	142,63	207,46	233,39	136,83	199,03	223,91	131,03	190,60	214,42	125,23	182,16	204,93	119,44	173,73	195,44
	III	2 127,50	117,01	170,20	191,47	III	2 127,50	111,45	162,12	182,38	105,98	154,16	173,43	100,61	146,34	164,63	95,34	138,68	156,01	90,16	131,14	147,53	85,07	123,74	139,21
	V	3 393,66	186,65	271,49	305,42	IV	2 850,—	153,84	223,78	251,75	150,95	219,56	247,01	148,05	215,34	242,26	145,15	211,13	237,52	142,25	206,91	232,77	139,35	202,70	228,03
	VI	3 425,91	188,42	274,07	308,33																				
8 786,99	I,IV	2 851,25	156,81	228,10	256,61	I	2 851,25	151,02	219,66	247,12	145,22	211,23	237,63	139,42	202,80	228,15	133,62	194,36	218,66	127,82	185,93	209,17	122,03	177,50	199,68
	II	2 805,41	154,29	224,43	252,48	II	2 805,41	148,50	216,—	243,—	142,70	207,56	233,51	136,90	199,13	224,02	131,10	190,70	214,53	125,30	182,26	205,04	119,51	173,83	195,56
	III	2 128,66	117,07	170,29	191,57	III	2 128,66	111,52	162,21	182,48	106,04	154,25	173,53	100,67	146,44	164,74	95,40	138,77	156,11	90,21	131,22	147,62	85,14	123,84	139,32
	V	3 394,91	186,72	271,59	305,54	IV	2 851,25	153,91	223,88	251,86	151,02	219,66	247,12	148,11	215,44	242,37	145,22	211,23	237,63	142,32	207,01	232,88	139,42	202,80	228,15
	VI	3 427,16	188,49	274,17	308,44																				
8 789,99	I,IV	2 852,50	156,88	228,20	256,72	I	2 852,50	151,08	219,76	247,23	145,29	211,33	237,74	139,49	202,90	228,26	133,69	194,46	218,77	127,89	186,03	209,28	122,10	177,60	199,80
	II	2 806,75	154,37	224,54	252,60	II	2 806,75	148,57	216,10	243,11	142,77	207,66	233,62	136,97	199,23	224,13	131,17	190,80	214,65	125,37	182,36	205,16	119,57	173,93	195,67
	III	2 130,—	117,15	170,40	191,70	III	2 130,—	111,58	162,30	182,59	106,11	154,34	173,63	100,74	146,53	164,84	95,47	138,86	156,22	90,28	131,32	147,73	85,19	123,92	139,41
	V	3 396,16	186,78	271,69	305,65	IV	2 852,50	153,98	223,98	251,97	151,08	219,76	247,23	148,18	215,54	242,48	145,29	211,33	237,74	142,39	207,11	233,—	139,49	202,90	228,26
	VI	3 428,41	188,56	274,27	308,55																				
8 792,99	I,IV	2 853,75	156,95	228,30	256,83	I	2 853,75	151,15	219,86	247,34	145,36	211,43	237,86	139,56	203,—	228,37	133,76	194,56	218,88	127,96	186,13	209,39	122,16	177,70	199,91
	II	2 808,—	154,44	224,64	252,72	II	2 808,—	148,64	216,20	243,23	142,84	207,77	233,74	137,04	199,34	224,25	131,24	190,90	214,76	125,44	182,46	205,27	119,64	174,03	195,78
	III	2 131,16	117,21	170,49	191,80	III	2 131,16	111,65	162,40	182,70	106,17	154,44	173,74	100,80	146,62	164,95	95,52	138,94	156,31	90,34	131,41	147,83	85,25	124,01	139,51
	V	3 397,41	186,85	271,79	305,76	IV	2 853,75	154,05	224,08	252,09	151,15	219,86	247,34	148,25	215,64	242,60	145,36	211,43	237,86	142,45	207,21	233,11	139,56	203,—	228,37
	VI	3 429,66	188,63	274,37	308,66																				
8 795,99	I,IV	2 855,—	157,02	228,40	256,95	I	2 855,—	151,22	219,96	247,46	145,42	211,53	237,97	139,63	203,10	228,48	133,83	194,66	218,99	128,03	186,23	209,51	122,23	177,80	200,02
	II	2 809,25	154,50	224,74	252,83	II	2 809,25	148,71	216,30	243,34	142,91	207,87	233,85	137,11	199,44	224,37	131,31	191,—	214,88	125,51	182,57	205,39	119,72	174,14	195,90
	III	2 132,33	117,27	170,58	191,90	III	2 132,33	111,71	162,49	182,80	106,25	154,54	173,86	100,87	146,72	165,06	95,59	139,04	156,42	90,41	131,50	147,94	85,31	124,09	139,60
	V	3 398,75	186,93	271,90	305,88	IV	2 855,—	154,12	224,18	252,20	151,22	219,96	247,46	148,33	215,75	242,72	145,42	211,53	237,97	142,53	207,32	233,23	139,63	203,10	228,48
	VI	3 430,91	188,70	274,47	308,78																				
8 798,99	I,IV	2 856,25	157,09	228,50	257,06	I	2 856,25	151,29	220,06	247,57	145,49	211,63	238,08	139,70	203,20	228,60	133,90	194,76	219,11	128,10	186,33	209,62	122,30	177,90	200,13
	II	2 810,50	154,57	224,84	252,94	II	2 810,50	148,77	216,40	243,45	142,98	207,97	233,96	137,18	199,54	224,48	131,38	191,10	214,99	125,58	182,67	205,50	119,79	174,24	196,02
	III	2 133,66	117,35	170,69	192,02	III	2 133,66	111,77	162,58	182,90	106,31	154,64	173,97	100,93	146,81	165,16	95,65	139,13	156,52	90,46	131,58	148,03	85,37	124,18	139,70
	V	3 400,—	187,—	272,—	306,—	IV	2 856,25	154,19	224,28	252,32	151,29	220,06	247,57	148,39	215,85	242,83	145,49	211,63	238,08	142,60	207,42	233,34	139,70	203,20	228,60
	VI	3 432,16	188,76	274,57	308,89																				
8 801,99	I,IV	2 857,50	157,16	228,60	257,17	I	2 857,50	151,36	220,16	247,68	145,56	211,73	238,19	139,76	203,30	228,71	133,97	194,86	219,22	128,17	186,43	209,73	122,37	178,—	200,25
	II	2 811,75	154,64	224,94	253,05	II	2 811,75	148,84	216,50	243,56	143,05	208,07	234,08	137,25	199,64	224,59	131,45	191,20	215,10	125,65	182,77	205,61	119,85	174,34	196,13
	III	2 134,83	117,41	170,78	192,13	III	2 134,83	111,85	162,69	183,02	106,37	154,73	174,07	100,99	146,90	165,26	95,71	139,22	156,62	90,53	131,68	148,14	85,43	124,26	139,79
	V	3 401,25	187,06	272,10	306,11	IV	2 857,50	154,26	224,38	252,43	151,36	220,16	247,68	148,46	215,95	242,94	145,56	211,73	238,19	142,67	207,52	233,46	139,76	203,30	228,71
	VI	3 433,41	188,83	274,67	309,—																				
8 804,99	I,IV	2 858,83	157,23	228,70	257,29	I	2 858,83	151,43	220,26	247,79	145,63	211,83	238,31	139,83	203,40	228,82	134,03	194,96	219,33	128,24	186,53	209,84	122,44	178,10	200,36
	II	2 813,—	154,71	225,04	253,17	II	2 813,—	148,91	216,60	243,68	143,11	208,17	234,19	137,32	199,74	224,70	131,52	191,30	215,21	125,72	182,87	205,73	119,92	174,44	196,24
	III	2 136,—	117,48	170,88	192,24	III	2 136,—	111,91	162,78	183,13	106,44	154,82	174,17	101,06	147,—	165,37	95,78	139,32	156,73	90,59	131,77	148,24	85,49	124,36	139,90
	V	3 402,50	187,13	272,20	306,22	IV	2 858,83	154,33	224,48	252,54	151,43	220,26	247,79	148,53	216,05	243,05	145,63	211,83	238,31	142,73	207,62	233,57	139,83	203,40	228,82
	VI	3 434,66	188,90	274,77	309,11																				
8 807,99	I,IV	2 860,08	157,30	228,80	257,40	I	2 860,08	151,50	220,37	247,91	145,70	211,94	238,43	139,91	203,50	228,94	134,10	195,06	219,44	128,31	186,63	209,96	122,51	178,20	200,47
	II	2 814,25	154,78	225,14	253,28	II	2 814,25	148,98	216,70	243,79	143,18	208,27	234,30	137,39	199,84	224,82	131,59	191,40	215,33	125,79	182,97	205,84	119,99	174,54	196,35
	III	2 137,33	117,55	170,98	192,35	III	2 137,33	111,98	162,88	183,24	106,50	154,92	174,28	101,12	147,09	165,47	95,83	139,40	156,82	90,64	131,85	148,33	85,56	124,45	140,—
	V	3 403,75	187,20	272,30	306,33	IV	2 860,08	154,40	224,58	252,65	151,50	220,37	247,91	148,60	216,15	243,17	145,70	211,94	238,43	142,80	207,72	233,68	139,91	203,50	228,94
	VI	3 435,91	188,97	274,87	309,23																				
8 810,99	I,IV	2 861,33	157,37	228,90	257,51	I	2 861,33	151,57	220,47	248,03	145,77	212,04	238,54	139,97	203,60	229,05	134,18	195,17	219,56	128,38	186,74	210,08	122,58	178,30	200,59
	II	2 815,50	154,85	225,24	253,39	II	2 815,50	149,05	216,80	243,90	143,25	208,37	234,41	137,45	199,94	224,93	131,66	191,50	215,44	125,86	183,07	205,95	120,06	174,64	196,47
	III	2 138,50	117,61	171,08	192,46	III	2 138,50	112,04	162,97	183,34	106,57	155,01	174,38	101,19	147,18	165,58	95,90	139,49	156,92	90,71	131,94	148,43	85,61	124,53	140,09
	V	3 405,—	187,27	272,40	306,45	IV	2 861,33	154,47	224,68	252,77	151,57	220,47	248,03	148,67	216,25	243,28	145,77	212,04	238,54	142,87	207,82	233,79	139,97	203,60	229,05
	VI	3 437,25	189,04	274,98	309,35																				
8 813,99	I,IV	2 862,58	157,44	229,—	257,63	I	2 862,58	151,64	220,57	248,14	145,84	212,14	238,65	140,04	203,70	229,16	134,25	195,27	219,68	128,45	186,84	210,19	122,65	178,40	200,70
	II	2 816,83	154,92	225,34	253,51	II	2 816,83	149,12	216,90	244,01	143,32	208,47	234,53	137,52	200,04	225,04	131,72	191,60	215,55	125,93	183,17	206,06	120,13	174,74	196,58
	III	2 139,66	117,68	171,17	192,56	III	2 139,66	112,10	163,06	183,44	106,63	155,10	174,49	101,25	147,28	165,69	95,96	139,58	157,03	90,77	132,04	148,54	85,68	124,62	140,20
	V	3 406,25	187,34	272,50	306,56	IV	2 862,58	154,54	224,78	252,88	151,64	220,57	248,14	148,74	216,35	243,39	145,84	212,14	238,65	142,94	207,92	233,91	140,04	203,70	229,16
	VI	3 438,50	189,11	275,08	309,46																				
8 816,99	I,IV	2 863,83	157,51	229,10	257,74	I	2 863,83	151,71	220,67	248,25	145,91	212,24	238,77	140,11	203,80	229,28	134,31	195,37	219,79	128,52	186,94	210,30	122,72	178,50	200,81
	II	2 818,08	154,99	225,44	253,62	II	2 818,08	149,19	217,—	244,13	143,39	208,58	234,65	137,60	200,14	225,16	131,79	191,70	215,66	126,—	183,27	206,18	120,20	174,84	196,69
	III	2 141,—	117,75	171,28	192,69	III	2 141,—	112,18	163,17	183,56	106,70	155,20	174,60	101,31	147,37	165,79	96,03	139,68	157,14	90,83	132,12	148,63	85,73	124,70	140,29
	V	3 407,50	187,41	272,60	306,67	IV	2 863,83	154,60	224,88	252,99	151,71	220,67	248,25	148,81	216,45	243,50	145,91	212,24	238,77	143,01	208,02	234,02	140,11	203,80	229,28
	VI	3 439,75	189,18	275,18	309,57																				
8 819,99	I,IV	2 865,08	157,57	229,20	257,85	I	2 865,08	151,78	220,77	248,36	145,98	212,34	238,88	140,18	203,90	229,39	134,38	195,47	219,90	128,59	187,04	210,42	122,79	178,60	200,93
	II	2 819,33	155,06	225,54	253,73	II	2 819,33	149,26	217,11	244,25	143,46	208,68	234,76	137,66	200,24	225,27	131,87	191,81	215,78	126,07	183,38	206,30	120,27	174,94	196,81
	III	2 142,16	117,81	171,37	192,79	III	2 142,16	112,24	163,26	183,67	106,76	155,29	174,70	101,38	147,46	165,89	96,09	139,77	157,24	90,89	132,21	148,73	85,80	124,80	140,40
	V	3 408,83	187,48	272,70	306,79	IV	2 865,08	154,68	224,99	253,11	151,78	220,77	248,36	148,88	216,56	243,63	145,98	212,34	238,88	143,08	208,12	234,14	140,18	203,90	229,39
	VI	3 441,—	189,25	275,28	309,69																				

* Die ausgewiesenen Tabellenwerte sind amtlich. Siehe Erläuterungen auf der Umschlaginnenseite (U2).

Lohn/ Gehalt bis €*	Abzüge an Lohnsteuer, Solidaritätszuschlag (SolZ) und Kirchensteuer (8%, 9%) in den Steuerklassen																								
	I – VI		ohne Kinderfreibeträge			I, II, III, IV		mit Zahl der Kinderfreibeträge . . .																	
								0,5			1			1,5			2			2,5			3		
		LSt	SolZ	8%	9%		LSt	SolZ	8%	9%	SolZ	8%	9%	SolZ	8%	9%	SolZ	8%	9%	SolZ	8%	9%	SolZ	8%	9%
8 822,99	I,IV	2 866,33	157,64	229,30	257,96	I	2 866,33	151,85	220,87	248,48	146,05	212,44	238,99	140,25	204,—	229,50	134,45	195,57	220,01	128,65	187,14	210,53	122,86	178,70	201,04
	II	2 820,58	155,13	225,64	253,85	II	2 820,58	149,33	217,21	244,36	143,53	208,78	234,87	137,73	200,34	225,38	131,94	191,91	215,90	126,14	183,48	206,41	120,34	175,04	196,92
	III	2 143,33	117,88	171,46	192,89	III	2 143,33	112,31	163,36	183,78	106,82	155,38	174,80	101,44	147,56	166,—	96,15	139,86	157,34	90,96	132,30	148,84	85,85	124,88	140,49
	V	3 410,08	187,55	272,80	306,90	IV	2 866,33	154,75	225,09	253,22	151,85	220,87	248,48	148,95	216,66	243,74	146,05	212,44	238,99	143,15	208,22	234,25	140,25	204,—	229,50
	VI	3 442,25	189,32	275,38	309,80																				
8 825,99	I,IV	2 867,58	157,71	229,40	258,08	I	2 867,58	151,91	220,97	248,59	146,12	212,54	239,10	140,32	204,10	229,61	134,52	195,67	220,13	128,72	187,24	210,64	122,92	178,80	201,15
	II	2 821,83	155,20	225,74	253,96	II	2 821,83	149,40	217,31	244,47	143,60	208,88	234,99	137,80	200,44	225,50	132,—	192,01	216,01	126,21	183,58	206,52	120,41	175,14	197,03
	III	2 144,66	117,95	171,57	193,01	III	2 144,66	112,37	163,45	183,88	106,89	155,48	174,91	101,51	147,65	166,10	96,21	139,94	157,43	91,02	132,40	148,95	85,91	124,97	140,59
	V	3 411,33	187,62	272,90	307,01	IV	2 867,58	154,82	225,19	253,34	151,91	220,97	248,59	149,02	216,76	243,85	146,12	212,54	239,10	143,22	208,32	234,36	140,32	204,10	229,61
	VI	3 443,50	189,39	275,48	309,91																				
8 828,99	I,IV	2 868,83	157,78	229,50	258,19	I	2 868,83	151,98	221,07	248,70	146,19	212,64	239,22	140,39	204,20	229,73	134,59	195,77	220,24	128,79	187,34	210,75	122,99	178,90	201,26
	II	2 823,08	155,26	225,84	254,07	II	2 823,08	149,47	217,41	244,58	143,67	208,98	235,10	137,87	200,54	225,61	132,07	192,11	216,12	126,28	183,68	206,64	120,48	175,24	197,15
	III	2 145,83	118,02	171,66	193,12	III	2 145,83	112,44	163,56	184,—	106,95	155,57	175,01	101,57	147,74	166,21	96,27	140,04	157,54	91,08	132,48	149,04	85,98	125,06	140,69
	V	3 412,58	187,69	273,—	307,13	IV	2 868,83	154,88	225,29	253,45	151,98	221,07	248,70	149,09	216,86	243,96	146,19	212,64	239,22	143,29	208,42	234,47	140,39	204,20	229,73
	VI	3 444,75	189,46	275,58	310,02																				
8 831,99	I,IV	2 870,16	157,85	229,61	258,31	I	2 870,16	152,06	221,18	248,82	146,26	212,74	239,33	140,46	204,30	229,84	134,66	195,87	220,35	128,86	187,44	210,87	123,06	179,—	201,38
	II	2 824,33	155,33	225,94	254,18	II	2 824,33	149,54	217,51	244,70	143,74	209,08	235,21	137,94	200,64	225,72	132,14	192,21	216,23	126,34	183,78	206,75	120,55	175,34	197,26
	III	2 147,—	118,08	171,76	193,23	III	2 147,—	112,51	163,65	184,10	107,02	155,66	175,12	101,64	147,84	166,32	96,34	140,13	157,64	91,14	132,57	149,14	86,03	125,14	140,78
	V	3 413,83	187,76	273,10	307,24	IV	2 870,16	154,95	225,39	253,56	152,06	221,18	248,82	149,16	216,96	244,08	146,26	212,74	239,33	143,36	208,52	234,59	140,46	204,30	229,84
	VI	3 446,—	189,53	275,68	310,14																				
8 834,99	I,IV	2 871,41	157,92	229,71	258,42	I	2 871,41	152,13	221,28	248,94	146,33	212,84	239,45	140,53	204,41	229,96	134,73	195,98	220,47	128,93	187,54	210,98	123,13	179,10	201,49
	II	2 825,58	155,40	226,04	254,30	II	2 825,58	149,60	217,61	244,81	143,81	209,18	235,32	138,01	200,74	225,83	132,21	192,31	216,35	126,41	183,88	206,86	120,61	175,44	197,37
	III	2 148,33	118,15	171,86	193,34	III	2 148,33	112,57	163,74	184,21	107,09	155,77	175,24	101,70	147,93	166,42	96,40	140,22	157,75	91,20	132,66	149,24	86,10	125,24	140,89
	V	3 415,08	187,82	273,20	307,35	IV	2 871,41	155,02	225,49	253,67	152,13	221,28	248,94	149,22	217,06	244,19	146,33	212,84	239,45	143,43	208,62	234,70	140,53	204,41	229,96
	VI	3 447,33	189,60	275,78	310,25																				
8 837,99	I,IV	2 872,66	157,99	229,81	258,53	I	2 872,66	152,19	221,38	249,05	146,40	212,94	239,56	140,60	204,51	230,07	134,80	196,08	220,59	129,—	187,64	211,10	123,20	179,21	201,61
	II	2 826,83	155,47	226,14	254,41	II	2 826,83	149,67	217,71	244,92	143,88	209,28	235,44	138,08	200,84	225,95	132,28	192,41	216,46	126,48	183,98	206,97	120,68	175,54	197,48
	III	2 149,50	118,22	171,96	193,45	III	2 149,50	112,64	163,84	184,32	107,15	155,86	175,34	101,76	148,02	166,52	96,47	140,32	157,86	91,26	132,74	149,33	86,15	125,32	140,98
	V	3 416,33	187,89	273,30	307,46	IV	2 872,66	155,09	225,59	253,79	152,19	221,38	249,05	149,29	217,16	244,30	146,40	212,94	239,56	143,49	208,72	234,81	140,60	204,51	230,07
	VI	3 448,58	189,67	275,88	310,37																				
8 840,99	I,IV	2 873,91	158,06	229,91	258,65	I	2 873,91	152,26	221,48	249,16	146,46	213,04	239,67	140,67	204,61	230,18	134,87	196,18	220,70	129,07	187,74	211,21	123,27	179,31	201,72
	II	2 828,16	155,54	226,25	254,53	II	2 828,16	149,75	217,82	245,04	143,95	209,38	235,55	138,15	200,94	226,06	132,35	192,51	216,57	126,55	184,08	207,09	120,75	175,64	197,60
	III	2 150,66	118,28	172,05	193,55	III	2 150,66	112,70	163,93	184,42	107,22	155,96	175,45	101,83	148,12	166,63	96,53	140,41	157,96	91,32	132,84	149,44	86,22	125,41	141,08
	V	3 417,58	187,96	273,40	307,58	IV	2 873,91	155,16	225,69	253,90	152,26	221,48	249,16	149,36	217,26	244,41	146,46	213,04	239,67	143,56	208,82	234,92	140,67	204,61	230,18
	VI	3 449,83	189,74	275,98	310,48																				
8 843,99	I,IV	2 875,16	158,13	230,01	258,76	I	2 875,16	152,33	221,58	249,27	146,53	213,14	239,78	140,74	204,71	230,30	134,94	196,28	220,81	129,14	187,84	211,32	123,34	179,41	201,83
	II	2 829,41	155,61	226,35	254,64	II	2 829,41	149,82	217,92	245,16	144,02	209,48	235,67	138,22	201,05	226,18	132,42	192,62	216,69	126,62	184,18	207,20	120,82	175,74	197,71
	III	2 152,—	118,36	172,16	193,68	III	2 152,—	112,77	164,04	184,54	107,28	156,05	175,55	101,88	148,20	166,72	96,58	140,49	158,05	91,39	132,93	149,54	86,28	125,50	141,19
	V	3 418,91	188,04	273,51	307,70	IV	2 875,16	155,23	225,80	254,02	152,33	221,58	249,27	149,43	217,36	244,53	146,53	213,14	239,78	143,63	208,92	235,04	140,74	204,71	230,30
	VI	3 451,08	189,80	276,08	310,59																				
8 846,99	I,IV	2 876,41	158,20	230,11	258,87	I	2 876,41	152,40	221,68	249,39	146,60	213,24	239,90	140,80	204,81	230,41	135,01	196,38	220,92	129,21	187,94	211,43	123,41	179,51	201,95
	II	2 830,66	155,68	226,45	254,75	II	2 830,66	149,88	218,02	245,27	144,09	209,58	235,78	138,29	201,15	226,29	132,49	192,72	216,81	126,69	184,28	207,32	120,89	175,85	197,83
	III	2 153,16	118,42	172,25	193,78	III	2 153,16	112,84	164,13	184,64	107,35	156,14	175,66	101,95	148,29	166,82	96,65	140,58	158,15	91,45	133,02	149,65	86,34	125,58	141,28
	V	3 420,16	188,10	273,61	307,81	IV	2 876,41	155,30	225,90	254,13	152,40	221,68	249,39	149,50	217,46	244,64	146,60	213,24	239,90	143,71	209,03	235,16	140,80	204,81	230,41
	VI	3 452,33	189,87	276,18	310,70																				
8 849,99	I,IV	2 877,66	158,27	230,21	258,98	I	2 877,66	152,47	221,78	249,50	146,67	213,34	240,01	140,87	204,91	230,52	135,08	196,48	221,04	129,28	188,04	211,55	123,48	179,61	202,06
	II	2 831,91	155,75	226,55	254,87	II	2 831,91	149,95	218,12	245,38	144,15	209,68	235,89	138,36	201,25	226,40	132,56	192,82	216,92	126,76	184,38	207,43	120,96	175,95	197,94
	III	2 154,33	118,48	172,34	193,88	III	2 154,33	112,90	164,22	184,75	107,41	156,24	175,77	102,01	148,38	166,93	96,71	140,68	158,26	91,51	133,10	149,74	86,40	125,68	141,39
	V	3 421,41	188,17	273,71	307,92	IV	2 877,66	155,37	226,—	254,25	152,47	221,78	249,50	149,57	217,56	244,76	146,67	213,34	240,01	143,77	209,13	235,27	140,87	204,91	230,52
	VI	3 453,58	189,94	276,28	310,82																				
8 852,99	I,IV	2 878,91	158,34	230,31	259,10	I	2 878,91	152,54	221,88	249,61	146,74	213,44	240,12	140,94	205,01	230,63	135,14	196,58	221,15	129,35	188,14	211,66	123,55	179,71	202,17
	II	2 833,16	155,82	226,65	254,98	II	2 833,16	150,02	218,22	245,49	144,22	209,78	236,—	138,43	201,35	226,52	132,63	192,92	217,03	126,83	184,48	207,54	121,03	176,05	198,05
	III	2 155,66	118,56	172,45	194,—	III	2 155,66	112,97	164,32	184,86	107,47	156,33	175,87	102,08	148,48	167,04	96,78	140,77	158,36	91,57	133,20	149,85	86,46	125,76	141,48
	V	3 422,66	188,24	273,81	308,03	IV	2 878,91	155,44	226,10	254,36	152,54	221,88	249,61	149,64	217,66	244,87	146,74	213,44	240,12	143,84	209,23	235,38	140,94	205,01	230,63
	VI	3 454,83	190,01	276,38	310,93																				
8 855,99	I,IV	2 880,25	158,41	230,42	259,22	I	2 880,25	152,61	221,98	249,73	146,81	213,54	240,23	141,01	205,11	230,75	135,21	196,68	221,26	129,41	188,24	211,77	123,62	179,81	202,28
	II	2 834,41	155,89	226,75	255,09	II	2 834,41	150,09	218,32	245,61	144,29	209,88	236,12	138,49	201,45	226,63	132,70	193,02	217,14	126,90	184,58	207,65	121,10	176,15	198,17
	III	2 156,83	118,62	172,54	194,11	III	2 156,83	113,03	164,41	184,96	107,54	156,42	175,97	102,14	148,57	167,14	96,84	140,86	158,47	91,63	133,29	149,95	86,52	125,85	141,58
	V	3 423,91	188,31	273,91	308,15	IV	2 880,25	155,51	226,20	254,47	152,61	221,98	249,73	149,71	217,76	244,98	146,81	213,54	240,23	143,91	209,33	235,49	141,01	205,11	230,75
	VI	3 456,08	190,08	276,48	311,04																				
8 858,99	I,IV	2 881,50	158,48	230,52	259,33	I	2 881,50	152,68	222,08	249,84	146,88	213,65	240,35	141,08	205,22	230,87	135,29	196,78	221,38	129,48	188,34	211,88	123,69	179,91	202,40
	II	2 835,66	155,96	226,85	255,20	II	2 835,66	150,16	218,42	245,72	144,36	209,98	236,23	138,56	201,55	226,74	132,77	193,12	217,26	126,97	184,68	207,77	121,17	176,25	198,28
	III	2 158,—	118,69	172,64	194,22	III	2 158,—	113,10	164,52	185,08	107,60	156,52	176,08	102,20	148,66	167,24	96,91	140,96	158,58	91,70	133,38	150,05	86,58	125,94	141,68
	V	3 425,16	188,38	274,01	308,26	IV	2 881,50	155,58	226,30	254,58	152,68	222,08	249,84	149,78	217,86	245,09	146,88	213,65	240,35	143,98	209,43	235,61	141,08	205,22	230,87
	VI	3 457,41	190,15	276,59	311,16																				
8 861,99	I,IV	2 882,75	158,55	230,62	259,44	I	2 882,75	152,75	222,18	249,95	146,95	213,75	240,47	141,15	205,32	230,98	135,35	196,88	221,49	129,56	188,45	212,—	123,76	180,02	202,52
	II	2 836,91	156,03	226,95	255,32	II	2 836,91	150,23	218,52	245,83	144,43	210,08	236,34	138,63	201,65	226,85	132,83	193,22	217,37	127,04	184,78	207,88	121,24	176,35	198,39
	III	2 159,33	118,76	172,74	194,33	III	2 159,33	113,17	164,61	185,18	107,67	156,61	176,18	102,27	148,76	167,35	96,97	141,05	158,68	91,75	133,46	150,14	86,64	126,02	141,77
	V	3 426,41	188,45	274,11	308,37	IV	2 882,75	155,65	226,40	254,70	152,75	222,18	249,95	149,85	217,96	245,21	146,95	213,75	240,47	144,05	209,53	235,72	141,15	205,32	230,98
	VI	3 458,66	190,22	276,69	311,27																				
8 864,99	I,IV	2 884,—	158,62	230,72	259,56	I	2 884,—	152,82	222,28	250,07	147,02	213,85	240,58	141,22	205,42	231,09	135,42	196,98	221,60	129,63	188,55	212,12	123,83	180,12	202,63
	II	2 838,25	156,10	227,06	255,44	II	2 838,25	150,30	218,62	245,95	144,50	210,18	236,45	138,70	201,75	226,97	132,90	193,32	217,48	127,10	184,88	207,99	121,31	176,45	198,50
	III	2 160,50	118,82	172,84	194,44	III	2 160,50	113,23	164,70	185,29	107,74	156,72	176,31	102,33	148,85	167,45	97,02	141,13	158,77	91,82	133,56	150,25	86,70	126,12	141,88
	V	3 427,66	188,52	274,21	308,48	IV	2 884,—	155,71	226,50	254,81	152,82	222,28	250,07	149,92	218,06	245,32	147,02	213,85	240,58	144,12	209,63	235,83	141,22	205,42	231,09
	VI	3 459,91	190,29	276,79	311,39																				

* Die ausgewiesenen Tabellenwerte sind amtlich. Siehe Erläuterungen auf der Umschlaginnenseite (U2).

Lohn/ Gehalt bis €*		I – VI LSt	ohne Kinderfreibeträge SolZ	8%	9%		I, II, III, IV LSt	0,5 SolZ	8%	9%	1 SolZ	8%	9%	1,5 SolZ	8%	9%	2 SolZ	8%	9%	2,5 SolZ	8%	9%	3 SolZ	8%	9%
8 867,99	I,IV	2 885,25	158,68	230,82	259,67	I	2 885,25	152,89	222,38	250,18	147,09	213,95	240,69	141,29	205,52	231,21	135,49	197,08	221,72	129,69	188,65	212,23	123,90	180,22	202,74
	II	2 839,50	156,17	227,16	255,55	II	2 839,50	150,37	218,72	246,06	144,57	210,29	236,57	138,77	201,86	227,09	132,98	193,42	217,60	127,17	184,98	208,10	121,38	176,55	198,62
	III	2 161,66	118,89	172,93	194,54	III	2 161,66	113,30	164,80	185,40	107,80	156,81	176,41	102,40	148,94	167,56	97,09	141,22	158,87	91,88	133,65	150,35	86,76	126,20	141,97
	V	3 428,91	188,59	274,31	308,60	IV	2 885,25	155,79	226,60	254,93	152,89	222,38	250,18	149,98	218,16	245,43	147,09	213,95	240,69	144,19	209,73	235,94	141,29	205,52	231,21
	VI	3 461,16	190,36	276,89	311,50																				
8 870,99	I,IV	2 886,50	158,75	230,92	259,78	I	2 886,50	152,95	222,48	250,29	147,16	214,05	240,80	141,36	205,62	231,32	135,56	197,18	221,83	129,76	188,75	212,34	123,97	180,32	202,86
	II	2 840,75	156,24	227,26	255,66	II	2 840,75	150,44	218,82	246,17	144,64	210,39	236,69	138,84	201,96	227,20	133,04	193,52	217,71	127,25	185,09	208,22	121,45	176,66	198,74
	III	2 163,—	118,96	173,04	194,67	III	2 163,—	113,37	164,90	185,51	107,87	156,90	176,51	102,46	149,04	167,67	97,15	141,32	158,98	91,94	133,73	150,44	86,82	126,29	142,07
	V	3 430,25	188,66	274,42	308,72	IV	2 886,50	155,86	226,70	255,04	152,95	222,48	250,29	150,06	218,27	245,55	147,16	214,05	240,80	144,26	209,84	236,07	141,36	205,62	231,32
	VI	3 462,41	190,43	276,99	311,61																				
8 873,99	I,IV	2 887,75	158,82	231,02	259,89	I	2 887,75	153,02	222,58	250,40	147,23	214,15	240,92	141,43	205,72	231,43	135,63	197,28	221,94	129,83	188,85	212,45	124,03	180,42	202,97
	II	2 842,—	156,31	227,36	255,78	II	2 842,—	150,51	218,92	246,29	144,71	210,49	236,80	138,91	202,06	227,31	133,11	193,62	217,82	127,32	185,19	208,34	121,52	176,76	198,85
	III	2 164,16	119,02	173,13	194,77	III	2 164,16	113,43	165,—	185,62	107,93	157,—	176,62	102,52	149,13	167,77	97,22	141,41	159,08	92,—	133,82	150,55	86,89	126,38	142,18
	V	3 431,50	188,73	274,52	308,83	IV	2 887,75	155,92	226,80	255,15	153,02	222,58	250,40	150,13	218,37	245,66	147,23	214,15	240,92	144,33	209,94	236,18	141,43	205,72	231,43
	VI	3 463,66	190,50	277,09	311,72																				
8 876,99	I,IV	2 889,—	158,89	231,12	260,01	I	2 889,—	153,09	222,68	250,52	147,29	214,25	241,03	141,50	205,82	231,54	135,70	197,38	222,05	129,90	188,95	212,57	124,10	180,52	203,08
	II	2 843,25	156,37	227,46	255,89	II	2 843,25	150,58	219,02	246,40	144,78	210,59	236,91	138,98	202,16	227,43	133,18	193,72	217,94	127,38	185,29	208,45	121,59	176,86	198,96
	III	2 165,50	119,10	173,24	194,89	III	2 165,50	113,50	165,09	185,72	108,—	157,09	176,72	102,59	149,22	167,87	97,28	141,50	159,19	92,07	133,92	150,66	86,94	126,46	142,27
	V	3 432,75	188,80	274,62	308,94	IV	2 889,—	155,99	226,90	255,26	153,09	222,68	250,52	150,20	218,47	245,78	147,29	214,25	241,03	144,40	210,04	236,29	141,50	205,82	231,54
	VI	3 464,91	190,57	277,19	311,84																				
8 879,99	I,IV	2 890,33	158,96	231,22	260,12	I	2 890,33	153,16	222,78	250,63	147,36	214,35	241,14	141,57	205,92	231,66	135,77	197,48	222,17	129,97	189,05	212,68	124,17	180,62	203,19
	II	2 844,50	156,44	227,56	256,—	II	2 844,50	150,64	219,12	246,51	144,85	210,69	237,02	139,05	202,26	227,54	133,25	193,82	218,05	127,45	185,39	208,56	121,66	176,96	199,08
	III	2 166,66	119,16	173,33	194,99	III	2 166,66	113,56	165,18	185,83	108,06	157,18	176,83	102,65	149,32	167,98	97,35	141,60	159,30	92,13	134,01	150,76	87,01	126,56	142,38
	V	3 434,—	188,87	274,72	309,06	IV	2 890,33	156,06	227,—	255,38	153,16	222,78	250,63	150,26	218,57	245,89	147,36	214,35	241,14	144,47	210,14	236,40	141,57	205,92	231,66
	VI	3 466,16	190,63	277,29	311,95																				
8 882,99	I,IV	2 891,58	159,03	231,32	260,24	I	2 891,58	153,23	222,89	250,75	147,44	214,46	241,26	141,64	206,02	231,77	135,84	197,58	222,28	130,04	189,15	212,79	124,24	180,72	203,31
	II	2 845,75	156,51	227,66	256,11	II	2 845,75	150,71	219,22	246,62	144,92	210,79	237,14	139,12	202,36	227,65	133,32	193,92	218,16	127,52	185,49	208,67	121,72	177,06	199,19
	III	2 167,83	119,23	173,42	195,10	III	2 167,83	113,63	165,29	185,95	108,13	157,28	176,94	102,72	149,41	168,08	97,41	141,69	159,40	92,18	134,09	150,85	87,07	126,65	142,48
	V	3 435,25	188,93	274,82	309,17	IV	2 891,58	156,13	227,10	255,49	153,23	222,89	250,75	150,33	218,67	246,—	147,44	214,46	241,26	144,54	210,24	236,52	141,64	206,02	231,77
	VI	3 467,41	190,70	277,39	312,06																				
8 885,99	I,IV	2 892,83	159,10	231,42	260,35	I	2 892,83	153,30	222,99	250,86	147,51	214,56	241,38	141,71	206,12	231,89	135,91	197,69	222,40	130,11	189,26	212,91	124,31	180,82	203,42
	II	2 847,—	156,58	227,76	256,23	II	2 847,—	150,78	219,32	246,74	144,98	210,89	237,25	139,19	202,46	227,76	133,39	194,02	218,27	127,59	185,59	208,79	121,79	177,16	199,30
	III	2 169,16	119,30	173,53	195,22	III	2 169,16	113,70	165,38	186,05	108,19	157,37	177,04	102,78	149,50	168,19	97,46	141,77	159,49	92,25	134,18	150,95	87,12	126,73	142,57
	V	3 436,50	189,—	274,92	309,28	IV	2 892,83	156,20	227,20	255,60	153,30	222,99	250,86	150,40	218,77	246,11	147,51	214,56	241,38	144,60	210,34	236,63	141,71	206,12	231,89
	VI	3 468,75	190,78	277,50	312,18																				
8 888,99	I,IV	2 894,08	159,17	231,52	260,46	I	2 894,08	153,37	223,09	250,97	147,57	214,66	241,49	141,78	206,22	232,—	135,98	197,79	222,51	130,18	189,36	213,03	124,38	180,92	203,54
	II	2 848,33	156,65	227,86	256,34	II	2 848,33	150,85	219,42	246,85	145,05	210,99	237,36	139,26	202,56	227,88	133,46	194,12	218,39	127,66	185,69	208,90	121,86	177,26	199,41
	III	2 170,33	119,36	173,62	195,32	III	2 170,33	113,76	165,48	186,16	108,25	157,46	177,14	102,85	149,60	168,30	97,53	141,86	159,59	92,31	134,28	151,06	87,19	126,82	142,67
	V	3 437,75	189,07	275,02	309,39	IV	2 894,08	156,27	227,30	255,71	153,37	223,09	250,97	150,47	218,87	246,23	147,57	214,66	241,49	144,67	210,44	236,74	141,78	206,22	232,—
	VI	3 470,—	190,85	277,60	312,30																				
8 891,99	I,IV	2 895,33	159,24	231,62	260,57	I	2 895,33	153,44	223,19	251,09	147,64	214,76	241,60	141,84	206,32	232,11	136,05	197,89	222,62	130,25	189,46	213,14	124,45	181,02	203,65
	II	2 849,58	156,72	227,96	256,46	II	2 849,58	150,92	219,53	246,97	145,13	211,10	237,48	139,33	202,66	227,99	133,53	194,22	218,50	127,73	185,79	209,01	121,93	177,36	199,53
	III	2 171,50	119,43	173,72	195,43	III	2 171,50	113,83	165,57	186,26	108,33	157,57	177,26	102,91	149,69	168,40	97,59	141,96	159,70	92,38	134,37	151,16	87,24	126,90	142,76
	V	3 439,—	189,14	275,12	309,51	IV	2 895,33	156,34	227,40	255,83	153,44	223,19	251,09	150,54	218,97	246,34	147,64	214,76	241,60	144,74	210,54	236,85	141,84	206,32	232,11
	VI	3 471,25	190,91	277,70	312,41																				
8 894,99	I,IV	2 896,58	159,31	231,72	260,69	I	2 896,58	153,51	223,29	251,20	147,71	214,86	241,71	141,91	206,42	232,22	136,12	197,99	222,74	130,32	189,56	213,25	124,52	181,12	203,76
	II	2 850,83	156,79	228,06	256,57	II	2 850,83	150,99	219,63	247,08	145,20	211,20	237,60	139,40	202,76	228,11	133,60	194,33	218,62	127,80	185,90	209,13	122,—	177,46	199,64
	III	2 172,83	119,50	173,82	195,55	III	2 172,83	113,89	165,66	186,37	108,39	157,66	177,37	102,97	149,78	168,50	97,66	142,05	159,80	92,43	134,45	151,25	87,31	127,—	142,87
	V	3 440,33	189,21	275,22	309,62	IV	2 896,58	156,41	227,51	255,95	153,51	223,29	251,20	150,61	219,08	246,46	147,71	214,86	241,71	144,81	210,64	236,97	141,91	206,42	232,22
	VI	3 472,50	190,98	277,80	312,52																				
8 897,99	I,IV	2 897,83	159,38	231,82	260,80	I	2 897,83	153,58	223,39	251,31	147,78	214,96	241,83	141,98	206,52	232,34	136,18	198,09	222,85	130,39	189,66	213,36	124,59	181,22	203,87
	II	2 852,08	156,86	228,16	256,68	II	2 852,08	151,06	219,73	247,19	145,26	211,30	237,71	139,47	202,86	228,22	133,67	194,43	218,73	127,87	186,—	209,25	122,07	177,56	199,76
	III	2 174,—	119,57	173,92	195,66	III	2 174,—	113,96	165,77	186,49	108,46	157,76	177,48	103,04	149,88	168,61	97,72	142,14	159,91	92,50	134,54	151,36	87,37	127,09	142,97
	V	3 441,58	189,28	275,32	309,74	IV	2 897,83	156,48	227,61	256,06	153,58	223,39	251,31	150,68	219,18	246,57	147,78	214,96	241,83	144,88	210,74	237,08	141,98	206,52	232,34
	VI	3 473,75	191,05	277,90	312,63																				
8 900,99	I,IV	2 899,08	159,44	231,92	260,91	I	2 899,08	153,65	223,49	251,42	147,85	215,06	241,94	142,05	206,62	232,45	136,25	198,19	222,96	130,46	189,76	213,48	124,66	181,32	203,99
	II	2 853,33	156,93	228,26	256,79	II	2 853,33	151,13	219,83	247,31	145,33	211,40	237,82	139,53	202,96	228,33	133,74	194,53	218,84	127,94	186,10	209,36	122,14	177,66	199,87
	III	2 175,16	119,63	174,01	195,76	III	2 175,16	114,03	165,86	186,59	108,52	157,85	177,58	103,10	149,97	168,71	97,79	142,24	160,02	92,56	134,64	151,47	87,43	127,17	143,06
	V	3 442,83	189,35	275,42	309,85	IV	2 899,08	156,55	227,71	256,17	153,65	223,49	251,42	150,75	219,28	246,69	147,85	215,06	241,94	144,95	210,84	237,20	142,05	206,62	232,45
	VI	3 475,—	191,12	278,—	312,75																				
8 903,99	I,IV	2 900,33	159,51	232,02	261,02	I	2 900,33	153,72	223,59	251,54	147,92	215,16	242,05	142,12	206,72	232,56	136,32	198,29	223,07	130,52	189,86	213,59	124,73	181,42	204,10
	II	2 854,58	157,—	228,36	256,91	II	2 854,58	151,20	219,93	247,42	145,40	211,50	237,93	139,60	203,06	228,44	133,81	194,63	218,96	128,01	186,20	209,47	122,21	177,76	199,98
	III	2 176,50	119,70	174,12	195,88	III	2 176,50	114,09	165,96	186,70	108,58	157,94	177,68	103,17	150,06	168,82	97,85	142,33	160,12	92,62	134,73	151,57	87,49	127,26	143,17
	V	3 444,08	189,42	275,52	309,96	IV	2 900,33	156,62	227,81	256,28	153,72	223,59	251,54	150,82	219,38	246,80	147,92	215,16	242,05	145,02	210,94	237,31	142,12	206,72	232,56
	VI	3 476,25	191,19	278,10	312,86																				
8 906,99	I,IV	2 901,66	159,59	232,13	261,14	I	2 901,66	153,79	223,70	251,66	147,99	215,26	242,17	142,19	206,82	232,67	136,39	198,39	223,19	130,59	189,96	213,70	124,79	181,52	204,21
	II	2 855,83	157,07	228,46	257,02	II	2 855,83	151,27	220,03	247,53	145,47	211,60	238,05	139,67	203,16	228,56	133,87	194,73	219,07	128,08	186,30	209,58	122,28	177,86	200,09
	III	2 177,66	119,77	174,21	195,98	III	2 177,66	114,16	166,05	186,80	108,65	158,04	177,79	103,23	150,16	168,93	97,91	142,42	160,22	92,68	134,81	151,66	87,56	127,36	143,28
	V	3 445,33	189,49	275,62	310,07	IV	2 901,66	156,69	227,91	256,40	153,79	223,70	251,66	150,89	219,48	246,91	147,99	215,26	242,17	145,09	211,04	237,42	142,19	206,82	232,67
	VI	3 477,50	191,26	278,20	312,97																				
8 909,99	I,IV	2 902,91	159,66	232,23	261,26	I	2 902,91	153,86	223,80	251,77	148,06	215,36	242,28	142,26	206,93	232,79	136,46	198,50	223,31	130,67	190,06	213,82	124,86	181,62	204,32
	II	2 857,08	157,13	228,56	257,13	II	2 857,08	151,34	220,13	247,64	145,54	211,70	238,16	139,74	203,26	228,67	133,94	194,83	219,18	128,15	186,40	209,70	122,35	177,96	200,21
	III	2 179,—	119,84	174,32	196,11	III	2 179,—	114,23	166,16	186,93	108,71	158,13	177,89	103,29	150,25	169,03	97,97	142,50	160,31	92,74	134,90	151,76	87,61	127,44	143,37
	V	3 446,58	189,56	275,72	310,19	IV	2 902,91	156,75	228,01	256,51	153,86	223,80	251,77	150,96	219,58	247,02	148,06	215,36	242,28	145,16	211,14	237,53	142,26	206,93	232,79
	VI	3 478,83	191,33	278,30	313,09																				

Abzüge an Lohnsteuer, Solidaritätszuschlag (SolZ) und Kirchensteuer (8%, 9%) in den Steuerklassen; I, II, III, IV: mit Zahl der Kinderfreibeträge ...

* Die ausgewiesenen Tabellenwerte sind amtlich. Siehe Erläuterungen auf der Umschlaginnenseite (U2).

Abzüge an Lohnsteuer, Solidaritätszuschlag (SolZ) und Kirchensteuer (8%, 9%) in den Steuerklassen

Lohn/ Gehalt bis €*	I – VI		ohne Kinderfreibeträge			I, II, III, IV		mit Zahl der Kinderfreibeträge . . . 0,5			1			1,5			2			2,5			3		
		LSt	SolZ	8%	9%		LSt	SolZ	8%	9%	SolZ	8%	9%	SolZ	8%	9%	SolZ	8%	9%	SolZ	8%	9%	SolZ	8%	9%
8 912,99	I,IV	2 904,16	159,72	232,33	261,37	I	2 904,16	153,93	223,90	251,88	148,13	215,46	242,39	142,33	207,03	232,91	136,53	198,60	223,42	130,73	190,16	213,93	124,94	181,73	204,44
	II	2 858,33	157,20	228,66	257,24	II	2 858,33	151,41	220,23	247,76	145,61	211,80	238,27	139,81	203,36	228,78	134,01	194,93	219,29	128,21	186,50	209,81	122,42	178,06	200,32
	III	2 180,16	119,90	174,41	196,21	III	2 180,16	114,29	166,25	187,03	108,78	158,22	178,—	103,36	150,34	169,13	98,03	142,60	160,42	92,81	135,—	151,87	87,67	127,53	143,47
	V	3 447,83	189,63	275,82	310,30	IV	2 904,16	156,82	228,11	256,62	153,93	223,90	251,88	151,03	219,68	247,14	148,13	215,46	242,39	145,23	211,24	237,65	142,33	207,03	232,91
	VI	3 480,08	191,40	278,40	313,20																				
8 915,99	I,IV	2 905,41	159,79	232,43	261,48	I	2 905,41	154,—	224,—	252,—	148,20	215,56	242,51	142,40	207,13	233,02	136,60	198,70	223,53	130,80	190,26	214,04	125,01	181,83	204,56
	II	2 859,66	157,28	228,77	257,36	II	2 859,66	151,48	220,34	247,88	145,68	211,90	238,39	139,88	203,46	228,89	134,08	195,03	219,41	128,28	186,60	209,92	122,48	178,16	200,43
	III	2 181,33	119,97	174,50	196,31	III	2 181,33	114,36	166,34	187,13	108,85	158,33	178,12	103,42	150,44	169,24	98,10	142,69	160,52	92,87	135,09	151,97	87,73	127,61	143,56
	V	3 449,08	189,69	275,92	310,41	IV	2 905,41	156,89	228,21	256,73	154,—	224,—	252,—	151,09	219,78	247,25	148,20	215,56	242,51	145,30	211,34	237,76	142,40	207,13	233,02
	VI	3 481,33	191,47	278,50	313,31																				
8 918,99	I,IV	2 906,66	159,86	232,53	261,59	I	2 906,66	154,06	224,10	252,11	148,27	215,66	242,62	142,47	207,23	233,13	136,67	198,80	223,65	130,87	190,36	214,16	125,07	181,93	204,67
	II	2 860,91	157,35	228,87	257,48	II	2 860,91	151,55	220,44	247,99	145,75	212,—	238,50	139,95	203,57	229,01	134,15	195,14	219,53	128,36	186,70	210,04	122,55	178,26	200,54
	III	2 182,66	120,04	174,61	196,43	III	2 182,66	114,42	166,44	187,24	108,91	158,42	178,22	103,49	150,53	169,34	98,16	142,78	160,63	92,93	135,17	152,06	87,79	127,70	143,66
	V	3 450,41	189,77	276,03	310,53	IV	2 906,66	156,97	228,32	256,86	154,06	224,10	252,11	151,17	219,88	247,37	148,27	215,66	242,62	145,36	211,44	237,87	142,47	207,23	233,13
	VI	3 482,58	191,54	278,60	313,43																				
8 921,99	I,IV	2 907,91	159,93	232,63	261,71	I	2 907,91	154,13	224,20	252,22	148,33	215,76	242,73	142,54	207,33	233,24	136,74	198,90	223,76	130,94	190,46	214,27	125,14	182,03	204,78
	II	2 862,16	157,41	228,97	257,59	II	2 862,16	151,62	220,54	248,10	145,82	212,10	238,61	140,02	203,67	229,13	134,22	195,24	219,64	128,42	186,80	210,15	122,63	178,37	200,66
	III	2 183,83	120,11	174,70	196,54	III	2 183,83	114,50	166,54	187,36	108,98	158,52	178,33	103,55	150,62	169,45	98,23	142,88	160,74	92,99	135,26	152,17	87,86	127,80	143,77
	V	3 451,66	189,84	276,13	310,64	IV	2 907,91	157,03	228,42	256,97	154,13	224,20	252,22	151,24	219,98	247,48	148,33	215,76	242,73	145,44	211,55	237,99	142,54	207,33	233,24
	VI	3 483,83	191,61	278,70	313,54																				
8 924,99	I,IV	2 909,16	160,—	232,73	261,82	I	2 909,16	154,20	224,30	252,33	148,40	215,86	242,84	142,61	207,43	233,36	136,81	199,—	223,87	131,01	190,56	214,38	125,21	182,13	204,89
	II	2 863,41	157,48	229,07	257,70	II	2 863,41	151,69	220,64	248,22	145,89	212,20	238,73	140,09	203,77	229,24	134,29	195,34	219,75	128,49	186,90	210,26	122,70	178,47	200,78
	III	2 185,—	120,17	174,80	196,65	III	2 185,—	114,56	166,64	187,47	109,04	158,61	178,43	103,62	150,72	169,56	98,29	142,97	160,84	93,06	135,36	152,28	87,91	127,88	143,86
	V	3 452,91	189,91	276,23	310,76	IV	2 909,16	157,10	228,52	257,08	154,20	224,30	252,33	151,30	220,08	247,59	148,40	215,86	242,84	145,51	211,65	238,10	142,61	207,43	233,36
	VI	3 485,08	191,67	278,80	313,65																				
8 927,99	I,IV	2 910,41	160,07	232,83	261,93	I	2 910,41	154,27	224,40	252,45	148,47	215,96	242,96	142,67	207,53	233,47	136,88	199,10	223,98	131,08	190,66	214,49	125,28	182,23	205,01
	II	2 864,66	157,55	229,17	257,81	II	2 864,66	151,75	220,74	248,33	145,96	212,30	238,84	140,16	203,87	229,35	134,36	195,44	219,87	128,56	187,—	210,38	122,76	178,57	200,89
	III	2 186,33	120,24	174,90	196,76	III	2 186,33	114,62	166,73	187,57	109,11	158,70	178,54	103,68	150,81	169,66	98,35	143,06	160,94	93,12	135,45	152,38	87,98	127,97	143,96
	V	3 454,16	189,97	276,33	310,87	IV	2 910,41	157,17	228,62	257,19	154,27	224,40	252,45	151,37	220,18	247,70	148,47	215,96	242,96	145,58	211,75	238,22	142,67	207,53	233,47
	VI	3 486,33	191,74	278,90	313,76																				
8 930,99	I,IV	2 911,75	160,14	232,94	262,05	I	2 911,75	154,34	224,50	252,56	148,54	216,06	243,07	142,74	207,63	233,58	136,95	199,20	224,10	131,15	190,76	214,61	125,35	182,33	205,12
	II	2 865,91	157,62	229,27	257,93	II	2 865,91	151,82	220,84	248,44	146,02	212,40	238,95	140,23	203,97	229,46	134,43	195,54	219,98	128,63	187,10	210,49	122,83	178,67	201,—
	III	2 187,50	120,31	175,—	196,87	III	2 187,50	114,70	166,84	187,69	109,17	158,80	178,65	103,74	150,90	169,76	98,42	143,16	161,05	93,17	135,53	152,47	88,04	128,06	144,07
	V	3 455,41	190,04	276,43	310,98	IV	2 911,75	157,24	228,72	257,31	154,34	224,50	252,56	151,44	220,28	247,82	148,54	216,06	243,07	145,64	211,85	238,33	142,74	207,63	233,58
	VI	3 487,58	191,81	279,—	313,88																				
8 933,99	I,IV	2 913,—	160,21	233,04	262,17	I	2 913,—	154,41	224,60	252,68	148,61	216,17	243,19	142,82	207,74	233,70	137,02	199,30	224,21	131,22	190,86	214,72	125,42	182,43	205,23
	II	2 867,16	157,69	229,37	258,04	II	2 867,16	151,89	220,94	248,55	146,09	212,50	239,06	140,30	204,07	229,58	134,50	195,64	220,09	128,70	187,20	210,60	122,90	178,77	201,11
	III	2 188,83	120,38	175,10	196,99	III	2 188,83	114,76	166,93	187,79	109,23	158,89	178,75	103,81	151,—	169,87	98,48	143,25	161,15	93,24	135,62	152,57	88,10	128,14	144,16
	V	3 456,66	190,11	276,53	311,09	IV	2 913,—	157,31	228,82	257,42	154,41	224,60	252,68	151,51	220,38	247,93	148,61	216,17	243,19	145,71	211,95	238,44	142,82	207,74	233,70
	VI	3 488,91	191,89	279,11	314,—																				
8 936,99	I,IV	2 914,25	160,28	233,14	262,28	I	2 914,25	154,48	224,70	252,79	148,68	216,27	243,30	142,89	207,84	233,82	137,09	199,40	224,33	131,29	190,97	214,84	125,49	182,54	205,35
	II	2 868,41	157,76	229,47	258,15	II	2 868,41	151,96	221,04	248,67	146,16	212,60	239,18	140,36	204,17	229,69	134,57	195,74	220,20	128,77	187,30	210,71	122,97	178,87	201,23
	III	2 190,—	120,45	175,20	197,10	III	2 190,—	114,83	167,02	187,90	109,30	158,98	178,85	103,87	151,09	169,97	98,54	143,33	161,24	93,30	135,72	152,68	88,16	128,24	144,27
	V	3 457,91	190,18	276,63	311,21	IV	2 914,25	157,38	228,92	257,53	154,48	224,70	252,79	151,58	220,48	248,04	148,68	216,27	243,30	145,78	212,05	238,55	142,89	207,84	233,82
	VI	3 490,16	191,95	279,21	314,11																				
8 939,99	I,IV	2 915,50	160,35	233,24	262,39	I	2 915,50	154,55	224,80	252,90	148,75	216,37	243,41	142,95	207,94	233,93	137,16	199,50	224,44	131,36	191,07	214,95	125,56	182,64	205,47
	II	2 869,75	157,83	229,58	258,27	II	2 869,75	152,03	221,14	248,78	146,23	212,70	239,29	140,43	204,27	229,80	134,64	195,84	220,32	128,84	187,40	210,83	123,04	178,97	201,34
	III	2 191,16	120,51	175,29	197,20	III	2 191,16	114,89	167,12	188,01	109,37	159,09	178,97	103,94	151,18	170,08	98,60	143,42	161,35	93,37	135,81	152,78	88,22	128,33	144,37
	V	3 459,16	190,25	276,73	311,32	IV	2 915,50	157,45	229,02	257,64	154,55	224,80	252,90	151,65	220,58	248,15	148,75	216,37	243,41	145,85	212,15	238,67	142,95	207,94	233,93
	VI	3 491,41	192,02	279,31	314,22																				
8 942,99	I,IV	2 916,75	160,42	233,34	262,50	I	2 916,75	154,62	224,90	253,01	148,82	216,47	243,53	143,02	208,04	234,04	137,22	199,60	224,55	131,43	191,17	215,06	125,63	182,74	205,58
	II	2 871,—	157,90	229,68	258,39	II	2 871,—	152,10	221,24	248,90	146,30	212,81	239,41	140,51	204,38	229,92	134,71	195,94	220,43	128,91	187,50	210,94	123,11	179,07	201,45
	III	2 192,50	120,58	175,40	197,32	III	2 192,50	114,96	167,22	188,12	109,44	159,18	179,08	104,—	151,28	170,19	98,67	143,52	161,46	93,43	135,90	152,89	88,28	128,41	144,46
	V	3 460,41	190,32	276,83	311,43	IV	2 916,75	157,52	229,12	257,76	154,62	224,90	253,01	151,72	220,68	248,27	148,82	216,47	243,53	145,92	212,25	238,78	143,02	208,04	234,04
	VI	3 492,66	192,09	279,41	314,33																				
8 945,99	I,IV	2 918,—	160,49	233,44	262,62	I	2 918,—	154,69	225,—	253,13	148,89	216,57	243,64	143,09	208,14	234,15	137,29	199,70	224,66	131,50	191,27	215,18	125,70	182,84	205,69
	II	2 872,25	157,97	229,78	258,50	II	2 872,25	152,17	221,34	249,01	146,37	212,91	239,52	140,58	204,48	230,04	134,78	196,04	220,55	128,98	187,61	211,06	123,18	179,18	201,57
	III	2 193,66	120,65	175,49	197,42	III	2 193,66	115,03	167,32	188,23	109,50	159,28	179,19	104,06	151,37	170,29	98,73	143,61	161,56	93,49	135,98	152,98	88,34	128,50	144,56
	V	3 461,75	190,39	276,94	311,55	IV	2 918,—	157,59	229,22	257,87	154,69	225,—	253,13	151,79	220,79	248,39	148,89	216,57	243,64	145,99	212,36	238,90	143,09	208,14	234,15
	VI	3 493,91	192,16	279,51	314,45																				
8 948,99	I,IV	2 919,25	160,55	233,54	262,73	I	2 919,25	154,76	225,10	253,24	148,96	216,67	243,75	143,16	208,24	234,27	137,36	199,80	224,78	131,56	191,37	215,29	125,77	182,94	205,80
	II	2 873,50	158,04	229,88	258,61	II	2 873,50	152,24	221,44	249,12	146,44	213,01	239,63	140,64	204,58	230,15	134,85	196,14	220,66	129,05	187,71	211,17	123,25	179,28	201,69
	III	2 195,—	120,72	175,60	197,55	III	2 195,—	115,09	167,41	188,33	109,56	159,37	179,29	104,13	151,46	170,39	98,79	143,70	161,66	93,55	136,08	153,09	88,40	128,58	144,65
	V	3 463,—	190,46	277,04	311,67	IV	2 919,25	157,66	229,32	257,99	154,76	225,10	253,24	151,86	220,89	248,50	148,96	216,67	243,75	146,06	212,46	239,01	143,16	208,24	234,27
	VI	3 495,16	192,23	279,61	314,56																				
8 951,99	I,IV	2 920,50	160,62	233,64	262,84	I	2 920,50	154,82	225,20	253,35	149,03	216,77	243,86	143,23	208,34	234,38	137,43	199,90	224,89	131,63	191,47	215,40	125,84	183,04	205,92
	II	2 874,75	158,11	229,98	258,72	II	2 874,75	152,31	221,54	249,23	146,51	213,11	239,75	140,71	204,68	230,26	134,91	196,24	220,77	129,12	187,81	211,28	123,32	179,38	201,80
	III	2 196,16	120,78	175,69	197,65	III	2 196,16	115,16	167,50	188,44	109,63	159,46	179,39	104,19	151,56	170,50	98,86	143,80	161,77	93,61	136,17	153,19	88,46	128,68	144,76
	V	3 464,25	190,53	277,14	311,78	IV	2 920,50	157,73	229,42	258,10	154,82	225,20	253,35	151,93	220,99	248,61	149,03	216,77	243,86	146,13	212,56	239,13	143,23	208,34	234,38
	VI	3 496,41	192,30	279,71	314,67																				
8 954,99	I,IV	2 921,83	160,70	233,74	262,96	I	2 921,83	154,89	225,30	253,46	149,10	216,87	243,98	143,30	208,44	234,49	137,50	200,—	225,—	131,70	191,57	215,51	125,90	183,14	206,03
	II	2 876,—	158,18	230,08	258,84	II	2 876,—	152,38	221,64	249,35	146,58	213,21	239,86	140,78	204,78	230,37	134,98	196,34	220,88	129,19	187,91	211,40	123,39	179,48	201,91
	III	2 197,33	120,85	175,78	197,75	III	2 197,33	115,23	167,61	188,56	109,69	159,56	179,50	104,26	151,65	170,60	98,92	143,89	161,87	93,68	136,26	153,29	88,53	128,77	144,86
	V	3 465,50	190,60	277,24	311,89	IV	2 921,83	157,79	229,52	258,21	154,89	225,30	253,46	152,—	221,09	248,72	149,10	216,87	243,98	146,20	212,66	239,24	143,30	208,44	234,49
	VI	3 497,66	192,37	279,81	314,78																				

* Die ausgewiesenen Tabellenwerte sind amtlich. Siehe Erläuterungen auf der Umschlaginnenseite (U2).

MONAT 8 955,–*

Lohn/ Gehalt bis €*	I – VI					I, II, III, IV																			
			ohne Kinderfreibeträge					mit Zahl der Kinderfreibeträge . . . 0,5			1			1,5			2			2,5			3		
		LSt	SolZ	8%	9%		LSt	SolZ	8%	9%	SolZ	8%	9%	SolZ	8%	9%	SolZ	8%	9%	SolZ	8%	9%	SolZ	8%	9%
8 957,99	I,IV	2 923,08	160,76	233,84	263,07	I	2 923,08	154,97	225,41	253,58	149,17	216,98	244,10	143,37	208,54	234,61	137,57	200,10	225,11	131,77	191,67	215,63	125,97	183,24	206,14
	II	2 877,25	158,24	230,18	258,95	II	2 877,25	152,45	221,74	249,46	146,65	213,31	239,97	140,85	204,88	230,49	135,05	196,44	221,—	129,25	188,01	211,51	123,46	179,58	202,02
	III	2 198,66	120,92	175,89	197,87	III	2 198,66	115,29	167,70	188,66	109,76	159,65	179,60	104,32	151,74	170,71	98,99	143,98	161,98	93,73	136,34	153,38	88,58	128,85	144,95
	V	3 466,75	190,67	277,34	312,—	IV	2 923,08	157,86	229,62	258,32	154,97	225,41	253,58	152,07	221,19	248,84	149,17	216,98	244,10	146,27	212,76	239,35	143,37	208,54	234,61
	VI	3 498,91	192,44	279,91	314,90																				
8 960,99	I,IV	2 924,33	160,83	233,94	263,18	I	2 924,33	155,04	225,51	253,70	149,24	217,08	244,21	143,44	208,64	234,72	137,64	200,21	225,23	131,84	191,78	215,75	126,05	183,34	206,26
	II	2 878,50	158,31	230,28	259,06	II	2 878,50	152,51	221,84	249,57	146,72	213,41	240,08	140,92	204,98	230,60	135,12	196,54	221,11	129,32	188,11	211,62	123,53	179,68	202,14
	III	2 199,83	120,99	175,98	197,98	III	2 199,83	115,36	167,80	188,77	109,83	159,76	179,73	104,39	151,84	170,82	99,05	144,08	162,09	93,80	136,44	153,49	88,65	128,94	145,06
	V	3 468,—	190,74	277,44	312,12	IV	2 924,33	157,93	229,72	258,44	155,04	225,51	253,70	152,13	221,29	248,95	149,24	217,08	244,21	146,34	212,86	239,46	143,44	208,64	234,72
	VI	3 500,25	192,51	280,02	315,02																				
8 963,99	I,IV	2 925,58	160,90	234,04	263,30	I	2 925,58	155,10	225,61	253,81	149,31	217,18	244,32	143,51	208,74	234,83	137,71	200,31	225,35	131,91	191,88	215,86	126,11	183,44	206,37
	II	2 879,83	158,39	230,38	259,18	II	2 879,83	152,58	221,94	249,68	146,79	213,51	240,20	140,99	205,08	230,71	135,19	196,64	221,22	129,39	188,21	211,73	123,59	179,78	202,25
	III	2 201,16	121,06	176,09	198,10	III	2 201,16	115,42	167,89	188,87	109,89	159,85	179,83	104,45	151,93	170,92	99,11	144,17	162,19	93,86	136,53	153,59	88,71	129,04	145,17
	V	3 469,25	190,80	277,54	312,23	IV	2 925,58	158,—	229,82	258,55	155,10	225,61	253,81	152,20	221,39	249,06	149,31	217,18	244,32	146,41	212,96	239,58	143,51	208,74	234,83
	VI	3 501,50	192,58	280,12	315,13																				
8 966,99	I,IV	2 926,83	160,97	234,14	263,41	I	2 926,83	155,17	225,71	253,92	149,38	217,28	244,44	143,58	208,84	234,95	137,78	200,41	225,46	131,98	191,98	215,97	126,18	183,54	206,48
	II	2 881,08	158,45	230,48	259,29	II	2 881,08	152,66	222,05	249,80	146,86	213,62	240,32	141,06	205,18	230,83	135,26	196,74	221,33	129,46	188,31	211,85	123,66	179,88	202,36
	III	2 202,33	121,12	176,18	198,20	III	2 202,33	115,50	168,—	189,—	109,96	159,94	179,93	104,52	152,04	171,04	99,17	144,25	162,28	93,93	136,62	153,70	88,77	129,12	145,26
	V	3 470,50	190,87	277,64	312,34	IV	2 926,83	158,07	229,92	258,66	155,17	225,71	253,92	152,27	221,49	249,17	149,38	217,28	244,44	146,47	213,06	239,69	143,58	208,84	234,95
	VI	3 502,75	192,65	280,22	315,24																				
8 969,99	I,IV	2 928,08	161,04	234,24	263,52	I	2 928,08	155,24	225,81	254,03	149,44	217,38	244,55	143,65	208,94	235,06	137,85	200,51	225,57	132,05	192,08	216,09	126,25	183,64	206,60
	II	2 882,33	158,52	230,58	259,40	II	2 882,33	152,73	222,15	249,92	146,93	213,72	240,43	141,13	205,28	230,94	135,33	196,85	221,45	129,53	188,42	211,97	123,74	179,98	202,48
	III	2 203,50	121,19	176,28	198,31	III	2 203,50	115,56	168,09	189,10	110,02	160,04	180,04	104,59	152,13	171,14	99,23	144,34	162,38	93,99	136,72	153,81	88,83	129,21	145,36
	V	3 471,83	190,95	277,74	312,46	IV	2 928,08	158,14	230,03	258,78	155,24	225,81	254,03	152,35	221,60	249,30	149,44	217,38	244,55	146,55	213,16	239,81	143,65	208,94	235,06
	VI	3 504,—	192,72	280,32	315,36																				
8 972,99	I,IV	2 929,33	161,11	234,34	263,63	I	2 929,33	155,31	225,91	254,15	149,51	217,48	244,66	143,71	209,04	235,17	137,92	200,61	225,68	132,12	192,18	216,20	126,32	183,74	206,71
	II	2 883,58	158,59	230,68	259,52	II	2 883,58	152,79	222,25	250,03	147,—	213,82	240,54	141,20	205,38	231,05	135,40	196,95	221,57	129,60	188,52	212,08	123,80	180,08	202,59
	III	2 204,83	121,26	176,38	198,43	III	2 204,83	115,62	168,18	189,20	110,09	160,13	180,14	104,65	152,22	171,25	99,30	144,44	162,49	94,05	136,80	153,90	88,89	129,30	145,46
	V	3 473,08	191,01	277,84	312,57	IV	2 929,33	158,21	230,13	258,89	155,31	225,91	254,15	152,41	221,70	249,41	149,51	217,48	244,66	146,62	213,26	239,92	143,71	209,04	235,17
	VI	3 505,25	192,78	280,42	315,47																				
8 975,99	I,IV	2 930,58	161,18	234,44	263,75	I	2 930,58	155,38	226,01	254,26	149,58	217,58	244,77	143,78	209,14	235,28	137,99	200,71	225,80	132,19	192,28	216,31	126,39	183,84	206,82
	II	2 884,83	158,66	230,78	259,63	II	2 884,83	152,86	222,35	250,14	147,07	213,92	240,66	141,27	205,48	231,17	135,47	197,05	221,68	129,67	188,62	212,19	123,87	180,18	202,70
	III	2 206,—	121,33	176,48	198,54	III	2 206,—	115,70	168,29	189,32	110,15	160,22	180,25	104,72	152,32	171,36	99,36	144,53	162,59	94,11	136,89	154,—	88,95	129,38	145,55
	V	3 474,33	191,08	277,94	312,68	IV	2 930,58	158,28	230,23	259,01	155,38	226,01	254,26	152,48	221,80	249,52	149,58	217,58	244,77	146,68	213,36	240,03	143,78	209,14	235,28
	VI	3 506,50	192,85	280,52	315,58																				
8 978,99	I,IV	2 931,83	161,25	234,54	263,86	I	2 931,83	155,45	226,11	254,37	149,65	217,68	244,89	143,85	209,24	235,40	138,05	200,81	225,91	132,26	192,38	216,42	126,46	183,94	206,93
	II	2 886,08	158,73	230,88	259,74	II	2 886,08	152,93	222,45	250,25	147,13	214,02	240,77	141,34	205,58	231,28	135,54	197,15	221,79	129,74	188,72	212,31	123,94	180,28	202,82
	III	2 207,33	121,40	176,58	198,65	III	2 207,33	115,76	168,38	189,43	110,22	160,33	180,37	104,78	152,41	171,46	99,43	144,62	162,70	94,17	136,98	154,10	89,01	129,48	145,66
	V	3 475,58	191,15	278,04	312,80	IV	2 931,83	158,35	230,33	259,12	155,45	226,11	254,37	152,55	221,90	249,63	149,65	217,68	244,89	146,75	213,46	240,14	143,85	209,24	235,40
	VI	3 507,75	192,92	280,62	315,69																				
8 981,99	I,IV	2 933,16	161,32	234,65	263,98	I	2 933,16	155,52	226,22	254,49	149,72	217,78	245,—	143,92	209,34	235,51	138,12	200,91	226,02	132,33	192,48	216,54	126,53	184,04	207,05
	II	2 887,33	158,80	230,98	259,85	II	2 887,33	153,—	222,55	250,37	147,20	214,12	240,88	141,40	205,68	231,39	135,61	197,25	221,90	129,81	188,82	212,42	124,01	180,38	202,93
	III	2 208,50	121,46	176,68	198,76	III	2 208,50	115,83	168,48	189,54	110,29	160,42	180,47	104,84	152,50	171,56	99,49	144,72	162,81	94,24	137,08	154,21	89,08	129,57	145,76
	V	3 476,83	191,22	278,14	312,91	IV	2 933,16	158,42	230,43	259,23	155,52	226,22	254,49	152,62	222,—	249,75	149,72	217,78	245,—	146,82	213,56	240,26	143,92	209,34	235,51
	VI	3 509,—	192,99	280,72	315,81																				
8 984,99	I,IV	2 934,41	161,39	234,75	264,09	I	2 934,41	155,59	226,32	254,61	149,79	217,88	245,12	143,99	209,45	235,63	138,20	201,02	226,14	132,40	192,58	216,65	126,60	184,14	207,16
	II	2 888,58	158,87	231,08	259,97	II	2 888,58	153,07	222,65	250,48	147,27	214,22	240,99	141,47	205,78	231,50	135,68	197,35	222,02	129,88	188,92	212,53	124,08	180,48	203,04
	III	2 209,66	121,53	176,77	198,86	III	2 209,66	115,89	168,57	189,64	110,35	160,52	180,58	104,91	152,60	171,67	99,55	144,81	162,91	94,29	137,16	154,30	89,13	129,65	145,85
	V	3 478,08	191,29	278,24	313,02	IV	2 934,41	158,49	230,53	259,34	155,59	226,32	254,61	152,69	222,10	249,86	149,79	217,88	245,12	146,89	213,66	240,37	143,99	209,45	235,63
	VI	3 510,33	193,06	280,82	315,92																				
8 987,99	I,IV	2 935,66	161,46	234,85	264,20	I	2 935,66	155,66	226,42	254,72	149,86	217,98	245,23	144,06	209,55	235,74	138,27	201,12	226,26	132,47	192,68	216,77	126,67	184,25	207,28
	II	2 889,83	158,94	231,18	260,08	II	2 889,83	153,14	222,75	250,59	147,34	214,32	241,11	141,54	205,88	231,62	135,74	197,45	222,13	129,95	189,02	212,64	124,15	180,58	203,15
	III	2 211,—	121,60	176,88	198,99	III	2 211,—	115,96	168,68	189,76	110,42	160,61	180,68	104,97	152,69	171,77	99,62	144,90	163,01	94,36	137,25	154,40	89,20	129,74	145,96
	V	3 479,33	191,36	278,34	313,13	IV	2 935,66	158,56	230,63	259,46	155,66	226,42	254,72	152,76	222,20	249,97	149,86	217,98	245,23	146,96	213,76	240,48	144,06	209,55	235,74
	VI	3 511,58	193,13	280,92	316,04																				
8 990,99	I,IV	2 936,91	161,53	234,95	264,32	I	2 936,91	155,73	226,52	254,83	149,93	218,08	245,34	144,13	209,65	235,85	138,33	201,22	226,37	132,54	192,78	216,88	126,74	184,35	207,39
	II	2 891,16	159,01	231,29	260,20	II	2 891,16	153,21	222,86	250,71	147,41	214,42	241,22	141,61	205,98	231,73	135,81	197,55	222,24	130,02	189,12	212,76	124,22	180,68	203,27
	III	2 212,16	121,66	176,97	199,09	III	2 212,16	116,03	168,77	189,86	110,48	160,70	180,79	105,04	152,78	171,88	99,68	145,—	163,12	94,42	137,34	154,51	89,26	129,84	146,07
	V	3 480,58	191,43	278,44	313,25	IV	2 936,91	158,62	230,73	259,57	155,73	226,52	254,83	152,83	222,30	250,08	149,93	218,08	245,34	147,03	213,86	240,59	144,13	209,65	235,85
	VI	3 512,83	193,20	281,02	316,15																				
8 993,99	I,IV	2 938,16	161,59	235,05	264,43	I	2 938,16	155,80	226,62	254,94	150,—	218,18	245,45	144,20	209,75	235,97	138,40	201,32	226,48	132,60	192,88	216,99	126,81	184,45	207,50
	II	2 892,41	159,08	231,39	260,31	II	2 892,41	153,28	222,96	250,83	147,48	214,52	241,34	141,68	206,09	231,85	135,89	197,66	222,36	130,09	189,22	212,87	124,29	180,78	203,38
	III	2 213,50	121,74	177,08	199,21	III	2 213,50	116,09	168,86	189,97	110,55	160,80	180,90	105,10	152,88	171,99	99,75	145,09	163,22	94,49	137,44	154,62	89,32	129,92	146,16
	V	3 481,91	191,50	278,55	313,37	IV	2 938,16	158,70	230,84	259,69	155,80	226,62	254,94	152,90	222,40	250,20	150,—	218,18	245,45	147,10	213,96	240,71	144,20	209,75	235,97
	VI	3 514,08	193,27	281,12	316,26																				
8 996,99	I,IV	2 939,41	161,66	235,15	264,54	I	2 939,41	155,87	226,72	255,06	150,07	218,28	245,57	144,27	209,85	236,08	138,47	201,42	226,59	132,67	192,98	217,10	126,88	184,55	207,62
	II	2 893,66	159,15	231,49	260,42	II	2 893,66	153,35	223,06	250,94	147,55	214,62	241,45	141,75	206,19	231,96	135,96	197,76	222,48	130,16	189,32	212,99	124,36	180,89	203,50
	III	2 214,66	121,80	177,17	199,31	III	2 214,66	116,16	168,97	190,09	110,62	160,90	181,01	105,16	152,97	172,09	99,81	145,18	163,33	94,55	137;53	154,72	89,38	130,01	146,26
	V	3 483,16	191,57	278,65	313,48	IV	2 939,41	158,77	230,94	259,80	155,87	226,72	255,06	152,97	222,50	250,31	150,07	218,28	245,57	147,17	214,07	240,83	144,27	209,85	236,08
	VI	3 515,33	193,34	281,22	316,37																				
8 999,99	I,IV	2 940,66	161,73	235,25	264,65	I	2 940,66	155,93	226,82	255,17	150,14	218,38	245,68	144,34	209,95	236,19	138,54	201,52	226,71	132,74	193,08	217,22	126,94	184,65	207,73
	II	2 894,91	159,22	231,59	260,54	II	2 894,91	153,42	223,16	251,05	147,62	214,72	241,56	141,82	206,29	232,07	136,02	197,86	222,59	130,23	189,42	213,10	124,43	180,99	203,61
	III	2 215,83	121,87	177,26	199,42	III	2 215,83	116,23	169,06	190,19	110,68	161,—	181,12	105,23	153,06	172,19	99,87	145,26	163,42	94,60	137,61	154,81	89,44	130,10	146,36
	V	3 484,41	191,64	278,75	313,59	IV	2 940,66	158,84	231,04	259,92	155,93	226,82	255,17	153,04	222,60	250,43	150,14	218,38	245,68	147,24	214,17	240,94	144,34	209,95	236,19
	VI	3 516,58	193,41	281,32	316,49																				

Abzüge an Lohnsteuer, Solidaritätszuschlag (SolZ) und Kirchensteuer (8%, 9%) in den Steuerklassen

* Die ausgewiesenen Tabellenwerte sind amtlich. Siehe Erläuterungen auf der Umschlaginnenseite (U2).

Abzüge an Lohnsteuer, Solidaritätszuschlag (SolZ) und Kirchensteuer (8%, 9%) in den Steuerklassen

Lohn/ Gehalt bis €*	I – VI		ohne Kinderfreibeträge			I, II, III, IV		mit Zahl der Kinderfreibeträge . . . 0,5			1			1,5			2			2,5			3		
		LSt	SolZ	8%	9%		LSt	SolZ	8%	9%	SolZ	8%	9%	SolZ	8%	9%	SolZ	8%	9%	SolZ	8%	9%	SolZ	8%	9%
9 002,99	I,IV	2 941,91	161,80	235,35	264,77	I	2 941,91	156,—	226,92	255,28	150,20	218,48	245,79	144,41	210,05	236,30	138,61	201,62	226,82	132,81	193,18	217,33	127,01	184,75	207,84
	II	2 896,16	159,28	231,69	260,65	II	2 896,16	153,49	223,26	251,16	147,69	214,82	241,67	141,89	206,39	232,19	136,09	197,96	222,70	130,29	189,52	213,21	124,50	181,09	203,72
	III	2 217,16	121,94	177,37	199,54	III	2 217,16	116,29	169,16	190,30	110,75	161,09	181,22	105,29	153,16	172,30	99,93	145,36	163,53	94,67	137,70	154,91	89,50	130,18	146,45
	V	3 485,66	191,71	278,85	313,70	IV	2 941,91	158,90	231,14	260,03	156,—	226,92	255,28	153,11	222,70	250,54	150,20	218,48	245,79	147,31	214,27	241,05	144,41	210,05	236,30
	VI	3 517,83	193,48	281,42	316,60																				
9 005,99	I,IV	2 943,25	161,87	235,46	264,89	I	2 943,25	156,08	227,02	255,40	150,27	218,58	245,90	144,48	210,15	236,42	138,68	201,72	226,93	132,88	193,28	217,44	127,08	184,85	207,95
	II	2 897,41	159,35	231,79	260,76	II	2 897,41	153,56	223,36	251,28	147,76	214,92	241,79	141,96	206,49	232,30	136,16	198,06	222,81	130,36	189,62	213,32	124,57	181,19	203,84
	III	2 218,33	122,—	177,46	199,64	III	2 218,33	116,37	169,26	190,42	110,81	161,18	181,33	105,36	153,25	172,40	99,99	145,45	163,63	94,73	137,80	155,02	89,56	130,28	146,56
	V	3 486,91	191,78	278,95	313,82	IV	2 943,25	158,97	231,24	260,14	156,08	227,02	255,40	153,17	222,80	250,65	150,27	218,58	245,90	147,38	214,37	241,16	144,48	210,15	236,42
	VI	3 519,08	193,54	281,52	316,71																				
9 008,99	I,IV	2 944,50	161,94	235,56	265,—	I	2 944,50	156,14	227,12	255,51	150,35	218,69	246,02	144,55	210,26	236,54	138,75	201,82	227,05	132,95	193,38	217,55	127,15	184,95	208,07
	II	2 898,66	159,42	231,89	260,87	II	2 898,66	153,62	223,46	251,39	147,83	215,02	241,90	142,03	206,59	232,41	136,23	198,16	222,93	130,43	189,72	213,44	124,63	181,29	203,95
	III	2 219,66	122,08	177,57	199,76	III	2 219,66	116,43	169,36	190,53	110,88	161,28	181,44	105,42	153,34	172,51	100,06	145,54	163,73	94,80	137,89	155,12	89,63	130,37	146,66
	V	3 488,16	191,84	279,05	313,93	IV	2 944,50	159,04	231,34	260,25	156,14	227,12	255,51	153,24	222,90	250,76	150,35	218,69	246,02	147,45	214,47	241,28	144,55	210,26	236,54
	VI	3 520,41	193,62	281,63	316,83																				
9 011,99	I,IV	2 945,75	162,01	235,66	265,11	I	2 945,75	156,21	227,22	255,62	150,42	218,79	246,14	144,62	210,36	236,65	138,82	201,92	227,16	133,02	193,49	217,67	127,22	185,06	208,19
	II	2 899,91	159,49	231,99	260,99	II	2 899,91	153,69	223,56	251,50	147,89	215,12	242,01	142,10	206,69	232,52	136,30	198,26	223,04	130,50	189,82	213,55	124,70	181,39	204,06
	III	2 220,83	122,14	177,66	199,87	III	2 220,83	116,49	169,45	190,63	110,94	161,37	181,54	105,49	153,44	172,62	100,12	145,64	163,84	94,86	137,98	155,23	89,68	130,45	146,75
	V	3 489,41	191,91	279,15	314,04	IV	2 945,75	159,11	231,44	260,37	156,21	227,22	255,62	153,31	223,—	250,88	150,42	218,79	246,14	147,51	214,57	241,39	144,62	210,36	236,65
	VI	3 521,66	193,69	281,73	316,94																				
9 014,99	I,IV	2 947,—	162,08	235,76	265,23	I	2 947,—	156,28	227,32	255,74	150,48	218,89	246,25	144,69	210,46	236,76	138,89	202,02	227,27	133,09	193,59	217,79	127,29	185,16	208,30
	II	2 901,25	159,56	232,10	261,11	II	2 901,25	153,77	223,66	251,62	147,96	215,22	242,12	142,17	206,79	232,64	136,37	198,36	223,15	130,57	189,92	213,66	124,77	181,49	204,17
	III	2 222,16	122,21	177,77	199,99	III	2 222,16	116,56	169,54	190,73	111,01	161,48	181,66	105,55	153,53	172,72	100,19	145,73	163,94	94,92	138,06	155,32	89,75	130,54	146,86
	V	3 490,66	191,98	279,25	314,15	IV	2 947,—	159,18	231,54	260,48	156,28	227,32	255,74	153,38	223,10	250,99	150,48	218,89	246,25	147,58	214,67	241,50	144,69	210,46	236,76
	VI	3 522,91	193,76	281,83	317,06																				
9 017,99	I,IV	2 948,25	162,15	235,86	265,34	I	2 948,25	156,35	227,42	255,85	150,55	218,99	246,36	144,76	210,56	236,88	138,96	202,12	227,39	133,16	193,69	217,90	127,36	185,26	208,41
	II	2 902,50	159,63	232,20	261,22	II	2 902,50	153,83	223,76	251,73	148,04	215,33	242,24	142,24	206,90	232,76	136,44	198,46	223,27	130,64	190,02	213,77	124,84	181,59	204,29
	III	2 223,33	122,28	177,86	200,09	III	2 223,33	116,63	169,65	190,85	111,08	161,57	181,76	105,61	153,62	172,82	100,25	145,82	164,05	94,98	138,16	155,43	89,81	130,64	146,97
	V	3 491,91	192,05	279,35	314,27	IV	2 948,25	159,25	231,64	260,60	156,35	227,42	255,85	153,45	223,20	251,10	150,55	218,99	246,36	147,65	214,77	241,61	144,76	210,56	236,88
	VI	3 524,16	193,82	281,93	317,17																				
9 020,99	I,IV	2 949,50	162,22	235,96	265,45	I	2 949,50	156,42	227,52	255,96	150,62	219,09	246,47	144,82	210,66	236,99	139,03	202,22	227,50	133,23	193,79	218,01	127,43	185,36	208,53
	II	2 903,75	159,70	232,30	261,33	II	2 903,75	153,90	223,86	251,84	148,11	215,43	242,36	142,31	207,—	232,87	136,51	198,56	223,38	130,71	190,13	213,89	124,91	181,70	204,41
	III	2 224,50	122,34	177,96	200,20	III	2 224,50	116,70	169,74	190,96	111,14	161,66	181,87	105,68	153,72	172,93	100,32	145,92	164,16	95,04	138,25	155,53	89,87	130,73	147,07
	V	3 493,25	192,12	279,46	314,39	IV	2 949,50	159,32	231,74	260,71	156,42	227,52	255,96	153,52	223,31	251,22	150,62	219,09	246,47	147,73	214,88	241,74	144,82	210,66	236,99
	VI	3 525,41	193,89	282,03	317,28																				
9 023,99	I,IV	2 950,75	162,29	236,06	265,56	I	2 950,75	156,49	227,62	256,07	150,69	219,19	246,59	144,89	210,76	237,10	139,09	202,32	227,61	133,30	193,89	218,12	127,50	185,46	208,64
	II	2 905,—	159,77	232,40	261,45	II	2 905,—	153,97	223,96	251,96	148,17	215,53	242,47	142,38	207,10	232,98	136,58	198,66	223,49	130,78	190,23	214,01	124,98	181,80	204,52
	III	2 225,83	122,42	178,06	200,32	III	2 225,83	116,76	169,84	191,07	111,21	161,76	181,98	105,74	153,81	173,03	100,38	146,01	164,26	95,11	138,34	155,63	89,93	130,81	147,16
	V	3 494,50	192,19	279,56	314,50	IV	2 950,75	159,39	231,84	260,82	156,49	227,62	256,07	153,59	223,41	251,33	150,69	219,19	246,59	147,79	214,98	241,85	144,89	210,76	237,10
	VI	3 526,66	193,96	282,13	317,39																				
9 026,99	I,IV	2 952,—	162,36	236,16	265,68	I	2 952,—	156,56	227,72	256,19	150,76	219,29	246,70	144,96	210,86	237,21	139,16	202,42	227,72	133,37	193,99	218,24	127,57	185,56	208,75
	II	2 906,25	159,84	232,50	261,56	II	2 906,25	154,04	224,06	252,07	148,24	215,63	242,58	142,45	207,20	233,10	136,65	198,76	223,61	130,85	190,33	214,12	125,05	181,90	204,63
	III	2 227,—	122,48	178,16	200,43	III	2 227,—	116,83	169,94	191,18	111,27	161,85	182,08	105,81	153,90	173,14	100,44	146,10	164,36	95,17	138,44	155,74	89,99	130,90	147,26
	V	3 495,75	192,26	279,66	314,61	IV	2 952,—	159,46	231,94	260,93	156,56	227,72	256,19	153,66	223,51	251,45	150,76	219,29	246,70	147,86	215,08	241,96	144,96	210,86	237,21
	VI	3 527,91	194,03	282,23	317,51																				
9 029,99	I,IV	2 953,33	162,43	236,26	265,79	I	2 953,33	156,63	227,82	256,30	150,83	219,39	246,81	145,03	210,96	237,33	139,23	202,52	227,84	133,43	194,09	218,35	127,64	185,66	208,86
	II	2 907,50	159,91	232,60	261,67	II	2 907,50	154,11	224,16	252,18	148,31	215,73	242,69	142,51	207,30	233,21	136,72	198,86	223,72	130,92	190,43	214,23	125,12	182,—	204,75
	III	2 228,33	122,55	178,26	200,54	III	2 228,33	116,90	170,04	191,29	111,34	161,96	182,20	105,87	154,—	173,25	100,51	146,20	164,47	95,24	138,53	155,84	90,06	131,—	147,37
	V	3 497,—	192,33	279,76	314,73	IV	2 953,33	159,53	232,04	261,05	156,63	227,82	256,30	153,73	223,61	251,56	150,83	219,39	246,81	147,93	215,18	242,07	145,03	210,96	237,33
	VI	3 529,16	194,10	282,33	317,62																				
9 032,99	I,IV	2 954,58	162,50	236,36	265,91	I	2 954,58	156,70	227,93	256,42	150,90	219,50	246,93	145,10	211,06	237,44	139,30	202,62	227,95	133,50	194,19	218,46	127,71	185,76	208,98
	II	2 908,75	159,98	232,70	261,78	II	2 908,75	154,18	224,26	252,29	148,38	215,83	242,81	142,58	207,40	233,32	136,78	198,96	223,83	130,99	190,53	214,34	125,19	182,10	204,86
	III	2 229,50	122,62	178,36	200,65	III	2 229,50	116,96	170,13	191,39	111,41	162,05	182,30	105,94	154,10	173,36	100,57	146,29	164,57	95,29	138,61	155,93	90,11	131,08	147,46
	V	3 498,25	192,40	279,86	314,84	IV	2 954,58	159,60	232,14	261,16	156,70	227,93	256,42	153,80	223,71	251,67	150,90	219,50	246,93	148,—	215,28	242,19	145,10	211,06	237,44
	VI	3 530,41	194,17	282,43	317,73																				
9 035,99	I,IV	2 955,83	162,57	236,46	266,02	I	2 955,83	156,77	228,03	256,53	150,97	219,60	247,05	145,17	211,16	237,56	139,37	202,73	228,07	133,58	194,30	218,58	127,78	185,86	209,09
	II	2 910,—	160,05	232,80	261,90	II	2 910,—	154,25	224,36	252,41	148,45	215,93	242,92	142,65	207,50	233,43	136,85	199,06	223,94	131,06	190,63	214,46	125,26	182,20	204,97
	III	2 230,83	122,69	178,46	200,77	III	2 230,83	117,04	170,24	191,52	111,47	162,14	182,41	106,01	154,20	173,47	100,64	146,38	164,68	95,36	138,70	156,04	90,18	131,17	147,56
	V	3 499,50	192,47	279,96	314,95	IV	2 955,83	159,66	232,24	261,27	156,77	228,03	256,53	153,87	223,81	251,78	150,97	219,60	247,05	148,07	215,38	242,30	145,17	211,16	237,56
	VI	3 531,75	194,24	282,54	317,85																				
9 038,99	I,IV	2 957,08	162,63	236,56	266,13	I	2 957,08	156,84	228,13	256,64	151,04	219,70	247,16	145,24	211,26	237,67	139,44	202,83	228,18	133,65	194,40	218,70	127,85	185,96	209,21
	II	2 911,33	160,12	232,90	262,01	II	2 911,33	154,32	224,46	252,52	148,52	216,03	243,03	142,72	207,60	233,55	136,92	199,16	224,06	131,12	190,73	214,57	125,33	182,30	205,08
	III	2 232,—	122,76	178,56	200,88	III	2 232,—	117,10	170,33	191,62	111,54	162,24	182,52	106,07	154,29	173,57	100,70	146,48	164,79	95,42	138,80	156,15	90,24	131,26	147,67
	V	3 500,75	192,54	280,06	315,06	IV	2 957,08	159,73	232,34	261,38	156,84	228,13	256,64	153,94	223,91	251,90	151,04	219,70	247,16	148,14	215,48	242,41	145,24	211,26	237,67
	VI	3 533,—	194,31	282,64	317,97																				
9 041,99	I,IV	2 958,33	162,70	236,66	266,24	I	2 958,33	156,91	228,23	256,76	151,11	219,80	247,27	145,31	211,36	237,78	139,51	202,93	228,29	133,71	194,50	218,81	127,92	186,06	209,32
	II	2 912,58	160,19	233,—	262,13	II	2 912,58	154,39	224,57	252,64	148,59	216,14	243,15	142,79	207,70	233,66	136,99	199,26	224,17	131,19	190,83	214,68	125,40	182,40	205,20
	III	2 233,33	122,83	178,66	200,99	III	2 233,33	117,16	170,42	191,72	111,60	162,33	182,62	106,14	154,38	173,68	100,76	146,57	164,89	95,48	138,89	156,25	90,30	131,34	147,76
	V	3 502,—	192,61	280,16	315,18	IV	2 958,33	159,80	232,44	261,50	156,91	228,23	256,76	154,—	224,01	252,01	151,11	219,80	247,27	148,21	215,58	242,52	145,31	211,36	237,78
	VI	3 534,25	194,38	282,74	318,08																				
9 044,99	I,IV	2 959,58	162,77	236,76	266,36	I	2 959,58	156,97	228,33	256,87	151,18	219,90	247,38	145,38	211,46	237,89	139,58	203,03	228,41	133,78	194,60	218,92	127,98	186,16	209,43
	II	2 913,83	160,26	233,10	262,24	II	2 913,83	154,46	224,67	252,75	148,66	216,24	243,27	142,86	207,80	233,78	137,06	199,37	224,29	131,27	190,94	214,80	125,47	182,50	205,31
	III	2 234,50	122,89	178,76	201,10	III	2 234,50	117,24	170,53	191,84	111,66	162,42	182,72	106,20	154,48	173,79	100,83	146,66	164,99	95,55	138,98	156,35	90,36	131,44	147,87
	V	3 503,33	192,68	280,26	315,29	IV	2 959,58	159,88	232,55	261,62	156,97	228,33	256,87	154,08	224,12	252,13	151,18	219,90	247,38	148,28	215,68	242,64	145,38	211,46	237,89
	VI	3 535,50	194,45	282,84	318,19																				

* Die ausgewiesenen Tabellenwerte sind amtlich. Siehe Erläuterungen auf der Umschlaginnenseite (U2).

MONAT 9 045,–*

Lohn/ Gehalt bis €*	Abzüge an Lohnsteuer, Solidaritätszuschlag (SolZ) und Kirchensteuer (8%, 9%) in den Steuerklassen I – VI					I, II, III, IV		mit Zahl der Kinderfreibeträge . . . 0,5			1			1,5			2			2,5			3		
		LSt	ohne Kinderfreibeträge SolZ	8%	9%		LSt	SolZ	8%	9%	SolZ	8%	9%	SolZ	8%	9%	SolZ	8%	9%	SolZ	8%	9%	SolZ	8%	9%
9 047,99	I,IV	2 960,83	162,84	236,86	266,47	I	2 960,83	157,04	228,43	256,98	151,25	220,—	247,50	145,45	211,56	238,01	139,65	203,13	228,52	133,85	194,70	219,03	128,05	186,26	209,54
	II	2 915,08	160,32	233,20	262,35	II	2 915,08	154,53	224,77	252,86	148,73	216,34	243,38	142,93	207,90	233,89	137,13	199,47	224,40	131,34	191,04	214,92	125,54	182,60	205,43
	III	2 235,66	122,96	178,85	201,20	III	2 235,66	117,30	170,62	191,95	111,74	162,53	182,84	106,26	154,57	173,89	100,88	146,74	165,08	95,60	139,06	156,44	90,42	131,53	147,97
	V	3 504,58	192,75	280,36	315,41	IV	2 960,83	159,94	232,65	261,73	157,04	228,43	256,98	154,15	224,22	252,24	151,25	220,—	247,50	148,35	215,78	242,75	145,45	211,56	238,01
	VI	3 536,75	194,52	282,94	318,30																				
9 050,99	I,IV	2 962,08	162,91	236,96	266,58	I	2 962,08	157,11	228,53	257,09	151,31	220,10	247,61	145,52	211,66	238,12	139,72	203,23	228,63	133,92	194,80	219,15	128,12	186,36	209,66
	II	2 916,33	160,39	233,30	262,46	II	2 916,33	154,60	224,87	252,98	148,80	216,44	243,49	143,—	208,—	234,—	137,20	199,57	224,51	131,40	191,14	215,03	125,61	182,70	205,54
	III	2 237,—	123,03	178,96	201,33	III	2 237,—	117,37	170,72	192,06	111,80	162,62	182,95	106,33	154,66	173,99	100,95	146,84	165,19	95,67	139,16	156,55	90,48	131,61	148,06
	V	3 505,83	192,82	280,46	315,52	IV	2 962,08	160,01	232,75	261,84	157,11	228,53	257,09	154,22	224,32	252,36	151,31	220,10	247,61	148,42	215,88	242,87	145,52	211,66	238,12
	VI	3 538,—	194,59	283,04	318,42																				
9 053,99	I,IV	2 963,33	162,98	237,06	266,69	I	2 963,33	157,18	228,63	257,21	151,38	220,20	247,72	145,58	211,76	238,23	139,79	203,33	228,74	133,99	194,90	219,26	128,19	186,46	209,77
	II	2 917,58	160,46	233,40	262,58	II	2 917,58	154,66	224,97	253,09	148,87	216,54	243,60	143,07	208,10	234,11	137,27	199,67	224,63	131,47	191,24	215,14	125,67	182,80	205,65
	III	2 238,16	123,09	179,05	201,43	III	2 238,16	117,43	170,81	192,16	111,87	162,72	183,06	106,39	154,76	174,10	101,01	146,93	165,29	95,73	139,25	156,65	90,54	131,70	148,16
	V	3 507,08	192,88	280,56	315,63	IV	2 963,33	160,08	232,85	261,95	157,18	228,63	257,21	154,28	224,42	252,47	151,38	220,20	247,72	148,49	215,98	242,98	145,58	211,76	238,23
	VI	3 539,25	194,65	283,14	318,53																				
9 056,99	I,IV	2 964,66	163,05	237,17	266,81	I	2 964,66	157,25	228,74	257,33	151,46	220,30	247,84	145,65	211,86	238,34	139,86	203,43	228,86	134,06	195,—	219,37	128,26	186,56	209,88
	II	2 918,83	160,53	233,50	262,69	II	2 918,83	154,73	225,07	253,20	148,94	216,64	243,72	143,14	208,20	234,23	137,34	199,77	224,74	131,54	191,34	215,25	125,74	182,90	205,76
	III	2 239,50	123,17	179,16	201,55	III	2 239,50	117,50	170,92	192,28	111,93	162,81	183,16	106,46	154,85	174,20	101,08	147,02	165,40	95,80	139,34	156,76	90,61	131,80	148,27
	V	3 508,33	192,95	280,66	315,74	IV	2 964,66	160,15	232,95	262,07	157,25	228,74	257,33	154,35	224,52	252,58	151,46	220,30	247,84	148,55	216,08	243,09	145,65	211,86	238,34
	VI	3 540,50	194,72	283,24	318,64																				
9 059,99	I,IV	2 965,91	163,12	237,27	266,93	I	2 965,91	157,32	228,84	257,44	151,52	220,40	247,95	145,73	211,97	238,46	139,93	203,54	228,98	134,13	195,10	219,49	128,33	186,66	209,99
	II	2 920,08	160,60	233,60	262,80	II	2 920,08	154,80	225,17	253,31	149,—	216,74	243,83	143,21	208,30	234,34	137,41	199,87	224,85	131,61	191,44	215,37	125,81	183,—	205,88
	III	2 240,66	123,23	179,25	201,65	III	2 240,66	117,57	171,01	192,38	111,99	162,90	183,26	106,52	154,94	174,31	101,14	147,12	165,51	95,86	139,44	156,87	90,67	131,89	148,37
	V	3 509,58	193,02	280,76	315,86	IV	2 965,91	160,22	233,05	262,18	157,32	228,84	257,44	154,42	224,62	252,69	151,52	220,40	247,95	148,62	216,18	243,20	145,73	211,97	238,46
	VI	3 541,83	194,80	283,34	318,76																				
9 062,99	I,IV	2 967,16	163,19	237,37	267,04	I	2 967,16	157,39	228,94	257,55	151,59	220,50	248,06	145,80	212,07	238,58	140,—	203,64	229,09	134,20	195,20	219,60	128,40	186,77	210,11
	II	2 921,33	160,67	233,70	262,91	II	2 921,33	154,87	225,27	253,43	149,07	216,84	243,94	143,27	208,40	234,45	137,48	199,97	224,96	131,68	191,54	215,48	125,88	183,10	205,99
	III	2 242,—	123,31	179,36	201,78	III	2 242,—	117,63	171,10	192,49	112,07	163,01	183,38	106,59	155,04	174,42	101,20	147,21	165,61	95,92	139,53	156,97	90,73	131,97	148,46
	V	3 510,83	193,09	280,86	315,97	IV	2 967,16	160,29	233,15	262,29	157,39	228,94	257,55	154,49	224,72	252,81	151,59	220,50	248,06	148,69	216,28	243,32	145,80	212,07	238,58
	VI	3 543,08	194,86	283,44	318,87																				
9 065,99	I,IV	2 968,41	163,26	237,47	267,15	I	2 968,41	157,46	229,04	257,67	151,66	220,60	248,18	145,86	212,17	238,69	140,07	203,74	229,20	134,27	195,30	219,71	128,47	186,87	210,23
	II	2 922,66	160,74	233,81	263,03	II	2 922,66	154,94	225,38	253,55	149,15	216,94	244,06	143,34	208,50	234,56	137,55	200,07	225,08	131,75	191,64	215,59	125,95	183,20	206,10
	III	2 243,16	123,37	179,45	201,88	III	2 243,16	117,70	171,21	192,61	112,13	163,10	183,49	106,65	155,13	174,52	101,27	147,30	165,71	95,98	139,61	157,06	90,79	132,06	148,57
	V	3 512,08	193,16	280,96	316,08	IV	2 968,41	160,36	233,25	262,40	157,46	229,04	257,67	154,56	224,82	252,92	151,66	220,60	248,18	148,76	216,38	243,43	145,86	212,17	238,69
	VI	3 544,33	194,93	283,54	318,98																				
9 068,99	I,IV	2 969,66	163,33	237,57	267,26	I	2 969,66	157,53	229,14	257,78	151,73	220,70	248,29	145,93	212,27	238,80	140,14	203,84	229,32	134,34	195,40	219,83	128,54	186,97	210,34
	II	2 923,91	160,81	233,91	263,15	II	2 923,91	155,01	225,48	253,66	149,21	217,04	244,17	143,42	208,61	234,68	137,62	200,18	225,20	131,82	191,74	215,71	126,02	183,30	206,21
	III	2 244,50	123,44	179,56	202,—	III	2 244,50	117,77	171,30	192,71	112,20	163,20	183,60	106,71	155,22	174,62	101,33	147,40	165,82	96,04	139,70	157,16	90,86	132,16	148,68
	V	3 513,41	193,23	281,07	316,20	IV	2 969,66	160,43	233,36	262,53	157,53	229,14	257,78	154,63	224,92	253,04	151,73	220,70	248,29	148,83	216,48	243,54	145,93	212,27	238,80
	VI	3 545,58	195,—	283,64	319,10																				
9 071,99	I,IV	2 970,91	163,40	237,67	267,38	I	2 970,91	157,60	229,24	257,89	151,80	220,80	248,40	146,—	212,37	238,91	140,20	203,94	229,43	134,41	195,50	219,94	128,61	187,07	210,45
	II	2 925,16	160,88	234,01	263,26	II	2 925,16	155,08	225,58	253,77	149,28	217,14	244,28	143,49	208,71	234,80	137,69	200,28	225,31	131,89	191,84	215,82	126,09	183,41	206,33
	III	2 245,66	123,51	179,65	202,10	III	2 245,66	117,83	171,40	192,82	112,26	163,29	183,70	106,78	155,32	174,73	101,40	147,49	165,92	96,11	139,80	157,27	90,91	132,24	148,77
	V	3 514,66	193,30	281,17	316,31	IV	2 970,91	160,50	233,46	262,64	157,60	229,24	257,89	154,70	225,02	253,15	151,80	220,80	248,40	148,90	216,59	243,66	146,—	212,37	238,91
	VI	3 546,83	195,07	283,74	319,21																				
9 074,99	I,IV	2 972,16	163,46	237,77	267,49	I	2 972,16	157,67	229,34	258,—	151,87	220,90	248,51	146,07	212,47	239,03	140,27	204,04	229,54	134,47	195,60	220,05	128,68	187,17	210,56
	II	2 926,41	160,95	234,11	263,37	II	2 926,41	155,15	225,68	253,89	149,35	217,24	244,40	143,55	208,81	234,91	137,76	200,38	225,42	131,96	191,94	215,93	126,16	183,51	206,45
	III	2 246,83	123,57	179,74	202,21	III	2 246,83	117,91	171,50	192,94	112,32	163,38	183,80	106,85	155,42	174,85	101,46	147,58	166,03	96,17	139,89	157,37	90,97	132,33	148,87
	V	3 515,91	193,37	281,27	316,43	IV	2 972,16	160,57	233,56	262,75	157,67	229,34	258,—	154,77	225,12	253,26	151,87	220,90	248,51	148,97	216,69	243,77	146,07	212,47	239,03
	VI	3 548,08	195,14	283,84	319,32																				
9 077,99	I,IV	2 973,41	163,53	237,87	267,60	I	2 973,41	157,74	229,44	258,12	151,94	221,—	248,63	146,14	212,57	239,14	140,34	204,14	229,65	134,54	195,70	220,16	128,75	187,27	210,68
	II	2 927,66	161,02	234,21	263,48	II	2 927,66	155,22	225,78	254,—	149,42	217,34	244,51	143,62	208,91	235,02	137,83	200,48	225,54	132,03	192,04	216,05	126,23	183,61	206,56
	III	2 248,16	123,64	179,85	202,33	III	2 248,16	117,97	171,60	193,05	112,40	163,49	183,92	106,92	155,52	174,96	101,53	147,68	166,14	96,24	139,98	157,48	91,04	132,42	148,97
	V	3 517,16	193,44	281,37	316,54	IV	2 973,41	160,64	233,66	262,86	157,74	229,44	258,12	154,84	225,22	253,37	151,94	221,—	248,63	149,04	216,79	243,89	146,14	212,57	239,14
	VI	3 549,33	195,21	283,94	319,43																				
9 080,99	I,IV	2 974,75	163,61	237,98	267,72	I	2 974,75	157,81	229,54	258,23	152,01	221,10	248,74	146,21	212,67	239,25	140,41	204,24	229,77	134,61	195,80	220,28	128,81	187,37	210,79
	II	2 928,91	161,09	234,31	263,60	II	2 928,91	155,29	225,88	254,11	149,49	217,44	244,62	143,69	209,01	235,13	137,89	200,58	225,65	132,10	192,14	216,16	126,30	183,71	206,67
	III	2 249,33	123,71	179,94	202,43	III	2 249,33	118,03	171,69	193,15	112,46	163,58	184,03	106,98	155,61	175,06	101,59	147,77	166,24	96,30	140,08	157,59	91,10	132,52	149,08
	V	3 518,41	193,51	281,47	316,65	IV	2 974,75	160,71	233,76	262,98	157,81	229,54	258,23	154,91	225,32	253,49	152,01	221,10	248,74	149,11	216,89	244,—	146,21	212,67	239,25
	VI	3 550,58	195,28	284,04	319,55																				
9 083,99	I,IV	2 976,—	163,68	238,08	267,84	I	2 976,—	157,88	229,64	258,35	152,08	221,21	248,86	146,28	212,78	239,37	140,48	204,34	229,88	134,68	195,90	220,39	128,88	187,47	210,90
	II	2 930,16	161,15	234,41	263,71	II	2 930,16	155,36	225,98	254,22	149,56	217,54	244,73	143,76	209,11	235,25	137,96	200,68	225,76	132,16	192,24	216,27	126,37	183,81	206,78
	III	2 250,66	123,78	180,05	202,55	III	2 250,66	118,11	171,80	193,27	112,53	163,68	184,14	107,04	155,70	175,16	101,65	147,86	166,34	96,36	140,16	157,68	91,16	132,60	149,17
	V	3 519,66	193,58	281,57	316,76	IV	2 976,—	160,77	233,86	263,09	157,88	229,64	258,35	154,98	225,42	253,60	152,08	221,21	248,86	149,18	216,99	244,11	146,28	212,78	239,37
	VI	3 551,91	195,35	284,15	319,67																				
9 086,99	I,IV	2 977,25	163,74	238,18	267,95	I	2 977,25	157,95	229,74	258,46	152,15	221,31	248,97	146,35	212,88	239,49	140,55	204,44	230,—	134,75	196,01	220,51	128,96	187,58	211,02
	II	2 931,41	161,22	234,51	263,82	II	2 931,41	155,43	226,08	254,34	149,63	217,64	244,85	143,83	209,21	235,36	138,03	200,78	225,87	132,23	192,34	216,38	126,44	183,91	206,90
	III	2 251,83	123,85	180,14	202,66	III	2 251,83	118,17	171,89	193,37	112,59	163,77	184,24	107,11	155,80	175,27	101,72	147,96	166,45	96,42	140,25	157,78	91,22	132,69	149,27
	V	3 520,91	193,65	281,67	316,88	IV	2 977,25	160,84	233,96	263,20	157,95	229,74	258,46	155,04	225,52	253,71	152,15	221,31	248,97	149,25	217,09	244,22	146,35	212,88	239,49
	VI	3 553,16	195,42	284,25	319,78																				
9 089,99	I,IV	2 978,50	163,81	238,28	268,06	I	2 978,50	158,01	229,84	258,57	152,22	221,41	249,08	146,42	212,98	239,60	140,62	204,54	230,11	134,82	196,11	220,62	129,03	187,68	211,14
	II	2 932,75	161,30	234,62	263,94	II	2 932,75	155,50	226,18	254,45	149,70	217,74	244,96	143,90	209,31	235,47	138,10	200,88	225,99	132,30	192,44	216,50	126,50	184,01	207,01
	III	2 253,16	123,92	180,25	202,78	III	2 253,16	118,24	171,98	193,48	112,66	163,88	184,36	107,17	155,89	175,37	101,78	148,05	166,55	96,48	140,34	157,88	91,29	132,78	149,38
	V	3 522,16	193,71	281,77	316,99	IV	2 978,50	160,91	234,06	263,31	158,01	229,84	258,57	155,11	225,62	253,82	152,22	221,41	249,08	149,32	217,19	244,34	146,42	212,98	239,60
	VI	3 554,41	195,49	284,35	319,89																				

* **Die ausgewiesenen Tabellenwerte sind amtlich. Siehe Erläuterungen auf der Umschlaginnenseite (U2).**

Abzüge an Lohnsteuer, Solidaritätszuschlag (SolZ) und Kirchensteuer (8%, 9%) in den Steuerklassen

Lohn/ Gehalt bis €*	I – VI					I, II, III, IV		mit Zahl der Kinderfreibeträge . . . 0,5			1			1,5			2			2,5			3		
			ohne Kinderfreibeträge																						
		LSt	SolZ	8%	9%		LSt	SolZ	8%	9%	SolZ	8%	9%	SolZ	8%	9%	SolZ	8%	9%	SolZ	8%	9%	SolZ	8%	9%
9 092,99	I,IV	2 979,75	163,88	238,38	268,17	I	2 979,75	158,08	229,94	258,68	152,29	221,51	249,20	146,49	213,08	239,71	140,69	204,64	230,22	134,89	196,21	220,73	129,09	187,78	211,25
	II	2 934,—	161,37	234,72	264,06	II	2 934,—	155,57	226,28	254,57	149,77	217,85	245,08	143,97	209,42	235,59	138,17	200,98	226,10	132,37	192,54	216,61	126,57	184,11	207,12
	III	2 254,33	123,98	180,34	202,88	III	2 254,33	118,31	172,09	193,60	112,73	163,97	184,46	107,24	155,98	175,48	101,85	148,14	166,66	96,55	140,44	157,99	91,34	132,86	149,47
	V	3 523,41	193,78	281,87	317,10	IV	2 979,75	160,98	234,16	263,43	158,08	229,94	258,68	155,18	225,72	253,94	152,29	221,51	249,20	149,38	217,29	244,45	146,49	213,08	239,71
	VI	3 555,66	195,56	284,45	320,—																				
9 095,99	I,IV	2 981,—	163,95	238,48	268,29	I	2 981,—	158,15	230,04	258,80	152,35	221,61	249,31	146,56	213,18	239,82	140,76	204,74	230,33	134,96	196,31	220,85	129,16	187,88	211,36
	II	2 935,25	161,43	234,82	264,17	II	2 935,25	155,64	226,38	254,68	149,84	217,95	245,19	144,04	209,52	235,71	138,24	201,08	226,22	132,44	192,65	216,73	126,65	184,22	207,24
	III	2 255,66	124,06	180,45	203,—	III	2 255,66	118,37	172,18	193,70	112,79	164,06	184,57	107,30	156,08	175,59	101,91	148,24	166,77	96,61	140,53	158,09	91,41	132,96	149,58
	V	3 524,75	193,86	281,98	317,22	IV	2 981,—	161,05	234,26	263,54	158,15	230,04	258,80	155,26	225,83	254,06	152,35	221,61	249,31	149,46	217,40	244,57	146,56	213,18	239,82
	VI	3 556,91	195,63	284,55	320,12																				
9 098,99	I,IV	2 982,25	164,02	238,58	268,40	I	2 982,25	158,22	230,14	258,91	152,42	221,71	249,42	146,63	213,28	239,94	140,83	204,84	230,45	135,03	196,41	220,96	129,23	187,98	211,47
	II	2 936,50	161,50	234,92	264,28	II	2 936,50	155,70	226,48	254,79	149,91	218,05	245,30	144,11	209,62	235,82	138,31	201,18	226,33	132,51	192,75	216,84	126,72	184,32	207,36
	III	2 256,83	124,12	180,54	203,11	III	2 256,83	118,44	172,28	193,81	112,86	164,16	184,68	107,36	156,17	175,69	101,97	148,33	166,87	96,68	140,62	158,20	91,47	133,05	149,68
	V	3 526,—	193,93	282,08	317,34	IV	2 982,25	161,12	234,36	263,66	158,22	230,14	258,91	155,32	225,93	254,17	152,42	221,71	249,42	149,53	217,50	244,68	146,63	213,28	239,94
	VI	3 558,16	195,69	284,65	320,23																				
9 101,99	I,IV	2 983,50	164,09	238,68	268,51	I	2 983,50	158,29	230,24	259,02	152,49	221,81	249,53	146,69	213,38	240,05	140,90	204,94	230,56	135,10	196,51	221,07	129,30	188,08	211,59
	II	2 937,75	161,57	235,02	264,39	II	2 937,75	155,77	226,58	254,90	149,98	218,15	245,42	144,18	209,72	235,93	138,38	201,28	226,44	132,58	192,85	216,95	126,78	184,42	207,47
	III	2 258,16	124,19	180,65	203,23	III	2 258,16	118,51	172,38	193,93	112,92	164,25	184,78	107,43	156,26	175,79	102,04	148,42	166,97	96,73	140,70	158,29	91,53	133,14	149,78
	V	3 527,25	193,99	282,18	317,45	IV	2 983,50	161,19	234,46	263,77	158,29	230,24	259,02	155,39	226,03	254,28	152,49	221,81	249,53	149,60	217,60	244,80	146,69	213,38	240,05
	VI	3 559,41	195,76	284,75	320,34																				
9 104,99	I,IV	2 984,83	164,16	238,78	268,63	I	2 984,83	158,36	230,34	259,13	152,56	221,91	249,65	146,76	213,48	240,16	140,96	205,04	230,67	135,17	196,61	221,18	129,37	188,18	211,70
	II	2 939,—	161,64	235,12	264,51	II	2 939,—	155,84	226,68	255,02	150,04	218,25	245,53	144,25	209,82	236,04	138,45	201,38	226,55	132,65	192,95	217,07	126,85	184,52	207,58
	III	2 259,33	124,26	180,74	203,33	III	2 259,33	118,58	172,48	194,04	112,99	164,36	184,90	107,49	156,36	175,90	102,10	148,52	167,08	96,80	140,80	158,40	91,59	133,22	149,87
	V	3 528,50	194,06	282,28	317,56	IV	2 984,83	161,26	234,56	263,88	158,36	230,34	259,13	155,46	226,13	254,39	152,56	221,91	249,65	149,66	217,70	244,91	146,76	213,48	240,16
	VI	3 560,66	195,83	284,85	320,45																				
9 107,99	I,IV	2 986,08	164,23	238,88	268,74	I	2 986,08	158,43	230,45	259,25	152,63	222,02	249,77	146,84	213,58	240,28	141,03	205,14	230,78	135,24	196,71	221,30	129,44	188,28	211,81
	II	2 940,25	161,71	235,22	264,62	II	2 940,25	155,91	226,78	255,13	150,11	218,35	245,64	144,32	209,92	236,16	138,52	201,48	226,67	132,72	193,05	217,18	126,92	184,62	207,69
	III	2 260,66	124,33	180,85	203,45	III	2 260,66	118,65	172,58	194,15	113,06	164,45	185,—	107,57	156,46	176,02	102,17	148,61	167,18	96,86	140,89	158,50	91,65	133,32	149,98
	V	3 529,75	194,13	282,38	317,67	IV	2 986,08	161,33	234,66	263,99	158,43	230,45	259,25	155,53	226,23	254,51	152,63	222,02	249,77	149,73	217,80	245,02	146,84	213,58	240,28
	VI	3 561,91	195,90	284,95	320,57																				
9 110,99	I,IV	2 987,33	164,30	238,98	268,85	I	2 987,33	158,50	230,55	259,37	152,70	222,12	249,88	146,90	213,68	240,39	141,11	205,25	230,90	135,31	196,82	221,42	129,51	188,38	211,93
	II	2 941,50	161,78	235,32	264,73	II	2 941,50	155,98	226,88	255,24	150,18	218,45	245,75	144,38	210,02	236,27	138,59	201,58	226,78	132,79	193,15	217,29	126,99	184,72	207,81
	III	2 261,83	124,40	180,94	203,56	III	2 261,83	118,71	172,68	194,26	113,12	164,54	185,11	107,63	156,56	176,13	102,23	148,70	167,29	96,92	140,98	158,60	91,72	133,41	150,08
	V	3 531,—	194,20	282,48	317,79	IV	2 987,33	161,40	234,76	264,11	158,50	230,55	259,37	155,60	226,33	254,62	152,70	222,12	249,88	149,80	217,90	245,13	146,90	213,68	240,39
	VI	3 563,25	195,97	285,06	320,69																				
9 113,99	I,IV	2 988,58	164,37	239,08	268,97	I	2 988,58	158,57	230,65	259,48	152,77	222,22	249,99	146,97	213,78	240,50	141,18	205,35	231,02	135,38	196,92	221,53	129,58	188,48	212,04
	II	2 942,83	161,85	235,42	264,85	II	2 942,83	156,05	226,98	255,35	150,25	218,55	245,87	144,45	210,12	236,38	138,65	201,68	226,89	132,86	193,25	217,40	127,06	184,82	207,92
	III	2 263,—	124,46	181,04	203,67	III	2 263,—	118,78	172,77	194,36	113,19	164,64	185,22	107,69	156,65	176,23	102,30	148,80	167,40	96,99	141,08	158,71	91,77	133,49	150,17
	V	3 532,25	194,27	282,58	317,90	IV	2 988,58	161,47	234,86	264,22	158,57	230,65	259,48	155,67	226,43	254,73	152,77	222,22	249,99	149,87	218,—	245,25	146,97	213,78	240,50
	VI	3 564,50	196,04	285,16	320,80																				
9 116,99	I,IV	2 989,83	164,44	239,18	269,08	I	2 989,83	158,64	230,75	259,59	152,84	222,32	250,11	147,04	213,88	240,62	141,24	205,45	231,13	135,45	197,02	221,64	129,65	188,58	212,15
	II	2 944,08	161,92	235,52	264,96	II	2 944,08	156,12	227,09	255,47	150,32	218,66	245,99	144,53	210,22	236,50	138,72	201,78	227,—	132,93	193,35	217,52	127,13	184,92	208,03
	III	2 264,33	124,53	181,14	203,78	III	2 264,33	118,85	172,88	194,49	113,26	164,74	185,33	107,76	156,74	176,33	102,36	148,89	167,50	97,05	141,17	158,81	91,84	133,58	150,28
	V	3 533,50	194,34	282,68	318,01	IV	2 989,83	161,53	234,96	264,33	158,64	230,75	259,59	155,74	226,53	254,84	152,84	222,32	250,11	149,94	218,10	245,36	147,04	213,88	240,62
	VI	3 565,75	196,11	285,26	320,91																				
9 119,99	I,IV	2 991,08	164,50	239,28	269,19	I	2 991,08	158,71	230,85	259,70	152,91	222,42	250,22	147,11	213,98	240,73	141,31	205,55	231,24	135,52	197,12	221,76	129,72	188,68	212,27
	II	2 945,33	161,99	235,62	265,07	II	2 945,33	156,19	227,19	255,59	150,39	218,76	246,10	144,59	210,32	236,61	138,80	201,89	227,12	133,—	193,46	217,64	127,20	185,02	208,15
	III	2 265,50	124,60	181,24	203,89	III	2 265,50	118,91	172,97	194,59	113,32	164,84	185,44	107,82	156,84	176,44	102,42	148,98	167,60	97,12	141,26	158,92	91,90	133,68	150,39
	V	3 534,83	194,41	282,78	318,13	IV	2 991,08	161,61	235,07	264,45	158,71	230,85	259,70	155,81	226,64	254,97	152,91	222,42	250,22	150,01	218,20	245,48	147,11	213,98	240,73
	VI	3 567,—	196,18	285,36	321,03																				
9 122,99	I,IV	2 992,33	164,57	239,38	269,30	I	2 992,33	158,78	230,95	259,82	152,98	222,52	250,33	147,18	214,08	240,84	141,38	205,65	231,35	135,58	197,22	221,87	129,79	188,78	212,38
	II	2 946,58	162,06	235,72	265,19	II	2 946,58	156,26	227,29	255,70	150,46	218,86	246,21	144,66	210,42	236,72	138,87	201,99	227,24	133,07	193,56	217,75	127,27	185,12	208,26
	III	2 266,83	124,67	181,34	204,01	III	2 266,83	118,98	173,06	194,69	113,39	164,93	185,54	107,89	156,93	176,54	102,49	149,08	167,71	97,17	141,34	159,01	91,96	133,77	150,49
	V	3 536,08	194,48	282,88	318,24	IV	2 992,33	161,68	235,17	264,56	158,78	230,95	259,82	155,88	226,74	255,08	152,98	222,52	250,33	150,08	218,30	245,59	147,18	214,08	240,84
	VI	3 568,25	196,25	285,46	321,14																				
9 125,99	I,IV	2 993,58	164,64	239,48	269,42	I	2 993,58	158,84	231,05	259,93	153,05	222,62	250,44	147,25	214,18	240,95	141,45	205,75	231,47	135,65	197,32	221,98	129,85	188,88	212,49
	II	2 947,83	162,13	235,82	265,30	II	2 947,83	156,33	227,39	255,81	150,53	218,96	246,33	144,73	210,52	236,84	138,93	202,09	227,35	133,14	193,66	217,86	127,34	185,22	208,37
	III	2 268,—	124,74	181,44	204,12	III	2 268,—	119,05	173,17	194,81	113,45	165,02	185,65	107,95	157,02	176,65	102,55	149,17	167,81	97,24	141,44	159,12	92,02	133,85	150,58
	V	3 537,33	194,55	282,98	318,35	IV	2 993,58	161,75	235,27	264,68	158,84	231,05	259,93	155,95	226,84	255,19	153,05	222,62	250,44	150,15	218,40	245,70	147,25	214,18	240,95
	VI	3 569,50	196,32	285,56	321,25																				
9 128,99	I,IV	2 994,83	164,71	239,58	269,53	I	2 994,83	158,91	231,15	260,04	153,12	222,72	250,56	147,32	214,28	241,07	141,52	205,85	231,58	135,72	197,42	222,09	129,92	188,98	212,60
	II	2 949,08	162,19	235,92	265,41	II	2 949,08	156,40	227,49	255,92	150,60	219,06	246,44	144,80	210,62	236,95	139,—	202,19	227,46	133,21	193,76	217,98	127,41	185,32	208,49
	III	2 269,33	124,81	181,54	204,23	III	2 269,33	119,12	173,26	194,92	113,52	165,12	185,76	108,02	157,12	176,76	102,62	149,26	167,92	97,30	141,53	159,22	92,08	133,94	150,68
	V	3 538,58	194,62	283,08	318,47	IV	2 994,83	161,81	235,37	264,79	158,91	231,15	260,04	156,02	226,94	255,30	153,12	222,72	250,56	150,22	218,50	245,81	147,32	214,28	241,07
	VI	3 570,75	196,39	285,66	321,36																				
9 131,99	I,IV	2 996,16	164,78	239,69	269,65	I	2 996,16	158,99	231,26	260,16	153,19	222,82	250,67	147,39	214,38	241,18	141,59	205,95	231,69	135,79	197,52	222,21	129,99	189,08	212,72
	II	2 950,33	162,26	236,02	265,52	II	2 950,33	156,47	227,59	256,04	150,67	219,16	246,55	144,87	210,72	237,06	139,07	202,29	227,57	133,27	193,86	218,09	127,48	185,42	208,60
	III	2 270,50	124,87	181,64	204,34	III	2 270,50	119,18	173,36	195,03	113,59	165,22	185,87	108,08	157,21	176,86	102,68	149,36	168,03	97,36	141,62	159,32	92,15	134,04	150,79
	V	3 539,83	194,69	283,18	318,58	IV	2 996,16	161,88	235,47	264,90	158,99	231,26	260,16	156,09	227,04	255,42	153,19	222,82	250,67	150,29	218,60	245,93	147,39	214,38	241,18
	VI	3 572,—	196,46	285,76	321,48																				
9 134,99	I,IV	2 997,41	164,85	239,79	269,76	I	2 997,41	159,06	231,36	260,28	153,26	222,92	250,79	147,46	214,49	241,30	141,66	206,06	231,81	135,86	197,62	222,32	130,06	189,18	212,83
	II	2 951,58	162,33	236,12	265,64	II	2 951,58	156,53	227,69	256,15	150,74	219,26	246,66	144,94	210,82	237,17	139,14	202,39	227,69	133,34	193,96	218,20	127,54	185,52	208,71
	III	2 271,83	124,95	181,74	204,46	III	2 271,83	119,25	173,46	195,14	113,65	165,32	185,98	108,15	157,32	176,98	102,74	149,45	168,13	97,43	141,72	159,43	92,21	134,13	150,89
	V	3 541,08	194,75	283,28	318,69	IV	2 997,41	161,95	235,57	265,01	159,06	231,36	260,28	156,15	227,14	255,53	153,26	222,92	250,79	150,36	218,70	246,04	147,46	214,49	241,30
	VI	3 573,33	196,53	285,86	321,59																				

* Die ausgewiesenen Tabellenwerte sind amtlich. Siehe Erläuterungen auf der Umschlaginnenseite (U2).

MONAT 9 135,–*

Abzüge an Lohnsteuer, Solidaritätszuschlag (SolZ) und Kirchensteuer (8%, 9%) in den Steuerklassen

Lohn/ Gehalt bis €*	I – VI					I, II, III, IV		mit Zahl der Kinderfreibeträge . . . 0,5			1			1,5			2			2,5			3		
			ohne Kinderfreibeträge																						
		LSt	SolZ	8%	9%		LSt	SolZ	8%	9%	SolZ	8%	9%	SolZ	8%	9%	SolZ	8%	9%	SolZ	8%	9%	SolZ	8%	9%
9 137,99	I,IV	2 998,66	164,92	239,89	269,87	I	2 998,66	159,12	231,46	260,39	153,33	223,02	250,90	147,53	214,59	241,41	141,73	206,16	231,93	135,93	197,72	222,44	130,13	189,29	212,95
	II	2 952,83	162,40	236,22	265,75	II	2 952,83	156,60	227,79	256,26	150,81	219,36	246,78	145,01	210,92	237,29	139,21	202,49	227,80	133,41	194,06	218,31	127,61	185,62	208,82
	III	2 273,–	125,01	181,84	204,57	III	2 273,–	119,32	173,56	195,25	113,72	165,41	186,08	108,22	157,41	177,08	102,81	149,54	168,23	97,49	141,81	159,53	92,27	134,21	150,98
	V	3 542,33	194,82	283,38	318,80	IV	2 998,66	162,02	235,67	265,13	159,12	231,46	260,39	156,22	227,24	255,64	153,33	223,02	250,90	150,42	218,80	246,15	147,53	214,59	241,41
	VI	3 574,58	196,60	285,96	321,71																				
9 140,99	I,IV	2 999,91	164,99	239,99	269,99	I	2 999,91	159,19	231,56	260,50	153,39	223,12	251,01	147,60	214,69	241,52	141,80	206,26	232,04	136,–	197,82	222,55	130,20	189,39	213,06
	II	2 954,16	162,47	236,33	265,87	II	2 954,16	156,68	227,90	256,38	150,88	219,46	246,89	145,08	211,02	237,40	139,28	202,59	227,91	133,48	194,16	218,43	127,68	185,72	208,94
	III	2 274,33	125,08	181,94	204,68	III	2 274,33	119,38	173,65	195,35	113,78	165,50	186,19	108,28	157,50	177,19	102,87	149,64	168,34	97,56	141,90	159,64	92,33	134,30	151,09
	V	3 543,58	194,89	283,48	318,92	IV	2 999,91	162,09	235,77	265,24	159,19	231,56	260,50	156,29	227,34	255,75	153,39	223,12	251,01	150,49	218,90	246,26	147,60	214,69	241,52
	VI	3 575,83	196,67	286,06	321,82																				
9 143,99	I,IV	3 001,16	165,06	240,09	270,10	I	3 001,16	159,26	231,66	260,61	153,46	223,22	251,12	147,67	214,79	241,64	141,87	206,36	232,15	136,07	197,92	222,66	130,27	189,49	213,17
	II	2 955,41	162,54	236,43	265,98	II	2 955,41	156,75	228,–	256,50	150,95	219,56	247,01	145,15	211,13	237,52	139,35	202,70	228,03	133,55	194,26	218,54	127,75	185,82	209,05
	III	2 275,50	125,15	182,04	204,79	III	2 275,50	119,46	173,76	195,48	113,85	165,61	186,31	108,35	157,60	177,30	102,94	149,73	168,44	97,62	142,–	159,75	92,40	134,40	151,20
	V	3 544,91	194,97	283,59	319,04	IV	3 001,16	162,16	235,88	265,36	159,26	231,66	260,61	156,36	227,44	255,87	153,46	223,22	251,12	150,56	219,–	246,38	147,67	214,79	241,64
	VI	3 577,08	196,73	286,16	321,93																				
9 146,99	I,IV	3 002,41	165,13	240,19	270,21	I	3 002,41	159,33	231,76	260,73	153,53	223,32	251,24	147,73	214,89	241,75	141,94	206,46	232,26	136,14	198,02	222,77	130,34	189,59	213,29
	II	2 956,66	162,61	236,53	266,09	II	2 956,66	156,81	228,10	256,61	151,02	219,66	247,12	145,22	211,23	237,63	139,42	202,80	228,15	133,62	194,36	218,66	127,82	185,93	209,17
	III	2 276,83	125,22	182,14	204,91	III	2 276,83	119,52	173,85	195,58	113,92	165,70	186,41	108,41	157,69	177,40	103,–	149,82	168,55	97,68	142,08	159,84	92,46	134,49	151,30
	V	3 546,16	195,03	283,69	319,15	IV	3 002,41	162,23	235,98	265,47	159,33	231,76	260,73	156,43	227,54	255,98	153,53	223,32	251,24	150,64	219,11	246,50	147,73	214,89	241,75
	VI	3 578,33	196,80	286,26	322,04																				
9 149,99	I,IV	3 003,66	165,20	240,29	270,32	I	3 003,66	159,40	231,86	260,84	153,60	223,42	251,35	147,80	214,99	241,86	142,01	206,56	232,38	136,21	198,12	222,89	130,41	189,69	213,40
	II	2 957,91	162,68	236,63	266,21	II	2 957,91	156,88	228,20	256,72	151,08	219,76	247,23	145,29	211,33	237,74	139,49	202,90	228,26	133,69	194,46	218,77	127,89	186,03	209,28
	III	2 278,–	125,29	182,24	205,02	III	2 278,–	119,59	173,96	195,70	113,98	165,80	186,52	108,47	157,78	177,50	103,07	149,92	168,66	97,74	142,17	159,94	92,51	134,57	151,39
	V	3 547,41	195,10	283,79	319,26	IV	3 003,66	162,30	236,08	265,59	159,40	231,86	260,84	156,50	227,64	256,10	153,60	223,42	251,35	150,70	219,21	246,61	147,80	214,99	241,86
	VI	3 579,58	196,87	286,36	322,16																				
9 152,99	I,IV	3 004,91	165,27	240,39	270,44	I	3 004,91	159,47	231,96	260,95	153,67	223,52	251,46	147,87	215,09	241,97	142,07	206,66	232,49	136,28	198,22	223,–	130,48	189,79	213,51
	II	2 959,16	162,75	236,73	266,32	II	2 959,16	156,95	228,30	256,83	151,15	219,86	247,34	145,36	211,43	237,86	139,56	203,–	228,37	133,76	194,56	218,88	127,96	186,13	209,39
	III	2 279,33	125,36	182,34	205,13	III	2 279,33	119,66	174,05	195,80	114,05	165,89	186,62	108,54	157,88	177,61	103,13	150,01	168,76	97,80	142,26	160,04	92,58	134,66	151,49
	V	3 548,66	195,17	283,89	319,37	IV	3 004,91	162,37	236,18	265,70	159,47	231,96	260,95	156,57	227,74	256,21	153,67	223,52	251,46	150,77	219,31	246,72	147,87	215,09	241,97
	VI	3 580,83	196,94	286,46	322,27																				
9 155,99	I,IV	3 006,25	165,34	240,50	270,56	I	3 006,25	159,54	232,06	261,07	153,74	223,62	251,57	147,94	215,19	242,09	142,14	206,76	232,60	136,34	198,32	223,11	130,55	189,89	213,62
	II	2 960,41	162,82	236,83	266,43	II	2 960,41	157,02	228,40	256,95	151,22	219,96	247,46	145,42	211,53	237,97	139,63	203,10	228,48	133,83	194,66	218,99	128,03	186,23	209,51
	III	2 280,50	125,42	182,44	205,24	III	2 280,50	119,72	174,14	195,91	114,12	166,–	186,75	108,60	157,97	177,71	103,19	150,10	168,86	97,87	142,36	160,15	92,64	134,76	151,60
	V	3 549,91	195,24	283,99	319,49	IV	3 006,25	162,44	236,28	265,81	159,54	232,06	261,07	156,64	227,84	256,32	153,74	223,62	251,57	150,84	219,41	246,83	147,94	215,19	242,09
	VI	3 582,08	197,01	286,56	322,38																				
9 158,99	I,IV	3 007,50	165,41	240,60	270,67	I	3 007,50	159,61	232,16	261,18	153,81	223,73	251,69	148,01	215,30	242,21	142,22	206,86	232,72	136,41	198,42	223,22	130,62	189,99	213,74
	II	2 961,66	162,89	236,93	266,54	II	2 961,66	157,09	228,50	257,06	151,29	220,06	247,57	145,49	211,63	238,08	139,70	203,20	228,60	133,90	194,76	219,11	128,10	186,33	209,62
	III	2 281,83	125,50	182,54	205,36	III	2 281,83	119,79	174,25	196,03	114,18	166,09	186,85	108,68	158,08	177,84	103,26	150,20	168,97	97,93	142,45	160,25	92,71	134,85	151,70
	V	3 551,16	195,31	284,09	319,60	IV	3 007,50	162,51	236,38	265,92	159,61	232,16	261,18	156,71	227,94	256,43	153,81	223,73	251,69	150,91	219,51	246,95	148,01	215,30	242,21
	VI	3 583,41	197,08	286,67	322,50																				
9 161,99	I,IV	3 008,75	165,48	240,70	270,78	I	3 008,75	159,68	232,26	261,29	153,88	223,83	251,81	148,08	215,40	242,32	142,28	206,96	232,83	136,49	198,53	223,34	130,69	190,10	213,86
	II	2 962,91	162,96	237,03	266,66	II	2 962,91	157,16	228,60	257,17	151,36	220,16	247,68	145,56	211,73	238,19	139,76	203,30	228,71	133,97	194,86	219,22	128,17	186,43	209,73
	III	2 283,–	125,56	182,64	205,47	III	2 283,–	119,86	174,34	196,13	114,25	166,18	186,95	108,74	158,17	177,94	103,32	150,29	169,07	98,–	142,54	160,36	92,76	134,93	151,79
	V	3 552,41	195,38	284,19	319,71	IV	3 008,75	162,58	236,48	266,04	159,68	232,26	261,29	156,78	228,04	256,55	153,88	223,83	251,81	150,98	219,61	247,06	148,08	215,40	242,32
	VI	3 584,66	197,15	286,77	322,61																				
9 164,99	I,IV	3 010,–	165,55	240,80	270,90	I	3 010,–	159,75	232,36	261,41	153,95	223,93	251,92	148,15	215,50	242,43	142,35	207,06	232,94	136,56	198,63	223,46	130,76	190,20	213,97
	II	2 964,25	163,03	237,14	266,78	II	2 964,25	157,23	228,70	257,29	151,43	220,26	247,79	145,63	211,83	238,31	139,83	203,40	228,82	134,03	194,96	219,33	128,24	186,53	209,84
	III	2 284,33	125,63	182,74	205,58	III	2 284,33	119,92	174,44	196,24	114,31	166,28	187,06	108,80	158,26	178,04	103,39	150,38	169,18	98,06	142,64	160,47	92,83	135,02	151,90
	V	3 553,66	195,45	284,29	319,82	IV	3 010,–	162,64	236,58	266,15	159,75	232,36	261,41	156,85	228,14	256,66	153,95	223,93	251,92	151,05	219,71	247,17	148,15	215,50	242,43
	VI	3 585,91	197,22	286,87	322,73																				
9 167,99	I,IV	3 011,25	165,61	240,90	271,01	I	3 011,25	159,82	232,46	261,52	154,02	224,03	252,03	148,22	215,60	242,55	142,42	207,16	233,06	136,62	198,73	223,57	130,83	190,30	214,08
	II	2 965,50	163,10	237,24	266,89	II	2 965,50	157,30	228,80	257,40	151,50	220,37	247,91	145,70	211,94	238,43	139,91	203,50	228,94	134,10	195,06	219,44	128,31	186,63	209,96
	III	2 285,50	125,70	182,84	205,69	III	2 285,50	120,–	174,54	196,36	114,39	166,38	187,18	108,87	158,36	178,15	103,45	150,48	169,29	98,12	142,73	160,57	92,89	135,12	152,01
	V	3 554,91	195,52	284,39	319,94	IV	3 011,25	162,72	236,68	266,27	159,82	232,46	261,52	156,91	228,24	256,77	154,02	224,03	252,03	151,12	219,81	247,28	148,22	215,60	242,55
	VI	3 587,16	197,29	286,97	322,84																				
9 170,99	I,IV	3 012,50	165,68	241,–	271,12	I	3 012,50	159,88	232,56	261,63	154,09	224,13	252,14	148,29	215,70	242,66	142,49	207,26	233,17	136,69	198,83	223,68	130,90	190,40	214,20
	II	2 966,75	163,17	237,34	267,–	II	2 966,75	157,37	228,90	257,51	151,57	220,47	248,03	145,77	212,04	238,54	139,97	203,60	229,05	134,18	195,17	219,56	128,38	186,74	210,08
	III	2 286,83	125,77	182,94	205,81	III	2 286,83	120,06	174,64	196,47	114,45	166,48	187,29	108,93	158,45	178,25	103,51	150,57	169,39	98,18	142,81	160,66	92,95	135,21	152,11
	V	3 556,25	195,59	284,50	320,06	IV	3 012,50	162,79	236,78	266,38	159,88	232,56	261,63	156,99	228,35	256,89	154,09	224,13	252,14	151,19	219,92	247,41	148,29	215,70	242,66
	VI	3 588,41	197,36	287,07	322,95																				
9 173,99	I,IV	3 013,75	165,75	241,10	271,23	I	3 013,75	159,95	232,66	261,74	154,16	224,23	252,26	148,36	215,80	242,77	142,56	207,36	233,28	136,76	198,93	223,79	130,96	190,50	214,31
	II	2 968,–	163,24	237,44	267,12	II	2 968,–	157,44	229,–	257,63	151,64	220,57	248,14	145,84	212,14	238,65	140,04	203,70	229,16	134,25	195,27	219,68	128,45	186,84	210,19
	III	2 288,–	125,84	183,04	205,92	III	2 288,–	120,13	174,74	196,58	114,51	166,57	187,39	109,–	158,54	178,36	103,58	150,66	169,49	98,24	142,90	160,76	93,01	135,29	152,20
	V	3 557,50	195,66	284,60	320,17	IV	3 013,75	162,85	236,88	266,49	159,95	232,66	261,74	157,06	228,45	257,–	154,16	224,23	252,26	151,26	220,02	247,52	148,36	215,80	242,77
	VI	3 589,66	197,43	287,17	323,06																				
9 176,99	I,IV	3 015,–	165,82	241,20	271,35	I	3 015,–	160,02	232,76	261,86	154,22	224,33	252,37	148,43	215,90	242,88	142,63	207,46	233,39	136,83	199,03	223,91	131,03	190,60	214,42
	II	2 969,25	163,30	237,54	267,23	II	2 969,25	157,51	229,10	257,74	151,71	220,67	248,25	145,91	212,24	238,77	140,11	203,80	229,28	134,31	195,37	219,79	128,52	186,94	210,30
	III	2 289,33	125,91	183,14	206,03	III	2 289,33	120,20	174,84	196,69	114,58	166,66	187,49	109,06	158,64	178,47	103,64	150,76	169,60	98,31	143,–	160,87	93,07	135,38	152,30
	V	3 558,75	195,73	284,70	320,28	IV	3 015,–	162,92	236,98	266,60	160,02	232,76	261,86	157,13	228,55	257,12	154,22	224,33	252,37	151,33	220,12	247,63	148,43	215,90	242,88
	VI	3 590,91	197,50	287,27	323,18																				
9 179,99	I,IV	3 016,33	165,89	241,30	271,46	I	3 016,33	160,09	232,86	261,97	154,29	224,43	252,48	148,50	216,–	243,–	142,70	207,56	233,51	136,90	199,13	224,02	131,10	190,70	214,53
	II	2 970,50	163,37	237,64	267,34	II	2 970,50	157,57	229,20	257,85	151,78	220,77	248,36	145,98	212,34	238,88	140,18	203,90	229,39	134,38	195,47	219,90	128,59	187,04	210,42
	III	2 290,50	125,97	183,24	206,14	III	2 290,50	120,26	174,93	196,79	114,65	166,77	187,61	109,12	158,73	178,57	103,71	150,85	169,70	98,37	143,09	160,97	93,14	135,48	152,41
	V	3 560,–	195,80	284,80	320,40	IV	3 016,33	162,99	237,08	266,72	160,09	232,86	261,97	157,19	228,65	257,23	154,29	224,43	252,48	151,40	220,22	247,74	148,50	216,–	243,–
	VI	3 592,16	197,56	287,37	323,29																				

* Die ausgewiesenen Tabellenwerte sind amtlich. Siehe Erläuterungen auf der Umschlaginnenseite (U2).

Abzüge an Lohnsteuer, Solidaritätszuschlag (SolZ) und Kirchensteuer (8%, 9%) in den Steuerklassen

Lohn/ Gehalt bis €*	I – VI					I, II, III, IV		mit Zahl der Kinderfreibeträge . . . 0,5			1			1,5			2			2,5			3		
		LSt	ohne Kinderfreibeträge SolZ	8%	9%		LSt	SolZ	8%	9%	SolZ	8%	9%	SolZ	8%	9%	SolZ	8%	9%	SolZ	8%	9%	SolZ	8%	9%
9 182,99	I,IV	3 017,58	165,96	241,40	271,58	I	3 017,58	160,16	232,97	262,09	154,37	224,54	252,60	148,57	216,10	243,11	142,77	207,66	233,62	136,97	199,23	224,13	131,17	190,80	214,65
	II	2 971,75	163,44	237,74	267,45	II	2 971,75	157,64	229,30	257,96	151,85	220,87	248,48	146,05	212,44	238,99	140,25	204,—	229,50	134,45	195,57	220,01	128,65	187,14	210,53
	III	2 291,83	126,05	183,34	206,26	III	2 291,83	120,34	175,04	196,92	114,72	166,86	187,72	109,20	158,84	178,69	103,77	150,94	169,81	98,44	143,18	161,08	93,20	135,57	152,51
	V	3 561,25	195,86	284,90	320,51	IV	3 017,58	163,06	237,18	266,83	160,16	232,97	262,09	157,26	228,75	257,34	154,37	224,54	252,60	151,47	220,32	247,86	148,57	216,10	243,11
	VI	3 593,41	197,63	287,47	323,40																				
9 185,99	I,IV	3 018,83	166,03	241,50	271,69	I	3 018,83	160,23	233,07	262,20	154,44	224,64	252,72	148,64	216,20	243,23	142,84	207,77	233,74	137,04	199,34	224,25	131,24	190,90	214,76
	II	2 973,—	163,51	237,84	267,57	II	2 973,—	157,71	229,40	258,08	151,91	220,97	248,59	146,12	212,54	239,10	140,32	204,10	229,61	134,52	195,67	220,13	128,72	187,24	210,64
	III	2 293,—	126,11	183,44	206,37	III	2 293,—	120,40	175,13	197,02	114,78	166,96	187,83	109,26	158,93	178,79	103,84	151,04	169,92	98,50	143,28	161,19	93,26	135,65	152,60
	V	3 562,50	195,93	285,—	320,62	IV	3 018,83	163,13	237,28	266,94	160,23	233,07	262,20	157,33	228,85	257,45	154,44	224,64	252,72	151,53	220,42	247,97	148,64	216,20	243,23
	VI	3 594,75	197,71	287,58	323,52																				
9 188,99	I,IV	3 020,08	166,10	241,60	271,80	I	3 020,08	160,30	233,17	262,31	154,50	224,74	252,83	148,71	216,30	243,34	142,91	207,87	233,85	137,11	199,44	224,37	131,31	191,—	214,88
	II	2 974,33	163,58	237,94	267,68	II	2 974,33	157,78	229,50	258,19	151,98	221,07	248,70	146,19	212,64	239,22	140,39	204,20	229,73	134,59	195,77	220,24	128,79	187,34	210,75
	III	2 294,33	126,18	183,54	206,48	III	2 294,33	120,46	175,22	197,12	114,84	167,05	187,93	109,33	159,02	178,90	103,90	151,13	170,02	98,56	143,37	161,29	93,32	135,74	152,71
	V	3 563,75	196,—	285,10	320,73	IV	3 020,08	163,20	237,38	267,05	160,30	233,17	262,31	157,40	228,95	257,57	154,50	224,74	252,83	151,60	220,52	248,08	148,71	216,30	243,34
	VI	3 596,—	197,78	287,68	323,64																				
9 191,99	I,IV	3 021,33	166,17	241,70	271,91	I	3 021,33	160,37	233,27	262,43	154,57	224,84	252,94	148,77	216,40	243,45	142,98	207,97	233,96	137,18	199,54	224,48	131,38	191,10	214,99
	II	2 975,58	163,65	238,04	267,80	II	2 975,58	157,85	229,61	258,31	152,06	221,18	248,82	146,26	212,74	239,33	140,46	204,30	229,84	134,66	195,87	220,35	128,86	187,44	210,87
	III	2 295,50	126,25	183,64	206,59	III	2 295,50	120,54	175,33	197,24	114,92	167,16	188,05	109,39	159,12	179,01	103,96	151,22	170,12	98,63	143,46	161,39	93,39	135,84	152,82
	V	3 565,—	196,07	285,20	320,85	IV	3 021,33	163,27	237,48	267,17	160,37	233,27	262,43	157,47	229,05	257,68	154,57	224,84	252,94	151,67	220,62	248,19	148,77	216,40	243,45
	VI	3 597,25	197,84	287,78	323,75																				
9 194,99	I,IV	3 022,58	166,24	241,80	272,03	I	3 022,58	160,44	233,37	262,54	154,64	224,94	253,05	148,84	216,50	243,56	143,05	208,07	234,08	137,25	199,64	224,59	131,45	191,20	215,10
	II	2 976,83	163,72	238,14	267,91	II	2 976,83	157,92	229,71	258,42	152,13	221,28	248,94	146,33	212,84	239,45	140,53	204,41	229,96	134,73	195,98	220,47	128,93	187,54	210,98
	III	2 296,83	126,32	183,74	206,71	III	2 296,83	120,60	175,42	197,35	114,98	167,25	188,15	109,45	159,21	179,11	104,03	151,32	170,23	98,69	143,56	161,50	93,45	135,93	152,92
	V	3 566,33	196,14	285,30	320,96	IV	3 022,58	163,34	237,59	267,29	160,44	233,37	262,54	157,54	229,16	257,80	154,64	224,94	253,05	151,74	220,72	248,31	148,84	216,50	243,56
	VI	3 598,50	197,91	287,88	323,86																				
9 197,99	I,IV	3 023,83	166,31	241,90	272,14	I	3 023,83	160,51	233,47	262,65	154,71	225,04	253,17	148,91	216,60	243,68	143,11	208,17	234,19	137,32	199,74	224,70	131,52	191,30	215,21
	II	2 978,08	163,79	238,24	268,02	II	2 978,08	157,99	229,81	258,53	152,19	221,38	249,05	146,40	212,94	239,56	140,60	204,51	230,07	134,80	196,08	220,59	129,—	187,64	211,10
	III	2 298,—	126,39	183,84	206,82	III	2 298,—	120,67	175,53	197,47	115,05	167,34	188,26	109,52	159,30	179,21	104,09	151,41	170,33	98,75	143,64	161,59	93,51	136,02	153,02
	V	3 567,58	196,21	285,40	321,08	IV	3 023,83	163,41	237,69	267,40	160,51	233,47	262,65	157,61	229,26	257,91	154,71	225,04	253,17	151,81	220,82	248,42	148,91	216,60	243,68
	VI	3 599,75	197,98	287,98	323,97																				
9 200,99	I,IV	3 025,08	166,37	242,—	272,25	I	3 025,08	160,58	233,57	262,76	154,78	225,14	253,28	148,98	216,70	243,79	143,18	208,27	234,30	137,39	199,84	224,82	131,59	191,40	215,33
	II	2 979,33	163,86	238,34	268,13	II	2 979,33	158,06	229,91	258,65	152,26	221,48	249,16	146,46	213,04	239,67	140,67	204,61	230,19	134,87	196,18	220,70	129,07	187,74	211,21
	III	2 299,33	126,46	183,94	206,93	III	2 299,33	120,74	175,62	197,57	115,12	167,45	188,38	109,58	159,40	179,32	104,16	151,50	170,44	98,81	143,73	161,69	93,57	136,10	153,11
	V	3 568,83	196,28	285,50	321,19	IV	3 025,08	163,48	237,79	267,51	160,58	233,57	262,76	157,68	229,36	258,03	154,78	225,14	253,28	151,88	220,92	248,54	148,98	216,70	243,79
	VI	3 601,—	198,05	288,08	324,09																				
9 203,99	I,IV	3 026,33	166,44	242,10	272,36	I	3 026,33	160,65	233,67	262,88	154,85	225,24	253,39	149,05	216,80	243,90	143,25	208,37	234,41	137,45	199,94	224,93	131,66	191,50	215,44
	II	2 980,58	163,93	238,44	268,25	II	2 980,58	158,13	230,01	258,76	152,33	221,58	249,27	146,53	213,14	239,78	140,74	204,71	230,30	134,94	196,28	220,81	129,14	187,84	211,32
	III	2 300,50	126,52	184,04	207,04	III	2 300,50	120,80	175,72	197,68	115,18	167,54	188,48	109,66	159,50	179,44	104,22	151,60	170,55	98,88	143,82	161,80	93,63	136,20	153,22
	V	3 570,08	196,35	285,60	321,30	IV	3 026,33	163,55	237,89	267,62	160,65	233,67	262,88	157,75	229,46	258,14	154,85	225,24	253,39	151,95	221,02	248,65	149,05	216,80	243,90
	VI	3 602,25	198,12	288,18	324,20																				
9 206,99	I,IV	3 027,66	166,52	242,21	272,48	I	3 027,66	160,72	233,78	263,—	154,92	225,34	253,51	149,12	216,90	244,01	143,32	208,47	234,53	137,52	200,04	225,04	131,72	191,60	215,55
	II	2 981,83	164,—	238,54	268,36	II	2 981,83	158,20	230,11	258,87	152,40	221,68	249,39	146,60	213,24	239,90	140,80	204,81	230,41	135,01	196,38	220,92	129,21	187,94	211,43
	III	2 301,83	126,60	184,14	207,16	III	2 301,83	120,88	175,82	197,80	115,25	167,64	188,59	109,72	159,60	179,55	104,28	151,69	170,65	98,94	143,92	161,91	93,70	136,29	153,32
	V	3 571,33	196,42	285,70	321,41	IV	3 027,66	163,62	237,99	267,74	160,72	233,78	263,—	157,82	229,56	258,25	154,92	225,34	253,51	152,02	221,12	248,76	149,12	216,90	244,01
	VI	3 603,50	198,19	288,28	324,31																				
9 209,99	I,IV	3 028,91	166,59	242,31	272,60	I	3 028,91	160,79	233,88	263,11	154,99	225,44	253,62	149,19	217,01	244,13	143,39	208,58	234,65	137,60	200,14	225,16	131,79	191,70	215,66
	II	2 983,08	164,06	238,64	268,47	II	2 983,08	158,27	230,21	258,98	152,47	221,78	249,50	146,67	213,34	240,01	140,87	204,91	230,52	135,08	196,48	221,04	129,28	188,04	211,55
	III	2 303,—	126,66	184,24	207,27	III	2 303,—	120,94	175,92	197,91	115,31	167,73	188,69	109,78	159,69	179,65	104,35	151,78	170,75	99,—	144,01	162,01	93,76	136,38	153,43
	V	3 572,58	196,49	285,80	321,53	IV	3 028,91	163,68	238,09	267,85	160,79	233,88	263,11	157,89	229,66	258,36	154,99	225,44	253,62	152,09	221,22	248,87	149,19	217,01	244,13
	VI	3 604,83	198,26	288,38	324,43																				
9 212,99	I,IV	3 030,16	166,65	242,41	272,71	I	3 030,16	160,86	233,98	263,22	155,06	225,54	253,73	149,26	217,11	244,25	143,46	208,68	234,76	137,66	200,24	225,27	131,87	191,81	215,78
	II	2 984,33	164,13	238,74	268,58	II	2 984,33	158,34	230,31	259,10	152,54	221,88	249,61	146,74	213,44	240,12	140,94	205,01	230,63	135,14	196,58	221,15	129,35	188,14	211,66
	III	2 304,33	126,73	184,34	207,38	III	2 304,33	121,01	176,02	198,02	115,39	167,84	188,82	109,85	159,78	179,75	104,41	151,88	170,86	99,07	144,10	162,11	93,82	136,46	153,52
	V	3 573,83	196,56	285,90	321,64	IV	3 030,16	163,75	238,19	267,96	160,86	233,98	263,22	157,96	229,76	258,48	155,06	225,54	253,73	152,16	221,32	248,99	149,26	217,11	244,25
	VI	3 606,08	198,33	288,48	324,54																				
9 215,99	I,IV	3 031,41	166,72	242,51	272,82	I	3 031,41	160,93	234,08	263,34	155,13	225,64	253,85	149,33	217,21	244,36	143,53	208,78	234,87	137,73	200,34	225,38	131,94	191,91	215,90
	II	2 985,66	164,21	238,85	268,70	II	2 985,66	158,41	230,42	259,22	152,61	221,98	249,73	146,81	213,54	240,23	141,01	205,11	230,75	135,21	196,68	221,26	129,41	188,24	211,77
	III	2 305,66	126,81	184,45	207,50	III	2 305,66	121,08	176,12	198,13	115,45	167,93	188,92	109,91	159,88	179,86	104,48	151,97	170,96	99,13	144,20	162,22	93,88	136,56	153,63
	V	3 575,08	196,62	286,—	321,75	IV	3 031,41	163,82	238,29	268,07	160,93	234,08	263,34	158,02	229,86	258,59	155,13	225,64	253,85	152,23	221,42	249,10	149,33	217,21	244,36
	VI	3 607,33	198,40	288,58	324,65																				
9 218,99	I,IV	3 032,66	166,79	242,61	272,93	I	3 032,66	160,99	234,18	263,45	155,20	225,74	253,96	149,40	217,31	244,47	143,60	208,88	234,99	137,80	200,44	225,50	132,—	192,01	216,01
	II	2 986,91	164,28	238,95	268,82	II	2 986,91	158,48	230,52	259,33	152,68	222,08	249,84	146,88	213,65	240,35	141,08	205,22	230,87	135,29	196,78	221,38	129,48	188,34	211,88
	III	2 306,83	126,87	184,54	207,61	III	2 306,83	121,14	176,21	198,23	115,51	168,02	189,02	109,98	159,97	179,96	104,54	152,06	171,07	99,20	144,29	162,32	93,94	136,65	153,73
	V	3 576,41	196,70	286,11	321,87	IV	3 032,66	163,90	238,40	268,20	160,99	234,18	263,45	158,10	229,96	258,71	155,20	225,74	253,96	152,29	221,52	249,21	149,40	217,31	244,47
	VI	3 608,58	198,47	288,68	324,77																				
9 221,99	I,IV	3 033,91	166,86	242,71	273,05	I	3 033,91	161,06	234,28	263,56	155,26	225,84	254,07	149,47	217,41	244,58	143,67	208,98	235,10	137,87	200,54	225,61	132,07	192,11	216,12
	II	2 988,16	164,34	239,05	268,93	II	2 988,16	158,55	230,62	259,44	152,75	222,18	249,95	146,95	213,75	240,47	141,15	205,32	230,98	135,35	196,88	221,49	129,56	188,45	212,—
	III	2 308,16	126,94	184,65	207,73	III	2 308,16	121,22	176,32	198,36	115,58	168,12	189,13	110,04	160,06	180,07	104,61	152,16	171,18	99,26	144,38	162,43	94,01	136,74	153,83
	V	3 577,66	196,77	286,21	321,98	IV	3 033,91	163,96	238,50	268,31	161,06	234,28	263,56	158,17	230,06	258,82	155,26	225,84	254,07	152,37	221,63	249,33	149,47	217,41	244,58
	VI	3 609,83	198,54	288,78	324,88																				
9 224,99	I,IV	3 035,16	166,93	242,81	273,16	I	3 035,16	161,13	234,38	263,67	155,33	225,94	254,18	149,54	217,51	244,70	143,74	209,08	235,21	137,94	200,64	225,72	132,14	192,21	216,23
	II	2 989,41	164,41	239,15	269,04	II	2 989,41	158,62	230,72	259,56	152,82	222,28	250,07	147,02	213,85	240,58	141,22	205,42	231,09	135,42	196,98	221,60	129,63	188,55	212,12
	III	2 309,33	127,01	184,74	207,83	III	2 309,33	121,28	176,41	198,46	115,65	168,22	189,25	110,11	160,17	180,19	104,67	152,25	171,28	99,33	144,48	162,54	94,07	136,84	153,94
	V	3 578,91	196,84	286,31	322,10	IV	3 035,16	164,03	238,60	268,42	161,13	234,38	263,67	158,23	230,16	258,93	155,33	225,94	254,18	152,44	221,73	249,44	149,54	217,51	244,70
	VI	3 611,08	198,60	288,88	324,99																				

*** Die ausgewiesenen Tabellenwerte sind amtlich. Siehe Erläuterungen auf der Umschlaginnenseite (U2).**

MONAT **9 225,–***

Abzüge an Lohnsteuer, Solidaritätszuschlag (SolZ) und Kirchensteuer (8%, 9%) in den Steuerklassen

Lohn/Gehalt bis €*	I – VI	LSt	ohne Kinderfreibeträge SolZ	8%	9%	I, II, III, IV	LSt	mit Zahl der Kinderfreibeträge . . . 0,5 SolZ	0,5 8%	0,5 9%	1 SolZ	1 8%	1 9%	1,5 SolZ	1,5 8%	1,5 9%	2 SolZ	2 8%	2 9%	2,5 SolZ	2,5 8%	2,5 9%	3 SolZ	3 8%	3 9%
9 227,99	I,IV	3 036,41	167,—	242,91	273,27	I	3 036,41	161,20	234,48	263,79	155,40	226,04	254,30	149,60	217,61	244,81	143,81	209,18	235,32	138,01	200,74	225,83	132,21	192,31	216,35
	II	2 990,66	164,48	239,25	269,15	II	2 990,66	158,68	230,82	259,67	152,89	222,38	250,18	147,09	213,95	240,69	141,29	205,52	231,21	135,49	197,08	221,72	129,69	188,65	212,23
	III	2 310,66	127,08	184,85	207,95	III	2 310,66	121,35	176,52	198,58	115,72	168,32	189,36	110,18	160,26	180,29	104,73	152,34	171,38	99,38	144,56	162,63	94,13	136,92	154,03
	V	3 580,16	196,90	286,41	322,21	IV	3 036,41	164,10	238,70	268,53	161,20	234,48	263,79	158,30	230,26	259,04	155,40	226,04	254,30	152,51	221,83	249,56	149,60	217,61	244,81
	VI	3 612,33	198,67	288,98	325,10																				
9 230,99	I,IV	3 037,75	167,07	243,02	273,39	I	3 037,75	161,27	234,58	263,90	155,47	226,14	254,41	149,67	217,71	244,92	143,88	209,28	235,44	138,08	200,84	225,95	132,28	192,41	216,46
	II	2 991,91	164,55	239,35	269,27	II	2 991,91	158,75	230,92	259,78	152,95	222,48	250,29	147,16	214,05	240,80	141,36	205,62	231,32	135,56	197,18	221,83	129,76	188,75	212,34
	III	2 311,83	127,15	184,94	208,06	III	2 311,83	121,42	176,61	198,68	115,78	168,41	189,46	110,24	160,36	180,40	104,80	152,44	171,49	99,44	144,65	162,73	94,19	137,01	154,13
	V	3 581,41	196,97	286,51	322,32	IV	3 037,75	164,17	238,80	268,65	161,27	234,58	263,90	158,37	230,36	259,16	155,47	226,14	254,41	152,57	221,93	249,67	149,67	217,71	244,92
	VI	3 613,58	198,74	289,08	325,22																				
9 233,99	I,IV	3 039,—	167,14	243,12	273,51	I	3 039,—	161,34	234,68	264,02	155,54	226,25	254,53	149,75	217,82	245,04	143,95	209,38	235,55	138,15	200,94	226,06	132,35	192,51	216,57
	II	2 993,16	164,62	239,45	269,38	II	2 993,16	158,82	231,02	259,89	153,02	222,58	250,40	147,23	214,15	240,92	141,43	205,72	231,43	135,63	197,28	221,94	129,83	188,85	212,45
	III	2 313,16	127,22	185,05	208,18	III	2 313,16	121,48	176,70	198,79	115,85	168,52	189,58	110,31	160,45	180,50	104,86	152,53	171,59	99,51	144,74	162,83	94,26	137,10	154,24
	V	3 582,66	197,04	286,61	322,43	IV	3 039,—	164,24	238,90	268,76	161,34	234,68	264,02	158,44	230,46	259,27	155,54	226,25	254,53	152,64	222,03	249,78	149,75	217,82	245,04
	VI	3 614,91	198,82	289,19	325,34																				
9 236,99	I,IV	3 040,25	167,21	243,22	273,62	I	3 040,25	161,41	234,78	264,13	155,61	226,35	254,64	149,82	217,92	245,16	144,02	209,48	235,67	138,22	201,05	226,18	132,42	192,62	216,69
	II	2 994,41	164,69	239,55	269,49	II	2 994,41	158,89	231,12	260,01	153,09	222,68	250,52	147,29	214,25	241,03	141,50	205,82	231,54	135,70	197,38	222,05	129,90	188,95	212,57
	III	2 314,33	127,28	185,14	208,28	III	2 314,33	121,55	176,81	198,91	115,92	168,61	189,68	110,37	160,54	180,61	104,93	152,62	171,70	99,57	144,84	162,94	94,32	137,20	154,35
	V	3 583,91	197,11	286,71	322,55	IV	3 040,25	164,31	239,—	268,87	161,41	234,78	264,13	158,51	230,56	259,38	155,61	226,35	254,64	152,71	222,13	249,89	149,82	217,92	245,16
	VI	3 616,16	198,88	289,29	325,45																				
9 239,99	I,IV	3 041,50	167,28	243,32	273,73	I	3 041,50	161,48	234,88	264,24	155,68	226,45	254,75	149,88	218,02	245,27	144,09	209,58	235,78	138,29	201,15	226,29	132,49	192,72	216,81
	II	2 995,75	164,76	239,66	269,61	II	2 995,75	158,96	231,22	260,12	153,16	222,78	250,63	147,36	214,35	241,14	141,57	205,92	231,66	135,77	197,48	222,17	129,97	189,05	212,68
	III	2 315,66	127,36	185,25	208,40	III	2 315,66	121,62	176,90	199,01	115,98	168,70	189,79	110,44	160,64	180,72	104,99	152,72	171,81	99,64	144,93	163,04	94,38	137,29	154,45
	V	3 585,16	197,18	286,81	322,66	IV	3 041,50	164,38	239,10	268,98	161,48	234,88	264,24	158,58	230,66	259,49	155,68	226,45	254,75	152,78	222,23	250,01	149,88	218,02	245,27
	VI	3 617,41	198,95	289,39	325,56																				
9 242,99	I,IV	3 042,75	167,35	243,42	273,84	I	3 042,75	161,55	234,98	264,35	155,75	226,55	254,87	149,95	218,12	245,38	144,15	209,68	235,89	138,36	201,25	226,40	132,56	192,82	216,92
	II	2 997,—	164,83	239,76	269,73	II	2 997,—	159,03	231,32	260,24	153,23	222,89	250,75	147,44	214,46	241,26	141,64	206,02	231,77	135,84	197,58	222,28	130,04	189,15	212,79
	III	2 316,83	127,42	185,34	208,51	III	2 316,83	121,69	177,01	199,13	116,05	168,80	189,90	110,51	160,74	180,83	105,05	152,81	171,91	99,70	145,02	163,15	94,44	137,37	154,54
	V	3 586,41	197,25	286,91	322,77	IV	3 042,75	164,45	239,20	269,10	161,55	234,98	264,35	158,65	230,76	259,61	155,75	226,55	254,87	152,85	222,33	250,12	149,95	218,12	245,38
	VI	3 618,66	199,02	289,49	325,67																				
9 245,99	I,IV	3 044,—	167,42	243,52	273,96	I	3 044,—	161,62	235,08	264,47	155,82	226,65	254,98	150,02	218,22	245,49	144,22	209,78	236,—	138,43	201,35	226,52	132,63	192,92	217,03
	II	2 998,25	164,90	239,86	269,84	II	2 998,25	159,10	231,42	260,35	153,30	222,99	250,86	147,51	214,56	241,38	141,71	206,12	231,89	135,91	197,69	222,40	130,11	189,26	212,91
	III	2 318,16	127,49	185,45	208,63	III	2 318,16	121,76	177,10	199,24	116,12	168,90	190,01	110,57	160,84	180,94	105,12	152,90	172,01	99,77	145,12	163,26	94,50	137,46	154,64
	V	3 587,75	197,32	287,02	322,89	IV	3 044,—	164,52	239,30	269,21	161,62	235,08	264,47	158,72	230,87	259,73	155,82	226,65	254,98	152,92	222,44	250,24	150,02	218,22	245,49
	VI	3 619,91	199,09	289,59	325,79																				
9 248,99	I,IV	3 045,25	167,48	243,62	274,07	I	3 045,25	161,69	235,18	264,58	155,89	226,75	255,09	150,09	218,32	245,61	144,29	209,88	236,12	138,49	201,45	226,63	132,70	193,02	217,14
	II	2 999,50	164,97	239,96	269,95	II	2 999,50	159,17	231,52	260,46	153,37	223,09	250,97	147,57	214,66	241,49	141,78	206,22	232,—	135,98	197,79	222,51	130,18	189,36	213,03
	III	2 319,33	127,56	185,54	208,73	III	2 319,33	121,83	177,21	199,36	116,18	169,—	190,12	110,64	160,93	181,04	105,18	153,—	172,12	99,83	145,21	163,36	94,57	137,56	154,75
	V	3 589,—	197,39	287,12	323,01	IV	3 045,25	164,59	239,40	269,33	161,69	235,18	264,58	158,79	230,97	259,84	155,89	226,75	255,09	152,99	222,54	250,35	150,09	218,32	245,61
	VI	3 621,16	199,16	289,69	325,90																				
9 251,99	I,IV	3 046,50	167,55	243,72	274,18	I	3 046,50	161,75	235,28	264,69	155,96	226,85	255,20	150,16	218,42	245,72	144,36	209,98	236,23	138,56	201,55	226,74	132,77	193,12	217,26
	II	3 000,75	165,04	240,06	270,06	II	3 000,75	159,24	231,62	260,57	153,44	223,19	251,09	147,64	214,76	241,60	141,84	206,32	232,11	136,05	197,89	222,62	130,25	189,46	213,14
	III	2 320,66	127,63	185,65	208,85	III	2 320,66	121,89	177,30	199,46	116,25	169,09	190,22	110,70	161,02	181,15	105,25	153,09	172,22	99,89	145,30	163,46	94,63	137,65	154,85
	V	3 590,25	197,46	287,22	323,12	IV	3 046,50	164,66	239,50	269,44	161,75	235,28	264,69	158,86	231,07	259,95	155,96	226,85	255,20	153,06	222,64	250,47	150,16	218,42	245,72
	VI	3 622,41	199,23	289,79	326,01																				
9 254,99	I,IV	3 047,83	167,63	243,82	274,30	I	3 047,83	161,82	235,38	264,80	156,03	226,95	255,32	150,23	218,52	245,83	144,43	210,08	236,34	138,63	201,65	226,85	132,83	193,22	217,37
	II	3 002,—	165,11	240,16	270,18	II	3 002,—	159,31	231,72	260,69	153,51	223,29	251,20	147,71	214,86	241,71	141,91	206,42	232,22	136,12	197,99	222,74	130,32	189,56	213,25
	III	2 321,83	127,70	185,74	208,96	III	2 321,83	121,96	177,40	199,57	116,32	169,20	190,35	110,77	161,12	181,26	105,31	153,18	172,33	99,96	145,40	163,57	94,70	137,74	154,96
	V	3 591,50	197,53	287,32	323,23	IV	3 047,83	164,72	239,60	269,55	161,82	235,38	264,80	158,93	231,17	260,06	156,03	226,95	255,32	153,13	222,74	250,58	150,23	218,52	245,83
	VI	3 623,66	199,30	289,89	326,12																				
9 257,99	I,IV	3 049,08	167,69	243,92	274,41	I	3 049,08	161,90	235,49	264,92	156,10	227,06	255,44	150,30	218,62	245,95	144,50	210,18	236,45	138,70	201,75	226,97	132,90	193,32	217,48
	II	3 003,25	165,17	240,26	270,29	II	3 003,25	159,38	231,82	260,80	153,58	223,39	251,31	147,78	214,96	241,83	141,98	206,52	232,34	136,18	198,09	222,85	130,39	189,66	213,36
	III	2 323,16	127,77	185,85	209,08	III	2 323,16	122,03	177,50	199,69	116,38	169,29	190,45	110,83	161,21	181,36	105,38	153,28	172,44	100,02	145,49	163,67	94,75	137,82	155,05
	V	3 592,75	197,60	287,42	323,34	IV	3 049,08	164,79	239,70	269,66	161,90	235,49	264,92	159,—	231,27	260,18	156,10	227,06	255,44	153,20	222,84	250,69	150,30	218,62	245,95
	VI	3 624,91	199,37	289,99	326,24																				
9 260,99	I,IV	3 050,33	167,76	244,02	274,52	I	3 050,33	161,97	235,59	265,04	156,17	227,16	255,55	150,37	218,72	246,06	144,57	210,29	236,57	138,77	201,86	227,09	132,98	193,42	217,60
	II	3 004,50	165,24	240,36	270,40	II	3 004,50	159,44	231,92	260,91	153,65	223,49	251,42	147,85	215,06	241,94	142,05	206,62	232,45	136,25	198,19	222,96	130,46	189,76	213,48
	III	2 324,50	127,84	185,96	209,20	III	2 324,50	122,10	177,60	199,80	116,45	169,38	190,55	110,90	161,32	181,48	105,44	153,37	172,54	100,09	145,58	163,78	94,82	137,92	155,16
	V	3 594,—	197,67	287,52	323,46	IV	3 050,33	164,86	239,80	269,78	161,97	235,59	265,04	159,06	231,37	260,29	156,17	227,16	255,55	153,27	222,94	250,80	150,37	218,72	246,06
	VI	3 626,25	199,44	290,10	326,36																				
9 263,99	I,IV	3 051,58	167,83	244,12	274,64	I	3 051,58	162,03	235,69	265,15	156,24	227,26	255,66	150,44	218,82	246,17	144,64	210,39	236,69	138,84	201,96	227,20	133,04	193,52	217,71
	II	3 005,83	165,32	240,46	270,52	II	3 005,83	159,51	232,02	261,02	153,72	223,59	251,54	147,92	215,16	242,05	142,12	206,72	232,56	136,32	198,29	223,07	130,52	189,86	213,59
	III	2 325,66	127,91	186,05	209,30	III	2 325,66	122,17	177,70	199,91	116,52	169,49	190,67	110,97	161,41	181,58	105,50	153,46	172,64	100,15	145,68	163,89	94,88	138,01	155,26
	V	3 595,25	197,73	287,62	323,57	IV	3 051,58	164,93	239,90	269,89	162,03	235,69	265,15	159,13	231,47	260,40	156,24	227,26	255,66	153,34	223,04	250,92	150,44	218,82	246,17
	VI	3 627,50	199,51	290,20	326,47																				
9 266,99	I,IV	3 052,83	167,90	244,22	274,75	I	3 052,83	162,10	235,79	265,26	156,31	227,36	255,78	150,51	218,92	246,29	144,71	210,49	236,80	138,91	202,06	227,31	133,11	193,62	217,82
	II	3 007,08	165,38	240,56	270,63	II	3 007,08	159,59	232,13	261,14	153,79	223,70	251,66	147,99	215,26	242,17	142,19	206,82	232,67	136,39	198,39	223,19	130,59	189,96	213,70
	III	2 327,—	127,98	186,16	209,43	III	2 327,—	122,23	177,80	200,02	116,59	169,58	190,78	111,03	161,50	181,69	105,58	153,57	172,76	100,21	145,76	163,98	94,94	138,10	155,36
	V	3 596,50	197,80	287,72	323,68	IV	3 052,83	165,—	240,—	270,—	162,10	235,79	265,26	159,20	231,57	260,51	156,31	227,36	255,78	153,40	223,14	251,03	150,51	218,92	246,29
	VI	3 628,75	199,58	290,30	326,58																				
9 269,99	I,IV	3 054,08	167,97	244,32	274,86	I	3 054,08	162,17	235,89	265,37	156,37	227,46	255,89	150,58	219,02	246,40	144,78	210,59	236,91	138,98	202,16	227,43	133,18	193,72	217,94
	II	3 008,33	165,45	240,66	270,74	II	3 008,33	159,66	232,23	261,26	153,86	223,80	251,77	148,06	215,36	242,28	142,26	206,93	232,79	136,46	198,50	223,31	130,67	190,06	213,82
	III	2 328,16	128,04	186,25	209,53	III	2 328,16	122,31	177,90	200,14	116,65	169,68	190,89	111,10	161,60	181,80	105,64	153,66	172,87	100,27	145,85	164,08	95,01	138,20	155,47
	V	3 597,83	197,88	287,82	323,80	IV	3 054,08	165,07	240,11	270,12	162,17	235,89	265,37	159,28	231,68	260,64	156,37	227,46	255,89	153,48	223,24	251,15	150,58	219,02	246,40
	VI	3 630,—	199,65	290,40	326,70																				

* Die ausgewiesenen Tabellenwerte sind amtlich. Siehe Erläuterungen auf der Umschlaginnenseite (U2).

Abzüge an Lohnsteuer, Solidaritätszuschlag (SolZ) und Kirchensteuer (8%, 9%) in den Steuerklassen

Lohn/ Gehalt bis €*	I – VI	ohne Kinderfreibeträge				I, II, III, IV	mit Zahl der Kinderfreibeträge . . . 0,5			1			1,5			2			2,5			3		
		LSt	SolZ	8%	9%		LSt	SolZ	8%	9%	SolZ	8%	9%	SolZ	8%	9%	SolZ	8%	9%	SolZ	8%	9%	SolZ	8%	9%
9 272,99	I,IV	3 055,33	168,04	244,42	274,97	I	3 055,33	162,24	235,99	265,49	156,44	227,56	256,—	150,64	219,12	246,51	144,85	210,69	237,02	139,05	202,26	227,54	133,25	193,82	218,05
	II	3 009,58	165,52	240,76	270,86	II	3 009,58	159,72	232,33	261,37	153,93	223,90	251,88	148,13	215,46	242,39	142,33	207,03	232,91	136,53	198,60	223,42	130,73	190,16	213,93
	III	2 329,50	128,12	186,36	209,65	III	2 329,50	122,37	178,—	200,25	116,71	169,77	190,99	111,16	161,69	181,90	105,71	153,76	172,98	100,33	145,94	164,18	95,06	138,28	155,56
	V	3 599,08	197,94	287,92	323,91	IV	3 055,33	165,14	240,21	270,23	162,24	235,99	265,49	159,34	231,78	260,75	156,44	227,56	256,—	153,55	223,34	251,26	150,64	219,12	246,51
	VI	3 631,25	199,71	290,50	326,81																				
9 275,99	I,IV	3 056,58	168,11	244,52	275,09	I	3 056,58	162,31	236,09	265,60	156,51	227,66	256,11	150,71	219,22	246,62	144,92	210,79	237,14	139,12	202,36	227,65	133,32	193,92	218,16
	II	3 010,83	165,59	240,86	270,97	II	3 010,83	159,79	232,43	261,48	154,—	224,—	252,—	148,20	215,56	242,51	142,40	207,13	233,02	136,60	198,70	223,53	130,80	190,26	214,04
	III	2 330,66	128,18	186,45	209,75	III	2 330,66	122,43	178,09	200,35	116,79	169,88	191,11	111,23	161,80	182,02	105,77	153,85	173,08	100,40	146,04	164,29	95,13	138,37	155,66
	V	3 600,33	198,01	288,02	324,02	IV	3 056,58	165,21	240,31	270,35	162,31	236,09	265,60	159,41	231,88	260,86	156,51	227,66	256,11	153,61	223,44	251,37	150,71	219,22	246,62
	VI	3 632,50	199,78	290,60	326,92																				
9 278,99	I,IV	3 057,83	168,18	244,62	275,20	I	3 057,83	162,38	236,19	265,71	156,58	227,76	256,23	150,78	219,32	246,74	144,98	210,89	237,25	139,19	202,46	227,76	133,39	194,02	218,27
	II	3 012,08	165,66	240,96	271,08	II	3 012,08	159,86	232,53	261,59	154,06	224,10	252,11	148,27	215,66	242,62	142,47	207,23	233,13	136,67	198,80	223,65	130,87	190,36	214,16
	III	2 332,—	128,26	186,56	209,88	III	2 332,—	122,51	178,20	200,47	116,85	169,97	191,21	111,30	161,89	182,12	105,83	153,94	173,18	100,46	146,13	164,39	95,19	138,46	155,77
	V	3 601,58	198,08	288,12	324,14	IV	3 057,83	165,28	240,41	270,46	162,38	236,19	265,71	159,48	231,98	260,97	156,58	227,76	256,23	153,68	223,54	251,48	150,78	219,32	246,74
	VI	3 633,75	199,85	290,70	327,03																				
9 281,99	I,IV	3 059,16	168,25	244,73	275,32	I	3 059,16	162,45	236,30	265,83	156,65	227,86	256,34	150,85	219,42	246,85	145,05	210,99	237,36	139,26	202,56	227,88	133,46	194,12	218,39
	II	3 013,33	165,73	241,06	271,19	II	3 013,33	159,93	232,63	261,71	154,13	224,20	252,22	148,33	215,76	242,73	142,54	207,33	233,24	136,74	198,90	223,76	130,94	190,46	214,27
	III	2 333,16	128,32	186,65	209,98	III	2 333,16	122,57	178,29	200,57	116,92	170,06	191,32	111,36	161,98	182,23	105,90	154,04	173,29	100,53	146,22	164,50	95,26	138,56	155,88
	V	3 602,83	198,15	288,22	324,25	IV	3 059,16	165,35	240,51	270,57	162,45	236,30	265,83	159,55	232,08	261,09	156,65	227,86	256,34	153,75	223,64	251,60	150,85	219,42	246,85
	VI	3 635,—	199,92	290,80	327,15																				
9 284,99	I,IV	3 060,41	168,32	244,83	275,43	I	3 060,41	162,52	236,40	265,95	156,72	227,96	256,46	150,92	219,53	246,97	145,13	211,10	237,48	139,33	202,66	227,99	133,53	194,22	218,50
	II	3 014,58	165,80	241,16	271,31	II	3 014,58	160,—	232,73	261,82	154,20	224,30	252,33	148,40	215,86	242,84	142,61	207,43	233,36	136,81	199,—	223,87	131,01	190,56	214,38
	III	2 334,50	128,39	186,76	210,10	III	2 334,50	122,65	178,40	200,70	116,99	170,17	191,44	111,43	162,08	182,34	105,96	154,13	173,39	100,59	146,32	164,61	95,32	138,65	155,98
	V	3 604,08	198,22	288,32	324,36	IV	3 060,41	165,42	240,61	270,68	162,52	236,40	265,95	159,62	232,18	261,20	156,72	227,96	256,46	153,82	223,74	251,71	150,92	219,53	246,97
	VI	3 636,33	199,99	290,90	327,26																				
9 287,99	I,IV	3 061,66	168,39	244,93	275,54	I	3 061,66	162,59	236,50	266,06	156,79	228,06	256,57	150,99	219,63	247,08	145,20	211,20	237,60	139,40	202,76	228,11	133,60	194,33	218,62
	II	3 015,83	165,87	241,26	271,42	II	3 015,83	160,07	232,83	261,93	154,27	224,40	252,45	148,47	215,96	242,96	142,67	207,53	233,47	136,88	199,10	223,98	131,08	190,66	214,49
	III	2 335,83	128,47	186,86	210,22	III	2 335,83	122,71	178,49	200,80	117,05	170,26	191,54	111,49	162,17	182,44	106,03	154,22	173,50	100,65	146,41	164,71	95,37	138,73	156,07
	V	3 605,33	198,29	288,42	324,47	IV	3 061,66	165,49	240,71	270,80	162,59	236,50	266,06	159,69	232,28	261,31	156,79	228,06	256,57	153,89	223,84	251,82	150,99	219,63	247,08
	VI	3 637,58	200,06	291,—	327,38																				
9 290,99	I,IV	3 062,91	168,46	245,03	275,66	I	3 062,91	162,66	236,60	266,17	156,86	228,16	256,68	151,06	219,73	247,19	145,26	211,30	237,71	139,47	202,86	228,22	133,67	194,43	218,73
	II	3 017,16	165,94	241,37	271,54	II	3 017,16	160,14	232,94	262,05	154,34	224,50	252,56	148,54	216,06	243,07	142,74	207,63	233,58	136,95	199,20	224,10	131,15	190,76	214,61
	III	2 337,—	128,53	186,96	210,33	III	2 337,—	122,78	178,60	200,92	117,12	170,36	191,65	111,55	162,26	182,54	106,09	154,32	173,61	100,72	146,50	164,81	95,44	138,82	156,17
	V	3 606,58	198,36	288,52	324,59	IV	3 062,91	165,55	240,81	270,91	162,66	236,60	266,17	159,76	232,38	261,42	156,86	228,16	256,68	153,96	223,94	251,93	151,06	219,73	247,19
	VI	3 638,83	200,13	291,10	327,49																				
9 293,99	I,IV	3 064,16	168,52	245,13	275,77	I	3 064,16	162,73	236,70	266,28	156,93	228,26	256,79	151,13	219,83	247,31	145,33	211,40	237,82	139,53	202,96	228,33	133,74	194,53	218,84
	II	3 018,41	166,01	241,47	271,65	II	3 018,41	160,21	233,04	262,17	154,41	224,60	252,68	148,61	216,17	243,19	142,82	207,74	233,70	137,02	199,30	224,21	131,22	190,86	214,72
	III	2 338,33	128,60	187,06	210,44	III	2 338,33	122,85	178,69	201,02	117,19	170,46	191,77	111,63	162,37	182,66	106,15	154,41	173,71	100,78	146,60	164,92	95,50	138,92	156,28
	V	3 607,91	198,43	288,63	324,71	IV	3 064,16	165,63	240,92	271,03	162,73	236,70	266,28	159,83	232,48	261,54	156,93	228,26	256,79	154,03	224,04	252,05	151,13	219,83	247,31
	VI	3 640,08	200,20	291,20	327,60																				
9 296,99	I,IV	3 065,41	168,59	245,23	275,88	I	3 065,41	162,80	236,80	266,40	157,—	228,36	256,91	151,20	219,93	247,42	145,40	211,50	237,93	139,60	203,06	228,44	133,81	194,63	218,96
	II	3 019,66	166,08	241,57	271,76	II	3 019,66	160,28	233,14	262,28	154,48	224,70	252,79	148,68	216,27	243,30	142,89	207,84	233,82	137,09	199,40	224,33	131,29	190,97	214,84
	III	2 339,66	128,68	187,17	210,56	III	2 339,66	122,91	178,78	201,13	117,26	170,56	191,88	111,69	162,46	182,77	106,22	154,50	173,81	100,85	146,69	165,02	95,57	139,01	156,38
	V	3 609,16	198,50	288,73	324,82	IV	3 065,41	165,70	241,02	271,14	162,80	236,80	266,40	159,90	232,58	261,65	157,—	228,36	256,91	154,10	224,15	252,17	151,20	219,93	247,42
	VI	3 641,33	200,27	291,30	327,71																				
9 299,99	I,IV	3 066,66	168,66	245,33	275,99	I	3 066,66	162,86	236,90	266,51	157,07	228,46	257,02	151,27	220,03	247,53	145,47	211,60	238,05	139,67	203,16	228,56	133,87	194,73	219,07
	II	3 020,91	166,15	241,67	271,88	II	3 020,91	160,35	233,24	262,39	154,55	224,80	252,90	148,75	216,37	243,41	142,95	207,94	233,93	137,16	199,50	224,44	131,36	191,07	214,95
	III	2 340,83	128,74	187,26	210,67	III	2 340,83	122,98	178,89	201,25	117,32	170,65	191,98	111,76	162,56	182,88	106,28	154,60	173,92	100,91	146,78	165,13	95,63	139,10	156,49
	V	3 610,41	198,57	288,83	324,93	IV	3 066,66	165,77	241,12	271,26	162,86	236,90	266,51	159,97	232,68	261,77	157,07	228,46	257,02	154,17	224,25	252,28	151,27	220,03	247,53
	VI	3 642,58	200,34	291,40	327,83																				
9 302,99	I,IV	3 067,91	168,73	245,43	276,11	I	3 067,91	162,93	237,—	266,62	157,13	228,56	257,13	151,34	220,13	247,64	145,54	211,70	238,16	139,74	203,26	228,67	133,94	194,83	219,18
	II	3 022,16	166,21	241,77	271,99	II	3 022,16	160,42	233,34	262,50	154,62	224,90	253,01	148,82	216,47	243,53	143,02	208,04	234,04	137,22	199,60	224,55	131,43	191,17	215,06
	III	2 342,16	128,81	187,37	210,79	III	2 342,16	123,05	178,98	201,35	117,39	170,76	192,10	111,82	162,65	182,98	106,35	154,69	174,02	100,98	146,88	165,24	95,70	139,20	156,60
	V	3 611,66	198,64	288,93	325,04	IV	3 067,91	165,83	241,22	271,37	162,93	237,—	266,62	160,04	232,78	261,88	157,13	228,56	257,13	154,24	224,35	252,39	151,34	220,13	247,64
	VI	3 643,83	200,41	291,50	327,94																				
9 305,99	I,IV	3 069,25	168,80	245,54	276,23	I	3 069,25	163,01	237,10	266,74	157,20	228,66	257,24	151,41	220,23	247,76	145,61	211,80	238,27	139,81	203,36	228,78	134,01	194,93	219,29
	II	3 023,41	166,28	241,87	272,10	II	3 023,41	160,49	233,44	262,62	154,69	225,—	253,13	148,89	216,57	243,64	143,09	208,14	234,15	137,29	199,70	224,66	131,50	191,27	215,18
	III	2 343,33	128,88	187,46	210,89	III	2 343,33	123,12	179,09	201,47	117,46	170,85	192,20	111,88	162,74	183,08	106,41	154,78	174,13	101,04	146,97	165,34	95,75	139,28	156,69
	V	3 612,91	198,71	289,03	325,16	IV	3 069,25	165,90	241,32	271,48	163,01	237,10	266,74	160,10	232,88	261,99	157,20	228,66	257,24	154,31	224,45	252,50	151,41	220,23	247,76
	VI	3 645,08	200,47	291,60	328,05																				
9 308,99	I,IV	3 070,50	168,87	245,64	276,34	I	3 070,50	163,07	237,20	266,85	157,28	228,77	257,36	151,48	220,34	247,88	145,68	211,90	238,39	139,88	203,46	228,89	134,08	195,03	219,41
	II	3 024,66	166,35	241,97	272,21	II	3 024,66	160,55	233,54	262,73	154,76	225,10	253,24	148,96	216,67	243,75	143,16	208,24	234,27	137,36	199,80	224,78	131,56	191,37	215,29
	III	2 344,66	128,95	187,57	211,01	III	2 344,66	123,19	179,18	201,58	117,52	170,94	192,31	111,96	162,85	183,20	106,48	154,88	174,24	101,10	147,06	165,44	95,81	139,37	156,79
	V	3 614,16	198,77	289,13	325,27	IV	3 070,50	165,97	241,42	271,59	163,07	237,20	266,85	160,17	232,98	262,10	157,28	228,77	257,36	154,38	224,55	252,62	151,48	220,34	247,88
	VI	3 646,41	200,55	291,71	328,17																				
9 311,99	I,IV	3 071,75	168,94	245,74	276,45	I	3 071,75	163,14	237,30	266,96	157,35	228,87	257,48	151,55	220,44	247,99	145,75	212,—	238,50	139,95	203,57	229,01	134,15	195,14	219,53
	II	3 025,91	166,42	242,07	272,33	II	3 025,91	160,62	233,64	262,84	154,82	225,20	253,35	149,03	216,77	243,86	143,23	208,34	234,38	137,43	199,90	224,89	131,63	191,47	215,40
	III	2 345,83	129,02	187,66	211,12	III	2 345,83	123,26	179,29	201,70	117,59	171,05	192,43	112,02	162,94	183,31	106,55	154,98	174,35	101,17	147,16	165,55	95,88	139,46	156,89
	V	3 615,41	198,84	289,23	325,38	IV	3 071,75	166,04	241,52	271,71	163,14	237,30	266,96	160,24	233,08	262,22	157,35	228,87	257,48	154,44	224,65	252,73	151,55	220,44	247,99
	VI	3 647,66	200,62	291,81	328,28																				
9 314,99	I,IV	3 073,—	169,01	245,84	276,57	I	3 073,—	163,21	237,40	267,08	157,41	228,97	257,59	151,62	220,54	248,10	145,82	212,10	238,61	140,02	203,67	229,13	134,22	195,24	219,64
	II	3 027,25	166,49	242,18	272,45	II	3 027,25	160,70	233,74	262,96	154,89	225,30	253,46	149,10	216,87	243,98	143,30	208,44	234,49	137,50	200,—	225,—	131,70	191,57	215,51
	III	2 347,16	129,09	187,77	211,24	III	2 347,16	123,32	179,38	201,80	117,66	171,14	192,53	112,09	163,04	183,42	106,61	155,08	174,46	101,23	147,25	165,65	95,94	139,56	157,—
	V	3 616,66	198,91	289,33	325,49	IV	3 073,—	166,11	241,62	271,82	163,21	237,40	267,08	160,31	233,18	262,33	157,41	228,97	257,59	154,51	224,75	252,84	151,62	220,54	248,10
	VI	3 648,91	200,69	291,91	328,40																				

*** Die ausgewiesenen Tabellenwerte sind amtlich. Siehe Erläuterungen auf der Umschlaginnenseite (U2).**

Abzüge an Lohnsteuer, Solidaritätszuschlag (SolZ) und Kirchensteuer (8%, 9%) in den Steuerklassen

Lohn/ Gehalt bis €*	I – VI					I, II, III, IV																			
		ohne Kinderfreibeträge						mit Zahl der Kinderfreibeträge . . . 0,5			1			1,5			2			2,5			3		
		LSt	SolZ	8%	9%		LSt	SolZ	8%	9%	SolZ	8%	9%	SolZ	8%	9%	SolZ	8%	9%	SolZ	8%	9%	SolZ	8%	9%
9 317,99	I,IV	3 074,25	169,08	245,94	276,68	I	3 074,25	163,28	237,50	267,19	157,48	229,07	257,70	151,69	220,64	248,22	145,89	212,20	238,73	140,09	203,77	229,24	134,29	195,34	219,75
	II	3 028,50	166,56	242,28	272,56	II	3 028,50	160,76	233,84	263,07	154,97	225,41	253,58	149,17	216,98	244,10	143,37	208,54	234,61	137,57	200,10	225,11	131,77	191,67	215,63
	III	2 348,50	129,16	187,88	211,36	III	2 348,50	123,40	179,49	201,92	117,72	171,24	192,64	112,15	163,13	183,52	106,68	155,17	174,56	101,29	147,33	165,74	96,01	139,65	157,10
	V	3 617,91	198,98	289,43	325,61	IV	3 074,25	166,18	241,72	271,94	163,28	237,50	267,19	160,38	233,28	262,44	157,48	229,07	257,70	154,58	224,85	252,95	151,69	220,64	248,22
	VI	3 650,16	200,75	292,01	328,51																				
9 320,99	I,IV	3 075,50	169,15	246,04	276,79	I	3 075,50	163,35	237,60	267,30	157,55	229,17	257,81	151,75	220,74	248,33	145,96	212,30	238,84	140,16	203,87	229,35	134,36	195,44	219,87
	II	3 029,75	166,63	242,38	272,67	II	3 029,75	160,83	233,94	263,18	155,04	225,51	253,70	149,24	217,08	244,21	143,44	208,64	234,72	137,64	200,21	225,23	131,84	191,78	215,75
	III	2 349,66	129,23	187,97	211,46	III	2 349,66	123,46	179,58	202,03	117,80	171,34	192,76	112,21	163,22	183,62	106,74	155,26	174,67	101,35	147,42	165,85	96,06	139,73	157,19
	V	3 619,25	199,05	289,54	325,73	IV	3 075,50	166,25	241,82	272,05	163,35	237,60	267,30	160,45	233,39	262,56	157,55	229,17	257,81	154,66	224,96	253,08	151,75	220,74	248,33
	VI	3 651,41	200,82	292,11	328,62																				
9 323,99	I,IV	3 076,75	169,22	246,14	276,90	I	3 076,75	163,42	237,70	267,41	157,62	229,27	257,93	151,82	220,84	248,44	146,02	212,40	238,95	140,23	203,97	229,46	134,43	195,54	219,98
	II	3 031,—	166,70	242,48	272,79	II	3 031,—	160,90	234,04	263,30	155,10	225,61	253,81	149,31	217,18	244,32	143,51	208,74	234,83	137,71	200,31	225,35	131,91	191,88	215,86
	III	2 351,—	129,30	188,08	211,59	III	2 351,—	123,53	179,68	202,14	117,86	171,44	192,87	112,29	163,33	183,74	106,81	155,36	174,78	101,42	147,52	165,96	96,13	139,82	157,30
	V	3 620,50	199,12	289,64	325,84	IV	3 076,75	166,32	241,92	272,16	163,42	237,70	267,41	160,52	233,49	262,67	157,62	229,27	257,93	154,72	225,06	253,19	151,82	220,84	248,44
	VI	3 652,66	200,89	292,21	328,73																				
9 326,99	I,IV	3 078,—	169,29	246,24	277,02	I	3 078,—	163,49	237,80	267,53	157,69	229,37	258,04	151,89	220,94	248,55	146,09	212,50	239,06	140,30	204,07	229,58	134,50	195,64	220,09
	II	3 032,25	166,77	242,58	272,90	II	3 032,25	160,97	234,14	263,41	155,17	225,71	253,92	149,38	217,28	244,44	143,58	208,84	234,95	137,78	200,41	225,46	131,98	191,98	215,97
	III	2 352,16	129,36	188,17	211,69	III	2 352,16	123,60	179,78	202,25	117,92	171,53	192,97	112,35	163,42	183,85	106,87	155,45	174,88	101,48	147,61	166,06	96,19	139,92	157,41
	V	3 621,75	199,19	289,74	325,95	IV	3 078,—	166,39	242,02	272,27	163,49	237,80	267,53	160,59	233,59	262,79	157,69	229,37	258,04	154,79	225,16	253,30	151,89	220,94	248,55
	VI	3 653,91	200,96	292,31	328,85																				
9 329,99	I,IV	3 079,33	169,36	246,34	277,13	I	3 079,33	163,56	237,90	267,64	157,76	229,47	258,15	151,96	221,04	248,67	146,16	212,60	239,18	140,36	204,17	229,69	134,57	195,74	220,20
	II	3 033,50	166,84	242,68	273,01	II	3 033,50	161,04	234,24	263,52	155,24	225,81	254,03	149,44	217,38	244,55	143,65	208,94	235,06	137,85	200,51	225,57	132,05	192,08	216,09
	III	2 353,50	129,44	188,28	211,81	III	2 353,50	123,66	179,88	202,36	118,—	171,64	193,09	112,42	163,52	183,96	106,93	155,54	174,98	101,54	147,70	166,16	96,25	140,01	157,51
	V	3 623,—	199,26	289,84	326,07	IV	3 079,33	166,46	242,12	272,39	163,56	237,90	267,64	160,66	233,69	262,90	157,76	229,47	258,15	154,86	225,26	253,41	151,96	221,04	248,67
	VI	3 655,16	201,03	292,41	328,96																				
9 332,99	I,IV	3 080,58	169,43	246,44	277,25	I	3 080,58	163,63	238,01	267,76	157,83	229,58	258,27	152,03	221,14	248,78	146,23	212,70	239,29	140,43	204,27	229,80	134,64	195,84	220,32
	II	3 034,75	166,91	242,78	273,12	II	3 034,75	161,11	234,34	263,63	155,31	225,91	254,15	149,51	217,48	244,66	143,71	209,04	235,17	137,92	200,61	225,68	132,12	192,18	216,20
	III	2 354,66	129,50	188,37	211,91	III	2 354,66	123,74	179,98	202,48	118,06	171,73	193,19	112,48	163,61	184,06	107,—	155,64	175,09	101,61	147,80	166,27	96,32	140,10	157,61
	V	3 624,25	199,33	289,94	326,18	IV	3 080,58	166,53	242,22	272,50	163,63	238,01	267,76	160,73	233,79	263,01	157,83	229,58	258,27	154,93	225,36	253,53	152,03	221,14	248,78
	VI	3 656,41	201,10	292,51	329,07																				
9 335,99	I,IV	3 081,83	169,50	246,54	277,36	I	3 081,83	163,70	238,11	267,87	157,90	229,68	258,39	152,10	221,24	248,90	146,30	212,81	239,41	140,51	204,38	229,92	134,71	195,94	220,43
	II	3 036,—	166,98	242,88	273,24	II	3 036,—	161,18	234,44	263,75	155,38	226,01	254,26	149,58	217,58	244,77	143,78	209,14	235,28	137,99	200,71	225,80	132,19	192,28	216,31
	III	2 356,—	129,58	188,48	212,04	III	2 356,—	123,80	180,08	202,59	118,13	171,82	193,30	112,55	163,72	184,18	107,06	155,73	175,19	101,67	147,89	166,37	96,38	140,20	157,72
	V	3 625,50	199,40	290,04	326,29	IV	3 081,83	166,59	242,32	272,61	163,70	238,11	267,87	160,80	233,89	263,12	157,90	229,68	258,39	155,—	225,46	253,64	152,10	221,24	248,90
	VI	3 657,75	201,17	292,62	329,19																				
9 338,99	I,IV	3 083,08	169,56	246,64	277,47	I	3 083,08	163,77	238,21	267,98	157,97	229,78	258,50	152,17	221,34	249,01	146,37	212,91	239,52	140,58	204,48	230,04	134,78	196,04	220,55
	II	3 037,33	167,05	242,98	273,35	II	3 037,33	161,25	234,54	263,86	155,45	226,11	254,37	149,65	217,68	244,89	143,85	209,24	235,40	138,05	200,81	225,91	132,26	192,38	216,42
	III	2 357,16	129,64	188,57	212,14	III	2 357,16	123,87	180,18	202,70	118,20	171,93	193,42	112,62	163,81	184,28	107,13	155,82	175,30	101,74	147,98	166,48	96,45	140,29	157,82
	V	3 626,75	199,47	290,14	326,40	IV	3 083,08	166,66	242,42	272,72	163,77	238,21	267,98	160,87	233,99	263,24	157,97	229,78	258,50	155,07	225,56	253,75	152,17	221,34	249,01
	VI	3 659,—	201,24	292,72	329,31																				
9 341,99	I,IV	3 084,33	169,63	246,74	277,58	I	3 084,33	163,84	238,31	268,10	158,04	229,88	258,61	152,24	221,44	249,12	146,44	213,01	239,63	140,64	204,58	230,15	134,85	196,14	220,66
	II	3 038,58	167,12	243,08	273,47	II	3 038,58	161,32	234,65	263,98	155,52	226,22	254,49	149,72	217,78	245,—	143,92	209,34	235,51	138,12	200,91	226,02	132,33	192,48	216,54
	III	2 358,50	129,71	188,68	212,26	III	2 358,50	123,94	180,28	202,81	118,26	172,02	193,52	112,68	163,90	184,39	107,19	155,92	175,41	101,80	148,08	166,59	96,50	140,37	157,91
	V	3 628,—	199,54	290,24	326,52	IV	3 084,33	166,73	242,52	272,84	163,84	238,31	268,10	160,93	234,09	263,35	158,04	229,88	258,61	155,14	225,66	253,86	152,24	221,44	249,12
	VI	3 660,25	201,31	292,82	329,42																				
9 344,99	I,IV	3 085,58	169,70	246,84	277,70	I	3 085,58	163,90	238,41	268,21	158,11	229,98	258,72	152,31	221,54	249,23	146,51	213,11	239,75	140,71	204,68	230,26	134,91	196,24	220,77
	II	3 039,83	167,19	243,18	273,58	II	3 039,83	161,39	234,75	264,09	155,59	226,32	254,61	149,79	217,88	245,12	143,99	209,45	235,63	138,20	201,02	226,14	132,40	192,58	216,65
	III	2 359,83	129,79	188,78	212,38	III	2 359,83	124,01	180,38	202,93	118,33	172,12	193,63	112,75	164,—	184,50	107,25	156,01	175,51	101,86	148,17	166,69	96,57	140,46	158,02
	V	3 629,33	199,61	290,34	326,63	IV	3 085,58	166,81	242,63	272,96	163,90	238,41	268,21	161,01	234,20	263,47	158,11	229,98	258,72	155,21	225,76	253,98	152,31	221,54	249,23
	VI	3 661,50	201,38	292,92	329,53																				
9 347,99	I,IV	3 086,83	169,77	246,94	277,81	I	3 086,83	163,97	238,51	268,32	158,18	230,08	258,84	152,38	221,64	249,35	146,58	213,21	239,86	140,78	204,78	230,37	134,98	196,34	220,88
	II	3 041,08	167,25	243,28	273,69	II	3 041,08	161,46	234,85	264,20	155,66	226,42	254,72	149,86	217,98	245,23	144,06	209,55	235,74	138,27	201,12	226,26	132,47	192,68	216,77
	III	2 361,—	129,85	188,88	212,49	III	2 361,—	124,08	180,48	203,04	118,40	172,22	193,75	112,81	164,09	184,60	107,33	156,12	175,63	101,93	148,26	166,79	96,63	140,56	158,13
	V	3 630,58	199,68	290,44	326,75	IV	3 086,83	166,87	242,73	273,07	163,97	238,51	268,32	161,08	234,30	263,58	158,18	230,08	258,84	155,28	225,86	254,09	152,38	221,64	249,35
	VI	3 662,75	201,45	293,02	329,64																				
9 350,99	I,IV	3 088,08	169,84	247,04	277,92	I	3 088,08	164,04	238,61	268,43	158,24	230,18	258,95	152,45	221,74	249,46	146,65	213,31	239,97	140,85	204,88	230,49	135,05	196,44	221,—
	II	3 042,33	167,32	243,38	273,80	II	3 042,33	161,53	234,95	264,32	155,73	226,52	254,83	149,93	218,08	245,34	144,13	209,65	235,85	138,33	201,22	226,37	132,54	192,78	216,88
	III	2 362,33	129,92	188,98	212,60	III	2 362,33	124,15	180,58	203,15	118,47	172,32	193,86	112,88	164,20	184,72	107,39	156,21	175,73	101,99	148,36	166,90	96,69	140,65	158,23
	V	3 631,83	199,75	290,54	326,86	IV	3 088,08	166,94	242,83	273,18	164,04	238,61	268,43	161,15	234,40	263,70	158,24	230,18	258,95	155,35	225,96	254,21	152,45	221,74	249,46
	VI	3 664,—	201,52	293,12	329,76																				
9 353,99	I,IV	3 089,33	169,91	247,14	278,03	I	3 089,33	164,11	238,71	268,55	158,31	230,28	259,06	152,51	221,84	249,57	146,72	213,41	240,08	140,92	204,98	230,60	135,12	196,54	221,11
	II	3 043,58	167,39	243,48	273,92	II	3 043,58	161,59	235,05	264,43	155,80	226,62	254,94	150,—	218,18	245,45	144,20	209,75	235,97	138,40	201,32	226,48	132,60	192,88	216,99
	III	2 363,50	129,99	189,08	212,71	III	2 363,50	124,21	180,68	203,26	118,53	172,41	193,96	112,95	164,29	184,82	107,46	156,30	175,84	102,06	148,45	167,—	96,76	140,74	158,33
	V	3 633,08	199,81	290,64	326,97	IV	3 089,33	167,01	242,93	273,29	164,11	238,71	268,55	161,21	234,50	263,81	158,31	230,28	259,06	155,42	226,06	254,32	152,51	221,84	249,57
	VI	3 665,25	201,58	293,22	329,87																				
9 356,99	I,IV	3 090,66	169,98	247,25	278,15	I	3 090,66	164,18	238,82	268,67	158,39	230,38	259,18	152,58	221,94	249,68	146,79	213,51	240,20	140,99	205,08	230,71	135,19	196,64	221,22
	II	3 044,83	167,46	243,58	274,03	II	3 044,83	161,66	235,15	264,54	155,87	226,72	255,06	150,07	218,28	245,57	144,27	209,85	236,08	138,47	201,42	226,59	132,67	192,98	217,10
	III	2 364,83	130,06	189,18	212,83	III	2 364,83	124,29	180,78	203,38	118,60	172,52	194,08	113,01	164,38	184,93	107,52	156,40	175,95	102,12	148,54	167,11	96,82	140,84	158,44
	V	3 634,33	199,88	290,74	327,08	IV	3 090,66	167,08	243,03	273,41	164,18	238,82	268,67	161,28	234,60	263,92	158,39	230,38	259,18	155,48	226,16	254,43	152,58	221,94	249,68
	VI	3 666,50	201,65	293,32	329,98																				
9 359,99	I,IV	3 091,91	170,05	247,35	278,27	I	3 091,91	164,25	238,92	268,78	158,45	230,48	259,29	152,66	222,05	249,80	146,86	213,62	240,32	141,06	205,18	230,83	135,26	196,74	221,33
	II	3 046,08	167,53	243,68	274,14	II	3 046,08	161,73	235,25	264,65	155,93	226,82	255,17	150,14	218,38	245,68	144,34	209,95	236,19	138,54	201,52	226,71	132,74	193,08	217,22
	III	2 366,—	130,13	189,28	212,94	III	2 366,—	124,35	180,88	203,49	118,67	172,61	194,18	113,08	164,48	185,04	107,58	156,49	176,05	102,19	148,64	167,22	96,88	140,92	158,53
	V	3 635,58	199,95	290,84	327,20	IV	3 091,91	167,15	243,13	273,52	164,25	238,92	268,78	161,35	234,70	264,03	158,45	230,48	259,29	155,55	226,26	254,54	152,66	222,05	249,80
	VI	3 667,83	201,73	293,42	330,10																				

* Die ausgewiesenen Tabellenwerte sind amtlich. Siehe Erläuterungen auf der Umschlaginnenseite (U2).

Abzüge an Lohnsteuer, Solidaritätszuschlag (SolZ) und Kirchensteuer (8%, 9%) in den Steuerklassen

Lohn/ Gehalt bis €*	I – VI		ohne Kinderfreibeträge			I, II, III, IV		mit Zahl der Kinderfreibeträge . . . 0,5			1			1,5			2			2,5			3		
		LSt	SolZ	8%	9%		LSt	SolZ	8%	9%	SolZ	8%	9%	SolZ	8%	9%	SolZ	8%	9%	SolZ	8%	9%	SolZ	8%	9%
9 362,99	I,IV	3 093,16	170,12	247,45	278,38	I	3 093,16	164,32	239,02	268,89	158,52	230,58	259,40	152,73	222,15	249,92	146,93	213,72	240,43	141,13	205,28	230,94	135,33	196,85	221,45
	II	3 047,33	167,60	243,78	274,25	II	3 047,33	161,80	235,35	264,77	156,—	226,92	255,28	150,20	218,48	245,79	144,41	210,05	236,30	138,61	201,62	226,82	132,81	193,18	217,33
	III	2 367,33	130,20	189,38	213,05	III	2 367,33	124,42	180,98	203,60	118,73	172,70	194,29	113,15	164,58	185,15	107,65	156,58	176,15	102,25	148,73	167,32	96,94	141,01	158,63
	V	3 636,83	200,02	290,94	327,31	IV	3 093,16	167,22	243,23	273,63	164,32	239,02	268,89	161,42	234,80	264,15	158,52	230,58	259,40	155,62	226,36	254,66	152,73	222,15	249,92
	VI	3 669,08	201,79	293,52	330,21																				
9 365,99	I,IV	3 094,41	170,19	247,55	278,49	I	3 094,41	164,39	239,12	269,01	158,59	230,68	259,52	152,79	222,25	250,03	147,—	213,82	240,54	141,20	205,38	231,05	135,40	196,95	221,57
	II	3 048,66	167,67	243,89	274,37	II	3 048,66	161,87	235,46	264,89	156,08	227,02	255,40	150,27	218,58	245,90	144,48	210,15	236,42	138,68	201,72	226,93	132,88	193,28	217,44
	III	2 368,50	130,26	189,48	213,16	III	2 368,50	124,49	181,08	203,71	118,80	172,81	194,41	113,21	164,68	185,26	107,71	156,68	176,26	102,31	148,82	167,42	97,01	141,10	158,74
	V	3 638,08	200,09	291,04	327,42	IV	3 094,41	167,29	243,33	273,74	164,39	239,12	269,01	161,49	234,90	264,26	158,59	230,68	259,52	155,69	226,46	254,77	152,79	222,25	250,03
	VI	3 670,33	201,86	293,62	330,32																				
9 368,99	I,IV	3 095,66	170,26	247,65	278,60	I	3 095,66	164,46	239,22	269,12	158,66	230,78	259,63	152,86	222,35	250,14	147,07	213,92	240,66	141,27	205,48	231,17	135,47	197,05	221,68
	II	3 049,91	167,74	243,99	274,49	II	3 049,91	161,94	235,56	265,—	156,14	227,12	255,51	150,35	218,69	246,02	144,55	210,26	236,54	138,75	201,82	227,05	132,95	193,38	217,55
	III	2 369,83	130,34	189,58	213,28	III	2 369,83	124,55	181,17	203,81	118,87	172,90	194,51	113,28	164,77	185,36	107,78	156,77	176,36	102,38	148,92	167,53	97,07	141,20	158,85
	V	3 639,41	200,16	291,15	327,54	IV	3 095,66	167,36	243,44	273,87	164,46	239,22	269,12	161,56	235,—	264,38	158,66	230,78	259,63	155,76	226,56	254,88	152,86	222,35	250,14
	VI	3 671,58	201,93	293,72	330,44																				
9 371,99	I,IV	3 096,91	170,33	247,75	278,72	I	3 096,91	164,53	239,32	269,23	158,73	230,88	259,74	152,93	222,45	250,25	147,13	214,02	240,77	141,34	205,58	231,28	135,54	197,15	221,79
	II	3 051,16	167,81	244,09	274,60	II	3 051,16	162,01	235,66	265,11	156,21	227,22	255,62	150,42	218,79	246,14	144,62	210,36	236,65	138,82	201,92	227,16	133,02	193,49	217,67
	III	2 371,16	130,41	189,69	213,40	III	2 371,16	124,63	181,28	203,94	118,93	173,—	194,62	113,34	164,86	185,47	107,84	156,86	176,47	102,44	149,01	167,63	97,13	141,29	158,95
	V	3 640,66	200,23	291,25	327,65	IV	3 096,91	167,43	243,54	273,98	164,53	239,32	269,23	161,63	235,10	264,49	158,73	230,88	259,74	155,83	226,67	255,—	152,93	222,45	250,25
	VI	3 672,83	202,—	293,82	330,55																				
9 374,99	I,IV	3 098,16	170,39	247,85	278,83	I	3 098,16	164,60	239,42	269,34	158,80	230,98	259,85	153,—	222,55	250,37	147,20	214,12	240,88	141,40	205,68	231,39	135,61	197,25	221,90
	II	3 052,41	167,88	244,19	274,71	II	3 052,41	162,08	235,76	265,23	156,28	227,32	255,74	150,48	218,89	246,25	144,69	210,46	236,76	138,89	202,02	227,27	133,09	193,59	217,79
	III	2 372,33	130,47	189,78	213,50	III	2 372,33	124,69	181,37	204,04	119,01	173,10	194,74	113,41	164,96	185,58	107,91	156,96	176,58	102,51	149,10	167,74	97,20	141,38	159,05
	V	3 641,91	200,30	291,35	327,77	IV	3 098,16	167,50	243,64	274,09	164,60	239,42	269,34	161,70	235,20	264,60	158,80	230,98	259,85	155,90	226,77	255,11	153,—	222,55	250,37
	VI	3 674,08	202,07	293,92	330,66																				
9 377,99	I,IV	3 099,41	170,46	247,95	278,94	I	3 099,41	164,67	239,52	269,46	158,87	231,08	259,97	153,07	222,65	250,48	147,27	214,22	240,99	141,47	205,78	231,50	135,68	197,35	222,02
	II	3 053,66	167,95	244,29	274,82	II	3 053,66	162,15	235,86	265,34	156,35	227,42	255,85	150,55	218,99	246,36	144,76	210,56	236,88	138,96	202,12	227,39	133,16	193,69	217,90
	III	2 373,66	130,55	189,89	213,62	III	2 373,66	124,76	181,48	204,16	119,07	173,20	194,85	113,48	165,06	185,69	107,98	157,06	176,69	102,57	149,20	167,85	97,26	141,48	159,16
	V	3 643,16	200,37	291,45	327,88	IV	3 099,41	167,57	243,74	274,20	164,67	239,52	269,46	161,77	235,30	264,71	158,87	231,08	259,97	155,97	226,87	255,23	153,07	222,65	250,48
	VI	3 675,33	202,14	294,02	330,77																				
9 380,99	I,IV	3 100,75	170,54	248,06	279,06	I	3 100,75	164,74	239,62	269,57	158,94	231,18	260,08	153,14	222,75	250,59	147,34	214,32	241,11	141,54	205,88	231,62	135,74	197,45	222,13
	II	3 054,91	168,02	244,39	274,94	II	3 054,91	162,22	235,96	265,45	156,42	227,55	255,96	150,62	219,09	246,47	144,82	210,66	236,99	139,03	202,22	227,50	133,23	193,79	218,01
	III	2 374,83	130,61	189,98	213,73	III	2 374,83	124,83	181,57	204,26	119,13	173,29	194,95	113,54	165,16	185,80	108,04	157,16	176,80	102,63	149,29	167,95	97,32	141,56	159,25
	V	3 644,41	200,44	291,55	327,99	IV	3 100,75	167,64	243,84	274,32	164,74	239,62	269,57	161,84	235,40	264,83	158,94	231,18	260,08	156,04	226,97	255,34	153,14	222,75	250,59
	VI	3 676,58	202,21	294,12	330,89																				
9 383,99	I,IV	3 102,—	170,61	248,16	279,18	I	3 102,—	164,81	239,72	269,69	159,01	231,29	260,20	153,21	222,86	250,71	147,41	214,42	241,22	141,61	205,98	231,73	135,81	197,55	222,24
	II	3 056,16	168,08	244,49	275,05	II	3 056,16	162,29	236,06	265,56	156,49	227,62	256,07	150,69	219,19	246,59	144,89	210,76	237,10	139,09	202,32	227,61	133,30	193,89	218,12
	III	2 376,16	130,68	190,09	213,85	III	2 376,16	124,90	181,68	204,39	119,21	173,40	195,07	113,61	165,25	185,90	108,11	157,25	176,90	102,70	149,38	168,05	97,38	141,65	159,35
	V	3 645,66	200,51	291,65	328,10	IV	3 102,—	167,70	243,94	274,43	164,81	239,72	269,69	161,91	235,50	264,94	159,01	231,29	260,20	156,11	227,07	255,45	153,21	222,86	250,71
	VI	3 677,91	202,28	294,23	331,01																				
9 386,99	I,IV	3 103,25	170,67	248,26	279,29	I	3 103,25	164,88	239,82	269,80	159,08	231,39	260,31	153,28	222,96	250,83	147,48	214,52	241,34	141,68	206,09	231,85	135,89	197,66	222,36
	II	3 057,41	168,15	244,59	275,16	II	3 057,41	162,36	236,16	265,68	156,56	227,72	256,19	150,76	219,29	246,70	144,96	210,86	237,21	139,16	202,42	227,72	133,37	193,99	218,24
	III	2 377,33	130,75	190,18	213,95	III	2 377,33	124,96	181,77	204,49	119,27	173,49	195,17	113,67	165,34	186,01	108,17	157,34	177,01	102,76	149,48	168,16	97,45	141,74	159,46
	V	3 646,91	200,58	291,75	328,22	IV	3 103,25	167,77	244,04	274,54	164,88	239,82	269,80	161,97	235,60	265,05	159,08	231,39	260,31	156,18	227,17	255,56	153,28	222,96	250,83
	VI	3 679,16	202,35	294,33	331,12																				
9 389,99	I,IV	3 104,50	170,74	248,36	279,40	I	3 104,50	164,94	239,92	269,91	159,15	231,49	260,42	153,35	223,06	250,94	147,55	214,62	241,45	141,75	206,19	231,96	135,96	197,76	222,48
	II	3 058,75	168,23	244,70	275,28	II	3 058,75	162,43	236,26	265,79	156,63	227,82	256,30	150,83	219,39	246,81	145,03	210,96	237,33	139,23	202,52	227,84	133,43	194,09	218,35
	III	2 378,66	130,82	190,29	214,07	III	2 378,66	125,04	181,88	204,61	119,35	173,60	195,30	113,74	165,45	186,13	108,24	157,44	177,12	102,83	149,57	168,26	97,51	141,84	159,57
	V	3 648,16	200,64	291,85	328,33	IV	3 104,50	167,84	244,14	274,65	164,94	239,92	269,91	162,04	235,70	265,16	159,15	231,49	260,42	156,25	227,27	255,68	153,35	223,06	250,94
	VI	3 680,41	202,42	294,43	331,23																				
9 392,99	I,IV	3 105,75	170,81	248,46	279,51	I	3 105,75	165,01	240,02	270,02	159,22	231,59	260,54	153,42	223,16	251,05	147,62	214,72	241,56	141,82	206,29	232,07	136,02	197,86	222,59
	II	3 060,—	168,30	244,80	275,40	II	3 060,—	162,50	236,36	265,91	156,70	227,93	256,42	150,90	219,50	246,93	145,10	211,06	237,44	139,30	202,62	227,95	133,50	194,19	218,46
	III	2 380,—	130,90	190,40	214,20	III	2 380,—	125,10	181,97	204,71	119,41	173,69	195,40	113,81	165,54	186,23	108,30	157,53	177,22	102,89	149,66	168,37	97,57	141,93	159,67
	V	3 649,41	200,71	291,95	328,44	IV	3 105,75	167,91	244,24	274,77	165,01	240,02	270,02	162,11	235,80	265,28	159,22	231,59	260,54	156,31	227,37	255,79	153,42	223,16	251,05
	VI	3 681,66	202,49	294,53	331,34																				
9 395,99	I,IV	3 107,—	170,88	248,56	279,63	I	3 107,—	165,08	240,12	270,14	159,28	231,69	260,65	153,49	223,26	251,16	147,69	214,82	241,67	141,89	206,39	232,19	136,09	197,96	222,70
	II	3 061,25	168,36	244,90	275,51	II	3 061,25	162,57	236,46	266,02	156,77	228,03	256,53	150,97	219,60	247,05	145,17	211,16	237,56	139,37	202,73	228,07	133,58	194,30	218,58
	III	2 381,16	130,96	190,49	214,30	III	2 381,16	125,18	182,08	204,84	119,47	173,78	195,50	113,87	165,64	186,34	108,36	157,62	177,32	102,96	149,76	168,48	97,64	142,02	159,77
	V	3 650,75	200,79	292,06	328,56	IV	3 107,—	167,98	244,34	274,88	165,08	240,12	270,14	162,19	235,91	265,40	159,28	231,69	260,65	156,39	227,48	255,91	153,49	223,26	251,16
	VI	3 682,91	202,56	294,63	331,46																				
9 398,99	I,IV	3 108,25	170,95	248,66	279,74	I	3 108,25	165,15	240,22	270,25	159,35	231,79	260,76	153,56	223,36	251,28	147,76	214,92	241,79	141,96	206,49	232,30	136,16	198,06	222,81
	II	3 062,50	168,43	245,—	275,62	II	3 062,50	162,63	236,56	266,13	156,84	228,13	256,64	151,04	219,70	247,16	145,24	211,26	237,67	139,44	202,83	228,18	133,65	194,40	218,70
	III	2 382,50	131,03	190,60	214,42	III	2 382,50	125,24	182,17	204,94	119,55	173,89	195,62	113,94	165,73	186,44	108,43	157,72	177,43	103,02	149,85	168,58	97,70	142,12	159,88
	V	3 652,—	200,86	292,16	328,68	IV	3 108,25	168,05	244,44	275,—	165,15	240,22	270,25	162,25	236,01	265,51	159,35	231,79	260,76	156,46	227,58	256,02	153,56	223,36	251,28
	VI	3 684,16	202,62	294,73	331,57																				
9 401,99	I,IV	3 109,50	171,02	248,76	279,85	I	3 109,50	165,22	240,32	270,36	159,42	231,89	260,87	153,62	223,46	251,39	147,83	215,02	241,90	142,03	206,59	232,41	136,23	198,16	222,93
	II	3 063,75	168,50	245,10	275,73	II	3 063,75	162,70	236,66	266,24	156,91	228,23	256,76	151,11	219,80	247,27	145,31	211,36	237,78	139,51	202,93	228,29	133,71	194,50	218,81
	III	2 383,66	131,10	190,69	214,52	III	2 383,66	125,31	182,28	205,06	119,61	173,98	195,73	114,01	165,84	186,57	108,50	157,82	177,55	103,08	149,94	168,68	97,77	142,21	159,98
	V	3 653,25	200,92	292,26	328,79	IV	3 109,50	168,12	244,54	275,11	165,22	240,32	270,36	162,32	236,11	265,62	159,42	231,89	260,87	156,53	227,68	256,14	153,62	223,46	251,39
	VI	3 685,41	202,69	294,83	331,68																				
9 404,99	I,IV	3 110,83	171,09	248,86	279,97	I	3 110,83	165,29	240,42	270,47	159,49	231,99	260,99	153,69	223,56	251,50	147,89	215,12	242,01	142,10	206,69	232,52	136,30	198,26	223,04
	II	3 065,—	168,57	245,20	275,85	II	3 065,—	162,77	236,76	266,36	156,97	228,33	256,87	151,18	219,90	247,38	145,38	211,46	237,89	139,58	203,03	228,41	133,78	194,60	218,92
	III	2 385,—	131,17	190,80	214,65	III	2 385,—	125,38	182,37	205,16	119,68	174,08	195,84	114,07	165,93	186,67	108,57	157,92	177,66	103,15	150,04	168,79	97,82	142,29	160,07
	V	3 654,50	200,99	292,36	328,90	IV	3 110,83	168,19	244,64	275,22	165,29	240,42	270,47	162,39	236,21	265,73	159,49	231,99	260,99	156,59	227,78	256,25	153,69	223,56	251,50
	VI	3 686,66	202,76	294,93	331,79																				

*** Die ausgewiesenen Tabellenwerte sind amtlich. Siehe Erläuterungen auf der Umschlaginnenseite (U2).**

MONAT 9 405,–*

Abzüge an Lohnsteuer, Solidaritätszuschlag (SolZ) und Kirchensteuer (8%, 9%) in den Steuerklassen

Lohn/ Gehalt bis €*	I – VI					I, II, III, IV		mit Zahl der Kinderfreibeträge . . . 0,5			1			1,5			2			2,5			3		
			ohne Kinderfreibeträge																						
		LSt	SolZ	8%	9%		LSt	SolZ	8%	9%	SolZ	8%	9%	SolZ	8%	9%	SolZ	8%	9%	SolZ	8%	9%	SolZ	8%	9%
9 407,99	I,IV	3 112,08	171,16	248,96	280,08	I	3 112,08	165,36	240,53	270,59	159,56	232,10	261,11	153,77	223,66	251,62	147,96	215,22	242,12	142,17	206,79	232,64	136,37	198,36	223,15
	II	3 066,25	168,64	245,30	275,96	II	3 066,25	162,84	236,86	266,47	157,04	228,43	256,98	151,25	220,—	247,50	145,45	211,56	238,01	139,65	203,13	228,52	133,85	194,70	219,03
	III	2 386,16	131,23	190,89	214,75	III	2 386,16	125,45	182,48	205,29	119,75	174,18	195,95	114,14	166,02	186,77	108,63	158,01	177,76	103,21	150,13	168,89	97,89	142,38	160,18
	V	3 655,75	201,06	292,46	329,01	IV	3 112,08	168,26	244,74	275,33	165,36	240,53	270,59	162,46	236,31	265,85	159,56	232,10	261,11	156,66	227,88	256,36	153,77	223,66	251,62
	VI	3 687,91	202,83	295,03	331,91																				
9 410,99	I,IV	3 113,33	171,23	249,06	280,19	I	3 113,33	165,43	240,63	270,71	159,63	232,20	261,22	153,83	223,76	251,73	148,04	215,33	242,24	142,24	206,90	232,76	136,44	198,46	223,27
	II	3 067,50	168,71	245,40	276,07	II	3 067,50	162,91	236,96	266,58	157,11	228,53	257,09	151,31	220,10	247,61	145,52	211,66	238,12	139,72	203,23	228,63	133,92	194,80	219,15
	III	2 387,50	131,31	191,—	214,87	III	2 387,50	125,51	182,57	205,39	119,81	174,28	196,06	114,20	166,12	186,88	108,69	158,10	177,86	103,28	150,22	169,—	97,95	142,48	160,29
	V	3 657,—	201,13	292,56	329,13	IV	3 113,33	168,33	244,84	275,45	165,43	240,63	270,71	162,53	236,41	265,96	159,63	232,20	261,22	156,73	227,98	256,47	153,83	223,76	251,73
	VI	3 689,25	202,90	295,14	332,03																				
9 413,99	I,IV	3 114,58	171,30	249,16	280,31	I	3 114,58	165,50	240,73	270,82	159,70	232,30	261,33	153,90	223,86	251,84	148,11	215,43	242,36	142,31	207,—	232,87	136,51	198,56	223,38
	II	3 068,83	168,78	245,50	276,19	II	3 068,83	162,98	237,06	266,69	157,18	228,63	257,21	151,38	220,20	247,72	145,58	211,76	238,23	139,79	203,33	228,74	133,99	194,90	219,26
	III	2 388,66	131,37	191,09	214,97	III	2 388,66	125,59	182,68	205,51	119,88	174,37	196,16	114,28	166,22	187,—	108,76	158,20	177,97	103,34	150,32	169,11	98,01	142,57	160,39
	V	3 658,25	201,20	292,66	329,24	IV	3 114,58	168,40	244,94	275,56	165,50	240,73	270,82	162,60	236,51	266,07	159,70	232,30	261,33	156,80	228,08	256,59	153,90	223,86	251,84
	VI	3 690,50	202,97	295,24	332,14																				
9 416,99	I,IV	3 115,83	171,37	249,26	280,42	I	3 115,83	165,57	240,83	270,93	159,77	232,40	261,45	153,97	223,96	251,96	148,17	215,53	242,47	142,38	207,10	232,98	136,58	198,66	223,49
	II	3 070,08	168,85	245,60	276,30	II	3 070,08	163,05	237,17	266,81	157,25	228,74	257,33	151,46	220,30	247,84	145,65	211,86	238,34	139,86	203,43	228,86	134,06	195,—	219,37
	III	2 390,—	131,45	191,20	215,10	III	2 390,—	125,65	182,77	205,61	119,95	174,48	196,29	114,34	166,32	187,11	108,82	158,29	178,07	103,40	150,41	169,21	98,08	142,66	160,49
	V	3 659,50	201,27	292,76	329,35	IV	3 115,83	168,46	245,04	275,67	165,57	240,83	270,93	162,67	236,61	266,18	159,77	232,40	261,45	156,87	228,18	256,70	153,97	223,96	251,96
	VI	3 691,75	203,04	295,34	332,25																				
9 419,99	I,IV	3 117,08	171,43	249,36	280,53	I	3 117,08	165,64	240,93	271,04	159,84	232,50	261,56	154,04	224,06	252,07	148,24	215,63	242,58	142,45	207,20	233,10	136,65	198,76	223,61
	II	3 071,33	168,92	245,70	276,41	II	3 071,33	163,12	237,27	266,93	157,32	228,84	257,44	151,52	220,40	247,95	145,73	211,97	238,46	139,93	203,54	228,98	134,13	195,10	219,49
	III	2 391,33	131,52	191,30	215,21	III	2 391,33	125,73	182,88	205,74	120,01	174,57	196,39	114,40	166,41	187,21	108,89	158,38	178,18	103,47	150,50	169,31	98,14	142,76	160,60
	V	3 660,83	201,34	292,86	329,47	IV	3 117,08	168,54	245,15	275,79	165,64	240,93	271,04	162,74	236,72	266,31	159,84	232,50	261,56	156,94	228,28	256,82	154,04	224,06	252,07
	VI	3 693,—	203,11	295,44	332,37																				
9 422,99	I,IV	3 118,33	171,50	249,46	280,64	I	3 118,33	165,71	241,03	271,16	159,91	232,60	261,67	154,11	224,16	252,18	148,31	215,73	242,69	142,51	207,30	233,21	136,72	198,86	223,72
	II	3 072,58	168,99	245,80	276,53	II	3 072,58	163,19	237,37	267,04	157,39	228,94	257,55	151,59	220,50	248,06	145,80	212,07	238,58	140,—	203,64	229,09	134,20	195,20	219,60
	III	2 392,50	131,58	191,40	215,32	III	2 392,50	125,79	182,97	205,84	120,09	174,68	196,51	114,47	166,50	187,31	108,95	158,48	178,29	103,53	150,60	169,42	98,21	142,85	160,70
	V	3 662,08	201,41	292,96	329,58	IV	3 118,33	168,61	245,25	275,90	165,71	241,03	271,16	162,81	236,82	266,42	159,91	232,60	261,67	157,01	228,38	256,93	154,11	224,16	252,18
	VI	3 694,25	203,18	295,54	332,48																				
9 425,99	I,IV	3 119,58	171,57	249,56	280,76	I	3 119,58	165,77	241,13	271,27	159,98	232,70	261,78	154,18	224,26	252,29	148,38	215,83	242,81	142,58	207,40	233,32	136,78	198,96	223,83
	II	3 073,83	169,06	245,90	276,64	II	3 073,83	163,26	237,47	267,15	157,46	229,04	257,67	151,66	220,60	248,18	145,86	212,17	238,69	140,07	203,74	229,20	134,27	195,30	219,71
	III	2 393,83	131,66	191,50	215,44	III	2 393,83	125,86	183,08	205,96	120,15	174,77	196,61	114,54	166,61	187,43	109,02	158,58	178,40	103,60	150,69	169,52	98,27	142,94	160,81
	V	3 663,33	201,48	293,06	329,69	IV	3 119,58	168,68	245,35	276,02	165,77	241,13	271,27	162,88	236,92	266,53	159,98	232,70	261,78	157,08	228,48	257,04	154,18	224,26	252,29
	VI	3 695,50	203,25	295,64	332,59																				
9 428,99	I,IV	3 120,83	171,64	249,66	280,87	I	3 120,83	165,84	241,23	271,38	160,05	232,80	261,90	154,25	224,36	252,41	148,45	215,93	242,92	142,65	207,50	233,43	136,85	199,06	223,94
	II	3 075,08	169,12	246,—	276,75	II	3 075,08	163,33	237,57	267,26	157,53	229,14	257,78	151,73	220,70	248,29	145,93	212,27	238,80	140,14	203,84	229,32	134,34	195,40	219,83
	III	2 395,—	131,72	191,60	215,55	III	2 395,—	125,93	183,17	206,06	120,22	174,86	196,72	114,61	166,70	187,54	109,09	158,68	178,51	103,66	150,78	169,63	98,33	143,02	160,90
	V	3 664,58	201,55	293,16	329,81	IV	3 120,83	168,74	245,45	276,13	165,84	241,23	271,38	162,95	237,02	266,64	160,05	232,80	261,90	157,15	228,58	257,15	154,25	224,36	252,41
	VI	3 696,75	203,32	295,74	332,70																				
9 431,99	I,IV	3 122,16	171,71	249,77	280,99	I	3 122,16	165,92	241,34	271,50	160,12	232,90	262,01	154,32	224,46	252,52	148,52	216,03	243,03	142,72	207,60	233,55	136,92	199,16	224,06
	II	3 076,33	169,19	246,10	276,86	II	3 076,33	163,40	237,67	267,38	157,60	229,24	257,89	151,80	220,80	248,40	146,—	212,37	238,91	140,20	203,94	229,43	134,41	195,50	219,94
	III	2 396,33	131,79	191,70	215,66	III	2 396,33	126,—	183,28	206,19	120,29	174,97	196,84	114,67	166,80	187,65	109,15	158,77	178,61	103,73	150,88	169,74	98,39	143,12	161,01
	V	3 665,83	201,62	293,26	329,92	IV	3 122,16	168,81	245,55	276,24	165,92	241,34	271,50	163,02	237,12	266,76	160,12	232,90	262,01	157,22	228,68	257,27	154,32	224,46	252,52
	VI	3 698,—	203,39	295,84	332,82																				
9 434,99	I,IV	3 123,41	171,78	249,87	281,10	I	3 123,41	165,99	241,44	271,62	160,19	233,—	262,13	154,39	224,57	252,64	148,59	216,14	243,15	142,79	207,70	233,66	136,99	199,26	224,17
	II	3 077,58	169,26	246,20	276,98	II	3 077,58	163,46	237,77	267,49	157,67	229,34	258,—	151,87	220,90	248,51	146,07	212,47	239,03	140,27	204,04	229,54	134,47	195,60	220,05
	III	2 397,50	131,86	191,80	215,77	III	2 397,50	126,06	183,37	206,29	120,35	175,06	196,94	114,73	166,89	187,75	109,22	158,86	178,72	103,79	150,97	169,84	98,45	143,21	161,11
	V	3 667,08	201,68	293,36	330,03	IV	3 123,41	168,88	245,65	276,35	165,99	241,44	271,62	163,08	237,22	266,87	160,19	233,—	262,13	157,29	228,78	257,38	154,39	224,57	252,64
	VI	3 699,33	203,46	295,94	332,93																				
9 437,99	I,IV	3 124,66	171,85	249,97	281,21	I	3 124,66	166,05	241,54	271,73	160,26	233,10	262,24	154,46	224,67	252,75	148,66	216,24	243,27	142,86	207,80	233,78	137,06	199,37	224,29
	II	3 078,83	169,33	246,30	277,09	II	3 078,83	163,53	237,87	267,60	157,74	229,44	258,12	151,94	221,—	248,63	146,14	212,57	239,14	140,34	204,14	229,65	134,54	195,70	220,16
	III	2 398,83	131,93	191,90	215,89	III	2 398,83	126,14	183,48	206,41	120,43	175,17	197,06	114,81	167,—	187,87	109,28	158,96	178,83	103,85	151,06	169,94	98,52	143,30	161,21
	V	3 668,33	201,75	293,46	330,14	IV	3 124,66	168,95	245,75	276,47	166,05	241,54	271,73	163,15	237,32	266,98	160,26	233,10	262,24	157,35	228,88	257,49	154,46	224,67	252,75
	VI	3 700,58	203,53	296,04	333,05																				
9 440,99	I,IV	3 125,91	171,92	250,07	281,33	I	3 125,91	166,12	241,64	271,84	160,32	233,20	262,35	154,53	224,77	252,86	148,73	216,34	243,38	142,93	207,90	233,89	137,13	199,47	224,40
	II	3 080,16	169,40	246,41	277,21	II	3 080,16	163,61	237,98	267,72	157,81	229,54	258,23	152,01	221,10	248,74	146,21	212,67	239,25	140,41	204,24	229,77	134,61	195,80	220,28
	III	2 400,—	132,—	192,—	216,—	III	2 400,—	126,20	183,57	206,51	120,49	175,26	197,17	114,87	167,09	187,97	109,34	159,05	178,93	103,92	151,16	170,05	98,58	143,40	161,32
	V	3 669,58	201,82	293,56	330,26	IV	3 125,91	169,02	245,85	276,58	166,12	241,64	271,84	163,22	237,42	267,09	160,32	233,20	262,35	157,42	228,98	257,60	154,53	224,77	252,86
	VI	3 701,83	203,60	296,14	333,16																				
9 443,99	I,IV	3 127,16	171,99	250,17	281,44	I	3 127,16	166,19	241,74	271,95	160,39	233,30	262,46	154,60	224,87	252,98	148,80	216,44	243,49	143,—	208,—	234,—	137,20	199,57	224,51
	II	3 081,41	169,47	246,51	277,32	II	3 081,41	163,68	238,08	267,84	157,88	229,64	258,35	152,08	221,21	248,86	146,28	212,78	239,37	140,48	204,34	229,88	134,68	195,90	220,39
	III	2 401,33	132,07	192,10	216,11	III	2 401,33	126,28	183,68	206,64	120,56	175,36	197,28	114,94	167,18	188,08	109,41	159,14	179,03	103,98	151,25	170,15	98,65	143,49	161,42
	V	3 670,91	201,90	293,67	330,38	IV	3 127,16	169,09	245,96	276,70	166,19	241,74	271,95	163,29	237,52	267,21	160,39	233,30	262,46	157,49	229,08	257,72	154,60	224,87	252,98
	VI	3 703,08	203,66	296,24	333,27																				
9 446,99	I,IV	3 128,41	172,06	250,27	281,55	I	3 128,41	166,26	241,84	272,07	160,46	233,40	262,58	154,66	224,97	253,09	148,87	216,54	243,60	143,07	208,10	234,11	137,27	199,67	224,63
	II	3 082,66	169,54	246,61	277,43	II	3 082,66	163,74	238,18	267,95	157,95	229,74	258,46	152,15	221,31	248,97	146,35	212,88	239,49	140,55	204,44	230,—	134,75	196,01	220,51
	III	2 402,66	132,14	192,21	216,23	III	2 402,66	126,34	183,77	206,74	120,63	175,46	197,39	115,—	167,28	188,19	109,48	159,25	179,15	104,05	151,34	170,26	98,71	143,58	161,53
	V	3 672,16	201,96	293,77	330,49	IV	3 128,41	169,16	246,06	276,81	166,26	241,84	272,07	163,36	237,62	267,32	160,46	233,40	262,58	157,57	229,19	257,84	154,66	224,97	253,09
	VI	3 704,33	203,73	296,34	333,38																				
9 449,99	I,IV	3 129,66	172,13	250,37	281,66	I	3 129,66	166,33	241,94	272,18	160,53	233,50	262,69	154,73	225,07	253,20	148,94	216,64	243,72	143,14	208,20	234,23	137,34	199,77	224,74
	II	3 083,91	169,61	246,71	277,55	II	3 083,91	163,81	238,28	268,06	158,01	229,84	258,57	152,22	221,41	249,08	146,42	212,98	239,60	140,62	204,54	230,11	134,82	196,11	220,62
	III	2 403,83	132,21	192,30	216,34	III	2 403,83	126,41	183,88	206,86	120,69	175,56	197,50	115,07	167,38	188,30	109,55	159,34	179,26	104,11	151,44	170,37	98,78	143,68	161,64
	V	3 673,41	202,03	293,87	330,60	IV	3 129,66	169,23	246,16	276,93	166,33	241,94	272,18	163,43	237,72	267,44	160,53	233,50	262,69	157,63	229,29	257,95	154,73	225,07	253,20
	VI	3 705,58	203,80	296,44	333,50																				

* Die ausgewiesenen Tabellenwerte sind amtlich. Siehe Erläuterungen auf der Umschlaginnenseite (U2).

Lohn/ Gehalt bis €*		I – VI				I, II, III, IV																			
			ohne Kinderfreibeträge					mit Zahl der Kinderfreibeträge . . . 0,5			1			1,5			2			2,5			3		
		LSt	SolZ	8%	9%		LSt	SolZ	8%	9%	SolZ	8%	9%	SolZ	8%	9%	SolZ	8%	9%	SolZ	8%	9%	SolZ	8%	9%
9 452,99	I,IV	3 130,91	172,20	250,47	281,78	I	3 130,91	166,40	242,04	272,29	160,60	233,60	262,80	154,80	225,17	253,31	149,—	216,74	243,83	143,21	208,30	234,34	137,41	199,87	224,85
	II	3 085,16	169,68	246,81	277,66	II	3 085,16	163,88	238,38	268,17	158,08	229,94	258,68	152,29	221,51	249,20	146,49	213,08	239,71	140,69	204,64	230,22	134,89	196,21	220,73
	III	2 405,16	132,28	192,41	216,46	III	2 405,16	126,48	183,97	206,96	120,77	175,66	197,62	115,14	167,48	188,41	109,61	159,44	179,37	104,17	151,53	170,47	98,84	143,77	161,74
	V	3 674,66	202,10	293,97	330,71	IV	3 130,91	169,30	246,26	277,04	166,40	242,04	272,29	163,50	237,82	267,55	160,60	233,60	262,80	157,70	229,39	258,06	154,80	225,17	253,31
	VI	3 706,83	203,87	296,54	333,61																				
9 455,99	I,IV	3 132,25	172,27	250,58	281,90	I	3 132,25	166,47	242,14	272,41	160,67	233,70	262,91	154,87	225,27	253,43	149,07	216,84	243,94	143,27	208,40	234,45	137,48	199,97	224,96
	II	3 086,41	169,75	246,91	277,77	II	3 086,41	163,95	238,48	268,29	158,15	230,04	258,80	152,35	221,61	249,31	146,56	213,18	239,82	140,76	204,74	230,33	134,96	196,31	220,85
	III	2 406,33	132,34	192,50	216,56	III	2 406,33	126,55	184,08	207,09	120,83	175,76	197,73	115,20	167,57	188,51	109,67	159,53	179,47	104,24	151,62	170,57	98,90	143,86	161,84
	V	3 675,91	202,17	294,07	330,83	IV	3 132,25	169,37	246,36	277,15	166,47	242,14	272,41	163,57	237,92	267,66	160,67	233,70	262,91	157,77	229,49	258,17	154,87	225,27	253,43
	VI	3 708,08	203,94	296,64	333,72																				
9 458,99	I,IV	3 133,50	172,34	250,68	282,01	I	3 133,50	166,54	242,24	272,52	160,74	233,81	263,03	154,94	225,38	253,55	149,15	216,94	244,06	143,34	208,50	234,56	137,55	200,07	225,08
	II	3 087,66	169,82	247,01	277,88	II	3 087,66	164,02	238,58	268,40	158,22	230,14	258,91	152,42	221,71	249,42	146,63	213,28	239,94	140,83	204,84	230,45	135,03	196,41	220,96
	III	2 407,66	132,42	192,61	216,68	III	2 407,66	126,61	184,17	207,19	120,89	175,85	197,83	115,28	167,68	188,64	109,74	159,62	179,57	104,30	151,72	170,68	98,96	143,94	161,93
	V	3 677,16	202,24	294,17	330,94	IV	3 133,50	169,44	246,46	277,26	166,54	242,24	272,52	163,64	238,02	267,77	160,74	233,81	263,03	157,84	229,59	258,29	154,94	225,38	253,55
	VI	3 709,41	204,01	296,75	333,84																				
9 461,99	I,IV	3 134,75	172,41	250,78	282,12	I	3 134,75	166,61	242,34	272,63	160,81	233,91	263,15	155,01	225,48	253,66	149,21	217,04	244,17	143,42	208,61	234,68	137,62	200,18	225,20
	II	3 088,91	169,89	247,11	278,—	II	3 088,91	164,09	238,68	268,51	158,29	230,24	259,02	152,49	221,81	249,53	146,69	213,38	240,05	140,90	204,94	230,56	135,10	196,51	221,07
	III	2 408,83	132,48	192,70	216,79	III	2 408,83	126,69	184,28	207,31	120,97	175,96	197,95	115,34	167,77	188,74	109,80	159,72	179,68	104,37	151,81	170,78	99,02	144,04	162,04
	V	3 678,41	202,31	294,27	331,05	IV	3 134,75	169,51	246,56	277,38	166,61	242,34	272,63	163,71	238,12	267,89	160,81	233,91	263,15	157,91	229,69	258,40	155,01	225,48	253,66
	VI	3 710,66	204,08	296,85	333,95																				
9 464,99	I,IV	3 136,—	172,48	250,88	282,24	I	3 136,—	166,68	242,44	272,75	160,88	234,01	263,26	155,08	225,58	253,77	149,28	217,14	244,28	143,49	208,71	234,80	137,69	200,28	225,31
	II	3 090,25	169,96	247,22	278,12	II	3 090,25	164,16	238,78	268,63	158,36	230,34	259,13	152,56	221,91	249,65	146,76	213,48	240,16	140,96	205,04	230,67	135,17	196,61	221,18
	III	2 410,16	132,55	192,81	216,91	III	2 410,16	126,76	184,38	207,43	121,03	176,05	198,05	115,40	167,86	188,84	109,87	159,81	179,78	104,43	151,90	170,89	99,09	144,13	162,14
	V	3 679,66	202,38	294,37	331,16	IV	3 136,—	169,57	246,66	277,49	166,68	242,44	272,75	163,78	238,22	268,—	160,88	234,01	263,26	157,98	229,79	258,51	155,08	225,58	253,77
	VI	3 711,91	204,15	296,95	334,07																				
9 467,99	I,IV	3 137,25	172,54	250,98	282,35	I	3 137,25	166,75	242,54	272,86	160,95	234,11	263,37	155,15	225,68	253,89	149,35	217,24	244,40	143,55	208,81	234,91	137,76	200,38	225,42
	II	3 091,50	170,03	247,32	278,23	II	3 091,50	164,23	238,88	268,74	158,43	230,45	259,25	152,63	222,02	249,77	146,84	213,58	240,28	141,03	205,14	230,78	135,24	196,71	221,30
	III	2 411,50	132,63	192,92	217,03	III	2 411,50	126,83	184,48	207,54	121,10	176,14	198,16	115,47	167,96	188,95	109,94	159,92	179,91	104,50	152,—	171,—	99,15	144,22	162,25
	V	3 680,91	202,45	294,47	331,28	IV	3 137,25	169,65	246,76	277,61	166,75	242,54	272,86	163,84	238,32	268,11	160,95	234,11	263,37	158,05	229,89	258,62	155,15	225,68	253,89
	VI	3 713,16	204,22	297,05	334,18																				
9 470,99	I,IV	3 138,50	172,61	251,08	282,46	I	3 138,50	166,81	242,64	272,97	161,02	234,21	263,48	155,22	225,78	254,—	149,42	217,34	244,51	143,62	208,91	235,02	137,83	200,48	225,54
	II	3 092,75	170,10	247,42	278,34	II	3 092,75	164,30	238,98	268,85	158,50	230,55	259,37	152,70	222,12	249,88	146,90	213,68	240,39	141,11	205,25	230,90	135,31	196,82	221,42
	III	2 412,66	132,69	193,01	217,13	III	2 412,66	126,90	184,58	207,65	121,17	176,25	198,28	115,54	168,06	189,07	110,—	160,01	180,01	104,56	152,09	171,10	99,22	144,32	162,36
	V	3 682,25	202,52	294,58	331,40	IV	3 138,50	169,72	246,86	277,72	166,81	242,64	272,97	163,92	238,43	268,23	161,02	234,21	263,48	158,12	230,—	258,75	155,22	225,78	254,—
	VI	3 714,41	204,29	297,15	334,29																				
9 473,99	I,IV	3 139,75	172,68	251,18	282,57	I	3 139,75	166,88	242,74	273,08	161,09	234,31	263,60	155,29	225,88	254,11	149,49	217,44	244,62	143,69	209,01	235,13	137,89	200,58	225,65
	II	3 094,—	170,17	247,52	278,46	II	3 094,—	164,37	239,08	268,97	158,57	230,65	259,48	152,77	222,22	249,99	146,97	213,78	240,50	141,18	205,35	231,02	135,38	196,92	221,53
	III	2 414,—	132,77	193,12	217,26	III	2 414,—	126,96	184,68	207,76	121,23	176,34	198,38	115,61	168,16	189,18	110,07	160,10	180,11	104,62	152,18	171,20	99,28	144,41	162,46
	V	3 683,50	202,59	294,68	331,51	IV	3 139,75	169,78	246,96	277,83	166,88	242,74	273,08	163,99	238,53	268,34	161,09	234,31	263,60	158,19	230,10	258,86	155,29	225,88	254,11
	VI	3 715,66	204,36	297,25	334,40																				
9 476,99	I,IV	3 141,—	172,75	251,28	282,69	I	3 141,—	166,95	242,84	273,20	161,15	234,41	263,71	155,36	225,98	254,22	149,56	217,54	244,73	143,76	209,11	235,25	137,96	200,68	225,76
	II	3 095,25	170,23	247,62	278,57	II	3 095,25	164,44	239,18	269,08	158,64	230,75	259,59	152,84	222,32	250,11	147,04	213,88	240,62	141,24	205,45	231,13	135,45	197,02	221,64
	III	2 415,16	132,83	193,21	217,36	III	2 415,16	127,04	184,78	207,88	121,31	176,45	198,50	115,67	168,25	189,28	110,13	160,20	180,22	104,69	152,28	171,31	99,34	144,50	162,56
	V	3 684,75	202,66	294,78	331,62	IV	3 141,—	169,85	247,06	277,94	166,95	242,84	273,20	164,06	238,63	268,46	161,15	234,41	263,71	158,26	230,20	258,97	155,36	225,98	254,22
	VI	3 716,91	204,43	297,35	334,52																				
9 479,99	I,IV	3 142,33	172,82	251,38	282,80	I	3 142,33	167,02	242,94	273,31	161,22	234,51	263,82	155,43	226,08	254,34	149,63	217,64	244,85	143,83	209,21	235,36	138,03	200,78	225,87
	II	3 096,50	170,30	247,72	278,68	II	3 096,50	164,50	239,28	269,19	158,71	230,85	259,70	152,91	222,42	250,22	147,11	213,98	240,73	141,31	205,55	231,24	135,52	197,12	221,76
	III	2 416,50	132,90	193,32	217,48	III	2 416,50	127,10	184,88	207,99	121,37	176,54	198,61	115,73	168,34	189,38	110,20	160,29	180,32	104,75	152,37	171,41	99,41	144,60	162,67
	V	3 686,—	202,73	294,88	331,74	IV	3 142,33	169,92	247,16	278,06	167,02	242,94	273,31	164,12	238,73	268,57	161,22	234,51	263,82	158,33	230,30	259,08	155,43	226,08	254,34
	VI	3 718,16	204,49	297,45	334,63																				
9 482,99	I,IV	3 143,58	172,89	251,48	282,92	I	3 143,58	167,09	243,05	273,43	161,30	234,62	263,94	155,50	226,18	254,45	149,70	217,74	244,96	143,90	209,31	235,47	138,10	200,88	225,99
	II	3 097,75	170,37	247,82	278,79	II	3 097,75	164,57	239,38	269,30	158,78	230,95	259,82	152,98	222,52	250,33	147,18	214,08	240,84	141,38	205,65	231,35	135,58	197,22	221,87
	III	2 417,66	132,97	193,41	217,58	III	2 417,66	127,17	184,98	208,10	121,44	176,65	198,73	115,81	168,45	189,50	110,26	160,38	180,43	104,82	152,46	171,52	99,47	144,69	162,77
	V	3 687,25	202,79	294,98	331,85	IV	3 143,58	169,99	247,26	278,17	167,09	243,05	273,43	164,19	238,83	268,68	161,30	234,62	263,94	158,40	230,40	259,20	155,50	226,18	254,45
	VI	3 719,41	204,56	297,55	334,74																				
9 485,99	I,IV	3 144,83	172,96	251,58	283,03	I	3 144,83	167,16	243,15	273,54	161,37	234,72	264,06	155,57	226,28	254,57	149,77	217,85	245,08	143,97	209,42	235,59	138,17	200,98	226,10
	II	3 099,—	170,44	247,92	278,91	II	3 099,—	164,64	239,48	269,42	158,84	231,05	259,93	153,05	222,62	250,44	147,25	214,18	240,95	141,45	205,75	231,47	135,65	197,32	221,98
	III	2 419,—	133,04	193,52	217,71	III	2 419,—	127,24	185,08	208,21	121,51	176,74	198,83	115,87	168,54	189,61	110,33	160,49	180,55	104,88	152,56	171,63	99,54	144,78	162,88
	V	3 688,50	202,86	295,08	331,96	IV	3 144,83	170,06	247,36	278,28	167,16	243,15	273,54	164,26	238,93	268,79	161,37	234,72	264,06	158,46	230,50	259,31	155,57	226,28	254,57
	VI	3 720,75	204,64	297,66	334,86																				
9 488,99	I,IV	3 146,08	173,03	251,68	283,14	I	3 146,08	167,23	243,25	273,65	161,43	234,82	264,17	155,64	226,38	254,68	149,84	217,95	245,19	144,04	209,52	235,71	138,24	201,08	226,22
	II	3 100,33	170,51	248,02	279,02	II	3 100,33	164,71	239,58	269,53	158,91	231,15	260,04	153,12	222,72	250,56	147,32	214,28	241,07	141,52	205,85	231,58	135,72	197,42	222,09
	III	2 420,16	133,10	193,61	217,81	III	2 420,16	127,31	185,18	208,33	121,57	176,84	198,94	115,94	168,64	189,72	110,40	160,58	180,65	104,94	152,65	171,73	99,60	144,88	162,99
	V	3 689,75	202,93	295,18	332,07	IV	3 146,08	170,13	247,46	278,39	167,23	243,25	273,65	164,33	239,03	268,91	161,43	234,82	264,17	158,53	230,60	259,42	155,64	226,38	254,68
	VI	3 722,—	204,71	297,76	334,98																				
9 491,99	I,IV	3 147,33	173,10	251,78	283,25	I	3 147,33	167,30	243,35	273,77	161,50	234,92	264,28	155,70	226,48	254,79	149,91	218,05	245,30	144,11	209,62	235,82	138,31	201,18	226,33
	II	3 101,58	170,58	248,12	279,14	II	3 101,58	164,78	239,69	269,65	158,99	231,26	260,16	153,19	222,82	250,67	147,39	214,38	241,18	141,59	205,95	231,69	135,79	197,52	222,21
	III	2 421,50	133,18	193,72	217,93	III	2 421,50	127,38	185,28	208,44	121,65	176,94	199,06	116,01	168,74	189,83	110,46	160,68	180,76	105,01	152,74	171,83	99,66	144,96	163,08
	V	3 691,—	203,—	295,28	332,19	IV	3 147,33	170,20	247,56	278,51	167,30	243,35	273,77	164,40	239,13	269,02	161,50	234,92	264,28	158,60	230,70	259,53	155,70	226,48	254,79
	VI	3 723,25	204,77	297,86	335,09																				
9 494,99	I,IV	3 148,58	173,17	251,88	283,37	I	3 148,58	167,37	243,45	273,88	161,57	235,02	264,39	155,77	226,58	254,90	149,98	218,15	245,42	144,18	209,72	235,93	138,38	201,28	226,44
	II	3 102,83	170,65	248,22	279,25	II	3 102,83	164,85	239,79	269,76	159,06	231,36	260,28	153,26	222,92	250,79	147,46	214,49	241,30	141,66	206,06	231,81	135,86	197,62	222,32
	III	2 422,83	133,25	193,82	218,05	III	2 422,83	127,45	185,38	208,55	121,71	177,04	199,17	116,07	168,84	189,94	110,53	160,77	180,86	105,07	152,84	171,94	99,72	145,05	163,18
	V	3 692,33	203,07	295,38	332,30	IV	3 148,58	170,27	247,67	278,63	167,37	243,45	273,88	164,47	239,24	269,14	161,57	235,02	264,39	158,67	230,80	259,65	155,77	226,58	254,90
	VI	3 724,50	204,84	297,96	335,20																				

Table heading: Abzüge an Lohnsteuer, Solidaritätszuschlag (SolZ) und Kirchensteuer (8%, 9%) in den Steuerklassen

* Die ausgewiesenen Tabellenwerte sind amtlich. Siehe Erläuterungen auf der Umschlaginnenseite (U2).

MONAT 9 495,–*

Lohn/ Gehalt bis €*	Abzüge an Lohnsteuer, Solidaritätszuschlag (SolZ) und Kirchensteuer (8%, 9%) in den Steuerklassen I – VI					I, II, III, IV (mit Zahl der Kinderfreibeträge . . .)		0,5			1			1,5			2			2,5			3		
		LSt	ohne Kinderfreibeträge SolZ	8%	9%		LSt	SolZ	8%	9%	SolZ	8%	9%	SolZ	8%	9%	SolZ	8%	9%	SolZ	8%	9%	SolZ	8%	9%
9 497,99	I,IV	3 149,83	173,24	251,98	283,48	I	3 149,83	167,44	243,55	273,99	161,64	235,12	264,51	155,84	226,68	255,02	150,04	218,25	245,53	144,25	209,82	236,04	138,45	201,38	226,55
	II	3 104,08	170,72	248,32	279,36	II	3 104,08	164,92	239,89	269,87	159,12	231,46	260,39	153,33	223,02	250,90	147,53	214,59	241,41	141,73	206,16	231,93	135,93	197,72	222,44
	III	2 424,—	133,32	193,92	218,16	III	2 424,—	127,51	185,48	208,66	121,78	177,14	199,28	116,14	168,93	190,04	110,59	160,86	180,97	105,15	152,94	172,06	99,78	145,14	163,28
	V	3 693,58	203,14	295,48	332,42	IV	3 149,83	170,34	247,77	278,74	167,44	243,55	273,99	164,54	239,34	269,25	161,64	235,12	264,51	158,74	230,90	259,76	155,84	226,68	255,02
	VI	3 725,75	204,91	298,06	335,31																				
9 500,99	I,IV	3 151,08	173,30	252,08	283,59	I	3 151,08	167,51	243,65	274,10	161,71	235,22	264,62	155,91	226,78	255,13	150,11	218,35	245,64	144,32	209,92	236,16	138,52	201,48	226,67
	II	3 105,33	170,79	248,42	279,47	II	3 105,33	164,99	239,99	269,99	159,19	231,56	260,50	153,39	223,12	251,01	147,60	214,69	241,52	141,80	206,26	232,04	136,—	197,82	222,55
	III	2 425,33	133,39	194,02	218,27	III	2 425,33	127,59	185,58	208,78	121,85	177,24	199,39	116,20	169,02	190,15	110,66	160,96	181,08	105,21	153,04	172,17	99,85	145,24	163,39
	V	3 694,83	203,21	295,58	332,53	IV	3 151,08	170,41	247,87	278,85	167,51	243,65	274,10	164,61	239,44	269,37	161,71	235,22	264,62	158,81	231,—	259,88	155,91	226,78	255,13
	VI	3 727,—	204,98	298,16	335,43																				
9 503,99	I,IV	3 152,33	173,37	252,18	283,70	I	3 152,33	167,58	243,75	274,22	161,78	235,32	264,73	155,98	226,88	255,24	150,18	218,45	245,75	144,38	210,02	236,27	138,59	201,58	226,78
	II	3 106,58	170,86	248,52	279,59	II	3 106,58	165,06	240,09	270,10	159,26	231,66	260,61	153,46	223,22	251,12	147,67	214,79	241,64	141,87	206,36	232,15	136,07	197,92	222,66
	III	2 426,50	133,45	194,12	218,38	III	2 426,50	127,65	185,68	208,89	121,91	177,33	199,49	116,27	169,13	190,27	110,73	161,06	181,19	105,27	153,13	172,27	99,91	145,33	163,49
	V	3 696,08	203,28	295,68	332,64	IV	3 152,33	170,48	247,97	278,96	167,58	243,75	274,22	164,68	239,54	269,48	161,78	235,32	264,73	158,88	231,10	259,99	155,98	226,88	255,24
	VI	3 728,25	205,05	298,26	335,54																				
9 506,99	I,IV	3 153,66	173,45	252,29	283,82	I	3 153,66	167,65	243,86	274,34	161,85	235,42	264,85	156,05	226,98	255,35	150,25	218,55	245,87	144,45	210,12	236,38	138,65	201,68	226,89
	II	3 107,83	170,93	248,62	279,70	II	3 107,83	165,13	240,19	270,21	159,33	231,76	260,73	153,53	223,32	251,24	147,73	214,89	241,75	141,94	206,46	232,26	136,14	198,02	222,77
	III	2 427,83	133,53	194,22	218,50	III	2 427,83	127,72	185,78	209,—	121,99	177,44	199,62	116,34	169,22	190,37	110,79	161,16	181,30	105,34	153,22	172,37	99,98	145,42	163,60
	V	3 697,33	203,35	295,78	332,75	IV	3 153,66	170,55	248,07	279,08	167,65	243,86	274,34	164,75	239,64	269,59	161,85	235,42	264,85	158,95	231,20	260,10	156,05	226,98	255,35
	VI	3 729,50	205,12	298,36	335,65																				
9 509,99	I,IV	3 154,91	173,52	252,39	283,94	I	3 154,91	167,72	243,96	274,45	161,92	235,52	264,96	156,12	227,09	255,47	150,32	218,66	245,99	144,53	210,22	236,50	138,72	201,78	227,—
	II	3 109,08	170,99	248,72	279,81	II	3 109,08	165,20	240,29	270,32	159,40	231,86	260,84	153,60	223,42	251,35	147,80	214,99	241,86	142,01	206,56	232,38	136,21	198,12	222,89
	III	2 429,—	133,59	194,32	218,61	III	2 429,—	127,80	185,89	209,12	122,05	177,53	199,72	116,40	169,32	190,48	110,86	161,25	181,40	105,40	153,32	172,48	100,04	145,52	163,71
	V	3 698,58	203,42	295,88	332,87	IV	3 154,91	170,61	248,17	279,19	167,72	243,96	274,45	164,82	239,74	269,70	161,92	235,52	264,96	159,02	231,30	260,21	156,12	227,09	255,47
	VI	3 730,83	205,19	298,46	335,77																				
9 512,99	I,IV	3 156,16	173,58	252,49	284,05	I	3 156,16	167,79	244,06	274,56	161,99	235,62	265,07	156,19	227,19	255,59	150,39	218,76	246,10	144,59	210,32	236,61	138,80	201,89	227,12
	II	3 110,33	171,06	248,82	279,92	II	3 110,33	165,27	240,39	270,44	159,47	231,96	260,95	153,67	223,52	251,46	147,87	215,09	241,97	142,07	206,66	232,49	136,28	198,22	223,—
	III	2 430,33	133,66	194,42	218,72	III	2 430,33	127,86	185,98	209,23	122,12	177,64	199,84	116,48	169,42	190,60	110,92	161,34	181,51	105,47	153,41	172,58	100,10	145,61	163,81
	V	3 699,83	203,49	295,98	332,98	IV	3 156,16	170,68	248,27	279,30	167,79	244,06	274,56	164,89	239,84	269,82	161,99	235,62	265,07	159,09	231,40	260,33	156,19	227,19	255,59
	VI	3 732,08	205,26	298,56	335,88																				
9 515,99	I,IV	3 157,41	173,65	252,59	284,16	I	3 157,41	167,86	244,16	274,68	162,06	235,72	265,19	156,26	227,29	255,70	150,46	218,86	246,21	144,66	210,42	236,72	138,87	201,99	227,24
	II	3 111,66	171,14	248,93	280,04	II	3 111,66	165,34	240,50	270,56	159,54	232,06	261,07	153,74	223,62	251,57	147,94	215,19	242,09	142,14	206,76	232,60	136,34	198,32	223,11
	III	2 431,50	133,73	194,52	218,83	III	2 431,50	127,93	186,09	209,35	122,19	177,73	199,94	116,54	169,52	190,71	110,99	161,44	181,62	105,53	153,50	172,69	100,17	145,70	163,91
	V	3 701,08	203,55	296,08	333,09	IV	3 157,41	170,75	248,37	279,41	167,86	244,16	274,68	164,95	239,94	269,93	162,06	235,72	265,19	159,16	231,50	260,44	156,26	227,29	255,70
	VI	3 733,33	205,33	298,66	335,99																				
9 518,99	I,IV	3 158,66	173,72	252,69	284,27	I	3 158,66	167,92	244,26	274,79	162,13	235,82	265,30	156,33	227,39	255,81	150,53	218,96	246,33	144,73	210,52	236,84	138,93	202,09	227,35
	II	3 112,91	171,21	249,03	280,16	II	3 112,91	165,41	240,60	270,67	159,61	232,16	261,18	153,81	223,73	251,69	148,01	215,30	242,21	142,22	206,86	232,72	136,41	198,42	223,22
	III	2 432,83	133,80	194,62	218,95	III	2 432,83	128,—	186,18	209,45	122,26	177,84	200,07	116,60	169,61	190,81	111,05	161,53	181,72	105,60	153,60	172,80	100,23	145,80	164,02
	V	3 702,41	203,63	296,19	333,21	IV	3 158,66	170,83	248,48	279,54	167,92	244,26	274,79	165,03	240,04	270,05	162,13	235,82	265,30	159,22	231,60	260,55	156,33	227,39	255,81
	VI	3 734,58	205,40	298,76	336,11																				
9 521,99	I,IV	3 159,91	173,79	252,79	284,39	I	3 159,91	167,99	244,36	274,90	162,19	235,92	265,41	156,40	227,49	255,92	150,60	219,06	246,44	144,80	210,62	236,95	139,—	202,19	227,46
	II	3 114,16	171,27	249,13	280,27	II	3 114,16	165,48	240,70	270,78	159,68	232,26	261,29	153,88	223,83	251,81	148,08	215,40	242,32	142,28	206,96	232,83	136,49	198,53	223,34
	III	2 434,16	133,87	194,73	219,07	III	2 434,16	128,07	186,29	209,57	122,32	177,93	200,17	116,68	169,72	190,93	111,12	161,64	181,84	105,66	153,69	172,90	100,30	145,89	164,12
	V	3 703,66	203,70	296,29	333,32	IV	3 159,91	170,89	248,58	279,65	167,99	244,36	274,90	165,10	240,14	270,16	162,19	235,92	265,41	159,30	231,71	260,67	156,40	227,49	255,92
	VI	3 735,83	205,47	298,86	336,22																				
9 524,99	I,IV	3 161,16	173,86	252,89	284,50	I	3 161,16	168,06	244,46	275,01	162,26	236,02	265,52	156,47	227,59	256,04	150,67	219,16	246,55	144,87	210,72	237,06	139,07	202,29	227,57
	II	3 115,41	171,34	249,23	280,38	II	3 115,41	165,55	240,80	270,90	159,75	232,36	261,41	153,95	223,93	251,92	148,15	215,50	242,43	142,35	207,06	232,94	136,56	198,63	223,46
	III	2 435,33	133,94	194,82	219,17	III	2 435,33	128,14	186,38	209,68	122,39	178,02	200,27	116,74	169,81	191,03	111,19	161,73	181,94	105,72	153,78	173,—	100,36	145,98	164,23
	V	3 704,91	203,77	296,39	333,44	IV	3 161,16	170,96	248,68	279,76	168,06	244,46	275,01	165,16	240,24	270,27	162,26	236,02	265,52	159,37	231,81	260,78	156,47	227,59	256,04
	VI	3 737,08	205,53	298,96	336,33																				
9 527,99	I,IV	3 162,41	173,93	252,99	284,61	I	3 162,41	168,13	244,56	275,13	162,33	236,12	265,64	156,53	227,69	256,15	150,74	219,26	246,66	144,94	210,82	237,17	139,14	202,39	227,69
	II	3 116,66	171,41	249,33	280,49	II	3 116,66	165,61	240,90	271,01	159,82	232,46	261,52	154,02	224,03	252,03	148,22	215,60	242,55	142,42	207,16	233,06	136,62	198,73	223,57
	III	2 436,66	134,01	194,93	219,29	III	2 436,66	128,21	186,49	209,80	122,46	178,13	200,39	116,81	169,90	191,14	111,25	161,82	182,05	105,79	153,88	173,11	100,43	146,08	164,34
	V	3 706,16	203,83	296,49	333,55	IV	3 162,41	171,03	248,78	279,87	168,13	244,56	275,13	165,23	240,34	270,38	162,33	236,12	265,64	159,44	231,91	260,90	156,53	227,69	256,15
	VI	3 738,33	205,60	299,06	336,44																				
9 530,99	I,IV	3 163,75	174,—	253,10	284,73	I	3 163,75	168,20	244,66	275,24	162,40	236,22	265,75	156,60	227,79	256,26	150,81	219,36	246,78	145,01	210,92	237,29	139,21	202,49	227,80
	II	3 117,91	171,48	249,43	280,61	II	3 117,91	165,68	241,—	271,12	159,88	232,56	261,63	154,09	224,13	252,14	148,29	215,70	242,66	142,49	207,26	233,17	136,69	198,83	223,68
	III	2 437,83	134,08	195,02	219,40	III	2 437,83	128,27	186,58	209,90	122,53	178,22	200,50	116,88	170,01	191,26	111,32	161,92	182,16	105,85	153,97	173,21	100,48	146,16	164,43
	V	3 707,41	203,90	296,59	333,66	IV	3 163,75	171,10	248,88	279,99	168,20	244,66	275,24	165,30	240,44	270,50	162,40	236,22	265,75	159,50	232,01	261,01	156,60	227,79	256,26
	VI	3 739,58	205,67	299,16	336,56																				
9 533,99	I,IV	3 165,—	174,07	253,20	284,85	I	3 165,—	168,27	244,76	275,36	162,47	236,33	265,87	156,68	227,90	256,38	150,88	219,46	246,89	145,08	211,02	237,40	139,28	202,59	227,91
	II	3 119,16	171,55	249,53	280,72	II	3 119,16	165,75	241,10	271,23	159,95	232,66	261,74	154,16	224,23	252,26	148,36	215,80	242,77	142,56	207,36	233,28	136,76	198,93	223,79
	III	2 439,16	134,15	195,13	219,52	III	2 439,16	128,35	186,69	210,02	122,60	178,33	200,62	116,94	170,10	191,36	111,38	162,01	182,26	105,92	154,06	173,32	100,54	146,25	164,53
	V	3 708,66	203,97	296,69	333,77	IV	3 165,—	171,17	248,98	280,10	168,27	244,76	275,36	165,37	240,54	270,61	162,47	236,33	265,87	159,57	232,11	261,12	156,68	227,90	256,38
	VI	3 740,91	205,75	299,27	336,68																				
9 536,99	I,IV	3 166,25	174,14	253,30	284,96	I	3 166,25	168,34	244,86	275,47	162,54	236,43	265,98	156,75	228,—	256,50	150,95	219,56	247,01	145,15	211,13	237,52	139,35	202,70	228,03
	II	3 120,41	171,62	249,63	280,83	II	3 120,41	165,82	241,20	271,35	160,02	232,76	261,86	154,22	224,33	252,37	148,43	215,90	242,88	142,63	207,46	233,39	136,83	199,03	223,91
	III	2 440,33	134,21	195,22	219,62	III	2 440,33	128,42	186,80	210,15	122,66	178,42	200,72	117,01	170,20	191,47	111,45	162,12	182,38	105,98	154,16	173,43	100,61	146,34	164,63
	V	3 709,91	204,04	296,79	333,89	IV	3 166,25	171,24	249,08	280,21	168,34	244,86	275,47	165,44	240,64	270,72	162,54	236,43	265,98	159,64	232,21	261,23	156,75	228,—	256,50
	VI	3 742,16	205,81	299,37	336,79																				
9 539,99	I,IV	3 167,50	174,21	253,40	285,07	I	3 167,50	168,41	244,96	275,58	162,61	236,53	266,09	156,81	228,10	256,61	151,02	219,66	247,12	145,22	211,23	237,63	139,42	202,80	228,15
	II	3 121,75	171,69	249,74	280,95	II	3 121,75	165,89	241,30	271,46	160,09	232,86	261,97	154,29	224,43	252,48	148,50	216,—	243,—	142,70	207,56	233,51	136,90	199,13	224,02
	III	2 441,66	134,29	195,33	219,74	III	2 441,66	128,48	186,89	210,25	122,74	178,53	200,84	117,07	170,29	191,57	111,52	162,21	182,48	106,04	154,25	173,53	100,67	146,44	164,74
	V	3 711,16	204,11	296,89	334,—	IV	3 167,50	171,31	249,18	280,32	168,41	244,96	275,58	165,51	240,74	270,83	162,61	236,53	266,09	159,71	232,31	261,35	156,81	228,10	256,61
	VI	3 743,41	205,88	299,47	336,90																				

* Die ausgewiesenen Tabellenwerte sind amtlich. Siehe Erläuterungen auf der Umschlaginnenseite (U2).

Abzüge an Lohnsteuer, Solidaritätszuschlag (SolZ) und Kirchensteuer (8%, 9%) in den Steuerklassen

Lohn/ Gehalt bis €*	I – VI		ohne Kinderfreibeträge			I, II, III, IV		mit Zahl der Kinderfreibeträge . . . 0,5			1			1,5			2			2,5			3		
		LSt	SolZ	8%	9%		LSt	SolZ	8%	9%	SolZ	8%	9%	SolZ	8%	9%	SolZ	8%	9%	SolZ	8%	9%	SolZ	8%	9%
9 542,99	I,IV	3 168,75	174,28	253,50	285,18	I	3 168,75	168,48	245,06	275,69	162,68	236,63	266,21	156,88	228,20	256,72	151,08	219,76	247,23	145,29	211,33	237,74	139,49	202,90	228,26
	II	3 123,—	171,76	249,84	281,07	II	3 123,—	165,96	241,40	271,58	160,16	232,97	262,09	154,37	224,54	252,60	148,57	216,10	243,11	142,77	207,66	233,62	136,97	199,23	224,13
	III	2 443,—	134,36	195,44	219,87	III	2 443,—	128,56	187,—	210,37	122,80	178,62	200,95	117,15	170,40	191,70	111,58	162,30	182,59	106,11	154,34	173,63	100,74	146,53	164,84
	V	3 712,41	204,18	296,99	334,11	IV	3 168,75	171,38	249,28	280,44	168,48	245,06	275,69	165,58	240,84	270,95	162,68	236,63	266,21	159,78	232,41	261,46	156,88	228,20	256,72
	VI	3 744,66	205,95	299,57	337,01																				
9 545,99	I,IV	3 170,—	174,35	253,60	285,30	I	3 170,—	168,55	245,16	275,81	162,75	236,73	266,32	156,95	228,30	256,83	151,15	219,86	247,34	145,36	211,43	237,86	139,56	203,—	228,37
	II	3 124,25	171,83	249,94	281,18	II	3 124,25	166,03	241,50	271,69	160,23	233,07	262,20	154,44	224,64	252,72	148,64	216,20	243,23	142,84	207,77	233,74	137,04	199,34	224,25
	III	2 444,16	134,42	195,53	219,97	III	2 444,16	128,63	187,10	210,49	122,87	178,72	201,06	117,21	170,49	191,80	111,65	162,40	182,70	106,17	154,44	173,74	100,80	146,62	164,95
	V	3 713,75	204,25	297,10	334,23	IV	3 170,—	171,45	249,38	280,55	168,55	245,16	275,81	165,65	240,95	271,07	162,75	236,73	266,32	159,85	232,52	261,58	156,95	228,30	256,83
	VI	3 745,91	206,02	299,67	337,13																				
9 548,99	I,IV	3 171,25	174,41	253,70	285,41	I	3 171,25	168,62	245,26	275,92	162,82	236,83	266,43	157,02	228,40	256,95	151,22	219,96	247,46	145,42	211,53	237,97	139,63	203,10	228,48
	II	3 125,50	171,90	250,04	281,29	II	3 125,50	166,10	241,60	271,80	160,30	233,17	262,31	154,50	224,74	252,83	148,71	216,30	243,34	142,91	207,87	233,85	137,11	199,44	224,37
	III	2 445,50	134,50	195,64	220,09	III	2 445,50	128,70	187,20	210,60	122,94	178,82	201,17	117,27	170,58	191,90	111,71	162,49	182,80	106,25	154,54	173,86	100,87	146,72	165,06
	V	3 715,—	204,32	297,20	334,35	IV	3 171,25	171,52	249,48	280,67	168,62	245,26	275,92	165,72	241,05	271,18	162,82	236,83	266,43	159,92	232,62	261,69	157,02	228,40	256,95
	VI	3 747,16	206,09	299,77	337,24																				
9 551,99	I,IV	3 172,50	174,48	253,80	285,52	I	3 172,50	168,68	245,36	276,03	162,89	236,93	266,54	157,09	228,50	257,06	151,29	220,06	247,57	145,49	211,63	238,08	139,70	203,20	228,60
	II	3 126,75	171,97	250,14	281,40	II	3 126,75	166,17	241,70	271,91	160,37	233,27	262,43	154,57	224,84	252,94	148,77	216,40	243,45	142,98	207,97	233,96	137,18	199,54	224,48
	III	2 446,66	134,56	195,73	220,19	III	2 446,66	128,77	187,30	210,71	123,—	178,92	201,28	117,35	170,69	192,02	111,77	162,58	182,90	106,31	154,64	173,97	100,93	146,81	165,16
	V	3 716,25	204,39	297,30	334,46	IV	3 172,50	171,59	249,58	280,78	168,68	245,36	276,03	165,79	241,15	271,29	162,89	236,93	266,54	159,99	232,72	261,81	157,09	228,50	257,06
	VI	3 748,41	206,16	299,87	337,35																				
9 554,99	I,IV	3 173,83	174,56	253,90	285,64	I	3 173,83	168,75	245,46	276,14	162,96	237,03	266,66	157,16	228,60	257,17	151,36	220,16	247,68	145,56	211,73	238,19	139,76	203,30	228,71
	II	3 128,—	172,04	250,24	281,52	II	3 128,—	166,24	241,80	272,03	160,44	233,37	262,54	154,64	224,94	253,05	148,84	216,50	243,56	143,05	208,07	234,08	137,25	199,64	224,59
	III	2 448,—	134,64	195,84	220,32	III	2 448,—	128,83	187,40	210,82	123,08	179,02	201,40	117,41	170,78	192,13	111,85	162,69	183,02	106,37	154,73	174,07	100,99	146,90	165,26
	V	3 717,50	204,46	297,40	334,57	IV	3 173,83	171,65	249,68	280,89	168,75	245,46	276,14	165,86	241,25	271,40	162,96	237,03	266,66	160,06	232,82	261,92	157,16	228,60	257,17
	VI	3 749,66	206,23	299,97	337,46																				
9 557,99	I,IV	3 175,08	174,62	254,—	285,75	I	3 175,08	168,83	245,57	276,26	163,03	237,14	266,78	157,23	228,70	257,29	151,43	220,26	247,79	145,63	211,83	238,31	139,83	203,40	228,82
	II	3 129,25	172,10	250,34	281,63	II	3 129,25	166,31	241,90	272,14	160,51	233,47	262,65	154,71	225,04	253,17	148,91	216,60	243,68	143,11	208,17	234,19	137,32	199,74	224,70
	III	2 449,16	134,70	195,93	220,42	III	2 449,16	128,91	187,50	210,94	123,14	179,12	201,51	117,48	170,88	192,24	111,91	162,78	183,13	106,44	154,82	174,17	101,06	147,—	165,37
	V	3 718,75	204,53	297,50	334,68	IV	3 175,08	171,72	249,78	281,—	168,83	245,57	276,26	165,93	241,35	271,52	163,03	237,14	266,78	160,13	232,92	262,03	157,23	228,70	257,29
	VI	3 750,91	206,30	300,07	337,58																				
9 560,99	I,IV	3 176,33	174,69	254,10	285,86	I	3 176,33	168,90	245,67	276,38	163,10	237,24	266,89	157,30	228,80	257,40	151,50	220,37	247,91	145,70	211,94	238,43	139,91	203,50	228,94
	II	3 130,50	172,17	250,44	281,74	II	3 130,50	166,37	242,—	272,25	160,58	233,57	262,76	154,78	225,14	253,28	148,98	216,70	243,79	143,18	208,27	234,30	137,39	199,84	224,82
	III	2 450,50	134,77	196,04	220,54	III	2 450,50	128,97	187,60	211,05	123,21	179,22	201,62	117,55	170,98	192,35	111,98	162,88	183,24	106,50	154,92	174,28	101,12	147,09	165,47
	V	3 720,—	204,60	297,60	334,80	IV	3 176,33	171,79	249,88	281,12	168,90	245,67	276,38	165,99	241,45	271,63	163,10	237,24	266,89	160,20	233,02	262,14	157,30	228,80	257,40
	VI	3 752,25	206,37	300,18	337,70																				
9 563,99	I,IV	3 177,58	174,76	254,20	285,98	I	3 177,58	168,96	245,77	276,49	163,17	237,34	267,—	157,37	228,90	257,51	151,57	220,47	248,03	145,77	212,04	238,54	139,97	203,60	229,05
	II	3 131,83	172,25	250,54	281,86	II	3 131,83	166,44	242,10	272,36	160,65	233,67	262,88	154,85	225,24	253,39	149,05	216,80	243,90	143,25	208,37	234,41	137,45	199,94	224,93
	III	2 451,66	134,84	196,13	220,64	III	2 451,66	129,04	187,70	211,16	123,28	179,32	201,73	117,61	171,08	192,46	112,04	162,97	183,34	106,57	155,01	174,38	101,19	147,18	165,58
	V	3 721,25	204,66	297,70	334,91	IV	3 177,58	171,86	249,98	281,23	168,96	245,77	276,49	166,06	241,55	271,74	163,17	237,34	267,—	160,27	233,12	262,26	157,37	228,90	257,51
	VI	3 753,50	206,44	300,28	337,81																				
9 566,99	I,IV	3 178,83	174,83	254,30	286,09	I	3 178,83	169,03	245,87	276,60	163,24	237,44	267,12	157,44	229,—	257,63	151,64	220,57	248,14	145,84	212,14	238,65	140,04	203,70	229,16
	II	3 133,08	172,31	250,64	281,97	II	3 133,08	166,52	242,21	272,48	160,72	233,78	263,—	154,92	225,34	253,51	149,12	216,90	244,01	143,32	208,47	234,53	137,52	200,04	225,04
	III	2 453,—	134,91	196,24	220,77	III	2 453,—	129,11	187,80	211,27	123,35	179,42	201,85	117,68	171,17	192,56	112,10	163,06	183,44	106,63	155,10	174,49	101,25	147,28	165,69
	V	3 722,50	204,73	297,80	335,02	IV	3 178,83	171,93	250,08	281,34	169,03	245,87	276,60	166,13	241,65	271,85	163,24	237,44	267,12	160,33	233,22	262,37	157,44	229,—	257,63
	VI	3 754,75	206,51	300,38	337,92																				
9 569,99	I,IV	3 180,08	174,90	254,40	286,20	I	3 180,08	169,10	245,97	276,71	163,30	237,54	267,23	157,51	229,10	257,74	151,71	220,67	248,25	145,91	212,24	238,77	140,11	203,80	229,28
	II	3 134,33	172,38	250,74	282,08	II	3 134,33	166,59	242,31	272,60	160,79	233,88	263,11	154,99	225,44	253,62	149,19	217,01	244,13	143,39	208,58	234,65	137,60	200,14	225,16
	III	2 454,33	134,98	196,34	220,88	III	2 454,33	129,18	187,90	211,39	123,42	179,52	201,96	117,75	171,28	192,69	112,18	163,17	183,56	106,70	155,20	174,60	101,31	147,37	165,79
	V	3 723,83	204,81	297,90	335,14	IV	3 180,08	172,—	250,19	281,46	169,10	245,97	276,71	166,21	241,76	271,98	163,30	237,54	267,23	160,41	233,32	262,49	157,51	229,10	257,74
	VI	3 756,—	206,58	300,48	338,04																				
9 572,99	I,IV	3 181,33	174,97	254,50	286,31	I	3 181,33	169,17	246,07	276,83	163,37	237,64	267,34	157,57	229,20	257,85	151,78	220,77	248,36	145,98	212,34	238,88	140,18	203,90	229,39
	II	3 135,58	172,45	250,84	282,20	II	3 135,58	166,65	242,41	272,71	160,86	233,98	263,22	155,06	225,54	253,73	149,26	217,11	244,25	143,46	208,68	234,76	137,66	200,24	225,27
	III	2 455,50	135,05	196,44	220,99	III	2 455,50	129,25	188,01	211,51	123,48	179,61	202,06	117,81	171,37	192,79	112,24	163,26	183,67	106,76	155,29	174,70	101,38	147,46	165,89
	V	3 725,08	204,87	298,—	335,25	IV	3 181,33	172,07	250,29	281,57	169,17	246,07	276,83	166,27	241,86	272,09	163,37	237,64	267,34	160,48	233,42	262,60	157,57	229,20	257,85
	VI	3 757,25	206,64	300,58	338,15																				
9 575,99	I,IV	3 182,58	175,04	254,60	286,43	I	3 182,58	169,24	246,17	276,94	163,44	237,74	267,45	157,64	229,30	257,96	151,85	220,87	248,48	146,05	212,44	238,99	140,25	204,—	229,50
	II	3 136,83	172,52	250,94	282,31	II	3 136,83	166,72	242,51	272,82	160,93	234,08	263,34	155,13	225,64	253,85	149,33	217,21	244,36	143,53	208,78	234,87	137,73	200,34	225,38
	III	2 456,83	135,12	196,54	221,11	III	2 456,83	129,32	188,10	211,61	123,55	179,72	202,18	117,88	171,46	192,89	112,31	163,36	183,78	106,82	155,38	174,80	101,44	147,56	166,—
	V	3 726,33	204,94	298,10	335,36	IV	3 182,58	172,14	250,39	281,69	169,24	246,17	276,94	166,34	241,96	272,20	163,44	237,74	267,45	160,54	233,52	262,71	157,64	229,30	257,96
	VI	3 758,50	206,71	300,68	338,26																				
9 578,99	I,IV	3 183,83	175,11	254,70	286,54	I	3 183,83	169,31	246,27	277,05	163,51	237,84	267,57	157,71	229,40	258,08	151,91	220,97	248,59	146,12	212,54	239,10	140,32	204,10	229,61
	II	3 138,08	172,59	251,04	282,42	II	3 138,08	166,79	242,61	272,93	160,99	234,18	263,45	155,20	225,74	253,96	149,40	217,31	244,47	143,60	208,88	234,99	137,80	200,44	225,50
	III	2 458,—	135,19	196,64	221,22	III	2 458,—	129,39	188,21	211,73	123,62	179,81	202,28	117,95	171,57	193,01	112,37	163,45	183,88	106,89	155,48	174,91	101,51	147,65	166,10
	V	3 727,58	205,01	298,20	335,48	IV	3 183,83	172,21	250,49	281,80	169,31	246,27	277,05	166,41	242,06	272,31	163,51	237,84	267,57	160,61	233,62	262,82	157,71	229,40	258,08
	VI	3 759,75	206,78	300,78	338,37																				
9 581,99	I,IV	3 185,16	175,18	254,81	286,66	I	3 185,16	169,38	246,38	277,17	163,58	237,94	267,68	157,78	229,50	258,19	151,98	221,07	248,70	146,19	212,64	239,22	140,39	204,20	229,73
	II	3 139,33	172,66	251,14	282,53	II	3 139,33	166,86	242,71	273,05	161,06	234,28	263,56	155,26	225,84	254,07	149,47	217,41	244,58	143,67	208,98	235,10	137,87	200,54	225,61
	III	2 459,33	135,26	196,74	221,33	III	2 459,33	129,46	188,30	211,84	123,69	179,92	202,41	118,02	171,66	193,12	112,44	163,56	184,—	106,95	155,57	175,01	101,57	147,74	166,21
	V	3 728,83	205,08	298,30	335,59	IV	3 185,16	172,28	250,59	281,91	169,38	246,38	277,17	166,48	242,16	272,43	163,58	237,94	267,68	160,68	233,72	262,94	157,78	229,50	258,19
	VI	3 761,—	206,85	300,88	338,49																				
9 584,99	I,IV	3 186,41	175,25	254,91	286,77	I	3 186,41	169,45	246,48	277,29	163,65	238,04	267,80	157,85	229,61	258,31	152,06	221,18	248,82	146,26	212,74	239,33	140,46	204,30	229,84
	II	3 140,58	172,73	251,24	282,65	II	3 140,58	166,93	242,81	273,16	161,13	234,38	263,67	155,33	225,94	254,18	149,54	217,51	244,70	143,74	209,08	235,21	137,94	200,64	225,72
	III	2 460,50	135,32	196,84	221,44	III	2 460,50	129,53	188,41	211,96	123,75	180,01	202,51	118,08	171,76	193,23	112,51	163,65	184,10	107,02	155,66	175,12	101,64	147,84	166,32
	V	3 730,08	205,15	298,40	335,70	IV	3 186,41	172,35	250,69	282,02	169,45	246,48	277,29	166,55	242,26	272,54	163,65	238,04	267,80	160,75	233,82	263,05	157,85	229,61	258,31
	VI	3 762,33	206,92	300,98	338,60																				

* Die ausgewiesenen Tabellenwerte sind amtlich. Siehe Erläuterungen auf der Umschlaginnenseite (U2).

Lohn/ Gehalt bis €*	Steuerklasse	I – VI LSt	ohne Kinderfreibeträge SolZ	8%	9%	Steuerklasse	I, II, III, IV LSt	mit Zahl der Kinderfreibeträge . . . 0,5 SolZ	8%	9%	1 SolZ	8%	9%	1,5 SolZ	8%	9%	2 SolZ	8%	9%	2,5 SolZ	8%	9%	3 SolZ	8%	9%
9 587,99	I,IV	3 187,66	175,32	255,01	286,88	I	3 187,66	169,52	246,58	277,40	163,72	238,14	267,91	157,92	229,71	258,42	152,13	221,28	248,94	146,33	212,84	239,45	140,53	204,41	229,96
	II	3 141,83	172,80	251,34	282,76	II	3 141,83	167,—	242,91	273,27	161,20	234,48	263,79	155,40	226,04	254,30	149,60	217,61	244,81	143,81	209,18	235,32	138,01	200,74	225,83
	III	2 461,83	135,40	196,94	221,56	III	2 461,83	129,59	188,50	212,06	123,83	180,12	202,63	118,15	171,86	193,34	112,57	163,74	184,21	107,09	155,77	175,24	101,70	147,93	166,42
	V	3 731,33	205,22	298,50	335,81	IV	3 187,66	172,42	250,79	282,14	169,52	246,58	277,40	166,62	242,36	272,65	163,72	238,14	267,91	160,82	233,92	263,16	157,92	229,71	258,42
	VI	3 763,58	206,99	301,08	338,72																				
9 590,99	I,IV	3 188,91	175,39	255,11	287,—	I	3 188,91	169,59	246,68	277,51	163,79	238,24	268,02	157,99	229,81	258,53	152,19	221,38	249,05	146,40	212,94	239,56	140,60	204,51	230,07
	II	3 143,16	172,87	251,45	282,88	II	3 143,16	167,07	243,02	273,39	161,27	234,58	263,90	155,47	226,14	254,41	149,67	217,71	244,92	143,88	209,28	235,44	138,08	200,84	225,95
	III	2 463,—	135,46	197,04	221,67	III	2 463,—	129,67	188,61	212,18	123,89	180,21	202,73	118,22	171,96	193,45	112,64	163,84	184,32	107,15	155,86	175,34	101,76	148,02	166,52
	V	3 732,58	205,29	298,60	335,93	IV	3 188,91	172,48	250,89	282,25	169,59	246,68	277,51	166,69	242,46	272,76	163,79	238,24	268,02	160,89	234,02	263,27	157,99	229,81	258,53
	VI	3 764,83	207,06	301,18	338,83																				
9 593,99	I,IV	3 190,16	175,45	255,21	287,11	I	3 190,16	169,66	246,78	277,62	163,86	238,34	268,13	158,06	229,91	258,65	152,26	221,48	249,16	146,46	213,04	239,67	140,67	204,61	230,18
	II	3 144,41	172,94	251,55	282,99	II	3 144,41	167,14	243,12	273,51	161,34	234,68	264,02	155,54	226,25	254,53	149,75	217,82	245,04	143,95	209,38	235,55	138,15	200,94	226,06
	III	2 464,33	135,53	197,14	221,78	III	2 464,33	129,74	188,72	212,31	123,97	180,32	202,86	118,28	172,05	193,55	112,70	163,93	184,42	107,22	155,96	175,45	101,83	148,12	166,63
	V	3 733,91	205,36	298,71	336,05	IV	3 190,16	172,56	251,—	282,37	169,66	246,78	277,62	166,76	242,56	272,88	163,86	238,34	268,13	160,96	234,12	263,39	158,06	229,91	258,65
	VI	3 766,08	207,13	301,28	338,94																				
9 596,99	I,IV	3 191,41	175,52	255,31	287,22	I	3 191,41	169,73	246,88	277,74	163,93	238,44	268,25	158,13	230,01	258,76	152,33	221,58	249,27	146,53	213,14	239,78	140,74	204,71	230,30
	II	3 145,66	173,01	251,65	283,10	II	3 145,66	167,21	243,22	273,62	161,41	234,78	264,13	155,61	226,35	254,64	149,82	217,92	245,16	144,02	209,48	235,67	138,22	201,05	226,18
	III	2 465,66	135,61	197,25	221,90	III	2 465,66	129,80	188,81	212,41	124,03	180,41	202,96	118,36	172,16	193,68	112,77	164,04	184,54	107,28	156,05	175,55	101,88	148,20	166,72
	V	3 735,16	205,43	298,81	336,16	IV	3 191,41	172,63	251,10	282,48	169,73	246,88	277,74	166,83	242,66	272,99	163,93	238,44	268,25	161,03	234,23	263,51	158,13	230,01	258,76
	VI	3 767,33	207,20	301,38	339,05																				
9 599,99	I,IV	3 192,66	175,59	255,41	287,33	I	3 192,66	169,79	246,98	277,85	164,—	238,54	268,36	158,20	230,11	258,87	152,40	221,68	249,39	146,60	213,24	239,90	140,80	204,81	230,41
	II	3 146,91	173,08	251,75	283,22	II	3 146,91	167,28	243,32	273,73	161,48	234,88	264,24	155,68	226,45	254,75	149,88	218,02	245,27	144,09	209,58	235,78	138,29	201,15	226,29
	III	2 466,83	135,67	197,34	222,01	III	2 466,83	129,88	188,92	212,53	124,10	180,52	203,08	118,42	172,25	193,78	112,84	164,13	184,64	107,35	156,14	175,66	101,95	148,29	166,82
	V	3 736,41	205,50	298,91	336,27	IV	3 192,66	172,70	251,20	282,60	169,79	246,98	277,85	166,90	242,76	273,11	164,—	238,54	268,36	161,10	234,33	263,62	158,20	230,11	258,87
	VI	3 768,58	207,27	301,48	339,17																				
9 602,99	I,IV	3 193,91	175,66	255,51	287,45	I	3 193,91	169,86	247,08	277,96	164,06	238,64	268,47	158,27	230,21	258,98	152,47	221,78	249,50	146,67	213,34	240,01	140,87	204,91	230,52
	II	3 148,16	173,14	251,85	283,33	II	3 148,16	167,35	243,42	273,84	161,55	234,98	264,35	155,75	226,55	254,87	149,95	218,12	245,38	144,15	209,68	235,89	138,36	201,25	226,40
	III	2 468,16	135,74	197,45	222,13	III	2 468,16	129,94	189,01	212,63	124,17	180,61	203,18	118,48	172,34	193,88	112,90	164,22	184,75	107,41	156,24	175,77	102,01	148,38	166,93
	V	3 737,66	205,57	299,01	336,38	IV	3 193,91	172,76	251,30	282,71	169,86	247,08	277,96	166,97	242,86	273,22	164,06	238,64	268,47	161,17	234,43	263,73	158,27	230,21	258,98
	VI	3 769,83	207,34	301,58	339,28																				
9 605,99	I,IV	3 195,25	175,73	255,62	287,57	I	3 195,25	169,94	247,18	278,08	164,13	238,74	268,58	158,34	230,31	259,10	152,54	221,88	249,61	146,74	213,44	240,12	140,94	205,01	230,63
	II	3 149,41	173,21	251,95	283,44	II	3 149,41	167,42	243,52	273,96	161,62	235,08	264,47	155,82	226,65	254,98	150,02	218,22	245,49	144,22	209,78	236,—	138,43	201,35	226,52
	III	2 469,33	135,81	197,54	222,23	III	2 469,33	130,02	189,12	212,76	124,24	180,72	203,31	118,56	172,45	194,—	112,97	164,32	184,86	107,47	156,33	175,87	102,08	148,48	167,04
	V	3 738,91	205,64	299,11	336,50	IV	3 195,25	172,83	251,40	282,82	169,94	247,18	278,08	167,03	242,96	273,33	164,13	238,74	268,58	161,24	234,53	263,84	158,34	230,31	259,10
	VI	3 771,08	207,40	301,68	339,39																				
9 608,99	I,IV	3 196,50	175,80	255,72	287,68	I	3 196,50	170,—	247,28	278,19	164,21	238,85	268,70	158,41	230,42	259,22	152,61	221,98	249,73	146,81	213,54	240,23	141,01	205,11	230,75
	II	3 150,66	173,28	252,05	283,55	II	3 150,66	167,48	243,62	274,07	161,69	235,18	264,58	155,89	226,75	255,09	150,09	218,32	245,61	144,29	209,88	236,12	138,49	201,45	226,63
	III	2 470,66	135,88	197,65	222,35	III	2 470,66	130,08	189,21	212,86	124,30	180,81	203,41	118,62	172,54	194,11	113,03	164,41	184,96	107,54	156,42	175,97	102,14	148,57	167,14
	V	3 740,16	205,70	299,21	336,61	IV	3 196,50	172,90	251,50	282,93	170,—	247,28	278,19	167,10	243,06	273,44	164,21	238,85	268,70	161,31	234,63	263,96	158,41	230,42	259,22
	VI	3 772,41	207,48	301,79	339,51																				
9 611,99	I,IV	3 197,75	175,87	255,82	287,79	I	3 197,75	170,07	247,38	278,30	164,28	238,95	268,82	158,48	230,52	259,33	152,68	222,08	249,84	146,88	213,65	240,35	141,08	205,22	230,87
	II	3 151,91	173,35	252,15	283,67	II	3 151,91	167,55	243,72	274,18	161,75	235,28	264,69	155,96	226,85	255,20	150,16	218,42	245,72	144,36	209,98	236,23	138,56	201,55	226,74
	III	2 471,83	135,95	197,74	222,46	III	2 471,83	130,15	189,32	212,98	124,38	180,92	203,53	118,69	172,64	194,22	113,10	164,52	185,08	107,60	156,52	176,08	102,20	148,66	167,24
	V	3 741,41	205,77	299,31	336,72	IV	3 197,75	172,97	251,60	283,05	170,07	247,38	278,30	167,17	243,16	273,56	164,28	238,95	268,82	161,37	234,73	264,07	158,48	230,52	259,33
	VI	3 773,66	207,55	301,89	339,62																				
9 614,99	I,IV	3 199,—	175,94	255,92	287,91	I	3 199,—	170,14	247,48	278,42	164,34	239,05	268,93	158,55	230,62	259,44	152,75	222,18	249,95	146,95	213,75	240,47	141,15	205,32	230,98
	II	3 153,25	173,42	252,26	283,79	II	3 153,25	167,63	243,82	274,30	161,82	235,38	264,80	156,03	226,95	255,32	150,23	218,52	245,83	144,43	210,08	236,34	138,63	201,65	226,85
	III	2 473,16	136,02	197,85	222,58	III	2 473,16	130,22	189,41	213,08	124,44	181,01	203,63	118,76	172,74	194,33	113,17	164,61	185,18	107,67	156,61	176,18	102,27	148,76	167,35
	V	3 742,66	205,84	299,41	336,83	IV	3 199,—	173,04	251,70	283,16	170,14	247,48	278,42	167,24	243,26	273,67	164,34	239,05	268,93	161,44	234,83	264,18	158,55	230,62	259,44
	VI	3 774,91	207,62	301,99	339,74																				
9 617,99	I,IV	3 200,25	176,01	256,02	288,02	I	3 200,25	170,21	247,58	278,53	164,41	239,15	269,04	158,62	230,72	259,56	152,82	222,28	250,07	147,02	213,85	240,58	141,22	205,42	231,09
	II	3 154,50	173,49	252,36	283,90	II	3 154,50	167,69	243,92	274,41	161,90	235,49	264,92	156,10	227,06	255,44	150,30	218,62	245,95	144,50	210,18	236,45	138,70	201,75	226,97
	III	2 474,50	136,09	197,96	222,70	III	2 474,50	130,29	189,52	213,21	124,51	181,10	203,74	118,82	172,84	194,44	113,23	164,70	185,29	107,74	156,72	176,31	102,33	148,85	167,45
	V	3 743,91	205,91	299,51	336,95	IV	3 200,25	173,11	251,80	283,28	170,21	247,58	278,53	167,31	243,36	273,78	164,41	239,15	269,04	161,51	234,93	264,29	158,62	230,72	259,56
	VI	3 776,16	207,68	302,09	339,85																				
9 620,99	I,IV	3 201,50	176,08	256,12	288,13	I	3 201,50	170,28	247,68	278,64	164,48	239,25	269,15	158,68	230,82	259,67	152,89	222,38	250,18	147,09	213,95	240,69	141,29	205,52	231,21
	II	3 155,75	173,56	252,46	284,01	II	3 155,75	167,76	244,02	274,52	161,97	235,59	265,04	156,17	227,16	255,55	150,37	218,72	246,06	144,57	210,29	236,57	138,77	201,86	227,09
	III	2 475,66	136,16	198,05	222,80	III	2 475,66	130,36	189,62	213,32	124,58	181,21	203,86	118,89	172,93	194,54	113,30	164,80	185,40	107,80	156,81	176,41	102,40	148,94	167,56
	V	3 745,25	205,98	299,62	337,07	IV	3 201,50	173,18	251,90	283,39	170,28	247,68	278,64	167,38	243,47	273,90	164,48	239,25	269,15	161,59	235,04	264,42	158,68	230,82	259,67
	VI	3 777,41	207,75	302,19	339,96																				
9 623,99	I,IV	3 202,75	176,15	256,22	288,24	I	3 202,75	170,35	247,78	278,75	164,55	239,35	269,27	158,75	230,92	259,78	152,95	222,48	250,29	147,16	214,05	240,80	141,36	205,62	231,32
	II	3 157,—	173,63	252,56	284,13	II	3 157,—	167,83	244,12	274,64	162,03	235,69	265,15	156,24	227,26	255,66	150,44	218,82	246,17	144,64	210,39	236,69	138,84	201,96	227,20
	III	2 477,—	136,23	198,16	222,93	III	2 477,—	130,43	189,72	213,43	124,64	181,30	203,96	118,96	173,04	194,67	113,37	164,90	185,51	107,87	156,90	176,51	102,46	149,04	167,67
	V	3 746,50	206,05	299,72	337,18	IV	3 202,75	173,25	252,—	283,50	170,35	247,78	278,75	167,45	243,57	274,01	164,55	239,35	269,27	161,65	235,14	264,53	158,75	230,92	259,78
	VI	3 778,66	207,82	302,29	340,07																				
9 626,99	I,IV	3 204,—	176,22	256,32	288,36	I	3 204,—	170,42	247,88	278,87	164,62	239,45	269,38	158,82	231,02	259,89	153,02	222,58	250,40	147,23	214,15	240,92	141,43	205,72	231,43
	II	3 158,25	173,70	252,66	284,24	II	3 158,25	167,90	244,22	274,75	162,10	235,79	265,26	156,31	227,36	255,78	150,51	218,92	246,29	144,71	210,49	236,80	138,91	202,06	227,31
	III	2 478,16	136,29	198,25	223,03	III	2 478,16	130,50	189,82	213,55	124,72	181,41	204,08	119,02	173,13	194,77	113,43	165,—	185,62	107,93	157,—	176,62	102,52	149,13	167,77
	V	3 747,75	206,12	299,82	337,29	IV	3 204,—	173,32	252,10	283,61	170,42	247,88	278,87	167,52	243,67	274,13	164,62	239,45	269,38	161,72	235,24	264,64	158,82	231,02	259,89
	VI	3 779,91	207,89	302,39	340,19																				
9 629,99	I,IV	3 205,33	176,29	256,42	288,47	I	3 205,33	170,49	247,98	278,98	164,69	239,55	269,49	158,89	231,12	260,01	153,09	222,68	250,52	147,29	214,25	241,03	141,50	205,82	231,54
	II	3 159,50	173,77	252,76	284,35	II	3 159,50	167,97	244,32	274,86	162,17	235,89	265,37	156,37	227,46	255,89	150,58	219,02	246,40	144,78	210,59	236,91	138,98	202,16	227,43
	III	2 479,50	136,37	198,36	223,15	III	2 479,50	130,57	189,92	213,66	124,78	181,50	204,19	119,10	173,24	194,89	113,50	165,09	185,72	108,—	157,09	176,72	102,59	149,22	167,87
	V	3 749,—	206,19	299,92	337,41	IV	3 205,33	173,39	252,20	283,73	170,49	247,98	278,98	167,59	243,77	274,24	164,69	239,55	269,49	161,79	235,34	264,75	158,89	231,12	260,01
	VI	3 781,16	207,96	302,49	340,30																				

Table title: Abzüge an Lohnsteuer, Solidaritätszuschlag (SolZ) und Kirchensteuer (8%, 9%) in den Steuerklassen

* Die ausgewiesenen Tabellenwerte sind amtlich. Siehe Erläuterungen auf der Umschlaginnenseite (U2).

Lohn/Gehalt bis €*		I – VI LSt	ohne Kinderfreibeträge SolZ	8%	9%		I, II, III, IV LSt	0,5 SolZ	8%	9%	1 SolZ	8%	9%	1,5 SolZ	8%	9%	2 SolZ	8%	9%	2,5 SolZ	8%	9%	3 SolZ	8%	9%
9 632,99	I,IV	3 206,58	176,36	256,52	288,59	I	3 206,58	170,56	248,09	279,10	164,76	239,66	269,61	158,96	231,22	260,12	153,16	222,78	250,63	147,36	214,35	241,14	141,57	205,92	231,66
	II	3 160,75	173,84	252,86	284,46	II	3 160,75	168,04	244,42	274,97	162,24	235,99	265,49	156,44	227,56	256,—	150,64	219,12	246,51	144,85	210,69	237,02	139,05	202,26	227,54
	III	2 480,66	136,43	198,45	223,25	III	2 480,66	130,64	190,02	213,77	124,85	181,61	204,31	119,16	173,33	194,99	113,56	165,18	185,83	108,06	157,18	176,83	102,65	149,32	167,98
	V	3 750,25	206,26	300,02	337,52	IV	3 206,58	173,46	252,30	283,84	170,56	248,09	279,10	167,66	243,87	274,35	164,76	239,66	269,61	161,86	235,44	264,87	158,96	231,22	260,12
	VI	3 782,41	208,03	302,59	340,41																				
9 635,99	I,IV	3 207,83	176,43	256,62	288,70	I	3 207,83	170,63	248,19	279,21	164,83	239,76	269,73	159,03	231,32	260,24	153,23	222,89	250,75	147,44	214,46	241,26	141,64	206,02	231,77
	II	3 162,—	173,91	252,96	284,58	II	3 162,—	168,11	244,52	275,09	162,31	236,09	265,60	156,51	227,66	256,11	150,71	219,22	246,62	144,92	210,79	237,14	139,12	202,36	227,65
	III	2 482,—	136,51	198,56	223,38	III	2 482,—	130,70	190,12	213,88	124,92	181,70	204,41	119,23	173,42	195,10	113,63	165,29	185,95	108,13	157,28	176,94	102,72	149,41	168,08
	V	3 751,50	206,33	300,12	337,63	IV	3 207,83	173,52	252,40	283,95	170,63	248,19	279,21	167,73	243,97	274,46	164,83	239,76	269,73	161,93	235,54	264,98	159,03	231,32	260,24
	VI	3 783,75	208,10	302,70	340,53																				
9 638,99	I,IV	3 209,08	176,49	256,72	288,81	I	3 209,08	170,70	248,29	279,32	164,90	239,86	269,84	159,10	231,42	260,35	153,30	222,99	250,86	147,51	214,56	241,38	141,71	206,12	231,89
	II	3 163,33	173,98	253,06	284,69	II	3 163,33	168,18	244,62	275,20	162,38	236,19	265,71	156,58	227,76	256,23	150,78	219,32	246,74	144,98	210,89	237,25	139,19	202,46	227,76
	III	2 483,16	136,57	198,65	223,48	III	2 483,16	130,78	190,22	214,—	124,99	181,81	204,53	119,30	173,53	195,22	113,70	165,38	186,05	108,19	157,37	177,04	102,78	149,50	168,19
	V	3 752,75	206,40	300,22	337,74	IV	3 209,08	173,59	252,50	284,06	170,70	248,29	279,32	167,80	244,07	274,58	164,90	239,86	269,84	162,—	235,64	265,09	159,10	231,42	260,35
	VI	3 785,—	208,17	302,80	340,65																				
9 641,99	I,IV	3 210,33	176,56	256,82	288,92	I	3 210,33	170,77	248,39	279,44	164,97	239,96	269,95	159,17	231,52	260,46	153,37	223,09	250,97	147,57	214,66	241,49	141,78	206,22	232,—
	II	3 164,58	174,05	253,16	284,81	II	3 164,58	168,25	244,73	275,32	162,45	236,30	265,83	156,65	227,86	256,34	150,85	219,42	246,85	145,05	210,99	237,36	139,26	202,56	227,88
	III	2 484,50	136,64	198,76	223,60	III	2 484,50	130,84	190,32	214,11	125,06	181,90	204,64	119,36	173,62	195,32	113,76	165,48	186,16	108,25	157,46	177,14	102,85	149,60	168,30
	V	3 754,—	206,47	300,32	337,86	IV	3 210,33	173,66	252,60	284,18	170,77	248,39	279,44	167,86	244,17	274,69	164,97	239,96	269,95	162,07	235,74	265,20	159,17	231,52	260,46
	VI	3 786,25	208,24	302,90	340,76																				
9 644,99	I,IV	3 211,58	176,63	256,92	289,04	I	3 211,58	170,83	248,49	279,55	165,04	240,06	270,06	159,24	231,62	260,57	153,44	223,19	251,09	147,64	214,76	241,60	141,84	206,32	232,11
	II	3 165,83	174,12	253,26	284,92	II	3 165,83	168,32	244,83	275,43	162,52	236,40	265,95	156,72	227,96	256,46	150,92	219,53	246,97	145,13	211,10	237,48	139,33	202,66	227,99
	III	2 485,83	136,72	198,86	223,72	III	2 485,83	130,91	190,42	214,22	125,13	182,01	204,76	119,43	173,72	195,43	113,83	165,57	186,26	108,33	157,57	177,26	102,91	149,69	168,40
	V	3 755,33	206,54	300,42	337,97	IV	3 211,58	173,74	252,71	284,30	170,83	248,49	279,55	167,94	244,28	274,81	165,04	240,06	270,06	162,14	235,84	265,32	159,24	231,62	260,57
	VI	3 787,50	208,31	303,—	340,87																				
9 647,99	I,IV	3 212,83	176,70	257,02	289,15	I	3 212,83	170,90	248,59	279,66	165,11	240,16	270,18	159,31	231,72	260,69	153,51	223,29	251,20	147,71	214,86	241,71	141,91	206,42	232,22
	II	3 167,08	174,18	253,36	285,03	II	3 167,08	168,39	244,93	275,54	162,59	236,50	266,06	156,79	228,06	256,57	150,99	219,63	247,08	145,20	211,20	237,60	139,40	202,76	228,11
	III	2 487,—	136,78	198,96	223,83	III	2 487,—	130,99	190,53	214,34	125,19	182,10	204,86	119,50	173,82	195,55	113,89	165,66	186,37	108,39	157,66	177,37	102,97	149,78	168,50
	V	3 756,58	206,61	300,52	338,09	IV	3 212,83	173,80	252,81	284,41	170,90	248,59	279,66	168,01	244,38	274,92	165,11	240,16	270,18	162,21	235,94	265,43	159,31	231,72	260,69
	VI	3 788,75	208,38	303,10	340,98																				
9 650,99	I,IV	3 214,08	176,77	257,12	289,26	I	3 214,08	170,97	248,69	279,77	165,17	240,26	270,29	159,38	231,82	260,80	153,58	223,39	251,31	147,78	214,96	241,83	141,98	206,52	232,34
	II	3 168,33	174,25	253,46	285,14	II	3 168,33	168,46	245,03	275,66	162,66	236,60	266,17	156,86	228,16	256,68	151,06	219,73	247,19	145,26	211,30	237,71	139,47	202,86	228,22
	III	2 488,33	136,85	199,06	223,94	III	2 488,33	131,05	190,62	214,45	125,27	182,21	204,98	119,57	173,92	195,66	113,96	165,77	186,49	108,46	157,76	177,48	103,04	149,88	168,61
	V	3 757,83	206,68	300,62	338,20	IV	3 214,08	173,87	252,91	284,52	170,97	248,69	279,77	168,08	244,48	275,04	165,17	240,26	270,29	162,28	236,04	265,55	159,38	231,82	260,80
	VI	3 790,—	208,45	303,20	341,10																				
9 653,99	I,IV	3 215,33	176,84	257,22	289,37	I	3 215,33	171,04	248,79	279,89	165,24	240,36	270,40	159,44	231,92	260,91	153,65	223,49	251,42	147,85	215,06	241,94	142,05	206,62	232,45
	II	3 169,58	174,32	253,56	285,26	II	3 169,58	168,52	245,13	275,77	162,73	236,70	266,28	156,93	228,26	256,79	151,13	219,83	247,31	145,33	211,40	237,82	139,53	202,96	228,33
	III	2 489,50	136,92	199,16	224,05	III	2 489,50	131,12	190,73	214,57	125,33	182,30	205,09	119,63	174,01	195,76	114,03	165,86	186,59	108,52	157,85	177,58	103,10	149,97	168,71
	V	3 759,08	206,74	300,72	338,31	IV	3 215,33	173,94	253,01	284,63	171,04	248,79	279,89	168,14	244,58	275,15	165,24	240,36	270,40	162,35	236,14	265,66	159,44	231,92	260,91
	VI	3 791,25	208,51	303,30	341,21																				
9 656,99	I,IV	3 216,66	176,91	257,33	289,49	I	3 216,66	171,11	248,90	280,01	165,32	240,46	270,52	159,51	232,02	261,02	153,72	223,59	251,54	147,92	215,16	242,05	142,12	206,72	232,56
	II	3 170,83	174,39	253,66	285,37	II	3 170,83	168,59	245,23	275,88	162,80	236,80	266,40	157,—	228,36	256,91	151,20	219,93	247,42	145,40	211,50	237,93	139,60	203,06	228,44
	III	2 490,83	136,99	199,26	224,17	III	2 490,83	131,19	190,82	214,67	125,40	182,41	205,21	119,70	174,12	195,88	114,09	165,96	186,70	108,58	157,94	177,68	103,17	150,06	168,82
	V	3 760,33	206,81	300,82	338,42	IV	3 216,66	174,01	253,11	284,75	171,11	248,90	280,01	168,21	244,68	275,26	165,32	240,46	270,52	162,41	236,24	265,77	159,51	232,02	261,02
	VI	3 792,50	208,58	303,40	341,32																				
9 659,99	I,IV	3 217,91	176,98	257,43	289,61	I	3 217,91	171,18	249,—	280,12	165,38	240,56	270,63	159,59	232,13	261,14	153,79	223,70	251,66	147,99	215,26	242,17	142,19	206,82	232,67
	II	3 172,08	174,46	253,76	285,48	II	3 172,08	168,66	245,33	275,99	162,86	236,90	266,51	157,07	228,46	257,02	151,27	220,03	247,53	145,47	211,60	238,05	139,67	203,16	228,56
	III	2 492,—	137,06	199,36	224,28	III	2 492,—	131,26	190,93	214,79	125,47	182,50	205,31	119,77	174,21	195,98	114,16	166,05	186,80	108,65	158,04	177,79	103,23	150,16	168,93
	V	3 761,58	206,88	300,92	338,54	IV	3 217,91	174,08	253,21	284,86	171,18	249,—	280,12	168,28	244,78	275,37	165,38	240,56	270,63	162,48	236,34	265,88	159,59	232,13	261,14
	VI	3 793,83	208,66	303,50	341,44																				
9 662,99	I,IV	3 219,16	177,05	257,53	289,72	I	3 219,16	171,25	249,10	280,23	165,45	240,66	270,74	159,66	232,23	261,26	153,86	223,80	251,77	148,06	215,36	242,28	142,26	206,93	232,79
	II	3 173,33	174,53	253,86	285,59	II	3 173,33	168,73	245,43	276,11	162,93	237,—	266,62	157,13	228,56	257,13	151,34	220,13	247,64	145,54	211,70	238,16	139,74	203,26	228,67
	III	2 493,33	137,13	199,46	224,39	III	2 493,33	131,33	191,02	214,90	125,54	182,61	205,43	119,84	174,32	196,11	114,23	166,16	186,93	108,71	158,13	177,89	103,29	150,25	169,03
	V	3 762,83	206,95	301,02	338,65	IV	3 219,16	174,15	253,31	284,97	171,25	249,10	280,23	168,35	244,88	275,49	165,45	240,66	270,74	162,55	236,44	266,—	159,66	232,23	261,26
	VI	3 795,08	208,72	303,60	341,55																				
9 665,99	I,IV	3 220,41	177,12	257,63	289,83	I	3 220,41	171,32	249,20	280,35	165,52	240,76	270,86	159,72	232,33	261,37	153,93	223,90	251,88	148,13	215,46	242,39	142,33	207,03	232,91
	II	3 174,66	174,60	253,97	285,71	II	3 174,66	168,80	245,54	276,23	163,01	237,10	266,74	157,20	228,66	257,24	151,41	220,23	247,76	145,61	211,80	238,27	139,81	203,36	228,78
	III	2 494,50	137,19	199,56	224,50	III	2 494,50	131,40	191,13	215,02	125,61	182,70	205,54	119,90	174,41	196,21	114,29	166,25	187,03	108,78	158,22	178,—	103,36	150,34	169,13
	V	3 764,08	207,02	301,12	338,76	IV	3 220,41	174,22	253,41	285,08	171,32	249,20	280,35	168,42	244,98	275,60	165,52	240,76	270,86	162,62	236,54	266,11	159,72	232,33	261,37
	VI	3 796,33	208,79	303,70	341,66																				
9 668,99	I,IV	3 221,66	177,19	257,73	289,94	I	3 221,66	171,39	249,30	280,46	165,59	240,86	270,97	159,79	232,43	261,48	154,—	224,—	252,—	148,20	215,56	242,51	142,40	207,13	233,02
	II	3 175,91	174,67	254,07	285,83	II	3 175,91	168,87	245,64	276,34	163,07	237,20	266,85	157,28	228,77	257,36	151,48	220,34	247,88	145,68	211,90	238,39	139,88	203,46	228,89
	III	2 495,83	137,27	199,66	224,62	III	2 495,83	131,47	191,24	215,14	125,68	182,81	205,66	119,97	174,50	196,31	114,36	166,34	187,13	108,85	158,33	178,12	103,42	150,44	169,24
	V	3 765,41	207,09	301,23	338,88	IV	3 221,66	174,29	253,52	285,21	171,39	249,30	280,46	168,49	245,08	275,72	165,59	240,86	270,97	162,69	236,64	266,22	159,79	232,43	261,48
	VI	3 797,58	208,86	303,80	341,78																				
9 671,99	I,IV	3 222,91	177,26	257,83	290,06	I	3 222,91	171,46	249,40	280,57	165,66	240,96	271,08	159,86	232,53	261,59	154,06	224,10	252,11	148,27	215,66	242,62	142,47	207,23	233,13
	II	3 177,16	174,74	254,17	285,94	II	3 177,16	168,94	245,74	276,45	163,14	237,30	266,96	157,35	228,87	257,48	151,55	220,44	247,99	145,75	212,—	238,50	139,95	203,57	229,01
	III	2 497,16	137,34	199,77	224,74	III	2 497,16	131,54	191,33	215,24	125,74	182,90	205,76	120,04	174,61	196,43	114,42	166,44	187,24	108,91	158,42	178,22	103,49	150,53	169,34
	V	3 766,66	207,16	301,33	338,99	IV	3 222,91	174,36	253,62	285,32	171,46	249,40	280,57	168,56	245,18	275,83	165,66	240,96	271,08	162,76	236,75	266,34	159,86	232,53	261,59
	VI	3 798,83	208,93	303,90	341,89																				
9 674,99	I,IV	3 224,16	177,32	257,93	290,17	I	3 224,16	171,53	249,50	280,68	165,73	241,06	271,19	159,93	232,63	261,71	154,13	224,20	252,22	148,33	215,76	242,73	142,54	207,33	233,24
	II	3 178,41	174,81	254,27	286,05	II	3 178,41	169,01	245,84	276,57	163,21	237,40	267,08	157,41	228,97	257,59	151,62	220,54	248,10	145,82	212,10	238,61	140,02	203,67	229,13
	III	2 498,33	137,40	199,86	224,84	III	2 498,33	131,61	191,44	215,37	125,82	183,01	205,88	120,11	174,70	196,54	114,50	166,54	187,36	108,98	158,52	178,33	103,55	150,62	169,45
	V	3 767,91	207,23	301,43	339,11	IV	3 224,16	174,43	253,72	285,43	171,53	249,50	280,68	168,63	245,28	275,94	165,73	241,06	271,19	162,83	236,85	266,45	159,93	232,63	261,71
	VI	3 800,08	209,—	304,—	342,—																				

Table heading: Abzüge an Lohnsteuer, Solidaritätszuschlag (SolZ) und Kirchensteuer (8%, 9%) in den Steuerklassen; I, II, III, IV: mit Zahl der Kinderfreibeträge . . .

*** Die ausgewiesenen Tabellenwerte sind amtlich. Siehe Erläuterungen auf der Umschlaginnenseite (U2).**

Abzüge an Lohnsteuer, Solidaritätszuschlag (SolZ) und Kirchensteuer (8%, 9%) in den Steuerklassen

Lohn/Gehalt bis €*	I – VI		ohne Kinderfreibeträge			I, II, III, IV		mit Zahl der Kinderfreibeträge . . . 0,5			1			1,5			2			2,5			3		
		LSt	SolZ	8%	9%		LSt	SolZ	8%	9%	SolZ	8%	9%	SolZ	8%	9%	SolZ	8%	9%	SolZ	8%	9%	SolZ	8%	9%
9 677,99	I,IV	3 225,41	177,39	258,03	290,28	I	3 225,41	171,60	249,60	280,80	165,80	241,16	271,31	160,—	232,73	261,82	154,20	224,30	252,33	148,40	215,86	242,84	142,61	207,43	233,36
	II	3 179,66	174,88	254,37	286,16	II	3 179,66	169,08	245,94	276,68	163,28	237,50	267,19	157,48	229,07	257,70	151,69	220,64	248,22	145,89	212,20	238,73	140,09	203,77	229,24
	III	2 499,66	137,48	199,97	224,96	III	2 499,66	131,67	191,53	215,47	125,88	183,10	205,99	120,17	174,80	196,65	114,56	166,64	187,47	109,04	158,61	178,43	103,62	150,72	169,56
	V	3 769,16	207,30	301,53	339,22	IV	3 225,41	174,50	253,82	285,54	171,60	249,60	280,80	168,70	245,38	276,05	165,80	241,16	271,31	162,90	236,95	266,57	160,—	232,73	261,82
	VI	3 801,33	209,07	304,10	342,11																				
9 680,99	I,IV	3 226,75	177,47	258,14	290,40	I	3 226,75	171,67	249,70	280,91	165,87	241,26	271,42	160,07	232,83	261,93	154,27	224,40	252,45	148,47	215,96	242,96	142,67	207,53	233,47
	II	3 180,91	174,95	254,47	286,28	II	3 180,91	169,15	246,04	276,79	163,35	237,60	267,30	157,55	229,17	257,81	151,75	220,74	248,33	145,96	212,30	238,84	140,16	203,87	229,35
	III	2 500,83	137,54	200,06	225,07	III	2 500,83	131,75	191,64	215,59	125,95	183,21	206,11	120,24	174,90	196,76	114,62	166,73	187,57	109,11	158,70	178,54	103,68	150,81	169,66
	V	3 770,41	207,37	301,63	339,33	IV	3 226,75	174,57	253,92	285,66	171,67	249,70	280,91	168,77	245,48	276,17	165,87	241,26	271,42	162,97	237,05	266,68	160,07	232,83	261,93
	VI	3 802,58	209,14	304,20	342,23																				
9 683,99	I,IV	3 228,—	177,54	258,24	290,52	I	3 228,—	171,74	249,80	281,03	165,94	241,37	271,54	160,14	232,94	262,05	154,34	224,50	252,56	148,54	216,06	243,07	142,74	207,63	233,58
	II	3 182,16	175,01	254,57	286,39	II	3 182,16	169,22	246,14	276,90	163,42	237,70	267,41	157,62	229,27	257,93	151,82	220,84	248,44	146,02	212,40	238,95	140,23	203,97	229,46
	III	2 502,16	137,61	200,17	225,19	III	2 502,16	131,81	191,73	215,69	126,02	183,30	206,21	120,31	175,—	196,87	114,70	166,84	187,69	109,17	158,80	178,65	103,74	150,90	169,76
	V	3 771,66	207,44	301,73	339,44	IV	3 228,—	174,63	254,02	285,77	171,74	249,80	281,03	168,84	245,58	276,28	165,94	241,37	271,54	163,04	237,15	266,79	160,14	232,94	262,05
	VI	3 803,91	209,21	304,31	342,35																				
9 686,99	I,IV	3 229,25	177,60	258,34	290,63	I	3 229,25	171,81	249,90	281,14	166,01	241,47	271,65	160,21	233,04	262,17	154,41	224,60	252,68	148,61	216,17	243,19	142,82	207,74	233,70
	II	3 183,41	175,08	254,67	286,50	II	3 183,41	169,29	246,24	277,02	163,49	237,80	267,53	157,69	229,37	258,04	151,89	220,94	248,55	146,09	212,50	239,06	140,30	204,07	229,58
	III	2 503,33	137,68	200,26	225,29	III	2 503,33	131,89	191,84	215,82	126,09	183,41	206,33	120,38	175,10	196,99	114,76	166,93	187,79	109,23	158,89	178,75	103,81	151,—	169,87
	V	3 772,91	207,51	301,83	339,56	IV	3 229,25	174,70	254,12	285,88	171,81	249,90	281,14	168,90	245,68	276,39	166,01	241,47	271,65	163,11	237,25	266,90	160,21	233,04	262,17
	VI	3 805,16	209,28	304,41	342,46																				
9 689,99	I,IV	3 230,50	177,67	258,44	290,74	I	3 230,50	171,87	250,—	281,25	166,08	241,57	271,76	160,28	233,14	262,28	154,48	224,70	252,79	148,68	216,27	243,30	142,89	207,84	233,82
	II	3 184,75	175,16	254,78	286,62	II	3 184,75	169,36	246,34	277,13	163,56	237,90	267,64	157,76	229,47	258,15	151,96	221,04	248,67	146,16	212,60	239,18	140,36	204,17	229,69
	III	2 504,66	137,75	200,37	225,41	III	2 504,66	131,95	191,93	215,92	126,16	183,50	206,44	120,45	175,20	197,10	114,83	167,02	187,90	109,30	158,98	178,85	103,87	151,09	169,97
	V	3 774,16	207,57	301,93	339,67	IV	3 230,50	174,77	254,22	285,99	171,87	250,—	281,25	168,97	245,78	276,50	166,08	241,57	271,76	163,18	237,35	267,02	160,28	233,14	262,28
	VI	3 806,41	209,35	304,51	342,57																				
9 692,99	I,IV	3 231,75	177,74	258,54	290,85	I	3 231,75	171,94	250,10	281,36	166,15	241,67	271,88	160,35	233,24	262,39	154,55	224,80	252,90	148,75	216,37	243,41	142,95	207,94	233,93
	II	3 186,—	175,23	254,88	286,74	II	3 186,—	169,43	246,44	277,25	163,63	238,01	267,76	157,83	229,58	258,27	152,03	221,14	248,78	146,23	212,70	239,29	140,43	204,27	229,80
	III	2 506,—	137,83	200,48	225,54	III	2 506,—	132,02	192,04	216,04	126,23	183,61	206,56	120,51	175,29	197,20	114,89	167,12	188,01	109,37	159,09	178,97	103,94	151,18	170,08
	V	3 775,41	207,64	302,03	339,78	IV	3 231,75	174,84	254,32	286,11	171,94	250,10	281,36	169,04	245,88	276,62	166,15	241,67	271,88	163,24	237,45	267,13	160,35	233,24	262,39
	VI	3 807,66	209,42	304,61	342,68																				
9 695,99	I,IV	3 233,—	177,81	258,64	290,97	I	3 233,—	172,01	250,20	281,48	166,21	241,77	271,99	160,42	233,34	262,50	154,62	224,90	253,01	148,82	216,47	243,53	143,02	208,04	234,04
	II	3 187,25	175,29	254,98	286,85	II	3 187,25	169,50	246,54	277,36	163,70	238,11	267,87	157,90	229,68	258,39	152,10	221,24	248,90	146,30	212,81	239,41	140,51	204,38	229,92
	III	2 507,16	137,89	200,57	225,64	III	2 507,16	132,10	192,14	216,16	126,29	183,70	206,66	120,58	175,40	197,32	114,96	167,22	188,12	109,44	159,18	179,08	104,—	151,28	170,19
	V	3 776,75	207,72	302,14	339,90	IV	3 233,—	174,91	254,42	286,22	172,01	250,20	281,48	169,12	245,99	276,74	166,21	241,77	271,99	163,32	237,56	267,25	160,42	233,34	262,50
	VI	3 808,91	209,49	304,71	342,80																				
9 698,99	I,IV	3 234,25	177,88	258,74	291,08	I	3 234,25	172,08	250,30	281,59	166,28	241,87	272,10	160,49	233,44	262,62	154,69	225,—	253,13	148,89	216,57	243,64	143,09	208,14	234,15
	II	3 188,50	175,36	255,08	286,96	II	3 188,50	169,56	246,64	277,47	163,77	238,21	267,98	157,97	229,78	258,50	152,17	221,34	249,01	146,37	212,91	239,52	140,58	204,48	230,04
	III	2 508,50	137,96	200,68	225,76	III	2 508,50	132,16	192,24	216,27	126,37	183,81	206,78	120,65	175,49	197,42	115,03	167,32	188,23	109,50	159,28	179,19	104,06	151,37	170,29
	V	3 778,—	207,79	302,24	340,02	IV	3 234,25	174,98	254,52	286,34	172,08	250,30	281,59	169,18	246,09	276,85	166,28	241,87	272,10	163,39	237,66	267,36	160,49	233,44	262,62
	VI	3 810,16	209,55	304,81	342,91																				
9 701,99	I,IV	3 235,50	177,95	258,84	291,19	I	3 235,50	172,15	250,40	281,70	166,35	241,97	272,21	160,55	233,54	262,73	154,76	225,10	253,24	148,96	216,67	243,75	143,16	208,24	234,27
	II	3 189,75	175,43	255,18	287,07	II	3 189,75	169,63	246,74	277,58	163,84	238,31	268,10	158,04	229,88	258,61	152,24	221,44	249,12	146,44	213,01	239,63	140,64	204,58	230,15
	III	2 509,66	138,03	200,77	225,86	III	2 509,66	132,23	192,34	216,38	126,43	183,90	206,89	120,72	175,60	197,55	115,09	167,41	188,33	109,56	159,37	179,29	104,13	151,46	170,39
	V	3 779,25	207,85	302,34	340,13	IV	3 235,50	175,05	254,62	286,45	172,15	250,40	281,70	169,25	246,19	276,96	166,35	241,97	272,21	163,46	237,76	267,48	160,55	233,54	262,73
	VI	3 811,41	209,62	304,91	343,02																				
9 704,99	I,IV	3 236,83	178,02	258,94	291,31	I	3 236,83	172,22	250,50	281,81	166,42	242,07	272,33	160,62	233,64	262,84	154,82	225,20	253,35	149,03	216,77	243,86	143,23	208,34	234,38
	II	3 191,—	175,50	255,28	287,19	II	3 191,—	169,70	246,84	277,70	163,90	238,41	268,21	158,11	229,98	258,72	152,31	221,54	249,23	146,51	213,11	239,75	140,71	204,68	230,26
	III	2 511,—	138,10	200,88	225,99	III	2 511,—	132,30	192,44	216,49	126,50	184,01	207,01	120,78	175,69	197,65	115,16	167,50	188,44	109,63	159,46	179,39	104,19	151,56	170,50
	V	3 780,50	207,92	302,44	340,24	IV	3 236,83	175,12	254,72	286,56	172,22	250,50	281,81	169,32	246,29	277,07	166,42	242,07	272,33	163,52	237,86	267,59	160,62	233,64	262,84
	VI	3 812,66	209,69	305,01	343,13																				
9 707,99	I,IV	3 238,08	178,09	259,04	291,42	I	3 238,08	172,29	250,61	281,93	166,49	242,18	272,45	160,70	233,74	262,96	154,89	225,30	253,46	149,10	216,87	243,98	143,30	208,44	234,49
	II	3 192,25	175,57	255,38	287,30	II	3 192,25	169,77	246,94	277,81	163,97	238,51	268,32	158,18	230,08	258,84	152,38	221,64	249,35	146,58	213,21	239,86	140,78	204,78	230,37
	III	2 512,16	138,16	200,97	226,09	III	2 512,16	132,37	192,54	216,61	126,57	184,10	207,11	120,85	175,78	197,75	115,23	167,61	188,56	109,69	159,56	179,50	104,26	151,65	170,60
	V	3 781,75	207,99	302,54	340,35	IV	3 238,08	175,19	254,82	286,67	172,29	250,61	281,93	169,39	246,39	277,19	166,49	242,18	272,45	163,59	237,96	267,70	160,70	233,74	262,96
	VI	3 813,91	209,76	305,11	343,25																				
9 710,99	I,IV	3 239,33	178,16	259,14	291,53	I	3 239,33	172,36	250,71	282,05	166,56	242,28	272,56	160,76	233,84	263,07	154,97	225,41	253,58	149,17	216,98	244,10	143,37	208,54	234,61
	II	3 193,50	175,64	255,48	287,41	II	3 193,50	169,84	247,04	277,92	164,04	238,61	268,43	158,24	230,18	258,95	152,45	221,74	249,46	146,65	213,31	239,97	140,85	204,88	230,49
	III	2 513,50	138,24	201,08	226,21	III	2 513,50	132,44	192,64	216,72	126,64	184,21	207,23	120,92	175,89	197,87	115,29	167,70	188,66	109,76	159,65	179,60	104,32	151,74	170,71
	V	3 783,—	208,06	302,64	340,47	IV	3 239,33	175,26	254,92	286,79	172,36	250,71	282,05	169,46	246,49	277,30	166,56	242,28	272,56	163,66	238,06	267,81	160,76	233,84	263,07
	VI	3 815,25	209,83	305,22	343,37																				
9 713,99	I,IV	3 240,58	178,23	259,24	291,65	I	3 240,58	172,43	250,81	282,16	166,63	242,38	272,67	160,83	233,94	263,18	155,04	225,51	253,70	149,24	217,08	244,21	143,44	208,64	234,72
	II	3 194,83	175,71	255,58	287,53	II	3 194,83	169,91	247,14	278,03	164,11	238,71	268,55	158,31	230,28	259,06	152,51	221,84	249,57	146,72	213,41	240,08	140,92	204,98	230,60
	III	2 514,66	138,30	201,17	226,31	III	2 514,66	132,51	192,74	216,83	126,71	184,30	207,34	120,99	175,98	197,98	115,36	167,80	188,77	109,83	159,76	179,73	104,39	151,84	170,82
	V	3 784,25	208,13	302,74	340,58	IV	3 240,58	175,33	255,02	286,90	172,43	250,81	282,16	169,53	246,59	277,41	166,63	242,38	272,67	163,73	238,16	267,93	160,83	233,94	263,18
	VI	3 816,50	209,90	305,32	343,48																				
9 716,99	I,IV	3 241,83	178,30	259,34	291,76	I	3 241,83	172,50	250,91	282,27	166,70	242,48	272,79	160,90	234,04	263,30	155,10	225,61	253,81	149,31	217,18	244,32	143,51	208,74	234,83
	II	3 196,08	175,78	255,68	287,64	II	3 196,08	169,98	247,25	278,15	164,18	238,82	268,67	158,39	230,38	259,18	152,58	221,94	249,68	146,79	213,51	240,20	140,99	205,08	230,71
	III	2 516,—	138,38	201,28	226,44	III	2 516,—	132,57	192,84	216,94	126,78	184,41	207,46	121,06	176,09	198,10	115,42	167,89	188,87	109,89	159,85	179,83	104,45	151,93	170,92
	V	3 785,50	208,20	302,84	340,69	IV	3 241,83	175,39	255,12	287,01	172,50	250,91	282,27	169,60	246,69	277,52	166,70	242,48	272,79	163,80	238,26	268,04	160,90	234,04	263,30
	VI	3 817,75	209,97	305,42	343,59																				
9 719,99	I,IV	3 243,08	178,36	259,44	291,87	I	3 243,08	172,57	251,01	282,38	166,77	242,58	272,90	160,97	234,14	263,41	155,17	225,71	253,92	149,38	217,28	244,44	143,58	208,84	234,95
	II	3 197,33	175,85	255,78	287,75	II	3 197,33	170,05	247,35	278,27	164,25	238,92	268,78	158,45	230,48	259,29	152,66	222,05	249,80	146,86	213,62	240,32	141,06	205,18	230,83
	III	2 517,33	138,45	201,38	226,55	III	2 517,33	132,65	192,94	217,06	126,85	184,52	207,58	121,12	176,18	198,20	115,50	168,—	189,—	109,96	159,94	179,93	104,52	152,04	171,04
	V	3 786,83	208,27	302,94	340,81	IV	3 243,08	175,47	255,23	287,13	172,57	251,01	282,38	169,67	246,80	277,65	166,77	242,58	272,90	163,87	238,36	268,16	160,97	234,14	263,41
	VI	3 819,—	210,04	305,52	343,71																				

* Die ausgewiesenen Tabellenwerte sind amtlich. Siehe Erläuterungen auf der Umschlaginnenseite (U2).

Lohn/ Gehalt bis €*		I – VI				I, II, III, IV																			
		Abzüge an Lohnsteuer, Solidaritätszuschlag (SolZ) und Kirchensteuer (8%, 9%) in den Steuerklassen																							
			ohne Kinderfreibeträge					mit Zahl der Kinderfreibeträge . . . 0,5			1			1,5			2			2,5			3		
		LSt	SolZ	8%	9%		LSt	SolZ	8%	9%	SolZ	8%	9%	SolZ	8%	9%	SolZ	8%	9%	SolZ	8%	9%	SolZ	8%	9%
9 722,99	I,IV	3 244,33	178,43	259,54	291,98	I	3 244,33	172,64	251,11	282,50	166,84	242,68	273,01	161,04	234,24	263,52	155,24	225,81	254,03	149,44	217,38	244,55	143,65	208,94	235,06
	II	3 198,58	175,92	255,88	287,87	II	3 198,58	170,12	247,45	278,38	164,32	239,02	268,89	158,52	230,58	259,40	152,73	222,15	249,92	146,93	213,72	240,43	141,13	205,28	230,94
	III	2 518,50	138,51	201,48	226,66	III	2 518,50	132,72	193,05	217,18	126,92	184,61	207,68	121,19	176,28	198,31	115,56	168,09	189,10	110,02	160,04	180,04	104,59	152,13	171,14
	V	3 788,08	208,34	303,04	340,92	IV	3 244,33	175,54	255,33	287,24	172,64	251,11	282,50	169,74	246,90	277,76	166,84	242,68	273,01	163,94	238,46	268,27	161,04	234,24	263,52
	VI	3 820,25	210,11	305,62	343,82																				
9 725,99	I,IV	3 245,58	178,50	259,64	292,10	I	3 245,58	172,70	251,21	282,61	166,91	242,78	273,12	161,11	234,34	263,63	155,31	225,91	254,15	149,51	217,48	244,66	143,71	209,04	235,17
	II	3 199,83	175,99	255,98	287,98	II	3 199,83	170,19	247,55	278,49	164,39	239,12	269,01	158,59	230,68	259,52	152,79	222,25	250,03	147,—	213,82	240,54	141,20	205,38	231,05
	III	2 519,83	138,59	201,58	226,78	III	2 519,83	132,78	193,14	217,28	126,99	184,72	207,81	121,26	176,38	198,43	115,62	168,18	189,20	110,09	160,13	180,14	104,65	152,22	171,25
	V	3 789,33	208,41	303,14	341,03	IV	3 245,58	175,61	255,43	287,36	172,70	251,21	282,61	169,81	247,—	277,87	166,91	242,78	273,12	164,01	238,56	268,38	161,11	234,34	263,63
	VI	3 821,50	210,18	305,72	343,93																				
9 728,99	I,IV	3 246,83	178,57	259,74	292,21	I	3 246,83	172,77	251,31	282,72	166,98	242,88	273,24	161,18	234,44	263,75	155,38	226,01	254,26	149,58	217,58	244,77	143,78	209,14	235,28
	II	3 201,08	176,05	256,08	288,09	II	3 201,08	170,26	247,65	278,60	164,46	239,22	269,12	158,66	230,78	259,63	152,86	222,35	250,14	147,07	213,92	240,66	141,27	205,48	231,17
	III	2 521,—	138,65	201,68	226,89	III	2 521,—	132,86	193,25	217,40	127,05	184,81	207,91	121,33	176,48	198,54	115,70	168,29	189,32	110,15	160,22	180,25	104,72	152,32	171,36
	V	3 790,58	208,48	303,24	341,15	IV	3 246,83	175,67	255,53	287,47	172,77	251,31	282,72	169,88	247,10	277,98	166,98	242,88	273,24	164,08	238,66	268,49	161,18	234,44	263,75
	VI	3 822,75	210,25	305,82	344,04																				
9 731,99	I,IV	3 248,16	178,64	259,85	292,33	I	3 248,16	172,85	251,42	282,84	167,05	242,98	273,35	161,25	234,54	263,86	155,45	226,11	254,37	149,65	217,68	244,89	143,85	209,24	235,40
	II	3 202,33	176,12	256,18	288,20	II	3 202,33	170,33	247,75	278,72	164,53	239,32	269,23	158,73	230,88	259,74	152,93	222,45	250,25	147,13	214,02	240,77	141,34	205,58	231,28
	III	2 522,33	138,72	201,78	227,—	III	2 522,33	132,92	193,34	217,51	127,13	184,92	208,03	121,40	176,58	198,65	115,76	168,38	189,43	110,22	160,33	180,37	104,78	152,41	171,46
	V	3 791,83	208,55	303,34	341,26	IV	3 248,16	175,74	255,63	287,58	172,85	251,42	282,84	169,95	247,20	278,10	167,05	242,98	273,35	164,15	238,76	268,61	161,25	234,54	263,86
	VI	3 824,—	210,32	305,92	344,16																				
9 734,99	I,IV	3 249,41	178,71	259,95	292,44	I	3 249,41	172,92	251,52	282,96	167,12	243,08	273,47	161,32	234,65	263,98	155,52	226,22	254,49	149,72	217,78	245,—	143,92	209,34	235,51
	II	3 203,58	176,19	256,28	288,32	II	3 203,58	170,39	247,85	278,83	164,60	239,42	269,34	158,80	230,98	259,85	153,—	222,55	250,37	147,20	214,12	240,88	141,40	205,68	231,39
	III	2 523,50	138,79	201,88	227,11	III	2 523,50	132,99	193,45	217,63	127,19	185,01	208,13	121,46	176,68	198,76	115,83	168,48	189,54	110,29	160,42	180,47	104,84	152,50	171,56
	V	3 793,08	208,61	303,44	341,37	IV	3 249,41	175,81	255,73	287,69	172,92	251,52	282,96	170,01	247,30	278,21	167,12	243,08	273,47	164,22	238,86	268,72	161,32	234,65	263,98
	VI	3 825,33	210,39	306,02	344,27																				
9 737,99	I,IV	3 250,66	178,78	260,05	292,55	I	3 250,66	172,98	251,62	283,07	167,19	243,18	273,58	161,39	234,75	264,09	155,59	226,32	254,61	149,79	217,88	245,12	143,99	209,45	235,63
	II	3 204,83	176,26	256,38	288,43	II	3 204,83	170,46	247,95	278,94	164,67	239,52	269,46	158,87	231,08	259,97	153,07	222,65	250,48	147,27	214,22	240,99	141,47	205,78	231,50
	III	2 524,83	138,86	201,98	227,23	III	2 524,83	133,06	193,54	217,73	127,27	185,12	208,26	121,53	176,77	198,86	115,89	168,57	189,64	110,35	160,52	180,58	104,91	152,60	171,67
	V	3 794,33	208,68	303,54	341,48	IV	3 250,66	175,88	255,83	287,81	172,98	251,62	283,07	170,08	247,40	278,32	167,19	243,18	273,58	164,28	238,96	268,83	161,39	234,75	264,09
	VI	3 826,58	210,46	306,12	344,39																				
9 740,99	I,IV	3 251,91	178,85	260,15	292,67	I	3 251,91	173,05	251,72	283,18	167,25	243,28	273,69	161,46	234,85	264,20	155,66	226,42	254,72	149,86	217,98	245,23	144,06	209,55	235,74
	II	3 206,16	176,33	256,49	288,55	II	3 206,16	170,54	248,06	279,06	164,74	239,62	269,57	158,94	231,18	260,08	153,14	222,75	250,59	147,34	214,32	241,11	141,54	205,88	231,62
	III	2 526,—	138,93	202,08	227,34	III	2 526,—	133,13	193,65	217,85	127,33	185,21	208,36	121,60	176,88	198,99	115,96	168,68	189,76	110,42	160,61	180,68	104,97	152,69	171,77
	V	3 795,58	208,75	303,64	341,60	IV	3 251,91	175,95	255,93	287,92	173,05	251,72	283,18	170,15	247,50	278,43	167,25	243,28	273,69	164,35	239,06	268,94	161,46	234,85	264,20
	VI	3 827,83	210,53	306,22	344,50																				
9 743,99	I,IV	3 253,16	178,92	260,25	292,78	I	3 253,16	173,12	251,82	283,29	167,32	243,38	273,80	161,53	234,95	264,32	155,73	226,52	254,83	149,93	218,08	245,34	144,13	209,65	235,85
	II	3 207,41	176,40	256,59	288,66	II	3 207,41	170,61	248,16	279,18	164,81	239,72	269,69	159,01	231,29	260,20	153,21	222,86	250,71	147,41	214,42	241,22	141,61	205,98	231,73
	III	2 527,33	139,—	202,18	227,45	III	2 527,33	133,21	193,76	217,98	127,40	185,32	208,48	121,66	176,97	199,09	116,03	168,77	189,86	110,48	160,70	180,79	105,04	152,78	171,88
	V	3 796,91	208,83	303,75	341,72	IV	3 253,16	176,02	256,04	288,04	173,12	251,82	283,29	170,22	247,60	278,55	167,32	243,38	273,80	164,42	239,16	269,06	161,53	234,95	264,32
	VI	3 829,08	210,59	306,32	344,61																				
9 746,99	I,IV	3 254,41	178,99	260,35	292,89	I	3 254,41	173,19	251,92	283,41	167,39	243,48	273,92	161,59	235,05	264,43	155,80	226,62	254,94	150,—	218,18	245,45	144,20	209,75	235,97
	II	3 208,66	176,47	256,69	288,77	II	3 208,66	170,67	248,26	279,29	164,88	239,82	269,80	159,08	231,39	260,31	153,28	222,96	250,83	147,48	214,52	241,34	141,68	206,09	231,85
	III	2 528,66	139,07	202,29	227,57	III	2 528,66	133,27	193,85	218,08	127,47	185,41	208,58	121,74	177,08	199,21	116,09	168,86	189,97	110,55	160,80	180,90	105,10	152,88	171,99
	V	3 798,16	208,89	303,85	341,83	IV	3 254,41	176,09	256,14	288,15	173,19	251,92	283,41	170,29	247,70	278,66	167,39	243,48	273,92	164,50	239,27	269,18	161,59	235,05	264,43
	VI	3 830,33	210,66	306,42	344,72																				
9 749,99	I,IV	3 255,66	179,06	260,45	293,—	I	3 255,66	173,26	252,02	283,52	167,46	243,58	274,03	161,66	235,15	264,54	155,87	226,72	255,06	150,07	218,28	245,57	144,27	209,85	236,08
	II	3 209,91	176,54	256,79	288,89	II	3 209,91	170,74	248,36	279,40	164,94	239,92	269,91	159,15	231,49	260,42	153,35	223,06	250,94	147,55	214,62	241,45	141,75	206,19	231,96
	III	2 529,83	139,14	202,38	227,68	III	2 529,83	133,34	193,96	218,20	127,54	185,52	208,71	121,80	177,17	199,31	116,16	168,97	190,09	110,62	160,90	181,01	105,16	152,97	172,09
	V	3 799,41	208,96	303,95	341,94	IV	3 255,66	176,16	256,24	288,27	173,26	252,02	283,52	170,36	247,80	278,78	167,46	243,58	274,03	164,56	239,37	269,29	161,66	235,15	264,54
	VI	3 831,58	210,73	306,52	344,84																				
9 752,99	I,IV	3 256,91	179,13	260,55	293,12	I	3 256,91	173,33	252,12	283,63	167,53	243,68	274,14	161,73	235,25	264,65	155,93	226,82	255,17	150,14	218,38	245,68	144,34	209,95	236,19
	II	3 211,16	176,61	256,89	289,—	II	3 211,16	170,81	248,46	279,51	165,01	240,02	270,02	159,22	231,59	260,54	153,42	223,16	251,05	147,62	214,72	241,56	141,82	206,29	232,07
	III	2 531,16	139,21	202,49	227,80	III	2 531,16	133,41	194,05	218,30	127,60	185,61	208,81	121,87	177,26	199,42	116,23	169,06	190,19	110,68	161,—	181,12	105,23	153,06	172,19
	V	3 800,66	209,03	304,05	342,05	IV	3 256,91	176,23	256,34	288,38	173,33	252,12	283,63	170,43	247,90	278,89	167,53	243,68	274,14	164,63	239,47	269,40	161,73	235,25	264,65
	VI	3 832,83	210,80	306,62	344,95																				
9 755,99	I,IV	3 258,25	179,20	260,66	293,24	I	3 258,25	173,40	252,22	283,75	167,60	243,78	274,25	161,80	235,35	264,77	156,—	226,92	255,28	150,20	218,48	245,79	144,41	210,05	236,30
	II	3 212,41	176,68	256,99	289,11	II	3 212,41	170,88	248,56	279,63	165,08	240,12	270,14	159,28	231,69	260,65	153,49	223,26	251,16	147,69	214,82	241,67	141,89	206,39	232,19
	III	2 532,33	139,27	202,58	227,90	III	2 532,33	133,48	194,16	218,43	127,68	185,72	208,93	121,94	177,37	199,54	116,29	169,16	190,30	110,75	161,09	181,22	105,29	153,16	172,30
	V	3 801,91	209,10	304,15	342,17	IV	3 258,25	176,30	256,44	288,49	173,40	252,22	283,75	170,50	248,—	279,—	167,60	243,78	274,25	164,70	239,57	269,51	161,80	235,35	264,77
	VI	3 834,08	210,87	306,72	345,06																				
9 758,99	I,IV	3 259,50	179,27	260,76	293,35	I	3 259,50	173,47	252,32	283,86	167,67	243,89	274,37	161,87	235,46	264,89	156,08	227,02	255,40	150,27	218,58	245,90	144,48	210,15	236,42
	II	3 213,66	176,75	257,09	289,22	II	3 213,66	170,95	248,66	279,74	165,15	240,22	270,25	159,35	231,79	260,76	153,56	223,36	251,28	147,76	214,92	241,79	141,96	206,49	232,30
	III	2 533,66	139,35	202,69	228,02	III	2 533,66	133,54	194,25	218,53	127,75	185,82	209,05	122,—	177,46	199,64	116,37	169,26	190,42	110,81	161,18	181,33	105,36	153,25	172,40
	V	3 803,16	209,17	304,25	342,28	IV	3 259,50	176,37	256,54	288,60	173,47	252,32	283,86	170,57	248,10	279,11	167,67	243,89	274,37	164,77	239,67	269,63	161,87	235,46	264,89
	VI	3 835,41	210,94	306,83	345,18																				
9 761,99	I,IV	3 260,75	179,34	260,86	293,46	I	3 260,75	173,54	252,42	283,97	167,74	243,99	274,49	161,94	235,56	265,—	156,14	227,12	255,51	150,35	218,69	246,02	144,55	210,26	236,54
	II	3 214,91	176,82	257,19	289,34	II	3 214,91	171,02	248,76	279,85	165,22	240,32	270,36	159,42	231,89	260,87	153,62	223,46	251,39	147,83	215,02	241,90	142,03	206,59	232,41
	III	2 534,83	139,41	202,78	228,13	III	2 534,83	133,62	194,36	218,65	127,82	185,92	209,16	122,08	177,57	199,76	116,43	169,36	190,53	110,88	161,28	181,44	105,42	153,34	172,51
	V	3 804,41	209,24	304,35	342,39	IV	3 260,75	176,44	256,64	288,72	173,54	252,42	283,97	170,64	248,20	279,23	167,74	243,99	274,49	164,84	239,77	269,74	161,94	235,56	265,—
	VI	3 836,66	211,01	306,93	345,29																				
9 764,99	I,IV	3 262,—	179,41	260,96	293,58	I	3 262,—	173,61	252,52	284,09	167,81	244,09	274,60	162,01	235,66	265,11	156,21	227,22	255,62	150,42	218,79	246,14	144,62	210,36	236,65
	II	3 216,25	176,89	257,30	289,46	II	3 216,25	171,09	248,86	279,97	165,29	240,42	270,47	159,49	231,99	260,99	153,69	223,56	251,50	147,89	215,12	242,01	142,10	206,69	232,52
	III	2 536,16	139,48	202,89	228,25	III	2 536,16	133,68	194,45	218,75	127,89	186,02	209,27	122,14	177,66	199,87	116,49	169,45	190,63	110,94	161,37	181,54	105,49	153,44	172,62
	V	3 805,66	209,31	304,45	342,50	IV	3 262,—	176,50	256,74	288,83	173,61	252,52	284,09	170,71	248,30	279,34	167,81	244,09	274,60	164,91	239,87	269,85	162,01	235,66	265,11
	VI	3 837,91	211,08	307,03	345,41																				

* Die ausgewiesenen Tabellenwerte sind amtlich. Siehe Erläuterungen auf der Umschlaginnenseite (U2).

MONAT 9 765,–*

Lohn/ Gehalt bis €*	Abzüge an Lohnsteuer, Solidaritätszuschlag (SolZ) und Kirchensteuer (8%, 9%) in den Steuerklassen																								
	I – VI					I, II, III, IV																			
			ohne Kinderfreibeträge					mit Zahl der Kinderfreibeträge . . .																	
								0,5			1			1,5			2			2,5			3		
		LSt	SolZ	8%	9%		LSt	SolZ	8%	9%	SolZ	8%	9%	SolZ	8%	9%	SolZ	8%	9%	SolZ	8%	9%	SolZ	8%	9%
9 767,99	I,IV	3 263,25	179,47	261,06	293,69	I	3 263,25	173,68	252,62	284,20	167,88	244,19	274,71	162,08	235,76	265,23	156,28	227,32	255,74	150,48	218,89	246,25	144,69	210,46	236,76
	II	3 217,50	176,96	257,40	289,57	II	3 217,50	171,16	248,96	280,08	165,36	240,53	270,59	159,56	232,10	261,11	153,77	223,66	251,62	147,96	215,22	242,12	142,17	206,79	232,64
	III	2 537,50	139,56	203,—	228,37	III	2 537,50	133,76	194,56	218,88	127,95	186,12	209,38	122,21	177,77	199,99	116,56	169,54	190,73	111,01	161,48	181,66	105,55	153,53	172,72
	V	3 806,91	209,38	304,55	342,62	IV	3 263,25	176,58	256,84	288,95	173,68	252,62	284,20	170,77	248,40	279,45	167,88	244,19	274,71	164,98	239,97	269,96	162,08	235,76	265,23
	VI	3 839,16	211,15	307,13	345,52																				
9 770,99	I,IV	3 264,50	179,54	261,16	293,80	I	3 264,50	173,74	252,72	284,31	167,95	244,29	274,82	162,15	235,86	265,34	156,35	227,42	255,85	150,55	218,99	246,36	144,76	210,56	236,88
	II	3 218,75	177,03	257,50	289,68	II	3 218,75	171,23	249,06	280,19	165,43	240,63	270,71	159,63	232,20	261,22	153,83	223,76	251,73	148,04	215,33	242,24	142,24	206,90	232,76
	III	2 538,66	139,62	203,09	228,47	III	2 538,66	133,83	194,66	218,99	128,03	186,22	209,50	122,28	177,86	200,09	116,63	169,65	190,85	111,08	161,57	181,76	105,61	153,62	172,82
	V	3 808,25	209,45	304,66	342,74	IV	3 264,50	176,65	256,94	289,06	173,74	252,72	284,31	170,85	248,51	279,57	167,95	244,29	274,82	165,05	240,08	270,09	162,15	235,86	265,34
	VI	3 840,41	211,22	307,23	345,63																				
9 773,99	I,IV	3 265,75	179,61	261,26	293,91	I	3 265,75	173,81	252,82	284,42	168,02	244,39	274,94	162,22	235,96	265,45	156,42	227,52	255,96	150,62	219,09	246,47	144,82	210,66	236,99
	II	3 220,—	177,10	257,60	289,80	II	3 220,—	171,30	249,16	280,31	165,50	240,73	270,82	159,70	232,30	261,33	153,90	223,86	251,84	148,11	215,43	242,36	142,31	207,—	232,87
	III	2 540,—	139,70	203,20	228,60	III	2 540,—	133,89	194,76	219,10	128,09	186,32	209,61	122,34	177,96	200,20	116,70	169,74	190,96	111,14	161,66	181,87	105,68	153,72	172,93
	V	3 809,50	209,52	304,76	342,85	IV	3 265,75	176,71	257,04	289,17	173,81	252,82	284,42	170,92	248,61	279,68	168,02	244,39	274,94	165,12	240,18	270,20	162,22	235,96	265,45
	VI	3 841,66	211,29	307,33	345,74																				
9 776,99	I,IV	3 267,—	179,68	261,36	294,03	I	3 267,—	173,88	252,92	284,54	168,08	244,49	275,05	162,29	236,06	265,56	156,49	227,62	256,07	150,69	219,19	246,59	144,89	210,76	237,10
	II	3 221,25	177,16	257,70	289,91	II	3 221,25	171,37	249,26	280,42	165,57	240,83	270,93	159,77	232,40	261,45	153,97	223,96	251,96	148,17	215,53	242,47	142,38	207,10	232,98
	III	2 541,16	139,76	203,29	228,70	III	2 541,16	133,97	194,86	219,22	128,16	186,42	209,72	122,42	178,06	200,32	116,76	169,84	191,07	111,21	161,76	181,98	105,74	153,81	173,03
	V	3 810,75	209,59	304,86	342,96	IV	3 267,—	176,78	257,14	289,28	173,88	252,92	284,54	170,99	248,71	279,80	168,08	244,49	275,05	165,19	240,28	270,31	162,29	236,06	265,56
	VI	3 842,91	211,36	307,43	345,86																				
9 779,99	I,IV	3 268,33	179,75	261,46	294,14	I	3 268,33	173,95	253,02	284,65	168,15	244,59	275,16	162,36	236,16	265,68	156,56	227,72	256,19	150,76	219,29	246,70	144,96	210,86	237,21
	II	3 222,50	177,23	257,80	290,02	II	3 222,50	171,43	249,36	280,53	165,64	240,93	271,04	159,84	232,50	261,56	154,04	224,06	252,07	148,24	215,63	242,58	142,45	207,20	233,10
	III	2 542,50	139,83	203,40	228,82	III	2 542,50	134,03	194,96	219,33	128,23	186,52	209,83	122,48	178,16	200,43	116,83	169,94	191,18	111,27	161,85	182,08	105,81	153,90	173,14
	V	3 812,—	209,66	304,96	343,08	IV	3 268,33	176,85	257,24	289,40	173,95	253,02	284,65	171,05	248,81	279,91	168,15	244,59	275,16	165,26	240,38	270,42	162,36	236,16	265,68
	VI	3 844,16	211,42	307,53	345,97																				
9 782,99	I,IV	3 269,58	179,82	261,56	294,26	I	3 269,58	174,02	253,13	284,77	168,23	244,70	275,28	162,43	236,26	265,79	156,63	227,82	256,30	150,83	219,39	246,81	145,03	210,96	237,33
	II	3 223,75	177,30	257,90	290,13	II	3 223,75	171,50	249,46	280,64	165,71	241,03	271,16	159,91	232,60	261,67	154,11	224,16	252,18	148,31	215,73	242,69	142,51	207,30	233,21
	III	2 543,66	139,90	203,49	228,92	III	2 543,66	134,10	195,06	219,44	128,30	186,62	209,95	122,55	178,26	200,54	116,90	170,04	191,29	111,34	161,96	182,20	105,87	154,—	173,25
	V	3 813,25	209,72	305,06	343,19	IV	3 269,58	176,92	257,34	289,51	174,02	253,13	284,77	171,12	248,91	280,02	168,23	244,70	275,28	165,33	240,48	270,54	162,43	236,26	265,79
	VI	3 845,41	211,49	307,63	346,08																				
9 785,99	I,IV	3 270,83	179,89	261,66	294,37	I	3 270,83	174,09	253,23	284,88	168,30	244,80	275,40	162,50	236,36	265,91	156,70	227,93	256,42	150,90	219,50	246,93	145,10	211,06	237,44
	II	3 225,—	177,37	258,—	290,25	II	3 225,—	171,57	249,56	280,76	165,77	241,13	271,27	159,98	232,70	261,78	154,18	224,26	252,29	148,38	215,83	242,81	142,58	207,40	233,32
	III	2 545,—	139,97	203,60	229,05	III	2 545,—	134,17	195,16	219,55	128,37	186,72	210,06	122,62	178,36	200,65	116,96	170,13	191,39	111,41	162,05	182,30	105,94	154,10	173,36
	V	3 814,50	209,79	305,16	343,30	IV	3 270,83	176,99	257,44	289,62	174,09	253,23	284,88	171,19	249,01	280,13	168,30	244,80	275,40	165,39	240,58	270,65	162,50	236,36	265,91
	VI	3 846,75	211,57	307,74	346,20																				
9 788,99	I,IV	3 272,08	179,96	261,76	294,48	I	3 272,08	174,16	253,33	284,99	168,36	244,90	275,51	162,57	236,46	266,02	156,77	228,03	256,53	150,97	219,60	247,05	145,17	211,16	237,56
	II	3 226,33	177,44	258,10	290,36	II	3 226,33	171,64	249,66	280,87	165,84	241,23	271,38	160,05	232,80	261,90	154,25	224,36	252,41	148,45	215,93	242,92	142,65	207,50	233,43
	III	2 546,16	140,03	203,69	229,15	III	2 546,16	134,24	195,26	219,67	128,44	186,82	210,17	122,69	178,46	200,77	117,04	170,24	191,52	111,47	162,14	182,41	106,01	154,20	173,47
	V	3 815,75	209,86	305,26	343,41	IV	3 272,08	177,06	257,54	289,73	174,16	253,33	284,99	171,26	249,11	280,25	168,36	244,90	275,51	165,46	240,68	270,76	162,57	236,46	266,02
	VI	3 848,—	211,64	307,84	346,32																				
9 791,99	I,IV	3 273,33	180,03	261,86	294,59	I	3 273,33	174,23	253,43	285,11	168,43	245,—	275,62	162,63	236,56	266,13	156,84	228,13	256,64	151,04	219,70	247,16	145,24	211,26	237,67
	II	3 227,58	177,51	258,20	290,48	II	3 227,58	171,71	249,77	280,99	165,92	241,34	271,50	160,12	232,90	262,01	154,32	224,46	252,52	148,52	216,03	243,03	142,72	207,60	233,55
	III	2 547,50	140,11	203,80	229,27	III	2 547,50	134,31	195,36	219,78	128,51	186,93	210,29	122,76	178,56	200,88	117,10	170,33	191,62	111,54	162,24	182,52	106,07	154,29	173,57
	V	3 817,—	209,93	305,36	343,53	IV	3 273,33	177,13	257,64	289,85	174,23	253,43	285,11	171,33	249,21	280,36	168,43	245,—	275,62	165,53	240,78	270,87	162,63	236,56	266,13
	VI	3 849,25	211,70	307,94	346,43																				
9 794,99	I,IV	3 274,58	180,10	261,96	294,71	I	3 274,58	174,30	253,53	285,22	168,50	245,10	275,73	162,70	236,66	266,24	156,91	228,23	256,76	151,11	219,80	247,27	145,31	211,36	237,78
	II	3 228,83	177,58	258,30	290,59	II	3 228,83	171,78	249,87	281,10	165,99	241,44	271,62	160,19	233,—	262,13	154,39	224,57	252,64	148,59	216,14	243,15	142,79	207,70	233,66
	III	2 548,83	140,18	203,90	229,39	III	2 548,83	134,38	195,46	219,89	128,59	187,04	210,42	122,83	178,66	200,99	117,16	170,42	191,72	111,60	162,33	182,62	106,14	154,38	173,68
	V	3 818,33	210,—	305,46	343,64	IV	3 274,58	177,20	257,75	289,97	174,30	253,53	285,22	171,40	249,32	280,48	168,50	245,10	275,73	165,60	240,88	270,99	162,70	236,66	266,24
	VI	3 850,50	211,77	308,04	346,54																				
9 797,99	I,IV	3 275,83	180,17	262,06	294,82	I	3 275,83	174,37	253,63	285,33	168,57	245,20	275,85	162,77	236,76	266,36	156,97	228,33	256,87	151,18	219,90	247,38	145,38	211,46	237,89
	II	3 230,08	177,65	258,40	290,70	II	3 230,08	171,85	249,97	281,21	166,05	241,54	271,73	160,26	233,10	262,24	154,46	224,67	252,75	148,66	216,24	243,27	142,86	207,80	233,78
	III	2 550,—	140,25	204,—	229,50	III	2 550,—	134,45	195,57	220,01	128,65	187,13	210,52	122,89	178,76	201,10	117,24	170,53	191,84	111,66	162,42	182,72	106,20	154,48	173,79
	V	3 819,58	210,07	305,56	343,76	IV	3 275,83	177,27	257,85	290,08	174,37	253,63	285,33	171,47	249,42	280,59	168,57	245,20	275,85	165,67	240,98	271,10	162,77	236,76	266,36
	VI	3 851,75	211,84	308,14	346,65																				
9 800,99	I,IV	3 277,08	180,23	262,16	294,93	I	3 277,08	174,44	253,73	285,44	168,64	245,30	275,96	162,84	236,86	266,47	157,04	228,43	256,98	151,25	220,—	247,50	145,45	211,56	238,01
	II	3 231,33	177,72	258,50	290,81	II	3 231,33	171,92	250,07	281,33	166,12	241,64	271,84	160,32	233,20	262,35	154,53	224,77	252,86	148,73	216,34	243,38	142,93	207,90	233,89
	III	2 551,33	140,32	204,10	229,61	III	2 551,33	134,52	195,66	220,12	128,72	187,24	210,64	122,96	178,85	201,20	117,30	170,62	191,95	111,74	162,53	182,84	106,26	154,57	173,89
	V	3 820,83	210,14	305,66	343,87	IV	3 277,08	177,34	257,95	290,19	174,44	253,73	285,44	171,54	249,52	280,71	168,64	245,30	275,96	165,74	241,08	271,22	162,84	236,86	266,47
	VI	3 853,—	211,91	308,24	346,77																				
9 803,99	I,IV	3 278,33	180,30	262,26	295,04	I	3 278,33	174,51	253,83	285,56	168,71	245,40	276,07	162,91	236,96	266,58	157,11	228,53	257,09	151,31	220,10	247,61	145,52	211,66	238,12
	II	3 232,58	177,79	258,60	290,93	II	3 232,58	171,99	250,17	281,44	166,19	241,74	271,95	160,39	233,30	262,46	154,60	224,87	252,98	148,80	216,44	243,49	143,—	208,—	234,—
	III	2 552,50	140,38	204,20	229,72	III	2 552,50	134,59	195,77	220,24	128,79	187,33	210,74	123,03	178,96	201,33	117,37	170,72	192,06	111,80	162,62	182,95	106,33	154,66	173,99
	V	3 822,08	210,21	305,76	343,98	IV	3 278,33	177,41	258,05	290,30	174,51	253,83	285,56	171,61	249,62	280,82	168,71	245,40	276,07	165,81	241,18	271,33	162,91	236,96	266,58
	VI	3 854,25	211,98	308,34	346,88																				
9 806,99	I,IV	3 279,66	180,38	262,37	295,16	I	3 279,66	174,58	253,94	285,68	168,78	245,50	276,19	162,98	237,06	266,69	157,18	228,63	257,21	151,38	220,20	247,72	145,58	211,76	238,23
	II	3 233,83	177,86	258,70	291,04	II	3 233,83	172,06	250,27	281,55	166,26	241,84	272,07	160,46	233,40	262,58	154,66	224,97	253,09	148,87	216,54	243,60	143,07	208,10	234,11
	III	2 553,83	140,46	204,30	229,84	III	2 553,83	134,65	195,86	220,34	128,86	187,44	210,87	123,09	179,05	201,43	117,43	170,81	192,16	111,87	162,72	183,06	106,39	154,76	174,10
	V	3 823,33	210,28	305,86	344,09	IV	3 279,66	177,48	258,15	290,42	174,58	253,94	285,68	171,68	249,72	280,93	168,78	245,50	276,19	165,88	241,28	271,44	162,98	237,06	266,69
	VI	3 855,50	212,05	308,44	346,99																				
9 809,99	I,IV	3 280,91	180,45	262,47	295,28	I	3 280,91	174,65	254,04	285,79	168,85	245,60	276,30	163,05	237,17	266,81	157,25	228,74	257,33	151,46	220,30	247,84	145,65	211,86	238,34
	II	3 235,08	177,92	258,80	291,15	II	3 235,08	172,13	250,37	281,66	166,33	241,94	272,18	160,53	233,50	262,69	154,73	225,07	253,20	148,94	216,64	243,72	143,14	208,20	234,23
	III	2 555,—	140,52	204,40	229,95	III	2 555,—	134,73	195,97	220,46	128,92	187,53	210,97	123,17	179,16	201,55	117,50	170,92	192,28	111,93	162,81	183,16	106,46	154,85	174,20
	V	3 824,58	210,35	305,96	344,21	IV	3 280,91	177,54	258,25	290,53	174,65	254,04	285,79	171,75	249,82	281,04	168,85	245,60	276,30	165,95	241,38	271,55	163,05	237,17	266,81
	VI	3 856,83	212,12	308,54	347,11																				

* Die ausgewiesenen Tabellenwerte sind amtlich. Siehe Erläuterungen auf der Umschlaginnenseite (U2).

Abzüge an Lohnsteuer, Solidaritätszuschlag (SolZ) und Kirchensteuer (8%, 9%) in den Steuerklassen

Lohn/Gehalt bis €*	I – VI					I, II, III, IV		mit Zahl der Kinderfreibeträge . . . 0,5			1			1,5			2			2,5			3		
		LSt	ohne Kinderfreibeträge SolZ	8%	9%		LSt	SolZ	8%	9%	SolZ	8%	9%	SolZ	8%	9%	SolZ	8%	9%	SolZ	8%	9%	SolZ	8%	9%
9 812,99	I,IV	3 282,16	180,51	262,57	295,39	I	3 282,16	174,72	254,14	285,90	168,92	245,70	276,41	163,12	237,27	266,93	157,32	228,84	257,44	151,52	220,40	247,95	145,73	211,97	238,46
	II	3 236,33	177,99	258,90	291,26	II	3 236,33	172,20	250,47	281,78	166,40	242,04	272,29	160,60	233,60	262,80	154,80	225,17	253,31	149,—	216,74	243,83	143,21	208,30	234,34
	III	2 556,33	140,59	204,50	230,06	III	2 556,33	134,79	196,06	220,57	129,—	187,64	211,09	123,23	179,25	201,65	117,57	171,01	192,38	111,99	162,90	183,26	106,52	154,94	174,31
	V	3 825,83	210,42	306,06	344,32	IV	3 282,16	177,61	258,35	290,64	174,72	254,14	285,90	171,82	249,92	281,16	168,92	245,70	276,41	166,02	241,48	271,67	163,12	237,27	266,93
	VI	3 858,08	212,19	308,64	347,22																				
9 815,99	I,IV	3 283,41	180,58	262,67	295,50	I	3 283,41	174,79	254,24	286,02	168,99	245,80	276,53	163,19	237,37	267,04	157,39	228,94	257,55	151,59	220,50	248,06	145,80	212,07	238,58
	II	3 237,66	178,07	259,01	291,38	II	3 237,66	172,27	250,58	281,90	166,47	242,14	272,41	160,67	233,70	262,91	154,87	225,27	253,43	149,07	216,84	243,94	143,27	208,40	234,45
	III	2 557,50	140,66	204,60	230,17	III	2 557,50	134,86	196,17	220,69	129,06	187,73	211,19	123,31	179,36	201,78	117,63	171,10	192,49	112,07	163,01	183,38	106,59	155,04	174,42
	V	3 827,08	210,48	306,16	344,43	IV	3 283,41	177,68	258,45	290,75	174,79	254,24	286,02	171,88	250,02	281,27	168,99	245,80	276,53	166,09	241,58	271,78	163,19	237,37	267,04
	VI	3 859,33	212,26	308,74	347,33																				
9 818,99	I,IV	3 284,66	180,65	262,77	295,61	I	3 284,66	174,85	254,34	286,13	169,06	245,90	276,64	163,26	237,47	267,15	157,46	229,04	257,67	151,66	220,60	248,18	145,86	212,17	238,69
	II	3 238,91	178,14	259,11	291,50	II	3 238,91	172,34	250,68	282,01	166,54	242,24	272,52	160,74	233,81	263,03	154,94	225,38	253,55	149,15	216,94	244,06	143,34	208,50	234,56
	III	2 558,83	140,73	204,70	230,29	III	2 558,83	134,94	196,28	220,81	129,14	187,84	211,32	123,37	179,45	201,88	117,70	171,21	192,61	112,13	163,10	183,49	106,65	155,13	174,52
	V	3 828,41	210,56	306,27	344,55	IV	3 284,66	177,76	258,56	290,88	174,85	254,34	286,13	171,96	250,12	281,39	169,06	245,90	276,64	166,15	241,68	271,89	163,26	237,47	267,15
	VI	3 860,58	212,33	308,84	347,45																				
9 821,99	I,IV	3 285,91	180,72	262,87	295,73	I	3 285,91	174,92	254,44	286,24	169,12	246,—	276,75	163,33	237,57	267,26	157,53	229,14	257,78	151,73	220,70	248,29	145,93	212,27	238,80
	II	3 240,16	178,20	259,21	291,61	II	3 240,16	172,41	250,78	282,12	166,61	242,34	272,63	160,81	233,91	263,15	155,01	225,48	253,66	149,21	217,04	244,17	143,42	208,61	234,68
	III	2 560,16	140,80	204,81	230,41	III	2 560,16	135,—	196,37	220,91	129,21	187,94	211,43	123,44	179,56	202,—	117,77	171,30	192,71	112,20	163,20	183,60	106,71	155,22	174,62
	V	3 829,66	210,63	306,37	344,66	IV	3 285,91	177,82	258,66	290,99	174,92	254,44	286,24	172,03	250,22	281,50	169,12	246,—	276,75	166,23	241,79	272,01	163,33	237,57	267,26
	VI	3 861,83	212,40	308,94	347,56																				
9 824,99	I,IV	3 287,16	180,79	262,97	295,84	I	3 287,16	174,99	254,54	286,35	169,19	246,10	276,86	163,40	237,67	267,38	157,60	229,24	257,89	151,80	220,80	248,40	146,—	212,37	238,91
	II	3 241,41	178,27	259,31	291,72	II	3 241,41	172,48	250,88	282,24	166,68	242,44	272,75	160,88	234,01	263,26	155,08	225,58	253,77	149,28	217,14	244,28	143,49	208,71	234,80
	III	2 561,33	140,87	204,90	230,51	III	2 561,33	135,08	196,48	221,04	129,27	188,04	211,54	123,51	179,65	202,10	117,83	171,40	192,82	112,26	163,29	183,70	106,78	155,32	174,73
	V	3 830,91	210,70	306,47	344,78	IV	3 287,16	177,89	258,76	291,10	174,99	254,54	286,35	172,09	250,32	281,61	169,19	246,10	276,86	166,30	241,89	272,12	163,40	237,67	267,38
	VI	3 863,08	212,46	309,04	347,67																				
9 827,99	I,IV	3 288,41	180,86	263,07	295,95	I	3 288,41	175,06	254,64	286,47	169,26	246,20	276,98	163,46	237,77	267,49	157,67	229,34	258,—	151,87	220,90	248,51	146,07	212,47	239,03
	II	3 242,66	178,34	259,41	291,83	II	3 242,66	172,54	250,98	282,35	166,75	242,54	272,86	160,95	234,11	263,37	155,15	225,68	253,89	149,35	217,24	244,40	143,55	208,81	234,91
	III	2 562,66	140,94	205,01	230,63	III	2 562,66	135,14	196,57	221,14	129,35	188,14	211,66	123,57	179,74	202,21	117,91	171,50	192,94	112,32	163,38	183,80	106,85	155,42	174,85
	V	3 832,16	210,76	306,57	344,89	IV	3 288,41	177,96	258,86	291,21	175,06	254,64	286,47	172,16	250,42	281,72	169,26	246,20	276,98	166,37	241,99	272,24	163,46	237,77	267,49
	VI	3 864,33	212,53	309,14	347,78																				
9 830,99	I,IV	3 289,75	180,93	263,18	296,07	I	3 289,75	175,13	254,74	286,58	169,33	246,30	277,09	163,53	237,87	267,60	157,74	229,44	258,12	151,94	221,—	248,63	146,14	212,57	239,14
	II	3 243,91	178,41	259,51	291,95	II	3 243,91	172,61	251,08	282,46	166,81	242,64	272,97	161,02	234,21	263,48	155,22	225,78	254,—	149,42	217,34	244,51	143,62	208,91	235,02
	III	2 563,83	141,01	205,10	230,74	III	2 563,83	135,21	196,68	221,26	129,41	188,24	211,77	123,64	179,85	202,33	117,97	171,60	193,05	112,40	163,49	183,92	106,92	155,52	174,96
	V	3 833,41	210,83	306,67	345,—	IV	3 289,75	178,03	258,96	291,33	175,13	254,74	286,58	172,23	250,52	281,84	169,33	246,30	277,09	166,43	242,09	272,35	163,53	237,87	267,60
	VI	3 865,58	212,60	309,24	347,90																				
9 833,99	I,IV	3 291,—	181,—	263,28	296,19	I	3 291,—	175,20	254,84	286,70	169,40	246,41	277,21	163,61	237,98	267,72	157,81	229,54	258,23	152,01	221,10	248,74	146,21	212,67	239,25
	II	3 245,16	178,48	259,61	292,06	II	3 245,16	172,68	251,18	282,58	166,88	242,74	273,08	161,09	234,31	263,60	155,29	225,88	254,11	149,49	217,44	244,62	143,69	209,01	235,13
	III	2 565,16	141,08	205,21	230,86	III	2 565,16	135,28	196,77	221,36	129,48	188,34	211,88	123,71	179,94	202,43	118,03	171,69	193,15	112,46	163,58	184,03	106,98	155,61	175,06
	V	3 834,66	210,90	306,77	345,11	IV	3 291,—	178,10	259,06	291,44	175,20	254,84	286,70	172,30	250,62	281,95	169,40	246,41	277,21	166,50	242,19	272,46	163,61	237,98	267,72
	VI	3 866,91	212,68	309,35	348,02																				
9 836,99	I,IV	3 292,25	181,07	263,38	296,30	I	3 292,25	175,27	254,94	286,81	169,47	246,51	277,32	163,68	238,08	267,84	157,88	229,64	258,35	152,08	221,21	248,86	146,28	212,78	239,37
	II	3 246,41	178,55	259,71	292,17	II	3 246,41	172,75	251,28	282,69	166,95	242,84	273,20	161,15	234,41	263,71	155,36	225,98	254,22	149,56	217,54	244,73	143,76	209,11	235,25
	III	2 566,33	141,14	205,30	230,96	III	2 566,33	135,35	196,88	221,49	129,55	188,44	211,99	123,78	180,05	202,55	118,11	171,80	193,27	112,53	163,68	184,14	107,04	155,70	175,16
	V	3 835,91	210,97	306,87	345,23	IV	3 292,25	178,17	259,16	291,55	175,27	254,94	286,81	172,37	250,72	282,06	169,47	246,51	277,32	166,57	242,29	272,57	163,68	238,08	267,84
	VI	3 868,16	212,74	309,45	348,13																				
9 839,99	I,IV	3 293,50	181,14	263,48	296,41	I	3 293,50	175,34	255,04	286,92	169,54	246,61	277,43	163,74	238,18	267,95	157,95	229,74	258,46	152,15	221,31	248,97	146,35	212,88	239,49
	II	3 247,75	178,62	259,82	292,29	II	3 247,75	172,82	251,38	282,80	167,02	242,94	273,31	161,22	234,51	263,82	155,43	226,08	254,34	149,63	217,64	244,85	143,83	209,21	235,36
	III	2 567,66	141,22	205,41	231,08	III	2 567,66	135,41	196,97	221,59	129,62	188,54	212,11	123,85	180,14	202,66	118,17	171,89	193,37	112,59	163,77	184,24	107,11	155,80	175,27
	V	3 837,16	211,04	306,97	345,34	IV	3 293,50	178,24	259,26	291,66	175,34	255,04	286,92	172,44	250,82	282,17	169,54	246,61	277,43	166,64	242,39	272,69	163,74	238,18	267,95
	VI	3 869,41	212,81	309,55	348,24																				
9 842,99	I,IV	3 294,75	181,21	263,58	296,52	I	3 294,75	175,41	255,14	287,03	169,61	246,71	277,55	163,81	238,28	268,06	158,01	229,84	258,57	152,22	221,41	249,08	146,42	212,98	239,60
	II	3 249,—	178,69	259,92	292,41	II	3 249,—	172,89	251,48	282,92	167,09	243,05	273,43	161,30	234,62	263,94	155,50	226,18	254,45	149,70	217,74	244,96	143,90	209,31	235,47
	III	2 569,—	141,29	205,52	231,21	III	2 569,—	135,49	197,08	221,71	129,69	188,64	212,22	123,92	180,25	202,78	118,24	171,98	193,48	112,66	163,88	184,36	107,17	155,89	175,37
	V	3 838,41	211,11	307,07	345,45	IV	3 294,75	178,31	259,36	291,78	175,41	255,14	287,03	172,51	250,92	282,29	169,61	246,71	277,55	166,71	242,49	272,80	163,81	238,28	268,06
	VI	3 870,66	212,88	309,65	348,35																				
9 845,99	I,IV	3 296,—	181,28	263,68	296,64	I	3 296,—	175,48	255,24	287,15	169,68	246,81	277,66	163,88	238,38	268,17	158,08	229,94	258,68	152,29	221,51	249,20	146,49	213,08	239,71
	II	3 250,25	178,76	260,02	292,52	II	3 250,25	172,96	251,58	283,03	167,16	243,15	273,54	161,37	234,72	264,06	155,57	226,28	254,57	149,77	217,85	245,08	143,97	209,42	235,59
	III	2 570,16	141,35	205,61	231,31	III	2 570,16	135,56	197,18	221,83	129,76	188,74	212,33	123,98	180,34	202,88	118,31	172,09	193,60	112,73	163,97	184,46	107,24	155,98	175,48
	V	3 839,75	211,18	307,18	345,57	IV	3 296,—	178,38	259,46	291,89	175,48	255,24	287,15	172,58	251,03	282,41	169,68	246,81	277,66	166,78	242,60	272,92	163,88	238,38	268,17
	VI	3 871,91	212,95	309,75	348,47																				
9 848,99	I,IV	3 297,25	181,34	263,78	296,75	I	3 297,25	175,55	255,34	287,26	169,75	246,91	277,77	163,95	238,48	268,29	158,15	230,04	258,80	152,35	221,61	249,31	146,56	213,18	239,82
	II	3 251,50	178,83	260,12	292,63	II	3 251,50	173,03	251,68	283,14	167,23	243,25	273,65	161,43	234,82	264,17	155,64	226,38	254,68	149,84	217,95	245,19	144,04	209,52	235,71
	III	2 571,50	141,43	205,72	231,43	III	2 571,50	135,63	197,28	221,94	129,83	188,85	212,45	124,06	180,45	203,—	118,37	172,18	193,70	112,79	164,06	184,57	107,30	156,08	175,59
	V	3 841,—	211,25	307,28	345,69	IV	3 297,25	178,45	259,56	292,01	175,55	255,34	287,26	172,65	251,13	282,52	169,75	246,91	277,77	166,85	242,70	273,03	163,95	238,48	268,29
	VI	3 873,16	213,02	309,85	348,58																				
9 851,99	I,IV	3 298,50	181,41	263,88	296,86	I	3 298,50	175,61	255,44	287,37	169,82	247,01	277,88	164,02	238,58	268,40	158,22	230,14	258,91	152,42	221,71	249,42	146,63	213,28	239,94
	II	3 252,75	178,90	260,22	292,74	II	3 252,75	173,10	251,78	283,25	167,30	243,35	273,77	161,50	234,92	264,28	155,70	226,48	254,79	149,91	218,05	245,30	144,11	209,62	235,82
	III	2 572,66	141,49	205,81	231,53	III	2 572,66	135,70	197,38	222,05	129,90	188,94	212,56	124,12	180,54	203,11	118,44	172,28	193,81	112,86	164,16	184,68	107,36	156,17	175,69
	V	3 842,25	211,32	307,38	345,80	IV	3 298,50	178,52	259,66	292,12	175,61	255,44	287,37	172,72	251,23	282,63	169,82	247,01	277,88	166,92	242,80	273,15	164,02	238,58	268,40
	VI	3 874,41	213,09	309,95	348,69																				
9 854,99	I,IV	3 299,83	181,49	263,98	296,98	I	3 299,83	175,68	255,54	287,48	169,89	247,11	278,—	164,09	238,68	268,51	158,29	230,24	259,02	152,49	221,81	249,53	146,69	213,38	240,05
	II	3 254,—	178,97	260,32	292,86	II	3 254,—	173,17	251,88	283,37	167,37	243,45	273,88	161,57	235,02	264,39	155,77	226,58	254,90	149,98	218,15	245,42	144,18	209,72	235,93
	III	2 574,—	141,57	205,92	231,66	III	2 574,—	135,76	197,48	222,16	129,97	189,05	212,68	124,19	180,65	203,23	118,51	172,38	193,93	112,92	164,25	184,78	107,43	156,26	175,79
	V	3 843,50	211,39	307,48	345,91	IV	3 299,83	178,58	259,76	292,23	175,68	255,54	287,48	172,79	251,33	282,74	169,89	247,11	278,—	166,99	242,90	273,26	164,09	238,68	268,51
	VI	3 875,66	213,16	310,05	348,81																				

* Die ausgewiesenen Tabellenwerte sind amtlich. Siehe Erläuterungen auf der Umschlaginnenseite (U2).

MONAT 9 855,–*

Abzüge an Lohnsteuer, Solidaritätszuschlag (SolZ) und Kirchensteuer (8%, 9%) in den Steuerklassen

Lohn/ Gehalt bis €*	I – VI					I, II, III, IV																			
			ohne Kinderfreibeträge					mit Zahl der Kinderfreibeträge . . .																	
								0,5			1			1,5			2			2,5			3		
		LSt	SolZ	8%	9%		LSt	SolZ	8%	9%	SolZ	8%	9%	SolZ	8%	9%	SolZ	8%	9%	SolZ	8%	9%	SolZ	8%	9%
9 857,99	I,IV	3 301,08	181,55	264,08	297,09	I	3 301,08	175,76	255,65	287,60	169,96	247,22	278,12	164,16	238,78	268,63	158,36	230,34	259,13	152,56	221,91	249,65	146,76	213,48	240,16
	II	3 255,25	179,03	260,42	292,97	II	3 255,25	173,24	251,98	283,48	167,44	243,55	273,99	161,64	235,12	264,51	155,84	226,68	255,02	150,04	218,25	245,53	144,25	209,82	236,04
	III	2 575,16	141,63	206,01	231,76	III	2 575,16	135,84	197,58	222,28	130,03	189,14	212,78	124,26	180,74	203,33	118,58	172,48	194,04	112,99	164,36	184,90	107,49	156,36	175,90
	V	3 844,75	211,46	307,58	346,02	IV	3 301,08	178,65	259,86	292,34	175,76	255,65	287,60	172,86	251,43	282,86	169,96	247,22	278,12	167,06	243,—	273,37	164,16	238,78	268,63
	VI	3 876,91	213,23	310,15	348,92																				
9 860,99	I,IV	3 302,33	181,62	264,18	297,20	I	3 302,33	175,83	255,75	287,72	170,03	247,32	278,23	164,23	238,88	268,74	158,43	230,45	259,25	152,63	222,02	249,77	146,84	213,58	240,28
	II	3 256,50	179,10	260,52	293,08	II	3 256,50	173,30	252,08	283,59	167,51	243,65	274,10	161,71	235,22	264,62	155,91	226,78	255,13	150,11	218,35	245,64	144,32	209,92	236,16
	III	2 576,50	141,70	206,12	231,88	III	2 576,50	135,90	197,68	222,39	130,11	189,25	212,90	124,33	180,85	203,45	118,65	172,58	194,15	113,06	164,45	185,—	107,57	156,46	176,02
	V	3 846,—	211,53	307,68	346,14	IV	3 302,33	178,72	259,96	292,46	175,83	255,75	287,72	172,92	251,53	282,97	170,03	247,32	278,23	167,13	243,10	273,48	164,23	238,88	268,74
	VI	3 878,25	213,30	310,26	349,04																				
9 863,99	I,IV	3 303,58	181,69	264,28	297,32	I	3 303,58	175,89	255,85	287,83	170,10	247,42	278,34	164,30	238,98	268,85	158,50	230,55	259,37	152,70	222,12	249,88	146,90	213,68	240,39
	II	3 257,83	179,18	260,62	293,20	II	3 257,83	173,37	252,18	283,70	167,58	243,75	274,22	161,78	235,32	264,73	155,98	226,88	255,24	150,18	218,45	245,75	144,38	210,02	236,27
	III	2 577,66	141,77	206,21	231,98	III	2 577,66	135,97	197,78	222,50	130,17	189,34	213,01	124,40	180,94	203,56	118,71	172,68	194,26	113,12	164,54	185,11	107,63	156,56	176,13
	V	3 847,25	211,59	307,78	346,25	IV	3 303,58	178,79	260,06	292,57	175,89	255,85	287,83	172,99	251,63	283,08	170,10	247,42	278,34	167,20	243,20	273,60	164,30	238,98	268,85
	VI	3 879,50	213,37	310,36	349,15																				
9 866,99	I,IV	3 304,83	181,76	264,38	297,43	I	3 304,83	175,96	255,95	287,94	170,17	247,52	278,46	164,37	239,08	268,97	158,57	230,65	259,48	152,77	222,22	249,99	146,97	213,78	240,50
	II	3 259,08	179,24	260,72	293,31	II	3 259,08	173,45	252,29	283,82	167,65	243,86	274,34	161,85	235,42	264,85	156,05	226,98	255,35	150,25	218,55	245,87	144,45	210,12	236,38
	III	2 579,—	141,84	206,32	232,11	III	2 579,—	136,04	197,88	222,61	130,24	189,45	213,13	124,46	181,04	203,67	118,78	172,77	194,36	113,19	164,64	185,22	107,69	156,65	176,23
	V	3 848,50	211,66	307,88	346,36	IV	3 304,83	178,86	260,16	292,68	175,96	255,95	287,94	173,06	251,73	283,19	170,17	247,52	278,46	167,26	243,30	273,71	164,37	239,08	268,97
	VI	3 880,75	213,44	310,46	349,26																				
9 869,99	I,IV	3 306,08	181,83	264,48	297,54	I	3 306,08	176,03	256,05	288,05	170,23	247,62	278,57	164,44	239,18	269,08	158,64	230,75	259,59	152,84	222,32	250,11	147,04	213,88	240,62
	II	3 260,33	179,31	260,82	293,42	II	3 260,33	173,52	252,39	283,94	167,72	243,96	274,45	161,92	235,52	264,96	156,12	227,09	255,47	150,32	218,66	245,99	144,53	210,22	236,50
	III	2 580,33	141,91	206,42	232,22	III	2 580,33	136,11	197,98	222,73	130,32	189,56	213,25	124,53	181,14	203,78	118,85	172,88	194,49	113,26	164,74	185,33	107,76	156,74	176,33
	V	3 849,83	211,74	307,98	346,48	IV	3 306,08	178,93	260,27	292,80	176,03	256,05	288,05	173,14	251,84	283,32	170,23	247,62	278,57	167,34	243,40	273,83	164,44	239,18	269,08
	VI	3 882,—	213,51	310,56	349,38																				
9 872,99	I,IV	3 307,33	181,90	264,58	297,65	I	3 307,33	176,10	256,15	288,17	170,30	247,72	278,68	164,50	239,28	269,19	158,71	230,85	259,70	152,91	222,42	250,22	147,11	213,98	240,73
	II	3 261,58	179,38	260,92	293,54	II	3 261,58	173,58	252,49	284,05	167,79	244,06	274,56	161,99	235,62	265,07	156,19	227,19	255,59	150,39	218,76	246,10	144,59	210,32	236,61
	III	2 581,50	141,98	206,52	232,33	III	2 581,50	136,18	198,09	222,85	130,38	189,65	213,35	124,60	181,24	203,89	118,91	172,97	194,59	113,32	164,84	185,44	107,82	156,84	176,44
	V	3 851,08	211,80	308,08	346,59	IV	3 307,33	179,—	260,37	292,91	176,10	256,15	288,17	173,20	251,94	283,43	170,30	247,72	278,68	167,41	243,50	273,94	164,50	239,28	269,19
	VI	3 883,25	213,57	310,66	349,49																				
9 875,99	I,IV	3 308,58	181,97	264,68	297,77	I	3 308,58	176,17	256,25	288,28	170,37	247,82	278,79	164,57	239,38	269,30	158,78	230,95	259,82	152,98	222,52	250,33	147,18	214,08	240,84
	II	3 262,83	179,45	261,02	293,65	II	3 262,83	173,65	252,59	284,16	167,86	244,16	274,68	162,06	235,72	265,19	156,26	227,29	255,70	150,46	218,86	246,21	144,66	210,42	236,72
	III	2 582,83	142,05	206,62	232,45	III	2 582,83	136,25	198,18	222,95	130,46	189,76	213,48	124,67	181,34	204,01	118,98	173,06	194,69	113,39	164,93	185,54	107,89	156,93	176,54
	V	3 852,33	211,87	308,18	346,70	IV	3 308,58	179,07	260,47	293,03	176,17	256,25	288,28	173,27	252,04	283,54	170,37	247,82	278,79	167,47	243,60	274,05	164,57	239,38	269,30
	VI	3 884,50	213,64	310,76	349,60																				
9 878,99	I,IV	3 309,83	182,04	264,78	297,88	I	3 309,83	176,24	256,35	288,39	170,44	247,92	278,91	164,64	239,48	269,42	158,84	231,05	259,93	153,05	222,62	250,44	147,25	214,18	240,95
	II	3 264,08	179,52	261,12	293,76	II	3 264,08	173,72	252,69	284,27	167,92	244,26	274,79	162,13	235,82	265,30	156,33	227,39	255,81	150,53	218,96	246,33	144,73	210,52	236,84
	III	2 584,—	142,12	206,72	232,56	III	2 584,—	136,32	198,29	223,07	130,52	189,85	213,58	124,74	181,44	204,12	119,05	173,17	194,81	113,45	165,02	185,65	107,95	157,02	176,65
	V	3 853,58	211,94	308,28	346,82	IV	3 309,83	179,14	260,57	293,14	176,24	256,35	288,39	173,34	252,14	283,65	170,44	247,92	278,91	167,54	243,70	274,16	164,64	239,48	269,42
	VI	3 885,75	213,71	310,86	349,71																				
9 881,99	I,IV	3 311,16	182,11	264,89	298,—	I	3 311,16	176,31	256,46	288,51	170,51	248,02	279,02	164,71	239,58	269,53	158,91	231,15	260,04	153,12	222,72	250,56	147,32	214,28	241,07
	II	3 265,33	179,59	261,22	293,87	II	3 265,33	173,79	252,79	284,39	167,99	244,36	274,90	162,19	235,92	265,41	156,40	227,49	255,92	150,60	219,06	246,44	144,80	210,62	236,95
	III	2 585,33	142,19	206,82	232,67	III	2 585,33	136,39	198,38	223,18	130,59	189,96	213,70	124,81	181,54	204,23	119,12	173,26	194,92	113,52	165,12	185,76	108,02	157,12	176,76
	V	3 854,83	212,01	308,38	346,93	IV	3 311,16	179,21	260,67	293,25	176,31	256,46	288,51	173,41	252,24	283,77	170,51	248,02	279,02	167,61	243,80	274,28	164,71	239,58	269,53
	VI	3 887,—	213,78	310,96	349,83																				
9 884,99	I,IV	3 312,41	182,18	264,99	298,11	I	3 312,41	176,38	256,56	288,63	170,58	248,12	279,14	164,78	239,69	269,65	158,99	231,26	260,16	153,19	222,82	250,67	147,39	214,38	241,18
	II	3 266,58	179,66	261,32	293,99	II	3 266,58	173,86	252,89	284,50	168,06	244,46	275,01	162,26	236,02	265,52	156,47	227,59	256,04	150,67	219,16	246,55	144,87	210,72	237,06
	III	2 586,50	142,25	206,92	232,78	III	2 586,50	136,46	198,49	223,30	130,66	190,05	213,80	124,87	181,64	204,34	119,18	173,36	195,03	113,59	165,22	185,87	108,08	157,21	176,86
	V	3 856,08	212,08	308,48	347,04	IV	3 312,41	179,28	260,77	293,36	176,38	256,56	288,63	173,48	252,34	283,88	170,58	248,12	279,14	167,68	243,90	274,39	164,78	239,69	269,65
	VI	3 888,33	213,85	311,06	349,94																				
9 887,99	I,IV	3 313,66	182,25	265,09	298,22	I	3 313,66	176,45	256,66	288,74	170,65	248,22	279,25	164,85	239,79	269,76	159,06	231,36	260,28	153,26	222,92	250,79	147,46	214,49	241,30
	II	3 267,83	179,73	261,42	294,10	II	3 267,83	173,93	252,99	284,61	168,13	244,56	275,13	162,33	236,12	265,64	156,53	227,69	256,15	150,74	219,26	246,66	144,94	210,82	237,17
	III	2 587,83	142,33	207,02	232,90	III	2 587,83	136,52	198,58	223,40	130,73	190,16	213,93	124,95	181,74	204,46	119,25	173,46	195,14	113,65	165,32	185,98	108,15	157,32	176,98
	V	3 857,33	212,15	308,58	347,15	IV	3 313,66	179,35	260,87	293,48	176,45	256,66	288,74	173,55	252,44	283,99	170,65	248,22	279,25	167,75	244,—	274,50	164,85	239,79	269,76
	VI	3 889,58	213,92	311,16	350,06																				
9 890,99	I,IV	3 314,91	182,32	265,19	298,34	I	3 314,91	176,52	256,76	288,85	170,72	248,32	279,36	164,92	239,89	269,87	159,12	231,46	260,39	153,33	223,02	250,90	147,53	214,59	241,41
	II	3 269,16	179,80	261,53	294,22	II	3 269,16	174,—	253,10	284,73	168,20	244,66	275,24	162,40	236,22	265,75	156,60	227,79	256,26	150,81	219,36	246,78	145,01	210,92	237,29
	III	2 589,—	142,39	207,12	233,01	III	2 589,—	136,60	198,69	223,52	130,79	190,25	214,03	125,01	181,84	204,57	119,32	173,56	195,25	113,72	165,41	186,08	108,22	157,41	177,08
	V	3 858,58	212,22	308,68	347,27	IV	3 314,91	179,41	260,97	293,59	176,52	256,76	288,85	173,62	252,54	284,10	170,72	248,32	279,36	167,82	244,10	274,61	164,92	239,89	269,87
	VI	3 890,83	213,99	311,26	350,17																				
9 893,99	I,IV	3 316,16	182,38	265,29	298,45	I	3 316,16	176,59	256,86	288,96	170,79	248,42	279,47	164,99	239,99	269,99	159,19	231,56	260,50	153,39	223,12	251,01	147,60	214,69	241,52
	II	3 270,41	179,87	261,63	294,33	II	3 270,41	174,07	253,20	284,85	168,27	244,76	275,36	162,47	236,33	265,87	156,68	227,90	256,38	150,88	219,46	246,89	145,08	211,02	237,40
	III	2 590,33	142,46	207,22	233,12	III	2 590,33	136,67	198,80	223,65	130,87	190,36	214,15	125,08	181,94	204,68	119,38	173,65	195,35	113,78	165,50	186,19	108,28	157,50	177,19
	V	3 859,91	212,29	308,79	347,39	IV	3 316,16	179,49	261,08	293,71	176,59	256,86	288,96	173,69	252,64	284,22	170,79	248,42	279,47	167,89	244,20	274,73	164,99	239,99	269,99
	VI	3 892,08	214,06	311,36	350,28																				
9 896,99	I,IV	3 317,41	182,45	265,39	298,56	I	3 317,41	176,66	256,96	289,08	170,86	248,52	279,59	165,06	240,09	270,10	159,26	231,66	260,61	153,46	223,22	251,12	147,67	214,79	241,64
	II	3 271,66	179,94	261,73	294,44	II	3 271,66	174,14	253,30	284,96	168,34	244,86	275,47	162,54	236,43	265,98	156,75	228,—	256,50	150,95	219,56	247,01	145,15	211,13	237,52
	III	2 591,66	142,54	207,33	233,24	III	2 591,66	136,73	198,89	223,75	130,94	190,46	214,27	125,15	182,04	204,79	119,46	173,76	195,48	113,85	165,61	186,31	108,35	157,60	177,30
	V	3 861,16	212,36	308,89	347,50	IV	3 317,41	179,56	261,18	293,82	176,66	256,96	289,08	173,76	252,74	284,33	170,86	248,52	279,59	167,96	244,31	274,85	165,06	240,09	270,10
	VI	3 893,33	214,13	311,46	350,39																				
9 899,99	I,IV	3 318,66	182,52	265,49	298,67	I	3 318,66	176,72	257,06	289,19	170,93	248,62	279,70	165,13	240,19	270,21	159,33	231,76	260,73	153,53	223,32	251,24	147,73	214,89	241,75
	II	3 272,91	180,01	261,83	294,56	II	3 272,91	174,21	253,40	285,07	168,41	244,96	275,58	162,61	236,53	266,09	156,81	228,10	256,61	151,02	219,66	247,12	145,22	211,23	237,6[illegible]
	III	2 592,83	142,60	207,42	233,35	III	2 592,83	136,81	199,—	223,87	131,01	190,56	214,38	125,22	182,14	204,91	119,52	173,85	195,58	113,92	165,70	186,41	108,41	157,69	177,40
	V	3 862,41	212,43	308,99	347,61	IV	3 318,66	179,63	261,28	293,94	176,72	257,06	289,19	173,83	252,84	284,45	170,93	248,62	279,70	168,03	244,41	274,96	165,13	240,19	270,2[illegible]
	VI	3 894,58	214,20	311,56	350,51																				

* Die ausgewiesenen Tabellenwerte sind amtlich. Siehe Erläuterungen auf der Umschlaginnenseite (U2).

Lohn/ Gehalt bis €*	Abzüge an Lohnsteuer, Solidaritätszuschlag (SolZ) und Kirchensteuer (8%, 9%) in den Steuerklassen																								
	I – VI					I, II, III, IV																			
			ohne Kinderfreibeträge					mit Zahl der Kinderfreibeträge . . .																	
								0,5			1			1,5			2			2,5			3		
		LSt	SolZ	8%	9%		LSt	SolZ	8%	9%	SolZ	8%	9%	SolZ	8%	9%	SolZ	8%	9%	SolZ	8%	9%	SolZ	8%	9%
9 902,99	I,IV	3 319,91	182,59	265,59	298,79	I	3 319,91	176,79	257,16	289,30	170,99	248,72	279,81	165,20	240,29	270,32	159,40	231,86	260,84	153,60	223,42	251,35	147,80	214,99	241,86
	II	3 274,16	180,07	261,93	294,67	II	3 274,16	174,28	253,50	285,18	168,48	245,06	275,69	162,68	236,63	266,21	156,88	228,20	256,72	151,08	219,76	247,23	145,29	211,33	237,74
	III	2 594,16	142,67	207,53	233,47	III	2 594,16	136,87	199,09	223,97	131,08	190,66	214,49	125,29	182,24	205,02	119,59	173,96	195,70	113,98	165,80	186,52	108,47	157,78	177,50
	V	3 863,66	212,50	309,09	347,72	IV	3 319,91	179,69	261,38	294,05	176,79	257,16	289,30	173,90	252,94	284,56	170,99	248,72	279,81	168,10	244,51	275,07	165,20	240,29	270,32
	VI	3 895,83	214,27	311,66	350,62																				
9 905,99	I,IV	3 321,25	182,66	265,70	298,91	I	3 321,25	176,87	257,26	289,42	171,06	248,82	279,92	165,27	240,39	270,44	159,47	231,96	260,95	153,67	223,52	251,46	147,87	215,09	241,97
	II	3 275,41	180,14	262,03	294,78	II	3 275,41	174,35	253,60	285,30	168,55	245,16	275,81	162,75	236,73	266,32	156,95	228,30	256,83	151,15	219,86	247,34	145,36	211,43	237,86
	III	2 595,33	142,74	207,62	233,57	III	2 595,33	136,95	199,20	224,10	131,14	190,76	214,60	125,36	182,34	205,13	119,66	174,05	195,80	114,05	165,89	186,62	108,54	157,88	177,61
	V	3 864,91	212,57	309,19	347,84	IV	3 321,25	179,76	261,48	294,16	176,87	257,26	289,42	173,96	253,04	284,67	171,06	248,82	279,92	168,17	244,61	275,18	165,27	240,39	270,44
	VI	3 897,08	214,33	311,76	350,73																				
9 908,99	I,IV	3 322,50	182,73	265,80	299,02	I	3 322,50	176,93	257,36	289,53	171,14	248,93	280,04	165,34	240,50	270,56	159,54	232,06	261,07	153,74	223,62	251,57	147,94	215,19	242,09
	II	3 276,66	180,21	262,13	294,89	II	3 276,66	174,41	253,70	285,41	168,62	245,26	275,92	162,82	236,83	266,43	157,02	228,40	256,95	151,22	219,96	247,46	145,42	211,53	237,97
	III	2 596,66	142,81	207,73	233,69	III	2 596,66	137,01	199,29	224,20	131,22	190,86	214,72	125,42	182,44	205,24	119,72	174,14	195,91	114,12	166,—	186,75	108,60	157,97	177,71
	V	3 866,16	212,63	309,29	347,95	IV	3 322,50	179,83	261,58	294,27	176,93	257,36	289,53	174,03	253,14	284,78	171,14	248,93	280,04	168,24	244,71	275,30	165,34	240,50	270,56
	VI	3 898,41	214,41	311,87	350,85																				
9 911,99	I,IV	3 323,75	182,80	265,90	299,13	I	3 323,75	177,—	257,46	289,64	171,21	249,03	280,16	165,41	240,60	270,67	159,61	232,16	261,18	153,81	223,73	251,69	148,01	215,30	242,21
	II	3 277,91	180,28	262,23	295,01	II	3 277,91	174,48	253,80	285,52	168,68	245,36	276,03	162,89	236,93	266,54	157,09	228,50	257,06	151,29	220,06	247,57	145,49	211,63	238,08
	III	2 597,83	142,88	207,82	233,80	III	2 597,83	137,08	199,40	224,32	131,28	190,96	214,83	125,50	182,54	205,36	119,79	174,25	196,03	114,18	166,09	186,85	108,68	158,08	177,84
	V	3 867,41	212,70	309,39	348,06	IV	3 323,75	179,90	261,68	294,39	177,—	257,46	289,64	174,10	253,24	284,90	171,21	249,03	280,16	168,30	244,81	275,41	165,41	240,60	270,67
	VI	3 899,66	214,48	311,97	350,96																				
9 914,99	I,IV	3 325,—	182,87	266,—	299,25	I	3 325,—	177,07	257,56	289,76	171,27	249,13	280,27	165,48	240,70	270,78	159,68	232,26	261,29	153,88	223,83	251,81	148,08	215,40	242,32
	II	3 279,25	180,35	262,34	295,13	II	3 279,25	174,56	253,90	285,64	168,75	245,46	276,14	162,96	237,03	266,66	157,16	228,60	257,17	151,36	220,16	247,68	145,56	211,73	238,19
	III	2 599,16	142,95	207,93	233,92	III	2 599,16	137,15	199,49	224,42	131,35	191,06	214,94	125,56	182,64	205,47	119,86	174,34	196,13	114,25	166,18	186,95	108,74	158,17	177,94
	V	3 868,66	212,77	309,49	348,17	IV	3 325,—	179,97	261,78	294,50	177,07	257,56	289,76	174,17	253,34	285,01	171,27	249,13	280,27	168,37	244,91	275,52	165,48	240,70	270,78
	VI	3 900,91	214,55	312,07	351,08																				
9 917,99	I,IV	3 326,25	182,94	266,10	299,36	I	3 326,25	177,14	257,66	289,87	171,34	249,23	280,38	165,55	240,80	270,90	159,75	232,36	261,41	153,95	223,93	251,92	148,15	215,50	242,43
	II	3 280,50	180,42	262,44	295,24	II	3 280,50	174,62	254,—	285,75	168,83	245,57	276,26	163,03	237,14	266,78	157,23	228,70	257,29	151,43	220,26	247,79	145,63	211,83	238,31
	III	2 600,50	143,02	208,04	234,04	III	2 600,50	137,22	199,60	224,55	131,42	191,16	215,05	125,63	182,74	205,58	119,92	174,44	196,24	114,31	166,28	187,06	108,80	158,26	178,04
	V	3 869,91	212,84	309,59	348,29	IV	3 326,25	180,04	261,88	294,62	177,14	257,66	289,87	174,24	253,44	285,12	171,34	249,23	280,38	168,44	245,01	275,63	165,55	240,80	270,90
	VI	3 902,16	214,61	312,17	351,19																				
9 920,99	I,IV	3 327,50	183,01	266,20	299,47	I	3 327,50	177,21	257,76	289,98	171,41	249,33	280,49	165,61	240,90	271,01	159,82	232,46	261,52	154,02	224,03	252,03	148,22	215,60	242,55
	II	3 281,75	180,49	262,54	295,35	II	3 281,75	174,69	254,10	285,86	168,90	245,67	276,38	163,10	237,24	266,89	157,30	228,80	257,40	151,50	220,37	247,91	145,70	211,94	238,43
	III	2 601,66	143,09	208,13	234,14	III	2 601,66	137,29	199,70	224,66	131,49	191,26	215,17	125,70	182,84	205,69	120,—	174,54	196,36	114,39	166,38	187,18	108,87	158,36	178,15
	V	3 871,25	212,91	309,70	348,41	IV	3 327,50	180,11	261,98	294,73	177,21	257,76	289,98	174,31	253,55	285,24	171,41	249,33	280,49	168,52	245,12	275,76	165,61	240,90	271,01
	VI	3 903,41	214,68	312,27	351,30																				
9 923,99	I,IV	3 328,75	183,08	266,30	299,58	I	3 328,75	177,28	257,86	290,09	171,48	249,43	280,61	165,68	241,—	271,12	159,88	232,56	261,63	154,09	224,13	252,14	148,29	215,70	242,66
	II	3 283,—	180,56	262,64	295,47	II	3 283,—	174,76	254,20	285,98	168,96	245,77	276,49	163,17	237,34	267,—	157,37	228,90	257,51	151,57	220,47	248,03	145,77	212,04	238,54
	III	2 603,—	143,16	208,24	234,27	III	2 603,—	137,36	199,80	224,77	131,56	191,37	215,29	125,77	182,94	205,81	120,06	174,64	196,47	114,45	166,48	187,29	108,93	158,45	178,25
	V	3 872,50	212,98	309,80	348,52	IV	3 328,75	180,18	262,08	294,84	177,28	257,86	290,09	174,38	253,65	285,35	171,48	249,43	280,61	168,58	245,22	275,87	165,68	241,—	271,12
	VI	3 904,66	214,75	312,37	351,41																				
9 926,99	I,IV	3 330,—	183,15	266,40	299,70	I	3 330,—	177,35	257,96	290,21	171,55	249,53	280,72	165,75	241,10	271,23	159,95	232,66	261,74	154,16	224,23	252,26	148,36	215,80	242,77
	II	3 284,25	180,63	262,74	295,58	II	3 284,25	174,83	254,30	286,09	169,03	245,87	276,60	163,24	237,44	267,12	157,44	229,—	257,63	151,64	220,57	248,14	145,84	212,14	238,65
	III	2 604,16	143,22	208,33	234,37	III	2 604,16	137,43	199,90	224,89	131,63	191,46	215,39	125,84	183,04	205,92	120,13	174,74	196,58	114,51	166,57	187,39	109,—	158,54	178,36
	V	3 873,75	213,05	309,90	348,63	IV	3 330,—	180,25	262,18	294,95	177,35	257,96	290,21	174,45	253,75	285,47	171,55	249,53	280,72	168,65	245,32	275,98	165,75	241,10	271,23
	VI	3 905,91	214,82	312,47	351,53																				
9 929,99	I,IV	3 331,33	183,22	266,50	299,81	I	3 331,33	177,42	258,06	290,32	171,62	249,63	280,83	165,82	241,20	271,35	160,02	232,76	261,86	154,22	224,33	252,37	148,43	215,90	242,88
	II	3 285,50	180,70	262,84	295,69	II	3 285,50	174,90	254,40	286,20	169,10	245,97	276,71	163,30	237,54	267,23	157,51	229,10	257,74	151,71	220,67	248,25	145,91	212,24	238,77
	III	2 605,50	143,30	208,44	234,49	III	2 605,50	137,50	200,—	225,—	131,70	191,57	215,51	125,91	183,14	206,03	120,20	174,84	196,69	114,58	166,66	187,49	109,06	158,64	178,47
	V	3 875,—	213,12	310,—	348,75	IV	3 331,33	180,32	262,28	295,07	177,42	258,06	290,32	174,52	253,85	285,58	171,62	249,63	280,83	168,72	245,42	276,09	165,82	241,20	271,35
	VI	3 907,16	214,89	312,57	351,64																				
9 932,99	I,IV	3 332,58	183,29	266,60	299,93	I	3 332,58	177,49	258,17	290,44	171,69	249,74	280,95	165,89	241,30	271,46	160,09	232,86	261,97	154,29	224,43	252,48	148,50	216,—	243,—
	II	3 286,75	180,77	262,94	295,80	II	3 286,75	174,97	254,50	286,31	169,17	246,07	276,83	163,37	237,64	267,34	157,57	229,20	257,85	151,78	220,77	248,36	145,98	212,34	238,88
	III	2 606,66	143,36	208,53	234,59	III	2 606,66	137,57	200,10	225,11	131,77	191,66	215,62	125,97	183,24	206,14	120,26	174,93	196,79	114,65	166,77	187,61	109,12	158,73	178,57
	V	3 876,25	213,19	310,10	348,86	IV	3 332,58	180,39	262,38	295,18	177,49	258,17	290,44	174,59	253,95	285,69	171,69	249,74	280,95	168,79	245,52	276,21	165,89	241,30	271,46
	VI	3 908,41	214,96	312,67	351,75																				
9 935,99	I,IV	3 333,83	183,36	266,70	300,04	I	3 333,83	177,56	258,27	290,55	171,76	249,84	281,07	165,96	241,40	271,58	160,16	232,97	262,09	154,37	224,54	252,60	148,57	216,10	243,11
	II	3 288,—	180,84	263,04	295,92	II	3 288,—	175,04	254,60	286,43	169,24	246,17	276,94	163,44	237,74	267,45	157,64	229,30	257,96	151,85	220,87	248,48	146,05	212,44	238,99
	III	2 608,—	143,44	208,64	234,72	III	2 608,—	137,63	200,20	225,22	131,84	191,77	215,74	126,05	183,34	206,26	120,34	175,04	196,92	114,72	166,86	187,72	109,20	158,84	178,69
	V	3 877,50	213,26	310,20	348,97	IV	3 333,83	180,45	262,48	295,29	177,56	258,27	290,55	174,66	254,05	285,80	171,76	249,84	281,07	168,86	245,62	276,32	165,96	241,40	271,58
	VI	3 909,75	215,03	312,78	351,87																				
9 938,99	I,IV	3 335,08	183,42	266,80	300,15	I	3 335,08	177,63	258,37	290,66	171,83	249,94	281,18	166,03	241,50	271,69	160,23	233,07	262,20	154,44	224,64	252,72	148,64	216,20	243,23
	II	3 289,33	180,91	263,14	296,03	II	3 289,33	175,11	254,70	286,54	169,31	246,27	277,05	163,51	237,84	267,57	157,71	229,40	258,08	151,91	220,97	248,59	146,12	212,54	239,10
	III	2 609,16	143,50	208,73	234,82	III	2 609,16	137,71	200,30	225,34	131,90	191,86	215,84	126,11	183,44	206,37	120,40	175,13	197,02	114,78	166,96	187,83	109,26	158,93	178,79
	V	3 878,75	213,33	310,30	349,08	IV	3 335,08	180,52	262,58	295,40	177,63	258,37	290,66	174,73	254,15	285,92	171,83	249,94	281,18	168,93	245,72	276,43	166,03	241,50	271,69
	VI	3 911,—	215,10	312,88	351,99																				
9 941,99	I,IV	3 336,33	183,49	266,90	300,26	I	3 336,33	177,70	258,47	290,78	171,90	250,04	281,29	166,10	241,60	271,80	160,30	233,17	262,31	154,50	224,74	252,83	148,71	216,30	243,34
	II	3 290,58	180,98	263,24	296,15	II	3 290,58	175,18	254,81	286,66	169,38	246,38	277,17	163,58	237,94	267,68	157,78	229,50	258,19	151,98	221,07	248,70	146,19	212,64	239,22
	III	2 610,50	143,57	208,84	234,94	III	2 610,50	137,77	200,40	225,45	131,98	191,97	215,96	126,18	183,54	206,48	120,46	175,22	197,12	114,84	167,05	187,93	109,33	159,02	178,90
	V	3 880,—	213,40	310,40	349,20	IV	3 336,33	180,59	262,68	295,52	177,70	258,47	290,78	174,79	254,25	286,03	171,90	250,04	281,29	169,—	245,82	276,54	166,10	241,60	271,80
	VI	3 912,25	215,17	312,98	352,10																				
9 944,99	I,IV	3 337,58	183,56	267,—	300,38	I	3 337,58	177,76	258,57	290,89	171,97	250,14	281,40	166,17	241,70	271,91	160,37	233,27	262,43	154,57	224,84	252,94	148,77	216,40	243,45
	II	3 291,83	181,05	263,34	296,26	II	3 291,83	175,25	254,91	286,77	169,45	246,48	277,29	163,65	238,04	267,80	157,85	229,61	258,31	152,06	221,18	248,82	146,26	212,74	239,33
	III	2 611,83	143,65	208,94	235,06	III	2 611,83	137,84	200,50	225,56	132,05	192,08	216,09	126,25	183,64	206,59	120,54	175,33	197,24	114,92	167,16	188,05	109,39	159,12	179,01
	V	3 881,33	213,47	310,50	349,31	IV	3 337,58	180,67	262,79	295,64	177,76	258,57	290,89	174,87	254,36	286,15	171,97	250,14	281,40	169,07	245,92	276,66	166,17	241,70	271,91
	VI	3 913,50	215,24	313,08	352,21																				

* Die ausgewiesenen Tabellenwerte sind amtlich. Siehe Erläuterungen auf der Umschlaginnenseite (U2).

MONAT 9 945,–*

Lohn/ Gehalt bis €*		I – VI LSt	ohne Kinderfreibeträge SolZ	8%	9%	I, II, III, IV	LSt	mit Zahl der Kinderfreibeträge . . . 0,5 SolZ	8%	9%	1 SolZ	8%	9%	1,5 SolZ	8%	9%	2 SolZ	8%	9%	2,5 SolZ	8%	9%	3 SolZ	8%	9%
9 947,99	I,IV	3 338,83	183,63	267,10	300,49	I	3 338,83	177,83	258,67	291,—	172,04	250,24	281,52	166,24	241,80	272,03	160,44	233,37	262,54	154,64	224,94	253,05	148,84	216,50	243,56
	II	3 293,08	181,11	263,44	296,37	II	3 293,08	175,32	255,01	286,88	169,52	246,58	277,40	163,72	238,14	267,91	157,92	229,71	258,42	152,13	221,28	248,94	146,33	212,84	239,45
	III	2 613,—	143,71	209,04	235,17	III	2 613,—	137,92	200,61	225,68	132,11	192,17	216,19	126,32	183,74	206,71	120,60	175,42	197,35	114,98	167,25	188,15	109,45	159,21	179,11
	V	3 882,58	213,54	310,60	349,43	IV	3 338,83	180,73	262,89	295,75	177,83	258,67	291,—	174,94	254,46	286,26	172,04	250,24	281,52	169,14	246,02	276,77	166,24	241,80	272,03
	VI	3 914,75	215,31	313,18	352,32																				
9 950,99	I,IV	3 340,08	183,70	267,20	300,60	I	3 340,08	177,90	258,77	291,11	172,10	250,34	281,63	166,31	241,90	272,14	160,51	233,47	262,65	154,71	225,04	253,17	148,91	216,60	243,68
	II	3 294,33	181,18	263,54	296,48	II	3 294,33	175,39	255,11	287,—	169,59	246,68	277,51	163,79	238,24	268,02	157,99	229,81	258,53	152,19	221,38	249,05	146,40	212,94	239,56
	III	2 614,33	143,78	209,14	235,28	III	2 614,33	137,98	200,70	225,79	132,19	192,28	216,31	126,39	183,84	206,82	120,67	175,53	197,47	115,05	167,34	188,26	109,52	159,30	179,21
	V	3 883,83	213,61	310,70	349,54	IV	3 340,08	180,80	262,99	295,86	177,90	258,77	291,11	175,01	254,56	286,38	172,10	250,34	281,63	169,21	246,12	276,89	166,31	241,90	272,14
	VI	3 916,—	215,38	313,28	352,44																				
9 953,99	I,IV	3 341,33	183,77	267,30	300,71	I	3 341,33	177,97	258,87	291,23	172,17	250,44	281,74	166,37	242,—	272,25	160,58	233,57	262,76	154,78	225,14	253,28	148,98	216,70	243,79
	II	3 295,58	181,25	263,64	296,60	II	3 295,58	175,45	255,21	287,11	169,66	246,78	277,62	163,86	238,34	268,13	158,06	229,91	258,65	152,26	221,48	249,16	146,46	213,04	239,67
	III	2 615,50	143,85	209,24	235,39	III	2 615,50	138,05	200,81	225,91	132,25	192,37	216,41	126,46	183,94	206,93	120,74	175,62	197,57	115,12	167,45	188,38	109,58	159,40	179,32
	V	3 885,08	213,67	310,80	349,65	IV	3 341,33	180,87	263,09	295,97	177,97	258,87	291,23	175,07	254,66	286,49	172,17	250,44	281,74	169,28	246,22	277,—	166,37	242,—	272,25
	VI	3 917,25	215,44	313,38	352,55																				
9 956,99	I,IV	3 342,66	183,84	267,41	300,83	I	3 342,66	178,04	258,98	291,35	172,25	250,54	281,86	166,44	242,10	272,36	160,65	233,67	262,88	154,85	225,24	253,39	149,05	216,80	243,90
	II	3 296,83	181,32	263,74	296,71	II	3 296,83	175,52	255,31	287,22	169,73	246,88	277,74	163,93	238,44	268,25	158,13	230,01	258,76	152,33	221,58	249,27	146,53	213,14	239,78
	III	2 616,83	143,92	209,34	235,51	III	2 616,83	138,12	200,90	226,01	132,33	192,48	216,54	126,52	184,04	207,04	120,80	175,72	197,68	115,18	167,54	188,48	109,66	159,50	179,44
	V	3 886,33	213,74	310,90	349,76	IV	3 342,66	180,94	263,19	296,09	178,04	258,98	291,35	175,14	254,76	286,60	172,25	250,54	281,86	169,34	246,32	277,11	166,44	242,10	272,36
	VI	3 918,50	215,51	313,48	352,66																				
9 959,99	I,IV	3 343,91	183,91	267,51	300,95	I	3 343,91	178,11	259,08	291,46	172,31	250,64	281,97	166,52	242,21	272,48	160,72	233,78	263,—	154,92	225,34	253,51	149,12	216,90	244,01
	II	3 298,08	181,39	263,84	296,82	II	3 298,08	175,59	255,41	287,33	169,79	246,98	277,85	164,—	238,54	268,36	158,20	230,11	258,87	152,40	221,68	249,39	146,60	213,24	239,90
	III	2 618,—	143,99	209,44	235,62	III	2 618,—	138,19	201,01	226,13	132,39	192,57	216,64	126,60	184,14	207,16	120,88	175,82	197,80	115,25	167,64	188,59	109,72	159,60	179,55
	V	3 887,58	213,81	311,—	349,88	IV	3 343,91	181,01	263,29	296,20	178,11	259,08	291,46	175,21	254,86	286,71	172,31	250,64	281,97	169,41	246,42	277,22	166,52	242,21	272,48
	VI	3 919,83	215,59	313,58	352,78																				
9 962,99	I,IV	3 345,16	183,98	267,61	301,06	I	3 345,16	178,18	259,18	291,57	172,38	250,74	282,08	166,59	242,31	272,60	160,79	233,88	263,11	154,99	225,44	253,62	149,19	217,01	244,13
	II	3 299,33	181,46	263,94	296,93	II	3 299,33	175,66	255,51	287,45	169,86	247,08	277,96	164,06	238,64	268,47	158,27	230,21	258,98	152,47	221,78	249,50	146,67	213,34	240,01
	III	2 619,33	144,06	209,54	235,73	III	2 619,33	138,26	201,10	226,24	132,46	192,68	216,76	126,66	184,24	207,27	120,94	175,92	197,91	115,31	167,73	188,69	109,78	159,69	179,65
	V	3 888,83	213,88	311,10	349,99	IV	3 345,16	181,08	263,39	296,31	178,18	259,18	291,57	175,28	254,96	286,83	172,38	250,74	282,08	169,48	246,52	277,34	166,59	242,31	272,60
	VI	3 921,08	215,65	313,68	352,89																				
9 965,99	I,IV	3 346,41	184,05	267,71	301,17	I	3 346,41	178,25	259,28	291,69	172,45	250,84	282,20	166,65	242,41	272,71	160,86	233,98	263,22	155,06	225,54	253,73	149,26	217,11	244,25
	II	3 300,66	181,53	264,05	297,05	II	3 300,66	175,73	255,62	287,57	169,94	247,18	278,08	164,13	238,74	268,58	158,34	230,31	259,10	152,54	221,88	249,61	146,74	213,44	240,12
	III	2 620,50	144,12	209,64	235,84	III	2 620,50	138,33	201,21	226,36	132,53	192,77	216,86	126,73	184,34	207,38	121,01	176,02	198,02	115,39	167,84	188,82	109,85	159,78	179,75
	V	3 890,08	213,95	311,20	350,10	IV	3 346,41	181,15	263,49	296,42	178,25	259,28	291,69	175,35	255,06	286,94	172,45	250,84	282,20	169,55	246,62	277,45	166,65	242,41	272,71
	VI	3 922,33	215,72	313,78	353,—																				
9 968,99	I,IV	3 347,66	184,12	267,81	301,28	I	3 347,66	178,32	259,38	291,80	172,52	250,94	282,31	166,72	242,51	272,82	160,93	234,08	263,34	155,13	225,64	253,85	149,33	217,21	244,36
	II	3 301,91	181,60	264,15	297,17	II	3 301,91	175,80	255,72	287,68	170,—	247,28	278,19	164,21	238,85	268,70	158,41	230,42	259,22	152,61	221,98	249,73	146,81	213,54	240,23
	III	2 621,83	144,20	209,74	235,96	III	2 621,83	138,40	201,32	226,48	132,60	192,88	216,99	126,81	184,45	207,50	121,08	176,12	198,13	115,45	167,93	188,92	109,91	159,88	179,86
	V	3 891,41	214,02	311,31	350,22	IV	3 347,66	181,22	263,60	296,55	178,32	259,38	291,80	175,42	255,16	287,06	172,52	250,94	282,31	169,62	246,72	277,56	166,72	242,51	272,82
	VI	3 923,58	215,79	313,88	353,12																				
9 971,99	I,IV	3 348,91	184,19	267,91	301,40	I	3 348,91	178,39	259,48	291,91	172,59	251,04	282,42	166,79	242,61	272,93	160,99	234,18	263,45	155,20	225,74	253,96	149,40	217,31	244,47
	II	3 303,16	181,67	264,25	297,28	II	3 303,16	175,87	255,82	287,79	170,07	247,38	278,30	164,28	238,95	268,82	158,48	230,52	259,33	152,68	222,08	249,84	146,88	213,65	240,35
	III	2 623,16	144,27	209,85	236,08	III	2 623,16	138,47	201,41	226,58	132,67	192,98	217,10	126,87	184,54	207,61	121,14	176,21	198,23	115,51	168,02	189,02	109,98	159,97	179,96
	V	3 892,66	214,09	311,41	350,33	IV	3 348,91	181,29	263,70	296,66	178,39	259,48	291,91	175,49	255,26	287,17	172,59	251,04	282,42	169,69	246,83	277,68	166,79	242,61	272,93
	VI	3 924,83	215,86	313,98	353,23																				
9 974,99	I,IV	3 350,16	184,25	268,01	301,51	I	3 350,16	178,46	259,58	292,02	172,66	251,14	282,53	166,86	242,71	273,05	161,06	234,28	263,56	155,26	225,84	254,07	149,47	217,41	244,58
	II	3 304,41	181,74	264,35	297,39	II	3 304,41	175,94	255,92	287,91	170,14	247,48	278,42	164,34	239,05	268,93	158,55	230,62	259,44	152,75	222,18	249,95	146,95	213,75	240,47
	III	2 624,33	144,33	209,94	236,18	III	2 624,33	138,54	201,52	226,71	132,74	193,08	217,21	126,94	184,65	207,73	121,22	176,32	198,36	115,58	168,12	189,13	110,04	160,06	180,07
	V	3 893,91	214,16	311,51	350,45	IV	3 350,16	181,36	263,80	296,77	178,46	259,58	292,02	175,56	255,36	287,28	172,66	251,14	282,53	169,76	246,93	277,79	166,86	242,71	273,05
	VI	3 926,08	215,93	314,08	353,34																				
9 977,99	I,IV	3 351,41	184,32	268,11	301,62	I	3 351,41	178,53	259,68	292,14	172,73	251,24	282,65	166,93	242,81	273,16	161,13	234,38	263,67	155,33	225,94	254,18	149,54	217,51	244,70
	II	3 305,66	181,81	264,45	297,50	II	3 305,66	176,01	256,02	288,02	170,21	247,58	278,53	164,41	239,15	269,04	158,62	230,72	259,56	152,82	222,28	250,07	147,02	213,85	240,58
	III	2 625,66	144,41	210,05	236,30	III	2 625,66	138,60	201,61	226,81	132,81	193,18	217,33	127,01	184,74	207,83	121,28	176,41	198,46	115,65	168,22	189,25	110,11	160,17	180,19
	V	3 895,16	214,23	311,61	350,56	IV	3 351,41	181,43	263,90	296,88	178,53	259,68	292,14	175,63	255,46	287,39	172,73	251,24	282,65	169,83	247,03	277,91	166,93	242,81	273,16
	VI	3 927,33	216,—	314,18	353,45																				
9 980,99	I,IV	3 352,75	184,40	268,22	301,74	I	3 352,75	178,60	259,78	292,25	172,80	251,34	282,76	167,—	242,91	273,27	161,20	234,48	263,79	155,40	226,04	254,30	149,60	217,61	244,81
	II	3 306,91	181,88	264,55	297,62	II	3 306,91	176,08	256,12	288,13	170,28	247,68	278,64	164,48	239,25	269,15	158,68	230,82	259,67	152,89	222,38	250,18	147,09	213,95	240,69
	III	2 626,83	144,47	210,14	236,41	III	2 626,83	138,68	201,72	226,93	132,88	193,28	217,44	127,08	184,85	207,95	121,35	176,52	198,58	115,72	168,32	189,36	110,18	160,26	180,29
	V	3 896,41	214,30	311,71	350,67	IV	3 352,75	181,50	264,—	297,—	178,60	259,78	292,25	175,70	255,56	287,51	172,80	251,34	282,76	169,90	247,13	278,02	167,—	242,91	273,27
	VI	3 928,58	216,07	314,28	353,57																				
9 983,99	I,IV	3 354,—	184,47	268,32	301,86	I	3 354,—	178,67	259,88	292,37	172,87	251,45	282,88	167,07	243,02	273,39	161,27	234,58	263,90	155,47	226,14	254,41	149,67	217,71	244,92
	II	3 308,16	181,94	264,65	297,73	II	3 308,16	176,15	256,22	288,24	170,35	247,78	278,75	164,55	239,35	269,27	158,75	230,92	259,78	152,95	222,48	250,29	147,16	214,05	240,80
	III	2 628,16	144,54	210,25	236,53	III	2 628,16	138,74	201,81	227,03	132,95	193,38	217,55	127,15	184,94	208,06	121,42	176,61	198,68	115,78	168,41	189,46	110,24	160,36	180,40
	V	3 897,66	214,37	311,81	350,78	IV	3 354,—	181,56	264,10	297,11	178,67	259,88	292,37	175,77	255,66	287,62	172,87	251,45	282,88	169,97	247,23	278,13	167,07	243,02	273,39
	VI	3 929,91	216,14	314,39	353,69																				
9 986,99	I,IV	3 355,25	184,53	268,42	301,97	I	3 355,25	178,74	259,98	292,48	172,94	251,55	282,99	167,14	243,12	273,51	161,34	234,68	264,02	155,54	226,25	254,53	149,75	217,82	245,04
	II	3 309,41	182,01	264,75	297,84	II	3 309,41	176,22	256,32	288,36	170,42	247,88	278,87	164,62	239,45	269,38	158,82	231,02	259,89	153,02	222,58	250,40	147,23	214,15	240,92
	III	2 629,33	144,61	210,34	236,63	III	2 629,33	138,82	201,92	227,16	133,01	193,48	217,66	127,22	185,05	208,18	121,48	176,70	198,79	115,85	168,52	189,58	110,31	160,45	180,50
	V	3 898,91	214,44	311,91	350,90	IV	3 355,25	181,63	264,20	297,22	178,74	259,98	292,48	175,83	255,76	287,73	172,94	251,55	282,99	170,04	247,33	278,24	167,14	243,12	273,51
	VI	3 931,16	216,21	314,49	353,80																				
9 989,99	I,IV	3 356,50	184,60	268,52	302,08	I	3 356,50	178,80	260,08	292,59	173,01	251,65	283,10	167,21	243,22	273,62	161,41	234,78	264,13	155,61	226,35	254,64	149,82	217,92	245,16
	II	3 310,75	182,09	264,86	297,96	II	3 310,75	176,29	256,42	288,47	170,49	247,98	278,98	164,69	239,55	269,49	158,89	231,12	260,01	153,09	222,68	250,52	147,29	214,25	241,03
	III	2 630,66	144,68	210,45	236,75	III	2 630,66	138,88	202,01	227,26	133,09	193,58	217,78	127,28	185,14	208,28	121,55	176,81	198,91	115,92	168,61	189,68	110,37	160,54	180,61
	V	3 900,16	214,50	312,01	351,01	IV	3 356,50	181,70	264,30	297,33	178,80	260,08	292,59	175,90	255,86	287,84	173,01	251,65	283,10	170,11	247,43	278,36	167,21	243,22	273,62
	VI	3 932,41	216,28	314,59	353,91																				

* Die ausgewiesenen Tabellenwerte sind amtlich. Siehe Erläuterungen auf der Umschlaginnenseite (U2).

Abzüge an Lohnsteuer, Solidaritätszuschlag (SolZ) und Kirchensteuer (8%, 9%) in den Steuerklassen

Lohn/ Gehalt bis €*	I – VI	LSt	ohne Kinderfreibeträge SolZ	8%	9%	I, II, III, IV	LSt	mit Zahl der Kinderfreibeträge . . . 0,5 SolZ	0,5 8%	0,5 9%	1 SolZ	1 8%	1 9%	1,5 SolZ	1,5 8%	1,5 9%	2 SolZ	2 8%	2 9%	2,5 SolZ	2,5 8%	2,5 9%	3 SolZ	3 8%	3 9%
9 992,99	I,IV	3 357,75	184,67	268,62	302,19	I	3 357,75	178,87	260,18	292,70	173,08	251,75	283,22	167,28	243,32	273,73	161,48	234,88	264,24	155,68	226,45	254,75	149,88	218,02	245,27
	II	3 312,—	182,16	264,96	298,08	II	3 312,—	176,36	256,52	288,59	170,56	248,09	279,10	164,76	239,66	269,61	158,96	231,22	260,12	153,16	222,78	250,63	147,36	214,35	241,14
	III	2 632,—	144,76	210,56	236,88	III	2 632,—	138,95	202,12	227,38	133,15	193,68	217,89	127,36	185,25	208,40	121,62	176,90	199,01	115,98	168,70	189,79	110,44	160,64	180,72
	V	3 901,41	214,57	312,11	351,12	IV	3 357,75	181,77	264,40	297,45	178,87	260,18	292,70	175,97	255,96	287,96	173,08	251,75	283,22	170,17	247,53	278,47	167,28	243,32	273,73
	VI	3 933,66	216,35	314,69	354,02																				
9 995,99	I,IV	3 359,—	184,74	268,72	302,31	I	3 359,—	178,94	260,28	292,82	173,14	251,85	283,33	167,35	243,42	273,84	161,55	234,98	264,35	155,75	226,55	254,87	149,95	218,12	245,38
	II	3 313,25	182,22	265,06	298,19	II	3 313,25	176,43	256,62	288,70	170,63	248,19	279,21	164,83	239,76	269,73	159,03	231,32	260,24	153,23	222,89	250,75	147,44	214,46	241,26
	III	2 633,16	144,82	210,65	236,98	III	2 633,16	139,03	202,22	227,50	133,22	193,78	218,—	127,42	185,34	208,51	121,69	177,01	199,13	116,05	168,80	189,90	110,51	160,74	180,83
	V	3 902,75	214,65	312,22	351,24	IV	3 359,—	181,84	264,50	297,56	178,94	260,28	292,82	176,05	256,07	288,08	173,14	251,85	283,33	170,25	247,64	278,59	167,35	243,42	273,84
	VI	3 934,91	216,42	314,79	354,14																				
9 998,99	I,IV	3 360,25	184,81	268,82	302,42	I	3 360,25	179,01	260,38	292,93	173,21	251,95	283,44	167,42	243,52	273,96	161,62	235,08	264,47	155,82	226,65	254,98	150,02	218,22	245,49
	II	3 314,50	182,29	265,16	298,30	II	3 314,50	176,49	256,72	288,81	170,70	248,29	279,32	164,90	239,86	269,84	159,10	231,42	260,35	153,30	222,99	250,86	147,51	214,56	241,38
	III	2 634,50	144,89	210,76	237,10	III	2 634,50	139,09	202,32	227,61	133,30	193,89	218,12	127,49	185,45	208,63	121,76	177,10	199,24	116,12	168,90	190,01	110,57	160,84	180,94
	V	3 904,—	214,72	312,32	351,36	IV	3 360,25	181,91	264,60	297,68	179,01	260,38	292,93	176,11	256,17	288,19	173,21	251,95	283,44	170,32	247,74	278,70	167,42	243,52	273,96
	VI	3 936,16	216,48	314,89	354,25																				
10 001,99	I,IV	3 361,50	184,88	268,92	302,53	I	3 361,50	179,08	260,48	293,04	173,28	252,05	283,55	167,48	243,62	274,07	161,69	235,18	264,58	155,89	226,75	255,09	150,09	218,32	245,61
	II	3 315,75	182,36	265,26	298,41	II	3 315,75	176,56	256,82	288,92	170,77	248,39	279,44	164,97	239,96	269,95	159,17	231,52	260,46	153,37	223,09	250,97	147,57	214,66	241,49
	III	2 635,66	144,96	210,85	237,20	III	2 635,66	139,16	202,42	227,72	133,36	193,98	218,23	127,56	185,54	208,73	121,83	177,21	199,36	116,18	169,—	190,12	110,64	160,93	181,04
	V	3 905,25	214,78	312,42	351,47	IV	3 361,50	181,98	264,70	297,79	179,08	260,48	293,04	176,18	256,27	288,30	173,28	252,05	283,55	170,39	247,84	278,82	167,48	243,62	274,07
	VI	3 937,41	216,55	314,99	354,36																				
10 004,99	I,IV	3 362,83	184,95	269,02	302,65	I	3 362,83	179,15	260,58	293,15	173,35	252,15	283,67	167,55	243,72	274,18	161,75	235,28	264,69	155,96	226,85	255,20	150,16	218,42	245,72
	II	3 317,—	182,43	265,36	298,53	II	3 317,—	176,63	256,92	289,04	170,83	248,49	279,55	165,04	240,06	270,06	159,24	231,62	260,57	153,44	223,19	251,09	147,64	214,76	241,60
	III	2 637,—	145,03	210,96	237,33	III	2 637,—	139,23	202,52	227,83	133,43	194,09	218,35	127,63	185,65	208,85	121,89	177,30	199,46	116,25	169,09	190,22	110,70	161,02	181,15
	V	3 906,50	214,85	312,52	351,58	IV	3 362,83	182,05	264,80	297,90	179,15	260,58	293,15	176,25	256,37	288,41	173,35	252,15	283,67	170,45	247,94	278,93	167,55	243,72	274,18
	VI	3 938,66	216,62	315,09	354,47																				
10 007,99	I,IV	3 364,08	185,02	269,12	302,76	I	3 364,08	179,22	260,69	293,27	173,42	252,26	283,79	167,63	243,82	274,30	161,82	235,38	264,80	156,03	226,95	255,32	150,23	218,52	245,83
	II	3 318,25	182,50	265,46	298,64	II	3 318,25	176,70	257,02	289,15	170,90	248,59	279,66	165,11	240,16	270,18	159,31	231,72	260,69	153,51	223,29	251,20	147,71	214,86	241,71
	III	2 638,16	145,09	211,05	237,43	III	2 638,16	139,30	202,62	227,95	133,50	194,18	218,45	127,70	185,74	208,96	121,96	177,40	199,57	116,32	169,20	190,35	110,77	161,12	181,26
	V	3 907,75	214,92	312,62	351,69	IV	3 364,08	182,12	264,90	298,01	179,22	260,69	293,27	176,32	256,47	288,53	173,42	252,26	283,79	170,52	248,04	279,04	167,63	243,82	274,30
	VI	3 939,91	216,69	315,19	354,59																				
10 010,99	I,IV	3 365,33	185,09	269,22	302,87	I	3 365,33	179,29	260,79	293,39	173,49	252,36	283,90	167,69	243,92	274,41	161,90	235,49	264,92	156,10	227,06	255,44	150,30	218,62	245,95
	II	3 319,50	182,57	265,56	298,75	II	3 319,50	176,77	257,12	289,26	170,97	248,69	279,77	165,17	240,26	270,29	159,38	231,82	260,80	153,58	223,39	251,31	147,78	214,96	241,83
	III	2 639,50	145,17	211,16	237,55	III	2 639,50	139,37	202,72	228,06	133,57	194,29	218,57	127,77	185,85	209,08	122,03	177,50	199,69	116,38	169,29	190,45	110,83	161,21	181,36
	V	3 909,—	214,99	312,72	351,81	IV	3 365,33	182,19	265,—	298,13	179,29	260,79	293,39	176,39	256,57	288,64	173,49	252,36	283,90	170,59	248,14	279,15	167,69	243,92	274,41
	VI	3 941,25	216,76	315,30	354,71																				
10 013,99	I,IV	3 366,58	185,16	269,32	302,99	I	3 366,58	179,36	260,89	293,50	173,56	252,46	284,01	167,76	244,02	274,52	161,97	235,59	265,04	156,17	227,16	255,55	150,37	218,72	246,06
	II	3 320,83	182,64	265,66	298,87	II	3 320,83	176,84	257,22	289,37	171,04	248,79	279,89	165,24	240,36	270,40	159,44	231,92	260,91	153,65	223,49	251,42	147,85	215,06	241,94
	III	2 640,66	145,23	211,25	237,65	III	2 640,66	139,44	202,82	228,17	133,64	194,38	218,68	127,84	185,96	209,20	122,10	177,60	199,80	116,45	169,38	190,55	110,90	161,32	181,48
	V	3 910,25	215,06	312,82	351,92	IV	3 366,58	182,26	265,10	298,24	179,36	260,89	293,50	176,46	256,67	288,75	173,56	252,46	284,01	170,66	248,24	279,27	167,76	244,02	274,52
	VI	3 942,50	216,83	315,40	354,82																				
10 016,99	I,IV	3 367,83	185,23	269,42	303,10	I	3 367,83	179,43	260,99	293,61	173,63	252,56	284,13	167,83	244,12	274,64	162,03	235,69	265,15	156,24	227,26	255,66	150,44	218,82	246,17
	II	3 322,08	182,71	265,76	298,98	II	3 322,08	176,91	257,33	289,49	171,11	248,90	280,01	165,32	240,46	270,52	159,51	232,02	261,02	153,72	223,59	251,54	147,92	215,16	242,05
	III	2 642,—	145,31	211,36	237,78	III	2 642,—	139,50	202,92	228,28	133,71	194,49	218,80	127,91	186,05	209,30	122,17	177,70	199,91	116,52	169,49	190,67	110,97	161,41	181,58
	V	3 911,50	215,13	312,92	352,03	IV	3 367,83	182,32	265,20	298,35	179,43	260,99	293,61	176,53	256,77	288,86	173,63	252,56	284,13	170,73	248,34	279,38	167,83	244,12	274,64
	VI	3 943,75	216,90	315,50	354,93																				
10 019,99	I,IV	3 369,08	185,29	269,52	303,21	I	3 369,08	179,50	261,09	293,72	173,70	252,66	284,24	167,90	244,22	274,75	162,10	235,79	265,26	156,31	227,36	255,78	150,51	218,92	246,29
	II	3 323,33	182,78	265,86	299,09	II	3 323,33	176,98	257,43	289,61	171,18	249,—	280,12	165,38	240,56	270,63	159,59	232,13	261,14	153,79	223,70	251,66	147,99	215,26	242,17
	III	2 643,33	145,38	211,46	237,89	III	2 643,33	139,58	203,02	228,40	133,78	194,60	218,92	127,98	186,16	209,43	122,23	177,80	200,02	116,59	169,58	190,78	111,03	161,50	181,69
	V	3 912,83	215,20	313,02	352,15	IV	3 369,08	182,40	265,31	298,47	179,50	261,09	293,72	176,60	256,88	288,99	173,70	252,66	284,24	170,80	248,44	279,50	167,90	244,22	274,75
	VI	3 945,—	216,97	315,60	355,05																				
10 022,99	I,IV	3 370,33	185,36	269,62	303,32	I	3 370,33	179,57	261,19	293,84	173,77	252,76	284,35	167,97	244,32	274,86	162,17	235,89	265,37	156,37	227,46	255,89	150,58	219,02	246,40
	II	3 324,58	182,85	265,96	299,21	II	3 324,58	177,05	257,53	289,72	171,25	249,10	280,23	165,45	240,66	270,74	159,66	232,23	261,26	153,86	223,80	251,77	148,06	215,36	242,28
	III	2 644,50	145,44	211,56	238,—	III	2 644,50	139,65	203,13	228,52	133,85	194,69	219,02	128,04	186,25	209,53	122,31	177,90	200,14	116,65	169,68	190,89	111,10	161,60	181,80
	V	3 914,08	215,27	313,12	352,26	IV	3 370,33	182,47	265,41	298,58	179,57	261,19	293,84	176,67	256,98	289,10	173,77	252,76	284,35	170,87	248,54	279,61	167,97	244,32	274,86
	VI	3 946,25	217,04	315,70	355,16																				
10 025,99	I,IV	3 371,58	185,43	269,72	303,44	I	3 371,58	179,63	261,29	293,95	173,84	252,86	284,46	168,04	244,42	274,97	162,24	235,99	265,49	156,44	227,56	256,—	150,64	219,12	246,51
	II	3 325,83	182,92	266,06	299,32	II	3 325,83	177,12	257,63	289,83	171,32	249,20	280,35	165,52	240,76	270,86	159,72	232,33	261,37	153,93	223,90	251,88	148,13	215,46	242,39
	III	2 645,83	145,52	211,66	238,12	III	2 645,83	139,71	203,22	228,62	133,92	194,80	219,15	128,12	186,36	209,65	122,37	178,—	200,25	116,71	169,77	190,99	111,16	161,69	181,90
	V	3 915,33	215,34	313,22	352,37	IV	3 371,58	182,54	265,51	298,70	179,63	261,29	293,95	176,74	257,08	289,21	173,84	252,86	284,46	170,94	248,64	279,72	168,04	244,42	274,97
	VI	3 947,50	217,11	315,80	355,27																				
10 028,99	I,IV	3 372,83	185,50	269,82	303,55	I	3 372,83	179,70	261,39	294,06	173,91	252,96	284,58	168,11	244,52	275,09	162,31	236,09	265,60	156,51	227,66	256,11	150,71	219,22	246,62
	II	3 327,08	182,98	266,16	299,43	II	3 327,08	177,19	257,73	289,94	171,39	249,30	280,46	165,59	240,86	270,97	159,79	232,43	261,48	154,—	224,—	252,—	148,20	215,56	242,51
	III	2 647,—	145,58	211,76	238,23	III	2 647,—	139,79	203,33	228,74	133,98	194,89	219,25	128,18	186,45	209,75	122,43	178,09	200,35	116,79	169,88	191,11	111,23	161,80	182,02
	V	3 916,58	215,41	313,32	352,49	IV	3 372,83	182,60	265,61	298,81	179,70	261,39	294,06	176,81	257,18	289,32	173,91	252,96	284,58	171,01	248,74	279,83	168,11	244,52	275,09
	VI	3 948,75	217,18	315,90	355,38																				
10 031,99	I,IV	3 374,16	185,57	269,93	303,67	I	3 374,16	179,78	261,50	294,18	173,98	253,06	284,69	168,18	244,62	275,20	162,38	236,19	265,71	156,58	227,76	256,23	150,78	219,32	246,74
	II	3 328,33	183,05	266,26	299,54	II	3 328,33	177,26	257,83	290,06	171,46	249,40	280,57	165,66	240,96	271,08	159,86	232,53	261,59	154,06	224,10	252,11	148,27	215,66	242,62
	III	2 648,33	145,65	211,86	238,34	III	2 648,33	139,85	203,42	228,85	134,06	195,—	219,37	128,26	186,56	209,88	122,51	178,20	200,47	116,85	169,97	191,21	111,30	161,89	182,12
	V	3 917,83	215,48	313,42	352,60	IV	3 374,16	182,67	265,71	298,92	179,78	261,50	294,18	176,88	257,28	289,44	173,98	253,06	284,69	171,08	248,84	279,95	168,18	244,62	275,20
	VI	3 950,—	217,25	316,—	355,50																				
10 034,99	I,IV	3 375,41	185,64	270,03	303,78	I	3 375,41	179,85	261,60	294,30	174,05	253,16	284,81	168,25	244,73	275,32	162,45	236,30	265,83	156,65	227,86	256,34	150,85	219,42	246,85
	II	3 329,58	183,12	266,36	299,66	II	3 329,58	177,32	257,93	290,17	171,53	249,50	280,68	165,73	241,06	271,19	159,93	232,63	261,71	154,13	224,20	252,22	148,33	215,76	242,73
	III	2 649,50	145,72	211,96	238,45	III	2 649,50	139,92	203,53	228,97	134,12	195,09	219,47	128,32	186,65	209,98	122,57	178,29	200,57	116,92	170,06	191,32	111,36	161,98	182,23
	V	3 919,08	215,54	313,52	352,71	IV	3 375,41	182,74	265,81	299,03	179,85	261,60	294,30	176,94	257,38	289,55	174,05	253,16	284,81	171,15	248,94	280,06	168,25	244,73	275,32
	VI	3 951,33	217,32	316,10	355,61																				

* Die ausgewiesenen Tabellenwerte sind amtlich. Siehe Erläuterungen auf der Umschlaginnenseite (U2).

MONAT 10 035,–*

Abzüge an Lohnsteuer, Solidaritätszuschlag (SolZ) und Kirchensteuer (8%, 9%) in den Steuerklassen

Lohn/ Gehalt bis €*	I – VI	LSt	SolZ	8%	9%	I, II, III, IV	LSt	0,5 SolZ	0,5 8%	0,5 9%	1 SolZ	1 8%	1 9%	1,5 SolZ	1,5 8%	1,5 9%	2 SolZ	2 8%	2 9%	2,5 SolZ	2,5 8%	2,5 9%	3 SolZ	3 8%	3 9%
		ohne Kinderfreibeträge					mit Zahl der Kinderfreibeträge . . .																		
10 037,99	I,IV	3 376,66	185,71	270,13	303,89	I	3 376,66	179,91	261,70	294,41	174,12	253,26	284,92	168,32	244,83	275,43	162,52	236,40	265,95	156,72	227,96	256,46	150,92	219,53	246,97
	II	3 330,83	183,19	266,46	299,77	II	3 330,83	177,39	258,03	290,28	171,60	249,60	280,80	165,80	241,16	271,31	160,—	232,73	261,82	154,20	224,30	252,33	148,40	215,86	242,84
	III	2 650,83	145,79	212,06	238,57	III	2 650,83	139,99	203,62	229,07	134,20	195,20	219,60	128,39	186,76	210,10	122,65	178,40	200,70	116,99	170,17	191,44	111,43	162,08	182,34
	V	3 920,33	215,61	313,62	352,82	IV	3 376,66	182,81	265,91	299,15	179,91	261,70	294,41	177,01	257,48	289,66	174,12	253,26	284,92	171,21	249,04	280,17	168,32	244,83	275,43
	VI	3 952,58	217,39	316,20	355,73																				
10 040,99	I,IV	3 377,91	185,78	270,23	304,01	I	3 377,91	179,98	261,80	294,52	174,18	253,36	285,03	168,39	244,93	275,54	162,59	236,50	266,06	156,79	228,06	256,57	150,99	219,63	247,08
	II	3 332,16	183,26	266,57	299,89	II	3 332,16	177,47	258,14	290,40	171,67	249,70	280,91	165,87	241,26	271,42	160,07	232,83	261,93	154,27	224,40	252,45	148,47	215,96	242,96
	III	2 652,—	145,86	212,16	238,68	III	2 652,—	140,06	203,73	229,19	134,26	195,29	219,70	128,47	186,86	210,22	122,71	178,49	200,80	117,05	170,26	191,54	111,49	162,17	182,44
	V	3 921,58	215,68	313,72	352,94	IV	3 377,91	182,88	266,01	299,26	179,98	261,80	294,52	177,08	257,58	289,77	174,18	253,36	285,03	171,28	249,14	280,28	168,39	244,93	275,54
	VI	3 953,83	217,46	316,30	355,84																				
10 043,99	I,IV	3 379,16	185,85	270,33	304,12	I	3 379,16	180,05	261,90	294,63	174,25	253,46	285,14	168,46	245,03	275,66	162,66	236,60	266,17	156,86	228,16	256,68	151,06	219,73	247,19
	II	3 333,41	183,33	266,67	300,—	II	3 333,41	177,54	258,24	290,52	171,74	249,80	281,03	165,94	241,37	271,54	160,14	232,94	262,05	154,34	224,50	252,56	148,54	216,06	243,07
	III	2 653,33	145,93	212,26	238,79	III	2 653,33	140,14	203,84	229,32	134,33	195,40	219,82	128,53	186,96	210,33	122,78	178,60	200,92	117,12	170,36	191,65	111,55	162,26	182,54
	V	3 922,91	215,76	313,83	353,06	IV	3 379,16	182,95	266,12	299,38	180,05	261,90	294,63	177,15	257,68	289,89	174,25	253,46	285,14	171,35	249,24	280,40	168,46	245,03	275,66
	VI	3 955,08	217,52	316,40	355,95																				
10 046,99	I,IV	3 380,41	185,92	270,43	304,23	I	3 380,41	180,12	262,—	294,75	174,32	253,56	285,26	168,52	245,13	275,77	162,73	236,70	266,28	156,93	228,26	256,79	151,13	219,83	247,31
	II	3 334,66	183,40	266,77	300,11	II	3 334,66	177,60	258,34	290,63	171,81	249,90	281,14	166,01	241,47	271,65	160,21	233,04	262,17	154,41	224,60	252,68	148,61	216,17	243,19
	III	2 654,66	146,—	212,37	238,91	III	2 654,66	140,20	203,93	229,42	134,41	195,50	219,94	128,60	187,06	210,44	122,85	178,69	201,02	117,19	170,46	191,77	111,63	162,37	182,66
	V	3 924,16	215,82	313,93	353,17	IV	3 380,41	183,02	266,22	299,49	180,12	262,—	294,75	177,22	257,78	290,—	174,32	253,56	285,26	171,43	249,35	280,52	168,52	245,13	275,77
	VI	3 956,33	217,59	316,50	356,06																				
10 049,99	I,IV	3 381,66	185,99	270,53	304,34	I	3 381,66	180,19	262,10	294,86	174,39	253,66	285,37	168,59	245,23	275,88	162,80	236,80	266,40	157,—	228,36	256,91	151,20	219,93	247,42
	II	3 335,91	183,47	266,87	300,23	II	3 335,91	177,67	258,44	290,74	171,87	250,—	281,25	166,08	241,57	271,76	160,28	233,14	262,28	154,48	224,70	252,79	148,68	216,27	243,30
	III	2 655,83	146,07	212,46	239,02	III	2 655,83	140,27	204,04	229,54	134,47	195,60	220,05	128,68	187,17	210,56	122,91	178,78	201,13	117,26	170,56	191,88	111,69	162,46	182,77
	V	3 925,41	215,89	314,03	353,28	IV	3 381,66	183,09	266,32	299,61	180,19	262,10	294,86	177,29	257,88	290,12	174,39	253,66	285,37	171,49	249,45	280,63	168,59	245,23	275,88
	VI	3 957,58	217,66	316,60	356,18																				
10 052,99	I,IV	3 382,91	186,06	270,63	304,46	I	3 382,91	180,26	262,20	294,97	174,46	253,76	285,48	168,66	245,33	275,99	162,86	236,90	266,51	157,07	228,46	257,02	151,27	220,03	247,53
	II	3 337,16	183,54	266,97	300,34	II	3 337,16	177,74	258,54	290,85	171,94	250,10	281,36	166,15	241,67	271,88	160,35	233,24	262,39	154,55	224,80	252,90	148,75	216,37	243,41
	III	2 657,16	146,14	212,57	239,14	III	2 657,16	140,34	204,13	229,64	134,54	195,70	220,16	128,74	187,26	210,67	122,98	178,89	201,25	117,32	170,65	191,98	111,76	162,56	182,88
	V	3 926,66	215,96	314,13	353,39	IV	3 382,91	183,16	266,42	299,72	180,26	262,20	294,97	177,36	257,98	290,23	174,46	253,76	285,48	171,56	249,55	280,74	168,66	245,33	275,99
	VI	3 958,83	217,73	316,70	356,29																				
10 055,99	I,IV	3 384,25	186,13	270,74	304,58	I	3 384,25	180,33	262,30	295,09	174,53	253,86	285,59	168,73	245,43	276,11	162,93	237,—	266,62	157,13	228,56	257,13	151,34	220,13	247,64
	II	3 338,41	183,61	267,07	300,45	II	3 338,41	177,81	258,64	290,97	172,01	250,20	281,48	166,21	241,77	271,99	160,42	233,34	262,50	154,62	224,90	253,01	148,82	216,47	243,53
	III	2 658,33	146,20	212,66	239,24	III	2 658,33	140,41	204,24	229,77	134,61	195,80	220,27	128,81	187,37	210,79	123,05	178,98	201,35	117,39	170,76	192,10	111,82	162,65	182,98
	V	3 927,91	216,03	314,23	353,51	IV	3 384,25	183,23	266,52	299,83	180,33	262,30	295,09	177,43	258,08	290,34	174,53	253,86	285,59	171,63	249,65	280,85	168,73	245,43	276,11
	VI	3 960,08	217,80	316,80	356,40																				
10 058,99	I,IV	3 385,50	186,20	270,84	304,69	I	3 385,50	180,40	262,40	295,20	174,60	253,97	285,71	168,80	245,54	276,23	163,01	237,10	266,74	157,20	228,66	257,24	151,41	220,23	247,76
	II	3 339,66	183,68	267,17	300,56	II	3 339,66	177,88	258,74	291,08	172,08	250,30	281,59	166,28	241,87	272,10	160,49	233,44	262,62	154,69	225,—	253,13	148,89	216,57	243,64
	III	2 659,66	146,28	212,77	239,36	III	2 659,66	140,47	204,33	229,87	134,68	195,90	220,39	128,88	187,46	210,89	123,12	179,09	201,47	117,46	170,85	192,20	111,88	162,74	183,08
	V	3 929,16	216,10	314,33	353,62	IV	3 385,50	183,30	266,62	299,94	180,40	262,40	295,20	177,50	258,18	290,45	174,60	253,97	285,71	171,70	249,75	280,97	168,80	245,54	276,23
	VI	3 961,41	217,87	316,91	356,52																				
10 061,99	I,IV	3 386,75	186,27	270,94	304,80	I	3 386,75	180,47	262,50	295,31	174,67	254,07	285,83	168,87	245,64	276,34	163,07	237,20	266,85	157,28	228,77	257,36	151,48	220,34	247,88
	II	3 340,91	183,75	267,27	300,68	II	3 340,91	177,95	258,84	291,19	172,15	250,40	281,70	166,35	241,97	272,21	160,55	233,54	262,73	154,76	225,10	253,24	148,96	216,67	243,75
	III	2 660,83	146,34	212,86	239,47	III	2 660,83	140,55	204,44	229,99	134,75	196,—	220,50	128,95	187,57	211,01	123,19	179,18	201,58	117,52	170,94	192,31	111,96	162,85	183,20
	V	3 930,41	216,17	314,43	353,73	IV	3 386,75	183,37	266,72	300,06	180,47	262,50	295,31	177,57	258,28	290,57	174,67	254,07	285,83	171,77	249,85	281,08	168,87	245,64	276,34
	VI	3 962,66	217,94	317,01	356,63																				
10 064,99	I,IV	3 388,—	186,34	271,04	304,92	I	3 388,—	180,54	262,60	295,43	174,74	254,17	285,94	168,94	245,74	276,45	163,14	237,30	266,96	157,35	228,87	257,48	151,55	220,44	247,99
	II	3 342,25	183,82	267,38	300,80	II	3 342,25	178,02	258,94	291,31	172,22	250,50	281,81	166,42	242,07	272,33	160,62	233,64	262,84	154,82	225,20	253,35	149,03	216,77	243,86
	III	2 662,16	146,41	212,97	239,59	III	2 662,16	140,61	204,53	230,09	134,82	196,10	220,61	129,02	187,66	211,12	123,26	179,29	201,70	117,59	171,05	192,43	112,02	162,94	183,31
	V	3 931,66	216,24	314,53	353,84	IV	3 388,—	183,43	266,82	300,17	180,54	262,60	295,43	177,64	258,38	290,68	174,74	254,17	285,94	171,84	249,95	281,19	168,94	245,74	276,45
	VI	3 963,91	218,01	317,11	356,75																				
10 067,99	I,IV	3 389,25	186,40	271,14	305,03	I	3 389,25	180,61	262,70	295,54	174,81	254,27	286,05	169,01	245,84	276,57	163,21	237,40	267,08	157,41	228,97	257,59	151,62	220,54	248,10
	II	3 343,50	183,89	267,48	300,91	II	3 343,50	178,09	259,04	291,42	172,29	250,61	281,93	166,49	242,18	272,45	160,70	233,74	262,96	154,89	225,30	253,46	149,10	216,87	243,98
	III	2 663,50	146,49	213,08	239,71	III	2 663,50	140,69	204,64	230,22	134,88	196,20	220,72	129,09	187,77	211,24	123,32	179,38	201,80	117,66	171,14	192,53	112,09	163,04	183,42
	V	3 932,91	216,31	314,63	353,96	IV	3 389,25	183,51	266,92	300,29	180,61	262,70	295,54	177,70	258,48	290,79	174,81	254,27	286,05	171,91	250,05	281,30	169,01	245,84	276,57
	VI	3 965,16	218,08	317,21	356,86																				
10 070,99	I,IV	3 390,50	186,47	271,24	305,14	I	3 390,50	180,67	262,80	295,65	174,88	254,37	286,16	169,08	245,94	276,68	163,28	237,50	267,19	157,48	229,07	257,70	151,69	220,64	248,22
	II	3 344,75	183,96	267,58	301,02	II	3 344,75	178,16	259,14	291,53	172,36	250,71	282,05	166,56	242,28	272,56	160,76	233,84	263,07	154,97	225,41	253,58	149,17	216,98	244,10
	III	2 664,66	146,55	213,17	239,81	III	2 664,66	140,76	204,74	230,33	134,96	196,30	220,84	129,16	187,88	211,36	123,40	179,49	201,92	117,72	171,24	192,64	112,15	163,13	183,52
	V	3 934,25	216,38	314,74	354,08	IV	3 390,50	183,58	267,02	300,40	180,67	262,80	295,65	177,78	258,59	290,91	174,88	254,37	286,16	171,98	250,16	281,43	169,08	245,94	276,68
	VI	3 966,41	218,15	317,31	356,97																				
10 073,99	I,IV	3 391,75	186,54	271,34	305,25	I	3 391,75	180,74	262,90	295,76	174,95	254,47	286,28	169,15	246,04	276,79	163,35	237,60	267,30	157,55	229,17	257,81	151,75	220,74	248,33
	II	3 346,—	184,03	267,68	301,14	II	3 346,—	178,23	259,24	291,65	172,43	250,81	282,16	166,63	242,38	272,67	160,83	233,94	263,18	155,04	225,51	253,70	149,24	217,08	244,21
	III	2 666,—	146,63	213,28	239,94	III	2 666,—	140,82	204,84	230,44	135,03	196,41	220,96	129,23	187,97	211,46	123,46	179,58	202,03	117,80	171,34	192,76	112,21	163,22	183,62
	V	3 935,50	216,45	314,84	354,19	IV	3 391,75	183,64	267,12	300,51	180,74	262,90	295,76	177,85	258,69	291,02	174,95	254,47	286,28	172,05	250,26	281,54	169,15	246,04	276,79
	VI	3 967,66	218,22	317,41	357,08																				
10 076,99	I,IV	3 393,—	186,61	271,44	305,37	I	3 393,—	180,81	263,—	295,88	175,01	254,57	286,39	169,22	246,14	276,90	163,42	237,70	267,41	157,62	229,27	257,93	151,82	220,84	248,44
	II	3 347,25	184,09	267,78	301,25	II	3 347,25	178,30	259,34	291,76	172,50	250,91	282,27	166,70	242,48	272,79	160,90	234,04	263,30	155,10	225,61	253,81	149,31	217,18	244,32
	III	2 667,16	146,69	213,37	240,04	III	2 667,16	140,90	204,94	230,56	135,09	196,50	221,06	129,30	188,08	211,59	123,53	179,68	202,14	117,86	171,44	192,87	112,29	163,33	183,74
	V	3 936,75	216,52	314,94	354,30	IV	3 393,—	183,71	267,22	300,62	180,81	263,—	295,88	177,92	258,79	291,14	175,01	254,57	286,39	172,12	250,36	281,65	169,22	246,14	276,90
	VI	3 968,91	218,29	317,51	357,20																				
10 079,99	I,IV	3 394,33	186,68	271,54	305,48	I	3 394,33	180,88	263,10	295,99	175,08	254,67	286,50	169,29	246,24	277,02	163,49	237,80	267,53	157,69	229,37	258,04	151,89	220,94	248,55
	II	3 348,50	184,16	267,88	301,36	II	3 348,50	178,36	259,44	291,87	172,57	251,01	282,38	166,77	242,58	272,90	160,97	234,14	263,41	155,17	225,71	253,92	149,38	217,28	244,44
	III	2 668,50	146,76	213,48	240,16	III	2 668,50	140,96	205,04	230,67	135,16	196,61	221,18	129,36	188,17	211,69	123,60	179,78	202,25	117,92	171,53	192,97	112,35	163,42	183,85
	V	3 938,—	216,59	315,04	354,42	IV	3 394,33	183,78	267,32	300,74	180,88	263,10	295,99	177,98	258,89	291,25	175,08	254,67	286,50	172,19	250,46	281,76	169,29	246,24	277,02
	VI	3 970,16	218,35	317,61	357,31																				

* **Die ausgewiesenen Tabellenwerte sind amtlich. Siehe Erläuterungen auf der Umschlaginnenseite (U2).**

Abzüge an Lohnsteuer, Solidaritätszuschlag (SolZ) und Kirchensteuer (8%, 9%) in den Steuerklassen

Lohn/ Gehalt bis €*	StKl	I – VI LSt	ohne Kinderfreibeträge SolZ	8%	9%	StKl	I, II, III, IV LSt	mit Zahl der Kinderfreibeträge . . . 0,5 SolZ	0,5 8%	0,5 9%	1 SolZ	1 8%	1 9%	1,5 SolZ	1,5 8%	1,5 9%	2 SolZ	2 8%	2 9%	2,5 SolZ	2,5 8%	2,5 9%	3 SolZ	3 8%	3 9%
10 082,99	I,IV	3 395,58	186,75	271,64	305,60	I	3 395,58	180,95	263,21	296,11	175,16	254,78	286,62	169,36	246,34	277,13	163,56	237,90	267,64	157,76	229,47	258,15	151,96	221,04	248,67
	II	3 349,75	184,23	267,98	301,47	II	3 349,75	178,43	259,54	291,98	172,64	251,11	282,50	166,84	242,68	273,01	161,04	234,24	263,52	155,24	225,81	254,03	149,44	217,38	244,55
	III	2 669,66	146,83	213,57	240,26	III	2 669,66	141,03	205,14	230,78	135,23	196,70	221,29	129,44	188,28	211,81	123,66	179,88	202,36	118,—	171,64	193,09	112,42	163,52	183,96
	V	3 939,25	216,65	315,14	354,53	IV	3 395,58	183,85	267,42	300,85	180,95	263,21	296,11	178,05	258,99	291,36	175,16	254,78	286,62	172,26	250,56	281,88	169,36	246,34	277,13
	VI	3 971,41	218,42	317,71	357,42																				
10 085,99	I,IV	3 396,83	186,82	271,74	305,71	I	3 396,83	181,02	263,31	296,22	175,23	254,88	286,74	169,43	246,44	277,25	163,63	238,01	267,76	157,83	229,58	258,27	152,03	221,14	248,78
	II	3 351,—	184,30	268,08	301,59	II	3 351,—	178,50	259,64	292,10	172,70	251,21	282,61	166,91	242,78	273,12	161,11	234,34	263,63	155,31	225,91	254,15	149,51	217,48	244,66
	III	2 671,—	146,90	213,68	240,39	III	2 671,—	141,10	205,24	230,89	135,30	196,81	221,41	129,50	188,37	211,91	123,74	179,98	202,48	118,06	171,73	193,19	112,48	163,61	184,06
	V	3 940,50	216,72	315,24	354,64	IV	3 396,83	183,92	267,52	300,96	181,02	263,31	296,22	178,12	259,09	291,47	175,23	254,88	286,74	172,32	250,66	281,99	169,43	246,44	277,25
	VI	3 972,75	218,50	317,82	357,54																				
10 088,99	I,IV	3 398,08	186,89	271,84	305,82	I	3 398,08	181,09	263,41	296,33	175,29	254,98	286,85	169,50	246,54	277,36	163,70	238,11	267,87	157,90	229,68	258,39	152,10	221,24	248,90
	II	3 352,33	184,37	268,18	301,70	II	3 352,33	178,57	259,74	292,21	172,77	251,31	282,72	166,98	242,88	273,24	161,18	234,44	263,75	155,38	226,01	254,26	149,58	217,58	244,77
	III	2 672,16	146,96	213,77	240,49	III	2 672,16	141,17	205,34	231,01	135,37	196,90	221,51	129,58	188,48	212,04	123,80	180,08	202,59	118,13	171,82	193,30	112,55	163,72	184,18
	V	3 941,75	216,79	315,34	354,75	IV	3 398,08	183,99	267,62	301,07	181,09	263,41	296,33	178,19	259,19	291,59	175,29	254,98	286,85	172,39	250,76	282,10	169,50	246,54	277,36
	VI	3 974,—	218,57	317,92	357,66																				
10 091,99	I,IV	3 399,33	186,96	271,94	305,93	I	3 399,33	181,16	263,51	296,45	175,36	255,08	286,96	169,56	246,64	277,47	163,77	238,21	267,98	157,97	229,78	258,50	152,17	221,34	249,01
	II	3 353,58	184,44	268,28	301,82	II	3 353,58	178,64	259,85	292,33	172,85	251,42	282,84	167,05	242,98	273,35	161,25	234,54	263,86	155,45	226,11	254,37	149,65	217,68	244,89
	III	2 673,50	147,04	213,88	240,61	III	2 673,50	141,24	205,44	231,12	135,44	197,01	221,63	129,64	188,57	212,14	123,87	180,18	202,70	118,20	171,93	193,42	112,62	163,81	184,28
	V	3 943,—	216,86	315,44	354,87	IV	3 399,33	184,06	267,72	301,19	181,16	263,51	296,45	178,26	259,29	291,70	175,36	255,08	286,96	172,46	250,86	282,21	169,56	246,64	277,47
	VI	3 975,25	218,63	318,02	357,77																				
10 094,99	I,IV	3 400,58	187,03	272,04	306,05	I	3 400,58	181,23	263,61	296,56	175,43	255,18	287,07	169,63	246,74	277,58	163,84	238,31	268,10	158,04	229,88	258,61	152,24	221,44	249,12
	II	3 354,83	184,51	268,38	301,93	II	3 354,83	178,71	259,95	292,44	172,92	251,52	282,96	167,12	243,08	273,47	161,32	234,65	263,98	155,52	226,22	254,49	149,72	217,78	245,—
	III	2 674,83	147,11	213,98	240,73	III	2 674,83	141,31	205,54	231,23	135,52	197,12	221,76	129,71	188,68	212,26	123,94	180,28	202,81	118,26	172,02	193,52	112,68	163,90	184,39
	V	3 944,33	216,93	315,54	354,98	IV	3 400,58	184,13	267,83	301,31	181,23	263,61	296,56	178,33	259,40	291,82	175,43	255,18	287,07	172,53	250,96	282,33	169,63	246,74	277,58
	VI	3 976,50	218,70	318,12	357,88																				
10 097,99	I,IV	3 401,83	187,10	272,14	306,16	I	3 401,83	181,30	263,71	296,67	175,50	255,28	287,19	169,70	246,84	277,70	163,90	238,41	268,21	158,11	229,98	258,72	152,31	221,54	249,23
	II	3 356,08	184,58	268,48	302,04	II	3 356,08	178,78	260,05	292,55	172,98	251,62	283,07	167,19	243,18	273,58	161,39	234,75	264,09	155,59	226,32	254,61	149,79	217,88	245,12
	III	2 676,—	147,18	214,08	240,84	III	2 676,—	141,38	205,65	231,35	135,58	197,21	221,86	129,79	188,78	212,38	124,01	180,38	202,93	118,33	172,12	193,63	112,75	164,—	184,50
	V	3 945,58	217,—	315,64	355,10	IV	3 401,83	184,20	267,93	301,42	181,30	263,71	296,67	178,40	259,50	291,93	175,50	255,28	287,19	172,60	251,06	282,44	169,70	246,84	277,70
	VI	3 977,75	218,77	318,22	357,99																				
10 100,99	I,IV	3 403,08	187,16	272,24	306,27	I	3 403,08	181,37	263,81	296,78	175,57	255,38	287,30	169,77	246,94	277,81	163,97	238,51	268,32	158,18	230,08	258,84	152,38	221,64	249,35
	II	3 357,33	184,65	268,58	302,15	II	3 357,33	178,85	260,15	292,67	173,05	251,72	283,18	167,25	243,28	273,69	161,46	234,85	264,20	155,66	226,42	254,72	149,86	217,98	245,23
	III	2 677,33	147,25	214,18	240,95	III	2 677,33	141,45	205,74	231,46	135,65	197,32	221,98	129,85	188,88	212,49	124,08	180,48	203,04	118,40	172,22	193,75	112,81	164,09	184,60
	V	3 946,83	217,07	315,74	355,21	IV	3 403,08	184,27	268,03	301,53	181,37	263,81	296,78	178,47	259,60	292,05	175,57	255,38	287,30	172,67	251,16	282,56	169,77	246,94	277,81
	VI	3 979,—	218,84	318,32	358,11																				
10 103,99	I,IV	3 404,33	187,23	272,34	306,38	I	3 404,33	181,44	263,91	296,90	175,64	255,48	287,41	169,84	247,04	277,92	164,04	238,61	268,43	158,24	230,18	258,95	152,45	221,74	249,46
	II	3 358,58	184,72	268,68	302,27	II	3 358,58	178,92	260,25	292,78	173,12	251,82	283,29	167,32	243,38	273,80	161,53	234,95	264,32	155,73	226,52	254,83	149,93	218,08	245,34
	III	2 678,50	147,31	214,28	241,06	III	2 678,50	141,52	205,85	231,58	135,72	197,41	222,08	129,92	188,98	212,60	124,15	180,58	203,15	118,47	172,32	193,86	112,88	164,20	184,72
	V	3 948,08	217,14	315,84	355,32	IV	3 404,33	184,34	268,13	301,64	181,44	263,91	296,90	178,54	259,70	292,16	175,64	255,48	287,41	172,74	251,26	282,67	169,84	247,04	277,92
	VI	3 980,25	218,91	318,42	358,22																				
10 106,99	I,IV	3 405,66	187,31	272,45	306,50	I	3 405,66	181,51	264,02	297,02	175,71	255,58	287,53	169,91	247,14	278,03	164,11	238,71	268,55	158,31	230,28	259,06	152,51	221,84	249,57
	II	3 359,83	184,79	268,78	302,38	II	3 359,83	178,99	260,35	292,89	173,19	251,92	283,41	167,39	243,48	273,92	161,59	235,05	264,43	155,80	226,62	254,94	150,—	218,18	245,45
	III	2 679,83	147,39	214,38	241,18	III	2 679,83	141,58	205,94	231,68	135,79	197,52	222,21	129,99	189,08	212,71	124,21	180,68	203,26	118,53	172,41	193,96	112,95	164,29	184,82
	V	3 949,33	217,21	315,94	355,43	IV	3 405,66	184,41	268,23	301,76	181,51	264,02	297,02	178,61	259,80	292,27	175,71	255,58	287,53	172,81	251,36	282,78	169,91	247,14	278,03
	VI	3 981,50	218,98	318,52	358,33																				
10 109,99	I,IV	3 406,91	187,38	272,55	306,62	I	3 406,91	181,58	264,12	297,13	175,78	255,68	287,64	169,98	247,25	278,15	164,18	238,82	268,67	158,39	230,38	259,18	152,58	221,94	249,68
	II	3 361,08	184,85	268,88	302,49	II	3 361,08	179,06	260,45	293,—	173,26	252,02	283,52	167,46	243,58	274,03	161,66	235,15	264,54	155,87	226,72	255,06	150,07	218,28	245,57
	III	2 681,—	147,45	214,48	241,29	III	2 681,—	141,66	206,05	231,80	135,85	197,61	222,31	130,06	189,18	212,83	124,29	180,78	203,38	118,60	172,52	194,08	113,01	164,38	184,93
	V	3 950,58	217,28	316,04	355,55	IV	3 406,91	184,47	268,33	301,87	181,58	264,12	297,13	178,68	259,90	292,38	175,78	255,68	287,64	172,88	251,46	282,89	169,98	247,25	278,15
	VI	3 982,83	219,05	318,62	358,45																				
10 112,99	I,IV	3 408,16	187,44	272,65	306,73	I	3 408,16	181,65	264,22	297,24	175,85	255,78	287,75	170,05	247,35	278,27	164,25	238,92	268,78	158,45	230,48	259,29	152,66	222,05	249,80
	II	3 362,33	184,92	268,98	302,60	II	3 362,33	179,13	260,55	293,12	173,33	252,12	283,63	167,53	243,68	274,14	161,73	235,25	264,65	155,93	226,82	255,17	150,14	218,38	245,68
	III	2 682,33	147,52	214,58	241,40	III	2 682,33	141,72	206,14	231,91	135,93	197,72	222,43	130,13	189,28	212,94	124,35	180,88	203,49	118,67	172,61	194,18	113,08	164,48	185,04
	V	3 951,83	217,35	316,14	355,66	IV	3 408,16	184,54	268,43	301,98	181,65	264,22	297,24	178,75	260,—	292,50	175,85	255,78	287,75	172,95	251,56	283,01	170,05	247,35	278,27
	VI	3 984,08	219,12	318,72	358,56																				
10 115,99	I,IV	3 409,41	187,51	272,75	306,84	I	3 409,41	181,72	264,32	297,36	175,92	255,88	287,87	170,12	247,45	278,38	164,32	239,02	268,89	158,52	230,58	259,40	152,73	222,15	249,92
	II	3 363,66	185,—	269,09	302,72	II	3 363,66	179,20	260,66	293,24	173,40	252,22	283,75	167,60	243,78	274,25	161,80	235,35	264,77	156,—	226,92	255,28	150,21	218,48	245,79
	III	2 683,50	147,59	214,68	241,51	III	2 683,50	141,79	206,25	232,03	135,99	197,81	222,53	130,20	189,38	213,05	124,42	180,98	203,60	118,73	172,70	194,29	113,15	164,58	185,15
	V	3 953,08	217,41	316,24	355,77	IV	3 409,41	184,61	268,53	302,09	181,72	264,32	297,36	178,81	260,10	292,61	175,92	255,88	287,87	173,02	251,66	283,12	170,12	247,45	278,38
	VI	3 985,33	219,19	318,82	358,67																				
10 118,99	I,IV	3 410,66	187,58	272,85	306,95	I	3 410,66	181,78	264,42	297,47	175,99	255,98	287,98	170,19	247,55	278,49	164,39	239,12	269,01	158,59	230,68	259,52	152,79	222,25	250,03
	II	3 364,91	185,07	269,19	302,84	II	3 364,91	179,27	260,76	293,35	173,47	252,32	283,86	167,67	243,89	274,37	161,87	235,46	264,89	156,08	227,02	255,40	150,27	218,58	245,90
	III	2 684,83	147,66	214,78	241,63	III	2 684,83	141,87	206,36	232,15	136,07	197,92	222,66	130,26	189,48	213,16	124,49	181,08	203,71	118,80	172,81	194,41	113,21	164,68	185,26
	V	3 954,41	217,49	316,35	355,89	IV	3 410,66	184,69	268,64	302,22	181,78	264,42	297,47	178,89	260,20	292,73	175,99	255,98	287,98	173,08	251,76	283,23	170,19	247,55	278,49
	VI	3 986,58	219,26	318,92	358,79																				
10 121,99	I,IV	3 411,91	187,65	272,95	307,07	I	3 411,91	181,85	264,52	297,58	176,05	256,08	288,09	170,26	247,65	278,60	164,46	239,22	269,12	158,66	230,78	259,63	152,86	222,35	250,14
	II	3 366,16	185,13	269,29	302,95	II	3 366,16	179,34	260,86	293,46	173,54	252,42	283,97	167,74	243,99	274,49	161,94	235,56	265,—	156,14	227,12	255,51	150,35	218,69	246,02
	III	2 686,16	147,73	214,89	241,75	III	2 686,16	141,93	206,45	232,25	136,14	198,02	222,77	130,34	189,58	213,28	124,55	181,17	203,81	118,87	172,90	194,51	113,28	164,77	185,36
	V	3 955,66	217,56	316,45	356,—	IV	3 411,91	184,75	268,74	302,33	181,85	264,52	297,58	178,96	260,30	292,84	176,05	256,08	288,09	173,16	251,87	283,35	170,26	247,65	278,60
	VI	3 987,83	219,33	319,02	358,90																				
10 124,99	I,IV	3 413,16	187,72	273,05	307,18	I	3 413,16	181,92	264,62	297,69	176,12	256,18	288,20	170,33	247,75	278,72	164,53	239,32	269,23	158,73	230,88	259,74	152,93	222,45	250,25
	II	3 367,41	185,20	269,39	303,06	II	3 367,41	179,41	260,96	293,58	173,61	252,52	284,09	167,81	244,09	274,60	162,01	235,66	265,11	156,21	227,22	255,62	150,42	218,79	246,14
	III	2 687,33	147,80	214,98	241,85	III	2 687,33	142,01	206,56	232,38	136,20	198,12	222,88	130,41	189,69	213,40	124,63	181,28	203,94	118,93	173,—	194,62	113,34	164,86	185,47
	V	3 956,91	217,63	316,55	356,12	IV	3 413,16	184,82	268,84	302,44	181,92	264,62	297,69	179,02	260,40	292,95	176,12	256,18	288,20	173,23	251,97	283,46	170,33	247,75	278,72
	VI	3 989,08	219,39	319,12	359,01																				

* Die ausgewiesenen Tabellenwerte sind amtlich. Siehe Erläuterungen auf der Umschlaginnenseite (U2).

MONAT 10 125,–*

Abzüge an Lohnsteuer, Solidaritätszuschlag (SolZ) und Kirchensteuer (8%, 9%) in den Steuerklassen

Lohn/ Gehalt bis €*	I – VI	LSt	ohne Kinderfreibeträge SolZ	8%	9%	I, II, III, IV	LSt	mit Zahl der Kinderfreibeträge . . . 0,5 SolZ	0,5 8%	0,5 9%	1 SolZ	1 8%	1 9%	1,5 SolZ	1,5 8%	1,5 9%	2 SolZ	2 8%	2 9%	2,5 SolZ	2,5 8%	2,5 9%	3 SolZ	3 8%	3 9%
10 127,99	I,IV	3 414,41	187,79	273,15	307,29	I	3 414,41	181,99	264,72	297,81	176,19	256,28	288,32	170,39	247,85	278,83	164,60	239,42	269,34	158,80	230,98	259,85	153,—	222,55	250,37
	II	3 368,66	185,27	269,49	303,17	II	3 368,66	179,47	261,06	293,69	173,68	252,62	284,20	167,88	244,19	274,71	162,08	235,76	265,23	156,28	227,32	255,74	150,48	218,89	246,25
	III	2 688,66	147,87	215,09	241,97	III	2 688,66	142,07	206,65	232,48	136,28	198,22	223,—	130,47	189,78	213,50	124,69	181,37	204,04	119,01	173,10	194,74	113,41	164,96	185,58
	V	3 958,16	217,69	316,65	356,23	IV	3 414,41	184,89	268,94	302,55	181,99	264,72	297,81	179,09	260,50	293,06	176,19	256,28	288,32	173,30	252,07	283,58	170,39	247,85	278,83
	VI	3 990,33	219,46	319,22	359,12																				
10 130,99	I,IV	3 415,75	187,86	273,26	307,41	I	3 415,75	182,06	264,82	297,92	176,26	256,38	288,43	170,46	247,95	278,94	164,67	239,52	269,46	158,87	231,08	259,97	153,07	222,65	250,48
	II	3 369,91	185,34	269,59	303,29	II	3 369,91	179,54	261,16	293,80	173,74	252,72	284,31	167,95	244,29	274,82	162,15	235,86	265,34	156,35	227,42	255,85	150,55	218,99	246,36
	III	2 689,83	147,94	215,18	242,08	III	2 689,83	142,14	206,76	232,60	136,34	198,32	223,11	130,55	189,89	213,62	124,76	181,48	204,16	119,07	173,20	194,85	113,48	165,06	185,69
	V	3 959,41	217,76	316,75	356,34	IV	3 415,75	184,96	269,04	302,67	182,06	264,82	297,92	179,16	260,60	293,18	176,26	256,38	288,43	173,36	252,17	283,69	170,46	247,95	278,94
	VI	3 991,58	219,53	319,32	359,24																				
10 133,99	I,IV	3 417,—	187,93	273,36	307,53	I	3 417,—	182,13	264,92	298,04	176,33	256,49	288,55	170,54	248,06	279,06	164,74	239,62	269,57	158,94	231,18	260,08	153,14	222,75	250,59
	II	3 371,16	185,41	269,69	303,40	II	3 371,16	179,61	261,26	293,91	173,81	252,82	284,42	168,02	244,39	274,94	162,22	235,96	265,45	156,42	227,52	255,96	150,62	219,09	246,47
	III	2 691,16	148,01	215,29	242,20	III	2 691,16	142,21	206,85	232,70	136,41	198,42	223,22	130,61	189,98	213,73	124,83	181,57	204,26	119,13	173,29	194,95	113,54	165,16	185,80
	V	3 960,66	217,83	316,85	356,45	IV	3 417,—	185,03	269,14	302,78	182,13	264,92	298,04	179,23	260,70	293,29	176,33	256,49	288,55	173,43	252,27	283,80	170,54	248,06	279,06
	VI	3 992,91	219,61	319,43	359,36																				
10 136,99	I,IV	3 418,25	188,—	273,46	307,64	I	3 418,25	182,20	265,02	298,15	176,40	256,59	288,66	170,61	248,16	279,18	164,81	239,72	269,69	159,01	231,29	260,20	153,21	222,86	250,71
	II	3 372,41	185,48	269,79	303,51	II	3 372,41	179,68	261,36	294,03	173,88	252,92	284,54	168,08	244,49	275,05	162,29	236,06	265,56	156,49	227,62	256,07	150,69	219,19	246,59
	III	2 692,33	148,07	215,38	242,30	III	2 692,33	142,28	206,96	232,83	136,48	198,52	223,33	130,68	190,09	213,85	124,90	181,68	204,39	119,21	173,40	195,07	113,61	165,25	185,90
	V	3 961,91	217,90	316,95	356,57	IV	3 418,25	185,10	269,24	302,89	182,20	265,02	298,15	179,30	260,80	293,40	176,40	256,59	288,66	173,50	252,37	283,91	170,61	248,16	279,18
	VI	3 994,16	219,67	319,53	359,47																				
10 139,99	I,IV	3 419,50	188,07	273,56	307,75	I	3 419,50	182,27	265,12	298,26	176,47	256,69	288,77	170,67	248,26	279,29	164,88	239,82	269,80	159,08	231,39	260,31	153,28	222,96	250,83
	II	3 373,75	185,55	269,90	303,63	II	3 373,75	179,75	261,46	294,14	173,95	253,02	284,65	168,15	244,59	275,16	162,36	236,16	265,68	156,56	227,72	256,19	150,76	219,29	246,70
	III	2 693,66	148,15	215,49	242,42	III	2 693,66	142,34	207,05	232,93	136,55	198,62	223,45	130,75	190,18	213,95	124,96	181,77	204,49	119,27	173,49	195,17	113,67	165,34	186,01
	V	3 963,16	217,97	317,05	356,68	IV	3 419,50	185,17	269,34	303,—	182,27	265,12	298,26	179,37	260,90	293,51	176,47	256,69	288,77	173,57	252,47	284,03	170,67	248,26	279,29
	VI	3 995,41	219,74	319,63	359,58																				
10 142,99	I,IV	3 420,75	188,14	273,66	307,86	I	3 420,75	182,34	265,22	298,37	176,54	256,79	288,89	170,74	248,36	279,40	164,94	239,92	269,91	159,15	231,49	260,42	153,35	223,06	250,94
	II	3 375,—	185,62	270,—	303,75	II	3 375,—	179,82	261,56	294,26	174,02	253,13	284,77	168,23	244,70	275,28	162,43	236,26	265,79	156,63	227,82	256,30	150,83	219,39	246,81
	III	2 695,—	148,22	215,60	242,55	III	2 695,—	142,42	207,16	233,05	136,62	198,72	223,56	130,82	190,29	214,07	125,04	181,88	204,61	119,35	173,60	195,30	113,74	165,45	186,13
	V	3 964,41	218,04	317,15	356,79	IV	3 420,75	185,24	269,44	303,12	182,34	265,22	298,37	179,44	261,—	293,63	176,54	256,79	288,89	173,64	252,57	284,14	170,74	248,36	279,40
	VI	3 996,66	219,81	319,73	359,69																				
10 145,99	I,IV	3 422,—	188,21	273,76	307,98	I	3 422,—	182,41	265,32	298,49	176,61	256,89	289,—	170,81	248,46	279,51	165,01	240,02	270,02	159,22	231,59	260,54	153,42	223,16	251,05
	II	3 376,25	185,69	270,10	303,86	II	3 376,25	179,89	261,66	294,37	174,09	253,23	284,88	168,30	244,80	275,40	162,50	236,36	265,91	156,70	227,93	256,42	150,90	219,50	246,93
	III	2 696,16	148,28	215,69	242,65	III	2 696,16	142,49	207,26	233,17	136,69	198,82	223,67	130,90	190,40	214,20	125,10	181,97	204,71	119,41	173,69	195,40	113,81	165,54	186,23
	V	3 965,75	218,11	317,26	356,91	IV	3 422,—	185,31	269,54	303,23	182,41	265,32	298,49	179,51	261,11	293,75	176,61	256,89	289,—	173,71	252,68	284,26	170,81	248,46	279,51
	VI	3 997,91	219,88	319,83	359,81																				
10 148,99	I,IV	3 423,25	188,27	273,86	308,09	I	3 423,25	182,48	265,42	298,60	176,68	256,99	289,11	170,88	248,56	279,63	165,08	240,12	270,14	159,28	231,69	260,65	153,49	223,26	251,16
	II	3 377,50	185,76	270,20	303,97	II	3 377,50	179,96	261,76	294,48	174,16	253,33	284,99	168,36	244,90	275,51	162,57	236,46	266,02	156,77	228,03	256,53	150,97	219,60	247,05
	III	2 697,50	148,36	215,80	242,77	III	2 697,50	142,56	207,36	233,28	136,76	198,93	223,79	130,96	190,49	214,30	125,18	182,08	204,84	119,47	173,78	195,50	113,87	165,64	186,34
	V	3 967,—	218,18	317,36	357,03	IV	3 423,25	185,38	269,64	303,35	182,48	265,42	298,60	179,58	261,21	293,86	176,68	256,99	289,11	173,78	252,78	284,37	170,88	248,56	279,63
	VI	3 999,16	219,95	319,93	359,92																				
10 151,99	I,IV	3 424,50	188,34	273,96	308,20	I	3 424,50	182,54	265,52	298,71	176,75	257,09	289,22	170,95	248,66	279,74	165,15	240,22	270,25	159,35	231,79	260,76	153,56	223,36	251,28
	II	3 378,75	185,83	270,30	304,08	II	3 378,75	180,03	261,86	294,59	174,23	253,43	285,11	168,43	245,—	275,62	162,63	236,56	266,13	156,84	228,13	256,64	151,04	219,70	247,16
	III	2 698,66	148,42	215,89	242,87	III	2 698,66	142,63	207,46	233,39	136,83	199,02	223,90	131,03	190,60	214,42	125,24	182,17	204,94	119,55	173,89	195,62	113,94	165,73	186,44
	V	3 968,25	218,25	317,46	357,14	IV	3 424,50	185,45	269,74	303,46	182,54	265,52	298,71	179,65	261,31	293,97	176,75	257,09	289,22	173,85	252,88	284,49	170,95	248,66	279,74
	VI	4 000,41	220,02	320,03	360,03																				
10 154,99	I,IV	3 425,83	188,42	274,06	308,32	I	3 425,83	182,61	265,62	298,82	176,82	257,19	289,34	171,02	248,76	279,85	165,22	240,32	270,36	159,42	231,89	260,87	153,62	223,46	251,39
	II	3 380,—	185,90	270,40	304,20	II	3 380,—	180,10	261,96	294,71	174,30	253,53	285,22	168,50	245,10	275,73	162,70	236,66	266,24	156,91	228,23	256,76	151,11	219,80	247,27
	III	2 700,—	148,50	216,—	243,—	III	2 700,—	142,69	207,56	233,50	136,90	199,13	224,02	131,10	190,69	214,52	125,31	182,28	205,06	119,61	173,98	195,73	114,01	165,84	186,57
	V	3 969,50	218,32	317,56	357,25	IV	3 425,83	185,51	269,84	303,57	182,61	265,62	298,82	179,72	261,41	294,08	176,82	257,19	289,34	173,92	252,98	284,60	171,02	248,76	279,85
	VI	4 001,66	220,09	320,13	360,14																				
10 157,99	I,IV	3 427,08	188,48	274,16	308,43	I	3 427,08	182,69	265,73	298,94	176,89	257,30	289,46	171,09	248,86	279,97	165,29	240,42	270,47	159,49	231,99	260,99	153,69	223,56	251,50
	II	3 381,25	185,96	270,50	304,31	II	3 381,25	180,17	262,06	294,82	174,37	253,63	285,33	168,57	245,20	275,85	162,77	236,76	266,36	156,97	228,33	256,87	151,18	219,90	247,38
	III	2 701,16	148,56	216,09	243,10	III	2 701,16	142,77	207,66	233,62	136,96	199,22	224,12	131,17	190,80	214,65	125,38	182,37	205,16	119,68	174,08	195,84	114,07	165,93	186,67
	V	3 970,75	218,39	317,66	357,36	IV	3 427,08	185,58	269,94	303,68	182,69	265,73	298,94	179,79	261,51	294,20	176,89	257,30	289,46	173,99	253,08	284,71	171,09	248,86	279,97
	VI	4 002,91	220,16	320,23	360,26																				
10 160,99	I,IV	3 428,33	188,55	274,26	308,54	I	3 428,33	182,76	265,83	299,06	176,96	257,40	289,57	171,16	248,96	280,08	165,36	240,53	270,59	159,56	232,10	261,11	153,77	223,66	251,62
	II	3 382,50	186,03	270,60	304,42	II	3 382,50	180,23	262,16	294,93	174,44	253,73	285,44	168,64	245,30	275,96	162,84	236,86	266,47	157,04	228,43	256,98	151,25	220,—	247,50
	III	2 702,50	148,63	216,20	243,22	III	2 702,50	142,83	207,76	233,73	137,04	199,33	224,24	131,23	190,89	214,75	125,45	182,48	205,29	119,75	174,18	195,95	114,14	166,02	186,77
	V	3 972,—	218,46	317,76	357,48	IV	3 428,33	185,65	270,04	303,80	182,76	265,83	299,06	179,85	261,61	294,31	176,96	257,40	289,57	174,06	253,18	284,82	171,16	248,96	280,08
	VI	4 004,25	220,23	320,34	360,38																				
10 163,99	I,IV	3 429,58	188,62	274,36	308,66	I	3 429,58	182,82	265,93	299,17	177,03	257,50	289,68	171,23	249,06	280,19	165,43	240,63	270,71	159,63	232,20	261,22	153,83	223,76	251,73
	II	3 383,83	186,11	270,70	304,54	II	3 383,83	180,30	262,26	295,04	174,51	253,83	285,56	168,71	245,40	276,07	162,91	236,96	266,58	157,11	228,53	257,09	151,31	220,10	247,61
	III	2 703,66	148,70	216,29	243,32	III	2 703,66	142,90	207,86	233,84	137,10	199,42	224,35	131,31	191,—	214,87	125,51	182,57	205,39	119,81	174,28	196,06	114,20	166,12	186,88
	V	3 973,25	218,52	317,86	357,59	IV	3 429,58	185,72	270,14	303,91	182,82	265,93	299,17	179,92	261,71	294,42	177,03	257,50	289,68	174,13	253,28	284,94	171,23	249,06	280,19
	VI	4 005,50	220,30	320,44	360,49																				
10 166,99	I,IV	3 430,83	188,69	274,46	308,77	I	3 430,83	182,89	266,03	299,28	177,10	257,60	289,80	171,30	249,16	280,31	165,50	240,73	270,82	159,70	232,30	261,33	153,90	223,86	251,84
	II	3 385,08	186,17	270,80	304,65	II	3 385,08	180,38	262,37	295,16	174,58	253,94	285,68	168,78	245,50	276,19	162,98	237,06	266,69	157,18	228,63	257,21	151,38	220,20	247,72
	III	2 705,—	148,77	216,40	243,45	III	2 705,—	142,97	207,96	233,95	137,17	199,53	224,47	131,37	191,09	214,97	125,59	182,68	205,51	119,88	174,37	196,16	114,28	166,22	187,—
	V	3 974,50	218,59	317,96	357,70	IV	3 430,83	185,79	270,24	304,02	182,89	266,03	299,28	179,99	261,81	294,53	177,10	257,60	289,80	174,19	253,38	285,05	171,30	249,16	280,31
	VI	4 006,75	220,37	320,54	360,60																				
10 169,99	I,IV	3 432,08	188,76	274,56	308,88	I	3 432,08	182,96	266,13	299,39	177,16	257,70	289,91	171,37	249,26	280,42	165,57	240,83	270,93	159,77	232,40	261,45	153,97	223,96	251,96
	II	3 386,33	186,24	270,90	304,76	II	3 386,33	180,45	262,47	295,28	174,65	254,04	285,79	168,85	245,60	276,30	163,05	237,17	266,81	157,25	228,74	257,33	151,46	220,30	247,84
	III	2 706,33	148,84	216,50	243,56	III	2 706,33	143,04	208,06	234,07	137,25	199,64	224,59	131,45	191,20	215,10	125,65	182,77	205,61	119,95	174,48	196,29	114,34	166,32	187,11
	V	3 975,83	218,67	318,06	357,82	IV	3 432,08	185,86	270,35	304,14	182,96	266,13	299,39	180,07	261,92	294,66	177,16	257,70	289,91	174,27	253,48	285,17	171,37	249,26	280,42
	VI	4 008,—	220,44	320,64	360,72																				

* Die ausgewiesenen Tabellenwerte sind amtlich. Siehe Erläuterungen auf der Umschlaginnenseite (U2).

Lohn/ Gehalt bis €*	Abzüge an Lohnsteuer, Solidaritätszuschlag (SolZ) und Kirchensteuer (8%, 9%) in den Steuerklassen I – VI					I, II, III, IV		mit Zahl der Kinderfreibeträge . . . 0,5			1			1,5			2			2,5			3		
		LSt	ohne Kinderfreibeträge SolZ	8%	9%		LSt	SolZ	8%	9%	SolZ	8%	9%	SolZ	8%	9%	SolZ	8%	9%	SolZ	8%	9%	SolZ	8%	9%
10 172,99	I,IV	3 433,33	188,83	274,66	308,99	I	3 433,33	183,03	266,23	299,51	177,23	257,80	290,02	171,43	249,36	280,53	165,64	240,93	271,04	159,84	232,50	261,56	154,04	224,06	252,07
	II	3 387,58	186,31	271,—	304,88	II	3 387,58	180,51	262,57	295,39	174,72	254,14	285,90	168,92	245,70	276,41	163,12	237,27	266,93	157,32	228,84	257,44	151,52	220,40	247,95
	III	2 707,50	148,91	216,60	243,67	III	2 707,50	143,11	208,17	234,19	137,31	199,73	224,69	131,52	191,30	215,21	125,73	182,88	205,74	120,01	174,57	196,39	114,40	166,41	187,21
	V	3 977,08	218,73	318,16	357,93	IV	3 433,33	185,93	270,45	304,25	183,03	266,23	299,51	180,13	262,02	294,77	177,23	257,80	290,02	174,34	253,58	285,28	171,43	249,36	280,53
	VI	4 009,25	220,50	320,74	360,83																				
10 175,99	I,IV	3 434,58	188,90	274,76	309,11	I	3 434,58	183,10	266,33	299,62	177,30	257,90	290,13	171,50	249,46	280,64	165,71	241,03	271,16	159,91	232,60	261,67	154,11	224,16	252,18
	II	3 388,83	186,38	271,10	304,99	II	3 388,83	180,58	262,67	295,50	174,79	254,24	286,02	168,99	245,80	276,53	163,19	237,37	267,04	157,39	228,94	257,55	151,59	220,50	248,06
	III	2 708,83	148,98	216,70	243,79	III	2 708,83	143,18	208,26	234,29	137,39	199,84	224,82	131,58	191,40	215,32	125,79	182,97	205,84	120,09	174,68	196,51	114,47	166,50	187,31
	V	3 978,33	218,80	318,26	358,04	IV	3 434,58	186,—	270,55	304,37	183,10	266,33	299,62	180,20	262,12	294,88	177,30	257,90	290,13	174,40	253,68	285,39	171,50	249,46	280,64
	VI	4 010,50	220,57	320,84	360,94																				
10 178,99	I,IV	3 435,83	188,97	274,86	309,22	I	3 435,83	183,17	266,43	299,73	177,37	258,—	290,25	171,57	249,56	280,76	165,77	241,13	271,27	159,98	232,70	261,78	154,18	224,26	252,29
	II	3 390,08	186,45	271,20	305,10	II	3 390,08	180,65	262,77	295,61	174,85	254,34	286,13	169,06	245,90	276,64	163,26	237,47	267,15	157,46	229,04	257,67	151,66	220,60	248,18
	III	2 710,—	149,05	216,80	243,90	III	2 710,—	143,25	208,37	234,41	137,45	199,93	224,92	131,66	191,50	215,44	125,86	183,08	205,96	120,15	174,77	196,61	114,54	166,61	187,43
	V	3 979,58	218,87	318,36	358,16	IV	3 435,83	186,07	270,65	304,48	183,17	266,43	299,73	180,27	262,22	294,99	177,37	258,—	290,25	174,47	253,78	285,50	171,57	249,56	280,76
	VI	4 011,75	220,64	320,94	361,05																				
10 181,99	I,IV	3 437,16	189,04	274,97	309,34	I	3 437,16	183,24	266,54	299,85	177,44	258,10	290,36	171,64	249,66	280,87	165,84	241,23	271,38	160,05	232,80	261,90	154,25	224,36	252,41
	II	3 391,33	186,52	271,30	305,21	II	3 391,33	180,72	262,87	295,73	174,92	254,44	286,24	169,12	246,—	276,75	163,33	237,57	267,26	157,53	229,14	257,78	151,73	220,70	248,29
	III	2 711,33	149,12	216,90	244,01	III	2 711,33	143,32	208,46	234,52	137,52	200,04	225,04	131,72	191,60	215,55	125,93	183,17	206,06	120,22	174,86	196,72	114,61	166,70	187,54
	V	3 980,83	218,94	318,46	358,27	IV	3 437,16	186,14	270,75	304,59	183,24	266,54	299,85	180,34	262,32	295,11	177,44	258,10	290,36	174,54	253,88	285,62	171,64	249,66	280,87
	VI	4 013,—	220,71	321,04	361,17																				
10 184,99	I,IV	3 438,41	189,11	275,07	309,45	I	3 438,41	183,31	266,64	299,97	177,51	258,20	290,48	171,71	249,77	280,99	165,92	241,34	271,50	160,12	232,90	262,01	154,32	224,46	252,52
	II	3 392,58	186,59	271,40	305,33	II	3 392,58	180,79	262,97	295,84	174,99	254,54	286,35	169,19	246,10	276,86	163,40	237,67	267,38	157,60	229,24	257,89	151,80	220,80	248,40
	III	2 712,50	149,18	217,—	244,12	III	2 712,50	143,39	208,57	234,64	137,59	200,13	225,14	131,79	191,70	215,66	126,—	183,28	206,19	120,29	174,97	196,84	114,67	166,80	187,65
	V	3 982,08	219,01	318,56	358,38	IV	3 438,41	186,21	270,85	304,70	183,31	266,64	299,97	180,41	262,42	295,22	177,51	258,20	290,48	174,61	253,98	285,73	171,71	249,77	280,99
	VI	4 014,33	220,78	321,14	361,28																				
10 187,99	I,IV	3 439,66	189,18	275,17	309,56	I	3 439,66	183,38	266,74	300,08	177,58	258,30	290,59	171,78	249,87	281,10	165,99	241,44	271,62	160,19	233,—	262,13	154,39	224,57	252,64
	II	3 393,83	186,66	271,50	305,44	II	3 393,83	180,86	263,07	295,95	175,06	254,64	286,47	169,26	246,20	276,98	163,46	237,77	267,49	157,67	229,34	258,—	151,87	220,90	248,51
	III	2 713,83	149,26	217,10	244,24	III	2 713,83	143,45	208,66	234,74	137,66	200,24	225,27	131,86	191,80	215,77	126,06	183,37	206,29	120,35	175,06	196,94	114,73	166,89	187,75
	V	3 983,33	219,08	318,66	358,49	IV	3 439,66	186,28	270,95	304,82	183,38	266,74	300,08	180,48	262,52	295,33	177,58	258,30	290,59	174,68	254,08	285,84	171,78	249,87	281,10
	VI	4 015,58	220,85	321,24	361,40																				
10 190,99	I,IV	3 440,91	189,25	275,27	309,68	I	3 440,91	183,45	266,84	300,19	177,65	258,40	290,70	171,85	249,97	281,21	166,05	241,54	271,73	160,26	233,10	262,24	154,46	224,67	252,75
	II	3 395,16	186,73	271,61	305,56	II	3 395,16	180,93	263,18	296,07	175,13	254,74	286,58	169,33	246,30	277,09	163,53	237,87	267,60	157,74	229,44	258,12	151,94	221,—	248,63
	III	2 715,—	149,32	217,20	244,35	III	2 715,—	143,53	208,77	234,86	137,72	200,33	225,37	131,93	191,90	215,89	126,14	183,48	206,41	120,43	175,17	197,06	114,81	167,—	187,87
	V	3 984,58	219,15	318,76	358,61	IV	3 440,91	186,34	271,05	304,93	183,45	266,84	300,19	180,55	262,62	295,44	177,65	258,40	290,70	174,75	254,18	285,95	171,85	249,97	281,21
	VI	4 016,83	220,92	321,34	361,51																				
10 193,99	I,IV	3 442,16	189,31	275,37	309,79	I	3 442,16	183,52	266,94	300,30	177,72	258,50	290,81	171,92	250,07	281,33	166,12	241,64	271,84	160,32	233,20	262,35	154,53	224,77	252,86
	II	3 396,41	186,80	271,71	305,67	II	3 396,41	181,—	263,28	296,19	175,20	254,84	286,70	169,40	246,41	277,21	163,61	237,98	267,72	157,81	229,54	258,23	152,01	221,10	248,74
	III	2 716,33	149,39	217,30	244,46	III	2 716,33	143,60	208,88	234,99	137,80	200,44	225,49	132,—	192,—	216,—	126,20	183,57	206,51	120,49	175,26	197,17	114,87	167,09	187,97
	V	3 985,91	219,22	318,87	358,73	IV	3 442,16	186,42	271,16	305,05	183,52	266,94	300,30	180,62	262,72	295,56	177,72	258,50	290,81	174,82	254,28	286,07	171,92	250,07	281,33
	VI	4 018,08	220,99	321,44	361,62																				
10 196,99	I,IV	3 443,41	189,38	275,47	309,90	I	3 443,41	183,59	267,04	300,42	177,79	258,60	290,93	171,99	250,17	281,44	166,19	241,74	271,95	160,39	233,30	262,46	154,60	224,87	252,98
	II	3 397,66	186,87	271,81	305,78	II	3 397,66	181,07	263,38	296,30	175,27	254,94	286,81	169,47	246,51	277,32	163,68	238,08	267,84	157,88	229,64	258,35	152,08	221,21	248,86
	III	2 717,66	149,47	217,41	244,58	III	2 717,66	143,66	208,97	235,09	137,87	200,54	225,61	132,07	192,10	216,11	126,28	183,68	206,64	120,56	175,36	197,28	114,94	167,18	188,08
	V	3 987,16	219,29	318,97	358,84	IV	3 443,41	186,49	271,26	305,16	183,59	267,04	300,42	180,69	262,82	295,67	177,79	258,60	290,93	174,89	254,39	286,19	171,99	250,17	281,44
	VI	4 019,33	221,06	321,54	361,73																				
10 199,99	I,IV	3 444,66	189,45	275,57	310,01	I	3 444,66	183,65	267,14	300,53	177,86	258,70	291,04	172,06	250,27	281,55	166,26	241,84	272,07	160,46	233,40	262,58	154,66	224,97	253,09
	II	3 398,91	186,94	271,91	305,90	II	3 398,91	181,14	263,48	296,41	175,34	255,04	286,92	169,54	246,61	277,43	163,74	238,18	267,95	157,95	229,74	258,46	152,15	221,31	248,97
	III	2 718,83	149,53	217,50	244,69	III	2 718,83	143,74	209,08	235,21	137,94	200,64	225,72	132,14	192,21	216,23	126,34	183,77	206,74	120,63	175,46	197,39	115,—	167,28	188,19
	V	3 988,41	219,36	319,07	358,95	IV	3 444,66	186,56	271,36	305,28	183,65	267,14	300,53	180,76	262,92	295,79	177,86	258,70	291,04	174,96	254,49	286,30	172,06	250,27	281,55
	VI	4 020,58	221,13	321,64	361,85																				
10 202,99	I,IV	3 445,91	189,52	275,67	310,13	I	3 445,91	183,72	267,24	300,64	177,92	258,80	291,15	172,13	250,37	281,66	166,33	241,94	272,18	160,53	233,50	262,69	154,73	225,07	253,20
	II	3 400,16	187,—	272,01	306,01	II	3 400,16	181,21	263,58	296,52	175,41	255,14	287,03	169,61	246,71	277,55	163,81	238,28	268,06	158,01	229,84	258,57	152,22	221,41	249,08
	III	2 720,16	149,60	217,61	244,81	III	2 720,16	143,80	209,17	235,31	138,01	200,74	225,83	132,21	192,30	216,34	126,41	183,88	206,86	120,69	175,56	197,50	115,07	167,38	188,30
	V	3 989,66	219,43	319,17	359,06	IV	3 445,91	186,62	271,46	305,39	183,72	267,24	300,64	180,83	263,02	295,90	177,92	258,80	291,15	175,03	254,59	286,41	172,13	250,37	281,66
	VI	4 021,83	221,20	321,74	361,96																				
10 205,99	I,IV	3 447,25	189,59	275,78	310,25	I	3 447,25	183,80	267,34	300,76	177,99	258,90	291,26	172,20	250,47	281,78	166,40	242,04	272,29	160,60	233,60	262,80	154,80	225,17	253,31
	II	3 401,41	187,07	272,11	306,12	II	3 401,41	181,28	263,68	296,64	175,48	255,24	287,15	169,68	246,81	277,66	163,88	238,38	268,17	158,08	229,94	258,68	152,29	221,51	249,20
	III	2 721,33	149,67	217,70	244,91	III	2 721,33	143,88	209,28	235,44	138,07	200,84	225,94	132,28	192,41	216,46	126,48	183,97	206,96	120,77	175,66	197,62	115,14	167,48	188,41
	V	3 990,91	219,50	319,27	359,18	IV	3 447,25	186,69	271,56	305,50	183,80	267,34	300,76	180,89	263,12	296,01	177,99	258,90	291,26	175,10	254,69	286,52	172,20	250,47	281,78
	VI	4 023,08	221,26	321,84	362,07																				
10 208,99	I,IV	3 448,50	189,66	275,88	310,36	I	3 448,50	183,86	267,44	300,87	178,07	259,01	291,38	172,27	250,58	281,90	166,47	242,14	272,41	160,67	233,70	262,91	154,87	225,27	253,43
	II	3 402,66	187,14	272,21	306,23	II	3 402,66	181,34	263,78	296,75	175,55	255,34	287,26	169,75	246,91	277,77	163,95	238,48	268,29	158,15	230,04	258,80	152,35	221,61	249,31
	III	2 722,66	149,74	217,81	245,03	III	2 722,66	143,94	209,37	235,54	138,15	200,94	226,06	132,34	192,50	216,56	126,55	184,08	207,09	120,83	175,76	197,73	115,20	167,57	188,51
	V	3 992,16	219,56	319,37	359,29	IV	3 448,50	186,76	271,66	305,61	183,86	267,44	300,87	180,96	263,22	296,12	178,07	259,01	291,38	175,17	254,79	286,64	172,27	250,58	281,90
	VI	4 024,41	221,34	321,95	362,19																				
10 211,99	I,IV	3 449,75	189,73	275,98	310,47	I	3 449,75	183,93	267,54	300,98	178,14	259,11	291,50	172,34	250,68	282,01	166,54	242,24	272,52	160,74	233,81	263,03	154,94	225,38	253,55
	II	3 403,91	187,21	272,31	306,35	II	3 403,91	181,41	263,88	296,86	175,61	255,44	287,37	169,82	247,01	277,88	164,02	238,58	268,40	158,22	230,14	258,91	152,42	221,71	249,42
	III	2 723,83	149,81	217,90	245,14	III	2 723,83	144,01	209,48	235,66	138,21	201,04	226,17	132,42	192,61	216,68	126,61	184,17	207,19	120,89	175,85	197,83	115,28	167,68	188,64
	V	3 993,41	219,63	319,47	359,40	IV	3 449,75	186,83	271,76	305,73	183,93	267,54	300,98	181,03	263,32	296,24	178,14	259,11	291,50	175,23	254,89	286,75	172,34	250,68	282,01
	VI	4 025,66	221,41	322,05	362,30																				
10 214,99	I,IV	3 451,—	189,80	276,08	310,59	I	3 451,—	184,—	267,64	301,10	178,20	259,21	291,61	172,41	250,78	282,12	166,61	242,34	272,63	160,81	233,91	263,15	155,01	225,48	253,66
	II	3 405,25	187,28	272,42	306,47	II	3 405,25	181,49	263,98	296,98	175,68	255,54	287,48	169,89	247,11	278,—	164,09	238,68	268,51	158,29	230,24	259,02	152,49	221,81	249,53
	III	2 725,16	149,88	218,01	245,26	III	2 725,16	144,08	209,57	235,76	138,28	201,14	226,28	132,48	192,70	216,79	126,69	184,28	207,31	120,97	175,96	197,95	115,34	167,77	188,74
	V	3 994,66	219,70	319,57	359,51	IV	3 451,—	186,90	271,86	305,84	184,—	267,64	301,10	181,10	263,42	296,35	178,20	259,21	291,61	175,30	254,99	286,86	172,41	250,78	282,12
	VI	4 026,91	221,48	322,15	362,42																				

* Die ausgewiesenen Tabellenwerte sind amtlich. Siehe Erläuterungen auf der Umschlaginnenseite (U2).

Lohn/ Gehalt bis €*	Abzüge an Lohnsteuer, Solidaritätszuschlag (SolZ) und Kirchensteuer (8%, 9%) in den Steuerklassen																								
	I – VI					I, II, III, IV																			
			ohne Kinderfreibeträge					mit Zahl der Kinderfreibeträge . . .																	
								0,5			1			1,5			2			2,5			3		
		LSt	SolZ	8%	9%		LSt	SolZ	8%	9%	SolZ	8%	9%	SolZ	8%	9%	SolZ	8%	9%	SolZ	8%	9%	SolZ	8%	9%
10 217,99	I,IV	3 452,25	189,87	276,18	310,70	I	3 452,25	184,07	267,74	301,21	178,27	259,31	291,72	172,48	250,88	282,24	166,68	242,44	272,75	160,88	234,01	263,26	155,08	225,58	253,77
	II	3 406,50	187,35	272,52	306,58	II	3 406,50	181,55	264,08	297,09	175,76	255,65	287,60	169,96	247,22	278,12	164,16	238,78	268,63	158,36	230,34	259,13	152,56	221,91	249,65
	III	2 726,50	149,95	218,12	245,38	III	2 726,50	144,15	209,68	235,89	138,35	201,24	226,39	132,55	192,81	216,91	126,76	184,38	207,43	121,03	176,05	198,05	115,40	167,86	188,84
	V	3 995,91	219,77	319,67	359,63	IV	3 452,25	186,97	271,96	305,96	184,07	267,74	301,21	181,17	263,52	296,46	178,27	259,31	291,72	175,37	255,09	286,97	172,48	250,88	282,24
	VI	4 028,16	221,54	322,25	362,53																				
10 220,99	I,IV	3 453,50	189,94	276,28	310,81	I	3 453,50	184,14	267,84	301,32	178,34	259,41	291,83	172,54	250,98	282,35	166,75	242,54	272,86	160,95	234,11	263,37	155,15	225,68	253,89
	II	3 407,75	187,42	272,62	306,69	II	3 407,75	181,62	264,18	297,20	175,83	255,75	287,72	170,03	247,32	278,23	164,23	238,88	268,74	158,43	230,45	259,25	152,63	222,02	249,77
	III	2 727,66	150,02	218,21	245,48	III	2 727,66	144,22	209,78	236,—	138,42	201,34	226,51	132,63	192,92	217,03	126,83	184,48	207,54	121,10	176,14	198,16	115,47	167,96	188,95
	V	3 997,25	219,84	319,78	359,75	IV	3 453,50	187,04	272,06	306,07	184,14	267,84	301,32	181,24	263,63	296,58	178,34	259,41	291,83	175,45	255,20	287,10	172,54	250,98	282,35
	VI	4 029,41	221,61	322,35	362,64																				
10 223,99	I,IV	3 454,75	190,01	276,38	310,92	I	3 454,75	184,21	267,94	301,43	178,41	259,51	291,95	172,61	251,08	282,46	166,81	242,64	272,97	161,02	234,21	263,48	155,22	225,78	254,—
	II	3 409,—	187,49	272,72	306,81	II	3 409,—	181,69	264,28	297,32	175,89	255,85	287,83	170,10	247,42	278,34	164,30	238,98	268,85	158,50	230,55	259,37	152,70	222,12	249,88
	III	2 729,—	150,09	218,32	245,61	III	2 729,—	144,29	209,88	236,11	138,49	201,45	226,63	132,69	193,01	217,13	126,90	184,58	207,65	121,17	176,25	198,28	115,54	168,06	189,07
	V	3 998,50	219,91	319,88	359,86	IV	3 454,75	187,11	272,16	306,18	184,21	267,94	301,43	181,31	263,73	296,69	178,41	259,51	291,95	175,51	255,30	287,21	172,61	251,08	282,46
	VI	4 030,66	221,68	322,45	362,75																				
10 226,99	I,IV	3 456,—	190,08	276,48	311,04	I	3 456,—	184,28	268,04	301,55	178,48	259,61	292,06	172,68	251,18	282,57	166,88	242,74	273,08	161,09	234,31	263,60	155,29	225,88	254,11
	II	3 410,25	187,56	272,82	306,92	II	3 410,25	181,76	264,38	297,43	175,96	255,95	287,94	170,17	247,52	278,46	164,37	239,08	268,97	158,57	230,65	259,48	152,77	222,22	249,99
	III	2 730,16	150,15	218,41	245,71	III	2 730,16	144,36	209,98	236,23	138,56	201,54	226,73	132,77	193,12	217,26	126,96	184,68	207,76	121,23	176,34	198,38	115,61	168,16	189,18
	V	3 999,75	219,98	319,98	359,97	IV	3 456,—	187,18	272,26	306,29	184,28	268,04	301,55	181,38	263,83	296,81	178,48	259,61	292,06	175,58	255,40	287,32	172,68	251,18	282,57
	VI	4 031,91	221,75	322,55	362,87																				
10 229,99	I,IV	3 457,33	190,15	276,58	311,15	I	3 457,33	184,35	268,14	301,66	178,55	259,71	292,17	172,75	251,28	282,69	166,95	242,84	273,20	161,15	234,41	263,71	155,36	225,98	254,22
	II	3 411,50	187,63	272,92	307,03	II	3 411,50	181,83	264,48	297,54	176,03	256,05	288,05	170,23	247,62	278,57	164,44	239,18	269,08	158,64	230,75	259,59	152,84	222,32	250,11
	III	2 731,50	150,23	218,52	245,83	III	2 731,50	144,43	210,08	236,34	138,63	201,65	226,85	132,83	193,21	217,36	127,04	184,78	207,88	121,31	176,45	198,50	115,67	168,25	189,28
	V	4 001,—	220,05	320,08	360,09	IV	3 457,33	187,25	272,36	306,41	184,35	268,14	301,66	181,45	263,93	296,92	178,55	259,71	292,17	175,65	255,50	287,43	172,75	251,28	282,69
	VI	4 033,16	221,82	322,65	362,98																				
10 232,99	I,IV	3 458,58	190,22	276,68	311,27	I	3 458,58	184,42	268,25	301,78	178,62	259,82	292,29	172,82	251,38	282,80	167,02	242,94	273,31	161,22	234,51	263,82	155,43	226,08	254,34
	II	3 412,75	187,70	273,02	307,14	II	3 412,75	181,90	264,58	297,65	176,10	256,15	288,17	170,30	247,72	278,68	164,50	239,28	269,19	158,71	230,85	259,70	152,91	222,42	250,22
	III	2 732,66	150,29	218,61	245,93	III	2 732,66	144,50	210,18	236,45	138,70	201,74	226,96	132,90	193,32	217,48	127,10	184,88	207,99	121,37	176,54	198,61	115,73	168,34	189,38
	V	4 002,25	220,12	320,18	360,20	IV	3 458,58	187,32	272,46	306,52	184,42	268,25	301,78	181,52	264,03	297,03	178,62	259,82	292,29	175,72	255,60	287,55	172,82	251,38	282,80
	VI	4 034,41	221,89	322,75	363,09																				
10 235,99	I,IV	3 459,83	190,29	276,78	311,38	I	3 459,83	184,49	268,35	301,89	178,69	259,92	292,41	172,89	251,48	282,92	167,09	243,05	273,43	161,30	234,62	263,94	155,50	226,18	254,45
	II	3 414,—	187,77	273,12	307,26	II	3 414,—	181,97	264,68	297,77	176,17	256,25	288,28	170,37	247,82	278,79	164,57	239,38	269,30	158,78	230,95	259,82	152,98	222,52	250,33
	III	2 734,—	150,37	218,72	246,06	III	2 734,—	144,56	210,28	236,56	138,77	201,85	227,08	132,97	193,41	217,58	127,17	184,98	208,10	121,44	176,65	198,73	115,81	168,45	189,50
	V	4 003,50	220,19	320,28	360,31	IV	3 459,83	187,38	272,56	306,63	184,49	268,35	301,89	181,59	264,13	297,14	178,69	259,92	292,41	175,79	255,70	287,66	172,89	251,48	282,92
	VI	4 035,75	221,96	322,86	363,21																				
10 238,99	I,IV	3 461,08	190,35	276,88	311,49	I	3 461,08	184,56	268,45	302,—	178,76	260,02	292,52	172,96	251,58	283,03	167,16	243,15	273,54	161,37	234,72	264,06	155,57	226,28	254,57
	II	3 415,33	187,84	273,22	307,37	II	3 415,33	182,04	264,78	297,88	176,24	256,35	288,39	170,44	247,92	278,91	164,64	239,48	269,42	158,84	231,05	259,93	153,05	222,62	250,44
	III	2 735,16	150,43	218,81	246,16	III	2 735,16	144,64	210,38	236,68	138,83	201,94	227,18	133,04	193,52	217,71	127,24	185,08	208,21	121,51	176,74	198,83	115,87	168,54	189,61
	V	4 004,75	220,26	320,38	360,42	IV	3 461,08	187,45	272,66	306,74	184,56	268,45	302,—	181,66	264,23	297,26	178,76	260,02	292,52	175,86	255,80	287,77	172,96	251,58	283,03
	VI	4 037,—	222,03	322,96	363,33																				
10 241,99	I,IV	3 462,33	190,42	276,98	311,60	I	3 462,33	184,63	268,55	302,12	178,83	260,12	292,63	173,03	251,68	283,14	167,23	243,25	273,65	161,43	234,82	264,17	155,64	226,38	254,68
	II	3 416,58	187,91	273,32	307,49	II	3 416,58	182,11	264,89	298,—	176,31	256,46	288,51	170,51	248,02	279,02	164,71	239,58	269,53	158,91	231,15	260,04	153,12	222,72	250,56
	III	2 736,50	150,50	218,92	246,28	III	2 736,50	144,70	210,48	236,79	138,91	202,05	227,30	133,10	193,61	217,81	127,31	185,18	208,33	121,57	176,84	198,94	115,94	168,64	189,72
	V	4 006,—	220,33	320,48	360,54	IV	3 462,33	187,52	272,76	306,86	184,63	268,55	302,12	181,72	264,33	297,37	178,83	260,12	292,63	175,93	255,90	287,88	173,03	251,68	283,14
	VI	4 038,25	222,10	323,06	363,44																				
10 244,99	I,IV	3 463,58	190,49	277,08	311,72	I	3 463,58	184,69	268,65	302,23	178,90	260,22	292,74	173,10	251,78	283,25	167,30	243,35	273,77	161,50	234,92	264,28	155,70	226,48	254,79
	II	3 417,83	187,98	273,42	307,60	II	3 417,83	182,18	264,99	298,11	176,38	256,56	288,63	170,58	248,12	279,14	164,78	239,69	269,65	158,99	231,26	260,16	153,19	222,82	250,67
	III	2 737,83	150,58	219,02	246,40	III	2 737,83	144,77	210,58	236,90	138,98	202,16	227,43	133,18	193,72	217,93	127,38	185,28	208,44	121,65	176,94	199,06	116,01	168,74	189,83
	V	4 007,33	220,40	320,58	360,65	IV	3 463,58	187,60	272,87	306,98	184,69	268,65	302,23	181,80	264,44	297,49	178,90	260,22	292,74	176,—	256,—	288,—	173,10	251,78	283,25
	VI	4 039,50	222,17	323,16	363,55																				
10 247,99	I,IV	3 464,83	190,56	277,18	311,83	I	3 464,83	184,76	268,75	302,34	178,97	260,32	292,86	173,17	251,88	283,37	167,37	243,45	273,88	161,57	235,02	264,39	155,77	226,58	254,90
	II	3 419,08	188,04	273,52	307,71	II	3 419,08	182,25	265,09	298,22	176,45	256,66	288,74	170,65	248,22	279,25	164,85	239,79	269,76	159,06	231,36	260,28	153,26	222,92	250,79
	III	2 739,—	150,64	219,12	246,51	III	2 739,—	144,85	210,69	237,02	139,04	202,25	227,53	133,25	193,82	218,05	127,45	185,38	208,55	121,71	177,04	199,17	116,07	168,84	189,94
	V	4 008,58	220,47	320,68	360,77	IV	3 464,83	187,66	272,97	307,09	184,76	268,75	302,34	181,87	264,54	297,60	178,97	260,32	292,86	176,07	256,10	288,11	173,17	251,88	283,37
	VI	4 040,75	222,24	323,26	363,66																				
10 250,99	I,IV	3 466,08	190,63	277,28	311,94	I	3 466,08	184,83	268,85	302,45	179,03	260,42	292,97	173,24	251,98	283,48	167,44	243,55	273,99	161,64	235,12	264,51	155,84	226,68	255,02
	II	3 420,33	188,11	273,62	307,82	II	3 420,33	182,32	265,19	298,34	176,52	256,76	288,85	170,72	248,32	279,36	164,92	239,89	269,87	159,12	231,46	260,39	153,33	223,02	250,90
	III	2 740,33	150,71	219,22	246,62	III	2 740,33	144,91	210,78	237,13	139,12	202,36	227,65	133,32	193,92	218,16	127,51	185,48	208,66	121,78	177,14	199,28	116,14	168,93	190,04
	V	4 009,83	220,54	320,78	360,88	IV	3 466,08	187,73	273,07	307,20	184,83	268,85	302,45	181,94	264,64	297,72	179,03	260,42	292,97	176,14	256,20	288,23	173,24	251,98	283,48
	VI	4 042,—	222,31	323,36	363,78																				
10 253,99	I,IV	3 467,33	190,70	277,38	312,05	I	3 467,33	184,90	268,95	302,57	179,10	260,52	293,08	173,30	252,08	283,59	167,51	243,65	274,10	161,71	235,22	264,62	155,91	226,78	255,13
	II	3 421,58	188,18	273,72	307,94	II	3 421,58	182,38	265,29	298,45	176,59	256,86	288,96	170,79	248,42	279,47	164,99	239,99	269,99	159,19	231,56	260,50	153,39	223,12	251,01
	III	2 741,50	150,78	219,32	246,73	III	2 741,50	144,98	210,89	237,25	139,18	202,45	227,75	133,39	194,02	218,27	127,59	185,58	208,78	121,85	177,24	199,39	116,20	169,02	190,15
	V	4 011,08	220,60	320,88	360,99	IV	3 467,33	187,80	273,17	307,31	184,90	268,95	302,57	182,—	264,74	297,83	179,10	260,52	293,08	176,21	256,30	288,34	173,30	252,08	283,59
	VI	4 043,25	222,37	323,46	363,89																				
10 256,99	I,IV	3 468,66	190,77	277,49	312,17	I	3 468,66	184,97	269,06	302,69	179,18	260,62	293,20	173,37	252,18	283,70	167,58	243,75	274,22	161,78	235,32	264,73	155,98	226,88	255,24
	II	3 422,83	188,25	273,82	308,05	II	3 422,83	182,45	265,39	298,56	176,66	256,96	289,08	170,86	248,52	279,59	165,06	240,09	270,10	159,26	231,66	260,61	153,46	223,22	251,12
	III	2 742,83	150,85	219,42	246,85	III	2 742,83	145,05	210,98	237,35	139,26	202,56	227,88	133,45	194,12	218,38	127,65	185,68	208,89	121,91	177,33	199,49	116,27	169,13	190,27
	V	4 012,33	220,67	320,98	361,10	IV	3 468,66	187,87	273,27	307,43	184,97	269,06	302,69	182,07	264,84	297,94	179,18	260,62	293,20	176,27	256,40	288,45	173,37	252,18	283,70
	VI	4 044,50	222,44	323,56	364,—																				
10 259,99	I,IV	3 469,91	190,84	277,59	312,29	I	3 469,91	185,04	269,16	302,80	179,24	260,72	293,31	173,45	252,29	283,82	167,65	243,86	274,34	161,85	235,42	264,85	156,05	226,98	255,35
	II	3 424,08	188,32	273,92	308,16	II	3 424,08	182,52	265,49	298,67	176,72	257,06	289,19	170,93	248,62	279,70	165,13	240,19	270,21	159,33	231,76	260,73	153,53	223,32	251,24
	III	2 744,—	150,92	219,52	246,96	III	2 744,—	145,12	211,09	237,47	139,32	202,65	227,98	133,53	194,22	218,50	127,72	185,78	209,—	121,99	177,44	199,62	116,34	169,22	190,37
	V	4 013,58	220,74	321,08	361,22	IV	3 469,91	187,94	273,37	307,54	185,04	269,16	302,80	182,14	264,94	298,05	179,24	260,72	293,31	176,34	256,50	288,56	173,45	252,29	283,82
	VI	4 045,83	222,52	323,66	364,12																				

* Die ausgewiesenen Tabellenwerte sind amtlich. Siehe Erläuterungen auf der Umschlaginnenseite (U2).

Abzüge an Lohnsteuer, Solidaritätszuschlag (SolZ) und Kirchensteuer (8%, 9%) in den Steuerklassen

Lohn/ Gehalt bis €*	I – VI					I, II, III, IV		mit Zahl der Kinderfreibeträge . . . 0,5			1			1,5			2			2,5			3		
		LSt	ohne Kinderfreibeträge SolZ	8%	9%		LSt	SolZ	8%	9%	SolZ	8%	9%	SolZ	8%	9%	SolZ	8%	9%	SolZ	8%	9%	SolZ	8%	9%
10 262,99	I,IV	3 471,16	190,91	277,69	312,40	I	3 471,16	185,11	269,26	302,91	179,31	260,82	293,42	173,52	252,39	283,94	167,72	243,96	274,45	161,92	235,52	264,96	156,12	227,09	255,47
	II	3 425,33	188,39	274,02	308,27	II	3 425,33	182,59	265,59	298,79	176,79	257,16	289,30	170,99	248,72	279,81	165,20	240,29	270,32	159,40	231,86	260,84	153,60	223,42	251,35
	III	2 745,33	150,99	219,62	247,07	III	2 745,33	145,19	211,18	237,58	139,39	202,76	228,10	133,59	194,32	218,61	127,80	185,89	209,12	122,05	177,53	199,72	116,40	169,32	190,48
	V	4 014,83	220,81	321,18	361,33	IV	3 471,16	188,01	273,47	307,65	185,11	269,26	302,91	182,21	265,04	298,17	179,31	260,82	293,42	176,41	256,60	288,68	173,52	252,39	283,94
	VI	4 047,08	222,58	323,76	364,23																				
10 265,99	I,IV	3 472,41	190,98	277,79	312,51	I	3 472,41	185,18	269,36	303,03	179,38	260,92	293,54	173,58	252,49	284,05	167,79	244,06	274,56	161,99	235,62	265,07	156,19	227,19	255,59
	II	3 426,66	188,46	274,13	308,39	II	3 426,66	182,66	265,70	298,91	176,87	257,26	289,42	171,06	248,82	279,92	165,27	240,39	270,44	159,47	231,96	260,95	153,67	223,52	251,46
	III	2 746,50	151,05	219,72	247,18	III	2 746,50	145,26	211,29	237,70	139,46	202,85	228,20	133,66	194,42	218,72	127,86	185,98	209,23	122,12	177,64	199,84	116,48	169,42	190,60
	V	4 016,08	220,88	321,28	361,44	IV	3 472,41	188,08	273,57	307,76	185,18	269,36	303,03	182,28	265,14	298,28	179,38	260,92	293,54	176,48	256,70	288,79	173,58	252,49	284,05
	VI	4 048,33	222,65	323,86	364,34																				
10 268,99	I,IV	3 473,66	191,05	277,89	312,62	I	3 473,66	185,25	269,46	303,14	179,45	261,02	293,65	173,65	252,59	284,16	167,86	244,16	274,68	162,06	235,72	265,19	156,26	227,29	255,70
	II	3 427,91	188,53	274,23	308,51	II	3 427,91	182,73	265,80	299,02	176,93	257,36	289,53	171,14	248,93	280,04	165,34	240,50	270,56	159,54	232,06	261,07	153,74	223,62	251,57
	III	2 747,83	151,13	219,82	247,30	III	2 747,83	145,33	211,40	237,82	139,53	202,96	228,33	133,73	194,52	218,83	127,93	186,09	209,35	122,19	177,73	199,94	116,54	169,52	190,71
	V	4 017,41	220,95	321,39	361,56	IV	3 473,66	188,15	273,68	307,89	185,25	269,46	303,14	182,35	265,24	298,40	179,45	261,02	293,65	176,55	256,80	288,90	173,65	252,59	284,16
	VI	4 049,58	222,72	323,96	364,46																				
10 271,99	I,IV	3 474,91	191,12	277,99	312,74	I	3 474,91	185,32	269,56	303,25	179,52	261,12	293,76	173,72	252,69	284,27	167,92	244,26	274,79	162,13	235,82	265,30	156,33	227,39	255,81
	II	3 429,16	188,60	274,33	308,62	II	3 429,16	182,80	265,90	299,13	177,—	257,46	289,64	171,21	249,03	280,16	165,41	240,60	270,67	159,61	232,16	261,18	153,81	223,73	251,69
	III	2 749,16	151,20	219,93	247,42	III	2 749,16	145,40	211,49	237,92	139,60	203,06	228,44	133,80	194,62	218,95	128,—	186,18	209,45	122,26	177,84	200,07	116,60	169,61	190,81
	V	4 018,66	221,02	321,49	361,67	IV	3 474,91	188,22	273,78	308,—	185,32	269,56	303,25	182,42	265,34	298,51	179,52	261,12	293,76	176,62	256,91	289,02	173,72	252,69	284,27
	VI	4 050,83	222,79	324,06	364,57																				
10 274,99	I,IV	3 476,16	191,18	278,09	312,85	I	3 476,16	185,39	269,66	303,36	179,59	261,22	293,87	173,79	252,79	284,39	167,99	244,36	274,90	162,19	235,92	265,41	156,40	227,49	255,92
	II	3 430,41	188,67	274,43	308,73	II	3 430,41	182,87	266,—	299,25	177,07	257,56	289,76	171,27	249,13	280,27	165,48	240,70	270,78	159,68	232,26	261,29	153,88	223,83	251,81
	III	2 750,33	151,26	220,02	247,52	III	2 750,33	145,47	211,60	238,05	139,67	203,16	228,55	133,87	194,73	219,07	128,07	186,29	209,57	122,32	177,93	200,17	116,68	169,72	190,93
	V	4 019,91	221,09	321,59	361,79	IV	3 476,16	188,29	273,88	308,11	185,39	269,66	303,36	182,49	265,44	298,62	179,59	261,22	293,87	176,69	257,01	289,13	173,79	252,79	284,39
	VI	4 052,08	222,86	324,16	364,68																				
10 277,99	I,IV	3 477,41	191,25	278,19	312,96	I	3 477,41	185,46	269,76	303,48	179,66	261,32	293,99	173,86	252,89	284,50	168,06	244,46	275,01	162,26	236,02	265,52	156,47	227,59	256,04
	II	3 431,66	188,74	274,53	308,84	II	3 431,66	182,94	266,10	299,36	177,14	257,66	289,87	171,34	249,23	280,38	165,55	240,80	270,90	159,75	232,36	261,41	153,95	223,93	251,92
	III	2 751,66	151,34	220,13	247,64	III	2 751,66	145,53	211,69	238,15	139,74	203,26	228,67	133,94	194,82	219,17	128,14	186,38	209,68	122,39	178,02	200,27	116,74	169,81	191,03
	V	4 021,16	221,16	321,69	361,90	IV	3 477,41	188,36	273,98	308,22	185,46	269,76	303,48	182,56	265,54	298,73	179,66	261,32	293,99	176,76	257,11	289,25	173,86	252,89	284,50
	VI	4 053,33	222,93	324,26	364,79																				
10 280,99	I,IV	3 478,75	191,33	278,30	313,08	I	3 478,75	185,53	269,86	303,59	179,73	261,42	294,10	173,93	252,99	284,61	168,13	244,56	275,13	162,33	236,12	265,64	156,53	227,69	256,15
	II	3 432,91	188,81	274,63	308,96	II	3 432,91	183,01	266,20	299,47	177,21	257,76	289,98	171,41	249,33	280,49	165,61	240,90	271,01	159,82	232,46	261,52	154,02	224,03	252,03
	III	2 752,83	151,40	220,22	247,75	III	2 752,83	145,61	211,80	238,27	139,81	203,36	228,78	134,01	194,93	219,29	128,21	186,49	209,80	122,46	178,13	200,39	116,81	169,90	191,14
	V	4 022,41	221,23	321,79	362,01	IV	3 478,75	188,43	274,08	308,34	185,53	269,86	303,59	182,63	265,64	298,85	179,73	261,42	294,10	176,83	257,21	289,36	173,93	252,99	284,61
	VI	4 054,58	223,—	324,36	364,91																				
10 283,99	I,IV	3 480,—	191,40	278,40	313,20	I	3 480,—	185,60	269,96	303,71	179,80	261,53	294,22	174,—	253,10	284,73	168,20	244,66	275,24	162,40	236,22	265,75	156,60	227,79	256,26
	II	3 434,16	188,87	274,73	309,07	II	3 434,16	183,08	266,30	299,58	177,28	257,86	290,09	171,48	249,43	280,61	165,68	241,—	271,12	159,88	232,56	261,63	154,09	224,13	252,14
	III	2 754,16	151,47	220,33	247,87	III	2 754,16	145,67	211,89	238,37	139,88	203,46	228,89	134,08	195,02	219,40	128,27	186,58	209,90	122,53	178,22	200,50	116,88	170,01	191,26
	V	4 023,66	221,30	321,89	362,12	IV	3 480,—	188,49	274,18	308,45	185,60	269,96	303,71	182,70	265,74	298,96	179,80	261,53	294,22	176,90	257,31	289,47	174,—	253,10	284,73
	VI	4 055,91	223,07	324,47	365,03																				
10 286,99	I,IV	3 481,25	191,46	278,50	313,31	I	3 481,25	185,67	270,06	303,82	179,87	261,63	294,33	174,07	253,20	284,85	168,27	244,76	275,36	162,47	236,33	265,87	156,68	227,90	256,38
	II	3 435,41	188,94	274,83	309,18	II	3 435,41	183,15	266,40	299,70	177,35	257,96	290,21	171,55	249,53	280,72	165,75	241,10	271,23	159,95	232,66	261,74	154,16	224,23	252,26
	III	2 755,33	151,54	220,42	247,97	III	2 755,33	145,75	212,—	238,50	139,94	203,56	229,—	134,15	195,13	219,52	128,35	186,69	210,02	122,60	178,33	200,62	116,94	170,10	191,36
	V	4 024,91	221,37	321,99	362,24	IV	3 481,25	188,56	274,28	308,56	185,67	270,06	303,82	182,76	265,84	299,07	179,87	261,63	294,33	176,97	257,41	289,58	174,07	253,20	284,85
	VI	4 057,16	223,14	324,57	365,14																				
10 289,99	I,IV	3 482,50	191,53	278,60	313,42	I	3 482,50	185,73	270,16	303,93	179,94	261,73	294,44	174,14	253,30	284,96	168,34	244,86	275,47	162,54	236,43	265,98	156,75	228,—	256,50
	II	3 436,75	189,02	274,94	309,30	II	3 436,75	183,22	266,50	299,81	177,42	258,06	290,32	171,62	249,63	280,83	165,82	241,20	271,35	160,02	232,76	261,86	154,22	224,33	252,37
	III	2 756,66	151,61	220,53	248,09	III	2 756,66	145,81	212,09	238,60	140,02	203,66	229,12	134,21	195,22	219,62	128,42	186,80	210,15	122,66	178,42	200,72	117,01	170,20	191,47
	V	4 026,16	221,43	322,09	362,35	IV	3 482,50	188,63	274,38	308,67	185,73	270,16	303,93	182,83	265,94	299,18	179,94	261,73	294,44	177,04	257,51	289,70	174,14	253,30	284,96
	VI	4 058,41	223,21	324,67	365,25																				
10 292,99	I,IV	3 483,75	191,60	278,70	313,53	I	3 483,75	185,80	270,26	304,04	180,01	261,83	294,56	174,21	253,40	285,07	168,41	244,96	275,58	162,61	236,53	266,09	156,81	228,10	256,61
	II	3 438,—	189,09	275,04	309,42	II	3 438,—	183,29	266,60	299,93	177,49	258,17	290,44	171,69	249,74	280,95	165,89	241,30	271,46	160,09	232,86	261,97	154,29	224,43	252,48
	III	2 758,—	151,69	220,64	248,22	III	2 758,—	145,88	212,20	238,72	140,08	203,76	229,23	134,29	195,33	219,74	128,48	186,89	210,25	122,74	178,53	200,84	117,07	170,29	191,57
	V	4 027,41	221,50	322,19	362,46	IV	3 483,75	188,70	274,48	308,79	185,80	270,26	304,04	182,90	266,04	299,30	180,01	261,83	294,56	177,10	257,61	289,81	174,21	253,40	285,07
	VI	4 059,66	223,28	324,77	365,36																				
10 295,99	I,IV	3 485,—	191,67	278,80	313,65	I	3 485,—	185,87	270,36	304,16	180,07	261,93	294,67	174,28	253,50	285,18	168,48	245,06	275,69	162,68	236,63	266,21	156,88	228,20	256,72
	II	3 439,25	189,15	275,14	309,53	II	3 439,25	183,36	266,70	300,04	177,56	258,27	290,55	171,76	249,84	281,07	165,96	241,40	271,58	160,16	232,97	262,09	154,37	224,54	252,60
	III	2 759,16	151,75	220,73	248,32	III	2 759,16	145,96	212,30	238,84	140,15	203,86	229,34	134,36	195,44	219,87	128,56	187,—	210,37	122,80	178,62	200,95	117,15	170,40	191,70
	V	4 028,75	221,58	322,30	362,58	IV	3 485,—	188,77	274,58	308,90	185,87	270,36	304,16	182,98	266,15	299,42	180,07	261,93	294,67	177,18	257,72	289,93	174,28	253,50	285,18
	VI	4 060,91	223,35	324,87	365,48																				
10 298,99	I,IV	3 486,25	191,74	278,90	313,76	I	3 486,25	185,94	270,46	304,27	180,14	262,03	294,78	174,35	253,60	285,30	168,55	245,16	275,81	162,75	236,73	266,32	156,95	228,30	256,83
	II	3 440,50	189,22	275,24	309,64	II	3 440,50	183,42	266,80	300,15	177,63	258,37	290,66	171,83	249,94	281,18	166,03	241,50	271,69	160,23	233,07	262,20	154,44	224,64	252,72
	III	2 760,50	151,82	220,84	248,44	III	2 760,50	146,02	212,40	238,95	140,23	203,97	229,46	134,42	195,53	219,97	128,63	187,10	210,49	122,87	178,72	201,06	117,21	170,49	191,80
	V	4 030,—	221,65	322,40	362,70	IV	3 486,25	188,84	274,68	309,02	185,94	270,46	304,27	183,04	266,25	299,53	180,14	262,03	294,78	177,25	257,82	290,04	174,35	253,60	285,30
	VI	4 062,16	223,41	324,97	365,59																				
10 301,99	I,IV	3 487,50	191,81	279,—	313,87	I	3 487,50	186,01	270,56	304,38	180,21	262,13	294,89	174,41	253,70	285,41	168,62	245,26	275,92	162,82	236,83	266,43	157,02	228,40	256,95
	II	3 441,75	189,29	275,34	309,75	II	3 441,75	183,49	266,90	300,26	177,70	258,47	290,78	171,90	250,04	281,29	166,10	241,60	271,80	160,30	233,17	262,31	154,50	224,74	252,83
	III	2 761,66	151,89	220,93	248,54	III	2 761,66	146,09	212,50	239,06	140,29	204,06	229,57	134,50	195,64	220,09	128,70	187,20	210,60	122,94	178,82	201,17	117,27	170,58	191,90
	V	4 031,25	221,71	322,50	362,81	IV	3 487,50	188,91	274,78	309,13	186,01	270,56	304,38	183,11	266,35	299,64	180,21	262,13	294,89	177,32	257,92	290,16	174,41	253,70	285,41
	VI	4 063,41	223,48	325,07	365,70																				
10 304,99	I,IV	3 488,83	191,88	279,10	313,99	I	3 488,83	186,08	270,66	304,49	180,28	262,23	295,01	174,48	253,80	285,52	168,68	245,36	276,03	162,89	236,93	266,54	157,09	228,50	257,06
	II	3 443,—	189,36	275,44	309,87	II	3 443,—	183,56	267,—	300,38	177,76	258,57	290,89	171,97	250,14	281,40	166,17	241,70	271,91	160,37	233,27	262,43	154,57	224,84	252,94
	III	2 763,—	151,96	221,04	248,67	III	2 763,—	146,16	212,60	239,17	140,36	204,17	229,69	134,56	195,73	220,19	128,77	187,30	210,71	123,—	178,92	201,28	117,35	170,69	192,02
	V	4 032,50	221,78	322,60	362,92	IV	3 488,83	188,98	274,88	309,24	186,08	270,66	304,49	183,18	266,45	299,75	180,28	262,23	295,01	177,38	258,02	290,27	174,48	253,80	285,52
	VI	4 064,66	223,55	325,17	365,81																				

*** Die ausgewiesenen Tabellenwerte sind amtlich. Siehe Erläuterungen auf der Umschlaginnenseite (U2).**

Lohn/ Gehalt bis €*	Abzüge an Lohnsteuer, Solidaritätszuschlag (SolZ) und Kirchensteuer (8%, 9%) in den Steuerklassen I – VI					I, II, III, IV mit Zahl der Kinderfreibeträge . . .																			
			ohne Kinderfreibeträge					0,5			1			1,5			2			2,5			3		
		LSt	SolZ	8%	9%		LSt	SolZ	8%	9%	SolZ	8%	9%	SolZ	8%	9%	SolZ	8%	9%	SolZ	8%	9%	SolZ	8%	9%
10 307,99	I,IV	3 490,08	191,95	279,20	314,10	I	3 490,08	186,15	270,77	304,61	180,35	262,34	295,13	174,56	253,90	285,64	168,75	245,46	276,14	162,96	237,03	266,66	157,16	228,60	257,17
	II	3 444,25	189,43	275,54	309,98	II	3 444,25	183,63	267,10	300,49	177,83	258,67	291,—	172,04	250,24	281,52	166,24	241,80	272,03	160,44	233,37	262,54	154,64	224,94	253,05
	III	2 764,16	152,02	221,13	248,77	III	2 764,16	146,23	212,70	239,29	140,43	204,26	229,79	134,64	195,84	220,32	128,83	187,40	210,82	123,08	179,02	201,40	117,41	170,78	192,13
	V	4 033,75	221,85	322,70	363,03	IV	3 490,08	189,05	274,98	309,35	186,15	270,77	304,61	183,25	266,55	299,87	180,35	262,34	295,13	177,45	258,12	290,38	174,56	253,90	285,64
	VI	4 065,91	223,62	325,27	365,93																				
10 310,99	I,IV	3 491,33	192,02	279,30	314,21	I	3 491,33	186,22	270,87	304,73	180,42	262,44	295,24	174,62	254,—	285,75	168,83	245,57	276,26	163,03	237,14	266,78	157,23	228,70	257,29
	II	3 445,50	189,50	275,64	310,09	II	3 445,50	183,70	267,20	300,60	177,90	258,77	291,11	172,10	250,34	281,63	166,31	241,90	272,14	160,51	233,47	262,65	154,71	225,04	253,17
	III	2 765,50	152,10	221,24	248,89	III	2 765,50	146,30	212,80	239,40	140,50	204,37	229,91	134,70	195,93	220,42	128,91	187,50	210,94	123,14	179,12	201,51	117,48	170,88	192,24
	V	4 035,—	221,92	322,80	363,15	IV	3 491,33	189,12	275,08	309,47	186,22	270,87	304,73	183,32	266,65	299,98	180,42	262,44	295,24	177,52	258,22	290,49	174,62	254,—	285,75
	VI	4 067,25	223,69	325,38	366,05																				
10 313,99	I,IV	3 492,58	192,09	279,40	314,33	I	3 492,58	186,29	270,97	304,84	180,49	262,54	295,35	174,69	254,10	285,86	168,90	245,67	276,38	163,10	237,24	266,89	157,30	228,80	257,40
	II	3 446,83	189,57	275,74	310,21	II	3 446,83	183,77	267,30	300,71	177,97	258,87	291,23	172,17	250,44	281,74	166,37	242,—	272,25	160,58	233,57	262,76	154,78	225,14	253,28
	III	2 766,66	152,16	221,33	248,99	III	2 766,66	146,37	212,90	239,51	140,57	204,46	230,02	134,77	196,04	220,54	128,97	187,60	211,05	123,21	179,22	201,62	117,55	170,98	192,35
	V	4 036,25	221,99	322,90	363,26	IV	3 492,58	189,19	275,18	309,58	186,29	270,97	304,84	183,39	266,75	300,09	180,49	262,54	295,35	177,59	258,32	290,61	174,69	254,10	285,86
	VI	4 068,50	223,76	325,48	366,16																				
10 316,99	I,IV	3 493,83	192,16	279,50	314,44	I	3 493,83	186,36	271,07	304,95	180,56	262,64	295,47	174,76	254,20	285,98	168,96	245,77	276,49	163,17	237,34	267,—	157,37	228,90	257,51
	II	3 448,08	189,64	275,84	310,32	II	3 448,08	183,84	267,41	300,83	178,04	258,98	291,35	172,25	250,54	281,86	166,44	242,10	272,36	160,65	233,67	262,88	154,85	225,24	253,39
	III	2 768,—	152,24	221,44	249,12	III	2 768,—	146,43	213,—	239,62	140,64	204,57	230,14	134,84	196,13	220,64	129,04	187,70	211,16	123,28	179,32	201,73	117,61	171,08	192,46
	V	4 037,50	222,06	323,—	363,37	IV	3 493,83	189,25	275,28	309,69	186,36	271,07	304,95	183,46	266,85	300,20	180,56	262,64	295,47	177,66	258,42	290,73	174,76	254,20	285,98
	VI	4 069,75	223,83	325,58	366,27																				
10 319,99	I,IV	3 495,08	192,22	279,60	314,55	I	3 495,08	186,43	271,17	305,06	180,63	262,74	295,58	174,83	254,30	286,09	169,03	245,87	276,60	163,24	237,44	267,12	157,44	229,—	257,63
	II	3 449,33	189,71	275,94	310,43	II	3 449,33	183,91	267,51	300,95	178,11	259,08	291,46	172,31	250,64	281,97	166,52	242,21	272,48	160,72	233,78	263,—	154,92	225,34	253,51
	III	2 769,33	152,31	221,54	249,23	III	2 769,33	146,51	213,10	239,74	140,71	204,68	230,26	134,91	196,24	220,77	129,11	187,80	211,27	123,35	179,42	201,85	117,68	171,17	192,56
	V	4 038,83	222,13	323,10	363,49	IV	3 495,08	189,33	275,39	309,81	186,43	271,17	305,06	183,53	266,96	300,33	180,63	262,74	295,58	177,73	258,52	290,84	174,83	254,30	286,09
	VI	4 071,—	223,90	325,68	366,39																				
10 322,99	I,IV	3 496,33	192,29	279,70	314,66	I	3 496,33	186,50	271,27	305,18	180,70	262,84	295,69	174,90	254,40	286,20	169,10	245,97	276,71	163,30	237,54	267,23	157,51	229,10	257,74
	II	3 450,58	189,78	276,04	310,55	II	3 450,58	183,98	267,61	301,06	178,18	259,18	291,57	172,38	250,74	282,08	166,59	242,31	272,60	160,79	233,88	263,11	154,99	225,44	253,62
	III	2 770,50	152,37	221,64	249,34	III	2 770,50	146,58	213,21	239,86	140,78	204,77	230,36	134,98	196,34	220,88	129,18	187,90	211,39	123,42	179,52	201,96	117,75	171,28	192,69
	V	4 040,08	222,20	323,20	363,60	IV	3 496,33	189,40	275,49	309,92	186,50	271,27	305,18	183,60	267,06	300,44	180,70	262,84	295,69	177,80	258,62	290,95	174,90	254,40	286,20
	VI	4 072,25	223,97	325,78	366,50																				
10 325,99	I,IV	3 497,58	192,36	279,80	314,78	I	3 497,58	186,56	271,37	305,29	180,77	262,94	295,80	174,97	254,50	286,31	169,17	246,07	276,83	163,37	237,64	267,34	157,57	229,20	257,85
	II	3 451,83	189,85	276,14	310,66	II	3 451,83	184,05	267,71	301,17	178,25	259,28	291,69	172,45	250,84	282,20	166,65	242,41	272,71	160,86	233,98	263,22	155,06	225,54	253,73
	III	2 771,83	152,45	221,74	249,46	III	2 771,83	146,64	213,30	239,96	140,85	204,88	230,49	135,05	196,44	220,99	129,25	188,01	211,51	123,48	179,61	202,06	117,81	171,37	192,79
	V	4 041,33	222,27	323,30	363,71	IV	3 497,58	189,47	275,59	310,04	186,56	271,37	305,29	183,67	267,16	300,55	180,77	262,94	295,80	177,87	258,72	291,06	174,97	254,50	286,31
	VI	4 073,50	224,04	325,88	366,61																				
10 328,99	I,IV	3 498,83	192,43	279,90	314,89	I	3 498,83	186,63	271,47	305,40	180,84	263,04	295,92	175,04	254,60	286,43	169,24	246,17	276,94	163,44	237,74	267,45	157,64	229,30	257,96
	II	3 453,08	189,91	276,24	310,77	II	3 453,08	184,12	267,81	301,28	178,32	259,38	291,80	172,52	250,94	282,31	166,72	242,51	272,82	160,93	234,08	263,34	155,13	225,64	253,85
	III	2 773,—	152,51	221,84	249,57	III	2 773,—	146,72	213,41	240,08	140,91	204,97	230,59	135,12	196,54	221,11	129,32	188,10	211,61	123,55	179,72	202,18	117,88	171,46	192,89
	V	4 042,58	222,34	323,40	363,83	IV	3 498,83	189,53	275,69	310,15	186,63	271,47	305,40	183,74	267,26	300,66	180,84	263,04	295,92	177,94	258,82	291,17	175,04	254,60	286,43
	VI	4 074,75	224,11	325,98	366,72																				
10 331,99	I,IV	3 500,16	192,50	280,01	315,01	I	3 500,16	186,71	271,58	305,52	180,91	263,14	296,03	175,11	254,70	286,54	169,31	246,27	277,05	163,51	237,84	267,57	157,71	229,40	258,08
	II	3 454,33	189,98	276,34	310,88	II	3 454,33	184,19	267,91	301,40	178,39	259,48	291,91	172,59	251,04	282,42	166,79	242,61	272,93	160,99	234,18	263,45	155,20	225,74	253,96
	III	2 774,33	152,58	221,94	249,68	III	2 774,33	146,78	213,50	240,19	140,99	205,08	230,71	135,19	196,64	221,22	129,39	188,21	211,73	123,62	179,81	202,28	117,95	171,57	193,01
	V	4 043,83	222,41	323,50	363,94	IV	3 500,16	189,60	275,79	310,26	186,71	271,58	305,52	183,81	267,36	300,78	180,91	263,14	296,03	178,01	258,92	291,29	175,11	254,70	286,54
	VI	4 076,—	224,18	326,08	366,84																				
10 334,99	I,IV	3 501,41	192,57	280,11	315,12	I	3 501,41	186,78	271,68	305,64	180,98	263,24	296,15	175,18	254,81	286,66	169,38	246,38	277,17	163,58	237,94	267,68	157,78	229,50	258,19
	II	3 455,58	190,05	276,44	311,—	II	3 455,58	184,25	268,01	301,51	178,46	259,58	292,02	172,66	251,14	282,53	166,86	242,71	273,05	161,06	234,28	263,56	155,26	225,84	254,07
	III	2 775,50	152,65	222,04	249,79	III	2 775,50	146,85	213,61	240,31	141,05	205,17	230,81	135,26	196,74	221,33	129,46	188,30	211,84	123,69	179,92	202,41	118,02	171,66	193,12
	V	4 045,08	222,47	323,60	364,05	IV	3 501,41	189,67	275,89	310,37	186,78	271,68	305,64	183,87	267,46	300,89	180,98	263,24	296,15	178,08	259,02	291,40	175,18	254,81	286,66
	VI	4 077,33	224,25	326,18	366,95																				
10 337,99	I,IV	3 502,66	192,64	280,21	315,23	I	3 502,66	186,84	271,78	305,75	181,05	263,34	296,26	175,25	254,91	286,77	169,45	246,48	277,29	163,65	238,04	267,80	157,85	229,61	258,31
	II	3 456,83	190,12	276,54	311,11	II	3 456,83	184,32	268,11	301,62	178,53	259,68	292,14	172,73	251,24	282,65	166,93	242,81	273,16	161,13	234,38	263,67	155,33	225,94	254,18
	III	2 776,83	152,72	222,14	249,91	III	2 776,83	146,92	213,70	240,41	141,13	205,28	230,94	135,32	196,84	221,44	129,53	188,41	211,96	123,75	180,01	202,51	118,08	171,76	193,23
	V	4 046,33	222,54	323,70	364,16	IV	3 502,66	189,74	275,99	310,49	186,84	271,78	305,75	183,94	267,56	301,—	181,05	263,34	296,26	178,14	259,12	291,51	175,25	254,91	286,77
	VI	4 078,58	224,32	326,28	367,07																				
10 340,99	I,IV	3 503,91	192,71	280,31	315,35	I	3 503,91	186,91	271,88	305,86	181,11	263,44	296,37	175,32	255,01	286,88	169,52	246,58	277,40	163,72	238,14	267,91	157,92	229,71	258,42
	II	3 458,16	190,19	276,65	311,23	II	3 458,16	184,40	268,22	301,74	178,60	259,78	292,25	172,80	251,34	282,76	167,—	242,91	273,27	161,20	234,48	263,79	155,40	226,04	254,30
	III	2 778,—	152,79	222,24	250,02	III	2 778,—	146,99	213,81	240,53	141,19	205,37	231,04	135,40	196,94	221,56	129,59	188,50	212,06	123,83	180,12	202,63	118,15	171,86	193,34
	V	4 047,58	222,61	323,80	364,28	IV	3 503,91	189,81	276,09	310,60	186,91	271,88	305,86	184,01	267,66	301,11	181,11	263,44	296,37	178,21	259,22	291,62	175,32	255,01	286,88
	VI	4 079,83	224,39	326,38	367,18																				
10 343,99	I,IV	3 505,16	192,78	280,41	315,46	I	3 505,16	186,98	271,98	305,97	181,18	263,54	296,48	175,39	255,11	287,—	169,59	246,68	277,51	163,79	238,24	268,02	157,99	229,81	258,53
	II	3 459,41	190,26	276,75	311,34	II	3 459,41	184,47	268,32	301,86	178,67	259,88	292,37	172,87	251,45	282,88	167,07	243,02	273,39	161,27	234,58	263,90	155,47	226,14	254,41
	III	2 779,33	152,86	222,34	250,13	III	2 779,33	147,07	213,92	240,66	141,26	205,48	231,16	135,46	197,04	221,67	129,67	188,61	212,18	123,89	180,21	202,73	118,22	171,96	193,45
	V	4 048,91	222,69	323,91	364,40	IV	3 505,16	189,88	276,20	310,72	186,98	271,98	305,97	184,08	267,76	301,23	181,18	263,54	296,48	178,28	259,32	291,74	175,39	255,11	287,—
	VI	4 081,08	224,45	326,48	367,29																				
10 346,99	I,IV	3 506,41	192,85	280,51	315,57	I	3 506,41	187,05	272,08	306,09	181,25	263,64	296,60	175,45	255,21	287,11	169,66	246,78	277,62	163,86	238,34	268,13	158,06	229,91	258,65
	II	3 460,66	190,33	276,85	311,45	II	3 460,66	184,53	268,42	301,97	178,74	259,98	292,48	172,94	251,55	282,99	167,14	243,12	273,51	161,34	234,68	264,02	155,54	226,25	254,53
	III	2 780,66	152,93	222,45	250,25	III	2 780,66	147,13	214,01	240,76	141,34	205,58	231,28	135,53	197,14	221,78	129,74	188,72	212,31	123,97	180,32	202,86	118,28	172,05	193,55
	V	4 050,16	222,75	324,01	364,51	IV	3 506,41	189,95	276,30	310,83	187,05	272,08	306,09	184,15	267,86	301,34	181,25	263,64	296,60	178,36	259,43	291,86	175,45	255,21	287,11
	VI	4 082,33	224,52	326,58	367,40																				
10 349,99	I,IV	3 507,66	192,92	280,61	315,68	I	3 507,66	187,12	272,18	306,20	181,32	263,74	296,71	175,52	255,31	287,22	169,73	246,88	277,74	163,93	238,44	268,25	158,13	230,01	258,76
	II	3 461,91	190,40	276,95	311,57	II	3 461,91	184,60	268,52	302,08	178,80	260,08	292,59	173,01	251,65	283,10	167,21	243,22	273,62	161,41	234,78	264,13	155,61	226,35	254,64
	III	2 781,83	153,—	222,54	250,36	III	2 781,83	147,20	214,12	240,88	141,40	205,68	231,39	135,61	197,25	221,90	129,80	188,81	212,41	124,03	180,41	202,96	118,36	172,16	193,68
	V	4 051,41	222,82	324,11	364,62	IV	3 507,66	190,02	276,40	310,95	187,12	272,18	306,20	184,22	267,96	301,46	181,32	263,74	296,71	178,42	259,53	291,97	175,52	255,31	287,22
	VI	4 083,58	224,59	326,68	367,52																				

*** Die ausgewiesenen Tabellenwerte sind amtlich. Siehe Erläuterungen auf der Umschlaginnenseite (U2).**

Abzüge an Lohnsteuer, Solidaritätszuschlag (SolZ) und Kirchensteuer (8%, 9%) in den Steuerklassen

Lohn/ Gehalt bis €*	I – VI		ohne Kinderfreibeträge			I, II, III, IV		mit Zahl der Kinderfreibeträge . . . 0,5			1			1,5			2			2,5			3		
		LSt	SolZ	8%	9%		LSt	SolZ	8%	9%	SolZ	8%	9%	SolZ	8%	9%	SolZ	8%	9%	SolZ	8%	9%	SolZ	8%	9%
10 352,99	I,IV	3 508,91	192,99	280,71	315,80	I	3 508,91	187,19	272,28	306,31	181,39	263,84	296,82	175,59	255,41	287,33	169,79	246,98	277,85	164,—	238,54	268,36	158,20	230,11	258,87
	II	3 463,16	190,47	277,05	311,68	II	3 463,16	184,67	268,62	302,19	178,87	260,18	292,70	173,08	251,75	283,22	167,28	243,32	273,73	161,48	234,88	264,24	155,68	226,45	254,75
	III	2 783,16	153,07	222,65	250,48	III	2 783,16	147,27	214,21	240,98	141,47	205,78	231,50	135,67	197,34	222,01	129,88	188,92	212,53	124,10	180,52	203,08	118,42	172,25	193,78
	V	4 052,66	222,89	324,21	364,73	IV	3 508,91	190,09	276,50	311,06	187,19	272,28	306,31	184,29	268,06	301,57	181,39	263,84	296,82	178,49	259,63	292,08	175,59	255,41	287,33
	VI	4 084,83	224,66	326,78	367,63																				
10 355,99	I,IV	3 510,25	193,06	280,82	315,92	I	3 510,25	187,26	272,38	306,43	181,46	263,94	296,93	175,66	255,51	287,45	169,86	247,08	277,96	164,06	238,64	268,47	158,27	230,21	258,98
	II	3 464,41	190,54	277,15	311,79	II	3 464,41	184,74	268,72	302,31	178,94	260,28	292,82	173,14	251,85	283,33	167,35	243,42	273,84	161,55	234,98	264,35	155,75	226,55	254,87
	III	2 784,33	153,13	222,74	250,58	III	2 784,33	147,34	214,32	241,11	141,54	205,88	231,61	135,74	197,45	222,13	129,94	189,01	212,63	124,17	180,61	203,18	118,48	172,34	193,88
	V	4 053,91	222,96	324,31	364,85	IV	3 510,25	190,16	276,60	311,17	187,26	272,38	306,43	184,36	268,16	301,68	181,46	263,94	296,93	178,56	259,73	292,19	175,66	255,51	287,45
	VI	4 086,08	224,73	326,88	367,74																				
10 358,99	I,IV	3 511,50	193,13	280,92	316,03	I	3 511,50	187,33	272,48	306,54	181,53	264,05	297,05	175,73	255,62	287,57	169,94	247,18	278,08	164,13	238,74	268,58	158,34	230,31	259,10
	II	3 465,66	190,61	277,25	311,90	II	3 465,66	184,81	268,82	302,42	179,01	260,38	292,93	173,21	251,95	283,44	167,42	243,52	273,96	161,62	235,08	264,47	155,82	226,65	254,98
	III	2 785,66	153,21	222,85	250,70	III	2 785,66	147,40	214,41	241,21	141,61	205,98	231,73	135,81	197,54	222,23	130,02	189,12	212,76	124,24	180,72	203,31	118,56	172,45	194,—
	V	4 055,16	223,03	324,41	364,96	IV	3 511,50	190,23	276,70	311,28	187,33	272,48	306,54	184,43	268,26	301,79	181,53	264,05	297,05	178,63	259,83	292,31	175,73	255,62	287,57
	VI	4 087,41	224,80	326,99	367,86																				
10 361,99	I,IV	3 512,75	193,20	281,02	316,14	I	3 512,75	187,40	272,58	306,65	181,60	264,15	297,17	175,80	255,72	287,68	170,—	247,28	278,19	164,21	238,85	268,70	158,41	230,42	259,22
	II	3 466,91	190,68	277,35	312,02	II	3 466,91	184,88	268,92	302,53	179,08	260,48	293,04	173,28	252,05	283,55	167,48	243,62	274,07	161,69	235,18	264,58	155,89	226,75	255,09
	III	2 786,83	153,27	222,94	250,81	III	2 786,83	147,48	214,52	241,33	141,68	206,08	231,84	135,88	197,65	222,35	130,08	189,21	212,86	124,30	180,81	203,41	118,62	172,54	194,11
	V	4 056,41	223,10	324,51	365,07	IV	3 512,75	190,30	276,80	311,40	187,40	272,58	306,65	184,50	268,36	301,91	181,60	264,15	297,17	178,70	259,93	292,42	175,80	255,72	287,68
	VI	4 088,66	224,87	327,09	367,97																				
10 364,99	I,IV	3 514,—	193,27	281,12	316,26	I	3 514,—	187,47	272,68	306,77	181,67	264,25	297,28	175,87	255,82	287,79	170,07	247,38	278,30	164,28	238,95	268,82	158,48	230,52	259,33
	II	3 468,25	190,75	277,46	312,14	II	3 468,25	184,95	269,02	302,65	179,15	260,58	293,15	173,35	252,15	283,67	167,55	243,72	274,18	161,75	235,28	264,69	155,96	226,85	255,20
	III	2 788,16	153,34	223,05	250,93	III	2 788,16	147,54	214,61	241,43	141,75	206,18	231,95	135,95	197,74	222,46	130,15	189,32	212,98	124,38	180,92	203,53	118,69	172,64	194,22
	V	4 057,66	223,17	324,61	365,18	IV	3 514,—	190,36	276,90	311,51	187,47	272,68	306,77	184,57	268,46	302,02	181,67	264,25	297,28	178,77	260,03	292,53	175,87	255,82	287,79
	VI	4 089,91	224,94	327,19	368,09																				
10 367,99	I,IV	3 515,25	193,33	281,22	316,37	I	3 515,25	187,54	272,78	306,88	181,74	264,35	297,39	175,94	255,92	287,91	170,14	247,48	278,42	164,34	239,05	268,93	158,55	230,62	259,44
	II	3 469,50	190,82	277,56	312,25	II	3 469,50	185,02	269,12	302,76	179,22	260,69	293,27	173,42	252,26	283,79	167,63	243,82	274,30	161,82	235,38	264,80	156,03	226,95	255,32
	III	2 789,50	153,42	223,16	251,05	III	2 789,50	147,62	214,72	241,56	141,81	206,28	232,06	136,02	197,85	222,58	130,22	189,41	213,08	124,44	181,01	203,63	118,76	172,74	194,33
	V	4 058,91	223,24	324,71	365,30	IV	3 515,25	190,44	277,—	311,63	187,54	272,78	306,88	184,63	268,56	302,13	181,74	264,35	297,39	178,84	260,13	292,64	175,94	255,92	287,91
	VI	4 091,16	225,01	327,29	368,20																				
10 370,99	I,IV	3 516,50	193,40	281,32	316,48	I	3 516,50	187,60	272,88	306,99	181,81	264,45	297,50	176,01	256,02	288,02	170,21	247,58	278,53	164,41	239,15	269,04	158,62	230,72	259,56
	II	3 470,75	190,89	277,66	312,36	II	3 470,75	185,09	269,22	302,87	179,29	260,79	293,39	173,49	252,36	283,90	167,69	243,92	274,41	161,90	235,49	264,92	156,10	227,06	255,44
	III	2 790,66	153,48	223,25	251,15	III	2 790,66	147,69	214,82	241,67	141,89	206,38	232,18	136,09	197,96	222,70	130,29	189,52	213,21	124,51	181,10	203,74	118,82	172,84	194,44
	V	4 060,25	223,31	324,82	365,42	IV	3 516,50	190,51	277,10	311,74	187,60	272,88	306,99	184,71	268,67	302,25	181,81	264,45	297,50	178,91	260,24	292,77	176,01	256,02	288,02
	VI	4 092,41	225,08	327,39	368,31																				
10 373,99	I,IV	3 517,75	193,47	281,42	316,59	I	3 517,75	187,67	272,98	307,10	181,88	264,55	297,62	176,08	256,12	288,13	170,28	247,68	278,64	164,48	239,25	269,15	158,68	230,82	259,67
	II	3 472,—	190,96	277,76	312,48	II	3 472,—	185,16	269,32	302,99	179,36	260,89	293,50	173,56	252,46	284,01	167,76	244,02	274,52	161,97	235,59	265,04	156,17	227,16	255,55
	III	2 792,—	153,56	223,36	251,28	III	2 792,—	147,75	214,92	241,78	141,96	206,49	232,30	136,16	198,05	222,80	130,36	189,62	213,32	124,58	181,21	203,86	118,89	172,93	194,54
	V	4 061,50	223,38	324,92	365,53	IV	3 517,75	190,57	277,20	311,85	187,67	272,98	307,10	184,78	268,77	302,36	181,88	264,55	297,62	178,98	260,34	292,88	176,08	256,12	288,13
	VI	4 093,66	225,15	327,49	368,42																				
10 376,99	I,IV	3 519,—	193,54	281,52	316,71	I	3 519,—	187,74	273,08	307,22	181,94	264,65	297,73	176,15	256,22	288,24	170,35	247,78	278,75	164,55	239,35	269,27	158,75	230,92	259,78
	II	3 473,25	191,02	277,86	312,59	II	3 473,25	185,23	269,42	303,10	179,43	260,99	293,61	173,63	252,56	284,13	167,83	244,12	274,64	162,03	235,69	265,15	156,24	227,26	255,66
	III	2 793,16	153,62	223,45	251,38	III	2 793,16	147,83	215,02	241,90	142,02	206,58	232,40	136,23	198,16	222,93	130,43	189,72	213,43	124,64	181,30	203,96	118,96	173,04	194,67
	V	4 062,75	223,45	325,02	365,64	IV	3 519,—	190,64	277,30	311,96	187,74	273,08	307,22	184,85	268,87	302,48	181,94	264,65	297,73	179,05	260,44	292,99	176,15	256,22	288,24
	VI	4 094,91	225,22	327,59	368,54																				
10 379,99	I,IV	3 520,33	193,61	281,62	316,82	I	3 520,33	187,81	273,18	307,33	182,01	264,75	297,84	176,22	256,32	288,36	170,42	247,88	278,87	164,62	239,45	269,38	158,82	231,02	259,89
	II	3 474,50	191,09	277,96	312,70	II	3 474,50	185,29	269,52	303,21	179,50	261,09	293,72	173,70	252,66	284,24	167,90	244,22	274,75	162,10	235,79	265,26	156,31	227,36	255,78
	III	2 794,50	153,69	223,56	251,50	III	2 794,50	147,89	215,12	242,01	142,10	206,69	232,52	136,29	198,25	223,03	130,50	189,82	213,55	124,72	181,41	204,08	119,02	173,13	194,77
	V	4 064,—	223,52	325,12	365,76	IV	3 520,33	190,71	277,40	312,08	187,81	273,18	307,33	184,91	268,97	302,59	182,01	264,75	297,84	179,12	260,54	293,10	176,22	256,32	288,36
	VI	4 096,16	225,28	327,69	368,65																				
10 382,99	I,IV	3 521,58	193,68	281,72	316,94	I	3 521,58	187,88	273,29	307,45	182,09	264,86	297,96	176,29	256,42	288,47	170,49	247,98	278,98	164,69	239,55	269,49	158,89	231,12	260,01
	II	3 475,75	191,16	278,06	312,81	II	3 475,75	185,36	269,62	303,32	179,57	261,19	293,84	173,77	252,76	284,35	167,97	244,32	274,86	162,17	235,89	265,37	156,37	227,46	255,89
	III	2 795,66	153,76	223,65	251,60	III	2 795,66	147,96	215,22	242,12	142,16	206,78	232,63	136,37	198,36	223,15	130,57	189,92	213,66	124,78	181,50	204,19	119,10	173,24	194,89
	V	4 065,25	223,58	325,22	365,87	IV	3 521,58	190,78	277,50	312,19	187,88	273,29	307,45	184,98	269,07	302,70	182,09	264,86	297,96	179,19	260,64	293,22	176,29	256,42	288,47
	VI	4 097,41	225,35	327,79	368,76																				
10 385,99	I,IV	3 522,83	193,75	281,82	317,05	I	3 522,83	187,95	273,39	307,56	182,16	264,96	298,08	176,36	256,52	288,59	170,56	248,09	279,10	164,76	239,66	269,61	158,96	231,22	260,12
	II	3 477,—	191,23	278,16	312,93	II	3 477,—	185,43	269,72	303,44	179,63	261,29	293,95	173,84	252,86	284,46	168,04	244,42	274,97	162,24	235,99	265,49	156,44	227,56	256,—
	III	2 797,—	153,83	223,76	251,73	III	2 797,—	148,03	215,32	242,23	142,23	206,89	232,75	136,43	198,45	223,25	130,64	190,02	213,77	124,85	181,61	204,31	119,16	173,33	194,99
	V	4 066,50	223,65	325,32	365,98	IV	3 522,83	190,85	277,60	312,30	187,95	273,39	307,56	185,05	269,17	302,81	182,16	264,96	298,08	179,25	260,74	293,33	176,36	256,52	288,59
	VI	4 098,75	225,43	327,90	368,88																				
10 388,99	I,IV	3 524,08	193,82	281,92	317,16	I	3 524,08	188,02	273,49	307,67	182,22	265,06	298,19	176,43	256,62	288,70	170,63	248,19	279,21	164,83	239,76	269,73	159,03	231,32	260,24
	II	3 478,33	191,30	278,26	313,04	II	3 478,33	185,50	269,82	303,55	179,70	261,39	294,06	173,91	252,96	284,58	168,11	244,52	275,09	162,31	236,09	265,60	156,51	227,66	256,11
	III	2 798,16	153,89	223,85	251,83	III	2 798,16	148,10	215,42	242,35	142,30	206,98	232,85	136,51	198,56	223,38	130,70	190,12	213,88	124,92	181,70	204,41	119,23	173,42	195,10
	V	4 067,75	223,72	325,42	366,09	IV	3 524,08	190,92	277,70	312,41	188,02	273,49	307,67	185,12	269,27	302,93	182,22	265,06	298,19	179,32	260,84	293,44	176,43	256,62	288,70
	VI	4 100,—	225,50	328,—	369,—																				
10 391,99	I,IV	3 525,33	193,89	282,02	317,27	I	3 525,33	188,09	273,59	307,79	182,29	265,16	298,30	176,49	256,72	288,81	170,70	248,29	279,32	164,90	239,86	269,84	159,10	231,42	260,35
	II	3 479,58	191,37	278,36	313,16	II	3 479,58	185,57	269,93	303,67	179,78	261,50	294,18	173,98	253,06	284,69	168,18	244,62	275,20	162,38	236,19	265,71	156,58	227,76	256,23
	III	2 799,50	153,97	223,96	251,95	III	2 799,50	148,17	215,52	242,46	142,37	207,09	232,97	136,57	198,65	223,48	130,78	190,22	214,—	124,99	181,81	204,53	119,30	173,53	195,22
	V	4 069,—	223,79	325,52	366,21	IV	3 525,33	190,99	277,80	312,53	188,09	273,59	307,79	185,19	269,37	303,04	182,29	265,16	298,30	179,39	260,94	293,55	176,49	256,72	288,81
	VI	4 101,25	225,56	328,10	369,11																				
10 394,99	I,IV	3 526,58	193,96	282,12	317,39	I	3 526,58	188,16	273,69	307,90	182,36	265,26	298,41	176,56	256,82	288,92	170,77	248,39	279,44	164,97	239,96	269,95	159,17	231,52	260,46
	II	3 480,83	191,44	278,46	313,27	II	3 480,83	185,64	270,03	303,78	179,85	261,60	294,30	174,05	253,16	284,81	168,25	244,73	275,32	162,45	236,30	265,83	156,65	227,86	256,34
	III	2 800,83	154,04	224,06	252,07	III	2 800,83	148,24	215,62	242,57	142,45	207,20	233,10	136,64	198,76	223,60	130,84	190,32	214,11	125,06	181,90	204,64	119,36	173,62	195,32
	V	4 070,33	223,86	325,62	366,32	IV	3 526,58	191,06	277,91	312,65	188,16	273,69	307,90	185,26	269,48	303,16	182,36	265,26	298,41	179,46	261,04	293,67	176,56	256,82	288,92
	VI	4 102,50	225,63	328,20	369,22																				

* Die ausgewiesenen Tabellenwerte sind amtlich. Siehe Erläuterungen auf der Umschlaginnenseite (U2).

MONAT 10 395,–*

Abzüge an Lohnsteuer, Solidaritätszuschlag (SolZ) und Kirchensteuer (8%, 9%) in den Steuerklassen

Lohn/ Gehalt bis €*	I – VI					I, II, III, IV mit Zahl der Kinderfreibeträge . . .		0,5			1			1,5			2			2,5			3		
		LSt	ohne Kinderfreibeträge SolZ	8%	9%		LSt	SolZ	8%	9%	SolZ	8%	9%	SolZ	8%	9%	SolZ	8%	9%	SolZ	8%	9%	SolZ	8%	9%
10 397,99	I,IV	3 527,83	194,03	282,22	317,50	I	3 527,83	188,23	273,79	308,01	182,43	265,36	298,53	176,63	256,92	289,04	170,83	248,49	279,55	165,04	240,06	270,06	159,24	231,62	260,57
	II	3 482,08	191,51	278,56	313,38	II	3 482,08	185,71	270,13	303,89	179,91	261,70	294,41	174,12	253,26	284,92	168,32	244,83	275,43	162,52	236,40	265,95	156,72	227,96	256,46
	III	2 802,—	154,11	224,16	252,18	III	2 802,—	148,31	215,73	242,69	142,51	207,29	233,20	136,72	198,86	223,72	130,91	190,42	214,22	125,13	182,01	204,76	119,43	173,72	195,43
	V	4 071,58	223,93	325,72	366,44	IV	3 527,83	191,13	278,01	312,76	188,23	273,79	308,01	185,33	269,58	303,27	182,43	265,36	298,53	179,53	261,14	293,78	176,63	256,92	289,04
	VI	4 103,75	225,70	328,30	369,33																				
10 400,99	I,IV	3 529,08	194,09	282,32	317,61	I	3 529,08	188,30	273,89	308,12	182,50	265,46	298,64	176,70	257,02	289,15	170,90	248,59	279,66	165,11	240,16	270,18	159,31	231,72	260,69
	II	3 483,33	191,58	278,66	313,49	II	3 483,33	185,78	270,23	304,01	179,98	261,80	294,52	174,18	253,36	285,03	168,39	244,93	275,54	162,59	236,50	266,06	156,79	228,06	256,57
	III	2 803,33	154,18	224,26	252,29	III	2 803,33	148,38	215,82	242,80	142,58	207,40	233,32	136,78	198,96	223,83	130,99	190,53	214,34	125,19	182,10	204,86	119,50	173,82	195,55
	V	4 072,83	224,—	325,82	366,55	IV	3 529,08	191,20	278,11	312,87	188,30	273,89	308,12	185,40	269,68	303,39	182,50	265,46	298,64	179,60	261,24	293,90	176,70	257,02	289,15
	VI	4 105,—	225,77	328,40	369,45																				
10 403,99	I,IV	3 530,33	194,16	282,42	317,72	I	3 530,33	188,37	273,99	308,24	182,57	265,56	298,75	176,77	257,12	289,26	170,97	248,69	279,77	165,17	240,26	270,29	159,38	231,82	260,80
	II	3 484,58	191,65	278,76	313,61	II	3 484,58	185,85	270,33	304,12	180,05	261,90	294,63	174,25	253,46	285,14	168,46	245,03	275,66	162,66	236,60	266,17	156,86	228,16	256,68
	III	2 804,50	154,24	224,36	252,40	III	2 804,50	148,45	215,93	242,92	142,65	207,49	233,42	136,85	199,06	223,94	131,05	190,62	214,45	125,27	182,21	204,98	119,57	173,92	195,66
	V	4 074,08	224,07	325,92	366,66	IV	3 530,33	191,27	278,21	312,98	188,37	273,99	308,24	185,47	269,78	303,50	182,57	265,56	298,75	179,67	261,34	294,01	176,77	257,12	289,26
	VI	4 106,25	225,84	328,50	369,56																				
10 406,99	I,IV	3 531,66	194,24	282,53	317,84	I	3 531,66	188,44	274,10	308,36	182,64	265,66	298,87	176,84	257,22	289,37	171,04	248,79	279,89	165,24	240,36	270,40	159,44	231,92	260,91
	II	3 485,83	191,72	278,86	313,72	II	3 485,83	185,92	270,43	304,23	180,12	262,—	294,75	174,32	253,56	285,26	168,52	245,13	275,77	162,73	236,70	266,28	156,93	228,26	256,79
	III	2 805,83	154,32	224,46	252,52	III	2 805,83	148,51	216,02	243,02	142,72	207,60	233,55	136,92	199,16	224,05	131,12	190,73	214,57	125,33	182,30	205,09	119,63	174,01	195,76
	V	4 075,33	224,14	326,02	366,77	IV	3 531,66	191,34	278,31	313,10	188,44	274,10	308,36	185,54	269,88	303,61	182,64	265,66	298,87	179,74	261,44	294,12	176,84	257,22	289,37
	VI	4 107,50	225,91	328,60	369,67																				
10 409,99	I,IV	3 532,91	194,31	282,63	317,96	I	3 532,91	188,51	274,20	308,47	182,71	265,76	298,98	176,91	257,33	289,49	171,11	248,90	280,01	165,32	240,46	270,52	159,51	232,02	261,02
	II	3 487,08	191,78	278,96	313,83	II	3 487,08	185,99	270,53	304,34	180,19	262,10	294,86	174,39	253,66	285,37	168,59	245,23	275,88	162,80	236,80	266,40	157,—	228,36	256,91
	III	2 807,—	154,38	224,56	252,63	III	2 807,—	148,59	216,13	243,14	142,78	207,69	233,65	136,99	199,26	224,17	131,19	190,82	214,67	125,40	182,41	205,21	119,70	174,12	195,88
	V	4 076,58	224,21	326,12	366,89	IV	3 532,91	191,40	278,41	313,21	188,51	274,20	308,47	185,61	269,98	303,72	182,71	265,76	298,98	179,81	261,54	294,23	176,91	257,33	289,49
	VI	4 108,83	225,98	328,70	369,79																				
10 412,99	I,IV	3 534,16	194,37	282,73	318,07	I	3 534,16	188,58	274,30	308,58	182,78	265,86	299,09	176,98	257,43	289,61	171,18	249,—	280,12	165,38	240,56	270,63	159,59	232,13	261,14
	II	3 488,33	191,85	279,06	313,94	II	3 488,33	186,06	270,63	304,46	180,26	262,20	294,97	174,46	253,76	285,48	168,66	245,33	275,99	162,86	236,90	266,51	157,07	228,46	257,02
	III	2 808,33	154,45	224,66	252,74	III	2 808,33	148,65	216,22	243,25	142,86	207,80	233,77	137,06	199,36	224,28	131,26	190,93	214,79	125,47	182,50	205,31	119,77	174,21	195,98
	V	4 077,83	224,28	326,22	367,—	IV	3 534,16	191,47	278,51	313,32	188,58	274,30	308,58	185,68	270,08	303,84	182,78	265,86	299,09	179,88	261,64	294,35	176,98	257,43	289,61
	VI	4 110,08	226,05	328,80	369,90																				
10 415,99	I,IV	3 535,41	194,44	282,83	318,18	I	3 535,41	188,65	274,40	308,70	182,85	265,96	299,21	177,05	257,53	289,72	171,25	249,10	280,23	165,45	240,66	270,74	159,66	232,23	261,26
	II	3 489,66	191,93	279,17	314,06	II	3 489,66	186,13	270,74	304,58	180,33	262,30	295,09	174,53	253,86	285,59	168,73	245,43	276,11	162,93	237,—	266,62	157,13	228,56	257,13
	III	2 809,50	154,52	224,76	252,85	III	2 809,50	148,72	216,33	243,37	142,92	207,89	233,87	137,13	199,46	224,39	131,33	191,02	214,90	125,54	182,61	205,43	119,84	174,32	196,11
	V	4 079,08	224,34	326,32	367,11	IV	3 535,41	191,54	278,61	313,43	188,65	274,40	308,70	185,74	270,18	303,95	182,85	265,96	299,21	179,95	261,74	294,46	177,05	257,53	289,72
	VI	4 111,33	226,12	328,90	370,01																				
10 418,99	I,IV	3 536,66	194,51	282,93	318,29	I	3 536,66	188,71	274,50	308,81	182,92	266,06	299,32	177,12	257,63	289,83	171,32	249,20	280,35	165,52	240,76	270,86	159,72	232,33	261,37
	II	3 490,91	192,—	279,27	314,18	II	3 490,91	186,20	270,84	304,69	180,40	262,40	295,20	174,60	253,97	285,71	168,80	245,54	276,23	163,01	237,10	266,74	157,20	228,66	257,24
	III	2 810,83	154,59	224,86	252,97	III	2 810,83	148,80	216,44	243,49	143,—	208,—	234,—	137,19	199,56	224,50	131,40	191,13	215,02	125,61	182,70	205,54	119,90	174,41	196,21
	V	4 080,41	224,42	326,43	367,23	IV	3 536,66	191,62	278,72	313,56	188,71	274,50	308,81	185,82	270,28	304,07	182,92	266,06	299,32	180,01	261,84	294,57	177,12	257,63	289,83
	VI	4 112,58	226,19	329,—	370,13																				
10 421,99	I,IV	3 537,91	194,58	283,03	318,41	I	3 537,91	188,78	274,60	308,92	182,98	266,16	299,43	177,19	257,73	289,94	171,39	249,30	280,46	165,59	240,86	270,97	159,79	232,43	261,48
	II	3 492,16	192,06	279,37	314,29	II	3 492,16	186,27	270,94	304,80	180,47	262,50	295,31	174,67	254,07	285,83	168,87	245,64	276,34	163,07	237,20	266,85	157,28	228,77	257,36
	III	2 812,16	154,66	224,97	253,09	III	2 812,16	148,86	216,53	243,59	143,07	208,10	234,11	137,27	199,66	224,62	131,47	191,24	215,14	125,68	182,81	205,66	119,97	174,50	196,31
	V	4 081,66	224,49	326,53	367,34	IV	3 537,91	191,68	278,82	313,67	188,78	274,60	308,92	185,89	270,38	304,18	182,98	266,16	299,43	180,09	261,95	294,69	177,19	257,73	289,94
	VI	4 113,83	226,26	329,10	370,24																				
10 424,99	I,IV	3 539,16	194,65	283,13	318,52	I	3 539,16	188,85	274,70	309,03	183,05	266,26	299,54	177,26	257,83	290,06	171,46	249,40	280,57	165,66	240,96	271,08	159,86	232,53	261,59
	II	3 493,41	192,13	279,47	314,40	II	3 493,41	186,34	271,04	304,92	180,54	262,60	295,43	174,74	254,17	285,94	168,94	245,74	276,45	163,14	237,30	266,96	157,35	228,87	257,48
	III	2 813,33	154,73	225,06	253,19	III	2 813,33	148,94	216,64	243,72	143,13	208,20	234,22	137,34	199,77	224,74	131,54	191,33	215,24	125,74	182,90	205,76	120,04	174,61	196,43
	V	4 082,91	224,56	326,63	367,46	IV	3 539,16	191,75	278,92	313,78	188,85	274,70	309,03	185,95	270,48	304,29	183,05	266,26	299,54	180,16	262,05	294,80	177,26	257,83	290,06
	VI	4 115,08	226,32	329,20	370,35																				
10 427,99	I,IV	3 540,41	194,72	283,23	318,63	I	3 540,41	188,92	274,80	309,15	183,12	266,36	299,66	177,32	257,93	290,17	171,53	249,50	280,68	165,73	241,06	271,19	159,93	232,63	261,71
	II	3 494,66	192,20	279,57	314,51	II	3 494,66	186,40	271,14	305,03	180,61	262,70	295,54	174,81	254,27	286,05	169,01	245,84	276,57	163,21	237,40	267,08	157,41	228,97	257,59
	III	2 814,66	154,80	225,17	253,31	III	2 814,66	149,—	216,73	243,82	143,21	208,30	234,34	137,40	199,86	224,84	131,61	191,44	215,37	125,82	183,01	205,88	120,11	174,70	196,54
	V	4 084,16	224,62	326,73	367,57	IV	3 540,41	191,82	279,02	313,89	188,92	274,80	309,15	186,02	270,58	304,40	183,12	266,36	299,66	180,23	262,15	294,92	177,32	257,93	290,17
	VI	4 116,33	226,39	329,30	370,46																				
10 430,99	I,IV	3 541,75	194,79	283,34	318,75	I	3 541,75	188,99	274,90	309,26	183,19	266,46	299,77	177,39	258,03	290,28	171,60	249,60	280,80	165,80	241,16	271,31	160,—	232,73	261,82
	II	3 495,91	192,27	279,67	314,63	II	3 495,91	186,47	271,24	305,14	180,67	262,80	295,65	174,88	254,37	286,16	169,08	245,94	276,68	163,28	237,50	267,19	157,48	229,07	257,70
	III	2 815,83	154,87	225,26	253,42	III	2 815,83	149,07	216,84	243,94	143,27	208,40	234,45	137,48	199,97	224,96	131,67	191,53	215,47	125,88	183,10	205,99	120,17	174,80	196,65
	V	4 085,41	224,69	326,83	367,68	IV	3 541,75	191,89	279,12	314,01	188,99	274,90	309,26	186,09	270,68	304,52	183,19	266,46	299,77	180,29	262,25	295,03	177,39	258,03	290,28
	VI	4 117,58	226,46	329,40	370,58																				
10 433,99	I,IV	3 543,—	194,86	283,44	318,87	I	3 543,—	189,06	275,—	309,38	183,26	266,57	299,89	177,47	258,14	290,40	171,67	249,70	280,91	165,87	241,26	271,42	160,07	232,83	261,93
	II	3 497,16	192,34	279,77	314,74	II	3 497,16	186,54	271,34	305,25	180,74	262,90	295,76	174,95	254,47	286,28	169,15	246,04	276,79	163,35	237,60	267,30	157,55	229,17	257,81
	III	2 817,16	154,94	225,37	253,54	III	2 817,16	149,14	216,93	244,04	143,34	208,50	234,56	137,54	200,06	225,07	131,75	191,64	215,59	125,95	183,21	206,11	120,24	174,90	196,76
	V	4 086,66	224,76	326,93	367,79	IV	3 543,—	191,96	279,22	314,12	189,06	275,—	309,38	186,16	270,78	304,63	183,26	266,57	299,89	180,36	262,35	295,14	177,47	258,14	290,40
	VI	4 118,91	226,54	329,51	370,70																				
10 436,99	I,IV	3 544,25	194,93	283,54	318,98	I	3 544,25	189,13	275,10	309,49	183,33	266,67	300,—	177,54	258,24	290,52	171,74	249,80	281,03	165,94	241,37	271,54	160,14	232,94	262,05
	II	3 498,41	192,41	279,87	314,85	II	3 498,41	186,61	271,44	305,37	180,81	263,—	295,88	175,01	254,57	286,39	169,22	246,14	276,90	163,42	237,70	267,41	157,62	229,27	257,93
	III	2 818,33	155,—	225,46	253,64	III	2 818,33	149,21	217,04	244,17	143,41	208,60	234,67	137,61	200,17	225,19	131,81	191,73	215,69	126,02	183,30	206,21	120,31	175,—	196,87
	V	4 087,91	224,83	327,03	367,91	IV	3 544,25	192,03	279,32	314,23	189,13	275,10	309,49	186,23	270,88	304,74	183,33	266,67	300,—	180,43	262,45	295,25	177,54	258,24	290,52
	VI	4 120,16	226,60	329,61	370,81																				
10 439,99	I,IV	3 545,50	195,—	283,64	319,09	I	3 545,50	189,20	275,20	309,60	183,40	266,77	300,11	177,60	258,34	290,63	171,81	249,90	281,14	166,01	241,47	271,65	160,21	233,04	262,17
	II	3 499,75	192,48	279,98	314,97	II	3 499,75	186,68	271,54	305,48	180,88	263,10	295,99	175,08	254,67	286,50	169,29	246,24	277,02	163,49	237,80	267,53	157,69	229,37	258,04
	III	2 819,66	155,08	225,57	253,76	III	2 819,66	149,27	217,13	244,27	143,48	208,70	234,79	137,68	200,26	225,29	131,89	191,84	215,82	126,09	183,41	206,33	120,38	175,10	196,99
	V	4 089,16	224,90	327,13	368,02	IV	3 545,50	192,10	279,42	314,34	189,20	275,20	309,60	186,30	270,98	304,85	183,40	266,77	300,11	180,50	262,55	295,37	177,60	258,34	290,63
	VI	4 121,41	226,67	329,71	370,92																				

* Die ausgewiesenen Tabellenwerte sind amtlich. Siehe Erläuterungen auf der Umschlaginnenseite (U2).

Abzüge an Lohnsteuer, Solidaritätszuschlag (SolZ) und Kirchensteuer (8%, 9%) in den Steuerklassen

Lohn/Gehalt bis €*	I – VI		ohne Kinderfreibeträge			I, II, III, IV		mit Zahl der Kinderfreibeträge . . . 0,5			1			1,5			2			2,5			3		
		LSt	SolZ	8%	9%		LSt	SolZ	8%	9%	SolZ	8%	9%	SolZ	8%	9%	SolZ	8%	9%	SolZ	8%	9%	SolZ	8%	9%
10 442,99	I,IV	3 546,75	195,07	283,74	319,20	I	3 546,75	189,27	275,30	309,71	183,47	266,87	300,23	177,67	258,44	290,74	171,87	250,—	281,25	166,08	241,57	271,76	160,28	233,14	262,28
	II	3 501,—	192,55	280,08	315,09	II	3 501,—	186,75	271,64	305,60	180,95	263,21	296,11	175,16	254,78	286,62	169,36	246,34	277,13	163,56	237,90	267,64	157,76	229,47	258,15
	III	2 821,—	155,15	225,68	253,89	III	2 821,—	149,35	217,24	244,39	143,55	208,80	234,90	137,75	200,37	225,41	131,95	191,93	215,92	126,16	183,50	206,44	120,45	175,20	197,10
	V	4 090,41	224,97	327,23	368,13	IV	3 546,75	192,17	279,52	314,46	189,27	275,30	309,71	186,37	271,08	304,97	183,47	266,87	300,23	180,57	262,65	295,48	177,67	258,44	290,74
	VI	4 122,66	226,74	329,81	371,03																				
10 445,99	I,IV	3 548,—	195,14	283,84	319,32	I	3 548,—	189,34	275,40	309,83	183,54	266,97	300,34	177,74	258,54	290,85	171,94	250,10	281,36	166,15	241,67	271,88	160,35	233,24	262,39
	II	3 502,25	192,62	280,18	315,20	II	3 502,25	186,82	271,74	305,71	181,02	263,31	296,22	175,23	254,88	286,74	169,43	246,44	277,25	163,63	238,01	267,76	157,83	229,58	258,27
	III	2 822,16	155,21	225,77	253,99	III	2 822,16	149,42	217,34	244,51	143,62	208,90	235,01	137,83	200,48	225,54	132,02	192,04	216,04	126,23	183,61	206,56	120,51	175,29	197,20
	V	4 091,75	225,04	327,34	368,25	IV	3 548,—	192,24	279,62	314,57	189,34	275,40	309,83	186,44	271,19	305,09	183,54	266,97	300,34	180,64	262,76	295,60	177,74	258,54	290,85
	VI	4 123,91	226,81	329,91	371,15																				
10 448,99	I,IV	3 549,25	195,20	283,94	319,43	I	3 549,25	189,41	275,50	309,94	183,61	267,07	300,45	177,81	258,64	290,97	172,01	250,20	281,48	166,21	241,77	271,99	160,42	233,34	262,50
	II	3 503,50	192,69	280,28	315,31	II	3 503,50	186,89	271,84	305,82	181,09	263,41	296,33	175,29	254,98	286,85	169,50	246,54	277,36	163,70	238,11	267,87	157,90	229,68	258,39
	III	2 823,50	155,29	225,88	254,11	III	2 823,50	149,49	217,44	244,62	143,69	209,01	235,13	137,89	200,57	225,64	132,10	192,14	216,16	126,29	183,70	206,66	120,58	175,40	197,32
	V	4 093,—	225,11	327,44	368,37	IV	3 549,25	192,31	279,72	314,69	189,41	275,50	309,94	186,51	271,29	305,20	183,61	267,07	300,45	180,71	262,86	295,71	177,81	258,64	290,97
	VI	4 125,16	226,88	330,01	371,26																				
10 451,99	I,IV	3 550,50	195,27	284,04	319,54	I	3 550,50	189,47	275,60	310,05	183,68	267,17	300,56	177,88	258,74	291,08	172,08	250,30	281,59	166,28	241,87	272,10	160,49	233,44	262,62
	II	3 504,75	192,76	280,38	315,42	II	3 504,75	186,96	271,94	305,93	181,16	263,51	296,45	175,36	255,08	286,96	169,56	246,64	277,47	163,77	238,21	267,98	157,97	229,78	258,50
	III	2 824,66	155,35	225,97	254,21	III	2 824,66	149,56	217,54	244,73	143,76	209,10	235,24	137,96	200,68	225,76	132,16	192,24	216,27	126,37	183,81	206,78	120,65	175,49	197,42
	V	4 094,25	225,18	327,54	368,48	IV	3 550,50	192,38	279,82	314,80	189,47	275,60	310,05	186,58	271,39	305,31	183,68	267,17	300,56	180,78	262,96	295,83	177,88	258,74	291,08
	VI	4 126,41	226,95	330,11	371,37																				
10 454,99	I,IV	3 551,83	195,35	284,14	319,66	I	3 551,83	189,54	275,70	310,16	183,75	267,27	300,68	177,95	258,84	291,19	172,15	250,40	281,70	166,35	241,97	272,21	160,55	233,54	262,73
	II	3 506,—	192,83	280,48	315,54	II	3 506,—	187,03	272,04	306,05	181,23	263,61	296,56	175,43	255,18	287,07	169,63	246,74	277,58	163,84	238,31	268,10	158,04	229,88	258,61
	III	2 826,—	155,43	226,08	254,34	III	2 826,—	149,62	217,64	244,84	143,83	209,21	235,36	138,03	200,77	225,86	132,23	192,34	216,38	126,43	183,90	206,89	120,72	175,60	197,55
	V	4 095,50	225,25	327,64	368,59	IV	3 551,83	192,44	279,92	314,91	189,54	275,70	310,16	186,65	271,49	305,42	183,75	267,27	300,68	180,85	263,06	295,94	177,95	258,84	291,19
	VI	4 127,66	227,02	330,21	371,48																				
10 457,99	I,IV	3 553,08	195,41	284,24	319,77	I	3 553,08	189,62	275,81	310,28	183,82	267,38	300,80	178,02	258,94	291,31	172,22	250,50	281,81	166,42	242,07	272,33	160,62	233,64	262,84
	II	3 507,25	192,89	280,58	315,65	II	3 507,25	187,10	272,14	306,16	181,30	263,71	296,67	175,50	255,28	287,19	169,70	246,84	277,70	163,90	238,41	268,21	158,11	229,98	258,72
	III	2 827,16	155,49	226,17	254,44	III	2 827,16	149,70	217,74	244,96	143,89	209,30	235,46	138,10	200,88	225,99	132,30	192,44	216,49	126,50	184,01	207,01	120,78	175,69	197,65
	V	4 096,75	225,32	327,74	368,70	IV	3 553,08	192,51	280,02	315,02	189,62	275,81	310,28	186,72	271,59	305,54	183,82	267,38	300,80	180,92	263,16	296,05	178,02	258,94	291,31
	VI	4 128,91	227,09	330,31	371,60																				
10 460,99	I,IV	3 554,33	195,48	284,34	319,88	I	3 554,33	189,69	275,91	310,40	183,89	267,48	300,91	178,09	259,04	291,42	172,29	250,61	281,93	166,49	242,18	272,45	160,70	233,74	262,96
	II	3 508,50	192,96	280,68	315,76	II	3 508,50	187,16	272,24	306,27	181,37	263,81	296,78	175,57	255,38	287,30	169,77	246,94	277,81	163,97	238,51	268,32	158,18	230,08	258,84
	III	2 828,50	155,56	226,28	254,56	III	2 828,50	149,76	217,84	245,07	143,97	209,41	235,58	138,16	200,97	226,09	132,37	192,54	216,61	126,57	184,10	207,11	120,85	175,78	197,75
	V	4 098,—	225,39	327,84	368,82	IV	3 554,33	192,58	280,12	315,14	189,69	275,91	310,40	186,78	271,69	305,65	183,89	267,48	300,91	180,99	263,26	296,16	178,09	259,04	291,42
	VI	4 130,25	227,16	330,42	371,72																				
10 463,99	I,IV	3 555,58	195,55	284,44	320,—	I	3 555,58	189,75	276,01	310,51	183,96	267,58	301,02	178,16	259,14	291,53	172,36	250,71	282,05	166,56	242,28	272,56	160,76	233,84	263,07
	II	3 509,83	193,04	280,78	315,88	II	3 509,83	187,23	272,34	306,38	181,44	263,91	296,90	175,64	255,48	287,41	169,84	247,04	277,92	164,04	238,61	268,43	158,24	230,18	258,95
	III	2 829,66	155,63	226,37	254,66	III	2 829,66	149,83	217,94	245,18	144,03	209,50	235,69	138,24	201,08	226,21	132,44	192,64	216,72	126,64	184,21	207,23	120,92	175,89	197,87
	V	4 099,25	225,45	327,94	368,93	IV	3 555,58	192,65	280,22	315,25	189,75	276,01	310,51	186,85	271,79	305,76	183,96	267,58	301,02	181,06	263,36	296,28	178,16	259,14	291,53
	VI	4 131,50	227,23	330,52	371,83																				
10 466,99	I,IV	3 556,83	195,62	284,54	320,11	I	3 556,83	189,82	276,11	310,62	184,03	267,68	301,14	178,23	259,24	291,65	172,43	250,81	282,16	166,63	242,38	272,67	160,83	233,94	263,18
	II	3 511,08	193,10	280,88	315,99	II	3 511,08	187,31	272,45	306,50	181,51	264,02	297,02	175,71	255,58	287,53	169,91	247,14	278,03	164,11	238,71	268,55	158,31	230,28	259,06
	III	2 831,—	155,70	226,48	254,79	III	2 831,—	149,90	218,04	245,29	144,10	209,61	235,81	138,30	201,17	226,31	132,51	192,74	216,83	126,71	184,30	207,34	120,99	175,98	197,98
	V	4 100,50	225,52	328,04	369,04	IV	3 556,83	192,72	280,32	315,36	189,82	276,11	310,62	186,92	271,89	305,87	184,03	267,68	301,14	181,12	263,46	296,39	178,23	259,24	291,65
	VI	4 132,75	227,30	330,62	371,94																				
10 469,99	I,IV	3 558,08	195,69	284,64	320,22	I	3 558,08	189,89	276,21	310,73	184,09	267,78	301,25	178,30	259,34	291,76	172,50	250,91	282,27	166,70	242,48	272,79	160,90	234,04	263,30
	II	3 512,33	193,17	280,98	316,10	II	3 512,33	187,38	272,55	306,62	181,58	264,12	297,13	175,78	255,68	287,64	169,98	247,25	278,15	164,18	238,82	268,67	158,39	230,38	259,18
	III	2 832,33	155,77	226,58	254,90	III	2 832,33	149,97	218,14	245,41	144,18	209,72	235,93	138,38	201,28	226,44	132,57	192,84	216,94	126,78	184,41	207,46	121,06	176,09	198,10
	V	4 101,83	225,60	328,14	369,16	IV	3 558,08	192,79	280,43	315,48	189,89	276,21	310,73	187,—	272,—	306,—	184,09	267,78	301,25	181,20	263,56	296,51	178,30	259,34	291,76
	VI	4 134,—	227,37	330,72	372,06																				
10 472,99	I,IV	3 559,33	195,76	284,74	320,33	I	3 559,33	189,96	276,31	310,85	184,16	267,88	301,36	178,36	259,44	291,87	172,57	251,01	282,38	166,77	242,58	272,90	160,97	234,14	263,41
	II	3 513,58	193,24	281,08	316,22	II	3 513,58	187,44	272,65	306,73	181,65	264,22	297,24	175,85	255,78	287,75	170,05	247,35	278,27	164,25	238,92	268,78	158,45	230,48	259,29
	III	2 833,50	155,84	226,68	255,01	III	2 833,50	150,04	218,25	245,53	144,24	209,81	236,03	138,45	201,38	226,55	132,65	192,94	217,06	126,85	184,52	207,58	121,12	176,18	198,20
	V	4 103,08	225,66	328,24	369,27	IV	3 559,33	192,86	280,53	315,59	189,96	276,31	310,85	187,06	272,10	306,11	184,16	267,88	301,36	181,27	263,66	296,62	178,36	259,44	291,87
	VI	4 135,25	227,43	330,82	372,17																				
10 475,99	I,IV	3 560,58	195,83	284,84	320,45	I	3 560,58	190,03	276,41	310,96	184,23	267,98	301,47	178,43	259,54	291,98	172,64	251,11	282,50	166,84	242,68	273,01	161,04	234,24	263,52
	II	3 514,83	193,31	281,18	316,33	II	3 514,83	187,51	272,75	306,84	181,72	264,32	297,36	175,92	255,88	287,87	170,12	247,45	278,38	164,32	239,02	268,89	158,52	230,58	259,40
	III	2 834,83	155,91	226,78	255,13	III	2 834,83	150,11	218,34	245,63	144,32	209,92	236,16	138,51	201,48	226,66	132,72	193,05	217,18	126,92	184,61	207,68	121,19	176,28	198,31
	V	4 104,33	225,73	328,34	369,38	IV	3 560,58	192,93	280,63	315,71	190,03	276,41	310,96	187,13	272,20	306,22	184,23	267,98	301,47	181,33	263,76	296,73	178,43	259,54	291,98
	VI	4 136,50	227,50	330,92	372,28																				
10 478,99	I,IV	3 561,83	195,90	284,94	320,56	I	3 561,83	190,10	276,51	311,07	184,30	268,08	301,59	178,50	259,64	292,10	172,70	251,21	282,61	166,91	242,78	273,12	161,11	234,34	263,63
	II	3 516,08	193,38	281,28	316,44	II	3 516,08	187,58	272,85	306,95	181,78	264,42	297,47	175,99	255,98	287,98	170,19	247,55	278,49	164,39	239,12	269,01	158,59	230,68	259,52
	III	2 836,—	155,98	226,88	255,24	III	2 836,—	150,18	218,45	245,75	144,38	210,01	236,26	138,59	201,58	226,78	132,78	193,14	217,28	126,99	184,72	207,81	121,26	176,38	198,43
	V	4 105,58	225,80	328,44	369,50	IV	3 561,83	193,—	280,73	315,82	190,10	276,51	311,07	187,20	272,30	306,33	184,30	268,08	301,59	181,40	263,86	296,84	178,50	259,64	292,10
	VI	4 137,75	227,57	331,02	372,39																				
10 481,99	I,IV	3 563,16	195,97	285,05	320,68	I	3 563,16	190,17	276,62	311,19	184,37	268,18	301,70	178,57	259,74	292,21	172,77	251,31	282,72	166,98	242,88	273,24	161,18	234,44	263,75
	II	3 517,33	193,45	281,38	316,55	II	3 517,33	187,65	272,95	307,07	181,85	264,52	297,58	176,05	256,08	288,09	170,26	247,65	278,60	164,46	239,22	269,12	158,66	230,78	259,63
	III	2 837,33	156,05	226,98	255,35	III	2 837,33	150,25	218,54	245,86	144,45	210,12	236,38	138,65	201,68	226,89	132,86	193,25	217,40	127,05	184,81	207,91	121,33	176,48	198,54
	V	4 106,83	225,87	328,54	369,61	IV	3 563,16	193,07	280,83	315,93	190,17	276,62	311,19	187,27	272,40	306,45	184,37	268,18	301,70	181,47	263,96	296,96	178,57	259,74	292,21
	VI	4 139,—	227,64	331,12	372,51																				
10 484,99	I,IV	3 564,41	196,04	285,15	320,79	I	3 564,41	190,24	276,72	311,31	184,44	268,28	301,82	178,64	259,85	292,33	172,85	251,42	282,84	167,05	242,98	273,35	161,25	234,54	263,86
	II	3 518,58	193,52	281,48	316,67	II	3 518,58	187,72	273,05	307,18	181,92	264,62	297,69	176,12	256,18	288,20	170,33	247,75	278,72	164,53	239,32	269,23	158,73	230,88	259,74
	III	2 838,50	156,11	227,08	255,46	III	2 838,50	150,32	218,65	245,98	144,52	210,21	236,48	138,72	201,78	227,—	132,92	193,34	217,51	127,13	184,92	208,03	121,40	176,58	198,65
	V	4 108,08	225,94	328,64	369,72	IV	3 564,41	193,14	280,93	316,04	190,24	276,72	311,31	187,34	272,50	306,56	184,44	268,28	301,82	181,54	264,06	297,07	178,64	259,85	292,33
	VI	4 140,33	227,71	331,22	372,62																				

* Die ausgewiesenen Tabellenwerte sind amtlich. Siehe Erläuterungen auf der Umschlaginnenseite (U2).

Abzüge an Lohnsteuer, Solidaritätszuschlag (SolZ) und Kirchensteuer (8%, 9%) in den Steuerklassen

Lohn/Gehalt bis €*	I – VI	LSt	ohne Kinderfreibeträge SolZ	8%	9%	I, II, III, IV	LSt	mit Zahl der Kinderfreibeträge ... 0,5 SolZ	0,5 8%	0,5 9%	1 SolZ	1 8%	1 9%	1,5 SolZ	1,5 8%	1,5 9%	2 SolZ	2 8%	2 9%	2,5 SolZ	2,5 8%	2,5 9%	3 SolZ	3 8%	3 9%
10 487,99	I,IV	3 565,66	196,11	285,25	320,90	I	3 565,66	190,31	276,82	311,42	184,51	268,38	301,93	178,71	259,95	292,44	172,92	251,52	282,96	167,12	243,08	273,47	161,32	234,65	263,98
	II	3 519,83	193,59	281,58	316,78	II	3 519,83	187,79	273,15	307,29	181,99	264,72	297,81	176,19	256,28	288,32	170,39	247,85	278,83	164,60	239,42	269,34	158,80	230,98	259,85
	III	2 839,83	156,19	227,18	255,58	III	2 839,83	150,38	218,74	246,08	144,59	210,32	236,61	138,79	201,88	227,11	132,99	193,45	217,63	127,19	185,01	208,13	121,46	176,68	198,76
	V	4 109,33	226,01	328,74	369,83	IV	3 565,66	193,21	281,03	316,16	190,31	276,82	311,42	187,41	272,60	306,67	184,51	268,38	301,93	181,61	264,16	297,18	178,71	259,95	292,44
	VI	4 141,58	227,78	331,32	372,74																				
10 490,99	I,IV	3 566,91	196,18	285,35	321,02	I	3 566,91	190,38	276,92	311,53	184,58	268,48	302,04	178,78	260,05	292,55	172,98	251,62	283,07	167,19	243,18	273,58	161,39	234,75	264,09
	II	3 521,16	193,66	281,69	316,90	II	3 521,16	187,86	273,26	307,41	182,06	264,82	297,92	176,26	256,38	288,43	170,46	247,95	278,94	164,67	239,52	269,46	158,87	231,08	259,97
	III	2 841,–	156,25	227,28	255,69	III	2 841,–	150,46	218,85	246,20	144,65	210,41	236,71	138,86	201,98	227,23	133,06	193,54	217,73	127,27	185,12	208,26	121,53	176,77	198,86
	V	4 110,58	226,08	328,84	369,95	IV	3 566,91	193,27	281,13	316,27	190,38	276,92	311,53	187,48	272,70	306,78	184,58	268,48	302,04	181,68	264,26	297,29	178,78	260,05	292,55
	VI	4 142,83	227,85	331,42	372,85																				
10 493,99	I,IV	3 568,16	196,24	285,45	321,13	I	3 568,16	190,45	277,02	311,64	184,65	268,58	302,15	178,85	260,15	292,67	173,05	251,72	283,18	167,25	243,28	273,69	161,46	234,85	264,20
	II	3 522,41	193,73	281,79	317,01	II	3 522,41	187,93	273,36	307,53	182,13	264,92	298,04	176,33	256,49	288,55	170,54	248,06	279,06	164,74	239,62	269,57	158,94	231,18	260,08
	III	2 842,33	156,32	227,38	255,80	III	2 842,33	150,53	218,96	246,33	144,73	210,52	236,83	138,93	202,08	227,34	133,13	193,65	217,85	127,33	185,21	208,36	121,60	176,88	198,99
	V	4 111,91	226,15	328,95	370,07	IV	3 568,16	193,35	281,24	316,39	190,45	277,02	311,64	187,55	272,80	306,90	184,65	268,58	302,15	181,75	264,36	297,41	178,85	260,15	292,67
	VI	4 144,08	227,92	331,52	372,96																				
10 496,99	I,IV	3 569,41	196,31	285,55	321,24	I	3 569,41	190,52	277,12	311,76	184,72	268,68	302,27	178,92	260,25	292,78	173,12	251,82	283,29	167,32	243,38	273,80	161,53	234,95	264,32
	II	3 523,66	193,80	281,89	317,12	II	3 523,66	188,–	273,46	307,64	182,20	265,02	298,15	176,40	256,59	288,66	170,61	248,16	279,18	164,81	239,72	269,69	159,01	231,29	260,20
	III	2 843,66	156,40	227,49	255,92	III	2 843,66	150,59	219,05	246,43	144,80	210,62	236,95	139,–	202,18	227,45	133,21	193,76	217,98	127,40	185,32	208,48	121,66	176,97	199,09
	V	4 113,16	226,22	329,05	370,18	IV	3 569,41	193,42	281,34	316,50	190,52	277,12	311,76	187,62	272,90	307,01	184,72	268,68	302,27	181,82	264,47	297,53	178,92	260,25	292,78
	VI	4 145,33	227,99	331,62	373,07																				
10 499,99	I,IV	3 570,66	196,38	285,65	321,35	I	3 570,66	190,58	277,22	311,87	184,79	268,78	302,38	178,99	260,35	292,89	173,19	251,92	283,41	167,39	243,48	273,92	161,59	235,05	264,43
	II	3 524,91	193,87	281,99	317,24	II	3 524,91	188,07	273,56	307,75	182,27	265,12	298,26	176,47	256,69	288,77	170,67	248,26	279,29	164,88	239,82	269,80	159,08	231,39	260,31
	III	2 844,83	156,46	227,58	256,03	III	2 844,83	150,67	219,16	246,55	144,87	210,72	237,06	139,07	202,29	227,57	133,27	193,85	218,08	127,47	185,41	208,58	121,74	177,08	199,21
	V	4 114,41	226,29	329,15	370,29	IV	3 570,66	193,49	281,44	316,62	190,58	277,22	311,87	187,69	273,–	307,13	184,79	268,78	302,38	181,89	264,57	297,64	178,99	260,35	292,89
	VI	4 146,58	228,06	331,72	373,19																				
10 502,99	I,IV	3 571,91	196,45	285,75	321,47	I	3 571,91	190,65	277,32	311,98	184,85	268,88	302,49	179,06	260,45	293,–	173,26	252,02	283,52	167,46	243,58	274,03	161,66	235,15	264,54
	II	3 526,16	193,93	282,09	317,35	II	3 526,16	188,14	273,66	307,86	182,34	265,22	298,37	176,54	256,79	288,89	170,74	248,36	279,40	164,94	239,92	269,91	159,15	231,49	260,42
	III	2 846,16	156,53	227,69	256,15	III	2 846,16	150,73	219,25	246,65	144,94	210,82	237,17	139,14	202,38	227,68	133,34	193,96	218,20	127,54	185,52	208,71	121,80	177,17	199,31
	V	4 115,66	226,36	329,25	370,40	IV	3 571,91	193,55	281,54	316,73	190,65	277,32	311,98	187,76	273,10	307,24	184,85	268,88	302,49	181,96	264,67	297,75	179,06	260,45	293,–
	VI	4 147,83	228,13	331,82	373,30																				
10 505,99	I,IV	3 573,25	196,52	285,86	321,59	I	3 573,25	190,73	277,42	312,10	184,92	268,98	302,60	179,13	260,55	293,12	173,33	252,12	283,63	167,53	243,68	274,14	161,73	235,25	264,65
	II	3 527,41	194,–	282,19	317,46	II	3 527,41	188,21	273,76	307,98	182,41	265,32	298,49	176,61	256,89	289,–	170,81	248,46	279,51	165,01	240,02	270,02	159,22	231,59	260,54
	III	2 847,33	156,60	227,78	256,25	III	2 847,33	150,81	219,36	246,78	145,–	210,92	237,28	139,21	202,49	227,80	133,41	194,05	218,30	127,60	185,61	208,81	121,87	177,26	199,42
	V	4 116,91	226,43	329,35	370,52	IV	3 573,25	193,62	281,64	316,84	190,73	277,42	312,10	187,82	273,20	307,35	184,92	268,98	302,60	182,03	264,77	297,86	179,13	260,55	293,12
	VI	4 149,08	228,19	331,92	373,41																				
10 508,99	I,IV	3 574,50	196,59	285,96	321,70	I	3 574,50	190,79	277,52	312,21	185,–	269,09	302,72	179,20	260,66	293,24	173,40	252,22	283,75	167,60	243,78	274,25	161,80	235,35	264,77
	II	3 528,66	194,07	282,29	317,57	II	3 528,66	188,27	273,86	308,09	182,48	265,42	298,60	176,68	256,99	289,11	170,88	248,56	279,63	165,08	240,12	270,14	159,28	231,69	260,65
	III	2 848,66	156,67	227,89	256,37	III	2 848,66	150,87	219,45	246,88	145,08	211,02	237,40	139,27	202,58	227,90	133,48	194,16	218,43	127,68	185,72	208,93	121,94	177,37	199,54
	V	4 118,16	226,49	329,45	370,63	IV	3 574,50	193,69	281,74	316,95	190,79	277,52	312,21	187,89	273,30	307,46	185,–	269,09	302,72	182,10	264,87	297,98	179,20	260,66	293,24
	VI	4 150,41	228,27	332,03	373,53																				
10 511,99	I,IV	3 575,75	196,66	286,06	321,81	I	3 575,75	190,86	277,62	312,32	185,07	269,19	302,84	179,27	260,76	293,35	173,47	252,32	283,86	167,67	243,89	274,37	161,87	235,46	264,89
	II	3 529,91	194,14	282,39	317,69	II	3 529,91	188,34	273,96	308,20	182,54	265,52	298,71	176,75	257,09	289,22	170,95	248,66	279,74	165,15	240,22	270,25	159,35	231,79	260,76
	III	2 849,83	156,74	227,98	256,48	III	2 849,83	150,94	219,56	247,–	145,14	211,12	237,51	139,35	202,69	228,02	133,54	194,25	218,53	127,75	185,82	209,05	122,–	177,46	199,64
	V	4 119,41	226,56	329,55	370,74	IV	3 575,75	193,76	281,84	317,07	190,86	277,62	312,32	187,96	273,40	307,58	185,07	269,19	302,84	182,16	264,97	298,09	179,27	260,76	293,35
	VI	4 151,66	228,34	332,13	373,64																				
10 514,99	I,IV	3 577,–	196,73	286,16	321,93	I	3 577,–	190,93	277,72	312,44	185,13	269,29	302,95	179,34	260,86	293,46	173,54	252,42	283,97	167,74	243,99	274,49	161,94	235,56	265,–
	II	3 531,25	194,21	282,50	317,81	II	3 531,25	188,42	274,06	308,32	182,61	265,62	298,82	176,82	257,19	289,34	171,02	248,76	279,85	165,22	240,32	270,36	159,42	231,89	260,87
	III	2 851,16	156,81	228,09	256,60	III	2 851,16	151,01	219,65	247,10	145,21	211,22	237,62	139,41	202,78	228,13	133,62	194,36	218,65	127,82	185,92	209,16	122,08	177,57	199,76
	V	4 120,66	226,63	329,65	370,85	IV	3 577,–	193,83	281,94	317,18	190,93	277,72	312,44	188,03	273,50	307,69	185,13	269,29	302,95	182,23	265,07	298,20	179,34	260,86	293,46
	VI	4 152,91	228,41	332,23	373,76																				
10 517,99	I,IV	3 578,25	196,80	286,26	322,04	I	3 578,25	191,–	277,82	312,55	185,20	269,39	303,06	179,41	260,96	293,58	173,61	252,52	284,09	167,81	244,09	274,60	162,01	235,66	265,11
	II	3 532,50	194,28	282,60	317,92	II	3 532,50	188,48	274,16	308,43	182,69	265,73	298,94	176,89	257,30	289,46	171,09	248,86	279,97	165,29	240,42	270,47	159,49	231,99	260,99
	III	2 852,50	156,88	228,20	256,72	III	2 852,50	151,08	219,76	247,23	145,28	211,32	237,73	139,48	202,89	228,25	133,68	194,45	218,75	127,89	186,02	209,27	122,14	177,66	199,87
	V	4 121,91	226,70	329,75	370,97	IV	3 578,25	193,90	282,04	317,30	191,–	277,82	312,55	188,10	273,60	307,80	185,20	269,39	303,06	182,30	265,17	298,31	179,41	260,96	293,58
	VI	4 154,16	228,47	332,33	373,87																				
10 520,99	I,IV	3 579,50	196,87	286,36	322,15	I	3 579,50	191,07	277,92	312,66	185,27	269,49	303,17	179,47	261,06	293,69	173,68	252,62	284,20	167,88	244,19	274,71	162,08	235,76	265,23
	II	3 533,75	194,35	282,70	318,03	II	3 533,75	188,55	274,26	308,54	182,76	265,83	299,06	176,96	257,40	289,57	171,16	248,96	280,08	165,36	240,53	270,59	159,56	232,10	261,11
	III	2 853,66	156,95	228,29	256,82	III	2 853,66	151,15	219,86	247,34	145,35	211,42	237,85	139,56	203,–	228,37	133,76	194,56	218,88	127,95	186,12	209,38	122,21	177,77	199,99
	V	4 123,25	226,77	329,86	371,09	IV	3 579,50	193,97	282,14	317,41	191,07	277,92	312,66	188,17	273,71	307,92	185,27	269,49	303,17	182,38	265,28	298,44	179,47	261,06	293,69
	VI	4 155,41	228,54	332,43	373,98																				
10 523,99	I,IV	3 580,75	196,94	286,46	322,26	I	3 580,75	191,14	278,02	312,77	185,34	269,59	303,29	179,54	261,16	293,80	173,74	252,72	284,31	167,95	244,29	274,82	162,15	235,86	265,34
	II	3 535,–	194,42	282,80	318,15	II	3 535,–	188,62	274,36	308,66	182,82	265,93	299,17	177,03	257,50	289,68	171,23	249,06	280,19	165,43	240,63	270,71	159,63	232,20	261,22
	III	2 855,–	157,02	228,40	256,95	III	2 855,–	151,22	219,96	247,45	145,42	211,53	237,97	139,62	203,09	228,47	133,83	194,66	218,99	128,03	186,22	209,50	122,28	177,86	200,09
	V	4 124,50	226,84	329,96	371,20	IV	3 580,75	194,04	282,24	317,52	191,14	278,02	312,77	188,24	273,81	308,03	185,34	269,59	303,29	182,44	265,38	298,55	179,54	261,16	293,80
	VI	4 156,66	228,61	332,53	374,09																				
10 526,99	I,IV	3 582,–	197,01	286,56	322,38	I	3 582,–	191,21	278,12	312,89	185,41	269,69	303,40	179,61	261,26	293,91	173,81	252,82	284,42	168,02	244,39	274,94	162,22	235,96	265,45
	II	3 536,25	194,49	282,90	318,26	II	3 536,25	188,69	274,46	308,77	182,89	266,03	299,28	177,10	257,60	289,80	171,30	249,16	280,31	165,50	240,73	270,82	159,70	232,30	261,33
	III	2 856,16	157,08	228,49	257,05	III	2 856,16	151,29	220,06	247,57	145,49	211,62	238,07	139,70	203,20	228,60	133,89	194,76	219,10	128,09	186,32	209,61	122,34	177,96	200,20
	V	4 125,75	226,91	330,06	371,31	IV	3 582,–	194,11	282,34	317,63	191,21	278,12	312,89	188,31	273,91	308,15	185,41	269,69	303,40	182,51	265,48	298,66	179,61	261,26	293,91
	VI	4 157,91	228,68	332,63	374,21																				
10 529,99	I,IV	3 583,33	197,08	286,66	322,49	I	3 583,33	191,28	278,22	313,–	185,48	269,79	303,51	179,68	261,36	294,03	173,88	252,92	284,54	168,08	244,49	275,05	162,29	236,06	265,56
	II	3 537,50	194,56	283,–	318,37	II	3 537,50	188,76	274,56	308,88	182,96	266,13	299,39	177,16	257,70	289,91	171,37	249,26	280,42	165,57	240,83	270,93	159,77	232,40	261,45
	III	2 857,50	157,16	228,60	257,17	III	2 857,50	151,36	220,16	247,68	145,56	211,73	238,19	139,76	203,29	228,70	133,97	194,86	219,22	128,16	186,42	209,72	122,42	178,06	200,32
	V	4 127,–	226,98	330,16	371,43	IV	3 583,33	194,18	282,44	317,75	191,28	278,22	313,–	188,38	274,01	308,26	185,48	269,79	303,51	182,58	265,58	298,77	179,68	261,36	294,03
	VI	4 159,16	228,75	332,73	374,32																				

* Die ausgewiesenen Tabellenwerte sind amtlich. Siehe Erläuterungen auf der Umschlaginnenseite (U2).

Abzüge an Lohnsteuer, Solidaritätszuschlag (SolZ) und Kirchensteuer (8%, 9%) in den Steuerklassen

Lohn/Gehalt bis €*	I – VI	ohne Kinderfreibeträge LSt	SolZ	8%	9%	I, II, III, IV	LSt	mit Zahl der Kinderfreibeträge . . . 0,5 SolZ	0,5 8%	0,5 9%	1 SolZ	1 8%	1 9%	1,5 SolZ	1,5 8%	1,5 9%	2 SolZ	2 8%	2 9%	2,5 SolZ	2,5 8%	2,5 9%	3 SolZ	3 8%	3 9%
10 532,99	I,IV	3 584,58	197,15	286,76	322,61	I	3 584,58	191,35	278,33	313,12	185,55	269,90	303,63	179,75	261,46	294,14	173,95	253,02	284,65	168,15	244,59	275,16	162,36	236,16	265,68
	II	3 538,75	194,63	283,10	318,48	II	3 538,75	188,83	274,66	308,99	183,03	266,23	299,51	177,23	257,80	290,02	171,43	249,36	280,53	165,64	240,93	271,04	159,84	232,50	261,56
	III	2 858,66	157,22	228,69	257,27	III	2 858,66	151,43	220,26	247,79	145,63	211,82	238,30	139,83	203,40	228,82	134,03	194,96	219,33	128,23	186,52	209,83	122,48	178,16	200,43
	V	4 128,25	227,05	330,26	371,54	IV	3 584,58	194,25	282,54	317,86	191,35	278,33	313,12	188,45	274,11	308,37	185,55	269,90	303,63	182,65	265,68	298,89	179,75	261,46	294,14
	VI	4 160,41	228,82	332,83	374,43																				
10 535,99	I,IV	3 585,83	197,22	286,86	322,72	I	3 585,83	191,42	278,43	313,23	185,62	270,—	303,75	179,82	261,56	294,26	174,02	253,13	284,77	168,23	244,70	275,28	162,43	236,26	265,79
	II	3 540,—	194,70	283,20	318,60	II	3 540,—	188,90	274,76	309,11	183,10	266,33	299,62	177,30	257,90	290,13	171,50	249,46	280,64	165,71	241,03	271,16	159,91	232,60	261,67
	III	2 860,—	157,30	228,80	257,40	III	2 860,—	151,49	220,36	247,90	145,70	211,93	238,42	139,90	203,49	228,92	134,10	195,06	219,44	128,30	186,62	209,95	122,55	178,26	200,54
	V	4 129,50	227,12	330,36	371,65	IV	3 585,83	194,31	282,64	317,97	191,42	278,43	313,23	188,52	274,21	308,48	185,62	270,—	303,75	182,72	265,78	299,—	179,82	261,56	294,26
	VI	4 161,75	228,89	332,94	374,55																				
10 538,99	I,IV	3 587,08	197,28	286,96	322,83	I	3 587,08	191,49	278,53	313,34	185,69	270,10	303,86	179,89	261,66	294,37	174,09	253,23	284,88	168,30	244,80	275,40	162,50	236,36	265,91
	II	3 541,33	194,77	283,30	318,71	II	3 541,33	188,97	274,86	309,22	183,17	266,43	299,73	177,37	258,—	290,25	171,57	249,56	280,76	165,77	241,13	271,27	159,98	232,70	261,78
	III	2 861,16	157,36	228,89	257,50	III	2 861,16	151,57	220,46	248,02	145,76	212,02	238,52	139,97	203,60	229,05	134,17	195,16	219,55	128,37	186,72	210,06	122,62	178,36	200,65
	V	4 130,75	227,19	330,46	371,76	IV	3 587,08	194,38	282,74	318,08	191,49	278,53	313,34	188,59	274,31	308,60	185,69	270,10	303,86	182,79	265,88	299,11	179,89	261,66	294,37
	VI	4 163,—	228,96	333,04	374,67																				
10 541,99	I,IV	3 588,33	197,35	287,06	322,94	I	3 588,33	191,56	278,63	313,46	185,76	270,20	303,97	179,96	261,76	294,48	174,16	253,33	284,99	168,36	244,90	275,51	162,57	236,46	266,02
	II	3 542,58	194,84	283,40	318,83	II	3 542,58	189,04	274,97	309,34	183,24	266,54	299,85	177,44	258,10	290,36	171,64	249,66	280,87	165,84	241,23	271,38	160,05	232,80	261,90
	III	2 862,50	157,43	229,—	257,62	III	2 862,50	151,63	220,56	248,13	145,84	212,13	238,64	140,03	203,69	229,15	134,24	195,26	219,67	128,44	186,82	210,17	122,69	178,46	200,77
	V	4 132,—	227,26	330,56	371,88	IV	3 588,33	194,45	282,84	318,20	191,56	278,63	313,46	188,65	274,41	308,71	185,76	270,20	303,97	182,86	265,98	299,22	179,96	261,76	294,48
	VI	4 164,25	229,03	333,14	374,78																				
10 544,99	I,IV	3 589,58	197,42	287,16	323,06	I	3 589,58	191,62	278,73	313,57	185,83	270,30	304,08	180,03	261,86	294,59	174,23	253,43	285,11	168,43	245,—	275,62	162,63	236,56	266,13
	II	3 543,83	194,91	283,50	318,94	II	3 543,83	189,11	275,07	309,45	183,31	266,64	299,97	177,51	258,20	290,48	171,71	249,77	280,99	165,92	241,34	271,50	160,12	232,90	262,01
	III	2 863,83	157,51	229,10	257,74	III	2 863,83	151,70	220,66	248,24	145,91	212,24	238,77	140,11	203,80	229,27	134,31	195,36	219,78	128,51	186,93	210,29	122,76	178,56	200,88
	V	4 133,33	227,33	330,66	371,99	IV	3 589,58	194,53	282,95	318,32	191,62	278,73	313,57	188,73	274,52	308,83	185,83	270,30	304,08	182,93	266,08	299,34	180,03	261,86	294,59
	VI	4 165,50	229,10	333,24	374,89																				
10 547,99	I,IV	3 590,83	197,49	287,26	323,17	I	3 590,83	191,69	278,83	313,68	185,90	270,40	304,20	180,10	261,96	294,71	174,30	253,53	285,22	168,50	245,10	275,73	162,70	236,66	266,24
	II	3 545,08	194,97	283,60	319,05	II	3 545,08	189,18	275,17	309,56	183,38	266,74	300,08	177,58	258,30	290,59	171,78	249,87	281,10	165,99	241,44	271,62	160,19	233,—	262,13
	III	2 865,—	157,57	229,20	257,85	III	2 865,—	151,78	220,77	248,36	145,97	212,33	238,87	140,18	203,90	229,39	134,38	195,46	219,89	128,59	187,04	210,42	122,83	178,66	200,99
	V	4 134,58	227,40	330,76	372,11	IV	3 590,83	194,59	283,05	318,43	191,69	278,83	313,68	188,80	274,62	308,94	185,90	270,40	304,20	183,—	266,18	299,45	180,10	261,96	294,71
	VI	4 166,75	229,17	333,34	375,—																				
10 550,99	I,IV	3 592,08	197,56	287,36	323,28	I	3 592,08	191,76	278,93	313,79	185,96	270,50	304,31	180,17	262,06	294,82	174,37	253,63	285,33	168,57	245,20	275,85	162,77	236,76	266,36
	II	3 546,33	195,04	283,70	319,16	II	3 546,33	189,25	275,27	309,68	183,45	266,84	300,19	177,65	258,40	290,70	171,85	249,97	281,21	166,05	241,54	271,73	160,26	233,10	262,24
	III	2 866,33	157,64	229,30	257,96	III	2 866,33	151,84	220,86	248,47	146,05	212,44	238,99	140,25	204,—	229,50	134,45	195,57	220,01	128,65	187,13	210,52	122,89	178,76	201,10
	V	4 135,83	227,47	330,86	372,22	IV	3 592,08	194,66	283,15	318,54	191,76	278,93	313,79	188,87	274,72	309,06	185,96	270,50	304,31	183,07	266,28	299,57	180,17	262,06	294,82
	VI	4 168,—	229,24	333,44	375,12																				
10 553,99	I,IV	3 593,33	197,63	287,46	323,39	I	3 593,33	191,83	279,03	313,91	186,03	270,60	304,42	180,23	262,16	294,93	174,44	253,73	285,44	168,64	245,30	275,96	162,84	236,86	266,47
	II	3 547,58	195,11	283,80	319,28	II	3 547,58	189,31	275,37	309,79	183,52	266,94	300,30	177,72	258,50	290,81	171,92	250,07	281,33	166,12	241,64	271,84	160,32	233,20	262,35
	III	2 867,50	157,71	229,40	258,07	III	2 867,50	151,91	220,97	248,59	146,11	212,53	239,09	140,32	204,10	229,61	134,52	195,66	220,12	128,72	187,24	210,64	122,96	178,85	201,20
	V	4 137,08	227,53	330,96	372,33	IV	3 593,33	194,73	283,25	318,65	191,83	279,03	313,91	188,93	274,82	309,17	186,03	270,60	304,42	183,14	266,38	299,68	180,23	262,16	294,93
	VI	4 169,25	229,30	333,54	375,23																				
10 556,99	I,IV	3 594,66	197,70	287,57	323,51	I	3 594,66	191,90	279,14	314,03	186,11	270,70	304,54	180,30	262,26	295,04	174,51	253,83	285,56	168,71	245,40	276,07	162,91	236,96	266,58
	II	3 548,83	195,18	283,90	319,39	II	3 548,83	189,38	275,47	309,90	183,59	267,04	300,42	177,79	258,60	290,93	171,99	250,17	281,44	166,19	241,74	271,95	160,39	233,30	262,46
	III	2 868,83	157,78	229,50	258,19	III	2 868,83	151,98	221,06	248,69	146,19	212,64	239,22	140,38	204,20	229,72	134,59	195,77	220,24	128,79	187,33	210,74	123,03	178,96	201,33
	V	4 138,33	227,60	331,06	372,44	IV	3 594,66	194,80	283,35	318,77	191,90	279,14	314,03	189,—	274,92	309,28	186,11	270,70	304,54	183,20	266,48	299,79	180,30	262,26	295,04
	VI	4 170,50	229,37	333,64	375,34																				
10 559,99	I,IV	3 595,91	197,77	287,67	323,63	I	3 595,91	191,97	279,24	314,14	186,17	270,80	304,65	180,38	262,37	295,16	174,58	253,94	285,68	168,78	245,50	276,19	162,98	237,06	266,69
	II	3 550,08	195,25	284,—	319,50	II	3 550,08	189,45	275,57	310,01	183,65	267,14	300,53	177,86	258,70	291,04	172,06	250,27	281,55	166,26	241,84	272,07	160,46	233,40	262,58
	III	2 870,—	157,85	229,60	258,30	III	2 870,—	152,05	221,17	248,81	146,25	212,73	239,32	140,46	204,30	229,84	134,65	195,86	220,34	128,86	187,44	210,87	123,09	179,05	201,43
	V	4 139,58	227,67	331,16	372,56	IV	3 595,91	194,87	283,45	318,88	191,97	279,24	314,14	189,07	275,02	309,39	186,17	270,80	304,65	183,27	266,58	299,90	180,38	262,37	295,16
	VI	4 171,83	229,45	333,74	375,46																				
10 562,99	I,IV	3 597,16	197,84	287,77	323,74	I	3 597,16	192,04	279,34	314,25	186,24	270,90	304,76	180,45	262,47	295,28	174,65	254,04	285,79	168,85	245,60	276,30	163,05	237,17	266,81
	II	3 551,33	195,32	284,10	319,61	II	3 551,33	189,52	275,67	310,13	183,72	267,24	300,64	177,92	258,80	291,15	172,13	250,37	281,66	166,33	241,94	272,18	160,53	233,50	262,69
	III	2 871,33	157,92	229,70	258,41	III	2 871,33	152,12	221,26	248,92	146,32	212,84	239,44	140,52	204,40	229,95	134,73	195,97	220,46	128,92	187,53	210,97	123,17	179,16	201,55
	V	4 140,83	227,74	331,26	372,67	IV	3 597,16	194,94	283,55	318,99	192,04	279,34	314,25	189,14	275,12	309,51	186,24	270,90	304,76	183,34	266,68	300,02	180,45	262,47	295,28
	VI	4 173,08	229,51	333,84	375,57																				
10 565,99	I,IV	3 598,41	197,91	287,87	323,85	I	3 598,41	192,11	279,44	314,37	186,31	271,—	304,88	180,51	262,57	295,39	174,72	254,14	285,90	168,92	245,70	276,41	163,12	237,27	266,93
	II	3 552,66	195,39	284,21	319,73	II	3 552,66	189,59	275,78	310,25	183,80	267,34	300,76	177,99	258,90	291,26	172,20	250,47	281,78	166,40	242,04	272,29	160,60	233,60	262,80
	III	2 872,50	157,98	229,80	258,52	III	2 872,50	152,19	221,37	249,04	146,39	212,93	239,54	140,59	204,50	230,06	134,79	196,06	220,57	129,—	187,64	211,09	123,23	179,25	201,65
	V	4 142,08	227,81	331,36	372,78	IV	3 598,41	195,01	283,65	319,10	192,11	279,44	314,37	189,21	275,22	309,62	186,31	271,—	304,88	183,41	266,78	300,13	180,51	262,57	295,39
	VI	4 174,33	229,58	333,94	375,68																				
10 568,99	I,IV	3 599,66	197,98	287,97	323,96	I	3 599,66	192,18	279,54	314,48	186,38	271,10	304,99	180,58	262,67	295,50	174,79	254,24	286,02	168,99	245,80	276,53	163,19	237,37	267,04
	II	3 553,91	195,46	284,31	319,85	II	3 553,91	189,66	275,88	310,36	183,86	267,44	300,87	178,07	259,01	291,38	172,27	250,58	281,90	166,47	242,14	272,41	160,67	233,70	262,91
	III	2 873,83	158,06	229,90	258,64	III	2 873,83	152,26	221,48	249,16	146,46	213,04	239,67	140,66	204,60	230,17	134,86	196,17	220,69	129,06	187,73	211,19	123,31	179,36	201,78
	V	4 143,41	227,88	331,47	372,90	IV	3 599,66	195,08	283,76	319,23	192,18	279,54	314,48	189,28	275,32	309,74	186,38	271,10	304,99	183,48	266,88	300,24	180,58	262,67	295,50
	VI	4 175,58	229,65	334,04	375,80																				
10 571,99	I,IV	3 600,91	198,05	288,07	324,08	I	3 600,91	192,25	279,64	314,59	186,45	271,20	305,10	180,65	262,77	295,61	174,85	254,34	286,13	169,06	245,90	276,64	163,26	237,47	267,15
	II	3 555,16	195,53	284,41	319,96	II	3 555,16	189,73	275,98	310,47	183,93	267,54	300,98	178,14	259,11	291,50	172,34	250,68	282,01	166,54	242,24	272,52	160,74	233,81	263,03
	III	2 875,16	158,13	230,01	258,76	III	2 875,16	152,33	221,57	249,26	146,53	213,14	239,78	140,73	204,70	230,29	134,94	196,28	220,81	129,14	187,84	211,32	123,37	179,45	201,88
	V	4 144,66	227,95	331,57	373,01	IV	3 600,91	195,15	283,86	319,34	192,25	279,64	314,59	189,35	275,42	309,85	186,45	271,20	305,10	183,55	266,99	300,36	180,65	262,77	295,61
	VI	4 176,83	229,72	334,14	375,91																				
10 574,99	I,IV	3 602,16	198,11	288,17	324,19	I	3 602,16	192,32	279,74	314,70	186,52	271,30	305,21	180,72	262,87	295,73	174,92	254,44	286,24	169,12	246,—	276,75	163,33	237,57	267,26
	II	3 556,41	195,60	284,51	320,07	II	3 556,41	189,80	276,08	310,59	184,—	267,64	301,10	178,20	259,21	291,61	172,41	250,78	282,12	166,61	242,34	272,63	160,81	233,91	263,15
	III	2 876,33	158,19	230,10	258,86	III	2 876,33	152,40	221,68	249,39	146,60	213,24	239,89	140,80	204,81	230,41	135,—	196,37	220,91	129,21	187,94	211,43	123,44	179,56	202,—
	V	4 145,91	228,02	331,67	373,13	IV	3 602,16	195,22	283,96	319,45	192,32	279,74	314,70	189,42	275,52	309,96	186,52	271,30	305,21	183,62	267,09	300,47	180,72	262,87	295,73
	VI	4 178,08	229,79	334,24	376,02																				

* Die ausgewiesenen Tabellenwerte sind amtlich. Siehe Erläuterungen auf der Umschlaginnenseite (U2).

MONAT 10 575,–*

Abzüge an Lohnsteuer, Solidaritätszuschlag (SolZ) und Kirchensteuer (8%, 9%) in den Steuerklassen

Lohn/ Gehalt bis €*	I – VI		ohne Kinder-freibeträge			I, II, III, IV		mit Zahl der Kinderfreibeträge . . . 0,5			1			1,5			2			2,5			3		
		LSt	SolZ	8%	9%		LSt	SolZ	8%	9%	SolZ	8%	9%	SolZ	8%	9%	SolZ	8%	9%	SolZ	8%	9%	SolZ	8%	9%
10 577,99	I,IV	3 603,41	198,18	288,27	324,30	I	3 603,41	192,39	279,84	314,82	186,59	271,40	305,33	180,79	262,97	295,84	174,99	254,54	286,35	169,19	246,10	276,86	163,40	237,67	267,38
	II	3 557,66	195,67	284,61	320,18	II	3 557,66	189,87	276,18	310,70	184,07	267,74	301,21	178,27	259,31	291,72	172,48	250,88	282,24	166,68	242,44	272,75	160,88	234,01	263,26
	III	2 877,66	158,27	230,21	258,98	III	2 877,66	152,46	221,77	249,49	146,67	213,34	240,01	140,87	204,90	230,51	135,08	196,48	221,04	129,27	188,04	211,54	123,51	179,65	202,10
	V	4 147,16	228,09	331,77	373,24	IV	3 603,41	195,29	284,06	319,56	192,39	279,84	314,82	189,49	275,62	310,07	186,59	271,40	305,33	183,69	267,19	300,59	180,79	262,97	295,84
	VI	4 179,33	229,86	334,34	376,13																				
10 580,99	I,IV	3 604,75	198,26	288,38	324,42	I	3 604,75	192,46	279,94	314,93	186,66	271,50	305,44	180,86	263,07	295,95	175,06	254,64	286,47	169,26	246,20	276,98	163,46	237,77	267,49
	II	3 558,91	195,74	284,71	320,30	II	3 558,91	189,94	276,28	310,81	184,14	267,84	301,32	178,34	259,41	291,83	172,54	250,98	282,35	166,75	242,54	272,86	160,95	234,11	263,37
	III	2 878,83	158,33	230,30	259,09	III	2 878,83	152,54	221,88	249,61	146,74	213,44	240,12	140,94	205,01	230,63	135,14	196,57	221,14	129,35	188,14	211,66	123,57	179,74	202,21
	V	4 148,41	228,16	331,87	373,35	IV	3 604,75	195,36	284,16	319,68	192,46	279,94	314,93	189,56	275,72	310,19	186,66	271,50	305,44	183,76	267,29	300,70	180,86	263,07	295,95
	VI	4 180,58	229,93	334,44	376,25																				
10 583,99	I,IV	3 606,—	198,33	288,48	324,54	I	3 606,—	192,53	280,04	315,05	186,73	271,61	305,56	180,93	263,18	296,07	175,13	254,74	286,58	169,33	246,30	277,09	163,53	237,87	267,60
	II	3 560,16	195,80	284,81	320,41	II	3 560,16	190,01	276,38	310,92	184,21	267,94	301,43	178,41	259,51	291,95	172,61	251,08	282,46	166,81	242,64	272,97	161,02	234,21	263,48
	III	2 880,16	158,40	230,41	259,21	III	2 880,16	152,60	221,97	249,71	146,81	213,54	240,23	141,01	205,10	230,74	135,21	196,68	221,26	129,41	188,24	211,77	123,64	179,85	202,33
	V	4 149,66	228,23	331,97	373,46	IV	3 606,—	195,42	284,26	319,79	192,53	280,04	315,05	189,63	275,82	310,30	186,73	271,61	305,56	183,83	267,39	300,81	180,93	263,18	296,07
	VI	4 181,91	230,—	334,55	376,37																				
10 586,99	I,IV	3 607,25	198,39	288,58	324,65	I	3 607,25	192,60	280,14	315,16	186,80	271,71	305,67	181,—	263,28	296,19	175,20	254,84	286,70	169,40	246,41	277,21	163,61	237,98	267,72
	II	3 561,41	195,87	284,91	320,52	II	3 561,41	190,08	276,48	311,04	184,28	268,04	301,55	178,48	259,61	292,06	172,68	251,18	282,57	166,88	242,74	273,08	161,09	234,31	263,60
	III	2 881,33	158,47	230,50	259,31	III	2 881,33	152,68	222,08	249,84	146,87	213,64	240,34	141,08	205,21	230,86	135,28	196,77	221,36	129,48	188,34	211,88	123,71	179,94	202,43
	V	4 150,91	228,30	332,07	373,58	IV	3 607,25	195,49	284,36	319,90	192,60	280,14	315,16	189,69	275,92	310,41	186,80	271,71	305,67	183,90	267,49	300,92	181,—	263,28	296,19
	VI	4 183,16	230,07	334,65	376,48																				
10 589,99	I,IV	3 608,50	198,46	288,68	324,76	I	3 608,50	192,66	280,24	315,27	186,87	271,81	305,78	181,07	263,38	296,30	175,27	254,94	286,81	169,47	246,51	277,32	163,68	238,08	267,84
	II	3 562,75	195,95	285,02	320,64	II	3 562,75	190,15	276,58	311,15	184,35	268,14	301,66	178,55	259,71	292,17	172,75	251,28	282,69	166,95	242,84	273,20	161,15	234,41	263,71
	III	2 882,66	158,54	230,61	259,43	III	2 882,66	152,74	222,17	249,94	146,95	213,74	240,46	141,14	205,30	230,96	135,35	196,88	221,49	129,55	188,44	211,99	123,78	180,05	202,55
	V	4 152,16	228,36	332,17	373,69	IV	3 608,50	195,56	284,46	320,01	192,66	280,24	315,27	189,76	276,02	310,52	186,87	271,81	305,78	183,97	267,59	301,04	181,07	263,38	296,30
	VI	4 184,41	230,14	334,75	376,59																				
10 592,99	I,IV	3 609,75	198,53	288,78	324,87	I	3 609,75	192,73	280,34	315,38	186,94	271,91	305,90	181,14	263,48	296,41	175,34	255,04	286,92	169,54	246,61	277,43	163,74	238,18	267,95
	II	3 564,—	196,02	285,12	320,76	II	3 564,—	190,22	276,68	311,27	184,42	268,25	301,78	178,62	259,82	292,29	172,82	251,38	282,80	167,02	242,94	273,31	161,22	234,51	263,82
	III	2 884,—	158,62	230,72	259,56	III	2 884,—	152,81	222,28	250,06	147,01	213,84	240,57	141,22	205,41	231,08	135,41	196,97	221,59	129,62	188,54	212,11	123,85	180,14	202,66
	V	4 153,41	228,43	332,27	373,80	IV	3 609,75	195,63	284,56	320,13	192,73	280,34	315,38	189,83	276,12	310,64	186,94	271,91	305,90	184,03	267,69	301,15	181,14	263,48	296,41
	VI	4 185,66	230,21	334,85	376,70																				
10 595,99	I,IV	3 611,—	198,60	288,88	324,99	I	3 611,—	192,80	280,44	315,50	187,—	272,01	306,01	181,21	263,58	296,52	175,41	255,14	287,03	169,61	246,71	277,55	163,81	238,28	268,06
	II	3 565,25	196,08	285,22	320,87	II	3 565,25	190,29	276,78	311,38	184,49	268,35	301,89	178,69	259,92	292,41	172,89	251,48	282,92	167,09	243,05	273,43	161,30	234,62	263,94
	III	2 885,16	158,68	230,81	259,66	III	2 885,16	152,89	222,38	250,18	147,08	213,94	240,68	141,29	205,52	231,21	135,49	197,08	221,71	129,69	188,64	212,22	123,92	180,25	202,78
	V	4 154,75	228,51	332,38	373,92	IV	3 611,—	195,70	284,66	320,24	192,80	280,44	315,50	189,91	276,23	310,76	187,—	272,01	306,01	184,11	267,80	301,27	181,21	263,58	296,52
	VI	4 186,91	230,28	334,95	376,82																				
10 598,99	I,IV	3 612,25	198,67	288,98	325,10	I	3 612,25	192,87	280,54	315,61	187,07	272,11	306,12	181,28	263,68	296,64	175,48	255,24	287,15	169,68	246,81	277,66	163,88	238,38	268,17
	II	3 566,50	196,15	285,32	320,98	II	3 566,50	190,35	276,88	311,49	184,56	268,45	302,—	178,76	260,02	292,52	172,96	251,58	283,03	167,16	243,15	273,54	161,37	234,72	264,06
	III	2 886,50	158,75	230,92	259,78	III	2 886,50	152,95	222,48	250,29	147,16	214,05	240,80	141,35	205,61	231,31	135,56	197,18	221,83	129,76	188,74	212,33	123,98	180,34	202,88
	V	4 156,—	228,58	332,48	374,04	IV	3 612,25	195,77	284,76	320,36	192,87	280,54	315,61	189,97	276,33	310,87	187,07	272,11	306,12	184,18	267,90	301,38	181,28	263,68	296,64
	VI	4 188,16	230,34	335,05	376,93																				
10 601,99	I,IV	3 613,50	198,74	289,08	325,21	I	3 613,50	192,94	280,64	315,72	187,14	272,21	306,23	181,34	263,78	296,75	175,55	255,34	287,26	169,75	246,91	277,77	163,95	238,48	268,29
	II	3 567,75	196,22	285,42	321,09	II	3 567,75	190,42	276,98	311,60	184,63	268,55	302,12	178,83	260,12	292,63	173,03	251,68	283,14	167,23	243,25	273,65	161,43	234,82	264,17
	III	2 887,66	158,82	231,01	259,88	III	2 887,66	153,02	222,58	250,40	147,22	214,14	240,91	141,43	205,72	231,43	135,63	197,28	221,94	129,83	188,85	212,45	124,06	180,45	203,—
	V	4 157,25	228,64	332,58	374,15	IV	3 613,50	195,84	284,86	320,47	192,94	280,64	315,72	190,04	276,43	310,98	187,14	272,21	306,23	184,25	268,—	301,50	181,34	263,78	296,75
	VI	4 189,41	230,41	335,15	377,04																				
10 604,99	I,IV	3 614,83	198,81	289,18	325,33	I	3 614,83	193,01	280,74	315,83	187,21	272,31	306,35	181,41	263,88	296,86	175,61	255,44	287,37	169,82	247,01	277,88	164,02	238,58	268,40
	II	3 569,—	196,29	285,52	321,21	II	3 569,—	190,49	277,08	311,72	184,69	268,65	302,23	178,90	260,22	292,74	173,10	251,78	283,25	167,30	243,35	273,77	161,50	234,92	264,28
	III	2 889,—	158,89	231,12	260,01	III	2 889,—	153,09	222,68	250,51	147,29	214,25	241,03	141,49	205,81	231,53	135,70	197,38	222,05	129,90	188,94	212,56	124,12	180,54	203,11
	V	4 158,50	228,71	332,68	374,26	IV	3 614,83	195,91	284,96	320,58	193,01	280,74	315,83	190,11	276,53	311,09	187,21	272,31	306,35	184,31	268,10	301,61	181,41	263,88	296,86
	VI	4 190,66	230,48	335,25	377,15																				
10 607,99	I,IV	3 616,08	198,88	289,28	325,44	I	3 616,08	193,08	280,85	315,95	187,28	272,42	306,47	181,49	263,98	296,98	175,68	255,54	287,48	169,89	247,11	278,—	164,09	238,68	268,51
	II	3 570,25	196,36	285,62	321,32	II	3 570,25	190,56	277,18	311,83	184,76	268,75	302,34	178,97	260,32	292,86	173,17	251,88	283,37	167,37	243,45	273,88	161,57	235,02	264,39
	III	2 890,16	158,95	231,21	260,11	III	2 890,16	153,16	222,78	250,63	147,36	214,34	241,13	141,57	205,92	231,66	135,76	197,48	222,16	129,97	189,05	212,68	124,19	180,65	203,23
	V	4 159,75	228,78	332,78	374,37	IV	3 616,08	195,98	285,06	320,69	193,08	280,85	315,95	190,18	276,63	311,21	187,28	272,42	306,47	184,38	268,20	301,72	181,49	263,98	296,98
	VI	4 191,91	230,55	335,35	377,27																				
10 610,99	I,IV	3 617,33	198,95	289,38	325,55	I	3 617,33	193,15	280,95	316,07	187,35	272,52	306,58	181,55	264,08	297,09	175,76	255,65	287,60	169,96	247,22	278,12	164,16	238,78	268,63
	II	3 571,50	196,43	285,72	321,43	II	3 571,50	190,63	277,28	311,94	184,83	268,85	302,45	179,03	260,42	292,97	173,24	251,98	283,48	167,44	243,55	273,99	161,64	235,12	264,51
	III	2 891,50	159,03	231,32	260,23	III	2 891,50	153,23	222,88	250,74	147,43	214,45	241,25	141,63	206,01	231,76	135,84	197,58	222,28	130,03	189,14	212,78	124,26	180,74	203,33
	V	4 161,—	228,85	332,88	374,49	IV	3 617,33	196,05	285,16	320,81	193,15	280,95	316,07	190,25	276,73	311,32	187,35	272,52	306,58	184,45	268,30	301,83	181,55	264,08	297,09
	VI	4 193,25	230,62	335,46	377,39																				
10 613,99	I,IV	3 618,58	199,02	289,48	325,67	I	3 618,58	193,22	281,05	316,18	187,42	272,62	306,69	181,62	264,18	297,20	175,83	255,75	287,72	170,03	247,32	278,23	164,23	238,88	268,74
	II	3 572,83	196,50	285,82	321,55	II	3 572,83	190,70	277,38	312,05	184,90	268,95	302,57	179,10	260,52	293,08	173,30	252,08	283,59	167,51	243,65	274,10	161,71	235,22	264,62
	III	2 892,66	159,09	231,41	260,33	III	2 892,66	153,30	222,98	250,85	147,50	214,54	241,36	141,70	206,12	231,88	135,90	197,68	222,39	130,11	189,25	212,90	124,33	180,85	203,45
	V	4 162,25	228,92	332,98	374,60	IV	3 618,58	196,12	285,26	320,92	193,22	281,05	316,18	190,32	276,83	311,43	187,42	272,62	306,69	184,52	268,40	301,95	181,62	264,18	297,2[illegible]
	VI	4 194,50	230,69	335,56	377,50																				
10 616,99	I,IV	3 619,83	199,09	289,58	325,78	I	3 619,83	193,29	281,15	316,29	187,49	272,72	306,81	181,69	264,28	297,32	175,89	255,85	287,83	170,10	247,42	278,34	164,30	238,98	268,8[illegible]
	II	3 574,08	196,57	285,92	321,66	II	3 574,08	190,77	277,49	312,17	184,97	269,06	302,69	179,18	260,62	293,20	173,37	252,18	283,70	167,58	243,75	274,22	161,78	235,32	264,7[illegible]
	III	2 894,—	159,17	231,52	260,46	III	2 894,—	153,36	223,08	250,96	147,57	214,65	241,48	141,77	206,21	231,98	135,97	197,78	222,50	130,17	189,34	213,01	124,40	180,94	203,5[illegible]
	V	4 163,50	228,99	333,08	374,71	IV	3 619,83	196,18	285,36	321,03	193,29	281,15	316,29	190,39	276,93	311,54	187,49	272,72	306,81	184,59	268,50	302,06	181,69	264,28	297,3[illegible]
	VI	4 195,75	230,76	335,66	377,61																				
10 619,99	I,IV	3 621,08	199,15	289,68	325,89	I	3 621,08	193,36	281,25	316,40	187,56	272,82	306,92	181,76	264,38	297,43	175,96	255,95	287,94	170,17	247,52	278,46	164,37	239,08	268,9[illegible]
	II	3 575,33	196,64	286,02	321,77	II	3 575,33	190,84	277,59	312,29	185,04	269,16	302,80	179,24	260,72	293,31	173,45	252,29	283,82	167,65	243,86	274,34	161,85	235,42	264,8[illegible]
	III	2 895,33	159,24	231,62	260,57	III	2 895,33	153,44	223,18	251,08	147,64	214,76	241,60	141,84	206,32	232,11	136,04	197,88	222,61	130,24	189,45	213,13	124,46	181,04	203,6[illegible]
	V	4 164,83	229,06	333,18	374,83	IV	3 621,08	196,26	285,47	321,15	193,36	281,25	316,40	190,46	277,04	311,67	187,56	272,82	306,92	184,66	268,60	302,18	181,76	264,38	297,4[illegible]
	VI	4 197,—	230,83	335,76	377,73																				

* Die ausgewiesenen Tabellenwerte sind amtlich. Siehe Erläuterungen auf der Umschlaginnenseite (U2).

Lohn/ Gehalt bis €*	Abzüge an Lohnsteuer, Solidaritätszuschlag (SolZ) und Kirchensteuer (8%, 9%) in den Steuerklassen I – VI					I, II, III, IV (mit Zahl der Kinderfreibeträge . . .)		0,5			1			1,5			2			2,5			3		
		LSt	ohne Kinderfreibeträge SolZ	8%	9%		LSt	SolZ	8%	9%	SolZ	8%	9%	SolZ	8%	9%	SolZ	8%	9%	SolZ	8%	9%	SolZ	8%	9%
10 622,99	I,IV	3 622,33	199,22	289,78	326,—	I	3 622,33	193,43	281,35	316,52	187,63	272,92	307,03	181,83	264,48	297,54	176,03	256,05	288,05	170,23	247,62	278,57	164,44	239,18	269,08
	II	3 576,58	196,71	286,12	321,89	II	3 576,58	190,91	277,69	312,40	185,11	269,26	302,91	179,31	260,82	293,42	173,52	252,39	283,94	167,72	243,96	274,45	161,92	235,52	264,96
	III	2 896,50	159,30	231,72	260,68	III	2 896,50	153,51	223,29	251,20	147,71	214,85	241,70	141,91	206,42	232,22	136,11	197,98	222,73	130,32	189,56	213,25	124,53	181,14	203,78
	V	4 166,08	229,13	333,28	374,94	IV	3 622,33	196,33	285,57	321,26	193,43	281,35	316,52	190,53	277,14	311,78	187,63	272,92	307,03	184,73	268,70	302,29	181,83	264,48	297,54
	VI	4 198,25	230,90	335,86	377,84																				
10 625,99	I,IV	3 623,58	199,29	289,88	326,12	I	3 623,58	193,49	281,45	316,63	187,70	273,02	307,14	181,90	264,58	297,65	176,10	256,15	288,17	170,30	247,72	278,68	164,50	239,28	269,19
	II	3 577,83	196,78	286,22	322,—	II	3 577,83	190,98	277,79	312,51	185,18	269,36	303,03	179,38	260,92	293,54	173,58	252,49	284,05	167,79	244,06	274,56	161,99	235,62	265,07
	III	2 897,83	159,38	231,82	260,80	III	2 897,83	153,57	223,38	251,30	147,78	214,96	241,83	141,98	206,52	232,33	136,18	198,09	222,85	130,38	189,65	213,35	124,60	181,24	203,89
	V	4 167,33	229,20	333,38	375,05	IV	3 623,58	196,40	285,67	321,38	193,49	281,45	316,63	190,60	277,24	311,89	187,70	273,02	307,14	184,80	268,80	302,40	181,90	264,58	297,65
	VI	4 199,50	230,97	335,96	377,95																				
10 628,99	I,IV	3 624,83	199,36	289,98	326,23	I	3 624,83	193,56	281,55	316,74	187,77	273,12	307,26	181,97	264,68	297,77	176,17	256,25	288,28	170,37	247,82	278,79	164,57	239,38	269,30
	II	3 579,08	196,84	286,32	322,11	II	3 579,08	191,05	277,89	312,62	185,25	269,46	303,14	179,45	261,02	293,65	173,65	252,59	284,16	167,86	244,16	274,68	162,06	235,72	265,19
	III	2 899,—	159,44	231,92	260,91	III	2 899,—	153,65	223,49	251,42	147,84	215,05	241,93	142,05	206,62	232,45	136,25	198,18	222,95	130,46	189,76	213,48	124,67	181,34	204,01
	V	4 168,58	229,27	333,48	375,17	IV	3 624,83	196,46	285,77	321,49	193,56	281,55	316,74	190,67	277,34	312,—	187,77	273,12	307,26	184,87	268,90	302,51	181,97	264,68	297,77
	VI	4 200,75	231,04	336,06	378,06																				
10 631,99	I,IV	3 626,16	199,43	290,09	326,35	I	3 626,16	193,64	281,66	316,86	187,84	273,22	307,37	182,04	264,78	297,88	176,24	256,35	288,39	170,44	247,92	278,91	164,64	239,48	269,42
	II	3 580,33	196,91	286,42	322,22	II	3 580,33	191,12	277,99	312,74	185,32	269,56	303,25	179,52	261,12	293,76	173,72	252,69	284,27	167,92	244,26	274,79	162,13	235,82	265,30
	III	2 900,33	159,51	232,02	261,02	III	2 900,33	153,71	223,58	251,53	147,92	215,16	242,05	142,12	206,72	232,56	136,32	198,29	223,07	130,52	189,85	213,58	124,74	181,44	204,12
	V	4 169,83	229,34	333,58	375,28	IV	3 626,16	196,53	285,87	321,60	193,64	281,66	316,86	190,74	277,44	312,12	187,84	273,22	307,37	184,94	269,—	302,63	182,04	264,78	297,88
	VI	4 202,—	231,11	336,16	378,18																				
10 634,99	I,IV	3 627,41	199,50	290,19	326,46	I	3 627,41	193,71	281,76	316,98	187,91	273,32	307,49	182,11	264,89	298,—	176,31	256,46	288,51	170,51	248,02	279,02	164,71	239,58	269,53
	II	3 581,58	196,98	286,52	322,34	II	3 581,58	191,18	278,09	312,85	185,39	269,66	303,36	179,59	261,22	293,87	173,79	252,79	284,39	167,99	244,36	274,90	162,19	235,92	265,41
	III	2 901,50	159,58	232,12	261,13	III	2 901,50	153,78	223,69	251,65	147,98	215,25	242,15	142,19	206,82	232,67	136,39	198,38	223,18	130,59	189,96	213,70	124,81	181,54	204,23
	V	4 171,08	229,40	333,68	375,39	IV	3 627,41	196,60	285,97	321,71	193,71	281,76	316,98	190,80	277,54	312,23	187,91	273,32	307,49	185,01	269,10	302,74	182,11	264,89	298,—
	VI	4 203,33	231,18	336,26	378,29																				
10 637,99	I,IV	3 628,66	199,57	290,29	326,57	I	3 628,66	193,77	281,86	317,09	187,98	273,42	307,60	182,18	264,99	298,11	176,38	256,56	288,63	170,58	248,12	279,14	164,78	239,69	269,65
	II	3 582,83	197,05	286,62	322,45	II	3 582,83	191,25	278,19	312,96	185,46	269,76	303,48	179,66	261,32	293,99	173,86	252,89	284,50	168,06	244,46	275,01	162,26	236,02	265,52
	III	2 902,83	159,65	232,22	261,25	III	2 902,83	153,85	223,78	251,75	148,06	215,36	242,28	142,25	206,92	232,78	136,46	198,49	223,30	130,66	190,05	213,80	124,87	181,64	204,34
	V	4 172,33	229,47	333,78	375,50	IV	3 628,66	196,67	286,07	321,83	193,77	281,86	317,09	190,87	277,64	312,34	187,98	273,42	307,60	185,07	269,20	302,85	182,18	264,99	298,11
	VI	4 204,58	231,25	336,36	378,41																				
10 640,99	I,IV	3 629,91	199,64	290,39	326,69	I	3 629,91	193,84	281,96	317,20	188,04	273,52	307,71	182,25	265,09	298,22	176,45	256,66	288,74	170,65	248,22	279,25	164,85	239,79	269,76
	II	3 584,16	197,12	286,73	322,57	II	3 584,16	191,33	278,30	313,08	185,53	269,86	303,59	179,73	261,42	294,10	173,93	252,99	284,61	168,13	244,56	275,13	162,33	236,12	265,64
	III	2 904,—	159,72	232,32	261,36	III	2 904,—	153,92	223,89	251,87	148,12	215,45	242,38	142,33	207,02	232,90	136,52	198,58	223,40	130,73	190,16	213,93	124,95	181,74	204,46
	V	4 173,58	229,54	333,88	375,62	IV	3 629,91	196,74	286,17	321,94	193,84	281,96	317,20	190,94	277,74	312,45	188,04	273,52	307,71	185,14	269,30	302,96	182,25	265,09	298,22
	VI	4 205,83	231,32	336,46	378,52																				
10 643,99	I,IV	3 631,16	199,71	290,49	326,80	I	3 631,16	193,91	282,06	317,31	188,11	273,62	307,82	182,32	265,19	298,34	176,52	256,76	288,85	170,72	248,32	279,36	164,92	239,89	269,87
	II	3 585,41	197,19	286,83	322,68	II	3 585,41	191,40	278,40	313,20	185,60	269,96	303,71	179,80	261,53	294,22	174,—	253,10	284,73	168,20	244,66	275,24	162,40	236,22	265,75
	III	2 905,33	159,79	232,42	261,47	III	2 905,33	154,—	224,—	252,—	148,19	215,56	242,50	142,39	207,12	233,01	136,60	198,69	223,52	130,79	190,25	214,03	125,01	181,84	204,57
	V	4 174,91	229,62	333,99	375,74	IV	3 631,16	196,81	286,28	322,06	193,91	282,06	317,31	191,01	277,84	312,57	188,11	273,62	307,82	185,21	269,40	303,08	182,32	265,19	298,34
	VI	4 207,08	231,38	336,56	378,63																				
10 646,99	I,IV	3 632,41	199,78	290,59	326,91	I	3 632,41	193,98	282,16	317,43	188,18	273,72	307,94	182,38	265,29	298,45	176,59	256,86	288,96	170,79	248,42	279,47	164,99	239,99	269,99
	II	3 586,66	197,26	286,93	322,79	II	3 586,66	191,46	278,50	313,31	185,67	270,06	303,82	179,87	261,63	294,33	174,07	253,20	284,85	168,27	244,76	275,36	162,47	236,33	265,87
	III	2 906,66	159,86	232,53	261,59	III	2 906,66	154,06	224,09	252,10	148,27	215,66	242,62	142,46	207,22	233,12	136,67	198,80	223,65	130,87	190,36	214,15	125,08	181,94	204,68
	V	4 176,16	229,68	334,09	375,85	IV	3 632,41	196,88	286,38	322,17	193,98	282,16	317,43	191,08	277,94	312,68	188,18	273,72	307,94	185,29	269,51	303,20	182,38	265,29	298,45
	VI	4 208,33	231,45	336,66	378,74																				
10 649,99	I,IV	3 633,66	199,85	290,69	327,02	I	3 633,66	194,05	282,26	317,54	188,25	273,82	308,05	182,45	265,39	298,56	176,66	256,96	289,08	170,86	248,52	279,59	165,06	240,09	270,10
	II	3 587,91	197,33	287,03	322,91	II	3 587,91	191,53	278,60	313,42	185,73	270,16	303,93	179,94	261,73	294,44	174,14	253,30	284,96	168,34	244,86	275,47	162,54	236,43	265,98
	III	2 907,83	159,93	232,62	261,70	III	2 907,83	154,13	224,20	252,22	148,33	215,76	242,73	142,54	207,33	233,24	136,73	198,89	223,75	130,94	190,46	214,27	125,15	182,04	204,79
	V	4 177,41	229,75	334,19	375,96	IV	3 633,66	196,95	286,48	322,29	194,05	282,26	317,54	191,15	278,04	312,80	188,25	273,82	308,05	185,35	269,61	303,31	182,45	265,39	298,56
	VI	4 209,58	231,52	336,76	378,86																				
10 652,99	I,IV	3 634,91	199,92	290,79	327,14	I	3 634,91	194,12	282,36	317,65	188,32	273,92	308,16	182,52	265,49	298,67	176,72	257,06	289,19	170,93	248,62	279,70	165,13	240,19	270,21
	II	3 589,16	197,40	287,13	323,02	II	3 589,16	191,60	278,70	313,53	185,80	270,26	304,04	180,01	261,83	294,56	174,21	253,40	285,07	168,41	244,96	275,58	162,61	236,53	266,09
	III	2 909,16	160,—	232,73	261,82	III	2 909,16	154,20	224,29	252,32	148,40	215,86	242,84	142,60	207,42	233,35	136,81	199,—	223,87	131,01	190,56	214,38	125,22	182,14	204,91
	V	4 178,66	229,82	334,29	376,07	IV	3 634,91	197,02	286,58	322,40	194,12	282,36	317,65	191,22	278,14	312,91	188,32	273,92	308,16	185,42	269,71	303,42	182,52	265,49	298,67
	VI	4 210,83	231,59	336,86	378,97																				
10 655,99	I,IV	3 636,25	199,99	290,90	327,26	I	3 636,25	194,19	282,46	317,77	188,39	274,02	308,27	182,59	265,59	298,79	176,79	257,16	289,30	170,99	248,72	279,81	165,20	240,29	270,32
	II	3 590,41	197,47	287,23	323,13	II	3 590,41	191,67	278,80	313,65	185,87	270,36	304,16	180,07	261,93	294,67	174,28	253,50	285,18	168,48	245,06	275,69	162,68	236,63	266,21
	III	2 910,33	160,06	232,82	261,92	III	2 910,33	154,27	224,40	252,45	148,47	215,96	242,95	142,67	207,53	233,47	136,87	199,09	223,97	131,08	190,66	214,49	125,29	182,24	205,02
	V	4 179,91	229,89	334,39	376,19	IV	3 636,25	197,09	286,68	322,51	194,19	282,46	317,77	191,29	278,24	313,02	188,39	274,02	308,27	185,49	269,81	303,53	182,59	265,59	298,79
	VI	4 212,08	231,66	336,96	379,08																				
10 658,99	I,IV	3 637,50	200,06	291,—	327,37	I	3 637,50	194,26	282,56	317,88	188,46	274,13	308,39	182,66	265,70	298,91	176,87	257,26	289,42	171,06	248,82	279,92	165,27	240,39	270,44
	II	3 591,66	197,54	287,33	323,24	II	3 591,66	191,74	278,90	313,76	185,94	270,46	304,27	180,14	262,03	294,78	174,35	253,60	285,30	168,55	245,16	275,81	162,75	236,73	266,32
	III	2 911,66	160,14	232,93	262,04	III	2 911,66	154,33	224,49	252,55	148,54	216,06	243,07	142,74	207,62	233,57	136,95	199,20	224,10	131,14	190,76	214,60	125,36	182,34	205,13
	V	4 181,16	229,96	334,49	376,30	IV	3 637,50	197,16	286,78	322,62	194,26	282,56	317,88	191,36	278,34	313,13	188,46	274,13	308,39	185,56	269,91	303,65	182,66	265,70	298,91
	VI	4 213,41	231,73	337,07	379,20																				
10 661,99	I,IV	3 638,75	200,13	291,10	327,48	I	3 638,75	194,33	282,66	317,99	188,53	274,23	308,51	182,73	265,80	299,02	176,93	257,36	289,53	171,14	248,93	280,04	165,34	240,50	270,56
	II	3 592,91	197,61	287,43	323,36	II	3 592,91	191,81	279,—	313,87	186,01	270,56	304,38	180,21	262,13	294,89	174,41	253,70	285,41	168,62	245,26	275,92	162,82	236,83	266,43
	III	2 912,83	160,20	233,02	262,15	III	2 912,83	154,41	224,60	252,67	148,61	216,16	243,18	142,81	207,73	233,69	137,01	199,29	224,20	131,22	190,86	214,72	125,42	182,44	205,24
	V	4 182,41	230,03	334,59	376,41	IV	3 638,75	197,23	286,88	322,74	194,33	282,66	317,99	191,43	278,44	313,25	188,53	274,23	308,51	185,63	270,01	303,76	182,73	265,80	299,02
	VI	4 214,66	231,80	337,17	379,31																				
10 664,99	I,IV	3 640,—	200,20	291,20	327,60	I	3 640,—	194,40	282,76	318,11	188,60	274,33	308,62	182,80	265,90	299,13	177,—	257,46	289,64	171,21	249,03	280,16	165,41	240,60	270,67
	II	3 594,25	197,68	287,54	323,48	II	3 594,25	191,88	279,10	313,99	186,08	270,66	304,49	180,28	262,23	295,01	174,48	253,80	285,52	168,68	245,36	276,03	162,89	236,93	266,54
	III	2 914,16	160,27	233,13	262,27	III	2 914,16	154,47	224,69	252,77	148,68	216,26	243,29	142,88	207,82	233,80	137,08	199,40	224,32	131,28	190,96	214,83	125,50	182,54	205,36
	V	4 183,66	230,10	334,69	376,52	IV	3 640,—	197,29	286,98	322,85	194,40	282,76	318,11	191,50	278,54	313,36	188,60	274,33	308,62	185,70	270,11	303,87	182,80	265,90	299,13
	VI	4 215,91	231,87	337,27	379,43																				

* **Die ausgewiesenen Tabellenwerte sind amtlich. Siehe Erläuterungen auf der Umschlaginnenseite (U2).**

Abzüge an Lohnsteuer, Solidaritätszuschlag (SolZ) und Kirchensteuer (8%, 9%) in den Steuerklassen

Lohn/ Gehalt bis €*	I – VI					I, II, III, IV mit Zahl der Kinderfreibeträge . . .																			
			ohne Kinder-freibeträge					0,5			1			1,5			2			2,5			3		
		LSt	SolZ	8%	9%		LSt	SolZ	8%	9%	SolZ	8%	9%	SolZ	8%	9%	SolZ	8%	9%	SolZ	8%	9%	SolZ	8%	9%
10 667,99	I,IV	3 641,25	200,26	291,30	327,71	I	3 641,25	194,47	282,86	318,22	188,67	274,43	308,73	182,87	266,—	299,25	177,07	257,56	289,76	171,27	249,13	280,27	165,48	240,70	270,78
	II	3 595,50	197,75	287,64	323,59	II	3 595,50	191,95	279,20	314,10	186,15	270,77	304,61	180,35	262,34	295,13	174,56	253,90	285,64	168,75	245,46	276,14	162,96	237,03	266,66
	III	2 915,50	160,35	233,24	262,39	III	2 915,50	154,55	224,80	252,90	148,74	216,36	243,40	142,95	207,93	233,92	137,15	199,49	224,42	131,35	191,06	214,94	125,56	182,64	205,47
	V	4 184,91	230,17	334,79	376,64	IV	3 641,25	197,37	287,08	322,97	194,47	282,86	318,22	191,56	278,64	313,47	188,67	274,43	308,73	185,77	270,21	303,98	182,87	266,—	299,25
	VI	4 217,16	231,94	337,37	379,54																				
10 670,99	I,IV	3 642,50	200,33	291,40	327,82	I	3 642,50	194,53	282,96	318,33	188,74	274,53	308,84	182,94	266,10	299,36	177,14	257,66	289,87	171,34	249,23	280,38	165,55	240,80	270,90
	II	3 596,75	197,82	287,74	323,70	II	3 596,75	192,02	279,30	314,21	186,22	270,87	304,73	180,42	262,44	295,24	174,62	254,—	285,75	168,83	245,57	276,26	163,03	237,14	266,78
	III	2 916,66	160,41	233,33	262,49	III	2 916,66	154,62	224,90	253,01	148,82	216,46	243,52	143,02	208,04	234,04	137,22	199,60	224,55	131,42	191,16	215,05	125,63	182,74	205,58
	V	4 186,25	230,24	334,90	376,76	IV	3 642,50	197,44	287,18	323,08	194,53	282,96	318,33	191,64	278,75	313,59	188,74	274,53	308,84	185,84	270,32	304,11	182,94	266,10	299,36
	VI	4 218,41	232,01	337,47	379,65																				
10 673,99	I,IV	3 643,75	200,40	291,50	327,93	I	3 643,75	194,60	283,06	318,44	188,81	274,63	308,96	183,01	266,20	299,47	177,21	257,76	289,98	171,41	249,33	280,49	165,61	240,90	271,01
	II	3 598,—	197,89	287,84	323,82	II	3 598,—	192,09	279,40	314,33	186,29	270,97	304,84	180,49	262,54	295,35	174,69	254,10	285,86	168,90	245,67	276,38	163,10	237,24	266,89
	III	2 918,—	160,49	233,44	262,62	III	2 918,—	154,68	225,—	253,12	148,89	216,57	243,64	143,09	208,13	234,14	137,29	199,70	224,66	131,49	191,26	215,17	125,70	182,84	205,69
	V	4 187,50	230,31	335,—	376,87	IV	3 643,75	197,50	287,28	323,19	194,60	283,06	318,44	191,71	278,85	313,70	188,81	274,63	308,96	185,91	270,42	304,22	183,01	266,20	299,47
	VI	4 219,66	232,08	337,57	379,76																				
10 676,99	I,IV	3 645,—	200,47	291,60	328,05	I	3 645,—	194,67	283,16	318,56	188,87	274,73	309,07	183,08	266,30	299,58	177,28	257,86	290,09	171,48	249,43	280,61	165,68	241,—	271,12
	II	3 599,25	197,95	287,94	323,93	II	3 599,25	192,16	279,50	314,44	186,36	271,07	304,95	180,56	262,64	295,47	174,76	254,20	285,98	168,96	245,77	276,49	163,17	237,34	267,—
	III	2 919,16	160,55	233,53	262,72	III	2 919,16	154,76	225,10	253,24	148,95	216,66	243,74	143,16	208,24	234,27	137,36	199,80	224,77	131,56	191,37	215,29	125,77	182,94	205,81
	V	4 188,75	230,38	335,10	376,98	IV	3 645,—	197,57	287,38	323,30	194,67	283,16	318,56	191,78	278,95	313,82	188,87	274,73	309,07	185,98	270,52	304,33	183,08	266,30	299,58
	VI	4 220,91	232,15	337,67	379,88																				
10 679,99	I,IV	3 646,33	200,54	291,70	328,16	I	3 646,33	194,74	283,26	318,67	188,94	274,83	309,18	183,15	266,40	299,70	177,35	257,96	290,21	171,55	249,53	280,72	165,75	241,10	271,23
	II	3 600,50	198,02	288,04	324,04	II	3 600,50	192,22	279,60	314,55	186,43	271,17	305,06	180,63	262,74	295,58	174,83	254,30	286,09	169,03	245,87	276,60	163,24	237,44	267,12
	III	2 920,50	160,62	233,64	262,84	III	2 920,50	154,82	225,20	253,35	149,03	216,77	243,86	143,22	208,33	234,37	137,43	199,90	224,89	131,63	191,46	215,39	125,84	183,04	205,92
	V	4 190,—	230,45	335,20	377,10	IV	3 646,33	197,64	287,48	323,42	194,74	283,26	318,67	191,84	279,05	313,93	188,94	274,83	309,18	186,05	270,62	304,44	183,15	266,40	299,70
	VI	4 222,16	232,21	337,77	379,99																				
10 682,99	I,IV	3 647,58	200,61	291,80	328,28	I	3 647,58	194,81	283,37	318,79	189,02	274,94	309,30	183,22	266,50	299,81	177,42	258,06	290,32	171,62	249,63	280,83	165,82	241,20	271,35
	II	3 601,75	198,09	288,14	324,15	II	3 601,75	192,29	279,70	314,66	186,50	271,27	305,18	180,70	262,84	295,69	174,90	254,40	286,20	169,10	245,97	276,71	163,30	237,54	267,23
	III	2 921,66	160,69	233,73	262,94	III	2 921,66	154,89	225,30	253,46	149,09	216,86	243,97	143,30	208,44	234,49	137,50	200,—	225,—	131,70	191,57	215,51	125,91	183,14	206,03
	V	4 191,25	230,51	335,30	377,21	IV	3 647,58	197,71	287,58	323,53	194,81	283,37	318,79	191,91	279,15	314,04	189,02	274,94	309,30	186,12	270,72	304,56	183,22	266,50	299,81
	VI	4 223,41	232,28	337,87	380,10																				
10 685,99	I,IV	3 648,83	200,68	291,90	328,39	I	3 648,83	194,88	283,47	318,90	189,09	275,04	309,42	183,29	266,60	299,93	177,49	258,17	290,44	171,69	249,74	280,95	165,89	241,30	271,46
	II	3 603,—	198,16	288,24	324,27	II	3 603,—	192,36	279,80	314,78	186,56	271,37	305,29	180,77	262,94	295,80	174,97	254,50	286,31	169,17	246,07	276,83	163,37	237,64	267,34
	III	2 923,—	160,76	233,84	263,07	III	2 923,—	154,96	225,40	253,57	149,16	216,97	244,09	143,36	208,53	234,59	137,57	200,10	225,11	131,77	191,66	215,62	125,97	183,24	206,14
	V	4 192,50	230,58	335,40	377,32	IV	3 648,83	197,78	287,68	323,64	194,88	283,47	318,90	191,98	279,25	314,15	189,09	275,04	309,42	186,18	270,82	304,67	183,29	266,60	299,93
	VI	4 224,75	232,36	337,98	380,22																				
10 688,99	I,IV	3 650,08	200,75	292,—	328,50	I	3 650,08	194,95	283,57	319,01	189,15	275,14	309,53	183,36	266,70	300,04	177,56	258,27	290,55	171,76	249,84	281,07	165,96	241,40	271,58
	II	3 604,33	198,23	288,34	324,38	II	3 604,33	192,43	279,90	314,89	186,63	271,47	305,40	180,84	263,04	295,92	175,04	254,60	286,43	169,24	246,17	276,94	163,44	237,74	267,45
	III	2 924,16	160,82	233,93	263,17	III	2 924,16	155,03	225,50	253,69	149,23	217,06	244,19	143,44	208,64	234,72	137,63	200,20	225,22	131,84	191,77	215,74	126,05	183,34	206,26
	V	4 193,75	230,65	335,50	377,43	IV	3 650,08	197,85	287,78	323,75	194,95	283,57	319,01	192,05	279,35	314,27	189,15	275,14	309,53	186,25	270,92	304,78	183,36	266,70	300,04
	VI	4 226,—	232,43	338,08	380,34																				
10 691,99	I,IV	3 651,33	200,82	292,10	328,61	I	3 651,33	195,02	283,67	319,13	189,22	275,24	309,64	183,42	266,80	300,15	177,63	258,37	290,66	171,83	249,94	281,18	166,03	241,50	271,69
	II	3 605,58	198,30	288,44	324,50	II	3 605,58	192,50	280,01	315,01	186,71	271,58	305,52	180,91	263,14	296,03	175,11	254,70	286,54	169,31	246,27	277,05	163,51	237,84	267,57
	III	2 925,50	160,90	234,04	263,29	III	2 925,50	155,10	225,60	253,80	149,30	217,17	244,31	143,50	208,73	234,82	137,71	200,30	225,34	131,90	191,86	215,84	126,11	183,44	206,37
	V	4 195,—	230,72	335,60	377,55	IV	3 651,33	197,92	287,88	323,87	195,02	283,67	319,13	192,12	279,45	314,38	189,22	275,24	309,64	186,32	271,02	304,89	183,42	266,80	300,15
	VI	4 227,25	232,49	338,18	380,45																				
10 694,99	I,IV	3 652,58	200,89	292,20	328,73	I	3 652,58	195,09	283,77	319,24	189,29	275,34	309,75	183,49	266,90	300,26	177,70	258,47	290,78	171,90	250,04	281,29	166,10	241,60	271,80
	II	3 606,83	198,37	288,54	324,61	II	3 606,83	192,57	280,11	315,12	186,78	271,68	305,64	180,98	263,24	296,15	175,18	254,81	286,66	169,38	246,38	277,17	163,58	237,94	267,68
	III	2 926,83	160,97	234,14	263,41	III	2 926,83	155,17	225,70	253,91	149,38	217,28	244,44	143,57	208,84	234,94	137,77	200,40	225,45	131,98	191,97	215,96	126,18	183,54	206,48
	V	4 196,33	230,79	335,70	377,66	IV	3 652,58	197,99	287,99	323,99	195,09	283,77	319,24	192,19	279;56	314,50	189,29	275,34	309,75	186,39	271,12	305,01	183,49	266,90	300,26
	VI	4 228,50	232,56	338,28	380,56																				
10 697,99	I,IV	3 653,83	200,96	292,30	328,84	I	3 653,83	195,16	283,87	319,35	189,36	275,44	309,87	183,56	267,—	300,38	177,76	258,57	290,89	171,97	250,14	281,40	166,17	241,70	271,91
	II	3 608,08	198,44	288,64	324,72	II	3 608,08	192,64	280,21	315,23	186,84	271,78	305,75	181,05	263,34	296,26	175,25	254,91	286,77	169,45	246,48	277,29	163,65	238,04	267,80
	III	2 928,—	161,04	234,24	263,52	III	2 928,—	155,24	225,81	254,03	149,44	217,37	244,54	143,65	208,94	235,06	137,84	200,50	225,56	132,05	192,08	216,09	126,25	183,64	206,59
	V	4 197,58	230,86	335,80	377,77	IV	3 653,83	198,06	288,09	324,10	195,16	283,87	319,35	192,26	279,66	314,61	189,36	275,44	309,87	186,46	271,22	305,12	183,56	267,—	300,38
	VI	4 229,75	232,63	338,38	380,67																				
10 700,99	I,IV	3 655,08	201,02	292,40	328,95	I	3 655,08	195,23	283,97	319,46	189,43	275,54	309,98	183,63	267,10	300,49	177,83	258,67	291,—	172,04	250,24	281,52	166,24	241,80	272,03
	II	3 609,33	198,51	288,74	324,83	II	3 609,33	192,71	280,31	315,35	186,91	271,88	305,86	181,11	263,44	296,37	175,32	255,01	286,88	169,52	246,58	277,40	163,72	238,14	267,91
	III	2 929,33	161,11	234,34	263,63	III	2 929,33	155,31	225,90	254,14	149,51	217,48	244,66	143,71	209,04	235,17	137,92	200,61	225,68	132,11	192,17	216,19	126,32	183,74	206,71
	V	4 198,83	230,93	335,90	377,89	IV	3 655,08	198,13	288,19	324,21	195,23	283,97	319,46	192,33	279,76	314,73	189,43	275,54	309,98	186,53	271,32	305,24	183,63	267,10	300,49
	VI	4 231,—	232,70	338,48	380,79																				
10 703,99	I,IV	3 656,33	201,09	292,50	329,06	I	3 656,33	195,30	284,07	319,58	189,50	275,64	310,09	183,70	267,20	300,60	177,90	258,77	291,11	172,10	250,34	281,63	166,31	241,90	272,14
	II	3 610,58	198,58	288,84	324,95	II	3 610,58	192,78	280,41	315,46	186,98	271,98	305,97	181,18	263,54	296,48	175,39	255,11	287,—	169,59	246,68	277,51	163,79	238,24	268,02
	III	2 930,50	161,17	234,44	263,74	III	2 930,50	155,38	226,01	254,26	149,58	217,57	244,76	143,78	209,14	235,28	137,98	200,70	225,79	132,19	192,28	216,31	126,39	183,84	206,82
	V	4 200,08	231,—	336,—	378,—	IV	3 656,33	198,20	288,29	324,32	195,30	284,07	319,58	192,40	279,86	314,84	189,50	275,64	310,09	186,60	271,42	305,35	183,70	267,20	300,6[illegible]
	VI	4 232,25	232,77	338,58	380,90																				
10 706,99	I,IV	3 657,66	201,17	292,61	329,18	I	3 657,66	195,37	284,18	319,70	189,57	275,74	310,21	183,77	267,30	300,71	177,97	258,87	291,23	172,17	250,44	281,74	166,37	242,—	272,25
	II	3 611,83	198,65	288,94	325,06	II	3 611,83	192,85	280,51	315,57	187,05	272,08	306,09	181,25	263,64	296,60	175,45	255,21	287,11	169,66	246,78	277,62	163,86	238,34	268,13
	III	2 931,83	161,25	234,54	263,86	III	2 931,83	155,44	226,10	254,36	149,65	217,68	244,89	143,85	209,24	235,39	138,05	200,81	225,91	132,25	192,37	216,41	126,46	183,94	206,93
	V	4 201,33	231,07	336,10	378,11	IV	3 657,66	198,27	288,39	324,44	195,37	284,18	319,70	192,47	279,96	314,95	189,57	275,74	310,21	186,67	271,52	305,46	183,77	267,30	300,71
	VI	4 233,50	232,84	338,68	381,01																				
10 709,99	I,IV	3 658,91	201,24	292,71	329,30	I	3 658,91	195,44	284,28	319,81	189,64	275,84	310,32	183,84	267,41	300,83	178,04	258,98	291,35	172,25	250,54	281,86	166,44	242,10	272,3[illegible]
	II	3 613,08	198,71	289,04	325,17	II	3 613,08	192,92	280,61	315,68	187,12	272,18	306,20	181,32	263,74	296,71	175,52	255,31	287,22	169,73	246,88	277,74	163,93	238,44	268,2[illegible]
	III	2 933,—	161,31	234,64	263,97	III	2 933,—	155,52	226,21	254,48	149,71	217,77	244,99	143,92	209,34	235,51	138,12	200,90	226,01	132,33	192,48	216,54	126,52	184,04	207,0[illegible]
	V	4 202,58	231,14	336,20	378,23	IV	3 658,91	198,33	288,49	324,55	195,44	284,28	319,81	192,54	280,06	315,06	189,64	275,84	310,32	186,74	271,62	305,57	183,84	267,41	300,8[illegible]
	VI	4 234,83	232,91	338,78	381,13																				

* Die ausgewiesenen Tabellenwerte sind amtlich. Siehe Erläuterungen auf der Umschlaginnenseite (U2).

Abzüge an Lohnsteuer, Solidaritätszuschlag (SolZ) und Kirchensteuer (8%, 9%) in den Steuerklassen

Lohn/ Gehalt bis €*	I – VI	LSt	SolZ	8%	9%	I, II, III, IV	LSt	0,5 SolZ	0,5 8%	0,5 9%	1 SolZ	1 8%	1 9%	1,5 SolZ	1,5 8%	1,5 9%	2 SolZ	2 8%	2 9%	2,5 SolZ	2,5 8%	2,5 9%	3 SolZ	3 8%	3 9%
			ohne Kinderfreibeträge					mit Zahl der Kinderfreibeträge . . .																	
10 712,99	I,IV	3 660,16	201,30	292,81	329,41	I	3 660,16	195,51	284,38	319,92	189,71	275,94	310,43	183,91	267,51	300,95	178,11	259,08	291,46	172,31	250,64	281,97	166,52	242,21	272,48
	II	3 614,33	198,78	289,14	325,28	II	3 614,33	192,99	280,71	315,80	187,19	272,28	306,31	181,39	263,84	296,82	175,59	255,41	287,33	169,79	246,98	277,85	164,—	238,54	268,36
	III	2 934,33	161,38	234,74	264,08	III	2 934,33	155,58	226,30	254,59	149,79	217,88	245,11	143,99	209,44	235,62	138,19	201,01	226,13	132,39	192,57	216,64	126,60	184,14	207,16
	V	4 203,83	231,21	336,30	378,34	IV	3 660,16	198,40	288,59	324,66	195,51	284,38	319,92	192,61	280,16	315,18	189,71	275,94	310,43	186,81	271,72	305,69	183,91	267,51	300,95
	VI	4 236,08	232,98	338,88	381,24																				
10 715,99	I,IV	3 661,41	201,37	292,91	329,52	I	3 661,41	195,58	284,48	320,04	189,78	276,04	310,55	183,98	267,61	301,06	178,18	259,18	291,57	172,38	250,74	282,08	166,59	242,31	272,60
	II	3 615,66	198,86	289,25	325,40	II	3 615,66	193,06	280,82	315,92	187,26	272,38	306,43	181,46	263,94	296,93	175,66	255,51	287,45	169,86	247,08	277,96	164,06	238,64	268,47
	III	2 935,50	161,45	234,84	264,19	III	2 935,50	155,65	226,41	254,71	149,85	217,97	245,21	144,06	209,54	235,73	138,26	201,10	226,24	132,46	192,68	216,76	126,66	184,24	207,27
	V	4 205,08	231,27	336,40	378,45	IV	3 661,41	198,47	288,69	324,77	195,58	284,48	320,04	192,67	280,26	315,29	189,78	276,04	310,55	186,88	271,82	305,80	183,98	267,61	301,06
	VI	4 237,33	233,05	338,98	381,35																				
10 718,99	I,IV	3 662,66	201,44	293,01	329,63	I	3 662,66	195,64	284,58	320,15	189,85	276,14	310,66	184,05	267,71	301,17	178,25	259,28	291,69	172,45	250,84	282,20	166,65	242,41	272,71
	II	3 616,91	198,93	289,35	325,52	II	3 616,91	193,13	280,92	316,03	187,33	272,48	306,54	181,53	264,05	297,05	175,73	255,62	287,57	169,94	247,18	278,08	164,13	238,74	268,58
	III	2 936,83	161,52	234,94	264,31	III	2 936,83	155,73	226,52	254,83	149,93	218,08	245,34	144,12	209,64	235,84	138,33	201,21	226,36	132,53	192,77	216,86	126,73	184,34	207,38
	V	4 206,41	231,35	336,51	378,57	IV	3 662,66	198,55	288,80	324,90	195,64	284,58	320,15	192,75	280,36	315,41	189,85	276,14	310,66	186,94	271,92	305,91	184,05	267,71	301,17
	VI	4 238,58	233,12	339,08	381,47																				
10 721,99	I,IV	3 663,91	201,51	293,11	329,75	I	3 663,91	195,71	284,68	320,26	189,91	276,24	310,77	184,12	267,81	301,28	178,32	259,38	291,80	172,52	250,94	282,31	166,72	242,51	272,82
	II	3 618,16	198,99	289,45	325,63	II	3 618,16	193,20	281,02	316,14	187,40	272,58	306,65	181,60	264,15	297,17	175,80	255,72	287,68	170,—	247,28	278,19	164,21	238,85	268,70
	III	2 938,16	161,59	235,05	264,43	III	2 938,16	155,79	226,61	254,93	150,—	218,18	245,45	144,20	209,74	235,96	138,40	201,32	226,48	132,60	192,88	216,99	126,81	184,45	207,50
	V	4 207,66	231,42	336,61	378,68	IV	3 663,91	198,61	288,90	325,01	195,71	284,68	320,26	192,82	280,46	315,52	189,91	276,24	310,77	187,02	272,03	306,03	184,12	267,81	301,28
	VI	4 239,83	233,19	339,18	381,58																				
10 724,99	I,IV	3 665,16	201,58	293,21	329,86	I	3 665,16	195,78	284,78	320,37	189,98	276,34	310,88	184,19	267,91	301,40	178,39	259,48	291,91	172,59	251,04	282,42	166,79	242,61	272,93
	II	3 619,41	199,06	289,55	325,74	II	3 619,41	193,27	281,12	316,26	187,47	272,68	306,77	181,67	264,25	297,28	175,87	255,82	287,79	170,07	247,38	278,30	164,28	238,95	268,82
	III	2 939,33	161,66	235,14	264,53	III	2 939,33	155,87	226,72	255,06	150,06	218,28	245,56	144,27	209,85	236,08	138,47	201,41	226,58	132,67	192,98	217,10	126,87	184,54	207,61
	V	4 208,91	231,49	336,71	378,80	IV	3 665,16	198,68	289,—	325,12	195,78	284,78	320,37	192,88	280,56	315,63	189,98	276,34	310,88	187,09	272,13	306,14	184,19	267,91	301,40
	VI	4 241,08	233,25	339,28	381,69																				
10 727,99	I,IV	3 666,41	201,65	293,31	329,97	I	3 666,41	195,85	284,88	320,49	190,05	276,44	311,—	184,25	268,01	301,51	178,46	259,58	292,02	172,66	251,14	282,53	166,86	242,71	273,05
	II	3 620,66	199,13	289,65	325,85	II	3 620,66	193,33	281,22	316,37	187,54	272,78	306,88	181,74	264,35	297,39	175,94	255,92	287,91	170,14	247,48	278,42	164,34	239,05	268,93
	III	2 940,66	161,73	235,25	264,65	III	2 940,66	155,93	226,81	255,16	150,14	218,38	245,68	144,33	209,94	236,18	138,54	201,52	226,71	132,74	193,08	217,21	126,94	184,65	207,73
	V	4 210,16	231,55	336,81	378,91	IV	3 666,41	198,75	289,10	325,23	195,85	284,88	320,49	192,95	280,66	315,74	190,05	276,44	311,—	187,16	272,23	306,26	184,25	268,01	301,51
	VI	4 242,33	233,32	339,38	381,80																				
10 730,99	I,IV	3 667,75	201,72	293,42	330,09	I	3 667,75	195,92	284,98	320,60	190,12	276,54	311,11	184,32	268,11	301,62	178,53	259,68	292,14	172,73	251,24	282,65	166,93	242,81	273,16
	II	3 621,91	199,20	289,75	325,97	II	3 621,91	193,40	281,32	316,48	187,60	272,88	306,99	181,81	264,45	297,50	176,01	256,02	288,02	170,21	247,58	278,53	164,41	239,15	269,04
	III	2 941,83	161,80	235,34	264,76	III	2 941,83	156,—	226,92	255,28	150,20	218,48	245,79	144,41	210,05	236,30	138,60	201,61	226,81	132,81	193,18	217,33	127,01	184,74	207,83
	V	4 211,41	231,62	336,91	379,02	IV	3 667,75	198,82	289,20	325,35	195,92	284,98	320,60	193,02	280,76	315,86	190,12	276,54	311,11	187,22	272,33	306,37	184,32	268,11	301,62
	VI	4 243,58	233,39	339,48	381,92																				
10 733,99	I,IV	3 669,—	201,79	293,52	330,21	I	3 669,—	195,99	285,08	320,72	190,19	276,65	311,23	184,40	268,22	301,74	178,60	259,78	292,25	172,80	251,34	282,76	167,—	242,91	273,27
	II	3 623,16	199,27	289,85	326,08	II	3 623,16	193,47	281,42	316,59	187,67	272,98	307,10	181,88	264,55	297,62	176,08	256,12	288,13	170,28	247,68	278,64	164,48	239,25	269,15
	III	2 943,16	161,87	235,45	264,88	III	2 943,16	156,07	227,01	255,38	150,27	218,58	245,90	144,47	210,14	236,41	138,68	201,72	226,93	132,88	193,28	217,44	127,08	184,85	207,95
	V	4 212,66	231,69	337,01	379,13	IV	3 669,—	198,89	289,30	325,46	195,99	285,08	320,72	193,09	280,86	315,97	190,19	276,65	311,23	187,29	272,43	306,48	184,40	268,22	301,74
	VI	4 244,91	233,47	339,59	382,04																				
10 736,99	I,IV	3 670,25	201,86	293,62	330,32	I	3 670,25	196,06	285,18	320,83	190,26	276,75	311,34	184,47	268,32	301,86	178,67	259,88	292,37	172,87	251,45	282,88	167,07	243,02	273,39
	II	3 624,41	199,34	289,95	326,19	II	3 624,41	193,54	281,52	316,71	187,74	273,08	307,22	181,94	264,65	297,73	176,15	256,22	288,24	170,35	247,78	278,75	164,55	239,35	269,27
	III	2 944,33	161,93	235,54	264,98	III	2 944,33	156,14	227,12	255,51	150,34	218,68	246,01	144,54	210,25	236,53	138,74	201,81	227,03	132,95	193,38	217,55	127,15	184,94	208,06
	V	4 213,91	231,76	337,11	379,25	IV	3 670,25	198,96	289,40	325,57	196,06	285,18	320,83	193,16	280,96	316,08	190,26	276,75	311,34	187,36	272,53	306,59	184,47	268,32	301,86
	VI	4 246,16	233,53	339,69	382,15																				
10 739,99	I,IV	3 671,50	201,93	293,72	330,43	I	3 671,50	196,13	285,28	320,94	190,33	276,85	311,45	184,53	268,42	301,97	178,74	259,98	292,48	172,94	251,55	282,99	167,14	243,12	273,51
	II	3 625,75	199,41	290,06	326,31	II	3 625,75	193,61	281,62	316,82	187,81	273,18	307,33	182,01	264,75	297,84	176,22	256,32	288,36	170,42	247,88	278,87	164,62	239,45	269,38
	III	2 945,66	162,01	235,65	265,10	III	2 945,66	156,20	227,21	255,61	150,41	218,78	246,13	144,61	210,34	236,63	138,82	201,92	227,16	133,01	193,48	217,66	127,22	185,05	208,18
	V	4 215,16	231,83	337,21	379,36	IV	3 671,50	199,03	289,50	325,68	196,13	285,28	320,94	193,23	281,06	316,19	190,33	276,85	311,45	187,43	272,63	306,71	184,53	268,42	301,97
	VI	4 247,41	233,60	339,79	382,26																				
10 742,99	I,IV	3 672,75	202,—	293,82	330,54	I	3 672,75	196,20	285,38	321,05	190,40	276,95	311,57	184,60	268,52	302,08	178,80	260,08	292,59	173,01	251,65	283,10	167,21	243,22	273,62
	II	3 627,—	199,48	290,16	326,43	II	3 627,—	193,68	281,72	316,94	187,88	273,29	307,45	182,09	264,86	297,96	176,29	256,42	288,47	170,49	247,98	278,98	164,69	239,55	269,49
	III	2 947,—	162,08	235,76	265,23	III	2 947,—	156,28	227,32	255,73	150,48	218,88	246,24	144,68	210,45	236,75	138,88	202,01	227,26	133,09	193,58	217,78	127,28	185,14	208,28
	V	4 216,41	231,90	337,31	379,47	IV	3 672,75	199,10	289,60	325,80	196,20	285,38	321,05	193,30	281,16	316,31	190,40	276,95	311,57	187,50	272,73	306,82	184,60	268,52	302,08
	VI	4 248,66	233,67	339,89	382,37																				
10 745,99	I,IV	3 674,—	202,07	293,92	330,66	I	3 674,—	196,27	285,48	321,17	190,47	277,05	311,68	184,67	268,62	302,19	178,87	260,18	292,70	173,08	251,75	283,22	167,28	243,32	273,73
	II	3 628,25	199,55	290,26	326,54	II	3 628,25	193,75	281,82	317,05	187,95	273,39	307,56	182,16	264,96	298,08	176,36	256,52	288,59	170,56	248,09	279,10	164,76	239,66	269,61
	III	2 948,16	162,14	235,85	265,33	III	2 948,16	156,35	227,42	255,85	150,55	218,98	246,35	144,76	210,56	236,88	138,95	202,12	227,38	133,15	193,68	217,89	127,36	185,25	208,40
	V	4 217,75	231,97	337,42	379,59	IV	3 674,—	199,17	289,70	325,91	196,27	285,48	321,17	193,37	281,27	316,43	190,47	277,05	311,68	187,57	272,84	306,94	184,67	268,62	302,19
	VI	4 249,91	233,74	339,99	382,49																				
10 748,99	I,IV	3 675,25	202,13	294,02	330,77	I	3 675,25	196,34	285,58	321,28	190,54	277,15	311,79	184,74	268,72	302,31	178,94	260,28	292,82	173,14	251,85	283,33	167,35	243,42	273,84
	II	3 629,50	199,62	290,36	326,66	II	3 629,50	193,82	281,92	317,16	188,02	273,49	307,67	182,22	265,06	298,19	176,43	256,62	288,70	170,63	248,19	279,21	164,83	239,76	269,73
	III	2 949,50	162,22	235,96	265,45	III	2 949,50	156,42	227,52	255,96	150,62	219,09	246,47	144,82	210,65	236,98	139,03	202,22	227,50	133,22	193,78	218,—	127,42	185,34	208,51
	V	4 219,—	232,04	337,52	379,71	IV	3 675,25	199,24	289,80	326,03	196,34	285,58	321,28	193,44	281,37	316,54	190,54	277,15	311,79	187,64	272,94	307,05	184,74	268,72	302,31
	VI	4 251,16	233,81	340,09	382,60																				
10 751,99	I,IV	3 676,50	202,20	294,12	330,88	I	3 676,50	196,40	285,68	321,39	190,61	277,25	311,90	184,81	268,82	302,42	179,01	260,38	292,93	173,21	251,95	283,44	167,42	243,52	273,96
	II	3 630,75	199,69	290,46	326,76	II	3 630,75	193,89	282,02	317,27	188,09	273,59	307,79	182,29	265,16	298,30	176,49	256,72	288,81	170,70	248,29	279,32	164,90	239,86	269,84
	III	2 950,66	162,28	236,05	265,55	III	2 950,66	156,49	227,62	256,07	150,69	219,18	246,58	144,89	210,76	237,10	139,09	202,32	227,61	133,30	193,89	218,12	127,49	185,45	208,63
	V	4 220,25	232,11	337,62	379,82	IV	3 676,50	199,31	289,90	326,14	196,40	285,68	321,39	193,51	281,47	316,65	190,61	277,25	311,90	187,71	273,04	307,17	184,81	268,82	302,42
	VI	4 252,41	233,88	340,19	382,71																				
10 754,99	I,IV	3 677,83	202,28	294,22	331,—	I	3 677,83	196,47	285,78	321,50	190,68	277,35	312,02	184,88	268,92	302,53	179,08	260,48	293,04	173,28	252,05	283,55	167,48	243,62	274,07
	II	3 632,—	199,76	290,56	326,88	II	3 632,—	193,96	282,12	317,39	188,16	273,69	307,90	182,36	265,26	298,41	176,56	256,82	288,92	170,77	248,39	279,44	164,97	239,96	269,95
	III	2 952,—	162,36	236,16	265,68	III	2 952,—	156,55	227,72	256,18	150,76	219,29	246,70	144,96	210,85	237,20	139,16	202,42	227,72	133,36	193,98	218,23	127,56	185,54	208,73
	V	4 221,50	232,18	337,72	379,93	IV	3 677,83	199,37	290,—	326,25	196,47	285,78	321,50	193,58	281,57	316,76	190,68	277,35	312,02	187,78	273,14	307,28	184,88	268,92	302,53
	VI	4 253,66	233,95	340,29	382,82																				

* Die ausgewiesenen Tabellenwerte sind amtlich. Siehe Erläuterungen auf der Umschlaginnenseite (U2).

Abzüge an Lohnsteuer, Solidaritätszuschlag (SolZ) und Kirchensteuer (8%, 9%) in den Steuerklassen

Lohn/ Gehalt bis €*	I – VI					I, II, III, IV		mit Zahl der Kinderfreibeträge . . . 0,5			1			1,5			2			2,5			3		
		LSt	ohne Kinderfreibeträge SolZ	8%	9%		LSt	SolZ	8%	9%	SolZ	8%	9%	SolZ	8%	9%	SolZ	8%	9%	SolZ	8%	9%	SolZ	8%	9%
10 757,99	I,IV	3 679,08	202,34	294,32	331,11	I	3 679,08	196,55	285,89	321,62	190,75	277,46	312,14	184,95	269,02	302,65	179,15	260,58	293,15	173,35	252,15	283,67	167,55	243,72	274,18
	II	3 633,25	199,82	290,66	326,99	II	3 633,25	194,03	282,22	317,50	188,23	273,79	308,01	182,43	265,36	298,53	176,63	256,92	289,04	170,83	248,49	279,55	165,04	240,06	270,06
	III	2 953,16	162,42	236,25	265,78	III	2 953,16	156,63	227,82	256,30	150,82	219,38	246,80	145,03	210,96	237,33	139,23	202,52	227,83	133,43	194,09	218,35	127,63	185,65	208,85
	V	4 222,75	232,25	337,82	380,04	IV	3 679,08	199,44	290,10	326,36	196,55	285,89	321,62	193,65	281,67	316,88	190,75	277,46	312,14	187,85	273,24	307,39	184,95	269,02	302,65
	VI	4 254,91	234,02	340,39	382,94																				
10 760,99	I,IV	3 680,33	202,41	294,42	331,22	I	3 680,33	196,62	285,99	321,74	190,82	277,56	312,25	185,02	269,12	302,76	179,22	260,69	293,27	173,42	252,26	283,79	167,63	243,82	274,30
	II	3 634,50	199,89	290,76	327,10	II	3 634,50	194,09	282,32	317,61	188,30	273,89	308,12	182,50	265,46	298,64	176,70	257,02	289,15	170,90	248,59	279,66	165,11	240,16	270,18
	III	2 954,50	162,49	236,36	265,90	III	2 954,50	156,69	227,92	256,41	150,90	219,49	246,92	145,09	211,05	237,43	139,30	202,62	227,95	133,50	194,18	218,45	127,70	185,74	208,96
	V	4 224,—	232,32	337,92	380,16	IV	3 680,33	199,51	290,20	326,48	196,62	285,99	321,74	193,71	281,77	316,99	190,82	277,56	312,25	187,92	273,34	307,50	185,02	269,12	302,76
	VI	4 256,25	234,09	340,50	383,06																				
10 763,99	I,IV	3 681,58	202,48	294,52	331,34	I	3 681,58	196,68	286,09	321,85	190,89	277,66	312,36	185,09	269,22	302,87	179,29	260,79	293,39	173,49	252,36	283,90	167,69	243,92	274,41
	II	3 635,83	199,97	290,86	327,22	II	3 635,83	194,16	282,42	317,72	188,37	273,99	308,24	182,57	265,56	298,75	176,77	257,12	289,26	170,97	248,69	279,77	165,17	240,26	270,29
	III	2 955,66	162,56	236,45	266,—	III	2 955,66	156,76	228,02	256,52	150,96	219,58	247,03	145,17	211,16	237,55	139,37	202,72	228,06	133,57	194,29	218,57	127,77	185,85	209,08
	V	4 225,25	232,38	338,02	380,27	IV	3 681,58	199,58	290,30	326,59	196,68	286,09	321,85	193,78	281,87	317,10	190,89	277,66	312,36	187,99	273,44	307,62	185,09	269,22	302,87
	VI	4 257,50	234,16	340,60	383,17																				
10 766,99	I,IV	3 682,83	202,55	294,62	331,45	I	3 682,83	196,75	286,19	321,96	190,96	277,76	312,48	185,16	269,32	302,99	179,36	260,89	293,50	173,56	252,46	284,01	167,76	244,02	274,52
	II	3 637,08	200,03	290,96	327,33	II	3 637,08	194,24	282,53	317,84	188,44	274,10	308,36	182,64	265,66	298,87	176,84	257,22	289,37	171,04	248,79	279,89	165,24	240,36	270,40
	III	2 957,—	162,63	236,56	266,13	III	2 957,—	156,83	228,12	256,63	151,03	219,69	247,15	145,23	211,25	237,65	139,44	202,82	228,17	133,64	194,38	218,68	127,84	185,96	209,20
	V	4 226,50	232,45	338,12	380,38	IV	3 682,83	199,65	290,40	326,70	196,75	286,19	321,96	193,85	281,97	317,21	190,96	277,76	312,48	188,05	273,54	307,73	185,16	269,32	302,99
	VI	4 258,75	234,23	340,70	383,28																				
10 769,99	I,IV	3 684,08	202,62	294,72	331,56	I	3 684,08	196,82	286,29	322,07	191,02	277,86	312,59	185,23	269,42	303,10	179,43	260,99	293,61	173,63	252,56	284,13	167,83	244,12	274,64
	II	3 638,33	200,10	291,06	327,44	II	3 638,33	194,31	282,63	317,96	188,51	274,20	308,47	182,71	265,76	298,98	176,91	257,33	289,49	171,11	248,90	280,01	165,32	240,46	270,52
	III	2 958,33	162,70	236,66	266,24	III	2 958,33	156,90	228,22	256,75	151,11	219,80	247,27	145,31	211,36	237,78	139,50	202,92	228,28	133,71	194,49	218,80	127,91	186,05	209,30
	V	4 227,83	232,53	338,22	380,50	IV	3 684,08	199,72	290,51	326,82	196,82	286,29	322,07	193,93	282,08	317,34	191,02	277,86	312,59	188,13	273,64	307,85	185,23	269,42	303,10
	VI	4 260,—	234,30	340,80	383,40																				
10 772,99	I,IV	3 685,33	202,69	294,82	331,67	I	3 685,33	196,89	286,39	322,19	191,09	277,96	312,70	185,29	269,52	303,21	179,50	261,09	293,72	173,70	252,66	284,24	167,90	244,22	274,75
	II	3 639,58	200,17	291,16	327,56	II	3 639,58	194,37	282,73	318,07	188,58	274,30	308,58	182,78	265,86	299,09	176,98	257,43	289,61	171,18	249,—	280,12	165,38	240,56	270,63
	III	2 959,50	162,77	236,76	266,35	III	2 959,50	156,97	228,33	256,87	151,17	219,89	247,37	145,38	211,46	237,89	139,58	203,02	228,40	133,78	194,60	218,92	127,98	186,16	209,43
	V	4 229,08	232,59	338,32	380,61	IV	3 685,33	199,79	290,61	326,93	196,89	286,39	322,19	193,99	282,18	317,45	191,09	277,96	312,70	188,20	273,74	307,96	185,29	269,52	303,21
	VI	4 261,25	234,36	340,90	383,51																				
10 775,99	I,IV	3 686,58	202,76	294,92	331,79	I	3 686,58	196,96	286,49	322,30	191,16	278,06	312,81	185,36	269,62	303,32	179,57	261,19	293,84	173,77	252,76	284,35	167,97	244,32	274,86
	II	3 640,83	200,24	291,26	327,67	II	3 640,83	194,44	282,83	318,18	188,65	274,40	308,70	182,85	265,96	299,21	177,05	257,53	289,72	171,25	249,10	280,23	165,45	240,66	270,74
	III	2 960,83	162,84	236,86	266,47	III	2 960,83	157,04	228,42	256,97	151,25	220,—	247,50	145,44	211,56	238,—	139,65	203,13	228,52	133,85	194,69	219,02	128,04	186,25	209,53
	V	4 230,33	232,66	338,42	380,72	IV	3 686,58	199,86	290,71	327,05	196,96	286,49	322,30	194,06	282,28	317,56	191,16	278,06	312,81	188,26	273,84	308,07	185,36	269,62	303,32
	VI	4 262,50	234,43	341,—	383,62																				
10 778,99	I,IV	3 687,83	202,83	295,02	331,90	I	3 687,83	197,03	286,59	322,41	191,23	278,16	312,93	185,43	269,72	303,44	179,63	261,29	293,95	173,84	252,86	284,46	168,04	244,42	274,97
	II	3 642,08	200,31	291,36	327,78	II	3 642,08	194,51	282,93	318,29	188,71	274,50	308,81	182,92	266,06	299,32	177,12	257,63	289,83	171,32	249,20	280,35	165,52	240,76	270,86
	III	2 962,—	162,91	236,96	266,58	III	2 962,—	157,11	228,53	257,09	151,31	220,09	247,60	145,52	211,66	238,12	139,71	203,22	228,62	133,92	194,80	219,15	128,12	186,36	209,65
	V	4 231,58	232,73	338,52	380,84	IV	3 687,83	199,93	290,81	327,16	197,03	286,59	322,41	194,13	282,38	317,67	191,23	278,16	312,93	188,33	273,94	308,18	185,43	269,72	303,44
	VI	4 263,75	234,50	341,10	383,73																				
10 781,99	I,IV	3 689,16	202,90	295,13	332,02	I	3 689,16	197,10	286,70	322,53	191,30	278,26	313,04	185,50	269,82	303,55	179,70	261,39	294,06	173,91	252,96	284,58	168,11	244,52	275,09
	II	3 643,33	200,38	291,46	327,89	II	3 643,33	194,58	283,03	318,41	188,78	274,60	308,92	182,98	266,16	299,43	177,19	257,73	289,94	171,39	249,30	280,46	165,59	240,86	270,97
	III	2 963,33	162,98	237,06	266,69	III	2 963,33	157,18	228,62	257,20	151,38	220,20	247,72	145,58	211,76	238,23	139,79	203,33	228,74	133,98	194,89	219,25	128,18	186,45	209,75
	V	4 232,83	232,80	338,62	380,95	IV	3 689,16	200,—	290,91	327,27	197,10	286,70	322,53	194,20	282,48	317,79	191,30	278,26	313,04	188,40	274,04	308,30	185,50	269,82	303,55
	VI	4 265,—	234,57	341,20	383,85																				
10 784,99	I,IV	3 690,41	202,97	295,23	332,13	I	3 690,41	197,17	286,80	322,65	191,37	278,36	313,16	185,57	269,93	303,67	179,78	261,50	294,18	173,98	253,06	284,69	168,18	244,62	275,20
	II	3 644,58	200,45	291,56	328,01	II	3 644,58	194,65	283,13	318,52	188,85	274,70	309,03	183,05	266,26	299,54	177,26	257,83	290,06	171,46	249,40	280,57	165,66	240,96	271,08
	III	2 964,50	163,04	237,16	266,80	III	2 964,50	157,25	228,73	257,32	151,45	220,29	247,82	145,65	211,86	238,34	139,85	203,42	228,85	134,06	195,—	219,37	128,26	186,56	209,88
	V	4 234,08	232,87	338,72	381,06	IV	3 690,41	200,07	291,01	327,38	197,17	286,80	322,65	194,27	282,58	317,90	191,37	278,36	313,16	188,47	274,14	308,41	185,57	269,93	303,67
	VI	4 266,33	234,64	341,30	383,96																				
10 787,99	I,IV	3 691,66	203,04	295,33	332,24	I	3 691,66	197,24	286,90	322,76	191,44	278,46	313,27	185,64	270,03	303,78	179,85	261,60	294,30	174,05	253,16	284,81	168,25	244,73	275,32
	II	3 645,83	200,52	291,66	328,12	II	3 645,83	194,72	283,23	318,63	188,92	274,80	309,15	183,12	266,36	299,66	177,32	257,93	290,17	171,53	249,50	280,68	165,73	241,06	271,19
	III	2 965,83	163,12	237,26	266,92	III	2 965,83	157,31	228,82	257,42	151,52	220,40	247,95	145,72	211,96	238,45	139,92	203,53	228,97	134,12	195,09	219,47	128,32	186,65	209,98
	V	4 235,33	232,94	338,82	381,17	IV	3 691,66	200,14	291,11	327,50	197,24	286,90	322,76	194,34	282,68	318,01	191,44	278,46	313,27	188,54	274,24	308,52	185,64	270,03	303,78
	VI	4 267,58	234,71	341,40	384,08																				
10 790,99	I,IV	3 692,91	203,11	295,43	332,36	I	3 692,91	197,31	287,—	322,87	191,51	278,56	313,38	185,71	270,13	303,89	179,91	261,70	294,41	174,12	253,26	284,92	168,32	244,83	275,43
	II	3 647,16	200,59	291,77	328,24	II	3 647,16	194,79	283,34	318,75	188,99	274,90	309,26	183,19	266,46	299,77	177,39	258,03	290,28	171,60	249,60	280,80	165,80	241,16	271,31
	III	2 967,—	163,18	237,36	267,03	III	2 967,—	157,39	228,93	257,54	151,58	220,49	248,05	145,79	212,06	238,57	139,99	203,62	229,07	134,20	195,20	219,60	128,39	186,76	210,10
	V	4 236,58	233,01	338,92	381,29	IV	3 692,91	200,20	291,21	327,61	197,31	287,—	322,87	194,41	282,78	318,12	191,51	278,56	313,38	188,61	274,34	308,63	185,71	270,13	303,89
	VI	4 268,83	234,78	341,50	384,19																				
10 793,99	I,IV	3 694,16	203,17	295,53	332,47	I	3 694,16	197,38	287,10	322,98	191,58	278,66	313,49	185,78	270,23	304,01	179,98	261,80	294,52	174,18	253,36	285,03	168,39	244,93	275,54
	II	3 648,41	200,66	291,87	328,35	II	3 648,41	194,86	283,44	318,87	189,06	275,—	309,38	183,26	266,57	299,89	177,47	258,14	290,40	171,67	249,70	280,91	165,87	241,26	271,42
	III	2 968,33	163,25	237,46	267,14	III	2 968,33	157,46	229,04	257,67	151,66	220,60	248,17	145,86	212,16	238,68	140,06	203,73	229,19	134,26	195,29	219,70	128,47	186,86	210,22
	V	4 237,91	233,08	339,03	381,41	IV	3 694,16	200,28	291,32	327,73	197,38	287,10	322,98	194,48	282,88	318,24	191,58	278,66	313,49	188,68	274,44	308,75	185,78	270,23	304,01
	VI	4 270,08	234,85	341,60	384,30																				
10 796,99	I,IV	3 695,41	203,24	295,63	332,58	I	3 695,41	197,45	287,20	323,10	191,65	278,76	313,61	185,85	270,33	304,12	180,05	261,90	294,63	174,25	253,46	285,14	168,46	245,03	275,66
	II	3 649,66	200,73	291,97	328,46	II	3 649,66	194,93	283,54	318,98	189,13	275,10	309,49	183,33	266,67	300,—	177,54	258,24	290,52	171,74	249,80	281,03	165,94	241,37	271,54
	III	2 969,66	163,33	237,57	267,26	III	2 969,66	157,52	229,13	257,77	151,73	220,70	248,29	145,93	212,26	238,79	140,14	203,84	229,32	134,33	195,40	219,82	128,53	186,96	210,33
	V	4 239,16	233,15	339,13	381,52	IV	3 695,41	200,35	291,42	327,84	197,45	287,20	323,10	194,55	282,98	318,35	191,65	278,76	313,61	188,75	274,55	308,87	185,85	270,33	304,12
	VI	4 271,33	234,92	341,70	384,41																				
10 799,99	I,IV	3 696,66	203,31	295,73	332,69	I	3 696,66	197,51	287,30	323,21	191,72	278,86	313,72	185,92	270,43	304,23	180,12	262,—	294,75	174,32	253,56	285,26	168,52	245,13	275,77
	II	3 650,91	200,80	292,07	328,58	II	3 650,91	195,—	283,64	319,09	189,20	275,20	309,60	183,40	266,77	300,11	177,60	258,34	290,63	171,81	249,90	281,14	166,01	241,47	271,65
	III	2 970,83	163,39	237,66	267,37	III	2 970,83	157,60	229,24	257,89	151,80	220,80	248,40	146,—	212,37	238,91	140,20	203,93	229,42	134,41	195,50	219,94	128,60	187,06	210,44
	V	4 240,41	233,22	339,23	381,63	IV	3 696,66	200,42	291,52	327,96	197,51	287,30	323,21	194,62	283,08	318,47	191,72	278,86	313,72	188,82	274,65	308,98	185,92	270,43	304,23
	VI	4 272,58	234,99	341,80	384,53																				

* **Die ausgewiesenen Tabellenwerte sind amtlich. Siehe Erläuterungen auf der Umschlaginnenseite (U2).**

Abzüge an Lohnsteuer, Solidaritätszuschlag (SolZ) und Kirchensteuer (8%, 9%) in den Steuerklassen

Lohn/ Gehalt		I – VI	ohne Kinderfreibeträge				I, II, III, IV	mit Zahl der Kinderfreibeträge . . . 0,5			1			1,5			2			2,5			3		
bis €*		LSt	SolZ	8%	9%		LSt	SolZ	8%	9%	SolZ	8%	9%	SolZ	8%	9%	SolZ	8%	9%	SolZ	8%	9%	SolZ	8%	9%
10 802,99	I,IV	3 697,91	203,38	295,83	332,81	I	3 697,91	197,58	287,40	323,32	191,78	278,96	313,83	185,99	270,53	304,34	180,19	262,10	294,86	174,39	253,66	285,37	168,59	245,23	275,88
	II	3 652,16	200,86	292,17	328,69	II	3 652,16	195,07	283,74	319,20	189,27	275,30	309,71	183,47	266,87	300,23	177,67	258,44	290,74	171,87	250,—	281,25	166,08	241,57	271,76
	III	2 972,16	163,46	237,77	267,49	III	2 972,16	157,66	229,33	257,99	151,87	220,90	248,51	146,07	212,46	239,02	140,27	204,04	229,54	134,47	195,60	220,05	128,68	187,17	210,56
	V	4 241,66	233,29	339,33	381,74	IV	3 697,91	200,48	291,62	328,07	197,58	287,40	323,32	194,69	283,18	318,58	191,78	278,96	313,83	188,89	274,75	309,09	185,99	270,53	304,34
	VI	4 273,83	235,06	341,90	384,64																				
10 805,99	I,IV	3 699,25	203,45	295,94	332,93	I	3 699,25	197,66	287,50	323,44	191,85	279,06	313,94	186,06	270,63	304,46	180,26	262,20	294,97	174,46	253,76	285,48	168,66	245,33	275,99
	II	3 653,41	200,93	292,27	328,80	II	3 653,41	195,14	283,84	319,32	189,34	275,40	309,83	183,54	266,97	300,34	177,74	258,54	290,85	171,94	250,10	281,36	166,15	241,67	271,88
	III	2 973,33	163,53	237,86	267,59	III	2 973,33	157,74	229,44	258,12	151,93	221,—	248,62	146,14	212,57	239,14	140,34	204,13	229,64	134,54	195,70	220,16	128,74	187,26	210,67
	V	4 242,91	233,36	339,43	381,86	IV	3 699,25	200,55	291,72	328,18	197,66	287,50	323,44	194,75	283,28	318,69	191,85	279,06	313,94	188,96	274,85	309,20	186,06	270,63	304,46
	VI	4 275,08	235,12	342,—	384,75																				
10 808,99	I,IV	3 700,50	203,52	296,04	333,04	I	3 700,50	197,72	287,60	323,55	191,93	279,17	314,06	186,13	270,74	304,58	180,33	262,30	295,09	174,53	253,86	285,59	168,73	245,43	276,11
	II	3 654,66	201,—	292,37	328,91	II	3 654,66	195,20	283,94	319,43	189,41	275,50	309,94	183,61	267,07	300,45	177,81	258,64	290,97	172,01	250,20	281,48	166,21	241,77	271,99
	III	2 974,66	163,60	237,97	267,71	III	2 974,66	157,80	229,53	258,22	152,01	221,10	248,74	146,20	212,66	239,24	140,41	204,24	229,77	134,61	195,80	220,27	128,81	187,37	210,79
	V	4 244,16	233,42	339,53	381,97	IV	3 700,50	200,62	291,82	328,29	197,72	287,60	323,55	194,82	283,38	318,80	191,93	279,17	314,06	189,03	274,95	309,32	186,13	270,74	304,58
	VI	4 276,41	235,20	342,11	384,87																				
10 811,99	I,IV	3 701,75	203,59	296,14	333,15	I	3 701,75	197,79	287,70	323,66	192,—	279,27	314,18	186,20	270,84	304,69	180,40	262,40	295,20	174,60	253,97	285,71	168,80	245,54	276,23
	II	3 655,91	201,07	292,47	329,03	II	3 655,91	195,27	284,04	319,54	189,47	275,60	310,05	183,68	267,17	300,56	177,88	258,74	291,08	172,08	250,30	281,59	166,28	241,87	272,10
	III	2 975,83	163,67	238,06	267,82	III	2 975,83	157,87	229,64	258,34	152,07	221,20	248,85	146,28	212,77	239,36	140,47	204,33	229,87	134,68	195,90	220,39	128,88	187,46	210,89
	V	4 245,41	233,49	339,63	382,08	IV	3 701,75	200,69	291,92	328,41	197,79	287,70	323,66	194,89	283,48	318,92	192,—	279,27	314,18	189,09	275,05	309,43	186,20	270,84	304,69
	VI	4 277,66	235,27	342,21	384,98																				
10 814,99	I,IV	3 703,—	203,66	296,24	333,27	I	3 703,—	197,86	287,80	323,78	192,06	279,37	314,29	186,27	270,94	304,80	180,47	262,50	295,31	174,67	254,07	285,83	168,87	245,64	276,34
	II	3 657,25	201,14	292,58	329,15	II	3 657,25	195,35	284,14	319,66	189,54	275,70	310,16	183,75	267,27	300,68	177,95	258,84	291,19	172,15	250,40	281,70	166,35	241,97	272,21
	III	2 977,16	163,74	238,17	267,94	III	2 977,16	157,94	229,73	258,44	152,14	221,30	248,96	146,34	212,86	239,47	140,55	204,44	229,99	134,75	196,—	220,50	128,95	187,57	211,01
	V	4 246,66	233,56	339,73	382,19	IV	3 703,—	200,76	292,02	328,52	197,86	287,80	323,78	194,96	283,58	319,03	192,06	279,37	314,29	189,16	275,15	309,54	186,27	270,94	304,80
	VI	4 278,91	235,34	342,31	385,10																				
10 817,99	I,IV	3 704,25	203,73	296,34	333,38	I	3 704,25	197,93	287,90	323,89	192,13	279,47	314,40	186,34	271,04	304,92	180,54	262,60	295,43	174,74	254,17	285,94	168,94	245,74	276,45
	II	3 658,50	201,21	292,68	329,26	II	3 658,50	195,41	284,24	319,77	189,62	275,81	310,28	183,82	267,38	300,80	178,02	258,94	291,31	172,22	250,50	281,81	166,42	242,07	272,33
	III	2 978,50	163,81	238,28	268,06	III	2 978,50	158,01	229,84	258,57	152,21	221,40	249,07	146,41	212,97	239,59	140,61	204,53	230,09	134,82	196,10	220,61	129,02	187,66	211,12
	V	4 247,91	233,63	339,83	382,31	IV	3 704,25	200,83	292,12	328,64	197,93	287,90	323,89	195,03	283,68	319,14	192,13	279,47	314,40	189,23	275,25	309,65	186,34	271,04	304,92
	VI	4 280,16	235,40	342,41	385,21																				
10 820,99	I,IV	3 705,50	203,80	296,44	333,49	I	3 705,50	198,—	288,—	324,—	192,20	279,57	314,51	186,40	271,14	305,03	180,61	262,70	295,54	174,81	254,27	286,05	169,01	245,84	276,57
	II	3 659,75	201,28	292,78	329,37	II	3 659,75	195,48	284,34	319,88	189,69	275,91	310,40	183,89	267,48	300,91	178,09	259,04	291,42	172,29	250,61	281,93	166,49	242,18	272,45
	III	2 979,66	163,88	238,37	268,16	III	2 979,66	158,08	229,94	258,68	152,28	221,50	249,19	146,49	213,08	239,71	140,69	204,64	230,22	134,88	196,20	220,72	129,09	187,77	211,24
	V	4 249,25	233,70	339,94	382,43	IV	3 705,50	200,90	292,22	328,75	198,—	288,—	324,—	195,10	283,79	319,26	192,20	279,57	314,51	189,31	275,36	309,78	186,40	271,14	305,03
	VI	4 281,41	235,47	342,51	385,32																				
10 823,99	I,IV	3 706,75	203,87	296,54	333,60	I	3 706,75	198,07	288,10	324,11	192,27	279,67	314,63	186,47	271,24	305,14	180,67	262,80	295,65	174,88	254,37	286,16	169,08	245,94	276,68
	II	3 661,—	201,35	292,88	329,49	II	3 661,—	195,55	284,44	320,—	189,75	276,01	310,51	183,96	267,58	301,02	178,16	259,14	291,53	172,36	250,71	282,05	166,56	242,28	272,56
	III	2 981,—	163,95	238,48	268,29	III	2 981,—	158,15	230,04	258,79	152,35	221,61	249,31	146,55	213,17	239,81	140,76	204,74	230,33	134,96	196,30	220,84	129,16	187,88	211,36
	V	4 250,50	233,77	340,04	382,54	IV	3 706,75	200,97	292,32	328,86	198,07	288,10	324,11	195,17	283,89	319,37	192,27	279,67	314,63	189,37	275,46	309,89	186,47	271,24	305,14
	VI	4 282,66	235,54	342,61	385,43																				
10 826,99	I,IV	3 708,—	203,94	296,64	333,72	I	3 708,—	198,14	288,20	324,23	192,34	279,77	314,74	186,54	271,34	305,25	180,74	262,90	295,76	174,95	254,47	286,28	169,15	246,04	276,79
	II	3 662,25	201,42	292,98	329,60	II	3 662,25	195,62	284,54	320,11	189,82	276,11	310,62	184,03	267,68	301,14	178,23	259,24	291,65	172,43	250,81	282,16	166,63	242,38	272,67
	III	2 982,16	164,01	238,57	268,39	III	2 982,16	158,22	230,14	258,91	152,42	221,70	249,41	146,63	213,28	239,94	140,82	204,84	230,44	135,03	196,41	220,96	129,23	187,97	211,46
	V	4 251,75	233,84	340,14	382,65	IV	3 708,—	201,04	292,42	328,97	198,14	288,20	324,23	195,24	283,99	319,49	192,34	279,77	314,74	189,44	275,56	310,—	186,54	271,34	305,25
	VI	4 283,91	235,61	342,71	385,55																				
10 829,99	I,IV	3 709,33	204,01	296,74	333,83	I	3 709,33	198,21	288,30	324,34	192,41	279,87	314,85	186,61	271,44	305,37	180,81	263,—	295,88	175,01	254,57	286,39	169,22	246,14	276,90
	II	3 663,50	201,49	293,08	329,71	II	3 663,50	195,69	284,64	320,22	189,89	276,21	310,73	184,09	267,78	301,25	178,30	259,34	291,76	172,50	250,91	282,27	166,70	242,48	272,79
	III	2 983,50	164,09	238,68	268,51	III	2 983,50	158,29	230,24	259,02	152,49	221,81	249,53	146,69	213,37	240,04	140,90	204,94	230,56	135,09	196,50	221,06	129,30	188,08	211,59
	V	4 253,—	233,91	340,24	382,77	IV	3 709,33	201,11	292,52	329,09	198,21	288,30	324,34	195,31	284,09	319,60	192,41	279,87	314,85	189,51	275,66	310,11	186,61	271,44	305,37
	VI	4 285,16	235,68	342,81	385,66																				
10 832,99	I,IV	3 710,58	204,08	296,84	333,95	I	3 710,58	198,28	288,41	324,46	192,48	279,98	314,97	186,68	271,54	305,48	180,88	263,10	295,99	175,08	254,67	286,50	169,29	246,24	277,02
	II	3 664,75	201,56	293,18	329,82	II	3 664,75	195,76	284,74	320,33	189,96	276,31	310,85	184,16	267,88	301,36	178,36	259,44	291,87	172,57	251,01	282,38	166,77	242,58	272,90
	III	2 984,66	164,15	238,77	268,61	III	2 984,66	158,36	230,34	259,13	152,56	221,90	249,64	146,76	213,48	240,16	140,96	205,04	230,67	135,17	196,61	221,18	129,36	188,17	211,69
	V	4 254,25	233,98	340,34	382,88	IV	3 710,58	201,18	292,62	329,20	198,28	288,41	324,46	195,38	284,19	319,71	192,48	279,98	314,97	189,58	275,76	310,23	186,68	271,54	305,48
	VI	4 286,41	235,75	342,91	385,77																				
10 835,99	I,IV	3 711,83	204,15	296,94	334,06	I	3 711,83	198,35	288,51	324,57	192,55	280,08	315,09	186,75	271,64	305,60	180,95	263,21	296,11	175,16	254,78	286,62	169,36	246,34	277,13
	II	3 666,—	201,63	293,28	329,94	II	3 666,—	195,83	284,84	320,45	190,03	276,41	310,96	184,23	267,98	301,47	178,43	259,54	291,98	172,64	251,11	282,50	166,84	242,68	273,01
	III	2 986,—	164,23	238,88	268,74	III	2 986,—	158,42	230,44	259,24	152,63	222,01	249,76	146,83	213,57	240,26	141,03	205,14	230,78	135,23	196,70	221,29	129,44	188,28	211,81
	V	4 255,50	234,05	340,44	382,99	IV	3 711,83	201,24	292,72	329,31	198,35	288,51	324,57	195,45	284,29	319,82	192,55	280,08	315,09	189,65	275,86	310,34	186,75	271,64	305,60
	VI	4 287,75	235,82	343,02	385,89																				
10 838,99	I,IV	3 713,08	204,21	297,04	334,17	I	3 713,08	198,42	288,61	324,68	192,62	280,18	315,20	186,82	271,74	305,71	181,02	263,31	296,22	175,23	254,88	286,74	169,43	246,44	277,25
	II	3 667,33	201,70	293,38	330,05	II	3 667,33	195,90	284,94	320,56	190,10	276,51	311,07	184,30	268,08	301,59	178,50	259,64	292,10	172,70	251,21	282,61	166,91	242,78	273,12
	III	2 987,16	164,29	238,97	268,84	III	2 987,16	158,50	230,54	259,36	152,69	222,10	249,86	146,90	213,68	240,39	141,10	205,24	230,89	135,30	196,81	221,41	129,50	188,37	211,91
	V	4 256,75	234,12	340,54	383,10	IV	3 713,08	201,31	292,82	329,42	198,42	288,61	324,68	195,52	284,39	319,94	192,62	280,18	315,20	189,72	275,96	310,45	186,82	271,74	305,71
	VI	4 289,—	235,89	343,12	386,01																				
10 841,99	I,IV	3 714,33	204,28	297,14	334,28	I	3 714,33	198,49	288,71	324,80	192,69	280,28	315,31	186,89	271,84	305,82	181,09	263,41	296,33	175,29	254,98	286,85	169,50	246,54	277,36
	II	3 668,58	201,77	293,48	330,17	II	3 668,58	195,97	285,05	320,68	190,17	276,62	311,19	184,37	268,18	301,70	178,57	259,74	292,21	172,77	251,31	282,72	166,98	242,88	273,24
	III	2 988,50	164,36	239,08	268,96	III	2 988,50	158,56	230,64	259,47	152,77	222,21	249,98	146,96	213,77	240,49	141,17	205,34	231,01	135,37	196,90	221,51	129,58	188,48	212,04
	V	4 258,—	234,19	340,64	383,22	IV	3 714,33	201,38	292,92	329,54	198,49	288,71	324,80	195,58	284,49	320,05	192,69	280,28	315,31	189,79	276,06	310,56	186,89	271,84	305,82
	VI	4 290,25	235,96	343,22	386,12																				
10 844,99	I,IV	3 715,58	204,35	297,24	334,40	I	3 715,58	198,55	288,81	324,91	192,76	280,38	315,42	186,96	271,94	305,93	181,16	263,51	296,45	175,36	255,08	286,96	169,56	246,64	277,47
	II	3 669,83	201,84	293,58	330,28	II	3 669,83	196,04	285,15	320,79	190,24	276,72	311,31	184,44	268,28	301,82	178,64	259,85	292,33	172,85	251,42	282,84	167,05	242,98	273,35
	III	2 989,83	164,44	239,18	269,08	III	2 989,83	158,63	230,74	259,58	152,84	222,32	250,11	147,04	213,88	240,61	141,24	205,44	231,12	135,44	197,01	221,63	129,64	188,57	212,14
	V	4 259,33	234,26	340,74	383,33	IV	3 715,58	201,46	293,03	329,66	198,55	288,81	324,91	195,66	284,60	320,17	192,76	280,38	315,42	189,86	276,16	310,68	186,96	271,94	305,93
	VI	4 291,50	236,03	343,32	386,23																				

* Die ausgewiesenen Tabellenwerte sind amtlich. Siehe Erläuterungen auf der Umschlaginnenseite (U2).

MONAT **10 845,–***

Lohn/ Gehalt bis €*	Abzüge an Lohnsteuer, Solidaritätszuschlag (SolZ) und Kirchensteuer (8%, 9%) in den Steuerklassen I – VI					I, II, III, IV		mit Zahl der Kinderfreibeträge . . . 0,5			1			1,5			2			2,5			3		
		LSt	ohne Kinderfreibeträge SolZ	8%	9%		LSt	SolZ	8%	9%	SolZ	8%	9%	SolZ	8%	9%	SolZ	8%	9%	SolZ	8%	9%	SolZ	8%	9%
10 847,99	I,IV	3 716,83	204,42	297,34	334,51	I	3 716,83	198,62	288,91	325,02	192,83	280,48	315,54	187,03	272,04	306,05	181,23	263,61	296,56	175,43	255,18	287,07	169,63	246,74	277,58
	II	3 671,08	201,90	293,68	330,39	II	3 671,08	196,11	285,25	320,90	190,31	276,82	311,42	184,51	268,38	301,93	178,71	259,95	292,44	172,92	251,52	282,96	167,12	243,08	273,47
	III	2 991,—	164,50	239,28	269,19	III	2 991,—	158,71	230,85	259,70	152,90	222,41	250,21	147,11	213,98	240,73	141,31	205,54	231,23	135,52	197,12	221,76	129,71	188,68	212,26
	V	4 260,58	234,33	340,84	383,45	IV	3 716,83	201,52	293,13	329,77	198,62	288,91	325,02	195,73	284,70	320,28	192,83	280,48	315,54	189,93	276,26	310,79	187,03	272,04	306,05
	VI	4 292,75	236,10	343,42	386,34																				
10 850,99	I,IV	3 718,08	204,49	297,44	334,62	I	3 718,08	198,69	289,01	325,13	192,89	280,58	315,65	187,10	272,14	306,16	181,30	263,71	296,67	175,50	255,28	287,19	169,70	246,84	277,70
	II	3 672,33	201,97	293,78	330,50	II	3 672,33	196,18	285,35	321,02	190,38	276,92	311,53	184,58	268,48	302,04	178,78	260,05	292,55	172,98	251,62	283,07	167,19	243,18	273,58
	III	2 992,33	164,57	239,38	269,30	III	2 992,33	158,77	230,94	259,81	152,98	222,52	250,33	147,18	214,08	240,84	141,38	205,65	231,35	135,58	197,21	221,86	129,79	188,78	212,38
	V	4 261,83	234,40	340,94	383,56	IV	3 718,08	201,59	293,23	329,88	198,69	289,01	325,13	195,80	284,80	320,40	192,89	280,58	315,65	190,—	276,36	310,91	187,10	272,14	306,16
	VI	4 294,—	236,17	343,52	386,46																				
10 853,99	I,IV	3 719,33	204,56	297,54	334,73	I	3 719,33	198,76	289,11	325,25	192,96	280,68	315,76	187,16	272,24	306,27	181,37	263,81	296,78	175,57	255,38	287,30	169,77	246,94	277,81
	II	3 673,58	202,04	293,88	330,62	II	3 673,58	196,24	285,45	321,13	190,45	277,02	311,64	184,65	268,58	302,15	178,85	260,15	292,67	173,05	251,72	283,18	167,25	243,28	273,69
	III	2 993,50	164,64	239,48	269,41	III	2 993,50	158,84	231,05	259,93	153,04	222,61	250,43	147,25	214,18	240,95	141,45	205,74	231,46	135,65	197,32	221,98	129,85	188,88	212,49
	V	4 263,08	234,46	341,04	383,67	IV	3 719,33	201,66	293,33	329,99	198,76	289,11	325,25	195,86	284,90	320,51	192,96	280,68	315,76	190,07	276,46	311,02	187,16	272,24	306,27
	VI	4 295,25	236,23	343,62	386,57																				
10 856,99	I,IV	3 720,66	204,63	297,65	334,85	I	3 720,66	198,83	289,22	325,37	193,04	280,78	315,88	187,23	272,34	306,38	181,44	263,91	296,90	175,64	255,48	287,41	169,84	247,04	277,92
	II	3 674,83	202,11	293,98	330,73	II	3 674,83	196,31	285,55	321,24	190,52	277,12	311,76	184,72	268,68	302,27	178,92	260,25	292,78	173,12	251,82	283,29	167,32	243,38	273,80
	III	2 994,83	164,71	239,58	269,53	III	2 994,83	158,91	231,14	260,03	153,12	222,72	250,56	147,31	214,28	241,06	141,52	205,85	231,58	135,72	197,41	222,08	129,92	188,98	212,60
	V	4 264,33	234,53	341,14	383,78	IV	3 720,66	201,73	293,43	330,11	198,83	289,22	325,37	195,93	285,—	320,62	193,04	280,78	315,88	190,13	276,56	311,13	187,23	272,34	306,38
	VI	4 296,50	236,30	343,72	386,68																				
10 859,99	I,IV	3 721,91	204,70	297,75	334,97	I	3 721,91	198,90	289,32	325,48	193,10	280,88	315,99	187,31	272,45	306,50	181,51	264,02	297,02	175,71	255,58	287,53	169,91	247,14	278,03
	II	3 676,08	202,18	294,08	330,84	II	3 676,08	196,38	285,65	321,35	190,58	277,22	311,87	184,79	268,78	302,38	178,99	260,35	292,89	173,19	251,92	283,41	167,39	243,48	273,92
	III	2 996,—	164,78	239,68	269,64	III	2 996,—	158,98	231,25	260,15	153,18	222,81	250,66	147,39	214,38	241,18	141,58	205,94	231,68	135,79	197,52	222,21	129,99	189,08	212,71
	V	4 265,58	234,60	341,24	383,90	IV	3 721,91	201,80	293,53	330,22	198,90	289,32	325,48	196,—	285,10	320,73	193,10	280,88	315,99	190,20	276,66	311,24	187,31	272,45	306,50
	VI	4 297,83	236,38	343,82	386,80																				
10 862,99	I,IV	3 723,16	204,77	297,85	335,08	I	3 723,16	198,97	289,42	325,59	193,17	280,98	316,10	187,38	272,55	306,62	181,58	264,12	297,13	175,78	255,68	287,64	169,98	247,25	278,15
	II	3 677,33	202,25	294,18	330,95	II	3 677,33	196,45	285,75	321,47	190,65	277,32	311,98	184,85	268,88	302,49	179,06	260,45	293,—	173,26	252,02	283,52	167,46	243,58	274,03
	III	2 997,33	164,85	239,78	269,75	III	2 997,33	159,05	231,34	260,26	153,25	222,92	250,78	147,45	214,48	241,29	141,66	206,05	231,80	135,85	197,61	222,31	130,06	189,18	212,83
	V	4 266,83	234,67	341,34	384,01	IV	3 723,16	201,87	293,63	330,33	198,97	289,42	325,59	196,07	285,20	320,85	193,17	280,98	316,10	190,27	276,76	311,36	187,38	272,55	306,62
	VI	4 299,08	236,44	343,92	386,91																				
10 865,99	I,IV	3 724,41	204,84	297,95	335,19	I	3 724,41	199,04	289,52	325,71	193,24	281,08	316,22	187,44	272,65	306,73	181,65	264,22	297,24	175,85	255,78	287,75	170,05	247,35	278,27
	II	3 678,66	202,32	294,29	331,07	II	3 678,66	196,52	285,86	321,59	190,73	277,42	312,10	184,92	268,98	302,60	179,13	260,55	293,12	173,33	252,12	283,63	167,53	243,68	274,14
	III	2 998,50	164,91	239,88	269,86	III	2 998,50	159,12	231,45	260,38	153,32	223,01	250,88	147,52	214,58	241,40	141,72	206,14	231,91	135,93	197,72	222,43	130,13	189,28	212,94
	V	4 268,08	234,74	341,44	384,12	IV	3 724,41	201,94	293,73	330,44	199,04	289,52	325,71	196,14	285,30	320,96	193,24	281,08	316,22	190,34	276,86	311,47	187,44	272,65	306,73
	VI	4 300,33	236,51	344,02	387,02																				
10 868,99	I,IV	3 725,66	204,91	298,05	335,30	I	3 725,66	199,11	289,62	325,82	193,31	281,18	316,33	187,51	272,75	306,84	181,72	264,32	297,36	175,92	255,88	287,87	170,12	247,45	278,38
	II	3 679,91	202,39	294,39	331,19	II	3 679,91	196,59	285,96	321,70	190,79	277,52	312,21	185,—	269,09	302,72	179,20	260,66	293,24	173,40	252,22	283,75	167,60	243,78	274,25
	III	2 999,83	164,99	239,98	269,98	III	2 999,83	159,19	231,56	260,50	153,39	223,12	251,01	147,59	214,68	241,51	141,79	206,25	232,03	135,99	197,81	222,53	130,20	189,38	213,05
	V	4 269,41	234,81	341,55	384,24	IV	3 725,66	202,01	293,84	330,57	199,11	289,62	325,82	196,21	285,40	321,08	193,31	281,18	316,33	190,41	276,96	311,58	187,51	272,75	306,84
	VI	4 301,58	236,58	344,12	387,14																				
10 871,99	I,IV	3 726,91	204,98	298,15	335,42	I	3 726,91	199,18	289,72	325,93	193,38	281,28	316,44	187,58	272,85	306,95	181,78	264,42	297,47	175,99	255,98	287,98	170,19	247,55	278,49
	II	3 681,16	202,46	294,49	331,30	II	3 681,16	196,66	286,06	321,81	190,86	277,62	312,32	185,07	269,19	302,84	179,27	260,76	293,35	173,47	252,32	283,86	167,67	243,89	274,37
	III	3 001,16	165,06	240,09	270,10	III	3 001,16	159,26	231,65	260,60	153,46	223,22	251,12	147,66	214,78	241,63	141,87	206,36	232,15	136,07	197,92	222,66	130,26	189,48	213,16
	V	4 270,66	234,88	341,65	384,35	IV	3 726,91	202,08	293,94	330,68	199,18	289,72	325,93	196,28	285,50	321,19	193,38	281,28	316,44	190,48	277,07	311,70	187,58	272,85	306,95
	VI	4 302,83	236,65	344,22	387,25																				
10 874,99	I,IV	3 728,16	205,04	298,25	335,53	I	3 728,16	199,25	289,82	326,04	193,45	281,38	316,55	187,65	272,95	307,07	181,85	264,52	297,58	176,05	256,08	288,09	170,26	247,65	278,60
	II	3 682,41	202,53	294,59	331,41	II	3 682,41	196,73	286,16	321,93	190,93	277,72	312,44	185,13	269,29	302,95	179,34	260,86	293,46	173,54	252,42	283,97	167,74	243,99	274,49
	III	3 002,33	165,12	240,18	270,20	III	3 002,33	159,33	231,76	260,73	153,53	223,32	251,23	147,73	214,89	241,75	141,93	206,45	232,25	136,14	198,02	222,77	130,34	189,58	213,28
	V	4 271,91	234,95	341,75	384,47	IV	3 728,16	202,15	294,04	330,79	199,25	289,82	326,04	196,35	285,60	321,30	193,45	281,38	316,55	190,55	277,17	311,81	187,65	272,95	307,07
	VI	4 304,08	236,72	344,32	387,36																				
10 877,99	I,IV	3 729,41	205,11	298,35	335,64	I	3 729,41	199,32	289,92	326,16	193,52	281,48	316,67	187,72	273,05	307,18	181,92	264,62	297,69	176,12	256,18	288,20	170,33	247,75	278,72
	II	3 683,66	202,60	294,69	331,52	II	3 683,66	196,80	286,26	322,04	191,—	277,82	312,55	185,20	269,39	303,06	179,41	260,96	293,58	173,61	252,52	284,09	167,81	244,09	274,60
	III	3 003,66	165,20	240,29	270,32	III	3 003,66	159,39	231,85	260,83	153,60	223,42	251,35	147,80	214,98	241,85	142,01	206,56	232,38	136,20	198,12	222,88	130,41	189,69	213,40
	V	4 273,16	235,02	341,85	384,58	IV	3 729,41	202,22	294,14	330,90	199,32	289,92	326,16	196,42	285,70	321,41	193,52	281,48	316,67	190,62	277,27	311,93	187,72	273,05	307,18
	VI	4 305,33	236,79	344,42	387,47																				
10 880,99	I,IV	3 730,75	205,19	298,46	335,76	I	3 730,75	199,39	290,02	326,27	193,59	281,58	316,78	187,79	273,15	307,29	181,99	264,72	297,81	176,19	256,28	288,32	170,39	247,85	278,83
	II	3 684,91	202,67	294,79	331,64	II	3 684,91	196,87	286,36	322,15	191,07	277,92	312,66	185,27	269,49	303,17	179,47	261,06	293,69	173,68	252,62	284,20	167,88	244,19	274,71
	III	3 004,83	165,26	240,38	270,43	III	3 004,83	159,47	231,96	260,95	153,67	223,52	251,46	147,87	215,09	241,97	142,07	206,65	232,48	136,28	198,22	223,—	130,47	189,78	213,50
	V	4 274,41	235,09	341,95	384,69	IV	3 730,75	202,29	294,24	331,02	199,39	290,02	326,27	196,49	285,80	321,53	193,59	281,58	316,78	190,69	277,37	312,04	187,79	273,15	307,29
	VI	4 306,58	236,86	344,52	387,59																				
10 883,99	I,IV	3 732,—	205,26	298,56	335,88	I	3 732,—	199,46	290,12	326,39	193,66	281,69	316,90	187,86	273,26	307,41	182,06	264,82	297,92	176,26	256,38	288,43	170,46	247,95	278,94
	II	3 686,16	202,73	294,89	331,75	II	3 686,16	196,94	286,46	322,26	191,14	278,02	312,77	185,34	269,59	303,29	179,54	261,16	293,80	173,74	252,72	284,31	167,95	244,29	274,82
	III	3 006,16	165,33	240,49	270,55	III	3 006,16	159,53	232,05	261,05	153,74	223,62	251,57	147,94	215,18	242,08	142,14	206,76	232,60	136,34	198,32	223,11	130,55	189,89	213,62
	V	4 275,66	235,16	342,05	384,80	IV	3 732,—	202,35	294,34	331,13	199,46	290,12	326,39	196,56	285,90	321,64	193,66	281,69	316,90	190,76	277,47	312,15	187,86	273,26	307,41
	VI	4 307,91	236,93	344,63	387,71																				
10 886,99	I,IV	3 733,25	205,32	298,66	335,99	I	3 733,25	199,53	290,22	326,50	193,73	281,79	317,01	187,93	273,36	307,53	182,13	264,92	298,04	176,33	256,49	288,55	170,54	248,06	279,06
	II	3 687,41	202,80	294,99	331,86	II	3 687,41	197,01	286,56	322,38	191,21	278,12	312,89	185,41	269,69	303,40	179,61	261,26	293,91	173,81	252,82	284,42	168,02	244,39	274,94
	III	3 007,33	165,40	240,58	270,65	III	3 007,33	159,61	232,16	261,18	153,80	223,72	251,68	148,01	215,29	242,20	142,21	206,85	232,70	136,41	198,42	223,22	130,61	189,98	213,73
	V	4 276,91	235,23	342,15	384,92	IV	3 733,25	202,42	294,44	331,24	199,53	290,22	326,50	196,62	286,—	321,75	193,73	281,79	317,01	190,83	277,57	312,26	187,93	273,36	307,53
	VI	4 309,16	237,—	344,73	387,82																				
10 889,99	I,IV	3 734,50	205,39	298,76	336,10	I	3 734,50	199,59	290,32	326,61	193,80	281,89	317,12	188,—	273,46	307,64	182,20	265,02	298,15	176,40	256,59	288,66	170,61	248,16	279,18
	II	3 688,75	202,88	295,10	331,98	II	3 688,75	197,08	286,66	322,49	191,28	278,22	313,—	185,48	269,79	303,51	179,68	261,36	294,03	173,88	252,92	284,54	168,08	244,49	275,05
	III	3 008,66	165,47	240,69	270,77	III	3 008,66	159,67	232,25	261,28	153,88	223,82	251,80	148,07	215,38	242,30	142,28	206,96	232,83	136,48	198,52	223,33	130,68	190,09	213,85
	V	4 278,16	235,29	342,25	385,03	IV	3 734,50	202,49	294,54	331,35	199,59	290,32	326,61	196,69	286,10	321,86	193,80	281,89	317,12	190,90	277,67	312,38	188,—	273,46	307,64
	VI	4 310,41	237,07	344,83	387,93																				

* Die ausgewiesenen Tabellenwerte sind amtlich. Siehe Erläuterungen auf der Umschlaginnenseite (U2).

Lohn/ Gehalt bis €*		I – VI				I, II, III, IV		mit Zahl der Kinderfreibeträge . . .																	
			ohne Kinderfreibeträge					0,5			1			1,5			2			2,5			3		
		LSt	SolZ	8%	9%		LSt	SolZ	8%	9%	SolZ	8%	9%	SolZ	8%	9%	SolZ	8%	9%	SolZ	8%	9%	SolZ	8%	9%
10 892,99	I,IV	3 735,75	205,46	298,86	336,21	I	3 735,75	199,66	290,42	326,72	193,87	281,99	317,24	188,07	273,56	307,75	182,27	265,12	298,26	176,47	256,69	288,77	170,67	248,26	279,29
	II	3 690,—	202,95	295,20	332,10	II	3 690,—	197,15	286,76	322,61	191,35	278,33	313,12	185,55	269,90	303,63	179,75	261,46	294,14	173,95	253,02	284,65	168,15	244,59	275,16
	III	3 010,—	165,55	240,80	270,90	III	3 010,—	159,74	232,36	261,40	153,94	223,92	251,91	148,15	215,49	242,42	142,34	207,05	232,93	136,55	198,62	223,45	130,75	190,18	213,95
	V	4 279,41	235,36	342,35	385,14	IV	3 735,75	202,56	294,64	331,47	199,66	290,42	326,72	196,76	286,20	321,98	193,87	281,99	317,24	190,96	277,77	312,49	188,07	273,56	307,75
	VI	4 311,66	237,14	344,93	388,04																				
10 895,99	I,IV	3 737,—	205,53	298,96	336,33	I	3 737,—	199,73	290,52	326,84	193,93	282,09	317,35	188,14	273,66	307,86	182,34	265,22	298,37	176,54	256,79	288,89	170,74	248,36	279,40
	II	3 691,25	203,01	295,30	332,21	II	3 691,25	197,22	286,86	322,72	191,42	278,43	313,23	185,62	270,—	303,75	179,82	261,56	294,26	174,02	253,13	284,77	168,23	244,70	275,28
	III	3 011,16	165,61	240,89	271,—	III	3 011,16	159,82	232,46	261,52	154,01	224,02	252,02	148,22	215,60	242,55	142,42	207,16	233,05	136,62	198,72	223,56	130,82	190,29	214,07
	V	4 280,75	235,44	342,46	385,26	IV	3 737,—	202,63	294,74	331,58	199,73	290,52	326,84	196,84	286,31	322,10	193,93	282,09	317,35	191,04	277,88	312,61	188,14	273,66	307,86
	VI	4 312,91	237,21	345,03	388,16																				
10 898,99	I,IV	3 738,25	205,60	299,06	336,44	I	3 738,25	199,80	290,62	326,95	194,—	282,19	317,46	188,21	273,76	307,98	182,41	265,32	298,49	176,61	256,89	289,—	170,81	248,46	279,51
	II	3 692,50	203,08	295,40	332,32	II	3 692,50	197,28	286,96	322,83	191,49	278,53	313,34	185,69	270,10	303,86	179,89	261,66	294,37	174,09	253,23	284,88	168,30	244,80	275,40
	III	3 012,50	165,68	241,—	271,12	III	3 012,50	159,88	232,56	261,63	154,09	224,13	252,14	148,28	215,69	242,65	142,49	207,26	233,17	136,69	198,82	223,67	130,90	190,40	214,20
	V	4 282,—	235,51	342,56	385,38	IV	3 738,25	202,70	294,84	331,70	199,80	290,62	326,95	196,90	286,41	322,21	194,—	282,19	317,46	191,11	277,98	312,72	188,21	273,76	307,98
	VI	4 314,16	237,27	345,13	388,27																				
10 901,99	I,IV	3 739,50	205,67	299,16	336,55	I	3 739,50	199,87	290,72	327,06	194,07	282,29	317,57	188,27	273,86	308,09	182,48	265,42	298,60	176,68	256,99	289,11	170,88	248,56	279,63
	II	3 693,75	203,15	295,50	332,43	II	3 693,75	197,35	287,06	322,94	191,56	278,63	313,46	185,76	270,20	303,97	179,96	261,76	294,48	174,16	253,33	284,99	168,36	244,90	275,51
	III	3 013,66	165,75	241,09	271,22	III	3 013,66	159,95	232,66	261,74	154,15	224,22	252,25	148,36	215,80	242,77	142,56	207,36	233,28	136,76	198,93	223,79	130,96	190,49	214,30
	V	4 283,25	235,57	342,66	385,49	IV	3 739,50	202,77	294,94	331,81	199,87	290,72	327,06	196,97	286,51	322,32	194,07	282,29	317,57	191,18	278,08	312,84	188,27	273,86	308,09
	VI	4 315,41	237,34	345,23	388,38																				
10 904,99	I,IV	3 740,83	205,74	299,26	336,67	I	3 740,83	199,94	290,82	327,17	194,14	282,39	317,69	188,34	273,96	308,20	182,54	265,52	298,71	176,75	257,09	289,22	170,95	248,66	279,74
	II	3 695,—	203,22	295,60	332,55	II	3 695,—	197,42	287,16	323,06	191,62	278,73	313,57	185,83	270,30	304,08	180,03	261,86	294,59	174,23	253,43	285,11	168,43	245,—	275,62
	III	3 015,—	165,82	241,20	271,35	III	3 015,—	160,02	232,76	261,85	154,22	224,33	252,37	148,42	215,89	242,87	142,63	207,46	233,39	136,83	199,02	223,90	131,03	190,60	214,42
	V	4 284,50	235,64	342,76	385,60	IV	3 740,83	202,84	295,04	331,92	199,94	290,82	327,17	197,04	286,61	322,43	194,14	282,39	317,69	191,24	278,18	312,95	188,34	273,96	308,20
	VI	4 316,66	237,41	345,33	388,49																				
10 907,99	I,IV	3 742,08	205,81	299,36	336,78	I	3 742,08	200,01	290,93	327,29	194,21	282,50	317,81	188,42	274,06	308,32	182,61	265,62	298,82	176,82	257,19	289,34	171,02	248,76	279,85
	II	3 696,25	203,29	295,70	332,66	II	3 696,25	197,49	287,26	323,17	191,69	278,83	313,68	185,90	270,40	304,20	180,10	261,96	294,71	174,30	253,53	285,22	168,50	245,10	275,73
	III	3 016,16	165,88	241,29	271,45	III	3 016,16	160,09	232,86	261,97	154,29	224,42	252,47	148,50	216,—	243,—	142,69	207,56	233,50	136,90	199,13	224,02	131,10	190,69	214,52
	V	4 285,75	235,71	342,86	385,71	IV	3 742,08	202,91	295,14	332,03	200,01	290,93	327,29	197,11	286,71	322,55	194,21	282,50	317,81	191,31	278,28	313,06	188,42	274,06	308,32
	VI	4 317,91	237,48	345,43	388,61																				
10 910,99	I,IV	3 743,33	205,88	299,46	336,89	I	3 743,33	200,08	291,03	327,41	194,28	282,60	317,92	188,48	274,16	308,43	182,69	265,73	298,94	176,89	257,30	289,46	171,09	248,86	279,97
	II	3 697,50	203,36	295,80	332,77	II	3 697,50	197,56	287,36	323,28	191,76	278,93	313,79	185,96	270,50	304,31	180,17	262,06	294,82	174,37	253,63	285,33	168,57	245,20	275,85
	III	3 017,50	165,96	241,40	271,57	III	3 017,50	160,16	232,96	262,08	154,36	224,53	252,59	148,56	216,09	243,10	142,77	207,66	233,62	136,96	199,22	224,12	131,17	190,80	214,65
	V	4 287,—	235,78	342,96	385,83	IV	3 743,33	202,98	295,24	332,15	200,08	291,03	327,41	197,18	286,81	322,66	194,28	282,60	317,92	191,38	278,38	313,17	188,48	274,16	308,43
	VI	4 319,25	237,55	345,54	388,73																				
10 913,99	I,IV	3 744,58	205,95	299,56	337,01	I	3 744,58	200,15	291,13	327,52	194,35	282,70	318,03	188,55	274,26	308,54	182,76	265,83	299,06	176,96	257,40	289,57	171,16	248,96	280,08
	II	3 698,83	203,43	295,90	332,89	II	3 698,83	197,63	287,46	323,39	191,83	279,03	313,91	186,03	270,60	304,42	180,23	262,16	294,93	174,44	253,73	285,44	168,64	245,30	275,96
	III	3 018,66	166,02	241,49	271,67	III	3 018,66	160,23	233,06	262,19	154,43	224,62	252,70	148,63	216,20	243,22	142,83	207,76	233,73	137,04	199,33	224,24	131,23	190,89	214,75
	V	4 288,25	235,85	343,06	385,94	IV	3 744,58	203,05	295,34	332,26	200,15	291,13	327,52	197,25	286,91	322,77	194,35	282,70	318,03	191,45	278,48	313,29	188,55	274,26	308,54
	VI	4 320,50	237,62	345,64	388,84																				
10 916,99	I,IV	3 745,83	206,02	299,66	337,12	I	3 745,83	200,22	291,23	327,63	194,42	282,80	318,15	188,62	274,36	308,66	182,82	265,93	299,17	177,03	257,50	289,68	171,23	249,06	280,19
	II	3 700,08	203,50	296,—	333,—	II	3 700,08	197,70	287,57	323,51	191,90	279,14	314,03	186,11	270,70	304,54	180,30	262,26	295,04	174,51	253,83	285,56	168,71	245,40	276,07
	III	3 020,—	166,10	241,60	271,80	III	3 020,—	160,29	233,16	262,30	154,50	224,73	252,82	148,70	216,29	243,32	142,90	207,86	233,84	137,10	199,42	224,35	131,31	191,—	214,87
	V	4 289,50	235,92	343,16	386,05	IV	3 745,83	203,11	295,44	332,37	200,22	291,23	327,63	197,32	287,01	322,88	194,42	282,80	318,15	191,52	278,58	313,40	188,62	274,36	308,66
	VI	4 321,75	237,69	345,74	388,95																				
10 919,99	I,IV	3 747,08	206,08	299,76	337,23	I	3 747,08	200,29	291,33	327,74	194,49	282,90	318,26	188,69	274,46	308,77	182,89	266,03	299,28	177,10	257,60	289,80	171,30	249,16	280,31
	II	3 701,33	203,57	296,10	333,11	II	3 701,33	197,77	287,67	323,63	191,97	279,24	314,14	186,17	270,80	304,65	180,38	262,37	295,16	174,58	253,94	285,68	168,78	245,50	276,19
	III	3 021,33	166,17	241,70	271,91	III	3 021,33	160,37	233,26	262,42	154,57	224,84	252,94	148,77	216,40	243,45	142,97	207,96	233,95	137,17	199,53	224,47	131,37	191,09	214,97
	V	4 290,83	235,99	343,26	386,17	IV	3 747,08	203,19	295,55	332,49	200,29	291,33	327,74	197,39	287,12	323,01	194,49	282,90	318,26	191,59	278,68	313,52	188,69	274,46	308,77
	VI	4 323,—	237,76	345,84	389,07																				
10 922,99	I,IV	3 748,33	206,15	299,86	337,34	I	3 748,33	200,36	291,43	327,86	194,56	283,—	318,37	188,76	274,56	308,88	182,96	266,13	299,39	177,16	257,70	289,91	171,37	249,26	280,42
	II	3 702,58	203,64	296,20	333,23	II	3 702,58	197,84	287,77	323,74	192,04	279,34	314,25	186,24	270,90	304,76	180,45	262,47	295,28	174,65	254,04	285,79	168,85	245,60	276,30
	III	3 022,50	166,23	241,80	272,02	III	3 022,50	160,44	233,37	262,54	154,64	224,93	253,04	148,84	216,50	243,56	143,04	208,06	234,07	137,25	199,64	224,59	131,45	191,20	215,10
	V	4 292,08	236,06	343,36	386,28	IV	3 748,33	203,26	295,65	332,60	200,36	291,43	327,86	197,46	287,22	323,12	194,56	283,—	318,37	191,66	278,78	313,63	188,76	274,56	308,88
	VI	4 324,25	237,83	345,94	389,18																				
10 925,99	I,IV	3 749,58	206,22	299,96	337,46	I	3 749,58	200,42	291,53	327,97	194,63	283,10	318,48	188,83	274,66	308,99	183,03	266,23	299,51	177,23	257,80	290,02	171,43	249,36	280,53
	II	3 703,83	203,71	296,30	333,34	II	3 703,83	197,91	287,87	323,85	192,11	279,44	314,37	186,31	271,—	304,88	180,51	262,57	295,39	174,72	254,14	285,90	168,92	245,70	276,41
	III	3 023,83	166,31	241,90	272,14	III	3 023,83	160,50	233,46	262,64	154,71	225,04	253,17	148,91	216,60	243,67	143,11	208,17	234,19	137,31	199,73	224,69	131,52	191,30	215,21
	V	4 293,33	236,13	343,46	386,39	IV	3 749,58	203,33	295,75	332,72	200,42	291,53	327,97	197,53	287,32	323,23	194,63	283,10	318,48	191,73	278,88	313,74	188,83	274,66	308,99
	VI	4 325,50	237,90	346,04	389,29																				
10 928,99	I,IV	3 750,83	206,29	300,06	337,57	I	3 750,83	200,49	291,63	328,08	194,70	283,20	318,60	188,90	274,76	309,11	183,10	266,33	299,62	177,30	257,90	290,13	171,50	249,46	280,64
	II	3 705,08	203,77	296,40	333,45	II	3 705,08	197,98	287,97	323,96	192,18	279,54	314,48	186,38	271,10	304,99	180,58	262,67	295,50	174,79	254,24	286,02	168,99	245,80	276,53
	III	3 025,—	166,37	242,—	272,25	III	3 025,—	160,58	233,57	262,76	154,77	225,13	253,27	148,98	216,70	243,79	143,18	208,26	234,29	137,39	199,84	224,82	131,58	191,40	215,32
	V	4 294,58	236,20	343,56	386,51	IV	3 750,83	203,39	295,85	332,83	200,49	291,63	328,08	197,60	287,42	323,34	194,70	283,20	318,60	191,80	278,98	313,85	188,90	274,76	309,11
	VI	4 326,75	237,97	346,14	389,40																				
10 931,99	I,IV	3 752,16	206,36	300,17	337,69	I	3 752,16	200,57	291,74	328,20	194,77	283,30	318,71	188,97	274,86	309,22	183,17	266,43	299,73	177,37	258,—	290,25	171,57	249,56	280,76
	II	3 706,33	203,84	296,50	333,56	II	3 706,33	198,05	288,07	324,08	192,25	279,64	314,59	186,45	271,20	305,10	180,65	262,77	295,61	174,85	254,34	286,13	169,06	245,90	276,64
	III	3 026,33	166,44	242,10	272,36	III	3 026,33	160,64	233,66	262,87	154,85	225,24	253,39	149,05	216,80	243,90	143,25	208,37	234,41	137,45	199,93	224,92	131,66	191,50	215,44
	V	4 295,83	236,27	343,66	386,62	IV	3 752,16	203,46	295,95	332,94	200,57	291,74	328,20	197,67	287,52	323,46	194,77	283,30	318,71	191,87	279,08	313,97	188,97	274,86	309,22
	VI	4 328,—	238,04	346,24	389,52																				
10 934,99	I,IV	3 753,41	206,43	300,27	337,80	I	3 753,41	200,64	291,84	328,32	194,84	283,40	318,83	189,04	274,97	309,34	183,24	266,54	299,85	177,44	258,10	290,36	171,64	249,66	280,87
	II	3 707,58	203,91	296,60	333,68	II	3 707,58	198,11	288,17	324,19	192,32	279,74	314,70	186,52	271,30	305,21	180,72	262,87	295,73	174,92	254,44	286,24	169,12	246,—	276,75
	III	3 027,50	166,51	242,20	272,47	III	3 027,50	160,71	233,77	262,99	154,91	225,33	253,49	149,12	216,90	244,01	143,32	208,46	234,52	137,52	200,04	225,04	131,72	191,60	215,55
	V	4 297,08	236,33	343,76	386,73	IV	3 753,41	203,53	296,05	333,05	200,64	291,84	328,32	197,73	287,62	323,57	194,84	283,40	318,83	191,94	279,18	314,08	189,04	274,97	309,34
	VI	4 329,33	238,11	346,34	389,63																				

Abzüge an Lohnsteuer, Solidaritätszuschlag (SolZ) und Kirchensteuer (8%, 9%) in den Steuerklassen

*** Die ausgewiesenen Tabellenwerte sind amtlich. Siehe Erläuterungen auf der Umschlaginnenseite (U2).**

MONAT 10 935,–*

Abzüge an Lohnsteuer, Solidaritätszuschlag (SolZ) und Kirchensteuer (8%, 9%) in den Steuerklassen

Lohn/ Gehalt bis €*	I – VI					I, II, III, IV		mit Zahl der Kinderfreibeträge . . . 0,5			1			1,5			2			2,5			3		
			ohne Kinderfreibeträge																						
		LSt	SolZ	8%	9%		LSt	SolZ	8%	9%	SolZ	8%	9%	SolZ	8%	9%	SolZ	8%	9%	SolZ	8%	9%	SolZ	8%	9%
10 937,99	I,IV	3 754,66	206,50	300,37	337,91	I	3 754,66	200,70	291,94	328,43	194,91	283,50	318,94	189,11	275,07	309,45	183,31	266,64	299,97	177,51	258,20	290,48	171,71	249,77	280,99
	II	3 708,83	203,98	296,70	333,79	II	3 708,83	198,18	288,27	324,30	192,39	279,84	314,82	186,59	271,40	305,33	180,79	262,97	295,84	174,99	254,54	286,35	169,19	246,10	276,86
	III	3 028,83	166,58	242,30	272,59	III	3 028,83	160,78	233,86	263,09	154,99	225,44	253,62	149,18	217,–	244,12	143,39	208,57	234,64	137,59	200,13	225,14	131,79	191,70	215,66
	V	4 298,33	236,40	343,86	386,84	IV	3 754,66	203,60	296,15	333,17	200,70	291,94	328,43	197,80	287,72	323,68	194,91	283,50	318,94	192,–	279,28	314,19	189,11	275,07	309,45
	VI	4 330,58	238,18	346,44	389,75																				
10 940,99	I,IV	3 755,91	206,57	300,47	338,03	I	3 755,91	200,77	292,04	328,54	194,97	283,60	319,05	189,18	275,17	309,56	183,38	266,74	300,08	177,58	258,30	290,59	171,78	249,87	281,10
	II	3 710,16	204,05	296,81	333,91	II	3 710,16	198,26	288,38	324,42	192,46	279,94	314,93	186,66	271,50	305,44	180,86	263,07	295,95	175,06	254,64	286,47	169,26	246,20	276,98
	III	3 030,–	166,65	242,40	272,70	III	3 030,–	160,85	233,97	263,21	155,05	225,53	253,72	149,26	217,10	244,24	143,45	208,66	234,74	137,66	200,24	225,27	131,86	191,80	215,77
	V	4 299,58	236,47	343,96	386,96	IV	3 755,91	203,67	296,25	333,28	200,77	292,04	328,54	197,87	287,82	323,79	194,97	283,60	319,05	192,07	279,38	314,30	189,18	275,17	309,56
	VI	4 331,83	238,25	346,54	389,86																				
10 943,99	I,IV	3 757,16	206,64	300,57	338,14	I	3 757,16	200,84	292,14	328,65	195,04	283,70	319,16	189,25	275,27	309,68	183,45	266,84	300,19	177,65	258,40	290,70	171,85	249,97	281,21
	II	3 711,41	204,12	296,91	334,02	II	3 711,41	198,33	288,48	324,54	192,53	280,04	315,05	186,73	271,61	305,56	180,93	263,18	296,07	175,13	254,74	286,58	169,33	246,30	277,09
	III	3 031,33	166,72	242,50	272,81	III	3 031,33	160,93	234,08	263,34	155,12	225,64	253,84	149,32	217,20	244,35	143,53	208,77	234,86	137,72	200,33	225,37	131,93	191,90	215,89
	V	4 300,91	236,55	344,07	387,08	IV	3 757,16	203,74	296,36	333,40	200,84	292,14	328,65	197,94	287,92	323,91	195,04	283,70	319,16	192,14	279,48	314,42	189,25	275,27	309,68
	VI	4 333,08	238,31	346,64	389,97																				
10 946,99	I,IV	3 758,41	206,71	300,67	338,25	I	3 758,41	200,91	292,24	328,77	195,11	283,80	319,28	189,31	275,37	309,79	183,52	266,94	300,30	177,72	258,50	290,81	171,92	250,07	281,33
	II	3 712,66	204,19	297,01	334,13	II	3 712,66	198,39	288,58	324,65	192,60	280,14	315,16	186,80	271,71	305,67	181,–	263,28	296,19	175,20	254,84	286,70	169,40	246,41	277,21
	III	3 032,66	166,79	242,61	272,93	III	3 032,66	160,99	234,17	263,44	155,20	225,74	253,96	149,39	217,30	244,46	143,60	208,88	234,99	137,80	200,44	225,49	132,–	192,–	216,–
	V	4 302,16	236,61	344,17	387,19	IV	3 758,41	203,81	296,46	333,51	200,91	292,24	328,77	198,01	288,02	324,02	195,11	283,80	319,28	192,22	279,59	314,54	189,31	275,37	309,79
	VI	4 334,33	238,38	346,74	390,08																				
10 949,99	I,IV	3 759,66	206,78	300,77	338,36	I	3 759,66	200,98	292,34	328,88	195,18	283,90	319,39	189,38	275,47	309,90	183,59	267,04	300,42	177,79	258,60	290,93	171,99	250,17	281,44
	II	3 713,91	204,26	297,11	334,25	II	3 713,91	198,46	288,68	324,76	192,66	280,24	315,27	186,87	271,81	305,78	181,07	263,38	296,30	175,27	254,94	286,81	169,47	246,51	277,32
	III	3 033,83	166,86	242,70	273,04	III	3 033,83	161,06	234,28	263,56	155,26	225,84	254,07	149,47	217,41	244,58	143,66	208,97	235,09	137,87	200,54	225,61	132,07	192,10	216,11
	V	4 303,41	236,68	344,27	387,30	IV	3 759,66	203,88	296,56	333,63	200,98	292,34	328,88	198,08	288,12	324,14	195,18	283,90	319,39	192,28	279,69	314,65	189,38	275,47	309,90
	VI	4 335,58	238,45	346,84	390,20																				
10 952,99	I,IV	3 760,91	206,85	300,87	338,48	I	3 760,91	201,05	292,44	328,99	195,25	284,–	319,50	189,45	275,57	310,01	183,65	267,14	300,53	177,86	258,70	291,04	172,06	250,27	281,55
	II	3 715,16	204,33	297,21	334,36	II	3 715,16	198,53	288,78	324,87	192,73	280,34	315,38	186,94	271,91	305,90	181,14	263,48	296,41	175,34	255,04	286,92	169,54	246,61	277,43
	III	3 035,16	166,93	242,81	273,16	III	3 035,16	161,13	234,37	263,66	155,33	225,94	254,18	149,53	217,50	244,69	143,74	209,08	235,21	137,94	200,64	225,72	132,14	192,21	216,23
	V	4 304,66	236,75	344,37	387,41	IV	3 760,91	203,95	296,66	333,74	201,05	292,44	328,99	198,15	288,22	324,25	195,25	284,–	319,50	192,35	279,79	314,76	189,45	275,57	310,01
	VI	4 336,83	238,52	346,94	390,31																				
10 955,99	I,IV	3 762,25	206,92	300,98	338,60	I	3 762,25	201,12	292,54	329,11	195,32	284,10	319,61	189,52	275,67	310,13	183,72	267,24	300,64	177,92	258,80	291,15	172,13	250,37	281,66
	II	3 716,41	204,40	297,31	334,47	II	3 716,41	198,60	288,88	324,99	192,80	280,44	315,50	187,–	272,01	306,01	181,21	263,58	296,52	175,41	255,14	287,03	169,61	246,71	277,55
	III	3 036,33	166,99	242,90	273,26	III	3 036,33	161,20	234,48	263,79	155,40	226,04	254,29	149,60	217,61	244,81	143,80	209,17	235,31	138,01	200,74	225,83	132,21	192,30	216,34
	V	4 305,91	236,82	344,47	387,53	IV	3 762,25	204,02	296,76	333,85	201,12	292,54	329,11	198,22	288,32	324,36	195,32	284,10	319,61	192,42	279,89	314,87	189,52	275,67	310,13
	VI	4 338,08	238,59	347,04	390,42																				
10 958,99	I,IV	3 763,50	206,99	301,08	338,71	I	3 763,50	201,19	292,64	329,22	195,39	284,21	319,73	189,59	275,78	310,25	183,80	267,34	300,76	177,99	258,90	291,26	172,20	250,47	281,78
	II	3 717,66	204,47	297,41	334,58	II	3 717,66	198,67	288,98	325,10	192,87	280,54	315,61	187,07	272,11	306,12	181,28	263,68	296,64	175,48	255,24	287,15	169,68	246,81	277,66
	III	3 037,66	167,07	243,01	273,38	III	3 037,66	161,26	234,57	263,89	155,47	226,14	254,41	149,67	217,70	244,91	143,88	209,28	235,44	138,07	200,84	225,94	132,28	192,41	216,46
	V	4 307,16	236,89	344,57	387,64	IV	3 763,50	204,09	296,86	333,96	201,19	292,64	329,22	198,29	288,42	324,47	195,39	284,21	319,73	192,49	279,99	314,99	189,59	275,78	310,25
	VI	4 339,41	238,66	347,15	390,54																				
10 961,99	I,IV	3 764,75	207,06	301,18	338,82	I	3 764,75	201,26	292,74	329,33	195,46	284,31	319,85	189,66	275,88	310,36	183,86	267,44	300,87	178,07	259,01	291,38	172,27	250,58	281,90
	II	3 718,91	204,54	297,51	334,70	II	3 718,91	198,74	289,08	325,21	192,94	280,64	315,72	187,14	272,21	306,23	181,34	263,78	296,75	175,55	255,34	287,26	169,75	246,91	277,77
	III	3 038,83	167,13	243,10	273,49	III	3 038,83	161,34	234,68	264,01	155,54	226,24	254,52	149,74	217,81	245,03	143,94	209,37	235,54	138,15	200,94	226,06	132,34	192,50	216,56
	V	4 308,41	236,96	344,67	387,75	IV	3 764,75	204,16	296,96	334,08	201,26	292,74	329,33	198,36	288,52	324,59	195,46	284,31	319,85	192,56	280,09	315,10	189,66	275,88	310,36
	VI	4 340,66	238,73	347,25	390,65																				
10 964,99	I,IV	3 766,–	207,13	301,28	338,94	I	3 766,–	201,33	292,84	329,45	195,53	284,41	319,96	189,73	275,98	310,47	183,93	267,54	300,98	178,14	259,11	291,50	172,34	250,68	282,01
	II	3 720,25	204,61	297,62	334,82	II	3 720,25	198,81	289,18	325,33	193,01	280,74	315,83	187,21	272,31	306,35	181,41	263,88	296,86	175,61	255,44	287,37	169,82	247,01	277,88
	III	3 040,16	167,20	243,21	273,61	III	3 040,16	161,40	234,77	264,11	155,61	226,34	254,63	149,81	217,90	245,14	144,01	209,48	235,66	138,21	201,04	226,17	132,42	192,61	216,68
	V	4 309,66	237,03	344,77	387,86	IV	3 766,–	204,22	297,06	334,19	201,33	292,84	329,45	198,43	288,62	324,70	195,53	284,41	319,96	192,63	280,19	315,21	189,73	275,98	310,47
	VI	4 341,91	238,80	347,35	390,77																				
10 967,99	I,IV	3 767,25	207,19	301,38	339,05	I	3 767,25	201,40	292,94	329,56	195,60	284,51	320,07	189,80	276,08	310,59	184,–	267,64	301,10	178,20	259,21	291,61	172,41	250,78	282,12
	II	3 721,50	204,68	297,72	334,93	II	3 721,50	198,88	289,28	325,44	193,08	280,85	315,95	187,28	272,42	306,47	181,49	263,98	296,98	175,68	255,54	287,48	169,89	247,11	278,–
	III	3 041,50	167,28	243,32	273,73	III	3 041,50	161,48	234,88	264,24	155,67	226,44	254,74	149,88	218,01	245,26	144,08	209,57	235,76	138,28	201,14	226,28	132,48	192,70	216,79
	V	4 310,91	237,10	344,87	387,98	IV	3 767,25	204,30	297,16	334,31	201,40	292,94	329,56	198,49	288,72	324,81	195,60	284,51	320,07	192,70	280,29	315,32	189,80	276,08	310,59
	VI	4 343,16	238,87	347,45	390,88																				
10 970,99	I,IV	3 768,50	207,26	301,48	339,16	I	3 768,50	201,46	293,04	329,67	195,67	284,61	320,18	189,87	276,18	310,70	184,07	267,74	301,21	178,27	259,31	291,72	172,48	250,88	282,24
	II	3 722,75	204,75	297,82	335,04	II	3 722,75	198,95	289,38	325,55	193,15	280,95	316,07	187,35	272,52	306,58	181,55	264,08	297,09	175,76	255,65	287,60	169,96	247,22	278,12
	III	3 042,66	167,34	243,41	273,83	III	3 042,66	161,55	234,98	264,35	155,75	226,54	254,86	149,95	218,12	245,38	144,15	209,68	235,89	138,35	201,24	226,39	132,55	192,81	216,91
	V	4 312,25	237,17	344,98	388,10	IV	3 768,50	204,37	297,26	334,42	201,46	293,04	329,67	198,57	288,83	324,93	195,67	284,61	320,18	192,77	280,40	315,45	189,87	276,18	310,70
	VI	4 344,41	238,94	347,55	390,99																				
10 973,99	I,IV	3 769,75	207,33	301,58	339,27	I	3 769,75	201,53	293,14	329,78	195,74	284,71	320,30	189,94	276,28	310,81	184,14	267,84	301,32	178,34	259,41	291,83	172,54	250,98	282,35
	II	3 724,–	204,82	297,92	335,16	II	3 724,–	199,02	289,48	325,67	193,22	281,05	316,18	187,42	272,62	306,69	181,62	264,18	297,20	175,83	255,75	287,72	170,03	247,32	278,23
	III	3 044,–	167,42	243,52	273,96	III	3 044,–	161,61	235,08	264,46	155,82	226,65	254,98	150,02	218,21	245,48	144,22	209,78	236,–	138,42	201,34	226,51	132,63	192,92	217,03
	V	4 313,50	237,24	345,08	388,21	IV	3 769,75	204,43	297,36	334,53	201,53	293,14	329,78	198,64	288,93	325,04	195,74	284,71	320,30	192,84	280,50	315,56	189,94	276,28	310,81
	VI	4 345,66	239,01	347,65	391,10																				
10 976,99	I,IV	3 771,–	207,40	301,68	339,39	I	3 771,–	201,60	293,24	329,90	195,80	284,81	320,41	190,01	276,38	310,92	184,21	267,94	301,43	178,41	259,51	291,95	172,61	251,08	282,46
	II	3 725,25	204,88	298,02	335,27	II	3 725,25	199,09	289,58	325,78	193,29	281,15	316,29	187,49	272,72	306,81	181,69	264,28	297,32	175,89	255,85	287,83	170,10	247,42	278,34
	III	3 045,16	167,48	243,61	274,06	III	3 045,16	161,69	235,18	264,58	155,88	226,74	255,08	150,09	218,32	245,61	144,29	209,88	236,11	138,49	201,45	226,63	132,69	193,01	217,13
	V	4 314,75	237,31	345,18	388,32	IV	3 771,–	204,50	297,46	334,64	201,60	293,24	329,90	198,71	289,03	325,16	195,80	284,81	320,41	192,91	280,60	315,67	190,01	276,38	310,92
	VI	4 346,91	239,08	347,75	391,22																				
10 979,99	I,IV	3 772,33	207,47	301,78	339,50	I	3 772,33	201,67	293,34	330,01	195,87	284,91	320,52	190,08	276,48	311,04	184,28	268,04	301,55	178,48	259,61	292,06	172,68	251,18	282,57
	II	3 726,50	204,95	298,12	335,38	II	3 726,50	199,15	289,68	325,89	193,36	281,25	316,40	187,56	272,82	306,92	181,76	264,38	297,43	175,96	255,95	287,94	170,17	247,52	278,46
	III	3 046,50	167,55	243,72	274,18	III	3 046,50	161,75	235,28	264,69	155,96	226,85	255,20	150,15	218,41	245,71	144,36	209,98	236,23	138,56	201,54	226,73	132,77	193,12	217,26
	V	4 316,–	237,38	345,28	388,44	IV	3 772,33	204,57	297,56	334,76	201,67	293,34	330,01	198,77	289,13	325,27	195,87	284,91	320,52	192,98	280,70	315,78	190,08	276,48	311,04
	VI	4 348,16	239,14	347,85	391,33																				

* Die ausgewiesenen Tabellenwerte sind amtlich. Siehe Erläuterungen auf der Umschlaginnenseite (U2).

Abzüge an Lohnsteuer, Solidaritätszuschlag (SolZ) und Kirchensteuer (8%, 9%) in den Steuerklassen

Lohn/ Gehalt bis €*	I – VI	I – VI LSt	ohne Kinderfreibeträge SolZ	8%	9%	I, II, III, IV	LSt	mit Zahl der Kinderfreibeträge ... 0,5 SolZ	0,5 8%	0,5 9%	1 SolZ	1 8%	1 9%	1,5 SolZ	1,5 8%	1,5 9%	2 SolZ	2 8%	2 9%	2,5 SolZ	2,5 8%	2,5 9%	3 SolZ	3 8%	3 9%
10 982,99	I,IV	3 773,58	207,54	301,88	339,62	I	3 773,58	201,74	293,45	330,13	195,95	285,02	320,64	190,15	276,58	311,15	184,35	268,14	301,66	178,55	259,71	292,17	172,75	251,28	282,69
	II	3 727,75	205,02	298,22	335,49	II	3 727,75	199,22	289,78	326,—	193,43	281,35	316,52	187,63	272,92	307,03	181,83	264,48	297,54	176,03	256,05	288,05	170,23	247,62	278,57
	III	3 047,66	167,62	243,81	274,28	III	3 047,66	161,82	235,38	264,80	156,02	226,94	255,31	150,23	218,52	245,83	144,43	210,08	236,34	138,63	201,65	226,85	132,83	193,21	217,36
	V	4 317,25	237,44	345,38	388,55	IV	3 773,58	204,64	297,66	334,87	201,74	293,45	330,13	198,84	289,23	325,38	195,95	285,02	320,64	193,05	280,80	315,90	190,15	276,58	311,15
	VI	4 349,41	239,21	347,95	391,44																				
10 985,99	I,IV	3 774,83	207,61	301,98	339,73	I	3 774,83	201,81	293,55	330,24	196,02	285,12	320,76	190,22	276,68	311,27	184,42	268,25	301,78	178,62	259,82	292,29	172,82	251,38	282,80
	II	3 729,—	205,09	298,32	335,61	II	3 729,—	199,29	289,88	326,12	193,49	281,45	316,63	187,70	273,02	307,14	181,90	264,58	297,65	176,10	256,15	288,17	170,30	247,72	278,68
	III	3 049,—	167,69	243,92	274,41	III	3 049,—	161,89	235,48	264,91	156,09	227,05	255,43	150,29	218,61	245,93	144,50	210,18	236,45	138,70	201,74	226,96	132,90	193,32	217,48
	V	4 318,50	237,51	345,48	388,66	IV	3 774,83	204,71	297,76	334,98	201,81	293,55	330,24	198,91	289,33	325,49	196,02	285,12	320,76	193,11	280,90	316,01	190,22	276,68	311,27
	VI	4 350,75	239,29	348,06	391,56																				
10 988,99	I,IV	3 776,08	207,68	302,08	339,84	I	3 776,08	201,88	293,65	330,35	196,08	285,22	320,87	190,29	276,78	311,38	184,49	268,35	301,89	178,69	259,92	292,41	172,89	251,48	282,92
	II	3 730,33	205,16	298,42	335,72	II	3 730,33	199,36	289,98	326,23	193,56	281,55	316,74	187,77	273,12	307,26	181,97	264,68	297,77	176,17	256,25	288,28	170,37	247,82	278,79
	III	3 050,16	167,75	244,01	274,51	III	3 050,16	161,96	235,58	265,03	156,16	227,14	255,53	150,37	218,72	246,06	144,56	210,28	236,56	138,77	201,85	227,08	132,97	193,41	217,58
	V	4 319,75	237,58	345,58	388,77	IV	3 776,08	204,78	297,86	335,09	201,88	293,65	330,35	198,98	289,43	325,61	196,08	285,22	320,87	193,18	281,—	316,12	190,29	276,78	311,38
	VI	4 352,—	239,36	348,16	391,68																				
10 991,99	I,IV	3 777,33	207,75	302,18	339,95	I	3 777,33	201,95	293,75	330,47	196,15	285,32	320,98	190,35	276,88	311,49	184,56	268,45	302,—	178,76	260,02	292,52	172,96	251,58	283,03
	II	3 731,58	205,23	298,52	335,84	II	3 731,58	199,43	290,09	326,35	193,64	281,66	316,86	187,84	273,22	307,37	182,04	264,78	297,88	176,24	256,35	288,39	170,44	247,92	278,91
	III	3 051,50	167,83	244,12	274,63	III	3 051,50	162,03	235,68	265,14	156,23	227,25	255,65	150,43	218,81	246,16	144,64	210,38	236,68	138,83	201,94	227,18	133,04	193,52	217,71
	V	4 321,—	237,65	345,68	388,89	IV	3 777,33	204,85	297,96	335,21	201,95	293,75	330,47	199,05	289,53	325,72	196,15	285,32	320,98	193,25	281,10	316,23	190,35	276,88	311,49
	VI	4 353,25	239,42	348,26	391,79																				
10 994,99	I,IV	3 778,58	207,82	302,28	340,07	I	3 778,58	202,02	293,85	330,58	196,22	285,42	321,09	190,42	276,98	311,60	184,63	268,55	302,12	178,83	260,12	292,63	173,03	251,68	283,14
	II	3 732,83	205,30	298,62	335,95	II	3 732,83	199,50	290,19	326,46	193,71	281,76	316,98	187,91	273,32	307,49	182,11	264,89	298,—	176,31	256,46	288,51	170,51	248,02	279,02
	III	3 052,83	167,90	244,22	274,75	III	3 052,83	162,10	235,78	265,25	156,31	227,36	255,78	150,50	218,92	246,28	144,70	210,48	236,79	138,91	202,05	227,30	133,10	193,61	217,81
	V	4 322,33	237,72	345,78	389,—	IV	3 778,58	204,92	298,07	335,33	202,02	293,85	330,58	199,12	289,64	325,84	196,22	285,42	321,09	193,32	281,20	316,35	190,42	276,98	311,60
	VI	4 354,50	239,49	348,36	391,90																				
10 997,99	I,IV	3 779,83	207,89	302,38	340,18	I	3 779,83	202,09	293,95	330,69	196,29	285,52	321,21	190,49	277,08	311,72	184,69	268,65	302,23	178,90	260,22	292,74	173,10	251,78	283,25
	II	3 734,08	205,37	298,72	336,06	II	3 734,08	199,57	290,29	326,57	193,77	281,86	317,09	187,98	273,42	307,60	182,18	264,99	298,11	176,38	256,56	288,63	170,58	248,12	279,14
	III	3 054,—	167,97	244,32	274,86	III	3 054,—	162,17	235,89	265,37	156,37	227,45	255,88	150,58	219,02	246,40	144,77	210,58	236,90	138,98	202,16	227,43	133,18	193,72	217,93
	V	4 323,58	237,79	345,88	389,12	IV	3 779,83	204,99	298,17	335,44	202,09	293,95	330,69	199,19	289,74	325,95	196,29	285,52	321,21	193,39	281,30	316,46	190,49	277,08	311,72
	VI	4 355,75	239,56	348,46	392,01																				
11 000,99	I,IV	3 781,08	207,95	302,48	340,29	I	3 781,08	202,16	294,05	330,80	196,36	285,62	321,32	190,56	277,18	311,83	184,76	268,75	302,34	178,97	260,32	292,86	173,17	251,88	283,37
	II	3 735,33	205,44	298,82	336,17	II	3 735,33	199,64	290,39	326,69	193,84	281,96	317,20	188,04	273,52	307,71	182,25	265,09	298,22	176,45	256,66	288,74	170,65	248,22	279,25
	III	3 055,33	168,04	244,42	274,97	III	3 055,33	162,24	235,98	265,48	156,44	227,56	256,—	150,64	219,12	246,51	144,85	210,69	237,02	139,04	202,25	227,53	133,25	193,82	218,05
	V	4 324,83	237,86	345,98	389,23	IV	3 781,08	205,06	298,27	335,55	202,16	294,05	330,80	199,26	289,84	326,07	196,36	285,62	321,32	193,46	281,40	316,58	190,56	277,18	311,83
	VI	4 357,—	239,63	348,56	392,13																				
11 003,99	I,IV	3 782,33	208,02	302,58	340,40	I	3 782,33	202,23	294,15	330,92	196,43	285,72	321,43	190,63	277,28	311,94	184,83	268,85	302,45	179,03	260,42	292,97	173,24	251,98	283,48
	II	3 736,58	205,51	298,92	336,29	II	3 736,58	199,71	290,49	326,80	193,91	282,06	317,31	188,11	273,62	307,82	182,32	265,19	298,34	176,52	256,76	288,85	170,72	248,32	279,36
	III	3 056,50	168,10	244,52	275,08	III	3 056,50	162,31	236,09	265,60	156,51	227,65	256,10	150,71	219,22	246,62	144,91	210,78	237,13	139,12	202,36	227,65	133,32	193,92	218,16
	V	4 326,08	237,93	346,08	389,34	IV	3 782,33	205,13	298,37	335,66	202,23	294,15	330,92	199,33	289,94	326,18	196,43	285,72	321,43	193,53	281,50	316,69	190,63	277,28	311,94
	VI	4 358,25	239,70	348,66	392,24																				
11 006,99	I,IV	3 783,66	208,10	302,69	340,52	I	3 783,66	202,30	294,26	331,04	196,50	285,82	321,55	190,70	277,38	312,05	184,90	268,95	302,57	179,10	260,52	293,08	173,30	252,08	283,59
	II	3 737,83	205,58	299,02	336,40	II	3 737,83	199,78	290,59	326,91	193,98	282,16	317,43	188,18	273,72	307,94	182,38	265,29	298,45	176,59	256,86	288,96	170,79	248,42	279,47
	III	3 057,83	168,18	244,62	275,20	III	3 057,83	162,37	236,18	265,70	156,58	227,76	256,23	150,78	219,32	246,73	144,98	210,89	237,25	139,18	202,45	227,75	133,39	194,02	218,27
	V	4 327,33	238,—	346,18	389,45	IV	3 783,66	205,20	298,47	335,78	202,30	294,26	331,04	199,40	290,04	326,29	196,50	285,82	321,55	193,60	281,60	316,80	190,70	277,38	312,05
	VI	4 359,50	239,77	348,76	392,35																				
11 009,99	I,IV	3 784,91	208,17	302,79	340,64	I	3 784,91	202,37	294,36	331,15	196,57	285,92	321,66	190,77	277,49	312,17	184,97	269,06	302,69	179,18	260,62	293,20	173,37	252,18	283,70
	II	3 739,08	205,64	299,12	336,51	II	3 739,08	199,85	290,69	327,02	194,05	282,26	317,54	188,25	273,82	308,05	182,45	265,39	298,56	176,66	256,96	289,08	170,86	248,52	279,59
	III	3 059,—	168,24	244,72	275,31	III	3 059,—	162,45	236,29	265,82	156,64	227,85	256,33	150,85	219,42	246,85	145,05	210,98	237,35	139,26	202,56	227,88	133,45	194,12	218,38
	V	4 328,58	238,07	346,28	389,57	IV	3 784,91	205,26	298,57	335,89	202,37	294,36	331,15	199,47	290,14	326,40	196,57	285,92	321,66	193,67	281,70	316,91	190,77	277,49	312,17
	VI	4 360,83	239,84	348,86	392,47																				
11 012,99	I,IV	3 786,16	208,23	302,89	340,75	I	3 786,16	202,44	294,46	331,26	196,64	286,02	321,77	190,84	277,59	312,29	185,04	269,16	302,80	179,24	260,72	293,31	173,45	252,29	283,82
	II	3 740,33	205,71	299,22	336,62	II	3 740,33	199,92	290,79	327,14	194,12	282,36	317,65	188,32	273,92	308,16	182,52	265,49	298,67	176,72	257,06	289,19	170,93	248,62	279,70
	III	3 060,33	168,31	244,82	275,42	III	3 060,33	162,51	236,38	265,93	156,72	227,96	256,45	150,92	219,52	246,96	145,12	211,09	237,47	139,32	202,65	227,98	133,53	194,22	218,50
	V	4 329,83	238,14	346,38	389,68	IV	3 786,16	205,33	298,67	336,—	202,44	294,46	331,26	199,54	290,24	326,52	196,64	286,02	321,77	193,74	281,80	317,03	190,84	277,59	312,29
	VI	4 362,08	239,91	348,96	392,58																				
11 015,99	I,IV	3 787,41	208,30	302,99	340,86	I	3 787,41	202,51	294,56	331,38	196,71	286,12	321,89	190,91	277,69	312,40	185,11	269,26	302,91	179,31	260,82	293,42	173,52	252,39	283,94
	II	3 741,66	205,79	299,33	336,74	II	3 741,66	199,99	290,90	327,26	194,19	282,46	317,77	188,39	274,02	308,27	182,59	265,59	298,79	176,79	257,16	289,30	170,99	248,72	279,81
	III	3 061,50	168,38	244,92	275,53	III	3 061,50	162,58	236,49	266,05	156,78	228,05	256,55	150,99	219,62	247,07	145,19	211,18	237,58	139,39	202,76	228,10	133,59	194,32	218,61
	V	4 331,08	238,20	346,48	389,79	IV	3 787,41	205,40	298,77	336,11	202,51	294,56	331,38	199,60	290,34	326,63	196,71	286,12	321,89	193,81	281,90	317,14	190,91	277,69	312,40
	VI	4 363,33	239,98	349,06	392,69																				
11 018,99	I,IV	3 788,66	208,37	303,09	340,97	I	3 788,66	202,57	294,66	331,49	196,78	286,22	322,—	190,98	277,79	312,51	185,18	269,36	303,03	179,38	260,92	293,54	173,58	252,49	284,05
	II	3 742,91	205,86	299,43	336,86	II	3 742,91	200,06	291,—	327,37	194,26	282,56	317,88	188,46	274,13	308,39	182,66	265,70	298,91	176,87	257,26	289,42	171,06	248,82	279,92
	III	3 062,83	168,45	245,02	275,65	III	3 062,83	162,66	236,60	266,17	156,86	228,16	256,68	151,05	219,72	247,18	145,26	211,29	237,70	139,46	202,85	228,20	133,66	194,42	218,72
	V	4 332,41	238,28	346,59	389,91	IV	3 788,66	205,48	298,88	336,24	202,57	294,66	331,49	199,68	290,44	326,75	196,78	286,22	322,—	193,87	282,—	317,25	190,98	277,79	312,51
	VI	4 364,58	240,05	349,16	392,81																				
11 021,99	I,IV	3 789,91	208,44	303,19	341,09	I	3 789,91	202,64	294,76	331,60	196,84	286,32	322,11	191,05	277,89	312,62	185,25	269,46	303,14	179,45	261,02	293,65	173,65	252,59	284,16
	II	3 744,16	205,92	299,53	336,97	II	3 744,16	200,13	291,10	327,48	194,33	282,66	317,99	188,53	274,23	308,51	182,73	265,80	299,02	176,93	257,36	289,53	171,14	248,93	280,04
	III	3 064,16	168,52	245,13	275,77	III	3 064,16	162,72	236,69	266,27	156,93	228,26	256,79	151,13	219,82	247,30	145,33	211,40	237,82	139,53	202,96	228,33	133,73	194,52	218,83
	V	4 333,66	238,35	346,69	390,02	IV	3 789,91	205,54	298,98	336,35	202,64	294,76	331,60	199,75	290,54	326,86	196,84	286,32	322,11	193,95	282,11	317,37	191,05	277,89	312,62
	VI	4 365,83	240,12	349,26	392,92																				
11 024,99	I,IV	3 791,16	208,51	303,29	341,20	I	3 791,16	202,71	294,86	331,71	196,91	286,42	322,22	191,12	277,99	312,74	185,32	269,56	303,25	179,52	261,12	293,76	173,72	252,69	284,27
	II	3 745,41	205,99	299,63	337,08	II	3 745,41	200,20	291,20	327,60	194,40	282,76	318,11	188,60	274,33	308,62	182,80	265,90	299,13	177,—	257,46	289,64	171,21	249,03	280,16
	III	3 065,33	168,59	245,22	275,87	III	3 065,33	162,80	236,80	266,40	156,99	228,36	256,90	151,20	219,93	247,42	145,40	211,49	237,92	139,60	203,06	228,44	133,80	194,62	218,95
	V	4 334,91	238,42	346,79	390,14	IV	3 791,16	205,61	299,08	336,46	202,71	294,86	331,71	199,81	290,64	326,97	196,91	286,42	322,22	194,02	282,21	317,48	191,12	277,99	312,74
	VI	4 367,08	240,18	349,36	393,03																				

* Die ausgewiesenen Tabellenwerte sind amtlich. Siehe Erläuterungen auf der Umschlaginnenseite (U2).

MONAT **11 025,–***

Abzüge an Lohnsteuer, Solidaritätszuschlag (SolZ) und Kirchensteuer (8%, 9%) in den Steuerklassen

Lohn/ Gehalt bis €*	I – VI		ohne Kinderfreibeträge			I, II, III, IV	mit Zahl der Kinderfreibeträge . . . 0,5			1			1,5			2			2,5			3			
		LSt	SolZ	8%	9%		LSt	SolZ	8%	9%	SolZ	8%	9%	SolZ	8%	9%	SolZ	8%	9%	SolZ	8%	9%	SolZ	8%	9%
11 027,99	I,IV	3 792,41	208,58	303,39	341,31	I	3 792,41	202,78	294,96	331,83	196,98	286,52	322,34	191,18	278,09	312,85	185,39	269,66	303,36	179,59	261,22	293,87	173,79	252,79	284,39
	II	3 746,66	206,06	299,73	337,19	II	3 746,66	200,26	291,30	327,71	194,47	282,86	318,22	188,67	274,43	308,73	182,87	266,—	299,25	177,07	257,56	289,76	171,27	249,13	280,27
	III	3 066,66	168,66	245,33	275,99	III	3 066,66	162,86	236,89	266,50	157,07	228,46	257,02	151,26	220,02	247,52	145,47	211,60	238,05	139,67	203,16	228,55	133,87	194,73	219,07
	V	4 336,16	238,48	346,89	390,25	IV	3 792,41	205,68	299,18	336,57	202,78	294,96	331,83	199,88	290,74	327,08	196,98	286,52	322,34	194,09	282,31	317,60	191,18	278,09	312,85
	VI	4 368,33	240,25	349,46	393,14																				
11 030,99	I,IV	3 793,75	208,65	303,50	341,43	I	3 793,75	202,85	295,06	331,94	197,05	286,62	322,45	191,25	278,19	312,96	185,46	269,76	303,48	179,66	261,32	293,99	173,86	252,89	284,50
	II	3 747,91	206,13	299,83	337,31	II	3 747,91	200,33	291,40	327,82	194,53	282,96	318,33	188,74	274,53	308,84	182,94	266,10	299,36	177,14	257,66	289,87	171,34	249,23	280,38
	III	3 067,83	168,73	245,42	276,10	III	3 067,83	162,93	237,—	266,62	157,13	228,56	257,13	151,34	220,13	247,64	145,53	211,69	238,15	139,74	203,26	228,67	133,94	194,82	219,17
	V	4 337,41	238,55	346,99	390,36	IV	3 793,75	205,75	299,28	336,69	202,85	295,06	331,94	199,95	290,84	327,20	197,05	286,62	322,45	194,15	282,41	317,71	191,25	278,19	312,96
	VI	4 369,58	240,32	349,56	393,26																				
11 033,99	I,IV	3 795,—	208,72	303,60	341,55	I	3 795,—	202,92	295,16	332,06	197,12	286,73	322,57	191,33	278,30	313,08	185,53	269,86	303,59	179,73	261,42	294,10	173,93	252,99	284,61
	II	3 749,16	206,20	299,93	337,42	II	3 749,16	200,40	291,50	327,93	194,60	283,06	318,44	188,81	274,63	308,96	183,01	266,20	299,47	177,21	257,76	289,98	171,41	249,33	280,49
	III	3 069,16	168,80	245,53	276,22	III	3 069,16	163,—	237,09	266,72	157,20	228,66	257,24	151,40	220,22	247,75	145,61	211,80	238,27	139,81	203,36	228,78	134,01	194,93	219,29
	V	4 338,66	238,62	347,09	390,47	IV	3 795,—	205,82	299,38	336,80	202,92	295,16	332,06	200,02	290,94	327,31	197,12	286,73	322,57	194,22	282,51	317,82	191,33	278,30	313,08
	VI	4 370,91	240,40	349,67	393,38																				
11 036,99	I,IV	3 796,25	208,79	303,70	341,66	I	3 796,25	202,99	295,26	332,17	197,19	286,83	322,68	191,40	278,40	313,20	185,60	269,96	303,71	179,80	261,53	294,22	174,—	253,10	284,73
	II	3 750,41	206,27	300,03	337,53	II	3 750,41	200,47	291,60	328,05	194,67	283,16	318,56	188,87	274,73	309,07	183,08	266,30	299,58	177,28	257,86	290,09	171,48	249,43	280,61
	III	3 070,33	168,86	245,62	276,32	III	3 070,33	163,07	237,20	266,85	157,27	228,76	257,35	151,47	220,33	247,87	145,67	211,89	238,37	139,88	203,46	228,89	134,08	195,02	219,40
	V	4 339,91	238,69	347,19	390,59	IV	3 796,25	205,89	299,48	336,91	202,99	295,26	332,17	200,09	291,04	327,42	197,19	286,83	322,68	194,29	282,61	317,93	191,40	278,40	313,20
	VI	4 372,16	240,46	349,77	393,49																				
11 039,99	I,IV	3 797,50	208,86	303,80	341,77	I	3 797,50	203,06	295,36	332,28	197,26	286,93	322,79	191,46	278,50	313,31	185,67	270,06	303,82	179,87	261,63	294,33	174,07	253,20	284,85
	II	3 751,75	206,34	300,14	337,65	II	3 751,75	200,54	291,70	328,16	194,74	283,26	318,67	188,94	274,83	309,18	183,15	266,40	299,70	177,35	257,96	290,21	171,55	249,53	280,72
	III	3 071,66	168,94	245,73	276,44	III	3 071,66	163,13	237,29	266,95	157,34	228,86	257,47	151,54	220,42	247,97	145,75	212,—	238,50	139,94	203,56	229,—	134,15	195,13	219,52
	V	4 341,16	238,76	347,29	390,70	IV	3 797,50	205,96	299,58	337,02	203,06	295,36	332,28	200,16	291,14	327,53	197,26	286,93	322,79	194,36	282,71	318,05	191,46	278,50	313,31
	VI	4 373,41	240,53	349,87	393,60																				
11 042,99	I,IV	3 798,75	208,93	303,90	341,88	I	3 798,75	203,13	295,46	332,39	197,33	287,03	322,91	191,53	278,60	313,42	185,73	270,16	303,93	179,94	261,73	294,44	174,14	253,30	284,96
	II	3 753,—	206,41	300,24	337,77	II	3 753,—	200,61	291,80	328,28	194,81	283,37	318,79	189,02	274,94	309,30	183,22	266,50	299,81	177,42	258,06	290,32	171,62	249,63	280,83
	III	3 073,—	169,01	245,84	276,57	III	3 073,—	163,21	237,40	267,07	157,41	228,96	257,58	151,61	220,53	248,09	145,81	212,09	238,60	140,02	203,66	229,12	134,21	195,22	219,62
	V	4 342,41	238,83	347,39	390,81	IV	3 798,75	206,03	299,68	337,14	203,13	295,46	332,39	200,23	291,24	327,65	197,33	287,03	322,91	194,43	282,81	318,16	191,53	278,60	313,42
	VI	4 374,66	240,60	349,97	393,71																				
11 045,99	I,IV	3 800,—	209,—	304,—	342,—	I	3 800,—	203,20	295,56	332,51	197,40	287,13	323,02	191,60	278,70	313,53	185,80	270,26	304,04	180,01	261,83	294,56	174,21	253,40	285,07
	II	3 754,25	206,48	300,34	337,88	II	3 754,25	200,68	291,90	328,39	194,88	283,47	318,90	189,09	275,04	309,42	183,29	266,60	299,93	177,49	258,17	290,44	171,69	249,74	280,95
	III	3 074,16	169,07	245,93	276,67	III	3 074,16	163,28	237,50	267,19	157,48	229,06	257,69	151,69	220,64	248,22	145,88	212,20	238,72	140,08	203,76	229,23	134,29	195,33	219,74
	V	4 343,75	238,90	347,50	390,93	IV	3 800,—	206,10	299,78	337,25	203,20	295,56	332,51	200,30	291,35	327,77	197,40	287,13	323,02	194,50	282,92	318,28	191,60	278,70	313,53
	VI	4 375,91	240,67	350,07	393,83																				
11 048,99	I,IV	3 801,25	209,06	304,10	342,11	I	3 801,25	203,27	295,66	332,62	197,47	287,23	323,13	191,67	278,80	313,65	185,87	270,36	304,16	180,07	261,93	294,67	174,28	253,50	285,18
	II	3 755,50	206,55	300,44	337,99	II	3 755,50	200,75	292,—	328,50	194,95	283,57	319,01	189,15	275,14	309,53	183,36	266,70	300,04	177,56	258,27	290,55	171,76	249,84	281,07
	III	3 075,50	169,15	246,04	276,79	III	3 075,50	163,35	237,60	267,30	157,55	229,17	257,81	151,75	220,73	248,32	145,96	212,30	238,84	140,15	203,86	229,34	134,36	195,44	219,87
	V	4 345,—	238,97	347,60	391,05	IV	3 801,25	206,17	299,88	337,37	203,27	295,66	332,62	200,37	291,45	327,88	197,47	287,23	323,13	194,57	283,02	318,39	191,67	278,80	313,65
	VI	4 377,16	240,74	350,17	393,94																				
11 051,99	I,IV	3 802,50	209,13	304,20	342,22	I	3 802,50	203,33	295,76	332,73	197,54	287,33	323,24	191,74	278,90	313,76	185,94	270,46	304,27	180,14	262,03	294,78	174,35	253,60	285,30
	II	3 756,75	206,62	300,54	338,10	II	3 756,75	200,82	292,10	328,61	195,02	283,67	319,13	189,22	275,24	309,64	183,42	266,80	300,15	177,63	258,37	290,66	171,83	249,94	281,18
	III	3 076,66	169,21	246,13	276,89	III	3 076,66	163,42	237,70	267,41	157,62	229,26	257,92	151,82	220,84	248,44	146,02	212,40	238,95	140,23	203,97	229,46	134,42	195,53	219,97
	V	4 346,25	239,04	347,70	391,16	IV	3 802,50	206,24	299,98	337,48	203,33	295,76	332,73	200,44	291,55	327,99	197,54	287,33	323,24	194,64	283,12	318,51	191,74	278,90	313,76
	VI	4 378,41	240,81	350,27	394,05																				
11 054,99	I,IV	3 803,83	209,21	304,30	342,34	I	3 803,83	203,40	295,86	332,84	197,61	287,43	323,36	191,81	279,—	313,87	186,01	270,56	304,38	180,21	262,13	294,89	174,41	253,70	285,41
	II	3 758,—	206,69	300,64	338,22	II	3 758,—	200,89	292,20	328,73	195,09	283,77	319,24	189,29	275,34	309,75	183,49	266,90	300,26	177,70	258,47	290,78	171,90	250,04	281,29
	III	3 078,—	169,29	246,24	277,02	III	3 078,—	163,48	237,80	267,52	157,69	229,37	258,04	151,89	220,93	248,54	146,09	212,50	239,06	140,29	204,06	229,57	134,50	195,64	220,09
	V	4 347,50	239,11	347,80	391,27	IV	3 803,83	206,30	300,08	337,59	203,40	295,86	332,84	200,51	291,65	328,10	197,61	287,43	323,36	194,71	283,22	318,62	191,81	279,—	313,87
	VI	4 379,66	240,88	350,37	394,16																				
11 057,99	I,IV	3 805,08	209,27	304,40	342,45	I	3 805,08	203,48	295,97	332,96	197,68	287,54	323,48	191,88	279,10	313,99	186,08	270,66	304,49	180,28	262,23	295,01	174,48	253,80	285,52
	II	3 759,25	206,75	300,74	338,33	II	3 759,25	200,96	292,30	328,84	195,16	283,87	319,35	189,36	275,44	309,87	183,56	267,—	300,38	177,76	258,57	290,89	171,97	250,14	281,40
	III	3 079,16	169,35	246,33	277,12	III	3 079,16	163,56	237,90	267,64	157,75	229,46	258,14	151,96	221,04	248,67	146,16	212,60	239,17	140,36	204,17	229,69	134,56	195,73	220,19
	V	4 348,75	239,18	347,90	391,38	IV	3 805,08	206,37	300,18	337,70	203,48	295,97	332,96	200,58	291,75	328,22	197,68	287,54	323,48	194,78	283,32	318,73	191,88	279,10	313,99
	VI	4 380,91	240,95	350,47	394,28																				
11 060,99	I,IV	3 806,33	209,34	304,50	342,56	I	3 806,33	203,55	296,07	333,08	197,75	287,64	323,59	191,95	279,20	314,10	186,15	270,77	304,61	180,35	262,34	295,13	174,56	253,90	285,64
	II	3 760,50	206,82	300,84	338,44	II	3 760,50	201,02	292,40	328,95	195,23	283,97	319,46	189,43	275,54	309,98	183,63	267,10	300,49	177,83	258,67	291,—	172,04	250,24	281,52
	III	3 080,50	169,42	246,44	277,24	III	3 080,50	163,62	238,—	267,75	157,83	229,57	258,26	152,02	221,13	248,77	146,23	212,70	239,29	140,43	204,26	229,79	134,64	195,84	220,32
	V	4 350,—	239,25	348,—	391,50	IV	3 806,33	206,44	300,28	337,82	203,55	296,07	333,08	200,64	291,85	328,33	197,75	287,64	323,59	194,85	283,42	318,84	191,95	279,20	314,10
	VI	4 382,25	241,02	350,58	394,40																				
11 063,99	I,IV	3 807,58	209,41	304,60	342,68	I	3 807,58	203,61	296,17	333,19	197,82	287,74	323,70	192,02	279,30	314,21	186,22	270,87	304,73	180,42	262,44	295,24	174,62	254,—	285,75
	II	3 761,83	206,90	300,94	338,56	II	3 761,83	201,09	292,50	329,06	195,30	284,07	319,58	189,50	275,64	310,09	183,70	267,20	300,60	177,90	258,77	291,11	172,10	250,34	281,63
	III	3 081,66	169,49	246,53	277,34	III	3 081,66	163,69	238,10	267,86	157,89	229,66	258,37	152,10	221,24	248,89	146,30	212,80	239,40	140,50	204,37	229,91	134,70	195,93	220,42
	V	4 351,25	239,31	348,10	391,61	IV	3 807,58	206,51	300,38	337,93	203,61	296,17	333,19	200,71	291,95	328,44	197,82	287,74	323,70	194,92	283,52	318,96	192,02	279,30	314,21
	VI	4 383,50	241,09	350,68	394,51																				
11 066,99	I,IV	3 808,83	209,48	304,70	342,79	I	3 808,83	203,68	296,27	333,30	197,89	287,84	323,82	192,09	279,40	314,33	186,29	270,97	304,84	180,49	262,54	295,35	174,69	254,10	285,86
	II	3 763,08	206,96	301,04	338,67	II	3 763,08	201,17	292,61	329,18	195,37	284,18	319,70	189,57	275,74	310,21	183,77	267,30	300,71	177,97	258,87	291,23	172,17	250,44	281,74
	III	3 083,—	169,56	246,64	277,47	III	3 083,—	163,76	238,20	267,97	157,96	229,77	258,49	152,16	221,33	248,99	146,37	212,90	239,51	140,57	204,46	230,02	134,77	196,04	220,54
	V	4 352,50	239,38	348,20	391,72	IV	3 808,83	206,58	300,48	338,04	203,68	296,27	333,30	200,78	292,05	328,55	197,89	287,84	323,82	194,98	283,62	319,07	192,09	279,40	314,33
	VI	4 384,75	241,16	350,78	394,62																				
11 069,99	I,IV	3 810,08	209,55	304,80	342,90	I	3 810,08	203,75	296,37	333,41	197,95	287,94	323,93	192,16	279,50	314,44	186,36	271,07	304,95	180,56	262,64	295,47	174,76	254,20	285,98
	II	3 764,33	207,03	301,14	338,78	II	3 764,33	201,24	292,71	329,30	195,44	284,28	319,81	189,64	275,84	310,32	183,84	267,41	300,83	178,04	258,98	291,35	172,25	250,54	281,86
	III	3 084,33	169,63	246,74	277,58	III	3 084,33	163,83	238,30	268,09	158,04	229,88	258,61	152,24	221,44	249,12	146,43	213,—	239,62	140,64	204,57	230,14	134,84	196,13	220,64
	V	4 353,83	239,46	348,30	391,84	IV	3 810,08	206,65	300,59	338,16	203,75	296,37	333,41	200,86	292,16	328,68	197,95	287,94	323,93	195,06	283,72	319,19	192,16	279,50	314,44
	VI	4 386,—	241,23	350,88	394,74																				

* Die ausgewiesenen Tabellenwerte sind amtlich. Siehe Erläuterungen auf der Umschlaginnenseite (U2).

Abzüge an Lohnsteuer, Solidaritätszuschlag (SolZ) und Kirchensteuer (8%, 9%) in den Steuerklassen

Lohn/Gehalt bis €*	I – VI	LSt	ohne Kinderfreibeträge SolZ	8%	9%	I, II, III, IV	LSt	mit Zahl der Kinderfreibeträge … 0,5 SolZ	8%	9%	1 SolZ	8%	9%	1,5 SolZ	8%	9%	2 SolZ	8%	9%	2,5 SolZ	8%	9%	3 SolZ	8%	9%
11 072,99	I,IV	3 811,33	209,62	304,90	343,01	I	3 811,33	203,82	296,47	333,53	198,02	288,04	324,04	192,22	279,60	314,55	186,43	271,17	305,06	180,63	262,74	295,58	174,83	254,30	286,09
	II	3 765,58	207,10	301,24	338,90	II	3 765,58	201,30	292,81	329,41	195,51	284,38	319,92	189,71	275,94	310,43	183,91	267,51	300,95	178,11	259,08	291,46	172,31	250,64	281,97
	III	3 085,50	169,70	246,84	277,69	III	3 085,50	163,90	238,41	268,21	158,10	229,97	258,71	152,31	221,54	249,23	146,51	213,10	239,74	140,71	204,68	230,26	134,91	196,24	220,77
	V	4 355,08	239,52	348,40	391,95	IV	3 811,33	206,72	300,69	338,27	203,82	296,47	333,53	200,92	292,26	328,79	198,02	288,04	324,04	195,13	283,82	319,30	192,22	279,60	314,55
	VI	4 387,25	241,29	350,98	394,85																				
11 075,99	I,IV	3 812,58	209,69	305,—	343,13	I	3 812,58	203,89	296,57	333,64	198,09	288,14	324,15	192,29	279,70	314,66	186,50	271,27	305,18	180,70	262,84	295,69	174,90	254,40	286,20
	II	3 766,83	207,17	301,34	339,01	II	3 766,83	201,37	292,91	329,52	195,58	284,48	320,04	189,78	276,04	310,55	183,98	267,61	301,06	178,18	259,18	291,57	172,38	250,74	282,08
	III	3 086,83	169,77	246,94	277,81	III	3 086,83	163,97	238,50	268,31	158,18	230,08	258,84	152,37	221,64	249,34	146,58	213,21	239,86	140,78	204,77	230,36	134,98	196,34	220,88
	V	4 356,33	239,59	348,50	392,06	IV	3 812,58	206,79	300,79	338,39	203,89	296,57	333,64	200,99	292,36	328,90	198,09	288,14	324,15	195,19	283,92	319,41	192,29	279,70	314,66
	VI	4 388,50	241,36	351,08	394,96																				
11 078,99	I,IV	3 813,83	209,76	305,10	343,24	I	3 813,83	203,96	296,67	333,75	198,16	288,24	324,27	192,36	279,80	314,78	186,56	271,37	305,29	180,77	262,94	295,80	174,97	254,50	286,31
	II	3 768,08	207,24	301,44	339,12	II	3 768,08	201,44	293,01	329,63	195,64	284,58	320,15	189,85	276,14	310,66	184,05	267,71	301,17	178,25	259,28	291,69	172,45	250,84	282,20
	III	3 088,—	169,84	247,04	277,92	III	3 088,—	164,04	238,61	268,43	158,24	230,17	258,94	152,45	221,74	249,46	146,64	213,30	239,96	140,85	204,88	230,49	135,05	196,44	220,99
	V	4 357,58	239,66	348,60	392,18	IV	3 813,83	206,86	300,89	338,50	203,96	296,67	333,75	201,06	292,46	329,01	198,16	288,24	324,27	195,26	284,02	319,52	192,36	279,80	314,78
	VI	4 389,75	241,43	351,18	395,07																				
11 081,99	I,IV	3 815,16	209,83	305,21	343,36	I	3 815,16	204,03	296,78	333,87	198,23	288,34	324,38	192,43	279,90	314,89	186,63	271,47	305,40	180,84	263,04	295,92	175,04	254,60	286,43
	II	3 769,33	207,31	301,54	339,23	II	3 769,33	201,51	293,11	329,75	195,71	284,68	320,26	189,91	276,24	310,77	184,12	267,81	301,28	178,32	259,38	291,80	172,52	250,94	282,31
	III	3 089,33	169,91	247,14	278,03	III	3 089,33	164,11	238,70	268,54	158,31	230,28	259,06	152,51	221,84	249,57	146,72	213,41	240,08	140,91	204,97	230,59	135,12	196,54	221,11
	V	4 358,83	239,73	348,70	392,29	IV	3 815,16	206,93	300,99	338,61	204,03	296,78	333,87	201,13	292,56	329,13	198,23	288,34	324,38	195,33	284,12	319,64	192,43	279,90	314,89
	VI	4 391,—	241,50	351,28	395,19																				
11 084,99	I,IV	3 816,41	209,90	305,31	343,47	I	3 816,41	204,10	296,88	333,99	198,30	288,44	324,50	192,50	280,01	315,01	186,71	271,58	305,52	180,91	263,14	296,03	175,11	254,70	286,54
	II	3 770,58	207,38	301,64	339,35	II	3 770,58	201,58	293,21	329,86	195,78	284,78	320,37	189,98	276,34	310,88	184,19	267,91	301,40	178,39	259,48	291,91	172,59	251,04	282,42
	III	3 090,50	169,97	247,24	278,14	III	3 090,50	164,18	238,81	268,66	158,38	230,37	259,16	152,58	221,94	249,68	146,78	213,50	240,19	140,99	205,08	230,71	135,19	196,64	221,22
	V	4 360,08	239,80	348,80	392,40	IV	3 816,41	207,—	301,09	338,72	204,10	296,88	333,99	201,20	292,66	329,24	198,30	288,44	324,50	195,40	284,22	319,75	192,50	280,01	315,01
	VI	4 392,33	241,57	351,38	395,30																				
11 087,99	I,IV	3 817,66	209,97	305,41	343,58	I	3 817,66	204,17	296,98	334,10	198,37	288,54	324,61	192,57	280,11	315,12	186,78	271,68	305,64	180,98	263,24	296,15	175,18	254,81	286,66
	II	3 771,83	207,45	301,74	339,46	II	3 771,83	201,65	293,31	329,97	195,85	284,88	320,49	190,05	276,44	311,—	184,25	268,01	301,51	178,46	259,58	292,02	172,66	251,14	282,53
	III	3 091,83	170,05	247,34	278,26	III	3 091,83	164,24	238,90	268,76	158,45	230,48	259,29	152,65	222,04	249,79	146,85	213,61	240,31	141,05	205,17	230,81	135,26	196,74	221,33
	V	4 361,33	239,87	348,90	392,51	IV	3 817,66	207,07	301,19	338,84	204,17	296,98	334,10	201,27	292,76	329,35	198,37	288,54	324,61	195,47	284,32	319,86	192,57	280,11	315,12
	VI	4 393,58	241,64	351,48	395,42																				
11 090,99	I,IV	3 818,91	210,04	305,51	343,70	I	3 818,91	204,24	297,08	334,21	198,44	288,64	324,72	192,64	280,21	315,23	186,84	271,78	305,75	181,05	263,34	296,26	175,25	254,91	286,77
	II	3 773,16	207,52	301,85	339,58	II	3 773,16	201,72	293,42	330,09	195,92	284,98	320,60	190,12	276,54	311,11	184,32	268,11	301,62	178,53	259,68	292,14	172,73	251,24	282,65
	III	3 093,—	170,11	247,44	278,37	III	3 093,—	164,32	239,01	268,88	158,51	230,57	259,39	152,72	222,14	249,91	146,92	213,70	240,41	141,13	205,28	230,94	135,32	196,84	221,44
	V	4 362,58	239,94	349,—	392,63	IV	3 818,91	207,13	301,29	338,95	204,24	297,08	334,21	201,34	292,86	329,46	198,44	288,64	324,72	195,54	284,42	319,97	192,64	280,21	315,23
	VI	4 394,83	241,71	351,58	395,53																				
11 093,99	I,IV	3 820,16	210,10	305,61	343,81	I	3 820,16	204,31	297,18	334,32	198,51	288,74	324,83	192,71	280,31	315,35	186,91	271,88	305,86	181,11	263,44	296,37	175,32	255,01	286,88
	II	3 774,41	207,59	301,95	339,69	II	3 774,41	201,79	293,52	330,21	195,99	285,08	320,72	190,19	276,65	311,23	184,40	268,22	301,74	178,60	259,78	292,25	172,80	251,34	282,76
	III	3 094,33	170,18	247,54	278,48	III	3 094,33	164,39	239,12	269,01	158,59	230,68	259,51	152,79	222,24	250,02	146,99	213,81	240,53	141,19	205,37	231,04	135,40	196,94	221,56
	V	4 363,91	240,01	349,11	392,75	IV	3 820,16	207,21	301,40	339,07	204,31	297,18	334,32	201,41	292,96	329,58	198,51	288,74	324,83	195,61	284,52	320,09	192,71	280,31	315,35
	VI	4 396,08	241,78	351,68	395,64																				
11 096,99	I,IV	3 821,41	210,17	305,71	343,92	I	3 821,41	204,38	297,28	334,44	198,58	288,84	324,95	192,78	280,41	315,46	186,98	271,98	305,97	181,18	263,54	296,48	175,39	255,11	287,—
	II	3 775,66	207,66	302,05	339,80	II	3 775,66	201,86	293,62	330,32	196,06	285,18	320,83	190,26	276,75	311,34	184,47	268,32	301,86	178,67	259,88	292,37	172,87	251,45	282,88
	III	3 095,66	170,26	247,65	278,60	III	3 095,66	164,45	239,21	269,11	158,66	230,78	259,63	152,86	222,34	250,13	147,07	213,92	240,66	141,26	205,48	231,16	135,46	197,04	221,67
	V	4 365,16	240,08	349,21	392,86	IV	3 821,41	207,28	301,50	339,18	204,38	297,28	334,44	201,48	293,06	329,69	198,58	288,84	324,95	195,68	284,63	320,21	192,78	280,41	315,46
	VI	4 397,33	241,85	351,78	395,75																				
11 099,99	I,IV	3 822,66	210,24	305,81	344,03	I	3 822,66	204,44	297,38	334,55	198,65	288,94	325,06	192,85	280,51	315,57	187,05	272,08	306,09	181,25	263,64	296,60	175,45	255,21	287,11
	II	3 776,91	207,73	302,15	339,92	II	3 776,91	201,93	293,72	330,43	196,13	285,28	320,94	190,33	276,85	311,45	184,53	268,42	301,97	178,74	259,98	292,48	172,94	251,55	282,99
	III	3 096,83	170,32	247,74	278,71	III	3 096,83	164,53	239,32	269,23	158,73	230,88	259,74	152,93	222,45	250,25	147,13	214,01	240,76	141,34	205,58	231,28	135,53	197,14	221,78
	V	4 366,41	240,15	349,31	392,97	IV	3 822,66	207,35	301,60	339,30	204,44	297,38	334,55	201,55	293,16	329,81	198,65	288,94	325,06	195,75	284,73	320,32	192,85	280,51	315,57
	VI	4 398,58	241,92	351,88	395,87																				
11 102,99	I,IV	3 823,91	210,31	305,91	344,15	I	3 823,91	204,51	297,48	334,66	198,71	289,04	325,17	192,92	280,61	315,68	187,12	272,18	306,20	181,32	263,74	296,71	175,52	255,31	287,22
	II	3 778,16	207,79	302,25	340,03	II	3 778,16	202,—	293,82	330,54	196,20	285,38	321,05	190,40	276,95	311,57	184,60	268,52	302,08	178,80	260,08	292,59	173,01	251,65	283,10
	III	3 098,16	170,39	247,85	278,83	III	3 098,16	164,59	239,41	269,33	158,80	230,98	259,85	153,—	222,54	250,36	147,20	214,12	240,88	141,40	205,68	231,39	135,61	197,25	221,90
	V	4 367,66	240,22	349,41	393,08	IV	3 823,91	207,41	301,70	339,41	204,51	297,48	334,66	201,62	293,26	329,92	198,71	289,04	325,17	195,82	284,83	320,43	192,92	280,61	315,68
	VI	4 399,83	241,99	351,98	395,98																				
11 105,99	I,IV	3 825,25	210,38	306,02	344,27	I	3 825,25	204,59	297,58	334,78	198,78	289,14	325,28	192,99	280,71	315,80	187,19	272,28	306,31	181,39	263,84	296,82	175,59	255,41	287,33
	II	3 779,41	207,86	302,35	340,14	II	3 779,41	202,07	293,92	330,66	196,27	285,48	321,17	190,47	277,05	311,68	184,67	268,62	302,19	178,87	260,18	292,70	173,08	251,75	283,22
	III	3 099,33	170,46	247,94	278,93	III	3 099,33	164,67	239,52	269,46	158,86	231,08	259,96	153,07	222,65	250,48	147,27	214,21	240,98	141,47	205,78	231,50	135,67	197,34	222,01
	V	4 368,91	240,29	349,51	393,20	IV	3 825,25	207,48	301,80	339,52	204,59	297,58	334,78	201,68	293,36	330,03	198,78	289,14	325,28	195,89	284,93	320,54	192,99	280,71	315,80
	VI	4 401,08	242,05	352,08	396,09																				
11 108,99	I,IV	3 826,50	210,45	306,12	344,38	I	3 826,50	204,65	297,68	334,89	198,86	289,25	325,40	193,06	280,82	315,92	187,26	272,38	306,43	181,46	263,94	296,93	175,66	255,51	287,45
	II	3 780,66	207,93	302,45	340,25	II	3 780,66	202,13	294,02	330,77	196,34	285,58	321,28	190,54	277,15	311,79	184,74	268,72	302,31	178,94	260,28	292,82	173,14	251,85	283,33
	III	3 100,66	170,53	248,05	279,05	III	3 100,66	164,73	239,61	269,56	158,94	231,18	260,08	153,13	222,74	250,58	147,34	214,32	241,11	141,54	205,88	231,61	135,74	197,45	222,13
	V	4 370,16	240,35	349,61	393,31	IV	3 826,50	207,55	301,90	339,63	204,65	297,68	334,89	201,75	293,46	330,14	198,86	289,25	325,40	195,96	285,03	320,66	193,06	280,82	315,92
	VI	4 402,41	242,13	352,19	396,21																				
11 111,99	I,IV	3 827,75	210,52	306,22	344,49	I	3 827,75	204,72	297,78	335,—	198,93	289,35	325,52	193,13	280,92	316,03	187,33	272,48	306,54	181,53	264,05	297,05	175,73	255,62	287,57
	II	3 781,91	208,—	302,55	340,37	II	3 781,91	202,20	294,12	330,88	196,40	285,68	321,39	190,61	277,25	311,90	184,81	268,82	302,42	179,01	260,38	292,93	173,21	251,95	283,44
	III	3 101,83	170,60	248,14	279,16	III	3 101,83	164,80	239,72	269,68	159,—	231,28	260,19	153,21	222,85	250,70	147,40	214,41	241,21	141,61	205,98	231,73	135,81	197,54	222,23
	V	4 371,41	240,42	349,71	393,42	IV	3 827,75	207,62	302,—	339,75	204,72	297,78	335,—	201,82	293,56	330,26	198,93	289,35	325,52	196,02	285,13	320,77	193,13	280,92	316,03
	VI	4 403,66	242,20	352,29	396,32																				
11 114,99	I,IV	3 829,—	210,59	306,32	344,61	I	3 829,—	204,79	297,88	335,12	198,99	289,45	325,63	193,20	281,02	316,14	187,40	272,58	306,65	181,60	264,15	297,17	175,80	255,72	287,68
	II	3 783,25	208,07	302,66	340,49	II	3 783,25	202,28	294,22	331,—	196,47	285,78	321,50	190,68	277,35	312,02	184,88	268,92	302,53	179,08	260,48	293,04	173,28	252,05	283,55
	III	3 103,16	170,67	248,25	279,28	III	3 103,16	164,87	239,81	269,78	159,07	231,38	260,30	153,27	222,94	250,81	147,48	214,52	241,33	141,68	206,08	231,84	135,88	197,65	222,35
	V	4 372,66	240,49	349,81	393,53	IV	3 829,—	207,69	302,10	339,86	204,79	297,88	335,12	201,89	293,66	330,37	198,99	289,45	325,63	196,09	285,23	320,88	193,20	281,02	316,14
	VI	4 404,91	242,27	352,39	396,44																				

*** Die ausgewiesenen Tabellenwerte sind amtlich. Siehe Erläuterungen auf der Umschlaginnenseite (U2).**

Abzüge an Lohnsteuer, Solidaritätszuschlag (SolZ) und Kirchensteuer (8%, 9%) in den Steuerklassen

Lohn/ Gehalt bis €*	I – VI					I, II, III, IV		mit Zahl der Kinderfreibeträge . . . 0,5			1			1,5			2			2,5			3		
		LSt	ohne Kinderfreibeträge SolZ	8%	9%		LSt	SolZ	8%	9%	SolZ	8%	9%	SolZ	8%	9%	SolZ	8%	9%	SolZ	8%	9%	SolZ	8%	9%
11 117,99	I,IV	3 830,25	210,66	306,42	344,72	I	3 830,25	204,86	297,98	335,23	199,06	289,55	325,74	193,27	281,12	316,26	187,47	272,68	306,77	181,67	264,25	297,28	175,87	255,82	287,79
	II	3 784,50	208,14	302,76	340,60	II	3 784,50	202,34	294,32	331,11	196,55	285,89	321,62	190,75	277,46	312,14	184,95	269,02	302,65	179,15	260,58	293,15	173,35	252,15	283,67
	III	3 104,50	170,74	248,36	279,40	III	3 104,50	164,94	239,92	269,91	159,14	231,48	260,41	153,34	223,05	250,93	147,54	214,61	241,43	141,75	206,18	231,95	135,95	197,74	222,46
	V	4 373,91	240,56	349,91	393,65	IV	3 830,25	207,76	302,20	339,98	204,86	297,98	335,23	201,96	293,76	330,48	199,06	289,55	325,74	196,16	285,33	320,99	193,27	281,12	316,26
	VI	4 406,16	242,33	352,49	396,55																				
11 120,99	I,IV	3 831,50	210,73	306,52	344,83	I	3 831,50	204,93	298,08	335,34	199,13	289,65	325,85	193,33	281,22	316,37	187,54	272,78	306,88	181,74	264,35	297,39	175,94	255,92	287,91
	II	3 785,75	208,21	302,86	340,71	II	3 785,75	202,41	294,42	331,22	196,62	285,99	321,74	190,82	277,56	312,25	185,02	269,12	302,76	179,22	260,69	293,27	173,42	252,26	283,79
	III	3 105,66	170,81	248,45	279,50	III	3 105,66	165,01	240,02	270,02	159,21	231,58	260,53	153,42	223,16	251,05	147,62	214,72	241,56	141,81	206,28	232,06	136,02	197,85	222,58
	V	4 375,25	240,63	350,02	393,77	IV	3 831,50	207,83	302,30	340,09	204,93	298,08	335,34	202,03	293,87	330,60	199,13	289,65	325,85	196,24	285,44	321,12	193,33	281,22	316,37
	VI	4 407,41	242,40	352,59	396,66																				
11 123,99	I,IV	3 832,75	210,80	306,62	344,94	I	3 832,75	205,—	298,18	335,45	199,20	289,75	325,97	193,40	281,32	316,48	187,60	272,88	306,99	181,81	264,45	297,50	176,01	256,02	288,02
	II	3 787,—	208,28	302,96	340,83	II	3 787,—	202,48	294,52	331,34	196,68	286,09	321,85	190,89	277,66	312,36	185,09	269,22	302,87	179,29	260,79	293,39	173,49	252,36	283,90
	III	3 107,—	170,88	248,56	279,63	III	3 107,—	165,08	240,12	270,13	159,28	231,69	260,65	153,48	223,25	251,15	147,69	214,82	241,67	141,89	206,38	232,18	136,09	197,96	222,70
	V	4 376,50	240,70	350,12	393,88	IV	3 832,75	207,90	302,40	340,20	205,—	298,18	335,45	202,10	293,97	330,71	199,20	289,75	325,97	196,30	285,54	321,23	193,40	281,32	316,48
	VI	4 408,66	242,47	352,69	396,77																				
11 126,99	I,IV	3 834,—	210,87	306,72	345,06	I	3 834,—	205,07	298,28	335,57	199,27	289,85	326,08	193,47	281,42	316,59	187,67	272,98	307,10	181,88	264,55	297,62	176,08	256,12	288,13
	II	3 788,25	208,35	303,06	340,94	II	3 788,25	202,55	294,62	331,45	196,75	286,19	321,96	190,96	277,76	312,48	185,16	269,32	302,99	179,36	260,89	293,50	173,56	252,46	284,01
	III	3 108,16	170,94	248,65	279,73	III	3 108,16	165,15	240,22	270,25	159,35	231,78	260,75	153,56	223,36	251,28	147,75	214,92	241,78	141,96	206,49	232,30	136,16	198,05	222,80
	V	4 377,75	240,77	350,22	393,99	IV	3 834,—	207,97	302,50	340,31	205,07	298,28	335,57	202,17	294,07	330,83	199,27	289,85	326,08	196,37	285,64	321,34	193,47	281,42	316,59
	VI	4 409,91	242,54	352,79	396,89																				
11 129,99	I,IV	3 835,33	210,94	306,82	345,17	I	3 835,33	205,14	298,38	335,68	199,34	289,95	326,19	193,54	281,52	316,71	187,74	273,08	307,22	181,94	264,65	297,73	176,15	256,22	288,24
	II	3 789,50	208,42	303,16	341,05	II	3 789,50	202,62	294,72	331,56	196,82	286,29	322,07	191,02	277,86	312,59	185,23	269,42	303,10	179,43	260,99	293,61	173,63	252,56	284,13
	III	3 109,50	171,02	248,76	279,85	III	3 109,50	165,22	240,32	270,36	159,42	231,89	260,87	153,62	223,45	251,38	147,83	215,02	241,90	142,02	206,58	232,40	136,23	198,16	222,93
	V	4 379,—	240,84	350,32	394,11	IV	3 835,33	208,04	302,60	340,43	205,14	298,38	335,68	202,24	294,17	330,94	199,34	289,95	326,19	196,44	285,74	321,45	193,54	281,52	316,71
	VI	4 411,16	242,61	352,89	397,—																				
11 132,99	I,IV	3 836,58	211,01	306,92	345,29	I	3 836,58	205,21	298,49	335,80	199,41	290,06	326,31	193,61	281,62	316,82	187,81	273,18	307,33	182,01	264,75	297,84	176,22	256,32	288,36
	II	3 790,75	208,49	303,26	341,16	II	3 790,75	202,69	294,82	331,67	196,89	286,39	322,19	191,09	277,96	312,70	185,29	269,52	303,21	179,50	261,09	293,72	173,70	252,66	284,24
	III	3 110,66	171,08	248,85	279,95	III	3 110,66	165,29	240,42	270,47	159,49	231,98	260,98	153,69	223,56	251,50	147,89	215,12	242,01	142,10	206,69	232,52	136,29	198,25	223,03
	V	4 380,25	240,91	350,42	394,22	IV	3 836,58	208,11	302,70	340,54	205,21	298,49	335,80	202,31	294,27	331,05	199,41	290,06	326,31	196,51	285,84	321,57	193,61	281,62	316,82
	VI	4 412,41	242,68	352,99	397,11																				
11 135,99	I,IV	3 837,83	211,08	307,02	345,40	I	3 837,83	205,28	298,59	335,91	199,48	290,16	326,43	193,68	281,72	316,94	187,88	273,29	307,45	182,09	264,86	297,96	176,29	256,42	288,47
	II	3 792,—	208,56	303,36	341,28	II	3 792,—	202,76	294,92	331,79	196,96	286,49	322,30	191,16	278,06	312,81	185,36	269,62	303,32	179,57	261,19	293,84	173,77	252,76	284,35
	III	3 112,—	171,16	248,96	280,08	III	3 112,—	165,35	240,52	270,58	159,56	232,09	261,10	153,76	223,65	251,60	147,96	215,22	242,12	142,16	206,78	232,63	136,37	198,36	223,15
	V	4 381,50	240,98	350,52	394,33	IV	3 837,83	208,17	302,80	340,65	205,28	298,59	335,91	202,38	294,37	331,16	199,48	290,16	326,43	196,58	285,94	321,68	193,68	281,72	316,94
	VI	4 413,75	242,75	353,10	397,23																				
11 138,99	I,IV	3 839,08	211,14	307,12	345,51	I	3 839,08	205,35	298,69	336,02	199,55	290,26	326,54	193,75	281,82	317,05	187,95	273,39	307,56	182,16	264,96	298,08	176,36	256,52	288,59
	II	3 793,33	208,63	303,46	341,39	II	3 793,33	202,83	295,02	331,90	197,03	286,59	322,41	191,23	278,16	312,93	185,43	269,72	303,44	179,63	261,29	293,95	173,84	252,86	284,46
	III	3 113,16	171,22	249,05	280,18	III	3 113,16	165,43	240,62	270,70	159,62	232,18	261,20	153,83	223,76	251,73	148,03	215,32	242,23	142,23	206,89	232,75	136,43	198,45	223,25
	V	4 382,75	241,05	350,62	394,44	IV	3 839,08	208,24	302,90	340,76	205,35	298,69	336,02	202,45	294,47	331,28	199,55	290,26	326,54	196,65	286,04	321,79	193,75	281,82	317,05
	VI	4 415,—	242,82	353,20	397,35																				
11 141,99	I,IV	3 840,33	211,21	307,22	345,62	I	3 840,33	205,42	298,79	336,14	199,62	290,36	326,65	193,82	281,92	317,16	188,02	273,49	307,67	182,22	265,06	298,19	176,43	256,62	288,70
	II	3 794,58	208,70	303,56	341,51	II	3 794,58	202,90	295,13	332,02	197,10	286,70	322,53	191,30	278,26	313,04	185,50	269,82	303,55	179,70	261,39	294,06	173,91	252,96	284,58
	III	3 114,50	171,29	249,16	280,30	III	3 114,50	165,49	240,72	270,81	159,70	232,29	261,32	153,89	223,85	251,83	148,10	215,42	242,35	142,30	206,98	232,85	136,51	198,56	223,38
	V	4 384,—	241,12	350,72	394,56	IV	3 840,33	208,31	303,—	340,88	205,42	298,79	336,14	202,51	294,57	331,39	199,62	290,36	326,65	196,72	286,14	321,90	193,82	281,92	317,16
	VI	4 416,25	242,89	353,30	397,46																				
11 144,99	I,IV	3 841,58	211,28	307,32	345,74	I	3 841,58	205,48	298,89	336,25	199,69	290,46	326,76	193,89	282,02	317,27	188,09	273,59	307,79	182,29	265,16	298,30	176,49	256,72	288,81
	II	3 795,83	208,77	303,66	341,62	II	3 795,83	202,97	295,23	332,13	197,17	286,80	322,65	191,37	278,36	313,16	185,57	269,93	303,67	179,78	261,50	294,18	173,98	253,06	284,69
	III	3 115,83	171,37	249,26	280,42	III	3 115,83	165,56	240,82	270,92	159,77	232,40	261,45	153,97	223,96	251,95	148,17	215,52	242,46	142,37	207,09	232,97	136,57	198,65	223,48
	V	4 385,33	241,19	350,82	394,67	IV	3 841,58	208,39	303,11	341,—	205,48	298,89	336,25	202,59	294,68	331,51	199,69	290,46	326,76	196,79	286,24	322,02	193,89	282,02	317,27
	VI	4 417,50	242,96	353,40	397,57																				
11 147,99	I,IV	3 842,83	211,35	307,42	345,85	I	3 842,83	205,55	298,99	336,36	199,76	290,56	326,88	193,96	282,12	317,39	188,16	273,69	307,90	182,36	265,26	298,41	176,56	256,82	288,92
	II	3 797,08	208,83	303,76	341,73	II	3 797,08	203,04	295,33	332,24	197,24	286,90	322,76	191,44	278,46	313,27	185,64	270,03	303,78	179,85	261,60	294,30	174,05	253,16	284,81
	III	3 117,—	171,43	249,36	280,53	III	3 117,—	165,64	240,93	271,04	159,83	232,49	261,55	154,04	224,06	252,07	148,24	215,62	242,57	142,45	207,20	233,10	136,64	198,76	223,60
	V	4 386,58	241,26	350,92	394,79	IV	3 842,83	208,45	303,21	341,11	205,55	298,99	336,36	202,66	294,78	331,62	199,76	290,56	326,88	196,86	286,34	322,13	193,96	282,12	317,39
	VI	4 418,75	243,03	353,50	397,68																				
11 150,99	I,IV	3 844,08	211,42	307,52	345,96	I	3 844,08	205,62	299,09	336,47	199,82	290,66	326,99	194,03	282,22	317,50	188,23	273,79	308,01	182,43	265,36	298,53	176,63	256,92	289,04
	II	3 798,33	208,90	303,86	341,84	II	3 798,33	203,11	295,43	332,36	197,31	287,—	322,87	191,51	278,56	313,38	185,71	270,13	303,89	179,91	261,70	294,41	174,12	253,26	284,92
	III	3 118,33	171,50	249,46	280,64	III	3 118,33	165,70	241,02	271,15	159,91	232,60	261,67	154,11	224,16	252,18	148,31	215,73	242,69	142,51	207,29	233,20	136,72	198,86	223,72
	V	4 387,83	241,33	351,02	394,90	IV	3 844,08	208,52	303,31	341,22	205,62	299,09	336,47	202,73	294,88	331,74	199,82	290,66	326,99	196,93	286,44	322,25	194,03	282,22	317,50
	VI	4 420,—	243,10	353,60	397,80																				
11 153,99	I,IV	3 845,33	211,49	307,62	346,07	I	3 845,33	205,69	299,19	336,59	199,89	290,76	327,10	194,09	282,32	317,61	188,30	273,89	308,12	182,50	265,46	298,64	176,70	257,02	289,15
	II	3 799,58	208,97	303,96	341,96	II	3 799,58	203,17	295,53	332,47	197,38	287,10	322,98	191,58	278,66	313,49	185,78	270,23	304,01	179,98	261,80	294,52	174,18	253,36	285,03
	III	3 119,50	171,57	249,56	280,75	III	3 119,50	165,77	241,13	271,27	159,97	232,69	261,77	154,18	224,26	252,29	148,38	215,82	242,80	142,58	207,40	233,32	136,78	198,96	223,83
	V	4 389,08	241,39	351,12	395,01	IV	3 845,33	208,59	303,41	341,33	205,69	299,19	336,59	202,79	294,98	331,85	199,89	290,76	327,10	197,—	286,54	322,36	194,09	282,32	317,61
	VI	4 421,25	243,16	353,70	397,91																				
11 156,99	I,IV	3 846,66	211,56	307,73	346,19	I	3 846,66	205,76	299,30	336,71	199,97	290,86	327,22	194,16	282,42	317,72	188,37	273,99	308,24	182,57	265,56	298,75	176,77	257,12	289,26
	II	3 800,83	209,04	304,06	342,07	II	3 800,83	203,24	295,63	332,58	197,45	287,20	323,10	191,65	278,76	313,61	185,85	270,33	304,12	180,05	261,90	294,63	174,25	253,46	285,14
	III	3 120,83	171,64	249,66	280,87	III	3 120,83	165,84	241,22	271,37	160,05	232,80	261,90	154,24	224,36	252,40	148,45	215,93	242,92	142,65	207,49	233,42	136,85	199,06	223,94
	V	4 390,33	241,46	351,22	395,12	IV	3 846,66	208,66	303,51	341,45	205,76	299,30	336,71	202,86	295,08	331,96	199,97	290,86	327,22	197,06	286,64	322,47	194,16	282,42	317,72
	VI	4 422,50	243,23	353,80	398,02																				
11 159,99	I,IV	3 847,91	211,63	307,83	346,31	I	3 847,91	205,83	299,40	336,82	200,03	290,96	327,33	194,24	282,53	317,84	188,44	274,10	308,36	182,64	265,66	298,87	176,84	257,22	289,37
	II	3 802,08	209,11	304,16	342,18	II	3 802,08	203,31	295,73	332,69	197,51	287,30	323,21	191,72	278,86	313,72	185,92	270,43	304,23	180,12	262,—	294,75	174,32	253,56	285,26
	III	3 122,—	171,71	249,76	280,98	III	3 122,—	165,91	241,33	271,49	160,11	232,89	262,—	154,32	224,46	252,52	148,51	216,02	243,02	142,72	207,60	233,55	136,92	199,16	224,05
	V	4 391,58	241,53	351,32	395,24	IV	3 847,91	208,73	303,61	341,56	205,83	299,40	336,82	202,93	295,18	332,07	200,03	290,96	327,33	197,13	286,74	322,58	194,24	282,53	317,84
	VI	4 423,83	243,31	353,90	398,14																				

* Die ausgewiesenen Tabellenwerte sind amtlich. Siehe Erläuterungen auf der Umschlaginnenseite (U2).

Abzüge an Lohnsteuer, Solidaritätszuschlag (SolZ) und Kirchensteuer (8%, 9%) in den Steuerklassen

Lohn/ Gehalt bis €*	I – VI					I, II, III, IV mit Zahl der Kinderfreibeträge . . .																			
			ohne Kinderfreibeträge					0,5			1			1,5			2			2,5			3		
		LSt	SolZ	8%	9%		LSt	SolZ	8%	9%	SolZ	8%	9%	SolZ	8%	9%	SolZ	8%	9%	SolZ	8%	9%	SolZ	8%	9%
11 162,99	I,IV	3 849,16	211,70	307,93	346,42	I	3 849,16	205,90	299,50	336,93	200,10	291,06	327,44	194,31	282,63	317,96	188,51	274,20	308,47	182,71	265,76	298,98	176,91	257,33	289,49
	II	3 803,33	209,18	304,26	342,29	II	3 803,33	203,38	295,83	332,81	197,58	287,40	323,32	191,78	278,96	313,83	185,99	270,53	304,34	180,19	262,10	294,86	174,39	253,66	285,37
	III	3 123,33	171,78	249,86	281,09	III	3 123,33	165,98	241,42	271,60	160,18	233,—	262,12	154,38	224,56	252,63	148,59	216,13	243,14	142,78	207,69	233,65	136,99	199,26	224,17
	V	4 392,83	241,60	351,42	395,35	IV	3 849,16	208,80	303,71	341,67	205,90	299,50	336,93	203,—	295,28	332,19	200,10	291,06	327,44	197,20	286,84	322,70	194,31	282,63	317,96
	VI	4 425,08	243,37	354,—	398,25																				
11 165,99	I,IV	3 850,41	211,77	308,03	346,53	I	3 850,41	205,97	299,60	337,05	200,17	291,16	327,56	194,37	282,73	318,07	188,58	274,30	308,58	182,78	265,86	299,09	176,98	257,43	289,61
	II	3 804,66	209,25	304,37	342,41	II	3 804,66	203,45	295,94	332,93	197,66	287,50	323,44	191,85	279,06	313,94	186,06	270,63	304,46	180,26	262,20	294,97	174,46	253,76	285,48
	III	3 124,50	171,84	249,96	281,20	III	3 124,50	166,05	241,53	271,72	160,25	233,09	262,22	154,45	224,66	252,74	148,65	216,22	243,25	142,86	207,80	233,77	137,06	199,36	224,28
	V	4 394,08	241,67	351,52	395,46	IV	3 850,41	208,87	303,81	341,78	205,97	299,60	337,05	203,07	295,38	332,30	200,17	291,16	327,56	197,27	286,94	322,81	194,37	282,73	318,07
	VI	4 426,33	243,44	354,10	398,36																				
11 168,99	I,IV	3 851,66	211,84	308,13	346,64	I	3 851,66	206,04	299,70	337,16	200,24	291,26	327,67	194,44	282,83	318,18	188,65	274,40	308,70	182,85	265,96	299,21	177,05	257,53	289,72
	II	3 805,91	209,32	304,47	342,53	II	3 805,91	203,52	296,04	333,04	197,72	287,60	323,55	191,93	279,17	314,06	186,13	270,74	304,58	180,33	262,30	295,09	174,53	253,86	285,59
	III	3 125,83	171,92	250,06	281,32	III	3 125,83	166,12	241,64	271,84	160,32	233,20	262,35	154,52	224,76	252,85	148,72	216,33	243,37	142,92	207,89	233,87	137,13	199,46	224,39
	V	4 395,41	241,74	351,63	395,58	IV	3 851,66	208,94	303,92	341,91	206,04	299,70	337,16	203,14	295,48	332,42	200,24	291,26	327,67	197,34	287,04	322,92	194,44	282,83	318,18
	VI	4 427,58	243,51	354,20	398,48																				
11 171,99	I,IV	3 852,91	211,91	308,23	346,76	I	3 852,91	206,11	299,80	337,27	200,31	291,36	327,78	194,51	282,93	318,29	188,71	274,50	308,81	182,92	266,06	299,32	177,12	257,63	289,83
	II	3 807,16	209,39	304,57	342,64	II	3 807,16	203,59	296,14	333,15	197,79	287,70	323,66	192,—	279,27	314,18	186,20	270,84	304,69	180,40	262,40	295,20	174,60	253,97	285,71
	III	3 127,16	171,99	250,17	281,44	III	3 127,16	166,19	241,73	271,94	160,39	233,30	262,46	154,59	224,86	252,97	148,80	216,44	243,49	143,—	208,—	234,—	137,19	199,56	224,50
	V	4 396,66	241,81	351,73	395,69	IV	3 852,91	209,01	304,02	342,02	206,11	299,80	337,27	203,21	295,58	332,53	200,31	291,36	327,78	197,41	287,15	323,04	194,51	282,93	318,29
	VI	4 428,83	243,58	354,30	398,59																				
11 174,99	I,IV	3 854,16	211,97	308,33	346,87	I	3 854,16	206,18	299,90	337,38	200,38	291,46	327,89	194,58	283,03	318,41	188,78	274,60	308,92	182,98	266,16	299,43	177,19	257,73	289,94
	II	3 808,41	209,46	304,67	342,75	II	3 808,41	203,66	296,24	333,27	197,86	287,80	323,78	192,06	279,37	314,29	186,27	270,94	304,80	180,47	262,50	295,31	174,67	254,07	285,83
	III	3 128,33	172,05	250,26	281,54	III	3 128,33	166,26	241,84	272,07	160,46	233,40	262,57	154,66	224,97	253,09	148,86	216,53	243,59	143,07	208,10	234,11	137,27	199,66	224,62
	V	4 397,91	241,88	351,83	395,81	IV	3 854,16	209,08	304,12	342,13	206,18	299,90	337,38	203,28	295,68	332,64	200,38	291,46	327,89	197,48	287,25	323,15	194,58	283,03	318,41
	VI	4 430,08	243,65	354,40	398,70																				
11 177,99	I,IV	3 855,41	212,04	308,43	346,98	I	3 855,41	206,25	300,—	337,50	200,45	291,56	328,01	194,65	283,13	318,52	188,85	274,70	309,03	183,05	266,26	299,54	177,26	257,83	290,06
	II	3 809,66	209,53	304,77	342,86	II	3 809,66	203,73	296,34	333,38	197,93	287,90	323,89	192,13	279,47	314,40	186,34	271,04	304,92	180,54	262,60	295,43	174,74	254,17	285,94
	III	3 129,66	172,13	250,37	281,66	III	3 129,66	166,32	241,93	272,17	160,53	233,50	262,69	154,73	225,06	253,19	148,94	216,64	243,72	143,13	208,20	234,22	137,34	199,77	224,74
	V	4 399,16	241,95	351,93	395,92	IV	3 855,41	209,15	304,22	342,24	206,25	300,—	337,50	203,35	295,78	332,75	200,45	291,56	328,01	197,55	287,35	323,27	194,65	283,13	318,52
	VI	4 431,33	243,72	354,50	398,81																				
11 180,99	I,IV	3 856,75	212,12	308,54	347,10	I	3 856,75	206,32	300,10	337,61	200,52	291,66	328,12	194,72	283,23	318,63	188,92	274,80	309,15	183,12	266,36	299,66	177,32	257,93	290,17
	II	3 810,91	209,60	304,87	342,98	II	3 810,91	203,80	296,44	333,49	198,—	288,—	324,—	192,20	279,57	314,51	186,40	271,14	305,03	180,61	262,70	295,54	174,81	254,27	286,05
	III	3 130,83	172,19	250,46	281,77	III	3 130,83	166,40	242,04	272,29	160,60	233,60	262,80	154,80	225,17	253,31	149,—	216,73	243,82	143,21	208,30	234,34	137,40	199,86	224,84
	V	4 400,41	242,02	352,03	396,03	IV	3 856,75	209,22	304,32	342,36	206,32	300,10	337,61	203,42	295,88	332,87	200,52	291,66	328,12	197,62	287,45	323,38	194,72	283,23	318,63
	VI	4 432,58	243,79	354,60	398,93																				
11 183,99	I,IV	3 858,—	212,19	308,64	347,22	I	3 858,—	206,39	300,20	337,73	200,59	291,77	328,24	194,79	283,34	318,75	188,99	274,90	309,26	183,19	266,46	299,77	177,39	258,03	290,28
	II	3 812,16	209,66	304,97	343,09	II	3 812,16	203,87	296,54	333,60	198,07	288,10	324,11	192,27	279,67	314,63	186,47	271,24	305,14	180,67	262,80	295,65	174,88	254,37	286,16
	III	3 132,16	172,26	250,57	281,89	III	3 132,16	166,46	242,13	272,39	160,67	233,70	262,91	154,87	225,26	253,42	149,07	216,84	243,94	143,27	208,40	234,45	137,48	199,97	224,96
	V	4 401,66	242,09	352,13	396,14	IV	3 858,—	209,28	304,42	342,47	206,39	300,20	337,73	203,49	295,98	332,98	200,59	291,77	328,24	197,69	287,55	323,49	194,79	283,34	318,75
	VI	4 433,91	243,86	354,71	399,05																				
11 186,99	I,IV	3 859,25	212,25	308,74	347,33	I	3 859,25	206,46	300,30	337,84	200,66	291,87	328,35	194,86	283,44	318,87	189,06	275,—	309,38	183,26	266,57	299,89	177,47	258,14	290,40
	II	3 813,41	209,73	305,07	343,20	II	3 813,41	203,94	296,64	333,72	198,14	288,20	324,23	192,34	279,77	314,74	186,54	271,34	305,25	180,74	262,90	295,76	174,95	254,47	286,28
	III	3 133,33	172,33	250,66	281,99	III	3 133,33	166,54	242,24	272,52	160,73	233,80	263,02	154,94	225,37	253,54	149,14	216,93	244,04	143,34	208,50	234,56	137,54	200,06	225,07
	V	4 402,91	242,16	352,23	396,26	IV	3 859,25	209,35	304,52	342,58	206,46	300,30	337,84	203,55	296,08	333,09	200,66	291,87	328,35	197,76	287,65	323,60	194,86	283,44	318,87
	VI	4 435,16	243,93	354,81	399,16																				
11 189,99	I,IV	3 860,50	212,32	308,84	347,44	I	3 860,50	206,52	300,40	337,95	200,73	291,97	328,46	194,93	283,54	318,98	189,13	275,10	309,49	183,33	266,67	300,—	177,54	258,24	290,52
	II	3 814,75	209,81	305,18	343,32	II	3 814,75	204,01	296,74	333,83	198,21	288,30	324,34	192,41	279,87	314,85	186,61	271,44	305,37	180,81	263,—	295,88	175,01	254,57	286,39
	III	3 134,66	172,40	250,77	282,11	III	3 134,66	166,60	242,33	272,62	160,81	233,90	263,14	155,—	225,46	253,64	149,21	217,04	244,17	143,41	208,60	234,67	137,61	200,17	225,19
	V	4 404,16	242,22	352,33	396,37	IV	3 860,50	209,42	304,62	342,69	206,52	300,40	337,95	203,62	296,18	333,20	200,73	291,97	328,46	197,83	287,75	323,72	194,93	283,54	318,98
	VI	4 436,41	244,—	354,91	399,27																				
11 192,99	I,IV	3 861,75	212,39	308,94	347,55	I	3 861,75	206,59	300,50	338,06	200,80	292,07	328,58	195,—	283,64	319,09	189,20	275,20	309,60	183,40	266,77	300,11	177,60	258,34	290,63
	II	3 816,—	209,88	305,28	343,44	II	3 816,—	204,08	296,84	333,95	198,28	288,41	324,46	192,48	279,98	314,97	186,68	271,54	305,48	180,88	263,10	295,99	175,08	254,67	286,50
	III	3 136,—	172,48	250,88	282,24	III	3 136,—	166,67	242,44	272,74	160,87	234,—	263,25	155,08	225,57	253,76	149,27	217,13	244,27	143,48	208,70	234,79	137,68	200,26	225,29
	V	4 405,41	242,29	352,43	396,48	IV	3 861,75	209,49	304,72	342,81	206,59	300,50	338,06	203,69	296,28	333,32	200,80	292,07	328,58	197,89	287,85	323,83	195,—	283,64	319,09
	VI	4 437,66	244,07	355,01	399,38																				
11 195,99	I,IV	3 863,—	212,46	309,04	347,67	I	3 863,—	206,66	300,60	338,18	200,86	292,17	328,69	195,07	283,74	319,20	189,27	275,30	309,71	183,47	266,87	300,23	177,67	258,44	290,74
	II	3 817,25	209,94	305,38	343,55	II	3 817,25	204,15	296,94	334,06	198,35	288,51	324,57	192,55	280,08	315,09	186,75	271,64	305,60	180,95	263,21	296,11	175,16	254,78	286,62
	III	3 137,16	172,54	250,97	282,34	III	3 137,16	166,75	242,54	272,86	160,94	234,10	263,36	155,15	225,68	253,89	149,35	217,24	244,39	143,55	208,80	234,90	137,75	200,37	225,41
	V	4 406,75	242,37	352,54	396,60	IV	3 863,—	209,56	304,82	342,92	206,66	300,60	338,18	203,77	296,39	333,44	200,86	292,17	328,69	197,97	287,96	323,95	195,07	283,74	319,20
	VI	4 438,91	244,14	355,11	399,50																				
11 198,99	I,IV	3 864,25	212,53	309,14	347,78	I	3 864,25	206,73	300,70	338,29	200,93	292,27	328,80	195,14	283,84	319,32	189,34	275,40	309,83	183,54	266,97	300,34	177,74	258,54	290,85
	II	3 818,50	210,01	305,48	343,66	II	3 818,50	204,21	297,04	334,17	198,42	288,61	324,68	192,62	280,18	315,20	186,82	271,74	305,71	181,02	263,31	296,22	175,23	254,88	286,74
	III	3 138,50	172,61	251,08	282,46	III	3 138,50	166,81	242,64	272,97	161,02	234,21	263,48	155,21	225,77	253,99	149,42	217,34	244,51	143,62	208,90	235,01	137,83	200,48	225,54
	V	4 408,—	242,44	352,64	396,72	IV	3 864,25	209,63	304,92	343,04	206,73	300,70	338,29	203,83	296,49	333,55	200,93	292,27	328,80	198,04	288,06	324,06	195,14	283,84	319,32
	VI	4 440,16	244,20	355,21	399,61																				
11 201,99	I,IV	3 865,50	212,60	309,24	347,89	I	3 865,50	206,80	300,80	338,40	201,—	292,37	328,91	195,20	283,94	319,43	189,41	275,50	309,94	183,61	267,07	300,45	177,81	258,64	290,97
	II	3 819,75	210,08	305,58	343,77	II	3 819,75	204,28	297,14	334,28	198,49	288,71	324,80	192,69	280,28	315,31	186,89	271,84	305,82	181,09	263,41	296,33	175,29	254,98	286,85
	III	3 139,66	172,68	251,17	282,56	III	3 139,66	166,88	242,74	273,08	161,08	234,30	263,59	155,29	225,88	254,11	149,49	217,44	244,62	143,69	209,01	235,13	137,89	200,57	225,64
	V	4 409,25	242,50	352,74	396,83	IV	3 865,50	209,70	305,02	343,15	206,80	300,80	338,40	203,90	296,59	333,66	201,—	292,37	328,91	198,11	288,16	324,18	195,20	283,94	319,43
	VI	4 441,41	244,27	355,31	399,72																				
11 204,99	I,IV	3 866,83	212,67	309,34	348,01	I	3 866,83	206,87	300,90	338,51	201,07	292,47	329,03	195,27	284,04	319,54	189,47	275,60	310,05	183,68	267,17	300,56	177,88	258,74	291,08
	II	3 821,—	210,15	305,68	343,89	II	3 821,—	204,35	297,24	334,40	198,55	288,81	324,91	192,76	280,38	315,42	186,96	271,94	305,93	181,16	263,51	296,45	175,36	255,08	286,96
	III	3 141,—	172,75	251,28	282,69	III	3 141,—	166,95	242,84	273,19	161,15	234,41	263,71	155,35	225,97	254,21	149,56	217,54	244,73	143,76	209,10	235,24	137,96	200,68	225,76
	V	4 410,50	242,57	352,84	396,94	IV	3 866,83	209,77	305,12	343,26	206,87	300,90	338,51	203,97	296,69	333,77	201,07	292,47	329,03	198,17	288,26	324,29	195,27	284,04	319,54
	VI	4 442,66	244,34	355,41	399,83																				

* Die ausgewiesenen Tabellenwerte sind amtlich. Siehe Erläuterungen auf der Umschlaginnenseite (U2).

Abzüge an Lohnsteuer, Solidaritätszuschlag (SolZ) und Kirchensteuer (8%, 9%) in den Steuerklassen

Lohn/ Gehalt bis €*	I – VI					I, II, III, IV																			
			ohne Kinderfreibeträge					mit Zahl der Kinderfreibeträge . . .																	
								0,5			1			1,5			2			2,5			3		
		LSt	SolZ	8%	9%		LSt	SolZ	8%	9%	SolZ	8%	9%	SolZ	8%	9%	SolZ	8%	9%	SolZ	8%	9%	SolZ	8%	9%
11 207,99	I,IV	3 868,08	212,74	309,44	348,12	I	3 868,08	206,94	301,01	338,63	201,14	292,58	329,15	195,35	284,14	319,66	189,54	275,70	310,16	183,75	267,27	300,68	177,95	258,84	291,19
	II	3 822,25	210,22	305,78	344,–	II	3 822,25	204,42	297,34	334,51	198,62	288,91	325,02	192,83	280,48	315,54	187,03	272,04	306,05	181,23	263,61	296,56	175,43	255,18	287,07
	III	3 142,16	172,81	251,37	282,79	III	3 142,16	167,02	242,94	273,31	161,22	234,50	263,81	155,43	226,08	254,34	149,62	217,64	244,84	143,83	209,21	235,36	138,03	200,77	225,86
	V	4 411,75	242,64	352,94	397,05	IV	3 868,08	209,84	305,22	343,37	206,94	301,01	338,63	204,04	296,79	333,89	201,14	292,58	329,15	198,24	288,36	324,40	195,35	284,14	319,66
	VI	4 443,91	244,41	355,51	399,95																				
11 210,99	I,IV	3 869,33	212,81	309,54	348,23	I	3 869,33	207,01	301,11	338,75	201,21	292,68	329,26	195,41	284,24	319,77	189,62	275,81	310,28	183,82	267,38	300,80	178,02	258,94	291,31
	II	3 823,50	210,29	305,88	344,11	II	3 823,50	204,49	297,44	334,62	198,69	289,01	325,13	192,89	280,58	315,65	187,10	272,14	306,16	181,30	263,71	296,67	175,50	255,28	287,19
	III	3 143,50	172,89	251,48	282,91	III	3 143,50	167,09	243,04	273,42	161,29	234,61	263,93	155,49	226,17	254,44	149,70	217,74	244,96	143,89	209,30	235,46	138,10	200,88	225,99
	V	4 413,–	242,71	353,04	397,17	IV	3 869,33	209,91	305,32	343,49	207,01	301,11	338,75	204,11	296,89	334,–	201,21	292,68	329,26	198,31	288,46	324,51	195,41	284,24	319,77
	VI	4 445,25	244,48	355,62	400,07																				
11 213,99	I,IV	3 870,58	212,88	309,64	348,35	I	3 870,58	207,08	301,21	338,86	201,28	292,78	329,37	195,48	284,34	319,88	189,69	275,91	310,40	183,89	267,48	300,91	178,09	259,04	291,42
	II	3 824,83	210,36	305,98	344,23	II	3 824,83	204,56	297,54	334,73	198,76	289,11	325,25	192,96	280,68	315,76	187,16	272,24	306,27	181,37	263,81	296,78	175,57	255,38	287,30
	III	3 144,66	172,95	251,57	283,01	III	3 144,66	167,16	243,14	273,53	161,36	234,70	264,04	155,56	226,28	254,56	149,76	217,84	245,07	143,97	209,41	235,58	138,16	200,97	226,09
	V	4 414,25	242,78	353,14	397,28	IV	3 870,58	209,98	305,42	343,60	207,08	301,21	338,86	204,18	296,99	334,11	201,28	292,78	329,37	198,38	288,56	324,63	195,48	284,34	319,88
	VI	4 446,50	244,55	355,72	400,18																				
11 216,99	I,IV	3 871,83	212,95	309,74	348,46	I	3 871,83	207,15	301,31	338,97	201,35	292,88	329,49	195,55	284,44	320,–	189,75	276,01	310,51	183,96	267,58	301,02	178,16	259,14	291,53
	II	3 826,08	210,43	306,08	344,34	II	3 826,08	204,63	297,65	334,85	198,83	289,22	325,37	193,04	280,78	315,88	187,23	272,34	306,38	181,44	263,91	296,90	175,64	255,48	287,41
	III	3 146,–	173,03	251,68	283,14	III	3 146,–	167,22	243,24	273,64	161,43	234,81	264,16	155,63	226,37	254,66	149,83	217,94	245,18	144,03	209,50	235,69	138,24	201,08	226,21
	V	4 415,50	242,85	353,24	397,39	IV	3 871,83	210,04	305,52	343,71	207,15	301,31	338,97	204,25	297,09	334,22	201,35	292,88	329,49	198,45	288,66	324,74	195,55	284,44	320,–
	VI	4 447,75	244,62	355,82	400,29																				
11 219,99	I,IV	3 873,08	213,01	309,84	348,57	I	3 873,08	207,22	301,41	339,08	201,42	292,98	329,60	195,62	284,54	320,11	189,82	276,11	310,62	184,03	267,68	301,14	178,23	259,24	291,65
	II	3 827,33	210,50	306,18	344,45	II	3 827,33	204,70	297,75	334,97	198,90	289,32	325,48	193,10	280,88	315,99	187,31	272,45	306,50	181,51	264,02	297,02	175,71	255,58	287,53
	III	3 147,33	173,10	251,78	283,25	III	3 147,33	167,30	243,34	273,76	161,50	234,92	264,28	155,70	226,48	254,79	149,90	218,04	245,29	144,10	209,61	235,81	138,30	201,17	226,31
	V	4 416,83	242,92	353,34	397,51	IV	3 873,08	210,12	305,63	343,83	207,22	301,41	339,08	204,32	297,20	334,35	201,42	292,98	329,60	198,52	288,76	324,86	195,62	284,54	320,11
	VI	4 449,–	244,69	355,92	400,41																				
11 222,99	I,IV	3 874,33	213,08	309,94	348,68	I	3 874,33	207,29	301,51	339,20	201,49	293,08	329,71	195,69	284,64	320,22	189,89	276,21	310,73	184,09	267,78	301,25	178,30	259,34	291,76
	II	3 828,58	210,57	306,28	344,57	II	3 828,58	204,77	297,85	335,08	198,97	289,42	325,59	193,17	280,98	316,10	187,38	272,55	306,62	181,58	264,12	297,13	175,78	255,68	287,64
	III	3 148,50	173,16	251,88	283,36	III	3 148,50	167,37	243,45	273,88	161,57	235,01	264,38	155,77	226,58	254,90	149,97	218,14	245,41	144,18	209,72	235,93	138,38	201,28	226,44
	V	4 418,08	242,99	353,44	397,62	IV	3 874,33	210,19	305,73	343,94	207,29	301,51	339,20	204,39	297,30	334,46	201,49	293,08	329,71	198,59	288,86	324,97	195,69	284,64	320,22
	VI	4 450,25	244,76	356,02	400,52																				
11 225,99	I,IV	3 875,58	213,15	310,04	348,80	I	3 875,58	207,35	301,61	339,31	201,56	293,18	329,82	195,76	284,74	320,33	189,96	276,31	310,85	184,16	267,88	301,36	178,36	259,44	291,87
	II	3 829,83	210,64	306,38	344,68	II	3 829,83	204,84	297,95	335,19	199,04	289,52	325,71	193,24	281,08	316,22	187,44	272,65	306,73	181,65	264,22	297,24	175,85	255,78	287,75
	III	3 149,83	173,24	251,98	283,48	III	3 149,83	167,43	243,54	273,98	161,64	235,12	264,51	155,84	226,68	255,01	150,04	218,25	245,53	144,24	209,81	236,03	138,45	201,38	226,55
	V	4 419,33	243,06	353,54	397,73	IV	3 875,58	210,26	305,83	344,06	207,35	301,61	339,31	204,46	297,40	334,57	201,56	293,18	329,82	198,66	288,96	325,08	195,76	284,74	320,33
	VI	4 451,50	244,83	356,12	400,63																				
11 228,99	I,IV	3 876,83	213,22	310,14	348,91	I	3 876,83	207,42	301,71	339,42	201,63	293,28	329,94	195,83	284,84	320,45	190,03	276,41	310,96	184,23	267,98	301,47	178,43	259,54	291,98
	II	3 831,08	210,70	306,48	344,79	II	3 831,08	204,91	298,05	335,30	199,11	289,62	325,82	193,31	281,18	316,33	187,51	272,75	306,84	181,72	264,32	297,36	175,92	255,88	287,87
	III	3 151,–	173,30	252,08	283,59	III	3 151,–	167,51	243,65	274,10	161,70	235,21	264,61	155,91	226,78	255,13	150,11	218,34	245,63	144,32	209,92	236,16	138,51	201,48	226,66
	V	4 420,58	243,13	353,64	397,85	IV	3 876,83	210,32	305,93	344,17	207,42	301,71	339,42	204,53	297,50	334,68	201,63	293,28	329,94	198,73	289,06	325,19	195,83	284,84	320,45
	VI	4 452,75	244,90	356,22	400,74																				
11 231,99	I,IV	3 878,16	213,29	310,25	349,03	I	3 878,16	207,50	301,82	339,54	201,70	293,38	330,05	195,90	284,94	320,56	190,10	276,51	311,07	184,30	268,08	301,59	178,50	259,64	292,10
	II	3 832,33	210,77	306,58	344,90	II	3 832,33	204,98	298,15	335,42	199,18	289,72	325,93	193,38	281,28	316,44	187,58	272,85	306,95	181,78	264,42	297,47	175,99	255,98	287,98
	III	3 152,33	173,37	252,18	283,70	III	3 152,33	167,57	243,74	274,21	161,78	235,32	264,73	155,98	226,88	255,24	150,18	218,45	245,75	144,38	210,01	236,26	138,59	201,58	226,78
	V	4 421,83	243,20	353,74	397,96	IV	3 878,16	210,39	306,03	344,28	207,50	301,82	339,54	204,60	297,60	334,80	201,70	293,38	330,05	198,80	289,16	325,31	195,90	284,94	320,56
	VI	4 454,–	244,97	356,32	400,86																				
11 234,99	I,IV	3 879,41	213,36	310,35	349,14	I	3 879,41	207,57	301,92	339,66	201,77	293,48	330,17	195,97	285,05	320,68	190,17	276,62	311,19	184,37	268,18	301,70	178,57	259,74	292,21
	II	3 833,58	210,84	306,68	345,02	II	3 833,58	205,04	298,25	335,53	199,25	289,82	326,04	193,45	281,38	316,55	187,65	272,95	307,07	181,85	264,52	297,58	176,05	256,08	288,09
	III	3 153,50	173,44	252,28	283,81	III	3 153,50	167,64	243,85	274,33	161,84	235,41	264,83	156,05	226,98	255,35	150,25	218,54	245,86	144,45	210,12	236,38	138,65	201,68	226,89
	V	4 423,08	243,26	353,84	398,07	IV	3 879,41	210,46	306,13	344,39	207,57	301,92	339,66	204,66	297,70	334,91	201,77	293,48	330,17	198,87	289,26	325,42	195,97	285,05	320,68
	VI	4 455,33	245,04	356,42	400,97																				
11 237,99	I,IV	3 880,66	213,43	310,45	349,25	I	3 880,66	207,63	302,02	339,77	201,84	293,58	330,28	196,04	285,15	320,79	190,24	276,72	311,31	184,44	268,28	301,82	178,64	259,85	292,33
	II	3 834,83	210,91	306,78	345,13	II	3 834,83	205,11	298,35	335,64	199,32	289,92	326,16	193,52	281,48	316,67	187,72	273,05	307,18	181,92	264,62	297,69	176,12	256,18	288,20
	III	3 154,83	173,51	252,38	283,93	III	3 154,83	167,71	243,94	274,43	161,92	235,52	264,96	156,11	227,08	255,46	150,32	218,65	245,98	144,52	210,21	236,48	138,72	201,78	227,–
	V	4 424,33	243,33	353,94	398,18	IV	3 880,66	210,53	306,23	344,51	207,63	302,02	339,77	204,73	297,80	335,02	201,84	293,58	330,28	198,93	289,36	325,53	196,04	285,15	320,79
	VI	4 456,58	245,11	356,52	401,09																				
11 240,99	I,IV	3 881,91	213,50	310,55	349,37	I	3 881,91	207,70	302,12	339,88	201,90	293,68	330,39	196,11	285,25	320,90	190,31	276,82	311,42	184,51	268,38	301,93	178,71	259,95	292,44
	II	3 836,16	210,98	306,89	345,25	II	3 836,16	205,19	298,46	335,76	199,39	290,02	326,27	193,59	281,58	316,78	187,79	273,15	307,29	181,99	264,72	297,81	176,19	256,28	288,32
	III	3 156,–	173,58	252,48	284,04	III	3 156,–	167,78	244,05	274,55	161,98	235,61	265,06	156,19	227,18	255,58	150,38	218,74	246,08	144,59	210,32	236,61	138,79	201,88	227,11
	V	4 425,58	243,40	354,04	398,30	IV	3 881,91	210,60	306,33	344,62	207,70	302,12	339,88	204,80	297,90	335,13	201,90	293,68	330,39	199,–	289,46	325,64	196,11	285,25	320,90
	VI	4 457,83	245,18	356,62	401,20																				
11 243,99	I,IV	3 883,16	213,57	310,65	349,48	I	3 883,16	207,77	302,22	339,99	201,97	293,78	330,50	196,18	285,35	321,02	190,38	276,92	311,53	184,58	268,48	302,04	178,78	260,05	292,55
	II	3 837,41	211,05	306,99	345,36	II	3 837,41	205,26	298,56	335,88	199,46	290,12	326,39	193,66	281,69	316,90	187,86	273,26	307,41	182,06	264,82	297,92	176,26	256,38	288,43
	III	3 157,33	173,65	252,58	284,15	III	3 157,33	167,86	244,16	274,68	162,05	235,72	265,18	156,25	227,28	255,69	150,46	218,85	246,20	144,65	210,41	236,71	138,86	201,98	227,23
	V	4 426,91	243,48	354,15	398,42	IV	3 883,16	210,67	306,44	344,74	207,77	302,22	339,99	204,87	298,–	335,25	201,97	293,78	330,50	199,07	289,56	325,76	196,18	285,35	321,02
	VI	4 459,08	245,24	356,72	401,31																				
11 246,99	I,IV	3 884,41	213,64	310,75	349,59	I	3 884,41	207,84	302,32	340,11	202,04	293,88	330,62	196,24	285,45	321,13	190,45	277,02	311,64	184,65	268,58	302,15	178,85	260,15	292,67
	II	3 838,66	211,12	307,09	345,47	II	3 838,66	205,32	298,66	335,99	199,53	290,22	326,50	193,73	281,79	317,01	187,93	273,36	307,53	182,13	264,92	298,04	176,33	256,49	288,55
	III	3 158,66	173,72	252,69	284,27	III	3 158,66	167,92	244,25	274,78	162,13	235,82	265,30	156,32	227,38	255,80	150,53	218,96	246,33	144,73	210,52	236,83	138,93	202,08	227,34
	V	4 428,16	243,54	354,25	398,53	IV	3 884,41	210,74	306,54	344,85	207,84	302,32	340,11	204,94	298,10	335,36	202,04	293,88	330,62	199,15	289,67	325,88	196,24	285,45	321,13
	VI	4 460,33	245,31	356,82	401,42																				
11 249,99	I,IV	3 885,66	213,71	310,85	349,70	I	3 885,66	207,91	302,42	340,22	202,11	293,98	330,73	196,31	285,55	321,24	190,52	277,12	311,76	184,72	268,68	302,27	178,92	260,25	292,78
	II	3 839,91	211,19	307,19	345,59	II	3 839,91	205,39	298,76	336,10	199,59	290,32	326,61	193,80	281,89	317,12	188,–	273,46	307,64	182,20	265,02	298,15	176,40	256,59	288,66
	III	3 159,83	173,79	252,78	284,38	III	3 159,83	167,99	244,36	274,90	162,19	235,92	265,41	156,40	227,49	255,92	150,59	219,05	246,43	144,80	210,62	236,95	139,–	202,18	227,45
	V	4 429,41	243,61	354,35	398,64	IV	3 885,66	210,81	306,64	344,97	207,91	302,42	340,22	205,01	298,20	335,48	202,11	293,98	330,73	199,21	289,77	325,99	196,31	285,55	321,24
	VI	4 461,58	245,38	356,92	401,54																				

* Die ausgewiesenen Tabellenwerte sind amtlich. Siehe Erläuterungen auf der Umschlaginnenseite (U2).